国家出版基金项目
NATIONAL PUBLICATION FOUNDATION

國家出版基金項目

教育部哲學社會科學研究重大課題攻關項目

「十一五」國家重點圖書出版規劃項目·重大工程出版規劃
國家社會科學基金重大項目
北京大學「九八五工程」重點項目

儒藏

精華編一二二冊
經部四書類

儒藏

精華編

北京大學《儒藏》編纂與研究中心

《儒藏》精華編第一二二册

首席總編纂　季羡林

項目首席專家　湯一介

總編纂　湯一介　龐樸　孫欽善　安平秋（按年齡排序）

本册主編　陳靜　李存山

《儒藏》精華編凡例

一、中國傳統文化以儒家思想爲中心。《儒藏》爲儒家經典和反映儒家思想、體現儒家經世做人原則的典籍的叢編。收書時限自先秦至清代結束。

二、《儒藏》精華編爲《儒藏》的一部分，選收《儒藏》中的精要書籍。

三、《儒藏》精華編所收書籍，包括傳世文獻和出土文獻。傳世文獻按《四庫全書總目》經史子集四部分類法分類，大類、小類基本參照《中國叢書綜録》和《中國古籍善本書目》，於個別處略作調整。凡單書已收入入選的個人叢書或全集者，僅存目録，並注明互見。出土文獻單列爲一個部類，原件以古文字書寫者一律收其釋文文本。韓國、日本、越南儒學者用漢文寫作的儒學著作，編爲海外文獻部類。

四、所收書籍的篇目卷次，一仍底本原貌，不選編，不改編，保持原書的完整性和獨立性。

五、對入選書籍進行簡要校勘。以對校爲主，確定内容完足、精確率高的版本爲底本，精選有校勘價值的版本爲校本。出校堅持少而精，以校正誤爲主，酌校異同。校記力求規範、精煉。

六、根據現行標點符號用法，結合古籍標點通例，進行規範化標點。專名號除書名號用角號（《》）外，其他一律省略。

七、對較長的篇章，根據文字内容，適當劃分段落。正文原已分段者，不作改動。千字以内的短文一般不分段。

八、各書卷端由整理者撰寫《校點説明》，簡要介紹作者生平、該書成書背景、主要内容及影響，以及整理時所確定的底本、校本（舉全稱後括注簡稱）及其他有關情況。重複出現的作者，其生平事蹟按出現順序前詳後略。

九、本書用繁體漢字豎排，小注一律排爲單行。

《儒藏》精華編一二二册

經部　四書類

四書總義之屬

論語集註序説

《史記・世家》曰：新安陳氏曰：「司馬遷《史記》有《孔子世家》，朱子纂其要於此。」「孔子，名丘，字仲尼。新安陳氏曰：「孔子父禱於尼丘山而生孔子，故以爲名若字。」《通考》詹氏道傳曰：「《史記》關天下者爲《本紀》，有國統者爲《世家》，其餘爲《列傳》。惟於孔子不敢入《列傳》，而次之《世家》，以其盛德，且子孫世有哲人也。朱子欲學者知夫子始末，故節其事文大略入序説，疑者不入。」愚按元衡陽蕭元益編《洙泗大成》，始作《先聖本紀》，泗水侯、沂國述聖公至衍聖公以下作《世家》，究國復聖公顔子至宋元儒及許文正公衡，皆爲《列傳》並贊，又以六經孔子之言作《字訓》，又作《八志》，並倣《史記》凡例云。其先宋人。孔子六世祖孔父嘉爲宋督所殺，紇遂遷於魯。父叔梁紇，下没反。母顔氏，名徵在。《通考》仁山金氏曰：「宋，殷後，子姓。自微子、微仲五傳而至哀公熙，生弗父何及厲公祀。❶弗父何以有宋授厲公，而世爲宋卿。何生宋父周，周生正考父，❷正考父生孔父嘉，別爲公族。一曰孔父者，生時所賜姓也，❸子孫遂爲氏。孔父生木金父，金父生睪夷，睪夷生防叔。自孔父爲華氏所殺，❹子孫避禍奔魯。防叔生伯夏，伯夏生叔梁紇，爲郰大夫，追封啓聖王。母顔氏名徵在，顔父第三女，追封啓聖王夫人。」愚按元《封先聖父母制》曰：「闕里有家，❺系出神明之胄；尼山請禱，天啓聖人之生。朕聿觀人文，敷求往哲，惟孔氏之有作，集群聖之大成。原道統則堯授舜，傳之周文王；語世家則契至湯，下逮正考甫，其明德也遠矣。故生知者出焉，有開必先，克昌厥後，如大極之生天地，如鉅海之有本原。雲仍既襲於上公之封，考妣宜視夫素王之爵。於戲君子之道，考而

❶「祀」上，《論孟集註考證》有「方」字。
❷「生」下，《論孟集註考證》有「勝勝生」三字。
❸「姓」，《論孟集註考證》作「號」。
❹「華」，原作「莘」，今據《論孟集註考證》改。
❺「家」，原作「加」，今據《元文類》改。

不謬，建而不悖，於以敦典而敘倫；宗廟之禮，愛其所親，敬其所尊，於以報功而崇德。尚篤其慶，以福斯文。齊國公某可加封啓聖王，魯國大夫人某氏可加封啓聖王夫人。」以魯襄公二十二年庚戌之歲，十一月庚子，生孔子於魯昌平鄉陬邑。陬，側鳩反。○新安倪氏曰：「孔子之生，《左氏春秋》不書，但於哀公十六年夏四月己丑書孔丘卒。杜預註：『魯襄二十二年生，至今七十三也。』《公羊》、《穀梁傳》皆於襄公二十一年書孔子生，乃己酉歲也，與《史記》、杜註皆不合。」《通考》吴氏程曰：「《公》、《穀》記孔子生襄之二十一年，《公羊》特書十有一月庚子於是年之末。《穀梁》書庚子於十月之後，而《世家》稱二十二年。《索隱》謂《史記》以周正十一月爲屬明年，故誤。然則孔子實生於二十一年己酉，而《世家》逐節所紀歲數皆少一年。序説《史記》生年，而附《公羊》月日於下，似亦以十一月爲歲首，不與《春秋》同例。胡勝陟《編年》、鄭奕夫《通攷》徒見《集註》引用《史記》，欲相附會，而不察朱子之意與朱子之所由誤，反移《穀梁》月日以就次年，可謂誤中大誤。丹陽洪慶善《闕里譜系》、番陽程登庸《年表辨正》，議論正當，援據的確。程氏反覆數千言，皆謂孔子生於己酉十月二十一日庚子，無可疑者，但《穀梁》解《春秋》以夏正，則其十月建亥乃《左氏》、《公羊》之十二月也。往往孔子以十月生，而《公羊》用《春秋》書法，書作十有二月庚辰朔。彼豈不知十一月之無庚子哉？可見傳寫之訛明矣。」爲兒嬉戲，常陳俎豆，設禮容。及長，上聲。爲委去聲。吏，料量去聲。平。〔委吏，本作季氏史。《索隱》云：「一本作委吏。」與《孟子》合，今從之。〕「《史記索隱》，司馬貞作。《通考》仁山金氏曰：「《周禮》有委人掌斂野之賦，斂薪芻，凡疏材、木材，凡畜聚之物。以稍聚待賓客，以甸聚待羈旅，餘聚待頒賜。其祭祀之薪蒸、賓客之芻薪、喪紀之薪材、❶軍旅之委積、館軍旅之賓客，其聚散之多如此。」爲司職吏，畜許又反。蕃音煩。息。〔職，見音現。《周禮·牛人》，讀爲樴，音特，又餘式、之式二

❶「喪」，原作「器」，今據《論孟集註考證》改。

反。義與杙同，杙，餘式反。蓋繫養犧牲之所。此官即《孟子》所謂「乘去聲。田」。」雲峰胡氏曰：「此以後多用《論語》證，以經證史也。此二事《論語》無所見，則證之《孟子》，亦以經證史也。」○《周禮·地官·司徒上》：「牛人掌養國之公牛，以待國之政令。凡祭祀共其享牛、求牛，以授職人而芻之。」注：「享牛，前祭一日之牛也。求牛，禱於鬼神，祈求福之牛也。職，讀爲樴。樴謂之杙，可以繫牛。樴人者，謂牧人、充人與？芻，牲之芻。牛人擇於公牛之中而以授養之。」適周，問禮於老子。問：「何以問禮於老子？」朱子曰：「老子曾爲柱下史，故知禮節文，所以孔子問之。聃雖知禮，然其意以爲不必盡行，行之反以多事，故欲絶滅之。」既反，而弟子益進。昭公二十五年甲申，孔子年三十五，而昭公奔齊，魯亂。於是適齊，爲高昭子齊大夫。家臣，以通乎景公。〔有聞韶、問政二事。〕公欲封以尼谿之田，晏嬰不可，公惑之。〔有季孟、吾老之語。〕問：「齊景公欲封孔子田，楚昭王欲封孔子地，晏嬰、子西不可。使無晏嬰、子西，則夫子還受之否？」朱子曰：「既仕其國，則須有采，受之可也。」孔子遂行，反乎魯。定公元年壬辰，孔子年四十三，而季氏强僭，其臣陽虎作亂專政。故孔子不仕，而退脩《詩》、《書》、禮、樂，弟子彌衆。九年庚子，孔子年五十一，公山不狃以費畔季氏，召孔子，欲往而卒不行。〔有答子路東周語。〕朱子曰：「聖人欲往，是當他召聖人之時，有這些好意思來接聖人。聖人當時亦接他好意思，所以欲往。然他這箇人終是不好底人，所以終不可去。如陰雨蔽翳，重結不解，忽然有一處略略開霽，雲收霧斂，見得青天白日，這些自是好。」定公以孔子爲中都宰，一年，四方則之，遂爲司空，又爲大司寇。十年辛丑，相去聲，下同。定公會齊侯于夾谷，齊人歸魯侵地。鄆、汶陽、❶龜

❶「汶」，原作「汝」，今據《史記》、《四書大全》改。

陰之田。十二年癸卯，使仲由爲季氏宰，墮許規反，毁也，下同。三都，收其甲兵。孟氏不肯墮成，圍之，不克。問：「成既不墮，夫子如何別無處置了便休？」朱子曰：「不久夫子亦去魯矣。若使聖人久爲之，亦須別有箇道理。」《通考》仁山金氏曰：「魯自三家四分公室，魯公無民久矣。孔子雖爲大司寇，爲其議政、交鄰可爾。土地、甲兵皆三家有也。縱墮三都，三都之人民、財賦豈遽爲公室有哉？去其城郭，差可防三家之叛亂耳。幸而公山不狃以費叛，侯犯以郈叛，二子自以爲患，故墮之易爲勢。至孟氏不肯墮成，則成固未易墮矣。當時家臣知有其家，而不知有公室，類如此。然成終不可墮乎？曰：使孔子而久於其位，安知其不墮？使孔子別有所爲，則雖不墮成亦可。蓋孟氏非如季氏之强，而成亦邊齊之域也。孔子用於魯於今一年，墮三都而不盡，則期月而可之説無乃已虚乎？孔子固曰『如有用我者』，此爲授之以國家言也。三家者於孔子，豈有土地、❶甲兵爲之用哉？其明年始攝相事，與聞國政。將期年而始曰攝曰與，則前乎此年其權可知矣。孟子謂孔子於此爲見行可之仕，蓋謂其或可以行耳而不行，而後去。然則謂孔子得用於魯則未可也。學者忿聖人之失職，幸聖人之見用，方且以反侵地、誅正卯、墮三都爲誇，皆未爲知孔子，亦非知事勢者。」十四年乙巳，孔子年五十六，攝行相事，誅少去聲。正卯，《通考》仁山金氏曰：「《荀子》云：『孔子爲魯相，攝朝七日誅少正卯。』朱子曰：『少正卯之事，予竊疑之。蓋《論語》所不載，子思、孟子所不言，雖以《左氏春秋》内、外傳之誣且駁，而猶不道，乃獨荀況言之，是必齊、魯陋儒憤聖人之失職，故爲此説以誇其權耳。』朱子之言如此，而於此猶存『誅少正卯』四字，蓋存疑耳。」與音預。聞國政。三月，魯國大治。去聲。齊人歸女樂以沮在呂反，止也。之，季桓子受之。郊又不致膰音煩，祭祀餘肉也。俎於大夫，孔子行。〔《魯世家》以此以上皆爲十二年事。〕問：「設若魯亦致膰於大夫，則夫子果止乎？」朱子曰：「也須去，只是

❶「有」，原作「於」，今據《通鑑前編》改。

不若此之速，必須別討一箇事故去。」○胡氏曰：「是時政在季氏，夫子攝行相事而已，非爲相也；與聞國政而已，非爲政也。定公素不能立，季孫既有所惑，其不足與有爲可知也，故不容於不行。」適衛，主於子路妻兄顔濁鄒家。〔《孟子》作顔讎由。〕適陳，過匡，匡人以爲陽虎而拘之。〔有「顔淵後」及「文王既没」之語。〕既解，還衛，主蘧伯玉家，見南子。〔有矢子路及「未見好德」之語。〕去適宋，司馬桓魋欲殺之。〔有「天生德」語及微服過宋事。〕又去適陳，主司城貞子家。居三歲而反於衛，靈公不能用。〔有「三年有成」之語。〕晉趙氏家臣佛肸以中牟畔，召孔子，孔子欲往，亦不果。〔有答子路堅白語及荷蕢過門事。〕朱子曰：「夫子於公山氏之召却真箇要去做，於佛肸之召但謂其不能浼我而已。」將西見趙簡子，至河而反。又主蘧伯玉家。靈公問

陳，不對而行，復扶又反。如陳。〔據《論語》則絶糧當在此時。〕季桓子卒，遺言謂康子必召孔子，其臣止之，康子乃召冉求。〔《史記》以《論語》歸與之歎爲在此時，又以《孟子》所記歎詞爲主司城貞子時語，疑不然。蓋《語》、《孟》所記本皆此一時語，而所記有異同耳。〕孔子如蔡及葉，失涉反。〔有葉公問答子路不對、沮溺耦耕、荷蓧丈人等事。《史記》云於是楚昭王使人聘孔子，孔子將往拜禮，而陳、蔡大夫發徒圍之，故孔子絶糧於陳、蔡之閒。有慍見及告子貢一貫之語。按是時陳、蔡臣服於楚，若楚王來聘孔子，陳、蔡大夫安敢圍之？且據《論語》，絶糧當在去衛如陳之時。〕楚昭王將以書社地封孔子，令尹子西不可，乃止。〔《史記》云「書社地七百里」，恐無此理。時則有接輿之

歌。」新安陳氏曰：「《索隱》云：『古者二十五家爲里，里各立社。』則書社者，書其社之人名於籍。蓋以七百里書社之人封孔子也，故冉求云『雖累千社而夫子不利』是也。饒氏云：『書社猶今人所謂書會也。』蓋卿大夫所當得底地，謂之采地。如這箇却是君之所特與，故謂之書社地，言以此養其徒也，便如齊王欲中國授孟子室，養弟子以萬鍾相似。」又反乎衛，時靈公已卒，衛君輒欲得孔子爲政。〔有魯衛兄弟及答子貢夷齊、子路正名之語。〕而冉求爲季氏將，去聲。與齊戰有功，康子乃召孔子，而孔子歸魯，實哀公之十一年丁巳，而孔子年六十八矣。〔有對哀公及康子語。〕雲峰胡氏曰：「讀此者要看太史公書法，又要看文公删後書法。如孔子在他國，皆不書年若干，惟他國反魯及在魯，則歷歷書之，豈以在他國則歲月無所攷，故不書邪？然去魯適陳，太史公書曰：『是歲魯哀公三年，而孔子年六十矣。』又自楚反衛，太史公書曰：『是歲也，孔子年六十三，而魯哀公六年也。』文公皆删之。至孔子晚年歸魯，文公乃特書曰：『實哀公之十一年丁巳，而孔子年六十八矣。』言外慨歎之意，於書法可見也。」然魯終不能用孔子，孔子亦不求仕。問：「孔子當周衰時，可以有爲否？」朱子曰：「聖人無不可爲之時也。便若時節變，聖人又自處之不同。」問：「孔子豈不知時君必不能用己？」曰：「聖人豈有逆料君能用我與否？到得後來説『不復夢見周公』與『我已矣夫』，聖人自知其不可爲矣。」乃敘書傳、去聲。禮記，〔有杞宋、損益、從周等語。〕删《詩》正樂，〔有語太師及樂正之語。〕序《易》、《彖》、《繫》、《象》、《説卦》、《文言》。〔有假我數年之語。〕弟子蓋三千焉，身通六藝者七十二人。〔弟子顔回最賢，蚤死，後唯曾參得傳孔子之道。〕《通考》仁山金氏曰：「按《文翁石室圖》七十二人之數云：顔回、閔損、冉耕、冉雍、宰予、端木賜、冉求、仲由、言偃、卜商、顓孫師、曾點、曾參、澹臺滅明、高柴、宓不齊、樊須、有若、公西赤、原憲、公冶長、南宮縚、公析哀、顔由、商瞿、

漆雕開、公良儒、秦商、顔刻、司馬耕、巫馬期、梁鱣、琴牢、冉儒、顔辛、伯虔、公孫龍、曹邺、陳亢、叔仲會、秦祖、奚箴、公祖兹、廉潔、蘧瑗、宰父黑、公西箴、穰駟赤、冉季、石處、左郢、狄黑、商澤、任不齊、榮旂、顔噲、秦冉、秦非、漆雕從、燕級、林放、申黨、步叔乘、石子蜀、施之常、鄭國、樂欣、顔之僕、孔忠、漆雕哆、容箴、顔相。又按《史記》、《家語》所載，閒有不同，凡七十七人。」愚按蘇子《古史》謂孔子弟子七十七人，以太史公書及諸子、《家語》考之皆同。秦冉、顔何不載於《家語》，而琴牢、陳亢不録於《史記》。二書既不可偏廢，而琴張、陳亢又見於《論語》，故不録之，凡七十九人。十四年庚申，魯西狩獲麟，〔有莫我知之歎。〕孔子作《春秋》。〔有知我、罪我等語。《論語》請討陳恒事亦在是年。〕明年辛酉，子路死於衛。十六年壬戌四月己丑，孔子卒，年七十三。《通考》吴氏程曰：「《春秋》四月，夏正二月也。按《大衍曆》則己丑乃十一月。杜氏謂是月無己丑，蓋《長曆》之誤。是年孔子七十有四。《公》、《穀》載孔子生，《左氏》載孔子卒。」葬魯城北泗上。弟子皆服心喪三年而去，惟子貢廬於冢上，凡六年。孔子生鯉，字伯魚，先卒。伯魚生伋，音急。字子思，作《中庸》。〕〔子思學於曾子，而孟子受業子思之門人。〕

何氏曰：何氏名晏，字平叔，魏南陽人。「《魯論語》二十篇，《齊論語》别有《問王》、《知道》，凡二十二篇。其二十篇中章句頗多於《魯論》。《古論》出孔氏壁中，分《堯曰》下章『子張問』以爲一篇，有兩《子張》，凡二十一篇，篇次不與《齊》、《魯論》同。」或問：「今之《論語》，其《魯論》與？」朱子曰：「以何晏所敘篇數考之，則信爲《魯論》矣。但據《釋文》，則其文字亦或有不同者，如以必爲瓜之類。豈何氏亦若鄭註，就《魯論》篇章，而又雜以《齊》、《古》之文與？然唐《藝文志》已不載《齊》、《古》篇目，陸氏蓋於諸家説中得之耳。」《通考》仁山金氏曰：「《魯論》、《齊論》至張禹始合，至鄭康成則以《魯論》考之《齊論》、《古論》爲之註，三《論》始合爲今定本。」

程子曰：「《論語》之書成於有子、曾子之門人，故其書獨二子以子稱。」程子曰：「《論語》爲書，傳道立言，深得聖人之學者矣。如《鄉黨》形容聖人，不知者豈能若是？」○問：「《論語》以何爲要？」曰：「要在知仁，孔子説仁處最宜玩味。」曰：「孔子説仁處甚多，尤的當是何語？」曰：「皆的當，但其門人所至有不同，故其答之亦異。」○朱子曰：「程子之説蓋出於柳宗元，其言曰：『諸儒皆以《論語》孔子弟子所記，不然也。孔子弟子，曾參最少，又老乃死。而是書記其將死之言，則其去弟子之時甚遠，而當時弟子略無存者矣。吾意孔子弟子嘗雜記其言，而卒成其書者，曾子弟子樂正子春、子思之徒也。故是書之記諸弟子必以字，而曾子不然，蓋其弟子號之云爾。而有子亦稱子者，孔子之歿，諸弟子嘗以似夫子而師之，後乃叱避而退，則固嘗有師之號矣。』凡此柳氏之言，其論曾子者得之，而有子叱避之説，則史氏之鄙陋無稽，而柳氏惑焉。以《孟子》攷之，當時既以曾子不可而寢其議，有子曷嘗據孔子之位而有其號哉？故程子特因柳氏之言斷而裁之，以爲此説。此所以不著柳説而獨以程子爲據也。楊氏又謂此書首記孔子之言而以二子之言次之，蓋其尊之亞於夫子，尤爲明驗。至於閔損、冉子亦或稱子，則因其門人所記而失之不革也與？」

程子曰：「讀《論語》，有讀了全然無事者，有讀了後其中得一兩句喜者，有讀了後知好去聲。**之者，有讀了後直有不知手之舞之、足之蹈之者。」**程子曰：「《論語》之書，其辭近，其指遠。辭有盡，指無窮。有盡者可索之於訓詁，無窮者要當會之以神。譬諸觀人，昔日識其面，今日識其心，在我則改容更貌矣，人則猶故也，坐是故難讀。蓋不學操縵，不能安弦；不學博依，不能安詩；不學雜服，不能安禮。惟近似者易入也。彼其道高深博厚，不可涯涘也如此，儻以童心淺智窺之，豈不大有逕庭乎？方其脅肩諂笑，以言餂人者讀之，謂巧言令色寧病仁？未能素貧賤而恥惡衣惡食者讀之，豈知飯疏飲水，曲肱而枕之，未妨吾樂？注心於利末，得已不已而有顛冥之患者讀之，孰知不義之富貴真如浮雲？誨爾諄諄，聽我藐藐者讀之，孰知回不惰、師書紳爲至誠服膺？過此而往，益高益深，可勝數哉？」○朱子曰：

「學者須著實循序讀書，以《論語》爲先，一日只看一二段。莫問精粗難易，但只從頭看將去。讀而未曉則思，思而未曉則讀。反覆玩味，久之必自有得矣。今學者於《論語》二十篇中尚不耐煩看得之，况所謂死而後已者，又豈能辨得如此長遠工夫耶？」○慶源輔氏曰：「嗜之而飽饜充足，❶其樂有不可形容者，是以見於手舞足蹈也。」○雲峰胡氏曰：「讀《論語》者有此四等人：初是全無知者，第二是略能知者，第三是知而好之者，第四是好而樂之者。」

程子曰：「今人不會讀書，如讀《論語》，未讀時是此等人，讀了後又只是此等人，便是不曾讀。」程子曰：「讀《論語》須有疑然後能進。今人讀書元不知疑，所以不及古人。孔門弟子如子夏問『巧笑倩兮，美目盼兮』，直推至於禮後；樊遲問仁知，直推至於舉皋陶、伊尹而不仁者遠，始能無疑。今人多於言上認了，又安能疑？」○問：「《論語》如何讀？」曰：「這也使急不得，也不可慢。所謂急不得者，功效不可急；所謂不可慢者，工夫不可慢。」○慶源輔氏曰：「程子言雖近而意則切，使讀書者自知所以求益，不至虛費工夫也。須是熟讀涵泳，使之通貫浹洽，然後有日新之功。如是則氣質變化，月異而歲不同矣。」

程子曰：「頤自十七八讀《論語》，當時已曉文義，讀之愈久，但覺意味深長。」和靖尹氏曰：「《論語》之書，迺集記孔子嘉言善行。苟能即其問答如已親炙於聖人之門，默識心受而躬行之，則可謂善學矣。」○延平李氏曰：「人之持身當以孔子爲法。孔子相去千餘載，既不可得而親之，所可見者獨《論語》耳。《論語》蓋當時門人弟子所記孔子言行也。每讀而味之，玩而繹之，推而行之，雖未至升堂入室，亦不失爲士君子也。」○朱子曰：「所謂深長意味也別無説，只是涵泳，久自見得。」○《論語》讀著越見意思無窮。今日讀得些意思，明日讀又長得意思。○朱子曰：「《論語》中程先生及和靖説只於本文添一兩字，甚平淡，然意味深長，須當仔細看，要見得他意味方好。」（已下論解《論

---

❶「饜」，原作「餐」，今據《四書纂疏》、《四書大全》改。

語》。」❶○問：「謝氏説多過，不如楊氏説最實。」曰：「尹氏語言最實，亦多是處。但看文字亦不可如此先懷權斷於胸中。如謝氏説十分有九分過處，其間亦有一分説得恰好處，豈可先立定説？今且須虚心玩理。」○《集註》中解，有兩説相似而少異者，亦要相資。有説全别者，是未定也。○《論語集註》如秤上稱來無異，不高些不低些，自是學者不肯用工看。○問：「《集註》有兩存者，何者爲長？」曰：「使某見得長底時，豈復存其短底？只爲是二説皆通，故并存之。然必有一説合得聖人之本意，但不可知爾。」又曰：「大率兩説，前一説勝。」○某於《論》、《孟》逐字秤等，不教偏些小，學者將註處宜仔細看。○《集註》添一字不得，減一字不得。不多一箇字，不少一箇字。○讀《集註》只是要看無一字閑，若意裏説做閑字，那箇正是緊要字。○《集註》至於訓詁皆仔細者，蓋要人字字思索到，莫要只作等閑看便了。○問：「註或用『者』字，或用『謂』字，或用『猶』字，或直言，其輕重之意如何？」曰：「者、謂是恁地，直言者直訓如此，猶云者猶是如此。」〔胡氏曰：「某某也，正訓也。某猶某也，無正訓，借彼以明此也。某之爲言某也，前無訓釋，特發此以明其義也，爲言謂其説如此也。引經傳文以證者，此字義不可以常訓通也。」〕○《集註》於正文之下正解，説字訓文義與聖經正意，如諸家之説有切當明白者，即引用而不没其姓名，如《學而》首章先尹氏而後程子，亦只是順正文解下來，❷非有高下去取也。章末用圈而列諸家之説者，或文外之意而於正文有所發明，不容略去；或通論一章之意，反覆其説，切要而不可不知也。○《集註》内載前輩之説於下句者，是解此句文義；載前輩之説於章後者，是説一章之大旨，及反覆此章之餘意。〔胡氏曰：「字義難明者各有訓釋，一章意義可以分斷者逐節註之，一章之後又合諸節而通言之。欲學者先明逐字文義，然後明逐節旨意，然後通一章之旨意也。每章只發本章之旨者附註後，或因發聖人言外之意者别爲一段以附其後，亦欲學者先明本旨而後及之也。」〕

❶ 括號原無，今據本書體例補。下同，不一一出校。

❷ 「只」，原作「足」，今據哈佛本改。

讀論語孟子法

此朱子采二程子説。

程子曰：新安陳氏曰：「程伯子諱顥，字伯淳，號明道先生。叔子諱頤，字正叔，號伊川先生。朱子先以明道、伊川爲别，次以伯子、叔子爲别，後以其學同、其説同，更不分别，總稱程子。河南人。」「學者當以《論語》、《孟子》爲本。《論語》、《孟子》既治，則六經可不治而明矣。朱子曰：「《語》、《孟》工夫少，得效多。六經工夫多，得效少。」○慶源輔氏曰：「今之治二書，所患不精爾。果能熟讀精思，使其言皆出於吾之口，使其意皆出於吾之心，脉絡條理，始終洞然，而無纖芥隱昧不明之處，則六經之言固可以類推而無不明也。」○新安陳氏曰：「既治之治去聲，不治之治平聲。按鄒晉昭曰：此字本平聲，借用乃爲去聲，故陸氏於諸經中平聲者並無音，去聲者乃音直吏反。平聲者脩理其事，方用其力也；去聲者事有條理，已見其效也。今自此以後亦依陸氏例云。」○《語》、《孟》既治，學正識精，由是而治六經，根本正而易爲力矣，非謂真可不必治而自明也。讀書者當觀聖人所以作經之意與聖人所以用心，聖人之所以至於聖人而吾之所以未至者，所以未得者。慶源輔氏曰：「聖人作經之意，不過欲發明此理以曉人，其所以用心而至爲聖人者，則二書固無不具也。至於吾之所以未至聖人之地，未得聖人之心者，亦惟用心與二書背戾而不合耳。」○陳氏曰：「到經明後方知得作經之意，識聖人之心體方知他所以用處。」○新安陳氏曰：「當味五箇『所以』字。」句句而求之，晝誦而味之，中夜而思之，平其心，易以豉反。其氣，闕其疑，則聖人之意可見矣。」朱子曰：「平其心只是放教虚平，易其氣只是放教寬慢，闕其疑只是莫去穿鑿。今人多要硬把捉教住，如何得？有箇難理會處，便要刻畫百端，討出來，枉費心力，少刻只説得自底，那裏見聖人意？」○陳氏曰：「平其心者是虚其心，如衡之平，不可先立一箇定説，纔先把一説爲主於中，便如秤盤先加一星了，到秤物時，如何得銖兩之

正？易其氣者，欲見得聖人真意時，須是和平其氣，雍容和緩，自然而得之，乃能默契。」○雲峰胡氏曰：「讀聖人之書者，當知聖人所以用心，然非自平其心不可也。朱子《易贊》有曰：『讀《易》之法，先正其心。』意亦類此。」

又曰：「凡看文字，須先曉其文義，然後可以求其意。未有不曉文義而見意者也。」

又曰：「學者須將《論語》中諸弟子問處便作自己問，聖人答處便作今日耳聞，自然有得。朱子曰：「孔門問答，曾子聞得底話顔子未必與聞，顔子聞得底話子貢未必與聞。今却合在《論語》一書，後世學者豈不幸事？但患自家不去用心。」○新安陳氏曰：「今學者看程朱先生語録，皆當以此法看之，視問辭如出吾口，聽答辭如入吾耳。」雖孔、孟復生，不過以此教人。若能於《語》、《孟》中深求玩味，將來涵養成，甚生氣質！」朱子曰：「有人言，理會得《論語》便是孔子，理會得七篇便是孟子。初不以爲然，看來亦是如此。蓋《論語》中言語真能窮究，極其纖悉，無不透徹，如從孔子肚裏穿過，孔子肝肺盡知了，豈不是孔子？七篇中言語真能窮究，極其纖悉，無不透徹，如從孟子肚裏穿過，孟子肝肺盡知了，豈不是孟子？」○雲峰胡氏曰：「氣質得於有生之初，此曰甚生氣質，何也？」曰：「生來氣質有好有不好，涵養成後，生氣質無不好者。此生字非自稟賦中來，乃自學問變化中來也。」○新安陳氏曰：「學之功至，愚者明，柔者强，偏駁者純粹。不特能變化氣質，雖無好氣質者，今生出此好氣質也。」

程子曰：「凡看《語》、《孟》，且須熟讀玩味，須將聖人言語切己，不可只作一場話説。人只看得此二書切己，終身儘多也。」朱子曰：「《論》、《孟》不可只道理會文義得了便了，須子細玩味，以身體之，見前後晦明、生熟不同，方是切實。」○二書若便恁地讀過，只一兩日可了。若要將來做切己事玩味體察，一日多看得數段，或一兩段爾。○讀《論》、《孟》，須是切己。且如學而時習之，切己看時，曾時習與否？句句如此求之，則有益矣。○或言：「看《論語》，見得聖人言行，極天理之實而無一毫人欲之妄，學者之用功，尤當極其實而不容有一毫之妄。」曰：「大

綱也是如此，然就裏面詳細處，須要十分透徹，無一不盡。」○學者讀書，須要將聖賢言語體之於身。如克己復禮與出門如見大賓等事，須就自家身上體看，我實能克己與主敬行恕否。件件如此，方有益。○慶源輔氏曰：「讀書者能將聖人言語切己體察，則定無枉費工夫，一日當有一日之功。若欲只做一場話說，則是口耳之學矣。」

又曰：「《論》、《孟》只剩石證反。讀著陟略反，語助辭，下同。便自意足。學者須是玩味。若以語言解著，意便不足。」朱子曰：「讀書之法，先要熟讀，須是正看背看、左看右看。看得是了，未可便說道是，更須反覆玩味。」○《論》、《孟》須是熟讀，一一記放心下，時時將來玩味，久久自然貫通。○慶源輔氏曰：「學者須是將聖人言語熟讀深思，晝夜玩味，則可以開發吾之知識，日就高明，涵養吾之德性，日就廣大。方始見得聖賢言近而指遠，故其意思自然厭飫飽足。若以語言解著，則意便死於言下，自然局促蹇淺，而有枵虛不足之意。」

或問：「且將《語》、《孟》緊要處看，如何？」程子曰：「固是好，但終是不浹音接。洽耳。」朱子曰：「聖人言語粗底做粗底理會，細底做細底理會，不消得揀擇。《語》、《孟》恁地揀擇，子史書及世間粗底書如何看得？」○問：「龜山與范濟美言學者當以求仁爲要。」曰：「須要將一部《論語》粗粗細細齊理會過，自然有貫通處，却會得仁方好。近日學者病在好高，讀《論語》，未問學而時習，便說一貫；讀《孟子》，未言梁王問利，便說盡心；《易》未看六十四卦，便說《繫辭》。某解《語》、《孟》，和訓詁在下面，要人精粗本末字字爲咀嚼過。」○問：「《論語》莫也須揀箇緊要底看否？」曰：「不可，須從頭看，無精無粗，無淺無深，且都玩味得熟，道理自然出。」曰：「讀書未見得切，須見之行事方切。」曰：「不然。且如《論語》，第一便教人學，便是孝弟求仁，便戒人巧言令色，便三省，也可謂甚切。」○《論語》中有緊要底，有泛說底。今且要著力緊要底，便是揀別，此最不可。若如此，則《孟子》一部可刪者多矣。聖賢言語，粗說細說，皆著理會，教透徹。蓋道體至廣至大，故有說得易處說得難處，說得大處說得小處。若不盡見，必定有窒礙處。○慶源輔氏曰：「人纔只將二書緊要處看，便只是要求近功速效，與天理已不相似。所謂固是好者，蓋姑取其向學求道之意

耳。正使其有近功速效，亦必至於偏枯蹇澀，豈復有優游厭飫、貫通浹洽之意？」

程子曰：「孔子言語句句是自然，孟子言語句句是事實。」朱子曰：「孔子言語一似没緊要説出來，自是包含無限道理，無些滲漏，如云『道之以政，齊之以刑』、『道之以德，齊之以禮』數句，孔子初不曾著氣力，只是没緊要説出來，自是委曲詳盡，説盡道理。若孟子便用著氣力，依文按本據事實，説無限言語，方説得出。此所以爲聖賢之别也。」○《論語》之書，蓋孔子大概使人優游厭飫，涵泳諷味；《孟子》之書，大概是要人探索力討，反己自求，故伊川曰「孔子句句是自然，孟子句句是事實」，亦此意也。如《論語》所言「出門如見大賓，使民如承大祭」、「非禮勿視聽言動」之類，皆是存養底意思；《孟子》言「性善」、「存心養性」、「見孺子入井之心」、「四端之發，若火始然泉始達」之類，皆是要體認得這心性下落，擴而充之。於此等語玩味，便自可見。○孔子教人，只言「居處恭，執事敬，與人忠」，含蓄得意思在其中，使人自求之。到孟子便指出了性善，早不似聖人了。○《論語》多門弟子所集，故言語時有長長短短不類處。《孟子》疑自著之書，故首尾文字一體，無些子瑕疵。不是自下手，安得如此好？若是門弟子集，則其人亦甚高，不可謂軻死不傳。○《論語》不説心，只説實事。孟子説心，後來遂有求心之病。○問：「《論語》一書未嘗説一心字，至《孟子》只管拈人心説來説去，曰推是心，曰求放心，曰盡心，曰赤子之心，曰存心。莫是孔門學者自知理會箇心，故不待聖人苦口，到孟子時，世變既遠，人才漸不如古，故孟子極力與言，要他從箇本原處理會否？」曰：「孔門雖不曾説心，然答弟子問仁處非理會心而何？仁即心也，但當時不説箇心字耳。」○或云：「《論語》不如《中庸》。」曰：「只是一理，若看得透，方知無異。《論語》是每日零碎問答，譬如大海也是水，一勺也是水，所説千言萬語皆是一理，須是透得。推之其他，道理皆通。」又曰：「聖賢所説只一般，只是一箇擇善固執之。《論語》則説學而時習之，《孟子》則説明善誠身，下得字各自精細，真實工夫只一般。須是知其所以不同，方知其所謂同也。」○孟子所謂集義，只是一箇是字，孔子所謂思無邪，只是一箇正字。不是便非，不正便邪。聖賢教人只是求箇是底道理。○孔子教人極直截，孟子較費力。孟子必要充廣，

孔子教人，合下便有下手處。」○魯齋許氏曰：「先儒説出體用，嘗謂孔孟未嘗言此，及子細讀之，每言無非有體有用者。如『忠告而善道之』，忠告，體也；善道之，用也。雖有善爲説辭者，無忠告之心則不可；雖有忠告之心，不能善道之，則犯於訐直，不能入。又如『居上不寬，爲禮不敬，臨喪不哀』，寬、敬、哀，其體也，體立而後用行，無此三者，則夫所行之得失，與夫繁文末節，皆無足觀矣。程子謂學者當以《論》、《孟》爲本，《論》、《孟》既治，則六經可不治而明矣。聖人所以作經之意，必有定見，然後沛然無所疑，非後世牽合勉强所可擬也。程子於《語》、《孟》中反覆致意，其旨深矣。有本有文，有體有用，聖人之言無所偏滯，傳之萬世無弊。先儒讀書精察，見聖人立言之意。」

又曰：「學者先讀《論語》、《孟子》，如尺度權衡相似，以此去量度待洛反。事物，自然見得長短輕重。」朱子曰：「《語》、《孟》只熟讀玩味，道理自不難見。且如老蘇輩，只讀二書，便翻繹許多文章出來。譬如攻城，四面牢壯，只消攻得一面破時，這城便是自家底了。如今學者若先讀得《語》、《孟》二書十分透徹，其他書都不費力，觸處便見。」○慶源輔氏曰：「尺度可以量長短，權衡可以稱輕重，理義可以别是非。能知道則何書不可讀，何理不可究，何事不可處哉？」○新安程氏曰：「理義可以别是非，如尺度可以量長短，權衡可以稱輕重也。」

又曰：「讀《論語》、《孟子》而不知道，所謂『雖多亦奚以爲』。」朱子曰：「人之爲學，若不從文字上做工夫，又茫然不知下手處。若是字字而求，句句而論，不於身心上著切體認，則又何益？且如説『我欲仁，斯仁至矣』，何故孔門許多弟子，聖人竟不曾以仁許之？雖顔子之賢，而尚不能不違於三月之後。聖人乃曰我欲斯至，盍亦於日用體驗我若欲仁，其心如何，仁之至不至，其意又如何？又如説非禮勿視聽言動，盍亦每事省察何者爲非禮，而吾又何以能勿視勿聽？若每日如此讀書，庶幾看得道理自我心而得，不爲徒言也。」○慶源輔氏曰：「讀《語》、《孟》而不知道，則是口耳之學，未嘗著心玩味，未嘗至誠涵泳，未嘗切己體察也。故讀雖多，何益於事？」

論語集註大全卷之一

三魚堂讀本《通考》吴氏程曰：「論，撰也，次也。撰次孔子及弟子語也。」

當湖陸隴其稼書手輯
受業 席永恂漢翼 王前席漢廷 參閱
姪 禮徵用中 男 宸徵直方 較訂

學而第一

此爲書之首篇，故所記多務本之意，朱子曰：「此一篇都是先説一箇根本。」○胡氏曰：「此篇首取其切於學者記之，故以爲多務本之意。」○新安陳氏曰：「揭『君子務本』一句以爲首篇之要領，此説本於游氏。朱子已采入『賢賢易色』章下，於此

又首標之。如首章以時習爲本，次章以孝弟爲爲仁之本，三章忠信爲傳習之本，『道千乘』章以五者爲治國之本，皆是，餘可以類推。」乃入道之門，積德之基，學者之先務也。凡十六章。慶源輔氏曰：「道者人之所共由，必有所從入。德雖在我之所自得，必積而後成。凡此篇所論務本之事，乃道所從入之門，而德所積累之基。學者必先務此，然後道可入而德可積矣。」○朱子曰：「學而，篇名也，取篇首兩字爲别，初無意義，但學之爲義，則讀此書者，不可以不先講也。夫學也者，以字義言之，則己之未知未能，而效夫知之能之之謂也。以事理言之，則凡未至而求至者皆謂之學。雖稼圃、射御之微亦曰學，配其事而名之也。而此獨專之，則所謂學者果何學也？蓋始乎爲士者，所以學而至乎聖人之事，伊川先生所謂儒者之學是也。蓋伊川先生之意曰：今之學者有三：詞章之學也，訓詁之學也，儒者之學也。欲通道則舍儒者之學不可。尹侍講所謂學者所以學爲人也，學而至於聖人，亦不過盡爲人之道而已。此皆切要之言也。夫

子之所志，顔子之所學，子思、孟子之所傳，盡在此書。而此篇所明，又學之本，故學者不可以不盡心焉。」○今讀《論語》，且熟讀《學而》一篇。若明得一篇，其餘自然易曉。○《學而》篇皆是先言自脩而後親師友。「有朋自遠方來」在「時習」之後，「而親仁」在「入孝出弟」之後，「就有道而正焉」在「食無求飽，居無求安」之後，「毋友不如己者」在「不重則不威」之後。今人都不去自脩，只是專靠師友説話。○覺軒蔡氏曰：「『學而』名篇，專以學言，而所謂學者，果何所學耶？朱子首發明學之本，惟在全其本性之善而已。」《通考》程氏復心曰：「道者人所共由之路，德者己所獨有之理。如孝弟忠信，是人所共由之道；能孝弟忠信，便是己獨有之德。才知有孝弟忠信，便是入道之門；能孝弟又能忠信，便是積德之基。」

子曰：「學而時習之，不亦説乎？說、悦同。

學之爲言效也。《通考》吴氏程曰：「爲言，言詞也，謂孔子之詞即彼字之義也。釋經之例，凡曰某某也，皆正訓也。有曰某者某也，某猶某也，皆本非正訓而借彼明此者也。如政者正也，而又曰政猶正也，政之爲言正也，其意只一般。」又曰：「古『學』字即今『效』字，《學記》效、學同一字。」人性皆善而覺有先後，後覺者必效先覺之所爲，乃可以明善而復其初也。朱子曰：「學之一字，實兼致知、力行而言。」問：「學之爲言效也，效字所包甚廣。」曰：「正是如此。博學、審問、謹思、明辨、篤行皆學之事。」○勉齋黄氏曰：「《集註》言『學』而《或問》以『知』與『能』並言，何也？曰：言人之效學於人有此二者。先覺之人於天下之理該洽貫通，而吾憒然未有所知也，於是日聽其議論，而向之未知者，始有所知矣；先覺之人於天下之事躬行實踐，而吾悵然未有所能也，於是日觀其作爲，而向之未能者，始能矣。大抵讀書窮理，要當盡聖賢之意，備事物之情。非吾好爲是詳複也，理當然也。世之學者意念苟且，思慮輕淺，得其一隅便以爲足，則其爲疎率也亦甚矣。學者觀於此，亦足以得養心窮理之要矣。曰：若是，則學之爲言固無所不學也。今《集註》於此乃以爲人性皆善，必學而後能明善而復其初，何也？曰：學問之道固多端矣，然其歸在於全

其本性之善而已。明善謂明天下之理，復其初則復其本然之善也。於《論語》之首章首舉是以爲言，其提綱挈領，而示人之意深矣。」〇雲峰胡氏曰：「人性皆善，天命之性也；覺有先後，氣質之性也。必效先覺之所爲，或以『所爲』爲所行，殊不知『汝爲《周南》、《召南》』，《集註》曰『爲猶學也』；《論語》曰『爲之不厭』，孟子記夫子之言曰『學不厭』，是以學字代爲字；《集註》於『十五志學』下曰『念念在此而爲之不厭』，是以爲字釋學字。此曰效先覺之所爲，猶曰學先覺之所學也。《大學章句》釋『明明德』，曰『學者當因其所發而遂明之，以復其初』，此曰『明善而復其初』，是包《大學》許多工夫說。物格知至，即是明善；意誠心正身脩，即是復其初。」〇新安陳氏曰：「此《論語》中第一箇學字，朱子挈要指以示人。後覺者必效先覺之所爲，所爲不過知、行二者。效先覺之致知以知此理，又效先覺之力行以行此理，乃可以明善而復其初矣。明善者，明本性之善，以知言也；復其初者，復全本性之善，以行言也。學之道，固多端，其要歸在復全本性之善而已。朱子所謂以己之未知而效夫知者，以求其知；以己之未能而效夫能者，以求其能，皆學之事也。能指行而言，知、行皆從性分上用工。」《通考》仁山金氏曰：「王文憲以人性皆善而覺有先後，此原其所當學。後覺者必效先覺之所爲，指學者之方也。明善復初，則學之效驗。第一句訓下三句，此看《集註》凡例。」又曰：「朱子《或問》中論學，分知、能二字，《集註》合言之。覺，知也；爲，能也。明善，知也；復初，能也。」〇勿軒熊氏曰：「學者，復其本性而已。學以明善，明德之事；以善及人，新民之事。」附《蒙引》：《學而》一章，其於《大學》之三綱領，已盡之矣。蓋學習而悦，明德之事也；朋來而樂，新民之事也；至於不知不愠而爲君子，則所性全矣，各爲止至善也。〇《存疑》：《論語》二十篇許多説話，要皆不出此章所言之意。**習，鳥數**音朔，下同。**飛也。學之不已，如鳥數飛也。**朱子曰：「《説文》習字從羽從白，《月令》所謂『鷹乃學習』是也。」〇學是未理會得時便去學，習是已學了又去重學，非是學得了頓放在一處，却又去習也。只是一件事，如鳥數飛，只是飛了又飛。〇問：「學是知，習是行否？」曰：「知自有知底學，自有知底習；行自有行底學，自有行底習。如小兒寫字，知得字合恁地

寫，這是學。便須將心思量安排，這是習。待將筆去寫成幾箇字，❶這是行底學。今日寫一紙，明日寫一紙，又明日寫一紙，這是行底習。人於知上不習，便要去行，如何得？人於知上不習，非獨是知得不分曉，終不能有諸己。」○學而時習之，此是《論語》第一句。句中五字，雖有輕重虛實之不同，然字字皆有意味，無一字無下落。學之爲言效也，以己有所未知、未能，而效夫知者、能者，以求其知、能之謂也。而字，承上起下之辭也。時者，無時而不然也。習者，重複温習也。之者，指其所知之理、所能之事而言也。言人既學矣，而又時時温習其所知之理、所能之事也。聖言雖約，而其指意曲折深密而無窮盡如此。聖人之學與俗學不同。聖人教人讀書，只要知所以爲學之道。俗學讀書，便只是讀書，更不理會爲學之道是如何。○未知未能而求知求能之謂學，已知已能而行之不已之謂習。○胡氏曰：「學之不已者，學與習非二事也。」○厚齋馮氏曰：「習，鳥雛欲離巢而學飛之稱。學謂學之於己，習謂習其所學。時時而習，恐其忘也。凡曰而者，上下二義，學一義也，習一義也。」《通考》仁山金氏曰：「習字於六書屬諧聲，謂形聲也。」○勿齋程氏曰：「未知未能必效諸人，是之謂學；已知已能必熟諸己，是之謂習。」**說，喜意也。既學而又時時習之，則所學者熟而中心喜說，其進自不能已矣。**朱子曰：「學要時習。習到熟後，自然說喜，不能自已。今人所以便住了，只是不曾習，不見得好。此一句却係切己用功處。」○學矣而不習，則表裏扞格，而無以致其學之道；習矣而不時，則工夫閒斷，而無以成其習之之功。是其胸中雖欲勉焉以自進，亦且枯燥生澀而無可嗜之味，危殆杌隉而無可即之安矣。故既學矣，又必以時習之，則其心與理相涵，而所知者益精；身與事相安，而所能者益固。從容於朝夕俯仰之中，凡其所學而知且能者，必有自得於心而不能以語人者，是其中心油然悦懌之味，雖芻豢之悦於口，不足以喻其美矣。此學之始也。○學到說時，已是進了一步，只說後便自住不得。附《淺說》：既學而又必時時習之，則所學者熟，熟則自然有得。至理融通，真味泛溢。向厭其煩且難，今則見其約而易；向苦其勞且拘，今則見其舒而適。殆必學

❶「待」，原作「時」，今據《朱子語類》改。

之而不厭，好之而不倦，已知矣而必益求其知，已能矣而必益求其能，雖欲已而不能自已也，是之謂說。程子曰：「習，重平聲。習也。雙峰饒氏曰：「習字訓重，故重險謂之習坎。」時復扶又反。思繹，浹洽於中，則說也。」朱子曰：「浹洽二字有深意，如浸物於水，水若未入，只是外面濕，內面依然乾，必浸之久，則透裏皆濕。習而熟，熟而說，脉絡貫通，程子所謂浹洽是也。」○南軒張氏曰：「學貴於時習。程子曰『時復思繹』，言學者之於義理，當時紬繹其端緒而涵泳之也。」《通考》吴氏曰：「重習者，更互反復之意。繹，抽絲也。思者，如之。」又曰：「學者將以行之也，時習之則所學者在我，故說。」雲峰胡氏曰：「時復思繹則習於心，將以行之則習於身。」○新安陳氏曰：「上一條以知言，此一條以行言。采程子二說，以見學習當兼知行言也。」謝氏名良佐，字顯道，上蔡人。曰：「時習者無時而不習。坐如尸，坐時習也；立如齊，莊皆反。立時習也。」勿軒熊氏曰：「坐如尸，立如齊，出《記·曲禮》。如尸，註曰『視貌正』。如齊，註曰『磬耳聽，謂祭祀時』。」○朱子曰：「伊川之說，則專在思索，而無力行之功；如上蔡之說，則專於力行，而廢講究之義。似皆偏了。」○新安陳氏曰：「程子二條，說學習兼知行言。謝氏此條，惟以時習於行言，亦姑以坐立起例，非止謂坐立時也。其言時字亦與時時之意異。朱子姑采以備一說耳。」附《存疑》：謝說亦姑就坐立起例，如夫子說「出門」、「使民」意。其說時字，亦與本文異。必「坐時習」、「立時習」兩時字合上，方是本文時字意。

有朋自遠方來，不亦樂乎？樂，音洛。

朋，同類也。自遠方來，則近者可知。程子曰：「以善及人而信從者衆，故可樂。」朱子曰：「理義，人心所同然，非有我之得私也。吾獨得之，雖足以說矣，然告人而莫信，率人而莫從，是獨擅此理，而人不得與於吾心之所同也，如十人同食，一人獨飽，而九人不下咽，吾之所說雖深，亦曷能達於外邪？今吾之學足以及人，而信從者又衆，則將皆有以得其心之所同然者，而吾之所得，不獨爲一己之私矣。吾之所知，彼亦知之；吾之所能，彼亦能之，則其懽欣

宣暢，雖宮商相宣，律呂諧和，何足以方其樂哉？此學之中也。」又曰：「近者既至，遠者畢來，以學於吾之所學，而求以復其初。凡吾之所得而悦於心者，彼亦將有以得而悦之，則可以見夫性者萬物之一原，信乎其立必俱立，成不獨成矣。」○善不是自家獨有，人皆有之。我習而自得，未能及人，雖悦未樂。○問：「以善及人而信從者衆，是樂其善之可以及人乎，是樂其信從者衆乎？」曰：「樂其信從者衆也。大抵私小底人，或有所見，則不肯告人，特以自多。君子存心廣大，己有所得，足以及人。若己能之，以教諸人，而人不能，是多少可悶。今既信從者自遠而至，其衆如是，安得不樂？」○信從者衆，足以驗己之有得。然己既有得，何待人之信從始爲可樂？須知己之有得，亦欲他人之皆得。然信從者但一二，亦未能愜吾之意。至於信從者衆，則豈不可樂？○問：「朋來之樂奈何？」曰：「惟以程子之言求之，然後見夫可樂之實耳。且其『以善及人而信從者衆』之云纔九字爾，而無一字之虛設也。非見之明而驗之實，其孰能與於此？」○南軒張氏曰：「有朋自遠方來，則己之善得以及人，而人之善有以資己。講習相資，其樂孰尚焉？樂比於説，爲發舒也。」○新安陳氏曰：「『以善』之善即上一節『人性皆善』及『明善』之善。習説則善方成己，朋來則善方及人矣。」又曰：「説在心，樂主發散在外。」朱子曰：「程子非以樂爲在外也，以爲積滿乎中，而發越乎外耳。悦則方得於内，而未能達於外也。」○説是感於外而發於中，樂則充於中而溢於外。○慶源輔氏曰：「説是自知自能而自悦，樂是人皆知皆能而我與人同樂。」○雙峰饒氏曰：「説與樂皆是在中底。今此樂字對上文説字而言，則是主發散在外言之。」

人不知而不愠，不亦君子乎？」愠，紆問反。

愠，含怒意。君子，成德之名。尹氏名焞，字彦明，河南人。曰：「學在己，知不知在人，何愠之有？」❶朱子曰：「有朋自遠方來而樂者，天下之公也；人不知而愠者，一己之私也。以善及人而信從者衆則樂，不己知則不愠。樂、愠在物不在己，至公而不私也。」○新安陳氏曰：「己誠有所學，人之知

❶「有」，原作「何」，今據《四書章句集註》、《四書大全》改。

不知，何加損於己？朱子云：『爲學是爲己當然之事。譬如喫飯，乃是要自家飽，既飽何必問外人知不知，蓋與人初不相關也。』尹氏解此一節正意，故居先。」○雙峰饒氏曰：「朋是專主同類，人兼指衆人，上而君大夫亦是。」附《蒙引》：蓋自其學習之時，便全是爲己之心。況其習之熟、悦之深而至此，又何欣戚之有？程子曰：「雖樂於及人，不見是而無悶，乃所謂君子。」朱子曰：「樂公而愠私。君子有公共之樂，無私己之愠。」○雙峰饒氏曰：「説之深然後能樂，樂之深然後能不愠。」○雲峰胡氏曰：「説是喜意，愠是含怒意。喜、怒、樂三者皆情也，皆性之發也。能復其性之善，而情無不善，學習之功大矣。」○新安陳氏曰：「不見是而無悶，出《易·乾·文言》。不見是於人而無悶於心，引此語解『不知不愠』，甚切。此條聯樂與不愠言，故居尹説之後。」《通考》仁山金氏曰：「有自得之説，則有及人之樂；有及人之樂，則有君子之成德。」愚謂及人而樂者，順而易；去聲。不知而不愠者，逆而難，故惟成德者能之。問：「稍知爲己，則人知不知自不相干，何以言逆而難？」朱子曰：「人待己平平，亦不覺。但被人做全不足比數看待，心便不甘，便是愠愠。不是大故忿怒，只心有些不平，便是愠，便是裏面動了。」○人不見知，處之泰然，略無纖芥不平之意，非成德之君子，其孰能之？此學之終也。○今人有一善便欲人知，不知則便有不樂之意。不特此也，見人有善而人或不知之，初不干己事，而亦爲不平，況其不知己乎？此不知不愠所以難也。○問：「不愠之説孰爲得？」曰：「程子得之。至論其所以然者，則尹氏爲尤切。使人之始學即知是説以立其心，則庶乎其無慕於外矣。」○覺軒蔡氏曰：「程子謂不見是而無悶乃所謂君子，是不愠然後君子也。朱子謂惟成德者能之，則是君子然後不愠。以悦、樂兩句例之，則須如程子之説。朱子非正解本句，特統而論之耳，所以繼於尹氏、程子之後。」○慶源輔氏曰：「順謂理之順，逆謂理之逆。曰順曰逆，皆理也。但處其順者易，故及人而樂者猶可及；處其逆者難，故不見是而無悶，非成德之士、安土樂天者不能及也。」然德之所以成，亦曰學之正、習之熟、説之深而不已焉耳。問：「《集註》言君子而復歸於學之正、習之

熟，説之深何也？」勉齋黄氏曰：「學而至於成德，又豈有他道哉？ 其所自來者，亦不過是而已。 非體之之實，孰能知之哉？」○慶源輔氏曰：「此章總言始學始終三者之序，有淺深而無二道也。 又慮夫敏者躐等而進，怠者半途而止，味者又或離析以求之，或失其正而陷於異端，故復發此義而使之正其始之所學，然後時習以熟之，則夫説之與樂，可以馴致，初不待外求而得也。」又曰：「不極其至，則無以成其德，故又以此説終之。」○雙峰饒氏曰：「《集註》謂『德之所以成，亦在乎學之正、習之熟、説之深而不已焉』，此言極有意味。」○此章六句，其工夫只在第一句上，其餘五句，皆是效驗。○雲峰胡氏曰：「此章重在第一節，而第一句『時習』二字最重，故上文釋習字曰『學之不已』，此曰『學之正、習之熟、説之深』，而又曰『不已焉』。 於此見朱子喫緊教人處。」○新安陳氏曰：「此推本所以爲成德之由，不過自學習説中來，然學必貴乎正，習必貴乎熟，説必貴乎深，而又加以不已焉。 學之時習而説，乃後二節之本，亦務本之意。」《通考》仁山金氏曰：「逆而難，進步言。學之正，推本言。 程子此條，順進而言也。」**○程子曰：「樂由説而後得，非樂不足以語君子。」**朱子曰：「惟樂後方能進步，不樂則何足以爲君子？」○新安陳氏曰：「《集註》凡推説本章正意外之餘意，必加一圈以間隔之，此又以三節下三句發明餘意也。 必由成己之説，方可進於及人之樂。 然非造於樂之地步，又不足以言成德君子也。 夫學者所以學爲君子。 學由説以進於樂，而至於能爲君子，學之能事畢矣。 朱子云：『《論語》首曰學而時習之，至不亦君子乎，終曰不知命無以爲君子，此深有意。』蓋首篇首章、末篇末章，皆拳拳以君子望學者。 宜乎朱子以爲深有意焉。」《通考》朱氏公遷曰：「此章言爲學之道。 學兼知行言。 首言學欲熟之於己，中言學欲推之於人，終言學者畢竟所以爲己。」又曰：「四書所言君子甚多，其等第不一，今略取其的然有所指者以爲發例。 此章不知不愠，與不器、之於天下也、病無能、疾没世而民不稱、矜而不争、貞而不諒之君子，以德言，爲成德之稱，正言之也；不重則不威、食無求飽、博學於文、有九思、尊德性而道問學之君子，以德言，爲學者之稱，亦曰以學言也；君子脩己以敬、先行其言、不憂不懼之君子，以德

言，徹上徹下之道，因其人而言之也；所過者化、有三樂而王天下不與、廣土衆民君子欲之、依乎中庸、篤恭而天下平之君子，以德言，爲聖人之稱也；君子篤於親、正其衣冠、君子有大道之君子，以位言。凡以位言者，必有其德而後稱其位，故聖賢凡以君子爲爲人上者之稱，必言所以爲人上者之道，微意可見也。侍於君子有三愆之君子，兼德、位言之也。餘不能悉舉者，可以類推。」

○有子曰：「其爲人也孝弟，而好犯上者，鮮矣；不好犯上，而好作亂者，未之有也。

弟、好，皆去聲。鮮，上聲，下同。

有子，孔子弟子，名若。魯人。善事父母爲孝，善事兄長上聲。爲弟。新安陳氏曰：「深意在善字上。善事之中，有無限難能之事，未易言也。」犯上，謂干犯在上之人。朱子曰：「只少有拂戾，便是犯上，不必至凌犯乃爲犯。如疾行先長，亦是犯上。」○干犯是小底亂，到得作亂，則爲悖逆爭鬭之事矣。問：「人子之諫父母，或貽父母之怒，此不爲干犯否？」曰：「此是孝裏面事，安得爲犯？然諫時又自下氣怡色，柔聲以諫，亦非凌犯也。」鮮，少也。作亂，則爲悖逆爭鬭之事矣。此言人能孝弟，則其心和順，少好犯上，必不好作亂也。

君子務本，本立而道生。孝弟也者，其爲仁之本與？」平聲。

務，專力也。慶源輔氏曰：「專用其力而爲之也。」本，猶根也。仁者，愛之理，心之德也。爲仁，猶曰行仁。與者，疑辭，謙退不敢質言也。朱子曰：「仁者愛之理，是偏言，則一事；心之德，是專言，則包四者。故合而言之，則四者心之德，而仁爲之主；分而言之，則仁是愛之理，義是宜之理，禮是恭敬辭讓之理，智是分別是非之理也。仁者愛之理，理是根，愛是苗。仁之愛，猶糖之甜，醋之酸，愛是那滋味。愛雖是情，愛之理是仁也。仁者愛之理，愛者仁之事；仁者愛之體，愛者仁之用。愛之理自仁出也，然亦不可離了愛去說仁。昌黎『博愛之謂仁』，是指情爲性了。周子說『德，愛曰仁』，猶說惻隱之心仁之端也，是就愛處指出仁。若博愛之謂仁，之謂便是把博愛

做仁了。」○仁便是本，仁更無本了。若説孝弟是仁之本，則頭上安頭。伊川所以將爲字屬仁字讀，蓋孝弟是仁裏面發出來底，乃推行仁道之本，自此始爾；仁字則流通該貫，不專主於孝弟之一事也。仁就性上説，孝弟就事上説。仁如水之源，孝弟是水流底第一坎，仁民是第二坎，愛物是第三坎也。問：「爲仁只是推行仁愛以及物否？」曰：「只是推仁愛以及物，不是就這上求仁。」○勉齋黄氏曰：「人之一心，虚靈洞徹，所具之理，乃所謂德也。於虚靈洞徹之中，有理存焉，此心之德也，乃所謂仁也。義、禮、智亦心之德，而獨歸之仁，何也？義、禮、智者，德之一端，而仁者德之全體，以仁能包四者，故心德之名獨仁足以當之也。故仁之爲德，偏言之，則與義、禮、智相對，而所主惟一事；專言之，則不及義、禮、智，而四者無不包也。」○諸葛氏泰曰：「泥愛字則不知仁之體，捨愛字則不知仁之用。故即理以明體，於以見理具於愛之所未發；即愛以明用，於以見愛本於仁之所發見。無體何以有用，無仁何以能愛？因愛心之形而指其在中之理，故曰愛之理。《集註》於《孟子》首章又倒置其語，曰仁者心之德，愛之理，何也？《論語》言爲仁，是以偏言者言之，故以愛之理在先；《孟子》兼言仁義，則以專言者言之，故以心之德在先。然亦互相發明，而非有二也。」《通考》吴氏程曰：「愛之理，是偏言之仁，不涉義、禮、智、信，而『義者宜之理』之屬，各自見之；心之德，是專言之仁，包義、禮、智、信皆在其中。二句小大不同，各含體用。蓋心該衆理言，雖心體理用，然謂體全而用偏，則不可。」附《蒙引》：謂行仁自孝弟始，始字與本字不同，故朱子不用而以根字貼之。蓋必用根字，方見仁道自此而生。若始字，則全是謂孝弟是行仁第一件事也，故不同。○行字與爲字，終有些不同。行，施行也，若專指在外者言，爲字則一身皆有。**言君子凡事專用力於根本，根本既立，則其道自生。**朱子曰：「務本道生是泛言，以起下句之實，所以《集註》下一凡字。」○本立則道隨事而生，如事親孝，故忠可移於君；事兄弟，故順可移於長。附《存疑》：本即事之根本切要處，其餘許多節目條理，即是道，亦只是那事也。○《淺説》：其爲人也孝弟，有得於天資者，有得於學力者。君子務本，本字不專指孝弟，故註中用「凡事」二字。如治國平天下以齊家爲本，齊家以脩身爲本，脩身又以正

心爲本，此篇首論爲學以時習爲本，後章以忠信爲傳習之本，以五者爲道千乘之本，而五者之中又以敬爲本，皆是，餘可類推。若上文所謂孝弟，乃是爲仁之本，學者務此，則仁道自此而生也。朱子曰：「其爲人也孝弟，此説資質好底人，其心和順柔遜，必不好犯上，仁便從此生。」○雲峰胡氏曰：「上文是泛言爲仁，此節則專言君子。本立而道生，又是泛言君子之於凡事，皆用力於根本。孝弟爲仁之本，又言君子之行仁，孝弟爲之本。」○程子曰：「孝弟，順德也，故不好犯上，豈復扶又反。有逆理亂常之事？雙峰饒氏曰：「孝弟，順德也。犯上是小不順底事，作亂是大不順底事。」德有本，本立則其道充大。孝弟行於家，而後仁愛及於物，所謂『親親而仁民』也，故爲仁以孝弟爲本。新安陳氏曰：「以上解此章正意，下句別是一意，又推本言之。」論性，則以仁爲孝弟之本。」或問：「孝弟爲仁之本，此是由孝弟可以至仁否？」曰：「非也。朱子曰：「仁不可言至。仁是義理，不是地位，地位可言至。」謂行仁自孝弟始。孝弟是仁之一事，謂之行仁之本則可，謂是仁之本則不可。蓋仁是性也，孝弟是用也。性中只有箇仁、義、禮、智四者而已，曷嘗有孝弟來？然仁主於愛，愛莫大於愛親，故曰『孝弟也者，其爲仁之本與』。」程子曰：「『孝弟也者，其爲仁之本與』，非謂孝弟即是仁之本。蓋謂爲仁之本，當以孝弟，猶忠恕之爲道也。」○朱子曰：「爲仁以孝弟爲本，『事之本』、『守之本』之類是也。論性則以仁爲孝弟之本，『天下之大本』之類是也。爲仁以孝弟爲本，仁字是指其周偏及物者言之；以仁爲孝弟之本，仁字是指其本體發用處言之。二程子釋經，非諸儒所能及。」伯子曰『孝弟本其所以生，乃爲仁之本』，此語最深切，蓋推原孝弟之理，本於父母之所以生，所以爲行仁之本也。叔子曰『孝弟，順德也』，順德二字足以盡孝弟之義，而不好犯上作亂之意已具乎其中矣，讀者不可以不深思也。『性中只有仁、義、禮、智四者，曷嘗有孝弟

來』，此語亦要體會得是。蓋天下無性外之物，豈性外別有一物名孝弟乎？但方在性中，則但見仁、義、禮、智四者而已，仁便包攝了孝弟，凡慈愛、惻隱皆在所包，固不止孝弟也。猶天地一元之氣，只有水、火、木、金、土，言水而不曰江淮河濟，言木而不曰梧檟樲棘，非有彼而無此也。」○問：「孝弟是爲仁之本，義、禮、智之本如何？」曰：「義、禮、智之本皆在此。使事親從兄得宜者，行義之本也；事親從兄有節文者，行禮之本也；知事親從兄所以然者，智之本也。」○孝弟固本於仁，以其先發，故是行仁之本。○仁是理之在心，孝弟是心之見於事。性中只有箇仁、義、禮、智，曷嘗有孝弟？見於愛親，便喚做孝；見於事兄，便喚做弟。如「親親而仁民，仁民而愛物」，都是仁。性中何嘗有許多般？只有箇仁。自親親至於愛物，乃是行仁之事，非是仁之本也。故仁是孝弟之本，推之則義爲羞惡之本，禮爲恭敬之本，智爲是非之本。自古聖賢相傳，只是理會一箇心，心是一箇性，性只有箇仁、義、禮、智，都無許多般樣。見於事，自有許多般樣。○性中只有仁、義、禮、智，而孝弟本出於仁。論爲仁之工夫，則孝弟是仁中之最切緊處。當務此以立本，而仁道生也。○孝弟是合當底事，不是要仁民愛物，方從孝弟做去。或問：「如草木之有根，方始枝葉繁茂？」曰：「固是。但有根本則枝葉自然繁茂，不是要得枝葉繁茂，方始去培植本根。」○問：「爲仁以孝弟爲本，即所謂『親親而仁民，仁民而愛物』。孩提之童，無不知愛其親；及其長也，無不知敬其兄，是皆發於心德之自然。故論性以仁爲孝弟之本，爲仁以孝弟爲本。」曰：「是。道理都自仁裏發出，首先是發出爲愛，愛莫切於愛親，其次便到弟其兄，又其次便到事君，以及於他，皆從這裏出。如水相似，愛是箇源頭，漸漸流出。」○仁是性，發出來是情，便是孝弟。孝弟，仁之用，以至仁民愛物，只是這箇仁。行仁自孝弟始，便是從裏面行將去，這只是一箇物事。○仁是性，孝弟是用，譬如一粒粟生出爲苗，仁是粟，孝弟是苗，便是仁爲孝弟之本。又如木有根，有榦，有枝葉，親親是根，仁民是榦，愛物是枝葉，便是行仁以孝弟爲本。○問：「子於有子孝弟之章，既以仁爲愛之理矣，於『巧言令色，鮮矣仁』之章，又以爲心之德，何哉？」曰：「仁者，五常之首也，而包四者。惻隱，仁之緒也，而貫四端。故仁之爲義，偏言之則曰愛之理，此章所言之類是也；專言之則曰心之德，後章所言之類是也。

其實愛之理，所以爲心之德。」〇問：「既曰本猶根也，然則孝弟爲仁之本，仁爲孝弟之本，同乎，否乎？」慶源輔氏曰：「本之爲根則同，而其所以爲根則異。行仁以孝弟爲根，以其施於外者言也；論性以仁爲孝弟之根，以其發於内者言也。行仁不以孝弟爲根，則其施無序，而無以極夫仁民愛物之效；論性而不以仁爲孝弟之根，則其發無所，而無以充乎孝親弟長之實。」〇或問：「『其爲人也孝弟，而好犯上者，鮮矣』，晦翁謂鮮是少。若説鮮矣，則未以爲絶無孝弟之人猶有犯上之意邪？」潛室陳氏曰：「孝弟之人，資質粹美，雖未嘗學問，自是無世俗一等麄暴氣象。縱是有之，終是罕見。到得麄惡大過，可保其決無。言孝弟之人占得好處多，不好處少。」〇雲峰胡氏曰：「有子以孝弟爲行仁之本，而程子以仁爲孝弟之本，譬之木焉，❶有子就枝葉發端處説，程子就根本上説。程子之言所以補有子之所不及也。」〇新安陳氏曰：「言仁爲《論語》一書之大綱領。南軒張子嘗類聚《論語》中言仁處爲一編，名曰《洙泗言仁録》，此其首章云。」《通考》仁山金氏曰：「有子此章分二節，前節以質言，後節以學言，中二句泛言，承上生下。以凡人資質言，則孝弟者無犯上作亂之事；以學者務本言，則孝弟者爲行仁之本，親親、仁民、愛物皆從此出，而仁不可勝用。」又曰：「爲仁，爲字重讀。朱子恐人不曉爲仁是行仁之義，而倒看性情體用，故圈外收程子辨論説過詳。有子言仁之事，《集註》言仁之性，仁字訓詁發例於此。」〇朱氏公遷曰：「仁以德行言，自推行仁道而言，則孝弟皆是愛親，故爲仁之本。自良心之發見而言，則仁主乎愛，義主乎敬，故爲仁義之實。況有子止言仁，仁足以兼乎義也。吾友汪國用曰：『有子言務本是用功，即孟子智禮之實也。其言本立是成功，即孟子樂之實也。但孟子專主事親從兄而言，有子則言孝弟可以推之於仁民愛物，其意有不同耳。』」

〇子曰：「巧言令色，鮮矣仁！」

巧，好。令，善也。好其言，善其色，致飾於外，務以悦人，則人欲肆，而本心之德亡矣。新安陳氏曰：「此章仁字以心之德言，乃專言之仁也。」聖人辭不迫切，專言鮮，則絶無可知，學者所當深戒也。朱子曰：「巧言亦不專爲

❶「木」，原作「本」，今據哈佛本改。

譽人過實，凡辭色間務爲華藻，以悦人視聽者，皆是。」○只争一箇爲己、爲人。若動容貌，正顔色，是合當如此，亦何害？但做這樣務以悦人，則不可。○只是心在時便是仁。若巧言令色，一向逐外，則心便不在，安得謂之仁？○巧言令色，求以悦人，則失其本心之德矣，不待利己害人，然後爲不仁也。○人有此心，以其有是德也。此心不在，便不是仁。巧言令色，此雖未是大段姦惡底人，然心已務外，只求人悦，便到惡處，亦不難。○容貌辭氣之間，正學者持養用力之地。然有意於巧令，以悦人之觀聽，則心馳於外而鮮仁矣。若是就此持養，發禁躁妄，動必温恭，只要體當自家直内方外之實事，乃是爲己之切，求仁之要，復何病乎？又曰：「小人訐以爲直，色厲内荏，則雖與巧言令色者不同，然考其矯情飾僞之心，實巧言令色之尤者，故聖人惡之。」○問：「脩省言辭，誠所以立也；脩飾言辭，僞所以增也，發原處甚不同。夫子所謂巧令鮮仁，推原而察巧令之病所從來，止是有所爲而然，如『未同而言』，以言餂人，❶『脅肩諂笑』，以喜隨人之類，皆有所爲也。」曰：「有所爲之説甚善。」○程子曰：「知巧言令色之非仁，則知仁矣。」問：「夫子言鮮仁，程子直言非仁，何也？」朱子曰：「夫子之言，辭不迫切，而意已獨至者也。程子懼讀者之不察，而於巧令之中，求少許之仁，是以直斷以不仁，以解害辭之惑也。」○聖門之學，以求仁爲要。語其所以爲之者，必以孝弟爲先。論其所以賊之者，必以巧言令色爲甚。記語者所以引二者於首章之次，而其序如此，欲學者知仁之急，而識其所以當務，與其所可戒也。○勉齋黄氏曰：「苟知心馳於外，務以悦人者之非仁，則反而求之，心存於内而無私當理者，即仁也。」○雲峰胡氏曰：「上章好犯上作亂是剛惡，此是柔惡，聖賢深惡焉。」○東陽許氏曰：「此章大意似聖人觀人，然未嘗不警省學者。觀其辭甚嚴，蓋警省學者之意爲多。」○知巧言令色之非仁，只就此句翻轉看，則知直言正色之爲仁。然此只就言色上論。蓋仁是心之德，延平先生所謂當理而無私心者也。凡欲動於中，則心私矣。其接於事不當於理者，皆非仁也。夫致飾於外，不當理也；務以悦人，皆私心也。推

❶「餂」，原作「餙」，今據《四書大全》改。

此類而言之，則非禮之視聽言動，心私違理，皆非仁。本註人欲肆而本心之德亡，雖就言色上言，而所包者甚廣。又恐學者止於言色上致察，故著程子之說於圈外，使人隨事致察，而立心以公也。

○曾子曰：「吾日三省吾身：爲人謀而不忠乎？與朋友交而不信乎？傳不習乎？」省，悉井反。爲，去聲。傳，平聲。

曾子，孔子弟子，名參，字子輿。南武城人。《通考》朱子曰：「《論語》除曾姓外，皆作在登反。」○仁山金氏曰：「曾子名參，所金反，字子輿，本《史記·弟子傳》。然孟子又字子輿，蓋輌，車輌也。若曾子而字子輿，則參乃服參之參，七南反。」○吴氏程曰：「所金反，一音七南反。字子輿，蓋取參乘之義，立則參前，音所金反，往往音雖二而義則一。」○朱子曰：「三省謂即宫省之省，從少從目。蓋宫庭之門，規察出入，不令泛入，故謂之省，所耿反，借作省察之省，悉井反。」又云：「三字平、去二聲，雖有自然使然之分，然自然者不可去聲，而使然者亦可平聲，故三仕三已與三黜無以異，而三仕已無音，三省三嗅與三思三復皆使然，而《集註》於省嗅皆闕，凡此之類，二音皆通。」盡己之謂忠，以實之謂信。新安陳氏曰：「程伯子云：『發己自盡爲忠，循物無違謂信。』《大學章句》已采之，《集註》乃采程叔子之說。勿齋程氏謂叔子之言爲切。」○朱子曰：「忠是就心上說，信是就事上說。」○盡己之心而無隱，所謂忠也，以出乎内者言也。以事之實而無違，所謂信也，以驗乎外者言也。然未有忠而不信，未有信而不出於忠者，表裏之謂也。○發於心而自盡則爲忠，驗於理而無違則爲信。忠是信之本，信是忠之發。○忠信只是一事，而相爲内外、始終、本末。有於己爲忠，見於物爲信。○問：「曾子忠信却於外面理會。」曰：「此是脩辭立其誠之意。」曰：「莫是内面工夫已到？」曰：「内外只是一理。事雖見於外，而實在内。告子義外，便錯了。」○陳氏曰：「從内面發出，無一毫不盡，是忠。發出外者皆以實，是信。」附《蒙引》：此信字，不但謂言語以實，凡事皆要實也。故《集註》曰以實之謂信，而不曰言之有實也。蓋弟子章以信對謹，故有言行之分。賢賢易色章，子夏則分明謂言而有信。安得據子夏之言，而律曾子之言乎？傳，謂受之於師。習，謂

熟之於己。曾子以此三者日省其身，問：「曾子三省，無非忠信學習之事。然人之一身大倫之目，自爲人謀、交朋友之外，得無猶有在所省乎？」朱子曰：「曾子也不是截然不省別底，只是見得此三事上實有纖毫未到處，其他固不可不自省，特此三事較急耳。」附《存疑》：傳習不可專主知，須兼行説。時復思繹，習也。重復踐行，亦習也。有則改之，無則加勉。朱子曰：「曾子三省，看來是當下便省得，纔有不是處便改，不是事過後方始去改，省了却休也，只是合下省得，便與他改。」○新安陳氏曰：「《易・蹇卦・大象》曰：『山上有水，❶蹇，君子以反身脩德。』程傳曰：『君子遇艱蹇，必自省於身：有失而致之乎？有所未善則改之，無慊於心則加勉。』《集註》二句之所本，蓋在此。有則改之，易知也。無則加勉，非深知曾子之心不及此。使自省而無失，只如此而已，則三失將又生矣，豈日省勉勉不已之誠心乎？『無則加勉』四字，可補本文意之所未盡。」附《蒙引》：最要看三箇乎字。乎字有自猜自疑之意，正所謂省也。其自治誠切如此，可謂得爲學之本矣。而三者之序，則又以忠信爲傳習之本也。朱子曰：「謀不忠則欺於人，言不信則欺於友，傳不習則欺於師。」○三省固非聖人之事，然是曾子晚年進德工夫，蓋微有這些子渣滓去未盡耳。❷在學者則當隨事省察，非但此三者而已。○爲人謀時，須竭盡自己之心，這箇便是忠。問：「如此則忠是箇待人底道理？」曰：「且如自家事親有不盡處，亦是不忠。」○爲他人謀一件事，須盡自家伎倆與他思量，便盡己之心，不得鹵莽滅裂，姑爲他謀。如烏喙是殺人之藥，須向他道是殺人，不得只説道有毒。如火須向他道會焚灼人，不得説道只是熱。○爲人謀而不忠，是主一事説。朋友交而不信，是泛説。人自爲謀，必盡其心。到得爲他人謀，便不子細，致悞他事，便是不忠。若爲人謀事，一似爲己，爲盡心。○問：「爲人謀、交朋友，是應事接物之時，若未爲人謀，未交朋友之時，所謂忠信，便如何做工夫？」曰：「程子謂舜雞鳴而起，孜孜爲善。若未接物時，如何爲善，只是主於敬。此亦只是存養此心在這裏，照管勿差失，便是戒謹乎其

❶「上」，原作「下」，今據《周易註疏》、《四書大全》改。

❷「渣」，原作「查」，今據《朱子語類》、《四書大全》改。

所不睹，恐懼乎其所不聞，不動而敬，不言而信處。」○勉齋黄氏曰：「爲人謀則必欲實盡其心，交朋友則必欲實踐其言，講學於師則必欲實用其力。蓋曾子天資醇厚，志學懇篤，其於《大學》既推明誠意之旨，而傳之子思，又斷以誠身之義，至其自省，又皆一本乎誠。蓋不極乎誠，則凡所作爲，無非苟簡滅裂，是豈足以盡人事之當然，而合天理之本然也哉？」○尹氏曰：「曾子守約，故動必求諸身。」朱子曰：「守約不是守那約言，所守者約爾。」謝氏曰：「諸子之學，皆出於聖人，其後愈遠而愈失其真。新安陳氏曰：「如子夏傳田子方，其流爲莊周之類。」獨曾子之學，專用心於内，故傳之無弊，觀於子思、孟子可見矣。惜乎其嘉言善行去聲。不盡傳於世也。其幸存而未泯彌盡反，盡也。者，學者其可不盡心乎？」廣平游氏曰：「此特曾子之省身者而已，若夫學者之所省，又不止此。事親有不足於孝，事長有不足於敬歟？行或愧於心，而言或浮於行歟？慾有所未窒，而忿有所未懲歟？推是類而日省之，則曾子之誠身，庶乎可以跂及矣。古之人所謂夜以計過，無憾而後即安者，亦曾子之意。」○問：「三省忠信，是聞一貫之後，抑未聞之前？」朱子曰：「不見得。然未一貫前也要得忠信，既一貫後也要忠信，此是徹頭徹尾底。」○問：「曾子三省之事，何故只就接物上做工夫？」南軒張氏曰：「若是他人，合省之事更多。在曾子自省察，則只有此三者當省也。不是下爲己篤實工夫，不能如此。」○雲峰胡氏曰：「曾子早悟一貫之旨，晚加三省之功，愈可見其至誠不已之學。蓋其所省者，無非推己及人、因人反己之學，即其所謂忠恕者也。或以爲一唯在三省後，非矣。」○新安陳氏曰：「吾道一貫章及《孟子》時雨化之章，朱子訓釋非不明白，謂曾子於聖人泛應曲當，處已隨事精察而力行之，但未知其體之一耳。夫子知其真積力久，將有所得，是以呼而告之。曾子果能默契其旨，即應之速而無疑。孟子謂君子之所以教者五，其一即有如時雨化之，如農人種植之功，其力已盡，惟待時雨之至，即浡然奮發而收成。朱子以孔子之於顔曾當之，參二章以觀三省章，此正是隨察力行處，其悟一貫之旨而一唯正是人力已盡而時雨化之之時，如何反以悟一貫爲早年事，加

三省爲晚年事乎？」《通考》莆田王元善曰：「詳《集註》則三者蓋曾子平日誠切工夫，初非有早晚之可言也。」

○子曰：「道千乘之國，敬事而信，節用而愛人，使民以時。」道、乘，並去聲。道，治也。

或問：「道之爲治，何也？」朱子曰：「道者，治之理也，以爲政之心言也。」「曷爲不言治？」曰：「治者，政教法令之爲，治之事也。夫子此言者，心也，非事也。」千乘，諸侯之國，其地可出兵車千乘者也。

朱子曰：「車乘之説，疑馬氏爲可據。馬説八百家出車一乘，包氏説八十家出車一乘。一乘甲士三人，步卒七十二人，牛馬兵甲芻糧具焉，恐非八十家所能給也。」○此等處只要識得古制大意，細微處亦不必大段費力考究。《通考》吴氏程曰：「千乘，八百家出一乘，則千乘爲八十萬户矣。自古軍無實稱，故雖魯、衛、陳、蔡，皆號千乘之國。」○東陽許氏曰：「三代之禮，不能詳攷，所以《集註》只混説諸侯之地可出兵車千乘。蓋夫子當時亦是大概言之。若馬氏謂公方五百里，其食者半，則爲十二萬五千井，比上數爲多；侯方四百里，其食者參之一，則爲五萬三千三百三十三井有奇，比上數爲少。包氏以八十家賦一乘，其賦爲重，又無公田，亦不計國都、邑治、民居，殊未可曉。蓋古之建國，雖曰計方，然山林、川澤、都邑、塗巷必三分去一，然後爲田之數。如馬氏謂方三百十六里者，❶言亦未備也。又有一説王畿百里之内爲六鄉，一鄉一萬二千五百家，出軍則家一人，每乘戰士七十五人，合六鄉僅得千乘，所以天子六軍，二百里之遂亦然。若是，則孔子之言亦可該天子之國，但不能盡舉畿内爾。」敬者，主一無適之謂。

朱子曰：「自秦以來，無人識敬字，至程子方説得親切，曰：『主一之謂敬，無適之謂一。』故此合而言之。身在是，則其心在是，而無一息之離；其事在是，則其心在是，而無一念之雜。」○覺軒蔡氏曰：「敬該動静，主一亦該動静。此章敬字乃是主動而言。」敬事而信者，敬其事而信於民也。問：「敬事而信，疑此敬是小心畏謹之謂，非主一無適之謂。」朱子曰：「遇事，臨深履薄而爲之，不敢輕，不敢慢，乃是主一無適。」○問：「如何信了方能節用？」曰：「無信如何做事？

❶「方」，原作「力」，今據哈佛本改。

如朝更夕改，雖商鞅之徒，亦不可爲政。要之下面三事須以敬信爲主。」○問：「敬以事言，而信則無不盡也？」曰：「信是與民有信，期會賞罰，不欺其民。淺言之，則魏文侯之期獵，商君之徒木，亦其類也。」○胡氏曰：「發於己敬，則施於民者信矣。」時，謂農隙乞逆反。之時。言治國之要在此五者，亦務本之意也。朱子曰：「古聖王所以必如此者，蓋有是五者，而後上之意接於下，下之情方始得親於上，上下相關，方可以爲治。若無此五者，則君抗然於上，而民蓋不知所向。有此五者，方始得上下交接。」○勉齋黄氏曰：「敬事而信，敬與信對也。節用而愛人，儉與慈對也。此皆治國之要道，故兩句言四事，而各以而字貫之。使民以時，又慈中之一事，故獨系於後。但言所存，未及治具，故曰務本。」○慶源輔氏曰：「《左傳》農隙，杜氏註謂各隨時事之閒是也。」○前四章是爲學之本，此五者是治國之本。附《蒙引》：敬訓主一無適，而實不膠滯。若做此事方主一於此，忽又一事有重於此者，則又當移其主一之心於彼矣。初亦不害其爲主一而無適也。○隙字與畢字不同。畢字是冬來方畢，隙只是逐時數日之間隙而已。○愛人之人字，説得廣，凡百官、百姓、賢人、君子皆是。凡人皆當愛，使民以時，又專指民字言，可見其有異義。○程子曰：「此言至淺，新安陳氏曰：「謂平實而非甚高難行者。」然當時諸侯果能此，亦足以治平聲。其國矣。聖人言雖至近，上下皆通。此三言者，若推其極，堯舜之治，去聲。亦不過此。新安陳氏曰：「近足治諸侯之國，極可致堯舜之治，言近而指遠也。」若常人之言近，則淺近而已矣。」楊氏曰：楊氏，名時，字中立，號龜山，延平人，程門高弟。「上不敬則下慢，不信則下疑，下慢而疑，事不立矣。敬事而信，以身先之也。《易》曰：『節以制度，不傷財，不害民。』《節卦》彖傳文。❶蓋侈用則傷財，傷財必至於害民，故愛民必先於節

❶「傳」，原作「傅」，今據《四書大全》改。

用。然使之不以其時，則力本者不獲自盡，新安陳氏曰：「力本，謂農事。」雖有愛人之心，而人不被其澤矣。然此特論其所存而已，未及爲政也。苟無是心，則雖有政，不行焉。」新安陳氏曰：「所存，謂爲政者之心，未及爲政之條目。如禮樂、刑政、紀綱、文章，乃爲政之條目也。楊氏此説，本於伊川。伊川曰：『敬事以下，論其所存，未及治具，故不及禮樂刑政。』」胡氏曰：胡氏，名寅，字明仲，號致堂，建安人。「凡此數者又皆以敬爲主。」朱子曰：「敬事而信，是『節用愛人、使民以時』之本，敬又是信之本，要之本根都在敬上。若能敬，則下面許多事方照管得到。自古聖賢自堯舜以來，便説這箇敬字。孔子脩己以敬，是最緊要處。」愚謂五者反復芳服反，亦作覆。相因，各有次第，讀者宜細推之。問「反復相因」。朱子曰：「始須是敬，能敬方能信，能敬信方能節用，能節用方能愛人，能愛人方能使民時，是下因乎上。然有敬於己而不信於人者，故敬了又須信；亦有信於人而自奢侈者，故信了又須節用；亦有儉嗇而不能愛人者，故節用了又須愛人；又有能愛人而妨農時者，❶故愛人又須使民時。使不以時，却是徒愛也。是上因乎下。須看能如此方能如此，又看能如此又不可不如此之意。反覆推之，方見曲折。」〇潛室陳氏曰：「晦菴説五者反復相因，❷如何是反復相因處。蓋從敬事而信起説作下去，是如此而後能如此。如人能敬則做事專一，自能信。既能信，則必欲所行乎於民，自然能節用。既能節用，自然不傷財而至於愛人。既能愛人，自然能使民以時。這是如此而後能如此，是自上而下相因如此。如自下而説作上來，則是如此而又不可不如此。如以敬去做事，便不敢苟簡胡亂去做，須要十分好方止。既得好，便不至於苟簡變更，這便是能信。然做此一事，時久或昏，或爲權勢所移，或爲利害所動，前日出一令既如此，今日又變了如彼，這便不是信，便有妨於敬，所以著別下工夫於信去補這敬。然只知信，或出一政堅如金石，行一令信如四時，更不可移易，此固是好，然而自

❶「者」，原作「著」，今據哈佛本改。
❷「復」，原作「覆」，據上文「反復相因」改，下同。

家奢侈之心，或有時而生，不能節用，要如此廣用，則是所令又反其所好，却有害於信，故又須著去節用方得。然只恁底節用，不知有箇中底道理，則或至於『豚肩不掩豆，澣衣濯冠以朝』，心下已有所吝嗇，則凡民有饑荒，不能去發倉振廩，恤貧濟乏，至於築城鑿池，思患預防，不可已底事，亦吝嗇了，不捐財以爲之，是知節用而不知所以愛人，則節用又成落空了，此節用所以不可不愛人。然既愛民，又須使民以時，如春來當耕，夏來當耘，秋來當斂，便當隨時使去做，至冬來閑隙之時，方用他得，不然則所謂力本者，不獲自盡，雖有愛民之心，而民不被其澤矣。此自下相因而上如此。」《通考》仁山金氏曰：「五者反復相因，此補胡氏之意。論有本，則一節自生一節，是下因乎上；論全備，則一步須進一步，是上因乎下。」

○子曰：「弟子入則孝，出則弟，謹而信，汎愛衆而親仁。行有餘力，則以學文。」弟子之弟，上聲。則弟之弟，去聲。

謹者，行去聲。之有常也。信者，言之有實也。朱子曰：「謹信，言行相顧之謂。」《通考》朱氏公遷曰：「信以學言，此與『有諸己之謂信』相對。但此以用功言，信之見於言者以實之謂也；彼以成功言，信之存於中者無自欺之謂也。」汎，廣也。衆，謂衆人。問「汎愛衆」，朱子曰：「人自是當愛人，無憎嫌人底道理。」又問：「人之賢不肖，自家心中自須有箇辨別，但交接之際不可不汎愛爾。」曰：「他下面便説『而親仁』了。仁者自當親，其他自當汎愛。」○汎愛不是人人去愛他，只如群居不將一等相擾害底事去聒噪他，及不自占便宜之類皆是也。親，近也。仁，謂仁者。朱子曰：「汎愛而不説親仁，又流於兼愛矣。」○問「而親仁」，曰：「此亦是學文之本領。蓋不親仁，則本末是非，何從而知之。」餘力，猶言暇日。以，用也。文，謂詩書六藝之文。朱子曰：「只是行此數事外，有餘剩工夫，便可將此工夫去學文。非謂行到從容地位，而後可學文也。」○程子曰：「爲弟子之職，力有餘，則學文。不脩其職而先文，非爲去聲。己之學也。」尹氏曰：「德行，本也。文藝，末也。窮其本末，知所

先後，可以入德矣。」洪氏曰：洪氏，名興祖，字慶善，丹陽人。「未有餘力而學文，則文滅其質。有餘力而不學文，則質勝而野。」愚謂力行而不學文，則無以考聖賢之成法，識事理之當然，而所行或出於私意，非但失之於野而已。朱子曰：「無弟子之職以爲本，學得文濟甚事？此言雖近，真箇行得，亦自大段好。文，是詩書六藝之文，古人小學，便有此等，今皆無之，所以難。」又曰：「人須是知得古人之法，方做不錯。若不學文，任意自做，安得不錯？只是不可先學文耳。」○問：「行有餘力而後學文，夫豈以講切爲緩哉？」曰：「書固不可以不讀，但比之行實差緩耳。不然，則又何必言行有餘力而後學耶？」○南軒張氏曰：「入孝出弟，謹行信言，汎愛親仁，皆在己切要之務。行有餘力則以學文，非謂俟行此數事有餘力，而後學文也，言當以是數者爲本，以其餘力學文也。若先以學文爲心，則非篤實爲己者矣。文，謂文藝之事。聖人之言，貫徹上下。此章推言爲弟爲子之職，始學者之事，然成而極之，爲聖爲賢，蓋不外是也。此數言先之以孝弟，蓋孝弟，人道之所先，必以是爲本，推而達之也。」○雙峰饒氏曰：「尹氏以文對德行，有本末先後之分，說得文字輕。洪氏以文對質，言不可偏勝，說得文字差重。朱子以學文爲致知，與力行爲對，謂所知不明則所行不當理，發明文字甚重。三者互相發明。蓋但知文之爲輕，而不知其爲重，則將有廢學之弊，故不得不交致抑揚之意。」○趙氏曰：「德固不可一日而不脩，學亦不可一日而不講也。」○雲峰胡氏曰：「行有餘力者，謂六事之中每行一事，有暇則便學文，非謂每日盡行此六事畢，然後學文也。若必欲盡行此六事，行之不給，則恐終無學文之時矣。又按熊氏謂此章是小學，自孝弟忠信入，故先行而後文；『子以四教』是大學，自格物致知入，故先文而後行。蓋以『弟子』二字專爲小學之事。然則十五入大學者，獨非爲人弟、爲人子者乎？大抵聖人教人力行，必以學文爲先，故爲弟子之職者，力有餘則便當以學文爲重，《集註》『力行而不學文』以下，正自該『子以四教』章之意在其中。」○新安倪氏曰：「文、行二者，以本末之重輕言，則行爲重，故此章先行而後文，先本而後末也；以知行之先後言，則文爲先，故四教章先文而後行，先知而後行也。以二章參觀之，則

文、行之不可不並進可見矣。」《通考》朱氏公遷曰：「言小子之學。此章知、行兼備，而行爲重也。大抵大人之學先乎理，小子之學先乎事，此其次第所以有不同也。」

附《蒙引》：子以四教：文、行、忠、信，文不止是此等文，行亦不止是此等行。

○子夏曰：「賢賢易色，事父母能竭其力，事君能致其身，與朋友交言而有信，雖曰未學，吾必謂之學矣。」

子夏，孔子弟子，姓卜，名商。衛人。賢人之賢而易其好去聲，下同。色之心，好善有誠也。問：「伊川云見賢而變易顔色，《集註》何故取范氏好色之説？」朱子曰：「孔子兩言未見好德如好色，《中庸》亦以遠色爲勸賢之事，已分曉了。變易顔色有僞爲之者，不若易好色之心，方見其誠也，故范説爲長。」致，猶委也，委致其身，謂不有其身也。朱子曰：「不有其身，是不爲己之私計也。」四者皆人倫之大者，而行之必盡其誠，學求如是而已。雙峰胡氏曰：「賢賢亦朋友之倫也。尊賢取友，雖均屬朋友之倫，而賢賢爲重。《集註》以四者言之，人倫莫重於君親，此以賢賢居先者，以好善有誠，方能行下三事也。《中庸》、九經以尊賢先親親，亦此意。」○新安陳氏曰：「易色是誠於好賢，竭力是誠於事親，致身是誠於事君，言信是誠於交友。」故子夏言有能如是之人，苟非生質之美，必其務學之至，雖或以爲未嘗爲學，我必謂之已學也。朱子曰：「人固有資稟自好，不待學而自能盡此數者，然使其爲學，則亦不過學此數者耳，故曰人雖以爲未學，而吾必以爲已學也。」○南軒張氏曰：「雖使未學，所行固學者之事也。」○游氏曰：游氏，名酢，字定夫，建安人，程門高弟。「三代之學，皆所以明人倫也。能是四者，則於人倫厚矣。學之爲道，何以加此？子夏以文學名，而其言如此，則古人之所謂學者可知矣。新安陳氏曰：「可見子夏之文學非事文藝之末而重躬行之本也。」故《學而》一篇，大抵皆在於務本。」吳氏曰：吳氏，名棫，字才老，建安人。「子

夏之言，其意善矣。然詞氣之閒，抑揚太過，其流之弊，將或至於廢學。必若上章夫子之言，然後爲無弊也。」朱子曰：「子夏此言，被他説殺了，與子路何必讀書之説同，其流弊皆至於廢學。若『行有餘力則以學文』、『就正有道』、『可謂好學』之類，方爲聖人之言。」○天下之理，有大小本末，皆天理之不可無者，故學者之務，有緩急先後，而不可以偏廢，但不可使末勝本，緩先急耳。觀聖人所謂行有餘力則以學文者，其語意正如此。若子夏之論，則矯枉過其正耳。○問夫子言「則以學文」、子夏言「吾必謂之學矣」兩章，曰：「聖人之言，由本及末，先後有序，其言平正，無險絶之意。子夏則其言傾側而不平正，險絶而不和易，狹隘而不廣大，故未免有弊。然子夏之意，欲人務本，不可謂之不是，但以夫子之言比之，則見其偏之若此也。」○胡氏曰：「以未學爲生質之美者，人固有得氣質之清粹，而所爲與理暗合，然質之美有限，而學之益無窮，故吴氏又慮其抑揚之有偏也。」○勉齋黄氏曰：「子夏此語，與曾子三省，是皆心存乎誠，求造其極者也。然子夏務實行而抑文學，曾子務實行而兼傳習，則曾子之用功愈密，而用心愈弘，是則子夏之所不能及矣。」附《蒙引》：子夏是主資質之美者言，若兼「必其務學之至」説，則不至有廢學之弊，此恐是朱子替他周旋語意處。○子夏此章意思，與子路「何必讀書」、棘子成「質而已矣」意思相類，大抵都是有激之言，故欠平正。聖人灼理周匝，氣象從容，如曰「行有餘力則以學文」，是多少有斟酌，至於抑揚之際，亦曰「禮與其奢也寧儉，喪與其易也寧戚」，是多少斟酌。

○子曰：「君子不重則不威，學則不固。

重，厚重。威，威嚴。固，堅固也。輕乎外者必不能堅乎内，故不厚重則無威嚴，而所學亦不堅固也。問：「既曰君子，何故有不重不威？」朱子曰：「此是説君子之道，大概如此。」○輕最害事，飛揚浮躁，所學安能堅固？○慶源輔氏曰：「人不重厚，則見於外者，必無威嚴，存於中者，必不堅固，此表裏自然之符。」附《存疑》：威重是爲學規模，譬如耕種之田地，忠信如下箇種子，友勝己如培養，速改過如芟艾。○《淺説》：學則不固，學字兼知行，所謂大學之道也。學則不固，蓋以見輕之害事，而不可不

厚重也，意在重字上，不在學字上。

主忠信，

人不忠信，則事皆無實，爲惡則易，去聲。爲善則難，故學者必以是爲主焉。廣平游氏曰：「忠信所以進德也，如甘之受和，白之受采。故善學者必以忠信爲主，不言則已，言而必忠信也，故其言爲德言；不行則已，行而必以忠信也，故其行爲德行。止而思，動而爲，無往而不在是焉，則安往而非進德哉？」○朱子曰：「忠爲實心，信爲實事。」○人若不忠信，如木之無本，水之無源，更有甚底，一身都空了。今當反看自身，能盡己心乎？能不違於物乎？若未盡己之心，而或違於物，則是不忠信，凡百處事接物，皆是不誠實，且謾爲之如此。四者皆是脩身之要，就其中主忠信又是最要，若不主忠信，便正衣冠、尊瞻視只是色莊，爲學亦是且謾爲學，交朋友未必盡情，改過亦未必真能改過，故爲人須是主忠信。○主忠信是誠實、無僞、朴實。頭主字最重，凡事靠他做主。○問：「主忠信後於不重不威何也？」曰：「聖賢言爲學之序，須先自外面分明有形象處，把捉扶竪起來。」○陳氏曰：「主與賓對，賓是外人，出入不常，主常在屋裏。主忠信是以忠信常爲吾心之主。心所主者忠信，則其中許多道理都實，無忠信則道理都虛了。主字極有力。」○程子曰：「人道唯在忠信，不誠則無物。且出入無時莫知其鄉者，人心也，若無忠信，豈復扶又反。有物乎？」問：「伊川謂『忠信者，以人言之，要之，則實理』，何也？」朱子曰：「以人言之則爲忠信，不以人言之則只是箇實理。如誠者天之道，則只是箇實理；如惟天下之至誠，便是以人言之。」○西山真氏曰：「《論語》只言忠信，子思、孟子始言誠，程子於此乃合忠信與誠言之。蓋誠指全體言，忠信指人用力處言，盡得忠信即是誠。孔子教人但就行處說，行到盡處自然識得本原，子思、孟子則併本原發以示人也。」○新安陳氏曰：「不誠無物，不者，人不之也。人不誠實，則無此事物，《集註》所謂人不忠信則事皆無實，即不誠無物之意。」

無友不如己者，

無、毋通，禁止辭也。友，所以輔仁。不

如己，則無益而有損。問：「必擇勝己者爲友，則勝己者必以我爲不如己而不吾友矣。」朱子曰：「但不可求不如己者，及其來也，又焉得而却之。我求勝己者爲友，不如己者又來求我，即匪我求童蒙，童蒙求我也。」○朋友纔不如己，便無敬畏而生狎侮，豈能有益？○無友不如己者，與勝己者處也。○人交朋友，須求有益，若不如我者，豈能有益？○大凡師則求其賢於己者，友則求其勝者，至於不肖者，則當絶之。聖人此言，非謂必求其勝己者。今人取友，見其勝己者，則多遠之，而不及己者，則好親之，此言乃所以救學者之病。

附《存疑》：主忠信，是誠實去爲學，所謂致知力行，皆是實事，略無虛假，於理不患不能知不能行矣。然此理不易知，亦不易行，苟不得賢師友相講明，相規正，則所知或非其真，所行或失其正，而流於妄者有之，所以既主忠信，又當友勝己者也。

過則勿憚改。」

勿，亦禁止之辭。憚，畏難也。自治不勇，則惡日長，上聲。故有過則當速改，不可畏難而苟安也。程子曰：「學問之道無他也，知其不善則速改，以從善而已。」廣平游氏曰：「『過而能改，善莫大焉』，蓋能改一言之過，則一言善矣，能改一行之過，則一行善矣。若過而每不憚改者，其爲善可勝計哉？」○朱子曰：「最要在速字上著力。凡有過，若今日不便改，過愈深則善愈微，若從今便改，則善可自此而積。今人多是憚難過了日子。」○雲峰胡氏曰：「此過也而《集註》以爲惡日長者，無心失理爲過，有心悖理爲惡，自治勇則過可反而爲善，自治不勇則過必流而爲惡。」

○程子曰：「君子自脩之道當如是也。」新安陳氏曰：「提首句君子字總説全章四節。」游氏曰：「君子之道，以威重爲質，慶源輔氏曰：「威由重生，先言威，便文耳。」而學以成之。學之道必以忠信爲主，而以勝己者輔之。然或吝於改過，則終無以入德，而賢者亦未必樂音洛。告以善道，故以過勿憚改終焉。」龜山楊氏曰：「正其衣冠，尊其瞻視，儼然人望而畏之，則重而有威矣。不重則易爲物遷，故學則不固。

主忠信，求諸己也。尚友，取諸人也。取諸人以爲善，而友非其人，則淪胥而敗矣，故無友不如己者。合志同方，營道同術，所謂如己者也。聞善則相告，見不善則相戒，故能相勸而善也。過憚改，亦不足以成德矣。」○勉齋黄氏曰：「外重厚而内忠信，則其本立；友勝己而速改過，則其德進。」○慶源輔氏曰：「苟未至於聖人，孰能無過？倘或畏難而苟安，則過益以大，志益以惛，不惟勝己之友將舍我而去，而忠信之德亦無以自進矣，故以過勿憚改終焉。要之自始學至於成德，唯改過爲最急。」○新安陳氏曰：「君子之爲學，當以重厚爲質，尤當以忠信爲主，而輔之以勝己之友，終之以改過之勇焉。四者之中，主忠信爲尤重。能主忠信，則念念事事無非誠實，必能實於重厚威嚴，以堅其學；實於取友改過，以進其學矣。」附《淺説》：君子於此四者，各得其道，則學固矣。學之大本立矣，聞見日新，而德行亦日純矣。自脩之道，豈有外於此哉？

○曾子曰：「慎終追遠，民德歸厚矣。」

慎終者，喪盡其禮。追遠者，祭盡其誠。民德歸厚，謂下民化之，其德亦歸於厚。蓋終者人之所易去聲，下同。忽也，而能謹之，遠者人之所易忘也，而能追之，厚之道也。故以此自爲，則己之德厚，下民化之，則其德亦歸於厚也。龜山楊氏曰：「孟子云：『養生不足以當大事，惟送死可以當大事。』則大事，人子所宜慎也。故三日而殯，凡附於身者，必誠必信，勿之有悔焉耳矣。三月而葬，凡附於棺者，必誠必信，勿之有悔焉耳矣。夫一物不具，皆悔也，雖有悔焉，無及矣，此不可不慎也。春秋祭祀，以時思之，所以追遠也。齊之日，思其居處，思其笑語，思其志意，思其所樂，思其所嗜，齊三日乃見其所爲齊者，則孝子所以盡其心者至矣。以是而帥之，民德其有不歸厚乎？」○朱子曰：「慎終追遠，❶自是天理所當然，人心所不能自已者，自是上之人所當爲，不爲化民而爲之，能如此則己德厚，而民德亦化之而厚矣。」○蘇説曰：「忽略於喪祭，則背死忘生者衆，而俗薄矣。」○雲峰胡氏曰：「古

❶「慎」，原作「謹」，係避南宋孝宗趙昚名諱，昚同慎，今回改，以下同，不一一出校。

註云：『慎終者喪盡其哀，追遠者祭盡其敬。』《集註》依伊川説，以禮與誠易之。蓋喪罕有不哀者，而未必皆盡禮；祭罕有不敬者，而未必皆盡誠，薄俗往往然也。惟民生厚，民德本厚也，歸厚不過復其本然者爾，豈有增益之哉？」○東陽許氏曰：「常人之情，於親之終，悲痛之情切，而戒慎之心或不及，親遠而祭，恭敬之心勝，而思慕之情或踈。君子存心，則加於此。送終既盡擗踊哭泣之情，又慎喪死之禮，如《禮記》殯而附於身者必誠必信，葬而附於棺者必誠必信，勿之有悔之類。祭遠者既盡孝敬之意，又致追慕之情，如《禮記》所謂祭死者如不欲生，霜露既降，有悽愴之心，雨露既濡，有怵惕之心之類。如此則過於常人，其德爲厚。上之人既如此，下民化之，其德亦歸於厚。」○慎終，存哀中之敬。追遠，動敬中之哀。附《存疑》：慎終是指親父母，追遠不止親父母，凡遠祖皆是。

○子禽問於子貢曰：「夫子至於是邦也，必聞其政，求之與，抑與之與？」之與之與，平聲，下同。

子禽，姓陳，名亢。音岡，陳人。子貢，姓端木，名賜。衛人。皆孔子弟子。或曰亢，子貢弟子，《通考》吴氏程曰：「亢兩問，子貢一問，伯魚無請問夫子之事。《家語》雖收在弟子中，而《史記》却無，故兩其説。」未知孰是。抑，反語辭。

子貢曰：「夫子温、良、恭、儉、讓以得之。夫子之求之也，其諸異乎人之求之與？」

温，和厚也。西山真氏曰：「和兼厚字，方盡温之義。和如春風和氣之和，厚如坤厚載物之厚。和不慘暴也，厚不刻薄也。」良，易去聲，下同。直也。朱子曰：「《記》言『易直子諒之心』。易，平易，坦易。直，如曰直無險詖。子諒，慈良也。」恭，莊敬也。西山真氏曰：「莊主容，敬主心，自中發外，故曰恭也。」儉，節制也。朱子曰：「儉非止儉約，只是不放肆常收斂之意。」○西山真氏曰：「節者自然之界限，制者用力而裁制。」讓，謙遜也。西山真氏曰：「謙謂不矜己之善，遜謂推善以歸人。」五者夫子之盛德，光輝接於人者也。新安陳氏曰：「夫子之盛德，無所不

備，固不止此，此乃盛德之光輝，發見於接人之際者。」○林氏少穎曰：「形容聖人之盛德，必推其著見者言之。堯曰欽明文思，舜曰濬哲文明、温恭允塞，湯曰齊聖廣淵，文王曰徽柔懿恭，夫子曰温良恭儉讓，皆以其德之著者言之也。」其諸，語辭也。人，他人也。言夫子未嘗求之，但其德容如是，故時君敬信，自以其政就而問之耳，非若他人必求之而後得也。朱子曰：「子貢謂夫子之求之，此承子禽之言，借其求字而反言之，以明夫子未嘗求，如孟子言伊尹以堯舜之道要湯也。」聖人過化存神之妙，未易窺測，然即此而觀，則其德盛禮恭而不願乎外，亦可見矣，學者所當潛心而勉學也。新安陳氏曰：「『君子所過者化，所存者神』，出《孟子》，謂聖人身所經歷處則人皆化，心所存主處皆神妙無不通也。『德言盛，禮言恭』，出《易·繫辭》，『不願乎其外』，出《中庸》。」○朱子曰：「此五者皆謹厚謙退，不自聖賢底意，故人皆親信樂告之。最要看此五字是如何氣象。體之於我，則見得聖人有不求人而人自來問底意。今人却無非是求。學者且去理會不求底道理，方好。」《通考》新安吴氏程曰：「過謂身所經歷，化謂人無不從，存謂心所存主，神謂意無不達，所謂『立之斯立，道之斯行，綏之斯來，動之斯和』是也。德盛禮恭，則禮之所以恭者，又未嘗無其本也。觀其言則引而不發，其意則有所不足於子貢之云者，其旨深矣。」○仁山金氏曰：「此章緣子禽求之之問甚低，故且就其接人處言之，而反其求字之意，而其言遂欠内一層，故《集註》曰盛德，曰過化存神，曰德盛，皆補其内，而本註亦字及謝氏三亦字，蓋但指其外也。」○東陽許氏曰：「過化存神，正是得聞邦政之原，補説聖人如此。未易窺測，而獨説子貢未足盡聖人之德，亦兼見子禽所造者淺。不願乎外，却是關求字得字意言之。凡圈内本註皆是依經文説，無一字閑慢無來歷，讀者須子細把注字一一體貼經文看，不要作剩字放過，此是讀朱子書之法。」附《蒙引》：夫子温良恭儉讓以得之，則非求，亦非與也。子貢之言，蓋謂夫子於國政，自有以得之者，與且不足言，況於求乎？故置與不答，特借求之一字反言之，見其自有不求之求也。或者便以爲只是與，恐亦未得子貢之意。○謝氏曰：

「學者觀於聖人威儀之閒，亦可以進德矣。若子貢亦可謂善觀聖人矣，亦可謂善言德行矣。今去聖人千五百年，以此五者想見其形容，尚能使人興起，而况於親炙之者乎？」朱子曰：「此子貢舉夫子可觀之一節耳，若論全體，須如『子温而厲，威而不猛，恭而安』。」○雲峰胡氏曰：「温而厲，威而不猛，恭而安，此夫子中和氣象也。子貢言温而不言厲，言恭而不言安，言良儉讓則見不猛，而不見所謂威，皆未足以盡盛德之形容，不過以其得聞國政，姑以其光輝接物者言爾。必如子貢異時綏來動和等語，乃足以見夫子過化存神之妙焉。按饒氏謂此即聖人中和氣象，又謂《集註》過化存神未易窺測之語與謝説三亦字，皆微寓抑揚之意。夫苟是中和氣象，則謝不當下亦字。以謝氏爲微寓抑揚之意，則其不足以盡中和之氣象明矣。饒氏前後二説自相反，不可不辨也。」《通考》按周敬王四十一年壬戌，❶孔子卒，至宋慶元三年丁巳，一千六百七十六年。張敬夫名栻，號南軒，廣漢人。曰：「夫子至是邦必聞其政，而未有能委國而授之以政者。蓋見聖人之儀刑而樂音洛。告之者，秉彝好去聲。德之良心也，而私欲害之，是以終不能用耳。」慶源輔氏曰：「好德之心固有而易發，私欲之害蔽深而難除，此所以夫子至是邦必聞其政，而未有能委國而授之以政者也。」

○子曰：「父在觀其志，父没觀其行，三年無改於父之道，可謂孝矣。」行，去聲。

父在，子不得自專，而志則可知。父没，然後其行可見，故觀此足以知其人之善惡。新安陳氏曰：「此爲父子志趣、事爲之不同者言之。志者，行之未形者；行者，志之已形者也。」然又必能三年無改於父之道，乃見其孝。不然，則所行如字。雖善，亦不得爲孝矣。慶源輔氏曰：「就事而言雖是，就心而言則不得爲孝矣。」

❶ 「戌」，原作「戊」，今據文意改。

○尹氏曰：「如其道，雖終身無改可也。如其非道，何待三年？然則三年無改者，孝子之心有所不忍故也。」游氏曰：「三年無改，亦謂在所當改，而可以未改者耳。」雲峰胡氏曰：「不忍改以心言，所當改以事言，可未改以時言。」○延平李氏曰：「道者，是猶可以通行者也。三年之中，日月易過，若稍稍有不愜意處，即率意改之，則孝子之心何在？有孝子之心者，自有所不忍耳，非斯須不忘，極體孝道者，能如是耶？」○朱子曰：「父在觀其志，此一句已自有處變意思，必有爲而言。觀其文意，便是父在時，其子志行已自有與父不同者。父在時，子非無行，而其所主在志；父没時，子非無志，而其所主在行。道，猶事也。言道者，尊父之辭。三年無改，是半上落下之事，雖在所當改，但遽改之，則有死其親之心，有揚親之過之意。須三年後徐改之，便不覺。若大故不好底事，則不在此限矣。其不可改者，則終身不改，固不待言。其不可以待三年者，則又非常之變，亦不可以預言。善讀者推類而求之。或終身不改，或三年而改，或甚不得已，則不待三年而改，顧其所遇之如何，但不忍之心則不可無耳。存得不忍之心，則雖或不得已而改，亦不害其爲孝。尹氏説得孝子之心，未説得事。游氏則於事理上説得聖人語意出。」○此章只是折轉説。上二句觀人之大概，下句就觀其行，細看其用心之厚薄如何。行雖善矣，父道可以未改而輕率改之，亦未善也。纔説三年無改，便是這有未是處。若父道已是，何用説無改，終身行之可也。○大意不忍改之心是根本，而其事之權衡，則游氏之説盡之。○父在時，使父賢而子不肖，雖欲爲不肖之事，猶以父在而不敢爲。然雖無甚不肖之行，而其志可知矣。使子賢而父不肖，雖欲爲善事，而父有所不從，時有勉强而從父之爲者，此雖未見其善行，而要其志之所存則亦不害其爲賢矣。至於父没，則己自得爲，於是其行之善惡可於此而見矣。○問：「志者，志趣，其心之所趣者是也。行者，行實，行其志而有成也。父在，子不得專於行事，而其志之趣向可知，故觀其志。父没，則子可以行其志矣，其行實暴白，故觀其行。然三年之間，疾痛哀慕，其心方皇皇然，望望然，若父母之存，而庶幾於親之復見，豈忍以爲可以得行己志，而遽改以從己志哉？存得此心，則於事有不得不改者，吾迫於公

議，不得已而改之，亦無害其爲孝矣。若夫其心自幸以爲於是可以行己之志，而於前事不如己意者，則遂遽改以從己之志，則不孝亦大，夫豈復論其改之當與不當哉？蓋孝子之處心，親雖有存没之閒，而其心一如父在，不敢自專，況謂之父道，則亦在所當改而可以未改者。三年之閒，如白駒過隙，此心尚不能存，而一不如志，率然而改，則孝子之心安在哉？故夫子直指孝子之心，推見至隱而言，不必主事言也。若乃外迫公議，内懷欲改，而方且隱忍遷就，以俟三年而後改焉，則但不失經文而已，大非聖人之意耳。」曰：「此説得之。」○或問：「孟莊子之孝也，其他可能也，其不改父之臣與父之政，是難能也，與此同否？」曰：「不同。此章是言父之所行有不善而子不忍改，乃見其孝。若莊子之父獻子，自是箇賢者，其所施之政、所用之臣皆是，莊子能不改之，此其所以爲難。」○南軒張氏曰：「若悖理亂常之事，孝子其敢須臾以寧？不曰孝子成父之美，不成父之惡乎？曰『父之道』，則固非悖理亂常之事也。」○西山真氏曰：「爲人子者，當隨所遇而裁之。自人君而言，則武繼文志，則終身無改，宣承厲之烈，則不待三年而改。若可繼，雖不若文而當改，又不如厲，則所謂三年無改者也。三年之閒，惟盡哀慕之誠，姑泯改爲之迹，不亦善乎？」○東陽許氏曰：「此章主於觀人，但上兩句觀志行之大分，三年無改又是觀行中之一節。」附《存疑》：此章愚意只是説爲人子者。朱子小註謂上二句觀人之大概，下句就「觀其行」，細看其用心，《蒙引》謂上二句是看其人之善否，下一句則專就子道上看，恐皆未是。夫觀人自有許多術。如何就人父之存没上看？朱子又言父在觀其志，此二句已自有處變意思，必有爲而言。新安陳氏謂此爲父子志趣、事爲之不同者言之。據此是不主觀人之説矣。朱子此段小註説最周盡，當玩，前説乃未定之見。

○有子曰：「禮之用，和爲貴，先王之道，斯爲美，小大由之。

禮者，天理之節文，人事之儀則也。朱子曰：「節者，等級也。文者，不直截而回互之貌。是裝裹得好，如升降揖遜。天下有當然之理，但此理無形影，故作此禮文，畫出一箇天理與人看，使有規矩可以憑據，故謂之天理之節文。」○勉齋黄氏曰：「如天子之服十二章，上公九章，各有等數，此是節。若山龍華蟲

之類爲飾，此是文。如冠如婚，此是人事。若冠禮裏有三加揖讓升降處，此是儀。若天子冠禮則當如何，諸侯則當如何，各有則樣，此是則。」○陳氏曰：「天理只是人事中之理，而具於心者也。天理在中而著於事，人事在外而根於中。天理其體，而人事其用也。節、文、儀、則四字，相對説，節則無太過，文則無不及，儀在外有可觀，則在内有可守。儀謂容儀，有粲然可象底意，與文字相應。則謂準則，有確然不易底意，與節字相應。必有天理之節文，而後有人事之儀則。」○胡氏曰：「天理其體，故先節而後文；人事其用，故先儀而後則。」《通考》吴氏程曰：「天理節文，人事儀則。上言經禮，下言曲禮。節文，謂品節文章。」和者，從七容反。容不迫之意。蓋禮之爲體雖嚴，然皆出於自然之理，故其爲用必從容而不迫，乃爲可貴。新安陳氏曰：「因用而遡其體，惟體出於自然之理，故其用以從容不迫爲貴。從容不迫，蓋從自然中來。」先王之道，此其所以爲美，新安陳氏曰：「此字貼斯字，指禮之和而言。」而小事大事，無不由之也。朱子曰：「『禮之用，和爲貴』，見君父自然用嚴敬，此是人情願，非由抑勒矯拂，是人心固有之同然者，不待安排便是和，纔出勉强便不是和。」○和是自家合有底，發見出來，無非自然。○禮主於敬，而其用以和爲貴。然敬而和，著意做不得。纔著意嚴敬，即拘迫而不安，要放寬些，又流蕩而無節。須是真箇識得理之自然處，則事事物物上，都有自然之節文，雖欲不如此不可得也。故雖嚴而未嘗不和，然和而未嘗不嚴也。」又曰：「和便有樂底意思，故和是樂之本。」○禮如此之嚴，分毫不可犯，何處有箇和？須知道吾心安處便是和，如入公門鞠躬，須是如此方安，不如此便不安，不安便是不和。以此見得禮中本來有箇和，不是外面物事。至嚴之中便是至和處，不可分作兩截看。○但不做作而順於自然，便是和。和是嚴敬中順禮而安泰者也。○覺軒蔡氏曰：「有子專以禮之用言，朱子兼以禮之體言。禮之用固貴於和，論禮之體則禮中本有自然之和，非禮之外又加從容也。」附《蒙引》：禮之用，禮之行處也，非人之用禮也。曰人之用禮，則用字屬人。曰禮之用，則用字屬禮。故須有分辨。○《存疑》：禮

之用，猶云「德之流行」，道之行耳。要知禮之用，亦只是人之用夫禮，但不可謂人之用禮耳。○本文只曰禮之用，朱子則發出體字。要之體與用原無二項，即禮之尊卑上下，截然不易，是體；而人之行禮，尊卑上下，截然不易，便是用也。○知和之和，與上和字同，而和之和，與上和字不同。○小大由之，指天下後世說，不可指先王說。若指先王說，便淡了。○《淺說》：昔者先王制禮，惟其和焉，此其所以爲美，建諸天地而不悖，質諸鬼神而無疑，推之四海而皆準，傳之萬世而無弊也。

有所不行，知和而和，不以禮節之，亦不可行也。」

承上文而言如此，而復扶又反，下同。有所不行者，以其徒知和之爲貴，而一於和，不復以禮節之，則亦非復禮之本然矣，新安陳氏曰：「節，即天理節文中本然之節。」所以流蕩忘返，而亦不可行也。朱子曰：「禮之用和，是禮中之和；知和而和，是放教和。纔放教和，便是離却禮了。」○程子曰：「禮勝則離，故禮之用，和爲貴，先王之道，以斯爲美，而小大由之；樂勝則流，故有所不行者，知和而和，不以禮節之，亦不可行。」新安陳氏曰：「禮勝則離，樂勝則流，」二句出《樂記》。此章本只論禮，未嘗論樂，程子特借樂字以言和字耳。」○朱子曰：「好就勝字上看，只争這些子。禮纔勝些子，便是離了；樂纔勝些子，便是流了。知其勝而歸之中，便是禮樂之正。」○和固不可便指爲樂，是禮中之樂，如天子八佾，諸侯六，大夫四，士二。此樂之有節處，又是樂中之禮也，便見禮樂不相離。○天下之事，嚴而不和者却少，和而不節之以禮者常多。又曰：「如人入神廟，自然敬肅，不是强爲之，禮之用自然有和意。禮之和處，便是禮之樂；樂有節處，便是樂之禮。」○問：「從容不迫如何謂之和？」曰：「只是說行得自然如此，無那牽强底意思，便是從容不迫。那禮中自有箇從容不迫，不是有禮後更添箇從容不迫。若離了禮說從容不迫，便是自恣。」又曰：「只是立心要從容不迫不得，纔立心要從容不迫，少間便都放倒了。且如聖人恭而安，聖人只知道合著恭，自然不待勉强而安，纔說要安排箇安，便添了

一箇。」○問：「禮之體雖截然而嚴，然自然有箇撙節恭敬底道理，故其用從容和緩，所以爲貴。苟徒知和而專一用和，必至於流蕩而失禮之本。今人行事，莫是用先王禮之體，❶而後雍容和緩以行之否？」曰：「是。」○知和而和，却是一向去求和，便是離了禮。且如端坐不如箕踞，徐行後長者不如疾行先長者，到這裏更有甚禮，可知是不可行也。○問：「伊川曰别而和，别字如何？」曰：「分雖嚴而情却通。」○問：「上蔡謂禮樂之道異用而同體，如何？」曰：「禮主敬，敬則和，這便是他同體處。」又曰：「禮主於敬，樂主於和，此異用也，皆本之於一心，是同體也。」○和是碎底敬，敬是合聚底和。蓋發出來無不中節，便是和處。○敬與和，猶小德川流，大德敦化。○問：「先生常云敬是合聚底和，和是碎底敬，是以敬對和而言否？」曰：「然。敬只是一箇敬，無二個敬，二便不敬矣。和便事事都要和，這裏也恰好，那裏也恰好，這處也中節，那處也中節，若一處不和，便不是和矣。敬是喜怒哀樂未發之中，和是發而皆中節之和。纔敬便自然和，如敬在這裏坐，便自有箇氤氳磅礴氣象，凡恰好處皆是和。」○問「禮樂之用，相反相成」，曰：「且如而今對面端嚴而坐，這便是禮，合於禮便是和。如君臣之閒，君尊臣卑，其分甚嚴，若以勢觀之，自是不和，然其實却是甘心爲之，皆合於理而自和矣。」○西山真氏曰：「太嚴而不通乎人情，故離而難合；太和而無所限節，則流蕩忘反，所以有禮須用有樂，有樂須用有禮。此禮樂是就情性上説。」○雙峰饒氏曰：「有子論仁論禮，皆只説得下面一截，上面一截須待程子、朱子爲發明之。」

范氏曰：范氏，名祖禹，字淳夫，成都人，程門高第。「凡禮之體，主於敬，而其用則以和爲貴。敬者禮之所以立也，和者樂之所由生也。若有子可謂達禮樂之本矣。」朱子曰：「自心而言，則心爲體，敬和爲用；以敬對和而言，則敬爲體，和爲用。大抵體用無盡時，只管恁地推將去。」○和固不可便指爲樂，然乃樂之所由生，和有樂底意思。愚謂嚴而泰，和而節，此理之自然，禮之全體也，毫釐有差，則失其中正，而各倚於一偏，其不可行均

❶「王」，原作「全」，今據哈佛本改。

矣。新安陳氏曰：「嚴謂禮之體嚴，泰謂自然之理及從容不迫，此指上一節。和謂知和之和，節謂以禮節之之節，此指下一節。程、范借樂字以形容和字，❶朱子要歸之論只言禮而不及樂，的矣。『嚴而泰，和而節』六字，斷盡一章大意。」○雲峰胡氏曰：「《集註》前一節分體用，後一節獨説全體，何也？前章是因有子言用，而推原其體，後總説禮之全體，則包前所謂體用者在其中矣。如天高地下，合同而化，便是嚴而泰；如四時陰陽沖和，有節氣，有中氣，此便是和而節。此固自然之理，而禮之全體如此也。然禮之全體，嚴者未嘗不泰，人則有嚴而失其中者矣，未免倚於嚴之一偏，不可行矣；禮之全體，和者未嘗不節，人則有和而失其正者矣，未免倚於和之一偏，亦不可行矣。『一偏』字與『全體』字相反。夫其體之全也本如此，而人之偏也乃如此，人之於理，有毫釐之差，則失之故也。」《通考》東陽許氏曰：「此章有子是説用禮，前節是正意，後節是防敝。❷程子借《樂記》二語，提掇説起此章全體，范氏因程子之言而言就禮中自有樂，然敬是禮之本體，朱子又進一步説禮之全體中自有敬與和。」

○有子曰：「信近於義，言可復也；恭近於禮，遠恥辱也；因不失其親，亦可宗也。」近、遠，皆去聲。

信，約信也。慶源輔氏曰：「此信字，本是約信。若只是誠信之信，則信是實理，豈有不近義者哉？」○勉齋黄氏曰：「以實之謂信，事之已見而以其實者也。約信，與人期約而求其實者也。」○汪氏炎昶曰：「《曲禮》云：『約信曰誓。』『約信』二字本此。」義者，事之宜也。復，踐言也。恭，致敬也。禮，節文也。胡氏曰：「信爲約信，恭爲致敬，皆指人之行此而言，非信、恭之本體也。」○雲峰胡氏曰：「義者心之制事之宜，此獨曰事之宜，禮者天理之節文，此獨曰節文，蓋所謂信恭者，非信恭之本體，故所謂禮義者，亦非指本體而言。《集註》未嘗輕下一字也。」因，猶依也。宗，猶主也。言約信而合其宜，則言必可

❶「容」，原作「字」，今據《四書大全》改。
❷「敝」，原作「蔽」，今據影元本《讀四書叢説》改。

踐矣；朱子曰：「此言謹始之意。始初與人約，便須思量，他日行得方可諾之，若不度於義，輕諾之，他日言不可復，便害信也。」○如今人與人要約，當於未言之前，先度其事之合義與不合義，合義則言，不合義則不言，言之則其言必可踐而行之矣。今不先度其事，且鶻突恁地説了，到明日却説這事不義不做，則是言之不可踐也。言而不踐，則是不信，踐其所言，又是不義，是不先度之故。**致恭而中**去聲。**其節，則能遠恥辱矣；**朱子曰：「恭只是低頭唱喏時，便看近禮不近禮。」○如見尊長而拜，禮也，我却不拜，被詰問則無以答，這便是爲人所恥辱。有一般人不當拜而拜之，便是諂諛，這則可恥可辱者在我矣。○近，猶合也。古人下字寬，亦大綱説。雖未盡合禮義，亦已近禮義了。○恭，凡致敬皆恭也。禮則辨其異。若與上大夫接而用下大夫之恭，是不及也；與下大夫接而用上大夫之恭，是過也。過與不及，必取辱矣。○雙峰饒氏曰：「有子氣象從容，辭不迫切，於禮義皆以近言，《集註》恐其寬緩，故直以合義中節言之，不用其辭而用其意也。」**所依者不失其可親之人，則亦可以宗而主之矣。**朱子曰：「因之爲依，勢敵而交淺，如先主之依劉表是也；宗之爲主，彼尊我賤，而以之爲歸，如孔子之於司城貞子、蘧伯玉、顔讎由是也。依失其親，若未甚害；所宗而失其親，其害大矣。然今日依之，則後日有時而宗之，是以君子之有所因也，必求不失其親焉，則異日亦可宗主之矣。」○因如「因徐辟」之因，因猶傍也。親又較厚。宗則宗主之，又較重。當時羈旅之臣，所至必有主，須於其初審其可親者從而主之可也。**此言人之言行**去聲。**交際，皆當謹之於始，**説上三句。**而慮其所終，**説下三句。**不然則因仍苟且之間，將有不勝**平聲。**其自失之悔者矣。**問：「恐言是約信，行是致恭，交際是依人。」朱子曰：「大綱如此，皆交際也。言可復，便是行。」○此章須用兩截看。上一截信近義、❶恭近禮、因不失親，是交際之初，合下便思慮到底；下一截言可復、遠恥辱、亦可宗，是久後無弊之效，當初便當思量到無弊處。○問「注『因仍苟且』」，曰：「因仍與苟且一

❶「信」，原作「言」，今據哈佛本改。

樣字，因仍猶因循，苟且是且恁地做一般。」○雲峰胡氏曰：「此章皆謹始之意。與其悔於終，孰若謹之於始。」○東陽許氏曰：「約言必合於事之宜，防其過也；致恭必中於禮之節，無過不及也；因不失親，擇交之道也。上兩節欲明理，下一節要知人，則皆無失。上兩節言行是脩己之事，因親是知人之事，三者皆明理者能之。三事各開看，非相因之辭。」附《存疑》：恥由内生，辱自外至。○《淺説》：因是初交時，宗是終身以之爲依歸，不必説言行皆取法他。○玩「皆當謹之於始」皆字，則「言行交際」當分貼三句。

○子曰：「君子食無求飽，居無求安，敏於事而慎於言，就有道而正焉，可謂好學也已。」好，去聲。

不求安飽者，志有在而不暇及也。朱子曰：「食無求飽，居無求安，須是見得自家心裏常有一箇合當緊底道理，此類自不暇及。」○新安陳氏曰：「志在學，自不暇及於求安飽。」敏於事者，勉其所不足。慎於言者，不敢盡其所有餘也。朱子曰：「言易得多，故不敢盡；行底易得不足，故須敏。」又曰：「行常苦於不足，❶言常苦於有餘。」○雙峰饒氏曰：「敏於事之事，非特指行事而言，凡學問、思辨、窮理之事，皆事也。」○新安陳氏曰：「《中庸》曰：『有所不足，不敢不勉，有餘不敢盡。』《集註》取以訓此。」然猶不敢自是，而必就有道之人，以正其是非，則可謂好學矣。朱子曰：「不求安飽，是其存心處，敏事謹言，是其用工處，須就正，方得。有許多工夫，不能就有道以正其是非，也不得；無許多工夫，雖然就正有道，亦徒然。」○此章須反覆看其意思如何。若只不求安飽，而不謹言敏行，有甚意思？若只謹言敏行，而不就正有道，則未免有差。若工夫不到，則雖親有道，亦無可取正者。聖人之言，周遍無欠缺，類如此。凡言道者，皆謂事物當然之理，人之所共由者也。朱子曰：「道即理也，以人所共由，則謂之道；以其各有條理而言，則謂之理。」○雲峰胡氏曰：「《學而》篇言道者三，前兩道字泛，此一道字切。父之道是父之所由，先王之道是先王之所由，故《集註》

❶「苦」，原作「若」，今據哈佛本改。下一「苦」字同。

獨於此釋之曰人之所共由。道猶路，然人所由者謂之非路不可，不若人之所共由者，則大路也。」〇新安陳氏曰：「此有道字，指有道之人。此人之身，與道爲一，能由人所共由之道者也。」〇尹氏曰：「君子之學，能是四者，可謂篤志不求安飽。力行敏事慎言。者矣，然不取正於有道，未免有差，如楊墨學仁義而差者也，其流至於無父無君，謂之好學可乎？」朱子曰：「楊氏以世人營營於名利，埋沒其身而不自知，故獨潔其身以自高，然不知義者制事之宜，處人倫事物各當其所，乃合於義，今但知有己而已，使人皆如此潔身自爲，則天下事教誰理會，此便是無君。墨氏見世人自私自利，不能及人，故欲兼天下而盡愛之，然不知仁者心無不溥遍，而施則有差等，心皆溥遍者，仁也，其理一，施有差等者，仁中之義也，其分殊，今親親與仁民同，是待親猶他人也，此便是無父。此學者所以必求正於有道也。」〇勉齋黃氏曰：「尹氏所謂篤志，爲不求安飽而言也，所謂力行，爲敏事慎言而言也，以是四字而繼之以《集註》不敢自是之言，然後足以盡此章之旨。蓋此章謂之好學，非篤志力行不自是，亦無以見其所以爲好也。」〇雲峰胡氏曰：「必無求，然後見其有好之志；必敏慎，然後見其有好之之實；必取正有道，然後不差夫好之之路。此足以見好學者之甚難得也。」《通考》朱氏公遷曰：「學以行言，亦事以行言，而知在其中。前章言進德之事，此章言篤志力行之事，是皆主於行而言，但致知、力行皆爲學，❶而學問、思辨亦爲事，故學則不固，是統言之，敏於事，亦是兼言之，其所包者亦廣矣。」

〇子貢曰：「貧而無諂，富而無驕，何如？」子曰：「可也，未若貧而樂，富而好禮者也。」樂，音洛。好，去聲。

諂，卑屈也。驕，矜肆也。慶源輔氏曰：「爲貧所困，則氣隨以歉，而爲卑屈，故多求而諂。爲富所張，則氣隨以盈，而爲矜肆，故有悖而驕。」常人溺於貧富之中，而不知所以自守，故必有二者之病。無諂無驕，則知自守矣，而未能超乎

❶「致」，原作「至」，今據《四書通旨》改。

貧富之外也。凡曰可者，僅可而有所未盡之辭也。樂則心廣體胖，而忘其貧，好禮則安處上聲。善，樂亦音洛。循理，亦不自知其富矣。漢董仲舒策：「孔子云天地之性，人爲貴，明於天性，知自貴於物，知自貴於物，然後知仁義，知仁義然後重禮節，重禮節然後安處善，安處善然後樂循理，樂循理然後謂君子。」○慶源輔氏曰：「心廣體胖者，指其樂之之象；安處善樂循理者，論其好禮之實。」○新安陳氏曰：「忘其貧，不自知其富，則超乎貧富之外矣。」○東陽許氏曰：「樂與好禮，皆是心上言，故上面説心廣，下面説樂循理。心既廣大寬平，則體自然舒泰，此由内以達外；行事安於處善，蓋其心樂於循理也，此由外以原内也。樂一字全是心，故先言内；禮有節文，於事上見，其好之則在心也，故先言外。然體既安舒，烏得有卑屈？心既樂循理，烏得有矜肆？却暗關上兩句，見得『未若』兩字意。」子貢貨殖，音寔。蓋先貧後富，而嘗用力於自守者，《家語》：「子貢家富累千金，好販，與時轉貨。」注云：「買賤賣貴以殖其貨。」故以此爲問。而夫子答之如此，蓋許其所已能，新安陳氏曰：「可也，是許其已能自守而無諂無驕。」而勉其所未至也。新安陳氏曰：「勉其更進於樂與好禮。」○龜山楊氏曰：「貧而無諂，則貧不至於濫，富而無驕，則富不至於溢，與夫貧而諂、富而驕，蓋有間矣。然孔子可之而未善也，故又以貧而樂、富而好禮告之。」○朱子曰：「富無驕，貧無諂，隨分量皆可著力。如不向此上立得定，是入門便差了。」○貧則易諂，富則易驕。無諂無驕，是知得驕諂不好，而不爲之耳。樂是他自樂了，不自知其爲貧也；好禮是他所好者禮而已，亦不自知其爲富也。○自無諂無驕者言之，須更樂與好禮，方爲精極，不可道樂與好禮須要從無諂無驕上做去。蓋有人資質合下便在樂與好禮地位，不可更回來做無諂無驕底工夫。孔子意做兩人説，謂一般人無諂無驕，不若那一般人樂與好禮較勝他。子貢意做一人説，謂無諂無驕，不若更樂與好禮。又曰：「今人未能無諂無驕，却便要到貧而樂、富而好禮，如何得？子貢却盡得無諂無驕底了，聖人更進得他貧而樂、富而好禮地位。」○問：「子貢問貧無諂

富無驕，伊川諸說大抵謂其貨殖非若後人之豐財，但此心未忘耳。今《集註》謂其先貧後富，則是亦嘗如後世生産作業矣。」曰：「聖人既說貨殖，須是有些如此。看來子貢初年亦是把貧富煞當事了。」○厚齋馮氏曰：「無諂無驕，則知自守矣，然猶有所用力焉，力少不逮，則諂驕復形。樂且好禮，則貧富兩忘矣，蓋知樂天循理而無復事於人事也。」附《蒙引》：貧而樂者，富亦樂，富而好禮者，貧亦好禮，各以類舉其重者言耳。○子貢之問，非以己事爲問也，夫子荅之，亦就其所問而據理裁之耳。《集註》云許其所已能勉其所未至，此是言外意。○《存疑》：無諂無驕，是就貧富上做工夫；樂好禮，全不在貧富上做工夫。譬之人當寒月，無諂無驕，是多穿衣服令不寒；樂好禮，是氣壯，却不待多穿衣服自不怕寒。又曰：富而好禮，不是禮義生於富足意。○《蒙引》：此章可與衣敝緼袍章參看，子貢引《詩》之言，又正與夫子激子路者相類。

子貢曰：「《詩》云：『如切如磋，如琢如磨。』其斯之謂與？」磋，七多反。與，平聲。

《詩》，《衛風·淇澳》於六反。之篇，言治骨角者，既切之而復扶又反，下同。磋之，治玉石者，既琢之而復磨之，治之已精而益求其精也。子貢自以無諂無驕爲至矣，聞夫子之言，又知義理之無窮，雖有得焉而未可遽自足也，故引是詩以明之。朱子曰：「所謂義理無窮，不是說樂與好禮，自是說切磋琢磨，精而益精耳。」○子貢問無諂無驕，夫子以爲僅可，然未若樂與好禮，此其淺深高下亦自分明，子貢便說切磋琢磨，方是知義理之無窮也。○無諂無驕，隨事知戒，足以自守也，然未見其於全體用功而有自得處也。樂與好禮，乃見其心之所存，有非貧富之所能累者，此子貢所以有切磋琢磨之譬也。治骨角者，既切之而復磋之，治玉石者，既琢之而復磨之，皆先略而後詳，先粗而後精之意。○子貢舉《詩》之意，不是專以此爲貧而樂、富而好禮底工夫，蓋見得一切事皆合如此，不可安於小成而不自勉也。○或問：「《大學》傳引此詩，以道學自脩釋之，與此不同，何也？」曰：「古人引《詩》，斷章取義，姑以發己之志，或踈或密，或同或異，蓋不能齊也。」○勉齋黃

氏曰：「若謂無諂無驕爲如切如琢，樂好禮爲如磋如磨，則告往知來一句便説不得。子貢言無諂驕，夫子言未若樂與好禮，子貢便知義理無窮，人須就學問上做工夫，不可少有得而遽止，《詩》所謂如切磋琢磨，治之已精而益致其精者，其此之謂與？」○西山真氏曰：「凡製物爲器，須切琢成形質了，方可磋磨。既切琢了，❶子若不磋磨，如何得他精細潤澤？」附《蒙引》：子貢引《詩》之意，須放寬説，若指定無諂無驕、樂與好禮，便皆是夫子所已言者，不必説告往知來了。○其斯之謂，謂此詩所言，其即貧不以無諂爲足，而必求至於樂，富不以無驕爲足，而必求至於好禮之謂也。○《存疑》：道無終窮，學無止法。

子曰：「賜也，始可與言《詩》已矣，告諸往而知來者。」

往者，其所已言者。來者，其所未言者。

朱子曰：「所已言謂處貧富之道，所未言謂學問之功。」○勉齋黄氏曰：「此章須是見得切磋琢磨在無諂無驕、樂與好禮之外，方曉得所已言、所未言。前之問答，蓋言德之淺深，此之引《詩》，乃言學之踈密。」《通考》東陽許氏曰：「看此章者，知處貧富之道是一事，知義理無窮是一事，讀書須能推充而用之，不可止泥文求意是一事。圈外註淺深以學力言，高下以見識言。」附《蒙引》：處貧富上就是義理，就是學問工夫。朱子云「所已言者謂處貧富之道，所未言者謂學問之功」，此語在學者亦要以意逆志，「學問之功」四字内，❷就含有處貧富之道，非謂脱然於貧富之外而別爲一道，乃爲所未言者也。

愚按此章問答，其淺深高下固不待辯説而明矣，然不切則磋無所施，不琢則磨無所措，故學者雖不可安於小成，而不求造七到反。道之極致，亦不可騖音務。於虚遠，而不察切己之實病也。

雲峰胡氏曰：「常人二者之病，❸與學者切己之實病，當看兩病字。若只就貧富上説，貧者病諂，富者病驕，必除諂驕之病，然後可到樂與好禮地步。若就義理學問上説，則學者

❶「了」，原作「子」，今據哈佛本改。
❷「功」，原作「工」，據上文「學問之功」改。
❸「常」，原作「當」，今據哈佛本改。

之病固多，必先除切己之實病，然後可求造道之極致也。」○新安陳氏曰：「切必貴磋，琢必貴磨，此正意也；必切方可加磋，必琢方可加磨，此餘意也。」

○子曰：「不患人之不己知，患不知人也。」

尹氏曰：「君子求在我者，故不患人之不己知。不知人，則是非邪正或不能辨，故以爲患也。」朱子曰：「若宰相不能知人，則用捨之際，不能進賢退不肖。若學者不能知人，則處朋友之際，不能辨益友損友。」又曰：「《論語》上如此言者有三：『不病人之不己知，病其不能也』、『不患莫己知，求爲可知也』。聖人之言雖若同，而其意皆别。病其不能者，言病我有所不能於道；求爲可知者，當自求可知之實，然後人自知之。雖然如此，亦不是爲昭灼之行，以蘄人之必知。」○見得道理明，自然知人。自家不識得道理破，如何知得他人賢否！○問：「知人是隆師親友？」曰：「小事皆然，然學做工夫，到知人地位，已甚高。」○慶源輔氏曰：「人不知己，其病在人，己不知人，其病在己。君子之學爲己，不暇病人之病而病己之病也。」○蔡氏曰：「《學而》末章與首章『人不知而不愠』意實相關，《里仁》、《憲問》、《衛靈》篇又三致意焉。學必專求在己，庶無所慕於外也。」○雲峰胡氏曰：「始以不知不愠，終以此章，《學而》一篇終始也。始以不亦君子乎，終以無以爲君子也；始則結以患不知人，終則結以不知言無以知人，《論語》一書終始也。門人紀次，豈無意歟？」○東陽許氏曰：「此兩句平説，只是不必欲人知我，我却要知人，但兩知字不同，上知只欲知己之善，下知却欲知人之善惡。專就學者言，則上句不患人不己知便自可包後章患其不能之意在其中，便當明理脩身，自加精進，使有可知之實，則雖不求人知，而人必知之矣；❶下句則凡尊師取友、與人交際往來，須知其善惡而趨避之，然後無損而有益。然此專以學者言，聖人則未嘗指定也。若推而言之，則上下皆可通。上句論其極，則雖居高位，其處己應事唯循天理，上不欺其君，下不病其民，内無愧於心，何必欲人盡知吾心也，否則有違道干譽之失矣；下句論其極，則仕而擇可宗之人，有位而舉賢才爲用，爲宰輔而進退百官，非知人之明，其可乎？否則賢愚混淆，分崩傾軋，而亂亡至矣。」《通考》朱氏公遷曰：「此

❶「必」，原作「心」，今據哈佛本改。

皆自學者立心處言之，或堅其心而使之不近名，或定其心而使之不近利，此其所以不同者。《中庸》末章所引『尚絅』之詩，亦宜與不患不知之類相解也。」

雲間受業趙　鳳翔魚裳
　　　　　　慎徽旂公　編次

論語集註大全卷之一　終

論語集註大全卷之二 三魚堂讀本❶

爲政第二

凡二十四章。《通考》勿軒熊氏曰：「五章言政，皆以德爲本，曰孝友，曰孝慈，自一身一家而推之。言孝四章，行之於家者也。言行二章，行之於身者也。餘多言學，凡讀書觀人之法、君子小人、吾道異端之辨亦具焉。末後二章言禮樂，爲後篇起頭。」

子曰：「爲政以德，譬如北辰居其所而衆星共之。」共，音拱，亦作拱。

政之爲言正也，所以正人之不正也。新安陳氏曰：「首訓正字，本夫子『政者，正也。子率以正，孰敢不正』之意，蓋以政之理言。若第三章，《集註》云『政謂法制禁令』，則指政之實事言也。」德之爲言得也，行道而有得於心也。新安倪氏曰：「祝氏《附録》本如此，他本作『得於心而不失也』。」〇胡氏《通》必主「得於心而不失」之説，膠於胡泳伯量所記，謂先生因執扇，謂曰：德字須用不失訓，如得此物，可謂得矣，纔失之，則非得也。此句含兩意：一謂得於有生之初者，不可失之於有生之後；一謂得於昨日者，不可失之於今日。先師謂此説縱使有之，亦必非末後定本，深思細玩，終不如「行道而有得於心」之精當不可易也。朱子訓德字，蓋倣《禮記》「德者得也，禮樂皆得，謂之有德」而言，初作「得於身」，後改「得於心」。夫道字廣大，天下所共由；德字親切，吾心所獨得。行道，行之於身也，未足以言德。必有得於心，則躬行者始心得之。心與理爲一，斯可謂之德。有次第，有歸宿，精矣。今日得於心而不失，則得於心者何物乎？方解德字，未到持守處，不必遽云不失。不比「據於德」註云「據者執守之意，得之於心而守之不失」，又云「據德則道得於心而不失」，此兩「不失」字，乃自據字上説來。況上文先云

❶「集註」，原無，今據全書體例補。

德則行道而有得於心者也，其證尤明白。若遽云不失，則似失之急，又近於贅。《大學序》所謂「本之躬行心得」，躬行即行道，心得即有得於心也。以前後參觀之而祝氏定本爲尤信。《通考》仁山金氏曰：「德字訓詁，發例於此。《集註》初本，因第七篇『志道』章解德字，曰行道而有得於心，其後改從此。蓋道固人心所同有，而人鮮可謂之有德者，或暫悟而不能存之於心，或徒知而不能體之於身，是又皆失之，所以不足謂之德也。」○勿軒熊氏曰：「德者得之於心，行之於身，心正則身正，身正則家正，而天下莫不一於正，與徒法而爲政者不侔矣。」○朱子曰：「德字從心者，以其得於心，如爲孝是心中得此孝，爲仁是心中得此仁。若是外面恁地，中心不如此，不得。凡六經中德字皆如此，故曰忠信所以進德也。」鏴刻按當從陳氏所考定本。**北辰，北極，天之樞也。居其所，不動也。共，向也，言衆星四面旋繞而歸向之也。**邵子曰：「地無石之處，皆土也；天無星之處，皆辰也。」○朱子曰：「北辰，是天之樞紐，中間些子不動處，緣人要取此爲極，不可無箇記認，所以就其旁取一小星，謂之極星。天之樞紐，似輪藏心，藏在外面動，心都不動。」問：「極星動不動？」曰：「也動，只他近那辰，雖動不覺，如射糖盤子，北辰便是中央椿子，❶極星便是近椿點子，雖也隨盤轉，緣近椿子，便轉得不覺。沈存中謂始以管窺，極星不入管，後方見極星在管弦上轉。《史記》載北辰有五星，太乙常居中，是極星也。辰非星，只是中間界分。極星亦微動，辰不動，乃天之中，猶磨之心也。」○又曰：「天圓而動，包乎地外；地方而静，處乎天中。故天形半覆地上，半繞地下，左旋不息，其樞紐則在南北之端焉，謂之極者，如屋脊謂之屋極也。南極入地三十六度，故周回七十二度常隱不見；北極出地三十六度，故周回七十二度常見不隱。北極之星，正在常見不隱七十二度之中，常居其所而不動，其旁則經星隨天左旋，日月五緯右轉，更迭隱見，有似於環繞而歸向之也。」《通考》朱子曰：「以其居中不動，❷衆星環向，爲天樞軸。天形如雞子旋轉，極如一物橫亘在中，兩頭稱定，一頭在北上，是爲北極，一頭在南下，是爲南極。」又

❶「椿」，原作「樁」，今據《四書大全》改，下同。
❷「中」，原脱，今據《朱子語類》補。

曰：「帝座即北極也。以星辰位言之，謂之太乙；以其所居之處言之，謂之北極。太乙如人主，北極如帝都。」又曰：「星光亦受於日，但其體微爾。五星之色各異，觀其色，則金、木、水、火之名可辨。衆星光芒閃爍，五星獨不如此。衆星亦皆左旋，唯北辰不動，在北極五星之旁一小星是也。❶蓋此星獨居天軸，四面如輪盤，環繞旋轉，此獨爲天之樞紐是也。」又曰：「帝座惟在紫微者，據北極七十二度常見不隱之中，故有北辰之號而常居其所。蓋天形運轉，晝夜不息，而此爲之樞，雖欲動而不可得，非有意於不動也。若太微之在翼，天市之在尾，攝提之在亢，其南距赤道近，其北距天極遠，則固不容於不動，而不免與二十八宿同其運行矣，故其或東或西，或隱或見，各有度數，仰而觀之，蓋無一刻之或停也。」〇程氏復心曰：「樞，門簨也。天常轉動，北辰却是天之北極，中間不動處如門簨相似，故爲天之樞也。仍不是不動，只動時還在元處。二十八宿爲經星，金、木、水、火、土爲緯星。」附《蒙引》：石附於土，然則星亦附於辰也。**爲政以德，則無爲而天下歸之，其象如此。**朱子曰：「德字從心者，以其得之於心也。爲政以德者，不是把德去爲政，是自家有這德，人自歸仰，如衆星共北辰。北辰者天之樞紐，乃是天中央安樞處。天動而樞不動，不動者正樞星位。樞有五星，其前一明者太子，其二最明者曰帝座，乃太一之常居也，其後一箇分外開得些子而不甚明者，極星也，惟此一處不動。衆星於北辰，亦是自然環向，非有意於共之也。」〇德與政非兩事，只是以德爲本，則能使民歸。〇爲政以德，非是不用刑罰號令，但以德先之耳。〇新安陳氏曰：「爲政以德，本也；無爲而天下歸之，效也。無爲而天下歸之，本文未嘗明言此意，只是取象於北辰，其中含此意。北辰爲天之樞，譬爲政以德之君爲天下之極；居其所，譬人君之無爲；衆星共之，譬天下歸之也。」**〇程子曰：「爲政以德，然後無爲。」**朱子曰：「不是塊然全無作爲，只是不生事擾民，德脩於己而人自感化，不待作爲而天下自歸之，不見其有爲之迹耳。」問：「是以德爲政否？」曰：「不是。欲以德去爲政，不必泥『以』字，只是爲政有德相似。」〇爲政以

❶「五」，原作「星」，今據《朱子語類》改。

德，人自感化，然感化不在政事上，却在德上。蓋政者所以正人之不正也，豈無所爲？但人所以歸往，乃以其德耳，故不待作爲而天下歸之，如衆星之共北極也。○慶源輔氏曰：「爲政以德，非不爲也，循天下之理而行其所無事也。不能以德爲政，而遽欲無爲，則是怠惰廢弛而已。」范氏曰：「爲政以德，則不動而化，不言而信，無爲而成，所守者至簡而能御煩，所處上聲。者至静而能制動，所務者至寡而能服衆。」慶源輔氏曰：「范氏推廣程子之意，併舉其效言之。」

○子曰：「《詩》三百，一言以蔽之，曰『思無邪』。」

《詩》三百十一篇，言三百者，舉大數也。蔽，猶蓋也。朱子曰：「蓋，如以一物蓋盡衆物。」思無邪，《魯頌·駉》古螢反。篇之辭。新安倪氏曰：「此詩本美魯僖公牧馬之盛由其心思之正，如美衛文公秉心塞淵而騋牝三千之意也。作詩者未嘗以此論詩之旨。夫子讀《詩》至此而有合於心焉，是以取之，蓋斷章摘句云耳。」凡《詩》之言，善者可以感發人之善心，惡者可以懲創人之逸志，其用歸於使人得其情性之正而已。朱子曰：「『情性』是貼『思』，『正』是貼『無邪』。」○問：「思無邪，莫是作詩者發於情性之正否？」曰：「若《關雎》、《鹿鳴》、《文王》、《大明》等詩，固是情性之正，若《桑中》、《溱洧》等詩，謂之情性之正，可乎？只是要讀《詩》者思無邪耳。」○太史公説古詩三千篇，孔子删定爲三百。看來只是采得許多詩，夫子不曾删去，只是刊定而已。聖人刊定好底詩，便要人吟詠興發其善心，不好底便要人起羞惡之心，皆要人思無邪。○問：「《集註》以爲凡言善者足以感發人之善心，言惡者足以懲創人之逸志，而諸家乃專主作詩者而言，何也？」曰：「《詩》有善有惡，頭面最多，而唯『思無邪』一句足以該之。上至於聖人，下至於淫奔之事，聖人皆存之者，所以欲使讀者知所懲勸。」○雙峰饒氏曰：「諸家皆謂作詩者如此，獨《集註》以爲《詩》之功用能使學者如此。夫子恐人但知《詩》之有邪正，而不知《詩》之用皆欲使人之歸於正，故於其中揭此一句以示人。學者知此，則

有以識讀《詩》之意矣。」然其言微婉，且或各因一事而發，求其直指全體，則未有若此之明且盡者，故夫子言《詩》三百篇，而惟此一言足以盡蓋其義，其示人之意亦深切矣。延平李氏曰：「詩人興刺，雖亦曲折，達心之精微，然必止乎禮義，夫子删而取之者，以此爾。若不止於禮義，即邪也。故三百篇一言足以蔽之，只是思無邪而已。所以能興起感動人之善心，蓋以此也。」○問「直指全體」。朱子曰：「《詩》三百篇，皆要人無邪思，然但逐事無邪，惟此一言，舉全體言之。」○思無邪，只是要正人心。約而言之，三百篇只是一箇思無邪；析而言之，則一篇中自有一箇思無邪。○思無邪一句，便當得三百篇之義了。三百篇之義，大概只要使人思無邪。若只就事上無邪，未見得實如何。惟是思無邪，方得。思在人最深，思主心上。○聖人言《詩》之教，只要得人思無邪，其他篇篇是這意思，惟是此一句包説得盡。○思在言與行之先，思無邪，則所言所行皆無邪矣。○問：「聖人六經皆可爲戒，何獨《詩》也？」曰：「固是如此。然詩因情而起，則有思，欲其思出於正，故獨指思無邪以示教焉。」○勉齋黄氏曰：「直指則非微婉，❶全體則非一事。直指故明，全體故盡。此一言所以辭約而義該也。」○慶源輔氏曰：「微謂隱微，婉謂委曲。詩人主於諷詠規諫，其言不直截説破，常有隱微委曲之意。」○程子曰：「思無邪者，誠也。」朱子曰：「行無邪未是誠，思無邪乃可爲誠，是表裏皆無邪，徹底無毫髮之不正。世人有脩飾於外，而其中未必能正，惟至於思無邪，乃可謂誠。」○雲峰胡氏曰：「程子曰『思無邪者誠也』，又曰哲人知幾，誠之於思，此是聖人事。夫子言《詩》之用，不應遽以聖人望人。《集註》所以引此者，蓋謂所思自然無邪，誠也，聖人事也；讀《詩》而可使之思無邪，誠之也，學者事也。《集註》引程子之言，即繼之以『學者必務知要』，蓋可見也。」○新安陳氏曰：「程子此説是論誠，非論《詩》。」○東陽許氏曰：「誠是實理，在人則爲實心，而君子不可不盡者也。程子指出此誠字，以明思無邪之實，學者必使心之所思一於無邪，方能全乎人心之實理也。」范氏曰：「學者

❶「微」，原作「徵」，今據哈佛本改。

必務知要，知要則能守約，守約則足以盡博矣。經禮三百，曲禮三千，亦可以一言以蔽之，曰『毋不敬』。」《禮器》篇云：「禮有大有小，有顯有微。大者不可損，小者不可益，顯者不可掩，微者不可大也。經禮三百，曲禮三千，其致一也。」註：經禮，《儀禮》也，如士冠禮、諸侯冠禮之類，此是大節，有三百條。曲禮，《禮記》也，如冠禮始加再加三加、「坐如尸」之類，此是小目，有三千餘條。○《曲禮》篇首云：「毋不敬。」○雲峰胡氏曰：「執中二字，是《書》五十八篇之要，時之一字，是《易》三百八十四爻之要，亦不可不知。」附《蒙引》：《孟子》七篇，其要不外乎體驗擴充，以至《大學》之敬、《中庸》之誠，皆是也。

○子曰：「道之以政，齊之以刑，民免而無恥。道，音導，下同。

道，猶引導，謂先之也。政，謂法制禁令也。齊，所以一之也，道之而不從者，有刑以一之也。免而無恥，謂苟免刑罰而無所羞愧，蓋雖不敢爲惡，而爲惡之心未嘗亡也。朱子曰：「道齊之以政刑，則不能化其心，而但使之少革，到得政刑少弛，依舊又不知恥矣。」問：「政刑莫只是伯者之事？」曰：「專用政刑，則是伯者之爲矣。」《通考》黄氏震曰：「《集註》謂『苟免刑罰而無所羞愧』，《或問》謂『免正以其革面而不敢爲，非真有免於罪戾耳，豈冒犯不義，以至於犯上作亂，而脱漏憲網，以幸免於刑戮之謂哉』。二説似微不同，實則經文惟言免字。❶晦菴言苟免以發之，恐後學看苟字粗淺，故於《或問》再發以足之。」❷附《蒙引》：法制，所以示之使依此做。禁令，所以戒之使不得不依此做。法制禁令亦是使人爲善不爲惡。

道之以德，齊之以禮，有恥且格。」

禮，謂制度品節也。新安陳氏曰：「前訓禮字，云天理節文、人事儀則，是以禮字之理而言，此指五禮之文物而言。」○胡氏曰：「品謂尊卑高下之差，節謂界限等級之分。」格，至也。言躬行以率之，則民

❶「則」，原作「於」，「惟」，原作「推」，今據《黄氏日抄》改。
❷「再」，原作「兩」，今據《四書大全》改。

固有所觀感而興起矣，而其淺深厚薄之不一者，又有禮以一之，則民恥於不善，而又有以至於善也。朱子曰：「道之以德，是躬行其實，以爲民先。必自盡其孝，而後可以教民孝，自盡其弟，而後可以教民弟，如『宜其家人，而後可以教國人』、『宜兄宜弟，而後可以教國人』也。」〇淺深厚薄之不一，謂其間資稟信向之不齊。雖是感之以德，自有太過不及底，故齊一之以禮。禮者，吉、凶、軍、賓、嘉五禮。須令他一齊如此，所謂賢者俯而就，不肖者企而及也。〇人之氣質有淺深厚薄之不同，故感者不能齊一，必有禮以齊之。如《周官》一書，何者非禮？以至歲時屬民讀法之屬，無不備具者，正所以齊民也。〇勉齋黄氏曰：「義理，人心所同得，故善之當爲，不善之可惡，皆人心所同然者。教之以德禮，則示之以所同得者，故惡不善而進於善，有不待勉而從。若徒以政刑强之，彼但知君上之令不得不從，初不知吾心所有之理。尚不知不善之可惡，又安能進於善耶？」〇新安陳氏曰：「以躬行之德率民，民觀感興起於下，化民之大本已立。但民之感發者不免有淺深厚薄之不同，須以禮之制度品節齊一之，使淺薄者無不及，深厚者無太過，其未盡善者皆截然於禮焉。民恥於不善，此觀感於德之功，又至於善，乃齊一於禮之效也。」附《蒙引》：品節，亦是制度中之品節。制度，如吉禮如何，凶禮如何，軍禮如何，賓、嘉禮如何，都有箇制度。品則有尊卑厚薄之等，節則有無過不及之差。〇《存疑》：德與刑容易看，政與禮如何分？政是官府之治法，禮是民生日用之所行者。

一說格，正也。《書》曰：「格其非心。」〇愚謂政者爲治去聲，下輔治、出治，音同。之具，刑者輔治之法，德、禮則所以出治之本，而德又禮之本也，此其相爲終始。雖不可以偏廢，新安陳氏曰：「固不可無德禮，亦不可無政刑，所謂不可偏廢也。」然政刑能使民遠去聲。罪而已，德禮之效，則有以使民日遷善而不自知。新安陳氏曰：「《禮記·經解》篇云：『使民日遷善遠罪而不自知也。』《集註》本此句析之而分輕重焉。」故治民者不可徒恃其末，又當深探平聲。其本也。新安陳氏曰：「末謂政

刑，本謂德禮。」○朱子曰：「有德禮，則政刑在其中。不可專道政刑做不好底，但不得專用政刑耳。聖人之意，只爲當時專用政刑治民，不用德禮，所以有此言。聖人爲天下，何曾廢政刑來？《集註》後面餘意，是説聖人謂不可專恃政刑，然有德禮而無政刑，又做不得。聖人説話，無一字無意味。」○先之以法制禁令，是合下有猜疑關防之意，❶故民不從，又却齊之以刑，民不見德而畏威，但圖目前苟免於刑，而爲惡之心未嘗不在；先之以明德，則有固有之心者必觀感而化，然稟有厚薄，感有淺深，又齊之以禮，使之有規矩準繩之可守，則民恥於不善，而又有以至於善。○雲峰胡氏曰：「此篇首章曰爲政以德，政與德爲一，此章分政與德爲二，前章專言古之爲政者，皆自躬行中流出，此章則言後之爲政者，但知道之以法制禁令，而不能躬行以率之也，故言政刑不如德禮之效如此，而《集註》以相爲始終合言於先，又以本末分言於後也。」《通考》東陽許氏曰：「文公恐讀書者謂聖人之意前一節不如後一節，只就德禮上看，而輕政刑，故於圈外明此意。聖人本具此意，非文公强令爲一，所謂有《關雎》、《麟趾》之意，然後可以行《周官》法度本末之謂也。《集註》淺深言進德，厚薄言應事。」

○子曰：「吾十有五而志于學，

古者十五而入大學。心之所之謂之志。新安陳氏曰：「心之所之，《説文》中語。」此所謂學即大學之道也。志乎此，則念念在此，而爲之不厭矣。朱子曰：「孔子只十五歲時，便斷然以聖人爲志矣。今學者誰不爲學，只是不可謂之志於學。果能志於學，則自住不得。志字最有力，要如飢渴之於飲食。纔有悠悠，便是志不立。」

三十而立，

有以自立，則守之固而無所事志矣。朱子曰：「立，謂把捉得定，世間事物皆動摇我不得，如富貴、貧賤、威武不能淫、移、屈是也。志方是趨向恁去求討未得，到此則得而守之，無所用志矣。志是要求箇道，猶是兩件物事，到立時，便是脚下已踏著了，然猶是守住。」附《淺説》：道得諸己而有以自立，私意不能爲

❶「有」，原作「與」，今據《朱子語類》、《四書大全》改。

之侵，外物不能爲之亂。

四十而不惑，

於事物之所當然皆無所疑，則知之明而無所事守矣。朱子曰：「既立矣，加以十年玩索涵養之功，而知見明徹，無所滯礙也。蓋於事物之理，幾微之際，毫髮之辨，無不判然於胸中，更不用守矣。」附《存疑》：不惑之深於立者，立是未見真，尚須守住，到不惑則見得真，雖欲不如此，亦不可得矣，焉用守爲？○《蒙引》：知之明而無所事守，三十而立，猶自著力守住，此亦由其所知之未能脱然，若於道理脱然有悟，則應酬日用之間，迎刃而解，觸機而中，何用守爲？守便是慢定把持處。○《孟子》註「孔子四十而不惑，亦不動心之謂」，則今以四十不惑與耳順、知命皆爲偏主知者，疑亦有泥。蓋不動心兼道明德立也。又曰：三條雖俱就知上説，其實兼行在内。

五十而知天命，

天命，即天道之流行而賦於物者，乃事物所以當然之故也。知此則知極其精，而不惑又不足言矣。朱子曰：「不惑是隨事物上見這道理合是如此，知天命便是知這道理所以然，如父子之親，須是知其所以親。凡事事物物上，須知他本源來處，譬如一溪，先知得溪中有水，後知得水發源處。」○又曰：「天道流行，賦予萬物，莫非至善無妄之理而不已焉，是則所謂天命也。物之所得爲性，性之所具爲理，名殊而實一也。學至不惑而又進焉，則理無不窮，性無不盡，而有以知此矣。理以事别，性以人殊，命則天道之全，而性之所以爲性，理之所以爲理者也。自天命觀之，則理性云者，小德之川流也；自理性觀之，則天命云者，大德之敦化也。」《通考》勿齋程氏曰：「所稟厚薄，所寓盛衰，是曰天命。朱子曰：『命者，天理流行，賦予萬物之謂也。』然而形而上者謂之理，形而下者謂之氣。自其理之體言之，則元亨利貞之德，具於一時，而萬古之不易；自其氣之運言之，則消息盈虚之變，如循環無端，不可窮也。」○朱氏公遷曰：「命以理言，指其命之在天者而言也。」附《蒙引》：或曰：「《大學》格物，是所當然與所以然者一時齊格，而《論語》四十而不惑，《集註》以爲知其所當然，五十知天命，《集註》以爲知其所以然，何以不同？」曰：「《論語》之言，

本夫子因其近似以自名之詞，固不必太泥。」○以用功而言，則格物時，不但求其所當然，便并求其所以然，乃格物以致其知者也；以成功而言，則知至時，方爲能盡得其所以然，而凡所當然者不假言矣，乃物格而知至者也。○凡言事理所以然之故，蓋有自統體言者，亦有以逐事言者。如《論語》「五十而知天命」，註曰「天命即天道之流行而賦於物者，乃事物所以當然之故也」，此則自其統體者言；如《大學或問》曰「於凡天下之理，皆有以見其所當然而不容已，與其所以然而不可易」，此所以然則事事物物皆有箇所以然也。

六十而耳順，

聲入心通，無所違逆，知之至，不思而得也。和靖尹氏曰：「六十而耳順，聞理即悟。」○朱子曰：「知天命，則猶思而得，到得耳順，則不思而得矣。聽最是人所不著力處。今聖人凡耳中所聞者，便皆是道理而無凝滯，到得此時，是於道理爛熟了，聞人言語，更不用思量，纔聞言便曉也。」○或問：「四十不惑，是知之明，五十知天命，是知極其精，六十耳順，是知之至。」曰：「不惑是事上知，知天命是理上知，耳順是事理皆通，入耳無不順。今學者致知，儘有次第節目。」○慶源輔氏曰：「所知至極而精熟，徹表徹裏，故聲纔入，心便通，是非判然，其貫通神速之妙，更不待少致思而自得其理也。」○陳氏曰：「纔容少思而後得，則是內外有相扞格違逆，不得謂之順矣。如夫子聞滄浪之歌，即悟自取之義，是耳順之證也。」

七十而從心所欲不踰矩。」從，如字。

從，隨也。矩，法度之器，所以爲方者也。隨其心之所欲，而自不過於法度，安而行之，不勉而中去聲。也。朱子曰：「聖人表裏精粗，無不昭徹，其體雖是人，其實只是一團天理。所謂從心所欲不踰矩，左來右去，盡是天理，如何不快活？」

○程子曰：「孔子生而知者也，言亦由學而至，所以勉進後人也。立，能自立於斯道也。不惑，則無所疑矣。知天命，窮理盡性也。耳順，所聞皆通也。從心所欲不踰矩，則不勉而中矣。」又曰：「孔子自言其進德之序如此者，聖人未必然，但爲

去聲。學者立法，使之盈科而後進，成章而後達耳。」朱子曰：「立，是物格知至而意誠心正之效，不止是用工處。不惑、知天命，是意誠心正而所知日進不已之驗。至耳順，則所知又至極而精熟。聖人亦大約將平生爲學進德處分許多段說，十五志學，此學自是徹始徹終，到四十不惑，已自有耳順、從心所欲不踰矩意思，但久而益熟爾。年止七十，若更加數十歲，也只是這箇，終不是至七十歲便畫住了。」胡氏曰：「聖人之教亦多術，然其要使人不失其本心而已。欲得此心者，惟志乎聖人所示之學，循其序而進焉，至於一疵不存，萬理明盡之後，則其日用之閒，本心瑩縈定反。然，隨所意欲，莫非至理。蓋心即體，欲即用，體即道，用即義，新安陳氏曰：「道言渾淪之體，義言隨事適宜之用。」聲爲律而身爲度矣。」《史記·夏紀》：「禹爲人敏給克勤，其德不違，其仁可親，其言可信，聲爲律，身爲度。」〇朱子曰：「胡氏『不失其本心』一段極好，儘用子細玩味。聖人千言萬語，只是要人收拾得箇本心，日用之閒，著力屏去私欲，扶持此心出來。理是心所當知，事是心所當爲，不要埋没了他，如脩齊治平，皆要此心爲之。人心皆自有許多道理，❶不待逐旋安排入來。聖人立許多節目，只要人剔刮得自家心裏許多道理出來而已。」❷〇新安陳氏曰：「聲即天地中和之聲，自然可以爲律，身即天地正大之體，自然可以爲度，以此形容不踰矩也。」又曰：「聖人言此，一以示學者當優游涵泳，不可躐等而進，二以示學者當日就月將，不可半塗而廢也。」慶源輔氏曰：「亟者則躐等而進，怠者則半塗而止。亟心亡，則能優游涵泳，逐級而進；怠心亡，則能日就月將，不極不止。聖人示學者，實兼此二意。」愚謂聖人生知安行，固無積累魯水反。之漸，然其心未嘗自謂已至此也。新安陳氏曰：「苟自謂吾學已至，則便

❶「人」，原作「此」，今據《朱子語類》改。
❷「刮得」，原作「括將」，今據《朱子語類》改。

不是聖人。」是其日用之間，必有獨覺其進而人不及知者，故因其近似以自名，新安陳氏曰：「自爲立與不惑等名。」欲學者以是爲則而自勉，非心實自聖而姑爲是退託也。後凡言謙辭之屬，意皆倣上聲。此。問：「此章如何分知行？」朱子曰：「志學亦是要行，而以知爲重；立是本於知，而以行爲重。志學言知之始，不惑、知命、耳順言知之至。立言行之始，從心不踰矩言行之至。」○十五志學是一面學一面力行，至三十而立，則行之效也。志學與不惑、知天命、耳順一類，是説知底意思，立與從心所欲一類，是説到底地位。○聖人也略有箇規模與人同，如志學也是衆人知學時，及其立與不惑也有箇迹相似。若必指定，謂聖人必恁地，固不得，若説聖人全無事乎學，只空説，也不得，但聖人自有聖人底事。○志字最要緊，直須結裹在從心不踰矩上，然又須循乎聖人爲學之序方可。○問：「自志學而立，至從心所欲，自致知誠意，至治國平天下，二者次第等級各不同，何也？」曰：「《論語》所云，乃進學之次第，《大學》所云，乃論學之規模。」○勉齋黄氏曰：「十年而後一進者，亦聖人之心至此而自信耳。學雖已至，而未敢自信，必反覆參驗，見其必然而無疑，然後有以自信，此尤足以見聖人之所以爲聖人也。苟惟謂聖人謙辭以勉人，則皆架空之虚辭耳，故《集註》雖以勉人爲辭，而終以獨覺其進爲説。」○雙峰饒氏曰：「矩字尤爲此章之要。致知是要知此矩，力行是要踐此矩，立是守得此矩定，不惑是見得此矩明，知命是又識得此矩之所自來，耳順是見得此矩十分透徹，從心不踰是行得此矩十分純熟。矩者何？此心之天則是也。規、矩皆法度之器。規圓，善於旋轉，而無界限之可守；矩方，則有廉隅界限，截然一定而不易。智欲其圓，行欲其方，故以矩言之。矩即義以方外是也。胡氏謂體即道，用即義，義字正爲矩字而發。」○雲峰胡氏曰：「自堯舜以至夫子，聖聖相傳，只傳此心。夫子年十五時，其心已自期於聖人，到七十時，其心猶不敢自謂是。聖人若心實自聖，而姑爲是退託，豈聖人之心哉？要之志學者，此心所向之力；立者，此心所守之定；不惑者，此心所見之明；知天命者，心與理融，而洞其所以然；耳順者，理與心會，其順也自然而然；不踰矩者，此心此理，渾乎爲一，而有莫測其然者矣。十年一進，聖人之心，聖人

自知之，故即其近似以語學者，欲學者皆心夫聖人之心也。忘者不用其心，如何到聖處？ 助者亟用其心，又如何便到聖處？」○新安陳氏曰：「聖人所志之學，大學也。大學之道，知、行爲要。此章分知之始、知之至，行之始、行之至，朱子一條盡之矣。聖學自志學而始，至從心不踰矩而終，始終惟一心學也。心之所之謂之志，念念在道，大本立矣；心之所願謂之欲，從容中道，大用行焉。其中節次，自志學而以序進，自有欲罷不能者。常人肆其心之所欲，皆私欲耳，烏知其所謂矩？賢人制其心之所欲，始能勉强而不出於矩。聖人之心，渾然天理，無一毫私欲之累，隨其心之所欲，皆天理大用之流行，自從容而不踰於矩。學者苟能卓然立志，以志乎聖人所志之學，循其序而知行並進焉，學與年俱長，德與年俱進，豈不能漸造於純熟之境，而於希聖其庶幾乎？」《通考》仁山金氏曰：「矩，心之天則也，朱子於本文之下，但隨文解義，而其終總處最盡。蓋聖人固自有聖人之資，然聖人又自有聖人之學，又自有聖人之進，但非常情所可窺測耳。『立』是聖人之誠，『不惑』可以想見聖人之貫，『知天命』可以想見聖人之一。不惑者，小德之川流，是於萬殊處看一本；知天命，大德之敦化，是於一本處觀萬殊。『耳順』，可以想見聖人之化，『從心不踰矩』，可以想見聖人之神。」○東陽許氏曰：「此六節皆是知行兼進，不可分作兩節說。文公是補程子意，方見聖人至誠氣象之全。」附《蒙引》：味註中「近似」二字，亦知聖人是大約說。或說節節都有知行，若聖人進德，則知行俱進，但此章是聖人大約說話，據其辭亦略有知行之分。若全不論，則「不思而得」對「不勉而中」，亦安得說不是知行之分？

○孟懿子問孝，子曰：「無違。」

孟懿子，魯大夫仲孫氏，名何忌。無違，謂不背音佩。於理。朱子曰：「無違，通上下而言。三家僭禮，有犯違了。不當爲而爲，固爲不孝；若當爲而不爲，亦不孝也。詳味『無違』一語，一齊都包在裏。」○或問「無違」。曰：「未見得聖人之意在。且說不以禮，蓋亦多端，有苟且以事親而違理，有以僭事親而違禮，自有箇道理不可違越。」○新安陳氏曰：「『無違』二字，簡要而涵蓄，大有深意。」

樊遲御，子告之曰：「孟孫問孝於我，我對曰『無違』。」

樊遲，孔子弟子，名須。魯人。御，爲去聲。孔子御車也。孟孫即仲孫也。胡氏曰：「三家皆魯桓公庶子。初以仲、叔、季爲氏，其後加以孫字，公子之子稱公孫也。仲改爲孟者，庶子自爲長少，不敢與莊公爲伯仲叔季，公孫不敢祖諸侯也，故自以庶長爲孟。杜預作《公子譜》云：『仲慶父弒君，故改爲孟。』」夫子以懿子未達而不能問，恐其失指而以從親之令爲孝，新安陳氏曰：「恐其以從親之令爲無違，則失其本指。」故語音御。樊遲以發之。新安陳氏曰：「冀懿子得聞之也。」

樊遲曰：「何謂也？」子曰：「生事之以禮，死葬之以禮，祭之以禮。」

生事、葬、祭，事親之始終具矣。禮即理之節文也。慶源輔氏曰：「此理字即指前不背於理之理字言也。禮是先王據事物之理，品節之以成文者。」人之事親，自始至終一於禮，而不苟其尊親也，至矣。是時三家僭禮，故夫子以是警之。然語意渾上聲。然，又若不專爲去聲。三家發者，所以爲聖人之言也。朱子曰：「生事、葬、祭之必以禮，聖人說得本闊，人人可用，不特爲三家僭禮而設。」○陳氏曰：「始終一以禮事親，則爲敬親之至矣。然若何而能一於禮，其中節文，纖悉委曲，是多少事，皆不可不講。」○莆田黄氏曰：「若不以禮，便是不以君子之道待其親，便是違背於理。」《通考》東陽許氏曰：「三家僭禮，如視桓楹而設撥，葬禮之僭也；八佾舞於庭，歌雍以徹俎，祭禮之僭也。葬禮，諸侯用桓楹於椁前後立二碑如大柱，穿其中而爲鹿盧，以綍貫其中以下棺。雙植謂之桓。諸侯用四綍貫二碑，大夫二綍二碑而柱形小。視桓楹，是用四綍貫大楹也。撥者，引喪之紼。❶禮，諸侯輴而設撥。輴，❷殯車也。三家亦以撥引輴，❸僭諸侯也。輴，勅龍反。」

○胡氏曰：「人之欲孝其親，心雖無窮而

❶「喪」下，影元本《讀四書叢説》有「車」字。
❷「輴」，原脱，今據影元本《讀四書叢説》補。
❸「撥」，原作「橃」，今據影元本《讀四書叢説》改。

分去聲。則有限，得爲而不爲謂苟簡儉陋者。與不得爲而爲之，謂僭禮者。均於不孝。所謂以禮者，爲其所得爲者而已矣。」朱子曰：「爲所得爲，只是合做底。大夫以大夫之禮事親，諸侯以諸侯之禮事親，便是。」○齊氏曰：「說與何忌，孟僖子之子。昭七年，僖子從昭公如楚，病不能相禮，乃講學之。二十四年，僖子將卒，屬說與何忌於夫子，使事之而學禮焉，時孔子年三十四。樊遲爲孔子御，必在哀十三年，魯以幣召還孔子後。時孔子年七十矣，僖子歿已久，而懿子猶問孝，可謂賢矣。僖子嘗令二子學禮，孔子不過即其垂歿所命以教其子爾。時三家習於僭，非不欲以尊親也，而不知適以陷其親於惡。使懿子不違其親之命，而悉以孔子所教生事而死葬祭之，則凡其所用，皆親所得爲，而僖子之心慰矣。奈之何其不然也。聖人言不迫切，而意深到，學者所宜細玩。」○新安陳氏曰：「孔子此言，雖若告衆人，實警孟孫；雖警孟孫，仍可用於衆人。含蓄深切，所以爲聖人之言也。」○東陽許氏曰：「夫子曰生事、葬、祭皆以禮，《集註》亦曰人之事親始終一於禮而不苟，此是就禮之中正處說，過於此不可，不及於此亦不可。夫子雖戒孟孫之僭，然當時於所當爲者，豈皆盡善？則不及之意亦在其中，故又曰語意渾然，又若不專爲三家發者，謂推廣之無不包也。」

○孟武伯問孝。子曰：「父母唯其疾之憂。」

武伯，懿子之子，名彘。音滯。言父母愛子之心，無所不至，唯恐其有疾病，常以爲憂也，此正解經一句。人子體此，而以父母之心爲心，則凡所以守其身者，自不容於不謹矣，豈不可以爲孝乎？新安陳氏曰：「此五句，朱子發孔子言外之意，方見子之孝。凡所以守其身者，包涵甚闊。謹疾固是守身，不失身於不義，尤守身之大者。」舊說人子能使父母不以其陷於不義爲憂，而獨以其疾爲憂，乃可謂孝，亦通。新安陳氏曰：「前說爲佳。後說以衍餘意則可，以解正意則迂晦矣。」○或問：「父母唯其疾之憂，何故以告武伯？」朱子曰：「這許多所答，也是當時

那許多人各有那般病痛，故隨而救之。」又曰：「其他所答，固是皆切於學者，看此句較切。其他只是就道理上説如此却是，這句分外於身心上指出。若能知愛其身，必知所以愛其父母。」〇雙峰饒氏曰：「非特有疾時憂，無疾時亦常憂其愛護之不謹而有以致疾，此見父母愛子之切處，不獨謹疾而已。」〇「凡所以守其身」中一「凡」字，蓋不獨謹疾而已，愚謂已包後説之意在其中矣。〇雲峰胡氏曰：「夫子，聖人也，於疾且慎，況凡爲人子者乎？」附《蒙引》：武伯所問者，人子事親之道；夫子所答者，父母愛子之心。知父母愛子之心如何，則知人子事親之道當如何矣。

〇子游問孝。子曰：「今之孝者，是謂能養。至於犬馬，皆能有養；不敬，何以別乎？」養，去聲。別，彼列反。

子游，孔子弟子，姓言，名偃。吳人。養，謂飲食供奉也。犬馬，待人而食，亦若養然。言人畜許六反。犬馬，皆能有以養之，若能養其親而敬不至，則與養犬馬者何異？甚言不敬之罪，所以深警之也。《通考》仁山金氏曰：『至於犬馬皆能有養』作一句讀。『至於』二字，其上所該亦多，謂自骨肉、子弟、奴僕以下，至犬馬也。」〇胡氏曰：「世俗事親，能養足矣，狎恩恃愛，而不知其漸流於不敬，則非小失也。子游，聖門高弟，未必至此，聖人直恐其愛踰於敬，故以是深警發之也。」問：「犬馬，不能自食，待人而食者也，故畜犬馬者必有以養之，但不敬爾。然則養其親而敬有所不至，不幾於以犬馬視其親乎？敬者，尊敬而不敢忽忘之謂，非特恭謹而已也。人雖至愚，孰忍以犬馬視其親者？然幾微之閒，尊敬之心一有不至，則是所以視其親者，實無以異於犬馬，而不自知也。聖人之言，警乎人子，未有若是之切者。」延平李氏曰：「此一段恐當時之人習矣而不察，只以能養爲孝，雖孔門學者，亦恐未免如此，故夫子警切以告之，使之反諸心也。苟推測至此，孝敬之心一不存焉，即陷於犬馬之養矣。」〇朱子曰：「子游是箇簡易人，如洒掃應對，便忽略了，如喪致

乎哀而止，便見他節文有未至處。」○或問：「父母至尊親，犬馬至卑賤，聖人之言豈若是之不倫乎？」曰：「此設戒之言也，故特以尊卑懸絶之甚者明之，所以深著夫能養而不能敬者之罪也。」○慶源輔氏曰：「能養未必能敬，能敬則不至於不能養也。《記》曰：『仁人之事親如事天。』可徒愛而不知敬乎？」○雙峰饒氏曰：「『是謂能養』、『皆能有養』，看兩箇『能』字，便見是説養親之人與養犬馬之人。言養親之人能養而不能敬，則與養犬馬之人無所分别，非謂父母與犬馬無别也。《集註》云與養犬馬者何異，即是人字。」

○子夏問孝，子曰：「色難。有事弟子服其勞，有酒食先生饌，曾是以爲孝乎？」食，音嗣。《通考》吴氏程曰：「饌，當雛晥、雛戀二反。曾，舊音增，《集註》讀如字，下篇『曾謂』同。」○程氏復心曰：「曾音層，與『曾謂泰山』之曾同音，《釋文》：『嘗也，又不料之詞，反詞也。』」

色難，謂事親之際，惟色爲難也。食，飯也。先生，父兄也。饌，飲食並如字。之也。曾，猶嘗也。蓋孝子之有深愛者，必有和氣；有和氣者，必有愉色；有愉色者，必有婉容。新安陳氏曰：「愉，悦也。色，見於面者。婉，順也。容，舉一身之容儀言之。此三句，《禮記·祭義》篇之文。色非可以僞爲也，惟深愛之心根於中，而後愉婉之色容見於外。其所以難者，乃有深愛和氣之難也。」故事親之際，惟色爲難耳；服勞奉養，去聲。○此事親之常事。未足爲孝也。舊説承順父母之色爲難，亦通。新安陳氏曰：「後説添『承順父母』字方可解。」○問：「知敬親者，其色必恭；知愛親者，其色必和，此皆誠實之發見，不可以僞爲。故子夏問孝，孔子答之以色難。」朱子曰：「此説亦好。」○程子曰：「告懿子，告衆人者也；新安陳氏曰：「事親以禮，人所通行。」告武伯者，以其人多可憂之事。問：「如何見得？」朱子曰：「觀聖人恁地説，則知其人如此。」子游能養，而或失於敬；子夏能直義，而或少温潤之色，各因其材之高下與其所失而告之，

故不同也。」朱子曰：「告懿子『無違』意思闊，若其他所告，則就其人所患説。然聖人雖是告衆人，若就孟孫身上看，自是大段切；雖專就一人身上説，若於衆人身上看，亦未嘗無益。」〇子游見處高明，而工夫則疎；子夏較謹守法度，依本子做，觀洒掃應對之論與博學篤志之説可見。惟高明而疎，故必用敬；惟依本做，故必用愛。子夏之病，乃子游之藥。若以色難告子游，以敬告子夏，則以水濟水，以火濟火。故聖人藥各中其病。〇問：「如何見子夏直義處？」曰：「觀其言『可者與之，不可者拒之』，孟子亦曰北宫黝似子夏，是箇持身謹，規矩嚴底人。」問：「嚴威儼恪非所以事親？」曰：「太莊，太嚴厲了。」〇問：「子夏能直義而或少温潤之色，直義莫是説其資之剛方否？」曰：「只是於事親時無甚回互處。」〇問：「夫子答子游、子夏問孝，意雖不同，然自今觀之，奉養而無狎恩恃愛之失，主敬而無嚴恭儼恪之偏，儘是難。」曰：「既知二失，則中間須自有箇處之之理。愛而不敬，非真愛也；敬而不愛，非真敬也。敬非嚴恭儼恪之謂，以此爲敬則誤矣，只把做件事小心畏謹便是敬。」〇問：「孔子答問孝四章，雖不同，意則一。」曰：「如何？」曰：「彼之問孝皆有意乎事親者，孔子各欲其於情性上覺察，不使之偏勝，則其孝皆平正而無病矣。」曰：「如此看恰好。」〇勉齋黄氏曰：「事親之道，非貴於聲音笑貌也，而以色爲難者，色非可以强爲也。非其真有深愛，存乎共心，惟恐一毫拂其親之意者，安能使愉婉之狀貌見於顔面也哉？其告子夏者，所以發其篤於愛親之念也。或曰：敬與愛兩事常相反也，敬則病於嚴威，愛則病於柔順，今其告二子者如此，得無舉一而廢一乎？曰：敬與愛皆事親之不能無也。父母至親也，而愛心生焉；父母至尊也，而敬心生焉，皆天理之自然，而非人之所强爲也。然發之各有節，而行之各有宜，或過或不及，則二者常相病也。故聖人因其所偏者而警之，所以勉其不足而損其有餘也。四章問孝，其一則不辱其親，其二則不辱其身，三則敬，四則愛，學者於此四者而深體之，事親之大義盡於此矣。述《論語》者聚而次之，警人之意深矣。」〇新安陳氏曰：「問孝四章，乃記者以類序次之，一則欲不違禮以事親，二則欲謹守身以不憂其親，三則欲其敬親，四則欲其愛親。學者合四章而深體之，❶事親之孝可得

❶「深」，原作「身」，今據《四書大全》改。

矣。聖人之言如化工，隨物賦形，凡一部《論語》中其教人不同，及問同答異者，皆如此，不但此四章也。」

○子曰：「吾與回言終日，不違如愚；退而省其私，亦足以發。回也不愚。」《通考》仁山金氏曰：「『吾與回言終日』六字爲句。」愚按吴程以「不違」讀「如愚」句。張師曾參校張達善點本，謂吾與回言終日，自《集註》取李氏之説始讀爲句絶，❶文意俱勝。前此儒先亦以「吾與回言」爲句。

回，孔子弟子，姓顔，字子淵。魯人。不違者，意不相背，音佩。有聽受而無問難去聲。也。私，謂燕居獨處，上聲。非進見請問之時。發，謂發明所言之理。新安陳氏曰：「發如發揮、發見之發，非以言語發明之也。」愚聞之師曰：朱子之師，姓李氏，名侗，字愿中，號延平先生。顔子深潛純粹，慶源輔氏曰：「深潛謂不淺露而德性淵宏，純粹謂無瑕疵而氣質明净。」其於聖人體段已具，其聞夫子之言，默識心融，觸處洞然，自有條理，《通考》仁山金氏曰：「深潛純粹四字，只是形容顔子資稟氣象如此。程子亦曰：顔、孟於孔子，其知之淺深同，只是顔子尤温淳淵懿，近聖人氣象。深潛帶知見意，純粹帶踐行意。深潛是於『不違如愚』見之，純粹是於私亦足發見之。深潛知上氣象，後篇吾言無所不説者也；純粹行上氣象，後篇三月不違仁者也。」故終日言，但見其不違，如愚人而已，及退省悉井反。其私，則見其日用動静語默之閒，皆足以發明夫子之道，坦然由之而無疑，然後知其不愚也。致堂胡氏曰：「夫子久已知顔子之不愚，必曰退省其私者，以見非無證之空言，且以明道德之功必由内外相符，隱顯一致，欲學者之謹其獨也。夫子與言終日，則所言多矣，今存者幾惜哉。」○朱子曰：「默識心融，固是他功深力到，亦是天資高。顔子乃生知之次，比之聖人，已具九分九釐，所爭只一釐，孔子只點他這些，便與他相湊，他所以深領其言而不再問也。融字如消融相似，如雪在湯中。若不融，一句只是一句，如何發得出

❶「註」，原作「文」，今據哈佛本改。

來？如人喫物事，若不消，只生在肚裏，如何滋益體膚？退省其私，私者，他人所不知而回自知者，夫子能察之，如心之所安，燕居獨處之所爲，見識之所獨，皆是，與《中庸》謹獨之獨同。」○不違如愚，不消說了。亦足以發，是聽得夫子説話，便能發明於日用躬行之閒，此夫子退而省察顏子之私如此。且如説非禮勿視聽言動，顏子便真箇不於非禮上視聽言動，《集註》謂坦然由之而無疑，是他真箇見得，真箇便去做。○退，非夫子退，乃顏子退也。發，啓發也。始也如愚人，似無所啓發，今省其私，乃有啓發，與「啓予」之啓不同。○顏子所聞，入耳著心，布乎四體，形乎動静，則足以發明夫子之言矣。○問：「顏子不違，與孔子耳順相近否？」曰：「那地位大段高。不違是顏子於孔子説話都曉得，耳順是無所不通。」○省其私，私不專在無人獨處之地，謂如人相對坐，心意默所趨向，亦是私。○問：「亦足以發，是顏子於燕私之際，將聖人之言發見於行事否？」曰：「固是。雖未盡見於行事，其理亦當有發見處。然燕私之際，尤見顏子踐履之實處。」又曰：「與之言，顏子都無可否，似箇愚底，及退而觀其所行，夫子與之言者一一做得出來不差，豈不足以發明夫子之道？如今人説與人做一器用，方與他説箇尺寸高低形製，他聽之全然似不曉底，及明日做得來，却與昨日所説底更無分毫不似。」○南軒張氏曰：「亦足以發，其請事斯語之驗，與默識心融，比於聖人耳順地位，雖未幾及，而已同是一般趣味矣。」○覺軒蔡氏曰：「發者，固是發明此理，疑亦有發見活潑潑之意。夫子再以不愚而信之，所以深喜之也。」○慶源輔氏曰：「默識是不待言説而自喻其意，心融是不待思維而自與之爲一。❶觸處洞然，自有條理者，謂如行自己家庭中，蹊徑曲折，器用安頓，條理次序，曉然在吾心目之閒也。」○雲峰胡氏曰：「顏子之資，隣於生知，故無難疑答問，而自有以知夫子所言之理；顏子之學，勇於力行，故雖燕居獨處，而亦足以行夫子所言之理。不曰行而曰發，此一發字最有力。夫子嘗曰：『語之而不惰者，其回也歟？』惰則不發，發便不惰。孟子曰有如時雨化之者，先儒以顏子當之。物經時雨便發，顏子一聞夫子之言，便足以發。故周子曰發聖人之蘊教，萬世無窮者，顏子也。且不徒發之於人所共見之時，而能發之於己所獨知之地，顏子蓋真能

❶「維」，原作「惟」，今據《四書大全》改。

發夫子約禮之教，而爲慎獨之學者也。」附《存疑》：聖人此語，是抑揚其辭以喜之，非是初見他如愚，而終知其不愚也。○《淺説》：亦足以發，雖是體道，但只是要證其不愚之意，總歸於悟道也。以體道對悟道平説者非是。

○子曰：「視其所以，

以，爲也。爲善者爲君子，爲惡者爲小人。朱子曰：「大綱且看這一箇人，是爲善底人，是爲惡底人。」附《蒙引》：此一章，逐事看，亦得；就其人之全體看，亦得。

觀其所由，

觀，比視爲詳矣。由，從也。事雖爲善，而意之所從來者有未善焉，則亦不得爲君子矣。朱子曰：「爲善底人，又須觀其意之所從來。若本意以爲己事所當然，無所爲而爲之，乃是爲己；若以爲可以求知於人而爲之，是意所從來已不善了。如齊桓伐楚，固義也，然其意所從來，乃因怒蔡姬而伐蔡，蔡潰遂伐楚，則所爲雖是而所由未是也。」或曰由，行也，謂所以行其所爲者也。

察其所安，

察，則又加詳矣。厚齋馮氏曰：「《穀梁傳》曰：『常事曰視，非常曰觀。』觀詳於視也；《易》曰：『仰以觀於天文，俯以察於地理。』察密於觀也。」安，所樂音洛，下同。也。所由雖善，而心之所樂者不在於是，則亦僞耳，豈能久而不變哉？程子曰：「視其所以，觀人之大概；察其所安，心之所安也。」○朱子曰：「意所從來處既善，又須察其中心樂與不樂。安是中心樂於爲善，自無厭倦之意。若中心所樂不在是，便或作或輟，未免於僞。」○問：「以是察人，是節節看到心術隱微處，最是難事。亦必在己者能知言窮理，使心通乎道而能精别是非，然後能察人，如聖人也。」曰：「於樂處便是誠實爲善，如好好色，如惡惡臭，不能勉强做來。若以此觀人，亦須以此自觀，看自家爲善果是爲己，果是樂否。」○所以是所爲，所由是如此做，所安是所樂。譬如讀書是所爲，豈不是好事？然其去如此做又煞多般，有爲己而讀者，有爲名而讀者，有爲利而讀者，須觀其所由從如何。其爲己而讀者

固善矣，然或有出於勉强者，故又察其所樂。○問：「聖人於人之善惡，如見肺肝，當不待如此著力。」曰：「這也爲常人説，聖人固不用得如此。然聖人觀人，也著恁地詳細。如今人説一種長厚説話，便道聖人不恁地，只略略看便了。這箇若不見教徹底，善惡分明，如何取舍？」○問：「觀人之道，也有自善而入於惡，亦有事雖惡而心所存本好。」曰：「這箇也自可見。須是如此看，方見好底鐵定是好人，不好底鐵定是不好人。」又曰：「初間纔看，善惡便曉，然到觀其所由有不善，這又勝得當下便不是底；到察其所安有不善，這又勝前二項。人不是到這裏便做不好人看他，只是不是他心肯意肯，必不會有終。」○所安是他平日存主習熟處。他本心愛如此，雖所由偶然不如此，終是勉强，畢竟所樂不在此，次第依舊又從熟處去。如平日愛踞傲，勉强教他恭敬，一時之間亦能恭敬，次第依舊自踞傲了，心方安。○勉齋黄氏曰：「視其所以，兼君子、小人視之；觀其所由，則先之爲小人者，不復觀之矣，所觀者，君子也；察其所安，則君子所由之未善者，亦不復察之矣，察其所由之善而欲知其安不安也。蓋所以既爲小人，何必復觀其所由；所由既未善，何必復察其所安？」○勿軒熊氏曰：「所由言意之所來，所安言心之所安。意是發端處，心是全體處。」

人焉廋哉？人焉廋哉？」焉，於虔反。廋，所留反。

焉，何也。廋，匿也。重平聲。言以深明之。○程子曰：「在己者能知言窮理，則能以此察人，如聖人也。」洪氏曰：「此夫子觀人之法。『聽其言，觀其眸子，人焉廋哉』？此孟子觀人之法。孟子之法，非有過人之聰明者不能；夫子之法，人皆可用，亦可以自考。」○新安陳氏曰：「在我者不明，則亦何以察人？《集註》引程子之言以補本文之意。知言如孟子『我知言』。能知人言之是非，窮盡事物之理，則心如明鏡，方能知聖人觀人之法以察人也。」

○子曰：「温故而知新，可以爲師矣。」

温，尋繹也。故者，舊所聞；新者，今所得。言學能時習舊聞而每有新得，則所學在我而其應不窮，故可以爲人師。若夫音扶。記問之學，則無得於心，新安陳氏曰：「與『每有新得』相反。」而所知有限，新安陳氏

曰：「與『其應不窮』相反。」故《學記》譏其不足以爲人師，正與此意互相發也。朱子曰：「記問之學，温故而不知新，只記得硬本子，更不去裏面搜尋得道理，記得十件，只是十件，記得百件，只是百件，這箇便死殺了。知新則就温故中見得這道理愈精，勝似舊時，引而伸之，觸類而長之，則常活不死殺。《中庸》『温故而知新』，乃是温故重，此却是知新重。」○温故方能知新，不温故而求知新，則亦不可得而求矣。○温故而知新，味其語意，乃爲温故而不知新者設。不温故固是閒斷了，若果無所得，雖温故亦不足以爲人師。所以温故又要知新，惟温故而不知新，故不足以爲人師也，這語意在知新上。温故知新，不是易底。新者只是故中底道理，時習得熟，漸漸發得出來。且如一理，看幾箇人來問，就此一理上，一人與説一箇理，都是自家就此理上推究出來，所以其應無窮。且如記問之學，記得一事，更推第二事不去，記得九事，便説十事不出，所以不足爲人師。○問：「不離温故之中而知新，其亦下學上達之理乎？」曰：「亦是漸漸上達之意。」○道理即是一箇道理，《論》、《孟》所載是這一箇道理，六經所載也是這箇道理，但理會得了，時時温習，覺滋味深長，自有新得。○又曰：「昔之所得，雖曰既爲吾有，然不時加尋繹，則亦未免有廢棄遺忘之患，而無所據以知新矣。然徒能温故，而不能索義理之所以然者，則見聞雖富，誦説雖勤，而口耳文字之外，略無意見，如無源之水，其出有窮，亦將何以授業解惑，而待學者無已之求哉？」○尋繹其所已得，而每每有得於其所未得者，譬之觀人，昨日識其面，今日識其心，於以爲師，其庶矣乎。「可」云者，明未至此者，不足以爲師，非以爲能如是而爲師有餘也。○范氏曰：「温故者，月無忘其所能；知新者，日知其所無。」《通考》朱氏公遷曰：「此爲爲人師者言之。温故知新，《論語》、《中庸》兩見之。《論語》之所謂『故』是聞於人者，《中庸》之所謂『故』是存於己者。《論語》是即其一理而推見衆理之無窮，《中庸》是全其統體而益見脉絡之精微。《論語》是一件事，《中庸》是兩件事。」附《蒙引》：温故而知新，可以爲師矣，故學而時習之，然後有朋自遠方來。

○子曰：「君子不器。」

器者，各適其用而不能相通。成德之士，

體無不具，故用無不周，非特爲一才一藝而已。程子曰：「君子不器，無所不施也。若一才一藝，則器也。」○朱子曰：「君子才德出衆。德，體也；才，用也。亦具聖人之體用，但其體不如聖人之大，用不如聖人之妙耳。」○君子不器，是不拘於一，所謂體無不具。人心元有這許多道理充足，若慣熟時，自然看要如何無不周徧。如夷清惠和，亦只做得一件事。○問：「君子不器，君子是何等人？」曰：「此通上下而言，是成德全才之君子。」問：「子貢『汝器也』，喚做不是君子得否？」曰：「子貢也是箇偏底，可貴而不可賤，宜於宗廟朝廷而不可退處，此子貢偏處。」○南軒張氏曰：「人之可以器言者，拘於才之有限者也。若君子，則進於德；進於德，則氣質變化而才有弗器者矣。」○勉齋黃氏曰：「各適其用，不能相通，以物言，舟之不可爲車之類也；以人言，優爲趙魏老，不可以爲滕薛大夫是也。用無不周，見君子之不器；體無不具，原君子之所以不器也。」○雲峰胡氏曰：「士君子之心，虛有以具衆理，是其體本無不具也；其心之靈，足以應萬事，是其用可以無不周也。格致誠正，脩齊治平，有以充此心之體，而擴此心之用，所以不器。故凡局於器者，氣質之分量小；士君子之不器者，學問之功效大也。」

○子貢問君子，子曰：「先行其言，而後從之。」

周氏曰：「周氏，名孚先，字伯忱，毗陵人。**先行其言者，行之於未言之前；而後從之者，言之於既行之後。」**問：「先行其言而後從之，苟能行矣，何事於言？」朱子曰：「若道只要自家行得，說都不得，亦不是道理。聖人只說敏於事而謹於言，敏於行而訥於言，言顧行，行顧言，何嘗教人不言？」○問：「先行其言，謂人識得箇道理了，可以說出來，却不要只做言語說過，須是合下便行將去；而後從之者，及行將去，見得自家所得底道理步步著實，然後說出來，却不是杜撰臆度，須還自家自本至末皆說得有著實處。」曰：「此說好。」○南軒張氏曰：「君子主於行，而非以言爲先也，故其言之所發，乃其力行所至而言隨之也。夫主於行而後言者爲君子，則夫易於言而行不踐者，是小人之歸矣。」○慶源輔氏曰：「行之於未言之前，則其行專而力；言之於既行之後，則其言實而信，正君子進德脩業之道也。」○雙峰饒氏曰：「君子行在言前，言隨

行後，自然言行不相違矣。」附《淺説》：辨難易之等，而勇爲其難；審虚實之分，而專務其實。○范氏曰：「子貢之患，非言之艱而行之艱，故告之以此。」朱子曰：「只爲子貢多言，故云然。」

○子曰：「君子周而不比，小人比而不周。」周，普徧也。比，偏黨也。皆與人親厚之意，但周公而比私爾。朱子曰：「比之與周，皆親厚之意。周則無所不愛，爲諸侯則愛一國，爲天子則愛天下，隨其親疎厚薄，無不是此愛。若比則只是揀擇，或以利，或以勢，一等合親底，他却自有愛憎，所以有不周處。」又曰：「大概君子心公而大，所以周普；小人心狹而常私，便親厚也只親厚得一箇。」○周、比相去不遠，須分別得大相遠處。周則徧及天下，比則昵於親愛。無一人使之不得其所，便是周；但見同於己者與之，不同於己者惡之，便是比。君子好善惡惡，皆出於公，用一善人於國於天下，則一國天下享其治，去一惡人於一鄉一邑，則一鄉一邑受其安，豈不是周？若小人，於惡人則喜其合己，必親愛之；善人與己異，必傷害之，此小人比而不周也。○君子立心，自是周徧，好惡愛憎，一本於公，小人惟偏比阿黨而已。○南軒張氏曰：「君子小人之分，公私之間而已。周則不比，比則不周，天理、人欲不並立也。君子於親疎、遠近、賢愚，處之無不得其分，蓋其心無不溥焉，所謂周也；若小人，則有所偏係而失其正，其所親暱皆私情也，所謂比也。」○君子小人所爲不同，如陰陽晝夜，每每相反。然究其所以分，則在公私之際，毫釐正作氂，❶十毫也。之差耳。故聖人於周比、和同、驕泰之屬，常對舉而互言之，欲學者察乎兩閒，而審其取舍上聲。之幾平聲。也。問：「取舍之幾，當在思慮方萌之初審察之否？」朱子曰：「致察於思慮，固是，但事上亦須照管。覺得思慮處失了，便著於事上看，便舍彼取此。」○雲峰胡氏曰：「君子小人，公私相反，而聖人歷舉周比等之相似者言之，蓋相反者，其情易知，相似者，其幾未易察，故拳拳欲學者致審焉。」○新安陳氏曰：

❶「氂」，原作「釐」，今據影明本《四書輯釋》改。

「《通書》曰『幾善惡』，幾者，善惡所由分之微處也。上文公私之際，即所謂兩閒毫釐之差，即所謂幾。學者當審察於幾微處，而取其公，舍其私。周比、和同、驕泰三章，皆當如此看。以此章居首，故於此包括言之。」《通考》朱氏公遷曰：「四書君子與小人並稱者，凡十七章。『周而不比』、『和而不同』、『泰而不驕』、『喻於義』、『坦蕩蕩』、『成人之美』、『易事而難説也』、『不仁者有矣夫』、『上達』、『懷德』、『求諸己』、『不可小知』、『有三畏』、『固窮』、『君子中庸』、『居易以俟命』、『闇然而日章』，皆以德言。」○雙峰饒氏曰：「所謂小人，有數樣。硜硜小人，以其器量之淺狹也；樊須小人，以其所務者小也；無爲小人儒，以其所業雖正，而用心則私也；至以小人與君子對言者，則指其心術渾然不好底爲小人，宜與君子每每相反也。」愚謂以君子、小人對言之，正以明其德行、心術之不同，均可謂之以德言者，蓋德有凶有吉也。附《蒙引》：周而不比，亦是隨其廣狹而言，不必説舉天下無人不愛方是周。如有百人於此，君子本心則皆愛之，若其中有一二不善者，君子亦須去之，雖去之，然終不失其爲愛衆也。況去一惡人而衆受其利，是乃所以爲愛，何往而非周？如小人千百惟群，雖無不愛，然群黨之外則異其心矣，雖連千百都愛，終是比。

○子曰：「學而不思則罔，思而不學則殆。」

不求諸心，故昏而無得；不習其事，故危而不安。朱子曰：「學是學其事，如讀書是學。須精思其中義理方得，如做此事是學，須思此事道理如何。只恁低頭做，不思這道理，則所學者粗迹耳，故昧而無得。若只空思索，不傍事上體察，則無可據之地而終不安穩。須是學與思互相發明。」○凡「學」字便兼「行」字意思。如講明義理，學也；纔效其所爲，便有行意。○「思」與「學」字相對説。學這事便思這事。人説這事合恁地做，❶自家不曾思量這道理是合如何，則罔然而已。罔，似今人説罔兩。既思得這事，若不去做這事，便不熟，則臬兀不安。如人學射，雖習得弓箭裏許多模樣，若不曾思量這箇是合如何，也不得；既思得許多模樣是合如何，却不曾去射，也如何得？○思則自當有得，如食之必飽耳。○問：「學謂視聖賢所言所行而效之也，思謂研窮其理之所以然也。徒學而不窮其理則

❶「地」，原作「他」，今據哈佛本改。

罔，罔謂昏而無得，則其所學者亦粗迹耳；徒思而無踐履之實則殆，殆謂危而不安，則其所思者亦虛見爾。學而思則知益精，思而學則守益固。學所以致廣大，思所以盡精微。」曰：「學不專於踐履，如學以聚之，正爲聞見之益而言。」○慶源輔氏曰：「學之義廣矣，雖不專謂習其事，然此之謂學，則指習事而言耳。徒學而不求諸心，則內外不協，外雖勉强而中無意味，故昏而無得；徒思而不習其事，則理事爲二，理雖若有所得，事則扞格而無可即之安，故危而不安。」○新安陳氏曰：「學而思，則理益明，而不局於粗淺；思而學，則理益實，而不荒於高虛。」○程子曰：「博學、審問、慎思、明辨、篤行，五者廢其一，非學也。」新安陳氏曰：「五者《中庸》誠之之目，程子之説本以論《中庸》耳，朱子采之於此，以廣此章之意。」○雲峰胡氏曰：「朱子釋《中庸》學、問、思、辨屬擇善，知之事也，篤行屬固執，行之事也，此則以學爲習其事，是行之事，以思爲求諸心，是知之事，至若『學而時習之』，又引程子之言曰『時復思繹』，則思又是學習之事，若有不同者。要之專言學則學兼知與行，『思繹』亦是學；分學與思，則『思』字屬知，『學』字屬行，《中庸》五者，朱子謂學與行是學之終始，問與辨是思之終始是也。」附《蒙引》：「學」字亦無定指，如未能知而學，夫知者，亦是學；未能行而學，夫行者，亦是學。單言則該知行。又須看上下文何如，亦有專就知言者，如「博學於文」之類，亦有專就行言者，如「不學禮」語意近之。

○子曰：「攻乎異端，斯害也已。」

范氏曰：「攻，專治也，故治木石金玉之工曰攻。新安倪氏曰：「《周禮·考工記》有攻木之工、攻金之工。」異端，非聖人之道而別爲一端，如楊、墨是也。其率天下至於無父無君，專治而欲精之，爲害甚矣。」或問：「有以攻爲攻擊之攻，言異端不必深排者，如何？」朱子曰：「正道、異端，如水火之相勝，彼盛則此衰，此强則彼弱，孰視異端之害，而不一言以正之，亦何以袪習俗之蔽哉？觀孟子所以答公都子好辯之問，則可見矣。」○異端不是天生出來，天下只是這一箇道理，緣人心不正，則流於邪説，習於彼，必害於此，既入於邪，必害於正。○問：「《集註》云『攻，專治之也』，若爲學便當專治之，異端則不可專治也。」曰：「不惟説不可專治，便略去理

會他也不得。若是自家學有定止，去看他病痛，却得。」○楊氏爲我，拔一毛而利天下不爲；墨氏兼愛，至不知有父，如此等事，世人見他無道理，自不去學。○慶源輔氏曰：「常言一事一件，皆爲一端。異端，非聖人之道而別自爲一件道理也。楊氏以爲我爲義，而非聖人所謂義；墨氏以兼愛爲仁，而非聖人所謂仁，所以爲異端。」○西山真氏曰：「異端之名，始見於此，孔子所指，未知爲誰。老聃、楊朱、墨翟皆與孔子同時，特以洙泗之教方明，其說未得肆耳。或謂孔子不闢異端，非也。如悖德悖禮之訓，已是闢墨；潔身亂倫之訓，已是闢楊矣。」○胡氏曰：「楊朱即莊周所謂楊子居者，與老聃同時。墨翟又在楊朱之前，宗師大禹而晏嬰學之者也。」○新安陳氏曰：「孔子之時，楊朱未肆，故《集註》下一『如』字。然則異端何所指乎？孔子謂『鄉原，德之賊』，孟子謂其『自以爲是，而不可與入堯舜之道』，則鄉原亦異端也。老聃正同時，而孔子於《禮》曰『吾聞諸老聃』，則老聃在當時未可以異端目之。今之老子書，先儒謂後人託爲之。蒙莊出而祖老氏，自此以後始爲虛無之祖而爲異端，不可辭矣。楊子雲曰：『非堯舜文王者爲他道。』故凡非聖人之道者，皆異端云。」《通考》勿齋程氏曰：「百家衆技，不能相通，是曰小道；邪說詖行，戾乎正道，是曰異端。」○**程子曰：「佛氏之言，比之楊、墨，尤爲近理，所以其害爲尤甚。學者當如淫聲美色以遠**去聲。**之，不爾則駸駸**音侵。**然入於其中矣。」**汪氏炎昶曰：「程、朱之時，儒學亦有流於禪者，故《集註》有取於程說之痛切。今學者絶口於此，程、朱之功爲多。」○問：「何以只言佛而不及老？」朱子曰：「老便是楊氏，孟子闢楊，便是闢老。如隱遁長往不來者，皆老之流，他本不是學老，所見與之相似。」○楊、墨只是硬恁地做爲我兼愛，做得來也淡，不能惑人。佛氏最有精微動人處，初見他說出自有理，從他說愈深愈害人。問佛氏所以差。曰：「劈初頭便錯了。如天命之謂性，他把這箇便都做空虛說了。吾儒見得都是實。」○勿軒熊氏曰：「韓愈云：『佛者夷狄之一法，自後漢時流入中國。』其初不過論緣業以誘愚民而已，後來却說心說性，雖聰明之士亦爲之惑，學者不可不力察而明辨也。」○新安陳氏曰：「程子之時，名公高材皆爲佛氏之言所陷溺，惟

其近理所以害甚。《集註》采此條，而《中庸》序亦曰：『老佛之徒出，則彌近理而大亂真矣。』皆所以闢異端也。」《通考》按程叔子云：「今異教之害，道家之説則没可闢，❶唯釋氏之説，衍蔓迷溺至深。今日是釋氏盛而道家蕭索。方其盛時，天下之士往往從其學，自難與之力争。惟當自明吾理，吾理自立，則彼不必與争。」又或謂佛之理比孔子爲徑，曰：「天下果有徑理，則仲尼豈欲使學者迂遠而難至乎？故外仲尼之道而由徑，則是冒險阻，犯荆棘而已。」此數語皆所謂「其害爲尤甚」者也。

○子曰：「由，誨女知之乎？知之爲知之，不知爲不知，是知也。」女，音汝。

由，孔子弟子，姓仲，字子路。魯之卞人。子路好去聲。勇，蓋有强上聲。其所不知以爲知者，故夫子告之曰：我教女以知之之道乎。但所知者則以爲知，所不知者則以爲不知。如此則雖或不能盡知，而無自欺之蔽，亦不害其爲知矣。況由此而求之，又有可知之理乎？朱子曰：「子路粗暴，見事便自説曉會得，如正名一節，便以爲迂，和那箇知處也不知了。知之爲知之，不知爲不知，則無自欺之蔽，其知固自明矣。若不説求其知一著，是使人安於所不知也，故程子説出此意，經意方完，既不失於自欺，又不失於自畫。」○聖人只爲人將那不知者亦説是知，終至於知與不知終無界限了。若人能於其知者以爲知，於不知者以爲不知，而不强以爲知，此便是知了。只爲子路性勇，把不知者亦説是知，故爲他説如此。○問：「學者之於義理於事物，以不知爲知，用是欺人亦可矣，本心之靈庸可欺乎？但知者以爲已知，不知者以爲不知，則雖於義理事物之閒有不知者，而自知則甚明而無蔽矣，故曰是知也。以此真實之心，學問思辨，研究不舍，則知至物格意誠心正之事，可馴致也。夫子以是誨子路，真切要哉。此章言之若易，而於學者日用閒關涉處甚多，要當步步以是省察，則切身之用蓋無窮也。」曰：「此説甚善。」○南軒張氏曰：「是知也，言是乃知

❶「則」下，《程氏遺書》有「更」字。

之道也。」〇新安陳氏曰：「强其不知以爲知，非惟人不我告，己亦不復求知，終身不知而後已。好勇者多喜自高，不服下人，故有此弊。此必子路初見孔子時，孔子以此箴之。後來『有聞，未之能行，惟恐有聞』，及『人告以有過則喜』，則必改此失矣。然終有見義欠透徹處，是以知『食焉不避其難』之爲義，而不知食輒之食爲非義也。不知者以爲不知，則人必我告，己亦必自求知，豈非知之之道乎？」《通考》東陽許氏曰：「章内六『知』字不同，上下兩『知』字總言心之知，中間四『知』字指一事之知。」附《蒙引》：子路强其所不知以爲知者，蓋遇事或有問他，他難於説我不知。是以不知爲恥，此其惑也，故夫子爲他去此一段惑，未是正告以求知之道。然此惑未去，則雖欲求知，未易進也。〇是知也，且淺淺説箇知意思。〇夫子之意謂知與不知，自家心裏明白，此便是知。蓋謂子路此病未去，難以進於知也，故淺淺地説。〇「況由此而求之，又有可知之理乎」，此二句是朱子祖程子意補之。然夫子所以以是告子路者，正爲必先去此一段蔽，然後有可進之機，所謂既能自知，則不安於已知，既能自屈，則不畫於已至，此亦理之必然也。〇《存疑》：子路以不知爲知，原他初不悟己不知，分明是以己爲知，自聖人看他，見其不知耳。如死孔悝之難，他分明以衛輒爲是，故以聖人爲迂，而以身死之，此只坐知不真耳。若知得衛輒不是，豈肯苟且以身殉之？朱註「强不知以爲知」及「自欺」，當如此看。《蒙引》曰「遇事或有問他，他難説我不知，是以不知爲不知」，看來不是。以死難一節觀之，若無緊要事，他難於説己不知。强做知，自欺可也，死生是何等事，乃因恥己不知，來强做知，來自欺，擲一個身去死，決無此理。〇子路爲人好勇，其學亦粗率，多是不知底，却自以爲知了，如「正名」、「見南子」、子欲往公山佛肸之召、「使門人爲臣」之類可見。故聖人責之曰：野哉由也，君子於其所不知，蓋闕如也。所不知而闕，是不知爲不知也，子路正爲少此，故聖人因事責之，至此復從容教誨之也。〇《淺説》：是知也，只貼入「無自欺之蔽」一意。

〇子張學干禄，

子張，孔子弟子，姓顓孫，名師。陳人。干，求也。禄，仕者之奉符用反。也。雲峰胡氏曰：「本文無『問』字意，編次者因夫子救子張之失，故先之以此五字，以見夫子爲子張干禄發。」

子曰：「多聞闕疑，慎言其餘，則寡尤；多見闕殆，慎行其餘，則寡悔。言寡尤，行寡悔，禄在其中矣。」行寡之行，去聲。

吕氏曰：「吕氏，名大臨，字與叔，藍田人。疑者所未信，殆者所未安。」程子曰：「尤，罪自外至者也。悔，理自内出者也。」新安陳氏曰：「人以我爲尤，故曰罪自外至；我自知其非理而悔之，故曰理自内出。」愚謂多聞見者學之博，闕疑殆者擇之精，慎言行去聲。者守之約。新安陳氏曰：「夫子分聞見、言行、疑殆對言之，朱子合而解之。學不博則無可擇。多聞多見，學既博矣，必於多中精以擇之，闕其所未信未安者，則非泛焉龐雜之博。擇之既精，然後加謹慎以言行其餘之已信已安者，而所守方得其約。約字與博字對，約字又自精字來，不精則其約也非切要之約而苟簡之約爾。學之博，擇之精，守之約，九字斷盡此一章。三者不可闕一，如此則言必當而人不我尤，行必當而己無可悔矣。」附《蒙引》：寡尤不止帶慎言意，寡悔不止帶慎行意，連多聞闕疑、多見闕殆俱有。蓋聞見不多，則所以爲言行之資者，狹矣，能無悔尤乎？然不闕疑殆，則不可言者亦言，不可行者亦行矣，能無悔尤乎？可以言可以行者，當其言行之際，而或不謹，則所言所行者雖是，而不能無過當之差，又能無悔尤乎？凡言在其中者，皆不求而自至之辭。新安陳氏曰：「禄在其中、餒在其中、仁在其中、直在其中、樂亦在其中，其訓皆同。」言此以救子張之失而進之也。朱子曰：「此章是教人不以干禄爲意。蓋言行所當謹，非爲欲干禄而然也。若真能著實用功，則惟患言行之有悔尤，何暇有干禄之心耶？」○聞是聞人之言，見是見人之行。聞亦屬自家言處，見亦屬自家行處。聞見亦互相發。亦有聞而行者，有見而言者，不可泥看。聞見當闕其疑殆，然又勿易言易行之。○學本是要立身，不是要干禄。然言行能謹，人自見知，便有得禄之道。大概是令他自理會身己上事，不要先萌利禄之心。又曰：「若人見得道理分明，便不爲利禄動。」○禄固人之所欲，但要去干不得。然德行既脩，名聲既顯，則人自然來求，禄不待干而自得。○多聞多見，人多輕説過了，將以爲偶

然多聞多見耳，殊不知此正是合用功處，不然則聞見孤寡，不足以爲學矣。○出言或至傷人，故多尤；行有不至，己必先覺，故多悔。然此亦以其多少言之耳。言而多尤，豈不自悔？行而多悔，亦必至於傷人矣。○聖人只教他謹言行，因帶著禄説。聖人不教他干，但云得禄之道在其中，正是要抹殺了他「干」字。○又曰：「人處己接物，莫大於言行，聞見所以爲言行之資也。自寡聞見而積之多，多聞見而擇之精，擇之精而於言行猶曰必謹焉，其反身亦切至矣。猶曰僅足以寡尤悔而已，未敢必其絶無也。君子亦脩其在己而已，禄之得不得非所計也，故曰禄在其中，本爲此而反得彼之辭，豈真教之以是干禄哉？」○問「學干禄」章。曰：「此是三截事。若人少聞寡見，則不能參考得是處，故聞見須要多。若聞見已多，而不能闕疑殆，則胡亂把不是底也將來做是了。既闕其疑殆，而又未能謹其餘，則必有尤悔。」又問：「尤、悔如何分？」曰：「是大凡言不謹則必見尤於人，人既有尤，自家安得無悔？行不謹則己必有悔，己既有悔，則人安得不見尤？此只是各將較重處對説。」又問：「禄在其中，只此便可以得禄否？」曰：「雖不求禄，若能無悔尤，此自有得禄道理。若曰耕也餒在其中矣，耕本求飽，豈是求餒？然耕却有水旱凶荒之虞，則有時而餒。學本爲道，豈是求禄？然學既寡尤悔，則自可以得禄，如言『直在其中矣』。凡言在其中矣者，道理皆如此。」○蔡氏曰：「擇精守約固重，學博亦不可輕。聖人所以好古敏求，多聞擇從，多見而識，皆欲求其多也。不然聞見孤寡，將何據以爲擇精守約之地耶？」○新安陳氏曰：「子張有務外求聞之失，故夫子教以反求諸内也。」《通考》吴氏程曰：「其餘，蓋不疑不殆者。理自内出，謂心悟其非。」○東陽許氏曰：「經中言在其中，謂如此必如此，順辭也；圈外註言在其中，謂如此却不如此，反辭也。二者字雖同，而意不相類。」○按《延平答問》云：❶「古人干禄之意，非後世之干禄也，蓋胸中有所蘊，亦欲發泄而見諸事爾，此爲己之學也。然求之有道，苟未見所以求之之道，一萌意焉則外馳矣，❷故夫子以多聞見而闕疑殆告之，又使之慎其餘，則反求諸己也切矣。」附《存疑》：李延平説子張干禄處最好，莫把子張説低了。○程子

❶「答問」，原倒，今據《延平答問》乙正。
❷「意」，原脱，今據《延平答問》補。

曰：「脩天爵則人爵至，君子言行能謹，得禄之道也。子張學干禄，故告之以此，使定其心，而不爲利禄動。若顏、閔，則無此問矣。新安陳氏曰：「顏子終身簞瓢，閔子堅辭費宰，豈有此問？」或疑如此亦有不得禄者，孔子蓋曰耕也餒在其中，惟理可爲者，爲之而已矣。」雲峰胡氏曰：「學干禄即脩天爵以要人爵者。富貴在天，無可求之理；言行在我，有反求之道。學者惟當求其在我者，則禄將不求而自至。故『在其中』三字，正爲『干』字而發也。」

○哀公問曰：「何爲則民服？」孔子對曰：「舉直錯錯，倉故反。諸枉則民服，舉枉錯諸直則民不服。」

哀公，魯君名蔣。子炳反。凡君問皆稱孔子對曰者，尊君也。錯，倉故反。捨置也。諸，衆也。程子曰：「舉錯得義，則人心服。」○謝氏曰：「好去聲。直而惡去聲。枉，天下之至情也。順之則服，逆之則去，必然之理也。新安陳氏曰：「《大學》云：『好人之所惡，惡人之所好，是謂拂人之性。』謝氏之論，蓋本於此。至情即性之發也。」然或無道以照之，則以直爲枉，以枉爲直者，多矣。是以君子大居敬而貴窮理也。」新安陳氏曰：「居敬窮理者，明吾心以照枉直之本，而居敬又爲窮理之本。本文無此意，乃謝氏推本之論也。大居敬，法《公羊傳》『君子大居正』之文，以居敬爲大，而又窮理爲貴也。」○致堂胡氏曰：「當時三家專魯，公安得擅舉錯之權哉？使公復問孰爲枉直而付舉錯之柄於夫子，夫子必有所處矣。民心既服，公室自張，何至乞師於越，而卒以旅死哉？」○朱子曰：「當時哀公舉錯之權不在己，問了只恁休了。他若會問，時夫子尚須有説。」○是便是直，非便是枉。○問：「哀公問『何爲則民服』，往往只是要得人畏服他，聖人却告之以進賢退不肖，乃是治國之大本而人心自服者。蓋好賢而惡不肖，乃人之正情，若舉錯得義，則人心豈有不服？謝氏又謂若無道以照之，則以直爲枉，以枉爲直矣，君子大居敬而貴窮理，此又

極本原而言。若人君無知人之明，則枉直交錯，而舉錯未必得宜矣。」曰：「此説得分明。」

○季康子問：「使民敬忠以勸，如之何？」

子曰：「臨之以莊則敬，孝慈則忠，舉善而教不能則勸。」季氏意在「使」字上，聖人意在「則」字上。

季康子，魯大夫季孫氏，名肥。莊謂容貌端嚴也。臨民以莊，則民敬於己；孝於親，慈於衆，則民忠於己；善者舉之而不能者教之，則民有所勸而樂音洛。於爲善。朱子曰：「莊只是一箇字，孝、慈是兩件事。孝是以身率之，❶慈是以恩結之；孝是做箇樣子，慈則推以及人。二者須一齊有，民方忠於己。若只孝而不慈，或徒慈於衆而無孝於親樣子，亦不得。善者舉之，不善者便棄之，民不能便勸。惟舉其善者而教其不能者，所以皆勸。」○問：「康子之意，必要使人能如此，聖人但告之以己所當爲而民自應者，方其端莊、孝慈、舉善教不能，不是要民如此而後爲，做得自己工夫，則民有不期然而然者。」曰：「也是如此。」○吴氏曰：「康子竊君之柄而專其國，廢父之命而殺其嫡，可謂不忠孝於君親矣；欲殺無道以就有道，可謂不慈於衆矣。在己事上接下皆非其道，而欲人盡道於己，難矣哉。」附《蒙引》：容貌端嚴也，容貌猶云形色。容字實，貌字虛。貌猶狀也，一顰一笑、一言一動都是貌。○張敬夫曰：「此皆在我所當爲，非爲去聲。欲使民敬忠以勸而爲之也。然能如是，則其應蓋有不期然而然者矣。」慶源輔氏曰：「凡聖賢之言與事，其有本效感應處，皆當以此意推之，則庶幾無謀利計功之私矣。」○新安陳氏曰：「不期而然，乃自然之感應，何假於使之然哉？莊、孝慈、舉善而教，蓋不使之使也。」

○或謂孔子曰：「子奚不爲政？」

定公初年，孔子不仕，故或人疑其不爲政也。新安陳氏曰：「吴氏云：『夫子在魯不仕，其故有

❶「身」，原作「躳」，今據《朱子語類》改。

三：待賈而沽，一也；季氏逐君，二也；陽貨作亂，三也。』《史記》云：『季氏强僭，離於正道，陽貨專政作亂，故孔子不仕。』《集註》因以爲定公初年事。然夫子不仕季氏，蓋以平子逐君。若謂强僭離於正道，則季氏數世皆然，而夫子何以又仕桓子乎？定五年以前，夫子不仕者，以平子，而定五年以後不仕者，以陽貨也。」

子曰：「《書》云：『孝乎惟孝，友于兄弟，施於有政。』是亦爲政，奚其爲爲政？」

《書》，《周書·君陳》篇。《書》云孝乎者，言《書》之言孝如此也。新安陳氏曰：「《書》言孝友而起語獨言孝者，友乃孝之推，孝可包友也。」善兄弟曰友。《書》言君陳能孝於親，友於兄弟，又能推廣此心以爲一家之政。朱子曰：「惟孝友于兄弟，謂孝然後友，友然後政，其序如此。能推廣此心以爲一家之政，便是齊家。緣下面有一箇『是亦爲政』，故不是國政。」又曰：「在我者孝，則人皆知孝；在我者弟，則人皆知弟，其政豈不行於一家？」又曰：「政，一家之事也，故不止是使之孝友耳。然孝友爲之本也。」○此全在「推」字上，今人只是不善推其所爲耳。范氏言明皇友兄弟而一日殺三子，正以不能推此心也。○新安陳氏曰：「孝友兄弟，行於家者；施於有政，行於國者。居家理，故治可移於官，《書》之本意不過如此。朱子特發出推廣，以爲家、政之意。」孔子引之，言如此則是亦爲政矣，何必居位乃爲爲政乎？蓋孔子之不仕，有難以語音御。或人者，故託此以告之。要平聲。之至理亦不外是。南軒張氏曰：「孝於親則必友於兄弟，孝友篤於家，則施於有政亦是心而已矣。雖不爲政，而家庭間躬行孝友，爲政之道固在是矣。或人勉夫子以爲政之事，夫子告以爲政之道也。」

○子曰：「人而無信，不知其可也。大車無輗，小車無軏，其何以行之哉？」輗，五兮反。軏，音月。

大車，謂平地任載音壬在。之車。輗，轅端橫木，縛軛音厄。以駕牛者。小車，謂田

車、兵車、乘去聲。車。軏，轅端上曲，鉤衡以駕馬者。《通考》吴氏程曰：「鉤衡木也。端猶前也。大車之轅，直且無撓，駕馬則揉而曲之，其最前鉤衡者爲軏而亦通謂之轅。軛爲屈木以駕牛，而聯於横木，上曲句轅，長一丈四尺四寸，平居輿下，曲其末而上鉤於衡。就輿言之，則其上而曲處皆爲轅之前。鉤衡，轅前之横木也。缺去七寸以扼馬領於前，使不得出，謂之軛，其平處爲衡。合言之，衡即軛也，轅所以鉤而就之。牛力全在肩，馬力散在一身，韁靷鞅靽之屬，故轅、軛有不同。」車無此二者，則不可以行，人而無信亦猶是也。或問「人而無信，不知其可也」。朱子曰：「人而無真實誠心，則所言皆妄，今日所言要往東，明日走在西去，這便是言不可行。」○問：「先生但謂車無此二者則不可以行，人而無信亦猶是也，而不及無信之所以不可行，何也？」曰：「信是言行相顧之謂。人若無信，語言無實，何處行得？處家則不可行於家，處鄉黨則不可行於鄉黨。」曰：「此與『言不忠信❶，雖州里行乎哉』之意同。」曰：「然。」○雙峰饒氏曰：「行之之行，指車言，人無信之不可行，亦猶是也。」《通考》東陽許氏曰：「輗、軏是車與牛馬接處，信是己與人接處，此喻最切。」附《蒙引》：不知其可也，此「也」字與下章「子張問十世可知也」之「也」字同，皆「乎」字意。

○子張問：「十世可知也？」陸氏曰：「陸氏，名元朗，字德明，唐蘇州人。也，一作乎。」○王者易姓受命爲一世。新安陳氏曰：「此與三十年爲一世之世不同。」子張問自此以後十世之事可前知乎？

子曰：「殷因於夏禮，所損益可知也。周因於殷禮，所損益可知也。其或繼周者，雖百世可知也。」

馬氏曰：「馬氏，名融，東漢扶風人。所因謂三綱五常，所損益謂文質三統。」愚按三綱謂君爲臣綱、父爲子綱、夫爲妻綱。五常

❶「言」，原脱，今據《論語註疏》、《朱子語類》補。

謂仁、義、禮、智、信。文質謂夏尚忠，商尚質，周尚文。朱子曰：「質朴則未有文，忠則渾然誠確，無質可言矣。」○忠只是朴實頭，白直做將去。質則漸有形質、制度，而未有文采。文則就制度上事事加文采。然亦天下之勢自有此三者，非聖人欲尚忠、尚質、尚文也。夏不得不忠，商不得不質，周不得不文。彼時亦無此名字，後人見得如此，故命此名。三統謂夏正建寅爲人統，商正建丑爲地統，周正建子爲天統。《前漢·律曆志》：天統之正始於子半，❶日萌色赤，地統受之於丑初，日肇化而黄，至丑半，日芽化而白，人統受之於寅初，日孽成而黑，至寅半日，生成而青。○朱子曰：「康節分十二會，言天開於子，地闢於丑，人生於寅。蓋天運至子始有天，至丑始有地，至寅始有人，是天地人始於此，故三代即其始處建以爲正。」○新安陳氏曰：「正謂正月也。不曰一月而曰正月，取王者居正之義。迭建以爲正月，故曰夏正、商正、周正。康節分十二會，詳見《皇極經世書》。」《通考》吴氏程曰：「三統者，天施、地化、人事之紀也。十一月黄鍾爲天統，六月林鍾爲地統，正月太簇爲人統。其於三正也，黄鍾子爲天正，林鍾未之衝丑爲地正，太簇寅爲人正。三正本於三統，故《集註》合言之，亦以馬氏之意本在於三正故爾。」又曰：「天以十一月復陽氣，地以十二月始生物，而人以正月興事，此子、丑、寅所以有天、地、人之分也。」○東陽許氏曰：「堯、舜、禹皆用人統，堯、舜皆禪讓，故舜、禹不改正。殷周以征伐得天下，所以改正朔，易服色，以新視聽。」三綱五常，禮之大體，三代相繼，皆因之而不能變，其所損益，不過文章制度，小過不及之間。新安陳氏曰：「損其過而益其不及。」而其已然之迹，今皆可見，則自今以往，或有繼周而王去聲。者，雖百世之遠，所因所革亦不過此，豈但十世而已乎？聖人所以知來者，蓋如此，非若後世讖楚禁反。緯、術數之學也。朱子曰：「所因謂大體，所損益謂文爲制度。那大體是變不得底。」○所因之禮，

❶「始」下，《漢書》有「施」字。

是天做底，萬世不可易；所損益之文章制度，是人做底，故隨時更變。○問：「夫子繼周而作，則忠質損益之宜如何？」曰：「孔子有作，則併將前代忠質而爲之損益，却不似商只損益得夏，周只損益得二代。」又問：「孔子監前代而損益之，及其終也，能無弊否？」曰：「惡能無弊？」○問：「其闕者宜益，其所多者宜損，固事勢之必然，但聖人於此處得恰好，其他人則損益過差了。」曰：「聖人便措置一一中理。如周末文極盛，故秦興必降殺了，周恁地柔弱，故秦必變爲强戾，周恁地纖悉周緻，秦興一向簡易無情，直情徑行，皆事勢之必變，但秦變得過了。秦既恁地暴虐，❶漢興定是寬大。」○繼周者秦，果如夫子之言否？看秦將先王之法一切掃除，然三綱五常不曾泯滅得。如尊君卑臣，損周室君弱臣强之弊，這自是有君臣之禮；如立法父子兄弟同室内息者有禁，這自是有父子兄弟之禮。天地之常經，自商繼夏至秦繼周以後，皆變這箇不得。秦之所謂損益，只是損益得太甚耳。○此章「因」字最重，所謂損益亦只是要扶持箇三綱五常而已。如秦繼周，雖損益有所未當，然三綱五常，終變不得。古人未嘗不尊君卑臣，秦人因之，但尊者益之而過尊，卑者損之而過卑耳；古人亦未嘗不德刑並用，秦人因之，但德則損之而又損，刑則益之而又益耳。○新安陳氏曰：「讖緯，如『亡秦者胡』之讖，及赤伏符等，及諸經之緯書。術數，如望氣、厭勝、風角等皆是。」附《蒙引》：三綱，以道之大端言；五常，以性之條目言。一則天下之大經，一則天下之大本也。○《集註》云「其所損益，不過文章制度，小過不及之閒，而其已然之迹，今皆可見」，自「不過」以下，便入在「可知也」句内，方知「可知也」只帶「所損益」言。其實所損益只是所因中物事，故下句又兼所因所革言，非謂上二「可知」只在所損益，下一「可知」乃兼所因所革也。按本文本註文勢意義，上二「可知」俱不兼言爲是。○《語類》：這一段諸先生説得「損益」字，不知更有箇「因」字，不曾説「因」字最重，程先生也只滾説將去。三代之禮，大概都相因了，所損也只損得這些箇，所益也只益得這些箇，此所以百世可知也。○羔羊跪乳，便有父子；螻蟻統屬，便有君臣；或居先或居後，便有兄弟；犬羊牛馬，成群連隊，便有朋友。始皇爲父，胡亥爲子，扶蘇爲兄，胡亥爲弟，這箇也泯滅不

❶「虐」，原作「虚」，今據《四書大全》改。

得。○繼周者秦，是大無道之世，畢竟是始皇爲君，李斯等爲臣，始皇爲父，胡亥爲子，三綱五常地位占得大了，便是損益亦不多。○胡氏曰：「子張之問，蓋欲知來，而聖人言其既往者以明之也。夫音扶。自脩身以至於爲天下，不可一日而無禮。天叙、天秩，人所共由，禮之本也。新安倪氏曰：「《書》曰：『天叙有典，天秩有禮。』三綱五常即天叙之典、天秩之禮也。」商不能改乎夏，周不能改乎商，所謂天地之常經也。若乃制度文爲，或太過則當損，或不足則當益，益之損之，與時宜之，而所因者不壞，是古今之通義也。新安陳氏曰：「天地之常經，以所因言，經也；古今之通義，以所損益言，權也。」因往推來，雖百世之遠，不過如此而已矣。」新安陳氏曰：「綱常亘萬世而不易，制度隨時世而變易。觀三代之已往者如此，則百世之方來亦不過如此而已。」

○子曰：「非其鬼而祭之，諂也。

非其鬼，謂非其所當祭之鬼。諂，求媚也。朱子曰：「如天子祭天地，諸侯祭山川，大夫祭五祀，庶人祭其先，上得以兼乎下，下不得以兼乎上也。庶人而祭五祀，大夫而祭山川，諸侯而祭天地，此所謂非其鬼也。」○問：「非其鬼而祭之，如諸侯僭天子，大夫僭諸侯之類，又如士庶祭其旁親遠族，亦是非其鬼否？」曰：「是。又如今人祭甚麽廟神，都是非其鬼。」問：「如用僧尼道士之屬，都是非其鬼。」曰：「亦是。」問：「旁親遠族不當祭，若無後者則如之何？」曰：「這若無人祭，只得爲他祭。自古無後者，祭於宗子之家。」○問：「土地山川之神，人家在所不當祭否？」曰：「山川之神，季氏祭之，尚以爲僭，況士庶乎？如土地之神，人家却可祭之。《禮》云：『庶人立一祀，或立户，或立竈。』户、竈亦可祭也。」又問：「中霤之義如何？」曰：「古人穴居，當土室中開一竅取明，故謂之中霤，而今人以中堂名曰中霤者，所以存古之義也。」又曰：「中霤亦土地之神之類。五祀皆室神也。」○厚齋馮氏曰：「其指祭者而言，謂非己所當祭者。蓋精誠神氣之不屬

也，但欲諂之以希福耳。」附丘氏曰：「《周禮》、《儀禮》雖有五祀之名而無其目，《月令》所謂門、行、户、竈、中霤，《白虎通》則無行而有井。」

見義不爲，無勇也。」

知而不爲，是無勇也。朱子曰：「此處要兩下並看。就見義不爲上看，固見得知之而不能爲；若從源頭看下來，乃是知之未至，所以爲之不力。」○勉齋黃氏曰：「非鬼而祭、見義不爲，事非其類而對言之，亦告樊遲問知之意也。一則不當爲而爲，一則當爲而不爲，聖人推原其病之所自來，則曰：非鬼而祭，有求媚要福之心也；見義不爲，無勇敢直前之志也。」○新安陳氏曰：「知義而不爲，是無浩然之氣以配道義故也。此章欲人不惑於鬼之不可知，而惟用力於人道之所宜爲。他日夫子語樊遲曰『務民之義，敬鬼神而遠之』，亦以鬼神對義而言，與此章意合。蓋嘗驗之天下之人，其諂瀆鬼神者，必不能專力於民義；其專力於民義者，必不諂瀆於鬼神，二者常相因云。」○臨川吴氏曰：「非其鬼謂所不當祭者也。義者，宜也，謂事理當然，所當爲者也。非所當祭而祭之，是祭所不當祭者；見其當爲而不爲，是不爲其所當爲者。不當祭而祭，求媚而已；當爲而不爲，其懦可知，一過一不及也。夫子告樊遲曰『務民之義，敬鬼神而遠之』，夫苟於鬼神知所遠而於義知所務焉，庶乎其不至於祭所不當祭，而不爲所當爲矣。」《通考》吴氏徵曰：「非其鬼謂非其祖考，所不當祭者也；義謂義理，所當爲者也。非所當祭而祭之，是祭所不當祭者；見其當爲而不爲，是不爲其所當爲，一過一不及也。」

論語集註大全卷之二終❶

❶「集註」，原無，今據全書體例補。下不再一一說明。

論語集註大全卷之三 三魚堂讀本

八佾第三

凡二十六章。通前篇末二章，皆論禮樂之事。《通考》勿軒熊氏曰：「首言夏殷周之禮，次言夏殷不足徵，而後有從周之說。周衰，禮樂廢壞於魯，蓋傷之。言禮二十一章，言樂三章，通言禮樂一章，夫子出處一章。」

孔子謂季氏，「八佾舞於庭，是可忍也，孰不可忍也」？佾，音逸。

季氏，魯大夫季孫氏也。胡氏曰：「古者有姓有氏，三家爲桓公之後，皆姬姓，又自以仲、叔、季分爲三氏也。」佾，舞列也。天子八，諸侯六，大夫四，士二，每佾人數如其佾數。天子八八六十四人，諸侯六六三十六人，餘倣此。或曰每佾八人，六佾六八四十八人，餘倣此。未詳孰是。《左》：隱公五年九月，考仲子之宫將萬焉。〔萬，舞名。〕公問羽數於衆仲，〔衆，音終。〕對曰：「天子用八，諸侯用六，大夫用四，士二。夫舞所以節八音而行八風，故自八以下。」公從之。〔杜預註云：「人如佾數。」疏引服虔云：「每佾八人。」〕○問：「八佾，舊說有謂上下通以八人爲佾者，何如？」朱子曰：「是不可考矣。然以理意求之，舞位必方，豈是其佾少而人多如此哉？」季氏以大夫而僭用天子之禮樂，邢氏曰：「僭於家廟舞之。」孔子言其此事尚忍爲之，則何事不可忍爲？或曰忍，容忍也，蓋深疾之之辭。洪氏曰：「君子居是邦不非其大夫，而云爾者，正君臣之大義，春秋撥亂之意也。」○雙峰饒氏曰：「『忍』字有敢忍、容忍二義，而敢忍之義爲長，故《集註》以容忍居後。」○趙氏曰：「敢忍之忍，《春秋傳》所謂『忍人』是也。容忍之忍，《春秋傳》所謂『君

其忍之』是也。」○雲峰胡氏曰：「前一『忍』字，指亂臣賊子之心而言；後一『忍』字，指春秋誅亂賊之法而言。」○新安陳氏曰：「自王政不綱，亂臣賊子無所忌憚，故敢於僭竊。殊不知君子畏義安分，自不忍於心，豈問天吏之有無哉？以此言之，前説爲優。然自秉《春秋》之筆者言之，則後説亦足以寒亂賊之膽也。」○東陽許氏曰：「季氏以大夫而僭用天子之禮樂於廟庭，此事尚可敢忍爲之，何事不可敢忍爲之？此『忍』字就季氏上説。季氏以大夫而僭用天子之禮樂於廟庭，其罪不可勝誅，此事若可容忍而不誅，則何事不可容忍？此『忍』字就孔子上説。如此説則説得兩『可』字意出。」

附《蒙引》：季氏以大夫上僭天子之八佾，以舞於家廟之庭，其忍於無君一至於此，更何事不忍爲？謂凡適己自便，而未甚踰於大閑，剩下欺公，而得苟免於刑憲者，皆將無所不爲矣。此説以「是可忍」者爲重，謝説以「孰不可忍」者爲重，非正意也。

○范氏曰：「樂舞之數，自上而下，降殺色界反。以兩而已，故兩之間不可以毫髮僭差也。自八殺其兩而爲六，以下依此。孔子爲政，先正禮樂，則季氏之罪不容誅矣。」謝氏曰：「君子於其所不當爲，不敢須臾處，上聲。不忍故也，而季氏忍此矣，則雖弑父與君，亦何所憚而不爲乎？」朱子曰：「爲人臣子，只是一箇尊君敬上之心，方能自安其分，不忍少萌一毫僭差之意。今季氏以陪臣而僭天子之佾，尚忍爲之，則是已絶天理，雖悖逆作亂之事，亦必忍爲之矣。」○問：「小人之陵上，其初蓋微僭其禮之末節而已，及充其僭禮之心，遂至於弑父弑君，此皆生於忍也，故孔子謂季氏八佾舞於庭，是可忍也。」曰：「敢僭其禮，便是有無君父之心。」○南軒張氏曰：「季氏以陪臣而僭天子之舞，目睹其數而安焉，❶於此而忍爲，則亦何往而不忍也？亂臣賊子之萌，皆由於忍而已，忍則安之矣。」○慶源輔氏曰：「范氏就制度上説，故以容忍爲義，言不可容忍之甚也；謝氏就心上説，故以敢忍爲義，言其心既敢於此，則雖極天下之大惡亦敢爲之矣。」○謝氏先論人心之本然，以見季氏之忍心僭逆，次又推極其忍心僭逆之

❶「目」，原作「自」，今據《四書大全》改。

害，使讀之者惕然有警於其心，而防微謹獨之意自有不能已者。

〇三家者以《雍》徹。子曰：「『相維辟公，天子穆穆』，奚取於三家之堂？」徹，直列反。相，去聲。

三家，魯大夫孟孫、叔孫、季孫之家也。《雍》，《周頌》篇名。徹，祭畢而收其俎也。天子宗廟之祭則歌《雍》以徹，是時三家僭而用之相助也。辟公，諸侯也。助祭之諸侯。穆穆，深遠之意，天子之容也。主祭者天子。此《雍》詩之辭，孔子引之，言三家之堂非有此事，亦何取於此義而歌之乎？譏其無知妄作以取僭竊之罪。朱子曰：「八佾只是添人數，未有明文，故只就其事責之。《雍》徹則分明歌天子之詩，故引詩以曉之，曰汝之祭亦有辟公之相助乎？亦有天子之穆穆乎？既無此義，焉取此詩？」〇雙峰饒氏曰：「上章是罪其僭，此章是譏其無知。惟其無知，所以率意妄作以取僭竊之罪。上章『是可忍也』，是言其不仁，此章無知妄作，是言其不知。惟其不仁不知，是以無禮無義。」《通考》仁山金氏曰：「堂，廟堂也。上文庭亦是廟庭。蓋廟制室外爲堂，堂前爲庭。」〇程子曰：「周公之功固大矣，皆臣子之分去聲。所當爲，西山真氏曰：「子無父母則無此身，己因父母而有此身，則事親自合盡孝；臣無君上則無此爵位，己因君上而有此爵位，則事君自合盡忠。此只是盡其本分當爲之事，非過外也。」魯安得獨用天子禮樂哉？成王之賜，伯禽之受，皆非也。其因襲之弊，遂使季氏僭八佾，三家僭《雍》徹，故仲尼譏之。」朱子曰：「這箇自是不當用，便是成王賜周公，也是成王不是，若武王賜之，也是武王不是。《雍》詩自是成王之樂，餘人自是用他不得。武王已自用不得了，何況更用之於他人？」又曰：「使魯不曾用天子之禮樂，則三家亦無緣見此等禮樂而用之。」〇胡氏曰：「按《禮記·明堂位》篇云：『成王以周公有大勳勞於天下，命魯公世世祀周公以天子之禮樂。』《祭統》云：『成王、康王追念周公之所以勳勞者而欲尊魯，故賜之以重祭，外

祭則郊社是也，内祭則大嘗禘是也。』《禮運》曰：『魯之郊禘，非禮也，周公其衰矣。』魯僭天子之制，三家僭魯，遂至於僭天子，程子所以追咎賜受皆非也。周公立爲經制，辨名分於毫釐間，將行之萬世而身没犯之，將行之天下而子孫違之，豈非周公之衰乎？」○王氏曰：「未嘗有天子之容，未嘗有辟公之相，魯爲諸侯之國，自不當用，而況於三家之陪臣乎？季氏非懵然不知其不當用，蓋一念之無君，由之而不自覺，則乾侯之避，豈待昭公而後知哉？《易》曰：『臣弑其君，子弑其父，非一朝一夕之故，其所由來者漸矣。』爲國者，其可不明禮分於平時？及其權歸而勢得，而後從而禁之，亦已晚矣。」○厚齋馮氏曰：「大夫不得祖諸侯，公廟之設於私家，非禮也，由三桓始也。唯三家皆祖桓公而立廟，故得以習用魯廟之禮樂而僭天子矣。夫天子之禮樂作於前，安然不以動其心，則凡不臣之事，皆忍爲之矣。」

○子曰：「人而不仁，如禮何？人而不仁，如樂何？」

游氏曰：「人而不仁，則人心亡矣，其如禮樂何哉？言雖欲用之，而禮樂不爲之用也。」朱子曰：「人既不仁，自是與那禮樂不相管攝，禮樂亦不爲吾用矣。心既不仁，便是都不省了，自與禮樂不相干。禮樂須中和温厚底人便行得。不仁之人渾是一團私意，便不奈禮樂何。」○勉齋黄氏曰：「仁者心之德，心之全德即仁也。游氏云人心亡矣，於仁之義最親切。」○慶源輔氏曰：「不仁則心無其德，雖謂之心亡可也。」○新安陳氏曰：「孟子云『仁，人心也，放其心而不知求』，游氏説當本孟子之意觀之。」附《語類》：人而不仁，如禮何？而今莫説八佾、《雍》徹是無如禮樂何，便教季氏用四佾以祭，也無如禮樂何，緣是他不仁了。○問：「《集註》云『禮樂不爲之用』，如何？」曰：「禮是恭敬底物事，爾心中自不恭敬，外面空做許多般模樣；樂是和樂底物事，爾心中自不和樂，外面强做和樂，也不得。心裏不恁地，外面强做，終是有差失。縱饒做得不差失，也只表裏不相應，也不是禮樂。」○《蒙引》：此禮樂，以禮樂之文言。何也？對仁言也。仁以心言，禮樂之理也。禮樂之理俱在心中，禮樂則無有無聲容者，但亦不專指玉帛鐘鼓，如周旋進退之間，亦皆是。○游氏以人心言仁，則該得理；程子以正理言仁，則該不得心，故置程説於圈外。李氏説「禮樂」

二字不謬，但於仁字似疎，故又居後。○《存疑》：李氏跛倚以臨祭，是不能如禮何也；魏文侯端冕而聽古樂，惟恐其或卧，是不能如樂何也。○程子曰：「仁者天下之正理，失正理則無序而不和。」朱子曰：「程子說固好，但少疎，不見得仁。仁者本心之全德。人若本然之良心存而不失，則所作爲自有序而和。若此心一放，只是人欲私心，做得出來安得有序，安得有和？仁只是正當道理，將正理頓在人心裏面，方說得箇仁字全。」○問：「禮者天理之節文，樂者天理之和樂，仁者人心之天理。人心若存得這天理，便與禮樂湊合得著；若無這天理，便與禮樂湊合不著。」曰：「固是。若人而不仁，空有那周旋百拜，鏗鏘鼓舞，許多勞攘，當不得那禮樂。」○問：「仁者心之德也。不仁之人，心德既亡，方寸之中，絶無天理，平日運量酬酢，盡是非僻淫邪之氣，無復本心之正。如此等人，雖周旋於玉帛交錯之閒，鐘鼓鏗鏘之際，其於禮樂判爲二物。若天理不亡，則見得禮樂本意皆是天理中發出來，自然有序而和。」曰：「是。」○慶源輔氏曰：「仁、義、禮、智，皆正理也。此獨以仁言者，蓋謂專言之而包四者之仁也。」○陳氏曰：「禮樂無所不在。如兩人同行，纔長先少後，便和順無爭。所以有爭，只緣少長之序亂了，又安得有和順底意？於此見禮先而樂後，無序則必不和。」

李氏曰：李氏，名郁，字光祖，昭武人。「禮樂待人而後行，苟非其人，則雖玉帛交錯，鐘鼓鏗丘耕反。鏘，千羊反。亦將如之何哉？朱子曰：「游氏言心，程子言理，李氏言人。此苟非其人，道不虛行之意。蓋心具是理，所以存其心則在人也。」○慶源輔氏曰：「此章禮樂，正指玉帛鐘鼓言，故以李說終之。」○雙峰饒氏曰：「游氏說得『仁』字親切，而禮樂二字欠分明。❶程子說得『禮樂』二字有意義，而仁字不親切。必合二說而一之，然後仁與禮樂之意方備。程子『無序不和』是說無禮樂之本，李氏鐘鼓玉帛是說徒有禮樂之文。亦必合二說而一之，然後如禮樂何之義方盡。《集註》用意精深，要人子細看。」○程子序字、和字，是就理上說。若就心上說，則當言敬與和。不仁之人，其心不敬不和，無以爲行禮作樂之

❶「二」，原作「一」，今據《四書大全》改。

本，雖有禮之儀文，而儀文不足觀，雖有樂之音節，而音節不足聽。○勿軒熊氏曰：「游氏兼禮樂之體用言，程子專指禮樂之體，李氏專指禮樂之用。」然記者序此於八佾、《雍》徹之後，疑其爲去聲。僭禮樂者發也。」新安陳氏曰：「僭禮樂者，即人之不仁者也。本文無此意，但以次於前二章之後，故云然。」《通考》東陽許氏曰：「游氏正説，收爲本註。程子就凡事上説，李氏主人言，故在圈外。程子説無序不和，亦是禮樂之本，故在李氏前。」

○林放問禮之本，

林放，魯人。見世之爲禮者專事繁文，而疑其本之不在是也，故以爲問。勉齋黃氏曰：「本之説有二：其一曰仁義禮智根於心，則性者禮之本也，故曰中者天下之大本；其一曰禮之本，禮之初也，凡物有本末，初爲本，終爲末，所謂夫禮始諸飲食者是也。二説不同，《集註》乃取後説，曰儉者物之質，戚者心之誠，則便以儉戚爲本，又取楊氏禮始諸飲食以證之。」附《存疑》：林放此問，勝棘子成「君子質而已矣，何以文爲」意。蓋曰本，則足以該末；若「質而已矣」，則遺其末。此林放所以見大於聖人，而子成見非於子貢。

子曰：「大哉問！

孔子以時方逐末而放獨有志於本，故大其問。蓋得其本，則禮之全體無不在其中矣。問禮之全體。朱子曰：「兼文質本末言之。有質則有文，有本則有末。徒文而無質，如何行得？當時習於繁文，人但指此爲禮，更不知有那實處，故放問而夫子大之。想是此問大段契夫子之心。」○勉齋黃氏曰：「得其本，則質文華實皆在其中，蓋文之與華，亦因質與誠而生也。有本則有末，末固具於本矣，如木有根本，則有枝葉華實，其本立則此木全體枝葉華實皆在其中也。」○雲峰胡氏曰：「須看『在其中』三字。得禮之本，則雖不便是禮之全體，而全體在其中矣。」

禮，與其奢也，寧儉；喪，與其易也，寧戚。」

易，去聲。

易，治也。《孟子》曰：「易其田疇。」在喪禮則節文習熟而無哀痛慘怛當葛反。之實

者也。戚則一於哀而文不足耳。朱子曰：「治田須是治得無窒礙，方是熟。若居喪而習熟於禮文，行得皆無窒礙，無那惻怛不忍底意，則哀戚必不能盡。」〇冠、昏、喪、祭皆是禮，故皆可謂「與其奢也寧儉」，惟喪禮獨不可，故言「與其易也寧戚」。易者治也，言治喪禮至於習熟也。喪者，人情之所不得已，若習治其禮有可觀，則是樂於喪而非哀戚之情也，故《禮》云「喪事欲其縱縱爾」。禮貴得中，新安陳氏曰：「此禮字兼吉凶言。中者無過不及也。」奢、易則過於文，儉、戚則不及而質，二者皆未合禮。新安陳氏曰：「謂未合禮之中。」然凡物之理，必先有質而後有文，則質乃禮之本也。朱子曰：「禮不過吉凶二者，上句汎以吉禮言，下句專以凶禮言。儉戚只是禮之本而已，及其用也，有當文時，不可一向以儉戚爲是，故曰『品節斯，斯之謂禮』，蓋自有箇得中恰好處。」〇禮初頭只是儉，喪初頭只是戚。然初亦未有儉之名，儉是對後來奢而言，蓋追説耳。東坡説忠質文謂：「初亦未有那質，只因後來文，便稱爲質。」〇南軒張氏曰：「禮者，理也，理必有其實，而後有其文。文者，所以文其實也，若文之過，則反浮其實，而失於理矣。夫禮而失於奢，寧過於儉也；喪而易焉，寧過於戚也。蓋儉與戚，其實則存，奢則遠於實，易則亡其實，其文雖備，無益也。」〇勉齋黄氏曰：「聖人因俗之弊，感放之意，而爲是言，本非以儉戚爲可尚，特與其流於文弊，則寧如此耳。其言之抑揚，得其中正如此。」〇葉氏曰：「論禮之中，雖以奢爲不遜，儉爲固，與其失之不遜，不若失之固，猶爲近本也。是以用過乎儉，喪過乎哀，《易》以爲小過，謂過者小而得者大也。」附《蒙引》：林放問禮之本，此禮字兼吉凶言。禮與其奢也寧儉，此禮字對喪字，則只是吉禮也。其實禮字該得喪字，但儉字該不得戚字，奢字亦兼不得易字。〇林放問禮之本，蓋亦近棘子成之意。曰與其，曰寧，聖人之權度，固自精切矣。范氏曰：「夫音扶。祭與其敬不足而禮有餘也，不若禮不足而敬有餘也；喪與其哀不足而禮有餘也，不若禮不足而哀有餘也。禮失之奢，喪失之易，皆不能反本而隨其末故也。禮奢而備，不若儉而不備之愈也；喪易而文，不若戚而

不文之愈也。儉者物之質，戚者心之誠，故爲禮之本。」楊氏曰：「禮始諸飲食，故汙烏瓜反。尊而抔蒲侯反。飲，爲之簠簋、音甫軌。籩豆、罍音雷。爵之飾，所以文之也，則其本儉而已；《記・禮運》篇云：夫禮之初，始諸飲食，其燔黍捭〔音擘。〕豚，汙尊而抔飲，蕢〔苦恠反。〕桴而土鼓，猶若可以致敬於鬼神。〔注云：古未有釜甑，釋米捭肉加於燒石之上而食之耳。汙尊，鑿地爲尊也。抔飲，手掬之也。蕢讀爲凷，❶謂摶土爲桴也。❷土鼓，築土爲鼓也。〕喪不可以徑情而直行，如字。爲之衰音催。麻、哭踊音勇。之數，所以節之也，則其本戚而已。《記・檀弓下》：禮有微情者，〔節哭踊。〕有以故興物者，〔衰絰之制。〕有直情而徑行者，戎狄之道也。〔哭踊無節，衣服無制。〕周衰，世方以文滅質，而林放獨能問禮之本，故夫子大之而告之以此。」朱子曰：「楊氏謂禮始諸飲食，言禮之初本在飲食，然其用未具，安有鼎俎籩豆也？方其爲鼎俎之始，亦有文章雕鏤，繁而質滅矣，故云與奢寧儉。」又曰：「楊說喪不可徑情而直行，此一語稍傷那哀戚之意，其意當如上面始諸飲食之語，謂喪主於哀戚，而爲之哭泣擗踊所以飾之，其本則戚而已。」○慶源輔氏曰：「祭與喪皆禮也，范氏『與其』『不若』之言，正與夫子所謂『寧』字義相宜，故引之爲說。禮失之奢，喪失之易，皆不能反本而流於末也，此常情之弊也。物，事也。禮而儉，則是事之未有文飾也；喪而戚，則是心之誠實自然也，故爲禮之本。」○雙峰饒氏曰：「放問禮之本，而夫子不告之以禮之大本，以其不切放故也。」○雲峰胡氏曰：「本有二，其末亦不同。本根之本，其末爲枝葉，枝葉出於本根而亦能芘其本根，可相有而不可相無；本始之本，末流必有失。禮始於儉，末也必奢，故曰與其，曰寧。孔子因末流之失，不得已而爲反本之論也。」附《淺說》：可以儉、戚爲禮之本，不可以奢、易爲禮之末。蓋末只是文，而奢、易則文而過者也，所謂繁文也。

○子曰：「夷狄之有君，不如諸夏之亡也。」

❶「凷」，原作「古」，今據《禮記註疏》改。

❷「摶」，原作「搏」，今據四部叢刊本《禮記》改。

吴氏曰：「亡，古無字通用。」程子曰：「夷狄且有君長，上聲。不如諸夏之僭亂，反無上下之分去聲。也。」厚齋馮氏曰：「諸夏，諸侯之稱。夏，大也。中國曰夏，大之也。」○尹氏曰：「孔子傷時之亂而歎之也。無，非實無也，雖有之，不能盡其道爾。」鄭氏曰：「《八佾》一篇，無非傷權臣之僭竊，痛名分之紊亂，其言與《春秋》相表裏，有疾之之辭，有鄙之之辭，有斥之之辭，有痛之之辭。「孰不可忍」，疾之也；「奚取於三家之堂」，斥之也；「人而不仁，如禮樂何」，鄙之也；「夷狄之有君，不如諸夏之無」，痛之也。百世之下，誦其言，愬其心，猶見其凛凛乎不可犯也。」○問：「程氏註似專責在下者陷無君之罪，尹氏註似專責在上者不能盡爲君之道，何如？」朱子曰：「只是一意，皆是説上下僭亂，不能盡君臣之道，如無君也。」○南軒張氏曰：「夷狄雖正教所不加，然亦必有君長以統涖之，然後可立也。春秋之世，禮樂征伐自諸侯出，降而自大夫出，又降而陪臣竊國命，是以聖人傷歎，以爲夷狄且有君，不如諸夏之無君也。夫諸夏者，禮樂之所由出也，今焉若此，其變亦甚矣。」○新安陳氏曰：「夏所以異於夷，以有君臣之分耳。今居中國，去人倫，反夷狄之不如，《春秋》所以作也。」

○季氏旅於泰山，子謂冉有曰：「女弗能救與？」對曰：「不能。」子曰：「嗚呼！曾謂泰山不如林放乎？」女，音汝。與，平聲。

旅，祭名。新安倪氏曰：「祭山曰旅，《書》曰『蔡、蒙旅平』、『九山刊旅』。」泰山，山名，在魯地。禮，諸侯祭封内山川，季氏祭之，僭也。《記・王制》：天子祭天地，諸侯祭社稷，大夫祭五祀。天子祭天下名山大川，五嶽視三公，四瀆視諸侯。〔視者，視其牲器之數。〕諸侯祭名山大川之在其地者。冉有，孔子弟子，名求，魯人。時爲季氏宰。救，謂救其陷於僭竊之罪。嗚呼，歎辭。言神不享非禮，欲季氏知其無益而自止，又進林放以厲冉有也。厲，激厲也。○朱子曰：「天子祭天地，諸侯祭國内山川。只緣是他屬我，故我祭得他。若不屬我，則氣便不與之相感，如何祭得

他？」○南軒張氏曰：「林放猶能問禮之本，泰山豈受非禮之祭？鬼神雖幽，不外乎理，人心猶所不安，神其享之乎？意當冉有爲其家臣時，適有旅祭事，故夫子欲其正救之。」○陳氏曰：「范氏說有其誠則有其神，最好。誠只是真實無妄，雖以理言，亦以心言。須是有此實理，然後致其誠敬而副以實心，方有此神。若無此實理，雖有此實心，亦不歆享。如季氏不當祭泰山而冒祭，是無此實理矣，假饒盡其誠敬之心，亦與神不相干涉，神決不吾享矣。古人祭祀，須有此實理相關，然後七日戒三日齋，以聚吾之精神，吾之精神既聚，則所祭者之精神亦聚，自有來格底道理。」○雲峰胡氏曰：「林放一魯男子爾，猶知厭其禮之末者，泰山之神獨不惡禮之僭者乎？夫子爲是言，豈林放請問之時，正季氏旅泰山之時歟？抑林放因季氏之旅而有是問歟？」附《蒙引》：此是將祭之時。若是既祭，孔子何故教冉有救之？蓋成事不說，雖救無及矣。○《存疑》：泰山既如林放，則季氏之祭必不享，其祭爲無益，可以止矣。林放尚知繁文之非禮，冉有乃不能救僭祭之非也，亦可以厚愧矣。一言而季氏君臣俱受其藥，所以爲聖人之言。○范氏曰：「冉有從季氏，夫子豈不知其不可告也？然而聖人不輕絶人盡己之心，安知冉有之不能救，季氏之不可諫也？既不能正，則美林放以明泰山之不可誣，是亦教誨之道也。」問：「自『八佾舞』至『旅泰山』五段，皆聖人欲救天理於將滅，故其哀痛激切，❶與《春秋》同意。」朱子曰：「是。」《通考》朱氏公遷曰：「此皆爲諸侯大夫强僭而發，而其辭則有輕重不同。孰不可忍，責之也；奚取於三家之堂，譏之也；夷狄之有君，傷之也；嗚呼於泰山之旅，不觀於既灌之後，歎之也；五世、三世希不失，以至三桓子孫之微，則皆儆戒之微意，而見聖人憫亂之心。」

○子曰：「君子無所爭，必也射乎！揖讓而升，下而飲，其爭也君子。」飲，去聲。

揖讓而升者，大射之禮，耦進，三揖而後升堂也。胡氏曰：「大射之禮，司射作三耦射，三耦

---

❶「其」下，四庫全書本《晦庵集》有「言」字。「激」，原作「一一」，今據《晦庵集》改。

出次，西面揖，當階北面揖，及階揖，所謂三揖而後升堂也。」下而飲，謂射畢揖降，以俟衆耦皆降，勝者乃揖不勝者，升，取觶音置。立飲也。胡氏曰：「卒射，北面揖，揖如升射，適次反位，三耦卒射亦如之，所謂射畢揖降，以俟衆耦皆降也。司射命設豐於西楹西，勝者之弟子洗觶，酌奠於上，勝者袒，決，遂，執張弓，不勝者襲，脱決拾，卻左手，右加弛弓於其上，遂以執弣，揖如始升射。及階，勝者先升堂，少右，不勝者進，北面坐，取豐上之觶興，立飲卒觶，坐，奠於豐下，興揖，先降，所謂勝者乃揖不勝者，升，取觶立飲也。」《通考》吴氏程曰：「『勝者』至『飲也』作一句，謂勝者揖之以升而飲也。或於『乃揖』字句，亦通，但不見我同升而彼飲之意。」又曰：「只可於下『者』字微讀，謂勝者揖之以升而飲也。立飲謂不勝者坐取觶立飲也。」〇東陽許氏曰：「射有三：大射、賓射、燕射。天子、諸侯、卿大夫皆有之，士無大射而有賓射、燕射也。射必有耦，天子八畿，内諸侯四畿，外諸侯六，大夫二。凡耦各服其所宜服，袒、決、遂而立堂下阼階之東南隅，西面。射時耦同出次，西面揖，旋轉當阼階北面揖，行至階下，北面揖，然後升堂，南面，當序而立於物以射。樂作，射者容體欲比于禮，其節欲比于樂，各發四矢，以較勝負，一揖而復位，俟。衆耦升射，皆如上儀。畢，凡飲酒賓客，必拜以送爵，令不勝者自飲而無送爵勸飲之意，以是爲罰。」附《蒙引》：揖讓而升，下而飲，此「揖讓」二字，應貫下面「升」、「下」、「飲」三節，《集註》雖析解而不脱揖字。言君子恭遜，不與人爭，惟於射而後有爭。然其爭也雍容揖遜乃如此，則其爭也君子，而非若小人之爭矣。非若小人尚氣角力之爭也。〇朱子曰：「射有勝負，是相爭之地，而猶若此，是不爭也，畢竟爲君子之爭，不爲小人之爭，爭得來也君子。語勢當如此。」〇慶源輔氏曰：「恭與遜，皆禮之發也，恭主容，遜主事。爭則恭遜之反也。君子恭遜則自無所爭，獨於射則皆欲中鵠以取勝，故不能無爭。然其爭也，升降揖遜，雍容和緩乃如此，是則所謂禮樂未嘗斯須去身者。其爭也君子，謂其異於小人之爭也。以是觀之，則信乎君子之真無所爭矣。」〇或問：「孔子言射，曰其爭也君子，孟子言射，曰不怨勝己者，反求諸己，此是全無爭。」潛室陳氏曰：「惟

其不怨勝己者，其争也乃君子之争而非小人之争。既謂君子之争，則雖争猶不争矣。君子之争者禮義，小人之争者血氣。」○雲峰胡氏曰：「射有似乎君子，此則謂射之争也君子。蓋君子於射，若不能不較勝負，然不勝者未嘗少有怨勝己之心，勝者亦略無一點喜勝之心，但惟見其相與雍容揖讓而已，豈不足以觀君子之氣象乎？」

○子夏問曰：「『巧笑倩兮，美目盼兮，素以爲絢兮』，何謂也？」倩，七練反。盼，普莧反。絢，呼縣反。

此逸詩也。或謂即《衛風・碩人》所云，「素以爲絢兮」一句，夫子所删也。朱子曰：「此句最有意義，夫子方有取焉，而反見删，何哉？且《碩人》四章，章皆七句，不應此章獨多一句而見删。必别自一詩而今逸矣。」倩，好口輔也。新安陳氏曰：「口輔，面頰也。《易》：『咸其輔。』《左傳》：『輔車相依。』」盼，目黑白分也。素，粉地，畫俗作畫。之質也；絢，采色，畫之飾也。言人有此倩盼之美質，而又加以華采之飾，新安陳氏曰：「詩無此句意，但下文『素以爲絢』中涵此意。」如有粉地而加采色也。雙峰饒氏曰：「『巧笑』、『美目』二句，賦也，『素以爲絢』一句，比也。」子夏疑其反謂以素爲飾，故問之。附《存疑》：子夏疑「素以爲絢」一句，謂素與絢自是二項，曰素以爲絢，似就把素做絢了。子曰繪事後素，是説既素了，然後爲絢，不是就把素做絢。

子曰：「繪事後素。」繪，胡對反。

繪事，繪畫之事也。後素，後於素也。《考工記》曰：「繪畫之事後素功。」《周禮・冬官・考工記》：畫繢之事，青與赤謂之文，赤與白謂之章，白與黑謂之黼，黑與青謂之黻，五采備謂之繡，凡畫繢之事後素功。謂先以粉地爲質，而後施五采，猶人有美質，然後可加文飾。中解逸詩意。

曰：「禮後乎？」子曰：「起予者商也！始可與言《詩》已矣。」

禮必以忠信爲質，此「禮」字以儀文之禮言。猶

繪事必以粉素爲先。起，猶發也。起予，言能起發我之志意。朱子曰：「起予者，謂孔子言『繪事後素』之時，未思量到『禮後乎』處，而子夏首以爲言，正所以起發夫子之意，非謂夫子不能而子夏能之，以教夫子也。」○聖人豈必待學者之言而後有所起發？蓋聖人胸中包藏許多道理，若無人叩擊，則無由發揮於外，一番説起，則一番精神也。謝氏曰：「子貢因論學而知《詩》，見《學而》篇末章。子夏因論《詩》而知學，故皆可與言《詩》。」○楊氏曰：「甘受和，去聲。白受采，忠信之人可以學禮，苟無其質，禮不虛行，此『繪事後素』之説也。新安陳氏曰：「《記·禮器》云：『甘受和，白受采，忠信之人可以學禮，苟無忠信之人，則禮不虛道。』道猶行也。引此以解此章，方可通。不然『禮後乎』一句，何以知忠信當先而禮文在後乎？『白受采』可證『繪事後素』，而『忠信可學禮』可解『禮後乎』。《集註》首云『禮必以忠信爲質』，亦本《禮器》。」孔子曰『繪事後素』，而子夏曰『禮後乎』，可謂能繼其志矣，新安倪氏曰：「《學記》曰：『善教者使人繼其志。』謂師善教以引其端，使弟子繼師之志而開悟也。」非得之言意之表者能之乎，商、賜可與言《詩》者以此。若夫音扶。玩心於章句之末，則其爲《詩》也固而已矣。新安倪氏曰：「孟子云：『固哉！高叟之爲詩也。』爲，猶云講治。固，謂執滯不通。」所謂起予，則亦相長上聲。之義也。」新安倪氏曰：「《學記》曰：『教學相長也。』謂教者與學者交相長益。」○南軒張氏曰：「繪事後素者，謂質爲之先而文在後也。子夏於此知禮文之爲後，可謂能默會之於語言之外矣，故夫子有起予之言。子夏在聖門文學之科，而其所得蓋如此，可謂知本矣。」

○子曰：「夏禮吾能言之，杞不足徵也；殷禮吾能言之，宋不足徵也。文獻不足故也，足則吾能徵之矣。」

杞，夏之後。宋，殷之後。《史記·杞世家》：東樓公者，夏后禹之苗裔也。〔杞，國名。東樓公，諡號

也。」又《宋世家》：微子開者，殷帝乙之長子而紂之庶兄也。〔微子名啓，今云開者，避漢景帝諱也。〕徵，知陵反。

證也。文，典籍也。獻，賢也。言二代之禮，我能言之，而二國不足取以爲證，以其文獻不足故也。文獻若足，則吾能取之以證吾言矣。

朱子曰：「孔子言：我欲觀夏道，是故之杞，而不足證也，吾得夏時焉；我欲觀商道，是故之宋，而不足證也，吾得坤乾焉。說者謂夏時爲《夏小正》，坤乾爲《歸藏》。聖人讀此二書，必是大有發明處。《歸藏》之書今無傳。」○問：「孔子能言夏、殷之禮而無其證，是時文獻不足，孔子何從知得？」曰：「聖人自是生知聰明，無所不通。然亦是當時賢者識其大，不賢者識其小，孔子廣詢博問，所以知得。杞國最小，所以文獻不足。」○問：「夏、殷之禮，杞、宋固不足徵，然使聖人得時得位，有所制作，雖無所徵，而可以義起者，亦必將有以處之。」曰：「夏、殷之禮，夫子固嘗講之，但杞、宋衰微，無所考以證吾言矣。若得時有作，當以義起者，固必有以處之。」○潛室陳氏曰：「三綱五常，固不待取證。若其制度文爲，隨時損益者，何限？既無文獻可證，雖聖人不能意料臆說也。」○雙峰饒氏曰：「杞、宋二國，文獻雖皆不足，然以杞較宋，宋去殷近，尤有存者，杞去夏遠，且不能自振，想見尤甚。所以孔子又言：吾說夏禮，杞不足證；吾學殷禮，有宋存焉。」或問：「夏、殷之後，其文獻既皆不足，不知孔子於何考訂而能言之？」曰：「殘編斷簡，當時豈無存者？聖人聰明睿知，得其一二則可觸類以知其餘。況周之禮實監二代而損益之，則周之文亦可推之，以知夏、殷忠質之變。但無徵不信，不信則民不從，故聖人雖能言之，而終不敢筆之於書以示後世。若當時杞、宋可證，得聖人論著三代之禮，與周禮並存，以爲百王損益之大法，豈不甚妙？惜乎杞、宋既不足以證二代之禮，其後周之文獻亦淪亡於戰國干戈與暴秦坑焚之餘，三代禮樂之教影滅，無復遺響於後世，可歎也已。」○胡氏曰：「文獻不足，非全不可考，特有闕耳。」○雲峰胡氏曰：「夫子既能言之，猶曰無徵不信，其謹重如此。此凡三見，《禮運》以爲之杞得夏時，之宋得坤乾；《中庸》則以爲杞不足證，有宋存焉。合而觀之，蓋雖得夏時、坤乾之文，雖於宋略有存焉者，然其爲文獻，要皆缺略而不完也，故夫子論之。」《通考》詹氏道傳曰：「東樓公，武王

封之杞。微子，武王封之宋。自微子至戴公，凡十君，其間禮樂廢壞，正考父爲孔子七世祖，得《商頌》十二篇於周之太師，至夫子删《詩》時僅存五篇，可見典籍不足徵矣。《左》僖二十七年，杞桓公朝，用夷禮，故經書子以貶之，又可見賢者之不足徵。」附《存疑》：聖人志在述二代之禮，與周禮並傳，以示來世，而文獻不足徵，此志不遂，故發此歎也。○問：「夫子若得位，而文獻不足徵，如斯而已乎？」曰：「夫子若得位，自有一番制作，觀答顏淵問爲邦可見。然文獻不足徵，終是有遺恨。」

○子曰：「禘自既灌而往者，吾不欲觀之矣。」禘，大計反。

趙伯循曰：「伯循，名匡唐，河東人。禘，王者之大祭也。王者既立始祖之廟，又推始祖所自出之帝，祀之於始祖之廟而以始祖配之也。朱子曰：「以始祖配祭，而不及群廟之主，不敢褻也。」《通考》東陽許氏曰：「王者立始祖之廟，百世不遷。諸侯亦有始祖廟。王者又推始祖之所自出之帝以祀之，蓋帝者又得姓受命之始也，世數既遠，不可以立廟，則祭於始祖之廟，而以始祖配之。凡廟各有主，皆居室中東面之位而獨尊。禘則於始祖廟中特設所自出之主於東面，而始祖之主退居南面以配之也。」成王以周公有大勳勞，賜魯重祭，事見《禮記·明堂位》及《祭統》篇。故得禘於周公之廟，以文王爲所出之帝而周公配之，然非禮矣。失之於僭，違不王不禘之法矣。《通考》東陽許氏曰：「成王命魯祀周公以天子禮樂，説見《明堂位》。故魯推周公所自出之帝而祭文王於太廟，以周公配之。《通鑑外紀》謂魯惠公使宰讓請郊廟之禮於天子，王使史角往，魯公止之。《路史》謂惠公之止之，是周不與之矣。不與而魯用郊，自用之也。然則魯之郊廟皆後世之僭而附會爲《明堂位》之説歟？不然孔子何以曰魯之郊禘非禮也，周公其衰矣？」灌者，方祭之始，用鬱紆勿反。鬯丑亮反。之酒灌地以降神也。朱子曰：「鬱鬯者，禮家以爲釀秬爲酒，煮鬱金香草和之，其氣芬芳條暢也。」○慶源輔氏曰：「周之祭祀，先以鬱鬯灌地，求神於陰。既奠，然後取血膋實之於蕭以燔之，以求神於陽也。」魯之君臣當此

之時，誠意未散，猶有可觀，自此以後則浸以懈居隘反。怠而無足觀矣。蓋魯祭非禮，孔子本不欲觀，至此而失禮之中又失禮焉，僭禘元已失禮，既灌懈怠，爲又失禮。故發此歎也。」慶源輔氏曰：「僭祭之罪雖大，而其來已久，且國惡當諱。懈怠之失雖小，然却是當時主祭者切己之實病，不可不有以箴之。」附《蒙引》：既灌而往，寖以懈怠，魯之君臣凡祭皆然，不獨禘也，而夫子獨以禘爲言，豈非以失禮之中又失禮故耶？ ○謝氏曰：「夫子嘗曰：『我欲觀夏道，是故之杞，而不足徵也；我欲觀商道，是故之宋，而不足徵也。』又曰：『我觀周道，幽、厲傷之，由二王壞始。吾舍上聲。魯何適矣？新安陳氏曰：魯在春秋時爲諸侯望國，周之典禮儒書在焉。」魯之郊禘非禮也，周公其衰矣。以上並《禮運》文。考之杞、宋已如彼，考之當今魯事。又如此，孔子所以深歎也。」問：「禘之說，諸家多云魯躋僖公，昭穆不順，故聖人不欲觀，如何？」朱子曰：「禘是於始祖之廟推所自出之帝，設虛位以祀之而以始祖配，即不曾序昭穆，故周禘帝嚳，以后稷配之。王者有禘有祫，諸侯有祫而無禘，此魯所以爲失禮也。」○或問：「《禮記・大傳》云：『禮不王不禘，王者禘其祖之所自出，以其祖配之。』又《喪服小記》曰：『王者禘其祖之所自出。』又下云：『禮不王不禘。』正與《大傳》同，❶則諸侯不得禘，禮明矣。然則《春秋》書魯之禘，何也？」曰：「成王追寵周公故也。《祭統》云：『成王追念周公，賜之重祭，郊社禘嘗是也。』魯之用禘，蓋以周公廟而上及文王，即周公之所出故也。」○慶源輔氏曰：「謝氏蓋併前章通論之。此二章及下章，或夫子一時之言，或記者以類次之也。」附《蒙引》：考之當今又如此」，註云「魯事」非也。須兼周與魯言，謂考之周則爲幽、厲所傷，考之魯又有郊禘之僭也。

○或問禘之說。子曰：「不知也。知其說者之於天下也，其如示諸斯乎？」指其掌。

❶「正」，原作「王」，今據哈佛本改。

先王報本追遠之意，莫深於禘，非仁孝誠敬之至，不足以與去聲。此，非或人之所及也，而不王不禘之法又魯之所當諱者，故以不知答之。示，與視同。指其掌，弟子記夫子言此而自指其掌，言其明且易也。蓋知禘之説則禮無不明，誠無不格，而治天下不難矣。聖人於此豈真有所不知也哉？延平李氏曰：「《記》曰：『魯之郊禘非禮也，周公其衰矣。』以其難言，故《春秋》皆因郊禘事中之失而書譏，魯自在其中。今曰『禘自既灌而往者，吾不欲觀之矣』，則是顛倒失禮，於灌而求神以至於終皆不足觀，蓋歎之也。對或人之問又曰『不知』，則夫子之深意可知矣。既曰『不知』，又曰『「知其説者之於天下也，其如示諸斯乎？」指其掌』，則非不知也，只是難言爾。原幽明之故，知鬼神之情狀，則燭理深矣，於天下也何有？」○朱子曰：「禘是祭之甚大甚遠者。若他祭與祫祭，止於太祖，禘又祭祖之所自出，如祭后稷，又推稷上一代祭之，周人禘嚳是也。」○禘之意最深長。如祖考與己身未相遼絶，祭禮亦自易理會；至如郊天祀地，猶有天地之顯然者，不敢不盡其心；至祭其始祖，已自大段闊遠，難盡感格之道；今又推始祖所自出而祀之，苟非察理之精微，盡誠之極至，安能與於此？故知此則治天下不難也。此尚明得，何況其他？此尚感得，何況其他？○自祖宗以來，千數百年，只是這一氣相傳，德厚者流光，德薄者流卑。但法有止處，所以天子只是七廟。然聖人心猶不滿，故又推始祖所自出之帝，以始祖配之。然已自無廟，❶只是祔於始祖之廟。❷然又惟天子得如此，諸侯以下不與焉。故近者易感，遠者難格。若粗淺之人，他誠意如何得到那裏？不是大段見得道理分明，如何推得聖人報本反始之意如此深遠？非是將這事去推那事，只是知得此説時，則其人見得道理極高，以之處他事，自然沛然也。○天地、陰陽、生死、晝夜、鬼神，只是一理。若明祭祀鬼神之理，則治天下之理不外於此。七日戒，三日齋，必見其所祭者。故

❶「已」，原作「己」，今據《朱子語類》改。
❷「祔」，原作「附」，今據《朱子語類》、影明本《四書輯釋》改。

郊焉則天神格，廟焉則人鬼享，此可謂至微而難通者。若能如此，到得治天下，以上感下，以一人感萬民，亦初無難者。○問：「魯之郊禘，自成王之賜、伯禽之受不是了，後世子孫合如何而改？」曰：「時王之命，如何敢改？」曰：「恐不可自改，則當請命於天王而改之否？」曰：「是。」○黄氏曰：「根於天理之自然，謂之仁；形於人心之至愛，謂之孝；真實無妄，謂之誠；主一無適，謂之敬。仁、孝、誠、敬，凡祭皆然。交於神明者愈遠，則其心愈篤。報本追遠之深，則非仁孝誠敬之至，莫能知之行之也。其爲説精微深遠，豈或人所能知？况又魯所當諱乎？以報本追遠之深，而盡仁孝誠敬之至，即此心而充之，事物之理，何所不明，吾心之誠，何所不格哉？」○西山真氏曰：「萬物本乎天，人本乎祖。我之有此身，出於父母也，父母又出於祖，祖又出乎始祖，始祖又出於厥初得姓受氏之祖，雖年代悠遠，如自根而幹，自幹而枝，其本則一而已矣。故必推始祖之所自出而祭之，則報本反始之義無不盡矣。若非仁孝誠敬之極至，豈能知此禮而行之乎？蓋凡人於世之近者，則意氣精神未散，或嘗逮事而記其聲容，必起哀敬之心而不敢忽。若世之遠者，相去已久，精神之存與否不可得而知，又素不識其聲容，則有易忽之意。故禘禮非極其仁孝、極其誠敬者，不能知其禮，不能行其事。苟能知此理矣，則其他事物之理，又何難知之有？苟能感格矣，則推而格天地者，此誠而已；推而感之其他，則亦此誠而已。故曰理無不明，誠無不格，於治天下何難哉。」○厚齋馮氏曰：「《中庸》云：『明乎郊社之禮、禘嘗之義，治國其如示諸掌乎？』蓋夫子嘗爲郊社禘嘗發此語，至此復指其掌以示或人也。」○雲峰胡氏曰：「於禘而洞幽明之理者，理當無所不明矣；於禘而極感格之誠者，誠當無所不格矣。始曰仁孝誠敬之至，末獨曰誠，仁孝敬皆不可不誠，而誠之至者，仁孝敬當無不至也。」《通旨》：朱氏公遷曰：「夫子謂不知者，諱之也；謂不欲觀者，歎之也。爲父母之國而諱之，爲先王之禮而歎之，皆所以正名分，爲世道計也。」**附**《蒙引》：夫子告或人以不知禘之説者，其意有二：一則以或人不能知此而辭之也，一則以魯國不當有此而諱之也。○禘之説，大旨只是先王以天下養之心，推之以及其至遠之祖耳。故不王不禘，心雖無窮，而分則有限也。○知禘之説，雖以知言，然非仁孝誠敬之至者，不足以知此。則其誠之可以無所不格者，亦在其中矣。蓋仁孝誠敬，

固是有行了。○制禮者，非仁孝誠敬之至，推不到此；行禮者，非仁孝誠敬之至，盡不得此；講禮者，非仁孝誠敬之至，曉不得此。《集註》「不足以與此」，蓋指講禮者言。○《存疑》：知其説，是仁孝誠敬極其至。既知得，便行得。這知不比尋常知。

○祭如在，祭神如神在。

程子曰：「祭，祭先祖也。祭神，祭外神也。祭先主於孝，祭神主於敬。」新安陳氏曰：「以下句『祭神』見上單一『祭』字爲祭先祖也。」愚謂此門人記孔子祭祀之誠意。朱子曰：「孔子祭先祖，孝心純篤，雖死者已遠，因時追思，若聲容可接，得竭盡孝心以祀之。祭外神，如山川社稷五祀之類，與山林溪谷之神能興雲雨者。此孔子在官時也。盡其誠敬，儼然如神明之來格，得以與之接也。祭先主於孝，祭神主於敬，而如在之誠則一。」○問：「人物在天地間，其生生不窮者，理也；其聚而生、散而死者，氣也。氣聚在此，則理具於此。今氣已散而無矣，則理於何而寓邪？然吾之此身即祖考之遺體，祖考之氣流傳於我而未嘗亡也。其魂升魄降，雖已化而無，然理之根於彼者，既無止息，氣之具於我者，復無間斷，吾能盡誠敬以祭之，此氣既純一而無所雜，則此理自昭晰而不可掩，此其血脈之較然可覩者也。」曰：「人之氣傳於子孫，如木之氣傳於實。此實之傳不泯，則其生木雖枯毀無餘，而氣之在此者猶自若也。此等處從實事上推之，自見意味。」○問：「先生答廖子晦云氣之已散者，❶既化而無有，根於理而日生者，則固浩然而無窮，故上蔡言我之精神即祖考之精神，蓋謂此也。此是説天地氣化之氣否？」曰：「此氣只一般。若説有子孫底引得他氣來，不成無子孫底便絶無了？如諸侯祭因國之在其地而無主後者，如太公封於齊，便祭爽鳩氏之屬。蓋他先主此國來，禮合祭他。惟繼其國者，則合祭之；非在其國者，便不當祭。道理合如此。便有此氣，使無子孫，其氣亦未嘗亡也。要之通天地人只是這一氣，所以説『洋洋乎如在其上，如在其左右』，虛空逼塞，無非此理。自要人看得活，難以言曉也。」○問：「天地山川之屬，分明是一氣流通，而亦兼以理言之。上古聖賢則專以理言。」曰：「有是理必有是氣。」問：「上古聖賢所謂

❶「子」，原作「自」，今據《朱子語類》、《四書大全》改。

氣，只是天地間公共之氣。若祖考精神，畢竟是自家精神。」曰：「祖考亦只是這公共之氣。此身在天地間，便是理與氣凝聚底。天子統攝天地，負荷天地間事，與天地相關，這心便與天地相通。如諸侯不當祭天地，與天地不相關，便不能相通。聖賢道在萬世，功在萬世。今行聖賢之道，傳聖賢之心，便是負荷這物事，這氣，便與他相通。如釋奠列許多籩豆禮儀，不成是無此氣，姑漫爲之？」○問：「虛空中無非氣。死者既不可得而求矣，子孫盡其誠敬，則祖考即應其誠，還是虛空之氣自應吾之誠，還是氣只是吾身之氣？」曰：「只是自家之氣。蓋祖考之氣與己連續。」○問：「非所當祭而祭，則爲無是理矣。若有是誠心，還亦有神否？」曰：「神之有無，也不可必然。此處是以當祭者而言。若非所當祭底，便須有誠意。然這箇都已錯了。」**附**《蒙引》：此章重在前條。下文是記其所嘗言者，而「如在」之誠亦可見。

子曰：「吾不與祭，如不祭。」與，去聲。

又記孔子之言以明之。言己當祭之時，或有故不得與，而使他人攝之，慶源輔氏曰：「有故，謂疾病或不得已之事。」則不得致其如在之誠。故雖已祭而此心缺然，如未嘗祭也。○范氏曰：「君子之祭，七日戒，三日齊，莊皆反。必見所祭者，誠之至也。《記·坊記》：七日戒，三日齊，承一人焉以爲尸。〔注云：承猶事也。〕又《祭義》：致齊於內，散齊於外。齊之日，思其居處，思其笑語，思其志意，思其所樂，思其所嗜。齊三日，❶乃見其所爲齊者。祭之日，入室，僾〔音愛。〕然必有見乎其位；周還〔音旋。〕出户，肅然必有聞乎其容聲；出户而聽，愾〔音慨。〕然必有聞乎其歎息之聲。是故郊則天神格，廟則人鬼享，皆由己以致之也。有其誠則有其神，無其誠則無其神，可不謹乎？朱子曰：「誠者，實也。有誠則凡事都有，無誠則凡事都無。如祭有誠意，則幽明便交；無誠意，便都不相接。」○神明不可見，惟心盡其誠敬專一在於所祭之神，便見得，洋洋如在其

❶「三」，原作「之」，今據《禮記註疏》改。

上，如在其左右。然則神之有無，在此心之誠不誠，不必求之恍惚之間也。○胡氏曰：「祭先所以感通者，吾身即所祭先祖之遺也；祭神所以感通者，吾身即所祭神之主也。因其遺，因其主，而聚其誠意，則自然感格，所謂有其誠則有其神也。」○雙峰饒氏曰：「范氏意是説有此誠時，方有此神。若無此誠，則併此神無了。不特説神來格不來格也。」吾不與祭如不祭，誠爲實，禮爲虚也。」慶源輔氏曰：「禮爲虚，非言凡禮皆虚，特指攝祭之禮而言耳。誠爲實，則指如在之誠意言也。」○新安陳氏曰：「范氏『有其誠』之誠，專指誠敬之實心言，非但指誠實之實理言。蓋古禮所祭，未有不合實理之神。此章本旨主於如在之誠，必盡如在之實心，斯見所祭之爲實有矣。」

○王孫賈問曰：「與其媚於奥，寧媚於竈，何謂也？」

王孫賈，衛大夫。媚，親順也。室西南隅爲奥。竈者，五祀之一，夏所祭也。《禮記·月令》：孟春之月，其祀户，孟夏祀竈，中央祀中霤，孟秋祀門，孟冬祀行。《通考》東陽許氏曰：「春，陽氣出，祀之於户内，陽也。夏，陽氣盛，熱於外，祀於竈，從熱類也。中霤，猶中室。土主中央而神在室。古者複穴，故名室爲霤。秋，陰氣出，祀之於門外，陰也。冬，陰盛，寒於水，祀於行，從辟除之類也。五祀之主，户、中霤主北向，門、行主南向，竈主西向。」凡祭五祀，皆先設主而祭於其所，然後迎尸而祭於奥，略如祭宗廟之儀。如祀竈，則設主於竈陘，音刑。祭畢而更設饌於奥以迎尸也。朱子曰：「陘是竈門外平正可頓柴處。陘非可做好安排，故又祭於奥以成禮。五祀皆然。」問：「五祀皆有尸，以誰爲之？」曰：「今無可考，但墓祭以冢人爲尸，以此推之，祀竈之尸，恐膳夫之類，祀門之尸，恐閽人之類，祀山川則虞衡之類。《儀禮》：『周公祭泰山，召公爲尸。』」問：「主於尸，其別如何？既設主祭於其所，又迎尸祭於其奥，本是一神，以奥爲尊，以主爲卑，何也？」曰：「不是尊奥而卑主，但祭五祀，皆設主於其處，則隨四時更易；皆迎尸於奥，則四時皆然，而其尊有常處耳。」○雙峰饒氏曰：「五祀先設主席而祭於其所，親之也；後迎尸而祭於奥，尊之也。祭於其所，近

於褻，止祭於奧，又非神所栖，故兩祭之，以盡求神之道也。」故時俗之語因以奧有常尊而非祭之主，竈雖卑賤而當時用事，新安陳氏曰：「奧乃一室中最尊處，五祀皆迎尸於奧。雖有常尊，然户竈之類，乃祭之主，而奧非祭之主也。以奧之尊，見竈爲卑賤。夏屬火，竈以火爨，夏祭主之，當夏之時，用夏之事。」喻自結於君，不如阿附權臣也。賈，衛之權臣，故以此諷孔子。以奧比君，以竈比權臣。

子曰：「不然。獲罪於天，無所禱也。」

天即理也，其尊無對，非奧、竈之可比也。逆理則獲罪於天矣，豈媚於奧、竈所能禱而免乎？朱子曰：「獲罪於天，只是論理之當否，不是論禍福。」問：「獲罪於蒼蒼之天，抑獲罪於此理？」曰：「天之所以爲天者，理而已。天非有此道理不能爲天，故蒼蒼者即此道理之天。」○慶源輔氏曰：「凡物必有對，惟天則無所不包，惟理則無所不在，故尊而無對。」○吴氏曰：「天雖積氣，理寓氣中。逆理則得罪於天，而禍及之矣。」○新安陳氏曰：「『天即理也』一句，是昭昭之天合人心之天言之。理原於天而具於人心，逆理則自欺此心之天，是即欺在天之天，而獲罪非自外至矣。」附《蒙引》：「天即理也」，愚謂天之所以爲天者，理而已矣，此註蓋謂此「天」字非以形體言也，又非以生物者言也，蓋就理言也。若謂只以天爲理，則註何以必曰「逆理則獲罪於天」，又何不曰逆理則得罪於理，又何不曰逆天則得罪於天，而本文又何不止曰獲罪於理無所禱也。蓋孔子出一「天」字，特地是以壓竈與奧，而其所主，則在道理上。故《集註》云耳。○獲罪之罪，明以禍罰言。若謂逆理便是禍害，反不足以折奸雄之膽。○《存疑》：朱註「天即理也」，《蒙引》解得最好。愚當初正有此疑，細觀此語，還是有病。虚齋亦覺費力。不如只云天者理而已，方無病。○這天還是蒼蒼之天，對奧、竈言也。至論天之所以爲天，則理而已。《語録》説得最好。○《語録》謂獲罪於天，不以禍福言，《蒙引》不主之。看來亦是聖人一時只要折王孫賈，不得如此之深。言但當順理，非特不當媚竈，亦不可媚於奧也。朱子曰：「緊要是『媚』字不

好。」○雲峰胡氏曰：「纔説『媚』字，便已非理，非理，則獲罪於天矣。」○謝氏曰：「聖人之言，遜而不迫。使王孫賈而知此意，不爲無益；使其不知，亦非所以取禍。」朱子曰：「王孫賈庸俗之人，見孔子在衛，將謂有求仕之意，欲孔子附己，故有媚奥與媚竈之言。彼亦雖聞有孔子之聖，但其氣習卑陋，自謂有權可以引援得孔子也。子曰不然者，謂媚奥與媚竈皆非也。天下只有一箇正當道理，循理而行，便是天。若稍違戾於理，便是得罪於天，更無所禱告而得免其罪也，猶言違道以干進，乃是得罪於至尊至大者，可畏之甚，豈媚時君與媚權臣所得而免乎？此是遜辭以拒王孫賈，亦使之得聞天下有正理也。」○南軒張氏曰：「夫子謂苟獲罪於天，則媚奥媚竈皆何所益。蓋胸中所存一有不直，則爲獲罪於天矣，夫欲求媚，是不直之甚者也。斯言即禱祠而論之，而所以答其意者，亦無不盡矣。」○西山真氏曰：「聖人道大德宏如天地，故其發言渾渾乎如元氣之運。不曰媚奥、竈之非，但言『獲罪於天，無所禱也』，亦如對陽貨但言『吾將仕矣』，其言渾然圭角不露，既非阿徇，又不違忤，此所以爲聖人之言也。常人之於權貴，非迎逢苟悦，則必激觸使怒。雖直言激觸者不失其正，然比之聖人氣象，猶未免陷於一偏。然此非勉强可及。苟欲師慕其萬一，惟敬以存養，使心平氣和，則庶乎其可近爾。程子謂讀《論語》者要識聖賢氣象，如此章之類，優游玩味，則其氣象可見矣。」又曰：「使王孫賈知此意，則必惕然自省平日所爲咈理得罪於天者已多，是乃開其悔悟之機也。如不知此意，亦不至觸之以招禍。」○王孫賈，衛之權臣。觀聖人獲罪於天之語，則其儆之深矣。然他日稱衛靈公之不喪則以其國有人之故，而王孫賈治軍旅亦與焉，蓋其人雖不善，至於治兵則其所長，此又憎而知其善之意。聖人之心，至公如天地，此其一事也。

○子曰：「周監於二代，郁郁乎文哉！吾從周。」郁，於六反。

監，視也。二代，夏、商也。言其視二代之禮而損益之。郁郁，文盛貌。○尹氏曰：「三代之禮，至周大備，夫子美其文而從之。」問：「周監二代之制而損益之，其文大備，亦時使然也，聖人不能違時，烏得不從周之文乎？然

亦少有不從處，如行夏之時、乘商之輅是也。」朱子曰：「周之文固可從，而聖人不得其位，無制作之時，亦不得不從也。使夫子而得邦家，則將損益四代以爲百王不易之法，不專於從周矣。」○聖人固當從時王之禮，周禮之盛，又非有不可從。設使夫子得位有作，意其從二代者，不能多於從周也。蓋法令既詳，豈可更略，略則姦宄愈滋矣。○問：「前輩多以夫子損益四代之制以告顔子，而又曰吾從周，其説似相牴牾。然《中庸》『吾學周禮，今用之，吾從周』，若答爲邦之問，乃其素志耳。」曰：「得之。」○南軒張氏曰：「禮至周，盛且備，不可有加，故夫子欲從周。使居制作之位，大體則從周，其閒損益之宜，如夏時、殷輅、《韶》舞則有之矣。」○慶源輔氏曰：「先王之制，與氣數相爲始終，而前後相爲損益，固非一人一日之所能致也。三代之禮，至周大備，則以氣數至此極盛，而前後相承，互爲損益，至此始集其大成也。夫子美其文而從之，豈苟云乎哉？」○新安陳氏曰：「周之文，亦承夏忠、商質之後，風氣漸開，人文漸著，不得不然者。況武王、周公制作之初，參酌損益，良不苟矣，夫子得不從之？蓋從周盛時文質得宜之文，非從周末文勝質之文也。」《通考》程氏復心曰：「三代之禮，至周大備，夫子不得不從也。其亦與時宜之。唐虞官百，夏商官倍，周三百焉，周盛矣；夏后氏五十而貢，殷人七十而助，周人百畝而徹，周富矣。燔黍捭豚，汙尊抔飲，必其時可也；陳其犧牷，備其鼎俎，以至玄酒在室，醴酒在户，粢醍在堂，澄酒在下，不用於此時，不文矣。蕢桴土鼓者，亦必以其時可也；琴瑟管磬，不用於此時，不文矣。此周監於二代所以郁郁乎其文也。此夫子所以欲從周也。」附《蒙引》：視二代之禮而損益之，此「禮」字指制度文爲言，所損益者也。周文之盛，一部《周禮》盡之矣。

○子入大廟，每事問。或曰：「孰謂鄹人之子知禮乎？入大廟，每事問。」子聞之，曰：「是禮也。」大，音泰。鄹，側留反。

大廟，魯周公廟。《公羊傳》：文公十三年，周公稱大廟，魯公稱世室，群公稱宮。周公何以稱大廟於魯？封魯以爲周公也。周公拜乎前，魯公拜乎後，曰：「生以養周公，死以爲周公主。」〔拜，謂周公及其子伯禽始受封時拜於文王廟也。〕此蓋孔子始仕之時入而助祭也。朱子曰：「觀或稱鄹人之子，知其

爲少賤之時。」鄹，魯邑名，孔子父叔梁紇下没反。嘗爲其邑大夫。朱子曰：「呼鄹人之子，是與孔子之父相識者。」孔子自少去聲。以知禮聞，故或人因此而譏之。孔子言是禮者，敬謹之至乃所以爲禮也。朱子曰：「是禮也，謂即此便是禮也。」○尹氏曰：「禮者，敬而已矣。雖知亦問，謹之至也，其爲敬莫大於此。謂之不知禮者，豈足以知孔子哉？」

朱子曰：「入大廟，每事問，知底更審問，方見聖人不自足處。執事不可不問，固然，然亦須知聖人平日於禮固已無不知，而臨事敬慎又如此也。」又曰：「平日講學，但聞其名而未識其器物，未見其事實，故臨事不得不問耳。」○問：「每事問，尹氏謂雖知亦問，敬慎之至。問者所未知也，問所知焉，似於未誠。尹氏之説，聖人之心恐不如是。」曰：「以石慶數馬與張湯陽驚事相對觀之，可見雖知亦問，自有誠僞之別。兼或人謂夫子爲鄹人之子，則亦夫子始仕初入大廟時事，雖平日知其説，然未必身親行之而識其物也，故問以審之，理當如此。必不每入而每問也，然大綱節目與其變異處亦須問也。」○南軒張氏曰：「禮以敬爲主。宗廟之事嚴矣，其大體聖人固無不知也，至於有司之事，則容亦有所不知者焉。知與不知，皆從而問，敬其事也。或以爲不知禮，聖人告之以是禮也，所以明禮意之所存也。」○覺軒蔡氏曰：「聖人聰明睿知，固無不知，然亦但知其理而已。若夫制度器數之末，掌之有司，容亦有所不知者。至若器物節文，已經講論，及今方見之，亦須問然後審也。」○吴氏曰：「邑大夫稱人。《春秋》書人者，《左傳》多云大夫，如文九年許人是也，傳稱新築人仲叔于奚亦此例。之子，少賤稱，《春秋》仍叔之子，《左傳》曰弱，他章『賤夫人之子』，皆謂父之子也。孟僖子病不能相禮，使二子學禮于夫子，齊黎彌曰：『孔某知禮而無勇。』則夫子以知禮聞，可知矣。」○陳氏曰：「此章須於『敬謹之至』處，玩聖人氣象。」○厚齋馮氏曰：「或者輒稱聖人以鄹人之子，而且以不知禮爲譏，自常人處之，其辭必厲，否則置之不足以辨。今語定氣和，如酬答之常，初不較其言之遜傲也，夫子之德量宏哉。」○新安陳氏曰：「於此略無不平之詞，尤可以觀聖人氣象。」

○子曰：「射不主皮，爲力不同科，古之道

也。」爲，去聲。

射不主皮，《鄉射禮》文。爲力不同科，孔子解禮之意如此也。皮，革也，布侯而棲革於其中，以爲的，所謂鵠音谷。也。新安倪氏曰：「侯以布，鵠以革。《考工記》曰：『梓人爲侯，廣與崇方，參分其廣而鵠居一焉。』蓋方制其皮以爲鵠，鵠小鳥而難中，以中之爲儁，故謂的爲鵠。」《通考》仁山金氏曰：「侯，本矦，❶射的之垜，謂候人射中也，從户從矢，❷象形。鵠即告字，謂告人以所當中之處也，取射禽獸之義，故加鳥。」〇東陽許氏曰：「天子三侯，虎、熊、豹；諸侯二，熊、豹；大夫麋；士豻。凡侯皆以布爲之，形必方。大射之侯，外一分以其名之皮飾之，虎侯用虎皮，熊侯用熊皮，其中三分之一又用其皮綴於中爲的，故曰棲皮爲鵠。賓射之侯，❸外亦用皮飾，其中三分之一則用彩色畫，謂之正，天子五正，❹內朱，次白蒼黄玄；諸侯三正，朱白蒼；大夫士二正，朱緑。燕射之侯，外亦用皮飾，其中三分之一，天子則白質而畫其獸頭，諸侯丹質，大夫士則止就布上畫之，故曰畫布爲正。今《集註》凡言畫布爲正，是以賓射、燕射之侯言，棲皮爲鵠，是以大射之侯言。」科，等也。古者射以觀德，《禮記・射義》曰：射者，所以觀盛德也。但主於中去聲，下同。而不主於貫革，蓋以人之力有强弱不同等也。《記》曰：《樂記》篇。「武王克商，散軍郊射，而貫革之射息。」正謂此也。《樂記》註：散軍則不廢農事，郊射則不忘武備。射宫在郊，故曰郊射。貫革者，射穿甲革，所以主皮也。周衰禮廢，列國兵争，復尚貫革，故孔子歎之。〇楊氏曰：「中可以學而能，力不可以强上聲。而至，聖人言古之道，所以正今之失。」朱子曰：「夫子亦非是惡貫革之射，但是當時皆習於此，故言古人之道耳。如古人亦只是禮射不主皮，若武射，依舊要貫革，若不貫革，

❶「矦」，原作「侯」，今據《論孟集註考證》改。
❷「户」，原作「侯」，今據《論孟集註考證》改。
❸「侯」，原作「皮」，今據影元本《讀四書叢説》改。
❹「五正」，原脱，今據影元本《讀四書叢説》補。

何益？」○先王設射，謂弧矢之利以威天下，豈不願射得深中？如「不失其馳，舍矢如破」、「發彼小豝，殪此大兕」之類，皆是要得透，豈固以不主皮爲貴，而但欲略中而已？蓋鄉射之時，是習禮容，若以貫革爲貴，則失所以習禮之意。故謂若有人體直心正，持弓矢又審固，若射不貫革，其禮容自可取，豈可必責其貫革哉？此所以謂「爲力不同科」也。射之本意，也是要得貫革，只是大射之禮，本於觀德，不全是裸股肱決射御底人，只要內志正外體直，取其中，不專取其力耳。○問：「古人射要如何用？」曰：「其初也只是脩武備，聖人文之以禮樂。」○勉齋黃氏曰：「『不主皮』，未嘗以貫革爲非也，但取其中而貫與不貫不論耳。雖矢不没而墜地，不害其爲中也。若主貫革，則唯有力者得射。世之能射者寡矣，不主貫革，則人皆可射也。」○慶源輔氏曰：「時平則射以觀德，世亂則射主貫革，二者固各有所宜。然貫革之射，可暫而不可常，武王之事是也。」○新安陳氏曰：「《儀禮·鄉射禮》曰：『禮射不主皮。』鄭氏註『禮射』，謂以禮樂射，大射、賓射、燕射是也。夫子引《儀禮》之文，去上一『禮』字。若讀全句而味之，意自明白。蓋有禮射，有武射，治世行禮射，兵爭則尚武射。此言古之道也，與『古者言之不出』皆是言古者，以見今之不古也。」

○子貢欲去告朔之餼羊，去，起吕反。告，古篤反。餼，許氣反。

告朔之禮，古者天子常以季冬頒來歲十二月之朔於諸侯，諸侯受而藏之祖廟，月朔則以特羊告廟，請而行之。餼，生牲也。魯自文公始不視朔，而有司猶供此羊，故子貢欲去之。胡氏曰：「《周禮》：『太史頒告朔於邦國。』《左氏傳》文公十六年疏云：『天子頒朔於諸侯，諸侯受之，藏於祖廟，每月之朔，以特牲告廟，受而施行之，遂聽治此月之政。』竊意此周家所以一侯國而侯國所以奉王命之常禮也。餼即特牲也。必於祖廟者，示不敢專且重其事也。魯自文公六年閏月不告朔，至十六年四不視朔。《左氏傳》疏云：『此後有不告朔者，亦不復書其譏也。』明以後不復譏也。然則定、哀之時，遂以不告朔爲常。故子貢以有司所供之羊爲徒費而欲去之，夫子遂責之也。大抵處事之際，有利害有是非，主於利害，則見物而不見理，主於是非，則見理而不見物。子貢之説，豈初年貨殖之心猶未脱去歟？」

《通考》仁山金氏曰：「告，本取牛口之梏。❶下之告上，則曰告。如牛口加梏，有謹止之義。若上告下，則假借去聲。」○東陽許氏曰：「朔之爲言蘇也，謂月之魄已滿，明皆盡，至晦日而死，月之一日，明乃復生，是死而復蘇也。《玉藻》：『天子玄冕聽朔於南門，諸侯皮弁聽朔於太廟。』凡聽朔，必以特牲告其帝及神，配以文武。《左》疏：『特羊告廟，謂之告朔。人君即以此日視此朔之政，謂之視朔。視朔者，聽治此月之政，亦謂之聽朔。』此章是魯事，故《集註》止言諸侯之禮。」

子曰：「賜也，爾愛其羊，我愛其禮。」

愛，猶惜也。子貢蓋惜其無實而妄費。然禮雖廢，羊存猶得以識之，識，音志，記也，記其爲告朔羊也。而可復焉。若併去其羊，則此禮遂亡矣。孔子所以惜之。○楊氏曰：「告朔，諸侯所以稟命於君親，禮之大者。新安陳氏曰：「朔，受之天子，藏之祖廟，一禮行而尊君尊祖之大節得焉。」魯不視朔矣。然羊存則告朔之名未泯，而其實因可舉，此夫子所以惜之也。」朱子曰：「愛禮存羊，須見得聖人意思大。常人只屑屑惜小費，聖人之心所惜者禮，所存者大也。」○南軒張氏曰：「夫子之意以爲禮雖廢而羊存，庶幾後之人猶有能因羊以求禮者，是則羊雖虛器，固禮之所寓也。玩夫子之辭意，則子貢之欲去羊，其亦隘狹而少味矣。」○勉齋黃氏曰：「當時諸侯雖不告朔而羊尚在，是禮之大體雖亡而猶有一節存也。有一節，則因此一節以復其大體。若去羊，則是併此一節之禮去之矣。」○厚齋馮氏曰：「是時諸侯固自紀元，而天子所存者僅正朔，此禮蓋甚重也。」

○子曰：「事君盡禮，人以爲諂也。」

黃氏曰：黃氏，名祖舜，字繼道，三山人。「孔子於事君之禮，非有所加也，如是而後盡爾。時人不能，反以爲諂。故孔子言之，以明禮之當然也。」葉氏少蘊曰：「如拜下之類，違衆而從禮，宜時人以爲諂也。」○程子曰：「聖

❶「梏」，原作「牿」，今據《論孟集註考證》改。下一「梏」字同。

人事君盡禮，當時以爲諂，若他人言之，必曰我事君盡禮，小人以爲諂，而孔子之言，止於如此。聖人道大德宏，此亦可見。」胡氏曰：「聖人事君盡禮，非自賢以駭俗，內交以媚君也，亦曰畏天命、畏大人而已矣。」○趙氏曰：「聖人必至禮而止，故曰盡，豈於禮之外又有加益哉？當時君弱臣强，事上簡慢，反以爲諂。」○新安陳氏曰：「按黄氏就『盡』字上深味之，程子就『人』字上深味之，於此見得聖人意思氣象，可爲味聖言之法。」附《存疑》：聖人曰盡禮，非但以明己之志，實以救當時之失也。

○定公問：「君使臣，臣事君，如之何？」孔子對曰：「君使臣以禮，臣事君以忠。」

定公，魯君，名宋。二者皆理之當然，各欲自盡而已。此兩平言之，正意也。○吕氏曰：「使臣不患其不忠，患禮之不至；事君不患其無禮，患忠之不足。」此交互言之，不責人而責己，各盡所當然，所以足上正意也。尹氏曰：「君臣以義合者也，故君使臣以禮，則臣事君以忠。」新安陳氏曰：「尹氏加一『則』字，以此章爲定公言，警君之意也。若爲臣言，則君雖不以禮，臣豈可以不忠？」○朱子曰：「爲君當知爲君之道，不可不使臣以禮；爲臣當盡爲臣之道，不可不事君以忠。君臣上下兩盡其道，天下其有不治者哉？乃知聖人之言，本末兩盡。」○問：「忠只是實心，人倫皆當用之，何獨於事君上説忠？」曰：「父子兄弟夫婦，人皆自知愛敬。君臣以義合，人易得苟且，於此説忠，是就不足處説。」○厚齋馮氏曰：「以尊臨卑者易以簡，當有節文；以下事上者易以欺，當盡其心。君臣以義合，名分雖嚴，必各盡其道。三家之强，惟有禮可以使之。定、哀以吴越謀伐，則非禮矣，徒激其變，無益也。大抵聖人之言，中立不倚。異時荅齊景公之問，亦曰君君臣臣父父子子，景公曰善哉，必有以默動者矣。本末兩盡，含蓄不露，此聖人之言也。若乃孟子國人寇讐之喻，可以警其君而不可以諭其臣；責善則離之説，可以告其父而不可以訓其子。此聖賢之言所以有辨也。」《通考》程氏復心曰：「如《鹿鳴》之詩，既飲食之，又實

幣帛筐篚以將其厚意，然後忠臣嘉賓得盡其心。以是觀之，君不以禮，則臣雖欲忠，不可得也。然臣子之分，到當盡忠處，却自不可不盡，此又言外之意。」附《蒙引》：忠信而待之誠，重祿而養之厚，接見之閒，則禮貌必隆，委任之際，則事權必重，遣戍之時，則或送其往，或勞其來，此皆使之以禮處。○臣事君以忠者，敬其事而後其食，知有國不知其身，平時則恪恭厥職而必盡其心，有難則鞠躬盡瘁而不屈其節，此皆事君以忠之事。○事君以忠，恐泛言平時，不必擬到仗節死義處。○《存疑》：夫子嘗曰事君盡禮，此曰使臣以禮，此自其所不足者言也。臣事君以忠，亦然。馮氏謂以尊臨卑易以簡，以下事上易以欺，說得好。下之事上職業，若一時都要盡，也未能，若曰我未能盡，待徐徐爲之，又恐取責於上，往往多苟且含糊，欺謾將去，故曰易以欺。臨下易以簡，尤明白。

○子曰：「《關雎》樂而不淫，哀而不傷。」樂，音洛。

《關雎》，《周南·國風》，《詩》之首篇也。淫者，樂之過而失其正者也；傷者，哀之過而害於和者也。《關雎》之詩，言后妃之德宜配君子，求之未得，則不能無寤寐反側之憂，求而得之，則宜其有琴瑟鐘鼓之樂。蓋其憂雖深而不害於和，其樂雖盛而不失其正。故夫子稱之如此，欲學者玩其辭，審其音而有以識其性情之正也。朱子曰：「此詩看來是宮中人作，所以形容到寤寐反側，外人做不到此。樂止於琴瑟鐘鼓，是不淫也，若沉湎淫泆，則淫矣；憂止於展轉反側，是不傷也，若憂愁哭泣，則傷矣。此是得性情之正。」○問：「《關雎》樂而不淫，哀而不傷，是詩人情性如此，抑詩之詞意如此？」曰：「是有那情性，方有那詞氣聲音。」○「《關雎》是樂之卒章，故曰《關雎》之亂。亂者，樂之卒章也。故《楚辭》有亂。」曰：「是也。前面須更有，但今不可考耳。」○南軒張氏曰：「哀樂，情之爲也，而其理具於性。哀而至於傷，樂而至於淫，是則情之流而性之汩矣。樂而不淫，哀而不傷，發不踰則，性情之正也。非養之有素者，其能然乎？」○胡氏曰：「觀《詩》之法，原其性

情，玩其辭語，審其聲音而已。今性情難知，聲音不傳，惟辭語可玩味爾。然因其辭語，可以知其性情。至於播之長言，被之管弦，則聲音亦略可見矣。」○慶源輔氏曰：「哀樂，情也；未發，則性也。由性之正，故發乎情亦正。」○雙峰饒氏曰：「自他詩觀之，言憂者常易至於悲傷，如《澤陂》之詩曰『有美一人，傷如之何！寤寐無爲，涕泗滂沱』是也；言樂者常易至於淫泆，如《溱洧》之詩曰『洧之外，詢訏且樂。惟士與女，伊其相謔，贈之以芍藥』是也。惟《關雎》之詩最得性情之正。」○雲峰胡氏曰：「《集註》於『思無邪』曰『使人得其性情之正』，指凡詩之用而言；此則曰『有以識性情之正』，獨指《關雎》之詩而言。蓋樂不淫、哀不傷，是詩人情性之正也。如鄭、衛之詩，樂過而淫，哀過而傷，則亦有非性情之正者矣。然讀者於此有所懲創，則亦可以得其性情之正。《集註》前後可以參看。」○勉齋黄氏曰：「先生晚年再改削《集註》，止於此章。」附《蒙引》：若據詩而言，曰『樂止於琴瑟鐘鼓，憂止於寤寐反側』，則與下文「憂雖深而不害於和，樂雖盛而不失其正」相戾。詳味《集註》之意，蓋重在后妃之德上。惟后妃有是德，故詩人既得而樂之，雖如此其盛，宜也，豈失其正乎？未得而憂之，雖如此其深，亦宜也，何害於和乎？○樂而不淫，哀而不傷，今看來，斷是詩人哀樂之得其正也。詩第二章所謂「寤寐思服，輾轉反側」者，即詩人願得淑女以配君子，而思服反側也。此既得之後，追言其未得之時然也，非謂文王求之未得，而思服反側也。故其傳曰：「蓋此人此德，世不常有，求之不得，則無以配君子，而成其内治之功，故其憂思之深不能自已，至於如此也。」所謂「無以配君子」云者，在詩人爲順也。若夫小註，朱子曰：「依此詩看來，是妾媵作，所以形容寤寐反側之事，外人做不到此。」此説必是朱子從前未定之説，與正傳不合。脩書時不當引入於此，此條最惑後學。今不得不併録以與讀者商之。其第三章曰「琴瑟友之，鐘鼓樂之」者，即詩人之喜得淑女以配君子，而友之樂之也。故傳曰「此人此德，世不常有，幸而得之，則有以配君子而成内治，故其喜樂尊奉之詞」云云，則其爲指詩人明甚。詩人即宫中人也。若謂文王既得而喜樂之猶可，爲尊奉之則決不可。○嘗謂《關雎》所咏本疑淫與傷也，但以施於文王之與后妃而得爲不淫不傷耳。是亦微顯闡幽之意，不然三百篇中性情之得其正者，豈獨《關雎》？又如孔子曰「殷有三仁焉」，蓋以當時於三子

有異論故也。○本文「哀」字當「憂」字說，至《集註》却全把「憂」字來換了，多少是周旋。○《存疑》：憂樂是詩人憂樂。詩人，宫人也。宫人何爲憂樂？宫中之得失，豈特家道之所由盛衰？一國之治亂恒關焉。是固宫人之所不能忘情，而憂樂係之也。

○哀公問社於宰我，宰我對曰：「夏后氏以松，殷人以柏，周人以栗，曰使民戰栗。」

宰我，孔子弟子，名予。魯人。三代之社不同者，古者立社，各樹其土之所宜木以爲主也。唐孔氏曰：「夏都安邑，宜松；商都亳，宜柏；周都豐鎬，宜栗。」○問：「以木造主，還是以樹爲主？」朱子曰：「只以樹爲社主，使神依焉，如今人説神樹之類。以木名社，如櫟社、枌榆社之類。」○沙隨程氏曰：「古者以木爲主，今也以石爲主，非古也。」《通考》程氏復心曰：「夏言后氏，殷、周言人，何也？得非禹本揖遜而得天下，且承虞氏之後，故曰夏后氏，殷、周本征伐而得天下，且襲祖父之封，故曰殷人周人也歟？舜，帝也。禹，王也。言后所以别於帝。氏者，别其祖之所自分，而舜、禹皆祖顓頊，故舜爲虞氏，禹爲夏氏。言氏所以别於禹。況禹自有天下而都於夏，湯武由殷周以有天下，固不可例論也。」○趙氏惪曰：「禹受禪於君，故夏稱后。殷周順人心而征伐，故言人。」戰栗，恐懼貌。宰我又言周所以用栗之意如此，豈以古者戮人於社，故附會其説與？音余。○慶源輔氏曰：「按《甘誓》曰：『用命，賞于祖；弗用命，戮于社。』蓋古者建國，左祖右社，左陽右陰，陰主殺，軍行載社主以行，弗用命則戮之於社也。」《通考》趙氏惪曰：「魯有二社：一曰周社，二曰亳社。周社者，天子大社也。亳社者，商社也。武王勝商，班列其社於諸侯，以爲亡國之戒，故魯有兩社也。定公五年，盟三桓於周社，盟國人於亳社，則魯之二社，亦聚民警戒之地。魯自昭公以來，政由季氏，視周社之主，固已甚愧，而相去亳社，則其閒不能以寸矣。哀四年六月，亳社災。意者哀公之問，因亳社之火而有所慮焉，則一言之發，一語之對，豈不有係於社稷之興廢乎？是時三家削魯，國社幾危，宰我不能以是爲説，反有妄對，此夫子所以深責之也。」附《蒙引》：有國則有社，國存與存，國亡與亡。若人君不脩德用賢而養民，則國亡而不能保

其社稷矣。愚竊謂宰我之答哀公者，宜用此意，乃徒以社之主木爲言，抑末矣。況使民戰栗之説，又非所以爲人君之福乎！○既曰各樹其土之所宜木爲主，則夏后氏以松，未必舉天下之諸侯社皆以松也；殷人以柏，亦未必舉天下之諸侯社皆以柏也；周人以栗，亦未必舉天下之諸侯社皆以栗也。宰我此對甚疎，下句尤鑿。縱使告以各樹其土之所宜木，亦未得立社之本意。《集註》姑且就其言之謬而正之耳，未暇深論也。○使當時答哀公只上三句，無下一句，孔子責之亦不至如是之深。

子聞之，曰：「成事不説，遂事不諫，既往不咎。」

遂事，謂事雖未成而勢不能已者。孔子以宰我所對非立社之本意，又啓時君殺伐之心，而其言已出不可復扶又反。救，故歷言此以深責之，欲使謹其後也。○尹氏曰：「古者各以所宜木名其社，非取義於木也。宰我不知而妄對，故夫子責之。」問：「宰我所言，尚未見於事，如何不可救？」朱子曰：「此只責他易其言，未問其見於事與未見於事。所謂『斯言之玷，不可爲也』，蓋欲使謹於言耳。」○慶源輔氏曰：「宰我在言語之科，然觀此戰栗之對，則失於鑿、流於妄者，或不能免。大凡己所未曉之事，而妄言以語人，不惟無益，而失己欺人之弊，有不可勝言者，又況導人以殺戮之事哉？此夫子所以深責之也。」附《存疑》：「成事不説」三句，雖以事言，就其答哀公之問言之，亦是事也。本文三句是泛説，責宰我意在言外。

○子曰：「管仲之器小哉！」

管仲，齊大夫，名夷吾，相去聲。桓公霸諸侯。器小，言其不知聖賢大學之道，故局量去聲。褊淺，規模卑狹，不能正身脩德以致主於王道。朱子曰：「局量褊淺，是他容受不去了。容受不去，則富貴能淫之，貧賤能移之，威武能屈之矣。規模是就他設施處説。」○器小，是以分量言，若以學問充之，小須可大。○問：「孔子見他一生全無本領，只用私意小智，僅能以功利自彊其國，若是王佐之才，必不如此，故謂之器小。」曰：「是。」○問：「須是

如孟子言『居天下之廣居，立天下之正位，行天下之大道』，方是大器。」曰：「是。」○勉齋黄氏曰：「局量指心之藴蓄，規模指事之發見。心者器之體，事者器之用。不能正身脩德，則心之所向可知；不能致主於王道，則事之所就可知。局量褊淺，則規模必卑狹，未有不能正身脩德而能致主於王道者。」○胡氏曰：「局量規模，以器言；褊淺卑狹，以小言。不知聖賢大學之道，所以器小也，本之不立也；不能正身脩德以致主於王道，器小之驗也，效之不至也。無是本則無是效也。」○東陽許氏曰：「大學之道八事，先以脩身爲本，而後及家國天下。蓋見理既明，行事自然件件中節，不敢踰禮犯分。今管仲如此，只是格物致知工夫未到，見理不明，故爲所不當爲，踰禮犯分，凡事都要向上，不知反成小器。」

附《蒙引》：朱子曰：「孔子『器小』二字，是包括管仲一生，自本至末都盡了。」奢而犯禮，特其「器小」中之二事耳。孔子所以説他奢，只是應或人「儉乎」之問，非是直以此二事證他器小也。但從此二事看，亦見他器小處。○顧麟士曰：「《蒙引》説是。器小是概説，不可預照下兩項也。故《或問》又曰：『一狐裘三十年，豚肩不揜豆，自説不得大器；即有王佐之才，亦不可三歸反坫。』如此方是無弊之指。」

或曰：「管仲儉乎？」曰：「管氏有三歸，官事不攝，焉得儉？」焉，於虔反。

或人蓋疑器小之爲儉。三歸，臺名，事見形甸反。**《説苑》。**劉向《説苑·善説》篇：齊桓公立仲父，致大夫曰：「善吾者，入門而右；不善吾者，入門而左。」有中門而立者，桓公問焉，對曰：「管子之知，可與謀天下；其彊，可與取天下。君恃其信乎？內政委焉，外事斷焉，驅民而歸之，❶是亦可奪也。」桓公曰：「善。」乃謂管仲：「政則卒歸於子矣。政之所不及，唯子是匡。」管仲故築三歸之臺，以自傷於民。○朱子曰：「管氏有三歸，不是一娶三姓女，若此却是僭。此一段意，只舉管仲奢處以形容他不儉，下段所説乃形容他不知禮處，便是僭。竊恐不可做三娶説。」○厚齋馮氏曰：「以歸民之左右與中，故臺謂之三歸。」《通考》仁山金氏曰：「三歸之臺，據算家有築臺三歸法。蓋方

❶「驅」，原脱，今據《説苑》補。

臺也，其法上方自相乘凡爲若干尺，❶下方又自相乘爲若干尺，又以上下方相乘爲若干尺，却以勾股法三分損二爲中方之數，❷合上下中方凡幾千尺，以高尺統之，用積羃法得方臺積尺之數凡幾萬尺，❸謂之三歸法。如此則但言其臺榭之盛、家臣之多爲非儉爾。」攝，兼也。家臣不能具官，一人常兼數事，管仲不然。皆言其侈。

「然則管仲知禮乎？」曰：「邦君樹塞門，管氏亦樹塞門。邦君爲兩君之好，有反坫，管氏亦有反坫。管氏而知禮，孰不知禮？」好，去聲。坫，丁念反。

或人又疑不儉爲知禮。屏，音丙。謂之樹。塞，猶蔽也。設屏於門以蔽内外也。趙氏曰：「古者人君別内外於門，樹屏以蔽塞之，蓋小牆當門中也。禮，天子外屏，諸侯内屏，大夫以簾，士以帷。」好，謂好會。坫，在兩楹之閒，獻酬飲畢則反爵於其上。此皆諸侯之禮，而管仲僭之，不知禮也。古註圖説：坫以木爲之，高八寸，足高二寸，漆赤中。○趙氏曰：「古者諸侯與鄰國爲好會，主君獻賓，賓筵前受爵，飲畢反此虛爵於坫上，於西階上拜，主人於阼階上答拜，賓於坫取爵，洗爵以酢主人，主人受爵，飲畢，反此虛爵於坫上，主人阼階上拜，賓答拜。是賓主飲畢反爵於坫也。大夫則無之。」《通考》東陽許氏曰：「天子、諸侯、大夫、士之庭皆有物以蔽内外。天子、諸侯謂之屏，以木爲之，大夫以簾，士以帷。天子設於門外，諸侯、大夫、士設於門内庭中。管仲位爲大夫，當用簾，亦用諸侯之屏。列國之君有相朝之禮，有會盟之禮。凡有好會，主國之君先設坫於堂兩楹閒，延賓升堂，以爵勸酒，獻酢畢，覆爵於坫上。管仲大夫，本無此禮，今亦設之。當時齊霸而管仲當國，諸侯朝齊者，必私覿於管仲家，故設此延之。」二事皆言仲之僭。」附《蒙引》：楹，柱也，謂兩柱盈盈然對立也。坫在兩楹之閒，如今人把盞，置臺盞於廳前中央也。○坫，受爵之器也。依註以木爲之，高約一尺，只

❶「法上方」，此三字原脱，今據《論孟集註考證》補。
❷「三」，原作「二」，今據《論孟集註考證》改。
❸「萬」，原作「方」，今據《論孟集註考證》改。

在地，不如今人承以案。蓋古者地坐，未有椅桌。坫字從土，恐是瓦器。○愚謂孔子譏管仲之器小，其旨深矣。或人不知而疑其儉，故斥其奢以明其非儉。或又疑其知禮，故又斥其僭以明其不知禮。蓋雖不復扶又反，下同。明言小器之所以然，而其所以小者於此亦可見矣。故程子曰「奢而犯禮，其器之小可知」。蓋器大則自知禮而無此失矣。此言當深味也。慶源輔氏曰：「器大則天下之物不足以動其心，而惟義理之是行。」○胡氏曰：「奢者，器之小而盈也；犯禮者，器之盈而溢也。」蘇氏曰：蘇氏，名軾，字子瞻，號東坡，眉山人。「自脩身正家以及於國，則其本深，其及者遠，是謂大器。楊雄所謂『大器猶規矩準繩，先自治而後治人』者是也。《楊子·先知》篇：或曰：「齊得夷吾而霸，仲尼曰小器，請問大器。」曰：「大器，其猶規矩準繩乎？先自治而後治人之謂大器。」管仲三歸反坫，桓公内嬖六人，而霸天下，其本固已淺矣。管仲死，桓公薨，天下不復宗齊。」《左傳》：僖公十七年，齊侯之夫人三：王姬、徐嬴、蔡姬，皆無子。齊侯好内，多内寵，内嬖如夫人者六人：長衛姬生武孟，少衛姬生惠公，鄭姬生孝公，葛嬴生昭公，密姬生懿公，宋華子生公子雍。○新安陳氏曰：「功業無本，宜仲僅可没身，公且薨於亂也。」楊氏曰：「夫子大管仲之功而小其器，蓋非王佐之才，雖能合諸侯正天下，其器不足稱也。道學不明，而王霸之略混爲一途，故聞管仲之器小，則疑其爲儉，以不儉告之，則又疑其知禮。蓋世方以詭遇爲功，而不知爲去聲。之範，則不悟其小宜矣。」《孟子·滕文公下》篇：王良曰：「吾爲之範我馳驅，終日不獲一；爲之詭遇，一朝而獲十。」○問：「使仲器局宏闊，須知我所爲『功烈如彼其卑』，豈肯侈然自肆至於奢僭如此？」朱子曰：「也不說道功烈卑時不當如此，便是功大，亦不可如此。」○奢而

犯禮，是他裏面著不得，見此些小功業，便以爲驚天動地，所以肆然犯禮，無所忌也。亦緣他只在功利上走，所以施設不過如此，才做到此，便不覺自足矣。古人論王霸，以爲王者兼有天下，霸者能率諸侯，此以位論，固是如此。然使其正天下、正諸侯皆出於至公，而無一毫之私心，則雖在下位，何害其爲王道？惟其「摟諸侯以伐諸侯」，假仁義以爲之，欲其功盡歸於己，故四方貢賦皆歸於其國，天下但知有霸，而不復知有天子。此其所以爲功利之心，而非出於至公也。在學者身上論之，凡日用常行、應事接物之際，纔有一毫利心，便非王道，便是伯者之習，此不可不省察也。○桓公伐楚，只去問他包茅與昭王不返二事，便見他只得如此休。據楚當時，❶憑陵中夏，僭號稱王，其罪大矣，如何不理會？蓋纔説著此事，楚決不肯服，便事勢住不得。故只尋此年代久遠已冷底罪過，及些小不供貢事去問，想他見無大利害，決不深較，只要他稍退聽，便收殺了。此亦是器小之故。纔是器小，自然無大功業。○如蘇氏説，見得不知《大學》本領，所以局量褊淺處；如楊氏説，見得不能致主王道，所以卑狹處。兼二説看，其義方備。○慶源輔氏曰：「大其功，所以從衆而揚其善也；小其器，所以即事而名其實也。」○才與器皆生於氣質，其所能爲者謂之才，其所能受者謂之器。仲之才雖足以合諸侯正天下，而其器之小不能大其受。局於氣，奪於私，是以奢而犯禮，苟免幸濟，而其所成就者，亦如此之卑也。使仲而嘗學於聖人之門，知大學之道而從事焉，則其器之小者可以大，而其才之能爲者，亦將光明盛大矣。○齊氏曰：「器小，惜其度量不可以大受，雖勳勞如周公，猶且『赤舄几几』，『目視欿然』，況僅以其君霸乎？然則孔子何爲大其功？曰：功較之召、忽則有餘，量較之周公則不足。大其功，爲天下幸；小其器，爲仲惜爾。」○劉氏彭壽曰：「以霸者之功效計之，則仲亦得爲春秋之仁人，以王道之軌轍範之，則仲不免爲三王之罪人。此所以大其功而小其器。」○歐陽氏玄曰：「器如物之所受，淺深限量自有不可誣者。仲唯器小易盈，不能使己無三歸之奢，君無多嬖之溺，齊政不旋踵而衰，器之所受不過如是而止。使能擴而充之，則可以拓聖賢之業，載宇宙之量矣。」○厚齋馮氏曰：「齊桓入國在魯莊九年，仲始獲用。三桓之僭魯，乃在昭、襄之

❶「楚」，原脱，今據《朱子語類》補。

世，距仲且百餘年。仲之僭奢，蓋先諸國之大夫也。夫子此章，不與仲深矣。後百年而孟氏又斥之以曾西之所不爲，天下後世始知有王佐事業，而仲始卑，霸圖始陋。向微孔、孟之論，天地之正誼或幾乎熄矣。」○雲峰胡氏曰：「三代而後，中國未有霸，而仲輔其君先之；未有以大夫僭諸侯者，而仲塞門反坫先之。《春秋》正其綱，故責齊桓而不責管仲；《論語》紀其實，故責管仲而不責齊桓。蓋皆不知有大學之道者也。嗚呼！是時《大學》之書未出也。夫子而後亦既有《大學》之書矣，然未聞有行大學之道者，何哉？」

○子語魯大師樂，曰：「樂其可知也。始作，翕如也；從之，純如也，皦如也，繹如也以成。」語，去聲。大，音泰。從，音縱。

語，告也。大師，樂官名。時音樂廢缺，故孔子教之。翕，合也。從，放也。純，和也。皦，明也。繹，相續不絕也。成，樂之一終也。成，如《書》所謂《韶》之九成、《記》所謂《武》之六成是也。○謝氏曰：「五音六律不具，不足以爲樂。翕如，言其合也。五音合矣，清濁高下如五味之相濟而後和，故曰純如，合而和矣。欲其無相奪倫，故曰皦如。然豈宮自宮而商自商乎？不相反而相連，如貫珠可也，故曰繹如也以成。」朱子曰：「味其語勢，蓋將正樂而語之之辭。」○南軒張氏曰：「周衰樂廢，蓋雖其聲音亦失之矣。聖人因其義而得其所以爲聲音者，而樂可正也。」○覺軒蔡氏曰：「始作，樂之始也。成，樂之終也。始作翕如，則八音合矣。從之純如，則合而和也。皦如，則和而又有別也。繹如也以成，則別而又不失於和也。數言之間，曲盡作樂始終節奏之妙。太師而可與語此，其亦非常人也歟？」○雙峰饒氏曰：「此章有三節：始作是其初，從之以後是其中，以成是其終。翕合之餘有純和，純和之中有明白，明白之中無間斷，方是作樂之妙。」○厚齋馮氏曰：「純，所謂『八音克諧』是已。皦，所謂『無相奪倫』是已。繹，所謂『始終相生』是已。」○新安陳氏曰：「八音不合，則不備，故始必翕合；然不可拘迫生澀，故從之欲其和；然和易以混而無別，故和中欲其皦

然分明；然分明中又不可斷續，故又貴繹如，而樂於是終焉。自始至終，合而和，和而明，明而續，必兼此四節，不可闕一，則樂之始終條理盡矣。」《通考》程氏復心曰：「翕如者，五聲六律，群然合奏，而無一音之不備。純如者，五聲之中，有清濁高下之不齊，羽極清而宮極濁，宮極低而羽極高，苟無以節調之，則彼此懸絶而不相和，必有律以和之，使清濁高下，各有分數，又須使宮自宮，商自商，不相陵奪而後可。繹如者，五音既不相奪，則血脈易得閒斷，又須前倡後和，宮商相續，纍纍如貫珠，故至於成。」○東陽許氏曰：「本註止具訓詁，不言旨意。謝説章意皆具，而置圈外。蓋始、從、成爲作樂三節，翕及純、皦及繹，乃三節中之節奏，翕之後繼之以純、皦，又繼之以繹從，則非翕，繹則不從，此蓋經之本旨而朱子之意也。謝氏五音爲主，以翕、純、皦、繹皆指此言，❶而見於一時，樂之始終皆然，蓋又一義，則於始、從、成三字稍緩者，在圈外。」附《蒙引》：始作、從之、以成，是三關節。純如、皦如、繹如，俱綴於「從之」之下。以成，蓋從而收聲以爲一終也。翕如與純如，則有先後。純如與皦如、繹如，則一時事，不可分先後。○《存疑》：從，放也，謂放手大作也。蓋始作在於八音齊舉，逮既齊了，放手大作也。始作無多久，從之後有許多久，到以成亦無多會。孟子言金聲玉振，金聲即始作，玉振即以成，中閒皆從之也。○《蒙引》：五音六律八音中俱有聲，有高下清濁，故聖人括之以宮、商、角、徵、羽之五音。五音則各有高下清濁，故聖人又括之以黄鐘、太簇等之六律。宮、商、角、徵、羽次序，以其分數之多寡言，宮最濁，商次濁，角微清微濁，徵稍清，羽最清，濁者低，清者高。十二管長者聲濁，短者聲清。

○儀封人請見，曰：「君子之至於斯也，吾未嘗不得見也。」從者見之。出曰：「二三子何患於喪乎？天下之無道也久矣，天將以夫子爲木鐸。」「請見」、「見之」之見，賢遍反。從、喪，皆去聲。

儀，衛邑。封人，掌封疆之官。胡氏曰：「封人，周官名，掌爲畿封而植之，《左氏傳》所謂潁谷封人、祭封人、蕭封人皆此類。」蓋賢而隱於下位者

❶「言」，原作「意」，今據影元本《讀四書叢説》改。

也。胡氏曰：「封人有請見之心，則非若沮、溺之狷介自高矣。自言其得見君子之多，則見其好賢有素，而所聞不淺狹矣。雖其見聖人而請問之辭不傳，然意象和平，進退從容，出語門人，又深得其大致，則賢而隱於下位者也。」君子謂當時賢者。至此皆得見之，自言其平日不見絶於賢者而求以自通也。夫子行經衛邑而封人因請見，故云然。見之，謂通使得見。喪，謂失位去國，禮曰「喪欲速貧」是也。意夫子失魯司寇，去魯歷聘時。○張氏存中曰：「喪欲速貧，出《禮記・檀弓》，詳見《孟子・滕文公上》篇。」木鐸，金口木舌，施政教時所振以警衆者也。胡氏曰：「《明堂位》言：『振木鐸於朝。』」○齊氏曰：「木鐸金口木舌，若金鐸則金口金舌。春用木，秋用金，文用木，武用金，時與事之不同也。」言亂極當治，去聲。天必將使夫子得位設教，不久失位也。封人一見夫子而遽以是稱之，其所得於觀感之間者深矣。朱子曰：「這裏儘好看。如何從者見之，後便見得夫子恁地？這裏也見得儀封人高處。」○問：「儀封人亦是據理而言，若其得位失位，則非所及知也。」曰：「儀封人與夫子説話，皆不可考。但此人辭氣最好，必是箇賢有德之人，一見夫子，其觀感之間必有所見，故爲此言。前輩謂作者七人，以儀封人處其一，以此。」○慶源輔氏曰：「聖人德容之盛，觀之者固當知所敬愛矣。然封人之贊夫子，則因所見而驗所聞，即其已然而得其將然，不惟有以見聖人之當乎天，而又有以知天之不能違乎聖人也。」○新安陳氏曰：「封人一見夫子，能知聖道之不終廢，世道之不終亂，天意之不終忘斯世，可謂知足以知聖人，且知天矣。」附《存疑》：封人一見夫子，遂以「何患於喪」慰二三子，此亦據理而言耳。而聖人終於喪者，則理有不可推，不可以是而病之也。或曰：「木鐸所以徇於道路，《書》曰：每歲孟春，遒人以木鐸徇於路。言天使夫子失位，周流四方，以行其教，如木鐸之徇於道路也。」慶源輔氏曰：「前説意實而味長，後説意巧而味短。」○雙峰饒氏曰：「夫子得位與不得位，封人所不能知。其所可知者，夫子道德如是，天將使振揚文教以開

天下後世也必矣。或得位，或周流四方，皆在其中。」○新安陳氏曰：「後説與『喪』字及『天下之無道久』皆不甚相應，朱子姑存之耳。」

○子謂《韶》：「盡美矣，又盡善也。」謂《武》：「盡美矣，未盡善也。」

《韶》，舜樂。《武》，武王樂。美者，聲容之盛。善者，美之實也。朱子曰：「美如人生得好，善則其中有德行也，實是美之所以然處。」○慶源輔氏曰：「聲容，樂之聲，舞之容也。美之實，謂其聲容之所以美。」舜紹堯致治，去聲。武王伐紂救民，其功一也，故其樂皆盡美。胡氏曰：「《韶》盡揖讓繼紹之美，《武》盡發揚蹈厲之美。」然舜之德，性之也，又以揖遜而有天下；武王之德，反之也，又以征誅而得天下，故其實有不同者。朱子曰：「美是言功，善是言德。」問：「説揖遜征誅足矣，何必説性之反之？」曰：「也要就他本身處説。使舜當武王時，畢竟更彊似《大武》；使武王當舜時，必不及《韶》。」○德有淺深，時又有幸不幸。舜之德既如此，又遇著好時節。武王德不及舜，又遇著不好時節，故盡美而未盡善。○樂觀其深矣。若不見得性之、反之不同處，豈所謂聞其樂而知其德乎？○樂便是德之影子。《韶》、《武》之樂正是聖人一箇影子。要得因此以觀其心。○《韶》、《武》今皆不可考。但《書》稱「德惟善政」至「勸之以九歌」，此便是作《韶》樂之本，所謂「九德之歌，九韶之舞」是也。武王之《武》，看《樂記》便見，蓋是象伐紂之事，所謂北出者，❶自南而北伐紂也，氣象便不恁地和。《韶》樂只是和而已。**附**《蒙引》：盡美盡善，都是指樂言。註所云云，皆是原其所以處。○樂只是許多聲容，何處是盡美？又何處是盡善？曰：只就聲容外面看，便是他美處；就聲容裏面，看其所以爲是聲容者，便見盡善與未盡善處。○程子曰：「成湯放桀，惟有慙德，武王亦然，故未盡善。堯、舜、湯、武，其揆一也。征伐非其所欲，所遇之時然爾。」朱子曰：「舜性之，武王反之，自是有淺深。又舜以揖遜，

❶「北出」，原作「南」，今據《朱子語類》改。

武以征伐，征伐雖是順天應人，自是有不盡善處。今若要彊説舜、武同道，也不得；必欲美舜而貶武王，也不得。」又曰：「舜、武不同，正如孟子言伯夷、伊尹之於孔子不同。至謂『得百里之地而君之，皆能以朝諸侯，有天下行一不義，殺一不辜而得天下，不爲，是則同也』，舜、武同異正如此。故武之德雖比舜自有淺深，而治功亦不多爭。」○問：「征伐固武王之不幸，使舜當之，不知如何？」曰：「只恐舜是生知之聖，其德盛，人自歸之，不必征伐耳。不然，事到頭，也住不得，如文王亦然。且如殷始咎周，周人戡黎，祖伊恐，奔告於受，這事勢便自是住不得。若曰奔告於受，則商人之忠臣義士何嘗一日忘周？自是紂昏迷爾。」○西山真氏曰：「聖人於湯、武之事，每微有不足之意，如論樂則以《武》爲未盡善，論泰伯、文王皆稱其爲至德。此非貶湯、武也，惜其不幸而爲此不獲已之舉也。然恐後世遂以湯、武爲非，故曰『湯、武革命，順乎天而應乎人』。《論語》微有不滿之意者，恐後世亂臣賊子借湯、武之名以窺伺神器也；《易》發『革命』之義者，恐後世亂君肆行於上，無所憚也。聖人立言，爲後世慮，至深遠矣。」《通旨》：朱氏公遷曰：「自樂之中兼聲容、情實而言之，盡美言其文，盡善言其本。《集註》於聞《韶》之下，言『有以極其情文之備』，情則其盡善者，文則其盡美者也。」

○子曰：「居上不寬，爲禮不敬，臨喪不哀，吾何以觀之哉？」

居上主於愛人，故以寬爲本。爲禮以敬爲本。臨喪以哀爲本。既無其本，則以何者而觀其所行之得失哉？朱子曰：「居上而不寬，爲禮而不敬，臨喪而不哀，更無可據依以爲觀矣。寬、敬、哀，本也。其本既亡，雖有條教法令之施，威儀進退之節，哭泣擗踊之數，皆無足觀者。若能寬、敬、哀了，却就寬、敬、哀中考量他所行之是否；若不寬、不敬、不哀，則雖有其他是處，皆在不論量之限矣。」○如寬便有過不及，哀便有淺深，敬便有至不至，須是有其本，方可就本上看他得失厚薄。○寬，有政教法度而行之以寬耳，非廢弛之謂也。如「敬敷五教在寬」，蓋寬行於五教之中也。○吾何以觀之，不是不去觀他，又不是不足觀，只爲他根源都不是了，更把甚麽去觀他？重在「以」字上。○南軒張氏曰：「居上不寬，則失所以爲長人之本，其他雖有所爲，尚可觀乎？爲禮而不敬，

臨喪而不哀，則繁文末節雖多，亦何以觀也？然寬非縱弛之謂，總其大綱，使人得以自效也。」○雙峰饒氏曰：「『以』字訓用，謂用寬、敬、哀三者觀之也。蓋有此三者，則於大體已得，方可就此觀其小節；若無此三者，則全體都不是，更把甚底去觀他？」附《蒙引》：聖人教人重本也。既無其本，則條教法令等都是無根的，都不是從心頭做出的。○不寬、不敬、不哀，固無可以觀處，然既寬、敬、哀了，又何得失之可議？蓋寬亦有不是處，如子太叔之寬是也；敬亦有一於敬而禮文不足者；哀亦有一於戚而徑情直行者。須各於其中看其或過或不及，不是居上只是一個寬便了，爲禮只是一個敬便了，臨喪只是一個哀便了。○《淺説》：此寬、敬、哀在心内都就好一邊説，見之於外，則有太過不及，而得失分矣。故註云「觀其所行之得失」。○寬是寬仁之寬，非寬緩也。○大抵本深則末茂，心存則事舉。縱未盡善，要不失爲君子路上人。若無其本，而專逐於末，卒歸於浮誇虚僞，而去道也遠矣，如之何其可行也？故聖人教人，千變萬化，都説從心上來。

論語集註大全卷之三終

論語集註大全卷之四 三魚堂讀本

里仁第四

凡二十六章。《通考》勿軒熊氏曰：「前七章言仁，餘多言學，本之一身，達之一家一國，大略具焉。」

子曰：「里仁爲美。擇不處仁，焉得知？」處，上聲。焉，於虔反。知，去聲。

里有仁厚之俗爲美。擇里而不居於是焉，則失其是非之本心而不得爲知矣。朱子曰：「擇字因上句爲文。」問：「此章謝氏引《孟子》『擇術』爲證，如何？」曰：「聖人本語只是擇居，不是説擇術。古人居必擇鄉，遊必擇士。」又問：「今人數世居此土，豈宜以他鄉俗美而遽遷邪？」曰：「古人危邦不入，亂邦不居。近而言之，若一鄉之人皆爲盜賊，吾豈可不知所避？」○勉齋黄氏曰：「居必擇鄉，居之道也。薰陶染習以成其德，賙恤保愛以全其生，豈細故哉？夫子稱子賤而歎魯多君子，以此也。」○勿軒熊氏曰：「《學而》篇言親仁，此言處仁，後篇言以友輔仁，又言居是邦，友其士之仁者。居養見聞之助，薰陶漸染之益，皆資於人者也。」○雲峰胡氏曰：「《集註》『仁厚之俗』四字，有斟酌。一里之中，安得人皆仁者？但有仁厚之俗，則美矣。」○新安陳氏曰：「惻隱、羞惡、辭讓、是非，皆人之本心。是非之心，知之端也，不知則失其是非之本心矣。」

○子曰：「不仁者不可以久處約，不可以長處樂。仁者安仁，知者利仁。」樂，音洛。知，去聲。

約，窮困也。利，猶貪也，蓋深知篤好去聲。而必欲得之也。雙峰饒氏曰：「知者之於仁，如小人之貪利，皆深知篤好，必欲得之。」不仁之人失其本心，久約必濫，久樂必淫。南軒張氏曰：「不仁者，勉强而暫處則有之，差久則移於約、

樂，無所不至矣。」○雙峰饒氏曰：「濫如水之泛濫，淫如水之浸淫。久約者爲飢寒所逼，而不能自守，以至放蕩於禮法之外，如水之溢出外去，故曰濫；久樂者爲富貴所溺，而不能自守，不知不覺至於驕奢，如水之浸入裏來，故曰淫。濫字是『窮斯濫矣』之濫，淫字是『富貴不能淫』之淫。」○吴氏曰：「約與豐對，樂與憂對。對舉之，互文也。不仁者不可一日處，聖人之言待人以厚，故以久長言之爾。」○雲峰胡氏曰：「仁義禮知皆吾本心而仁統三者，仁一失則三者俱失矣。所以於上章『焉得知』則曰失其是非之本心，此於『不仁』則直曰失其本心。《集註》之精密如此。」○東陽許氏曰：「不仁者久約，則憂患而諂諛卑屈之態生，苟且邪僻之行作；久富貴，則佚樂而驕矜縱誕之氣長，踰節陵分之事興。約者日流於卑下，樂者日過於僭躐，是濫與淫意思。」附《蒙引》：約、樂以所處之地言。約，貧約也。樂，豐樂也。約是「約而爲泰」之約，樂是「樂歲終身飽」、「樂歲粒米狼戾」之樂。

惟仁者則安其仁而無適不然，知者則利於仁而不易所守。蓋雖深淺之不同，然皆非外物所能奪矣。

朱子曰：「仁者温淳篤厚，義理自然具足，不待思而爲之，而所爲皆是義理，所謂仁也；知者知有是非，而取於義理以求其是而去其非，所謂知也。」○仁者安仁，如孟子説「動容周旋中禮者，盛德之至也。哭死而哀，非爲生者也；經德不回，非以干禄也；言語必信，非以正行也」，這只順道理合做處便做，更不待安排布置。○深謂仁者，淺謂知者。仁者之心便是仁，知者未能無私意，只是知得私意不是著脚所在，又知得無私意是好，所以千方百計亦要克去私意。○慶源輔氏曰：「無適不然，無所往而不安也；不易所守，知而弗去是也。」○胡氏曰：「『舜之飯糗茹草，若將終身，被袗衣，鼓琴，若固有之』，此安仁者之久處約長處樂也；原憲環堵，閔損汶上，魯之季文子，齊之晏平仲，此利仁者之久處約長處樂也。」○雙峰饒氏曰：「安仁者心與仁一，仁即我，我即仁，故曰其仁，即仁者之仁也；利仁者心與仁猶二，於仁猶有間，故曰於仁，猶未是仁，不過利於仁耳。」❶附《蒙引》：仁者、知者，以人品言；安仁、利仁，以其德之淺深言。究竟則安仁、利仁、正仁、智者之所以爲仁、智者處，但文

❶「不」上，原重「仁」字，今據《四書大全》删。

勢不是如此。○謝氏曰：「仁者心無内外、遠近、精粗之閒，去聲。非有所存而自不亡，非有所理而自不亂，如目視而耳聽，手持而足行也；知者謂之有所見則可，謂之有所得則未可，有所存斯不亡，有所理斯不亂，未能無意也。安仁則一，利仁則二。朱子曰：「上蔡見識直是高，諸解中未有及此者。」○慶源輔氏曰：「存，言其體；理，言其用。知者有所操存，其體斯不亡，有所經理，其用斯不亂；仁者則不待如此，一體一用，皆自然而然。」○雙峰饒氏曰：「心無内外、遠近、精粗之閒，是説他仁熟處。他人於此處能存，於彼處或不能存，於此處能理，於他處或不能理。唯仁者内面如此，外面亦如此，遠近精粗，無適不然。内謂存處時，外謂應事接物時。近謂日用常行處，遠謂非日用常行處。精如治《詩》、《書》、禮、樂等事，粗如治錢穀甲兵等事。存是心存，理是事理。」安仁者，非顔、閔以上，上聲。去聖人爲不遠，不知此味也。諸子雖有卓越之才，謂之見道不惑則可，然未免於利之也。」朱子曰：「吾心渾然一理，無内外、遠近、精粗，須知非顔、閔以上不知此味。及到顔、閔地位，知得此味，猶未到安處。」○仁、知雖一，然世閒人品所得自有不同，顔子、曾子得仁之深者也，子夏、子貢得知之深者也。○或問：「而今做工夫且須利仁？」曰：「惟聖人自誠而明，合下便自安仁。若自明而誠，須是利仁。」○勉齋黄氏曰：「安仁利仁，則所存者天理，故安於義命所當然，而物欲不能以累其心，所以處約、樂之久而不爲之動也。」○吴氏曰：「《易・繫》、《論語》多以仁、知並言，樊遲亦再問仁、知，大抵學問不出知行，知主知而仁主行也。」○雲峰胡氏曰：「不仁者，失其本心者也；安仁者，本心非有所存而自不失；利仁者，能存其本心而惟恐失之。嗚呼，安之者不可遽及，失之者可爲戒，而守之者可爲法矣。」

○子曰：「惟仁者能好人，能惡人。」好、惡，皆去聲。

惟之爲言獨也。蓋無私心然後好惡當去聲。於理，程子所謂「得其公正」是也。程

子曰：「仁者用心以公，故能好惡人。公最近仁。」○朱子曰：「程子之言約而盡。公者，心之平也；正者，理之得也。一言之中，體用備矣。」○公正，今人多連看，其實公自是公，正自是正。這兩個字相少不得。公是心裏公，正是好惡得來當理。❶苟公而不正，則其好惡必不能皆當乎理；正而不公，則切切然於事物之間求其是，而心却不公。此兩字不可少一。○程子只著「公正」兩字解這處，某怕人理會不得，故以「無私心」解「公」字，「好惡當於理」解「正」字。有人好惡當於理而未必無私心，有人無私心而未必好惡當於理。然惟公而後能正。公是箇廣大無私意，正是箇無所偏向處。○胡氏曰：「無私心，體也；好惡當於理，用也。」○雙峰饒氏曰：「忠清章論仁，是因事而原其心，故先言當理而後言無私心；能好惡是由心而達於事，故先言無私心而後言當於理。」《通考》程氏復心曰：「蓋有無私心而或不能當理者，非仁也，令尹子文是也；有當理而或不能無私者，亦非仁也，陳文子是也。人之於好惡亦猶是耳。即此言之，則『公正』二字豈無內外體用之別哉？」○游氏曰：「好善而惡惡，如字。天下之同情。然人每失其正者，心有所繫牽於私。而不能自克也。惟仁者無私心，所以能好惡也。」朱子曰：「好善而惡惡，天下之同情。若稍有些私心，則好惡之情發出來，便失其正。惟仁者心中渾是正理，見人之善則好之，見不善者則惡之，或好或惡，皆因人之有善惡，而吾心廓然大公，絶無私繫，故見得善惡十分分明，而好惡無不當理，故謂之能好能惡。」○慶源輔氏曰：「仁者心之德，純是義理。纔有纖毫私欲，便是不仁。不仁則其好惡自然與義理相違悖矣。」○胡氏曰：「好其所是，惡其所非，人之至情也。然有一毫私意雜乎其間，則憎而不知其善，愛而不知其惡者有矣。故好惡當理，惟仁者能之。仁者之心，渾然天理，無一毫私意，其心之所好，理之所當好，其心之所惡，理之所當惡也。」○雲峰胡氏曰：「好惡之心，人皆有之，獨仁者能之。《大學》曰：『唯仁人能愛人，能惡人。』皆須看『能』字。好惡當於理，始可謂之能，不然，非能好能惡也。」

❶「是」，原作「自」，今據《朱子語類》、《四書大本》改。

○子曰：「苟志於仁矣，無惡也。」惡，如字。苟，誠也。如「苟日新」之苟。○胡氏曰：「苟字有二義：有以苟且爲言者，苟合、苟美之類是也；有以誠實爲言者，此章及『苟子不欲』之類是也。」志者，心之所之也。其心誠在於仁，則必無爲惡之事矣。朱子曰：「方志仁時，便無惡；若閒斷不志仁時，惡又生。」○勉齋黄氏曰：「人心不可兩用，志於此必遺於彼，所患者無其志耳。夫仁者此心之全德，誠志於仁，則必先存此心天理之公而去其人欲之私，惡念何自而生乎？」○潛室陳氏曰：「此是君子小人分路，猶向東行人一心向東去，無復有回轉向西之理，西行人亦然。」○勿軒熊氏曰：「《語》言志有三：曰志學，曰志道，曰志仁。仁則直指本心，尤親切矣。」○新安陳氏曰：「『苟志於仁』四字，涵三意。志於仁與志於道不同。仁是道德之精純，志是志向之堅定，而又加以誠焉，則於爲惡之事，可保其必無矣。」附《存疑》：此爲爲善未誠而時有出入者言。謂今人多曰我欲爲善，然常不免有爲惡之事者，此特志仁未誠耳。如其心真實是志於仁了，則所行皆善，更有爲惡之事者決無矣。○楊氏曰：「苟志於仁，未必無過舉也，然而爲惡則無矣。」朱子曰：「志於仁，則雖有過差不謂之惡；惟其不志於仁，是以至於有惡。此志字不可草草看。」○慶源輔氏曰：「過舉，謂或用意過當，或資質之偏，或氣壹之動志。無惡則志爲之主也。志在於仁，則思慮自不到惡上矣。」○《通書解》曰：有心悖理爲惡，無心失理爲過。

○子曰：「富與貴是人之所欲也，不以其道得之，不處也；貧與賤是人之所惡也，不以其道得之，不去也。惡，去聲。不以其道得之，謂不當得而得之。或問：「君子而有以非道得富貴者何也？」朱子曰：「是亦一時不期而得之，非語其平日之素行也。」○勉齋黄氏曰：「博奕鬭狠、奢侈淫肆之類，皆所以取貧賤之道。不以其道者，謂無此等事而爲水火盜賊詿誤陷於刑戮之類，以致貧賤也。」然於富貴則不處，於貧賤則不去，君子之審富貴而安貧賤也如此。程子曰：「無道而得富貴，其爲可恥，人皆知之。而不

處焉，惟特立者能之。」○朱子曰：「不以其道得富貴，須是審。苟不以其道，決是不可受。不以其道得貧賤，却要安。蓋我雖是不當貧賤，然當安之，不可於上面計較，云我不當得貧賤，有汲汲求去之心。」○問：「富貴不處，是安於義；貧賤不去，是安於命。」「蓋吾何求哉，求安於義理而已。不當富貴而得富貴，則害義理，故不處；不當貧賤而得貧賤，則自家義理已無愧，居之何害？富貴人所同欲，若不子細便錯了；貧賤人所同惡，自家既無愧義理，若更去其中分疏我不當貧賤，便不是。」○富貴不以道得之，如「孔子主我，衛卿可得」之類。○王氏曰：「審有兩端，安只一路。」○葉氏曰：「富貴不苟處，則可以長處樂；貧賤不苟去，則可以久處約。」附《蒙引》：取舍之分，義利之辨，善惡之關也。此處一失脚，便已自絶於君子之路。聖門之學，以求仁爲要，求仁以明取舍爲先。若「無終食違仁」以下，則是守其本心之正而不離者，總是要無時無處不用其力，而有内外精粗之别焉。○《存疑》：無時無處而不用力，通指富貴貧賤取舍至「顛沛必於是」言。○《淺説》：富與貴，是人之所欲也，不以其道得之，則有害於仁，故君子不處也；貧與賤，是人之所惡也，不以其道得之，初無害於仁，故君子不去也。○《存疑》：不以道而得貧賤，如孔子不得位是也。

君子去仁，惡乎成名？

言君子所以爲君子，以其仁也。若貪富貴而厭貧賤，則是自離去聲。其仁而無君子之實矣，何所成其名乎？慶源輔氏曰：「貪字與審字相反，厭字與安字相反。」○雙峰饒氏曰：「君子去仁，惡乎成名，是結上生下。」○新安陳氏曰：「名者實之賓，因名字而遡其實。」

君子無終食之閒違仁，造次必於是，顛沛必於是。」造，七到反。沛，音貝。

終食者，一飯之頃。造次，急遽苟且之時。顛沛，傾覆流離之際。蓋君子之不去乎仁如此，不但富貴貧賤取舍上聲，下同。之閒而已也。朱子曰：「杜預謂草次之期，言草草不成禮也，便是此意。《左傳》『過信爲次』，亦是苟且不爲久計之意。苟且，是時暫處，非如大賓大祭之時。顛沛，如曾子易簀之時。」○無終食違仁，是無時而不仁；

造次顛沛必於是，是無處而不仁。○西山真氏曰：「此章當作三節看。處富貴貧賤而不苟，此一節猶是麤底工夫；至終食不違又是一節，乃存養細密工夫，然猶是平居暇日事，可勉而至；至於造次急遽之時、患難傾覆之際，若非平時存養已熟，至此鮮不失其本心。若能至此猶必於是仁，乃至細密工夫，其去安仁地位已不遠矣。然若無麤底根基，豈有遽能造於細密者？故必以審富貴安貧賤爲本，然後能進於此，乃用功之序也。」

○言君子爲仁，自富貴貧賤取舍之閒，以至於終食造次顛沛之頃，無時無處而不用其力也。然取舍之分去聲。明，然後存養之功密；存養之功密，則其取舍之分益明矣。朱子曰：「此言内外大小皆當理會。外若不謹細行，則内何以爲田地根本？内雖有田地根本而外行不謹，則亦爲之摇奪。如世閒固有小廉曲謹而臨大節無可取者，亦有外面界辨分明而内守不固者。」○慶源輔氏曰：「取舍之分在外，審富貴安貧賤是也，而實有助於内；存養之功在内，所謂無終食造次顛沛之違是也，而實有益於外。故取舍明則存養愈精密而無違缺之處，存養密則取舍愈分明而無疑似之差。」○雙峰饒氏曰：「天下之所同欲者，莫如富貴，所同惡者，莫如貧賤，雖君子之心，亦無以異於人也。然人之常情，欲之則必趨之，惡之則必避之，鮮有不因是而喪其所守者。惟君子則不然，於富貴未嘗不欲，而得之不以其道，則寧避之而不處；於貧賤未嘗不惡，而得之雖不以道，亦寧安之而不去。是何君子欲惡之與人同，而去取之與人異耶！誠以富貴雖可欲，而所欲有大於富貴者；貧賤雖可惡，而所惡有大於貧賤者。千乘萬鍾，得之若可以爲榮，然義之不度而有害於吾本心之仁，則適足以爲辱；不得之若可以爲戚，然命之能安而無害於吾本心之仁，則乃所以爲樂。人能知此，而於二者之閒審所擇焉，則天理人欲去取之分判然於中，而存養省察以全吾本心之仁者，自有不容已者矣。是以古之君子，戰戰兢兢，静存動察，不使一毫慢易非僻之私得以留於其閒而有終食之違焉。造次之時，人所易忽也，而不敢忽；顛沛之地，人所易忘也，而不敢忘。必使此心之仁無頃刻之閒斷，無毫釐之空闕，而後爲至焉。此其所以動静周流，隱顯貫徹，而日用之閒，無非天理之流行也。」附《蒙引》：《集註》以此爲存養之功。按「存養」二

字，元出《孟子》「存其心，養其性」，實兼動静。後人因《中庸章句》「次言存養省察之要」一句，遂專以爲是静工夫，不知「道不可須臾離」一節，亦自無所不該，故曰「無物不有，無時不然」云云也。如此章之言造次顛沛，豈專是静時事耶？動意更多也。則存養亦將以爲存養於未應事之先乎？是可思也。省察要亦是存養中一端，但係最要緊處，故特提出以警學者，便與存養爲對耳。○此章不可泥存養對取舍而分爲兩端言之，存養更密於取舍耳。蓋由大段分明處，説到至微至細處。故註曰「自富貴貧賤取舍之閒，以至於終食造次顛沛之際，無時無處而不用其力也」，此本章之大意也。

○子曰：「我未見好仁者，惡不仁者。好仁者，無以尚之；惡不仁者，其爲仁矣，不使不仁者加乎其身。好、惡，皆去聲。

夫子自言未見好仁者、惡不仁者。蓋好仁者真知仁之可好，故天下之物無以加之；惡不仁者真知不仁之可惡，故其所以爲仁者必能絶去不仁之事，而不使少有及於其身。此皆成德之事，故難得而見之也。朱子曰：「好仁、惡不仁只是利仁事，却有此二等，然亦無大優劣。好仁者是資性渾厚底，惻隱之心較多；惡不仁者是資性剛毅底，羞惡之心較多。聖人謂我未見好仁、惡不仁者，又從而解之曰：我意所謂好仁者，須是無以尚之，惡不仁須是不使不仁者加乎其身，是好之篤，惡之切，非略略恁地知好惡底。」○好仁者如好好色，舉天下之物無以加尚之，若有以尚之，則其好可移矣。若説我好仁，又却好財好色，便是不曾好仁。惡不仁者如惡惡臭，惟恐惡臭之及其身。好好色，惡惡臭，皆自己身上事，非是專言好他人之仁，惡他人之不仁也。○好仁惡不仁之人，地位儘高，直是難得。《禮記》「無欲而好仁，無畏而惡不仁者，天下一人而已」，正是此意。○顔子、明道是好仁，孟子、伊川是惡不仁。○惡不仁終是兩件，好仁却渾淪了。學者未能好仁，且從惡不仁上做將去，庶幾堅實。又曰：好仁而未至，却不及那惡不仁之切底。蓋惡不仁底，真是壁立千仞，滴水滴凍，做得事成。○潛室陳氏曰：「性各有偏重。顔子是好仁之人，豈不能惡不仁？然好仁意思

勝如惡不仁。孟子是惡不仁之人，豈不能好仁？然惡不仁意思勝如好仁。故各於偏重處成就。」〇蔡氏曰：「論資質則惡不仁者不如好仁者之渾然，論工夫則好仁者不如惡不仁者之有力。要之皆成德之事。」〇雙峰饒氏曰：「好仁者於好上重，惡不仁者於惡上重。惡不仁者，未便是仁，因其惡不仁也，而後能爲仁，故曰其爲仁矣，其是將然之辭。既惡不仁，則亦將爲仁矣，是何也？以其惡之之深，不使不仁之事加於其身故也。」

有能一日用其力於仁矣乎？我未見力不足者。

言好仁惡不仁者雖不可見，然或有人果能一旦奮然用力於仁，則我又未見其力有不足者。蓋爲仁在己，欲之則是，而志之所至，氣必至焉。故仁雖難能，而至之亦易去聲，下同。也。問：「一日用其力，將志、氣合説如何？」朱子曰：「用力説氣較多，志亦在上面了。志之所至，氣必至焉。夫志，氣之帥也；氣，體之充也。人出來萎萎衰衰，恁地柔弱，亦只是志不立。志立自是奮發敢爲，這氣便生。志在這裏，氣便在這裏，志與氣自是相隨。若真箇要求仁，豈患力不足？」

蓋有之矣，我未之見也。」

蓋，疑辭。有之，謂有用力而力不足者。蓋人之氣質不同，故疑亦容或有此昏弱之甚，欲進而不能者，但我偶未之見耳。蓋不敢終以爲易而又歎人之莫肯用力於仁也。朱子曰：「有一般人，其初用力非不切至，到中間自是欲進不能，所謂『力不足者，中道而廢』，正是説此等人。這般人亦未之見，可見用力於仁者之難得也。」〇此章言仁之成德雖難其人，然學者苟能實用其力，則亦無不可至之理。但用力而不至者，今亦未見其人焉，此夫子所以反覆而歎息之也。慶源輔氏曰：「此章三言未見，而意實相承。初言成德者之未見，次言用力者之未見，末又言用力而力不足者之未見，無非欲學者因是自警而用力於仁耳。」〇雲峰胡氏曰：「好仁惡不仁者，利仁之事；用力於仁者，勉行之事。皆未之見，可

歎也。用力而未至者，亦未之見，益可歎也。然不必謂世無其人，但謂我未見其人，猶有不絕望之意焉。其勉人也切，而待人也厚，可於此觀聖人之心矣。」附《蒙引》：好仁者無以尚之，是好仁者誠，未易得見也；惡不仁者，其爲仁矣，不使不仁者加乎其身，是惡不仁者誠，未易得見也。然此亦在乎人之立志何如，其所以不可見者，蓋總是人不肯用力耳。有能一日用其力於仁矣乎？爲仁由己，寧有力不足者？用力於仁，只是擴天理遏人欲而已。擴天理之至，則至於無以尚之域矣；遏人欲之至，則至於不使不仁者加乎其身之域矣。雖然，亦不可便道決無力不足者。蓋或有之矣，但我實全未之見，看來只是人不肯用力而已耳。自「有能一日用其力」至此，總是一意，所謂反覆歎息也。此章三節，前一節輕，後二節重。夫子之意在後二節，前一節特以發起下二節之意耳。○一說自首章「我未見」之詞，亦是歎息。然據總註合下便云「此章言仁之成德雖難其人」云云，「雖」之一字，直喚起下文之言耳。○《淺說》：首一節言人難得，中一節言仁可爲，末一節言人自不爲也。

○子曰：「人之過也，各於其黨。觀過，斯知仁矣。」

黨，類也。程子曰：「人之過也，各於其類。君子常失於厚，小人常失於薄。君子過於愛，小人過於忍。」尹氏曰：「於此觀之，則人之仁不仁可知矣。」朱子曰：「君子過於厚與愛，雖是過，然亦是從那仁中來，血脈未至斷絕。若小人之過於薄忍，則仁之血脈已斷絕，謂之仁可乎？」○人之過，不止於厚薄愛忍四者，伊川只是舉一隅耳。若君子過於廉，小人過於貪；君子過於介，小人過於通之類，皆是。然亦不止此，但就此等處看，則人之仁不仁可見，而仁之氣象亦可識，故但言斯知仁矣。○劉氏曰：「周公使管叔監殷，而管叔以殷畔；昭公不知禮，而孔子以爲知禮，實過也。然周公愛其兄，孔子厚其君，是乃所以爲仁也。」○觀過斯知仁，猶曰觀人之過，足知夫人之所存也。若於此而欲求仁之體，則失聖人本意矣。○慶源輔氏曰：「人情於人之過失多不致察，故夫子發此歎耳。」○蔡氏曰：「聖經渾涵宏博，但曰人之過也各於其黨，而厚薄愛忍自無不包；但曰觀過，而觀人、自觀自無不備；但曰斯知仁，而仁不仁皆

在其中矣。」○潛室陳氏曰：「過於厚處，即其仁可知；過於薄處，即其不仁可知。觀其人之過，可以知其仁不仁矣。中含『不仁』字。」○或曰：「聖人只説知人，尹氏又説人之仁不仁可見，何也？」雙峰饒氏曰：「他見『各於其黨』兼君子小人而言，故下句亦作仁不仁説。要之上文雖兼兩邊，其意實重在這一邊。觀過知仁，恐只説這一邊好底，言雖過也，然因其過猶足以見其仁，如周公、孔子之過是也。若小人則無處不薄，無處不忍，何待其過然後知其不仁？」**附**《蒙引》：此兼君子小人言，而意皆重在君子。蓋緣當時人議論太刻，君子但有用意過處，人便薄了他，而不原其心之所存，故子發此。○過以事言，仁以心言。「仁」字兼仁不仁，尹氏圈内註也。○吴氏曰：「後漢吴祐謂『掾俞絹反。以親故，受汙辱之名，所謂觀過知仁』是也。」《後漢書》：吴祐順帝時遷膠東侯相，祐政唯仁簡，以身率物，吏人懷而不欺。嗇夫孫性〔嗇夫，小吏也。〕私賦民錢，市衣以進其父，父得而怒，曰：「有君如是，何忍欺？」促歸伏罪。性慙懼，詣閤持衣自首。祐屏〔音丙。〕左右問其故，性具談父言。祐曰：「掾以親故，受汙辱之名，所謂觀過斯知仁矣。」使歸謝父，還以衣遺〔去聲。〕之。愚按此亦但言人雖有過，猶可即此而知其厚薄，非謂必俟其有過，而後賢否可知也。勉齋黄氏曰：「人雖有過，不可以其過而忽之，於此而觀其類，乃可以得其用心之微也。或謂：『與仁同功，其仁未可知；與仁同過，然後其仁可知』，記禮者之意，亦可取乎？曰：如此則是必欲得其人之過而觀之，然後知其仁，恐非聖人之意也。」○雲峰胡氏曰：「『人之過』兼君子小人而言，『觀過』獨指君子而言。仁者，人之本心也。君子不失其本心，故觀其無心之過，猶可知其本心之存。小人本心已亡矣，又何觀焉？」

○子曰：「朝聞道，夕死可矣。」

道者，事物當然之理，苟得聞之，則生順死安，無復扶又反。遺恨矣。朝夕，所以甚言其時之近。胡氏曰：「夫子但以夕死爲可，而今兼生順言之者，惟其生順而後死安也。果能有所聞，必不肯置身於一毫不順之地矣。」○新安陳氏曰：「『生順

死安』四字，本張子《西銘》『存吾順事没吾寧也』。」附《蒙引》：「聞」字兼「行」字言。○程子曰：「言人不可以不知道，苟得聞道，雖死可也。」又曰：「皆實理也，人知而信者爲難。死生亦大矣，非誠有所得，豈以夕死爲可乎？」程子曰：「聞道，知所以爲人也；夕死可矣，是不虚生也。」○朱子曰：「道只是事物當然之理，只是尋箇是處。若見得道理分曉，生固好，死亦不妨。夕死可矣，只是説便死也不妨，非謂必死也。」○道誠不外乎日用常行之間，第恐知之或未真耳。若是知得真實，必能信之篤，守之固，幸而未死，則可以充其所知，爲聖爲賢；萬一即死，亦不昏昧過了一生，如禽獸然。是以爲人必以聞道爲貴也。○聖人非謂人聞道而必死，但深言道不可不聞耳。蓋將此二句來反之，曰：若人一生而不聞道，雖長生亦何爲？人而聞道，則生也不虚，死也不虚；若不聞道，則生也枉了，死也枉了。○聞道不止知得一理，須是知得多，有箇透徹處。○潛室陳氏曰：「此聞非謂耳聞，謂心悟也，即程門所謂一日融會貫通處。爲學若不見此境界，雖皓首窮經，亦枉過一生；若已到此境界，雖死無憾，亦不虚了一生也。」○厚齋馮氏曰：「人不知道，有愧於生。道罕得聞，人無不死。使誠聞道，雖死何憾？曰可矣，非謂必至於死也。」○齊氏曰：「子貢猶謂性與天道不可得聞，必如曾子之唯而後能聞爾。」○雙峰饒氏曰：「人不聞道，則動作云爲，是非皆不知，冥行而已，枉在天地間做人。既聞道，方知爲子必不可不孝，爲臣必不可不忠，每事順理而行。生既順理，則俯仰無愧，其死方安。」問：「如曾子得正而斃，方死而安。」曰：「曾子唯聞道所以須要易簀，曾元唯未聞道，惟知以姑息愛其親，故以幸至旦爲請。此章重在聞道，不在死生。」○雲峰胡氏曰：「道者，人之所以爲人之理；聞道者，此心真有得乎此理；朝聞道，朱子所謂『一旦豁然貫通』者也。苟無平日積累之勤，必無一朝頓悟之妙。謂之人而昧其所以爲人之理，與禽獸草木同生死，可乎不可乎？縱使有長生不死之説，亦復可乎不可乎？『可矣』二字，令人惕然有深省處。」《通考》問：「朝聞夕死，得無近於釋氏乎？」朱子曰：「吾之所謂道者，君臣父子夫婦兄弟朋友當然之實理，彼之所謂道則以此爲幻爲妄而絶滅之，以求其清浄寂滅者也。爲吾之説者，行法俟命，而不求

知死；爲彼之説者，坐忘立脱，變見萬端，而卒無補於世教之萬分也。」○東陽許氏曰：「聖人言死可，舉其極重者言之，而應事皆在其中，非專爲死也，故《集註》以『生順』二字補明其意。」

○子曰：「士志於道而恥惡衣惡食者，未足與議也。」

心欲求道而以口體之奉不若人爲恥，其識趣七住反，向也。之卑陋甚矣，何足與議於道哉？○程子曰：「志於道而心役乎外，何足與議也？」華陽范氏曰：「志於道者，重内而忘外。恥惡衣惡食者，未能忘外也，徇其外而無得於内矣，夫豈足與議哉？」○問：「志道如何尚恥惡衣食？」朱子曰：「有這般半上落下底人也。❶志得不力，只名爲志道，及外物來誘，則又還變了。」○問：「志於仁則能無惡，志於道乃猶有此病，何也？」曰：「仁是最切身底道理，志於仁大段是親切做工夫，所以必無惡。志於道則説得來闊，凡人有志於學皆是也。若志得來汎而不切，則未必無恥惡衣食之事。」○求安與飽者，猶有以適乎口體之實也，❷此則非以其不可衣且食也，特以其不美於觀聽而自恧焉，若謝氏所謂食前方丈則對客泰然，疏食菜羹則不能出諸其户者。蓋其識趣卑凡，❸又在求飽與安者下矣。○陳氏曰：「志方求而未真有得，安保其無外役以分之。」○西山真氏曰：「志於道者，心存於義理也；恥衣食之惡者，心存於物欲也。理之與欲，不能兩立，故聖人以此爲戒也。學者必須於此分別得明白，然後可以進道。不然，則亦徒説而已。顔子一簞食，一瓢飲，不改其樂，此是不恥惡食；子路衣敝縕袍，與衣狐貉者立而不恥者，此是不恥惡衣。前輩有云：『咬得菜根，何事不可爲？』是亦此意。」○葉氏曰：「心一而已，役於物則害於道，篤於道則忘於物。天理人欲消長之機，聖人之所深辨，而學者之所當加察也。」○王氏曰：「『未』字見聖人待人寬厚處，兩『何足』字是先儒鞭迫緊切處。」○新安陳氏曰：「内重而見外之輕，得深而見誘之小，斯人也，與之議道則識高明而論精微。今云學道而尚羞惡衣食，則與不

❶「落下」，《朱子語類》作「半落」。
❷「有」，原脱，今據《四書或問》補。
❸「趣」，原作「致」，今據《四書或問》改。

學無識之俗人何異？其内不重，得不深，可知矣。言此以厲爲士而識趣卑陋者也。」附《存疑》：議道者，將以行之也。與議道，猶云與適道。

○子曰：「君子之於天下也，無適也，無莫也，義之與比。」適，丁歷反。比，必二反。《通考》吴氏程曰：「《集註》於翻切字多仍古韻，用類隔者，今更音和，必二反合更作毗二反。」

適，專主也，《春秋傳》去聲。曰「吾誰適從」是也。《左傳》：僖公五年，晉侯使士蔿爲二公子築蒲與屈，士蔿退而賦曰：「狐裘尨〔音蒙。〕❶茸，〔以狐腋爲裘，貴者之裘也。尨茸，亂貌，言貴者之多也。〕一國三公，〔蒲、屈，大都耦國，故獻公與二公子鼎立爲三公。〕吾誰適從？」〔言城不堅則爲二公子所怨，堅之則爲固仇不忠，無以事君，故不知所適從。〕莫，不肯也。比，從也。勉齋黄氏曰：「於天下，言於天下之事無不然，惟義之從，不可先懷適莫之念也。」

○謝氏曰：「適，可也。莫，不可也。無可無不可，苟無道以主之，不幾平聲。於猖音昌。狂自恣乎？此佛老之學所以自謂心無所住而能應變而卒得罪於聖人也。聖人之學不然，於無可無不可之閒有義存焉。然則君子之心果有所倚乎？」朱子曰：「義是吾心所處之宜者，見事合恁地處，則隨而應之，更無所執也。義當富貴便富貴，義當貧賤便貧賤，當生則生，當死則死，只看義理合如何。」○慶源輔氏曰：「道是體，義是用。聖人之學，以道爲主，而隨事汎應，有義存焉。處物爲義，心無適莫，只看義合如何。雖若有所倚，而實無所倚。道義變動不居，未嘗有所倚著故也。無適莫而不主於義，則猖狂妄行；無適莫而義之比，則步步著實也。」○雙峰饒氏曰：「心不可先有所主，當於事至物來，虚心觀理，惟是之從而已。老主虚，佛主空，自謂無所住著，似乎無適莫，然無義爲之據依，故至於猖狂自恣。」問：「吾儒異於二氏者何在？」曰：「吾儒則見虚空中辟塞皆是實

❶ 「尨」，原作「厖」，今據清嘉慶二十年南昌府學重刊宋本十三經注疏本《春秋左傳正義》改。下一「尨」字同。

理，故未應則無思無爲而此理已具，已應則無適莫而惟義之從。」○東陽許氏曰：「無適莫者，有義爲之主；無可無不可者，義在可則可，義在不可則不可爾；心無住者，應事則可亦可，不可亦可也。何獨應變不同於聖人，其應常亦未嘗有同也。」附《蒙引》：言君子於天下一切之事，初無必爲之心，亦無必不爲之心，顧義之所在何如，而惟義是從耳。如理果當爲則爲之，理果不當爲則不爲。義者事理之所宜也。義果當行則行，其行也以義，非吾有心於行也；義果不當行則不行，其不行也亦以義，非吾有心於不行也。若有心於行，則是適也；有心於不行，則是莫也。此三句語勢要相連説，言無此二者，只有一義耳。無適無莫不是住語處，若無下一句，亦不成説話。○適是偏這一邊，莫是偏那一邊，義之與比，又不是兩邊都要有，看理在何邊。理在這邊，便一向這邊去，不復顧那邊；理在那邊，便一向那邊去，不復顧這邊。若從兩邊取，便是子莫之執中矣。此正所謂時中者也，此正是不任情而任理。比，從也。與比者，與義比也，謂只倚在義一邊去，如倚靠之倚。○義之與比，事事到面前，都元自有一個義在，不用外面討一個義來應他，但吾以心制之而已。○君子之心，雖無適無莫，而實有所倚靠；若佛老之心，雖似乎無適莫，而實散漫無根著，此所以異。君子之無心，無而有者也，何也？以義爲主也。佛老之無心，無而無者也，何也？不知有義也。然老氏之將取必與，將翕必張，又難以無心待之，是全是私也，豈可與吾儒同年語？○《存疑》：「義」字與適莫相對，義是物之權衡，適莫是人之意見。○君子之心如明鏡止水，更不著纖毫自家意思，妍媸美惡，一聽物自至而應之耳。若著纖毫自家意思，便是適莫也。

○子曰：「君子懷德，小人懷土；君子懷刑，小人懷惠。」

懷，思念也。懷德，謂存其固有之善；懷土，謂溺其所處上聲。之安。懷刑，謂畏法；懷惠，謂貪利。君子小人趣向不同，公私之閒而已矣。○尹氏曰：「樂音洛。善謂懷德。惡烏路反。不善，謂懷刑。所以爲君子；苟安懷土。務得，懷惠。所以爲小人。」問：「所貴乎君子者，正以其無所待於外而自脩

也。刑者先王所以防小人，君子何必以是爲心哉？」朱子曰：「無慕於外而自爲善，無畏於外而自不爲非，此聖人之事也。若自聖人以降，亦豈不假於外以自脩飭？所以能見不善如探湯，不使不仁者加乎其身，皆爲其知有所畏也。所謂君子者，非謂成德之人也。若成德之人，則誠不待於懷刑也。但言如此則可以爲君子，如此則爲小人。」○樂善惡不善，猶曰好仁惡不仁。必以刑言，則管仲所謂「畏威如疾」，申公巫臣所謂「愼罰務去之」之謂。大抵懷德之君子，不待懷刑而自安於善；懷土之小人，特欲全其所保而未必有逐利貪得之心，其爲善惡亦各有深淺矣。○問：「此章君子小人所懷不同，與周比和同相反者無異否？」雙峰饒氏曰：「懷土懷惠，固皆是爲利，然與那爲惡底小人又似少異。但用心既殊，其終亦必至於相反。」○雲峰胡氏曰：「《論語》以君子小人對言者甚多，他章多指其所爲者言，此章則指其所思者言。所爲者行事之著，所思者心術之微也。」○新安陳氏曰：「懷德者安於善，懷刑者畏法而不敢爲不善；懷土者自戀其所有，懷惠者貪得人之所有。又此所謂懷土與《易》所謂『安土』不同。《易》與『樂天敦仁』連言，有安分不外求之意；此則《集註》曰『溺其所處之安』，又曰『苟安』，其相去遠矣。」○東陽許氏曰：「德者，人得於天之善理，即《大學》所謂『明德』，君子常切思懷，念念不忘，欲至於至善之地；小人不知有此，徇其欲心，惟思自逸，不能遷善以成德。君子常念刑法之可畏，而自守其身，不至於犯之；小人但思惠利之所在，不能擇義，惟務苟得，雖有刑法在前，亦不顧。」附《蒙引》：此與「君子喻於義」相似。德字與「據於德」之德字不同，與「天下之達德」德字同，言人所同得之理也。

○子曰：「放於利而行，多怨。」放，上聲。

孔氏曰：孔氏，名安國，西漢人。「放，依也。多怨，謂多取怨。」○程子曰：「欲利於己，必害於人，故多怨。」朱子曰：「放於利而行，只是要便宜底人。凡事只認自家有便宜處，便不恤他人，所以多怨。」○勉齋黃氏曰：「謂之放，則無一言一動不在於利也；謂之多，則其怨之者不但一二人而已。惟其放利，所以多怨。」○雙峰饒氏曰：「事事依利而行，則利己害人處必多，所以多怨。『多』字從『放』字上生。」附《蒙引》：程子之言，「放」字説得輕，故在圈外。且言「必害

於人，故多怨」，放於利而行者，不必被其害者方怨之，但其徇私自便，自是可惡，雖不被其害者，亦自是怨他。

○子曰：「『能』以禮讓爲國乎，何有？不能以禮讓爲國，如禮何？」

讓者，禮之實也。王氏曰：「讓以心言，故曰禮之實。」何有，言不難也。言有禮之實以爲國，則何難之有，不然，則其禮文雖具，亦且無如之何矣，而況於爲國乎？問：「讓者禮之實也，莫是辭讓之端發於本心之誠然，故曰讓是禮之實？」朱子曰：「是。若玉帛交錯，固是禮之文，而擎拳曲跽，升降俯仰，也只是禮之文，皆可以僞爲。惟是辭讓，方是禮之實，這却僞不得。既有是實，自然是感動得人心。若以好爭之心，而徒欲行禮文之末以動人，如何感化得他？」○先王之爲禮讓，正要朴實頭用。若不能以此爲國，則是禮爲虛文爾，其如禮何？○問：「禮者自吾心恭敬至於事爲之節文，兼本末而言也；讓者禮之實，所謂恭敬辭讓之心是也。君子欲治其國，亦須是自家盡得恭，方能以禮爲國，所謂一家讓，一國興讓，則爲國何難之有？不能盡恭敬辭讓之心，則是無實矣，雖有禮之節文，亦不能行，況爲國乎？」曰：「且不奈禮之節文，何可以爲國？」○雙峰饒氏曰：「孟子告梁王，謂上下交征利而國危，又謂後義先利不奪不饜，此正是不讓處，如何爲國？夫子是以春秋之時，禮文雖在，然陪臣僭大夫，大夫僭諸侯，諸侯僭天子，故有爲而言。」○雲峰胡氏曰：「『能』字亦緊要。行禮非難，能讓爲難。常人雖欲讓，私欲害之，有欲讓而不能者，故《書》首稱堯爲『克讓』。讓者禮之實，能則實於讓。」○新安陳氏曰：「世人於辭受之際，始或虛讓，而卒也實受，非讓也。必以辭讓之實心，行辭讓之實事，始可以言讓。有禮之實，則爲國而有餘；無禮之實，則爲禮且不足，其不能爲國意，蓋在言外也。」《通考》黃氏紹曰：「國之不治起於爭，爭起於不讓而無禮。使有禮則上下之分截然，亂何從起？耕者讓畔，行者讓路，士讓爲大夫，大夫讓爲卿，爭何所至？故曰能以禮讓爲國，何有？」附《淺説》：國以禮而治，禮以讓而行。蓋禮所以正人倫，序品物，而綱紀乎世道。一日去禮，則身不脩，家不齊，而國不可治也。然禮不虛行。誠使爲國者知天地人物本自一體，無一之可慢，而莊敬和樂之心充滿於內，不雜以一毫怠忽慢易之非，則禮之本立矣。由

是著之於身，則左準繩，右規矩，聲爲律，身爲度，而大綱細行無一不與禮合者；及之於人，則誠意所感，既有以興其辭讓固有之心，而舉動以禮，又足以爲言行視聽之則，將見人皆由禮，而無一人弗率者也，其於爲國也何難之有？若無是禮讓之實心，則禮之本不立，而著於威儀言動之閒，遽然淺陋粗率，驕肆放蕩，而無足觀者矣，其如禮文何哉？而況於爲國乎？蓋未有内慢而外能敬者，亦未有身不由禮而能使國人皆由於禮者。○能以禮讓爲國，不必説以此禮讓去治國，猶云爲國者而有禮讓也。○《存疑》：讓，就人君説，只是正位居體意思，而九經之親親尊賢，敬大臣，體群臣，子庶民，柔遠人，懷諸侯，皆讓之事也；就人臣説，只是事君盡禮意思。

○子曰：「不患無位，患所以立。不患莫己知，求爲可知也。」

所以立，謂所以立乎其位者。朱子曰：「猶言不怕無官做，但怕有官不會做。」可知，謂可以見知之實。○程子曰：「君子求其在己者而已矣。」朱子曰：「致君澤民之具，達則行之，無位非所患也。聖人所説，只是教人不求知，但盡其在我之實而已。」○南軒張氏曰：「患所以立，求爲可知，爲己者之事也。若有患無位與人莫己知之心，一毫之萌，則爲徇於外矣。不患莫己知而求爲可知，則君子爲己之學蓋可知矣。若曰使在己有可知之實，則人將自知之，則是亦患莫己知而已，豈君子之心哉？」○勉齋黄氏曰：「求諸己而在人者有不得，在我無憾矣；求諸人而在我者有不足，秖自愧而已。」○慶源輔氏曰：「人情惟患無位耳，君子則以立乎其位者爲患；人情惟患莫己知耳，君子則以無可知之實爲患。此正爲己之學也。」附《存疑》：君子自脩，亦是求在我者而已。其曰求爲可知，亦是就他患莫己知處從而啓發之，不是教他以此去求知。亦猶夫子告子張「言寡尤，行寡悔，禄在其中」，亦是因他學干禄而教之，不是教他干禄也。

○子曰：「參乎，吾道一以貫之。」曾子曰：「唯。」參，所金反。唯，上聲。

參乎者，呼荒故反，下同。曾子之名而告之。貫，通也。唯者，應之速而無疑者也。聖人之心，渾上聲。然一理體一。而泛應曲當，去聲。用各不同。用殊。曾子於其用

處，蓋已隨事精察而力行之，但未知其體之一爾。夫子知其真積力久，將有所得，新安倪氏曰：❶「《荀子·勸學篇》：『真積力久則入。』謂真誠之積，用力之久。」是以呼而告之。《通考》勿齋程氏曰：「方其静也，統宗會元，萬有畢該，是之謂體；及其動也，汎應酬酢，隨事發見，是之謂用；貫乎始終，不息不雜，是之謂一。」曾子果能默契其指，即應之速而無疑也。朱子曰：「一是一心，貫是萬事。看甚事來，聖人只這心應去，只此一心之理，盡貫衆理。」○問：「未唯之前如何？」曰：「未唯之前，見一事是一箇理。及唯之後，千萬箇理，只是一箇。如事君忠，是此理，事親孝，交友信，也是此理，以至精粗大小之事，皆此一理貫通之。曾子先只見得聖人千條萬緒都好，不知都是從這一心做來，及聖人告之，方知都是從這一箇大本中流出，如木千枝萬葉都好，都是從這生氣流注貫去也。」○曾子工夫已到，千條萬緒，一一身親歷之，聖人一點他便醒。觀《禮記·曾子問》中問喪禮之變，曲折無不詳盡，便可見曾子是一一理會過來。○一對萬而言，不可只去一上尋，須去萬上理會。若見夫子語一貫，便將許多合做底都不做，只理會一，不知却貫箇甚底？貫如散錢，一如索子。曾子盡數得許多散錢，只無一索子，夫子便把這索子與之。今若没一錢，只有一條索子，亦將何以貫？今不愁不理會得一，只愁不理會得貫。理會貫未得，便言一，天資高者流爲佛老，低底只成一箇鶻突物事。○問：「《中庸》曰：『「鳶飛戾天，魚躍于淵」，言上下察也。君子之道，造端乎夫婦，及其至也，察乎天地。』此是子思在天舉一物，在地舉一物，在人舉夫婦。鳶與魚，其飛躍雖不同，其實一物爲之耳，夫婦之道亦不出乎此。是皆子思發明一貫之道也。孔子繫《易》辭有曰：『以言乎遠則不禦，以言乎邇則静而正，以言乎天地之閒則備矣。』亦發明斯道也。」曰：「所引《中庸》、《易》傳之言，以證一貫之理，甚善。愚意所謂一貫者亦如是。」○東陽許氏曰：「一理貫萬事，固是説事物雖衆，只是一箇道理。此言吾道一以貫之，是就聖人應事處説。須要體認得聖人之心全是理，行出全是道，如此方是吾道一以貫

❶「倪」，原作「陳」，今據影明本《四書輯釋》、《四書大全》改。

之。若只説萬理一原，却只是論造化，與此章意不相似。」《通考》勿齋程氏曰：「人之一心，神明不測，具此衆理而應萬事，寂然不動，此理固存，感而遂通，非由外鑠。仁包四者，該乎萬善，求仁得仁，斯爲一貫。」附《存疑》：聖人之心，一理渾然，而冲漠無朕之中萬象森然已備，日用之閒，事物之來，因而應之，隨他千頭萬緒，都有至當恰好的道理，初不是去隨事隨物講求義理而應酬之，所謂一以貫之也。人之一心雖亦有這理，但爲氣稟拘蔽，不光明瑩徹，故不能應物，必就事物上探討，然後能去其蔽而復其初。然非旦夕之功所能到，必隨事隨物探討服行，日積月累，待工夫一齊到了，然後融會貫通，萬理合爲一理而心境洞然，所謂冲漠無朕之中萬象森然已備者始復其初，而隨感隨應，各有條理，是亦聖人之一貫也。夫子告曾子以一貫，是正當他將融會貫通時節點化他，故能一語便悟，所謂「如時雨化」、「洪鑪點雪」者。○聖人之一貫，譬匣中之鏡，❶光明瑩徹，物來必照。學聖人者，譬如鏡爲塵垢所昏，必待磨礱。磨鏡者就一邊磨去，磨了一路又磨一路，磨到盡頭，然後一下全體通磨，則鏡全體通光，其光明瑩徹自在，是學者之一貫也。○《蒙引》：聖人一心，萬理之會也。在心只一理，及應事來，事有萬殊，則一理散爲萬理矣。在内面只一理，在外面方有萬理。在内面，所謂萬物統體一太極，體也；在外面，所謂萬物各具一太極，用也。須見得體是用之體，用是體之用，方爲合内外之道。○曾子隨事精察而力行者，是就事上討道理；夫子之所謂一貫者，是就心上討道理。○就事上討道理，則道理猶在外。在外，則道理不同，至有千條萬緒之多。若就心上討道理，則道理皆從中出。中出，則千件事，萬件事，一到面前，只用一心之理應之，所謂因物賦形，無有不周匝處。○真積力久者，用上工夫；將有所得者，將得乎體之一也。○方其隨事精察而力行之，未嘗不以心也，而曰索理於事，何與？蓋斯時也事顯而心晦也。及其一理渾然而汎應曲當，是時亦未嘗不著事，而曰取理於心，何與？蓋斯時也心舉而理隨也。○「吾道」二字略讀，「道」字虚説。○「吾道」若不就聖人身上説，如何云聖人之一貫，學者之忠恕？更以夫子所語子貢云「予一以貫之」「予」之一字照看，

❶「鏡」，原作「境」，今據明崇禎八年方文刻本（以下簡稱明刻本）《連理堂重訂四書存疑》改。

便見。

子出，門人問曰：「何謂也？」曾子曰：「夫子之道，忠恕而已矣。」

盡己之謂忠，推己之謂恕。而已矣者，竭盡而無餘之辭也。夫子之一理渾然而泛應曲當，此聖道之一貫。譬則天地之至誠無息而萬物各得其所也，新安陳氏曰：「此就聖人分上，移上一步，借天地之道之體用以形容聖道之體用。」自此之外，固無餘法，而亦無待於推矣。朱子曰：「自此之外固無餘法，便是那竭盡無餘之謂。」○慶源輔氏曰：「聖道之體用，與天地一，則至矣盡矣，不可以有加矣，故曰自此之外固無餘法；皆自然而然，莫之爲而爲，故曰亦無待於推矣。」曾子有見於此而難言之，故借學者盡己推己之目以著明之，欲人之易去聲。曉也。河東侯氏曰：「無恕不見得忠，無忠做恕不出來。誠有是心之謂忠，見之功用之謂恕。明道言『「忠恕」二字，要除一箇除不得』，正謂此也。」○朱子曰：「盡己之謂忠，推己及物之謂恕。『忠恕』二字之意，只當如此說。曾子說夫子之道而以忠恕爲言，乃是借此二字綻出一貫。一貫乃聖人公共道理，盡己推己不足以言之。緣一貫之道難說與學者，故以忠恕曉之。」○一貫自是難說。曾子借學者忠恕以形容一貫，猶所謂借粗以形容細。○忠恕則一，而在聖人、在學者則不能無異，此正猶孟子言由仁義行與行仁義別耳。曾子所言忠恕，自衆人觀之，於聖人分上極爲小事，然聖人分上無非極致。蓋既曰一貫則無小大之殊，故曰猶天道至微，四時行，百物生，莫非造化之神，不可專以太虛無形爲道體而形而下者爲粗迹也。○一是忠，貫是恕，體一而用殊。○忠只是一箇忠，一片實心，做出百千箇恕來。○忠在一心上，恕則貫乎事物之閒。只是一箇一，分著便各有一箇一。老者安之，是這一箇一，少者懷之，亦是這一箇一。莫非忠也。恕則自忠而出，所以貫之也。○夫子言一貫，曾子言忠恕，子思言大德小德，張子言理一分殊，只是一箇。在聖人分上，日用千條萬緒，只是一箇渾淪真實底流行貫注，他更下不得一個「推」字。曾子假借來說，貼出一貫底道理。要知天地是一箇無心底忠恕，聖人是一箇無爲底忠恕，學者是一箇著力底忠恕。學者

之忠恕，乃是忠恕正名正位。固是一箇道理，在三者自有三樣。程子曰：「天地無心而成化，聖人有心而無爲。」此語極是親切。○忠在聖人是誠，恕在聖人是仁。仁與誠則説開了，惟「忠恕」二字相粘，少一箇不得。○問：「夫子之道如太極，天下之事如物之有萬。物雖有萬而所謂太極者則一，太極雖一而所謂物之萬者未嘗虧也。至於曾子以忠恕形容一貫之妙，亦如今人以性命言太極也，不知是否？」曰：「太極便是一，到得生兩儀時這太極便在兩儀中，生四象時這太極便在四象中，生八卦時這太極便在八卦中。」○覺軒蔡氏曰：「盡己之謂忠，須是此心發得十分盡，方是忠，若留得一分未盡，便不得謂之忠；推己之謂恕，須是推己心以及人，如己心之所欲，方是恕，若有一處推不到，便不得謂之恕。此是學者著力之忠恕也。下文程子曰『維天之命，於穆不已。乾道變化，各正性命』；朱子曰『譬則天地之至誠無息，而萬物各得其所』，此是天地聖人自然之忠恕也。學者誠能由著力之忠恕，亦可做到自然之忠恕，所謂及其成功一也。」○新安陳氏曰：「此曾子就聖人分上，移下一步，借學者忠體恕用之名，以形容聖道之體用。」附《蒙引》：曾子告門人，依舊只是隨事精察而力行之道理。○忠恕而已矣，不是正言忠恕，只是借「忠恕」二字，貼出一貫底道理。○曾子通身不肯説一貫意思出。○隨事精察而力行者，即盡己之忠、推己之恕也；一理渾然而泛應曲當者，乃自然之忠、自然之恕也。盡己之忠、推己之恕，忠恕之正名正義也，是曾子未唯一貫之前時事也；自然之忠、自然之恕，是所謂聖人之忠恕，動以天者也，本不可謂之忠恕，姑借忠恕以名之也，是曾子既唯一貫之後時事也。○《論語》之忠恕，多因程子「動以天」之言及《中庸或問》之語，而遂忽却忠恕正名正位之義，似不見得曾子當時所以欲人易曉之意。愚意曾子本是降一貫而爲忠恕，程子則又是升忠恕以等於一貫。降一貫而爲忠恕者，恐人之高視乎一貫也；升忠恕以等於一貫者，又恐人或因「忠恕而已矣」之言，遂卑視乎聖人之一貫也。要須認《集註》一借字，則既不失曾子以忠恕當一貫之本旨，而亦不混却「忠恕」、「一貫」二者本等之界限也。○一貫與忠恕，間架規模總一般，但有生熟之異耳。一箇忠做出許多恕，便是一理貫通乎萬事。○《存疑》：忠恕一貫，當知其所同，又當知其所異。以心之實理而應物言，則曰忠恕；以心之一理而應萬物言，則曰一貫，是其所異也。

心之實理，即心之一理；實理之應物，即一理之貫萬，是其所同也。蓋至誠無息者，道之體也，萬殊之所以一本也；萬物各得其所者，道之用也，一本之所以萬殊也。以此觀之，一以貫之之實可見矣。朱子曰：「忠者，盡己之心，無少僞妄，以其必於此而本焉，故曰道之體；恕者，推己及物，各得所欲，以其必由是而之焉，故曰道之用。」○忠即是實理，如「維天之命，於穆不已」，亦只以這實理流行，發生萬物。牛得之而爲牛，馬得之而爲馬，草木得之而爲草木。○一本是統會處，萬殊是流行處。在天地言之，一本是元氣之於萬物，有日月星辰昆蟲草木之不同而只是一氣之所生，萬殊則是日月星辰昆蟲草木之所得以生者，一箇自是一箇模樣；在人事言之，則一理之於萬事有君臣父子兄弟朋友動息洒掃應對之不同而只是此理之所貫，萬殊則是君臣父子兄弟朋友之所當於道者，一箇是一箇道理，其實只是一本。○慶源輔氏曰：「《集註》又舉天地之體用而釋之，雖不言聖人之體用，然在其中矣。故直言道之體、道之用而已，亦不復明言天地也。」○萬殊之所以一本者，指用之出於體，謂萬殊之實出於一本也；一本之所以萬殊者，指體之散於用，謂一本之實散於萬殊也。指用之出於體，指體之散於用，則一以貫之之實可見矣。○西山真氏曰：「天地與聖人，只是一誠字。天地只一誠，而萬物自然各遂其生；聖人只一誠，而萬事自然各當乎理。學者未到此地位，且須盡『忠恕』二字。誠是自然底忠恕，忠恕是著力底誠。孔子告曾子以一貫，本是言誠，曾子恐門人曉未得，故降下一等，告以忠恕。要之忠恕盡處即是誠。」○雙峰饒氏曰：「一以貫之，之字指萬而言。萬者，一之對也。一是指道之總會處，萬是指道之散殊處。道之總會在心，道之散殊在事。以道之總會在一心者，貫道之散殊在萬事者，故曰吾道一以貫之。當看道字。」問：「曾子答門人，何不曰一本萬殊、體立用行之類，而曰忠恕，何也？」曰：「不若『忠恕』兩字學者所易曉，便可用功。盡得忠，便會有這一；盡得恕，便會以貫之。一以貫之是自然底忠恕，忠恕是勉强底一以貫之。曾子之學主於誠身，故其告人便就行處說。」○東陽許氏曰：「上言至誠無息，是以天地之至誠無息喻夫子之一理渾然；萬物各得其所，是以天地之生萬物各得其所，喻夫子之泛應曲當。下言

至誠無息者道之體，是言夫子之心至誠無息乃道之體；萬物各得其所，是言夫子之應萬物各得其所，爲道之用。」或曰中心爲忠，如心爲恕，於義亦通。朱子曰：「中心爲忠，如心爲恕，見《周禮》疏。如，比也，比自家心推將去。仁與恕只争些子，自然底是仁，比而推之便是恕。」○慶源輔氏曰：「中心爲忠，謂中心所存，本無一毫之不盡也；如心爲恕，謂如我之心而推之於外，無彼此之閒也。」○程子曰：「以己及物，仁也；推己及物，恕也，『違道不遠』是也。朱子曰：「以己是自然流出，不待安排布置。推己是著力，便有轉折。只是争箇自然與不自然。」○以己及物，是大賢以上，聖人之事。聖人是因我這裏有那意思，便去及人，如因我之飢寒，便見得天下之飢寒，自然恁地去及他，便是以己及物。如賢人以下，知得我既是要如此，想人亦要如此，而今不可不教他如此，三反五折，便是推己及物。只是争箇自然不自然。忠恕一以貫之。忠者天道，恕者人道；忠者無妄，恕者所以行乎忠也；忠者體，恕者用，大本達道也。此與『違道不遠』異者，動以天爾。」朱子曰：「天道是體，人道是用。動以天之天只是自然。」○問：「天道人道，初非以優劣言。自其渾然一本言之，則謂之天道；自其與物接者言之，則謂之人道耳。」曰：「然。此與『誠者天之道，誠之者人之道』語意自不同。」○忠是未感而存諸中者，所以謂之天道；恕是已感而見諸事物者，所以謂之人道。忠是自然，恕是隨事應接，略假人爲，所以有天人之辨。○問：「推程子『動以天』之説，則聖人之忠恕爲動以天，賢人之忠恕爲動以人矣，又以忠爲天道，恕爲人道，何也？且盡己推己俱涉人爲，又何天人之分？」曰：「彼以聖賢而分，此以内外而分。盡己雖涉乎人爲，然爲之在己，非有接於外也。從横錯綜，見其並行而不相悖，則於此無疑矣。」又曰：「《中庸》之言則動以人爾。」○潛室陳氏曰：「忠恕是對立底道理，故以體用言。其體無妄，故曰天；其用推行，故曰人。」○黄氏曰：「以聖人比學者，聖人之忠是天之天，聖人之恕是天之人；學者之忠是人之天，學者之恕是人之人。畢竟忠是體，近那未發，故雖學者亦有箇天；恕是用，便是推出外去底，故雖聖人亦有箇人。」○陳氏曰：「《中庸》以中爲大本，是專指未發處言之，此以忠爲大

本，則是就心之存主真實無妄處言之，徹首徹尾，無間於未發已發。程子只是借『大本達道』四字言之，其意自不同。」《通考》東陽許氏曰：「圈外第一條作四節看。『以己及物，仁也』是一節，言聖人事；『推己』至『不遠』是一節，爲恕之正義；『忠恕一以貫之』至『大本達道』是一節，發明聖人忠恕；『此與違道』以下是一節，繳上三節。此字指『忠恕一貫』以下言，『違道不遠』繳第二節，『動以天』又繳回『以己及物』一句上。」又曰：

「維天之命，於音烏。穆不已，忠也；乾道變化，各正性命，恕也。」朱子曰：「維天之命，於穆不已，此不待盡而忠也；乾道變化，各正性命，此不待推而恕也。」○陳氏曰：「天命即天道之流行而賦於物者，不已即無息也，此摘《詩》二句以言，天地之道至誠無息即天地之道之忠也；由乾道之變化以生萬物而萬物各得其性命之正，此摘《易》二句以言，萬物之各得其所，即天地之道之恕也。朱子謂『譬則天地之至誠無息而萬物各得其所』，及『至誠無息者道之體』、『萬物各得其所者道之用』等語，皆是祖述程子此條而敷演之，皆是即天地之道以形容聖人之道，根源於程子而盡發於朱子，淵乎微哉！」○曾子借忠恕以明一貫，是將一貫放下説；程子借天地以明忠恕，是將一貫提起説。

又曰：「聖人教人，各因其才。吾道一以貫之，惟曾子爲能達此，孔子所以教之也。胡氏曰：「渾然一理者，純亦不已，無毫髮之間斷，在學者則爲忠，在夫子則爲一，在天地則爲至誠無息也；泛應曲當者，酬酢萬變，無不合乎理，在學者則爲恕，在夫子則爲貫，在天地則爲萬物各得其所也。一即體，貫即用。體隱而用顯，故用可見，學者之所能知；體不可見，非學之至者不能知也。以『子出，門人問』觀之，當時侍坐非必一人，獨呼曾子語之，惟曾子爲能達此耳。」曾子告門人曰夫子之道忠恕而已矣，亦猶夫子之告曾子也。新安陳氏曰：「曾子之才，能達一貫，故夫子以一貫告之；門人之才，未達一貫，惟可告以忠恕，故曾子以忠恕告之。此所謂『教人各因其才』，所以曰『亦猶夫子之告曾子也』。」《中庸》所謂『忠恕違道不遠』，斯乃下學上達之義。」朱子曰：「忠恕名義，自合依違道不遠，

乃掠下教人之意，欲學者下學乎忠恕，而上達乎道也。曾子却是移上一階説聖人之忠恕；到程子又移上一階，説天地之忠恕。其實只是一箇忠恕，須自看教有許多等級分明。」○或問：「曾子未知體之一處，莫是但能行其粗而未造其精否？」曰：「不然。聖人所以發用流行處皆此一理，豈有精粗？緣他但見聖人之用不同，而不知實皆此理流行之妙，故告之曰吾道一以貫之，曾子遂能契之深而應之速。云『而已矣』者，謂聖人只是箇忠，只是箇恕，只是箇至誠不息，萬物各得其所而已。」○子貢尋常自知識而入道，故夫子警之曰：「汝以予爲多學而識之者歟？」對曰：「然，非歟？」曰：「非也。予一以貫之。」蓋言吾之多識，不過一理耳。曾子尋常自踐履入道，事親孝則真能行此孝，爲人謀則真箇忠，與朋友交則真箇信，故夫子警之曰：「汝平日之所行者，皆一理爾。」惟曾子領略於片言之下，故曰忠恕而已矣，以吾夫子之道無出於此也。又曰：夫子只以一貫語此二人，亦須是他承當得，想亦不肯説與領會不得底人。曾子是踐履篤實上做到，子貢是博聞强識上做到。○曾子父子相反。曾點天資高明，見得甚高，却於行上工夫疎略；曾參天資本魯，合下不曾見得，却是日用間積累做工夫去。一貫之説，待夫子告之而後知，然一唯之後，本末兼該，體用全備，故傳道之任不在其父而在其子。虚實之分，學者其必有以辨之。○潛室陳氏曰：「聖人一心渾然天理，事物各當其可，猶一元之運，萬化自隨，初無著力處。至於學者，須是認得人己一般意思，却安排教入塗轍，須是下工夫方可。要知忠恕是一貫意思，一貫是包忠恕而言。忠恕是箇生底一貫，一貫是箇熟底忠恕。」又曰：「《易》所謂『何思何慮，殊塗而同歸，百慮而一致』者，正聖人一貫之説也。」○雙峰饒氏曰：「忠恕爲説，蓋有三焉。一謂忠爲天道，恕爲人道者，此以微而天理、顯而人事分忠恕也，而聖人人事之際，莫非天理之流行，非微顯一以貫之與？二謂忠者無妄，恕者所以行乎忠者，此以内而存心、外而行事分忠恕也，而聖人之行事，莫非此心之無妄實爲之，非内外一以貫之與？三謂忠者體，恕者用，大本達道者，此以静而未發、動而已發分忠恕也，而聖人已發之和，皆未發之中實爲之，非動静一以貫之與？是三者各以兩端相爲對待，而以此貫彼，脈絡相因，亦猶忠之所以爲恕，而恕之本乎忠也。」○程子謂忠恕違道不遠，下學忠恕，所以上達一貫，此論不可易。曾子用功

處，不必他求，只看《大學》所說便是。問：「《大學》所說如何是忠恕？」曰：「脩身以上，忠之事也；齊家以下，恕之事也。」問：「程子曰『以己及物，仁也；推己及物，恕也』，不言忠恕而言仁恕，何也？」曰：「此先言仁恕之別，且先教人識恕字之本義，然後言一以貫之之忠恕與違道不遠之忠恕不同。蓋違道不遠之恕，正是推己及人之恕，而一以貫之之恕，則是以己及人之仁，與推己及人之恕有異，故曰此與違道不遠異者動以天爾。」○王氏曰：「朱子之說是言一貫而忠恕在其中，程子之說是言忠恕而一貫在其中。朱子於夫子之意詳，程子於曾子之意詳。程子言『以己及物』一句，上應『無待於推』，下應『動以天爾』。」○雲峰胡氏曰：「曾子借學者之忠恕以明夫子一貫之似，程子則即天地之忠恕以明夫子一貫之真，末舉《中庸》『違道不遠』，專爲學者言也。本只是下學之事，未說到上達。因《論語》之一貫而及《中庸》之忠恕，則《中庸》之言乃下學上達之義。蓋下學忠所以上達聖人之一，下學恕所以上達聖人之貫也。大抵不說出天地之忠恕，則人以一貫爲淺近，而忽聖人之道以爲易；不說歸學者之忠恕，則人以忠恕爲高虛，而畏聖人之道以爲難。此程子、朱子教人之意也。」○新安陳氏曰：「曾子之學固主於力行，然亦未嘗不先於致知。觀《集註》『隨事精察而力行之』之語，精察即致知也，況《大學》成於曾子，格物致知實《大學》之始教，又觀《記·曾子問》中禮之權變曲折纖悉必講明之，豈有全不加意於致知而變化其氣質之魯者哉？」《通考》仁山金氏曰：「首一條伯子語夫子之忠恕，後條叔子語造化之忠恕。違道不遠，學者忠恕。『以己及物，仁也』一句，上應『無待於推』，下應『動以天爾』。此是提起一級，明夫子之道。下學上達，此是放下一級，明曾子之意。」《通旨》：朱氏文炳曰：「一貫忠恕，體用而已矣。曾子於此著明之而於《大學》尤推廣之。脩身以上所以體此忠也，一之所以爲體也；齊家以下所以行此恕也，貫之所以爲用也。此一貫忠恕爲聖賢相傳之心法也。」

○子曰：「君子喻於義，小人喻於利。」

喻，猶曉也。義者，天理之所宜。利者，人情之所欲。○程子曰：「君子之於義，猶小人之於利也。惟其深喻，是以篤好。」去聲。楊氏曰：「君子有舍上聲。生而

取義者。以利言之，則人之所欲無甚於生，所惡去聲。無甚於死，孰肯舍生而取義哉？其所喻者義而已，不知利之爲利故也。小人反是。」朱子曰：「君子見得這事合當如此，那事合當如彼，但裁處其宜而爲之。」○君子之於義，見得委曲透徹，故自樂爲；小人之於利，亦是於曲折纖悉間都理會得，故深好之。○喻義喻利，不是氣稟如此。君子存得此心，自然喻義；小人陷溺此心，故所知者只是利。若説氣稟定了，則君子小人皆由生定，學力不可變。○南軒張氏曰：「學者莫先於義利之辨。蓋義者無所爲而然也，凡有所爲而然，皆人欲之私而非天理之存，此義利之分也。朱子謂義者無所爲而然，此言可謂擴前聖之所未發。」○象山陸氏曰：「此章以義利判君子小人，學者於此當辨其志。人之所喻，由其所習，所習由其所志，志乎義，則所習者必在於義，斯喻於義矣；志乎利，則所習者必在於利，斯喻於利矣。」○雙峰饒氏曰：「此指君子小人之已成者而言，所以於義與利之精微曲折，各能深曉。程子是説喻以後事，象山是説喻以前事。」○王氏曰：「篤好在喻後，志習在喻先。」

○陳氏曰：「天理所宜者只是當然而然，無所爲而然也；人情所欲者只是不當然而然，有所爲而然也。」○新安陳氏曰：「君子喻義，未嘗求利，然義之所安，即利之所在，義之利，利自在其中；小人喻利，雖專求利，然嚮利必背義，不義之利，利愈得而害愈甚矣。要之義利之界限，學者先明辨其幾微，次必剛決其取舍，至深喻其趣味，則君子小人成，天淵判矣。」附《蒙引》：此就處事而言，君子於天下，但知有義而已，如大而死生禍福之間，小而辭受取與之際，都惟義所在。○《淺説》：「喻」字不必説是知其纖悉曲折也，言凡事但知有此而已，就行事上説。

○子曰：「見賢思齊焉，見不賢而內自省也。」省，悉井反。

思齊者，冀己亦有是善；內自省者，恐己亦有是惡。雙峰饒氏曰：「省謂警省，非徒察也。」○胡氏曰：「見人之善惡不同而無不反諸身者，則不徒羨人而甘自棄，不徒責人而忘自責矣。」程子曰：「見賢便思齊，有爲者亦若

是；見不賢而內自省，蓋莫不在己。」○鄭氏南升曰：「見人之賢者，知其德行之可尊可貴，則必思我亦有是善。天之所賦，未嘗虧欠，何以不若於人？必須勇猛精進，求其必至於可尊可貴之地。見不賢者，則知彼是情欲汩没，所以至此，必須惕然省察，恐己亦有是惡，潛伏於內，不自知覺，將爲小人之歸。此言君子當反求諸身如此。」○慶源輔氏曰：「人心之明，賢否所不能遁，然徒見之而不反諸身，以致思齊內省之誠，則無益於我，非爲己之學也。」附《存疑》：此與「三人行必有我師焉」同意。

○子曰：「事父母幾諫，見志不從，又敬不違，勞而不怨。」

此章與《內則》之言相表裏。朱子全引《內則》之文以解此章。幾，微也。微諫，《坊記》曰：「微諫不倦。」所謂「父母有過，下氣怡色，柔聲以諫」也。「所謂」以下皆《內則》文，下倣此。○朱子曰：「幾諫，只是漸漸細密諫，不恁峻暴，❶硬要闌截。」○問：「幾諫是見微而諫否？」曰：「人做事亦自有驀地做出來，那裏去討幾微處？」○胡氏曰：「子之事親主於愛，雖父母有過，不容不諫，然必由愛心以發乃可，故下氣怡色柔聲，皆深愛之形見者也，所以謂幾微而諫，不敢顯然直遂其己意也。」見志不從，又敬不違，所謂諫若不入，起敬起孝，悦則復扶又反。諫也。朱子曰：「又敬不違，敬已是順了，又須委曲作道理以諫，上不違微諫之意，恐唐突以觸父母之怒，下不違欲諫之心，務欲致父母於無過之地。見父母之不從，恐觸其怒，遂止而不諫者，非也；務欲必諫，遂至觸其怒者，亦非也。」勞而不怨，所謂與其得罪於鄉黨州閭，寧孰與熟同。諫。新安陳氏曰：「不曰苦諫而曰孰諫，孰字有深味。純孰以諫，終欲諭父母於道而已。」父母怒，不悦，而撻他達反。之流血，不敢疾怨，起敬起孝也。問：「微諫者，下氣怡色柔聲以諫也，見得孝子深愛其親，雖當諫過之時，亦不敢伸己之直，而辭色皆婉順也；見志不從又敬不違，纔見父母心中不從所諫，便

❶「恁」，原作「要」，今據《朱子語類》改。

又起敬起孝，使父母歡悦，不待父母有難從之辭色而後起敬起孝也；若或父母堅不從所諫，甚至怒而撻之流血，可謂勞苦，亦不敢疾怨，愈當起敬起孝。此聖人教天下之爲人子者，不惟平時有愉色婉容，雖遇諫過之時亦當如此，甚至勞而不怨，乃是深愛其親也。」朱子曰：「推得也好。」○西山真氏曰：「起者，竦然興起之意。孰者，反復純孰之謂。不諫是陷親於不義，使得罪於州閭。等而上之，諸侯不諫，使親得罪於國人，天子不諫，使親得罪於天下，是以寧孰諫也。怒撻之流血，猶不敢怨，況下於此乎？諫不入，起敬起孝；諫而撻，亦起敬起孝。孝敬之外，豈容有他念，亦豈容有一息忘乎？」附《蒙引》：或曰：「勞而不怨，便是只恁休了，便又復諫？」曰：「依舊是諫，不容只恁休。故曰父母有過，三諫不聽，則號泣而隨之。」

○子曰：「父母在，不遠遊，遊必有方。」

遠遊，則去親遠而爲日久，定省悉井反。曠而音問疎，不惟己之思親不置，亦恐親之念我不忘也。遊必有方，如已告云之東，即不敢更適西，欲親必知己之所在而無憂，召己則必至而無失也。慶源輔氏曰：「詳味《集註》，非身歷心驗之，不能盡其精微曲折之意如此，事親者宜身體之。」又曰：「有親者，遠遊固不可，近遊亦當有方。」○問：「有不得已而遠遊如之何？」雙峰饒氏曰：「不遠遊，是常法；不得已而遠出，又有處變之道。聖人言常不言變。」范氏曰：「子能以父母之心爲心則孝矣。」朱子曰：「父母愛子之心，未嘗少置；人子愛親之心，亦當跬步不忘。」○胡氏曰：「遠遊特事之至近者爾，惟能即是而推之，則凡可以貽親之憂者，皆不敢爲矣。范氏之説，深得其旨。」○新安陳氏曰：「朱子十四歲喪父韋齋先生，事母盡孝，所以發明此章曲盡孝子之心。老杜曰：『頗覺良工心獨苦。』信哉！」附《蒙引》：聖人此言，重在恐親之念我不忘上，故引范氏云「子能以父母之心爲心則孝矣」。○《存疑》：遊必有方，只接遠遊説。輔氏謂近遊，不是。人子雖在父母膝下，豈能如匏瓜也哉？不遠遊，其常法也；遊必有方者，處變之道也。

○子曰：「三年無改於父之道，可謂孝矣。」

胡氏曰：「已見賢遍反。首篇，此蓋複音福。

出而逸其半也。」

○子曰：「父母之年不可不知也，一則以喜，一則以懼。」

知，猶記憶也。胡氏曰：「謂念念在此而不忘也。」常知父母之年，則既喜其壽，又懼其衰，而於愛日之誠自有不能已者。南軒張氏曰：「以年之盛衰，察氣之强弱，而喜懼存焉，亦人子盡心於其親之一事也。」○王氏曰：「『愛日之誠』四字，於懼字旨意深切。」○雲峰胡氏曰：「人生百年曰期，而能百年者幾何人哉？姑以其期言之，如年八十，可喜也，而期者僅二十年，可懼也；年九十，尤可喜也，而期者僅十年，尤可懼也。故可喜之中政自有可懼者存焉。」○新安陳氏曰：「愛日者，懼來日之無多，惜此日之易過，而於事親之道有不及也。王安石詩：『古人一日養，不以三公換。』得愛日之意。」《通考》吴氏程曰：「愛日謂及時奉養，無懈於心。」附《蒙引》：聖人意，重在懼上。蓋喜者，喜其已有此年，懼者，懼其將來之日不多也。是所喜不足以敵其所懼。○《存疑》：不是空空一個懼，便欲及時盡力以事親也，故曰愛日之誠，自不能已。○知，解曰記憶，最是。若是父母年歲都茫然不知幾何，豈成箇人？惟常常記憶在心，則喜懼自不容已矣。

○子曰：「古者言之不出，恥躬之不逮也。」

言古者以見形甸反。今之不然。逮，及也。行去聲。不及言，可恥之甚。古者所以不出其言，爲去聲。此故也。○范氏曰：「君子之於言也，不得已而後出之，非言之難而行之難也。人惟其不行也，是以輕言之。言之如其所行，行之如其所言，則出諸其口必不易矣。」易，去聲。○朱子曰：「此章緊要在恥字上。若是無恥底人，未曾做得一分，便說十分矣。范氏說最好。只緣胡亂輕易說了，便把行不當事。非踐履到底，烏能及此？」○人之所以易其言者，以其不知空言無實之可恥也。若恥則自是力於行，而言之出也不敢易矣。○厚齋馮氏曰：「古人言之必行，不能躬行而徒言之，是所恥也。後之學者直講說而已，義理非不高遠，而吾躬自在一所，不知恥之，何哉？」附《蒙引》：恥躬不逮，故先行其言而後從之。

○子曰：「以約失之者，鮮矣。」鮮，上聲。

謝氏曰：「不侈然以自放之謂約。」慶源輔氏曰：「約與放相反，約則守乎規矩之中，放則逸於規矩之外。」尹氏曰：「凡事約則鮮失，非止謂儉約也。」朱子曰：「約有收斂近裏著實之意，非徒簡而已。」或曰：「約恐失之吝嗇。」曰：「這約字只是凡事自收斂。」○此約字是實字，若約之以禮，約其情，則約字輕。○問：「以約失之者鮮，凡人須要檢束，❶令入規矩準繩，便有所據守，方少過失。或是侈然自肆，未有不差錯。」曰：「說得甚分明。」○南軒張氏曰：「凡人事事以節約存心，則有近本之意，雖未能皆中節，而失則鮮矣。」附《蒙引》：約未必皆中庸，此亦「禮與其奢也寧儉」之意。《集註》云「非止謂儉約也」，然儉約亦在其中。

○子曰：「君子欲訥於言而敏於行。」行，去聲。

謝氏曰：「放言易，去聲。故欲訥；力行難，故欲敏。」或問：「言懼其易，故欲訥，訥者言之難出諸口也；行懼其難，故欲敏，敏者力行而不惰也。」朱子曰：「然。」○致堂胡氏曰：「敏訥雖若出於天資，然可習也。言煩，以訥矯之；行緩，以敏勵之，由我而已。不自變其氣質，奚貴於學哉？」○南軒張氏曰：「言則欲訥，行則欲敏。蓋篤實自脩，無一毫徇外之意也。」○雙峰饒氏曰：「此即矯輕警惰之法。」附《淺說》：欲者，自欲如是也，非戒勉之辭。○胡氏曰：「自『吾道一貫』至此十章，疑皆曾子門人所記也。」

○子曰：「德不孤，必有鄰。」

鄰，猶親也。德不孤立，必以類應，故有德者必有其類從之，如居之有鄰也。朱子曰：「德不孤，以理言；必有鄰，以事言。」○問：「鄰是朋類否？」曰：「然。非惟君子之德有類，小人之德亦自有類。」○此言有德者聲應氣求，必不孤立，與《易》中「德不孤」不同。彼言敬義立則內外兼備，德盛而不偏

❶「檢」，原作「撿」，今據《朱子語類》、《四書大全》改。

孤,「不孤」訓爻中大字。❶ ○新安陳氏曰:「秉彝好德,人心所同,同德相應,天理自然之合也。」《通考》朱氏公遷曰:「德,行道有得於心者,指有德之人而言之。陳氏謂行道有得於心者,皆是因人用功處論,如孝弟忠信之類是也。愚謂行道有得於心,不能有加於明德、懿德、德性之外,正以復其明,全其懿,盡其性而已,是得於天者,其本然之統體,行道有得於心者,乃其脩之復之之子目也。」○已上得於天者與行道有得於心者其不同如此。若「知德者鮮」、「不恒其德」之類,則又汎言義理之得於己者,其所包者又甚廣也。附《存疑》:「德不孤」是論其理,「必有鄰」是指其實。註「必以類應」,尚在「德不孤」內。

○子游曰:「事君數,斯辱矣;朋友數,斯疏矣。」數,色角反。

程子曰:「數,煩數也。」胡氏曰:「事君諫,不行則當去;導友善,不納則當止。至於煩瀆則言者輕,聽者厭矣,是以求榮而反辱,求親而反疏也。」范氏曰:「君臣朋友皆以義合,故其事同也。」勿軒熊氏曰:「後篇言以道事君不可則止,忠告而善道之不可則止,皆此意也。」○新安陳氏曰:「大倫中,以人合者皆主義,義有可否之分,合則從,不合則去,不比父子兄弟以天合者皆主恩,恩則無可去之理。故君臣朋友之事同也。」○東陽許氏曰:「事君交友之道,所當爲者,固非一端。此章以君友同言,又同一數字,所以專主諫争說。」附《蒙引》:子游此言,是教人見幾而作也。大凡以義合者,皆當以義而進止焉。○《存疑》:數斯辱,言當去也;數斯疏,言當止也。○君有過而不諫,非也;數諫而取辱,亦非也。故有過則當諫,諫不行則當去。若有過而不諫,諫不行而不去,則是苟禄而已,非人臣事君之道也。交朋友亦然。

論語集註大全卷之四終

❶「訓」,原作「則」,今據《朱子語類》、《四書大全》改。

論語集註大全卷之五 三魚堂讀本

公冶長第五

此篇皆論古今人物賢否得失，公冶長以下在當時爲今人也，孔文子以下古人也。蓋格物窮理之一端也。凡二十七章。胡氏以爲疑多子貢之徒所記云。以子貢方人，故疑其然。《通考》勿軒熊氏曰：「前十三章言孔門弟子，十四至二十一章言列國大夫，二十二章至二十四章通論古今賢人，末三章一言夫子之志、夫子之學，一言改過，記者之微意。」○程氏復心曰：「不説是格物窮理之端則汲汲於論人，似非爲己之學者。」

子謂公冶長，「可妻也。雖在縲絏之中，非其罪也」。以其子妻之。妻，去聲，下同。縲，力追反。絏，息列反。

公冶長，孔子弟子。魯人。一云齊人。妻，爲之妻如字。也。縲，黑索也。絏，攣間緣反。也。古者獄中以黑索拘攣罪人。長之爲人無所考，而夫子稱其可妻，其必有以取之矣。《通考》東陽許氏曰：「其必有以取之矣，『其』字指長也。聖人言『其』可妻，是必長有德而有以得聖人此言。若云聖人有取乎長，則不須用『其』字。」又言其人雖嘗陷於縲絏之中而非其罪，則固無害於可妻也。夫音扶。有罪無罪，在我而已，豈以自外至者爲榮辱哉？朱子曰：「雖嘗陷縲絏而非其罪，則其平昔之行可知，非謂以非罪陷縲絏爲可妻也。」○慶源輔氏曰：「在我無得罪之道，而不幸有罪自外至，何足以爲辱？在我有得罪之道，雖或幸免其罪於外，何足以爲榮？故君子有隱微之過於暗室屋漏之中，則其心愧恥，若撻於市；不幸而遇無妄之災，則雖市朝之刑、裔夷之竄，皆受之而

無惡也。」○雙峰饒氏曰：「可妻，以其素行取之；縲絏非罪，以其一事言之。在縲絏則似不可妻，非其罪則無害於可妻也。」○齊氏曰：「匡章非孟子，遂爲不孝之子；公冶長非夫子，遂爲有罪之人。天下之不遇聖賢者衆矣。」○東陽許氏曰：「擇壻之意全在『可妻也』上，下面却言長雖曾在縲絏，自是爲人所誣累，非長實有罪，則縲絏不足汚其行。」附《蒙引》：《性理》内載勉齋黄氏曰：「讀書者最怕氣不平。且如『公冶長』一章，謝上蔡則謂：『聖人擇壻，驚人如此。』楊龜山則謂：『聖人所以求於人者薄，可免於刑戮而不累其家，皆可妻也。』上蔡，氣高者也；龜山，氣弱者也，故所見各别如此。要之當隨文平看，方見得聖人之本意，此觀書之大法。」

子謂南容，「邦有道，不廢；邦無道，免於刑戮」。以其兄之子妻之。

南容，孔子弟子，居南宫，名縚，音滔。又名适，字子容，謚神至反，正作謚。敬叔，❶孟懿子之兄也。魯人。不廢，言必見用也。以其謹於言行，去聲。故能見用於治去聲。朝，音潮。免禍於亂世也。事又見賢遍反。第十一篇。朱子曰：「三復白圭，見其謹言。言行相表裏，謹言必能謹行矣。」又曰：「邦有道，是君子道長之時，南容必不廢棄；邦無道，是小人得志以陷害君子之時，南容能謹其言行，必不陷於刑戮。」○新安陳氏曰：「此章本不見謹於言行意，參以『三復白圭』章故云。」○或曰：「公冶長之賢不及南容，故聖人以其子妻長而以兄子妻容，蓋厚於兄而薄於己也。」程子曰：「此以己之私心窺聖人也。凡人避嫌者，皆内不足也。聖人自至公，何避嫌之有？況嫁女必量其才而求配，尤不當有所避也。配，合也。夫婦皆可以配言。若孔子之事，則其年之長上聲。幼、時之先後皆不可知，惟以爲避嫌則大不可。避嫌之事，賢者且不爲，況

❶「謚」，原作「諡」，今據影明本《四書輯釋》改。

聖人乎？」厚齋馮氏曰：「免於刑戮，非必免於縲絏也。縲絏之不免，聖人所不能計，特計其能保首領耳。蓋世亂而刑戮易於陷之也，唯謹身免禍，庶保其妻子耳。」

○子謂子賤，「君子哉若人！魯無君子者，斯焉取斯？」焉，於虔反。

子賤，孔子弟子，姓宓，考之韻書，此字音密，又云姓也，通作虙，音伏。名不齊。魯人。上「斯」，斯此人；下「斯」，斯此德。子賤蓋能尊賢取友以成其德者，《説苑》：子賤爲單父宰，所父事者三人，❶所兄事者五人，所友者十一人，皆教子賤以治人之術。○朱子曰：「居鄉而多賢，其老者吾當尊敬師事，以求其益；其行輩與吾相若者，則納交取友，親炙漸磨，以涵養德性，薰陶氣質。」○胡氏曰：「《家語》云：『子賤少孔子四十九歲，有才智仁愛，爲單父宰，民不忍欺。』以年計之，孔子卒時，子賤方年二十餘歲，意其進師夫子，退從諸弟子遊而切磋，成其德者，故夫子歎之如此。」故夫子既歎其賢，而又言若魯無君子，則此人何所取以成此德乎，因以見賢遍反。魯之多賢也。朱子曰：「《論語》中説君子，有説最高者，有大概説者，如言賢者之類。聖人於子賤、南宮适，皆曰『君子哉若人』，皆大概説。」○南軒張氏曰：「非特歎魯之多賢，言美質係乎薰陶之效如此也。」附《存疑》：即子賤之成德觀之，可見尊賢取友是學者急務。○蘇氏曰：「稱人之善，必本其父兄師友，厚之至也。」雙峰饒氏曰：「稱人善，已可言厚，又推本其父兄師友，乃厚之至也。」

○子貢問曰：「賜也何如？」子曰：「女，器也。」曰：「何器也？」曰：「瑚璉也。」女，音汝。瑚，音胡。璉，力展反。

器者，有用之成材。夏曰瑚，商曰璉，周曰簠簋，音甫鬼。皆宗廟盛平聲。黍稷之器而飾以玉器之貴重而華美者也。新安倪氏

❶「三」，原作「二」，今據《説苑》改。

曰：「按《明堂位》曰：『夏后氏之四璉，殷之六瑚，周之八簋。』是商曰瑚，夏曰璉也。此因舊註，想因瑚在上、璉在下而誤耳。外方内圓曰簠，外圓内方曰簋。」子貢見孔子以君子許子賤，故以己爲問，而孔子告之以此。然則子貢雖未至於不器，其亦器之貴者歟？程子曰：「瑚璉可施禮於宗廟，如子貢之才可使於四方，可使與賓客言而已。」○朱子曰：「子貢畢竟只是器，非不器也。子貢是器之貴者，與賤器不同。然可貴而不可賤，宜於宗廟朝廷而不可退處，此子貢之偏處。」○南軒張氏曰：「瑚璉雖貴，然未免於可器也。賜能因其所至而勉其所未至，則亦何所限量哉？」○雙峰饒氏曰：「用之宗廟故曰貴，盛黍稷故曰重，飾以珠玉故曰華美。子貢之才可使從政爲卿大夫，是貴重也，而又有言語文章之可觀，是華美也。」○胡氏曰：「器者，各適其用而不能相通。此以爲有用之成材者，因下文瑚璉而加重其詞爾。」○或問：「子貢未至於子賤之君子歟？」雲峰胡氏曰：「子賤亦未便是不器之君子，特子賤能有所取以成德，可充之以至於不器。子貢雖有用之成材，尚有所局，而未至於不器也。」附《蒙引》：問：「子貢他日聞『一貫』及『性與天道』，此可謂不器否？」曰：「其庶乎不器矣。」曰：「何不遂許之以不器，而只曰庶乎不器？」曰：「猶是知之也。固有知至而行必至者，亦有知雖至而行猶未至者，先儒所謂有有德之言，有造道之言者是已。」○問：「子賤與子貢孰賢？」曰：「二子晚年所就，固未知其孰優，但即夫子此言觀之，一則言其尊賢取友以成德，一則方以瑚璉之器。子賤言德，子貢言才。子賤有求益之意，子貢有自負之意。」○「賜也何如」之問，若無因端問不起，故朱子直以爲「子貢見孔子以君子許子賤」云。○外方内圓曰簠，外圓内方曰簋，此別言之；夏曰瑚，商曰璉，則兼外圓内方、外方内圓者而通名之也。宗廟盛黍稷，見其貴重；飾以玉，見其華美。

○或曰：「雍也仁而不佞。」

雍，孔子弟子，姓冉，字仲弓。魯人。佞，口才也。程子曰：「有便佞之才者，多入於不善，故學不貴佞。」○朱子曰：「佞是無實之辨。」又曰：「佞是捷給便口者，不是諂，是個口快底人，却未問是不是，一時言語便抵當得去，撰得説話也好，如子路何必讀書之

言，子曰惡夫佞者是也。」仲弓爲人重厚簡默，而時人以佞爲賢，故美其優於德而病其短於才也。慶源輔氏曰：「仲弓從事於敬恕以求仁，又在德行之科，而夫子稱其可使南面，今或者又以不佞爲嫌，則決非務外而事口者，故以爲重厚簡默也。人情徇外而不事内，求名而不務實，故以佞爲賢。」附《語類》：林一之問：「孔子於仲弓不知其仁如何？」曰：「孔子既不保他，必是也有病痛。然這一章是不佞要緊。」○重厚簡默，重厚，就大體上説；簡默，就言語上説。簡是少説，默是不説。意或人未識仁體，其以雍爲仁者亦是指他重厚簡默處。《集註》於此曰「重厚簡默」，是貼仁不佞意；於「可使南面」曰「寬洪簡重」，是貼南面意。此皆倚文生義，今學者看書，亦要依此法。

子曰：「焉用佞？禦人以口給，屢憎於人。不知其仁，焉用佞？」焉，於虔反。

禦，當也，猶應答也。給，辨也。憎，惡去聲，下同。也。言何用佞乎，佞人所以應答人者，但以口取辨而無情實，徒多爲人所

憎惡爾。慶源輔氏曰：「佞人恃口以禦人，浮淺躁妄，發言成文，雖若可聽，然其情實則未必如此，心口既不相副，自然招尤而取憎也。」○新安陳氏曰：「口才雖俗人所賢，而實正人所惡。」附《蒙引》：屢憎於人，言佞之不足取也。若是直言正辭，面折廷諍，雖見憎於人，亦非君子所避。此則言其無實之可惡，以見「焉用佞」之意。我雖未知仲弓之仁，然其不佞乃所以爲賢，不足以爲病也。再言「焉用佞」，所以深曉之。厚齋馮氏曰：「《左氏傳》云：『寡人不佞。』蓋以佞爲才。衛以祝鮀之佞治宗廟，然顔子爲邦之問，夫子則告之以遠佞人。蓋木訥者近仁，多言者數窮，佞多失言，不佞不害其爲賢也。」○新安陳氏曰：「或人稱仲弓之仁而短其不佞，夫子不輕許仲弓以仁而反喜其不佞。」○或疑仲弓之賢而夫子不許其仁，何也？曰：仁道至大，非全體而不息者不足以當之。如顔子亞聖，猶不能無違於三月之後，況仲弓雖賢，未及顔子，聖人固不得而輕許之也。蔡氏曰：「全

體，是天理渾然，無一毫之雜；不息，是天理流行，無一毫之閒。『愛之理心之德』六字，訓仁之義爲甚切；『全體不息』四字，所以盡仁之道爲甚大。只此十字之約，不惟諸儒累千百言莫能盡，而前後聖賢所論仁字，溥博精深，千條萬緒，莫不總會於十字之中矣。」○勉齋黃氏曰：「當理而無私心，朱子據所聞於師者而言，此章即己之所見而言。『全體』二字已足以該『當理無私心』之義，加以『不息』二字，又五字未盡之旨，蓋亦因其所已聞而發其所獨得。故子文、文子章雖引師說，而《或問》乃曰『仁者心之德而天之理也，自非至誠盡性，通貫全體，無少閒息，不足以名之』，則亦引前章之說以釋後章之旨，亦足以見前說之義爲詳且密也。」○陳氏曰：「仁，惟此心純是天理，無一毫人欲之私，乃可以當其名。全體云者，非指仁之全體而言，乃所以全體之也。」○西山真氏曰：「仁者兼該萬善，無所不備，如人之頭目手足皆具，然後謂之人也。」○雙峰饒氏曰：「此體字當作活字看，即君子體仁之體。仁之體本全，故體此仁者不可以不全。」○雲峰胡氏曰：「全體而不息，如真蔡之說，則仁之體本自渾全；如陳、饒之說，則是以人全體之。愚玩朱子之意，仁道至大，是說仁，全體而不息者，是說仁者之人，故著一者字。蓋仁只是人之本心，所貴乎仁者，於此心本體無一毫之虧欠，又無一息之閒斷也。」○新安陳氏曰：「胡氏《通》主仁者之人之說，自是。程子曰：『公而以人體之，則爲仁。』此體仁之說也。曾子曰：『士不可以不弘毅。』仁以爲己任，弘也；死而後已，毅也。仁者本心之全德，必欲以身體而力行之，全體此仁，即弘也；一息尚存，此志不容少懈，此不息即毅也。必如此始足以參透全體而不息者之語歟！」《通旨》：朱氏公遷曰：「愚承先君子之教曰：仁之一字，以成德言者不易言。蓋無所不體而自然不息者，聖人也；能全體之而不免有息者，亞聖者也；體之未必能全，而息之之時又多者，仲弓、子路以下是也。若原憲之『克伐怨欲不行』，而遽以爲仁，則非惟未加不息之功，而實不知全體之妙矣。」○又按指仁之全體而言，則爲自然之德性；自人能全體不息之而言，則爲體道之成德。此皆專言之仁，皆可謂之以德言也。附《存疑》：全體，是橫說；不息，是直說。

○子使漆雕開仕。對曰：「吾斯之未能信。」子說。說，音悅。

漆雕開，孔子弟子，字子若。蔡人。斯，指此理而言。信，謂真知其如此而無毫髮之疑也。開自言未能如此新安陳氏曰：「未能真知此理而無毫髮之疑，則正當學時，未是學優而仕時。」未可以治人，故夫子説其篤志。程子曰：「不先自信，何以治人？」○朱子曰：「斯之一字甚大，有所指而言，如事君忠、事父孝皆是。這箇道理若自信得及，則雖欲不如此不可得；若自信不及，如何勉强做得？欲要自信得及，又須自有所得，於這箇道理上見得透，全無些子疑處，方是信。」○斯只是這許多道理，見於日用之閒君臣父子仁義忠孝之理，於是雖已見得如此，却自恐做不盡，不免或有過差，尚自保不過，雖是知其已然，未能決其將然，故曰吾斯之未能信。附《蒙引》：此聖人所不能知而開自知之。聖人豈不知開之未能無毫髮之疑？但以爲亦可以仕，而不知開之立志高遠如此，則有出於夫子意料之外者，故一聞其言而深喜之。「斯」字所指甚大，所包甚廣。吾斯之未能信，非謂無所見也，但未盡耳。○《語類》：信者，自保得過之意。知與行皆然，自保得知得，自保得行得。開只是見得分明，然亦不敢自保如此。○問：「是見得吾心之理，或是出仕之理？」曰：「都是這箇理，不可分別。」

○程子曰：「漆雕開已見大意，故夫子説之。」朱子曰：「大意便是本初處。若不曾見得大意，如何下手做工夫？若已見得大意，而不下手做工夫，亦不可。斯者，非大意而何？若推其極，只是性，蓋帝之降衷便是。」○陳氏曰：「開於心體上未到昭晰融釋處，所以未敢出仕。其所見處已自高於世俗諸儒，但其下工夫不到頭，故止於見大意爾。」又曰：「古人見道分明，故其言如此。」或問：「開未能自信，而程子以爲已見大意，見道分明，何也？」朱子曰：「人唯不見其大者，故安於小。惟見之不明，故若存若亡，一出一入，而不自知其所至之淺深也。今開之不安於小如此，則非見乎其大者不能矣。卒然之閒，一言之對，若目有所見而手有所指者，且其驗之於身，又如此其切而不容自欺也，則其見道之明又爲如何？然曰見大意，則於細微容或有所未盡，曰見道分明，則固未必見其反身而誠也。」○慶源輔氏曰：「人惟見道不分明，故

所言含糊不決。今開斷然以爲未能信，未可以仕而治人，故知其見道分明也。」○胡氏曰：「謂之見道分明者，凡毫釐之未信，皆自知之也。」謝氏曰：「開之學無可考，然聖人使之仕，必其材可以仕矣。至於心術之微，則一毫不自得不害其爲未信，此聖人所不能知而開自知之。慶源輔氏曰：「聖人明於知人，何不能知？但其未信之實，毫釐纖悉處與意味曲折，不若開自知之精耳。」其材可以仕而其器不安於小成，他日所就其可量乎？夫子所以説之也。」朱子曰：「據他之材已自可仕，只是他不伏如此小用了，又欲求進，是他先見大意了，方肯不安於小成。若不見大意者，只安於小成耳。如人食藜藿，未食芻豢，只知藜藿之美，及食芻豢，則藜藿不足食矣。」又曰：「他是不肯便做小底，所謂『有天民者，達可行於天下而後行之者也』。」○問：「開之未信，若一理見未透，即是未信否？」曰：「也不止説一理。『行一不義，殺一不辜，得天下不爲。』須是真見得有不義不辜處便不可以得天下。❶若説略行不義，略殺不辜，做到九分，也未甚害，也不妨，這便是未信處。這裏更須玩味省察，體認存養，亦會見得決定恁地而不可不恁地，❷所謂脱然如大寐之得醒，方始是信處耳。」○開所謂斯，是他見得此箇道理了，只是信未及。他眼前看得闊，只是踐履猶未純熟。他是見得箇規模大，不入這小底窠坐。曾點被他見得高，下面許多事，皆所不屑爲，到他説時，便都恁地脱灑。想見他只是天資高，便見得恁地，都不曾做工夫。○點見得高，却於工夫上有疎略處；開見處不如點，然有向進之意。點規模大，開尤縝密。○論資稟之誠慤，則開優於點；語其見趣超詣，脱然無毫髮之累，則點賢於開，然開之進則未已也。○慶源輔氏曰：「器，言其志量也。所見者大，所知者明，則其志量自然不肯安於小成，其進進不已之意，不至於大而化、化而不知之神不止也，則他日所就果可量乎？」○胡氏曰：「開得其大而不局於小。」○雙峰饒氏曰：「《集註》釋悦字有三：朱子謂悦其篤志，程子謂悦其已見大意，謝氏謂悦其不安於小成，其實相貫。惟其見大意，故不安於

❶「有」，原脱，今據《朱子語類》補。

❷「會」，原作「曾」，今據《朱子語類》改。

小成，惟其不安於小成，故篤志。」○按《程氏遺書》曰：「曾點、漆雕開已見大意。」《集註》采之，以曾點事在後，不欲學者躐之，故去上二字。○雲峰胡氏曰：「已見大意，『已』字有意味。蓋漆雕開已見大意而未析其微，曾點已見大意而易略於細，使二子之學各有所進，則其已然者固如此而其未然者當不止於此也。『已』字當如此看。」附《存疑》：信最難，不止是知。尋常知得義理合當如此，臨做時，却又不如此，這便是不能信。亦緣知得未真耳。若知得十分透徹時，就見得決要恁底做，不恁底做不得，任是生死也不能惑，這方是信。○信是知至地位。朱子曰：「人知烏喙之殺人不可食，斷然終於不食，是真知之也。知不善不可爲，而猶或爲之，是特未能真知也。」愚按知之真，自不食不爲，這就是信。○吾斯之未能信，這意思不是小可。他於天下義理，都要到那盡頭處，方肯出來應世。其一念求道之志，直欲到十分地位，若一念未到，決不肯已，非苟且隨世以就功名者。○開見得道理須要到那自信處，方可應世，便有大學、明德、新民、止至善規模，這等見解與尋常瑣瑣者不同，故曰已見大意。

○子曰：「道不行，乘桴浮於海，從我者，其由與？」子路聞之喜。子曰：「由也好勇過我，無所取材。」桴，音孚。從、好，並去聲。與，平聲。材，與裁同，❶古字借用。

桴，筏也。筏，房越反，編竹木爲之。程子曰：「浮海之歎，傷天下之無賢君也。子路勇於義，故謂其能從己。皆假設之言耳。此歎與欲居九夷同意。子路以爲實然而喜夫子之與己，故夫子美其勇而譏其不能裁度待洛反。事理以適於義也。」慶源輔氏曰：「聖人欲浮海，豈有憤世長往之意？其憂時閔道之心，蓋有不得自已者。子路不惟今日遂以夫子爲必行而喜其與己，其平日所爲多傷於剛果而不能裁度以適義，如『率爾』之對、『迂也』之言皆是也，夫子所以教之。」○胡氏曰：「得時行道，使天下無不被其澤，此聖人之本心；世衰道否，至於無所容其身，豈聖人之得已？乘桴浮海，雖假設之辭，然傷時之不我用也。如子路之勇於

❶「裁」，原作「栽」，今據哈佛本改。

義，不以流離困苦而二其心，故謂其能從我。是皆憂深思遠而形於言也。子路不知夫子之本心，而喜夫子之與己，可謂直情徑行而無所忖度也。」○汪氏炎昶曰：「《集註》『能』、『不能』字，是揚而抑之處。所能者，稟賦之剛果；所不能者，學力之未至也。」○新安陳氏曰：「既云勇於義，又云不能裁度事理以適於義，何也？蓋勇於義，是略見大意；能勇於行，不能裁度事理以適於義，是不能審察精義，而有誤勇決行之者。故其仕於衛也，知『食焉不避其難』之爲義而死之，是勇於義；不知食出公之食爲非義，是不能裁度事理以適於義也。」附《存疑》：此與居九夷同意。浮海，亦不是泛往，冀有所遇耳。謂道不行，無所往矣，吾將乘桴浮於海，海上島夷之君，或者有所遇乎？○《蒙引》：好勇過我，無所取材，是因此一事而言，非專謂此一事也。如不知食輒之食爲非義，亦是也。

○孟武伯問：「子路仁乎？」子曰：「不知也。」

子路之於仁，蓋日月至焉者，或在或亡，不能必其有無，故以不知告之。

又問。子曰：「由也，千乘之國，可使治其賦也，不知其仁也。」乘，去聲。

賦，兵也。古者以田賦出兵，故謂兵爲賦，《春秋傳》去聲，後凡言《春秋傳》者同。所謂「悉索所白反。敝賦」是也。《左傳》：襄公八年，悉索〔音色，盡也。悉盡敝邑之兵賦。〕敝賦以討於蔡。三十一年，悉索敝賦以來會時事。言子路之才可見者如此，仁則不能知也。朱子曰：「仲由可使治賦，才也。不知其仁，以學言。」

「求也何如？」子曰：「求也，千室之邑，百乘之家，可使爲之宰也，不知其仁也。」

千室，大邑。百乘，卿大夫之家。宰，邑長、上聲。家臣之通號。

「赤也何如？」子曰：「赤也，束帶立於朝，可使與賓客言也，不知其仁也。」

赤，孔子弟子，姓公西，字子華。魯人。○朱子曰：「渾然天理，便是仁；有一毫私意，便是不仁。

三子之心不是都不仁，但是不純爾。」〇問：「三子雖全體未是仁，苟於一事上能當理而無私心，亦可謂之一事之仁否？」曰：「不然。蓋纔説箇仁字，便用以全體言。若一事上能盡仁，便是他全體是仁了；若全體有虧，這一事上必不能盡仁。纔説箇仁字，便包盡許多事無不當理而無私了。所以三子當不得箇『仁』字，聖人只稱其才。聖門工夫，不過居敬窮理以脩身也。由、求只是這些工夫未到，故夫子所以知其未仁。若能主敬以窮理，工夫到此，則德性常用，物欲不行，而仁流行矣。」〇慶源輔氏曰：「諸子之於仁，蓋亦勉焉而未能有諸己也，故或日一至焉，或月一至焉，能造其域而不能久耳。方其志氣清明，存養不懈，則是心存而有其仁；及私意横生，少有閒斷，則是心亡而無其仁矣。將以爲有則有時而無，將以爲無則有時而有。既不能必其有無，則以不知告之。」〇勿軒熊氏曰：「此與後篇由可使有勇、求可使足民，赤願爲小相章互見。兵財禮樂，乃國之大政，而三子之才，皆足以當之，見聖門有用之學。然治事之才易見，本心之德難全，故夫子皆不許其仁。」

〇子謂子貢曰：「女與回也孰愈？」女，音汝，下同。

愈，勝也。附《存疑》：夫子此問不是尋常，乃是深屬意子貢處。蓋顔子在聖門是第一个人，聖人把子貢來與他較量，使他自看，此豈是當閒？正以顔子望之也。

對曰：「賜也何敢望回？回也聞一以知十，賜也聞一以知二。」

一，數之始。十，數之終。二者，一之對也。胡氏曰：「十者數之終，以其究極之所至而言；二者一之對，以其彼此之相形而言。」顔子明睿余例反。所照，即始而見終；子貢推測而知，因此而識彼。「無所不説」，音悦。「告往知來」，是其驗矣。程子曰：「子貢之知亞於顔子，知至而未至之也。」〇朱子曰：「『明睿所照』、『推測而知』，兩句當玩味。明睿所照，如明鏡在此，物來畢照；推測而知，如將些子火逐些子照去。」❶〇慶源輔氏曰：「聞一知十，不是知一件限定知得十件，只是知

❶「火」下，《朱子語類》有「光」字。

得周徧，始終無遺；聞一知二，亦不是聞一件限定知得二件，只是知得通達，無所執泥。知得周徧，始終無遺，故無所不悦；知得通達，無所執泥，故告往知來。然思與睿亦非兩事，但有生熟之異。始則思而通，久則明睿生，而物無遺照矣。」又曰：「惟是生知之聖人，則全體昭著，不待推廣；若夫學而知之者，則須居敬窮理，漸漸開明，固不能無淺深之異也。」○胡氏曰：「顔子之『於吾言無所不説』，可爲知十之驗，子貢之『告諸往而知來者』，可爲知二之驗。」又曰：「聞一知十，豈有事可指哉？亦以況顔子明哲，舉首見尾，而已所不及耳。」

子曰：「弗如也，吾與女，弗如也。」

與，許也。○胡氏曰：「子貢方人，夫子既語音御。以不暇，又問其與回孰愈，以觀其自知之如何。聞一知十，上知去聲。之資，生知之亞也；聞一知二，中人以上之資，學而知之之才也。子貢平日以己方回，見其不可企丘氏云：「智二反。」及，故喻之如此。夫子以其自知之明而又不難於自屈，朱子曰：「凡人有不及人處，多不能自知，雖知亦不肯屈服。如子貢自屈於顔子，可謂高明，夫子所以與其弗如之説。」○慶源輔氏曰：「自屈生於自知，自知之明則不容於不自屈也。且自知之明則不安於已知，不難於自屈則不畫於已至，此夫子所以許之。」故既然之，又重去聲。許之。此其所以終聞性與天道，不特聞一知二而已也。」朱子曰：「聖人之道，大段用敏悟曉得底。敏悟曉得時，方擔荷得去。如子貢雖所行未實，然他却極是曉得，擔荷得去。使其見處更長一格，則所行自然又進一步。聖門自曾、顔而下，便須遜子貢。❶如冉、閔非無德行，然終是曉不甚得，擔荷聖人之道不去。所以孔子愛呼子貢而與之語，意蓋如此。」○新安陳氏曰：「孔門穎悟，莫如顔子，子貢可以亞之，所以終得聞性與天道與一以貫之，豈局於聞一知二者哉？」

○宰予晝寢。子曰：「朽木不可雕也，糞土之牆不可杇也，於予與何誅？」朽，許久反。杇，

❶「須遜」，原作「用還」，今據《朱子語類》改。

音汙。與，平聲，下同。

晝寢，謂當晝而寐。朽，腐也。雕，刻畫也。杇，鏝莫官反。也。言其志氣昏惰，教無所施也。新安陳氏曰：「志謂心志，氣謂血氣。志先惰，氣隨而昏，則教無施處，如朽木糞牆，雕畫之工無施力處也。」與，語辭。誅，責也。言不足責，乃所以深責之。

子曰：「始吾於人也，聽其言而信其行；今吾於人也，聽其言而觀其行。於予與改是。」行，去聲。

宰予能言而行不逮，故孔子自言於予之事而改此失，亦以重去聲。警之也。慶源輔氏曰：「宰予以言語稱於聖門，而孟子亦以爲善爲説辭。然論喪則欲其短，論仁則病其愚，對社則失其義，至此晝寢，而夫子深責之，且自言於予之事而改此失，則能言而行不逮可見矣。」胡氏曰：「『子曰』疑衍文，不然則非一日之言也。」○范氏曰：「君子之於學，『惟日孜孜』，『斃毗祭反。而後已』，惟恐其不及也。宰予晝寢，自棄孰甚焉？故夫子責之。」胡氏曰：「宰予不能以志帥入聲。氣，居然而倦，是宴安之氣勝儆戒之志，惰也。古之聖賢未嘗不以懈惰荒寧爲懼，勤勵不息自彊，此孔子所以深責宰予也。聽言觀行，聖人不待是而後能，亦非緣此而盡疑學者，特因此立教，以警群弟子，使謹於言而敏於行耳。」覺軒蔡氏曰：「學者誠能立志以自彊，則氣亦從之，不至於昏惰，何有於晝寢？故學莫先於立志。」○慶源輔氏曰：「玩理以養心，則志不昏；以志而帥氣，則氣不惰。志不昏，氣不惰，則有受教之地，而聖人之教可得而施也。朽木不可雕，糞土之牆不可杇，正以喻其志氣昏惰，而教無所施耳。聽言觀行，聖人明睿所照，不待是而後能；至誠與人，不逆於詐，故非緣此而盡疑學者；仁以體物，教人不倦，故因此立教以警群弟子也。」附《存疑》：夫子嘗曰：「視其所以，觀其所

由，察其所安。」豈是聽言就信其行者？此語特以警予耳。

○子曰：「吾未見剛者。」或對曰：「申棖。」子曰：「棖也慾，焉得剛？」焉，於虔反。

剛，堅彊不屈之意，最人所難能者，故夫子歎其未見。申棖，弟子姓名。魯人。慾，多嗜時利反。慾也。多嗜慾則不得爲剛矣。問：「慾、欲何分別？」朱子曰：「無心欲字虛，有心慾字實。二字亦通用。」○程子曰：「人有慾則無剛，剛則不屈於慾。」謝氏曰：「剛與慾正相反。能勝物之謂剛，故常伸於萬物之上；爲物揜之謂慾，故常屈於萬物之下。自古有志者少，無志者多，宜夫子之未見也。棖之慾，不可知其爲人，得非悻悻下頂反。自好去聲。者乎？新安陳氏曰：「《孟子集註》：『悻悻，怒意。自好，自愛其身也。』」故或者疑以爲剛，然不知此其所以爲慾耳。」程子曰：「凡人有慾則不剛。至大至剛之氣在，養之可以至焉。」○朱子曰：「剛是堅强不屈，卓然有立，不爲物欲所累底人，故夫子以爲未見。」○凡人纔貪一件物事，便被這物事壓得頭低了。纔有些慾，便被他牽引去。此中便無所主，焉得剛？○節齋蔡氏曰：「范氏謂剛者天德，惟無慾者乃能之。神龍惟有慾，是以人得求其慾而制之，亦得而食之。聖人無慾，故天下萬物不能易也。蘇氏謂有志而未免於慾者，其志嘗屈於慾。惟無慾者能以剛自遂。某聞之師曰：剛者，外雖退然自守，而其中不詘於慾；悻悻者，外雖有崛彊之貌，而其中實有計較勝負之意，即此便是慾。聖人觀人，直從裏面觀出，見得他中無所主，只是色莊，便是慾了。」○胡氏曰：「剛則己大物小，凡天下之可欲者，皆不足以動之，所謂伸於萬物之上是也。慾則己小物大，隨其意之所貪，俯首下氣以求之，所謂屈於萬物之下是也。所以相對而相反，有此則無彼也。」○西山真氏曰：「所謂勝物者，謂立志堅强，不爲外物所奪，凡榮辱得喪，禍福死生，皆不足以動之，如孟子所謂『富貴不能淫，貧賤不能移，威武不能屈』，此之謂勝物，非剛暴悻氣，求以勝人之謂也。爲物掩之謂慾，言陷溺於物欲之

中，不能自克，如爲物遮覆掩遏而不能出也。」○雙峰饒氏曰：「悻悻只是色厲底人，孟子所謂『諫於其君而不受則怒，悻悻然見於其面』是也。此等人外面雖似剛，其中心不過爲名，這便是自好，便是慾，即所謂『色厲而内荏』也。」○厚齋馮氏曰：「棖之剛，乃血氣之剛；夫子所言，乃義理之剛也。血氣之剛，物慾得以屈之，惟義理之剛，則不爲外物所奪爾。」○雲峰胡氏曰：「孟子論浩氣曰『至大至剛』，此天地之正氣也；悻悻自好，客氣也。或人於申棖惑其剛之似，而夫子識其不剛之真。」附《蒙引》：堅强不屈，謂所守者固而不可撓也，此與《易》所謂「不以人欲害其天德之剛」「剛」字同。蓋剛者純是天理，不屈只爲不可屈撓，難限説不屈於慾。有慾故屈，無慾則不屈，不屈虚説，故云棖也慾，焉得剛。○《存疑》：堅强不屈，言植立得固，不可屈撓也，俱以本體言。程註「剛則不屈於慾」，稍差。○剛與柔相反，慾乃不剛病根。謝註「剛與慾正相反」，未是，故圈外之。○顧麟士曰：「《蒙引》説最清楚。蓋慾與無慾，又在屈與不屈上面，若謂即不屈於慾，則扭做一處，無分曉矣，須要了得。」○吾未見剛而不屈者，或對曰申棖，曰棖也慾，焉得剛而不屈也。「不屈」處斷不可惹「慾」字。慾只是必屈之故，無慾便是剛底骨子，無這骨子，硬做不得。○朱子曰：「如這刀有此鋼，❶則能割物。」然則剛自是不屈底，慾則裏面方著了些鉛錫，不可謂即屈於鉛錫也。但從外面看，亦是一把刀相似，此或人遽有申棖之許與？○凡語意皆以照下爲理，然又有必不可照下，開説乃妙者，如管仲器小，及此「吾未見剛」一句是也。無慾焉剛，方是明其所以然之故。若首句先道破，即下文亦何但嚼蠟？○只看圈内註自明，不可又雜圈外註一字。○《淺説》：其志卓然，其氣浩然，凡榮辱得喪、禍福死生，皆不足以摇其中而屈之，如孟子所謂「富貴不能淫，貧賤不能移，威武不能屈」，蘇子所謂「受其至大而不爲之驚，納其至繁而不爲之亂，任其至難而不爲之憂，享其至樂而不爲之蕩」，此之謂剛。必夫天之所以與於人者甚厚，而人之所以成乎天者甚備，理無不明，而已無不克，乃足以臻此。有所見而未真，有所養而未熟者，不足以與此。故夫子歎之曰：「吾未見剛者。」言其人之難得也。或者不知所謂剛，而

❶「此」，原作「些」，今據《朱子語類》、明崇禎織簾居刻本（以下簡稱明刻本）《四書説約》改。

對曰：「申棖剛矣。」子曰：「堅强不屈之謂剛。棖也慾，多慾則易屈矣，焉得剛？」○《語類》：剛與勇也自别，觀「六言六蔽」處可見。

○子貢曰：「我不欲人之加諸我也，吾亦欲無加諸人。」子曰：「賜也，非爾所及也。」

子貢言我所不欲人加於我之事，我亦不欲以此加之於人。此仁者之事，不待勉强，上聲。故夫子以爲非子貢所及。朱子曰：「欲無加諸人，此等地位是本體明净，發處盡是不忍之心，不待勉强，乃仁者之事。子貢未到此田地，而遽作此言，故夫子謂『非爾所及』，言不可以躐等。」○程子曰：「我不欲人之加諸我，吾亦欲無加諸人，仁也；施諸己而不願，亦勿施於人，恕也。恕則子貢或能勉之，仁則非所及矣。」愚謂無者自然而然，勿者禁止之謂，此所以爲仁、恕之别。必列反。○朱子曰：「此章程子晚年仁熟，方看得如此分曉，説得如此明白。所以分仁恕者，只是生熟難易之閒爾。熟底是仁，生底是恕；自然底是仁，勉强底是恕；無計較無覦當底是仁，有計較有覦當底是恕。」○雲峰胡氏曰：「本文『無』字是子貢説，『勿』字是夫子説。程子是借夫子説恕之事，以見子貢所言是仁之事。」

○子貢曰：「夫子之文章，可得而聞也；夫子之言性與天道，不可得而聞也。」

文章，德之見賢遍反，下同。乎外者，威儀文辭皆是也。慶源輔氏曰：「威儀，德之見乎容貌者；文辭，德之見乎言語者。」性者，人所受之天理；天道者，天理自然之本體，其實一理也。言夫子之文章日見乎外，固學者所共聞，至於性與天道，則夫子罕言之，而學者有不得聞者。蓋聖門教不躐等，子貢至是始得聞之而歎其美也。問：「子貢是因文章中悟性天道，抑後來聞孔子説邪？」朱子曰：「是後來聞孔子説。」曰：「文章亦是性天道之流行發見處？」曰：「固亦是發見處，然他當初只是理會文章，後來是聞孔子説性與天道，今不可硬做是因文章得。」○

陳氏曰：「聖人教不躐等，平時只是教人以文章，到後來地位高，方語以性與天道爾。」○新安陳氏曰：「堯之文章，朱子釋以禮樂法度，與此不同者，堯達而在上，其文章見於治天下；夫子窮而在下，其文章惟見於吾身。在天下，故以禮樂法度言；在吾身，故以威儀文辭言也。」○程子曰：「此子貢聞夫子之至論而歎美之言也。」王氏曰：「此理在天，未賦於物，故曰天道；此理具於人心，未應於事，故曰性，即元亨利貞、仁義禮智是也。文章至顯而易見，此理至微而難言。」○西山真氏曰：「『文章』二字之義，五色錯而成文，黑白合而成章；文者粲然有文，章者蔚然有章。文章可聞，夫子平日以身教人，凡威儀文辭，自然成文有章者皆是，所謂『吾無隱乎爾，吾無行而不與二三子者』是也。若性與天道，則淵奧精微，未可遽與學者言，恐其億度料想，馳心玄妙，反躐等而無所益，故罕言之。《論語》僅有『性相近』一語，亦已是兼言氣質之性，非言性之本。至於贊《易》方云『乾道變化，各正性命』，『一陰一陽之謂道』，『繼善成性』，方是正説性與天道，亦可謂罕言矣。子貢後來始得聞之而有此歎也。」

○子路有聞，未之能行，唯恐有聞。前所聞者既未及行，故恐復扶又反。有所聞而行之不給也。○范氏曰：「子路聞善，勇於必行，門人自以爲弗及也，故著之。若子路，可謂能用其勇矣。」朱子曰：「子路不急於聞而急於行，此古人爲己之實處。如人之飲食，珍饈羅列，須喫盡方好，喫不盡又增加，亦徒然。」○南軒張氏曰：「有所聞而實未副，勇者之所恥也。唯恐有聞，則其篤於躬行可知。門人記此，亦可謂善觀子路者矣。然比之得一善拳拳服膺而不失者，則未免有强力之意耳。」○慶源輔氏曰：「人之有勇，多有用於非所當用者，子路之勇用以力行，真能用其勇矣。」○勿軒熊氏曰：「子路勇於力行，而致知工夫不及，所以死於孔悝之難。」○或曰：「此即子路『聞斯行之』之勇，門人以爲弗及而著之，夫子以爲兼人而退之，何也？」雲峰胡氏曰：「著之者，門人弗及其行之勇，推敬之辭也；退之者，夫子恐其徒事乎行之勇，陶成之術也。」

○子貢問曰：「孔文子何以謂之文也？」子

曰：「敏而好學，不恥下問，是以謂之文也。」好，去聲。

孔文子，衛大夫，名圉。音語。　凡人性敏者多不好學，恃其天資，多怠於學。　位高者多恥下問，位高自驕，多恥問於卑下。　故《謚法》有以勤學好問爲文者，蓋亦人所難也。孔圉得謚爲文，以此而已。○蘇氏曰：「孔文子使太叔疾出其妻而妻去聲。之，疾通於初妻之娣。大計反。　文子怒，將攻之，訪於仲尼，仲尼不對，命駕而行。疾奔宋，文子使疾弟遺室孔姑。渠乙反。　其爲人如此，而謚曰文，此子貢之所以疑而問也。《春秋左氏傳》云：「哀公十一年冬，衛太叔疾出奔宋。初，疾娶于宋子朝，〔子朝，宋人，衛大夫。〕其娣嬖。子朝出，孔文子使疾出其妻〔出宋朝之女。〕而妻之。疾使侍人誘其初妻之娣，寘於犂，❶〔衛邑。〕而爲之一宮，如二妻。❷文子怒，欲攻之，仲尼止之。遂奪其妻。〔文子遂奪其女，不嫁太叔疾。〕或淫于外州，外州人奪之軒以獻。〔奪太叔疾之軒車以獻於君。〕恥是二者，〔以奪妻、奪軒二事爲恥。〕故出。衛人立其弟遺，〔遺，疾之弟。〕使室孔姑。〔孔姑，文子之女，疾之妻也，使遺室之。〕孔文子之將攻太叔也，訪於仲尼，仲尼曰：「瑚簋之事〔瑚簋，禮器也。夏曰瑚，周曰簋。〕則嘗學之矣，甲兵之事未之聞也。」退命駕而行。　孔子不没其善，言能如此亦足以爲文矣，非經天緯地之文也。」《史記·謚法解》：惟周公旦、太公望嗣王業，建功於牧野，終將葬，乃制謚，遂叙謚法。謚者行之迹，號者功之表，〔有大功則賜之善號以爲稱也。〕車服者位之章也。是以大行受大名，細行受細名。行出於己，名出於人。〔名謂謚號。〕經緯天地，文；道德博聞，文；勤學好問，文；慈惠愛民，文；愍民惠禮，文；賜民爵位，文。○朱子曰：「此章因論謚而發。然人有一善之可稱，聖人亦必取之，此天地之量也。」○問：「孔姑事

❶「寘」，原作「賓」，今據《春秋左傳註疏》改。

❷「二」，原作「三」，今據哈佛本改。

如此不好，便敏學好問，濟得甚事？」曰：「古謚法甚寬，所謂『節以一善』，言只有一善亦取之。節者，節略而取其一善也。孔文子固是不好，只敏學下問，亦是他好處。周禮謚只有二十八字，不成説孔文子與文王一般？蓋人有善多者，則摘其尤善者一事以爲謚，亦有只有一善，則只取其一善以爲謚而隱其惡，如孔文子是也。惟無一善可稱而純於惡，然後名曰幽、厲耳。」○如織布絹，經是直底，緯是横底，經天緯地是一横一直，皆是文理，故謂之文。裁成天地之道，輔相天地之宜，此便是經緯天地之文。○胡氏曰：「日月星辰、風雨霜露，天文也，山嶽河海、草木花卉，地文也，微而鳥獸蟲魚，皆有文焉。舜在璿璣玉衡以齊七政，經天之文也；封山濬川，若草木鳥獸，緯地之文也。天文粲乎上，地文陳乎下，聖人處乎中而經緯之，所以裁成輔相之以爲用也。」○厚齋馮氏曰：「謚法之爲文者六，而勤學好問居其一，殆取諸此歟？」

○子謂子産，「有君子之道四焉：其行己也恭，其『事上也敬』，其養民也惠，其使民也義。」

子産，鄭大夫公孫僑。音喬。恭，謙遜也。敬，謹恪克各反。也。慶源輔氏曰：「首篇釋恭爲莊敬，此又釋爲謙遜者，恭敬謙遜，皆禮之端，緣此下文有『事上也敬』，故以謙遜釋恭，謹恪釋敬。蓋謙遜乃恭之實，而於行己爲切；謹恪乃敬之實，而於事上爲宜也。」附《蒙引》：恭敬分言則恭主容，敬主事，單言恭則該敬，「篤恭而天下平」是也；單言敬則該恭，「君子脩己以敬」是也。行己恭，是主容説，蓋出入起居，升降進退，見之一身者，皆行己也。「夫子温良恭儉讓」之恭，亦是主容説。事上敬，不止拜跪趨走之閒，陳力就列乃敬之大也，故曰事君敬其事而後其食。○前註解恭讓之恭曰莊敬，此曰謙遜，夫子師道，子産臣道也。惠，愛利也。使民義，如都鄙有章，《通考》仁山金氏曰：「都鄙如大都三國之一，中五之一，小九之一，又師都建旗，縣鄙建旐。當時鄭國多强族，分食都鄙，必多侈僭，故子産限之，使城郭、車旗、章服各有尊卑也。」上下有服，《通考》仁山金氏曰：「謂使貴賤衣冠各有等級，不得踰侈。當時鄭國衣冠踰制者藏而不敢服，故有『取我衣冠』之頌。」田有封洫，忽域反。

《通考》仁山金氏曰：「封疆溝洫，此水陸之路，所以限井田之界。當時井田制壞，漸有開阡陌相侵越兼并之患，故使民封土爲疆，通水爲洫，以正經界，止侵并，復田制，一時使民力爲之，所以有『作封洫』之譏，有『取我田疇』之謗。」〇廬井有伍之類。《左傳》：襄公三十年，鄭子皮授子産政。子産使都鄙有章，上下有服，田有封洫，廬井有伍。杜氏註：國都及邊鄙車服尊卑各有分部。公卿大夫服不相踰。封，疆也。洫，溝也。廬，舍也。九夫爲井，使五家相保。〇朱子曰：「有章，是有章程條法；有服，是貴賤衣冠各有制度。鄭國人謂『取我田疇而伍之，取我衣冠而褚之』，是子産爲國時，衣服有定制，不敢著底，皆收之囊中，故曰取而褚之。」又曰：「有章，是一都一鄙各有規矩；有服，是衣冠服用皆有等級高卑。義字有剛斷之意，其養民則惠，及使民則義，惠與義相反，便見得子産之政不專在於寬。就『都鄙有章』處見得義字在子産上，不在民上。」〇或問：「四者亦有序乎？」曰：「行己恭，則其事上非有容悦之私，而能敬矣；惠於民而後使之以義，則民雖勞而不怨矣。」〇新安陳氏曰：「事上之敬即行己之恭之所推，使民之義又所以濟其養民之惠也。」《通考》仁山金氏曰：「廬，田閒民舍。井，九夫爲井，所謂夫三爲居，三居爲井。伍，蓋五家爲伍，使之相親相愛。鄉田同井，使之相友相助，而其中閒有罪奇邪則相及，慶賞則相共。以此節觀之，子産治國之才，非當世所可及。然則稱之亦聖人待衰世之意。」附《蒙引》：養民，是育其生也。惠，註曰愛利，是二義。愛根於心，利施於外，表裏之義也。〇使民，是驅使，猶云駕馭也。〇吴氏曰：「數上聲，下同。其事而責之者，其所善者多也，『臧文仲不仁者三，不知去聲。者三』是也；張氏存中曰：「《左傳》：文公二年秋八月丁卯，❶大事於太廟，躋僖公，逆祀也。〔僖是閔兄，嘗爲臣位，應在下，今躋居閔上，故曰逆祀。〕仲尼曰：『臧文仲不仁者三，不知者三。下展禽〔展禽，柳下惠也。文仲知其賢而使在下位，不與立於朝也。〕廢六關，〔塞關、陽關之屬，凡六關，所以禁絶來遊而廢之。〕妾織蒲，〔以蒲爲席，是與民争利。〕三不仁也；作虚器，〔謂居蔡之室而山節藻棁也。有其器無其位，故曰虚。〕

❶「二」，原作「三」，今據《春秋左傳註疏》改。

縱逆祀，〔聽夏父弗忌，躋僖公。〕祀爰居，〔爰居，海鳥也。〕三不知也。』又按《家語・顔回》篇曰：『置六關。』王肅云：六關，關名。魯本無此關，文仲置之以税行客，故爲不仁。傳曰『廢六關』，未知孰是，姑併録之。」數其事而稱之者，猶有所未至也，『子産有君子之道四焉』是也。今或以一言蓋一人，一事蓋一時，皆非也。」厚齋陳氏曰：「自其立謗政、作丘賦、制參辟、鑄刑書言之，其所未盡者誠多也。自春秋之時言之，知君子之道者誠寡也。聖人之言，褒不溢美，貶不溢惡，稱其所長之多，而所短自不能掩爾。」○雲峰胡氏曰：「《集註》於『使民義』獨跡其實而言者，子産爲政三年，輿人頌之曰：『我有子弟，子産教之；我有田疇，子産植之。』及其卒也，孔子聞之，曰：『古之遺愛也。』先儒云子産精神全在義字上，夫民之所以頌之，夫子所以取之者，以其惠而能義。孟子所謂『惠而不知爲政』，姑指濟人一事而言爾。」

○子曰：「晏平仲善與人交，久而敬之。」

晏平仲，齊大夫，名嬰。程子曰：「人交久則敬衰，久而能敬所以爲善。」南軒張氏曰：「聖人論《豫》之六二『介於石，不終日，貞吉』，以爲君子上交不諂，下交不瀆，爲知幾。蓋交道易以陵夷，非正其志者莫之能守也，交久而敬不衰，亦可謂善矣。聖人於人，雖一善必録，天地之心也。」○勉齋黄氏曰：「朋友人倫之一，可不敬乎？攝以威儀，相觀以善，一有不敬，則失朋友之道矣。惟其久而敬也，則愈久而愈親。拍肩執袂，以爲氣合，酒食遊戲相徵逐，以爲生死不相背負，未有能全交者也。夫子美平仲之善，交友之道，盡於此矣。」○葉氏少藴曰：「夫子在齊，與平仲處者八年，故知其如此。」○新安陳氏曰：「常人之交，初則敬，久則玩。久而玩，必不能全交；久而不替初心之敬，所以爲善交也。」

○子曰：「臧文仲居蔡，山節藻梲，何如其知也？」梲，章悦反。知，去聲。

臧文仲，魯大夫臧孫氏，名辰。魯孝公生僖伯彄，字子臧，辰其曾孫，謚文。居，猶藏也。蔡，大龜也。古註：蔡，國君之守龜，出蔡地，因以爲名，

長尺有二寸。節，柱頭斗栱音拱。也。藻，水草名。梲，梁上短柱也。蓋爲藏龜之室，而刻山於節，畫俗作畫。藻於梲也。當時以文仲爲知，孔子言其不務民義而諂瀆鬼神如此，安得爲知？《春秋傳》所謂「作虛器」，即此事也。朱子曰：「卜筮事，聖人固欲人信之，然藏龜須自有合當處。今乃如此，是他心惑於鬼神，一向倒在卜筮上了，安得爲知？古説他僭，若是僭，便是不仁了，今只主不知言。大夫不藏龜於家，乃因立此説。臧文仲在當時，人説是非常底人，孔子直見他不是處，便見得聖人微顯闡幽處。」○南軒張氏曰：「所貴乎知者，爲其明見理之是非也。方其時，世俗以小慧爲知，故於文仲有惑焉。夫子明之，使人知夫所謂知者在此而不在彼也。」○新安陳氏曰：「不務民義，本文無此意，然諂瀆鬼神者必不務民義；務民義者，必不諂瀆鬼神，二者常相關。樊遲問知，子曰：『務民之義，敬鬼神而遠之，可謂知矣。』朱子蓋即答樊遲問知之意以斷臧文仲歟。」○張子曰：張子，名載，字子厚，號橫渠先生，長安人。「『山節藻梲』、『爲藏龜之室』、祀爰居之義，同歸於不知，宜矣！」朱子曰：「三不知皆是諂瀆鬼神之事。」○《國語·魯語》：海鳥曰爰居，止于魯東門之外三日，臧文仲使國人祭之。〔文仲以爲神，故命人祭之。〕

○子張問曰：「令尹子文三仕爲令尹，無喜色；三已之，無慍色。舊令尹之政，必以告新令尹。何如？」子曰：「忠矣。」曰：「仁矣乎？」曰：「未知，焉得仁？」知，如字。焉，於虔反。

令尹，官名，楚上卿，執政者也。子文，姓鬬名穀奴口反。於音烏。菟。音徒。○《左傳》：宣公四年初，若敖娶於䢵，〔音云。〕生鬬伯比。若敖卒，從其母畜於䢵，淫於䢵子之女，〔伯比私淫之。〕生子文焉。䢵夫人使棄諸夢中，〔夢，音蒙，又如字，澤名也。〕虎乳之。䢵子田，見之，懼而歸，夫人以告，〔言其女私通伯比所生。〕遂使收之。楚人謂乳穀，謂虎於菟，故命之曰鬬穀於菟。以其女妻〔去聲。〕伯比，實爲令尹子文。

其爲人也喜怒不形，物我無閒，去聲。知

有其國而不知有其身，其忠盛矣，故子張疑其仁。勉齋黄氏曰：「喜怒不形，釋三仕三已無喜愠；物我無閒，釋舊政告新；知有其國而不知有其身，通釋上兩節。」然其所以三仕三已而告新令尹者，未知其皆出於天理而無人欲之私也，《通考》仁山金氏曰：「《左氏》莊公三十年，楚申公鬬班殺子元，鬬穀於菟爲令尹。至僖公二十三年，子玉爲令尹。二十八年，子玉死，蔿吕臣爲令尹。三十三年，子上爲令尹。其後子文之死，傳又曰『令尹子文卒，鬬般爲令尹』，則是卒又爲令尹也。卒而子繼之。❶『三仕三已』別無所考。子玉之爲令尹也，子文先爲之治兵而子玉復治之。子玉死，蔿吕臣爲令尹，其後子上又爲令尹。子玉、吕臣、子上之閒，子文大率執其政以代其缺歟？」❷又曰：「《左氏》僖公二十三年秋，楚成得臣帥師伐陳，討其貳于宋也。遂取焦、夷，城頓而還。子文以爲之功，使爲令尹。叔伯曰：『子若國何？』曰：『吾以靖國也。夫有大功而無貴仕，其人能靖者與有幾？』二十七年楚子將圍宋，子文治兵于睽，❸不戮一人。子玉復治兵于蔿。杜氏謂子文欲委重于子玉，故略其事。蔿賈曰：『子之傳政于子玉，以靖國也。靖諸内而敗諸外，所獲幾何？』按此傳政之説亦舊政告新之證，但子文之傳政子玉，乃以令尹賞戰功，城濮之役又重其事權以行，此所以啓子玉好戰而致敗也。其他事蓋可想矣。」附《存疑》：子文註「其所以三仕三已而告新令尹者，未知其皆出於天理而無人欲之私」，是指事言。陳文子註「未知其心果見義理之當然而能脱然無所累，抑不得已於利害之私，猶未免於怨悔」，是指心言。是以夫子但許其忠而未許其仁也。或問：「令尹子文忠矣，孔子不許其仁，何也？」程子曰：「此只是忠，不可謂之仁。若比干之忠，見得時便是仁也。」○問：「令尹子文之忠，若其果無私意，出於至誠惻怛，便可謂之仁否？」朱子曰：「固是，然不消泥他事上説，須看他三仕三已還是當否，以舊政告新令尹，又

❶「子」下，原衍「文」字，今據《春秋左傳註疏》、《論孟集註考證》删。
❷「率」，原作「宰」，今據《論孟集註考證》改。
❸「睽」，原作「揆」，今據《春秋左傳註疏》、《論孟集註考證》改。

須看他告得是否。只緣他大體既不是了，故其小節有不足取。如管仲之三歸反坫，聖人却與其仁之功者，以其立義正也。故管仲是天下之大義，子文是一人之私行耳。」《通考》張氏師魯曰：「『未知，焉得仁』，當爲二句。《集註》於令尹子文始之以未知，終之以未許，於陳文子始之以未知，而終之以不許，各爲兩節，且又有輕重於其間，必讀作二句，然後文義方通而得《集註》之意。」

「崔子弑齊君，陳文子有馬十乘，棄而違之。至於他邦，則曰：『猶吾大夫崔子也！』違之。之一邦，則又曰：『猶吾大夫崔子也！』違之。何如？」子曰：「清矣。」曰：「仁矣乎？」曰：「未知，焉得仁？」乘，去聲。

崔子，齊大夫，名杼。直呂反。齊君，莊公，名光。陳文子，亦齊大夫，名須無。十乘，四十匹也。《通考》仁山金氏曰：「四馬共駕一車，因以四匹爲乘。古者車馬出於田賦，每甸出車一乘，則十乘乃十甸之地，其采邑之大可知。」違，去也。文子潔身去亂，不使弑逆之惡得汙其身。可謂清矣，然未知其心果見義理之當然而能脱然無所累乎，抑不得已於利害之私而猶未免於怨悔也，故夫子特許其清而不許其仁。《春秋》：襄公二十五年夏五月乙亥，齊崔杼弑其君光。《左傳》：齊棠公〔棠邑大夫。〕之妻，東郭偃之姊也。東郭偃臣崔武子。棠公死，偃御武子以弔焉，見棠姜而美，遂娶之。莊公通焉，驟如崔氏，以崔子之冠賜人。侍者曰：「不可。」公曰：「不爲崔子，其無冠乎？」〔言雖不爲崔子，猶自應有冠。〕崔子因是。又以其閒〔去聲。〕伐晉也。〔閒晉之難而伐之。〕曰：「晉必將報。」欲弑公以説于晉，而不獲閒。公鞭侍人賈舉，而又近之，乃爲崔子閒公。〔伺公閒隙。〕五月，莒子朝于齊。甲戌，饗諸北郭。崔子稱疾，不視事。〔欲使公來。〕乙亥，公問崔子，遂從姜氏。姜氏入于室，與崔子自側户出。公拊楹而歌，❶〔歌以命姜。〕侍人賈舉止衆從者而入閉門。甲興，公登臺而請，弗許。請

❶「拊」，原作「俯」，今據《春秋左傳註疏》、《四書大全》改。

盟，弗許。請自刃于廟，弗許。皆曰：「君之臣杼疾病，不能聽命。近于公宮，〔謂崔子宮近公宮，或淫者詐稱公。〕陪臣干〔胡旦反。〕掫〔將候反。〕有淫者，不知二命。」〔干掫，行夜。行夜得淫人，受崔子命討之，不知他命。〕公踰牆，又射之，中股，反隊，〔與墜同。〕遂弒之。

○愚聞之師曰：「當去聲。理而無私心則仁矣。」朱子曰：「有人事當於理而未必無私心，有人無私心而處事又未必當於理。惟仁者內無私心而外之處事又當於理，須表裏心事一皆純乎天理而無一毫之私乃可。」今以是而觀二子之事，雖其制行去聲。之高若不可及，然皆未有以見其必當於理而真無私心也。子張未識仁體而悅於苟難，《荀子·不苟篇》曰：君子行不貴苟難，唯其當之爲貴。〔注：當謂合禮義也。〕遂以小者二子之小善。信其大者，仁。夫子之不許也宜哉！讀者於此更以上章「不知其仁」、「雍也仁而不佞」及「孟武伯問子路仁乎」。後篇「仁則吾不知」之語，憲問克伐怨欲不行。并與三

仁、微子、箕子、比干。夷、齊之事求仁得仁。觀之，則彼此交盡而仁之爲義可識矣。問：「陳文子之清，令尹子文之忠，使聖人爲之，則是仁否？」程子曰：「不然，聖人爲之，亦只是清忠。」○朱子曰：「仁者心之德，聖人所以不許二子者，正以其事雖可觀而其本心或有不然也。子文三仕三已，略無喜愠，盡以舊政告之新尹；文子有馬十乘，棄之如敝屣，然此豈是易事？後人因孔子不許之以仁，便以二子之事爲未足道，此却不可。須當思二子所爲如此高絕，而聖人不許之以仁者因如何，便見得二子不可易及仁之體段實是如何，切不可容易看。」○二子忠清只就事上説，若比干、夷、齊之忠清是就心上。若比干、夷、齊是有本底忠清，忠清裏有仁，二子之忠清只喚做忠清。○問：「子文、文子之事，程子謂聖人爲之亦只是清忠，夫聖人無一事之非仁，而乃云爾者，何也？」南軒張氏曰：「程子之意大要以爲此事只得謂之清忠。然在二子爲之，曰忠曰清而止矣，仁則未知也；在聖人事或有類此者，以其事言，亦只得謂之忠清，然而所以然者則亦不妨其爲仁也。如伯夷之事，雖以清目之，亦何害其爲仁

乎？」○胡氏曰：「不知其仁，謂非全體不息者不足以當之也；仁則吾不知，謂仁則天理渾然，自無克伐怨欲之累，『不行』不足以言之也；殷有三仁，謂三人同出於至誠惻怛之意，故不咈乎愛之理而有以全其心之德也；夷、齊之仁，謂皆求合乎天理之正而即乎人心之安也。夫全體者無虧欠也，不息者無間斷也，至於外若無虧欠間斷，而中之私意根萌猶在焉，亦不得謂之仁。必其見於事者皆當於理而發於心者皆無所私，然後可以謂之仁也。」○雙峰饒氏曰：「《論語》言仁有以德言者，有以事言者。如『雍也仁而不佞』，『問子路仁乎』，『克伐怨欲不行焉，可以爲難』，皆是以德言；子文、文子『未知焉得仁』，夷、齊『求仁得仁』，『殷有三仁』，皆是以事言。以德言，非全體而不息不足以當之；以事言，則須當理而無私心乃可以當之。顏子於仁可言全體，仲弓便不可謂之全體。顏子三月不違，庶幾久而不息；日月至焉，能至而不能久，不可謂之不息。夷、齊、三仁，事當理而心無私，故皆可謂之仁。子文、文子之事，非特心未能無私，而事亦不當理，何以得爲仁乎？」《通考》程氏復心曰：「全體不息，大段從體上說來；當理無私，大段從用上說來。全體不息，是盡仁之實；當理無私，是求仁之要。子路、冉求、文子、子文一偏之性，事偶當乎理者也，不可以外著之似而許其仁也。仁體乎事，事當乎理，固可因用以見其體之該，性即理而理無不在也；仁根於心，心雜乎私，不可以用而許其仁之全，情出於氣，而氣或有偏也。孔子罕言仁，亦不輕許人以仁。其罕言也，欲求之事物之實而不虛慕其仁之名也；其不輕許也，不因其事爲之小而遂與其仁之大也。知此可以知心德之全矣。」○涂溍生曰：「忠者未必仁也，而仁者未有不忠；清者未必仁也，而仁者未有不清。忠與清皆仁中之一事。心能全此仁，則忠與清在其中。子文、文子之事未知其果當於理而真無私心，故不許其仁者，以其出於一時之勉强耳。」

今以他書考之，子文之相去聲。楚，所謀者無非僭王猾户八反。夏之事；《左傳》：莊公三十年，楚殺令尹子元，以鬭穀於菟爲令尹。僖公二十三年，❶楚成得臣伐陳，取焦、夷，子文以爲功，使子玉爲令尹。子

❶「二」，原作「三」，今據《春秋左傳註疏》、《四書大全》改。

文爲令尹凡二十八年。注：杜氏曰：「按莊公三十年，楚成王立九年矣，僖公二十三年即成王之三十六年也。楚自武王三十七年僭稱王，魯桓公之八年也。武王五十一年卒，子文王立；文王十三年卒，子堵敖立；堵敖五年卒，弟成王立。僖公元年，楚成王之十四年也，楚伐鄭，鄭即齊故也。五年，楚鬬穀於菟滅弦。六年，楚子圍許，許男面縛，銜璧，乃釋之。十二年，楚人滅黄。十五年，楚人伐隨。二十年，隨以漢東諸侯叛楚，楚鬬穀於菟帥師伐隨，取成而還。二十一年，宋人以爲鹿上之盟，以求諸侯于楚，楚人許之。諸侯會宋公于盂。楚執宋公以伐宋，已而釋之。二十二年，楚人伐宋，宋公及楚人戰于泓，宋師敗績，公傷股。明年，宋襄公死。二十三年，楚師伐陳，討其貳於宋也。此僭王猾夏之事也。」《通考》仁山金氏曰：「楚自熊通僭號，是爲楚武王。至魯莊公三十年，子文爲令尹。僖元年，楚人伐鄭，與齊桓公争諸侯，連年侵伐，於是齊爲陽穀之會。僖之四年，齊桓有次陘之師，雖受盟於召陵，而明年子文身有滅弦之師以撼江、黄、道、柏。又明年，楚人圍許，與齊桓公争鄭。僖之十一年，伐黄，明年滅之。十五年，伐徐，齊桓公救徐，而楚卒敗徐于婁林。及齊桓公卒，僖之二十年，子文身有伐隨之師以争漢東諸侯。二十一年，宋襄公爲盂之會，而楚執宋公以伐宋。又明年，敗宋師于泓，取鄭二姬以歸，子文無諫也。二十三年，得臣伐陳，取焦、夷，城頓，而子文以令尹賞之。及晉文公立，而楚伐宋伐齊，子文又重子玉之權以遺之，卒以致敗，然猶争霸不已。凡此皆僭王猾夏之事。朱子云：『如管仲三歸反坫，聖人却與其仁之功者，以其立義正也。故管仲是天下之大義，子文是一人之私行耳。』」**文子之仕齊，既失正君討賊之義，**上不能規正莊公，次不能討杼弑逆。《通考》仁山金氏曰：「崔杼之弑君，申鮮虞責閭丘嬰曰：『君昏不能正，危不能救，死不能死。』申鮮虞尚以責嬰，況陳文子爲大夫，其不能正君討賊，安得無罪？」**又不數歲而復**扶又反。**反於齊焉，**《左傳》：襄公二十七年，❶宋向戌欲弭諸侯之兵以爲名，「欲獲息民之名。」如晉，告趙孟，晉人許之。如楚，楚亦許之。如齊，齊人難之。陳文子曰：「晉、楚許之，我焉已？且人曰『弭兵』而我

❶「二」，原作「三」，今據《春秋左傳註疏》、《四書大全》改。

弗許，則固攜我民矣。將焉用之？」齊人許之。注：杜氏曰：「按襄公二十五年崔杼弒齊君，是時陳文子出奔，二十六年不經見，二十七年文子有弭兵之說，則文子自出奔復反于齊，凡二年。」《通考》仁山金氏曰：「陳文子出入皆不見於《春秋》。襄公二十五年，經書齊崔杼弒其君光，不書陳須無出奔。二十七年，宋向戌弭諸侯之兵，齊人弗許，陳文子請許之。其六月，齊慶封、陳須無皆至會。則是崔子弒君之三年，文子已復反於齊，預其大政，而傳不明言其反也。其九月，崔氏内亂，慶封爲杼攻崔氏，盡俘其家。杼至，無所歸，縊而死。傳不言陳文子與謀與否。二十八年，❶文子又主朝晉之謀。其冬，文子父子始與謀攻慶氏於朝，須無以公歸，慶封奔吴，齊盡召群公子，改殯莊公，尸崔杼於市焉。其後文子卒，其子無宇用事，至其孫乞厚施於國，至恒弒簡公。」則其不仁亦可見矣。朱子曰：「仁者心之德而天之理也，自非至誠盡性，通貫全體，如天地一元之氣，化育流行，無少間息，不足以名之。今子文仕於蠻荆，執其政柄至於再三，既不能革其僭王之號，又不能正其猾夏之心，至於滅弦伐隨之事，至乃以身爲之而不知其爲罪；文子立於淫亂之朝，既不能正君禦亂，又不能先事而潔身，至於簒弒之禍已作，又不能上告天子，下請方伯，以討其賊，去國三年，又無故而自還，復與亂臣共事，此二者，平日之所爲止於如此，其不得爲仁也明矣。然聖人之言，辭不迫切，而意已獨至，雖不輕許，而亦不輕絶也。學者因其言而反以求之，則於仁之理，與人之所以得是名者，庶幾其可默識乎？」○雲峰胡氏曰：「子文知有楚而不知有周，以《春秋》尊王之義責之，不仁矣；文子知有己而不知有齊，以《春秋》討賊之義責之，不仁矣。」○新安陳氏曰：「論至此，則其事不當理而心之私可見矣。夫子只言『未知，焉得仁』，而朱子直斷其爲不仁，蓋本章外究竟到底之斷案也。」

○季文子三思而後行。❷子聞之，曰：「再，斯可矣。」三，去聲。

季文子，魯大夫，名行父。音甫。每事必三思而後行，若使去聲，下同。晉而求遭喪之

❶「二」，原作「三」，今據《春秋左傳註疏》、《四書大全》改。

❷「○」，原脱，今據《四書章句集註》、《四書大全》補。

禮以行，亦其一事也《左傳》：文公六年，季文子將聘于晉，使求遭喪之禮以行。杜註：聞晉侯病故。既而晉襄公果卒。斯，語辭。程子曰：「爲惡之人未嘗知有思，有思則爲善矣。然至於再則已審，三則私意起而反惑矣，故夫子譏之。」朱子曰：「天下之事，以義理斷之，則是非當否再思而已審；以私意揣之，則利害得喪萬變而無窮。思止於再者，欲人之以義制事而不汩於利害之私也。」〇思之未得者，須著子細思，到思而得之，方是一思；雖見得已是，又須平心更思一遍，如此則無不當。〇問：「周公仰而思之，夜以繼日，所思豈止於三？」曰：「横渠云：『未知立心，惡多思之致疑；已知立心，惡講治之不精。講治之思，莫非術内，雖勤而何厭？』推此求之可見。」〇潛室陳氏曰：「若爲學之道，則不厭思，此只爲應事言之。」附《蒙引》：三思者，謂所思已審，而復展轉思之無已，非謂三次思量爲三思也。〇《存疑》：「再，斯可矣」，方其理之未得也，仔細商量，思而得之，是一思也；既又平心易氣，再加仔細商量，若與初間所思底無異，這方是當，這便是再思。若再思與初頭所思底不同，便須再思商量，則那再思底是一思，第三商量底乃是再思也。〇愚按季文子慮事如此，可謂詳審而宜無過舉矣，而宣公篡初患反。立，文子乃不能討，反爲去聲。之使齊而納賂焉，豈非程子所謂「私意起而反惑」之驗歟？《左傳》：文公十八年二月，公薨。文公二妃，敬嬴生宣公。敬嬴嬖而私事襄仲，宣公長而屬諸襄仲，襄仲欲立之，見于齊侯而請之，齊侯新立而欲親魯，許之。冬十月，仲殺惡及視。〔惡，太子。視，其母弟。〕宣公元年夏，季文子如齊，納賂以請會，會于平州，〔齊地。〕以定公位。〔篡立者，諸侯既與之會，則不得討，臣子殺之，與弑君同，故公與齊會而位定。〕《通考》仁山金氏曰：「季文子縱襄仲殺適立庶，于是瞷宣公之短，黜莒濮之賞，以奪其權，賂齊侯之會以固己位。其後宣公患其專，與公孫歸父謀去之。宣公薨，季文子惡歸父而恨宣公，又假立庶之罪而逐之。始終無非私意矣。」是以君子務窮理而貴果斷，都玩反。不徒多思之爲尚。問：「再思可矣，只是就

季文子身上行事處說，在學者窮索義理則思之，思之而又思之，愈深而愈精，豈可以數限？而君子物格知至者萬事透徹，事物之來皆有定則，則從容以應之，亦豈待臨時方致其思？不審此語只是文子事，抑衆人通法，皆當以再爲可耶？不容有越思耶？而程子又何故只就爲惡一邊說也？」朱子曰：「物格知至者，應物雖從容，然臨事豈可不思？況未至此，豈可不熟思耶？故以再思爲衆人之通法。蓋至此則思已熟而事可決，過則惑矣。」○雙峰饒氏曰：「窮理是思以前事，果斷是思以後事。」○陳氏曰：「理之明，則是非判斷之果，則從違決。」○新安陳氏曰：「務窮理，明也；貴果斷，決也。明於方思之初，決於既思之後。若不明不決而徒多思，則愈思而愈惑矣。」

○子曰：「甯武子邦有道則知，邦無道則愚。其知可及也，其愚不可及也。」知，去聲。

甯武子，衛大夫，名俞。按《春秋傳》，武子仕衛，當文公、成公之時。文公有道，而武子無事可見，此其知之可及也；成公無道，至於失國，而武子周旋其閒，盡心竭力，不避艱險，凡其所處上聲。皆知巧之士所深避而不肯爲者，而能卒保其身以濟其君，此其愚之不可及也。《左傳》：僖公二十八年，衛侯聞楚師敗，〔楚成王與晉文公戰于城濮，〔衛地也。〕楚師敗績。〕懼，出奔楚。〔初，晉侯將伐曹，假道于衛，衛弗許，晉伐衛。衛侯請盟，晉人弗許。衛侯欲與楚，國人不欲，故出其君，以說于晉。衛侯聞楚敗，出居襄牛之地以避晉，而遂奔楚。〕遂適陳，使元咺奉叔武以受盟。〔元咺，衛大夫。叔武，衛侯弟，使攝君事以受盟于踐土。〕癸亥，王子虎盟諸侯于王庭。或訴元咺于衛侯曰：「立叔武矣。」其子角從公，公使殺之。咺不廢命，奉夷叔以入守。〔音狩，夷叔即叔武。〕六月，晉人復衛侯，甯武子與衛人盟于宛濮。〔甯俞時從衛侯在外，故與衛人盟。〕衛侯先期入，甯子先，〔先入欲安喻國人。〕長牂〔音臧。〕守門，以爲使〔去聲。〕也，與之乘而入，〔長牂與甯子共載而入國。〕公子歂犬、華仲前驅。〔歂，市專反。華，去聲。二子並衛大夫。〕衛侯遂驅，掩甯子未備。〕叔武將沐，聞君至，喜，捉髮走出，前驅射而殺之。公知其無罪也，枕〔去聲。〕之股而哭

之。歂犬走出，公使殺之。元咺出奔晉。冬，會于温，討不服也。衛侯與元咺訟，甯武子爲輔，鍼〔其廉反。〕莊子爲坐，〔坐獄爲坐。〕士榮爲大士。〔治獄官也。《周禮》：「命夫命婦不躬坐獄訟。」元咺又不宜與君對坐，故使鍼莊子爲坐。又使衛之忠臣及其獄官質正元咺，蓋今長吏有罪，先驗吏卒之義。〕衛侯不勝，〔三子辭屈，故不勝。〕殺士榮，刖鍼莊子，謂甯俞忠而免之。執衛侯，歸之于京師，寘諸深室。甯子職納橐饘焉。〔橐，音託，衣囊也。饘，音旃，糜也。甯俞以君在幽隘，故親以衣食爲己職。言其忠至，❶所慮者深。〕元咺歸于衛，立公子瑕。〔瑕，衛公子適也。〕○僖公三十年夏，晉侯使醫衍酖衛侯，〔衍，醫名。晉文欲殺，衛侯而罪不至死，故使醫因治疾而加酖毒。〕甯俞貨醫，〔甯子視衛侯衣食，得知其謀，乃以貨賂醫。〕使薄其酖。公爲〔去聲。〕之請，〔魯僖公爲之請。〕納玉于王與晉侯，皆十瑴，〔與珏同，二玉相合曰珏。〕王許之。〔襄王許之。〕秋，乃釋衛侯。杜氏曰：「按《左氏》僖公二十五年，衛文公卒，子成公立，僖二十六年即衛成公元年也。經稱公會衛甯速盟于向，〔甯速，莊子也。〕則莊子嘗逮事成公矣。至僖公二十八年，傳稱甯武子與衛人盟于宛濮，〔武子，名俞，速之子。〕即成公即位之三年也。以此考之，甯莊子當死于成公三年左右，而後子俞爲大夫，則武子未嘗事文公。《集註》謂『武子仕衛，當文公、成公之時』，與此少異。」○**程子曰：「邦無道，能沉晦以免患，故曰不可及也。**新安陳氏曰：「朱子謂其不避艱險，程子以爲能沉晦者，蓋於艱險中能沉晦，非避事也。」**亦有不當愚者，比干是也。」**朱子曰：「邦無道時，全身退聽，人皆能之，武子不全身退聽，却似愚然，又事事處置得去，且不表著其能，所以爲愚不可及也。」又曰：「武子九世公族，與國同休戚，却與尋常無干涉底人不同。」○成公失國，若智巧之士必且隱避不肯出，武子竭力其閒，至誠懇惻，不避艱險，却能擺脱禍患，卒得兩全，非能沉晦，何以致此？若比以智自免之士，武子却似箇愚底人，但愚得來好。若使他人處之，縱免禍患，不失於此，必失於彼。○他人於邦無道時，要正救者不免禍患，要避患者又却偷安。若武子之患，既能韜晦以免患，又自處不失其正，此所以不可及。

❶「言」，原作「信」，今據《春秋左傳註疏》、《四書大全》改。

○問：「甯武子世臣，他人不必如此。」曰：「然，又看事如何。若羈旅之臣，見幾先去則可。若事已爾，又豈可去？此事最難，當權其輕重。」○雲峰胡氏曰：「武子於衛爲公族，比干於紂爲父族，皆與國存亡者也，特衛成公之患在外，欲免之非沉晦不可；紂之惡在己，不諫之而諉於沉晦，亦不可。程子所謂『亦有不當愚者』，最見時中之義。」○新安陳氏曰：「以『有道則見，無道則隱』及稱南容『不廢』、『免刑戮』，蘧伯玉『仕』、『卷懷』等例之，則有道而知，當是發舒以自見，無道則愚，當是韜晦而無爲。今證以武子之時與事，無事可見，反謂之知，盡忠濟難，反謂之愚，何也？蓋處有道而安常者易，處無道而濟變者難。武子當文公時，安常處順，知者行所無事，此可及之知也；當成公之失國，國家多事，而能竭忠冒險，保身全君，此知者所避而不敢爲，乃若愚而冒爲之，非真愚也，柳子厚曰『甯武子邦無道則愚，知而爲愚者也，不得爲真愚』是也。」《通考》仁山金氏曰：「愚謂迹之似愚也。患難不巧避，沉晦不招禍，而能委曲以濟君，此其不可及也。程子此段又是章外之意。蓋比干是王族少師，甯武子是九世公族，邦無道之時，皆當正救維持，甯子以沉晦維持，迄能有濟，而且免患，但衛侯出入，始終以亂，亦是甯子欠匡救之功，不無失諫之過。蓋文公不禮重耳之時，甯已自失諫；文公背華從楚，又失諫；其疑叔武，又失諫；已盟而疑，先期而入，又失諫；其再入也，賂殺元咺及子瑕，又失諫。夫君無道而不諫，但務沉默以兩全之，雖不可及，然君子濟世，一以愚爲尚，亦有所不當者，故又出比干一條，以補此章之意。」

○子在陳，曰：「歸與！歸與！吾黨之小子狂簡，斐然成章，不知所以裁之。」與，平聲。斐，音匪。

此孔子周流四方，道不行而思歸之歎也。

《通考》仁山金氏曰：「夫子凡三至陳。始適陳，❶有匡人之難，反衛；再適陳，蓋經宋魋之難，主司城貞子家，後又自陳適蔡，有絕糧之厄，遂如葉。楚昭將用孔子，子西止之，會卒。三則又自葉反，適陳。在陳久之，反衛。明年即自衛反魯。此言蓋發於三在陳之時，明年即歸魯。此章當連後篇『中行』章及《孟子》末篇觀之，

❶「始適陳」，原脱，今據《論孟集註考證》補。

則意極明備。」吾黨小子，指門人之在魯者。狂簡，志大而略於事也。斐，文貌。成章，言其文理成就有可觀者。裁，割正也。夫子初心欲行其道於天下，至是而知其終不用也，於是始欲成就後學以傳道於來世，又不得中行之士而思其次，本《孟子》「不得中行而與之」一章説。以爲狂士志意高遠，猶或可與進於道也，但恐其過中失正而或陷於異端耳，如曾點之狂，易流於老莊。故欲歸而裁之也。問：「何故只思狂士，不及狷者？」朱子曰：「狂底却有軀殼，可以驅策；狷者只是自守得些，便道是了，所謂『言必信，行必果』者是也。」○成章，是有首有尾，雖狂簡非中，然却做得這箇道理成箇物事，不是半上落下。故聖人雖謂其狂簡不知所裁，然亦取其成一箇道理。大率孔門弟子，隨其資質，各能成就，如子路之勇，真箇成一箇勇；冉求之藝，真箇成一箇藝，言語德行之科，一齊被他做得成了。○成章，是做得成片段，有文理可觀，蓋他狂也是做得箇狂人成。○問：「孔子欲歸而裁之，後來曾皙之徒，弔喪而歌，全似老莊，聖人既裁之後，何故如此？」曰：「裁之在聖人，聽不聽在他。」○慶源輔氏曰：「大凡學者易得有狂簡之病，非篤志爲己者不能免也，雖琴張、曾點，猶或墮於此失。志意高遠，即所謂志大也；過中失正，即其略於事者也。大凡人之志意高遠，則勢利拘絆他不住，故或可與進於道，然溺於高遠；又有脱略世故之弊，故過中失正，而或陷於異端，是以不可不有以裁之，而使歸於中正也。」○徽庵程氏曰：「狂簡者，志大而略於事，宜其梗概疏率，乃能斐然成章者，蓋其稟氣英明，賦質堅勁，雖致廣大而不屑於精微，然其規模之廣大，實非卑下者所能攀；雖極高明而不屑於中庸，然其志趣之高明，實非平凡者所能企也，其立心制行，豈不斐然可觀？但各矜所自得，非得聖人以裁之，則廣大雖可觀，而精微有未究；高明雖可喜，而中庸有未協，且有琴張、曾皙、牧皮之『夷考其行而不掩焉者』矣。」○新安陳氏曰：「狂者易過中失正，得聖人裁之則得中正矣。狂則必貴於裁，裁則不終於狂也。」附顧麟士曰：「《淺説》：『不知以中正之道自裁，時出乎法度規矩之外。』《存疑》：『但我周流四方，志在濟時，不知

歸而裁之。』時皆從《淺説》。蓋不知所裁，正説小子，欲裁意在言外也。」

○子曰：「伯夷、叔齊不念舊惡，怨是用希。」

伯夷、叔齊，孤竹君之二子。《史記・列傳》：《索隱》：「孤竹君是殷湯所封，相傳至夷、齊之父，姓墨胎氏，名初，字子朝，伯夷名允，字公信，叔齊名智，字公達，夷、齊其謚也。《地理志》云：『孤竹城在遼西令支縣。』」孟子稱其「不立於惡人之朝，音潮。不與惡人言，與鄉人立，其冠不正，望望然去之，若將浼焉」，其介如此，介，孤特而有分辨之意。宜若無所容矣，然其所惡烏路反。之人能改即止，故人亦不甚怨之也。○程子曰：「不念舊惡，此清者之量。」去聲。又曰：「二子之心，非夫子孰能知之？」朱子曰：「伯夷介僻，宜其惡惡直是惡之，然能不念舊惡，却是他清之好處。伯夷平日以隘聞，故特明之。」○「伯夷、叔齊不念舊惡」，要見得他胸中都是義理。人之有惡，不是惡其人，是惡其惡耳，到他既改其惡，便自無可惡者。今人見人有惡，便惡之，固是，然那人既改其惡，又從而追之，此便是因人一事之惡而遂惡其人，却不是惡其惡也。此與「不遷怒」一般。其所惡者，因其人可惡而惡之，而所惡不在我；及其能改，又只見他善處，不見他惡處。聖賢之心，皆是如此。○南軒張氏曰：「以夷、齊平日之節觀之，疑其狹隘而不容矣，今夫子乃稱其『不念舊惡』，何其宏裕也。蓋於其所爲亦率夫天理之常，而其胸中休休然，初無一毫介于其閒也。若有一毫介於其閒，則是私意之所執，而豈夷、齊之心哉？」

附《蒙引》：今人皆知天下歸仁，邦家無怨，爲仁人盛德事，固也。然薰蕕不同味而去取生，涇渭不同流而愛惡生，則夫爲君子者，固不能無惡於人也。如司馬温公，雖奸邪小人惡其害己者，亦斂衽咨嗟其賢；如程明道先生，則狡詐者獻其誠，暴慢者致其恭；如諸葛武侯，則李平、廖立雖爲所廢，亦惜其死而爲之流涕，此無他，公也，誠也。公則可怒在彼，誠則不言而信，皆夷、齊不念舊惡輩人也。○《存疑》：聖人之心，如明鏡止水，妍媸因物之自取，人之有惡，從而惡之，人既能改，則不復念矣。蓋所惡者，惡其惡也，非惡其人也，若惡其人，則追念不忘矣；所惡者，因其自取，非出於有心也，若出

於有心，則追念不息矣。

○子曰：「孰謂微生高直？或乞醯焉，乞諸其鄰而與之。」醯，呼西反。

微生，姓，高，名，魯人，素有直名者。醯，醋也。人來乞時，其家無有，故乞諸鄰家以與之。夫子言此，譏其曲意徇物，掠力灼反。美市恩，不得爲直也。○程子曰：「微生高所枉雖小，害直爲大。」事有小大，理無小大。范氏曰：「是曰是，非曰非，有謂有，無謂無，曰直。聖人觀人，於其一介之取予通作與。而千駟萬鍾從可知焉，故以微事斷都玩反。之，所以教人不可不謹也。」朱子曰：「如此予必如此取，只看他小事尚如此，到處千駟萬鍾，亦只是這模樣。范氏云害其所以養心者不在於大，此語尤痛切。醯，至易得之物，尚委曲如此，若臨大事，如何得當？纔枉其小，便害其大，此皆不可謂誠實也。」○問：「看孔子説微生高一章，雖一事之微，亦可見王霸心術之異處，一便見得皞皞氣象，一便見得驩虞氣象。」曰：「然。」○慶源輔氏曰：「平心順理以應物，則爲直，若有一毫計較作爲，則不得爲直。知乞醯以應人之求爲不直，則知所以爲直矣。」○厚齋馮氏曰：「人謂申棖剛，夫子以慾知其非剛；人謂文仲知，夫子以居蔡知其不知；人謂微生高直，夫子以乞醯知其非直。夫子知人之道，於衆好之而必察蓋如此。」

附《淺説》：存己之誠而無所計較，順物之理而行所無事，是之謂直。○《蒙引》：乞諸其鄰而與之，又不明其爲鄰家物也；縱明其爲鄰家物，亦恩從己出矣，皆爲掠美市恩。

○子曰：「巧言，令色，足恭，左丘明恥之，丘亦恥之。匿怨而友其人，左丘明恥之，丘亦恥之。」足，將樹反。

足，過也。朱子曰：「足者，謂本當如此，我却以爲未足而添足之，故謂之足。若本當如此，則是自足了，乃不是足。凡制字如此類者，皆有兩意。」程子曰：「左丘明，古之聞人也。」或問：「左丘明非傳《春秋》者邪？」朱子曰：「未可知也。先友鄧著作名世

考之氏姓書曰：『此人蓋左丘姓而明名，傳《春秋》者乃左氏耳。』」○左丘明所恥巧言，《左傳》必非其所作。

謝氏曰：「二者之可恥，有甚於穿窬也。慶源輔氏曰：「此雖與穿窬事不類，然其心陰巧譎詐以取悦媚，謀傾陷，則甚於穿窬。」○陳氏曰：「穿窬者之志，不過陰取貨財而止，若過諂以事人，匿怨而面友，其所包藏，豈止於取貨財之謂邪？故可恥有甚於穿窬也。」左丘明恥之，其所養可知矣。夫子自言丘亦恥之，蓋竊比老彭之意，又以深戒學者，使察乎此而立心以直也。」朱子曰：「匿怨，心怨其人而外與交也。孔門編排此書，已從其類。此二事相連，若微生高之心，久而滋長，便做得這般可恥事出來。巧言令色足恭與匿怨，皆不誠實者也，人而不誠實，何所不至？所以可恥，與上文乞醯之義相似。」○勉齋黃氏曰：「巧令足恭，諂人也，其可恥者卑賤而已；藏怨外交，姦人也，其爲險譎尤可恥。」○雙峰饒氏曰：「此上二章皆是教學者立心以直，舉微生高，是要人微事亦謹；舉左丘明，是要人表裏如一。」附《存疑》：巧言令色足恭，其胸中不可測；匿怨友人，腑臟亦深，皆立心不直者，故聖人恥之。黃氏「姦險」、《蒙引》「乘間而動」之説又是推出説，恐未是。

○顏淵、季路侍。子曰：「盍各言爾志？」

盍，何不也。

子路曰：「願車馬衣輕裘與朋友共，敝之而無憾。」衣，去聲。

衣，服之也。裘，皮服。敝，壞也。憾，恨也。附《蒙引》：子路之「衣敝緼袍與衣狐貉者立而不恥」，與其自言「願車馬衣輕裘與朋友共敝之而無憾」者，正相符，蓋同是不以外物動其心也。設使敝緼爲恥，其能無憾於朋友之敝其車馬輕裘乎？若以車馬輕裘之敝爲憾，其能以敝緼儳立於狐貉之間乎？

顏淵曰：「願無伐善，無施勞。」

伐，誇也。善，謂有能。施，亦張大之意。勞，謂有功，《易》曰「勞而不伐」是也。見《繫辭上》「子曰：『勞而不伐，有功而不德，厚之至也。』」或曰：「勞，勞事也。勞事非己所欲，故亦不欲施之於人。」亦通。前説與上句皆謙

也，後説恕也。○朱子曰：「顔子是治箇驕字，子路是治箇吝字。顔子之志，不以己之長方人之短，不以己之能愧人之不能，是與物共。」○問：「無伐善，無施勞，善與勞如何分別？」曰：「善是自家所有之善，勞是自家做出來底。」○無伐善是不矜己能，無施勞是不矜己功。○南軒張氏曰：「人之不仁，病於有己，故雖衣服車馬之間，此意未嘗不存焉。子路蓋欲克其私於事物間者，其志可謂篤，而用功可謂實矣。至於顔子，則又宏焉，理之所在，何有於己？其於善也奚伐？爲吾之所當爲而已，其爲勞也奚施？蓋存乎公理而無物我之間也。學者有志於求仁，則子路之事亦未宜忽，要當如此用力，以爲入德之塗，則顔子之事可以馴致矣。」

子路曰：「願聞子之志。」子曰：「老者安之，朋友信之，少者懷之。」

老者養之以安，朋友與之以信，少去聲。者懷之以恩。一説安之，安我也；信之，信我也；懷之，懷我也，亦通。合二説其義方備。老者我養之以安，而後方安於我。○問：「孔子舉此三者，莫是朋友是其等輩，老者是上一等人，少者是下一等人，三者足以盡該天下之人否？」朱子曰：「然。」○勉齋黄氏曰：「《集註》前説是作用，後説是效驗。後説與『綏斯來，動斯和』意思相類，自是聖人地位。但前説却有仁心自然，物各付物之意，有天地發生氣象，況顔子、子路皆是就作用上説，故前説爲勝。」附《蒙引》：老安少懷，兼内外説。蓋孔子此志，在一家則行於一家，在一國則行於一國，在天下則行於天下，況其餘澤所被，至使後世之君子賢其賢而親其親，小人樂其樂而利其利，豈惟使一世之民物得其所而已哉？○《淺説》：子曰：内自一家，外及天下，有先於我而爲老者焉，有與我同等而爲朋友者焉，有後於我而爲少者焉。老者所當安也，我則養之以安；朋友所當信也，我則與之以信；少者所當懷也，我則懷之以恩。隨此身之所接，而加以吾所固有之心；從物之所自來，而與之以物所自有之理，我之志亦不過如此。

○程子曰：「夫子安仁，顔淵不違仁，子路求仁。」朱子曰：「他人於微小物事，尚戀不能捨，仲由能如此，其心廣大而不私己矣，非意在於求仁乎？」○子路、顔子、孔子皆是將己與物對説，子路便是箇舍己忘

私底意思。今若守定他這説，謂此便是求仁，不成子路每日都無事，只是如此？當時只因子路偶然如此説出，故顔子、孔子各就上面説去。使子路若别説出一般事，則顔子、孔子又就他那一般事上説，然意思却只如此。○趙氏曰：「求仁猶與仁爲二；不違仁則身已居仁而常不去；安仁則心即仁，仁即心，安而行之，無適非仁矣。」又曰：「子路、顔淵、孔子之志皆與物共者也，但有小大之差楚宜反。爾。」程子曰：「顔子所言不及孔子，無伐善無施勞，是他顔子性分上事；孔子言安之信之懷之，是天理上事。」○朱子曰：「子路有濟人利物之心，顔子有平物我之心，夫子有萬物得其所之心。」○子路須是有箇車馬輕裘，方把與朋友共；如顔子只就性分上理會，無伐善無施勞，車馬輕裘則不足言矣；然以顔子比之孔子，則顔子猶有箇善勞在，若孔子便不見有痕迹了。又曰：子路底淺，顔子底深；二子底小，聖人底大。子路底較粗，顔子底較細膩，然都是去得箇私意了，只是有粗細。○子路收斂細密，可到顔子地位；顔子底純熟，又展拓開，可到孔子地位。○西山真氏曰：「聖門學者，誠實端慤，言者即其所行，行者即其所言。苟躬行有一毫未到，斷不敢輕以自許。子路爲人，勇於爲善，而篤於朋友，故所願如此。蓋私之一字，乃人心之深害，私苟未忘，雖於骨肉親戚之閒，尚不能無彼此物我之分，況朋友乎？子路之言，雖只及朋友，然觀其用心，則其至公無私可見矣。顔淵之志，又大於子路。蓋視己之善，如未有善，視己之勞，若初無勞，觀其用心，雖至堯舜地位，亦歉然常若不足。子路所謂『車馬衣裘與朋友共』，特顔子善中之一善耳。夫子之言志，又大於顔淵。蓋二子猶未免於用意，若聖人則如天地然，一元之氣，運之於上，而天地之閒，無一物不得其所，不待物物著力然後能之，又非二子所及。然今學者且當從子路學起，必如子路之忘私，然後方可進步，不然則物我之私横於胸中，如蟊賊如戈戟然，又安能有善不伐，有勞不矜，如顔子乎？況於聖人地位又高又遠，非用力所可到，須德盛仁熟，從容中道，然後不期而自至耳。此非始學之事，故必先學子路之忘私而後可。」又曰：「子路勇於義者，觀其志豈可以勢利拘之哉？亞於浴沂者也。問：「浴沂地位恁高，程子稱子路言

志亞於浴沂，何也？」朱子曰：「子路學雖粗，然他資質也高，如人告以有過則喜，有聞未之能行，惟恐有聞，見善必遷，聞義必徙，皆是資質高，車馬輕裘都不做事看，所以亞於浴沂。故程子曰：『子路只爲不達爲國以禮道理，若達便是這氣象也。』」又問：「浴沂是自得於中而外物不能以累之，子路雖未至自得，終亦不爲外物所動矣。」曰：「是。」○胡氏曰：「以氣象觀之，子路發於意氣者也，顏子循其性分者也，夫子則渾然天理者也。子路所以亞於浴沂，以其胸次灑落，非勢利所得拘使，無所滯礙，則曾晳之所至矣。聖人信不可及，顏子地位亦高，誠能先於貨利之閒，慕子路之勇決，而去其吝嗇之心，於求仁之方亦庶幾矣。」○慶源輔氏曰：「子路雖有曾點氣象，而其實亦有不同。曾點是知之事，子路是行之事；浴沂之智崇，共敝之行實。」○新安陳氏曰：「人心天理，本自周流，特爲私欲閒隔，故不得遂其與人同適之樂、與人同利之仁爾。子路之志，雖未能超然如曾點之灑落，然常人認物爲己，知有己，不知有人。以子貢尚貨殖，以子夏而孔子尚不假蓋焉，❶子路自甘敝緼而與人共其輕肥，私欲不閒隔其天理之周流，得遂其與人同利之仁，豈不可亞於曾點與人同適之樂乎？」

《通考》仁山金氏曰：「子路言志亞於浴沂，則曾點亞於顏子。但顏子是德行，❷曾點是見趣耳。」顏子不自私己，故無伐善；知同於人，故無施勞，朱子曰：「以善者己之所有，不自有於己，故無伐善，以勞事人之所憚，知同於人，故無施勞。」其志可謂大矣，然未免於有意也。尚有勉行克治之意。至於夫子，則如天地之化工，付與萬物而己不勞焉，此聖人之所爲也。今夫羈居宜反。靮音的。以御馬而不以制牛，人皆知羈靮之作在乎人，而不知羈靮之生由於馬，聖人之化亦猶是也。先觀二子之言，後觀聖人之言，分明天地氣象。凡看《論語》，非但欲理會文字，須要識得聖賢氣象。」問「夫子如化工」及「羈靮」之喻。朱子曰：「這只是理自

❶「而」，原作「見」；「假蓋焉」，原作「改紛華」，今據影明本《四書輯釋》改。

❷「顏」，原作「曾」，今據《論孟集註考證》改。

合如此。老者安之，是他自帶得安之理來；友信少懷，是他自帶得信之理、懷之理來。聖人爲之，初無形迹，如穿牛鼻，絡馬首，都是天理如此，恰似他生下便自帶得此理來。」○新安陳氏曰：「子路物與人共，而不爲己私者也；顔子善與人同，而不爲己私者也。夫子則廓然大公，有造化物各付物之氣象，不爲己私不足以言矣。」《通考》朱氏公遷曰：「四書言聖人之道德功業、言辭氣象與夫謙己誨人之辭，凡五十四條。『子絶四』，以心言聖人。『顔淵喟然歎』、『叔孫武叔毁仲尼』，以道言聖人。顔子贊其道之妙，言其不易學者如此；子貢贊其道之高，言其不可毁者如此。『學不厭智也』至『夫子既聖矣』，以德言聖人。『江漢以濯之』至『皜皜乎不可尚已』、子貢賢於仲尼二章，兼道、德言聖人。仲尼不爲已甚者，以德行言聖人。孟子言仲尼不爲已甚，孔子自言君子依乎中庸，二説互相發也。『陳子禽謂子貢曰子爲恭也』章，以功用言聖人。『以予觀於夫子賢於堯舜遠矣』、『世衰道微』至『惟《春秋》乎』，以事功言聖人。繼往聖開來學，則其功賢於堯舜；撥亂世而反諸正，則其功著於《春秋》。宰我舉其統體言，孟子即其一事言。『見其禮而知其政』至『未有夫子也』，以禮樂言聖人。『豈惟民哉』至『未有盛於孔子也』，兼資質、德行言聖人。『仲尼祖述堯舜』章、『孔子之謂集大成』至『非爾力也』，兼德行、學業言聖人。『子之所慎齊戰疾』、『子釣而不綱，弋不射宿』，兼德行、事實言聖人。『子所雅言詩書執禮』、『子罕言利與命與仁』、『子不語怪力亂神』，以言辭言聖人。『子温而厲』、『君子有三變』、『子之燕居』、『寢不尸，居不容』、『夫子至於是邦也必聞其政』，此五章見聖人氣象見於容貌之閒。『老者安之』至『少者懷之』、『子入大廟』、『陳司敗問昭公知禮乎』，此三章見聖人氣象見於言辭之閒。『子食於有喪者之側』、『子與人歌而善』、『子見齊衰者』、『孔子於鄉黨』至『誾誾如也』、『食不語』至『必齊如也』、『席不正不坐』至『立於阼階』、『見齊衰者』至『風烈必變』、『升車必正立執綏』至『不親指』、『師冕見』至『固相師之道也』，此九章見聖人氣象見於應物之際。有哀矜閔恤之仁，有節文委曲之禮，所謂充積極其盛，發見當其可也。『君在踧踖如也，與與如也』、『君召使擯』至『賓不顧矣』、『執圭鞠躬如也』至『愉愉如也』、『入公門鞠躬如也』至『復其位踧踖如也』、『君賜食必正席』至『加朝服拖紳』，此五節見聖人氣象見於事君之際。『述而不作』、『默而識之』、『蓋

有不知而作者』、『若聖與仁則吾豈敢』、『吾有知乎哉』、『出則事公卿，入則事父兄』、『君子道者三』，此七章見聖人自謙之辭。『吾十有五』至『所欲不踰矩』、『十室之邑』、『我非生而知之者』、『德之不脩』、『加我數年』、『文莫吾猶人也』，此六章聖人謙己誨人之辭。」

○子曰：「已矣乎！吾未見能見其過而内自訟者也。」

已矣乎者，恐其終不得見而歎之也。内自訟者，口不言而心自咎也。人有過而能自知者鮮上聲，下同。矣，知過而能内自訟者爲尤鮮。能内自訟，則其悔悟深切而能改必矣。夫子自恐終不得見而歎之，其警學者深矣。南軒張氏曰：「能見其過而内自訟，則懲創之深，省察之力，其必能舍舊而新是圖，若是則於進德也孰禦？」○勉齋黄氏曰：「自訟而見於言，不若不言而自責於心之深切。」○慶源輔氏曰：「口不言而心自咎，最改過之機。蓋悔悟深切，則誠意所蓄，根深力固。纔説出來，意思便消散了。」○厚齋馮氏曰：「不曰不見而曰未見，不敢絶天下於無人也。」○雲峰胡氏曰：「訟者欲勝人，内自訟則能勝己。」

○子曰：「十室之邑，必有忠信如丘者焉，不如丘之好學也。」焉，如字，屬上句。好，去聲。

十室，小邑也。《通考》仁山金氏曰：「古者九夫爲井，四井爲邑，二畝半之宅在田，二畝半之宅在邑，凡三十二家。十室之邑，甚言其小，不滿三十二家也。」忠信如聖人，生質之美者也。夫子生知而未嘗不好學，故言此以勉人。言美質易去聲。得，至道難聞，學之至則可以爲聖人，不學則不免爲鄉人而已，可不勉哉？南軒張氏曰：「聖人斯言，使學者知夫聖可學而至，雖有其質而不學，則終身爲鄉人而已。」○勉齋黄氏曰：「夫子自言好學，固是謙辭，然聖人惟生知，所以自然好學。學者一出一入而不加之意，正以其不能真知義理之切身故爾。」○新安陳氏曰：「忠信之質，聖人與人同耳。好學之至，則充極此美質而爲聖人；不好學，所以孤負此美質而不免爲鄉人。美質之不可恃，而學力之所當

勉如此。」〇朱子答問云：「註疏之讀不成文理。」按註疏音焉如煙，讀屬下文，故朱子既音如字，且云屬上句也。附《存疑》：忠信屬行，故註以美質解，若聰明則屬知，乃屬氣。

論語集註大全卷之五終

論語集註大全卷之六 三魚堂讀本

雍也第六

凡二十八章。篇内第十四章以前大意與前篇同。胡氏曰：「此篇前一半與上篇大意同，❶而《八佾》篇論禮樂亦與《爲政》末相接。大抵記聖人之言，多以其類，而卷帙之分，特以竹簡之編既盡而止，其篇目則聊舉其首二字以爲之别爾。」○新安陳氏曰：「亦論古今人物賢否得失。」《通考》勿軒熊氏曰：「十一章，孔門弟子，二章，列國大夫，後十五章，多言學。博文約禮，大學知行之序，『斯道』指此而言。中庸之德，即至善所止也。知之、好之、樂之，即此學也。内夫子出處一章，變魯變道一章，則夫子之志也。」

子曰：「雍也可使南面。」

南面者，人君聽治去聲。之位。厚齋馮氏曰：「人君聽治之位，必體天地陰陽之嚮背，南面嚮明也。」言仲弓寬洪簡重，有人君之度也。問：「寬洪簡重，也是説仲弓資質恁地。」朱子曰：「夫子既許他南面，則須是有人君之度，這又無稽考，須是將他言行來看如何。」○慶源輔氏曰：「惟寬故洪，惟簡故重。寬則有容，故洪；簡則守要，故重。寬與簡，御衆臨下之道也，故有人君之度而可以南面。度以德量言也。」○洪氏曰：「語顔淵以爲邦，王者之佐也；仲弓南面，諸侯之任也。」附《蒙引》：有人君之度，度猶言體也，不止德量，如言德量，止説得寬洪，包不得簡重。

仲弓問子桑伯子。子曰：「可也，簡。」

子桑伯子，魯人，胡氏以爲「疑即莊周所稱子桑户者」是也。朱子曰：「莊子所稱子桑户，與孟子反、子琴張三人爲友，蓋老氏之流。」仲弓以

❶「此篇」，原作「此章」，今據影明本《四書輯釋》、《四書大全》改。

夫子許己南面，故問伯子如何。可者，僅可而有所未盡之辭。簡者，不煩之謂。朱子曰：「仲弓爲人簡重，見夫子許之，以伯子亦是箇簡底，故以爲問。夫子言此人亦可者，以其簡也。」附《存疑》：仲弓知得夫子許己可居南面，是以其簡，因見子桑伯子之簡與己有不同者，故以爲問。○可也簡，言可也那簡，不如《語録》云「此人亦可者以其簡」。如《語録》則語意緩了。此「可」字與「可使南面」之「可」不同，仲弓把他看同了，故有此疑。○《蒙引》：可也簡者，可其簡而非可其南面也。

仲弓曰：「居敬而行簡，以臨其民，不亦可乎？居簡而行簡，無乃大簡乎？」大，音泰。

言自處以敬，則中有主而自治嚴，如是而行簡以臨民，則事不煩而民不擾，所以爲可。若先自處以簡，則中無主而自治疏矣，而所行又簡，豈不失之太簡而無法度之可守乎？慶源輔氏曰：「中有主則一，自治嚴則收斂固，事不煩則無鑿出之事，民不擾則無不得所之民；中無主則二三，自治疎則滲漏多，大簡則率易，無法度之可守則或不免於猖狂妄行矣。」《家語》記伯子不衣冠而處，夫子譏其欲同人道於牛馬。張存中曰：「劉向《説苑》云：『孔子見子桑伯子，子桑伯子不衣冠而處，弟子曰：「夫子何爲見此人乎？」曰：「其質美而無文，吾欲説〔音税，下同。〕而文之。」孔子去，子桑伯子門人不説，〔音悦。〕曰：「何爲見孔子乎？」曰：「其質美而文繁，吾欲説而去其文。」故曰：文質脩者謂之君子，有質而無文謂之易野。〔簡易鄙野也。〕子桑伯子易野，欲同人道於牛馬，故仲弓曰太簡。』」然則伯子蓋太簡者，而仲弓疑夫子之過許與？朱子曰：「居敬則凡事嚴肅，若要以此去律事，凡事都要如此，此便是居敬而不行簡也。」○今固有居敬底人，把得忒重，却反行得煩碎了。臨下以簡，只要揀那緊要底來行。○居敬行簡是兩件工夫。若謂居敬則所行自簡，則有偏於居敬之意；徒務行簡，老子是也，乃所以爲不簡。○居敬行簡，如云内外，不只是盡其内而不用盡其外；如云本末，不只是致力於本而不務乎其末，居敬了又要行簡。聖人教人爲學皆

如此，不只偏説一邊。〇居敬行簡，是有本領底簡；居簡行簡，是無本領底簡。〇居敬是自處以敬，行簡是所行得要。〇問：「敬是就心上説，簡是就事上説否？」曰：「簡也是就心上做出來，而今行簡須是心裏安排後去行，豈有不是心做出來？」〇問：「居敬行簡之居如居室之居？」曰：「然。」復問：「何謂簡？」曰：「簡是凡事據見定。」又曰：「簡静。」又曰：「居敬是所守正而行之以簡。」〇問：「居簡而行簡，則有志大略小之患，以之臨事，必有怠忽不舉之處；居敬而行簡，則心一於敬，不以事之大小而此敬有所損益也，以之臨事，必簡而盡。」曰：「居敬則明燭事幾而無私意之擾，故其行必簡。」〇葉氏少蘊曰：「簡者，臨下之道，而非所以處己也。《書》記舜之德曰『臨下以簡』，此仲弓所以可使南面也。」〇雙峰饒氏曰：「敬者一心之主宰，而萬事之本根也。仲弓之在聖門，以德行稱者也，夫子許之以『可使南面』，是以其有人君之德而然也。仲弓聞夫子之許己，而未知其所以許之之意安在，於是即其氣象之類己如子桑伯子者以爲問。夫子以其『可也簡』許之，而又曰『居簡而行簡，無乃大簡乎』，其意以爲簡出於敬，則其簡爲有本，而每事順理而要直，謂之可也固宜；簡出於簡，則其簡爲無本，而遇事不免率意而疎略，無乃簡之過乎？仲弓之簡，敬而簡者也；伯子之簡，簡而簡者也。仲弓之簡固與伯子之簡異矣，然其所以致是者，非特天資之美，亦其學力之至爾。蓋他日嘗問仁於夫子矣，夫子告之曰『出門如見大賓，使民如承大祭』，此居敬之謂也；又嘗問政於夫子矣，夫子告之曰『先有司，赦小過，舉賢才』，此行簡之謂也。居敬行簡，其得於平日師友之所講磨者如此，則可使南面，固有所自來矣。若伯子之不衣冠而處，則有仲弓之資，而無仲弓之學者也，太簡之失，不亦宜乎？」〇簡於行事上用得，於治己上用不得。故行簡則可，居簡則不可。〇新安陳氏曰：「人所以異於馬牛，以衣冠也。伯子惡衣冠煩而去之，簡則簡矣，如不敬何？簡與敬正相反，故《書》曰：『簡而無傲。』蓋簡易流於傲，無傲者，欲以敬矯簡之流弊也。敬而簡，則爲簡嚴、簡易之簡，不然，則爲簡忽、簡略之簡。仲弓蓋能居敬行簡者，伯子乃不敬而居簡行簡者也。」附《存疑》：敬兼内外，中有主，以在内者言；自治嚴，以在外者言。居敬之簡，爲簡得好者。蓋居敬則心中有個主宰，其一身動静，皆收斂於規矩之内，以是行簡，則事擇其緊關切要者行之，而不事繁文

瑣碎，故曰簡得好；若居簡，則心中先無個主宰了，其一身又脱略於規矩之外，以是行簡，則所行一發疎放，把紀綱法度都廢弛了，如西晉之清談，其禍至使中原陷於夷虜，❶是其驗也，故曰太簡而無法度之可守。○《淺説》：不亦可乎，非説是簡之可，是可其南面臨民也，故曰仲弓未喻夫子可字之意。

子曰：「雍之言然。」

仲弓蓋未喻夫子「可」字之意，而其所言之理有默契焉者，故夫子然之。朱子曰：「夫子雖不言其居簡之失，而『可』字已寓未盡善之意。仲弓雖未喻可爲僅可，乃能默契其微旨，分别出居敬、居簡之不同，夫子所以深許之。」○程子曰：「子桑伯子之簡，雖可取而未盡善，故夫子云可也。仲弓因言内主於敬而簡，則爲要直，内存乎簡而簡，則爲疎略，可謂得其旨矣。」又曰：「居敬則心中無物，故所行自簡；雙峰饒氏曰：「無物只是無私意，無私意則能循理，所以所行自簡。」居簡則先有心於簡，而多一『簡』字矣，故曰大簡。」問：「《集註》何不全用程説？」朱子曰：「程子只説得敬中有簡底意，亦有自處以敬而所行不簡，却説不及。聖人所以曰居敬曰行簡，二者須是周盡，某所以不敢全用他説。」又曰：「程子説自不相害，果能居敬，則理明心定，自是簡。」又曰：「世間有居敬而所行不簡者，如上蔡説吕進伯是個好人，極至誠，只是煩擾，便是請客也須臨時兩三番换食次；又有不能居敬而所行却簡易者，每事不勞擾，只從簡徑處行，如曹參之治齊，專尚清静，及至爲相，每日酣飲不視事，隔牆小吏歌呼，參亦酣歌以和之，何有於居敬？據仲弓言自是兩事，程子作一事看了。」○此段若不得仲弓下面更問一問，人只道「可也簡」便道了，故夫子復之曰「雍之言然」。這亦見仲弓有可使南面之基，亦見得他深沉詳密處。論來簡已是好資稟，較之繁苛瑣細使人難事，亦煞不同，然是居敬以行之方好。○問：「仲弓之有人君之度，何以知其然耶？」曰：「以前篇『不佞』之譏、此章『居敬行簡』之對而有以知其然也。」

❶「夷」，原作「夸」，今據明刻本《連理堂重訂四書存疑》改。

謝氏以爲簡以臨之，莊以涖之，蓋近之矣，然其深厚廣博宜在人上之意，則未之發也。然此曰南面而不曰爲政，則疑其主於德而言也。」○問：「居敬、居簡之不同，何也？」曰：「持身以敬，則心不放逸而義理著明，故其所以見於事者，自然操得其要而無煩擾之患；若所以處身者既務於簡，而所以行之者又一切以簡爲事，則是義理準則既不素明於內，❶而綱紀法度又無所持循於外也，太簡之弊，將有不可勝言者矣。」○勉齋黄氏曰：「居謂身所自處，行謂見於所行。觀其以居對行，則是以處身對行事明矣，居敬而後可以行簡乎！」

○哀公問：「弟子孰爲好學？」孔子對曰：「有顔回者好學，不遷怒，不貳過。不幸短命死矣！今也則亡，未聞好學者也。」好，去聲。亡，與無同。

遷，移也。貳，復也。怒於甲者，不移於乙；過於前者，不復於後。顔子克己之功至於如此，可謂真好學矣。朱子曰：「不遷怒貳過，是顔子好學之符驗如此，却不是只學此二事。其學全在非禮勿視聽言動上，乃是做工夫處，不遷不貳是成效處。」○怒與過皆自己上來，不遷不貳皆自克己上來。○勉齋黄氏曰：「存養之深，省察之明，克治之力，持守之堅，故其未怒之初，鑑空衡平，既怒之後，冰消霧釋；方過之萌，瑕纇莫逃，既知之後，根株悉拔，此所以爲好學，而《集註》以爲克己之功也。」○慶源輔氏曰：「真好學，『真』字須子細看。」○新安陳氏曰：「人惟不能克去己私，故遷怒者私意之執滯也，貳過者私意之隱伏也。顔子之學，真能克己，故當怒未嘗不怒，既怒則不遷；有過未嘗不知，既知則不留，此皆克己之功效而好學之符驗也。」短命者，顔子三十二而卒也。《家語》：顔子少孔子三十歲，年二十九而髮白，三十二而早卒。既云「今也則亡」，又言「未聞好學者」，蓋深惜之，又以見真好學者之難得也。厚齋馮氏曰：「師有父兄之道，故稱受教者爲弟子。當是時，曾子尚少，好學而可以傳道者，唯顔子一人而已。曰『今也則亡』，言好學者無存也；

❶「義」，原作「民」，今據《四書或問》改。

不曰『不聞』而曰『未聞』，不敢以一己之聞見，厚誣天下之無人，又焉知來者之不如今也。」附《蒙引》：不曰顏子克己之功如此，而必曰至於如此，故曰好學之符驗也。蓋此非好學之篤者不能也。若程子却連著勿視聽言動説，意亦差些，圈外註也。〇程子曰：「顏子之怒，在物不在己，故不遷。有不善未嘗不知，知之未嘗復行，新安陳氏曰：「二句，《易·繫辭》文，乃孔子稱顏子語。」不貳過也。」雲峰胡氏曰：「程子兼『不遷怒』、『不貳過』説。」又曰：「喜怒在事，則理之當喜怒者也，不在血氣，則不遷。若舜之誅四凶也，可怒在彼，己何與音預。焉？如鑑之照物，妍媸在彼，媸，赤之反。妍，美也。媸，醜也。隨物應之而已，何遷之有？」雲峰胡氏曰：「專説『不遷怒』。怒每自血氣而發，顏子之怒在理，不在血氣，故不遷。」又曰：「如顏子地位，豈有不善？所謂不善，只是微有差失。纔差失便能知之，纔知之便更不萌作。」張子曰：「慊口簟反。於己者，不使萌於再。」朱子曰：「慊於己，只是略有些子不足於心，便自知之，即隨手消除，不復萌作。」〇許氏曰：「心過常小，身過常大。顏子雖有心過，無身過。無身過易，無心過難，要當制之於心而已。」或曰：《通考》此下乃伊川十八歲時在大學作《顏子所好何學論》也。胡安定爲國子監直講，出題試諸生，得伊川此論，大驚異，召處以學職。「《詩》《書》六藝，七十子非不習而通也，而夫子獨稱顏子爲好學。顏子之所好，果何學歟？」程子曰：「學以至乎聖人之道也。」雙峰饒氏曰：「道者，方法之謂，言學以至乎聖人底方法也，下文言『學之道』與『學之得其道』，皆是此意。」「學之道奈何？」曰：「天地儲精，得五行之秀者爲人。問「儲精」。朱子曰：「精氣流過，儲蓄得二氣之精聚，故能生出人物。」其本也真而靜，其未發也五性具焉，曰仁、義、禮、智、信。朱子曰：「本是本體，真是不雜人僞，靜言其初未

感物時，五性便是真，未發便是静。」形既生矣，外物觸其形而動於中矣，其中動而七情出焉，曰喜、怒、哀、懼、愛、惡、去聲。欲。慶源輔氏曰：「心是活物，故外物觸之而動，上言其本静，故於此言動。」情既熾昌志反。而益蕩，其性鑿矣。朱子曰：「性固不可鑿，但人不循此理，去傷了他。」故學者約其情使合於中，正其心，養其性而已。然必先明諸心，知所往，然後力行以求至焉。朱子曰：「這一段緊要處只在『先明諸心』上。明諸心，知所往，窮理之事；力行求至，踐履之事。知所往，如識路；力行求至，如行路。」○雙峰饒氏曰：「用工最緊要處在約其情，使合於中。約是工夫，中是準則；四勿便是約的工夫，禮便是中的準則。能約其情使合於中，則心得其正而不蕩，性得其養而不鑿。」○雲峰胡氏曰：「程子此段議論皆自周子《太極圖》説來。天地儲精，此精字即是二五之精；其本也真而静，真字即是無極之真。特周子自太極説來，故先真而後精；程子只自天地説起，故先精而後真。儲字即是凝字。❶自古言性未嘗言五性，《圖説》謂五行之生也，各一其性，故此曰五性具焉。《圖説》謂五性感動而善惡分，萬事出，此則曰其中動而七情出焉。蓋五性感動之後，有善有惡，至於情既熾而益蕩，則全失其本來之善矣。《圖説》定之以中正、仁義而主静，聖人立人極之事；此曰約其情使合於中，學者克己之事也。」《通考》仁山金氏曰：「一三四條叔子，二條兼取伯叔子。『本』字指五行之理，真指五性，静指未發，約是工夫，中是準則。」若顏子之非禮勿視、聽、言、動，不遷怒貳過者，則其好之篤而學之得其道也。然其未至於聖人者，守之也，非化之也。假之以年，則不日而化矣。雙峰饒氏曰：「不遷不貳，皆是守而未化之事。若怒，自然不遷；心無過可貳，則化而無事於守矣。」今人乃謂聖本生知，非學可至，而所以爲學者，不過記誦文辭之閒，其亦異乎顏子之學矣。」程

❶「凝」，原作「疑」，今據影明本《四書輯釋》、《四書大全》改。

子曰：「小人之怒在己，君子之怒在物。小人之怒出於心，作於氣，形於身，以及於物，以至於無所不怒，是所謂遷也。怒在理，則無所遷；動乎血氣，則遷矣。舜誅四凶，蓋因是人有可怒之事而怒之。聖人之心本無怒也，譬如明鏡，好物來時，便見是好，惡物來時，便見是惡，鏡何嘗有好惡也？世之人固有怒於室而色於市。」○上蔡謝氏曰：「顔子不遷怒不貳過，則其所好乃克己之學也。」○朱子曰：「顔子因物之可怒而怒之，又安得遷？内有私意而至於遷怒者，志動氣也；有爲怒氣所動而遷者，氣動志也。」或謂：「不獨遷於他人爲遷，就其人而益之，便是遷。」曰：「此却是不中節，非遷也。」○問：「不遷怒，此是顔子與聖人同處否？」曰：「『不遷』字在聖人分上説便小，在顔子分上説便大。蓋聖人無怒，何待於不遷？聖人無過，何待於不貳？所以不遷不貳者，猶有意存焉，與『願無伐善，無施勞』之意同，猶今人所謂願得不如此，是固嘗如此，而今且得其不如此也，此所謂『守之，非化之』也。」○問：「人之義理未明，而血氣未曾消釋，物來觸著則乘此血氣之動，惟好惡之所之，怒不能得休歇而至於有所移也。若顔子則是磨得心地光明，而無一毫物事雜在其間，或喜或怒，皆是物之當喜當怒，隨其來而應之，而在我初無容心，不以此動其血氣而至於有所遷也。但此是顔子克己工夫到後方如此，却不是以此方爲克己工夫也。」曰：「夫子當時也是從他克己效驗上説，但克己工夫未到時也須照管。不成道我工夫未到那田地，而遷怒貳過只聽之耶？」○問：「顔子不遷怒亦見得克己工夫否？」曰：「固是。然克己亦非一端，如喜怒哀樂皆當克，但怒是粗而易見者爾。」○顔子於念慮處少差輒改，而今學者未到顔子地位，且須逐事上檢點過，也不論顯微。如大雷雨也是雨，些子雨也是雨，無大小都唤做過。只是晴明時節，青天白日，更無些子雲翳，這是甚麼氣象。○問：「喜怒發於當然者，人情之不可無者也，但不可爲其所動爾；過失則不當然而然者，苟知其非，則不可萌於再，所謂『頻復之吝』也。二者若不相類，而其向背實相對。」曰：「聖人雖未必有此意，但能如此看，亦好。」○顔子只是見得個道理透，見得道理透，自不遷不貳。○非禮勿視、聽、言、動，是夫子告顔子教他做工夫，要知緊要工夫却只在這上，如無伐善，無施勞，不遷怒，不貳過，是他到處。又曰：顔子到這裏直是渾然，更無些子渣滓，不遷怒，如鏡懸水止；不貳過，如冰消

凍釋。如三月不違，又是已前事，到這裏已自渾淪，都是天理，是甚次第！○問：「顏子之所學者，蓋人之有生，五常之性。渾然一心之中，未感物之時，寂然不動而已，而不能不感於物，於是喜怒哀樂七情出焉。既發而易縱，其性始鑿。故顏子之學見得此理分明，必欲約其情以合於中，剛決以克其私。私欲既去，天理自明，故此心虛静，隨感而應。或有所怒，因彼之可怒而已無與焉，怒纔過，而此心又復寂然，何遷移之有？所謂過者，只是微有差失，張子謂之『慊於己』，只是略有些子不足於心，便自知之，即隨手消除，更不復萌作，爲學工夫如此，可謂真好學矣！」曰：「所謂學者只是學此而已，伊川所謂『約其情』，《大學》所謂『明明德』，《中庸》所謂『天命之謂性』，皆是此理。」○勉齋黄氏曰：「説顏子之天資，則只是明與剛；論顏子之用功，則只是敬與義。惟其明且敬也，故幾纔動處，便覺；惟其剛且義也，故纔覺，便與一刀兩段。既明矣，又持之以敬；既剛矣，又輔之以義，天資、學力兩極，則血氣豈能輕爲之動？念慮豈能再使之差？此所以謂之『不遠復』也，所以謂之『有不善未嘗不知，知之未嘗復行』也。不遠是覺得早，復是斬斷得猛烈。」○問：「顏子之不遷怒，與喜、怒、哀、樂皆中節如何？」潛室陳氏曰：「當其怒時，見理而不見怒，故怒所可怒而不遷於他。此克己陽剛工夫，峻潔之甚，其要固歸於中節，但以中節言顏子，無起發人意處。」○慶源輔氏曰：「顏子不遷不貳，乃終身學力之所就，固非一旦收其放心便能如此，亦非是學者克己之事，故《集註》以爲克己之功。必其平日遇怒則克，不使之流蕩於外以過於物，遇過則克，不使之伏藏於内以爲之根。怒不過於物則久，久自然不遷；過蹙其根則久，久自然不貳。」○覺軒蔡氏曰：「不遷怒，朱子謂怒於甲者不移於乙，程子謂在物不在己；不貳過，朱子謂過於前者不復於後，程子謂只是微有差失，便能知之，纔知之，便更不萌作。若不同矣，然程子是就怒初發、念初萌而直言之也，朱子是就怒已發、念已萌而横言之也，其理則一，必兼之，方盡其意。」○問「不遷怒」。魯齋許氏曰：「是聖人境界之事也，如何便到得？且自『忿思難』爲始。」附《存疑》：《蒙引》曰：「罵人也是怒，打人也是怒，阻人也是怒。邵子《觀物内篇》曰：『無口過易，無身過難；無身過易，無心過難。』顏子不貳過，是心過，故曰『不遠復，無祇悔』。若兼口過、身過，便把顏子看低了。」○《語類》：「不貳過」固是逐

事上見，也不是今日有這一件不是，此後更不做，明日又是那一件不是，此後更不做。只顔子地位高，纔見一不善不爲，這一番改時，其餘是這一套，須頓消了，當那時須頓進一番。他聞一知十，觸處貫通，是這一番自當一齊打併掃斷。

○子華使於齊，冉子爲其母請粟。子曰：「與之釜。」請益。曰：「與之庾。」冉子與之粟五秉。使、爲，並去聲。

子華，公西赤也。使，爲去聲。孔子使也。慶源輔氏曰：「或使於他邑，或使於外國，不可知也。大夫無私交，此必未爲大夫時事。又孔子將之荆，先之以子路，申之以冉有，皆使之類也。又如『蘧伯玉使人於孔子』，大夫雖無私交，若此類則無害也。」釜，六斗四升。庾，十六斗。秉，十六斛。附《蒙引》：一則與所不當與，一則辭所不當辭，故聖人皆教之以義。○《存疑》：此與《孟子》「前日於齊王饋兼金一百而不受」章同看，可見辭受取予皆要以義，孔、孟同一家法也。○冉子之請粟，看來全是俗見。彼謂聖人既使他，便當周給他，蓋緣他是個見利不見義底人，故所見如此。爲季氏聚斂便是這樣見解。

子曰：「赤之適齊也，乘肥馬，衣輕裘。吾聞之也，君子周急不繼富。」衣，去聲。

乘肥馬、衣輕裘，言其富也。急，窮迫也。周者，補不足。繼者，續有餘。

原思爲之宰，與之粟九百，辭。

原思，孔子弟子，名憲。宋人。孔子爲魯司寇時，以思爲宰。粟，宰之禄也。九百，不言其量，去聲。不可考。趙氏曰：「司寇有采邑，故以思爲邑宰。」

子曰：「毋！以與爾鄰里鄉黨乎！」

毋，禁止辭。五家爲鄰，二十五家爲里，萬二千五百家爲鄉，五百家爲黨。言常禄不當辭，有餘自可推之以周貧乏。蓋鄰里鄉黨有相周之義。○程子曰：「夫子之使子華，子華之爲去聲，下「爲之」同。夫

子使，去聲。義也，而冉有乃爲之請。聖人寬容，不欲直拒人，故與之少，所以示不當與也；請益而與之亦少，所以示不當益也。求未達而自與之多，則已過矣，故夫子非之。蓋赤苟至乏，則夫子必自周之，不待請矣。原思爲宰，則有常禄；思辭其多，故又教以分諸鄰里之貧者，蓋亦莫非義也。」張子曰：「於斯二者，可見聖人之用財矣。」朱子曰：「冉子與之粟五秉，聖人亦不大段責他，而原思辭禄，又謂『與爾鄰里鄉黨』者，看來聖人與處却寬。『於斯二者，可見聖人之用財』，雖是小處，也莫不恰好，便是一以貫之處。」○問：「冉子請粟，聖人不與之辨，而與之益之。」曰：「聖人寬洪，可以予，可以無予，予之亦無害，但不使傷惠耳。」○南軒張氏曰：「子華爲夫子使於齊，使子華而有所不給，則夫子固周之矣，而子華無是之患也。其使也，爲師使，以義行之，夫以義行而其資足以給，則可以無與也。冉有爲其母請，疑可以與也，故與之少，以見其義，而冉子莫喻也。原思爲宰，宰有常禄，粟雖多，不得而辭也，使原思雖甚有餘，而其常禄亦豈得而辭哉？故聖人於子華謂『周急不繼富』，於原思謂『毋，以與爾鄰里鄉黨』，其義可見矣。蓋取與辭受莫不有其則焉，天之理也，聖人從容而不過，賢者審處而不違。若以私意加之，則失其權度，或與其所不當與，爲傷惠，而或辭其所不當辭，亦反爲有害於廉矣。」○覺軒蔡氏曰：「楊氏謂：『君子之於辭受取予之際，苟非其義，一介不以予人；苟以其道，舜受堯之天下，亦不爲泰，而士或以嗇與爲吝，寡取爲廉者，皆不知此也。以冉求、原思之賢，猶不免是，況世之紛紛者乎？』朱子云：『此説固然。子華之富，所不當繼也，而夫子於冉子之請，猶與之釜，猶與之庾，不直拒之也；原思之辭，所不當辭也，而夫子未嘗疾之，又教之以有餘則當推之以及鄰里，則聖人寬容崇獎廉退之意，亦略可見矣。然則學者貴得中行，不幸而過，寧與無吝，寧廉無貪，又不可不知也。』模按朱子廣楊氏未盡之意，深有補於世教，且使世之吝者不得託於一介不與之説，以蓋其陋，貪者不得託於舜受堯天下之説，以便其私，而輕財重義、清苦廉遜之人，亦將得以自見。故併録之，學者所宜深玩也。」○厚齋馮氏

曰：「子華之使，原思之宰，非必同一時也，記者以其辭受可互相發明，故係於此爾。」○新安陳氏曰：「一義字可斷盡此章。弟子爲師使，義也；自富而請粟請益，非義也；不繼富而與之少，亦義也。宰常禄當與，義也；有餘以周鄉鄰，亦義也。夫子於赤非吝，於思非奢，辭受取予，惟視義之當否爾。冉求爲請，自多與以爲惠；原憲甘貧，辭常禄以爲廉，皆察義未精故也。」

○子謂仲弓曰：「犂牛之子騂且角，雖欲勿用，山川其舍諸？」犂，利之反。騂，息營反。舍，上聲。

犂，雜文。騂，赤色。周人尚赤，牲用騂。角，角周正，完全端正。中去聲。犧牲也。潛室陳氏曰：「『祭天地之牛角繭栗，宗廟之牛角握，社稷之牛角尺』，以其色既赤又且角中程度也。」用，用以祭也。山川，山川之神也。言人雖不用，神必不舍也。仲弓父賤而行去聲。惡，故夫子以此譬之。言父之惡不能廢其子之善，如仲弓之賢，自當見用於世也。然此論仲弓云爾，非與仲弓言也。附《蒙引》：大抵亦是當時人有以仲弓之父賤行惡而病之，故孔子發此。不然，雖稱其子之賢，反彰其父之惡，宜非其子之所樂聞，而聖人隱惡揚善之心，亦不如此其瀆也。○孔子當時只云云，初不曾一字染著仲弓，此亦是記者知其言之所爲發而係之如此。若有一字染著，便不是聖人之言。○范氏曰：「以瞽叟爲父而有舜，以鯀爲父而有禹。古之聖賢，不係於世類，尚矣。子能改父之過，變惡以爲美，則可謂孝矣。」問：「『子謂仲弓曰：「犂牛之子，騂且角。」』伊川謂多一『曰』字，意以仲弓爲犂牛子也。考之《家語》，仲弓生於不肖之父。其説可信否？」朱子曰：「聖人必不肯對人子説人父不善。」○問：「此章前後作，用人不以世類。南軒以仲弓言『焉知賢才』之故，故孔子教之用人，此説牽合，然亦似有理脉。」曰：「横渠言：『大者苟立，雖小未純，人所不棄也。』今敬夫此説無他，只是要回互，不欲説仲弓之父不肖爾。何不虚心平氣與他看？古人賢底自賢，不肖底自不肖。稱其賢

可以爲法，語其不肖可以爲戒。」或曰：「恐是因仲弓之父不肖而微其辭。」曰：「聖人已是説了，此亦何害？大抵人被人説惡不妨，但要能改過，過而能改，則前愆頓釋。昔日是不好底人，今日自好，事自不相干，何必要回互？然又要除却『曰』字，此『曰』字留亦何害？如『子謂顏淵曰：「吾見其進也。」』不成是與顏淵説？況此一篇大率是論他人，不必是與仲弓説也。只蘇氏却説此乃是論仲弓之德，非是與仲弓言也。」○慶源輔氏曰：「犂牛雜文，雖不堪作犧牲，然其所生之子其色則騂，其角則正，則必將取以爲犧牲用矣，固不可以其母之犂而廢其子之騂也。雖欲勿用，人之私意也；山川其舍諸，理之所不容廢也。」

○子曰：「回也，其心三月不違仁，其餘則日月至焉而已矣。」

三月，言其久。朱子曰：「三月只是言其久爾，非謂三月後必違也。古人『三月無君則弔』，去國三月則復，詩人以『一日不見，如三月兮』，夫子聞《韶》『三月不知肉味』，皆久之意。」仁者心之德，心不違仁者，無私欲而有其德也。日月至焉者，或日一至焉，或月一至焉，能造七到反。其域新安陳氏曰：「造仁之域，如云入聖域。」而不能久也。朱子曰：「仁與心本是一物，被私欲一隔，心便違仁去，却爲二物。若私欲既無，則心與仁便不相違，合成一物。心猶鏡，仁猶鏡之明。鏡本來明，被塵垢一蔽，遂不明；若塵垢一去，則鏡明矣。顏子三個月之久無塵垢，其餘人或日一次無塵垢，少間又暗，或月一次無塵垢，二十九日暗，亦不可知。」○或問：「顏子三月不違仁，是無纖毫私欲，則自餘門弟子日至月至者，常爲私欲所汩乎？」西山真氏曰：「欲字有輕重。常人之心，無非私欲汩亂之時，若孔門弟子，日至月至者，雖未到無纖毫私欲之地，然亦必皆寡欲矣。孟子教人，只云『養心莫善於寡欲』，周子又進一步教人，曰『由寡以至於無』，顏子三月不違者，已到無欲之地，自餘則寡欲而已，所以未如顏子也。」○趙氏曰：「『三月』姑借以言其久，『日月』亦借以言其暫。」附《語類》：日月至焉，是客從外面到底，然亦是徹底曾到一番，却不是髣髴見得個恁地。○程子曰：「三月，天道小變之節，言其久也，過此則聖人矣。不違仁，只是

無纖毫私欲。少有私欲，便是不仁。」程子曰：「顏子經天道之變，而爲仁如此，其能久於仁也，過此則從心不踰矩，聖人也，故孔子惜其未止。」○朱子曰：「顏子三月不違，只是此心常存，無少閒斷；自三月後却未免有毫髮私意閒斷，在顏子念慮之閒，閒有不善處，却能知之而未嘗復行也。」○顏子豈直恁虛空湛然，常閉門合眼靜坐，不應事，不接物，然後爲不違仁也？顏子有事亦須應，須飲食，須接賓客，但只是無一毫私欲耳。尹氏曰：「此顏子於聖人未達一閒者也，新安陳氏曰：「閒，平聲，際也，如孟子『其閒不能以寸』。此語本楊子《問神》篇。顏淵亦潛心於仲尼矣，未達一閒爾。」若聖人則渾上聲。然無閒斷矣。」閒，去聲。斷，徒玩反。後凡言「閒斷」，音同。○朱子曰：「顏子猶不能無違於三月之後。不是三月後一向差去，但只於道理久後略斷一斷，便接續去。若無這些子閒斷，便是聖人，所以與聖人未達一閒者以此。」○新安陳氏曰：「心本仁也，心而違仁，私欲閒斷之耳。日月至焉者，私欲閒斷之時多，天理純全之時少。顏子克去己私，爲仁漸熟，故能三月之久，心不違仁，然猶未免三月之後或至於違仁也。使過此而能渾然無閒斷，則與聖人之純亦不已者一矣。」張子曰：「始學之要，當知『三月不違』與『日月至焉』內外賓主之辨，使心意勉勉循循而不能已，過此幾平聲。非在我者。」朱子曰：「三月不違者，仁在內而我爲主也；日月至焉者，仁在外而我爲客也。誠知辨此，則不安於客而求爲主於內必矣。」○三月不違底，是仁爲主，私欲爲客；日月至焉者，是私欲爲主，仁却爲客。然那客亦是主人，只是以其多在外，故謂之客。敬則常不要出外，久之亦是主人；既是主人，自是出去時少也。又曰：日月至焉底，便是我被那私欲挨出在外，是我勝那私欲不得。○以屋喻之，三月不違者，心常在內，雖閒或有出時，然終是在外不穩，纔出便入，蓋心安於內，所以爲主；日月至焉者，心常在外，雖閒或有入時，然終是在內不安，纔入便出，蓋心安於外，所以爲賓。日至者，一日一至此；月至者，一月一至此，自外而至也。不違者，心常存；日月至焉者，有時而存。此無他，知有至未至，意有誠

未誠。知至矣，雖驅使爲不善，亦不爲；知未至，雖軋勒不爲，此意終迸出來。故於見得透，則心意勉勉循循，自不能已矣。過此幾非在我者，猶言過此以往未之或知，言過此則自家著力不得，待他自長進去。又曰：三月不違，主有時而出；日月至焉，賓有時而入。○問「過此幾非在我者」。曰：「這只説循循勉勉，便自住不得，便自不由己。只是這個關難過，纔過得，自要住不得，所謂欲罷不能，如水漲船行，更無著力處。」○幾非在我，如種樹一般，初間栽培灌溉，及既成樹了，自然抽枝長葉，何用人力？問：「莫是過此則聖人之意否？」答曰：「不然。蓋謂工夫到此則非我所能用其力而自然不能已，如車已推而勢自去，如船已發而纜自行。學者若不能辨內外賓主，不能循循不已，則有時而間斷矣。孟子所謂『夫仁亦在乎熟之而已矣』，此語説得盡了。」又云：「學者無他，只是要理會這道理。此心原初自具萬物萬事之理，須是理會得分明。」○勉齋黄氏曰：「仁人之安宅也，以宅譬之，三月不違，則心爲主在仁之內，如身爲主而在宅之內也；日月至焉，則心爲賓在仁之外，如身爲賓在宅之外也。」○北溪陳氏曰：「張子內外賓主之辨，蓋起於夫子『至』之一辭。知內外賓主之辨，常在天理內而爲主，不逐人欲於外而爲賓，非真知而足目俱到者不能。到此田地，主勢日伸，賓勢日屈，其進進自不能已，過此如車輪運轉，自然不停，非吾力所能與，此即『日進無疆』地位也。」○潛室陳氏曰：「提出張子此語，正欲學者於此猛省。若是爲客，乍入復出，則爲無家之人，後來必大可哀。」○新安倪氏曰：「內外賓主之辨，朱子有二説，定宇陳氏嘗論此，以後説爲優。北溪謂內外賓主之辨，起於夫子『至』之一辭，的是如此。所謂主焉者，至於仁也，勉齋仁宅之説尤精到。以此觀之，朱子《或問》，初説也，《語録》乃後來定説也。故今編存《或問》之説於前，而列《語録》及黄、陳之説在後，俾觀者即見優劣，一遵先師之意云。」《通考》吴氏程曰：「內而主，則心與理一；外而賓，則心理猶二也。勉循有不息之意。」○勿軒熊氏曰：「前説因孔子所言以爲文，後説言心在則爲仁，不在便爲不仁，其旨尤切。」○涂氏溍生曰：「終食者，言其存養之密；三月者，言其持守之久；一日者，言其速；日月至焉，言其疎，此皆存乎一己者也。若夫漸民以仁，摩民以義，教化行而禮樂興，使民浹於肌膚，淪於骨髓，非三十年之久不可也。」○朱氏公遷曰：「勉齋黄氏云：『心不違

仁，專以知覺言；仁，人心也，合性與知覺言。』愚嘗以此推之，凡以心與義理爲一者，合性與知覺言也；以心與義理爲二者，專指知覺而言也。仁義禮智根於心，是合性與知覺言；以仁存心，以禮存心，是專指知覺而言。心不在焉，專指知覺言；心正而後身脩，合性與知覺言。孟子之不動心，合性與知覺而言也；告子先我不動心，專指知覺而言也。推此類可見。嘗有部使者按事於番，❶問準軒吴先生《論語》言心凡幾處，亦有異同如何。先生應聲曰：『簡在帝心，天之心也；從心所欲不踰矩，聖人之心也；其心三月不違仁，亞聖大賢之心也；飽食終日無所用心，衆人之心也。』使者愕然歎服。」附《蒙引》：此章之言，爲「其餘」者設。○過此則聖人矣，自顔子説；過此幾非在我，自學者説。○本註「而不能已」四字，只是勉勉循循意。○過此幾非在我，非謂過三月不違便是聖人也，言能過此勉勉循循之關，則欲罷不能矣。只是此關難過。○《存疑》：日月至焉，不是一日一月纔一至就去。若爾，則日至者一年有三百六十次，月至者一年僅得十二次，此心純是私欲，反下於「日至」了。如今市井之人，一年之久，亦安得無十二次天理發見時？似此安得爲孔門學者？故「日月至焉」是一日一月之内皆在於仁。○内外賓主之辨，三月不違者，當在三月之内，則仁在内爲主，欲在外爲賓，到三月後少間斷，則欲在内爲主，仁在外爲賓；日月至焉者，當其日至時，則一日仁在内爲主，欲在外爲賓，一日之後稍間斷，則欲在内爲主，仁在外爲賓，月至亦然。如此説方是。小註「三月不違，是仁爲主，欲爲客；日月至焉，是欲爲主，仁爲客」，看來覺未是。謂「三月不違，是仁爲主，欲爲客」，可也；謂「日月至焉，是欲爲主，仁爲客」，把諸子都説低了。今自諸子中言之，若閔子、伯牛、仲弓，皆聖人所與者，其在孔門，雖非顔子等倫去衆人遠矣，謂他是欲爲主，則其心常是私欲，仁亦暫焉耳，如此則與衆人無異，何以爲聖人所與？故知欲主仁客之説爲非也。○教人未見意思必不樂學。知得三月、日月内外賓主之辨，是見意思了，故必欲長作主而不爲客，一心一意直欲趕到那田地，再不肯住脚。故曰「使心意勉勉循循而不能已，過此幾非在我」，即《易》「過此以往，未之或知」意。蓋勉勉循循猶是在我用力時也，過此則在我無所用力矣，故曰「幾

❶「於」，原作「千」，今據《四書通旨》改。

非在我」。小註謂是「欲罷不能」，恐與本文「勉勉循循不能已」相礙，況顏子已是欲罷不能了。

○季康子問：「仲由可使從政也與？」子曰：「由也果，於從政乎何有？」曰：「賜也可使從政也與？」曰：「賜也達，於從政乎何有？」曰：「求也可使從政也與？」曰：「求也藝，於從政乎何有？」

從政，謂爲大夫。問：「從政例爲大夫，果何所據？然則子游爲武城宰，仲弓爲季氏宰之類，皆不可言政歟？」朱子曰：「冉子退於季氏之朝，夫子曰：『其事也，如有政，雖不吾以，吾其與聞之。』亦自可見。」○胡氏曰：「由、求爲季氏宰久矣，此問從政，謂可使爲大夫否也。蓋宰有家事而已，大夫則與聞國政。然康子卒不能與三子同升諸公，此魯之所以不競也。」果，有決斷。都玩反。達，通事理。藝，多才能。雙峰饒氏曰：「求也，旅泰山不能救，伐顓臾不能止，是不果也；由也，以正名爲迂，是不達也。唯子貢達於事理，占得地步却闊，使其從政，必不肯爲季氏聚斂，爲衛輒死難。」附《存疑》：果是資性剛決，遇事能斷；達是心胸穎悟，事理通曉；藝是心思工巧，處事有方。果則能決疑定事，達則能劑繁治劇，藝則能隨機應變。○

程子曰：「季康子問三子之才可以從政乎，夫子答以各有所長。非惟三子，人各有所長，能取其長，皆可用也。」朱子曰：「求也藝，於細微事都理會得，緣其才如此，故用之於聚斂必有非他人所及者，惜乎其有才而不善用之也。」○南軒張氏曰：「此可見聖人之用才也。三子者各有所長，故皆可以從政。」○勉齋黄氏曰：「程子言人各有所長，意則大矣。然如三子之達、果、藝而可以從政，則恐亦非凡人之所可能也。」○潛室陳氏曰：「冉求有爲政之才，聖人屢許之，且以政事名，想有可觀者，但義理不勝利欲之心，過失處多耳。」○問：「孔子以政事稱冉求，比用於季氏，僅能聚斂而已，不知夫子於何取之？」曰：「只以政事稱，便於學問上有欠闕，所以孔子常攻其短。」○慶源輔氏曰：「子路資稟剛勇，故能有決斷；子貢知識高明，故通達事理；冉求雖進道不力，然在政事之科，故多才能。」○齊氏曰：「季桓子垂歿有遺

言召孔子，而康子止召冉求，然則其先問由、賜也，意固在求，❶而假之以發端耳。」○吴氏曰：「善用人者，如醫之用藥，雖烏喙甘遂，猶有所取，況其才之美者乎？」《通考》吴氏程曰：「『惟三子』句。下文泛言用人之法。」

○季氏使閔子騫爲費宰。閔子騫曰：「善爲我辭焉！如有復我者，則吾必在汶上矣。」費，音祕。爲，去聲。復，扶又反。汶，音問。

閔子騫，孔子弟子，名損。魯人。費，季氏邑。汶，水名，在齊南魯北竟與境同。上。閔子不欲臣季氏，令平聲。使去聲。者善爲己辭，言若再來召我，則當去之齊。新安陳氏曰：「始言善爲我辭，辭之之言雖婉；終言去之汶上，絶之之意甚決，真有德行者，審於進退之言也。」○程子曰：「仲尼之門，能不仕大夫之家者，閔子、曾子數人而已。」朱子曰：「仕於大夫家爲僕，家臣不與大夫齒，❷那上等人自是不肯做。若論當時侯國皆用世臣，自是無官可做，不仕於大夫，除是終身不出如曾、閔方得。」○南軒張氏曰：「門人記閔子此事於問由、賜、求之後，其相去可見矣。」《通考》仁山金氏曰：「子夏嘗爲莒父宰，子游爲武城宰，子賤爲單父宰。費乃季氏私邑，夫子嘗欲墮之，宜閔子所不屑也。」謝氏曰：「學者能少知内外之分，皆可以樂音洛。道而忘人之勢。況閔子得聖人爲之依歸，彼其視季氏不義之富貴，不啻犬彘，又從而臣之，豈其心哉？朱子曰：「謝氏説得麄，若不近聖賢氣象，也可以警那懦底人，若常記得這樣在心下，則可以廉頑立懦。」在聖人則有不然者。蓋居亂邦、見惡人，在聖人則可。自聖人以下，剛則必取禍，柔則必取辱。閔子豈不能早見而豫待之乎？如由也不得其死，求也爲去聲。季氏附益，夫音扶。豈其本心哉？蓋既無先見

❶「固」，原作「故」，今據《四書管窺》改。
❷「臣」，原作「人」，今據《朱子語類》改。

之知，去聲。○未仕時。又無克亂之才既仕時。故也。然則閔子其賢乎？」慶源輔氏曰：「閔子心雖不欲臣季氏，而不遽形於言，姑令使者善爲己辭，此與人爲善意也；又言若再來召我，則當去之齊，以示其必不從之意，其與人、處己兩盡其道如此。謝氏説由、求之事，曰『是豈其本心哉』，却説得好。剛者必取禍，謂子路；柔者必取辱，謂冉求。聖人道全德備，應用無窮，其於先見之知，克亂之才，蓋兼有之，故於天下無不可爲之時，亦無不可爲之事。若未至於聖人而欲早見豫待，以擬方來之變，❶則於轇轕紛沓之際，未有不失其本心者，此閔子所以爲賢也。」

○伯牛有疾，子問之，自牖執其手，曰：「亡之，命矣夫！斯人也而有斯疾也！斯人也而有斯疾也！」夫，音扶。

伯牛，孔子弟子，姓冉，名耕。有疾，先儒以爲癩音賴。也。朱子曰：「伯牛之癩，以《淮南子》而言耳，其信否則不可知。」牖，南牖也。禮，病者居北牖下，君視之，則遷於南牖下，使君得以南面視己。《喪大記》：疾病，外內皆埽，君大夫徹縣，〔音玄。〕士去琴瑟，寢東首於北牖下。疏曰：病者雖恒在北牖下，若君來視之時，則暫時移向南牖下，東首令君得南面而視之。《通考》仁山金氏曰：「『牖』字誤，當作墉，蓋室中北墉、南牖。墉，墻也。古人室北墻上起柱爲壁，雖壁閒西北角有小圓窗，名謂之扉，屋漏，然無北牖之名。」○《説約》曰：「亦當只説北牖字誤。」時伯牛家以此禮尊孔子，孔子不敢當，故不入其室，而自牖執其手，蓋與之永訣也。慶源輔氏曰：「不入其室，避過奉之禮，義也；自牖執手，致永訣之意，仁也。此聖人從容中禮處。」命，謂天命。言此人不應平聲。有此疾，而今乃有之，是乃天之所命也。然則非其不能謹疾而有以致之，亦可見矣。問：「命者，何也？」朱子曰：「有生之初，氣稟有一定而不可易者，孟子所謂『莫之致而至者』也。」○南軒張

❶「擬」，原作「疑」，今據《四書纂疏》改。

氏曰：「如顏、冉之死，乃可謂命。於顏曰短命，於冉曰命矣夫。蓋其脩身，盡道，謹疾，又無憾，而止於是，則曰命而已。若有取死、召疾之道，則是有以致之而至，非天命之正矣。」○慶源輔氏曰：「伯牛非有致疾之道。有以致疾，則非正命矣。伯牛非其不能謹而有以致之，故夫子歎其命矣夫。然天既與之以是德，而復使之有是疾，則於栽培之理，蓋亦不得其常者矣。」附《存疑》：自牖執其手，是與之永訣；「亡之」以下，是痛惜之辭，不是永訣，觀註可見。《蒙引》說得好。○侯氏曰：侯氏，名仲良，字師聖，河東人。「伯牛以德行去聲。稱，亞於顏、閔，故其將死也，孔子尤痛惜之。」

○子曰：「賢哉，回也！一簞食，一瓢飲，在陋巷。人不堪其憂，回也不改其樂。賢哉，回也！」食，音嗣。樂，音洛。

簞，竹器。食，飯也。瓢，瓠音互。也。顏子之貧如此，而處上聲。之泰然，不以害其樂，故夫子再言「賢哉，回也」，以深歎美之。○程子曰：「顏子之樂，非樂簞瓢陋巷也，不以貧窶郡羽反。累其心而改其所樂也，故夫子稱其賢。」朱子曰：「顏子胸中自有樂，故貧窶而亦不以累其心，不是將那不以貧窶累其心底做樂。」又曰：「簞瓢陋巷非可樂，蓋自有其樂爾。『其』字當玩味，自有深意。」朱子曰：「自有其樂，『自』字對簞瓢、陋巷言。『其』字當玩味，是元有此樂。」又曰：「昔受學於周茂叔，每令平聲。尋仲尼、顏子樂處，所樂何事。」雲峰胡氏曰：「欲問顏子所樂何事，當先問顏子所好何學。」愚按：程子之言，引而不發，蓋欲學者深思而自得之。今亦不敢妄爲之說。學者但當從事於博文約禮之誨，以至於欲罷不能而竭其才，則庶乎有以得之矣。程子曰：「所處在貧賤，未嘗不樂，不然，雖富貴亦常歉然不自得，故曰莫大於理，莫重於義。」○問：「顏子在陋巷而不改其樂，與貧賤而在陋巷

者，何以異乎？」曰：「貧賤而在陋巷者，處富貴則失乎本心；顔子在陋巷猶是，處富貴猶是。」○鮮于侁問：「顔子何以不改其樂？」伊川曰：「君謂其所樂者何也？」曰：「樂道而已。」曰：「使顔子以道爲樂而樂之，則非顔子矣。」○問：「程子意謂顔子之心，無少私欲，天理渾然，是以日用動静之間，從容自得，而無適不樂，不待以道爲可樂而後樂也。」朱子曰：「謂非以道爲樂，到底所樂只是道。蓋非道與我爲二物，但熟後便自樂也。」○問：「伊川以爲若以道爲樂，不足爲顔子，又却云顔子所樂者仁而已，不知道與仁何辨？」曰：「非是樂仁，唯仁故能樂爾。是他有這仁，日用間無些私意，故能樂也。而今却不要如此論，須求他所以能不改其樂者是如何。緣得非禮勿視、非禮勿聽、非禮勿言、非禮勿動這四事做得實頭，工夫透，自然至此。」○問：「程子云周茂叔令尋顔子、仲尼樂處，所樂何事。竊意孔、顔之學固非若世俗之著於物者，但以爲孔、顔之樂在於樂道，則是孔、顔與道終爲二物。要之，孔、顔之樂只是私意浄盡，天理昭融，自然無一毫繫累耳。」曰：「然。但今人説樂道説得來淺了。要之，説樂道亦無害。」又曰：「程子云：『人能克己，則心廣體胖，仰不愧，俯不怍，其樂可知。有息則餒矣。』」○人心各具此理，但是人不見此理，這裏都黑窣窣地，一得富貴，便極聲色之娱，窮四體之奉，一遇貧賤，則憂戚無聊，所謂樂者非其所可樂，所謂憂者非其所可憂也。聖人之心，直是表裏精粗無不昭徹，方其有所思，都是這裏流出，所謂「德盛仁熟」，「從心所欲不踰矩」，形骸雖是人，其實是一塊天理，又焉得而不樂？○顔子是孔子稱他樂，他不曾自説道我樂。人自説樂時，便已是不樂了。○問：「顔子不改其樂，莫是樂個貧否？」曰：「顔子私欲克盡，故樂，却不是專樂個貧。須知他不干貧事，❶元自有個樂，始得。」又曰：「道理在天地間，須是直窮到底，至纖至悉，十分透徹，無有不盡，則與萬物爲一，無所窒礙，胸中泰然，豈有不樂？」○問：「『不改其樂』與『不能改其樂』，如何分别？」曰：「不改其樂者，僅能不改其樂而已；不能改其樂者，是自家有此樂，他無奈自家何，以此見得聖賢地位。」○問：「顔子在陋巷，而顔路甘旨有闕，則人子不能無憂。」曰：「此重則彼自輕，别無方法，别無意思，也要尋樂處，只是自去尋，却無不

❶「干」下，原衍「個」，今據《朱子語類》删。

做工夫自然樂底道理。而今做工夫，只是平常恁地理會，不要把做差異了去做。簞瓢陋巷，實非可樂之事，顔子不幸遭之，而能不以人之所憂改其樂耳。若其所樂，則固在乎簞瓢陋巷之外也，故學者欲求顔子之樂，而即其事以求之，則有没世而不可得者，此明道之説所以爲有功也。」○或謂：「夫子之樂雖在飯疏食飲水之中而忘其樂，顔子不以簞瓢陋巷改其樂，是外其簞瓢陋巷。」曰：「孔、顔之樂，大綱相似，難就此分淺深。唯是顔子止説不改其樂，聖人却云樂亦在其中。『不改』字上恐與聖人略不相似，亦只争些子。聖人自然是樂，顔子僅能不改。」○顔子之樂，亦如曾點之樂，但孔子只説顔子是恁地樂，曾點却説許多樂底事來。點之樂，淺近而易見；顔子之樂，深微而難知。點只是見得如此，顔子是工夫到那裏了，從本原上看方得。○顔子之樂平淡，曾點之樂勞攘。○南軒張氏曰：「顔子非樂簞食瓢飲也，言簞食瓢飲之貧，人所不堪，而不足以累其心而改其樂耳。然則其樂果何所樂哉？安乎天理而已矣。學者要當從事於克己，而後顔子之所樂可得而知也。」○勉齋黄氏曰：「顔樂之説，《集註》以爲從事於博文約禮，《或問》以爲無少私欲，天理渾然，二説不同，何也？曰博文約禮，❶顔子所以用其力於前；天理渾然，顔子所以收其功於後。博文則知之明，約禮則守之固。凡事物當然之理，既無不洞曉而窮通，得喪與凡可憂可戚之事，舉不足以累其心，此其所以無少私欲，天理渾然，蓋有不期樂而自樂者矣。」○潛室陳氏曰：「所樂在道，以道爲樂，此固學道者之言，不學道之人固不識此滋味。但已得道人，則此味與我兩忘，樂處即是道，固不待以彼之道樂我之心也。孔、顔之心，如光風霽月，渣滓渾化，從生至死，都是道理，順理而行，觸處是樂，行乎富貴，則樂在富貴，行乎貧賤，則樂在貧賤，夷狄患難，觸處而然。蓋行處即是道，道處即是樂，初非以道爲可樂而樂之也。」又曰：「心廣體胖，無入而不自得，所樂即是道也。若但以孔、顔之樂不可形容，而不知其所樂何事，則將有耽空嗜寂之病。聖賢著實工夫，豈是欲人懸空坐悟？所以濂溪必令二程尋孔、顔所樂何事。」○西山真氏曰：「《集註》所引程子三説，其一曰不以貧窶改其樂，二曰蓋自有其樂，三曰所樂何事，皆不説出顔子之樂是如何樂，其末却令學者於博文約禮上

❶「曰」，原作「或問」，今據《四書集編》改。

用功，博文約禮亦有何樂？ 程、朱二先生若有所隱而不以告人者，其實無所隱而告人之深也。 有人謂顔子所樂者道，程先生以爲非，由今觀之，所樂者道之言，豈不有理？ 而程先生乃非之，何也？ 蓋道只是當然之理而已，非有一物可以玩弄而娱悦也。 若云所樂者道，則吾身與道各爲一物，未到渾融無間之地，豈足以語聖賢之樂哉？ 顔子工夫，乃是博文約禮上用力。 博文者，言於天下之理無不窮究而用功之廣也。 文者，言凡物皆有自然之條理也；博者，廣也，如伊川之論格物，自一身性情之理，與一草一木之理，無不講究是也。 約禮者，言以禮檢束其身而用功之要也，❶如視聽言動必由乎禮，常置此身於準繩規矩之中，而無一毫放逸恣縱之意是也。 博文者，格物致知之事也；約禮者，克己復禮之事也。 内外精粗，二者並進，則此心此身，皆與理爲一，從容游泳於天理之中，雖簞瓢陋巷，不知其爲貧，萬鍾九鼎，不知其爲富，此乃顔子之樂也。 程、朱二先生恐人只想像顔子之樂，而不知實用其功，雖日談顔子之樂，何益於我？ 故程子全然不露，只使人自思而得之，朱先生又恐人無下手處，特説出『博文約禮』四字，令學者從此用力。 真積力久，自然有得，至於欲罷不能之地，則顔子之樂可以庶幾矣。」○雙峰饒氏曰：「人之常情，莫不樂富貴而憂貧賤，今孔、顔之樂不在於高堂數仞、榱題數尺、食前方丈、侍妾數百人，而乃在於疏食飲水、曲肱而枕、簞食瓢飲、居於陋巷之際，夫疏水曲肱、簞瓢陋巷，豈可樂之事哉？ 是其爲樂，固非富貴之謂，而亦非貧賤之云，要必超乎二者之外，而别有所謂樂也。 謂之『亦在其中』者，言雖當如是之時，而吾之所樂亦未嘗不在於此；謂之『不改其樂』者，言雖處如是之地，而吾之所樂亦不以此而改爾，非謂疏水曲肱、簞瓢陋巷之爲可樂也。 周子於此，每令人尋其所樂者何事，而程子述之，其所以發人之意深矣。」○博文約禮，是仲尼之所以教，顔子之所以學處，於此用功，則孔、顔之樂可尋矣。 ○鄭舜舉曰：「道在吾身，日由乎道，則安而樂矣。 若以道爲可樂而樂之，則身與道爲二，非所謂樂之者也。」《通考》朱氏公遷曰：「孔子渾然天理，故貧富不能動其心；顔子能克己復禮，故不以貧富動其心，此孔、顔之所以分也。」附《存疑》：顔子之樂，克己之功也；人所以不樂，私欲爲累耳。 私欲既出，萬累俱

❶「禮」，原作「理」，今據《四書纂疏》改。

無，心胸之天，悠然自適，故樂。朱子曰：「只是私欲未去。如口之於味，耳之於聲，皆是欲。得其欲，即是私欲，反爲所累，何足樂？若不得其欲，只管求之，其心亦不樂。惟是私欲既去，天理流行，動静語默日用之間，無非天理，胸中廓然，豈不可樂？」○或問孔、顔所樂何事。朱子曰：「不要去孔、顔身上問，只去自家身上討。」此説有補學者。如今説孔、顔之樂，亦是説夢耳。

○冉求曰：「非不説子之道，力不足也。」子曰：「力不足者，中道而廢。今女畫。」説，音悦。女，音汝。

力不足者，欲進而不能。慶源輔氏曰：❶「心欲進而力有所不及也。」畫者，能進而不欲。新安陳氏曰：「力能進而心有所不肯也。」謂之畫者，如畫地以自限也。○胡氏曰：「夫子稱顔回不改其樂，冉求聞之，故有是言。然使求説夫子之道，誠如口之説芻豢，音患。則必將盡力以求之，何患力之不足哉？畫而不進，則日退而已矣，此冉求之所以局於藝也。」朱子曰：「力不足者，中道而廢，廢是好學而不能進之人，或是不會做工夫，故是材質不可勉者。今女畫，畫是自畫，乃自謂材質不敏而不肯爲學者。」○問：「力不足者，非無志否？」曰：「雖非志，而志亦在其中。所見不明，氣質昏弱，皆力不足之故。冉求乃自畫耳。」○問：「自畫與自棄如何？」曰：「也只是一般，只自畫是就進上説，到中閒自住了，自棄是全不做。」○雙峰饒氏曰：「力不足者，是氣質弱甚，天理不能勝人欲。中道而廢者，如人擔重擔行遠路，行到中途，氣匱力竭，十分去不得，方始放下，如此方謂之力不足。冉求未嘗用力，❷便説力不足，如季氏旅泰山，且須救，他便説不能，此是畫處。」○新安陳氏曰：「《語》首章，《集註》云：『説之深而不已焉耳。』説貴乎深。説苟深，必欲罷不能，豈有自畫之患？畫而不進，説之不

❶「輔」，原作「陳」，今據影明本《四書輯釋》、《四書大全》改。

❷「嘗」，原作「常」，今據影明本《四書輯釋》、《四書大本》改。

深故也。求局定於藝而不能充拓，其弊原於晝以自限耳。」附《蒙引》：《中庸》所謂「半途而廢」，自廢也；此之廢，不得已而廢也，語意自不同。

○子謂子夏曰：「女爲君子儒，無爲小人儒。」

儒，學者之稱。程子曰：「君子儒爲去聲，下同。己，小人儒爲人。」○謝氏曰：「君子小人之分，義與利之閒而已。然所謂利者，豈必殖貨財之謂？以私滅公，適己自便，凡可以害天理者，皆利也。子夏文學雖有餘，然意其遠者大者或昧焉，故夫子語音御。之以此。」朱子曰：「聖人爲萬世立言，豈專爲子夏説？此處正要見得義利分明，人多如此含糊去了，不分界限。今自己會讀書，看義理，做文字，便道別人不會，便謂强得人，此便是小人儒。毫釐閒便分君子小人，豈謂子夏決不如此？」○君子儒、小人儒，同爲此學者也，若不就己分上做工夫，只要説得去，以此欺人，便是小人儒。○子夏是個細密謹嚴底人，中閒忒細密，於小小事上不肯放過，便有委曲周旋人情，投時好之弊。○慶源輔氏曰：「子夏資質純固，但欠遠大之見，而有近小之蔽，恐或溺於私與利也，故以是告之。然此必子夏始見時事，至其言『切問近思，仁在其中』、『聖人之道有始有卒』之説，則必不至此矣。」附《蒙引》：學爲仁，學爲義，但知其爲吾性分所固有，職分所當爲，盡吾事焉而已者，爲己也；若學爲仁爲義，而欲以求聲譽干利禄者，便是爲人也。爲己爲人之分，不於其迹而於其心。迹則同，心則異，所謂「不同」也，所謂「觀其所由」也。○前輩有云：「古者腐儒，今則皆盜儒矣。」嗚呼！○《存疑》：儒者之學，不外知行。致知力行，只欲求得於己，君子儒也；致知力行，只欲求知於人，小人儒也。君子小人之分，爲己爲人之閒而已。○或問小註。洪氏曰：「讀《論語》者，必先辨其言之先後，若『參也魯』，必先於一唯之對也，『片言折獄』，必後於『由之行詐』也；子張『未仁』，必先於『能行五者』也；子夏『切問近思』，必後於『小人儒』也。門人所記，初無次序，不可以不考也。」

○子游爲武城宰。子曰：「女得人焉爾

乎？」曰：「有澹臺滅明者，行不由徑。非公事，未嘗至於偃之室也。」女，音汝。澹，徒甘反。

武城，魯下邑。澹臺，姓，滅明，名，字子羽。徑，路之小而捷者。公事，如飲射讀法之類。朱子曰：「『焉爾乎』三字，是語助，聖人之言寬緩不急迫。」○胡氏曰：「言魯下邑，非大夫之采邑也。飲謂鄉飲酒，《周禮》鄉大夫賓賢能，飲國中賢者能者，州長習射，黨正蠟祭，皆行鄉飲酒禮。射謂鄉射，《周禮》鄉大夫以五物詢衆庶，一曰和，二曰容，三曰主皮，四曰和容，五曰興舞，州長春秋以禮會民，皆行鄉射禮。讀法則州長於正月之吉，黨正於四時孟月吉日，族師於月吉，閭胥於既比，皆行讀法禮。以是知爲邑宰者亦然也。其他則凡涉乎公家者皆是也。」不由徑，則動必以正，而無見小欲速之意可知；非公事不見邑宰，則其有以自守，而無枉己徇人之私可見矣。胡氏曰：「動必以正，則非但於行路而已；有以自守，則非但不私謁而已，故又以可知可見總言之，因小以明大，因兩端以見全體。」○楊氏曰：「爲政以人才爲先，故孔子以得人爲問。如滅明者，觀其二事之小，而其正大之情可見矣。後世有不由徑者，人必以爲迂；不至其室，人必以爲簡。非孔氏之徒，其孰能知而取之？」問：「楊氏謂『爲政以人才爲先』，如子游爲武城宰，縱得人，將焉用之？似説不通。」朱子曰：「古者士人爲吏，恁地説也説得通，更爲政而得人講論，此亦爲政之助，恁地説也説得通。」○問：「『觀其二事之小而正大之情可見矣』，非獨見滅明如此，亦見得子游胸懷也恁地開廣，故取得這般人。」曰：「子游意思高遠，識得大體。」附《蒙引》：「『女得人焉爾乎』，只是問説女爲宰於彼，曾得有立心制行之好人否？不必説『爲政以人才爲先』，子游不是取滅明輔政。」愚謂持身以滅明爲法，則無苟賤之羞；取人以子游爲法，則無邪媚之惑。雙峰饒氏曰：「持身者不以苟賤爲羞，則枉己徇人無所不至；取人者苟爲邪媚所惑，則賢否邪正皆不復能辨

矣。」○雲峰胡氏曰：「『苟賤之羞』、『邪媚之惑』八字，與『正大之情』四字相反，然非子游自持身正大者，未必取人如滅明之正大也。」《通考》仁山金氏曰：「焉爾乎，按字義如是爲爾，其辭氣必有所指，謂汝得人焉有如是者乎，謂其可與進取於斯道者。」

○子曰：「孟之反不伐，奔而殿，將入門，策其馬，曰：『非敢後也，馬不進也。』」殿，去聲。

孟之反，魯大夫，名側。胡氏曰：「反即莊周所稱孟子反者是也。」朱子曰：「莊子所謂孟子反，蓋聞老氏懦弱謙下之風而悦之者也。」伐，誇功也。奔，敗走也。軍後曰殿。策，鞭也。戰敗而還，音旋。以後爲功。反奔而殿，故以此言自揜其功也。事在哀公十一年。《左傳》：哀公十一年，齊國帥師伐我，孟孺子洩帥右師，冉求帥左師。師及齊師戰於郊，右師奔，齊人從之，孟之側後入以爲殿，抽矢策其馬，曰：「馬不進也。」○朱子曰：「這便是『克伐怨欲不行』，與顔子『無伐善』底意思相似。」○南軒張氏曰：「奔而爲殿，固已難能，及將入門，是國人屬耳目時也，反非惟不自有其功，又自揜其功，深自抑損如此，故聖人有取焉。爲學之害，矜伐居多，聖人取之以教門人也。」○謝氏曰：「人能操平聲。無欲上人之心，則人欲日消，天理日明，而凡可以矜己誇人者，皆無足道矣。然不知學者欲上人之心無時而忘也，若孟之反，可以爲法矣。」朱子曰：「欲上人之心，便是私欲。聖人四方八面提起向人説，只要去得私欲。孟之反他事不可知，只此一事便可爲法。」○問：「人之伐心固難克，然若非先知得是合當做底事，則臨事時必消磨不去。諸葛孔明所謂『此臣所以報先帝而忠陛下之職分也』，若知凡事皆其職分之所當爲，只看做得甚麼樣大功業，亦自然無伐心矣。」曰：「也不是恁地，只是個心地平底人，故能如此。若使其心地不平，有矜伐之心，則雖十分知是職分之所當爲，少間自是走從那一邊去，遏捺不下。少間便説我却盡職分，你却如何不盡職分，便自有這般心。孟之反只是個心地平，所以消磨容得去。」○「孟之反不伐」與馮異之事不同。蓋軍敗以殿爲功，殿於後則人

皆屬目其歸，❶他若不恁地説，便是自承當這個殿後之功。若馮異乃是戰時有功，到後來事定，諸將皆論功，他却不自言也。」○雙峰饒氏曰：「人所以矜伐，只爲好勝之心蔽了天理，有些小功能，自視不勝其大，容著不得，只管矜伐。若能捺伏此心，則私意消，天理明，便是有莫大功業，亦只如一點浮雲，何足矜伐哉？上蔡平時用力去個矜字，所以説得如此痛切。」附《存疑》：須看孟之反不伐意思是如何。他意師敗國辱，正臣子負愧之日，而己乃以此時得功，非特於心有愧，實不安耳。似此存心，過萬萬矣，故夫子表而出之，亦以愧夫當世之淺中狹量者。○《淺説》：大抵客氣未易消磨，私欲未易退聽，故學者之害，於伐居多。好名之心勝，則伐善以好名；好利之心勝，則矜功以謀利。自非器量宏深，規模遠大，能多容杯勺而不泛湧四溢哉？然必識爲之先也。識不足而强欲其器之宏，難矣哉。先儒曰：「量隨識長。」誠哉是言也。古之君子，善蓋天下，功在萬世，而自視若浮雲之過太虚，亦是識到。○《蒙引》：據莊周所稱，則孟之反此一節，亦是老氏之行，但聖人取人之善以爲世勸，正不計其心云耳。

○子曰：「不有祝鮀之佞而有宋朝之美，難乎免於今之世矣！」鮀，徒河反。

祝，宗廟之官。鮀，衛大夫，字子魚，有口才。朝，宋公子，有美色。言衰世好去聲。諛悦色，非此難免。蓋傷之也。問：「謝氏疑『而』字爲『不』字。」朱子曰：「當從伊川説，謂無鮀之巧言與朝之美色，難免於今，必見憎疾也。」○南軒張氏曰：「必有巧言令色，而後可以免於世，則世衰道微可知。中人已下，以利害存心者，鮮不爲之變易矣，此聖人所以歎也。」○雙峰饒氏曰：「世教明，則人知善之可好而不好諛，知德之可悦而不悦色矣。」《通考》❷仁山金氏曰：「『而有』，『而』字猶『與』字，古者兩事相兼者，以『而』字中遞之。」附《蒙引》：「而」字，似與「無虐煢獨而畏高明」之「而」字同。○宋朝之美，美色也，是體貌自然之美色，與人爲之「令色」不同。

○子曰：「誰能出不由户？何莫由斯道也？」

❶「其」，原脱，今據《朱子語類》、《四書纂疏》補。
❷「考」，原作「旨」，今據影明本《四書輯釋》改。

言人不能出不由户，何故乃不由此道邪？怪而歎之之辭。厚齋馮氏曰：「莫，不肯也。」○雙峰饒氏曰：「『何』字中有深意。」○洪氏曰：「人知出必由户，而不知行必由道。非道遠人，人自遠爾。」朱子曰：「但纔不合理處，便是不由道。」○「何莫」之云，猶「何莫學夫詩」耳。❶若直以出不能不由户，譬夫行之不能不由道，則世之悖理犯義而不由於道者，爲不少矣，又何説以該之邪？○南軒張氏曰：「即父子而父子在所親，即君臣而君臣在所嚴，夫婦之有别，朋友之有信，以至於一飲食起居之閒，莫不有道焉，故曰『誰能出不由户？何莫由斯道也』，謂未有出而不由户者，何事而不由於道乎？道不可離如此，是以君子敬以持之，顛沛必於是，造次必於是，而惟恐其或失也。」○西山真氏曰：「事親事長，人人之所同也，然必事親孝，事長弟，然後謂之道，不然，則非道矣。此歎世人但能知出必由户，而不知行必由道，欲人知行不可以不由道也。」○新安陳氏曰：「夫子怪歎時人，蓋曉人以道之當必行，亦以見道之本不難行也，與孟子『夫道若大路然，人病不求』之意相似。」

○子曰：「質勝文則野，文勝質則史，文質彬彬，然後君子。」

野，野人，言鄙略也。史，掌文書，多聞習事，而誠或不足也。朱子曰：「史，掌文籍之官，如『二公及王乃問諸史』，并《周禮》諸屬各有史幾人。」○慶源輔氏曰：「史，如《周官》太史、小史之屬。太史掌邦之大典，小史掌邦國之志，所謂多聞也；太史、小史皆掌喪祭、賓客、會同、朝覲、軍旅之事，所謂習事也。先王盛時，史雖多聞習事，而誠實固無不足者；世衰道微，習於外者，多遺其內，故多聞習事之史，或有誠實不足者。下一『或』字，其義備矣。」彬彬，猶班班，物相雜而適均之貌。言學者當損有餘，補不足，至於成德，則不期然而然矣。新安陳氏曰：「先有質，而後有文，文所以文其質也。文得其中，方與質稱，文不及，則爲野，文太過，則爲史，故文可

❶「夫」，原作「於」，今據《論語註疏》、《四書大全》改。

損益而質無損益。學者損史之有餘，補野之不足，使文質相稱，則有彬彬之氣象矣。《集註》分學者與成德而言，蓋始焉損有餘，補不足，乃勉而爲之，到成德之境，則自然純熟，不待損之補之而後文質始相稱也。」○

楊氏曰：「文質不可以相勝。然質之勝文，猶之甘可以受和，去聲。**白可以受采也；文勝而至於滅質，則其本亡矣，雖有文，將安施乎？然則與其史也，寧野。」**

程子曰：「君子之道，文質得其宜也。」○朱子曰：「文質是不可以相勝，纔勝便不好。夫子言文質彬彬，自然停當恰好，❶不少了些子意思。若子貢『文猶質，質猶文』，便説得偏了。」○慶源輔氏曰：「質勝文則野，則質有餘而文不足；文勝質則史，則文有餘而質不足。學者能於其不足者補之，於其有餘者損之，至於成德，則文質班班然相雜而適相稱，有不期然而然者矣，夫然後可以謂之君子。」又曰：「野猶近本，史則徇末矣。」附《蒙引》：質勝文者，凡一言也，任意率然，而不知有語默之則，凡一動也，徑情直行，而不知有進退周旋之節，此則謂之野人；文勝質者，品節詳明，而忠誠之不足，文物燦然，而實意之反疎，此則謂之史也。必文與質稱，質與文稱，舉無有餘不足之患，然後爲君子。君子與上文野字、史字正相反。夫質勝文則爲野，非君子也；文勝質則爲史，非君子也；文質彬彬，然後君子。意重在君子上。君子則威儀文辭之中，自有忠信誠愨者存；忠信誠愨之表，自有威儀文辭者在，此之謂文質彬彬。○《存疑》：看文質，當把忠來參看，方分曉。或問：「忠與質如何分？」朱子曰：「質朴則未有文，忠則渾然無質可言也。」今因是推之，忠只是個朴實頭，未有文爲制度也；質已有文爲制度，但亦只是大概，未必甚備具美也；文則許多儀文曲折皆具，而且華美矣。忠、質、文三者並言，當如此分。若只言文質，則忠與質當合看。蓋質只就忠上加起，非有二也。○忠信內存，規制僅見，而儀節章采殊無足觀，此質勝文也；文采外見，規制周詳，而忠信誠愨多有不足，此文勝質也。○文質當有輕重，所謂彬彬，須是質以爲主，文以輔之，如《蒙引》曰：「七分質，三分文，方得適均。」如輕重不分，五分質，五分文，便是子貢『文猶質也，質猶文也』之説，

---

❶「停」，原作「亭」，今據《朱子語類》、《四書大全》改。

不免見駁於朱子矣。」○《淺説》：文質彬彬，以成德者言，不待損益者也。

○子曰：「人之生也直，罔之生也幸而免。」

程子曰：「生理本直。罔，不直也，而亦生者，幸而免耳。」龜山楊氏曰：「人之生也直，是以君子無所往而不用直，直則心得其正矣。古人於幼子，常示毋誑，❶所以養其直也。所謂直者，公天下之好惡而不爲私焉耳。」○朱子曰：「『罔之生也』之生，與上面『生』字微有不同，此『生』字是生存之『生』。人之絶滅天理，便是合死之人，今而不死，蓋幸免也。」○天地生生之理只是直，纔直便是有生生之理，不直則是枉天理，宜自屈折也，而亦得生，是幸而免耳。○罔只是脱空作僞，做人不誠實，以非爲是，以黑爲白，如不孝於父，却與人説我孝，不弟於兄，却與人説我弟，此便是罔。據此等人合當用死，却生於世，是幸而免耳。生理本直，如耳之聽，目之視，鼻之臭，口之言，心之思，是自然用如此，若纔去這裏著些屈曲支離，便是不直矣。又云：其粗至於以鹿爲馬也，是不直，其細推至一念之不實，惡惡不如「惡惡臭」，好善不如「好好色」，也是不直。○如水有源便流，這只是流出來無阻滯處，如見孺子將入井，便有個惻隱之心，見一件可羞惡底事，便有個羞惡之心，這都是本心，自然發出來，若順這個行，便是直。若是見入井而不惻隱，見可羞惡而不羞惡，這便是罔。○此章之説，程伯子之言約而盡矣。兩「生」字雖若不同，而義實相足。蓋曰天生是人也，實理自然，初無委曲，彼乃不能順是而猶能保其生焉，是其免特幸而已耳。○如木方生被人折了，便不直，多應是死，到得不死，幸然如此耳。○南軒張氏曰：「天理本直，在人則順其性而不違，所謂直也。直者生之道，循理而行，雖命之所遭有不齊焉，而莫非生道也。罔則昧其性，冥行而已，是與『游魂爲變』者相去幾何？其生特幸免耳。」○雙峰饒氏曰：「罔，無也，謂滅盡此直道。」《通考》黄氏震曰：「罔對人而言，蓋罔罔然不知所以爲人者也；『幸而免』對『生也直』而言，蓋僥倖苟免不能直者也。人之生也，直而已；罔之生也不能直，幸免而已。幸而免者，低回委曲，苟全其生者也。」附《蒙引》：民受天地之中以生，人既有此生，則必得是所以生之

❶「毋」，原作「母」，今據《四書大全》改。

理，如耳目則有聰明之德，父子則有慈孝之心，此皆實理自然，而無一毫之屈曲者也，是人之生也直矣。生理本直，若人自罔之，則逆其生理，而人之所以爲人者滅矣，理當死而猶生者，幸免耳。聖人警人之意，莫切於此。

○子曰：「知之者不如好之者，好之者不如樂之者。」好，去聲。樂，音洛。

尹氏曰：「知之者，知有此道也；好之者，好而未得也；樂之者，有所得而樂之也。」○張敬夫曰：「譬之五穀，知者知其可食者也，好者食而嗜之者也，樂者嗜之而飽者也。知而不能好，則是知之未至也；好之而未及於樂，則是好之未至也。此古之學者所以自强而不息者歟？」程子曰：「學至於樂則成矣。篤信好學，未如自得之爲樂。」○知之者，我知之也；好之者，雖篤而未能有之；至於樂之，則爲己之所有。○朱子曰：「知之者不如好之者，人之生便有此理，然被物欲昏蔽，故知此理者已少；好之者，是知之已至，分明見得此理可愛可求，故心誠好之；樂之者，是好之已至，而此理已得之於己，凡天地萬物之理，皆具足於吾身，則樂莫大焉。」○問：「『不如樂之者』，此『樂』字與顔子之樂意思差異否？」曰：「較其大概，亦不争多。但此『樂之者』，『之』字是指物而言，是有得乎此道，從而樂之也，猶『樂斯二者』之樂、『樂循理』之樂，如顔子之樂又較深，是安其所得，後與萬物爲一，泰然無所窒碍，非有物可玩而樂之也。」○此章當求所知、所好、所樂爲何物，又當玩知之、好之、樂之三節意味是如何，又須求所以知之、好之、樂之之道，方於己分上有得力處。○慶源輔氏曰：「尹氏之説即張氏之説。食而知其味，故嗜之，嗜即所謂好也，然其未至於樂者，則雖嗜之而未能得飽滿饜足，蓋猶有嗜好之意焉；至於樂，則飽滿饜足，自得於心，有不可以語人者矣。張氏以人之食五穀爲喻，其曉人尤更明切，故具載之。然則知而不能好，未能知其味也；好之而未能樂，未能與之爲一也。纔到樂處，則無息無二。學者苟未至於樂，則當益鞭其後，自强不息以求之，必期至於自得而樂之之地，則不能自已耳。」○雙峰饒氏曰：「論地位，則知不如好，好不如樂；論工夫，則樂原

於好，好原於知。《大學》『物格知至』，是知之者；『誠意如好好色』，是好之者；『意誠而心正身脩』，則心廣體胖而樂矣。」○雲峰胡氏曰：「知不如好，知之深自能好；好不如樂，好之深自能樂。好在未有所得之先，樂在既有所得之後。」○新安陳氏曰：「學者之於道，當自知之而始，又必好且樂之而後爲至。非真知之，不能好，然既知之，必當求進於好之；非篤好之，不能得之而樂，然既好之，必當求進於樂之；果能樂之，則所知所好者方實得於己，其樂有不可以語人者矣。所謂自强不息者蓋如此。」附《蒙引》：知之者，知有此道，如父子知其當親，君臣知其當義。○《存疑》：這「知」字尚淺，故不如好，若知得深，便無不好。此就學者進道言，故説得淺。○這「好」字，就是「知者利仁」之「利」字，故解曰「深知篤好而必欲得之」。○此樂與孟子「仰不愧」、「俯不怍」之樂微不同。此樂是樂在理上，彼樂則是樂理後之樂，孔、顔之樂是也。○人之於道，講習討論，明於心而知所往，知也；深愛篤慕，如口之於味，目之於色，真心實意，而求必得之，好也；體之於身，由生而熟，由勉而安，從容和順，無所勉强，義精仁熟，不疑所行者，樂也。知之與不知者雖有間，然尚在可否之間，未見其真心實意求必得之也，故不如好；好則求必得之，不徒爲口説而已，好之視知之者雖有間，然方欲求之，未必有得於己也，故不如樂；樂則有得於己，不但方欲求之而已。然則學者當由知而好，由好而樂，斯可矣。○《淺説》：以地位之高下言，勉學者之意在言外。

○子曰：「中人以上，可以語上也；中人以下，不可以語上也。」以上之上，上聲。語，去聲。

語，告也。言教人者，當隨其高下而告語之，則其言易去聲。入而無躐等之弊也。

○張敬夫曰：「聖人之道，精粗雖無二致，但其施教，則必因其材而篤焉。蓋中人以下之質，驟而語之太高，非惟不能以入，且將妄意躐等，而有不切於身之弊，亦終於下而已矣。故就其所及而語之，是乃所以使之切問近思，而漸進於高遠也。」或問：「中人上下是資質否？」朱子曰：「且不裝定恁地，或是他工夫如此，或是資質如此，聖人只説中

人以上，中人以下時，便都包得在裏面了。聖人説中人以下不可將那高遠底説與他，怕他時下無討頭處，若是就他地位説時，理會得一件，便是一件，庶幾漸漸長進，一日强似一日，一年强似一年，不知不覺，便也解到高遠處。」○問：「聖人教人，不問智愚高下，未有不先之淺近而後及其高深。今中人以上之資，遽以上焉者語之，何也？」曰：「他本有這資質，又須有這工夫，故聖人方以上者語之。」○理只是一致，譬之水也，有把與人少者，有把與人多者，隨其質之高下而告之，非謂理有二致也。又曰：正如告顔淵以克己復禮，告仲弓以持敬行恕，告司馬牛以言之訒。蓋清明剛健者，自是一樣，恭默和順者，自是一樣；有病痛者，自是一樣，皆因其所及而語之也。○西山真氏曰：「道德性命者，理之精也；事親事長、洒掃應對之屬，事之粗也。能盡其事親事長之道，則道德性命不外乎此矣。中人以下，若驟然告以道德性命，彼將何所從入？想像億度，反所以害道，不若且從分明易知處，告之以事親事長、洒掃應對之屬，如此則可以循序而用力，不期而至於高遠之地，此聖門教人之要法也。使學者外問於人，内思於心，皆先其切近者，則一語有一語之益，一事有一事之功，不比汎然馳騖於外而初無補於身心也。」○李氏曰：「中人以上，雖未及於上智，而於上智爲近，故可以語上；中人以下，則於上智爲遠，驟語以上，則將妄意躐等，非徒無益，而反有害矣。」○雙峰饒氏曰：「中人以下，非是終不可以語上，且使之切問近思，由下以進於中，則亦漸可以語上矣。」○新安陳氏曰：「道無精粗，教有等級。資之近上者，可教以精深，資之凡下者，且當教之以淺近，苟遽以精深語之，則無入精深之漸，終爲凡下之歸而已，孰若且語之以淺近，使由淺近而漸進於精深哉？」**附**顧麟士曰：「此亦與『夫子之文章』節相發，但此又是夫子自説。」○《淺説》：理一也，無高深大小、微顯遠近、精粗常變、同異之殊，自吾人之所見言之，則有高深大小、微顯遠近、精粗常變之異，此所以有難知，有易知，有可以語，有不可以語者。苟能一旦豁然，則剛風上轉，不爲高，南極下入，不爲深，茫茫載地，不爲大，涓涓穿石，不爲小，鬼神之屈伸往來，不爲微，草木之榮悴開落，不爲顯，經濟乎四海九州，不爲遠，致慎乎閨門衽席，不爲近，聖賢制禮作樂之本，不爲精，童子洒掃應對之節，不爲粗，周公之誅其兄，不爲不悌，石碏之殺其子，不爲不慈，大禹之家傳，不爲德衰於堯舜，

湯武之放伐，不爲得罪於夷齊，陸象山之主静，不爲枯寂而入於禪，朱晦翁之分析，不爲破碎而流於俗，周濂溪傳授太極於二程，不爲私學而輕泄天機，二程子不授太極於諸子，不爲吝教而自孤道統。蓋太極渾然，而事事物物無不各具，吾人耳目之所見，有常有不常，心思之所測，有得有不得，此高深大小、微顯遠近、精粗常變、同異之所由分，而學者之進入，不容無難易，教者之指引，不容無差等也。

○樊遲問知。子曰：「務民之義，敬鬼神而遠之，可謂知矣。」問仁。曰：「仁者先難而後獲，可謂仁矣。」知、遠，皆去聲。

民，亦人也。獲，謂得也。專用力於人道之所宜，而不惑於鬼神之不可知，知者之事也；朱子曰：「常人之所謂智，多求人所不知；聖人之所謂智，只知其所當知而已。自常人觀之，此兩事若不足以爲智，然果能專用力於人道之宜，而不惑於鬼神之不可知，則真個是知。」○或問：「所謂鬼神，非祀典之正，何以使人敬之？以爲祀典之正，又何以使人遠之？」曰：「聖人所謂鬼神，無不正也。曰遠者，以其處幽，故嚴之而不瀆耳。若其非正，則聖人豈復謂之鬼神哉？在上則明禮以正之，在下則守義以絶之，固不使人敬而遠之，然亦不使人褻而慢之也。」○雙峰饒氏曰：「務民義，敬鬼神而遠之，兩句當合看。如未病謹疾，既病醫藥，人事所宜也，不務此而專禱鬼神，不知也；爲善去惡，人道所宜也，不務善而專媚神以求福，不務去惡而專媚神以免禍，皆不知也。」先其事之所難，而後其效之所得，仁者之心也。此必因樊遲之失而告之。朱子曰：「董子所謂『仁人者，正其誼，不謀其利，明其道，不計其功』，正謂此也。然正義未嘗不利，明道豈又無功？但不先以功利爲心耳。樊遲蓋有先獲之病，故夫子既告以此，又以先事後得告之，警之至矣。」○問「知之事」、「仁之心」。曰：「務義敬神，是就事上説，先難後獲，是就處心積慮上説。事也從心裏做出來，然仁字説較近裏，知字説較近外。」附《蒙引》：務民之義，先難後獲，皆舉見成底説。○惟知其爲所當爲者，知者之事也；無所爲而爲者，仁者之心也。○《存疑》：是非之心，知也。用力於人道之所宜，而不惑於鬼神之不可知，則知其所當知，

不知其所不當知，是非之心不失，而知在是矣。❶心無私欲，仁也。先其事之所難，而後其效之所得，不汲汲於功利，則心無私欲，而仁在是矣。○饒氏兩句合看最好，但太拘，須更放開説。○程子曰：「人多信鬼神，惑也。而不信者又不能敬。能敬能遠，可謂知矣。」程子曰：「務人之義，乃知也。鬼神不敬，則是不知，不遠則至於瀆，敬而遠之，所以爲知。」○慶源輔氏曰：「能敬則知人與鬼神二而一之不可斁，能遠則知人與鬼神一而二之不可褻，是可不謂之知乎？」又曰：「先難，克己也。以所難爲先，而不計所獲，仁也。」問：「既曰仁者，則安得有己私，而更須克己耶？」朱子曰：「仁者雖己無私，然安敢自謂己無私乎？克己正是要克去私心。若又計其效之所得，乃私心也。只此私心，便是不仁。」○新安陳氏曰：「先難所包者闊，本不但言克己，程子謂克己，是於所難之中又舉甚者言之，而求仁之功莫先焉。」呂氏曰：「當務爲急，不求所難知；力行所知，不憚所難爲。」朱子曰：「人之於鬼神自當敬而遠之，若見得那道理分明，則須著如此。又如卜筮，自伏羲、堯、舜以來皆用之，是有此理矣。今人若於事有疑，敬以卜筮決之，❷有何不可？如義理合當做底事，却又疑惑，只管去問於卜筮，亦不能遠也。蓋人自有人道所當爲之事，今若不肯自盡，只管去諂事鬼神，便是不智。」又曰：「夫子所答樊遲問仁、知一段，正是指中閒一條正當路與人。人於所當做者，却不肯去做，纔去做時，又便生個計獲之心，皆是墮於一偏。人能常以此提撕，則心常得其正矣。」○民者，人也；義者，宜也，如《詩》所謂「民之秉彝」，即人之義也。此則人之所宜爲者，不可不務也，此而不務，而反求之幽冥不可測識之閒，而欲避禍以求福，此豈謂之智者哉？○此鬼神是指正當合祭祀者，且如宗廟山川，是合當祭祀底，亦當敬而不可褻近泥著，纔泥著，便不是。且如卜筮用龜，所不能免，臧文仲却爲山節藻棁之室以藏之，便是不知也。○先難後獲，仁者之心如是，故求仁

❶「而」上，原衍「而」字，今據明刻本《連理堂重訂四書存疑》刪。

❷「敬」，原作「故」，今據《朱子語類》、《四書大全》改。

者之心亦當如是。○獲有期望之心。學者之於仁工夫最難，但先爲人所難爲，不必有期望之心，可也。○後，如「後其君」、「後其親」之意。哭死而哀，非爲生者，經德不回，非以干祿，言語必信，非以正行，這是熟底先難後獲，是得仁底人；君子行法以俟命，是生底先難後獲，是求仁底人。○問：「上蔡所說先難，謂如射之有志，若跣之視地，若臨深，若履薄，皆其心不易之謂。」曰：「說得是。先難是心只在這裏，更不做別處去。如上嶺，高峻處不能得上，心心念念只在要過這處，更不思量別處去過。這難處未得，便又思量得某處，這便是求獲。」○雲峰胡氏曰：「《集註》言知者之事，便見『務民之義』一句，務字最重；仁者之心，便見『先難』二字，先字最要。務者事之所當爲，先者心之所當急。」○又曰：「義者人之所宜爲，鬼神在幽隱之間。務其所宜爲，而不惑於幽隱之間，知者之事也。仁者之心，純乎天理，不可有爲而爲之。一有所爲而爲，則非仁者之心矣。」

○子曰：「知者樂水，仁者樂山；知者動，仁者靜；知者樂，仁者壽。」知，去聲。樂，上二字並五教反，下一字音洛。

樂，喜好去聲。也。知者達於事理而周流無滯，有似於水，故樂水；仁者安於義理而厚重不遷，有似於山，故樂山。動靜以體言，慶源輔氏曰：「此『體』字乃形容仁知之體段，非體用之體。」樂壽以效言也。動而不括故樂，新安陳氏曰：「動而不括，出《易·繫辭下》，註：括，結也，動而無結閡凝固之患也。」靜而有常故壽。朱子曰：「此不是兼仁、知而言，是各就其一體而言。世自有一般渾厚底人，一般通曉底人，各隨其材，有所成就。如顏子之徒，是仁者，子貢之徒，是知者。是泛說天下有此兩般人耳。」○或謂寂然不動爲靜，非也。此言仁者之人雖動亦靜。喜怒哀樂皆是動，仁者豈無此數者？蓋於動中未嘗不靜。靜謂無人欲之紛擾，而安於天理之自然耳。若謂仁者靜而不動，則知者亦豈動而不靜乎？○知者動意思常多，故以動爲主；仁者靜意思常多，故以靜爲主。今夫水淵深不測，是靜也；及滔滔而流，日夜不息，故主於動。山包藏發育之

意是動也，而安重不遷，故主於静。故知仁動静是體段模樣意思如此。○仁自有壽之理，不可以顔子來插看，如「罔之生幸而免」，罔亦是有死之理。○仁者雖有動時，其體只自静；知者雖有静時，其體只自動。○仁主發生，知周事物。仁者一身混然全是天理，故静而樂山且壽，壽是悠久之意；知者周流事物之閒，故動而樂水且樂，樂是處得當理而不擾之意。○雲峰胡氏曰：「《集註》『事理』、『義理』四字，理一而已。一事各具一理，故曰事理；在物爲理，處物爲義，故曰義理。事無定用，含動意；義有定則，含静意。」○程子曰：「非體仁知之深者，朱子曰：「體仁，謂人在那仁裏做骨子。」○雙峰饒氏曰：「體仁，是以身體之，如『君子體仁』之體。夫子體仁知之深者。」不能如此形容之。」程子曰：「知如水之流，仁如山之安。動静，仁知之體也。動則自樂，静則自壽。」○知者樂水，仁者樂山，言其體動静如此。知者樂，所運用處皆樂；仁者壽，以静而壽。仁可以兼知，知不可以兼仁，如人之身，統而言之，則只謂之身，别而言之，則有四支。○朱子曰：「惟聖人兼仁知，故樂山、樂水皆兼之。自聖人而下，成就各有偏處。」○仁静知動。《易》中説「仁者見之」，陽也；「知者見之」，陰也。這樣物事大抵有兩樣。仁配春，知配冬。《中庸》説：『成己，仁也；成物，知也。』仁在我，知在物。《孟子》説：『學不厭，知也；教不倦，仁也。』又却知在我，仁在物。見得這樣物事皆有動静。自仁之静、知之動而言，則是『成己，仁也；成物，知也』；自仁之動、知之静而言，則是『學不厭，知也；教不倦，仁也』。仁者敦厚和粹，安於義理，故静；知者明徹疏通，達於事變，故動。但詳味仁、知二字氣象，自見得動静處，非但可施於文字而已。○知便有個快活底意思，仁便有個長遠底意思。○知者動，然他自見得許多道理分明，只是行其所無事，其理甚簡，以此見得雖曰動，而實未嘗不静也；仁者静，然其見得天下萬事萬理皆在吾心，無不相關，雖曰静，而未嘗不動也。動不是恁地勞攘紛擾，静不是恁地塊然死守。這與樊遲問仁知章相連，自有互相發明處。問：「此是如何？」曰：「專去理會人道之所當行，而不惑於鬼神之不可知，便是見得日用之閒，流行運轉，不容止息，胸中曉然無疑，這便是知者動處；心下專在此事，都無别慮繫絆，見得那是合當做底事，只恁地做將去，是先難後

獲，便是仁者静。」○問：「體字只作形容仁知之體段，則可，若作體用之體，則不可。仁之體可謂之静，則知之體亦可謂之静。所謂體者，但形容其德耳。」曰：「所論體用，甚善。」○南軒張氏曰：「動静者，仁知之體。樂水樂山，言其體則然也。動則樂，静則壽。行所無事，不其樂乎？常永貞固，不其壽乎？雖然知之體動，而理各有止，静固在其中矣；仁之體静，而周流不息，動亦在其中矣。仁知之義，非深體者，莫能識也。」○慶源輔氏曰：「知者通達，故周流委曲，隨事而應，各當其理，未嘗或滯於一隅，其理與氣，皆與水相似，故心所喜好者水；仁者安仁，故渾厚端重，外物不足以遷移之，其理與氣，皆與山相似，故心所喜好者山。知者隨事處宜，無所凝滯，故其體段常動；仁者心安於理，無所歆羡，故其體段常静。樂、壽以效言，效謂功效。此所以言其功效也。括，結礙也，動而無所結礙，故其效樂；常，悠久也，静而悠久不變，故其效壽。」○新安陳氏曰：「夫子以知者仁者分言，程子以仁知合言。所謂『體仁知之深者』，蓋指孔子也。全體仁知，渾然兼全，仁中有知，知中有仁，動而無動，静而無静，固得其壽，亦樂其天，豈偏於知與偏於仁者各得其一端而已哉？」

附《語類》：聖人之言，有淺説底，有深説底，這處只是淺説。仁只是而今重厚底人，知似而今伶俐底人。○聖人説仁，固有淺深，這個是大概説。如《中庸》説知仁勇，這個仁知字，説得煞大。○此一章，只要理會得如何是仁，如何是知。若理會這兩個字通透，如動静等語自分曉。○《存疑》：樂山樂水，言其情；動静，言其體；樂壽，言其效。○「知者動，仁者静」，程子作推原樂水樂山意，《蒙引》作就樂水樂山上見其然，愚意樂水樂山、動静、樂壽，俱不相沿，皆就知仁上看出。未知何如，姑俟知者評焉。○註「動而不括」之動，不是本文動字，乃是應事之動。静而有常，則是本文静字。○《淺説》：觀《集註》「故樂水」、「故樂山」之故字，是説知者之樂水，以其動也；仁者之樂山，以其静也，有推原之意。一説即知者之樂水，見其動也；即仁者之樂山，見其静也，似欠通。○静而有常，此「有常」，與躁動紛擾相反。○《蒙引》：樂壽，據理而言。

○子曰：「齊一變至於魯，魯一變至於道。」

孔子之時，齊俗急功利，喜夸詐，乃霸政之餘習；魯則重禮教，崇信義，猶有先王

之遺風焉。雙峰饒氏曰：「俗由於政。桓公富國强兵，故其俗急功利；假借仁義，故其俗喜夸詐。魯，周公之後，周禮盡在，其重禮法可知；至漢初猶爲項羽城守不下，其崇信義可知。」但人亡政息，不能無廢墜耳。道，則先王之道也。言二國之政俗有美惡，故其變而之道有難易。慶源輔氏曰：「廢其法而衰替者易復，更其法而富强者難變。俗以政革，政以道協。政有美惡，故俗有醇疵，至於變而之道，則盡善盡美，無以復加矣。」○雲峰胡氏曰：「先儒云：『王伯之辨，莫如孟子。』不知夫子此章所以辨王伯者，嚴矣。道，王道也。當孔子之時，齊有伯政之餘習，變而之王道極難，變而僅可如孔子之時之魯耳；魯則猶有先王之遺風，一變可至於道。《集註》『政俗有美惡』，美者，先王之遺風，惡者，伯政之餘習，即此可見尊王賤伯之意。」○程子曰：「夫子之時，齊彊魯弱，孰不以爲齊勝魯也？然魯猶存周公之法制，齊由桓公之霸爲從簡尚功之治，去聲。太公之遺法變易盡矣，魯齋王氏曰：「閔元年，齊仲孫湫謂桓公曰：『魯猶秉周禮。』哀十一年，季孫欲用田賦，使冉有訪諸仲尼，仲尼曰：『且子季孫欲行而法，則周公之典在。』昭二年，晉韓宣子適魯，見《易象》與《魯春秋》，曰：『周禮盡在魯矣，吾乃今知周公之德與周之所以王。』此所謂猶存周公之法制也。《國語》管仲爲政，制國爲二十一鄉，❶注云『此非周制』；不立卒伍，不脩甲兵，作内政而寄軍令，則可速得志於天下，注云『内政，國政也』，此所謂從簡也；桓公令官長期而書伐，蓋期年報功，此所謂尚功者也。」故一變乃能至魯，魯則脩舉廢墜而已，一變則至於先王之道也。」愚謂二國之俗，惟夫子爲能變之而不得試。然因其言以考之，則其施爲緩急之序，亦略可見矣。朱子曰：「齊經小白，法度盡壞，今須一變，方可至魯，又一變，方可至道。魯却不曾變壞，但典章廢墜而已，若得人以脩舉之，則可以如王道盛時也。」

❶「鄉」，原作「都」，今據《國語》改。

○太公之封於齊也，舉賢而尚功，孔子曰：「後世必有篡弒之臣。」周公治魯，親親而尊尊，孔子曰：「後世寖微矣。」齊自太公初封，已自做得不大段好，至後桓公、管仲出來，乃大變亂拆壞一番。魯雖是衰弱不振，元舊底却不大段改換。欲變齊，則須先整理已壞了底，方始如魯，方可以整頓起來，這便隔了一重；變魯只是扶衰振弱而已。若論魯，如《左傳》所載有許多不好事，只是恰不曾被人拆壞，恰似一間屋，其規模盡在，齊則已經拆壞了。這非獨是聖人要如此損益，亦是道理合當如此。○齊、魯初來氣象已自不同。桓公、管仲不能遵守齊之初政，却全然變易了，一向盡在功利上。魯畢竟先世之遺意尚存，如哀公用田賦，猶使人來問孔子，他若以田賦爲是，更何暇問？惟其知得前人底是，所以來問。如桓公、管仲却無這意思，自道他底是了，一向做去不顧。○以地言之，則齊險而魯平；以時言之，則齊厚而魯薄；以勢言之，則齊强而魯弱；以俗言之，則齊尚夸詐而魯習禮義，蓋其風氣本不同矣。是以自其本而言之，則雖太公之盛時，已必一變而後可以至於周公、伯禽之王道；自其末而言之，則齊俗益壞之後，又必一變而後可以及魯之衰也。然當是時，非夫子之得邦家，亦孰能成此一變之功哉？○問：「施爲緩急之序如何？」曰：「如齊功利之習所當變，魯紀綱所當振，便是急處。變齊則至魯在所急，而至道在所緩。至魯則成個樣子，❶就上出光采。」❷○潛室陳氏曰：「王道猶人之元氣，齊、魯之初，均有此元氣，只緣中間元氣各受些病。齊求速安，不於元氣調養，便以烏喙投之，一時却得康强，不知元氣已被此壞了。魯未曾用藥，元氣却未壞，聖人與調理出，便自渾然本來個人。齊元氣已耗於烏喙，醫欲治之，定須先去了烏喙一段毒，始下得調理方法。齊、魯俱是聖賢之後，本都是王道，但魯則中間廢壞，不曾脩葺，不曾改易周公法制，故聖人變魯一番，便可復王道之舊；齊自桓公以來，一變爲功利之習，把太公遺法一齊變了，設若變齊，須除去許多功利了，重新脩葺一番，始可復王道之舊。故變魯只用一許多氣力，變齊須用兩許多氣力。」○新安陳氏曰：「魯有

❶「樣子」，原作「樸了」，今據《朱子語類》、《四書集義精要》改。

❷「采」，原作「來」，今據《朱子語類》、《四書集義精要》改。

變易之資，聖人有能變之道，亦嘗用於魯矣，而道終不得行，所以深可爲魯惜也。」附《存疑》：桓公、管仲所以敢自是不顧，亦緣上世根脚淺了。使根脚如周公，雖有雄伯子孫如桓公、管仲出來，亦不敢便把他底盡變了，觀哀公欲用田賦一節可見。

○子曰：「觚不觚，觚哉！觚哉！」觚，音孤。

觚，棱也，或曰酒器，厚齋馮氏曰：「觚，酒器。一升曰爵，二升曰觚。觚，物之有棱者也。」○洪慶善曰：「古者獻以爵而酧以觚，此夫子因獻酧之際有所感也。」或曰木簡，厚齋馮氏曰：「顏師古曰：『學書之牘，或以記事，削木爲之，其形或六面，或八面，皆可書，孔子歎即此也。』竊謂觚爲酒器，見於禮經；爲木簡，見於漢《急就章》。竊謂爲簡屬者，秦漢以後之稱，非孔子所謂也。木簡之觚，今文從菰。」皆器之有棱者也。朱子曰：「古人之器多有觚，如酒器，便如今花瓶中間有八角者，木簡似界方而六面，即漢所謂操觚之士者也。古人所以恁地方時，緣是頓得穩。」不觚者，蓋當時失其制而不爲棱也。觚哉觚哉，言不得爲觚也。附《蒙引》：觚哉觚哉，言豈是觚哉觚哉？此與「水哉」辭意不同，此上有「觚不觚」字。

○程子曰：「觚而失其形制，則非觚也。舉一器，而天下之物莫不皆然。新安陳氏曰：「此下及范說，皆是推廣夫子言外餘意。」故君而失其君之道，則爲不君；臣而失其臣之職，則爲虛位。」范氏曰：「人而不仁則非人，國而不治去聲。則不國矣。」朱子曰：「夫子之意，本爲觚發，而推之則天下之物皆然也。上觚指其器，下觚語其制。觚哉觚哉，歎器之失其制也。」○南軒張氏曰：「物必有則，苟失其則，實已非矣，其得謂是名哉？聖人重歎於觚，意所包涵遠矣。」

○宰我問曰：「仁者，雖告之曰：『井有仁焉。』其從之也？」子曰：「何爲其然也？君子可逝也，不可陷也；可欺也，不可罔也。」

劉聘君曰：聘君，名勉之，字致中，號草堂，建安人，

文公婦翁。「『有仁』之仁當作人。」今從之。從，謂隨之於井而救之也。宰我信道不篤，而憂爲仁之陷害，故有此問。逝，謂使之往救。陷，謂陷之於井。欺，謂誑古況反。之以理之所有；罔，謂昧之以理之所無。蓋身在井上，乃可以救井中之人；若從之於井，則不復扶又反。能救之矣。此理甚明，人所易去聲。曉，仁者雖切於救人而不私其身，然不應平聲。如此之愚也。或問：「可欺是繼可逝而言，不可罔是繼不可陷而言否？」朱子曰：「也是如此，但可逝不可陷，是就這一事說，可欺不可罔，是總說，不特此事如此，他事皆然。」○問：「欺罔之別，其詳復有可得而言者乎？」曰：「欺者，乘人之所不知而詐之也；罔者，掩人之所能知而愚之也。夫人之墜井，世有此理，而其有無，則非君子所能必知，故雖或未必真有，而可欺使往視之也；自入井中而可以救人，則其無是理也，蓋不待智者而知之矣，又安得以此罔之而使陷於井中哉？孟子之論舜、子産事，亦引此語，以彼證之，則明白矣。」曰：「往視而井實有人，則如之何？」曰：「蘇氏之說，所以處於輕重緩急之閒者密矣。蘇氏云：『拯溺，仁者之所必爲也；殺其身，無益於人，仁者之所必不爲也。惟君父在險，則臣子有從之之道，然猶挾其具，不徒從也。事迫而無具，雖徒從，可也。其餘則使人拯之，要以窮力所至。』」○雲峰胡氏曰：「愛不足以盡仁，仁者必能愛；覺不可以名仁，仁者必能覺。然則仁者之愛也，可欺之使之往救；仁者之覺也，不可罔之使陷於井也。」○新安陳氏曰：「好仁不好學，其蔽固愚，然徒有切於救人之心，而不察所以救人之理，仁者不當如是其愚。是故貴夫學也。」附《淺說》：宰我問曰：「仁者切於救人，苟有告之曰：『有人墜於井中。』彼亦將隨人入井以救之乎？」宰我此問，蓋慕仁者之美名，而又憂爲仁之陷害，有難於爲仁之意也。夫子告之曰：「隨人入井以救人，仁者安得有是哉？彼君子之心，切於救人，告之以井有人焉，而使之奔走往救，則固可得而使之也；若欲使之隨人入井而陷之，則不能也。」是何也？仁者未嘗無知覺也。大凡遇事應變，人可得而欺之以理之所有，不可得而罔之以理之所無。惟其可欺也，故可逝

也；惟其不可罔也，故不可陷也。○《蒙引》：逝雖訓往，然須着個「使」字。陷，誣陷之陷，非自陷也。

○子曰：「君子博學於文，約之以禮，亦可以弗畔矣夫！」夫，音扶。

約，要去聲。也。畔，背音佩。也。君子學欲其博，故於文無不考；守欲其要，故其動必以禮。如此，則可以不背於道矣。朱子曰：「聖人之教，學者之學，不越博文、約禮兩事。博文是道問學之事，於天下事物之理，皆欲其知之；約禮是尊德性之事，於吾心固有之理，無一息而不存。」○博文所以驗諸事，約禮所以體諸身。如此用工，則博者可以擇中而居之不偏，約者可以應物而動皆有則，内外交相助，而博不至於泛濫無歸，約不至於流遁失中矣。○禮字不可只作理字看，是持守有節文處。○非博學，則無以約禮；不約禮，則博學爲無用。約禮云者，前之博而今約之使就於禮耳。看「博」、「約」字與「之以」字，有一貫意。○勉齋黄氏曰：「博文約禮，《語》兩言之。以博對約，則約當爲要，然約之謂爲要之，已覺不順，若謂約我爲要我，則尤非文理，故或以約爲束，文義順矣。又非博約相對之義，嘗思之，博謂泛而取之以極其廣，約謂反而束之以極其要，則於文義庶皆得之。」○程子曰：「博學於文而不約之以禮，必至於汗漫；博學矣，又能守禮而由於規矩，則亦可以不畔道矣。」朱子曰：「博學於文，考究時，自是頭項多，到得行時，却只是一理，所以爲約。若博學而不約之以禮，安知不畔於道？徒知要約而不博學，則所謂約者，未知是與不是，亦或不能不畔於道也。」○博學條目多，事事著去理會，禮却只是一個道理，如視也是這個禮，聽也是這個禮，言也是這個禮，動也是這個禮。若博文而不約之以禮，便是無歸宿處，便是離畔於道也。○博文約禮是古之學者常事，孔子教顏子亦只是如此。且如行夏之時，如何做得？須是平時曾理會來。若「非禮勿視」等處，方是約之以禮。○問：「『博學於文，約之以禮』與『博我以文，約我以禮』，固有淺深不同。」曰：「聖人之言本無輕重，但人所造自有淺深。若只博學於文，能約之以禮，則可以弗畔於道，雖是淺底，及至顏子做到欲罷不能工夫，亦只是這個博文約禮。如梓匠、輪輿，但能斲削者，只是這斧斤

規矩，及至削鐻之神，斲輪之妙者，亦只是此斧斤規矩。」○博學是致知，約禮則非徒知而已，乃是踐履之實。侯氏謂博文是致知格物，約禮是克己復禮，極分曉。○或問：「『君子博學於文，約之以禮』與《孟子》『博學而詳説之，將以反説約也』，意相似否？」潛室陳氏曰：「博學必約之以禮，是重在約禮；博學正將以反説約，是重在博學。蓋博固不可不反於約，然非博亦不能遽反於約，二者合而後備，乃互相發也。」○雙峰饒氏曰：「知欲博，守欲約，人能如此用工，縱所得淺，亦當不畔於道。由此深入，雖與道爲一可也，豈止弗畔而已？」又曰：「詳味此言，一博一約，相爲開闔，恐人墮於一偏也。因其所博，從而約之，恐人之離爲二也；由博而約，次有先後，恐人之失其序也。蓋必博而能約，則無泛濫支離之失，而博不失之雜；約而能博，則無偏狹固滯之病，而其約不失之陋，此博約之所以貴於兼盡也。然君子之博學，正欲貫通此理以爲反約之地耳，豈博自博而約自約哉？此博約之所以相爲用也。然所以爲之之序，則必由博而反約。使事物之理有未究，而遽執吾所自得者以爲據依，則所止者未必天下之至善，所執者未必天下之時中，而以非禮之禮爲禮者有之矣，何以能不畔於道哉？此不博而徑約之過也。」○新安陳氏曰：「徒博文而不約禮，固務博而陷於支離；不博文而欲約禮，亦徑約而流於狂妄。博文屬知，約禮屬行，交勉並進，始可以弗畔於道矣。」《通考》吴氏程曰：「汗漫，渺茫貌，言其無歸宿也。」附《蒙引》：博學於文，凡理之所載者，皆文也。文最廣而學貴乎博，故曰博學於文。禮即文中所載的理，以其理之有規矩準則，爲人之所持循，故曰禮。向也多聞多見，至博矣，今則將來身分上踐履其實，然方其學之也，遠求近取，旁搜廣訪，至博矣，及其將來行時，却容不得許多事項，只照一個是處，直頭行將去，故曰約之以禮也。既博於文，又約以禮，道於是乎得矣，何畔之有？亦可弗畔，言將與道契也。在博文約禮之後，如此勉勉循循而不能已，則與道爲體矣。不曰與道契，而曰亦可弗畔者，蓋博文約禮學者事也。○文有千端萬緒，博之極費工夫，到約禮時，件件都擇其精要者行之。須味「守欲其要」字面。○文與禮，一理也。就文物上爲文，就吾身之行處説，便是禮。博文者，究聖賢之成法，識事理之當然也。約禮者，動必以禮也。博者在外，約者約上身來。○多聞見者，學之博；慎言行者，守之約。博文不必件件都要

行，如行夏時，乘殷輅，如何便行得？只是一一都考究得出。約禮則是非禮勿視、聽、言、動之類，件件都是我當行的，亦是我得行的。○弗畔兼博約説，爲長。程子之説，偏重在約禮，故在圈外。○《存疑》：「博約」二字，與《孟子》博學説約亦同，但此以行言，彼以知言。○文與禮只是一理，就其著見可見者言，則曰文；就其繩墨可循者言，則曰禮。博學是知，約禮是行，然於知言博文者，使人就顯然處尋也；於行言約禮者，使人就有繩墨處走也。聖人之言多少慎密。

○子見南子，子路不説。夫子矢之曰：「予所否者，天厭之！天厭之！」説，音悦。否，方九反。

南子，宋女，子姓。衛靈公之夫人，有淫行。去聲。孔子至衛，南子請見，孔子辭謝，不得已而見之。厚齋馮氏曰：「孔子至衛，南子使人謂孔子曰：『四方之君子，不辱欲與寡君爲兄弟者，必見寡小君，寡小君願見。』孔子辭謝，不得已而見之。夫人在絺帷中，孔子入門，北面稽首，再拜，❶環珮璆然。子曰：『吾鄉爲不見，見之禮答焉。』史之所記如此。」○齊氏曰：「南子嘗以車聲轔轔，止而復作，知其爲蘧伯玉之賢，況於夫子乎？其欲見之也，秉彝好德之天也。」蓋古者仕於其國，有見其小君之禮。《春秋》：莊公二十四年八月丁丑，夫人姜氏入。戊寅，大夫宗婦覿，用幣。哀姜，齊襄公女。宗婦，同姓大夫之婦。禮，小君至，大夫執贄以見。莊公，欲奢誇夫人，故使大夫宗婦同贄俱見。○或問：「見其小君，禮歟？」朱子曰：「是於禮無所見。穀梁子以爲大夫不見其夫人，而何休獨有郊迎執贄之説，不知何所考也。然《記》云：『陽侯殺繆侯而竊其夫人，故大饗廢夫人之禮。』則大夫見夫人之禮，疑亦久矣不行，而靈公、南子特舉之耳。」而子路以夫子見此淫亂之人爲辱，故不悦。矢，誓也。朱子曰：「矢、誓，聲相近，《盤庚》所謂『矢言』，亦憤激之言而近於誓者也。」所，誓辭也，如云「所不與崔、慶者」之類。《左傳》：襄公二十五年，齊崔杼弑莊公，立景公而相之，慶封爲左相，盟國人於太〔音泰。〕宮，曰：『所不與

❶「再」上，《史記》有「夫人自帷中」五字。

崔、慶者』，晏子仰天歎曰：『嬰所不唯忠於君利社稷是與，有如上帝！』乃歃。〔盟書云：『所不與崔、慶者，有如上帝。』讀書未終，晏子抄答易其辭，因自歃。〕否，謂不合於禮，不由其道也。雙峰饒氏曰：「禮是先王之制，道是天下事物當然之理。」厭，棄絶也。聖人道大德全，無可不可。其見惡人，固謂在我有可見之禮，則彼之不善，我何與音預。焉？然此豈子路所能測哉？故重平聲。言以誓之，欲其姑信此而深思以得之也。程子曰：「古者大享，夫人有見賓之禮。南子雖妾，靈公既以夫人處之，使孔子見於是時，豈得不見？」○孔子之見南子，禮當見之也；南子之欲見孔子，亦其善心也，聖人豈得而拒之？○朱子曰：「仕於其國，有見其小君之禮。當夫子時，想是無人行，所以子路疑之。若有人行時，子路也不疑了。孟子說『仲尼不爲已甚』，這樣處便見。」○問：「夫子欲見南子而子路不悦，何發於言辭之閒如此之驟？」曰：「這般所在難說。如聖人須要見南子是如何？想當時亦無必皆見之理。如衛靈公問陳時，也且可以款款與他說，又却明日便行；齊景公欲以季、孟之閒待之，也且從容不妨，明日又便行；季桓子受女樂，也且可以教他不得受，明日又便行。看聖人這般所在，其去甚果，不知於南子須欲見之，到子路不說，又費許多說話，又如此指誓。只怕當時如這般去就，自是時宜。聖人既以爲可見，恐是道理必有合如此。『可與立，未可與權』，吾人見未到聖人心下，這般所在都難說。」○此是聖人出格事，而今莫要理會他。向有人問尹彦明：「今有南子，子亦見之乎？」曰：「不敢見。」曰：「聖人何爲見之？」曰：「能『磨不磷，涅不緇』，則見之不妨。」○慶源輔氏曰：「道大則善惡無所不容，德全則雖磨涅而不能使之磷緇也，故無可無不可，義之與比而已。彼人雖惡，然在我或當見之，則亦行。吾之義而已，豈懼彼之能汙我哉？聖人之行，非常人所能測識。子路學識不足以知聖人，想其於所不悦，必有過甚之辭，故夫子重言以誓之，曰：『我之所爲，若不合於禮，不由於道，則天必厭之而棄絶我矣！』是其至誠惻怛之意，所以感切子路者至矣，蓋欲啓子路之信，以致其思，而使之自有得於心耳。」○西山真氏曰：「居亂邦，見惡人，惟聖人

爲可。蓋聖人道大德宏，可以輔亂而爲治，化惡而爲善。孔子於南子則見之，於陽貨亦見之，而公山弗擾之召、佛肸之召，皆欲往焉。若大賢以下，則危邦不入，亂邦不居，小人則遠之，蓋就之未必能有所濟，而或以自汙焉。故子路仕孔悝不得其死，冉求仕季孫無改於其德，顔子、閔子終身不仕，蓋以此也。子路不悦者，蓋以己之力量觀聖人也。」○雙峰饒氏曰：「子路氣粗見偏，卒未易回，巽言則不入，故與之矢言，欲姑信此而思得之。」○厚齋馮氏曰：「君子之於小人，非禮不見，故小人之欲見君子，必依乎禮，則君子雖欲辭焉，而不可得已。如陽貨、南子，夫子固不得而絶之也。」

○子曰：「中庸之爲德也，其至矣乎！民鮮久矣。」鮮，上聲。

中者，無過不及之名也。庸，平常也。至，極也。鮮，少也。言民少此德，今已久矣。慶源輔氏曰：「《集註》初本併『不偏不倚』言中，後去之。蓋喜怒哀樂未發之中，至子思始著於書，程子因發中一名而含二義之説，若孔子之教，只是即事以明理，故《集註》直以無過不及言中，又況已有程子不偏之説於後乎？」○程子曰：「不偏之謂中，不易之謂庸。中者天下之正道，庸者天下之定理。朱子曰：「不偏者，明道體之自然，即無所倚著之意。言平常則不易在其中，惟其平常所以不易。但『不易』二字則是事之已然者自後觀之，則見此理之不可易，若平常則日用平常者便是。」自世教衰，民不興於行，去聲。少有此德久矣。」朱子曰：「中庸之爲德，此處無過不及之意多。庸是依本分，不爲怪異之事。堯、舜、孔子只是庸，夷、齊所爲都不是庸了。」○中庸之中，是指那無過不及底説，如《中庸》曰：「君子之中庸也，君子而時中。」「時中」便是那無過不及之中，本章之意是如此。○問：「中者天下之正道，庸者天下之定理，恐道是總括之名，理是道裏面又有許多條目，如天道又有日月、星辰、陰陽、寒暑之條理，人道又有仁、義、禮、智、君臣、父子之條理。」曰：「這二句緊要在正字與定字上。蓋庸是個當然之理，萬古萬世不可變易底，中只是個恰好道理，爲見不得是亙古今不可變易底，故更著個庸字。」○雙峰饒氏曰：「此

章與《中庸》之文，大同小異。此章有『之爲德也』四字，以中庸之德言也；《中庸》無『之爲德也』四字，以中庸之道言也。以德言，則不消言能，而能在其中，故此章下句無能字；以道言，則有能知與不能知，能行與不能行，故《中庸》下句不可無能字。此章言民鮮此德，是以世教之衰，民不興行而然，《中庸》言民鮮能此道，是以氣質之異，有過不及而然。意此是夫子本語，彼是子思櫽括語。」○雲峰胡氏曰：「《書》言中不言庸，後世以中爲難行，故夫子加以『庸』之一字。然則庸者常行之理也，而民固有鮮能行之者，何哉？」附《存疑》：此章與《中庸》大同小異，饒氏説亦好。然《中庸章句》亦有「中庸之德」字，却不太分別。今與《中庸》俱作一樣看，爲是。

○子貢曰：「如有博施於民而能濟衆，何如？可謂仁乎？」子曰：「何事於仁，必也聖乎！堯舜其猶病諸！施，去聲。

博，廣也。新安陳氏曰：「玩文意，當是博施於民而又能所濟者衆。蓋博施自我之施恩澤而言，濟衆自衆人之被吾恩澤者而言，濟衆難於博施，是進步説，有雖博施而衆不皆被其澤者。」仁以理言，通乎上下；聖以地言，則造七到反。其極之名也。朱子曰：「仁是通上下而言，有聖人之仁，有賢人之仁，有衆人之仁。一事之仁也是仁，全體之仁也是仁。仁字直，聖字闊。」○仁以道理言，是個徹頭徹尾物事。聖以地位言，也不是離了仁而爲聖，聖只是行仁到那極處。仁便是這理，聖便是充這理到極處，不是仁上面更有個聖。○仁就心上説，聖却是積累得到這田地，索性仁了。《通考》懼齋陳氏曰：「聖無不通，大而化，生知安行，與天同德。」○乎者，疑而未定之辭。乎字，以含下一句意。病，心有所不足也。言此何止於仁，必也聖人能之乎！則雖堯舜之聖，其心猶有所不足於此也。以是求仁，愈難而愈遠矣。朱子曰：「言博施濟衆之事，何止於仁，必是行仁極致之人。亦有不能盡，堯舜也做不了。蓋仁者之心雖無窮，而仁者之事則有限，自是無可了之理。」○博施濟衆，此固是仁，然不是人人皆能做底事，必有聖人之德，又有天子之位，而後可以當此。

若必以爲聖人能之，則堯舜亦尚以此爲病。此非言堯舜不能盡仁，蓋勢有所不能耳。○或問：「必聖人而後能之乎？」曰：「此正謂雖聖人亦有所不能爾。必也聖乎，蓋以起下文堯舜猶病之意。」○問：「博施濟衆如何分別？」曰：「博施是施之多，施之厚，濟衆是及之廣。」○博施濟衆，固仁之極功，譬如東大洋海，固是水，但不必以東大洋海之水方爲水，只瓶中傾出來底，亦便是水。博施濟衆固是仁，但那見孺子將入井時，有怵惕惻隱之心，亦便是仁。此處最好看。○「必也聖乎！堯舜其猶病諸」，此兩句當連看。蓋云便是聖人也有做不得處。且云堯舜雖曰比屋可封，然在朝亦有四凶之惡。又如孔子設教，從游者甚衆，孔子豈不欲人人至於聖賢之極？然而人人亦各自皆有病痛。附《存疑》：聖以地言，是所造之地。仁是理，聖是人。曰聖，是造理至於極至之地也。○《淺説》：仁通乎上下，博施濟衆亦仁也，而曰何止於仁者，非謂有過於仁也，言不待至此而後可以言仁也。○顧麟士曰：「可謂仁乎，或問：『是揀個大底來説。』朱子曰：『然。』蔡覺軒亦曰：『如此而後可以謂之仁乎？』《蒙引》又作『尚疑未足以盡仁』，另一解。」

夫仁者，己欲立而立人，己欲達而達人。夫，音扶。

以己及人，仁者之心也。於此觀之，可以見天理之周流而無閒去聲。**矣。狀仁之體，莫切於此。**朱子曰：「立字、達字之義，皆兼內外而言，謂如在此而住得穩，便是立，如行要到，便是達，如身要成立，亦是立，學要通達，亦是達，事事皆然。若必以博施而後爲仁，則終身有不得仁者矣。」○子貢所問只就事上説，却不就心上説，夫子所以就心上指仁之本體而告之。○問：「立、達二字以字推之如何？」曰：「立是安存底意思，達是發用底意思。」○問：「欲立謂欲自立於世，立人謂扶持培植，使之有以自立也；欲達謂欲自遂其志，達人謂無遏塞沮抑，使之得以自達也。」曰：「此説是。」○問立字、達字之義。曰：「此是兼麤細説。立是自家有可立，達是推將去。聖人所謂『立之斯立，綏之斯來，動之斯和』，亦是這個意思也。」○問：「欲立立人，欲達達人，苟有此心，便有博施濟衆底功用。」曰：「博施濟衆，是無了期底事，故曰『堯舜其猶

病諸』。然若得果無私意，已有此心，仁則自心中流出來，隨其所施之大小，自可見矣。」《通旨》：朱氏公遷曰：「仁以其愛之所存而言。朱子曰：『克己復禮是心之德，立人達人是愛之理。』愚謂此自仁者之心主乎愛之理而形容之，非指愛之見於外者。故《集註》以爲『狀仁之體』之意與子貢『無加諸人』者同，皆是以己及人之仁，但夫子是順言其所欲，子貢是反言其所不欲。」**附**《蒙引》：吕與叔《克己銘》是以己字作我字解，以町畦不立爲克己，以皇皇四達，洞然八荒，爲天下歸仁。如此説，非惟與四勿不通，亦對復禮不切，蓋不知孔子之告顔淵是從心之德上論，而專以所謂愛之理者解之，故朱子不用。然移之以解己欲立而立人，己欲達而達人，則無得而議矣。大抵此銘亦不出「仁者以天地萬物爲一體」一句。「仁者以天地萬物爲一體」一句，亦可當一篇《西銘》。○《存疑》：立達，俱兼教養説。己欲植其生，使人亦植其生，己欲做得人，使人亦做得人，此便是立；己欲俯仰有資，志無不遂，欲人亦然，己欲邦家必達，行無不得，欲人亦然，此便是欲達。○《淺説》：狀仁之體，體字謂體段模樣也，非體用之體。○顧麟士曰：「《語類》曰：『己欲立，便立人，己欲達，便達人，仁者之心，自然如此，不待安排，不待勉强。』又曰：『己纔要立，便立別人，己纔要達，便達別人，這更無甚著力。』此皆對下『能近取譬，可謂仁之方』而言，因下是恕，近於勉然，故別此爲仁，謂之自然也。其實到立人、達人，少不得『知明處當』四字今人不解，遂謂人己之際，一欲可通，己方欲立，便自立人，己方欲達，便自達人，如揑空塑影，都無實際。往嘗戲評一文，我方欲食，汝無飽理，我方欲衣，汝無暖理，合思之，恐但言欲，兼亦不能自飽自暖，真爲展轉失笑也。」○《語類》若曰「己纔要立達，便自然去立達別人，天理周流，無間彼此」，蓋不待於譬也。若對上節，則但以兩「人」字换他「博」、「衆」字，便自渾融。如言老安少懷，何必先限定安懷得多少，只存心自然，決無一毫自私自利及半上不落耳。若謂己欲立達而即已立人達人，則其願乃更奢更浮於子貢，又豈聖人立教之指乎？○己欲立而立人，己欲達而達人，此地位不可因對「博施濟衆」判作容易。此便是將那仁者底全體大用來立個樣子，與子貢看，教子貢下手尚在能近取譬處，頗與《中庸》説「誠者天道，誠之者人道」一般。

能近取譬，可謂仁之方也已。」

譬，喻也。方，術也。近取諸身，以己所欲譬之他人，知其所欲亦猶是也，然後推其所欲以及於人，則恕之事而仁之術也。於此勉焉，則有以勝其人欲之私，而全其天理之公矣。朱子曰：「夫子分明説『夫仁者』，則是言仁之道如此，『可謂仁之方』，則是言求仁當如此。『夫仁者』與『可謂仁之方』正相對説。」○此章是三節，前面説仁之功用，中間説仁之體，後面説仁之方。○《或問》：凡己之欲，即以及人，不待推以譬彼而後施之者，仁也；以己之欲，譬之於人，知其亦必欲此而後施之者，恕也。此其從容勉强，固不同矣。○新安陳氏曰：「博施濟衆，聖人所難能也；立人達人，仁也，安行此仁，學者未易能也；能近取譬，恕也，强恕求仁，學者所可能也。子貢以聖人所難能者爲仁，愈難而愈遠，夫子教其以學者所可能者求仁，切近而可進。」○程子曰：「醫書以手足痿痺爲不仁，痿，於危反。痺，音卑，冷濕病也。此言最善名狀。仁者以天地萬物爲一體，莫非己也。認得爲己，何所不至？新安陳氏曰：「仁者之心，視人物即己身也。體認得人物皆爲己，則此心之仁，周流貫通，何所往而不至乎？」若不屬己，自與己不相干。新安陳氏曰：「又反言之，若視人物爲人物，而不屬於己，自不相干。」如手足之不仁，氣已不貫，皆不屬己。新安陳氏曰：「雖是己身，然其氣既不周流貫通，則手足亦自不屬己矣。」故博施濟衆，乃聖人之功用。仁至難言，故止曰『己欲立而立人，己欲達而達人。能近取譬，可謂仁之方也已』，欲令平聲。如是觀仁，可以得仁之體。」問：「程子作一統説，《集註》作三段説，是如何？」朱子曰：「程子之説，如大屋一般，某説如在大屋下分别廳堂房室一般。」○程子合而言之，上下似不相應，不若分兩截看。惟仁者之心如此，故求仁之術必如此也。○勉齋黄氏曰：「或以爲痿痺者，不識痛痒之謂也，如此則覺者爲仁，仁其可以覺言乎？曰：所謂仁者，當於氣已不貫上求之。」○齊氏曰：「手足不屬己，氣之不貫也；天地萬物不屬己，心之不貫也。身與

手足一體也，外邪閒之，故與氣不相貫；己與天地萬物一體也，人欲閒之，故與心不相貫。通身與手足之閒者，醫必有方；通我與天地萬物之閒者，聖人亦必有方。然則恕者，聖人示學者以去閒之方也。」又曰：「《論語》言『堯舜其猶病諸』者二。夫音扶。博施者，豈非聖人之所欲？然必五十乃衣去聲，下同。帛，七十乃食肉。聖人之心，非不欲少去聲。者亦衣帛食肉也，顧其養有所不贍時艷反。爾。贍，足也。此病其施之不博也。濟衆者，豈非聖人之所欲？然治不過九州。聖人非不欲四海之外亦兼濟也，顧其治有所不及爾。此病其濟之不衆也。推此以求，脩己以安百姓，則爲病可知。苟以吾治去聲。已足，則便不是聖人。」新安陳氏曰：「仁之功用無窮，聖人之心亦與之相爲無窮。」呂氏曰：「子貢有志於仁，徒事高遠，謂博施濟衆。未知其方。孔子教以於己取之，庶近而可入。新安陳氏曰：「呂説次就取譬上説恕字分曉。」是乃爲仁之方，雖博施濟衆，亦由此進。」程子曰：「聖則無大小，至於仁，兼上下大小而言之，博施濟衆亦仁也，愛人亦仁也。『堯舜其猶病諸』者，猶難之也。博則廣而無極，衆則多而無窮，聖人必欲使天下無一人之惡，無一物不得其所，然亦不能，故曰『病諸』。」○問：「仁與聖何以異？」曰：「人只見孔子言『何事於仁，必也聖乎』，便謂仁小而聖大，殊不知此言是孔子見子貢問『博施濟衆』問得來事大，故曰何止於仁，必也聖乎。蓋仁可以通上下言之，聖則其極也。聖人人倫之至。倫，理也。既通人理之極，更不可以有加。若今人或一事是仁，亦可謂之仁，至於盡人道，亦謂之仁，此通上下言之也。如曰『若聖與仁，則吾豈敢』，此又却仁與聖俱大也。大抵盡仁道者即是聖人，非聖人則不能盡得仁道。」又曰：「此子貢未識仁，故測度而設問也。惟聖人爲能盡仁，然仁在事，不可以爲聖。」又問：「堯舜其猶病諸，果乎？」曰：「誠然也。聖人惟恐所及不遠不廣，四海之治也，孰若兼四海之外亦治乎？是嘗以爲病

也。博施濟衆事大，故仁不足以名之。博施濟衆，非聖不能，何曾於仁事？故特曰『夫仁者，立人達人。取譬，可謂仁之方而已』使人求之自反便見得也。雖然聖人未有不盡仁，然教人不得如此指殺。」○語仁而曰「可謂仁之方也已」者，蓋若便以爲仁，則反便不識仁，只以所言爲仁也，故但曰仁之方，則使自得之以爲仁也。○朱子曰：「子貢所問爲仁，便使『中天下而立，定四海之民』如堯舜，也做不得，何況蓽門圭竇之士？聖人所以提起『夫仁者，己欲立而立人，己欲達而達人』，正指仁之本體。蓋己欲立，則思處置他人也立，己欲達，則思處置他人也達，放開眼目，推廣心胸，此是甚氣象，如此安得不謂仁之本體？若能近取譬者，以我之欲立，而知人之亦欲立，以己之欲達，而知人之亦欲達，如此則止謂之仁之方而已。此爲仁則同，但己欲立而立人，欲達而達人，是已到底，能近取譬，是未到底，其次第如此。」○博施濟衆，這個是盡人之道，極仁之功，非聖人不能。然聖人亦有所不足。在仁固能博施濟衆，然必得時得位，方做得這事，然堯舜雖得時得位，亦有所不足。○何事於仁，必也聖乎，不是聖大似於仁，仁只是一條正路，聖是行到盡處。欲立欲達，是仁者之心如此，能近取譬，是學做仁底如此，深淺不同。但克去己私，復得天理，便是仁，何必博施而後爲仁？若必得如此，則有終身不得仁者矣。孔、顔不得位，不成做不得仁？欲立欲達，即絜矩之義。子貢凡三問仁，聖人三告之以推己度物，想得子貢高明，於推己處有所未盡。○問：「博施濟衆，恐是子貢見孔子說仁多端，又不曾許一個人是仁，故揀個大底來說否？」曰：「然。然而夫子答子貢曰『己欲立而立人，己欲達而達人』，至於答顔子，則曰『克己復禮爲仁』，分明一個仁，說兩般，諸公試說這兩般說是如何？」或曰：「一爲心之德，一爲愛之理。」曰：「是如此。但只是一個物事，有時說這一面，又有時說那一面，人但要認得是一個物事。〔一云孔子向顔子說，則以克己爲仁，此處又以立人達人爲仁，一自己上說，一自人上說，須於這裏看得一般方可。〕如己欲立而立人，己欲達而達人，便有那克己復禮底意思；克己復禮，便包那己欲立而立人，己欲達而達人底意思，只要人自分別而已。然此亦是因子貢所問而說。」○立人達人，即子貢所謂「欲無加諸人」，仁之事也；能近取譬，求仁之方，即孔子所謂「勿施於人」，恕

之事也。博施濟衆之問，與「無加諸人」之説，其先後不可考，疑却因「能近取譬」之言，用力有功，而後有「無加諸人」之説也。○問：「『博施濟衆』與『脩己以安百姓』，乃堯舜儘做得底，夫子猶以爲病，如何？」潛室陳氏曰：「堯舜在上，保得天下無窮民否？ 天地之大，人猶有所憾，見得道理無盡期，聖賢亦未有盡處，安得不反躬自責？」○覺軒蔡氏曰：「謂此章論仁，子貢是就仁之功效及人處説，夫子是就仁之本體心上説。就功效及人上説，則仁之名雖大，而脉絡不貫；就本體心上説，則仁之實雖小，而周流莫禦。故子貢問：『如有博施於民而能濟衆功效普博如此而後可以謂之仁乎？』夫子答：『此何但是仁，必也聖人方能之乎！ 然聖如堯舜猶且病諸。』夫仁者，只就己上發出，己欲立即立人，己欲達即達人，此仁者之事也。若未能便至於仁，而能近取譬，以己之欲立，譬之他人亦欲立而立之，以己之欲達，譬之他人亦欲達而達之，如此則雖未即至於仁，而亦可謂求仁之方也已。夫既以仁之本體告之，又以求仁之方術告之，庶乎學者循序而得夫用工之要。回視子貢功效籠罩之説，茫乎無所措手，苟志於仁者是可不深思而静體之哉？」附《語類》：龜山云：「雖博施濟衆，也須自此始。」某甚善其説。

君子博學於文節

附《存疑》：問：「《傳習録》謂博文是約禮工夫，與明善是誠身工夫，格物是誠意工夫一般，其説然與？」曰：「爲學之有知行，猶用兵之必學兵，行醫之必學醫也，故經傳所説博文約禮，致知誠意，明善誠身、惟精惟一、知仁之類，都是兩段事。今把正經説知，俱作行底工夫，則聖人如何不教人知，專教人去行？如何行得？譬之用兵而不學兵，行醫而不學醫，得無誤事殺人乎？自來聖人皆教人讀書窮理，此致知事也，如曰『小子何莫學夫《詩》』、『汝爲《周南》、《召南》』之類可見。子路曰：『何必讀書，然後爲學？』可見當時爲學，亦讀書也。博學於文，正是讀書窮理事，今却拗作行説，則所爲『學《詩》』、『爲《周南》、《召南》』等，俱何爲者？若謂此非真知，則聖人謂學《詩》可以事父事君，不爲《周南》、《召南》猶正牆面，此豈草草者？今却不及，何耶？既把

博文做行，則明善亦當依此説，又以學問思辨與篤行解之，又何不同？且博文既是行，《中庸》既説博學，下面不消説篤行矣，又説篤行，何也？《大學》自格物至平天下，各是一件，其曰先曰而後云者，是説必先了此而後及彼之辭也。今曰格物致知，即是誠意工夫，然則齊家亦即是治國平天下工夫乎？其曰『先』、『後』字，不亦贅乎？夫知行之爲兩段事，自古聖人固已言矣，不但程、朱也。如曰知及仁守，三知三行，始終條理，皆是分開言也。今謂博文、致知、明善即是行工夫，然則知及即是仁守，三知即是三行，始條理即是終條理與？依其説，東西南北，俱見窒礙，毛髮孔竅，俱是病痛，吾不能盡書也，安得舍此而信彼哉？」○問：「知行合一之説，何如？」曰：「先儒原有知行互相發之説，蓋知至則行益力，行至則知益真，以是爲合一則可。彼謂如知痛必已自痛了，知寒必已自寒了，是謂必行過然後知，更不論從前有個知，如此則不可。如必已痛了方知痛，已寒了方知寒，不知未痛時，不知虎傷能痛，見虎不避而被傷乎？抑知之，特避不得而被傷乎？未寒時，不知無衣則寒，冬月不着衣而受寒乎？抑知之，特因偶失衣而受寒乎？如此則明有個知在先也。如必行過然後知，則《易》稱知死生之説，豈必死過然後知？聖人未嘗行過天，何以能曆象日月星辰？爲地理志者，未能行過九州，何以能知其山川人物？亦有所不通矣。既謂行過然後知，則行乃是知之始，却云知是行之始，何耶？又謂知是行底主意，主意不在先也，抑何自相矛盾也？」○或曰：「陽明之説，意有所謂，觀其言曰：『今人却就將知行分作兩件做，以爲必先知了然後能行，我如今且去講習討論，做知的工夫，故遂終身不行，亦遂終身不知，不是小病痛。』其言如此，其爲此説，亦是補偏救弊之意耳。」曰：「徒求知而不務行，此是學者之病。聖人立教，原使人知行並做，究竟其先後次第，則必先知而後行耳，何嘗教人分作兩件去做？謂必先知然後行，你如今且去講習討論，做知工夫，却不教人去行，絶無此事，亦絶無此語。觀朱子嘗曰：『《大學》雖以格物致知爲用力之始，然非物未格知未至，則意可以不誠，心可以不正，身可以不脩也。若必俟知至而後可行，則夫事親從兄，承上接下，乃人生之所不能一日廢者，豈可謂我知未至，而暫輟以俟其至而後行哉？』觀此，則朱子未嘗教人且去做知的工夫，不教去行，可見矣。陽明之説，非厚誣耶？陽明又非朱子《致知格物

補傳》，謂若待天下之物皆表裏精粗無不到然後行，則無可行之時矣。此未解朱子之意，未見朱子之言，而妄生此議也。夫一知一行，相資而進，日用之間，隨物應接，俱不可缺，非謂天下之物未能盡知，且停却不行也。若論用工之極，則必天下之物盡格，然後爲學之成耳。《致知補傳》意蓋如此。今不悟朱子立言之意，輒以終身不能行爲朱子病，竊恐未足以病朱子，適爲己病耳。嘗疑陽明於朱子之書，不但未能領會，亦恐未得盡見，正爲此等處。」○顧麟士曰：「《存疑》衛朱之言甚正。姚江頗近禪門悟了便休之説，然亦只是比秀一宗學問，非其最上也。」

論語集註大全卷之六終

論語集註大全卷之七 三魚堂讀本

述而第七

此篇多記聖人謙己誨人之辭及其容貌行事之實。凡三十七章。《通考》勿軒熊氏曰：「温厲、申夭，記聖人容貌，不語、與人歌、「食喪側」章、「齊戰疾」章，記聖人之言行，爲衛君章、桓魋章、夢周公章、用舍行藏章、富而可求章、富貴浮雲章，記聖人之言處，餘皆謙己誨人之辭。」

子曰：「述而不作，信而好古，竊比於我老彭。」好，去聲。

述，傳舊而已。作，則創始也。故作非聖人不能，而述則賢者可及。《記》曰：「作者之謂聖，述者之謂明。」竊比，尊之之辭。我，親之之辭。老彭，商賢大夫，見賢遍反。《大戴禮》，《虞德篇》有「商老彭」之語，包氏註云「商賢大夫」。蓋信古而傳述者也。孔子刪《詩》、《書》，定禮樂，贊《周易》，脩《春秋》，皆傳先王之舊而未嘗有所作也，故其自言如此。蓋不惟不敢當作者之聖，而亦不敢顯然自附於古之賢人。蓋其德愈盛而心愈下，不自知其辭之謙也。朱子曰：「孔子賢於堯舜，非老彭之所及，自不須説，但其謙退不居而反自比焉，且其辭氣謙遜，而又出於誠實，所以爲盛德之至也。」然當是時，新安陳氏曰：「此以下推廣餘意。」作者略備，夫子蓋集群聖之大成而折衷之，其事雖述，而功則倍於作矣，此又不可不知也。問：「述而不作如何？」程子曰：「此聖人不得位，止能述而已。」○問：「聖人不得時不得位只如此，聖人得時得位時，更有制作否？」朱子曰：「看

聖人告顔子四代禮樂，只是恁地，恐不大段更有制作，亦因四代有此禮樂而因革之，亦未是作處。」○問：「《春秋》恐是作否？」曰：「『其事則齊桓晉文，其文則史，其義則丘竊取之矣』，看來是寫出魯史，中間微有更改爾。」○問「信而好古」。曰：「既信古，又好古。今人多信而不好，或好而不信，如好之者，他也且恁地説，信之者，雖知有個理恁地，畢竟是欠了個篤好底意思。」○楊氏曰：「孔子自謂述而不作，孟子言孔子作《春秋》，《春秋》雖孔子作，然其事則桓文，其文則史，孔子自謂其義則某竊取之，是亦述而已。」○慶源輔氏曰：「作者略備，觀諸經可見；集大成而折衷之，亦於諸經見之。然群聖所作，因時制宜以成一代之制；夫子折衷，參互訂正以垂萬世之法，夫子賢於堯舜者在是。」○雙峰饒氏曰：「《春秋》雖因魯史而脩之，然實却是作。蓋賞罰天子之事，時王不能正其賞罰，故《春秋》爲之褒善貶惡以誅亂賊於既死之後，是以匹夫而代天子行賞罰也。此事前古所無，孔子始創爲之，故雖述而實作。集大成者，詳見《孟子集註》。《書》述政事，《詩》道性情，禮以正行，樂以養德，各是一事，如樂之小成。夫子合六經而折衷之，如樂之集衆小成而爲大成。」○新安陳氏曰：「諸家説此章，多於『述』、『作』二字著意，『信而好古』一句則忽略之，夫『信而好古』乃『述而不作』之本。夫子嘗自謂『好古敏以求之』，又謂『不如某之好學』，常人之所以不知好古，不能好學，皆信道不篤故爾。惟能篤於信道，所以深好古道；惟篤信好古，所以惟述古而不敢自我作古焉，此朱子『今人多信而不好，或好而不信』一條所以不可無也。」附《存疑》：述而不作，固聖人自謙之辭，其實在當時亦只得如此，無容大去創作。緣天地間只是這個道理，只是這般事。上古聖神繼天立極，自羲皇以降，至於文、武、周公，凡當説底，當做底，無不説，無不做，大略亦將盡了，後聖似不容大創作。其間或過或不及，或偏滯廢墜，或未備，則有之。但因其見成底而循理之，損其過，益其不及，救其偏，補其敝，增其所未備，使歸於中正完全。則古先聖王之創作，皆自我而裁成，此其事雖非作，其功尤有盛於作。抑非其道出於群聖之上，有以洞見其是非，徒使賢人任之，欲持權度以稱度古聖之是非，所謂「從坙敦而測泰山，懷汎濫而測乎長淵」者耳，其將能乎？則夫子雖不自任聖者之事，而其所述即聖者之事，有不得而辭矣。今觀六經之删述，與天地同敝，雖後聖有作，不得而改

焉，此豈賢者能之乎？○「信而好古」，是「述而不作」之本，信又是好之本。必信而後好，不信亦不好也。

○子曰：「默而識之，學而不厭，誨人不倦，何有於我哉？」識，音志，又如字。

識，記也。默識，謂不言而存諸心也。朱子曰：「非是聽人説後記得，是得於心自不能忘，拳拳服膺而勿失也。」○雙峰饒氏曰：「默識與道聽塗説者相反。道聽塗説更不復留爲身心受用，默識則其所得者深而所存者固矣。《詩》云『中心藏之，何日忘之』，《易》曰『默而成之，不言而信，存乎德行』，皆是此意。」○勿軒熊氏曰：「先言默識者，聖門之學以沉潛淵默爲本。」一説識，知也，不言而心解也。前説近是。新安陳氏曰：「不言而存諸心者，其功實；不言而心解者，其意玄。」《通考》吳氏程曰：「識前一字音志，前説近是。朱子於經註中皆用後音後説，此獨云爾者，蓋懲象山頓悟之言也。」何有於我，言何者能有於我也。三者已非聖人之極至，而猶不敢當，則謙而又謙之辭也。朱子曰：「『默而識之』至『誨人不倦』，是三者雖非聖人之極至，在學者亦難。如平時講貫方能記得，或因人提撕方能存得，若默而識之，乃不言而存諸心，非心與理契，安能如此？學不厭，在學者久亦易厭。視人與己若無干涉，誨人安能不倦？此三者亦須是心無間斷，方能如此。」又曰：「今學者須是將此三句時時省察，我還能默識否，我學還不厭否，我教還不倦否，如此乃好。」○默而識之，便是得之於心；學不厭，便是更加講貫；誨不倦，便是施於人也。○問「何有於我哉」。曰：「此語難説。聖人是自謙，言我不曾有此數者。聖人常有慊然不足之意，衆人雖見他是仁之至熟，義之至精，他只管自見得有欠闕處。」○此必因人稱聖人有此，聖人以謙辭承之。記者失却上一節，只做聖人自話記了。○南軒張氏曰：「默識非言意所可及，蓋森然於不覩不聞之中者也。在己則學不厭，施諸人則教不倦，成己成物之不息也，此亦是作知識説。」○雲峰胡氏曰：「學貴自得，故在默識；自得而不自以爲得，故學而不厭；自得而必欲人之同得，故教而不倦。」附《蒙引》：識訓記，訓存，不忘也，非著力記憶之謂，謂能不忘爲己有也。學不厭，誨不倦，皆説自然底。○識若讀爲如字，則意思

淺，讀去聲，却有自得居安資深之意。○《存疑》：識是記得，不遺忘也。默訓不言。言如何？講説誦讀是也。不待講説誦讀而道理自記得，這非是聖人亦不能。緣這道理都融會在聖人心上，渾成一塊，却是自家心裏物了，所以不待用功而自然記得。若未融會，尚是兩物，自然或存或亡，安能默而識之？學不厭，誨不倦，亦是義理爲已得了，方能如此。這便是純亦不已地位，故曰「正惟弟子不能學也」。註曰「非已有之則不能」。問：「既爲已得，又何須學？」曰：「聖人自有聖人之學。文王『望道而未之見』，夫子『假我數年，卒以學《易》』，何嘗無學？」○三者自是聖人之事，註曰「非聖人之極至」者，蓋聖人窮理盡性而至於命，發微而不可見，充周而不可窮，曰識曰學，乃是餘事，不足以言之也。

○子曰：「德之不脩，學之不講，聞義不能徙，不善不能改，是吾憂也。」

尹氏曰：「德必脩而後成，勉齋黄氏曰：「脩，治也，謂去其疵纇而全其善也。」學必講而後明，上蔡謝氏曰：「學須是熟講，學不講，用盡工夫，只是舊時。」見善能徙，改過不吝，此四者，日新之要也，苟未能之，聖人猶憂，況學者乎？」

朱子曰：「脩德是本，如有害人之心，便是仁不脩；有穿窬之心，便是義不脩。德是理之得於吾心者，已是我有底物事了，更日日磨礲，勿令間斷。徙義改不善，須是分別。義是事之宜，我做這事，覺未甚合宜，須徙令合宜，此却未有不善處。不善便是過惡，須速全體改之，始得。有輕重之別。」○須實見得是如何。德是甚麽物事，如何唤做脩，如何唤做不脩。人而無欲害人之心，這是德得之於吾心也。然害人之心或有時而萌者，是不能脩者也。德者道理得於吾心之謂，脩者好好脩治之謂。更須自體之，須把這許多説話做自家身上説，不是爲别人説。○問：「『德之不脩』，可以包下三句否？」曰：「若恁地，夫子但説一句便了，何用更説四句？徙義改過，略似脩德裏面事，然也别是個頭項。講學自是講學，脩德自是脩德。如致知格物，是講學，誠意正心脩身，是脩德；博學審問慎思明辨，是講學，篤行，是脩德。」又曰：「不善，自家做得淫邪非僻底事。徙義是雖無過惡，然做得未恰好，便是不合義，若聞人説如何方是恰好，便當徙而從之。聖人説這幾句，淺深輕重盡在裏面。聞義不能徙底罪小，不善不能改底罪

大。但聖人不分細大，都説在裏面，學者皆當著工夫。」○問：「先知德不可不脩，方知學不可不講，能講學方能徙義，能徙義方能改不善，如此看如何？」曰：「脩德是本。脩德，恰似説『入則孝，出則弟，謹而信，汎愛衆而親仁』；學不可不講，恰似説『行有餘力則以學文』。遷善改過是脩德中緊要事，蓋只脩德而不遷善改過，亦不能得長進。」○「德之不脩」至「是吾憂也」，這雖是聖人以此教人，然學不厭之意多見於此。使有一毫自以爲聖，任其自爾，則雖聖而失其聖矣。此是聖人自憂也。聖人固無是四者之憂，所以然者，亦自貶以教人之意。○南軒張氏曰：「夫德不脩，則無以有諸躬；學不講，則無以明夫善；聞義不能徙，則何有於義；不善不能改，則安於不善而已，是豈不可憂乎？」○勉齋黄氏曰：「德以脩而日新，學以講而日明，徙義則善日益，改不善則過日損，四者脩身之大要也，不此之務，可無憂乎？」○雲峰胡氏曰：「德必脩而後新，學以講而益新，徙與改皆是自新，故尹氏以爲日新之要。」○新安陳氏曰：「脩德而繼以講學，如『尊德性而道問學』是也，脩德爲大本，講學爲實功。徙義改不善，脩德之條目而講學之效驗也。脩德而能講學，則行己應事始能知其孰爲義，孰爲非義，孰爲善，孰爲不善。必徙之改之，始可以爲脩德，始無負於講學矣。不然，德之不脩，自若也，學亦徒虚言之講耳。聖人不自聖，猶以是爲憂，此聖所以益聖；常人不知憂聖人之憂，此愚所以益愚也。」附《蒙引》：「德之不脩」，以行言；「學之不講」，以知言。「聞義不能徙」，以爲善言；「不善不能改」，以去惡言。○「憂」字，只在四個「不」字上。南軒推説一重，然須貼「日新」意。○《存疑》：德是「明明德」之德，非「爲政以德」之德。脩，治也，去其害德者也。蓋德是人心所得之理，理在人心，本自全具。人惟私欲一萌，則理爲所壞，而德不全矣。脩者，去欲存理以全其德也。

○子之燕居，申申如也，夭夭如也。

燕居，閒音閑。暇無事之時。楊氏曰：「申申，其容舒也。夭夭，其色愉也。」胡氏曰：「申有展布之意，夭有和悦之意。惟身可言舒布，故知以容言；惟顔貌可言和悦，故知以色言。」○洪氏曰：「《易》於形容所不能言者，必曰如，至《鄉黨》，一言之不足則復言之，與此義同。」○程子曰：「此弟子善形容聖人處也。爲去聲。『申申』字説不

盡，故更著陟略反，作「着」非，下同。『夭夭』字。今人燕居之時，不怠惰放肆，必太嚴厲。嚴厲時著此四字不得，怠惰放肆時亦著此四字不得，惟聖人便自有中和之氣。」上蔡謝氏曰：「善觀聖人者，可以得之於儀刑。蓋周旋中禮者，必其盛德之至，是以二三子無時不觀省於斯焉。燕居非鞠躬如不容之時，是以其容申申；非蹴踖屏氣之時，是以其色夭夭，此之謂中節。」○朱子曰：「申申，是言其不局促，是心廣體胖後恁地。所謂色愉，只是和悅底意思。但此只是燕居如此，在朝及接人又不然。」○問：「申申夭夭，聖人得於天之自然。若學者，有心要收束，則入於嚴厲，有心要舒泰，則入於放肆。惟理義以養其氣，養之久，則自然到此否？」曰：「亦須稍嚴肅則可，不然則無下手處。」又曰：「但得身心收斂，則自然和樂，不是別有一箇和樂。纔整肅，則自和樂。」○胡氏曰：「程子以怠惰放肆對嚴厲而言，於嚴厲上加『太』字，蓋嚴厲亦不可無，太嚴厲則不可耳。」○南軒張氏曰：「燕居時，在衆人易以怠肆，君子則未免矜持，安有此氣象？」○慶源輔氏曰：「燕居，閒暇無事之時，故其容儀得以遂其舒緩而無迫遽之意，其顏色得以全其愉怡而無勃如之變。申申夭夭，聖人燕居容色自然之符也。」○新安陳氏曰：「雖閒居時，其德容亦自然中和如此，此所以爲聖人也。聖人閒居中和之氣，乃德性中和之氣。程子所謂自有中和之氣，自，自然也。」附《蒙引》：不曰申申夭夭，而一則曰如，二則曰如者，以見聖人德容氣象有非言語可以名狀者，姑借此以擬議之耳。○圈外程子註不分容與色，且「中和」字亦微泛。

○子曰：「甚矣吾衰也！久矣吾不復夢見周公！」復，扶又反。

孔子盛時，志欲行周公之道，故夢寐之閒如或見之，至其老而不能行也，則無復扶又反，下同。是心，而亦無復是夢矣，故因此而自歎其衰之甚也。朱子曰：「據文勢，『甚矣吾衰也』是一句，『久矣吾不復夢見周公』是一句。惟其久不夢見，所以見得是衰。」○新安陳氏曰：「此亦道不行之符兆自見於吾身者。」○程子曰：「孔子盛時，寤寐常存行周公之道，及其老也，則

志慮衰而不可以有爲矣。蓋存道者心，無老少去聲。之異，而行道者身，老則衰也。」朱子曰：「夫子夢寐周公，正是聖人至誠不息處，然時止時行，無所凝滯，亦未嘗不灑落也，故及其衰則不復夢，亦可見矣。若是合做底事，則豈容有所忽忘耶？」○問：「伊川以爲不是夢見人，只是『夢寐常存行周公之道』耳，《集註》則以爲『如或見之』，不知果是如何？」曰：「想是有時而夢見。既分明說夢見周公，全道不見，恐亦未安。程子之意蓋嫌於因思而夢者，故爲此說。其義則精矣，然恐非夫子所言之本意也。」○問：「孔子夢周公，若以聖人欲行其道而夢之耶，則是心猶有所動；若以壯年道有可行之理而夢之耶，則又不應虛有此朕兆也。」曰：「聖人曷嘗無夢？須看他與周公契合處如何。不然，又不見別夢一個人也。聖人之心，自有個勤懇惻怛不能自已處，自有個脱然無所繫累處，要亦正是以此卜吾之盛衰。」○問：「夢周公是真夢否？」曰：「當初思欲行周公之道時，必亦是曾夢見。」曰：「恐涉於心動否？」曰：「心本是個動物，怎教他不動？夜之夢，猶晝之思也。思亦是心之動處，但無邪思可矣。夢得其正何害？心存這事，便夢這事。」○問：「夫子未嘗識周公，烏得而夢之？」曰：「今有人夢見平生所不識之人，云是某人者，蓋有之。」○不是孔子衰，是時世衰。聖人與天地相應，若天要用孔子，必不教他衰，如武王、太公皆八九十歲。○戴少望謂顏淵死，聖人觀之人事；鳳不至，圖不出，聖人察之天理；不夢周公，聖人驗之吾身，然後知斯道之果不可行，而天之果無意於斯世也。這意思也好。○「吾不復夢見周公」，自是個證兆如此。當聖人志慮未衰，天意雖定八分，猶有兩分運轉，故也做得周公事，遂夢見之，非以思慮也。要之聖人精神血氣與時運相爲流通，到鳳不至，圖不出，明主不興，其證兆自是恁地。○胡氏曰：「聖人誠存，則其夢治；他人思慮紛擾，則所夢亦亂。或邪或正，與旦晝之所爲等爾。善學者既謹其言動，而又必驗諸夢寐之間也。」○南軒張氏曰：「夫子夢見周公之心，周公思兼三王之心也。」《通考》吴氏程曰：「『甚矣吾衰也』句，註『心』、『身』二字絶句，蓋承上文『存行』之語，而以身心分之。雖未必程子本意，然於義尤明。」○愚按張達善點本「心」、「身」二字皆作一讀，又以《勉齋批點四書例》推之，凡「者」、「也」相應爲讀，則

「存道者心無老少之異」恐當自作一句，下文「者」字與「也」相應，當作一讀於「者」字下，庶得程子之本意。附《蒙引》：孔子不夢文、武而獨夢周公者，渠所志只是做周公。若志爲文武，則亦是「無將」之心矣。故作《春秋》主於尊周。他日有曰「吾其爲東周乎」，亦只要做周公而興文、武之道也，非欲得文、武之位也。○《集註》云「孔子盛時」，以氣言也，「則無復是心」者，志也，「而亦無復是夢」者，夢也，「故因此而自歎其衰之甚」者，指氣言也。孔子是就無夢上驗其一身氣運之衰，朱子是就夢上尋出「志」字。蓋夜之所夢，晝之所思也，所思處即志。○《淺説》：大抵有是氣則有是志，有是志則有是夢。孔子夢見周公者，志欲行周公之道也。其志欲行周公之道者，以其氣之盛而可以有爲也。及其氣衰，則無復是志，而亦無復是夢矣。或曰：聖人血氣有時而衰，志氣則無時而衰，今曰老而氣衰，則無復是志，何也？蓋所志非一，有以不屈於物而言者，有以兼濟乎物而言者。其不屈於物之志則氣衰而志不衰，惟兼濟乎物之志則氣衰而志自衰。其所以氣衰而志自衰者，蓋不能以此生將窮之日，而畢吾平生無窮之願也。理也，亦勢也。

○子曰：「志於道，

志者，心之所之之謂。新安陳氏曰：「『所之』之，往也。」道，則人倫日用之閒所當行者是也。朱子曰：「志道，如講學力行皆是。」知此而心必之焉，則所適者正，而無他岐之惑矣。朱子曰：「『志於道』，『志』字如有向望求索之意，《大學》『格物致知』即其事也。」又曰：「『志於道』不是只守個空底，須是至誠懇惻，念念不忘。所謂道者，只是日用當然之理。事親必要孝，事君必要忠，以至事兄而弟，與朋友交而信，皆是道也。『志於道』者正是謂志於此也。」○胡氏曰：「道猶路也，故『適』字、『他岐』字皆自路言之。」○新安陳氏曰：「『知此』二字是朱子説志道以前事。必知道而後志向在道，即『知止而後有定』，知至善之所在而後志有定向也。」附《蒙引》：學莫先於立志，然有非所當志而志者，則所趨不正矣。必志於道，則所適者正，而無他岐之惑。行此道而有得於心，則謂之德。德而不守之，則始雖爲我得，終必失之，故又必據於德，則始終惟一，而有日新之功矣。至於心德之全而私欲盡去，所謂仁也。仁而不能依之，則私欲有時而復萌，而心德之在我者有不全矣。依於仁，則心德

之全，而與之爲一，無事守矣。

據於德，

據者，執守之意。德，則行道而有得於心者也。得之於心而守之不失，則終始惟一，而有日新之功矣。朱子曰：「德是得這物事於我，故事親必孝，必不至於不孝，事君必忠，必不至於不忠。若今日孝，明日又不孝，今日忠，明日又不忠，是未有得於我，不可謂之德。惟德是有得於我者，故可據守之也。若是未有得於我，則亦無可據者。」○問「據於德」。曰：「如孝，便是自家元得這孝道理，非從外旋取來。『據於德』乃是得這基址在這裏。」○德是心得此道，如欲爲忠而得此忠，欲爲孝而得此孝。既得之，亦會失了，須當照管不要失了。○新安陳氏曰：「未得之，志在必得之，既得之，方有可據守，但又在守之固耳。」《通考》仁山金氏曰：「初本作『行道而有得於心』，後改定從此。第二篇德字雖改作『得之於心而不失』，不如此章之密。」○吳氏程曰：「按德者得也，凡得之稟受與進脩者皆德也。若必曰行道然後有得，則明德達德之屬皆不可通矣。今本精當如此，況胡伯量得之朱子面命，尤足據也。」○雙峰饒氏曰：「『德』字之訓，前云『得於心而不失』，此云『行道而有得於心』，何也？曰：前篇是泛釋德字，得是得之於天，不失是不失於己，合此二者方盡得『德』字之義。此則從志道上來，故云行道而有得。」附《存疑》：「得一善則拳拳服膺而弗失」，是據之也。

依於仁，

依者，不違之謂。仁，則私欲盡去而心德之全也。工夫至此而無終食之違，則存養之熟，無適而非天理之流行矣。朱子曰：「依如『依乎中庸』之依，相依而不捨之意。此心常在，不令少有走作，無物欲之累而純乎天理。道至此亦活，德至此亦活。」○德是逐件上理會底，得寸守寸，得尺守尺；仁是全體大用常依靠處。志道據德而有一息之不仁，便間斷了。○據德是因事發見，如因事父有孝，因事君有忠；依仁是本體不可須臾離底，又是『據於德』底骨子。○陳氏曰：「志道是一心向聖人路上行；據德是志道工夫成，向之所志者，今皆實得於己，如有物可執據；依仁，則據德工夫熟，天理與心爲一矣。據如

手執杖，依如身著衣，杖容有時而離手，衣則不容須臾離身，一節密一節也。」○西山真氏曰：「道者衆理之總名，德則行衆理而得於心者，仁則心之全德也。志乎道而弗他，可謂知所嚮矣。仁則歸宿之地而用功之親切處也。」附《存疑》：仁與德有分別。仁是心德之全，德則不必其皆全，得一件亦謂之德，得十件亦謂之德，皆不得謂仁。必心德全，萬善備，方謂之仁。既仁了，又何須依？心德雖全，然未至於純熟，不能無閒斷時，如顔子三月不違，是有閒斷時也，故必依於仁。無終食之閒違仁，造次顛沛必於是，是依也。

游於藝。」

游者，玩物適情之謂。胡氏曰：「玩物本非美辭，然以六藝爲物而玩之，非喪志之物也。」○陸氏曰：「游如人之游觀，有時而爲之。」藝，則禮樂之文，射御書數之法，皆至理所寓而日用之不可闕者也。朝夕游焉以博其義理之趣，去聲。則應務有餘而心亦無所放矣。胡氏曰：「藝亦日用之不可無者，乃是理之妙散於日用閒，苟有未通，亦爲全體之累。」附《蒙引》：自志道而據德，自據德而依仁，則本之在内者無不盡矣。然又當游心於禮樂之文，射御書數之法，則有以盡乎物理，周乎世用，而其雍容涵泳之閒，非僻之心亦無自入矣。不然，則本之在内者雖無不盡，而末之在外者猶有未周，是亦君子分内之欠事也。故必先志道據德依仁，而又游藝焉，則本末兼該，内外交養，而君子之道尚何有加於此？○《存疑》：游藝之功，與志道據德依仁亦是並行，如餘力學文意，不是未到依仁時且都不及，待到依仁後方從事也。○問：「小學之功，以學藝爲先，此却於依仁之後教人，何也？」曰：「小學習其事，此是究其理。習其事者，方致力於儀文度數之閒，未必能通其意；究其理，則有深造自得之妙，非初學所可同年語矣。」○此章言人之爲學當如是也。蓋學莫先於立志，志道則心存於正而不他，據德則道得於心而不失，依仁則德性常用而物欲不行，慶源輔氏曰：「天理人欲不兩勝，一盛則一衰也。」游藝則小物不遺而動息有養。慶源輔氏曰：「不外物以求理，而常玩物理以養性。」學者於此有以不失其先後之序、輕重之

倫焉，則本末兼該，内外交養，日用之閒無少閒去聲。隙，乞逆反。而涵泳從七容反。容，忽不自知其入於聖賢之域矣。慶源輔氏曰：「先後之序，謂道德仁藝之序；輕重之倫，謂志據依游之倫。先者重，後者輕也。本與内謂道德仁，末與外謂藝。在彼之序雖有先後，在我之倫雖有輕重，而未嘗偏廢，所謂兼該而交養也。日用之閒如是用功，無少閒隙，涵泳從容於義理事物之閒，則將優游饜飫而忽不知其入於聖賢之域矣。」○朱子曰：「志於道，方是要去做，方是事親欲盡其孝，事兄欲盡其弟，方是恁地。至據於德，則事親能盡其孝，事兄能盡其弟，便自有這道理了，却有可據底地位。雖然如此，此只是就事上逐件理會，若不依於仁，則不到那事時，此心便没頓放處。依於仁，則自朝至暮，此心無不在這裏，連許多德總攝貫穿都活了。雖然，藝亦不可不去理會。如禮樂射御書數，一件事理會不得，此心便覺滯礙。惟是一一去理會，這道理脉絡方始一一流通，無那個滯礙，因此又却養得這道理。以此知大則道無不包，小則道無不入，小大精粗，皆無滲漏，皆是做工夫處。故曰『語大天下莫能載，語小天下莫能破』。」○志者心之所之，道者當爲之理。爲君有君之理，爲臣有臣之理。志於道，留心於此理而不忘也。德者得也，既得之則當據守而弗失。仁者人之本心也，既有所據守又當依於仁而不違，如所謂「君子無終食之閒違仁」是也。「游於藝」一句，比上三句稍輕，然不可大段輕説。如上蔡云「有之不害爲小人，無之不害爲君子」，則是太輕了。古人於禮樂射御書數等事，皆至理之所寓，游乎此則心無所放，日用之閒本末具舉而内外交相養矣。○自志道至依仁是從粗入精，自依仁而游藝是自本兼末。○藝是小學工夫，若論先後，則藝爲先，三者爲後；若論本末，則三者爲本，而藝爲末。習藝之功固在先，游者從容潛玩之意，又當在後。文中子云「聖人志道據德依仁而後藝可游也」，此説得自好。○問：「道爲義理之總名，何也？」曰：「道以人所共由而得名，若父子之仁、君臣之義者是也。」曰：「德者己之所自得，何也？」曰：「若爲父子而得夫仁，爲君臣而得夫義者是也。」曰：「其志之據之何也？」曰：「潛心在是而期於必至者，志也；既已得之

而謹守不失者，❶據也。」曰：「不違仁者奈何？」曰：「吾於顔子之事既言之矣。」「敢問六藝之目與所以游之之説。」❷曰：「五禮：吉、凶、軍、賓、嘉也。六樂：《雲門》、《大咸》、《大韶》、《大夏》、《大濩》、《大武》也。五射，曰：白矢、參連、剡注、襄尺、井儀也。五馭，鳴和鸞、逐水曲、過君表、舞交衢、逐禽左也。六書：象形、會意、指事、轉注、假借、諧聲也。九數：方田、粟布、差分、少廣、商功、均輸、方程、贏不足、旁要也。是其名物度數，皆有至理存焉，又皆人所日用而不可無者，游心於此，則可以盡乎物理，周於世用，而其雍容涵泳之閒，非僻之心亦無自而入之矣。蓋志據依游，人心之所必有而不能無者也；道德仁藝，人心所當志據依游之地而不可易者也。以先後之次言之，則志道而後德可據，據德而後仁可依，依仁而後藝可游；以疏密之等言之，則志道者未如德之可據，據德者未如仁之可依，依仁之密乎内，又未盡乎游藝之周於外。詳味聖人此語，而後以身體之，則其進爲之序，先後疏密，皆可循序以進，而日用之閒，心思動作，無復毫髮之隙漏矣。」○勉齋黄氏曰：「道者義理之總名，德者吾身所學而有得之善，仁者本心之德，藝者六藝之事，是四者皆人所不可不留意者，但三者最重而藝稍輕。四者之序則志者向之而不忘，據者守之而不失，依者隨之而不離，是三者皆不可須臾捨也，游則若用力若不用力而已。上三者則互舉並行而不相悖，游藝則有不必專心致志耳。」○問：「『志於道』一章，古者八歲即教之以六藝之事，明爲學之所當先也，今於此章末言之，而朱子復以爲學者於此當求其先後之序、輕重之倫，似以藝爲可後，抑志道據德依仁是大學之事，而游藝乃大學之極功耶？」潛室陳氏曰：「此却有首尾本末，與前章别。教之六藝，小學之初事；游於藝，又成德之餘功。小學之初，習其文；成德之游，適於意：生熟滋味迥别。」○胡氏曰：「道、德、仁所當先，藝可以少後；志、據、依所當重，游可以少輕。務本而不廢其末，事内而不忽乎外。以其先後輕重之倫序而言，固不無差别；以其本末兼該、内外交養而言，則又未嘗不相資也。」○雙峰饒氏曰：「志道如人行道，據德如行路而有宿泊處，依仁則又就宿泊處漸漸立得家計成，却安居了，游藝如居家有時出游也。須

❶「已」，原作「以」，今據《四書或問》改。
❷「問」，原作「聞」，今據《四書或問》改。

游於藝，若游從別處去，則出乎道、德、仁之外而爲放心矣。」○新安陳氏曰：「志道據德而依於仁，則本之立於內者既粹，由此而復游於藝，則末之該於外者不遺。能深用功於本而以餘功及其末，則內外交養而體用益貫矣。」《通考》程氏復心曰：「先後之序，輕重之倫，以其用力言；本末兼該，內外交養，自其本體者言。道、德、仁、藝凡四者，則道、德、仁爲本而主於內，藝爲末而主乎外。以用力言，志、據、依、游凡四節，則志、據、依、當先而最重，游最後而可輕。用力之時，不失倫序，既能處重者而務於先，又不以輕者而遺於後，則本末可以兼該，內外得以交養，而日用之閒，所謂志、據、依者，無少閒隙，從容之際，所謂游者，又有涵泳從容，真不知優入於聖賢之域矣。」

○子曰：「自行束脩以上，吾未嘗無誨焉。」

脩，脯也。十脡他鼎反。爲束。古者相見，必執贄以爲禮，《禮·曲禮下》：凡摯，〔與贄同。〕天子鬯，諸侯圭，卿羔，大夫鴈，士雉，庶人之摯匹。❶〔鄭氏音木，匹即鶩也。〕童子委摯而退。〔摯之言至也。童子委摯而退，不與成人爲禮也。〕野外軍中無摯，❷以纓、拾、矢可也。〔纓，馬繁纓也。拾，射韝也。〕婦人之摯，椇、榛、脯、脩、棗、栗。束脩，其至薄者。胡氏曰：「在禮無以束脩爲贄，惟《記·檀弓》曰：『束脩之問不出境。』《少儀》曰：『其以乘壺酒、束脩、一犬。』《穀梁傳》曰：『束脩之問，不行境中。』則是亦有以此爲禮，不但婦人用脯脩爲贄也。然比羔鴈爲薄，故云至薄。」○邢氏曰：「此禮之薄者，厚則自玉帛之類，故云『以上』以包之。」○齊氏曰：「漢諸王致禮於其傅，猶曰束脩，蓋古禮也。」蓋人之有生，同具此理，故聖人之於人，無不欲其入於善。但不知來學，則無往教之禮，《記》曰：「禮聞來學，不聞往教。」故苟以禮來，則無不有以教之也。問：「束脩，始相見之禮也。人苟以禮來，聖人未嘗不誨之。蓋辭氣容色之閒，何莫非誨也，固不保其往耳。」朱子曰：「『誨』之一字，恐未說到辭氣容色之閒，亦未有不保其往之意，恐不應於此遽及之也，當詳玩之。」○胡氏

❶「摯」，原作「贄」，今據《禮記註疏》改。
❷「軍」，原作「車」，今據《禮記註疏》改。

曰：「人之有生，同具此理，雖以氣稟物欲之累而趨於惡，然皆可反而之善。聖人仁天下之心，曷嘗不欲啓其爲善之塗哉？惟自暴自棄，在聖人亦無如之何，故有不往教之禮。執贄而來，禮雖至薄，意則可取，故未嘗不教之也。」○慶源輔氏曰：「聖人之教，雖不輕棄人，亦不苟授人仁義，並行而不相悖也。但聖人之心，其愛人也終無窮已，而其責人也終不至於太甚爾。」附《淺説》：註云「不知來學，則無往教之禮」，此意輕。

○子曰：「不憤不啓，不悱不發，舉一隅不以三隅反，則不復也。」憤，房粉反。悱，芳匪反。復，扶又反。

憤者，心求通而未得之意。悱者，口欲言而未能之貌。慶源輔氏曰：「心求通而未得通，則其意憤然而不能自已，憤有鬱滯之意；口欲言而未能言，則其貌悱然而不能自伸，悱者屈抑之貌。」啓，謂開其意。發，謂達其辭。雙峰饒氏曰：「啓，如啓户，略開之也。發，如弓之張而爲之發其機。」物之有四隅者，舉一可知其三。反者，還以相證之義。復，再告也。華陽范氏曰：「憤則其慮也深，悱則其進也勇，因而啓發之，則其人必自得矣。孟子曰：『君子之所以教者五。』『有如時雨化之者』，❶顔子是也；『有成德者，有達材者，有答問者』，憤悱之類是也；『有私淑艾者』，舉一隅之類是也。」○朱子曰：「悱非全不曉，也曉得三五分，只是説不出。學者至憤悱時，其心已略略通曉，但心已喻而未甚信，口欲言而未能達，故聖人於此啓發之。舉一隅，其三隅須是學者自去理會。舉一隅而不能以三隅反，是不能自用力者，夫子所以不再舉也。」○南軒張氏曰：「此聖人教人之方也。學貴於思，思而後有得。憤悱者，思慮積久，鬱而未暢，誠意懇切形於外也。憤則見於辭氣，悱則見於顔色。於是而啓其端，發其蔽，則庶幾其聽之之專，而感之之深也。然告之亦舉一隅耳，必待其以三隅反而後復之。此古之教者所以爲從容而使人繼其志之道也。若不以三隅反，則是未能因吾言而推類，苟遽以

❶「化之」，原作「之化」，今據《孟子註疏》、《四書大全》乙。

復之，則於彼亦無力矣。」上章已言聖人誨人不倦之意，因并去聲。記此，欲學者勉於用力以爲受教之地也。新安陳氏曰：「聖人固不倦於教，亦不輕於教。學者無受教之地，教之必不入也。」附《淺説》：學莫貴於有疑，尤莫貴於能悟。疑者深思而未達也，悟者因此而識彼也。不知疑，何以能覺悟？不覺悟，何以能長進？○《蒙引》：或曰：「若能以三隅反，又何待於復？」曰：「所復者，又別一件道理，非以三隅復之也。」○《存疑》：天子嘗曰：「叩兩端而竭焉。」此曰「舉一隅不以三隅反，則不復」，亦是勉人用力，以爲受教之地耳。○程子曰：「憤悱，誠意之見賢遍反。於色辭者也。顔色辭氣。待其誠至，而後告之。既告之，又必待其自得，以三隅反。乃復告爾。」朱子曰：「憤悱便是誠意到，不憤悱便是誠不到。」又曰：「不待憤悱而發，則知之不能堅固；待其憤悱而後發，則沛然矣。」問：「程子云待憤悱而後發則沛然矣，如何有沛然底意思？」朱子曰：「此正所謂時雨之化。譬如種植之物，人力隨分已加，但正當那時節欲發生未發生之際，却欠了些子雨，忽然得這些子雨來，生意豈可禦也？」○慶源輔氏曰：「不待憤悱而發，是强聒之耳。必待憤悱而發，則猶水之流，壅遏於此，有以決之，則沛然而往，莫能禦矣。」○新安陳氏曰：「不憤悱則不啓發，不以三隅反則不復，朱子作兩節對説，程子只作一串説。」

○子食於有喪者之側，未嘗飽也。

臨喪哀，不能甘也。朱子曰：「未嘗飽，有食不下咽之意。」○厚齋馮氏曰：「《檀弓》記此，蓋古禮然也。是書所記禮儀，多合禮經，當世不行而夫子舉行之，故門人以爲記耳。」

子於是日哭，則不歌。

哭，謂弔哭。一日之内，餘哀未忘，自不能歌也。朱子曰：「聖人不成哭了便驟去歌？如四時也須漸漸過去，聖人之心，如春夏秋冬，不遽寒燠。故哭之日，自是不能遽忘。」○子於是日哭則不歌，不要把一個「誠」字包却，須要識得聖人自然重厚不輕浮底意思。○南軒張氏曰：「臨喪則哀，食何由飽？哭者哀之至，歌者樂之著，一日之間，二者不容相襲若此也。」

學者法聖人而勉之，亦足以養忠厚之心也。」附《蒙引》：註「哭謂弔哭」，謂哭他人之喪也。若自家喪，豈但是日不歌哉？ ○謝氏曰：「學者於此二者可見聖人情性之正也。能識聖人之情性，然後可以學道。」慶源輔氏曰：「在聖人分上，二者皆自然安行。其情性之正，莫非道也，識之者可以學道。」○新安陳氏曰：「是日哭，或遇當哭，哀不能已也；是日哭，縱或遇歌，樂可以已也。」

○子謂顏淵曰：「用之則行，舍之則藏，惟我與爾有是夫！」舍，上聲。夫，音扶。

尹氏曰：「用舍無與音預。於己，朱子曰：「用舍由在別人，不由得我。」行藏安於所遇，新安陳氏曰：「遇用我則安於行，遇舍我則安於藏，無固必也。」命不足道也。朱子曰：「命只是尹氏添此一脚，本文非有此意。」顏子幾平聲。於聖人，故亦能之。」程子曰：「孔子謂顏淵曰：『用之則行，舍之則藏，惟我與爾有是夫！』『君子所性，雖大行不加焉，雖窮居不損焉』，『不爲堯存，不爲桀亡』者也。用之則行，舍之則藏，皆不累於己爾。」○朱子曰：「『用之則行，舍之則藏』，此八字極要人玩味。若他人用之則無可行，舍之則無可藏。惟孔子與顏淵先有此事業在己分內，若用之則見成將出來行，舍之則藏了。他人豈有是哉？故下文云『惟我與爾有是夫』，『有是』二字當如此看。『用舍無預於己，行藏安於所遇，命不足道也』，蓋只看義理如何，都不問那命了。雖使前面做得去，若義去不得，也只不做，所謂『殺一不辜，行一不義，而得天下，有所不爲』。若中人之情，則見前面做不得了方休，方委之於命，若使前面做得，他定不肯已，所謂不得已而安之命者也。此固賢於世之貪冒無恥者，然實未能無求之之心也。聖人更不問命，只看義如何。貧富貴賤，惟義所在，謂安於所遇也。如顏子之安於陋巷，他那曾計較命如何？」○問：「『用之則行，舍之則藏』，竊意漆雕、曾、閔亦能之。」曰：「『舍之則藏』易，『用之則行』難。若開用之未必能行也。聖人規模大，藏時不止藏他一身，煞藏了事，譬如大船有許多器具寶貝，撐去則許多物便都藏了，衆人便没許大力量。然聖人行藏自是脱然無所係累，救世之心雖切，然得做便做，做不得便休。他人使有此，若未用時，則切切於求行，舍

之則未必便藏。耿直之向有書云：『三代禮樂制度盡在聖人，所以用之則有可行。』某謂此固其可行之具，但本領更全在無所係累處。有許大本領，則制度點化出來，都成好物，故在聖人則爲事業。衆人没那本領，雖盡得他禮樂制度，亦只如小屋收藏器具，窒塞都滿，運轉都不得。」○此章專在兩個「則」字上，如「可以仕則仕，可以止則止」之類。孔、顔於用舍行藏之閒，如霽則行，潦則止。○常人「用之則行」乃所願，「舍之則藏」非所欲。「舍之則藏」是自家命恁地，不得已不奈何。聖人無不得已不奈何底意，何消更言命？到得無可奈何處，始言命。聖人説命只爲中人以下説，如：道之將行將廢，命也，此爲子服景伯説；得之不得曰有命，是爲彌子瑕説。下一等人不知有命，又一等人知有命，猶自去計較。中人以上便安於命，到聖人便不消言命矣。○厚齋馮氏曰：「道本期於用，非獨善其身而已也。然時不我用，則有退藏而已。用之而欲藏，不仁也；舍之而欲行，不知也。是時欲扶世立功名者，知行而不知藏；欲潔身遺世者，知藏而不知行。此夫子所以旁觀一世，惟子淵與己同也。説者乃謂淵不願仕，是以其迹而不知其心也。爲邦之問，概可見矣。」○勉齋黄氏曰：「用之舍之存乎人，則行則藏應乎己，則無意無我可見矣；用之行矣至舍之則藏，舍之藏矣至用之則行，則無必無固可見矣。」○雲峰胡氏曰：「用行舍藏，玩《集註》及《語録》：一當就『有』字上看，常人未必有此也；二當就『則』字上看，用舍在人而聖人無所必也；三當合兩句互看，徇物者忘義徇禄，用之雖行，而舍之未必藏，絶物者潔身亂倫，舍之雖藏，而用之未必行。」《通考》張氏師曾曰：「『子謂顔淵』凡二見，如云用舍行藏唯我與爾，乃面命而稱其善，如云惜乎吾見其進未見其止，非面命而痛其没也。蓋文雖異而句則同。前章『子謂顔淵曰』通爲一句，如『子謂子夏曰』亦通爲一句是也。後章『顔淵』句絶，而『曰』字自爲一句，如『子謂仲弓』亦句絶，而『曰』字亦自爲一句是也。」○仁山金氏曰：「謂之行，必有所施行之事；謂之藏，必有所留藏之具。孔、顔有此，不待言者。但孔子聖之時，可仕止久速，無意必固我。若伊尹則聖之任，未免於必行；伯夷聖之清，未免於必藏爾。」附《蒙引》：用舍不必言用舍吾道，行藏亦只是身之行藏，非道之行藏也。然聖賢身出則道與之俱伸，身退則道與之俱屈。「有是夫」，猶云能然也，不是有其具。○「命不足道也」，命爲中人

設。若中人，未至無我地位：或進而主於行，到行不得，然後安於命；或退而主於藏，到勢不容已，然後以命而起。○聖人無我，顔子未達一間，故孔子進他一步。許其同能然者，實所以進之也，非互相標榜而已。若稱許之，則不必在其面前云云矣。如「回也庶乎」及「語之不惰」之類，當非面語之詞。此云「我與爾」，却是面語。面語則有引教意，非褒飾之也。

子路曰：「子行三軍，則誰與？」

萬二千五百人爲軍。大國三軍。子路見孔子獨美顔淵，自負其勇，意夫子若行三軍，必與己同。朱子曰：「子路此問，雖無私意，然猶有固必之心。」

子曰：「暴虎馮河，死而無悔者，吾不與也；必也臨事而懼，好謀而成者也。」馮，皮冰反。好，去聲。

暴虎，徒博。馮河，徒涉。新安陳氏曰：「徒，徒手而無所持也。」懼，謂敬其事。成，謂成其謀。言此皆以抑其勇上三句。而教之。下二句。然行師之要，實不外此，子路蓋不知也。問「子行三軍則誰與」。朱子曰：「三軍要勇，行三軍者要謀。既好謀，然須要成事。蓋人固有好謀而事不成者，却亦不濟事。」又問：「謀在先，成在後，成非勇亦不能決。」曰：「然。」○「子行三軍，則誰與」，宜作相與之與，非許與之與。「好謀而成」，人固有好謀者，然疑貳不決，往往無成者，多矣。孔子行三軍，其所與共事者，必臨事而懼，好謀而成者也。○「好謀而成」，既謀了，須是果決去做教成。若徒謀而不成，何益於事？所謂「作舍道旁，三年不成」者也。「臨事而懼」，是臨那事時，又須審一審。蓋閑時已自思量都是了，都曉得了，到臨事時，又更審一審。這「懼」字正如「安而后能慮」底「慮」字相似。此本爲行三軍而發，故就行師觀之，尤見精密。○南軒張氏曰：「『臨事而懼』，戒懼於事始，則所以爲備者周矣。好謀者或失於寡斷。『好謀而成』，則思慮審而其發也必中矣。敬戒周密如此，古之人所以能成天下之事而不失也，豈獨可行三軍而已哉？」○勉齋黄氏曰：「臨事而敬懼，則有推重謹畏之心；好謀而圖成，則有周悉萬全之計。敬

其事，則無忽心，無惰氣，臨事必能戒懼，非怯懦而恐懼也；成其謀，則不妄動，不亟取，於事必有一定之謀，既成而不愆於素，自無僥倖速成之弊也。無非抑其血氣之勇，而教之以義理之勇焉。」《通旨》：朱氏公遷曰：「言臨兵制勝之道。愚謂行師之要，主敬而已。夫子之所慎，敬也；夫子之言臨事而懼，亦敬也。敬則心有主宰而能謀。故好謀而成，必先之以懼也。」附《蒙引》：暴虎馮河，便有死之理，故曰死而無悔。蓋方其暴虎馮河時，便已自擬其死而不以爲悔矣。若已死了，聖人又何待説不與？○暴虎馮河，有勇而無義者也；臨事而懼，能以義勇者也。○臨事懼，好謀成，此以素行言，非謂行三軍時也。然必如此者，乃可與行三軍，亦自然之理。○《存疑》：臨事而懼，是就心説；好謀而成，是就事説。必能懼而後能謀。○謝氏曰：「聖人於行藏之閒，無意無必，其行非貪位，其藏非獨善也。若有欲心，則不用而求行，舍之而不藏矣。雙峰饒氏曰：「用之不行，是好遯底人；舍之不藏，是好進底人。自有兩樣。謝氏謂不用求行，舍之不藏，只説得一邊。」是以惟顔子爲可以與音預。於此。子路雖非有欲心者，然未能無固必也。至以行三軍爲問，則其論益卑矣。胡氏曰：「子路勇不自遏，故有是問，乃不用而求行，舍之而不藏者。」夫子之言，蓋因其失而救之。夫音扶。不謀無成，不懼必敗，小事尚然，而況於行三軍乎？」

○子曰：「富而可求也，雖執鞭之士，吾亦爲之。如不可求，從吾所好。」好，去聲。

執鞭，賤者之事。新安陳氏曰：「太史公云：『假令晏子尚在，願爲之執鞭。』其言本此。」設言富若可求，則雖身爲賤役以求之，亦所不辭。然有命焉，非求之可得也，則安於義理而已矣，何必徒取辱哉？陳氏曰：「此章爲中人以下假設言之耳。命所以安中人，義所以責君子。」○蘇氏曰：「聖人未嘗有意於求富也，豈問其可不可哉？爲此語者，特以明其決不可求爾。」楊氏曰：「君子非惡去聲。富貴

而不求，以其在天無可求之道也。」朱子曰：「上句是假設之辭，下句方是正意。下句說『從吾所好』，便見上句『執鞭之士』非所好矣。更味『而』字、『雖』字、『亦』字，可見文勢重在下句也。須要仔細看『富而可求也』一句上面自是虛意。言『而可求』，便是富本不可求矣。此章最見得聖人言語渾成底氣象，須要識得。」〇南軒張氏曰：「夫子謂富不可求者，正於義不可。故耳言使其於義而可，則雖執鞭之事，亦有時而可爲矣。其如義不可求何則？姑從吾所好而已。吾所謂好者，義是也。然則所安以義，而命蓋有不言者矣。」〇慶源輔氏曰：「蘇氏發得此章語脉分明，楊氏又說得聖賢所以不求富貴之理確實，二說相須，其義始備。」附《或問》小注：蘇氏曰：「凡物之可求者，求則得之，不求則不得也，仁義是也，故曰『仁遠乎哉，我欲仁斯仁至矣』。若富貴，則有求而不得者，有不求而得者，是不可求也，故曰『富而可求也，雖執鞭之士，吾亦爲之，如不可求，從吾所好』。聖人之於利，未嘗有意於求也，豈問其可不可哉？然將教人以勿求，則人猶有可得之心，特迫於聖人而止。迫於聖人而止，則亦有時而作矣。故告之以不可求者，以爲高其閈閎，固其扃鐍，不如開門發篋而示之以無有也。」〇《存疑》：聖人此語，爲中人以下者言之。本文兩「吾」字，俱指中人說。今人都作聖人自言，恐未是。看來朱子亦不是如此說。蘇氏聖人未嘗有意求富之說，故圈外之。〇《蒙引》：此章言富不可求，是以命言，非以義言也。言命者，爲衆人設耳。聖人於富貴貧賤，一安於義而已，命不足道。

〇子之所慎：齊，戰，疾。齊，側皆反。

齊之爲言齊如字，下同。也，將祭而齊其思慮之不齊者，以交於神明也。《禮·祭統》：及時將祭，君子乃齊。〔側皆反。〕齊之爲言齊〔如字，下同。〕也，齊不齊以致齊者也。誠之至與不至，神之享與不享，皆決於此。戰則衆之死生，國之存亡繫焉。疾又吾身之所以死生存亡者。皆不可以不謹也。楊氏曰：「夫子齊必變食，行三軍必臨事而懼，康子饋藥，未達不敢嘗，觀此則其慎可見。」〇尹氏曰：「夫子無所不謹，弟子記其大者耳。」慶源輔氏曰：「聖人之心，不

待操而常存，豈有不謹之時，不操之事哉？特於此三者尤致謹，故弟子記以垂教。」

○子在齊聞《韶》，三月不知肉味，曰：「不圖爲樂之至於斯也。」

《史記》「三月」上有「學之」二字。新安陳氏曰：「學之三月，學之久，因以忘味之久。否則『三月』字連下文，❶無意味矣。」不知肉味，蓋心一於是而不及乎他也。曰不意舜之作樂至於如此之美，則有以極其情文之備，《記》曰：「知禮樂之情者能作，識禮樂之文者能述。」○慶源輔氏曰：「文，聲音也。情，實也。」而不覺其歎息之深也。蓋非聖人不足以及此。○范氏曰：「《韶》盡美又盡善，樂之無以加此也，故學之三月，不知肉味，而歎美之如此，誠之至，感之深也。」朱子曰：「子聞《韶》音，學之三月，不知肉味。學之一節，不知如何？今正好看其忘肉味處，這裏便見得聖人之樂如是之美，聖人之心如是之誠。」又曰：「聖人聞《韶》，須是去學。不解得，只恁休了。學之亦須數月方熟，三月大約只是言其久，不是真個九十日，至九十一日便知肉味。想見《韶》樂之美，是能感動人，是能使人視端而行直。某嘗謂今世人有目不見先王之禮，有耳不得聞先王之樂，此大不幸也。」○問：「孔子聞《韶》，學之三月，不知肉味。聖人始亦固滯不化，當食之時，又不免心不在焉之病，若何？」曰：「主一無適，是學者之功，聖人行事不可以此求之也。更是舜之樂盡善盡美，而孔子聞之，深有所契於心者，所謂『得志行乎中國，若合符節』，是以學之三月，而不自知其忘味也。」○問：「心不在焉，則食而不知其味，是心不得其正也，然夫子聞《韶》三月，何故不知肉味？」曰：「也有時如此，所思之事大，而飲食不足以奪其心也。且如『發憤忘食』、『吾嘗終日不食』，皆非常事，以其所憤所思之大，自不能忘也。」○問：「程子改『三月』爲『音』字如何？」曰：「彼以一日聞樂而三月忘味，聖人不當固滯如此故爾。然以《史記》考之，則習之三月而忘肉味也，既有『音』字，又自有『三月』字，則非文之誤矣。蘇氏説亦得之。蘇氏曰：『孔子之於樂，習

---

❶「否」，原作「不」，今據《四書大全》改。

其音，知其數，得其志，知其人。其於文王也，見其穆然而深思，見其高望而遠志，見其黯然而黑，頎然而長，其於舜也可知，是以三月而不知肉味。』」○慶源輔氏曰：「夫子之學《韶》樂，非但有以極其聲容節奏而已，併當與大舜無不幬載之德、當時雍熙平成之治，所謂盡善盡美之實而得之，不翅如身有其事，親歷其時也，則其誠意之深而見於歎息者如此，誠非聖人不足以及是，固非常情之所能測也。」○厚齋馮氏曰：「舜之後封於陳，爲之後者得用先代之樂。自陳敬仲奔齊而《韶》樂有傳。當是時魯具四代之樂，然恐不無差舛，《韶》之來最遠而獨得其傳於今，夫子故曰『《韶》盡美矣又盡善也』，殆謂是歟。季札在魯觀《韶》，雖極稱贊，未必如在齊之善。夫子是以學之而忘味之久。」○新安陳氏曰：「舜以上聖之德，當極治之時，作爲《韶》樂，群聖之樂無以加於此者，故夫子聞其音而學之，忘味而深歎美如此。想如親見虞舜之聖，身在雍熙之時，契之以心而非徒聞之以耳也。又按《論語》於《韶》凡三言之，意者聞《韶》而學之最先，謂盡美盡善次之，告顏子以《韶》舞其最後歟？」《通考》仁山金氏曰：「『三月』自作一句點。」○吴氏程曰：「『在齊』絶句，與『子在陳』同。『聞《韶》三月』，以四字作一句。『學之』二字，《史記》增此以釋其意，非本文也。」○愚按張達善點本「在齊」句，「聞《韶》」句，「三月」一讀，「不知肉味」句。附《存疑》：聖人在齊聞《韶》，見其善而學之，待至三月後而歎之，此皆門人目擊耳聞者。「不知肉味」，此是聖人心裏事，又不以告人，不知門人何緣知之？且心不在焉，則食而不知其味。聖人食肉不知其味，非心不在耶？意聖人學樂之時，當食不令人設，或者設而不甚用。蓋心在於樂，於此不暇及，如所謂「發憤忘食」、「終日不食」者，門人因而見之，遂謂其不知肉味，非真食之不知其味，亦非三月之久絶不食也。門人亦有心不在之疑，朱子所答，終未條徹。

○冉有曰：「夫子爲衛君乎？」子貢曰：「諾，吾將問之。」爲，去聲。

爲，猶助也。衛君，出公輒也。靈公逐其世子蒯苦怪反。聵，五怪反。公薨而國人立蒯聵之子輒，於是晉納蒯聵而輒拒之。時孔子居衛，衛人以蒯聵得罪於父而輒

嫡孫當立，故冉有疑而問之。諾，應辭也。朱子曰：「子以兵拒父，是多少不順，自不須疑而問。冉有疑夫子爲衛君者，以嫡孫承重之常法言之，則輒於義或當立也，故疑夫子助之。」附《存疑》：以子拒父，自今觀之，多少不順，當不待智者而後知。以子貢之穎悟，猶必待問於夫子，何也？意當時皆不然蒯聵，以輒爲是，蓋惑於蒯聵得罪於父，輒嫡孫當立之說也。故子路直以夫子正名爲迂而不疑。不有聖人之論，是非之倒置久矣。然子貢此問，其亦未聞性與天道之前也與？

入曰：「伯夷、叔齊何人也？」曰：「古之賢人也。」曰：「怨乎？」曰：「求仁而得仁，又何怨？」出曰：「夫子不爲也。」

伯夷、叔齊，孤竹君之二子。其父將死，遺命立叔齊。父卒，叔齊遜伯夷。伯夷曰：「父命也。」遂逃去。叔齊亦不立而逃之。國人立其中子。其後武王伐紂，夷、齊扣馬而諫，武王滅商，夷、齊恥食周粟，去隱於首陽山，遂餓而死。《史記》：武王載木主，號爲文王，東伐紂。伯夷、叔齊叩馬而諫曰：「父死不葬，爰及干戈，可謂孝乎？以臣弑君，可謂仁乎？」左右欲兵之，太公曰：「此義人也。」扶而去之。武王已平殷亂，天下宗周，而伯夷、叔齊恥之，義不食周粟，隱於首陽山，〔即雷首山之陽，在河中府河東縣。〕采薇而食之，遂餓而死。怨，猶悔也。君子居是邦，不非其大夫，況其君乎？《荀子・子道篇》：子路問曰：「魯大夫練而牀，禮耶？〔練，小祥也。〕孔子曰：「吾不知也。」子路出，謂子貢曰：「吾以夫子爲無所不知，夫子徒有所不知。由問魯大夫練而牀禮耶，夫子曰：『吾不知也。』」子貢曰：「吾將爲汝問之。」問曰：「練而牀，禮耶？」孔子曰：「非禮也。」子貢出，謂子路曰：「夫子無所不知，汝問非也。禮，居是邑，不非其大夫。」故子貢不斥衛君而以夷、齊爲問。夫子告之如此，則其不爲衛君可知矣。南軒張氏曰：「子貢微其辭以測聖人之旨，可謂善爲辭矣。」蓋伯夷以父命爲尊，叔齊以天

倫爲重，其遜國也，皆求所以合乎天理之正而即乎人心之安。雙峰饒氏曰：「兼此兩句，方説得『仁』字盡。」既而各得其志焉，則視棄其國猶敝蹝所爾反。爾，何怨之有？若衛輒之據國拒父而唯恐失之，其不可同年而語明矣。問：「二子之遜，使無中子，二子不成委先君之國而棄之？必有當立者。」朱子曰：「伊川説叔齊當立。看來叔齊雖以父命，終非正理，恐只當立伯夷。」曰：「伯夷終不肯立，奈何？」曰：「國有賢大臣，必請於天子而立之，不問其情願矣。看來二子立得都不安，以正理論之，伯夷稍優。」○以天下之公義裁之，則天倫重而父命輕；以人子之分言之，則又不可分輕重，但各認取自家不利便處退一步便是。夷、齊得之矣。○蒯聵與輒若有一人識道理，各相避就去了。今蒯聵欲入，子以兵拒父，是多少不順。議者以爲當立公子郢，不知郢不肯做，蓋知其必有紛争也。使夫子爲政，必上告天王，下告方伯，拔郢立之，斯爲得正。輒之逃，當在靈公薨而夫人欲立之之時。○求仁得仁，只得不傷其本心而已。二子不交讓，則心不安。心本仁，纔傷着本心，則不仁矣。○雙峰饒氏曰：「仁者天地生物之心，人得之而爲不忍之心。若伯夷以父命爲尊，是不忍違其父；叔齊以天倫爲重，是不忍先其兄。若輒之拒蒯聵，則是忍於抗其父矣，是可忍也，孰不可忍也，如何安得？」○雲峰胡氏曰：「人心誰無天理，能合乎天理之正，方可即乎人心之安，乃謂之仁。伯夷以父命爲重，是伯夷之心合乎天理，而後伯夷之心方安；叔齊以天倫爲重，是叔齊之心合乎天理，而後叔齊之心方安。《集註》下一『安』字，便見夷、齊不怨。若怨則不安矣。輒之拒父，全無人心天理，於心安乎？」○程子曰：「伯夷、叔齊遜國而逃，諫伐而餓，終無怨悔，新安陳氏曰：「兼諫伐言，所以廣其不悔之實。」夫子以爲賢，故知其不與輒也。」問子貢問衛君事。朱子曰：「若使子貢當時徑問輒事，不唯夫子或不答，便做答時，亦不能如此詳盡。若只問『伯夷、叔齊何人也』，曰『古之賢人也』，亦未見分曉。所謂賢人，如『君子而不仁者有矣』，亦如何便見得出處一時皆當，豈無怨悔處？只再問『怨乎』，便見得子貢善問。纔説道『求仁而得仁，又何怨』，便見得夷、齊兄弟所處無非天

理，蒯輒父子所向無非人欲。二者相去奚啻珷玞美玉，直截天淵矣！」❶○問：「子貢欲知爲衛君，何故問夷、齊？」曰：「一箇是父子争國，一箇是兄弟讓國，此是則彼非可知。」問：「何故又問『怨乎』？」曰：「此又審一審所以。夫子言求仁得仁，是就身上本原處説。凡讓出於不得已，便有怨。夷、齊之讓，是合當恁地，乃天理之當然，又何怨？大綱衛君底固爲不是，到此越見得衛君没道理。」又問：「子欲正名，是公子郢否？」曰：「此又是第二節事。第一節須先正輒父子之名。」問：「輒尚在，則如何正？」曰：「上有天子，下有方伯，他不當立，如何不正？」○問：「子貢有『怨乎』之問何也？」曰：「夫子謂夷、齊是賢人，恐賢者亦有過之者，於是問以決之，看這事是義理合如此否。如其不必讓而讓之，則未必無怨悔之心矣。夫子告以求仁而得仁者，謂是合恁地，若不恁地，是去仁而失仁矣。若衛君事則大不然矣，子貢所以知其必不爲也。」○問：「伯夷不敢安嫡長之分以違君父之命，叔齊不敢從父兄之命以亂嫡庶之義，這便是求仁；伯夷安於逃，叔齊安於讓，而其心舉無隉杌之慮，這便是得仁否？」曰：「然。衛君便是不能求仁耳。」○問：「夫子以夷、齊爲賢，則其不爲衛君之意明矣。而子貢復有怨乎之問，至聞得仁之語，然後知夫子之不爲何耶？」曰：「夷、齊之賢，天下孰不知之？子貢蓋不待夫子之言而知之矣。然意二子雖賢而其所爲或出於激發過中之行，而不能無感慨不平之心，則衛君之争猶未爲甚得罪於天理也，故問『怨乎』以審其趣。而夫子告之如此，則子貢之心，曉然知夫二子之爲，是非其激發之私而無纖芥之憾矣。持是心以燭乎衛君父子之閒，其得罪於天理而見絶於聖人，尚何疑哉？故其所以必再問而後知所決也。」○慶源輔氏曰：「世俗知其一不知其二，見其一節之或得，而於其大義之乖則不知察也。蒯聵固得罪於父矣，而以輒言之，則子獨可以拒父乎？輒嫡孫，固在所當立矣，然上不稟命於天王，下不受命於君父，又豈可以擅有其國乎？是故爲國家者不可無君父之倫，而世俗之説未可遽以爲信也。」○齊氏曰：「父子也，兄弟也，君臣也，人之倫也，三才之所以立也。二子之交讓也，所失者國而所得者父子兄弟之紀；其非武王而餓以死也，所舍者生而所取者君臣之義。是皆脱然有見於富貴貧賤死生

❶「直」，原作「真」，今據《朱子語類》、《四書大全》改。

之外，而一毫私己不與焉，謂非仁乎？冉求有見於夷、齊之仁，必有見夫輒之不仁；知夷、齊於人紀爲有功，必知輒爲名教之所不容。」

○子曰：「飯疏食，飲水，曲肱而枕之，樂亦在其中矣。不義而富且貴，於我如浮雲。」

飯，扶晚反。食，音嗣。枕，去聲。樂，音洛。

飯，食之也。疏，食麤飯也。聖人之心，渾上聲。然天理，雖處困極，而樂亦無不在焉。新安陳氏曰：「他人視爲困極，聖人樂無不在，自不知其困極。」其視不義之富貴，如浮雲之無有，漠然無所動於其中也。朱子曰：「聖人表裏精粗，無不昭徹，其形骸雖是人，其實只是一團天理，所謂『從心所欲不踰矩』，左來右去，盡是天理，如何不快活？」○「樂亦在其中」，此樂與貧富自不相干，是別自有樂處。如氣壯底人，遇熱亦不怕，遇寒亦不怕，氣虛則爲所動矣。○「樂」字在先，理會得樂後，方見不義而富貴於我如浮雲。○程子曰：「非樂疏食飲水也，雖疏食飲水不能改其樂也。不義之富貴，視之輕如浮雲然。」又曰：「須知所樂者何事。」朱子曰：「聖人之心，無時不樂，如元氣流行天地之間，無一處之不到，無一時之或息也，豈以貧富貴賤之異，而有所輕重於其間哉？夫子言此，蓋即當時所處，以明其樂之未嘗不在乎此，而無所慕於彼耳。記此者列此以繼衛君之事，其亦不無意乎？」○富貴非指天位天職而言，但言勢位奉養之盛耳。此等物若以義而得，則聖人隨其所遇，若固有之，無鄙厭之心焉；但以不義而得，則不易吾飯疏飲水之樂耳。○「如浮雲」，只說不義之富貴視之如浮雲，不以彼之輕，易吾之重。若義而得富貴，便是當得，如何掉脱得？如舜、禹有天下，固説道不與，亦只恁地安處之。又如「所以長守貴也，所以長守富也」，義當得之，亦自當恁地保守。堯命舜云：「天之曆數在爾躬，允執其中，四海困窮，天祿永終。」豈是不要保守？○孔、顔之樂不必分，「不改」是從這頭説入來，「在其中」是從那頭説出來。○南軒張氏曰：「崇高莫大乎富貴，富貴本非可以浮雲視也，惟其非義，則浮雲耳。」○陳氏曰：「欲知樂之實味，須到萬理明徹，私欲浄盡後，胸中洒

然，無纖毫窒礙，而無入不自得處，庶幾有以得之矣。」又曰：「『樂在其中』與『不改其樂』誠有間，但程子於此却用『不改』字，主意全別。其添一『能』字而又繫於『疏食飲水』之下者，是雖疏食飲水亦不能改聖人之樂，便見本然渾然之樂元不曾動。比之顏子不改，繫之『回也』之下，是回不爲簞瓢陋巷所改，語意輕重自不同矣。」○雙峰饒氏曰：「樂是聖人之所固有，富貴貧賤是時之適然。人不處富貴則處貧賤。聖人之樂，處富貴則在富貴中，處貧賤則在貧賤中。然樂在富貴中見得不分曉，在貧賤中方別出，故多於貧賤處說。」○新安陳氏曰：「孔、顏所樂何事，及自有其樂，程子之引而不發者也；從事於博文約禮，庶得其所以樂，朱子發程子之未發者也。必於顏子樂處言，而不於孔子樂處言之者，知顏子之樂而後可知孔子之樂。故以孔所以誘顏，顏所以學孔之工夫，於顏樂處言之也。在中之云，不求樂而樂在其中，見其樂之安焉；不以貧窶累其心而改其所樂，微見其樂之勉焉。」《通考》東陽許氏曰：「孔、顏之樂相類而有不同。顏子不改其樂，是顏子之樂不爲外物所改；聖人樂在其中，無所往而非樂也。程子以『不能改其樂』釋『樂在其中』，精神全在『能』字上，與『不改其樂』自不同，當味。」《通旨》：朱氏公遷曰：「孔子渾然天理而無所不樂，顏子克己之私而自有可樂，所謂『貧而樂』者以此。」○「貧而樂」，理之足以勝夫私也；「中天下而立，定四海之民」，君子樂之者，仁之可以廣其愛也。富貴貧賤雖不同，君子之樂無往而不在也。

○子曰：「加我數年，五十以學《易》，可以無大過矣。」

劉聘君見元城劉忠定公，名安世，字器之，大名府元城人。自言嘗讀他《論》，「加」作「假」，「五十」作「卒」。蓋加、假聲相近而誤讀，「卒」與「五十」字相似而誤分也。愚按此章之言，《史記》作「假我數年，若是，我於《易》則彬彬矣」，「加」正作「假」，而無「五十」字。蓋是時孔子年已幾平聲。七十矣，「五十」字誤無疑也。《孔子世家》：孔子晚而喜《易》，序《彖》、《繫》、《象》、《說卦》、《文言》，讀《易》，韋編三絕，曰：「假我數年，若是，我於《易》則彬彬矣。」學《易》則明乎吉凶消長上聲。之理，

進退存亡之道，胡氏曰：「吉凶消長，以卦體言；進退存亡，以人事言。」故可以無大過。蓋聖人深見《易》道之無窮而言此以教人，使知其不可不學，而又不可以易而學也。朱子曰：「聖人一生學問，未嘗自説無過，至此境界，方言無大過。猶似有小過在，雖是謙辭，然道理真實，無窮盡期。説者當看此等爲聖人氣象。」○所謂大過，如當潛不潛，當見不見，當飛不飛，皆是過。乾卦純陽固好，大亨之中，須利於貞正，非正則過矣。又如坤初六，須知履霜有堅冰之漸，要人恐懼脩省，不知恐懼脩省，則過矣。無大過者，爲此自謙之辭以教學者，深以見《易》道之無窮。又曰：「無大過」，是聖人不自足之意。○聖人學《易》，於天地萬物之理、吉凶悔吝進退存亡，皆見得盡，自然無差失。聖人説此數句，非是謾然且恁地説，聖人必是見得是如此，方如此説。○覺軒蔡氏曰：「進退存亡之正，《易》之道也；知進退存亡不失其正，學《易》之道也。聖人雖曰生知，亦必有驗乎《易》，蓋聖人之道，即《易》之道也。聖人進退存亡不失其正，所謂『先天而天弗違，後天而奉天時』者也，豈有過差乎？夫子謂加我數年，則於學《易》也不敢易，謂可以無大過，則合於《易》也無甚差，皆不敢當之謙辭也。謂無甚差，則爲無差矣。」○聖人學《易》，明乎天理之吉凶消長，所以進退存亡而不失其正，而人與天合矣，尚何過之可言？要之聖人所以謙辭者，非是自以爲聖而有意於謙，蓋亦真見《易》道之無窮，而有俛焉孳孳之意，又因以教人，使人知《易》道之不可以不學，而又不可以易學。○慶源輔氏曰：「《易》道無窮，皆自然而然，非年高德卲，心與理協，默識神會，未易學也。人之處世，履於憂患之塗，又不可以不學《易》。故抑揚其辭以垂教如此。學者察乎二者之閒，則知《易》固不可不學，且以夫子之德與年，而尚欲假之以數年，則又見其不可以輕易而學耳。」○西山真氏曰：「聖人作《易》，不過推明陰陽消長之理而已。陽長則陰消，陰長則陽消，一消一長，天之理也。人而學《易》，則知吉凶消長之理。以陰陽對言，則陽爲善爲吉，陰爲惡爲凶；獨言陽，則陽自有吉有凶。蓋陽得中則吉，不中則凶，陰亦然。以天理言，則爲消息盈虚；以人事言，則爲存亡進退。蓋消則虚，長則盈，如日中則昃，月盈則虧，暑極則寒，寒極則暑，此天道所不能已也。人能體此，則當進而進，當退

而退，當存而存，當亡而亡，如此則人道得而與天合矣。故孔子可以進則進，可以退則退，可以久則久，可以速則速，用之則行，舍之則藏，此孔子之身全體皆《易》也。」○雲峰胡氏曰：「朱子謂夫子言此以教人，使人知夫子老且學《易》。所謂無大過者，《易》占辭於吉凶悔吝之外，屢以無咎言之，大要只欲人無過，故曰『無咎者善補過也』。悔則過能改而至於吉，吝則過不改而至於凶。使人人皆知學《易》，則皆可以無大過，此夫子教人之深意也。」○新安陳氏曰：「『加我數年』，味『我』之一辭，則所謂『無大過』者，夫子自謂之辭耳。」附《蒙引》：聖人生知，其心自與《易》理相契，安而行之，其身自與《易》理相符，若無待於假年以學《易》，而僅得無大過，而猶言此者，蓋深見夫《易》道之果無窮，且使人知其不可不學，而又不可以易而學也。不可不學者，聖人猶藉之以圖無過，人其可不學乎？不可易而學者，聖人又有待於假數年以學《易》，然僅得無大過，人其可以易而學哉？

○子所雅言：《詩》、《書》、執禮，皆雅言也。

雅，常也。執，守也。《詩》以理情性，新安陳氏曰：「治之使情性得其正。」《書》以道政事，述帝王之政事。禮以謹節文，皆切於日用之實，故常言之。禮獨言執者，以人所執守而言，非徒誦說而已也。朱子曰：「《詩》、《書》尚是口說得底，惟禮要當執守。執禮亦是當時自有此名。」○雙峰饒氏曰：「禮有五禮，夫子所常言者，只是言人日用所常執守之禮，不可闕者爾。若宗廟郊社朝覲會同，非常所用者，則講之有時，亦不常及之也。」○雲峰胡氏曰：「誦說屬知，執守屬行。」○程子曰：「孔子雅素之言，止於如此。若性與天道，則有不可得而聞者，要在默而識之也。」識音式，謂不言而自得之。謝氏曰：「此因學《易》之語而類記之。」朱子曰：「古之儒者，只是習《詩》、《書》、禮樂。言執禮，則樂在其中。如《易》則掌於太卜，《春秋》掌於史官，學者兼通之，不是正業。只這《詩》、《書》大而天道之精微，細而人事之曲折，無不在其中。禮則節文度數。聖人教人亦只是許多事。」○慶源輔氏曰：「《詩》所以吟詠性情，故誦之者

可以理性情，理猶治也；《書》所以紀載政事，故誦之者可以道政事，道猶述也；禮所以著天理之節文，故執之者可以謹節文，謹謂毫釐有所必計也。情性在內者，政事、節文在外者。政事、節文雖在外，而又有廣狹之殊，然皆切於日用之實，故夫子常言之。」又曰：「《詩》、《書》雖假誦讀然後能知其義而達諸用，禮則全在人執守而行之，故禮獨言執也，然《詩》、《書》雖始假於誦讀，然後亦必須見於所行，禮固在於執守而行之，然始亦不可不講讀之也。」○厚齋馮氏曰：「《易》道精微，《春秋》紀變，樂在有司，非所常言也。《詩》可以興觀群怨，以事君父，《書》乃齊家治國平天下之常道，禮又朝夕之所從事者，皆切於日用常行之實，故常言之。」○勿軒熊氏曰：「《詩》即樂也。孔子言『興於《詩》，立於禮，成於樂』，語伯魚學《詩》學禮，可見平日常言，不過如此。前章學《易》，則其晚年也。」**附**《存疑》：此言聖人所常言以教人者。三百篇之《詩》，帝王之《書》，與所執之禮，此三者，皆聖人所常言以教人者也。《易》道精微，《春秋》晚年方作，又未可行於當世，故雅言未及。言《詩》、禮，則樂在其中。○《蒙引》：執禮謂所執之禮，與《詩》、《書》一類也。○顧麟士曰：「按《語類》賀孫問『執禮』『執』字，恐當時以此目其禮，朱子不然之。《大全》反謂自有此名者，蓋本《通義》誤載，不可據也。大約《大全》引朱子語，多是割裂併砌爲文，然皆本《通義》。後人沿訛襲舛亦頗多，惜不能盡是正之耳。」

○葉公問孔子於子路，子路不對。葉，舒涉反。

葉公，楚葉縣尹沈諸梁，字子高，僭稱公也。新安陳氏曰：「楚子僭王，其臣皆僭。」葉公不知孔子，必有非所問而問者，故子路不對。抑亦以聖人之德，實有未易去聲。名言者與？音余。○新安陳氏曰：「一則葉公不足以知聖人，一則子路自難以言語形容聖人。」

子曰：「女奚不曰：其爲人也，發憤忘食，樂以忘憂，不知老之將至云爾。」

未得則發憤而忘食，已得則樂之而忘憂，以是二者俛焉日有孶孶，音兹。而不知年數之不足，但自言其好去聲。學之篤耳。《禮·表記》：《小雅》曰：「高山仰止，景行行止。」子曰：「《詩》之好仁如此。鄉道而行，中道而廢，忘身之

老也，不知年數之不足也，俛焉日有孳孳，斃而後已。」○朱子曰：「聖人未必有未得之事，且如此說。若聖人有這般事，他便發憤做將去。」○忘食忘憂，是逐事上說。一憤一樂，循環代至，非謂終身只此一憤一樂也。逐事上說，故可遂言「不知老之將至」，而爲聖人之謙辭。若作終身說，則憤短樂長，不可并連下句，而亦不見聖人自貶之意矣。

然深味之，則見其全體至極，純亦不已之妙，有非聖人不能及者。蓋凡夫子之自言類如此，學者宜致思焉。

朱子曰：「『發憤忘食，樂以忘憂，不知老之將至云爾』，泛說若是謙辭，然聖人之爲人，自有不可及處，直要做到底，不做箇半間不界底人。非是有所因，真箇或有所感，發憤而至於忘食，所樂之至而忘憂，蓋有不知其然而不自知其老之將至也。又如『好古敏以求之』，自是謙詞；學不厭，教不倦，亦是謙詞。當時如公西華、子貢自能窺測聖人不可及處。蓋聖人處己之謙若平易，而其所以不可及者亦在其中矣。」○「發憤忘食」，是發憤便能忘食，「樂以忘憂」，是樂便能忘憂，更無些小係累，無所不用其極，但見義理之無窮，不知身世之可憂，歲月之有變也。衆人縱如何發憤，也有些無緊要心在，雖如何樂，終有些係累乎其中。不怨天，不尤人，樂天安土，安於所遇，無一毫之私意，聖人便是天。聖人有此理，天亦有此理，故其妙處獨與之契合。○聖人直是脱洒，私欲自惹不著。這兩句雖無甚利害，細看來見得聖人超出乎萬物之表。○南軒張氏曰：「子路以葉公不知聖人，且欲擬其形容而未知所對也。夫子之意則以爲即其近者告之斯可矣。夫子所言『發憤忘食，樂以忘憂，不知老之將至』者，亦好學之至者也。然則聖人之所以異於人者，果獨在於好學耶？蓋生知而好學，則是其所爲生知者固亦莫揜矣。謂聖人所以異於人者在於好學，亦豈不可乎？」○雙峰饒氏曰：「憤與樂相反。聖人發憤便至忘食，樂便至忘憂，是兩邊各造其極，如寒到寒之極，暑到暑之極，故曰全體至極。兩者循環不已，所以不知老之將至，此是聖人之心純乎天理，別無他嗜好，所以自然學之不厭，故曰純亦不已。『全體』說憤樂，『至極』說忘食忘憂，『純亦不已』說不知老之將至。」附《淺說》：「全體至極，純亦不已」，一橫一直說，則是二意，即所謂全體不息也，「弘毅」二字盡之矣。蓋其一憤一樂，二者循環，直至老而

不倦，則無一理之或遺矣，無一時之或息矣。「至極」只粘帶「全體」説，猶言全盡無遺也。不可以憤之極、樂之極爲至極，此至極在憤樂至極之外。亦不可以憤忘食、樂忘憂分屬「全體至極」，以「不知老之將至」分屬「純亦不已」。蓋憤忘食、樂忘憂，是逐事説，必兼「不知老之將至」，然後見其一憤一樂之循環，而理皆全，而且無間斷也。「發憤忘食」，不可專就求知一邊説。蓋心有未通，身有未體，皆所謂未得也。

○子曰：「我非生而知之者，好古敏以求之者也。」好，去聲。

生而知之者，氣質清明，義理昭著，不待學而知也。敏，速也，謂汲汲也。○尹氏曰：「孔子以生知之聖，每云好學者，非惟勉人也，蓋生而可知者義理爾，若夫音扶。禮樂名物，古今事變，亦必待學而後有以驗其實也。」朱子曰：「聖人此等語，皆是移向下以教人。亦是聖人看得地步闊，自視猶有未滿足處，所以其言如此，非全無事實而但爲設辭也。」○好古敏以求之，聖人是生知而學者，然其所謂學，豈若常人之學也？聞一知十，不足以盡之。○聖人於義理合下便恁地，「固天縱之將聖又多能也」，敏求則多能之事耳。其義理完具，禮樂等事便不學也自有一副當，但力可及，故亦學之。○聖人雖是生知，然也事事理會過，無一之不講。這道理不是只就一件事上理會見得便了。學時要無所不學，理會時却是逐件上理會去。○南軒張氏曰：「門人見夫子之聖，謂生而知之，不可跂及也，故夫子以是告之。使果能好古敏以求之，則是聖人亦豈不可希？玩味辭氣，其循循然善誘，可謂至矣。」○勉齋黄氏曰：「聖人雖生知義理，然其爲道廣大無窮，故未嘗有自足之心，亦必博學審問，參之古人，不能自已，此其所以爲聖人也。」○慶源輔氏曰：「孔子以生知之聖，每云好學者，諸家多以爲勉人之辭，故尹氏辨之，以爲生而可知者，自然昭著之義理耳，若夫禮樂名物，古今事變，亦必待學而後有以驗其實也。又曰：好古敏求，非生知者不能。既知其義理，則自然敏於學以驗其實也。故生而知之者，義理也，好古敏求者，事實也。理與事一貫，知與行相資。」○雙峰饒氏曰：「生

知是合下知得此理，好古敏求是又於事物上參究此理。」○勿軒熊氏曰：「『信而好古』、『好古敏以求之』，『信』字、『敏』字當玩。」附《蒙引》：此「古」字，與「信而好古」之「古」同，即《詩》、《書》、禮樂之類，不可說聖人好古敏求只是禮樂名物之類。聖人是總說。生而可知者義理爾，聖人已不自認了，又安得偏指敏求者爲禮樂名物之類？尹氏之說，自非正意，乃後學議論之詞，然亦實理也。○《存疑》：聖人於義理雖云生知，然件件亦須照勘過，方得精詳。但其照勘，却是一勘便破，不如人之費力，亦不害其爲生知也。若夫禮樂名物，古今事變，目未及見，耳未及聞者，安得不去學？若問禮、問官、學琴之類是也，但其學與人不同耳。○孔子以生知之聖，每言好學，諸家多以爲勉人，尹氏謂禮樂名物等亦須學，輔氏又謂學是驗其實，看來都未盡。

○子不語怪、力、亂、神。

怪異、勇力、悖音佩。亂之事，非理之正，固聖人所不語。鬼神，造化之迹，雙峰饒氏曰：「造化之迹，指其屈伸往來之可見者言也。天地造化之妙，不可得而見，所可見者，其屈伸往來之迹耳。」雖非不正，然非窮理之至，有未易去聲。明者，故亦不輕以語去聲。人也。新安陳氏曰：「神與怪不同，故以怪、力、亂總言，表神而出之。」○謝氏曰：「聖人語常而不語怪，語德而不語力，語治去聲。而不語亂，語人而不語神。」或問：「夫子於《春秋》紀災異、戰伐、篡亂，於《易》、《禮》論鬼神，今曰不語，何也？」朱子曰：「聖人平日常言蓋不及是，其不得已而及之，則於三者必有訓戒焉，於神則論其理以曉當世之惑，非若世人之徒語而反以惑人也。然其及之亦鮮矣。」○問：「『子不語怪、力、亂、神』，《集註》言鬼神之理難明易惑，而實不外人事，鬼神之理在人事中如何見得？」曰：「鬼神只是二氣之屈伸往來，就人事中言之，如福善禍淫，便可以見鬼神道理。《論語》中聖人不曾説此。」問：「如動静語默亦是此理否？」曰：「固是。聖人全不曾説這語與人，這處無形無影亦自難説，所謂『敬鬼神而遠之』，只恁地說。」○南軒張氏曰：「聖人一語一默之閒，莫不有教存焉，語怪則亂常，語力則妨德，語亂則損志，語神則

惑聽，故聖人之言未嘗及此。❶然就是四者之中，鬼神之情狀聖人亦豈不言之乎？特明其理使人求之於心而已，若其事未嘗言之也。」○慶源輔氏曰：「異，非常也；勇力，非德也；悖亂，非治也。三者皆非正理，而聖人之心廣大光明，隱惡揚善，自然不語及此。至於鬼神，雖非不正，然乃造化之迹，二氣之良能，其理幽深，非格物致知者而驟以語之，則反滋其惑，故亦不輕以語人。然能知所以爲人，則知所以爲鬼神矣。」○齊氏曰：「『索隱行怪，吾弗爲之』，故不語怪；『好勇過我，無所取裁』，故不語力；『身爲不善，君子不入』，故不語亂；『務民之義，敬而遠之』，故不語神。」○問：「孔子所不語而《春秋》所紀皆悖亂非常之事。」陳氏曰：「《春秋》經世之大法，所以懼亂臣賊子，當以實書；《論語》講學之格言，所以正天典民彝，故所不語。」附《蒙引》：怪者，山精水妖，天地變異之類。力者，如烏獲之能舉千鈞，孟賁之生拔牛角，孟說之扛鼎是已。悖亂者，臣弑其君，子弑其父之類也。鬼神者，日月星辰之所以升降，風雨霜露之所以慘舒，四時之所以代序，萬物之所以榮枯者是也。○語怪則啓人惑，語力則啓人争，語亂則啓人悖理逆倫之事，語神則啓人以馳心於不可測知之境，是故聖人謹之。○不曰言而曰語者，又有分別。蓋人雖言及，己亦不答也。故曰答述曰語，自言曰言。而本註一則曰聖人所不語，二則曰不輕以語人，可見。

○子曰：「三人行，必有我師焉，擇其善者而從之，其不善者而改之。」

三人同行，其一我也，彼二人者一善一惡，則我從其善而改其惡焉，是二人者皆我師也。朱子曰：「人若以自脩爲心，則舉天下萬物凡有感乎前者，無不足以發吾義理之正，善者固可師，見不善者便恐懼脩省，亦吾師也。」○雙峰饒氏曰：「此姑以一善一惡對言，以見善惡皆吾師。或兩人皆善，則皆當從，兩人皆惡，則皆當改，便是與一人行，亦有我師，此則言外之意。南軒張氏云：『一人之身有善有不善，亦莫非吾師也。』」○尹氏曰：「見賢思齊，見不賢而內自省，則善惡皆我之師，進善

❶「嘗」，原作「常」，今據《論語解》、《四書大全》改。下一「嘗」字同。

其有窮乎？」汪氏炎昶曰：「尹氏以『見賢思齊』章合此章說，蓋取思齊自省，可足此章之義也。善固當從，然不思與之齊，未必能從；不善固當改，然不內自省，則己有不善，未必能改。」附《淺說》：人惟以向善爲心，則擇其善者而從之，其不善者而改之，富貴德澤將以厚吾之生，貧賤憂戚庸玉女於成，隨所遇之人，所處之地，而皆足以發吾義理之正也。若甘於自暴自棄，則遇善必嫉其勝己，遇惡必與之同惡相濟，處約必濫，處樂必淫，蓋無往而不自賊也。故曰一雨露也，梧檟得之以養其柯條，荆棘得之以養其芒刺，咸其自取焉耳。

○子曰：「天生德於予，桓魋其如予何？」

魋，徒雷反。

桓魋，宋司馬向式亮反。魋也，出於桓公，故又稱桓氏。魋欲害孔子，孔子言天既賦我以如是之德，則桓魋其奈我何，言必不能違天害己。程子曰：「『天生德於予』，此聖人極斷制以理。」○問：「聖人見其事勢不可害己，還以理度其不可邪？」朱子曰：「若以勢論，則害聖人甚易，唯聖人自知其理有終不能害者。」○《史記》：孔子適宋，與弟子習禮大樹之下，魋伐其樹，孔子去之，弟子曰：「可以速矣。」子曰：「天生德於予，桓魋其如予何？」遂之鄭。疑遭伐樹，遂微服去之，弟子欲其速行而以此語之也。聖人雖知其不能害己，然避患未嘗不深；避患雖深，而處之未嘗不閑暇，所謂並行而不悖也。○問：「『桓魋其如予何』，此便是聖人樂天知命處，見定志確斷然以理自信，絕無疑忌顧慮之意。」曰：「是聖人自處處驗之已然而知其決不能害己也。」又問：「聖人既知天生德於我，決無可害之理矣，而避患又必周詳謹密者何耶？」曰：「患之當避，自是理合如此，衆人亦然，不必聖人爲然也。」○吳氏曰：「夫子平日未嘗以聖自居，及遭匡人、桓魋之難，則曰『天生德於予』，『文不在茲乎』，辭氣毅然，無復退託推讓之意。蓋至是亦不能揜其聖矣。一以德言，一以道言，有此德則能任此道，其實一而已矣。」○其如命何，聽命於天也；其如予何，則天命在己，而己與天爲一矣。故其論公伯寮也，猶以廢興不可知之辭道之；若匡人、桓魋，則爲斷斷然自信之說。附《語類》：纔做聖人自反無愧說，便小了聖人。

須知道天生德於聖人，桓魋如何害得？故必其不能違天害己也。○《蒙引》：「天」字，以主宰言。○《存疑》曰：不以聖自居者，乃平日謙己之本心；以道德自處者，遇患難而自信，以慰門人而警强暴也。

○子曰：「二三子以我爲隱乎？吾無隱乎爾。吾無行而不與二三子者，是丘也。」諸弟子以夫子之道高深不可幾平聲。及，故疑其有隱。而不知聖人作止語默無非教也，故夫子以此言曉之。與，猶示也。朱子曰：「要緊只在『吾無行不與二三子』處，須仔細認聖人無不與二三子處在那裏。凡日用飲食間，皆要認得。」○所謂「吾無隱乎爾」者，居鄉黨，便恂恂，在宗廟，便便便，與上大夫言，便誾誾，與下大夫言，便侃侃，自有許多實事。○新安陳氏曰：「『作止語默』四字，所包甚闊。作與語之爲教，人易知之；止與默之亦爲教，所當知也。」○程子曰：「聖人之道猶天，然門弟子親炙而冀及之，然後知其高且遠也。使誠以爲不可及，則趨向之心不幾於怠乎？故聖人之教常俯而就之如此，非獨使資質庸下者勉思企及，而才氣高邁者亦不敢躐易去聲。而進也。」問：「伊川言聖人教人常俯就，若是掠下一著教人，是聖人有隱乎爾，何也？」朱子曰：「道有大小精粗。大者精者，固道也；小者粗者，亦道也。觀《中庸》言『大哉聖人之道，洋洋乎發育萬物，峻極于天』，此言道之大處；『優優大哉，禮儀三百，威儀三千』，是言道之小處。聖人教人，就其小者近者教人，便是俯就。然所謂大者精者，亦只在此，初無二致。要在學者下學上達，自見得耳，在我則初無所隱也。」○慶源輔氏曰：「庸下者失之不及，易以懈怠而止；高邁者失之過，易以陵躐而進。懈怠者病在苦其難，陵躐者病在忽其易。今夫子自以爲無隱，且曰『無行而不與二三子』，則庸下者不至病其難，而發勉思企及之志；高邁者不敢忽其易，而致謹重密察之功。在我者一施之，在彼者各以其資之高下而有益焉。是即聖道，如天垂象昭然，而有目者莫不見之驗也，豈終於高遠而不可冀及耶？」呂氏曰：「聖人體道無隱，與天象昭然，莫非至教，常以示人而

人自不察。」延平李氏曰：「孔子之示人，其道昭然，常存乎動静俛仰視聽嚬笑謦欬之閒，而未嘗隱也，彼見之者自有淺深。」○朱子曰：「夫子嘗言『中人以下不可以語上也』，而『言性與天道』則『不可得而聞』，想是不曾得聞者，疑其有隱，而不知夫子之坐作語默，無不是這箇道理，風霆流形，庶物露生，無非教也。聖人雖教人洒掃應對，這道理也在裏面。」○范陽張氏曰：「『天何言哉，四時行焉，百物生焉』，使天徒頽然在上，何足以爲天？惟其不言而四時行，百物生，故凡春生夏長，根荄枝葉，一皆天理之所寓。孔子於日用閒視聽言動，出入起居，無非道之所在。群弟子由而不知，習而不察，所以疑聖人爲隱。故夫子指之曰『吾無行而不與二三子者，是丘也』。觀『是丘』之一言，則知夫子平日機栝盡於此而決之。當時群弟子自夫子一指之後，皆知用意以觀聖人，故《鄉黨》所載，上而朝廷，下而衣服飲食，莫不屢書特書者，正謂此爾。」○新安陳氏曰：「體道與鬼神『體物而不可遺』之體同。道無形，體可見。聖人一身渾然此道，動静語默之閒，無非此道之所呈露。無形體之道，於聖人身上形見出來，是所謂與道爲體而無所隱於人也。」○汪氏曰：「《鄉黨》一篇，是門人有得於此言，故記得詳密如此。」附《存疑》：諸弟子以夫子之道高深，我輩從學多年，再不可幾及，意疑夫子有所隱，不以要法教人，故我輩學者再無從入焉耳。殊不知聖人之道，精粗本末，一以貫之，而行遠必自邇，登高必自卑，則其進爲之序也，由卑近則高遠可致。舍卑近而務高遠，則凌等凌節，終無可至之理矣。故聖人即日用常行者以立教，而不以高遠示人，正欲使學者由近以及遠，積少以高大。是其淺近之教，正所以進於遠大之階。不教以高深者，正所以教之也。故曰「吾無隱乎爾，吾無行而不與二三子者，是丘也」。觀《鄉黨》一篇，「吾無行而不與二三子」可見矣。○《蒙引》：學者自家地位若淺，則聖人雖不隱，學者固自隱矣。○「吾無行而不與二三子者，是丘也」，意曰：無一而不以教人者，莫丘若也。○顧麟士曰：「此章《蒙引》以『與』字對『隱』字，捷甚。《通義》欲於『隱』字入『言』字，以對『行』字，却似添也。」

○子以四教：文，行，忠，信。行，去聲。

程子曰：「教人以學文脩行而存忠信也。忠信，本也。」朱子曰：「教不以文，無由入。説與

事理，便是文。《詩》、《書》、六藝皆文也。如講説如何是孝弟，只是文；行所謂孝弟，方是行。又恐行之未誠實，故又教以忠信。到得爲忠爲信時，全在學者自去做，方是實事。」○此是表裏互説。教人之道，自外約入向裏去。故先文後行，而忠信者又立行之方也。○文行忠信，如説事親是如此，事兄是如此，雖是行之事，也只是説話在，須是自家體此而行之，方是行。蘊之於心，無一毫不實處，方是忠信。可傳者只是這文。若行忠信，乃是在人自用力始得。雖然，若不理會得這箇道理，不知是行箇甚麽，忠信是箇甚麽，所以文爲先。又曰：其初須是講學，講學既明而後脩於行。所行雖善然更須反之於心，無一毫不實處，乃是忠信。○問：「『子以四教』，何以有四者之序？」曰：「文便是窮理，豈可不見之於行？然既行矣，又恐行之有未誠實，故又教之以忠信也。所以伊川言以忠信爲本。蓋非忠信則所行不成故耳。」❶因問：「『行有餘力則以學文』，何也？」曰：「彼將教弟子而使之知大概也，此則教學者深切用工也。」問：「然則彼正合小學之事歟？」曰：「然。『文行忠信』是從外做向内，『則以學文』是從内做向外。聖人言此類者，多要人逐處自識得。」○西山真氏曰：「『行有餘力則以學文』，是以力行爲先；『子以四教：文、行、忠信』，文者講學之事，主乎知，忠信者脩身之事，主乎行，此又以知爲先。此二章實相表裏，正當合而觀之。大抵致知力行，二者不可闕一。既知其理，不可不行其事；既行其事，不可不知其理。二者並進則爲學之功至矣。」○雙峰饒氏曰：「聖人施教之序，且先使學者讀書，講明義理，故先之以文。既曉得義理，然後可以使之脩行，故次之以行。行是外面行底，外面能行然後方可責其裏面誠。若外面顯見處尚未能行，況裏面隱微之地乎？故忠信是結合處。《中庸》先説智仁勇而後終之誠，亦是此意。」○陳氏曰：「學文所以窮理，脩行所以體是理於身，存忠信所以萃是理於心。」○勿軒熊氏曰：「忠是實心，就己上看；信是實理，就事物上看。」○雲峰胡氏曰：「教以學文脩行，知行當俱盡也；教以存忠信，表裏當俱實也。」○新安陳氏曰：「學文者，致知之事；脩行者，力行之事；存忠信，所以誠實於力行，而忠其體，信其用也。所以謂之四教。」**附**《存疑》：忠以心言，信以事言，表裏之教

❶「成」，原作「誠」，今據《朱子語類》、《四書纂疏》改。

也。如欲孝欲弟，心無不盡，是忠；行孝行弟，事無不實，是信。由知而行，由裏而表，四教之先後次第也。○《蒙引》：「忠信」疑通管「文行」，前章「主忠信」疑亦兼知行。

○子曰：「聖人，吾不得而見之矣；得見君子者，斯可矣。」

聖人，神明不測之號。君子，才德出衆之名。朱子曰：「有德而有才，方見於用。如有德而無才，則不能爲用，亦何足爲君子？」附《蒙引》：聖人者，大而化之者也；君子者，大而未化者也。

子曰：「善人，吾不得而見之矣；得見有恒者，斯可矣。恒，胡登反。

「子曰」字，疑衍文。恒，常久之意。張子曰：「有恒者不二其心，善人者志於仁而無惡。」朱子曰：「善人是資質好底人，自然無惡。有恒只是把捉得定，又未到善人自然好處在。然善人、有恒，皆未知學問者也。」○問：「善人是資質大段粹美，其心常在於善道，所以自不至於有惡。有常者則是箇確實底人否？」曰：「是。有常底也不到事事做得是，只是有志於爲善而不肯爲惡耳。善人則從來恁地好，事事依本分。但人多等級，善人雖是資質好，雖是無惡，然『不踐迹，亦不入於室』。緣不甚曉得道理，不可以入聖人，只是恁地便住了。」○此但爲思其上者而不可得，故思其次之意。○雙峰饒氏曰：「聖人是天生底，君子是學而成底；善人是氣質好底，有恒是有常守底。次乎聖人者爲君子，次乎善人者爲有恒。」附《存疑》：善人資質好，事事依本分做，是向善底人，但未能到那極處。有恒是有執持底人，他所行底雖未必盡是，却始終都是一樣，此便是進道之資。

亡而爲有，虛而爲盈，約而爲泰，難乎有恒矣。」亡，讀爲無。

三者皆虛夸之事，凡若此者，必不能守其常也。問「亡而爲有」。朱子曰：「正謂此皆虛夸之事，不可以久，是以不能常，非謂此便是無常也。」○以亡爲有，以虛爲盈，以約爲泰，則不能常。謂如我窮約却欲作富底舉止，縱然時暫做得，將來無時又做不得如此，便是無常。亡對有而言，是全無，虛是有但少，約是

就用度上說。附《蒙引》：「得見有恒者斯可矣」，然所謂有恒者無他，有爲有，無爲無，盈爲盈，虛爲虛，約爲約，泰爲泰，如是質實無僞，方能有恒。如使本無也而自以爲有之狀，本虛也而自以爲盈之狀，本約也而故以爲泰之狀，如此者雖能僞爲於一時，而無可繼於後，難乎有恒矣。然則所謂有恒者，只是質實無僞耳。○

張敬夫曰：「聖人、君子以學言，善人、有恒者以質言。」新安陳氏曰：「以學言者兼乎質，以質言者則未學者也。」愚謂有恒者之與聖人，高下固懸絶矣，然未有不自有恒而能至於聖者也。故章末申言有恒之義，其示人入德之門，可謂深切而著明矣。朱子曰：「聖人也只是這箇道理，但是他理會得爛熟後，似較聖樣，其實只是這道理。君子是事事做得去，所謂『君子不器』。善人則又不及君子，只是知得有善有惡，肯爲善而不肯爲惡耳。有常者又不及善人，只是較依本分。」○問此章。曰：「吴氏、曾氏說亦得之。吴氏曰：『君子蓋有賢德而又有作用者，特不及聖人爾。若善人則粗能嗣守成緒，不至於爲惡而已，非若君子之能有爲也。』曾氏曰：『當夫子時，聖人固不可得而見，豈無君子、善人、有恒者乎？而夫子云然者，蓋其人少而思見之也。及其見則又悦而進之，曰「君子哉若人」。凡此類當得意而忘言。善人明乎善者也，有恒雖未明乎善，亦必有一節終身不易者。若本無一長而爲有之狀，未能充實而爲盈之狀，貧約而爲泰之狀，此亦妄人而已矣。孟子所謂「雨集溝澮皆盈，其涸可立而待也」，烏能久矣？』」曰：「有無虛實約泰之分奈何？」曰：「無，絶無也。虛則未滿之名耳。二者兼内外，學之所至，事之所能而言。約之與泰則貧富貴賤之稱耳。爲之云者，作爲如是之形，作爲如是之事者也。爲而無以繼，則雖欲爲有恒不可得矣。」○南軒張氏曰：「聖人者，肖天地者也，君子者，具其體而未能充實者也，故聖人不得而見，得見君子斯可矣。善人資稟醇篤，無惡之稱，有恒者則能謹守常分而已，故善人不得而見，得見有恒者斯可矣。以善人之資而進學不已，聖蓋可幾。有恒而力加勉焉，亦足以有至也。若夫已無而以爲有，已虛而以爲盈，已約而以爲泰，則是驕矜虛浮，不務實者，其能以有恒乎？未能有恒，況可言學乎？」○勉齋黄氏曰：

「亡爲有，虛爲盈，約爲泰，三者誇大欺妄之意，不實之謂也。人惟實也，則始終如一，故能有常。今其人不實如此，又豈敢望其有常哉？夫子稱聖人、君子、善人不可得見而卒及乎此，❶又以明夫有恒者之亦不可見也。」○慶源輔氏曰：「學至於聖人，則造乎極而無以復加矣。君子雖未及乎聖人，然其才德超出於衆，則其爲學亦以成矣。善人雖未必知學，然其資質之美，自然至於善而不至於惡。至於有恒者，則資質又有不及善人，但亦純固而不務虛誇，守其一端則終身不易者也。」○新安陳氏曰：「入德有門户，進德有閫奧。自有恒而入，學而充之以造於極，有至聖域之理。虛誇無恒者，尚無入德之門户，況敢望進德造於閫奧乎？末三句，言不常之失以明有恒之義。學者以希聖爲標準而能以有恒爲入門，其庶幾焉。」《通考》董氏彝曰：「孔子論人有四等，曰聖人、君子、善人、有恒者，順而數之，善人之下，又有所謂有恒；孟子論人有六等，曰善、信、美、大、聖、神，逆而數之，聖人之上，又有神人。孔子歎人才之不多見，故順數其人品之不齊；孟子因樂正子之質美，故逆數其成就之有等。蓋聖人、君子、善人未有不自有恒而能至者，故善人之下又有有恒也；聖而不可知之者謂之神，非謂聖人之上又有所謂神人也。」

○子釣而不綱，弋不射宿。射，食亦反。

綱，以大繩屬音燭。綱，絶流而漁者也。弋，以生絲繫矢而射也。宿，宿鳥。勿軒熊氏曰：「多能鄙事，此亦可見。」○洪氏曰：「孔子少去聲。貧賤，爲養並去聲。與祭，或不得已而釣弋，如獵較音角。是也。然盡物取之，絶流而漁。出其不意，射宿。亦不爲也。此可見仁人之本心矣。慶源輔氏曰：「不曰聖人之本心，而曰仁人之本心，據此事只可謂之仁。然曰本心，則聖人亦不能加毫末於此矣。」○新安陳氏曰：「於取物之中有愛物之仁，於此可見其本心。」待物如此，待人可知。小者如此，大者可知。」南軒張氏曰：「聖人之心，天地生物之心也。其親親而仁民，仁民而愛物，皆是心之發也。然於物也，有祭祀之須，有奉養賓客之用，則其取之也，有不得免焉。於是

❶「善人」，原作「有恒」，今據《四書大全》改。

取之有時，用之有節，若夫子之不絕流，不射宿，則皆仁之至，義之盡，而天理之公也。使夫子之得邦家，則王政行焉，鳥獸魚鱉咸若矣。若夫窮口腹以暴天物者，則固人慾之私也，而異端之教，遂至於禁殺茹蔬，殞身飼獸，而於其天性之親，人倫之愛，反恝然其無情也，則亦豈得爲天理之公哉？故梁武之不以血食祀宗廟，與商紂之暴殄天物，事雖不同，然其咈天理以致亂亡，則一而已。」附《存疑》：不免於釣弋，取物之義也；不綱不射宿，愛物之仁也。○聖人不綱不射宿之心，與大舜「不虛無告」、文王「惠鮮鰥寡」，同一機軸。○《蒙引》：綱即大繩，弋即生絲。不曰網而曰綱者，以其大繩屬網也。不曰射而曰弋者，以其生絲係矢而射也。漢文帝「身衣弋綈」，「弋」字義同。

○子曰：「蓋有不知而作之者，我無是也。多聞，擇其善者而從之，多見而識之，知之次也。」識，音志。

不知而作，不知其理而妄作也。厚齋馮氏曰：「《桑柔》詩云：『予豈不知而作？』古有此語。」孔子自言未嘗妄作，蓋亦謙辭，然亦可見其無所不知也。識，記也。所從不可不擇，記則善惡皆當存之以備參考，如此者雖未能實知其理，亦可以次於知之者也。朱子曰：「知以心言，得於聞見者次之。聞見皆欲求其多，否則聞見孤寡，不足以爲學矣。『擇』字生於『從』字。識則未便有從意，故不言擇善。聞見亦是互相發明，不可泥看。」○「多聞」，已聞得好話了，故從中又揀擇。「多見」只是平日見底事，都且記放這裏。○問：「『不知而作』，作是述作，或只是凡所作事？」曰：「只是作事。」又曰：「聞、見大略爭不多。較所聞畢竟多。聞須別識善惡而從。見則見得此爲是，彼爲非，則當識之，他日行去不差也。」○未擇時則未辨善惡，擇了則善惡別矣。譬如一般物，好惡夾雜在此，須是擇出那好底，擇去那惡底，擇來擇去則自見得好惡矣。多聞是聞前言往行，從之是擇其尤善者而從之。見是泛泛見得，雖未必便都從他，然也記著他終始首尾得失。○南軒張氏曰：「天下之事，莫不有所以然，不知其然而作焉，皆妄而已。聖人之動，無非實理也，其有不知而作者乎？雖然，知未易至也，故又言知之次者，使學者有所

持循，由其序而至焉。多聞擇善而從，多見而識其善，雖未及乎知之至，然知之次也。擇焉識焉而不已，則其知將日新矣。」○慶源輔氏曰：「夫子言此雖是謙辭，然於無所不通之聖自有不可掩者。」○新安陳氏曰：「《集註》全不説『聞』、『見』二字，其不可拘泥明矣。『學干禄』章亦是總之云『多聞見者學之博』，未嘗拘拘分别聞與見也。」《通考》仁山金氏曰：「此章聞與見未易分明，《語録》亦不分曉。今以實事証之，多聞擇善而從之，若夫子説夏、殷、周之禮，有善殷者，有從周者，又如夏時、殷輅、周冕及删《詩》之類，此多聞三代之事，所以不可不擇也；『多見而識之』，若夫子脩《春秋》，即多見當時之事，記則善惡皆當存之者也。『知之次也』，蓋謙辭。」附顧麟士曰：「説『蓋有不知而作之者，我無是也』，則似嫌以知自任，故又曰『多聞，擇其善者而從之，多見而識之』，不過『知之次也』。言雖無不知，非知之上者耳。『多聞』以下皆頂『我』字，是夫子自説，故曰謙詞，而勉人求知之法亦在裏面。」○生而知之者上也，學而知之者次也。多聞而從，多見而識，便是學知，亦依舊是「我非生而知之者，好古敏以求之者」話。○多聞亦可識，多見亦可擇善而從，此云然者互見耳。

○互鄉難與言，童子見，門人惑。見，賢遍反。

互鄉，鄉名。其人習於不善，難與言善，惑者疑夫子不當見之也。附《蒙引》：童子見，謂得見也。

子曰：「與其進也，不與其退也，唯何甚？人潔己以進，與其潔也，不保其往也。」

疑此章有錯簡，「人潔」至「往也」十四字，當在「與其進也」之前。潔，脩治也。與，許也。往，前日也。言人潔己而來，但許其能自潔耳，固不能保其前日所爲之善惡也；但許其進而來見耳，非許其既退而爲不善也。依改正次序釋五句。蓋不追其既往，不保其往。不逆其將來，不與其退。以是心至，潔己以進。斯受之耳。與潔與進。「唯」字上下疑又有闕文，「唯」字全無意。大抵亦「不爲已甚」之意。○程子曰：「聖人待物之洪如此。」南軒張氏曰：「以互鄉之俗

惡，而童子又非得與先生長者抗禮者，而夫子見之，故門人惑焉。夫子謂其進之志則善，與其進而志善也，而不與其退而不善也。若於進而志善之時，以其退而不善而拒之，則何甚也？聖人之心天也，其有已甚者乎？則又反復言之，謂凡人潔己以進，則當與其潔耳，固不可保其往也。此所謂『顯比，王用三驅』，至公之心也。」○慶源輔氏曰：「人前日爲不善而今日向善，未可知；今日向善而後日爲不善，亦未可知。若追其既往，又逆其方來，則已甚，而待人狹隘矣。」○厚齋馮氏曰：「童子年少，未嘗深染於其習俗而不可轉移，聖人何忍遽絶之？孟子『不爲已甚』之説，蓋出於此。」附《存疑》：此章依張南軒説，則非錯簡，然率强，當依朱子作錯簡爲是。○顧麟士曰：「『不保』，猶俗言不管。『唯何甚』，《淺説》、《達説》俱作何必爲已甚。」

○子曰：「仁遠乎哉？我欲仁，斯仁至矣。」

仁者，心之德，非在外也，放而不求，故有以爲遠者。反而求之，則即此而在矣，夫音扶。豈遠哉？○程子曰：「爲仁由己，欲之則至，何遠之有？」朱子曰：「欲有好底，如『我欲仁』，『可欲之謂善』，不是情欲之欲。」○仁本固有，欲之則至。志之所至，氣亦至焉。○問：「『斯仁至矣』，至若來至之意？」曰：「昔者亡之，今忽在此，如自外而至耳，如《易》言『來復』，實非自外而來也。」○孔門許多弟子，聖人竟不曾以仁許之，雖以顔子之賢，而尚或違於三月之後，而聖人乃曰我欲斯至。盍亦於日月體驗，我若欲仁，其心如何，仁之至，其意又如何。又如非禮勿視聽言動，蓋欲每事省察，何者爲禮，何者爲非禮，而吾又何以能勿視勿聽。若每日如此讀書，庶幾看得道理自我心而得，不爲徒言也。○南軒張氏曰：「仁豈遠於人乎？患人不欲之耳。欲之斯至。不曰至仁，而曰斯仁至矣，蓋仁非有方所而可往至之也，欲仁而仁至，我固有之也。」○覺軒蔡氏曰：「時人皆以仁道遠而難爲，故夫子以工夫之切近者勉而進之，謂仁豈遠乎哉，我欲仁，斯仁至矣。蓋仁者心之德，纔一收斂，則此心便在，所以甚言其近且易，不待他求也。」○慶源輔氏曰：「仁者心之德，我固有之，非在外也，如手之執，足之履，目之視，耳之聽，不假外求，欲之則至，何遠之有？而人不知反求而病其遠，此夫子所以發此論也。」

○雙峰饒氏曰：「欲仁仁至，其至也固易，其去也亦易。須於既至之後，常加操存之功，方能不違仁也。」○新安陳氏曰：「『斯』字甚緊，如『時人斯其惟皇之極』之斯。『即此』二字貼『斯』字。」附《蒙引》：「仁遠乎哉」且虛說，不可以註「仁者心之德，非在外也」貼在此句內，須安在下句。《集註》云云，都是解「我欲仁，斯仁至矣」，而「仁遠乎哉」之意自見。○「我」字虛說，不必指聖人身上說。《集註》全不提起聖人。○《存疑》：欲仁工夫，亦曰非禮勿視聽言動，其次則仲弓之敬恕是也。

○陳司敗問：「昭公知禮乎？」孔子曰：「知禮。」

陳，國名。司敗，官名，即司寇也。胡氏曰：「《左氏傳》註：陳、楚名司寇爲司敗。」昭公，魯君，名稠，音疇。習於威儀之節，當時以爲知禮，故司敗以爲問，而孔子答之如此。

孔子退，揖巫馬期而進之，曰：「吾聞君子不黨，君子亦黨乎？君取於吴，爲同姓，謂之吴孟子。君而知禮，孰不知禮？」取，七住反。

巫馬，姓，期，字，孔子弟子，名施。魯人。司敗揖而進之也。相助匿非曰黨。禮不取同姓，而魯與吴皆姬姓。謂之吴孟子者，諱之使若宋女子姓者然。《禮·坊記》：取妻不取同姓，以厚別也。故買妾不知其姓，則卜之。以此坊民，《魯春秋》猶去夫人之姓，曰「吴」，其死曰「孟子卒」。○厚齋馮氏曰：「古者男子稱氏，辨其族也；女子稱姓，厚其別也。故制字姓從女。百世而婚姻不通者，周道也。稱孔子，時孔子在陳，蓋記於陳也。」○慶源輔氏曰：「婦人稱姓，周女曰姬，宋女曰子，齊女曰姜，楚女曰羋是也。」❶○吴氏曰：「謂者，何人謂之？《春秋》哀十二年書『孟子卒』，不書葬。疑謂之孟子者，魯人諱之，而謂之吴孟子者，當時譏誚之語也。」○新安陳氏曰：「不稱姬而冠之以吴，終有不可掩者。」

巫馬期以告，子曰：「丘也幸，苟有過，人必知之。」

❶「羋」，原作「芊」，今據文意改。

孔子不可自謂諱君之惡，又不可以取同姓爲知禮，故受以爲過而不辭。〇吴氏曰：「魯，蓋夫子父母之國，昭公，魯之先君也，司敗又未嘗顯言其事，而遽以知禮爲問，其對之宜如此也。及司敗以爲有黨，而夫子受以爲過，蓋夫子之盛德，無所不可也。慶源輔氏曰：「且以有過而人知爲幸，又可垂教以警夫護疾忌醫者。」然其受以爲過也，亦不正言其所以過，初若不知孟子之事者，可以爲萬世之法矣。」問：「昭公取同姓之事，若天王舉法則如何斷？」朱子曰：「此非昭公故爲之也。當時吴盛强，中國無伯主，以齊景公猶云『既不能令，又不受命，涕出而女於吴』，若昭公亦是藉其勢，不得已之故，非貪其色而然也。天王舉法，則罪固不免，亦須原情，自有處置。況不曰孟姬而曰吴孟子，則昭公亦已自知其非矣。」〇南軒張氏曰：「他國之大夫問吾國之君知禮與否，則但可告之以知禮而已。及巫馬期以司敗之言告，則又豈可謂娶同姓爲知禮乎？若言爲君隱之意，則淺露已甚，而失前對之本意矣，故但引己之過而已。然而娶同姓之爲非禮，其義固已在其中矣。聖人辭氣之間，其天地造化與？」〇吴氏曰：「夫子受以爲過，則昭公不得爲知禮可知。隱諱者，臣子之私；是非者，天下之公。夫子答司敗與期，可謂兩盡其旨矣。葉公以證父之惡爲直，司敗以隱君之惡爲黨，彼蓋知直之爲公，黨之爲私，而於父子君臣之義蔑如也。微夫子，大道其隱乎？」〇雲峰胡氏曰：「使夫子而直指君之非，則自無君臣之禮；使夫子而不自引己之過，則遂無婚姻之禮，何以爲萬世之法哉？」《通考》董氏彝曰：「孔子之過，過於愛君；周公之過，過於愛兄。所謂『觀過斯知仁』，其此之謂歟！」

〇子與人歌而善，必使反之，而後和之。和，去聲。

反，復音覆。也。必使復歌者，欲得其詳而取其善也。而後和之者，喜得其詳而與其善也。朱子曰：「子與人歌而善，必使反之而後和之。今世間人與那人説話，那人正説得好，自家便從中截斷，如云已自理會得不消説之類。以此類看聖

人，是甚氣象。與人歌，且教他自歌一終了，方令再歌而後和之，不於其初歌便和，恐混雜他，不盡其意，此見聖人與人爲善。」○若不待其反而後和，則他有善，亦不得而知。今必使之反之而後和之，便是聖人不掩人善處。○慶源輔氏曰：「詳，謂首尾節奏之備。」○雙峰饒氏曰：「子與人歌，是與之同歌。反者，使之自歌。和，則己之自歌也。」○新安陳氏曰：「《集註》『取』、『與』二字，如孟子『取諸人以爲善，是與人爲善者也』，初則取之，既取而許與獎勸之。」

此見聖人氣象從七容反。容，誠意懇至，而其謙遜審密，不掩人善又如此。蓋一事之微，而衆善之集，有不可勝既者焉，讀者宜詳味之。

朱子曰：「聖人天縱多能，其於小藝，不待取於人而後足，乃欲得其詳如此，其謙遜謹審可知也。然若不待其曲終而遽和之，則幾於伐己之能以掩彼之善矣。故必俟其曲終，以盡見其首尾節奏之善，然後又使復歌而始和之，則既不失其與人歌善之意，而又不掩其善也。然此亦聖人動容周旋，自然而中，非有意於爲之也。抑又見其從容不迫，不輕信而易悦之意。」○問：「『子與人歌而善，必使反之，而後和之』，晦翁云『蓋一事之微，而衆善之集，有不可勝既者』，如何？」潛室陳氏曰：「必使復歌者，既欲彰其善之實，又欲暢其歌之情；而後和之者，示我樂善之無倦，詠歎而淫泆之也。只一歌詩耳，而意思綢繆容與若此，豈非衆善之集乎？」○慶源輔氏曰：「氣象從容，故謙遜；誠意懇至，故審密。」○雲峰胡氏曰：「此不過歌之善者爾，夫子所以取之與之者如此，則凡所以取人之善、與人之善者，可知矣。」附《蒙引》：氣象從容，故能使反而後和。誠意懇至，使之反有自下之意也。謙遜，是自認其不如彼也。審密，欲得其詳。不掩人善，使彼得自見其善也。

○子曰：「文，莫吾猶人也。躬行君子，則吾未之有得。」

莫，疑辭。猶人，言不能過人而尚可以及人。未之有得，則全未有得。皆自謙之辭，而足以見言行去聲。之難易去聲。緩急，欲人之勉其實也。

慶源輔氏曰：「勉人爲其實而不廢其文，但有先後緩急之序耳。」○雙峰饒氏曰：「身行君子之道而有得，則爲君子之德矣。」附《蒙

引》：文者，如説仁説義，説得有次序，有條理，便是。躬行君子，則曰仁曰義，一一體之於身，見之於事也。○《存疑》：「夫子之文章」，註兼威儀文詞解，此獨以言解者，對下文「躬行君子」言也。躬行君子，是渾成話，謂躬行之君子。若説躬行君子之道，不是。○謝氏曰：「文，雖聖人無不與人同，故不遜。能躬行君子，斯可以入聖，故不居。猶言『君子道者三，我無能焉』。」朱子曰：「『文，莫吾猶人也』，莫是疑辭，猶今人云莫是如此否。言文則吾與人一般，如云『聽訟，吾猶人也』。若『躬行君子，則吾未之有得』，此與『君子之道四，丘未能一焉』之意同。」○問此章。曰：「於文，言其可以及人，足見其不難繼之意；言其不能過人，又見其不必工之意；且合而觀之，又見其雖不遜其能而亦不失其謙也。於行，言其未之有得，則見其實之難焉，見其必以得爲效焉，見其汲汲於此而不敢有毫髮自足之心焉。一言之中，而指意反覆，更出互見，曲折詳盡，至於如此，非聖人而能若是哉？」○雲峰胡氏曰：「此『文』字輕，不過著於言辭者爾。」○新安陳氏曰：「『文不在茲』之『文』，『文』字重。此以文對躬行而言，可見文爲言而躬行爲行，故《集註》以言行之難易緩急釋之。」

○子曰：「若聖與仁，則吾豈敢？抑爲之不厭，誨人不倦，則可謂云爾已矣。」公西華曰：「正唯弟子不能學也。」

此亦夫子之謙辭也。聖者，大而化之。仁，則心德之全，而人道之備也。勿軒熊氏曰：「聖則仁之熟而至於化矣。聖非出於仁之外也。」○新安陳氏曰：「此專言之仁，包義禮智，故爲心德之全。立人之道曰仁與義，仁體而義用，言仁則義在其中，故爲人道之備。」爲之，謂爲仁聖之道。誨人，亦謂以此教人也。朱子曰：「他也不曾説是仁聖，但爲之畢竟是箇甚麼，誨人是箇甚麼。」○新安陳氏曰：「自爲，觀十五志學章可見；教人，觀博文約禮可見。皆不外乎知行。」然不厭不倦，非己有之則不能，所以弟子不能學也。雲峰胡氏曰：「此雖夫子不敢當聖與仁之名，而愈見夫子有聖與仁之實。」○新安陳氏曰：「夫子雖不居仁聖之名，而所行所

教，無非不息於仁聖之道。不厭不倦，即純亦不已也。非己實有此仁聖之道，則有時而厭倦矣。」附《蒙引》：世固有未能盡仁義而教人仁義者，但不倦却難，故《集註》只提不厭不倦說。○仁聖，自然者也。爲不厭誨不倦，是以勉然者自處。然於不厭不倦味之，則又見其自然矣。夫子之自謙，與子華之體認，當如此分別。○《存疑》：聖人不但不敢當仁聖之名，又示人以造仁聖之學也。必兼誨人者，成己成物，然後爲人道之全也。以「己欲立而立人，己欲達而達人」觀之可見。○晁音潮。氏曰：名說之，字以道，清豐人。「當時有稱夫子聖且仁者，以故夫子辭之。苟辭之而已焉，則無以進天下之材，率天下之善，將使聖與仁爲虛器，而人終莫能至矣，新安陳氏曰：「聖仁之道，若天下無一人能與於此，是終爲虛器，而無人能實之矣。」故孔子雖不居仁聖，而必以『爲之不厭，誨人不倦』自處上聲。也。『可謂云爾已矣』者，無他之辭也。公西華仰而歎之，其亦深知夫子之意矣。」朱子曰：「夫子故多謙辭，到得說『抑爲之不厭，誨人不倦』，公西華便識得，所以有『正唯弟子不能學也』之說，便說道聖人有不讓處。」○其他人爲之誨人，不能無厭倦時，惟聖人則不厭不倦。正唯弟子不能學也，言正是弟子不能學處。這若不是公西華親曾去做過，親見是恁地，如何解恁地說？○仁之與聖所以異者，大而化之之謂聖，若大而未化之，只可謂之仁，此其所以異。○南軒張氏曰：「夫子雖不居聖，然玩味辭氣，其所以爲聖者，亦可得而見矣。夫盡人道，聖人也。爲之不厭，誨人不倦，聖人之仁，天之無疆也。」○慶源輔氏曰：「爲之不厭者，仁聖之實；誨人不倦者，仁聖之施。非在己者有仁聖之德，豈能如是？公西華蓋即『爲之不厭，誨人不倦』而見夫子實全仁聖之道，非學者所能效也。」○雙峰饒氏曰：「前以學不厭、誨不倦爲『何有於我』，此却以二者自任，何也？蓋前章是泛說，所以雖非聖人之極至，而亦不敢當；此章是見人以仁聖歸之己，既遜了第一第二等，只得且承當第三等底事，所以勉人也。」

○子疾病，子路請禱。子曰：「有諸？」子

路對曰：「有之。誄曰：『禱爾于上下神祇。』」子曰：「丘之禱久矣。」誄，力軌反。禱，謂禱於鬼神。有諸，問有此理否。誄者，哀死而述其行去聲，下「素行」同。之辭也。厚齋馮氏曰：「士有誄，累生時德行以賜之命則誄，《周官》『六辭』，『六曰誄』是也。禱疾亦誄其功德，故謂之誄云。」上下謂天地。天曰神，地曰祇。禱者，悔過遷善以祈神之佑也。朱子曰：「只是引此古語以明有禱之理，非謂欲禱皇天后土也。禱雖臣子之禮，其辭則述君父悔過遷善之意，以解謝鬼神之譴怒。」無其理則不必禱。既曰有之，則聖人未嘗有過，無善可遷，其素行固已合於神明，故曰丘之禱久矣。問：「聖人與天地合其德，與鬼神合其吉凶，我即天地鬼神，天地鬼神即我，何禱之有？」朱子曰：「自他人言之，謂聖人如此可也。聖人之心，豈以此自居？惟味『某之禱久矣』一句，語意深厚，聖人氣象，與天人之分，自求多福之意，可見。」○雙峰饒氏曰：「誄如哀公誄孔子是也。古誄文之意，蓋曰往者疾病時，嘗禱爾於神祇矣，而卒莫之救，蓋哀其死之辭也。」○新安陳氏曰：「聖人素履無愧，少壯迨老，無非對越神明之時，豈待疾病而後禱哉？所謂禱久矣，乃因子路引『禱爾』而言，蓋不禱之禱也。」又《士喪禮》疾病行禱五祀。《儀禮》第十三篇註云：謂門、户、竈、行、中霤。盡孝子之情。五祀，博言之。士二祀：曰門，曰行。蓋臣子迫切之至情，有不能自已者，初不請於病者而後禱也。故孔子之於子路，不直拒之，而但告以無所事禱之意。朱子曰：「在臣子則可，在我則不可。聖人也知有此理，故言我不用禱，而不責子路之非也。疾病行禱者，臣子之於君父，各禱於其所當祭。子路所欲禱，必非淫祀，但不當請耳。」○病而與聞乎禱，則是不安其死而諂於鬼神，以苟須臾之生，君子豈爲是哉？祈禱卜筮之屬，皆聖人之所作，至於夫子而後教人一決諸理，而不屑於冥漠不可知之間，其所以建立人極之功，於是而備。○問：「嘗疑《集註》曰『聖人未嘗有過，無善可遷，其素行固已合

於神明，故曰丘之禱久矣』。夫自其論聖人所以無事於禱者，其義固如此。然此一句乃聖人自語也。聖人之意，豈自謂我未嘗有過，無善可遷，其素行固已合於神明哉？」曰：「聖人固有不居其聖時節，又有直截擔當，無所推讓時節，如『天生德於予』、『未喪斯文』之類，蓋誠有不可揜者。」○南軒張氏曰：「子路請禱，而夫子告之以『有諸』，蓋欲子路深省夫禱之理也。苟知其有是理，則知夫子之何用禱也。而子路未達，獨舉誄以爲證，於是從而告之曰『丘之禱久矣』。蓋禱者，悔過遷善之意。平日之思慮云爲，神之聽之，未嘗斯須離也，一有未順，則逆於神理，是則當禱也。若夫聖人之心，則所謂『天且弗違，而況於鬼神乎』。獨曰『丘之禱久矣』，辭氣謙厚，而所以啓告子路者，亦至矣。」○慶源輔氏曰：「疾病而行禱，乃臣子迫切之至情，在周公猶爲之。然周公則可，武王則不可；子路則可，夫子則不可。領子路之至情，明在己之正理，夫子之心，即天地神祇之心也。」○厚齋馮氏曰：「觀夫子答媚竈之問，以爲『獲罪於天，無所禱也』，然則行與天合，禱何所用？在子路，爲夫子禱則可，請於夫子而後禱，則夫子不爲也。」○雲峰胡氏曰：「禱自是臣子之至情，無所事禱，自是聖人之素行。不必以夫子之言遂謂禱爲無，亦不必以子路之言直謂禱爲有。要之鬼神之有無不必問，但人之素行自不可失爾。」附《語類》：叔器問：「『子路請禱』注下是兩箇意思模樣？」曰：「是。但《士喪禮》那意却只是箇小意思。」良久，曰：「聖人便是仔細，若其他人，便須吽喚罵詈，聖人却問有諸，待他更説，却云是禱久矣。這如與人歌而善，必反之而後和之樣，却不是他心裏要恁仔細。聖人自是恁地仔細，不恁地失枝落葉，大步跳過去説。」○《蒙引》：「無其理則不必禱」，此注當用在「丘之禱久」上。○《淺説》：其自謙也，不爲退托；其自任也，不爲矜誇，一本於心之誠實，而順夫理之當然也。

○子曰：「奢則不孫，儉則固。與其不孫也，寧固。」孫，去聲。

孫，順也。固，陋也。奢、儉俱失中，而奢之害大。雲峰胡氏曰：「『與其奢也寧儉』，是言禮之弊也如此；『與其不孫也寧固』，是言弊之極也其終必至於此。」○新安陳氏曰：「奢失之過，儉失之不及，皆非中道。然奢而僭犯，爲害甚，儉陋之害止此而已，即

『與其奢也寧儉』之意。」〇晁氏曰：「不得已而救時之弊也。」問「奢則不孫」。朱子曰：「纔奢便是不孫，他自是不戢斂也。且看奢底人意思，儉底人意思。那奢底人便有驕傲底意思，須必至於過度僭上而後已。」〇問：「奢非止謂僭禮犯上之事，只是有誇張奢大之意便是否？」曰：「是。」附《存疑》：此與前章「禮與其奢也寧儉」稍異，此章又推出一步說。

〇子曰：「君子坦蕩蕩，小人長戚戚。」

坦，平也。蕩蕩，寬廣貌。程子曰：「君子循理，故常舒泰；小人役於物，故多憂戚。」〇程子曰：「君子坦蕩蕩，心廣體胖。」南軒張氏曰：「正己而不求諸人，故坦蕩蕩；徇欲而不自反，故長戚戚。坦蕩蕩非謂放懷自適，無所憂慮之謂也，謂求之在己而無必於外，故常舒泰云耳。」〇胡氏曰：「循理、役於物，乃蕩蕩、戚戚之所由生也。理本自然，循而行之，則坦然而平，不愧不怍，所以舒泰；爲物所役，則求名役於名，求利役於利，行險僥倖，患得患失，所以憂戚。」〇厚齋馮氏曰：「蕩蕩曰坦，其心無適而不寬廣也；戚戚曰長，無時而不憂慮也。」附《蒙引》：「坦蕩蕩」、「長戚戚」，皆兼内外言。〇「心廣體胖」，此只做「仁者不憂」說。《大學》本意較深。〇《淺說》：仰焉不愧於天，俯焉不怍於人，利害不能爲之驚，毁譽不能爲之惑，但見其坦然而蕩蕩也。

〇子温而厲，威而不猛，恭而安。

厲，嚴肅也。人之德性本無不備，而氣質所賦鮮上聲。有不偏，慶源輔氏曰：「德性根於無極之真，所以本無不備；氣質稟於陰陽五行之氣，有剛柔過不及之分，所以鮮有不偏。」惟聖人全體渾上聲。然，陰陽合德，雙峰饒氏曰：「『全體渾然』，應上文德性而言；『陰陽合德』，應上文氣質而言。」故其中和之氣見賢遍反。於容貌之間者如此。朱子曰：「厲便自有威底意思，不猛便自有温底意思。温、威、恭三字是主，厲、不猛、安是帶說。如伯夷、柳下惠猶未免偏，下惠則温勝厲，伯夷則厲勝温。」〇問：「《集註》云『陰陽合德』，竊嘗因其言而分之，以上三截爲陽而下三截爲陰，似乎有合，然又以上三截爲

陰而下三截爲陽，亦似有合，未知所決。抑聖人渾是一元氣之會，無閒可得而言，學者强爲之形容。如且以其説自分三才而言，則温然有和之可挹而不可屈奪，則人之道也；儼然有威之可畏而不暴於物，則天之道也；恭順卑下而恬然無所不安，則地之道也。自陽根陰而言，則温者陽之和，厲者陰之嚴，威者陽之震，不猛者陰之順，恭者陽之主，安者陰之定；自陰根陽而言，則温者陰之柔，厲者陽之剛，威者陰之慘，不猛者陽之舒，恭者陰之肅，安者陽之健。蓋渾然無適而非中正和平之極，不可得而偏指者也。」曰：「此説推得亦好。」○温厲之説，若直以厲爲主，誠可爲一偏之論矣。或恐人氣質之偏，而欲矯以趨中，則有當如是者，亦不爲過矣。然聖人之温而厲，乃是天理之極致，不勉不思，自然恰好，毫髮無差處。要須見此消息，則用力矯揉，隨其所當，自有準則，不至偏倚矣。○此雖是説聖人之德容如此，然學者也當如此舉偏補弊。蓋自舜之命夔已如此，而皋陶陳九德亦然。○初學如何便得安，除是孔子方恭而安。初要持敬，也須勉强，久後自熟。○南軒張氏曰：「和順充積者，其發見必温然，温而厲也；德盛者，其威必著於外，威而不猛也；從容中禮者，其貌必恭，恭而安也。温而不厲，則和而無制，有害於温矣；威而猛，則爲物所憚，有病於威矣；恭而不安，則不可以持久，有損於恭矣。從容而全盡者，其惟聖人乎？」○新安陳氏曰：「常人偏於温則不厲，偏於威則易猛，勉於恭則不安。聖人温而厲，陽中有陰也；威而不猛，陰中有陽也；恭而安，恭者嚴威儼肅，陰也，安者和順自然，陽也，亦陰中有陽也。惟其不偏而中，是以不戾而和。惟聖人有中和自然之德性，所以有中和自然之德容也。」**門人熟察而詳記之，亦可見其用心之密矣。抑非知**去聲。**足以知聖人而善言德行**去聲。**者不能記，**慶源輔氏曰：「用心不密，則見其温，不見其厲，餘皆然。」**故程子以爲曾子之言。學者所宜反復**方服反。**而玩心也。**

問：「此章是總言聖人容貌，《鄉黨》是逐事上説否？」朱子曰：「然。此章就大體上看。」《通考》勿軒熊氏曰：「以其發見者言，温者陽之和，厲者陰之嚴，威者陰之慘，不猛者陽之舒，恭則收斂，陰也，安則舒泰，陽也。然陽用柔而體則剛，陰用剛而體則柔。温與不猛皆屬柔，陰也，厲與剛皆屬剛，陽也，恭屬威厲一也，亦陽也，

安屬温與不猛一也，亦陰也，故曰陰陽合德。」附《蒙引》：時乎温也，温而厲；時乎威也，威而不猛；時乎恭也，恭而安。○人之德性，本無不備，言兼陰陽之理而中和。而氣質所賦鮮有不偏，言其氣或偏於陰，或偏於陽也，則其見於容貌者亦偏矣。惟聖人全體渾然，陰陽合德，則氣質亦中和，而於本然之德性無所障礙矣。故此中和之氣見於容貌之閒云云，非容貌有中和之氣，乃中和之氣見於容貌也。《存疑》：恭而安，與上是自爲一類。

論語集註大全卷之七終

君子坦蕩蕩章

附《淺説》：孟郊詩曰：「出門即有碍，誰謂天地寬。」真可謂戚戚矣。然東野豈小人哉？學未見其大，而心不免於累物，欲爲君子而未能者也。「水流任急境常静，花落雖頻意自閒。不似世人忙裏老，生平未始得開顏。」堯夫之氣象何如哉？大抵胸中光睿，則無往而不從容也。若乃浪齊是非，强釋凝滯，駕天風以放曠，擊溟水而逍遥，此其蕩蕩，非吾之所謂蕩蕩矣，不可以不審也。

論語集註大全卷之八 三魚堂讀本

泰伯第八

凡二十一章。《通考》勿軒熊氏曰：「内六章言古之聖賢，八章記孔子之言，七章記曾子之言。」

子曰：「泰伯，其可謂至德也已矣。三以天下讓，民無得而稱焉。」

泰伯，周大音泰。王之長上聲，下同。子。至德，謂德之至極，無以復扶又反。加者也。三讓，謂固遜也。朱子曰：「古人辭讓以三爲節，一辭爲禮辭，再辭爲固辭，三辭爲終辭。」○《通考》仁山金氏曰：「三讓曰終讓，《或問》亦嘗引之，則此『固遜』字當改爲終遜，則貼本文作終以天下遜，於事理爲通。蓋王季及文王至武王而終有天下。」○善按劉氏敞云：「所謂『三以天下讓』者，言自竄荆吴以讓季歷也。所以讓季歷者，以季歷有昌也。所以貴昌者，以昌有發也。泰伯見季歷既仁而文、武又聖，知天之意方大啓周室，必有天下，故默焉而逃，是泰伯讓。」又明道亦云：「泰伯知王季之賢必能開基成王業，故爲天下而三讓之，言其公也。」伊川云：「泰伯三以天下讓者，立文王則道被天下，故泰伯以天下之故而讓之也，不必革命。使紂賢，文王爲三公矣。」此皆於經文「三讓」字親切。附《語類》：問：「三以天下讓，程言：『不立一也，逃之二也，文身三也。』不知是否？」曰：「據前輩說，亦難考。他當時或有此三節，亦未可知。但古人辭必至再三，想此只是固讓。」無得而稱，其遜隱微，無迹可見也。蓋大王三子，長泰伯，次仲雍，次季歷。大王之時，商道寖衰，而周日彊大。季歷又生子昌，有聖德。大王因有翦商之志。而泰伯不從，問：「《詩》云：『至于大王，實始翦商。』恐是推本得天下之由如此。」朱子曰：「若推本說，不應下『實始翦商』。翦商自是周人說，若無此

事，他豈有自誣其祖？左氏分明説泰伯不從，不知是不從甚事。」《通考》仁山金氏曰：「按《詩》『大王實始翦商』，不過謂周家翦商之業，自大王始基之爾。且大王遷岐在小乙之世，至丁巳而高宗之殷道中興者六十年，歷祖庚、祖乙、祖甲二十八祀而生文王，其時商未衰也，太王亦安得有翦商之志哉？況大王前日猶能奔國於狄人侵豳之時，而今日乃欲取天下於商家未亂之日，大王之心，決不若此其悖也。」○勿軒熊氏曰：「《詩》言『實始翦商』，《魯頌》張大之辭，與《書》言『肇基王迹』同意。然則泰伯不從，果何事也？古人兄弟讓國，如孤竹君之二子固亦有之，泰伯之讓季歷即此類。人知其以國讓，不知其實以天下讓也。」大王遂欲傳位季歷以及昌。泰伯知之，即與仲雍逃之荆蠻。洪氏曰：「仲雍之讓一也，何以獨稱泰伯？泰伯當立者也。」於是大王乃立季歷，傳國至昌，而三分天下有其二，是爲文王。文王崩，子發立，遂克商而有天下，是爲武王。夫音扶。以泰伯之德，當商、周之際，謂二代交會之閒。固足以朝諸侯，有天下矣，乃棄不取，而又泯其迹焉，則其德之至極爲何如哉？蓋其心即夷、齊扣馬之心，而事之難處有甚焉者，朱子曰：「夷、齊諫武王，不信便休，泰伯不從大王翦商，却是一家内事，與諫武王不同，所以謂之難處。」○夷、齊處君臣之閒，道不合則去，泰伯處父子之際，不可露形迹，只得不分不明且去。某書謂大王有疾，泰伯採藥不返，疑此時去也。宜夫子之歎息而贊美之也。《通考》仁山金氏曰：「泰伯採藥荆蠻，而人心翕然歸之，遂成吳國，使其襲周邦之盛而爲之，豈不足以有天下？故夫子斷之曰以天下遜也。且泰伯之遜，人知其遜國耳，而豈知其遜天下哉？故曰民無得而稱焉。」泰伯不從，事見賢遍反。《春秋傳》。《吴越春秋》：古公三子。〔古公，周大王之本號，後乃尊爲大王，名亶父。〕長曰泰伯，次曰仲雍，一名虞仲，少曰季歷。季歷娶大任，生子昌。古公知昌聖，欲傳國以及昌，曰：「興王業者，其在昌乎？」泰伯、仲雍望風知指。古公病，二人託名採藥于

衡山，遂之荆蠻。〔荆者，楚舊號，以州言曰荆。蠻者，南夷之名。《正義》曰：「泰伯奔吴，所居城在蘇州北，常州無錫縣界梅里村，其城及冢見存。」而云亡荆蠻者，楚滅越，其地屬楚，秦滅楚，其地屬秦，秦諱楚，故通號吴越之地爲荆。及北人書史，加云蠻，勢之然也。〕斷髮文身，〔因其俗。〕爲夷狄之服，示不可用。古公卒，泰伯、仲雍歸赴喪，畢，還荆蠻，國民君事之，自號爲勾吴。〔吴言勾者，夷之發聲，猶言於越耳。吴名始於泰伯，明以前未有吴號。〕古公病，將卒，令季歷讓國於泰伯，而三讓不受，故云泰伯三以天下讓。○問：「泰伯逃，必之荆蠻，斷髮文身者，蓋不示以不可立，則王季之心不安，其位未定，終無以仁天下，遂父志，而成其遠者大者。泰伯之讓，上以繼大王之志，下以成王季之業，無非爲天下之公，而不爲一身之私，其事深遠，民莫能測識而稱之。」曰：「此意甚好，非惟説得泰伯之心，亦説得王季之心。泰伯之讓，權而不失其正，所以爲時中也。逃父非正，但事須如此，必用權然後得中，雖變而不失其正也。」○大王見商政日衰，是以有翦商之志。泰伯惟知君臣之義截然不可犯，是以不從。二者各行其心之所安，聖人未嘗説一邊不是。泰伯之心即夷、齊扣馬之心，天地之常經也；大王之心即武王孟津之心，古今之通義也。於二者中，須見得道竝行而不相悖，乃善。○《論語》兩稱「至德」，一爲文王發，是對武王誓師而言；一爲泰伯而發，則是對大王翦商而言。若論其志，則文王固高於武王，而泰伯所處又高於文王；若論其事，則泰伯、王季、文王、武王皆處聖人之不得已，而泰伯爲獨全其心，表裏無憾也。○或問：「其爲至德何也？」曰：「讓之爲德至矣，至於三，則其讓誠矣；以天下讓，則其讓大矣；而又隱晦其迹，使民無得而稱焉，則其讓非有爲名之累矣。此其德所以至極而不可加也。」曰：「大王有立少之意，非禮也，泰伯又探其邪志而成之，至於父死不赴，傷毁髮膚，皆非賢者之事，不合於中庸之德矣。」曰：「大王之欲立賢子聖孫，爲其道足以齊天下，非有愛憎利欲之私也，是以泰伯去之不爲狷，王季受之不爲貪，不赴毁傷，不爲不孝。蓋處君臣父子之變，而不失乎中庸，所以爲至德也。」○陳氏曰：「泰伯讓國，人得見其迹，其讓天下，人莫知其心，所以聖人表而出之。蓋其處父子兄弟之變，而欲全天性之恩，處商周興亡之際，而欲全君臣之義，其事類夷、齊而又泯其迹也。」○雙峰饒氏曰：「泰伯逃以成父之志，所

以上順天命於幾微，而下爲他日開拯民水火之地，非特遜國而實以天下遜也。」○新安陳氏曰：「泰伯既不從大王翦商之志，苟不併與仲弟逃之，則大王無由傳之季歷，不得遂其志矣。今日泰伯與仲雍俱逃，遂傳季歷以及武王，而有天下，是周有天下，由於泰伯之逃。人但見泰伯之逃，而不知其實以天下讓。其讓隱微，無迹可見，更涉三世，事幾漫滅，人安得而稱之？必待夫子推原周得天下之由，發其潛德之幽光，而後人始知之歟。」《通考》朱氏公遷曰：「德之極其盛者，即其一事而言之。」○仁山金氏曰：「王文憲謂此章用古註脩入，未及改也。竊嘗以經考之，《大雅・皇矣》之三章曰：『帝作邦作對，自泰伯王季。維此王季，因心則友，則友其兄，則篤其慶，載錫之光，受禄無喪，奄有四方。』讀此詩者，則知泰伯、王季兄弟讓德之光。玩味夫子以天下讓之言，❶又當攷諸此可也。然《魯頌》稱翦商，文公謂：『大王自豳徙居岐陽，四方之民咸歸往之，於是而王迹始著，蓋有翦商之漸。』以是推之，則《語録》雜出於門人所記，恐不足以証《集註》也。」**附**《語類》：問：「泰伯之讓，知文王將有天下而讓之乎，抑知太王欲傳之季歷而讓之乎？」曰：「泰伯之意，却不是如此。只見太王有翦商之志，自是不合他意，且度見自家做不得此事，便掉了去。《左傳》謂『泰伯不從，是以不嗣』，即是不從太王翦商事耳。泰伯既去，其勢只傳之季歷，而季歷傳之文王。泰伯初來思量正是相反，至周得天下，又都是相成就處。看周内有泰伯、虞仲，外有伯夷、叔齊，皆是一般所見，不欲去圖商。」○問：「太王方爲狄人所侵，不得已而遷岐，當時國勢甚弱，如何便有意於取天下？」曰：「觀其初遷底規模，便自不同。規模才立，便張大。如文王伐密伐崇，氣象亦可見。然猶服事殷，所以爲至德。」○《蒙引》：泰伯不從，此正泰伯之所以讓天下處。至於與仲雍逃之荆蠻者，特以遂其父傳歷之志。蓋知太王翦商之志既不可回，傳歷之志又不當拒，故去之以滅其迹，非固以無君之罪而嫁之也。若讓天下處，却在前之不從上。此亦因其不從，故有是事也。自太王乃立季歷以下，至武王乃克商而有天下，皆是敘周家來歷，見得武王只是終太王翦商之事耳，非固以文、武之有天下實泰伯之所讓也。○泰伯若從太王翦商之志，則天下爲泰伯有矣，故曰三以天下讓，非因後來文、武

❶「味」，原作「朱」，今據影明本《四書輯釋》改。

有天下，而推原以歸於泰伯也。其實是曾以天下讓也。○泰伯之讓季歷，正與伯夷之讓叔齊，其事迹與心正相契合，而註不言者，泰伯之以天下讓不在此也。故《集註》不曰即夷、齊讓國之心，而曰「即夷、齊扣馬之心」云云。○「蓋其心即夷、齊扣馬之心」，夷、齊之所執者君臣之義也，泰伯所執者亦君臣之義也。「而事之難處有甚焉者」，夷、齊之於武王，有犯無隱，其去就可以顯其迹，泰伯處父子之閒，則當有隱無犯，其去留不可以露其迹，此所以民莫得而稱之者也。至德只在可取不取上，而帶「又泯其迹」意，不可全重在「泯其迹」上。若重在「泯其迹」，則文王之至德又說不去了。○此章一則見泰伯全君臣之義，所謂「三以天下讓」也，二亦足以見泰伯全父子之恩，所以「民無得而稱」也。重在君臣之義，至父子之恩亦帶說，對待舉不得。○《存疑》：夫子稱泰伯至德，是就君臣之分上説，與下章稱文王一般。若謂泰伯知太王欲傳位季歷以及昌，即逃去以遂其志，至武王遂有天下，是以天下讓，爲至德，此却與夷、齊之讓一般，非夫子所以稱泰伯之意矣。《蒙引》斷以朱註「泰伯不從」爲是以天下讓，最是。○顧麟士曰：「『泰伯不從』四字，畢竟主意。讓天下，起初只是讓與商，以後來推説，又似讓與周。故朱子相反相成之説，最爲圓活。要此且論讓者，不論受者，渾融些尤妙。」

○子曰：「恭而無禮則勞，慎而無禮則葸，勇而無禮則亂，直而無禮則絞。葸，絲里反。絞，古卯反。

葸，畏懼貌。絞，急切也。朱子曰：「絞，如繩兩頭絞得緊，都不寬舒。」無禮則無節文，故有四者之弊。朱子曰：「禮只是禮，只是看合當恁地不恁地。若不合恭後却要去恭，則必勞。若合當謹後謹，則不葸。若合當勇後勇，則不亂。若不當直後却要直，如證攘羊之類，便是絞。」○南軒張氏曰：「恭而無禮則自爲罷勞，慎而無禮則徒爲畏懼，勇而無禮則流於陵犯，直而無禮則傷於急切。然則其弊如此，何所貴於恭、慎、勇、直者哉？蓋有禮以節之，則莫非天理之當然，無禮以節之，則是人爲之私而已。是故君子以約諸己爲要矣。」○慶源輔氏曰：「恭、慎，柔德也；勇、直，剛德也。四者雖皆美德，然無禮以爲之節文，則過而爲四者之弊。」○雙峰饒氏曰：「恭而過，則病於夏畦者有之，是謂勞；慎而過，則畏首畏尾者有之，是謂葸；勇

而過，則犯上作亂者有之，是謂亂；直而過，則證父攘羊者有之，是謂絞。四德以得中爲貴。禮是中底準則，無準則，則失之過，故有弊。」《通考》勿軒熊氏曰：「六句皆以『則』字爲轉語。上四『則』字，其弊也，是反説，下二『則』字，其效也，是正説。」附《蒙引》：勞、葸、亂、絞，只就無禮處説，不是無禮了方勞、葸、亂、絞。

君子篤於親，則民興於仁；故舊不遺，則民不偷。」

君子，謂在上之人也。興，起也。偷，薄也。雲峰胡氏曰：「『君子不弛其親，故舊無大故則不棄』，周公之言與此同一忠厚之至也。」○新安陳氏曰：「親親，仁也，上仁則下興仁；不遺故舊，厚也，上厚則下歸厚。上行下效也。」附《蒙引》：此「親」字，與「君子不弛其親」之「親」同，兼父母諸父昆弟子姓説。故舊，即與「故舊無大故」之「故舊」同。○「篤」字重，「不遺」字輕。篤於親，不遺弛於故舊，自有輕重。張子曰：「人道知所先後云云者，言知所輕重，則恭慎勇直，施於親舊者，自無過中之失，而民化德厚矣。」然較牽强。○張子曰：「人道知所先後，則恭不勞，慎不葸，勇不亂，直不絞，民化而德厚矣。」○吴氏曰：「『君子』以下當自爲一章，乃曾子之言也。」愚按此一節與上文不相蒙，而與首篇謹終追遠之意相類，吴説近是。朱子曰：「横渠説未敢決以爲定，不若吴氏分作兩邊説爲是。」

○曾子有疾，召門弟子曰：「啓予足！啓予手！《詩》云：『戰戰兢兢，如臨深淵，如履薄冰。』而今而後，吾知免夫！小子！」

夫，音扶。

啓，開也。曾子平日以爲身體受於父母，不敢毁傷，見《孝經》。故於此使弟子開其衾而視之。新安陳氏曰：「『此』字指今病時，與上『平日』字對。」《詩》，《小旻》之篇。戰戰，恐懼。兢兢，戒謹。臨淵恐墜，履冰恐陷也。曾子以其所保之全示門人，而言其所以保之之難如此，至於將死而後知其

得免於毀傷也。新安陳氏曰：「述前日常恐難保此身，幸今日得以全保此身也。」小子，門人也。語畢而又呼去聲。之，以致反復方復反。丁寧之意，其警之也深矣。《通考》吴氏程曰：『免夫』句，註『示門人』句。」○仁山金氏曰：「『戰戰兢兢』，曾子終身是如此，自古聖賢皆然，但曾子臨終又説出，以示學者爾。」○程子曰：「君子曰終，小人曰死。見《記·檀弓》，乃子張將死之言。君子保其身以没，爲去聲，下「爲是」同。終其事也，故曾子以全歸爲免矣。」慶源輔氏曰：「終者成其始之辭，死則澌盡泯没之謂。君子平日以保身爲事，故於將没可以言終。」尹氏曰：「父母全而生之，子全而歸之，曾子臨終而啓手足，爲是故也。非有得於道，能如是乎？」范氏曰：「身體猶不可虧也，況虧其行去聲。以辱其親乎？」新安陳氏曰：「此推廣餘意，形體固全受，德性尤全受之大者。身體雖全，德行有虧，不可謂之全歸，尤爲辱親也。《記·祭義》：樂正子春曰：『吾聞諸曾子，曾子聞諸夫子曰：「父母全而生之，子全而歸之，可謂孝矣。不虧其體，不辱其親，可謂全矣。」』亦謂德行之不可虧也。」○朱子曰：「曾子云『戰戰兢兢，如臨深淵，如履薄冰』，此乃敬之意，此心不存則常昏矣。今有人昏睡著，遇身有痛癢，則蹶然而醒，蓋心所不能已，則自不至於忘。《中庸》『戒謹』、『恐懼』皆敬之意。」○曾子奉持遺體，無時不戒謹恐懼，直至啓手足之時，方得自免。這箇身已直是頃刻不可不戒謹恐懼。如所謂孝，非止是尋常奉事而已，當念慮之微，有毫釐差錯，便是悖理傷道，便是不孝。只看一日之間，内而思慮，外而應接事物，是多多少少。這箇心略不檢點，便差失了。至危者，無如人之心。所以曾子常常恁地戰戰兢兢，如臨深淵，如履薄冰。○南軒張氏曰：「曾子當死生之際，其言如此，與易簀之意同。啓手足，示保其身而無傷也；戰兢臨履，曾子平日之心所以爲敬而無失也。至是而知免於戾，所謂『全而歸之』也歟！」○慶源輔氏曰：「父母全而生之，子全而歸之，此《祭義》所載曾子述孔子之言也。今若此，可謂非苟知之，亦允蹈之矣。曾子平日見道明，信道篤，故能始

終不息如此。」〇西山真氏曰：「曾子之啓手足也，蓋以爲知免矣，而易簀一節，猶在其後。使其終於大夫之簀，猶爲未正也。全歸之難如此，學者其可不戰兢以自省歟？」〇雲峰胡氏曰：「范氏正恐學者但以曾子不虧其身而已，則將有僥倖苟免之意，故又特以不虧其行申言之，所以厲中人也。曾子嘗曰：『仁以爲己任，死而後已。』至此可謂能實踐其言矣。」附《存疑》：「如臨深淵，如履薄冰」，正意只是恐傷其身。

〇曾子有疾，孟敬子問之。

孟敬子，魯大夫仲孫氏，名捷。問之者，問其疾也。

曾子言曰：「鳥之將死，其鳴也哀；人之將死，其言也善。

言，自言也。鳥畏死，故鳴哀。人窮反本，故言善。慶源輔氏曰：「人性本善，其惡者役於氣，動於欲，而陷溺也。至將死，氣消欲息，故反本而言善。此凡人也，曾子平日所言，何嘗不善？自謙云爾。」此曾子之謙辭，欲敬子知其所言之善而識識，音志，記也。之也。

君子所貴乎道者三：動容貌，斯遠暴慢矣；正顔色，斯近信矣；出辭氣，斯遠鄙倍矣。籩豆之事，則有司存。」遠、近，皆去聲。

貴，猶重也。容貌，舉一身而言。暴，粗厲也。慢，放肆也。朱子曰：「暴，剛者之過；慢，柔者之過。人之容貌，少得和平，不暴則慢。如人狠戾固是暴，稍不温恭亦是暴；倨肆固是慢，稍怠緩亦是慢。」附《存疑》：「暴，粗厲也」，厲，是粗蠢不細膩，不作嚴厲說。蓋嚴厲是見於面者，容貌說不得厲。「慢，放肆」，是箕倨之類。暴慢，小註分剛柔，不是。信，實也。正顔色而近信，則非色莊也。朱子曰：「正顔色亦著力不得，須是裏面正，後顔色自正。正其顔色即近於信，表裏如一。正顔色而不近信，却是色莊。多見人顔色自恁地，而中不恁地者，如『色厲而內荏』、『色取仁而行違』，皆外面有許多模樣，所存却不然，便是與信遠了。只將不好底對看便見。『近』字是對上『遠』字說。」〇新安陳氏曰：「顔色以見於面者

言。」辭，言語。氣，聲氣也。鄙，凡陋也。倍，與背同，倍、背，並音佩。謂背理也。朱子曰：「今人議論，有雖無甚差錯，只是淺陋者，此是鄙。又有説得甚高，而實背於理者，此是倍。」○「斯」字來得甚緊。「斯遠暴慢」，猶云便遠暴慢。正顔色，便須近信。○動、出都説自然，惟「正」字却似方整頓底意思。蓋緣顔色亦有假做恁地而内實不然者，若容貌之動、辭氣之出，即容僞不得。附《語類》：「出辭氣」，人人如此，工夫却在下面。如非禮勿視聽，人人皆然，工夫却在「勿」字上。籩，竹豆。豆，木豆。新安陳氏曰：「《三禮圖説》：籩，盛棗栗脩脯糗餌之屬；豆，盛菹醢之屬。」言道雖無所不在，新安陳氏曰：「此語甚闊，籩豆器物皆包在内。」然君子所重者在此三事而已。是皆脩身之要，爲政之本，學者所當操平聲。存省悉井反。察，而不可有造七到反。次顛沛之違者也。若夫音扶。籩豆之事，器數之末，道之全體固無不該，然其分扶問反。則有司之守，而非君子之所重矣。和靖尹氏曰：「曾子所謂『容貌』，乃睟然見於面者。出辭氣，如『脩辭立其誠』、『有德必有言』是也。暴慢鄙倍，❶非謂人也，謂己所有爾，故曰遠。」○朱子曰：「『君子所貴乎道者三』，是指夫道之所以可貴者爲説，故云道之所以可貴者有三事焉，故下數其所以可貴之實。且看世上人雖有動容貌者，而便辟足恭，不能遠暴慢；雖有正顔色者，而色取仁而行違，多是虚僞，不能近信；雖有出辭氣者，而巧言飾辭，不能遠鄙倍，這便未見道之所以可貴矣。道之所以可貴者，惟是動容貌自然便會遠暴慢，正顔色自然便會近於信，出辭氣自然便會遠鄙倍，此所以貴乎道者此也。」○以道言之，固不可謂此爲道，彼爲非道，然其本在此，則其末在彼，所貴在此，則其賤在彼矣。籩豆之事，非是説置之度外，不用理會，只去理會「動容貌」三者，蓋此三者却是自家緊要合做底，籩豆是付有司管底，其事爲輕耳。今人於制度文爲，一一致察，未爲不是，然於己身都不照管，於大體上欠闕，則是棄本而求末者也。籩豆之

❶「倍」，原作「俗」，今據《四書大全》改。

事，亦道之所寓，但非在所當先而可貴耳。○問：「《集註》舊以三者爲『脩身之驗，爲政之本，非其平日莊敬誠實存省之功，積之有素，則不能也』，專是做效驗説，如是則『動』、『正』、『出』三字只是閑字。改本以驗爲要，❶『非其』以下，改爲『學者所當操存省察，而不可有造次頃刻之違者也』，如此則工夫却在『動』、『正』、『出』三字上。某疑『正』字尚可説做工夫，『動』字、『出』字豈可以爲工夫耶？」曰：「這三字雖不是做工夫底字，然便是做工夫處。作效驗似有病，故改之。若專以爲平日莊敬持養方能如此，則不成未莊敬持養底人，便不要遠暴慢、近信、遠鄙倍耶？」○此章之指，蓋言日用之閒，精粗本末，無非道者，而君子於其閒所貴者，在此三事而已。然此三者皆其平日涵養工夫至到之驗，而所以正身及物之本也，故君子貴之。若夫籩豆之事，則道雖不外乎此，然其分則有司之守，而非君子之所有事矣。蓋平日涵養工夫不至，則動容貌不免暴慢，正顔色不出誠實，出辭氣不免鄙倍矣。一身且不能治，雖欲區區於禮文度數之末，是何足以爲治哉？此乃聖門學問，成己成物，著實效驗，故曾子將死諄諄言之，非如異端揚眉瞬目，妄作空言之比也。○陳氏曰：「此章重在『貴』字上。《集註》舊本則平時涵養之説也，改本則臨事持守之説也。舊説雖有根源，却在三言之外起意，其工夫全在日前，而目下則疎闊，任其自爾，不若今本工夫縝密親切，既可以包平日涵養在内，又從目今臨事以至於一息未絶之前，皆無有頃刻之違。其所謂『操存』則在上三句，所謂『省察』則在下三句，本末不偏，始終兼貫，其義爲長。」○汪氏曰：「《集註》合操存省察爲説，乃朱子欲爲學者計，故以『學者』二字提出。所謂『其分則有司之守』，如《樂記》曰：『鋪筵席，陳尊俎，列籩豆，以升降爲禮者，禮之末節也，故有司掌之。』又如《周禮》有籩人，皆有司也。」○新安陳氏曰：「所貴乎道，不求之高虚，而在乎容色辭氣之閒，可謂切實矣。操存即平日涵養於静時者，省察即目前致察於動時者。如『動容貌』便省察其『斯遠暴慢矣』可也，下二節倣此。内外交盡，動静兼該，工夫周密，始無欠闕。又此必因敬子之失而告之，其爲人得非忽略於脩身之本，而煩瑣於名物器數之末者乎？」《通考》仁山金氏曰：「動、正、出之閒即存養地頭，暴慢、信、鄙倍即省察之條件，

❶「要」，原作「效」，今據《四書大全》改。

『遠』、『近』二字即『所貴乎道』之工夫，『周旋中禮』、『正由中出』，則異時成德之事。蓋脩身乃道之本，『操存』二字上該程子之意，『省察』二字下示學者之方，可謂備矣。大抵孔門論學，未嘗懸空説存養，況容貌顔色無時不然，豈必默坐存想而後爲存養？然只默坐存想，已是正顔色矣。」附《蒙引》：此「君子」對有司而言，大概指孟敬子一輩人説，不必專以德言。○此三句，身上事盡之矣，而心亦在其中，但亦就孟敬子所及者而語之。若正論脩身，則須自誠意正心來。○脩身之要，即爲政之本也。

程子曰：「動容貌，舉一身而言也，周旋中去聲。禮，暴慢斯遠矣。正顔色則不妄，斯近信矣。出辭氣，正由中出，斯遠鄙倍。此即《集註》舊説。三者正身而不外求，故曰籩豆之事則有司存。」尹氏曰：「養於中則見賢遍反。於外。亦即《集註》舊説。曾子蓋以脩己爲爲政之本，若乃器用事物之細，則有司存焉。」勉齋黄氏曰：「曾子之意則但欲其在外之無不正，而《集註》之意則以爲未有不正其内而能正其外者也。況夫暴慢也信也鄙倍也，皆心術之所形見者也，不正其内，安能使其外之無不正乎？有諸中必形諸外，制於外必養其中，則心可正，理可明，敬可存，誠可固，脩身之要，孰有急於此者乎？此曾子將死之善言，不獨可爲孟敬子之師法而已。」○胡氏曰：「曾子之疾，見於《語》者二，見於《檀弓》者一。此章最先，前章次之，易簀最後。」又曰：「曾子是時氣息奄奄，性命僅存須臾，而聲律身度，心與理一乃如此。釋氏坐忘幻語，不誠不敬，豈能做其萬一哉？」《通考》朱氏公遷曰：「此持敬之功貫乎動静而言之。孔子言出門使民，存養之意多；曾子言所貴者三，省察之意多。二章皆即其氣象之中而見其功夫之所在。若『正其衣冠，尊其瞻視』，《中庸》之『齊明盛服，非禮不動』，則又專以功夫言，而氣象因可見也。」

○曾子曰：「以能問於不能，以多問於寡，有若無，實若虚，犯而不校，昔者吾友嘗從事於斯矣。」

校，音教。計較也。友，馬氏融。以爲顔淵是也。厚齋馮氏曰：「曾子之亡友多矣，獨以爲顔淵

者，非顏子不能以與此。然顏子與曾晳爲輩行，父之執友也，曾子亦可謂之吾友乎？曰：同師門則皆友也。」顏子之心，惟知義理之無窮，該「以能」至「若虛」。不見物我之有閒，去聲。○此謂「犯而不校」。故能如此。王氏曰：「二句包盡，上句知之事，下句仁之事。」○問「以能問於不能」。朱子曰：「想是顏子自覺人有未能處，但不比常人十事曉得九事，那一事便不肯問人。顏子深知義理之無窮，惟恐一善之不盡，故雖能而肯問於不能，雖多而肯問於寡，以求盡乎義理之無窮者而已。」○「犯而不校」，蓋是他分量大，有犯者，如蚊蟲過前，自不覺得，何暇與之校耶？○問：「從事於斯，是著力否？」曰：「若是著力，却是知自己能，自己多，須要去問，不幾於詐乎？曾子是見得顏子如此，非謂其著力也。」○謝氏曰：「不知有餘在己，不足在人，慶源輔氏曰：「以事言也，釋上四句。」不必得爲在己，失爲在人，慶源輔氏曰：「以事言也，釋下一句。」非幾平聲。於無我者不能也。」問「幾」字。朱子曰：「聖人全是無我。顏子是不以我去壓人，却尚有箇人與我相對。在聖人便和人我都無了。」○問：「『以能問於不能，以多問於寡，有若無，實若虛，犯而不校』，此聖人之事也，非與天同量者不能。顏子所以未達一閒者正在此，故第曰『嘗從事於斯』，非謂已能爾也。」曰：「此正是顏子事。若聖人，則無如此之迹。有如此說處，便有合內外之意。如舜善與人同，舍己從人，好察邇言，用中於民，必兼言之。惟顏子行而未成，故其事止於如此爾。」○或問：「顏子深知義理之無窮，惟恐一善之不盡，非挾其能而故問之也。」雙峰饒氏曰：「仁者之心，視人猶己，故人雖有犯，不忍與之校曲直。纔校則直在己，曲在人，而物我相形矣，便非包含徧覆之意。」又曰：「分言之，則如上文所云；合言之，則能問不能，犯而不校，皆是無我，故又引謝說以包之。」○吳氏曰：「子貢多聞，故於顏子見其聞一知十；曾子力行，故又見其如此。」○雲峰胡氏曰：「聖賢無我之心，常如太虛然，能容天下之理，而不見己之有餘，能容天下之人，而不見人之不是。」附《蒙引》：以己之能問人之不能，以己之多能問人之寡能。其有也，不自以爲有而若無然。多其實也，不自以爲實而若虛然。人若以非禮犯之，我本直而曲

在彼也，己亦安然受之，恬不與較曲直。昔者吾友，蓋嘗服行於此矣。但曰昔者吾友嘗從事於斯，便見今之無其人也。○「以能問於不能」四句，以知言。「有若無」，貼「問不能」句。「實若虛」，貼「問於寡」句。能不能就所造之高下言。所問者終是其不能處，或未能自信處。○顏子之問，初不知我是能，彼是不能也。但彼雖不能，我所問者，却是彼之能處。非此事我本能也，又却去問人，那人又是不能者，如何答得？却枉費了工夫，非聖賢之實心下問。○「犯而不校」，是所存者大，故人犯著他，他自不覺得。此句對上四句，獨以行言。力行之事多，而獨以不校言者，於此逆境尚能善處，是爲能行人所不能行，則其他可知矣。此曾子之善立言也。○《淺説》：能者，能知夫義理也。不能，則未有所知也。多者，博聞廣見而所知者多也。寡則聞見孤寡，而所知者無幾也。有即所謂能，而無即不能也。實即所謂多，而虛即其寡者也。以己之能，問人之不能，以己之多能，問人之寡能，非自以爲能且多，而姑爲是退託，以下於人也。但天下之義理無窮，己雖能知而有矣，然容亦有未能知，或知之而未敢自信者，雖有而自視則若無焉。惟其有若無，此其所以以能問於不能，恐彼亦或有能而可以爲吾資也。己雖多能而實矣，然容亦有不盡知，或盡知而未敢盡以爲然者，雖實而自視則若虛焉。惟其實若虛，此其所以以多問於寡，恐彼亦或多能而可以爲吾助也。犯者，我無所失以召彼之擾，而彼之冥頑粗暴，自肆其橫逆以干於我也。❶犯而不校者，非氣弱而不能與校也，非慮患而不敢與校也，非含忍而不欲與校也，亦非待之以禽獸而以爲不足校也。蓋其所見者遠，所存者大，包含徧覆，初不知我之有閒於人，而愷悌慈祥，又安知人之有犯於我？萬物既皆我，則我將誰校耶？夫欲然自視而必以問於人，洞然無我而不以校於人，若此者，惟昔者吾友嘗從事於斯矣。從事於斯者，言其能爲如是，非言其學爲如是也。○不能且問，況能者乎？處逆境尚無芥蔕，況順境乎？只用數句，便見顏子之知無不周，而德無不備也。○顧麟士曰：「《蒙引》、《存疑》、《淺説》俱以『有若無』貼『以能』句，『實若虛』貼『以多』句，至《達説》以下始有各開之解。」○《通義》：白雲許氏曰：「能不能以事爲言，多寡以明理言，甚細妙，但如此則不可分貼而可總

❶「干」，原作「千」，今據文意改。

承。」○沈虹野曰：「能即有也，多即實也，『有若』二句即看上二句點他虛心出來。」

○曾子曰：「可以託六尺之孤，可以寄百里之命，臨大節而不可奪也，君子人與？君子人也。」與，平聲。

其才可以輔幼君，攝國政，其節至於死生之際而不可奪，可謂君子矣。朱子曰：「託孤寄命，有才者能之。臨大節而不可奪，非有德者不能也。」○問「君子，才德出衆之名」。曰：「有德而有才，方見於用。如有德而無才，則不能爲用，亦何足爲君子？」○新安胡氏曰：「《周禮》疏云：『六尺年十五。』故知爲幼君。《孟子》曰：『公侯皆方百里。』故知爲國政也。才者，德之用；節者，德之守。二者不可偏廢。有其節，無其才，雖無欺人之心，而未足以託，恐不免爲他人所欺也；雖無竊人之心，而未足以寄，恐不免爲他人所竊也。爲人欺竊而徒死，無益矣，苟息死於奚齊是也。有其才，無其節，則大者不足觀矣，霍光奪於妻顯是也。二者雖若概言，而節爲之本。」與，疑辭。也，決辭。設爲問答，所以深著其必然也。問：「此章本是兼才節說，然緊要處却在節操上。」朱子曰：「不然。三句都是一般說，須是才節兼全，方可謂之君子。若無其才而徒有其節，雖死何益？如受人託孤之責，自家雖無欺之之心，却被別人欺了，也是自家不了事，不能受人之託矣。如受人百里之寄，自家雖無竊之之心，却被別人竊了，也是自家不了事，不能受人之寄矣。自家徒能臨大節而不可奪，却不能了得他事，雖能死，也濟得甚事？故伊川說：『君子者，才德出衆之名。』孔子曰：『君子不器。』既曰君子，須是事事理得方可。若但有節而無才，也喚做好人，只是不濟得事耳。」○問：「託孤寄命，雖資質高者亦可及；臨大節而不可奪，非學問至者恐不能。」曰：「資質高低，也都做得；學問到底，也都做得。大抵是上兩句易，下一句難。譬如說『有猷，有爲，有守』，託孤寄命是有猷有爲，臨大節而不可奪，却是有守。」○新安陳氏曰：「既有可託可寄之才，又有不可奪之節，則始之疑其爲君子人者，今決知其爲君子人矣。大意以節爲重，而才以成之。節也者，才之所恃以立；才也者，節之所

賴以成者歟！」○程子曰：「節操如是，可謂君子矣。」雙峰饒氏曰：「既以才節並言，復引程子節操之説者，以明重在於節也。」○問：「『臨大節而不可奪也』，貫上二句。蓋惟臨大節而不可奪，方見得可以託、可以寄耳。夫託孤寄命，幸而無大變，未見其難也。唯其幾微之間，義理精明，危疑之時，志意堅定，雖國勢搶攘，人心摇兀，猶能保輔幼孤而安其社稷，維持百里而全其生靈，利害不能移其見，死生不能易其守，故曰臨大節而不可奪也。斯足以當夫所謂可以託、可以寄矣。」朱子曰：「此段亦好，鄙意正如此説。然『可以』二字蓋猶以其才言之，『不可奪』處乃見其節，重處正在此也。」附《淺説》：事變之來，國勢搶攘，人心摇兀，死生利害之際，而從違趨避，實關係乎大節。其人臨此時，而所以輔幼君，攝國政者，卓乎其義理之精明而不可惑，確乎其志氣之堅定而不可撓，義當如此，則斷如此爲之，義當如彼，則必如彼爲之，顧是非，不顧利害，論逆順，不論生死，其節之不可奪又如此。○《蒙引》：「臨大節」，「大節」字以事變言，不就君子身上説，謂臨大節所在，利不苟就，害不苟去也。託孤寄命，分爲兩事，看兩「可以」字可見。託孤必兼寄命，如周公之於成王是也。亦有寄命而非兼託孤者，如高宗在諒陰，政事聽于冢宰，又如季任爲任處守是也。○臨大節不可奪，有生者，有死者，不可以生者爲優，死者爲劣，看事勢如何。曾子只言其節操之堅耳，蓋承上文二「可以」字説來，恐不消説到死處。然成敗利鈍，非所逆睹，亦不可拘定。○《存疑》：周公處流言之變，而不失其常，《詩》稱「跋胡疐尾，❶赤舄几几」，不奪又不足言也。○顧麟士曰：「『大節』，『節』字非《集註》『其節』『節』字。」

○曾子曰：「士不可以不弘毅，任重而道遠。

弘，寬廣也。新安胡氏曰：「寬則容受之多，廣則承載之闊。」毅，魚既反。强忍也。新安陳氏曰：「强則執守之堅，忍則負荷之久。」非弘不能勝平聲，下「能勝」同。其重，非毅無以致其遠。朱子曰：

❶「胡」，原作「狐」，今據《毛詩註疏》改。

「弘是寬廣，却被人只把做度量寬容看了，便不得。弘是『執德不弘』之弘。弘是無所不容，心裏無足時，道理事物都著得。若容民畜衆也是弘，但是外面事。今人多作『容』字說了，則『弘』字裏面無用工夫處。」○「弘」字只對「隘」字看便見得。如看文字，只執一說，見衆說皆不復取，便是不弘。若弘底人，便包容衆說。又非是於中無所可否，包容之中，又爲判別，此便是弘。○弘乃能勝得箇重任，毅便能擔得遠去。弘而不毅，雖勝得重任，恐去前面倒了。○毅是立脚處堅忍强厲，擔負得去底意。○潛室陳氏曰：「弘言其量之容，猶大車之足以載重；毅言其力之勁，猶健馬之足以致遠。」○雲峰胡氏曰：「惟弘能勝重，不以一善而自足也；惟毅能致遠，不以半途而自廢也。」○吕氏曰：「自小者無敢爲之心，自怠者無必爲之志，此弘毅之反也。」《通考》勿齋程氏曰：「寬廣有容，足以任重，是之謂弘；堅忍持立，足以致遠，是之謂毅。」○仁山金氏曰：「曾子本意止是說士不可以不弘毅，❶爲擔子重而道路遠也。下文開說任重是『仁以爲己任』，道遠是『死而後已』，惟弘則能任此擔，惟毅則能到得遠。《集註》本註及第二條程叔子之言止說此意。❷『無規矩』、『隘陋』乃取伯子之言增入，反說以盡工夫交進之詳爾。」附《存疑》：「任」是死字，猶云擔子也。道，路途也。

仁以爲己任，不亦重乎？死而後已，不亦遠乎？」

仁者，人心之全德，而必欲以身體而力行之，可謂重矣。一息尚存，此志不容少懈，居隘反。可謂遠矣。朱子曰：「須是認得箇仁，又將身體驗之，方真箇知得這擔子重，真箇是難。世間有兩種，有一種全不知者，固全無摸索處，又有一種知得仁之道如此大，而不肯以身任之者。今自家全不曾擔著，如何知得他重與不重？所以學不貴徒說，須要實去驗而行之方知。」○慶源輔氏曰：「仁包四者，無物不體，以爲己任，可謂重矣，非寬洪容受，何以勝其任？且曰必欲身體而力行之，則異於說仁而但欲知之

❶「止」，原作「正」，今據《論孟集註考證》、影明本《四書輯釋》改。

❷「止」，原作「正」，今據《論孟集註考證》、影明本《四書輯釋》改。

者矣。與生俱生，無有間斷，死而後已，可謂遠矣，非強忍堅決，何以致其遠？且曰『此志不容少懈』，則信乎求仁者不可有造次顛沛之違矣。」○覺軒蔡氏曰：「弘毅不可執一而廢一，蓋弘者易失之不毅，毅者易失之不弘。然弘毅之任重道遠，又惟歸於仁，何也？蓋仁道最大，孔門傳道，莫大於求仁。蓋仁之道，非全體而不息者不足以當之。惟其全體也，則無一理之不該，所以不可不弘；惟其不息也，則無一念之間斷，所以不可不毅。仁之任重而道遠如此，是豈可以易爲哉？曾子平日三省一貫，致力於大學格致誠正脩齊治平，不使有一理之或違，非弘而何？啓手啓足，猶戰兢而不已，易簀之際，得正而斃，非毅而何？此所以卒任傳道之責也。」附《蒙引》：仁者人心之全德，大而三綱五常，小而百行萬善，無一之不統於是。○看《集註》「必」字及「不容」字，後四句全説「任重而道遠」，未靠在士者用工處。若説得欠斟酌，便是弘毅了。須知任重道遠，是所以當弘毅處。弘是有擔當，毅是能耐久，弘毅之實一也。

○程子曰：「弘而不毅，則無規矩而難立。毅而不弘，則隘陋而無以居之。」此是「寬以居之」之居。又曰：「弘大剛毅，然後能勝重任而遠到。」朱子曰：「曾子言『以能問於不能』，見曾子弘處，又言『臨大節而不可奪』，見他毅處。」○新安陳氏曰：「此章初以弘毅二者並立對説，細味之，『任重而道遠』，『而』字已作一意貫説下來。又所謂『死而後已』者，何事哉？即是己所以任此仁者，身體力行，至死而後已也。程子謂『弘大剛毅，然後能勝重任而遠到』，不假訓釋，辭約而意貫矣。」附顧麟士曰：「按鄱陽朱氏曰：『此章勉人爲仁。仁以德言，弘則欲其全體之，毅則欲其不息之。』較細捷。」○此四句解而兼歎之辭。

○子曰：「興於《詩》，

興，起也。《詩》本性情，有邪有正。新安陳氏曰：「如二南之正始爲正，鄭、衛之淫奔爲邪。」附《蒙引》：「《詩》本性情，有邪有正」，人之性情有邪正，《詩》亦有邪正。「邪」、「正」二字起下文「善」、「惡」字。其爲言既易去聲，下同。知，《詩》辭明白而近人情。而吟咏之間，抑揚反覆，新安陳氏曰：「抑揚，

謂聲音高下。反覆，謂前後重複翻倒。」其感人又易入。故學者之初，所以興起其好去聲。善惡去聲。惡之心而不能自已者，必於此而得之。新安陳氏曰：「『此』字指《詩》而言。學者之初，得力在此。」附《語類》：譬如服藥，❶初時一向服了，服之既久，則耳聰目明，各自得力，此興《詩》、立禮、成樂所以有先後也。○《詩》、禮、樂，古人學時，本一齊去學了，到成就得力處，却有先後，然「成於樂」，又見無所用其力。

立於禮，

禮以恭敬辭遜爲本，而有節文度數之詳，新安陳氏曰：「恭主一身而言，敬主一心而言，處己之道也。辭者解使去己，讓者推以與人，接物之方也。節文，品節文章也。度數，制度數目也。既有以爲處己接物之本，而周旋曲折，又能纖悉如此。」○新安陳氏曰：「恭敬辭遜，禮之本也；節文度數，禮之文也。」附《蒙引》：禮以恭敬辭遜爲本而有節文度數之詳，亦不是以本對文言。節文度數即恭敬辭遜之節文度數也，此兩句猶上節云「《詩》本性情」意。《詩》自是《詩》，性情其所本；禮自是禮，而恭敬辭遜其所本也。○節則無過，文則無不及；度有長短之制，數有多寡之宜。可以固人肌膚之會，筋骸音斤諧。之束，出《記・禮運》。○新安陳氏曰：「人肌膚本有所會，筋骸本有所束，至此又愈堅固。」故學者之中，所以能卓然自立而不爲事物之所搖奪者，必於此而得之。新安陳氏曰：「『此』字指禮而言。學者之中，得力在此。」○慶源輔氏曰：「禮雖本於恭敬辭遜，然規矩森嚴，節目明備，外足以固人之肌膚筋骸，而內足以禁人之非心逸志。學者之中，於此固執而允蹈焉，則足踏實地，卓然自立，而外物不足以摇奪之。」附《蒙引》：卓然自立者，有定見，有定力，善必爲，惡必去。

成於樂。」

樂有五聲十二律，更平聲。唱迭和，去聲。以爲歌舞八音之節，《前漢志》：聲，宮、商、角、徵、羽也。《晉志》：土音宮，其數八十一，爲聲之始。

❶「譬」，原作「辟」，今據《朱子語類》改。

屬土者，以其最濁，君之象也。火音徵，三分宮去一以生，其數五十四。屬火者以其微清，事之象也。金音商，三分徵益一以生，其數七十三。屬金者，以其濁次宮，臣之象也。水音羽，三分商去一以生，其數四十八。屬水者，以其最清，物之象也。木音角，三分羽益一以生，其數六十四。屬木者，以其清濁中，民之象也。凡聲尊卑，取象五行，數多者濁，數少者清，大不過宮，細不過羽。〇《漢志》：律有十二，陽律爲律，陰律爲呂。律以統氣類物，曰黄鐘、太簇、姑洗、蕤賓、夷則、無射。呂以旅陽宣氣，曰林鐘、南呂、應鐘、大呂、夾鐘、仲呂。皆曰律，陽統陰也。〇《白虎通》曰：土曰塤，竹曰管，革曰鼓，匏曰笙，絲曰絃，石曰磬，木曰祝敔，金曰鐘鏞，此八音也。〇朱子曰：「《書》云：『聲依永，律和聲。』蓋人聲自有高下，聖人制五聲以括之。宫聲洪濁，其次爲商。羽聲輕清，其次爲徵。清濁洪纖之中爲角。又制十二律以節五聲，五聲又各有高下，每聲分十二等。❶謂如黄鐘爲宫，則太簇爲商，姑洗爲角，林鐘爲徵，南呂爲羽，還至無射爲宫，便是黄鐘爲商，太簇爲角，仲呂爲徵，林鐘爲羽。然而無射之律，只長四寸六七分，而黄鐘長九寸，太簇長八寸，❷林鐘長六寸，則宫聲概下而商、角、羽三聲不過，故有所謂四清聲夾鐘、大呂、黄鐘、太簇是也。蓋用其半數。謂如黄鐘九寸，只用四寸半，餘三律亦然。如此則宫聲可以概之，其聲和矣。看來十二律皆有清聲，只説四者，意其取數之多者言之。」**可以養人之性情而蕩滌其邪穢，消融其查滓。**壯里反。〇新安陳氏曰：「邪穢，謂私欲之汙惡，皆蕩滌而無餘。查滓，謂道理勉强未純熟者，皆消融而無迹。」附《語類》：到得成於樂，是甚次第，幾與理爲一。看有甚放辟邪侈，一齊都滌盪得盡，不留些子。興於《詩》，是初感發這些善端起來。到成於樂，是刮來刮去，凡有毫髮不善，都盪滌得盡了，這是甚氣象！**故學者之終，所以至於義精仁熟**《易》曰：「精義入神。」《孟子》曰：「仁在乎熟之而已。」**而自和順於道德者，**《易》曰：「和順於道德而理於義。」附《蒙引》：仁義以人性言，道德以仁義之本原言，天道也。**必於此而得之，是學之成也。**

❶「二」，原作「一」，今據《朱子語類》、《四書大全》改。
❷「寸」，原作「尺」，今據《朱子語類》、《四書大全》改。

新安陳氏曰：「『此』字指樂而言。三節當看『始』、『中』、『終』三字及三箇『得之』字，皆學之得力處也。」〇問：「五聲十二律，作者非一人，不知如何能和順道德？」朱子曰：「如金石絲竹匏土革木，雖是有許多，却打成一片，清濁高下，長短大小，更唱迭和，皆相應，渾成一片，有自然底和氣，不是各自爲節奏，歌者歌此而已，舞者舞此而已，所以聽之可以和順道德。學者須是先有興《詩》立禮工夫，然後用樂以成之。」〇「興於《詩》」，此三句上一字謂成功而言也，非如「志於道」四句上一字以用功而言也。〇只是這一心，更無他説。興於《詩》，興此心也；立於禮，立此心也；成於樂，成此心也。古之學者必先學《詩》。學《詩》則誦讀其善惡是非勸戒，有以起發其意，故曰興。人無禮以爲規矩，則身無所處，故曰立，此禮之文也。中心斯須不和不樂，則鄙詐之心入之，不和樂則無所自得，故曰成，此樂之本也。古者玉不去身，無故不徹琴瑟。自成童入學，四十而出仕，所以養之者備矣。理義以養其心，禮樂〔一作舞蹈。〕以養其血氣。故其才高爲聖賢，下者亦爲吉士，由養之至也。〇學之興起，莫先於《詩》。《詩》有美刺，歌誦之以知善惡、治亂、廢興。禮者所以立也，「不學禮，無以立」。樂者所以成德，「樂則生矣，生則惡可已也，惡可已，則不知手之舞之，足之蹈之也」。〇《詩》較感發人，故在先，禮則難執守，須是常常執守始得。❶樂則如太史公所謂「動盪血脈，流通精神」者，所以涵養前所得也。〇「興於《詩》」是小底「成於樂」，「成於樂」是大底「興於《詩》」。初間只是因他感發興起，到成處，却是自然恁地，與理爲一，凡有毫髮不善，都蕩滌得盡了，這是甚氣象。〇慶源輔氏曰：「樂雖始於詩歌，而聖人依之以五聲，和之以十二律，更唱迭和，而以爲歌舞八音之節，所以合天人之和，以養人之耳目，説人之性情，蕩滌其邪穢而使之不存，消融其查滓而使之盡化。學者於此涵泳而優游焉，則能至義精仁熟之地，而於道德各極其和順，而無一毫勉强拂戾之意也。興則起，立則不反，成則渾全，此三節其間甚闊，學者於此，真積而力久焉，則自知之。」〇吴氏曰：「古詩樂相表裏，言之不足而歌生焉，歌之不足而舞生焉，歌舞生而樂作矣。聖人以爲未也，又爲之金石絲竹匏土革木以相其歌，羽旄干戚以飾其舞，而樂於是乎大備。

❶「始」，原脱，今據《朱子語類》補。

君子於樂，或親爲其事，或觀聽其聲容，或講習以知其意，内而一心，外而衆體，蓋莫不有養焉。」○齊氏曰：「十三學樂誦《詩》，則已通於樂章，學舞則已通於舞節，至『成於樂』，則淪肌浹髓而莫能名，手舞足蹈而不可已。」○雲峰胡氏曰：「『興於《詩》』，知之事，『成於樂』，則知之精，故曰義精。『立於禮』，行之事，『成於樂』，則行之熟，故曰仁熟。」○新安陳氏曰：「夫子屢以《詩》禮教人，至此則參及於樂。『成於樂』所以成就其始焉中焉之『興於詩，立於禮』者也。」《通考》仁山金氏曰：「興《詩》是感發，立禮是持守，成樂是融化。」○黄氏紹曰：「興《詩》立禮成樂，此言於學文而有得也。《詩》禮樂爲六藝之一，但謂之游，則與興、立不同。過庭之訓，自初學之所急者言之。聖人教人，雖不出乎文行忠信，至於施教，則又未嘗無緩急先後之序也。」附《存疑》：成雖説由於樂，要人之所以成德，工夫尚大，不是平日都無工夫，只一箇樂便會成。蓋平日積學工夫將至有成德，樂來從也使融化，譬如鎔金，火候一到，把鹽硝來，一點就鎔了。興《詩》立禮須要如此看。

按《内則》，十歲學幼儀，十三學樂誦《詩》，二十而後學禮。則此三者非小學傳授之次，乃大學終身所得之難易去聲，下同。先後淺深也。

朱子曰：「古人自少時習樂誦《詩》學舞，不是到後來方始學《詩》學禮學樂。興《詩》立禮成樂不是説用工次第，乃是得效次第。」○詩者樂之章也，故必學樂而後誦《詩》。所謂樂者，蓋琴瑟塤篪。樂之一物，以漸習之，而節夫詩之音律者也。然《詩》本於人之性情，有美刺風喻之旨，其言近而易曉，而從容詠歎之閒，所以漸漬感動於人者，又爲易入，故學之所得，必先於此，而有以發起其仁義之良心也。至於禮，則有節文度數之詳，其經至於三百，其儀至於三千，其初若甚難强者，故其未學《詩》也，先已學幼儀矣。蓋禮之小者，自爲童子而不可闕焉者也，至於成人，然後及其大者。又必服習之久而有得焉，然後内有以固其肌膚之會，筋骸之束，而德性之守，得以堅定而不移，外有以行於鄉黨州閭之閒，達於宗廟朝庭之上，而其酧酢之際，得以正固而不亂也。至於樂，則聲音之高下，舞蹈之疾徐，尤不可以旦暮而能。其所以養其耳目，和其心志，使人淪肌浹髓而安於仁義禮智之實，又有非思勉之所及者。必其甚安

且久，然後有以成其德焉，所以學之最早，而其見效反在《詩》禮之後焉。○潛室陳氏曰：「此章先禮而後樂，《内則》先樂而後禮。此章非爲學之序，乃論其終身所得之先後也。學之序，當如《内則》。至其將來得力處，其先善心興起，是於《詩》上得力；其次操守植立，是於禮上得力；至末梢德性純熟，是於樂上得力。」○慶源輔氏曰：「《詩》易於禮，禮易於樂，興者淺，立者深，成則又其深者也，故其先後之序如此。」《通考》勿軒熊氏曰：「洒掃應對，《詩》《書》六藝，收其放心，養其德性，是曰小學；窮理正心，脩己治人，知必周知，成不獨成，是曰大學。」附《蒙引》：學者所造，必先有以興其好善惡惡之心，然後其善實有諸己，惡實無諸己，而能卓然有立，不爲事物之所摇奪。既能立了，然後進而至於義精仁熟而成矣。然其所以興，所以立，所以成，又皆各有所由得。○「興」、「立」、「成」三字，皆以已能者言，謂其興也得於《詩》，其立也得於禮，其成也得於樂。○「興於《詩》」，見《詩》之當學也；「立於禮」，見禮之當學也；「成於樂」，見樂之當學也。又須細認「興」、「立」、「成」字。○興於《詩》者，以《詩》能興人也；立於禮者，以禮能立人也；成於樂者，以樂能成人也。故《集註》上三截皆言《詩》能興人，禮能立人，樂能成人也，下三截方言興於《詩》，立於禮，成於樂。○此三句，大學終身所得之難易先後淺深也。難易先後淺深者，《詩》易於禮，禮易於樂；興爲先，立次之，成最後；興者淺，立者深，而成又其深者也。○《語録》謂禮指文，樂指本，非也。《集註》立禮起句便云「禮以恭敬辭遜爲本」，不見全是文解；❶成樂起句便云「樂有五聲十二律」，不見全是本解。大抵《詩》、禮、樂皆在外。○朱子謂是三者只是游藝一脚事。史氏曰：「雖云然，興《詩》即是志道時事，立禮即是據德時事。《詩》禮雖是藝中所該，然方興方立，只可爲游之之漸，未可遽謂游止於如此也。直至成樂，方是依仁以後時事。此即『游於藝』之極至處，至此則興《詩》立禮之味亦熟，而游藝之實可見矣。」○非興無志，非立無據，非成無依。興雖在《詩》，而所興者則是志道；立雖在禮，而所立者則是據德；成雖在樂，而所成者則是依仁。○藝是脩治道德仁之器具，道德仁是頓放藝之處所。程子曰：「天

❶「是」，原作「見」，今據哈佛本改。

下之英才不爲少矣，特以道學不明，故不得有所成就。夫音扶。古人之《詩》如今之歌曲，雖閭里童稚，皆習聞之而知其說，故能興起。今雖老師宿儒，尚不能曉其義，況學者乎？是不得『興於《詩》』也。古人自洒掃竝去聲。應對以至冠去聲。昏喪祭，莫不有禮。今皆廢壞，是以人倫不明，治家無法，是不得『立於禮』也。古人之樂，聲音所以養其耳，采色所以養其目，歌詠所以養其性情，舞蹈所以養其血脈。今皆無之，是不得『成於樂』也。是以古之成材也易，今之成材也難。」問：「成於樂，是古人真箇學其六律八音，習其鍾鼓管絃，方底於成。今人但借其意義以求和順之理，如孟子『樂之實，樂斯二者』，亦可以底於成否？」朱子曰：「古樂既亡，不可復學，但講學踐履間，可見其遺意耳。故曰『今之成材也難』。」○此章與「志道據德」章不同。彼就德性上說，此就工夫上說，只是游藝一脚意思耳。○西山真氏曰：「自周衰禮樂崩壞，然禮書猶有存者，制度文爲，尚可考尋，樂書則盡缺不存，後之爲禮者，既不合先王之制，而樂尤甚焉。今世所用，大抵鄭、衛之音，雜以夷狄之聲而已，適足以蕩人心，壞風俗，何能有補乎？然禮樂之制雖亡，而禮樂之理則在。故《樂記》謂：『制禮以治身，致樂以治心。外貌斯須不莊不敬，而慢易之心入之矣；中心斯須不和不樂，而鄙詐之心入之矣。』莊敬者禮之本也，和樂者樂之本也。學者誠能以莊敬治其身，和樂養其心，則於禮樂之本得之矣，亦足以立身而成德也。三百篇之《詩》，雖云難曉，今諸老先生發明其義，了然可知。如能反復涵泳，真可以感發興起，則所謂『興於《詩》』，亦未嘗不存也。」○胡氏曰：「程子因世變而歎傷，學者當因其尚存者而深考之，不可以自畫也。」○雲峰胡氏曰：「無程子之說，後世不知所以成材之難；無真氏之說，後世遂真以成材爲難矣。況《詩》自性情中流出，非吾心外物。天高地下，合同而化，天地閒自然之禮樂，禮是敬，樂是和，亦非吾心外物也。」《通旨》：朱氏公遷曰：「言爲學之序，自其成功而言也。此章兼知行言，『興於《詩》』是知之功，立禮成樂

是行之功。況知之而後能之，三者皆有知行兼備之意也。」○又按此二章是學者爲學之序。若「十五志學」一章，是聖人自言所得之序。又「志學」至「不踰矩」，是聖人希天，徹首徹尾，是聖人善信至聖神，是希賢希聖至於希天，自首至尾，是學者至於聖人。又「十五志學」與「可與共學」一章，其等第亦不同。志學則適道在其中；不惑則理明義精，可與權矣；不踰矩則聲爲律，身爲度，權有不必言者矣。

○子曰：「民可使由之，不可使知之。」

民可使之由於是理之當然，而不能使之知其所以然也。朱子曰：「民但可使由之耳，至於知之，必待其自覺，非可使也。由之而不知，不害其爲循理。及其自覺此理而知之，則沛然矣。必使知之，則人求知之心勝而由之不安，甚者遂不復由而惟知之爲務，其害豈可勝言？由之而自知，則隨其淺深，自有安處。使之知，則知之必不至，至者亦過之，而與不及者無以異，此機心惑志所以生也。」○所由雖是他自有底，却是聖人使之由，如道以德，齊以禮，教以人倫，皆是使之由。不可使知，不是愚黔首，是不可得而使知之，❶無緣逐箇與他解説。○問：「不知，與『百姓日用而不知』同否？」曰：「彼是自不知，此是不能使之知。」○不可使之知，謂凡民爾。學者固欲知之，亦須積累涵泳，由之而熟，一日脱然自有知處，乃可。亦不可使之强知也。○理之所當然者，所謂民之秉彝，百姓所日用者也。聖人之爲禮樂刑政，皆所以使民由之也。其所以然，則莫不原於天命之性，雖學者有未易得聞者，而況於庶民乎？其曰不可使知之，蓋不能使民知，非不使之知也。○潛室陳氏曰：「謂政教號令但能使民由行於中，不能使民洞曉其理。非不欲使之曉也，勢有所不能，故曰百姓日用而不知。」○陳氏曰：「所當然，如父當慈，子當孝之類。所以然，乃根原來歷，是性命之本處。」○新安陳氏曰：「此理當然之則，必有所以然之故。當然之理，雖凡民可律以持循，其所以然之妙，在學者難遽求其領會，而況於凡民乎？」○雙峰饒氏曰：「兩『之』字，皆指此理而言。民可使之由此理，不可使之知此理。堯、舜帥天下以仁而民從之，桀、紂帥天下以暴而民亦從之，以其無知故也。若知得仁爲是，暴爲

❶「是」，原作「自」，今據《朱子語類》、《四書大全》改。

非，則帥之以暴而不從矣。以此觀之，民不特不曉其所以然，於所當然者亦未易使之曉。」○程子曰：「聖人設教，非不欲人家喻而户曉也，然不能使之知，但能使之由之爾。若曰聖人不使民知，則是後世朝四暮三之術也，新安陳氏曰：「借狙公之愚群狙，以比後世之愚黔首，不使之知也。」豈聖人之心乎？」《列子》云：宋有狙公者，「善養猿猴之人，故號狙公。」愛狙，養之成群。將限其食，先誑之曰：「與若芧，「音序，栗也。一云橡子也。」朝三而暮四，足乎？」衆狙皆起而怒。俄而曰：「與若芧，朝四而暮三，足乎？」衆狙皆笑而喜。物之以能鄙相籠，皆由此也。○慶源輔氏曰：「所謂聖人不使民知者，乃老氏愚民，莊子以智籠愚之説。朝三暮四，朝四暮三，詭譎不誠，聖人而肯爲是哉？使民家喻而户曉者，聖人之本心；不能使之知之，但能使之由之者，聖人之不得已也。」○西山真氏曰：「聖人之教，惟恐不能開明下民之心。如申、韓、斯、鞅之徒，所以治其國者，專用愚黔首之術，不知民可欺以暫，不可欺以久，故卒以此亡，可不戒哉？」附《存疑》：下學可以言傳，上達必由心悟，亦是此意。○顧麟士曰：「按鄱陽朱氏曰：『此章明人君教民之教。』則『民』字似亦只對上人言。」

○子曰：「好勇疾貧，亂也。人而不仁，疾之已甚，亂也。」好，去聲。

好勇而不安分，去聲。則必作亂。惡去聲。不仁之人而使之無所容，則必致亂。二者之心，善惡雖殊，然其生亂則一也。程子曰：「人而不仁，君子當教養之。不盡教養，而惟疾之甚，必至於亂。」○慶源輔氏曰：「好勇者，有果於作亂之資，而又不安分，是不知義也，所謂有勇而無義爲亂，此其亂在我。惡不仁，本善也，惡之過當，使其人無所容，事窮勢迫，彼將以不肖之心應之，肆其不仁之毒以求免，未有不激而生亂者，此其亂在人，而致亂亦在我也。」○雙峰饒氏曰：「好勇而不疾貧，未必遽至於亂。疾貧而不好勇，亦不能爲亂。不仁之人，力能誅則誅之；不能誅而疾之至於無所容身，則致亂必矣。《大學》之『屏諸四夷』，是力能誅之，如舜之誅四凶是也，何爲而致亂乎？」《通旨》：朱氏公遷曰：「此即其私意而

言之。惡不仁之人，本得好惡之正，然疾之已甚，則是惡之無節，而流於不正矣。又按不能去之而疾之已甚，則致亂之由也；力能去之則屏諸四夷，不與同中國，是除亂之本也。此《論語》、《大學》之言所以並行而不相悖與！」

○子曰：「如有周公之才之美，使驕且吝，其餘不足觀也已。」

才美，謂智能技藝之美。驕矜，夸吝鄙嗇音色。也。朱子曰：「誇人所無，是驕。挾己所有，是吝。」○張子曰：「古聖人才藝之多，莫如周公，觀其自言多才多藝可見，故借以明之。」○雲峰胡氏曰：「本文『如』字、『使』字皆假設之辭。」○程子曰：「此甚言驕吝之不可也。蓋有周公之德，則自無驕吝。若但有周公之才而驕吝焉，亦不足觀矣。」慶源輔氏曰：「德出於理，才出於氣。世固有優於德而短於才者，然德極其盛，則才亦無不足。若但有其才而無其德，則雖有智能技藝之美，必不能居廣居，立正位，行大道，爲向上一著事。」○鄭氏曰：「不言周公之德而言才美，蓋有德則必無驕吝，有才美則驕吝容或有之。」又曰：「驕氣盈，吝氣歉。」苦忝反。愚謂驕吝雖有盈歉之殊，然其勢常相因。蓋驕者吝之枝葉，吝者驕之本根。故嘗驗之天下之人，未有驕而不吝，吝而不驕者也。朱子曰：「聖人只是平說有周公之才美而驕吝，連他才美壞了，況無周公之才美而驕吝者乎？甚言驕吝之不可也。程子所云有德則自無驕吝，與驕吝相因，又是發餘意。先說得正意分曉，然後說此方得。」○問：「氣歉則不盈，盈則不歉，如何却云『使驕且吝』？」曰：「如曉此文義，吝惜不肯與人說，便是要去驕人。非驕無所用其吝，非吝無以爲驕。驕者吝之所發，吝者驕之所藏。吝之所有，驕之所恃也。驕而不吝，無以保其驕；吝而不驕，無所用其吝。此盈於虛者所以歉於實，而歉於實者所以盈於虛也。」○吝爲主。蓋吝其在我，則謂我有你無，便是要驕人。爲是要驕人，所以吝。○西山真氏曰：「程子爲驕氣盈吝氣歉，文公曰驕者吝之枝葉，吝者驕之本根，未有驕而不吝，未有吝而不驕。此一章更當熟思，盈與歉

各是一病，文公乃以爲二者相因而生，又謂驕生於吝，何也？蓋吝者氣不足也，惟其無浩然之氣，所以鄙陋局促，容受不得，内而德善未有少進，便自以爲有餘，外而勢位稍或高人，便有陵忽之意，俗諺所謂器小易盈，正此謂也。惟其小而吝，是以易盈而驕。使其有江河之量，無不容受，則雖德至於聖賢而不以爲足，位至於王公不以爲可矜。前章所謂弘毅，弘則規模廣大而不吝矣，不吝則不驕矣，正當參玩也。」○胡氏曰：「驕張王，❶吝收縮。姑以驕吝於財觀之。其所以閉藏，乃欲資以矜夸，其所以矜夸，即閉藏者爲之地也。根本枝葉相爲貫通。《集註》特發此義以示人，欲人知其病根而藥之。驕之證發於外，吝之病藏於内，發者易見，藏者難知，學者欲翦其枝葉，當先拔其本根可也。」○《存疑》：以能夸人，是驕，以財夸人，亦是驕。吝亦然。○《淺説》：其餘才藝之美，何足觀哉？○顧麟士曰：「按《通義》白雲許氏曰：『「其餘」亦指才言。』解同。《達説》：『特餘事也。』便多一折。」

○子曰：「三年學，不至於穀，不易得也。」

穀，禄也。至，疑當作志。爲學之久，而不求禄，如此之人不易得也。朱子曰：「此處解不行，作志稍通耳。」○慶源輔氏曰：「後世之士，求禄之志皆在爲學之先，不然則不學矣。」○楊氏曰：「雖子張之賢，猶以干禄爲問，况其下者乎？然則三年學，不至於穀，宜不易得也。」

○子曰：「篤信好學，守死善道。好，去聲。

篤，厚而力也。朱子曰：「篤信，是信得深厚牢固。守死，只是以死守之。善道，猶『工欲善其事』之善，又如『善吾生，善吾死』之善，不壞了道也。」不篤信則不能好學，然篤信而不好學，則所信或非其正；不守死則不能以善其道，然守死而不足以善其道，則亦徒死而已。蓋守死者篤信之效，善道者好學之功。朱子曰：

❶「王」，《四書大全》作「大」，《四書纂疏》、哈佛本作「皇」。

「篤信乃能好學。亦有徒篤信而不能好學者。不好學以明理，愈篤信而愈不正，不可回矣，故篤信又須是好學。守死乃能善道。不能守死，臨利害又變了，則不能善道。然亦有守死而不足以善其道者，如荆軻、聶政之死，徒死而已。比干之死，方能善其道。若不善道，但知守死，也無益。故守死又須是善道。然雖曰篤信而未能至死不變，則其信亦不篤矣，故能守死方見篤信之效；雖曰好學而不能推以善道，則其學亦無用矣，故能善道方見好學之功。能篤信好學乃能守死善道，而篤信好學又須要守死善道，數義錯綜，其義始備，此四者之所以更相爲用，而不可有一闕焉者也。」○鄭氏曰：「許行、陳相，非不篤信，曰好學則未也；召忽、荀息，非不守死，曰善道則非也。」附《存疑》：四件要平説，謂學者要篤信，要好學，要守死，要善道。○《蒙引》：守死未必死，以死言之，所守者堅也。善道，謂能全乎道也。去就出處皆在此四者，外此是士之本領。

危邦不入，亂邦不居。天下有道則見，無道則隱。見，賢遍反。

君子見危授命，則仕危邦者無可去之義，在外則不入可也。亂邦未危而刑政紀綱紊音問。矣，故潔其身而去之。朱子曰：「未仕在外，則不入。已仕在内，見其紀綱亂，不能從吾之諫，則當去之。不早見幾而作，則亂必危亡，不可去矣。」○齊氏曰：「君子在危之外則不入，在亂之中則不居，非徒以遠害也，去就不審，以及於難，則其死也亦死於愚而已，非死於義也。是故貧賤患難之中，君子貴於守死，而亦不徒死。守死將以善其道也，徒死豈得爲善哉？」天下，舉一世而言。無道，則隱其身而不見賢遍反。也。此惟篤信好學，守死善道者能之。朱子曰：「有道不必待十分太平然後出，無道亦不必待十分大亂然後隱。有道如天將曉，雖未甚明，然自此只向明去，不可不出爲之用。無道如天將夜，雖未甚暗，然自此只向暗去，知其後來必不可支持。須見幾而作可也。」○慶源輔氏曰：「好學以善道則見道明矣，篤信而守死則信道篤矣。見道明，信道篤，必能審去就出處之宜，守常固必行其道，遇變亦必能守死以善其道也。」○雙峰饒氏曰：「危亂不入不居，

尚有可入可居之邦，若天下無道，則無適而可，惟有隱而已。」附《蒙引》：危邦不入，不危斯入矣；亂邦不居，不亂斯居矣。非一於不入不居也。去就之義潔，猶有就一邊在。

邦有道，貧且賤焉，恥也；邦無道，富且貴焉，恥也。」

世治去聲。**而無可行之道，世亂而無能守之節，碌碌**音祿。**庸人，不足以爲士矣，可恥之甚也。**慶源輔氏曰：「所貴於士者，爲其進而用則有可行之道，退而藏則有能守之節，故退不失己，進不失義。若咸無焉，則是碌碌庸人，而不足以爲有亡矣。冒士之名而無士之實，豈不可恥之甚哉？」○洪氏曰：「邦無道而富貴，固可恥，邦有道而貧賤，何足恥乎？蓋有道之邦必用有道之士，無可用之道，所以爲恥也。」附《蒙引》：無可行之道，無能守之節，以出處言，而去就在其中。○上「邦」字，指國，對「天下」。此「邦」字單言，指一世而兼國。○危邦不入，亂邦不居，無道則隱，非但有守，亦是有學而見得透也；天下有道則見，非但有學，亦是有守而果於行也。以此見得世治而無可行之道，不可專爲無學，世亂而無能守之節，不可專爲無守。蓋此兩句，自是説他去就之義不潔，出處之分不明，而原其由則是無學無守也。**○晁氏曰：「有學有守而去就之義潔，出處**上聲。**之分**去聲。**明，然後爲君子之全德也。」**雙峰饒氏曰：「邦有道而貧賤，是無學也；邦無道而富貴，是無守也。」○勿軒熊氏曰：「學者先須辨得篤信守死底心，又做得好學善道底事，然後於出處去就見得明，守得定，用之有可行，舍之有可藏也。篤信是知之真，守死是行之篤。」○雲峰胡氏曰：「首兩句雖四者相爲用，不可缺一，然《集註》曰：『守死者篤信之效，善道者好學之功。』則第一句最重。蓋有學貴乎有守，然必有學然後能有守。學問之深者，雖以之處死生之變可也，而況於去就之義，出處之分哉？危邦而入，亂邦而居，雖死不足以爲善；有道無可見而貧賤，無道不能隱而富貴，雖生而深爲可恥。此皆無學力者之所爲也。故夫子曰信而好古，曰好古敏求，曰好學，其教人獨於此拳拳焉。」《通旨》：朱氏公遷曰：「巧言令色足恭，憲問恥，邦有道貧且賤焉恥也，邦無道富且貴焉恥也，皆

即其可恥之事而言。已上皆以道心言。如『恥惡衣惡食』之恥，則又人心之私也。故衣敝緼袍而不恥，乃所以爲賢，非所以爲病也。」附《淺説》：篤信好學，屬有學，守死善道，屬有守。一説以篤信守死屬有守，以好學善道屬有學，恐非是。蓋篤信者，自信不惑也，有知見意。守死者，固執不可奪也，有行爲意。好學善道，二者之分知行，自明白。可以善道爲好學之功，不可以善道爲好學之事也。○君子全德，重在有學有守上。惟有學則邪見不能惑，而自知出處去就之義；有守則利欲不能牽，而自得出處去就之正。晁氏註似略欠輕重。○《存疑》：末節因上文説，是餘意。言天下有道則見，若邦有道，貧且賤，恥也；危不入，亂不居，天下無道則隱，若邦無道，富且貴，恥也。○顧麟士曰：「『危邦』二句，繫去就。『天下』二句，繫出處。」

○子曰：「不在其位，不謀其政。」

程子曰：「不在其位，則不任其事也。若君大夫問而告者，則有矣。」新安陳氏曰：「本文不過『思不出其位』之意，問而告，乃推廣餘意也。」○或問「不在其位，不謀其政」。朱子曰：「此各有分限。田野之人，不得謀朝廷之政。身在此間，只得守此。」○夫子之言，無上下之異，但爲不在此位則不謀此政耳。自下而推，如士不可侵大夫之職，以至於天子不可過於天道，乃爲備耳。然不止此，又當知前後彼此之間，各有分守，皆不可以相踰，乃爲大備而盡得聖人之意。○慶源輔氏曰：「不在其位而謀其政，不義而不可爲也；問而不以告，不仁而不可爲也。」○雙峰饒氏曰：「此章本意只當自下而上，不在大夫之位，則不議大夫之政，不在公卿之位，亦然。范氏又自上而下，以爲天子不可治三公之職，三公不可爲卿大夫之事，乃是推説，蓋經筵告君之語也。若又從而旁推之，則左不可侵右，右不可侵左，雖同寮亦有分守。聖人之言，無所不包，故可推而無適不通也。」附《存疑》：此只是不相侵越職分之意。謀是謀欲爲之也，故不可。若窮居思天下之事，草茅言當世之務，亦可謂出位乎？○《蒙引》：謀是思所以處之，非但泛論而已，故註以「任」字代之。

○子曰：「師摯之始，《關雎》之亂，洋洋乎盈耳哉！」摯，音至。雎，七余反。

師摯，魯樂師，名摯也。亂，樂之卒章也。

《史記》曰：「《關雎》之亂，以爲風始。」洋洋，美盛意。孔子自衛反魯而正樂，適師摯在官之初，故樂之美盛如此。　程子曰：「洋洋盈耳，美也。孔子反魯，樂正，雅頌各得其所。其後自太師而下入河蹈海，由樂正，魯不用而放棄之也。」○或問：「《關雎》之亂，何謂樂之卒章？」朱子曰：「自『關關雎鳩』至『鍾鼓樂之』，皆是亂。想其初必是已作樂，❶只無此詞，到此處便是亂。」○《楚辭》註曰：亂者，樂節之名。《國語》云：「以《那》爲首，❷其輯之亂曰：『自古在昔。』」輯，成也。凡篇章既成，撮其大要，以爲亂辭。《樂記》曰：「既奏以《文》，又亂以《武》。」古賦「亂曰」，皆卒章也。○師古曰：「古賦未有亂。亂，理也，總理一賦之終。」○南軒張氏曰：「聖人自衛反魯，然後樂正，雅頌各得其所，師摯實傳其聲音者也。」○新安陳氏曰：「據《國語》則當以《關雎》之末章爲亂。以夫子之聖而正樂，以師摯之賢而任樂，故一時音樂美盛如此。自師摯適齊，繼者皆不能及，所以追思而歎美之。《論語》言魯樂者四章，語魯太師樂在先，自衛反魯次之，摯適齊又次之，此章其最後歟？」《通旨》：朱氏公遷曰：「此自樂之中專主聲音而言之。語魯大師樂一章言正樂之道，後三章見聖人正樂之功。」附《蒙引》：《關雎》之亂，洋洋乎盈耳哉，舉終以該始，言自始至終皆美盛也。○《存疑》曰：《關雎》之亂，所奏之樂，必是《大武》。蓋周家王業成於《關雎》，故以此詩櫽括通篇之意爲亂也。○顧麟士曰：「按《儀禮·鄉飲酒禮》、《鄉射禮》、《燕禮》，樂凡四節：工歌《鹿鳴》、《四牡》、《皇皇者華》，所謂『升歌三終』也，比歌止瑟，此第一節；笙入堂下磬南，北面立，樂《南陔》、《白華》、《華黍》，所謂『笙入三終』也，輔笙止磬，此第二節；笙入三終之後，閒歌《魚麗》，笙《由庚》，歌《南有嘉魚》，笙《崇丘》，歌《南山有臺》，笙《由儀》，歌笙相禪，故曰閒，所謂『閒歌三終』也，此第三節；乃合樂《周南·關雎》、《葛覃》、《卷耳》，《召南·鵲巢》、《采蘩》、《采蘋》，則堂上下歌瑟及笙並作，所謂『合樂三終』也，此第四節。則味『合樂』、『並作』語，似其樂既正之後。至第四節歌《關雎》始盛，非謂至此猶盛，以終該始之謂也。大抵聖賢

❶「是」，原作「自」，今據《朱子語類》、《四書大全》改。

❷「那」，原作「亂」，今據《國語》改。

語只是平説，無一可添造扭合。解亂爲卒，則此第四節處三節之後，是其義矣。韋昭又云：『曲終乃更變章亂節，故謂之亂。』則《關雎》爲四節變更之首，亦可通也。頗謂確然，高明必有以教我者。」○過此即「工告樂正曰正歌備，樂正告賓，乃降」，亦見《鄉飲酒禮》。

○子曰：「狂而不直，侗而不愿，悾悾而不信，吾不知之矣。」侗，音通。悾，音空。

侗，無知貌。愿，謹厚也。悾悾，無能貌。「吾不知之」者，甚絶之之辭，亦不屑之教誨也。朱子曰：「狂是好高大，便要做聖賢，宜直。侗是愚模樣，不解一事底人，宜謹愿。悾悾是拙模樣，無能爲底人，宜信。今皆不然，夫子所以絶之。」○慶源輔氏曰：「狂者多率直，無知者多謹厚，無能者不解作爲。今乃不然，非常理也。事出非常，則非聖人之所知。此雖是甚絶之之辭，然天地無棄物，聖人無棄人，故又知其爲不屑之教誨也。」○新安陳氏曰：「狂、侗、悾悾者，氣稟之偏蔽；不直、不愿、不信者，氣習之不美。既拘於氣稟，而氣習又不美如此，真棄才矣。雖曰甚絶之之辭，使其知爲聖人所絶而改焉，則不屑之教誨是亦教誨之也。」○蘇氏曰：「天之生物，氣質不齊。其中材以下，有是德則有是病，有是病必有是德。故馬之蹄齧倪結反。者必善走，新安陳氏曰：「此『有是病必有是德』之譬也。」其不善者必馴。新安陳氏曰：「不善走者必馴熟，此『有是德則有是病』之譬也。」有是病而無是德，則天下之棄才也。」慶源輔氏曰：「氣質不齊，中才以上有德而無病信矣，中才以下有是德必有是病，有是病必有是德，猶可取也。若有是病而無是德，則下之下者，棄才也。以是三者品量天下之才，無餘藴矣。」○潛室陳氏曰：「狂者只是説大話，立大論底人，這是狂人。凡心下有事，都説出在外，亦無遮蔽，但直行將去，也好。今有狂人者，都恁地説大話立大論，至於到利處，但知有己，反以義責人，却不直。侗者，凡事只是恁地謹愿，不敢妄動，也好。而今侗者却不愿，要妄動。悾悾者，無能爲底人，都一向恁地朴厚，也好。而今無能爲底人，也都會用許多詭詐。狂、侗、悾悾，這是得之於氣如此；至於不直、不愿、不信，都却習得如此。有

是病而無是德也，是天下之棄人。」附《存疑》：倜無知，是不聰明，心下鶻突底人。愿謹厚，是謹守故常，不敢妄動。漢光武舉事，人曰謹厚者亦爲之，可見謹厚是不妄動也。緣他心下無知識，故祇守常習故，不敢開步做，此自是他安分，是他好處。倜不愿，喪其美矣。○悾悾無能，是才拙無能幹底人。緣他無能爲，故爲人亦無虛詐，一是一，二是二，外如是，内亦如是，如此信實，此自是他好處。悾悾而不信，喪其美矣。

○子曰：「學如不及，猶恐失之。」

言人之爲學，既如有所不及矣，而其心猶竦荀勇反。然，惟恐其或失之。警學者當如是也。朱子曰：「學如不及，猶恐失之，如今學者却恁地慢了。譬如捉賊相似，須是著氣力精神，千方百計去趕捉他，如此猶恐不獲。今却只在此安坐熟視他，不管他，如何奈得他何？」○新安陳氏曰：「爲學之道，當如湯之『檢身若不及』，❶成王之『夙夜不逮』，常如有所不及，然此心常恐其或失之。苟自謂已至，失之也必矣。一説也。又一説如追逐，然既如不及矣，尚恐果不能及而竟失之。又一説如撐上水船之追前船，不可少緩，既如不及而不能前進，又恐失之而反退流也。學貴日新，無中立之理，不日進者必日退。如不及者，如不能日進也；猶恐失之者，恐其反日退也。」○程子曰：「學如不及，猶恐失之，不得放過，才説姑待明日，便不可也。」新安陳氏曰：「即是莫謂今日不學有來日之意。」○朱子曰：「此君子所以孳孳焉愛日不倦而競尺寸之陰也。」○陳氏曰：「此章大意説爲學用工如此之急。程子『不得放過』，又發明『恐失』之義。才放過待明日，便緩，便失了。」附《蒙引》：言人之爲學，惟日孜孜，而競尺寸之陰，其用工已如有所不及，而其心猶竦然，恐其或失之，而竟不能及也。「學如不及」，以功言；「猶恐失之」，以心言。聖人之意，蓋謂今日之學，既無此工夫，而心中猶泰然不知恐懼，則將如之何？○《淺説》：「猶恐失之」四字，即「如不及」三字。但上句以用功言，下句以存心言，猶云學如不及，心如不及，只是學日求進而心常恐不進也。

○子曰：「巍巍乎！舜、禹之有天下也而

❶「檢」，原作「撿」，今據《尚書注疏》改。

不與焉。」與，去聲。

巍巍，高大之貌。不與，猶言不相關。言其不以位爲樂音洛。也。朱子曰：「與天下不相關，如不曾有這天下相似。今人纔富貴，便被他勾惹，此是爲物所役，是自卑了。若舜、禹直是高，所謂『首出庶物』，故夫子稱其巍巍。」〇問：「舜、禹有天下而不與，莫是物各付物，順天之道否？」曰：「據本文説只是崇高，富貴不入其心，雖有天下而不與耳。巍巍是至高底意思。大凡人有得些小物事，便覺累其心。今富有天下，一似不曾有相似，豈不是高？」〇新安陳氏曰：「舜、禹不以天下動其心，於『不與』上見其巍巍。」附《蒙引》：原來舜、禹也只是内重而見外之輕。〇獨舉舜、禹，舜、禹本是匹夫，一旦有天下，實出望外，而却不以爲意，尤見其巍巍。〇《存疑》：有天下而不與，不是天下做天下，我做我，都不照管他，只是不把他來動心意。蓋有天下，是何等尊貴，何等威權，何等奉養，却不把來在身上自尊富，自威福，自奉養，似全與他不相干預一般，故曰有天下而不與。〇舜之好問好察、下車泣罪，看他曾謂我貴爲天子，不可下問下泣罪人乎？禹之菲飲食卑宫室，看他曾謂我富有天下，當厚自奉養乎？真有天下而不與也。

〇子曰：「大哉！堯之爲君也。巍巍乎！唯天爲大，唯堯則之。蕩蕩乎！民無能名焉。

唯，猶獨也。則，猶準也。蕩蕩，廣遠之稱也。言物之高大，莫有過於天者，而獨堯之德能與之準，故其德之廣遠，亦如天之不可以言語形容也。朱子曰：「唯天爲大，唯堯則之，只是尊堯之詞，不必謂堯獨能如此，而他聖人不與也。」〇雙峰饒氏曰：「天之巍巍，以形體言。堯則之，以德言。則乃準則，非法則也。準，如《易》『與天地準』，言與天地平等也。天如此大，堯德亦如此大，與之平等。若言法天，特賢君之事耳。」附《存疑》：無不覆幬，巍巍乎天之大也，蕩蕩乎民無能名焉。堯則天之大也，無能名，正是則天之實。堯之則天處，只以德之覆冒者言，《中庸》「配天」正是此意。下文言堯之德不可名，但見巍巍乎其有成功，煥乎其有文章，所可見者，如

此而已，其德之大，終不可得而名也。成功文章，乃德之有顯迹處。要其德之大，也含無盡，此何足以盡之？○堯之德既以覆冒者言，則成功文章不可說是德之用處。○《蒙引》：或曰無爲而治者，其舜也與！此獨贊堯之盛何也？惟其有堯治功之盛，是以有舜治化之盛。因舜之無爲，益以見堯之大也。○巍巍，指天；蕩蕩，指堯，對天之巍巍說。

巍巍乎！其有成功也。煥乎！其有文章。」

成功，事業也。新安陳氏曰：「上文巍巍言天之高，此巍巍言堯功業之高。」煥，光明之貌。文章，禮樂法度也。堯之德不可名，其可見者此爾。新安陳氏曰：「『此』字指成功與文章而言。堯德之與天同高大者，不可得而名，其功業文章猶可得而見。功業文章之可見者，皆其德之不可名者之所發見呈露也。」○尹氏曰：「天道之大，無爲而成，唯堯則之，以治天下，新安陳氏曰：「此似以爲法則之則，朱子想以末二句取之。」故民無得而名焉。所可名者，其功業文章，巍然煥然而已。」雲峰胡氏曰：「天之德難名也，所可見者，其四時生物之功，日月星辰之文耳，聖人與天地一也。」附《蒙引》：成功文章，此特君德中指其一二而已，其餘難以言語盡也，正是「民無能名」處。新安之說未審。○成功是事業成就處，如「百姓昭明，黎民於變時雍」是也。文章是其所以致成功底。成功，以績效言；文章，以其所施布之天下者言。○文章，禮樂法度也。禮樂，教也。法度，政也。○或曰：「成功巍然，文章煥然，似亦盡矣，猶爲不可名乎？」曰：「大哉聖人之道，洋洋乎發育萬物，竣極于天，豈止一箇成功，一箇文章，便了得耶？但成功文章亦不可小小說。曰巍巍乎，曰煥乎，大抵大人分上無小事。但孔子之意，則以爲此不足以盡堯耳。」○邵伯温《皇極經世解》曰堯得天地中數，故孔子贊堯云云。楊雄亦謂法始乎伏羲而成乎堯。蓋自古極治之盛，莫過乎堯，先乎此者有所未至，後乎此者有所不及。

○舜有臣五人而天下治。治，去聲。

五人，禹、稷、契、私列反。皋陶、音遥。伯益。勿軒熊氏曰：「按《虞書》命禹宅百揆，禹讓稷、

契、臯陶。禹治水，益、稷爲有功。舜欲讓位於臯陶，禹欲讓位於益，則功德之著可知矣。」○新安陳氏曰：「虞廷之臣，五人其尤也。」《通考》仁山金氏曰：「禹爲司空，平水土。稷名棄，爲后稷，教民稼穡，民是以不飢。契爲司徒，民是以有教化。臯陶爲士師，民是以不犯。伯益爲虞官，掌山澤，是以鳥獸魚鼈民不可勝食，材木不可勝用，而惡物不爲民害。」

武王曰：「予有亂臣十人。」

《書·泰誓》之辭。馬氏曰：「亂，治也。慶源輔氏曰：「《荀子》云：『治亂謂之亂，猶治汙謂之汙也。』則亂之訓治久矣。」《通考》仁山金氏曰：「《古文尚書》：『德惟亂否。』『德』、『亂』二字，正與《集註》合。治字從爪從系從乚，取以手理系而有條理也。後人亂字加乚，與乱字相似，故遂誤以乱爲亂。字書家以𤔔訓治，其加乚者爲煩亂，與古文不合，當以亂訓治而𤔔爲煩亂乃通。」十人，謂周公旦、召實照反。公奭、施隻反。太公望、畢公、榮公、太顛、閎夭、於沼反。散上聲。宜生、南宮适，其一人謂文母。」新安陳氏曰：「此馬融說。文德之母，文王妃大姒也，《雝》詩曰：『亦右文母。』」劉侍讀以爲子無臣母之義，蓋邑姜也。武王后，太公女。九人治外邑，姜治內。南軒張氏曰：「邑姜亦婦人之有聖德者。」或曰：「亂本作乿，古治字也。」附顧麟士曰：「此二節，反是下節注脚，預列於此，須叙而不議爲妙。」

孔子曰：「才難，不其然乎？唐虞之際，於斯爲盛。有婦人焉，九人而已。《通考》吴氏程曰：「『唐虞』至『爲盛』作一句。」

稱孔子者，上係武王，君臣之際，記者謹之。《通考》吴氏程曰：「『上係武王』句，以孔子之言上接武王也。『君臣之際，記者謹之』，武王，君也，孔子，臣也，『記者謹之』，稱族所以尊君也，凡對君問皆然。」才難，蓋古語而孔子然之也。才者，德之用也。西山真氏曰：「聖賢言才，有與德合言者，才子，才難是也；有與德分言者，有才而驕吝，小有才而未聞大道是也。才子以齊聖廣淵、忠肅恭懿之德

言，與此才難，即德也。然不曰德而曰才者，德專以本體言，才兼以著於用者言。才子、才難之才，體用兼全者也。若與德分言，則所謂才者，專指智能技藝耳。才本於德，雖才未備，不害爲君子；才不本之於德，雖其才可喜，不免爲小人。」**唐虞，堯、舜有天下之號。**厚齋馮氏曰：「堯以唐侯升爲天子。虞，河東太行山西地，舜居之，以爲氏，堯封之虞，爲諸侯，後升帝位，遂以爲號。」**際，交會之閒。言周室人才之多，惟唐虞之際，乃盛於此。**問：「《集註》此句恐將『舜有臣五人』一句閒了。」朱子曰：「寧將上一句存在這裏。若從元註説，則是亂臣十人却多於前，於今爲盛，却是舜臣五人不得如後來之盛。」○新安陳氏曰：「舜即位初，九官多堯舊臣，可見唐虞交際閒人才之盛。」**降自夏商，皆不能及。**新安陳氏曰：「《集註》補此八字，方解得去。此處必有缺誤，看三分有二一節突起無頭，缺文可見。」**然猶但有此數人爾，是才之難得也。**慶源輔氏曰：「詳味夫子之言，便使人有敬重愛惜人才之意。」○新安陳氏曰：「此言人才難得，自古而然。堯、舜以聖聖繼作，而後禹、皋之徒，聖賢之才出焉；文、武亦以聖聖繼作，而後周、召之徒，聖賢之才出焉。此天地閒真元會合之運，亘古而僅兩見者也。五人反以爲盛者，即晉『三卿爲主，可謂衆矣』之意。況唐虞人才之尤者五人，豈五人之外無人乎？」附《蒙引》：孔子之言，蓋主周言。曰：古語云「才難」，不其然乎？我看武王得臣十人而周室安，人才之盛如此。考之於古，惟唐虞交會之際，堯舜聖人繼作，而五人者，實爲之佐，而天下治，視之有周，爲獨盛耳。降自夏商，皆莫能及也。然十人之中，邑姜又爲婦人耳，以此言之，謂有十人，看來只是九人而已，亦未滿十數也。則人才之難得也，信乎其然矣。然武王以十人之力而克商有天下，猶未若文王之可以取而不取也，故孔子因武王之言，而及文王之德。○「才難」一條，夫子本爲周言，而援及唐虞耳。當時門人聽言者，亦甚高識，便敢把舜之五人爲過於周之十人，故以五人列其十人之上，以起夫子之言，而不以爲嫌。蓋人才不以多寡爲盛衰，顧其人物地位何如耳。○《存疑》：夫子説才難時，必是舉武王「予有亂臣十人」之言，下文始承之曰於斯之爲盛。不然，則「斯」字似虚，下雖有「九人而已」

之語，終未明白。舜有臣五人而天下治，或是門人因聖人此言而著一句。

三分天下有其二，以服事殷。周之德，其可謂至德也已矣。」

《春秋傳》曰：「文王率商之畔國以事紂。」蓋天下歸文王者六州，荊、梁、雍去聲。豫、徐、揚也，惟青、兗、冀尚屬紂耳。勿軒熊氏曰：「雍，今陝西諸路，后稷、公劉居豳，大王遷岐，文王都豐，武王都鎬京，皆雍州境。《詩》有《江沱》、《漢廣》，則荊、梁州境。殷都朝歌衛地，則兗、冀固在畿內。青在冀之東，屬紂可知。若徐、揚則未有考。」

范氏曰：「文王之德足以代商，天與之，人歸之，乃不取而服事焉，所以爲至德也。孔子因武王之言而及文王之德，且與泰伯皆以至德稱之，其指微矣。」朱子曰：「孔子稱至德，只二人，皆可爲而不爲者也。」〇問：「三分天下有其二以服事殷，使文王更在十三四年，將終事紂乎？抑爲武王牧野之舉乎？」曰：「看文王亦不是安坐不做事底人，如《詩》中言：『文王受命，有此武功。既伐于崇，作邑于豐。文王烝哉！』武功皆是文王做來。《詩》載武王武功却少，但卒其成功耳。觀文王一時氣勢如此，度必不終竟休了。」〇又曰：「文王之事紂，惟知以臣事君而已，都不見其他，兹其所以爲至德也。若謂三分天下，紂尚有其一，未忍輕去臣位，以商之先王德澤未忘，曆數未終，紂惡未甚，聖人若之何而取之，則是文王之事紂，非其本心，蓋有不得已焉耳，若是則安得謂之至德哉？至於武王之伐紂，觀政於商，亦豈有取之之心？而紂罔有悛心，武王灼見天命人心之歸己也，不得不順而應之，故曰『予弗順天，厥罪惟均』。以此觀之，足見武王之伐紂，順乎天而應乎人，無可疑矣。」〇厚齋馮氏曰：「不曰文王之德，而曰周之德，以對殷而言也。」〇新安陳氏曰：「泰伯不從翦商，文王三分有二而事商，其於名分之際嚴矣，宜夫子皆以至德稱之。范氏謂其指微矣，微指得非專爲名分言歟？以泰伯、文王爲至德，以武爲未盡善，非微指歟？」《通旨》：朱氏公遷曰：「言德之極其盛者，即其一事而言之，文王是盡臣道，泰伯是兼盡臣子之道，故皆以至德稱之。」

或曰：「宜斷音短。『三分』以

下，别以『孔子曰』起之，而自爲一章。」

○子曰：「禹，吾無閒然矣！菲飲食而致孝乎鬼神，惡衣服而致美乎黻冕，卑宮室而盡力乎溝洫。禹，吾無閒然矣！」閒，去聲。菲，音匪。黻，音弗。洫，呼域反。

閒，罅虚訝反。隙也，謂指其罅隙而非議之也。菲，薄也。致孝鬼神，謂享祀豐潔。新安陳氏曰：「《書》云：『奉先思孝。』此云致孝，必『廟焉而人鬼享』之鬼神。」衣服，常服。黻，蔽膝也，以韋爲之。朱子曰：「韋，熟皮也。祭服謂之黻，朝服謂之韠。」○厚齋馮氏曰：「黻，其色皆赤。尊卑以深淺爲異，天子純朱者，侯王朱，大夫赤。」冕，冠也。胡氏曰：「冕，冠上板前低後高，因俛以得名。」皆祭服也。溝洫，田閒水道，以正疆界，備旱潦音老。者也。或問溝洫之制。朱子曰：「見於《周禮》遂人、匠人之職詳矣。蓋禹既平水患，又治田閒之水，使無水患之災，所謂『濬畎澮距川』是也。」○胡氏曰：「匠人職云：『九夫爲井，井閒有溝；十里爲成，成閒有洫。』洫深廣皆八尺，溝半之。夏制當不異也。既用以定經界，又旱則瀦水，潦則泄水也。」或豐或儉，各適其宜，所以無罅隙之可議也，故再言以深美之。○楊氏曰：「薄於自奉，而所勤者民之事，所致飾者宗廟朝音潮。廷之禮，所謂『有天下而不與』音預。也，夫音扶。何閒然之有？」胡氏曰：「禹之自奉常薄，而宗廟朝廷之禮，百姓衣食之源，則未嘗不盡心，所以不容於非議也。」○雲峰胡氏曰：「舜稱禹克儉，於此見之，授禹以執中，亦於此見其能行之。《集註》以爲『或豐或儉，各適其宜』，即各適其中也。若能儉而不能豐，則墨氏之儉，非中矣。」○新安陳氏曰：「禹素履儉勤，不以位爲樂，『有天下而不與』之實也。」

附《淺説》：盡力乎溝洫，亦謂之豐者，多費己力而不吝，於豐字亦甚切，不必費財而後謂之豐。○《蒙引》：黻冕只是祭服，不兼朝服言。

論語集註大全卷之八終

論語集註大全卷之九 三魚堂讀本

子罕第九

凡三十章。《通考》勿軒熊氏曰：「此與《述而》篇相類，多記聖人謙己誨人之辭，與其言行交際，與夫出處之類。」

子罕言利與命與仁。

罕，少也。程子曰：「計利則害義，命之理微，仁之道大，皆夫子所罕言也。」龜山楊氏曰：「夫子對問仁多矣，曰罕言者，蓋言求仁之方而已，仁之本體則未嘗言。」○朱子曰：「罕言者，不是不言，特罕言之耳。罕言利者，蓋凡做事只循這道理做去，利自在其中矣。如『利涉大川』，『利用行師』，聖人豈不言利？但所以罕言者，正恐人求之則害義矣。」○命只是一箇命，有以理言者，有以氣言者。天之所以賦與人者，是理也；人之所以壽夭窮通者，是氣也。理精微而難言，氣數又不可盡委之而至於廢人事，故聖人罕言之也。仁之理至大，數言之，不惟使人躐等，亦使人有玩之之心。蓋舉口便説仁，人便自不把當事了。○問：「竊謂夫子罕言者，乃『放於利而行』之利，若『利用出入』，乃義之所安處。」曰：「『利用出入』之利，亦不可去尋討，尋討著，便是『放於利』之利，如言『利物足以和義』，只云利物，不言自利。」又曰：「只元亨利貞之利，亦不可計較，計較著即害義。爲義之人，只知有義而已，不知利之爲利。」○勿軒熊氏曰：「《易》六十四卦皆言利，尤詳於性命之原，罕言者，非與門人常言之道。」○慶源輔氏曰：「義者天理之公也，利者人欲之私也，天理人欲不兩立，計於彼則害於此矣。」○命乃天之所賦予萬物者，以理言之則聲臭俱無，以氣言之則雜揉難辨，是其理爲甚微。仁乃五性之首，所以包乎四德而無物不體，是其道爲甚大。理之微，則人有所難識，知未及而驟語之，則反滋其惑，且使之棄人事而不脩；道之大，則人有所難盡，德未至而强語之，則反起其妄，且或使之忽庸行而不謹。此夫子所以罕言。○雙峰饒氏

曰：「夫子有常言者，《詩》、《書》、執禮是也；有不言者，怪力亂神是也；有罕言者，利命仁是也。無非教人者，故門人皆謹記之。」○新安陳氏曰：「《集註》言命之理微，則此命字以理言。罕言利者，防學者趨乎此。罕言命與仁，以學者未易及此也。既慮學者没溺於利欲之卑汙，又慮學者躐等於命與仁之精微弘大，其爲慮遠矣。」《通旨》：朱氏公遷曰：「命以理言，通貫天人而言也，《中庸》正言理而氣在其中，《語》則汎舉其概也。」附《語類》：問「子罕言利與命與仁」。曰：「這利字是箇監界鏖糟底物事。若説全不要利，又不成特地去利而就害；若纔説着利，少間便使人生計較，又不成模樣。所以孔子於《易》，只説『利者義之和』，❶又曰『利物足以和義』，只説到這裏住。」○只認義和處便是利，不去利上求利了。孟子只説箇仁義，「未有仁而遺其親」，「未有義而後其君」，只説到箇義字時，早是掉了那利字不説了。緣他是箇裏外牽連底物事，纔牽着這一邊，便動那一邊，所以這字難説。命字亦是如此，也是箇監界物事。孔子亦非不説，如云不知命之類。只是都不説着，便又使人都不知箇限量。若只説着時，便又使人百事都放倒了不去做。只管説仁之弊，於近世胡氏父子見之。蹋着脚指頭便是仁，少間都使人不去窮其理是如何，只是口裏説箇仁字，便有此等病出來。○顧麟士曰：「按《語類》所載尚繁，大都是言三者不言之固不可，常言之又不可，故罕言之，題竅似只在此也。」○《蒙引》：曰「命之理微」，此「理」字不對氣而言，乃兼言也。○仁，兼理事説，統百行，該衆善，其道最大也。楊氏謂夫子只言求仁之方，仁之本體終未嘗言，非也。罕言，非全不言也。己欲立而立人，克己復禮爲仁，此豈亦求之方耶？○曰命曰仁，即性與天道也。

○達巷黨人曰：「大哉孔子！博學而無所成名。」

達，巷黨名。其人姓名不傳。博學而無所成名，蓋美其學之博而惜其不成一藝之名也。節齋陳氏曰：「孟康註《董仲舒傳》，達巷黨人乃項橐。」○雙峰饒氏曰：「黨人見聖人無所不知不能，遂以此爲聖人之大，不知聖人所大，在於道全德備耳。」附《蒙引》：「大哉」二字，意在博學，是美之，「無所

❶「者義」，原脱，今據《周易注疏》、《朱子語類》補。

成名」，又是惜之，難以無所成名爲大也。○顧麟士曰：「『博學』，『學』字照『射』、『御』看，本非甚深之辭，猶太宰之云『多能』耳，世多誤解。」○《淺説》：達巷黨之人曰：大哉孔子，蓋其無一藝而不知，亦無一藝而不能，博學如此，固可見其大矣。然凡專精於一藝者，則人以一藝稱之，而得有所成名。彼則博學而泛兼衆藝，則人不得以一藝稱之，而無所成名。夫其大雖大矣，而其名之不成，亦可惜也。

子聞之，謂門弟子曰：「吾何執？執御乎？執射乎？吾執御矣。」

執，專執也。射、御皆一藝，而御爲人僕所執，尤卑。言欲使我何所執以成名乎，然則吾將執御矣。聞人譽平聲。己，承之以謙也。○尹氏曰：「聖人道全而德備，不可以偏長目之也。達巷黨人見孔子之大，意其所學者博，而惜其不以一善得名於世，蓋慕聖人而不知者也。故孔子曰欲使我何所執而得爲名乎，然則吾將執御矣。」雙峰饒氏曰：「六藝禮樂爲大，夫子只説射御，射御藝之卑者，御又最卑。」○朱子曰：「達巷黨人本不知孔子，但歎美其博學，而惜其無所成名，謂不以一善得名也。此言至爲淺近，然自察邇言者觀之，則於此便見聖人道德純備，不可以一善名，愚夫愚婦可以與知而其所以然者聖人有所不知，故孔子不欲以黨人所稱者自居，而曰必欲使我有所執而成名，則吾將執御矣。」○南軒張氏曰：「達巷黨人大孔子之博學，而疑其不能以偏成也，夫豈知本末精粗，一以貫之之道哉？故夫子但舉一藝自居，而又於藝之中復居其次者，以見夫道之無乎不在。」○厚齋馮氏曰：「執射成名，王良、造父是也。大凡專於一善，精於一業者，乃能成名，如信人、善人、惠人，則其善專故也；如稷之穡、羿之射、秋之奕，則其業精故也。學之博雖各極其專且精，不可得以一事名矣。無所成名，乃夫子之所以爲大，而黨人不悟也。堯之民無能名，此堯之所以爲大也歟！」○新安陳氏曰：「惟道全德備，故不可以一善名。使可以一善名，則所長止於此，不足以爲大矣。黨人惜聖人之大而不以一善得名，豈知聖人之所以爲大，正在於不可以一善名歟？」附《存疑》：御在六藝中爲最下，聖人執之，

可見道無所不在，而聖道之大，無所不該，亦可見矣。

○子曰：「麻冕，禮也；今也純，儉，吾從衆。

麻冕，緇莊持反。布冠也。純，絲也。儉，謂省約。緇布冠以三十升布爲之，升八十縷，隴主反。則其經二千四百縷矣，細密難成，不如用絲之省約。朱子曰：「八十縷爲升，古尺一幅只闊二尺二寸。❶如深衣用十五升布，已似如今極細絹一般，這處又曉未得。古尺又短於今尺，若盡一千二百縷，須是一幅闊不止二尺二寸方得。」○胡氏曰：「麻，績麻爲布。冕，冠上板也。❷謂之緇布冠者，染布爲赤黑色也。冠者，首服之總名。冕者，冠中之別號。禮，朝服十五升，冠倍之。鄭註八十縷爲升，升字當爲登，登，成也。」○雙峰饒氏曰：「《前漢書・食貨志》：『周布幅廣二尺二寸。』程子言古尺當今五寸五分弱。如此則二尺二寸，只是今一尺二寸爾，却用二千四百縷爲經，是一寸布用二百經也，其細密難成可知。」《通考》仁山金氏曰：「古尺僅當今尺五寸五分弱，其二千四百縷雖用細絲減半，亦無所容，況麻質粗，又非可甚細者。升八十縷，豈註疏相傳之誤耶？」附顧麟士曰：「古人之布惟葛與麻二種，木棉即自後世始從異域入中國，孔子時尚未有也。《豳風》蠶績之所成者，皆染之，或玄或黃，我朱孔陽，皆以供上而爲公子之裳，亦只兼帛與麻而言之。麻冕見六經，則惟《書・顧命》『王麻冕黼裳，卿士邦君麻冕蟻裳，太保太史太宗皆麻冕彤裳』，蔡註：康王吉服。蟻，玄色。彤，纁也。呂氏曰：『麻冕黼裳，王祭服。卿士邦君祭服之裳皆纁，今蟻裳者，蓋無事於奠祝，不欲純用吉服，有位於班列，不可純用凶服，酌吉凶之閒，示禮之變也。』又據《士冠禮》，緇布冠不必即爲麻冕，但《集註》亦本孔安國，不敢深辨。」

拜下，禮也；今拜乎上，泰也。雖違衆，吾從下。」

臣與君行禮，當拜於堂下，君辭之，乃升成拜。泰，驕慢也。慶源輔氏曰：「按燕禮，君燕卿大夫禮也。『公坐，取大夫所酳觶，興以酢賓。降西

❶「二尺」，原作「一尺」，今據《朱子語類》、《四書大全》改。
❷「板」，原作「祓」，今據《四書大全》改。

堦下，再拜稽首，公命小臣辭。賓升成拜。』鄭註：升成拜，復再拜稽首也。又《覲禮》，天子賜侯氏以車服，侯氏拜賜，禮亦如之。」○雙峰饒氏曰：「先已拜於堂下而君辭之，則是不曾受其拜，故升堂再拜以成之。孔子時，君弱臣强，徑自拜於堂上，故孔子云然。『人以爲諂』，想是此類。」○程子曰：「君子處上聲。世事之無害於義者，從俗可也，害於義則不可從也。」范氏曰：「衆人之所爲，君子酌焉，或從或違，唯其是而已。以衆爲公義而舉從之，非也；以衆爲流俗而舉違之，非也。聖人之道若權衡，輕重不可以銖兩欺。故純儉雖不及禮而可從，拜上則虧君臣之義，雖舉世而行之，亦不可從也。」○尹氏曰：「聖人處世可見於此，蓋非有意於從違，合乎義而已。」○慶源輔氏曰：「君子之於世俗，或從或違，無適無莫，一於義而已。以是而違俗，則人亦不得以爲異也。」○趙氏曰：「制度節文之細，猶可以隨時，至於繫乎三綱五常者，萬世而不容易。」○雙峰饒氏曰：「此聖人處事之權衡，所謂『君子以同而異』。」○新安陳氏曰：「程子欲學者凡處世事，皆當以義裁之，以此爲例而推其餘也。」《通考》吴氏程曰：「此一章見夫子處世立身之法。」

○子絶四：毋意，毋必，毋固，毋我。

絶，無之盡者。毋，《史記》作「無」是也。意，私意也。程子曰：「意是發動處。意發而當，即是理也；發而不當，是私意也。」問：「聖人莫是任理而不任意否？」曰：「是。」○胡氏曰：「理本於天，意出於己。《大學》以誠意爲言，蓋好善惡惡，一有不實，則所謂意者爲私意。意不可以孤行，必根於理而後可。此獨以意言，即私心之發也。」必，期必也。固，執滯也。我，私己也。四者相爲終始，趙氏曰：「四者分之則各爲一事，合之則相爲終始。」起於意，遂於必，遂，謂將成而勢不容已。留於固，而成於我也。蓋意、必常在事前，固、我常在事後，胡氏曰：「意、必在方有作爲之先，故曰事前；固、我在已有作爲之後，故曰事後。」至於我，又生意，則物欲牽引，循環不窮矣。華陽范氏曰：「私意動於内而係於事，則有必；必則守而不移，故有固；固則不能忘己，故有我。是三者皆出於

意，故意爲之先。」〇問：「意如何毋得？」朱子曰：「凡事順理則意自正，毋意者主理而言，不順理則只是自家私意。」〇問意必固我。曰：「意是初創如此，有私意便到那必處，必便到固滯不通處，固便到有我之私處。」〇凡人做事必先起意，不問理之是非，必期欲事成而已。事既成，是非得失已定，又復執滯不化，是之謂固。三者只成就得一箇我，及至我之根源愈大。少間三者又從這裏生出，意又生必，必又生固，固又歸宿於我。〇必者迎之於前，固者滯之於後，意是爲惡先鋒，我是爲惡成就，此四字如元亨利貞，循環不已。但元亨利貞是好事，此是不好事，貞是好底成就，我是惡底成就。〇無意者，渾然天理，不任私意。無必者，隨事順理，不先期必也。無固者，過而不留，無所凝滯也。無我者，大同於物，不私一身也。四者始於意而行於必，留於固而成於我。必之時淺，固之時長，意是始，我是終，固、必在中間，一節重似一節也。〇黄氏曰：「即事而言，其別有四，以心而論，其本則一。天理流行，廓然大公，物各付物，泊然順應，此心如鑑空水止，而一毫之繫累無所容焉，此其所以自始至終而絶無四者之病也。」〇新安陳氏曰：「《集註》『四者相爲終始』以下，乃以常人之私欲細分之，有此四者相爲終始；又平分之作兩截，判以事前事後；又翻轉説終而復始，如元而亨利貞，貞下又起元，有三節意。皆説常人之累於私如此，非謂夫子之心無私，亦有此三件節數也。聖人之心惟純乎大公而渾然一無私耳，細察之則皆無常人此四者之累也。」《通考》勿軒熊氏曰：「此誠意章事。『子絶四』與顏子四勿章，最宜潛玩。我是有己，有己即是私意，但就私意上分得細。意是私意方起，我是私意已成。聖人混化更無查滓，顏子則尚有些未盡，所以未達一間。」附《蒙引》：勿視勿聽勿言勿動者，賢人之勉然也；無意無必無固無我者，聖人之自然也。〇顧麟士曰：「此與上章，亦是一套意，故類記之。」

〇**程子曰：「此『毋』字非禁止之辭。聖人絶此四者，何用禁止？」張氏曰：「四者有一焉，則與天地不相似。」**新安陳氏曰：「天地大公而已，四者才有一則累於私小，無復大公氣象，何由與天地相似？」〇問：「横渠説略有疑。」朱子曰：「人之爲事，亦有其初未必出於私意，而後來不能化去者。若謂絶私意則四者皆無，則曰子絶一便得，何用更言絶四？以此知四

者又各是一疵也。」○雲峰胡氏曰：「心兮本虛，聖人絶此四者，亦不失其本虛之心而已。意似微雲點翳，我則昏霾之甚矣。太虛中本無一物，聖人此心渾是天理，亦無一物也。」楊氏曰：「非知去聲。足以知聖人，詳視而默識如字。之，不足以記此。」

○子畏於匡，

畏者，有戒心之謂。新安陳氏曰：「恐人誤以畏爲怵迫懼死，故本《孟子》『予有戒心』訓之。」匡，地名。《史記》云陽虎曾暴於匡，夫子貌似陽虎，故匡人圍之。厚齋馮氏曰：「匡，宋邑。陽虎曾暴於匡，夫子弟子顔尅時與虎俱。夫子適陳過匡，顔尅御，匡人識尅，夫子貌又似虎，匡人以兵圍之五日，弟子懼，故子曰如下所云。」

曰：「文王既没，文不在兹乎？

道之顯者謂之文，蓋禮樂制度之謂。新安陳氏曰：「道者，禮樂制度之本；禮樂制度者，道之寓。道無形體，顯設於文而後乃可見爾。」不曰道而曰文，亦謙辭也。兹，此也，孔子自謂。

天之將喪斯文也，後死者不得與於斯文也；天之未喪斯文也，匡人其如予何？」喪、與，皆去聲。

馬氏曰：「文王既没，故孔子自謂後死者。言天若欲喪此文，則必不使我得與於此文，今我既得與於此文，則是天未欲喪此文也。天既未欲喪此文，則匡人其奈我何？言必不能違天害己也。」程子曰：「於『天之將喪斯文』下便言『後死者不得與於斯文』，則是文之興喪在孔子，與天爲一矣。蓋聖人德盛，與天爲一，出此等語，自不覺耳。」○朱子曰：「後死者是對上文文王言之，如曰未亡人之類。此孔子自謂也，與『天生德於予』意思一般。斯文既在孔子，孔子便做著天在。」○南軒張氏曰：「文也者，所以述是道而有傳也。文王既没，聖人以斯文爲己任也，己之在與亡，斯文之喪與未喪係焉。是二者豈人之能爲哉？天也！不曰喪己而曰喪斯文，蓋己之身即斯文之所在也。」○雙峰饒氏曰：「天生聖人，以任斯道，達則爲天地立心，

爲生民立命，窮則繼往聖，開來學。天意如此，人安能違天而害之？有夫子之德，有夫子之道，而後可以如夫子之自任，否則妄也。」○雲峰胡氏曰：「『文不在兹』之『文』，即文王之所以爲文也。文王接堯、舜、禹、湯之統，夫子接文王之統，皆天也。紂能囚文王，不能違天而害文王；匡人能圍夫子，不能違天而害夫子。」《通考》仁山金氏曰：「周末，文、武、周公之禮樂悉已崩壞，紀綱文章亦皆蕩然無有。夫子收於散亡，序《詩》、《書》，正禮樂，集群聖之大成，斟酌損益，以昭來世，又作《春秋》，立一王之法，是得與於斯文也。」附《語類》：問：「『斯文』，『文』字即是道否？」曰：「既是道，安得有喪未喪？文亦先王之禮文，聖人於此，極是留意。蓋古之聖人，既竭心思，將行萬世而無弊者也，故常恐其喪失而不可攷。」○道只是有廢興，却喪不得。如三代禮樂制度，若喪便掃地。

○大宰問於子貢曰：「夫子聖者與？何其多能也？」大，音泰。與，平聲。

孔氏曰：「大宰，官名，或吴或宋，未可知也。」與者，疑辭。大宰蓋以多能爲聖也。

杜氏曰：「按春秋之時，以大宰名官者，惟吴、宋與魯耳。吴有太宰嚭。宋有太宰華督，事殤公，其後九世至平公，乃以向帶爲太宰。平公即位之歲，距孔子過宋，歷二公八十餘年，其閒或廢或否，雖未可知，然左氏及《史記》亦不復載，不可考也。況孔子過宋時，遭桓司馬之厄，遂微服而去，豈復有問子貢者歟？疑此太宰即吴嚭也。吴與魯會繒，嚭召季康子，康子使子貢往焉，則此當是吴太宰，而亦當在此年也。魯自公子翬請於隱公，欲殺桓以求太宰，其後不復見。」附《存疑》：大宰問於子貢曰：「夫子其生知之聖人與？何其禮樂射御釣弋獵較之類無所不通而多能如此也？」子貢曰：「夫子之爲人，實是天不爲限量，放縱他使有那等樣才德，而殆將於聖人者，且又多能也，不專在於多能也。」註「聖無不通」正是解「又多能」意，當安在「又多能」上。

子貢曰：「固天縱之將聖，又多能也。」

縱，猶肆也，言不爲限量去聲。也。將，殆也，謙若不敢知之辭。朱子曰：「天放縱他作聖得恁地，不去限量他。」問：「愚不肖是天限之乎？」曰：「也是天限量他一般。如這道理聖人知得盡，愚不

肖要增進一分不得，拘定在這裏。殆，庶幾也，如而今説將次。」聖無不通，多能乃其餘事，故言「又」以兼之。附《蒙引》：太宰所謂聖，指才言，亦只是以多能言。才正指釣弋獵較之類，其説最淺。殊不知多能乃才中之末事耳。子貢所謂聖兼才德言之。聖無不通，多能在無不通中最小事。○或以「才」字貼「多能」，「多能」當不得「才」字。存於心者爲德，見於用者爲才。凡建功立業，設施措置，經綸大猷，無不是才，多能特其餘事耳，故曰聖無不通。非指德爲聖也，非專指德爲無不通也。○「固」字不必做實字解，與「又」字相應。

子聞之，曰：「大宰知我乎！吾少也賤，故多能鄙事。君子多乎哉？不多也。」

言由少賤故多能，而所能者鄙事爾，朱子曰：「鄙事如釣弋獵較之類。」非以聖而無不通也。且多能非所以率人，故又言君子不必多能以曉之。朱子嘗問學者曰：「大宰云『夫子聖者歟？何其多能也』，是以多能爲聖也。子貢對以

夫子『固天縱之將聖又多能也』，是以多能爲聖人餘事也。子曰『吾少也賤，故多能鄙事。君子多乎哉？不多也』，是以聖爲不在於多能也。三者之説不同，諸君且道誰説得聖人地位著。」諸生多主夫子之言。曰：「大宰以多能爲聖，固不是。若要形容聖人地位，則子貢之言爲盡。蓋聖主於德，固不在多能。然聖人未有不多能者，夫子以多能不可以律人，故言君子不多，尚德而不尚藝之意，而其實聖人未嘗不多能也。」○又曰：「『大宰知我乎』以下，煞有曲折意思。聖人不直謂大宰不足以知我，只説大宰也知我，這便見聖人待人恁地温厚。」○南軒張氏曰：「多能雖不害其爲君子，然爲君子不在乎多能。」○慶源輔氏曰：「若以多能率人，則人將徇末而忘本，尚才而不務德，卒無以入聖賢之域矣。」附《存疑》：大宰以多能爲聖，此全不知聖人，其言非也。子貢「固天縱之將聖又多能」，此知足以知聖人，其言是也。夫子謙己，不以子貢之所稱者自居，但以大宰之稱己者自居，又推却那「聖」字不敢當。謂賜也非知我，大宰其知我乎。蓋我只是多能，非才德無所不有又多能也。然我這個多能，亦有其故，不是聖也。蓋我少也未爲世用而微賤，故得講習衆藝而多能，亦是鄙末

之事耳。吾之多能，其故如此，非以聖而無所不通也。然君子所重，豈在多能乎哉？不在多能也。此又是夫子教人之意。然夫子既以多能自居，又不以多能率人，則其所重固自有在，雖辭子貢之稱，終有不得而辭者矣。○《蒙引》：子聞之，兼聞大宰之所問、子貢之所答也。○露出「君子」字，回避「聖」字也。○大宰以多能爲聖，是以多能爲出於天，非人所可學。子貢之意亦然。及夫子言「吾少也賤故多能」，則以爲由學而通，非天之所生矣。乃推「聖」字不居，謙也。下文「君子多乎哉？不多也」，此二句不是謙，以多能非所以率人，故另起一意。○顧麟士曰：「《存疑》一節作三段，轉折分明。」

牢曰：「子云：『吾不試，故藝。』」

牢，孔子弟子，姓琴，字子開，一字子張。衛人。試，用也。言由不爲世用，故得以習於藝而通之。○吳氏曰：「弟子記夫子此言之時，子牢因言昔之所聞有如此者，其意相近，故併記之。」問「吾不試，故藝」。朱子曰：「想見聖人事事會，但不見用，所以人只見小小技藝。若使其得用，便做出大功業來，不復有小小技藝之可見矣。」○新安陳氏曰：「多能亦聖德無不通之驗。大宰認多能爲聖，知其末不知其本也。子貢謂聖而又多能，知其由本而該末也。孔子自言與琴牢所聞，皆謙辭耳。」《通考》吳氏程曰：「『不試』爲句。子牢合作琴牢，或子開、子張，吳氏蓋承古註之誤。」附《蒙引》：不必說是弟子記夫子此言之時，子牢因言云云，只是門人記夫子此言，又以子牢之言實之。此或是正意，吳氏註亦圈外也。○此章凡四人之言，惟子貢之言爲的。夫子之言，前段是謙己，後段是誨人。大宰固不足以知夫子。琴牢所記，亦未爲深知夫子也。

○子曰：「吾有知乎哉？無知也。有鄙夫問於我，空空如也，我叩其兩端而竭焉。」叩，音口。

孔子謙言己無知識，但其告人，雖於至愚，不敢不盡耳。叩，發動也。趙氏曰：「叩乃叩擊，有發動之意。」兩端，猶言兩頭，言終始本末上下精粗，無所不盡。朱子曰：「兩端，就一事而言，說這淺近道理，那箇深遠道理也便在這裏。『吾有知乎哉？無知也』，此聖人謙辭。凡聖人謙辭，

未有無因而發者。這上面必有説話，門人想記不全，須求這意始得。如達巷黨人稱譽孔子博學而無所成名，聖人乃曰吾執御矣，皆是因人譽己，聖人方承之以謙。此處想必是人稱道聖人無所不知，誨人不倦，有這般意思，聖人方道是我無知識，亦不是誨人不倦，但鄙夫來問我，則盡情向他説。若不如此，聖人何故自恁地謙？自今觀之，人無故説謙話，便似要人知模樣。」○慶源輔氏曰：「始終以事言，本末以物言，上下以道器言，精粗以事理言，必如是而後該括得盡。夫子之告人，必發動其兩端而盡告之。」○新安陳氏曰：「聖人雖謙言己無所知，然教人而竭盡其理如此，非上智周知之者不能也。」○程子曰：「聖人之教人，俯就之若此，猶恐衆人以爲高遠而不親也。聖人之道必降而自卑，不如此則人不親；賢人之言則引而自高，不如此則道不尊，觀於孔子、孟子可見矣。」朱子曰：「聖人極其高大，人自難企及，若更不俯就，則人愈畏憚而不敢進。賢人有未熟處，人未甚信服，若不引而自高，則人將必以爲淺近不足爲。不是要人尊己，蓋使人知斯道之大，庶幾竦動著力去做。孔子嘗言『如有用我者，期月而已可也』，又言『吾其爲東周乎』，只作平常閑説；孟子言『如欲平治天下，當今之世，舍我其誰』，便説得廣，是勢不得不如此。」尹氏曰：「聖人之言，上下兼盡。即其近，衆人皆可與音預。知，極其至，則雖聖人亦無以加焉，是之謂兩端。如答樊遲之問仁智，兩端竭盡，無餘藴委粉、於問二反。矣。雙峰饒氏曰：「如答樊遲問仁智，只是眼前事，子夏推之，則舜、湯之治，亦不過此，故於兩端爲竭焉。」若夫音扶。語上而遺下，語理而遺物，則豈聖人之言哉？」慶源輔氏曰：「程子論佛氏之學如管中窺天，只見上去不見四旁，是語上而遺下也。」又曰：「言爲無不周徧，❶實則外於倫理者，是語理而遺物也。」○問：「執兩端與竭兩端如何？」朱子曰：「兩端也只一般，猶言頭尾也。執兩端方識得一箇中，竭兩端言徹頭徹尾都盡也。」問：「只此

❶「徧」，原作「偏」，今據《四書大全》改。

是一言而盡這道理如何？」曰：「有一言而盡者，有數言而盡者。如樊遲問仁，曰愛人，問智，曰知人，此雖一言而盡，推而遠之，亦無不盡。如子路正名之論，直說到無所措手足。如子路問政，哀公問政，皆累言而盡。但只聖人之言，上下本末始終小大，無不兼舉。」○雲峰胡氏曰：「大舜是取人之言，執其兩端而用其一。夫子是教人之言，竭其兩端而未嘗遺其一也。」附《蒙引》：當時必有稱夫子無所不知者，故夫子辭之曰：吾有知乎哉？實無所知也。但是有鄙夫來問於我，在他雖是空空如也，却不敢以其愚而忽之，所以告之者，務必罄吾所知，發動其兩端，而無一之不盡焉。我只如此而已矣，有何所知，而或者遂以爲無所不知耶？此聖人謙己之意。然能叩兩端而竭焉，於此亦可見其無不知矣。蓋聖人雖不自聖，而實有莫掩其聖處。○《存疑》：聖人謙言己本無知識，但鄙夫有問，我皆叩兩端而竭，人因此便說己無所不知耳，己實無所知也。○《淺說》：竭兩端，只是言之盡耳。蓋其一言之發，雖就鄙夫之可知可行者言之，而要之至理亦不外是也。若常人之言，近則淺近而已矣，話頭太高，又使中人以下者無下手處，皆於兩端有未竭也。

○子曰：「鳳鳥不至，河不出圖，吾已矣夫！」夫，音扶。

鳳，靈鳥，舜時來儀，文王時鳴於岐山。河圖，河中龍馬負圖，伏羲時出。皆聖王之瑞也。已，止也。○張子曰：「鳳至圖出，文明之祥。伏羲、舜、文之瑞不至，則夫子之文章知其已矣。」南軒張氏曰：「鳳至圖出，蓋治世之徵也，聖人歎明王之不興而道之終不行也。」○慶源輔氏曰：「聖人之道行，則文章著見於外，禮樂制度之類也，故鳳至圖出，以兆文明之祥。鳳以其文采，圖以其卦畫。文明之祥不至，則夫子之道不行，故知其文章已矣。」○新安陳氏曰：「吾道文明，必有其應，鳳至圖出，文明祥瑞之應也。夫子有其德無其時，鳳不至，圖不出，天未欲聖道之行可知矣，夫子所以深歎也。麟出似矣，而踣焉，《春秋》所以作也。斯歎也，其在獲麟之前乎？」

○子見齊衰者、冕衣裳者與瞽者，見之，雖少必作；過之，必趨。齊，音咨。衰，七雷反。少，去聲。

齊衰，喪服。邢氏曰：「言齊衰，則斬衰從可知也。」冕，冠也。衣，上服；裳，下服。冕而衣裳，貴者之盛服也。《禮·玉藻》曰：「衣正色，裳間色。」鄭曰：「冕服玄上纁下。」瞽，無目者。作，起也。趨，疾行也。或曰：「少，當作坐。」○范氏曰：「聖人之心，哀有喪，尊有爵，矜不成人。其作與趨，蓋有不期然而然者。」尹氏曰：「此聖人之誠心內外一者也。」問：「作與趨者，敬之貌也，何爲施之於齊衰與瞽者？」朱子曰：「作與趨固是敬，❶然敬心之所由發則不同。見冕衣裳者，敬心生焉，而因用其敬；見齊衰者、瞽者，則哀矜之心動於中，而自加敬也。」○慶源輔氏曰：「聖人之心，寂感自然，內外如一。方其未感也，如止水，如明鏡；一有所感，則隨感而應。敬愛之心感於內，而作趨之容見於外，皆自然而然，不知其所以然也。」○雙峰饒氏曰：「范氏説外面作與趨，皆由其裏面哀有喪，尊有爵，矜不成人而然。尹氏又説他人裏面雖有此，未必便見於外，聖人裏面如此，外面也如此。二説互相發明。蓋裏面不如此而外面如此者，僞也；裏面如此而外面不如此者，誠不至也。聖人至誠，所以表裏皆如此。」附《蒙引》：雖少必作，言齊衰者、冕衣裳者與瞽者，其年雖少於我，我亦爲之起，此正意也。《集註》云「或曰少當作坐」，此又後一説，當看「或曰」二字。○「見之，雖少必作，過之，必趨」，不可以「雖少」對「過之」，須以「見之」對「過之」説。○《説約》：沈虹野曰：「見之，我坐而見彼之行過也；過之，彼坐而我行過見之也。」

○顏淵喟然歎曰：「仰之彌高，鑽之彌堅；瞻之在前，忽焉在後。喟，苦位反。鑽，祖官反。喟，歎聲。仰彌高，不可及。鑽彌堅，不可入。在前在後，恍惚不可爲象。新安陳氏曰：「象，形也，初未有的，見時如此。」此顏淵深知夫子之道無窮盡，彌高堅。無方體，在前後。而歎之也。程子曰：「仰之彌高，見其高而未

❶「作」，原作「行」，今據《朱子語類》、《四書大全》改。

能至也；鑽之彌堅，測其堅而未能達也。❶此顏子知聖人之道而善形容者也。」○朱子曰：「高堅，是說難學；前後，是說聖人之道捉摸不著。皆是譬喻如此。聖人只是一箇中底道理，高堅前後，只是箇『中庸不可能』。蓋聖人之道，是箇恰好底道理，不著意，又失了，纔著意，又過了，只是難到恰好處。」○顏子仰之彌高，鑽之彌堅，瞻之在前，忽焉在後，不是別有箇物事，只是做來做去只管不到聖人處。若做得緊，又太過了，若放慢做，又不及。聖人則動容周旋都是這道理。

夫子循循然善誘人，博我以文，約我以禮。

循循，有次序貌。朱子曰：「所謂次序者，非特以博文約禮分先後次序，博文約禮中各有次序先後淺深。」誘，引進也。博文約禮，教之序也。言夫子道雖高妙，雙峰饒氏曰：「高，說彌高彌堅；妙，說在前在後。」而教人有序也。上蔡謝氏曰：「顏子學得親切。仰之彌高，鑽之彌堅，無限量也，以見聖人之道大；瞻之在前，即不及，忽焉在後，又蹉却，以見聖人之道中。觀此一段，即知顏子看得親切。博我以文，使知識廣；約我以禮，歸宿處也。」○朱子曰：「博我以文，約我以禮，聖門教人，只此兩事，須是互相發明。約禮底工夫深，則博文底工夫愈明；博文底工夫至，則約禮底工夫愈密。」○覺軒蔡氏曰：「博文條目多，事事著去理會，禮却只是一箇道理，如視也是這禮，聽也是這禮，言也是這禮，動也是這禮。若博文而不約之以禮，便是無歸宿處。詳此數條解釋，已極分明，學者合下便有著力處。若更推之，則文非特文章文華之文，凡剛柔之往來，上下之交錯，微而天理之節文，著而法度之煥然者，皆是也，極其博，則貫通融會，而天下之理洞然於吾心而無所蔽；禮非特儀禮典禮之禮，凡天理之本然，人心之固有，截然而有定則者，皆是也，極其約，則操持固執，而天下之理渾然於吾身而無所虧。博文近於致知，約禮近於力行。不博則無以造乎約，不約則無以盡乎博。」○雙峰饒氏曰：「先博我以文，以開廣我之知識，然後約我以禮，使我於視聽言動上皆由乎規矩準繩而所守得其要。」《通考》勿齋程氏曰：「學問無窮，必究其理，是曰博文；檢束有要，必循其則，是曰約禮。」○侯氏曰：「博我以文，致

❶「測」，原作「見」，今據《二程遺書》、《四書大全》改。

知格物也；約我以禮，克己復禮也。」朱子曰：「『博我以文，約我以禮』，與『博學於文，約之以禮』一般，但『博學於文，約之以禮』，孔子是泛言人能博文而又約禮，可以弗畔夫道，而顏子則更深於此耳。侯氏謂博文是致知格物，約禮是克己復禮，分曉。」○慶源輔氏曰：「致知格物，知之事也；克己復禮，行之事也。所行即是所知，非於知之外別有所謂行也。」程子曰：「此顏子稱聖人最切當去聲。處。聖人教人，唯此二事而已。」朱子曰：「『博我以文』，是要四方八面都見得周匝無遺，至『約我以禮』，又要收向身己上來，無一毫之不盡。兩事須互相發明。若博文而不約以禮，便無歸宿處。」○覺軒蔡氏曰：「不説窮理，又不説格物，只説博文。蓋『文』字上該乎理，而比之理則尤顯，下該乎物，而比之物則尤精。不説理，只説禮，便是與復禮之禮同。此『禮』字便有檢束，便有規矩準繩。若只説理，便泛了。更味兩箇『我』字，尤見以身體之，切實用功處。」○雙峰饒氏曰：「博學於文，約之以禮，是我自去博約，以學言也；博我以文，約我以禮，是夫子博我約我，以教言也。」○厚齋馮氏曰：「博文約禮，夫子教人之法皆然，惟子淵求道之力，認道之真，有以見夫子之爲我設爾。」附《存疑》：文有三，一是「文不在兹」之文，一是「文以載道」之文，一是「觀乎天文」、「觀乎人文」之文。博文工夫，此三者都要博。然在兹之文、天地人之文，多於載道之文見之，故博文工夫多在讀書上。其用功之序，則自近而遠，自易而難，今日格一物，明日格一物，今日辨一理，明日辨一理，積少以至多，積小以至大，自身心性情之德，以至天地鬼神之奥，自洒掃應對之節，以至宗廟會同之儀，自日用常行之酬酢，以至古今治亂之變化，無不探幽發微，鉤深致遠，而表裏精粗無不到焉，則博文之功庶乎盡矣。

欲罷不能，既竭吾才，如有所立，卓爾。雖欲從之，末由也已。」

卓，立貌。末，無也。此顏子自言其學之所至也。蓋悦之深欲罷不能。而力之盡，既竭吾才。所見益親，如有所立卓爾。而又無所用其力也。欲從末由。吴氏曰：「所謂卓爾，亦在乎日用行事之閒，非所謂窈冥昏

默者。」朱子曰：「卓爾，是聖人之大本立於此，以酧酢萬變處。即前日高堅前後底，今看得確定親切，不似向來無捉摸處。不是離高堅前後之外，別有所謂卓爾者也。」○勉齋黄氏曰：「吴氏所釋卓爾之意，最爲切實。嘗以其意推之，夫聖人之道，固高明廣大，不可幾及，然亦不過性情之閒，動容之際，飲食起居交際應酧之務，君臣父子兄弟夫婦之常，出處去就辭受取舍，以至於政事施設之閒，無非道之寓。」○雙峰饒氏曰：「『窈窈冥冥，至道之精；昏昏默默，至道之極』，列子之言也。此章學者易得求之高遠，故引吴氏之説以明之。」附《蒙引》：所見益親，不是認得而已也，就是行得，只是不得如夫子之自然純熟而神妙也。程子曰：「到此地位，工夫尤難，直是峻絶，又大段着力不得。」慶源輔氏曰：「地位，指『既竭吾才，如有所立，卓爾』之地位也。至此地位，則其理爲至精至微，非淺智浮識之所能知，疾趨大步之所能至也。惟寛以居之，勿忘勿助長，則不日而化矣。夫能爲之謂才，竭其才則是盡其所能爲之才，則其工夫蓋非才所能及矣，此其所以著力不得也。」楊氏曰：「自『可欲之謂善』充而至於大，力行之積也，『大而化之』，則非力行所及矣，新安陳氏曰：「此將孟子善、信、美、大、聖、神之次第以配此章。大猶是力行積累之功，化則久久純熟，自然無迹之妙。」此顔子所以未達一閒如字。也。」問：「夫子教人，不出博文約禮二事，門人莫不知，惟顔子有所進，有所見，故高者有可攀之理，堅者有可入之理，在前在後者，有可從而審其的之理，非若其他僅能弗畔而已，此門人所以不可企及也。」朱子曰：「得之。」○顔子到這裏，自覺得要著力而無所容其力，緣聖人不勉而中，不思而得。賢者若要著力不勉不思，便是思勉了，所以大段著力不得。今日勉之，明日勉之，勉而至於不勉，今日思之，明日思之，思而至於不思，自生而至熟，到這裏直待他自熟。○仰高鑽堅，瞻前忽後，此猶是見得未親切在。如有所立，卓爾，方始親切。雖欲從之，末由也已，只是脚步未到。蓋不能得似聖人從容中道也。○潛室陳氏曰：「前此猶可以用力，到此則自大趨於化，自思勉而至不思不勉，介乎二者之境，所未達者一閒，非人力所能爲矣。但當據其所已然，從容涵養，勿忘勿助，至於

日深月熟，則亦將忽不期而自到，而非今日之所預知也。」○程子曰：「此顏子所以爲深知孔子而善學之者也。」胡氏曰：「無上事而喟然歎，非如孔子因曾點而喟歎。此顏子學既有得，故述其先難之故，後得之由，新安陳氏曰：「先難指仰鑽瞻忽，後得指如有所立卓爾，由字指善誘博約。」而歸功於聖人也。高堅前後，語道體也；仰鑽瞻忽，未領其要也。惟夫子循循善誘，先博我以文，使我知古今，達事變，然後約我以禮，使我尊所聞，行所知，如行者之赴家，食者之求飽，是以欲罷而不能，盡心竭力，不少休廢，然後見夫子所立之卓然，雖欲從之，末由也已。是蓋不怠所從，必求至乎卓立之地也。抑斯歎也，其在『請事斯語』之後，『三月不違』之時乎？」問：「程子言到此大段著力不得，胡氏又曰不怠所從，必欲至乎卓立之地，何也？」朱子曰：「末由也已，不是到此便休了，不用力，但工夫用得細，不似初閒用得許多粗氣力。這處也只是循循養將去，如何大段著力得？只恁地養熟了。因舉橫渠云大可爲也，化不可爲也，在熟之而已。欲罷不能，便只是就這博文約禮中做工夫。合下做時，便是下這十分工夫去做，到得這歎時，便是欲罷不能之效。衆人與此異者，只是爭這箇欲罷不能，做來做去，不知不覺地又住了。顏子則雖欲罷而自有所不能，不是勉强如此。顏子用功精專，方見得夫子動容周旋無不中處，皆是天理之流行，卓然如此。分曉到這裏，顏子些小未能渾化如夫子，故曰雖欲從之，末由也已。」○高堅前後，始時之所見也；博文約禮，中閒用力之方也；「欲罷不能」以後，後來得力之效驗也。○問：「顏子此說，亦是立一箇則例，與學者求道用力處，故程子以爲學者須學顏子，有可依據，孟子才大，難學者也。」曰：「然。」○南軒張氏曰：「仰之彌高，愈進愈難攀也；鑽之彌堅，愈鑽愈難入也。瞻之在前，則若不及；忽焉在後，則又過之。蓋得其中者爲難也。夫子則循循然善誘人，從容不迫，以其序而進之，博文約禮，使之集衆義於見聞之閒，宅至理於隱微之際，使我自不能已，盡吾之

才以極其至，則見夫所立卓爾，蓋至此非力之所能爲，此顏子所以喟然而歎歟！反覆詳味，則顏子學聖人始終之功，孔子教人先後之序，與夫聖人之道之至，則可得而研求矣。」○潛室陳氏曰：「雖欲從之，末由也已，到此際，力無所施，乃冰消雪釋，查滓融化之境，雖聖人不能授顏子，顏子亦不能受之於聖人。今欲學顏子，且把博文約禮作依據，日積月累，人十己千，將來不知覺自有豁然融會處。」○雙峰饒氏曰：「『不怠所從』，是發明『雖欲從之，末由也已』，言不是恁地住了。『請事斯語』，是『約我以禮』時事；『三月不違仁』，是『有所立，卓爾』時事。」○新安陳氏曰：「此章顏子初見聖道之無窮盡，無方體，非特不能從之，亦未的於見之也。及夫子博以文，約以禮，知行功深，方見聖道之卓然有立，的於見之，與初之仰鑽瞻忽大不同矣。但雖見其卓爾者，猶未能進而從其卓爾者，雖欲用力，又無所容力也。使天假之年，則由勉而安，由大而化，不特見到聖人地步，亦進到聖人地步矣。」《通考》朱子曰：「仰鑽瞻忽，是一箇關；『如有所立，卓爾』，又是一箇關。若不是夫子循循善誘，博文約禮，便雖見高堅前後，亦無下手處。惟其如此，所以過得這一關，博文了又約禮，約禮了又博文，恁地做去，所以欲罷不能，至於『如有所立卓爾』處，見得大段親切了。那『末由也已』一節，却是著力不得處，博文約禮是著力得處也。」○仁山金氏曰：「以文公過關之喻作三節看。蓋顏子始初銳於進道，以其天資之高，略見道體，便欲一蹴而到。故竭力以進，多方以求，欲就聖人高明處入，則升一級，又有一級，窮之益高；欲從聖人博厚處入，則透了一層，又有一層，鑽益見其堅。見聖道若在吾前，勇猛趕上，則又在後面，我又過之，終難到無過不及處。此是用功第一箇關節。及夫子見顏子求道如此其力，而終未有捉摸處，遂教且從博約工夫循序以進。文欲其博，以至萬理俱融，可以擇中而居之不偏；禮欲其約，以其一私不存，可以應物而動皆有則。顏子敬領於斯，百倍其功，交進互發，日見趣味，以至欲罷不能而竭其才。及其久也，義理昭明，本心純熟，向之高堅者，今皆識其大本，前之瞻忽者，今皆見其定體，凡其處己治人，應事接物，雖精粗巨細，萬變不同，莫不各有不偏不倚，無過不及道理。其曰如者，非謂似見未見，蓋此等地位非可以言語形象求，達者自悟，衆人固不識也，故以如言之。此又用功第二關節。顏子擇乎中庸，至矣盡矣，比之聖人，守之

也，所謂未達一間也。以顔子天資功力，豈不能盡力以求速化？然化可以養而至，不可以力而進，故曰雖欲從之，末由也已。蓋欲從容，少假歲月，以俟其自化。此又用功第三關節。顔子作聖工夫，本末可謂曲盡，此程子所謂學者當學顔子有所依據也。」○朱氏公遷曰：「此大賢希聖之學，知行兼備者也。克己復禮，主敬行恕，皆以用功言。顔淵喟然之歎，與曾子三省之云，亦自以用功言。顔子不遷怒貳過，孟子知言善養氣，皆以成功言。若子貢之論己與顔子，則兼才學而言之。曾子之稱顔子，則於學問之中略兼德行而言之也。」附《存疑》：吳氏曰「所謂卓爾，亦在乎日用行事之間」，看來「卓爾」就聖人身上説方是。此是因顔子説「末由也已」，恐人求之於窈冥昏默，故言此以防之。蓋聖人日用行事之間，莫非妙道精義之發，不待思勉而從容中道，是正顔子卓然之見而未能從者也。

○子疾病，子路使門人爲臣。

夫子時已去位，無家臣。子路欲以家臣治其喪，其意實尊聖人，而未知所以尊也。胡氏曰：「此必夫子失司寇之後，未致其事之前也，若夢奠，則子路死於衛久矣。大夫老而致仕，後得從其列。無家臣者，無禄故也。」

病閒，曰：「久矣哉，由之行詐也！無臣而爲有臣。吾誰欺？欺天乎？閒，如字。

病閒，少差楚懈反，下同。也。病時不知，既差乃知其事，故言我之不當有家臣，人皆知之，不可欺也，而爲有臣，則是欺天而已。人而欺天，莫大之罪，引以自歸，其責子路深矣。朱子曰：「『久矣哉』，不特指那一事，是指從來而言。子路一時不循道理，本心亦不知其爲詐，然子路平日强其所不知以爲知，只有一毫不誠便是詐也。」○慶源輔氏曰：「子路之意，以夫子之聖，其喪不可以俯同衆人，必當有以尊異之，而夫子嘗爲大夫，有家臣矣，故欲爲家臣治其喪以尊異之也。然不知聖人之喪豈以家臣之有無爲輕重也哉！」○既斥子路以行詐，而又自謂其欺天，蓋以見義理之不可犯也如此。附《存疑》：子路只是見理未到，本心未必欲行詐。然理不當爲而率意爲之，亦是詐也。

且予與其死於臣之手也，無寧死於二三子之手乎！且予縱不得大葬，予死於道路乎？」

無寧，寧也。惟有無字、乎字，故可訓無寧爲寧。大葬，謂君臣禮葬。死於道路，謂棄而不葬。又曉之以不必然之故。**附**顧麟士曰：「上節言家臣之不當有，此節言家臣之不必有。」○此節以兩「且予」作轉，亦當平説。○君臣禮葬，君字疑謂孔子也。此尤可信《中庸》「所求乎臣」之解。○范氏曰：「曾子將死，起而易簀，音責。曰：『吾得正而斃音弊。焉斯已矣。』子路欲尊夫子，而不知無臣之不可爲有臣，是以陷於行詐，罪至欺天。君子之於言動，雖微不可不謹。夫子深懲子路，所以警學者也。」楊氏曰：「非知至而意誠，則用智自私，不知行其所無事，往往自陷於行詐，欺天而莫之知也，其子路之謂乎？」《禮記・檀弓》篇：曾子寢疾，病。樂正子春〔曾子弟子。〕坐於牀下，曾元、曾申〔曾子二子。〕坐於足，童子隅坐而執燭。童子曰：「華而睆，〔華板反。華，畫也。睆，明貌。〕大夫之簀與？」〔平聲。〕子春曰：「止。」曾子聞之，瞿〔音句，驚貌。〕然曰：「呼！」〔虚憊之聲。〕曰：「華而睆，大夫之簀與？」曾子曰：「然。斯季孫之賜也，我未之能易也。元起易簀。」曾元曰：「夫子之病革矣，〔革，紀力反，急也。〕不可以變。〔變動。〕幸而至於旦，請敬易之。」曾子曰：「爾之愛我也不如彼。君子之愛人也以德，細人之愛人也以姑息。吾何求哉？吾得正而斃焉斯已矣。」舉扶而易之，反席未安而没。○勉齋黄氏曰：「『久矣哉』，責子路之素行如此也。『欺天』者，曉之以理之正。『且予』以下，❶則告之以利害之實。聖人之言，委曲詳盡如此。」○汪氏曰：「《禮記》『易簀』章一『正』字，足以斷此章而責子路，故引之。曾子易簀而死，爲得其正，夫子苟死於家臣之手，不正甚矣。彼執燭之童子，尚知大夫之簀不可不易，子路乃不知無臣之不可爲有臣乎？況夫子席不正且不坐，割不正且不食，況臨死生之際乎？范氏引此，見聖人心安

❶「予」，原作「於」，今據《四書大全》改。

於正，生死一而已矣。」○新安陳氏曰：「有家臣而用家臣，理也。無而用之，非理也。天者，理而已，非理則欺天矣。子路欲尊夫子，豈知陷於欺天，尊夫子者反所以累夫子歟？」

○子貢曰：「有美玉於斯，韞匵而藏諸？求善賈而沽諸？」子曰：「沽之哉！沽之哉！我待賈者也。」韞，紆粉反。匵，徒木反。賈，音嫁。

韞，藏也。匵，匱也。沽，賣也。子貢以孔子有道不仕，故設此二端以問也。孔子言固當賣之，但當待賈而不當求之耳。南軒張氏曰：「子貢以美玉爲喻，疑夫子將終藏而不售也。若夫子之意，則以爲君子豈不欲施用於世乎？然其不輕售者，必待其可而後出耳。如子貢所謂『求善賈』則非矣。待賈者，循乎天理；而求善賈者，則已心先動矣。」○慶源輔氏曰：「『沽之哉』二句，見理則當沽，而意則不求沽也。此亦子貢初年語，至答武叔、子禽之問，必不尚以夫子出處爲疑矣。」○范氏曰：「君子未嘗不欲仕也，又惡去聲。不由其道。士之待禮，猶玉之待賈也。若伊尹之耕於野，伯夷、太公之居於海濱，世無成湯、文王，則終焉而已，必不枉道以從人，衒音眩。❶玉而求售音壽。也。」雲峰胡氏曰：「子貢嘗答子禽曰：『夫子之求之也，其諸異乎人之求之與？』蓋以子禽之問病在一『求』字也。今子貢之問，亦自病在一『求』字，豈問夫子者在先，而答子禽者在後歟？」○新安陳氏曰：「此章當味『求』字與『待』字。不待賈而求之，則併與本然之美失之矣。待賈者，安於命義之正；求賈者，涉於奔競之私。席珍待聘其可也。」

○子欲居九夷。

東方之夷有九種。上聲。○《後漢·東夷傳》：夷有九種，曰：畎夷、于夷、方夷、黄夷、白夷、赤夷、玄夷、風夷、陽夷。○九種見《書·旅獒》。欲居之

❶「眩」，原作「昡」，今據《四書大全》改。

者，亦乘桴浮海之意。附《存疑》：子欲居九夷，豈若管寧之往遼東哉？冀遇九夷之君而行其道耳。不然，何嫌乎中國？祇爲列國不見用耳。

或曰：「陋，如之何？」子曰：「君子居之，何陋之有？」

君子所居則化，何陋之有？問：「此及浮海莫是戲言否？」朱子曰：「只見道不行，偶發此歎，非戲言也。」○問：「九夷尚可化，何故不化中國？」曰：「當時中國未嘗不被聖人之化，但時君不用，不得行其道耳。」○問：「『子欲居九夷』，使聖人居之，真有可變之理否？」曰：「然。」○南軒張氏曰：「『欲居九夷』，與乘桴浮海之歎同。或人未之諭，則以爲真欲往也，故疑其陋，以爲不可居。夫子之所以告之者，乃行乎夷狄之道。蓋忠信篤敬，何入而不自得也。」○慶源輔氏曰：「聖人能必居夷之化，而不能於中國必使其道之行，則天也。」○厚齋馮氏曰：「箕子封於朝鮮，東夷之地也，何陋之有？雖然，夫子去父母之國，尚遲遲其行，況舍中國而之夷狄乎？是蓋有激而姑云爾，非素志也。」○新安陳氏曰：「陋在彼，不陋在我。『君子所過者化』，若居夷狄，必將用夏變夷，陋習自可化矣。」

○子曰：「吾自衛反魯，然後樂正，《雅》、《頌》各得其所。」

魯哀公十一年冬，孔子自衛反魯。是時周禮在魯，然《詩》樂亦頗殘缺失次。孔子周流四方，參互考訂，以知其說。晚知道終不行，故歸而正之。朱子曰：「是時王迹熄而《詩》亡，其存者謬亂失次。孔子自衛反魯，復得之他國以歸，定著爲三百五篇，於是《雅》、《頌》各得其所。」○南軒張氏曰：「聖人未刪《詩》以前，篇章交錯，不以其序者亦多矣，故反魯之後，然後樂正，《雅》、《頌》各得其所。獨舉《雅》、《頌》，蓋其大者耳。」○陳氏曰：「不及風者，列國多不正之聲，廟朝所不奏，二南亦用之房中耳，故正樂只言《雅》、《頌》。」○胡氏曰：「聖人雖生知，然於聲音節奏，必考而後詳，必驗而後信。在齊聞《韶》，學之三月，亦其事也。」○新安陳氏曰：「晚知道不行於當時，故歸而正《詩》樂，以傳之來世。詩者樂之章，《詩》得其所而後樂得其正。聖人追言其效，故先樂而後《詩》耳。」附《存疑》：鄭氏夾漈曰：「樂以《詩》

爲本，《詩》以聲爲用，八音六律，爲之羽翼耳。仲尼編《詩》，爲燕享祀之時用以歌，而非用以説義也。古之《詩》，今之詞曲也。若不能歌之，但能誦其文而説其義，可乎？」○《詩》在於聲，不在於義，猶今都邑有新聲，巷陌競歌之，豈爲其詞義之美哉？直爲其聲新耳。禮失則求諸野，正爲此也。孔子曰「吾自衛反魯，然後樂正，《雅》、《頌》各得其所」，亦謂《雅》、《頌》之聲有別，然後可以正樂。○三百篇在成周之時，亦無所紀繫，有季札之賢而不別《國風》所在，有仲尼之聖而不知《雅》、《頌》之分。仲尼爲此患，故自衛反也，問於太師氏，然後取而正焉。列十五國風，以明風土之音不同；分大小二雅，以明朝廷之音有間；陳周、魯、商三頌之音，所以侑祭也。定《南陔》、《白華》、《華黍》、《崇丘》、《由庚》、《由儀》六笙之音，所以叶歌也。得詩而得聲者，三百篇，則繫於《風》《雅》《頌》；得詩而不得聲者，則置之，謂之逸詩。如《河水》、《祈招》之類，無所繫也。○漢末，《詩》三百僅能傳《鹿鳴》、《騶虞》、《伐檀》、《文王》四篇之聲而已。❶太和末，又失其三。至於晉室，《鹿鳴》一篇又無傳。後世不復聞《詩》。按鄭氏之言有相發明者，故録之。○《存疑》：此章《蒙引》雖因《集註》置《詩》於樂之上，作《詩》樂平説，依愚見，本文先説「樂正」，後説「《雅》、《頌》各得其所」，則其所主在樂，與「語魯太師樂」，及「師摯之始，《關雎》之亂」章一意，其曰《詩》樂，從順辭也。

○子曰：「出則事公卿，入則事父兄，喪事不敢不勉，不爲酒困，何有於我哉？」

説見形甸反。第七篇。「默而識之」章亦言「何有於我」。然此則其事愈卑而意愈切矣。新安陳氏曰：「彼三者以爲雖非聖人之極至，猶不敢當，謙而又謙之辭，此則視前三者事愈卑，而其謙謙之意愈切矣。」○朱子曰：「此説本卑，非有甚高之行，然工夫却愈精密，道理却愈無窮，故曰『知崇禮卑』。」○聖人自謙，言不曾有此數者，常有歉然不足之意。衆人雖見他仁之至熟，義之至精，他只管自見得有欠缺處。○南軒張氏曰：「此章視之若易能，然行之無憾則未易也。蓋於天理之當爲者，求盡其道，而於人情之易動者，不踰其則，雖聖人亦極乎是理而已。夫子教人，每指而示之

❶「篇」，原作「薦」，今據《通志》改。

近，使人皆可勉焉。」○慶源輔氏曰：「此章所以警學者，使自察於踐履之間，不忽於卑近，不違於微小之意益深切矣。」○雙峰饒氏曰：「事公卿父兄，事生之禮；喪事，事死之禮。常情多謹於事生，而易忽於事死。不特三年之喪，如其功緦之輕者，皆不可以不勉。三件皆是大節目，『不爲酒困』是至小底，然亦甚難，有時被人勸而稍多飲，便能使人神昏氣亂。常人往往忽視以爲小事，聖人之心，無時不存，亦因可以勉人耳。」

○子在川上，曰：「逝者如斯夫！不舍晝夜。」夫，音扶。舍，上聲。

天地之化，往者過，來者續，無一息之停，乃道體之本然也。此五句所包甚闊。《通考》勿齋程氏曰：「『維天之命，於穆不已』，『無聲無臭』，是曰道體。」然其可指而易去聲。見者，莫如川流，吳氏曰：「『逝者』不指水，『斯』字方指水。」○問：「逝訓往，《集註》謂往過來續，似多了『來』字。」雙峰饒氏曰：「不說來者，無以見往者之無窮。往是前面已去底，來是後來接續去底，二者皆往也。」○新安陳氏曰：「必有『來者續』，方見道體之無窮，使往過而來不續，則其機息而非生道矣。」故於此發以示人，欲學者時時省悉井反。察而無毫髮之閒去聲。斷徒玩反。也。朱子曰：「天理流行之際，如少有私欲以閒之，便如水被些障塞，不得恁地滔滔流去。」又曰：「才不省察，便閒斷。」○慶源輔氏曰：「天理流行，無處不然，無時或已，但隱於人心者不若形於川流者易見。人能即此而有發焉，則當自强於體察，致力於謹獨，使之無一息之閒斷，則庶幾乎不虧其本體矣。」○新安陳氏曰：「此又發言外意，欲學者於川流上察識道體之自然不息，而法之以自强不息也。」附《存疑》：道在天地者不息，在人者亦不息。但天地無心，其不息者常不息，人心有欲，其不息者有時而息矣。聖人即川流語道，欲人因此以悟道之在我者本不息，時時體察於日用事物之閒，以遏其人欲之萌，使道之不息者常存於我也。○此章當與《中庸》上下察、夫子語點、孟子勿忘勿助來參看。○朱註「天地之化」至「乃道體之本然」，包天地人物在其中，故承之曰「欲學者時時省察而無毫髮之閒斷」。不然，當如程註言「君子法之」方是。此程説所以在圈外也。○《蒙引》：「逝者如斯夫」至「不舍晝

夜」，不可分兩截看。○程子曰：「此道體也。天運而不已，日往則月來，寒往則暑來，水流而不息，物生而不窮，皆與道爲體，運乎晝夜，未嘗已也。朱子曰：「此是形容道體。伊川所謂『與道爲體』，此一句最妙。某嘗爲人作《觀瀾詞》，其中有兩句云：『觀川流之不息兮，悟有本之無窮。』道之本然之體不可見，觀此則可見無體之體，如陰陽五行爲太極之體。」○日往月來等未是道，然無這道便無這箇了，有這道方有這箇。既有這箇，就上面便可見得道，是與道做箇骨子。若説天只如此高，地只如此厚，便也無説了，須看其所以如此者如何。○道本無體，此四者非道之體也，但因此可見道之體耳。那「無聲無臭」底便是道，只於「無聲無臭」上推究，如何見得道？因有四者，方見得那「無聲無臭」底，所以説「與道爲體」。○道無形體，却是這物事盛載那道出來，所以指物以見道。道之體便在這許多物事上，只是水上較親切易見。○胡氏曰：「夫子因所見之一物而言，程子因夫子之説，併舉三者而言。夫道體可見，固不專於水，亦不專於四者，大而造化之流行，近而口鼻之呼吸，莫不皆然。」○勉齋黄氏曰：「夫子所云，蓋合道器兼體用而言。」○新安陳氏曰：「天之運，日月寒暑之往來，水之流，萬物之生，皆自然不息者，程子雜水流於其中言之，水流蓋其一端耳。道無形體之可見，就此有形體之數端上發見出來，所謂與道爲形體也。」是以君子法之，自强不息。新安陳氏曰：「《易·乾卦》象傳曰：『天行健，君子以自强不息。』《集註》之意本此，是乃勉而行之者。」及其至也，純亦不已焉。」朱子曰：「大抵過去底物不息，❶猶天運流行，不息如此，亦警學者要當如此不息。蓋聖人之心，純亦不已，所以能見之。」○問：「道無一息之停，其在天地，則見於日往月來，寒往暑來，水流而不息，物生而不窮，終萬古未嘗間斷，其在人，則本然虛靈知覺之體，常生不已，而日用萬事，亦無非天理流行而無少息。故舉是道之全而言，合天地萬物人心萬事，統是一無息之體，分而言，則『於穆不已』者，天之所以與道爲體也，生生不已者，心之所以與道爲體也，『純亦不已』者，聖人之心與天道爲一體

❶「物」，原脱，今據《朱子語類》、《四書大全》補。

也，『自強不息』者，君子之所學聖人存心事天而體夫道也。」曰：「此亦得之。但『與道爲體』四字甚精。蓋物生水流，非道之體，乃與道爲體者也。」○覺軒蔡氏曰：「夫子川上之歎，有感於道體之無窮，勉人進學，以求造乎『純亦不已』耳。」○新安陳氏曰：「進於此則安而行之矣。」又曰：「自漢以來，儒者皆不識此義。此見聖人之心，純亦不已也。純亦不已，乃天德也。有天德，便可語王道，其要只在謹獨。」朱子曰：「有天德則便是天理，便做得王道。無天德則便是私意，是計較。人多無天德，所以做王道不成。」○人多於獨處閒斷，才不慎獨，便去隱微處閒斷了。○能慎獨，則無閒斷，而其理不窮。若不慎獨，便有欲來參入裏面，便閒斷了，如何便會如川流底意？○慶源輔氏曰：「人心即天德所寓，天地之道，常久而不已也，則純亦不已，非天德而何？聖人之心則全具得此天德者也。即是而推之，便是王道。人心、天德、王道，只是一理。」《通考》勿齋程氏曰：「至誠無息，與天爲一，是曰天德。」又曰：「天德者，聖人希天；謹獨者，賢希聖。」又曰：「幽隱細微，必謹其獨，是曰慎獨。」愚按自此至終篇，皆勉人進學不已之辭。新安倪氏曰：「《楚辭辨證》：《騷經》『忍而不能舍也』，洪氏註引顔師古曰：『舍，止息也，屋舍、次舍，皆此義。《論語》「不舍晝夜」，謂曉夕不息耳。今人或音捨，非是。』按《辨證》文公著於慶元己未三月，明年庚申四月，公易簀矣。《集註》『舍，上聲』者，舊音，讀如赦者，定説也。」

○子曰：「吾未見好德如好色者也。」好，去聲。

謝氏曰：「好去聲。好色，惡去聲。惡臭，誠也。好德如好色，斯誠好德矣。然民鮮上聲。能之。」慶源輔氏曰：「好色惡臭，與好德皆出於性。然人之常情，於好色惡臭則誠實好之惡之，至於好德，則多虛僞不實。故謝氏有此説，而又言『民鮮能之』。大凡至誠而好，則内外表裏如一，而心志容色皆應有不可掩者。」附《存疑》：孔門如顔、曾、冉、閔者無幾人，其餘都有病痛。聖人此歎，其在顔氏既没之後，曾子未長之前乎？○《史記》：孔子居衛，靈

公與夫人南子。同車，使孔子爲次乘，去聲。○第二乘，次其後。招摇市過之，孔子醜之，故有是言。朱子曰：「招摇，如翺翔。」○新安陳氏曰：「夫人不翟茀自蔽，公與同車，翺翔過市，無恥孰甚焉？孔子此言因靈公好色而發也。」

○子曰：「譬如爲山，未成一簣，止，吾止也。譬如平地，雖覆一簣，進，吾往也。」簣，求位反。覆，芳服反。

簣，土籠也。韻書籠字平聲者，註云舉土器，則此合平聲。《書》曰：「爲山九仞，功虧一簣。」夫子之言蓋出於此。言山成而但少一簣，其止者，吾自止耳；平地而方覆一簣，其進者，吾自往耳。蓋學者自强不息，則積少成多，中道而止，則前功盡棄。其止其往，皆在我而不在人也。南軒張氏曰：「學以成德爲貴也。止者，吾止也；進者，吾往也。進止係乎己而由乎人哉？」○慶源輔氏曰：「其止者，非有尼之者也，乃吾自止耳；其進者，非有趨之者也，乃吾自往耳。反觀内省而自强不息，而爲學之終始，蓋不待外求而得之矣。」○新安陳氏曰：「其往乃自强，其止乃自棄。自强者不成不止，自棄者止而必不成。《語》有三四章，純如《詩》六義之比。此止言爲山，而未嘗言爲學，然爲學之義見於言外。此外松柏、驥力、苗秀章是也。」

○子曰：「語之而不惰者，其回也與！」語，去聲。與，平聲。

惰，懈惰也。居隘反。范氏曰：「顔子聞夫子之言而心解力行，造七到反。次顛沛未嘗違之，如萬物得時雨之潤，發榮滋長，上聲。何有於惰？此群弟子所不及也。」朱子曰：「語之而不惰，惟於行上見得。顔子不惰，如『得一善則拳拳服膺而不失』，『欲罷不能』，皆是其不惰處。」又曰：「顔子聽得夫子説話，自然住不得。若他人聽過了，半疑半信，若在若亡，安得不惰？」○慶源輔氏曰：「心解，謂知得透徹，聞一知十是也。力行，謂行得至到，『既竭吾才』是也。」○雙峰饒氏曰：「惟其心解，

所以力行。夫子稱顏子，所以厲群弟子也。」○新安陳氏曰：「顏子惟明睿，故聞夫子之言而心解；惟健决，故聞夫子之言而力行。一知一行，皆不懈也。又以物得時雨比之，此意自如時雨化之來，《孟子集註》謂孔子之於顏、曾是也。惟顏子能化於時雨，惟孔子能當其可化之時而化以時雨。『發榮滋長』，所謂『則苗勃然興之』者也。」附《蒙引》：心解，知也；力行，行也。「而不惰」重在力行上，但由於心解。

○子謂顏淵，曰：「惜乎！吾見其進也，未見其止也。」

進、止二字，説見形甸反。上章。顏子既死而孔子惜之，言其方進而未已也。朱子曰：「顏子未到那成就結裹處。蓋他一箇規模許大，若求到成就結裹處，必大段可觀。」○勉齋黃氏曰：「智愚賢不肖之分，惰與不惰、止與不止之閒耳。知『逝者如斯』之意，則誠不容於止且惰矣。」《通考》朱氏公遷曰：❶「顏淵之死，伯牛之疾，夫子皆有傷歎之辭，然於顏淵則歸之於天，於伯牛則歸之於命，『莫之爲而爲』，『莫之致而至』，蓋亦『末如之何』也。」附《存疑》：「語之而不惰」，正是見其進未見其止處。○《蒙引》：既曰「進、止二字説見上章」，當不可以未見聖人之止之説爲解。孔子之意，謂回之學進進不已，使假之以年，當入聖域矣，而不幸短命以死，殊可惜也。

○子曰：「苗而不秀者有矣夫！秀而不實者有矣夫！」夫，音扶。

穀之始生曰苗，吐華曰秀，成穀曰實。蓋學而不至於成，有如此者，是以君子貴自勉也。朱子曰：「苗須是秀，秀須是實，方成。不然，何所用？學不至實，亦何所用？此聖人勉人進學意也。」○南軒張氏曰：「養苗者，不失其耕耘，無逆其生理，雨露之滋，日夜之養，有始有卒，而後可以臻厥成。或舍而弗耘，或揠而助長，以至於一暴十寒，則苗而不秀，秀而不實矣。學何以異於是？有質而不學，苗而不秀者也；學而不能有諸己，秀而不實者也。」○新安陳氏曰：「此章或謂孔子惜顏子，非也。此以其始學而不發達，發達而不成就者，學者不可以方苗而秀自止，

❶「氏」，原作「子」，今據《四書通旨》及本書體例改。

當以既秀且實自勉也。」

○子曰：「後生可畏，焉知來者之不如今也？四十、五十而無聞焉，斯亦不足畏也已。」

孔子言後生年富力彊，方來之年多，曰年富。足以積學而有待，其勢可畏，安知其將來不如我之今日乎？然或不能自勉，至於老而無聞，則不足畏矣。言此以警人，使及時勉學也。曾子曰：「五十而不以善聞，則不聞矣。」蓋述此意。《大戴禮·脩身篇》：曾子曰：「年三十、四十之閒而無藝，則無藝矣。五十而不以善聞，則不聞矣。七十而未壞，雖有後過，亦可以免矣。」○問：「『後生可畏』是方進者也，『四十、五十而無聞』是中道而止者也。」朱子曰：「然。」○慶源輔氏曰：「年富，則進學有餘日；力彊，則進學有餘功，故足以積學而有待。年少而德業進脩，則未易量而可畏；已老而實隕名銷，則不足畏而可哀。《集註》謂『警人使及時勉學』，爲盡之矣。」尹氏曰：「少去聲，下同。而不勉，老而無聞，則亦已矣。自少而進者，安知其不至於極乎？是可畏也。」南軒張氏曰：「有至於四十、五十而知好學者，如《中庸》所謂困而知、勉而行，聖人猶有望焉。若後生雖有美質，而悠悠歲月，則夫所謂四十、五十者，將轉盼而至，可不懼哉？」○雙峰饒氏曰：「曰『可畏』，期望以勉勵之；曰『不足畏』，絕望以警戒之。尹氏先釋後二句，却轉來釋前二句，見勉勵之意重。不成只說他不足畏了便休？」附《存疑》：「有待」只是足以積學，言有日子等待你也。以「不亡何待」來看，益明白。

○子曰：「法語之言，能無從乎？改之爲貴。巽與之言，能無說乎？繹之爲貴。說而不繹，從而不改，吾末如之何也已矣。」

法語陸氏音魚據反，下同。者，正言之也。巽言者，婉而道之也。繹，尋其緒也。新安陳氏曰：「如絲有端緒，尋求其端緒而思慮紬繹之也。」法言人所敬憚，故必從，然不改則面從而

已；巽言無所乖忤，五故反。故必説，音悦，下同。然不繹則又不足以知其微意之所在也。朱子曰：「如漢武帝見汲黯之直，深所敬憚，至帳中可其奏，可謂從矣。然武帝内多欲而外施仁義，豈非面從？如孟子論好色好貨，齊王豈不悦？若不知繹，則徒知古人所謂好色，不知其能使『内無怨女，外無曠夫』；徒知古人所謂好貨，不知其能使『居者有積倉，行者有裹糧』也。」○楊氏曰：「法言若孟子論行王政之類是也。巽言若其論好去聲，下同。貨好色之類是也。語之而不達，拒之而不受，猶之可也。新安陳氏曰：「謂全不從不説者，此等不足責。」其或喻焉，則尚庶幾平聲。其能改繹矣。從且説矣，而不改繹焉，則是終不改繹也已，新安陳氏曰：「既曉諭，則有能改繹之幾矣，而止如此，此等深可責。」雖聖人其如之何哉？」朱子曰：「巽謂巽順與他説。都是教他做好事，重處在不改不繹。聖人謂如此等人，與他説得也不濟事，故曰吾末如之何也已。」○南軒張氏曰：「法言明義而正告之，巽言委曲而開導之也。自非肆於惡而無忌憚者，其聞之能無面從與説意乎？然聞善將以善其身也。苟惟暫説而不改其故，面從而不改其非，則亦何有於己哉？」○慶源輔氏曰：「從法語，説巽言，秉彝之性也。從而不改者，物欲堅强，而不屈就於理；説而不繹者，志氣昏惰，而不反求諸心爾。學之不進，德之不脩，家之不齊，國之不治，皆由是基之。若此之人，雖聖人亦莫如之何也已。」附《蒙引》：悦而不繹，則全不足以知其微意之所在。從而不改，則亦面從而已。

○子曰：「主忠信，毋友不如己者，過則勿憚改。」

重平聲。出而逸其半。新安陳氏曰：「弟子各記所聞，有詳有略。」

○子曰：「三軍可奪帥也，匹夫不可奪志也。」

侯氏曰：「三軍之勇在人，匹夫之志在

己，故帥可奪而志不可奪。如可奪則亦不足謂之志矣。」此借上句以明下句意。〇南軒張氏曰：「志者中有所主也。三軍雖衆，其帥可奪者，資諸人故也；匹夫雖微，其志則不可奪者，存諸己故也。夫使志而可奪，則不得謂之志矣。雖然，此所謂志，謂守其道而不渝，如虞人『非其招不往』之類是也。若守認私意而不知徙義，則是失其所主，謂之任意則可耳，非志也。」〇勉齋黄氏曰：「共姜一婦人也，而以死自誓，其志之不可奪如此，況志於仁，志於道，可得而奪乎？」〇慶源輔氏曰：「以三軍之勇而衛一人，宜若不可奪也，然其可奪者，勇非在我也；以匹夫而守其志，宜若可奪也，然其不可奪者，志非在外也。」〇志與意不同。意是發動處，志是存主處。夫子所謂「志士仁人，有殺身以成仁，無求生以害仁」，其可得而奪乎？如可奪，則豈足以爲志哉？〇洪氏曰：「志，氣之帥也，故以爲喻。」〇雙峰饒氏曰：「三軍有千萬箇心，匹夫只是一心。若三軍離心，則帥便被人奪了，匹夫之志在我而已，故不可奪。此是教人立志。」〇新安陳氏曰：「志公而意私。初守得定，故不可奪，此是志。後守不定，爲人所奪，便非志矣。志搖奪於私意，只可言意耳。李密云『舅奪母志』，非也。若其志如共姜，可奪乎？」

〇子曰：「衣敝緼袍，與衣狐貉者立，而不恥者，其由也與？衣，去聲。緼，紆粉反。貉，胡各反。與，平聲。

敝，壞也。緼，枲想里反。著展呂反。也。袍，衣有著者也。蓋衣之賤者。勿軒熊氏曰：「緼，枲著，出《記·玉藻》，云：『纊爲繭，緼爲袍。』鄭云：『衣有著之稱。纊，今之新綿。緼，今之纊及舊絮。』疏：❶好者爲綿，惡者爲絮。朱子云：『袍謂夾衣，有綿在胎底。』❷趙氏曰：『枲著則雜用枲麻以著袍也，如今麻苧篛類，可置之夾襖中者。』」〇雲峰胡氏曰：「《禮韻》貯字亦作著，通作褚，作緒，以綿裝衣之謂。」附顧麟士曰：❸「按《玉藻》云：『纊爲繭，緼爲袍，

❶「疏」，原作「綿」，今據哈佛本改。
❷「在」，《朱子語類》作「作」。
❸「附」，原爲「〇」，今據本書體例改。

襌爲絅，帛爲褶。』陳澔注：纊，新綿也。緼，舊絮也。衣之有著者，用新綿則謂之繭，用舊絮則謂之袍。有表而無裏謂之絅，有表裏而無著者謂之褶。」〇著字或作緒，以綿裝衣也。然此謂枲著者，枲，牡麻也，以枲搥細以當綿，貧者之服，謂以麻裝衣也，與《禮記》又不同。此《通義》許白雲説。〇《大全》熊氏引鄭云：「好者爲綿，惡者爲絮。」則新綿之中，又自分美劣，雖不言枲著，亦當貧者也。狐貉，以狐貉之皮爲裘，衣之貴者。子路之志如此，則能不以貧富動其心，而可以進於道矣，故夫子稱之。厚齋馮氏曰：「與美衣服者並立而此心不動，其志足以帥氣而不可奪矣，烏得不與之？然特其立志之初也。」附《蒙引》：大抵學先要不以貧富動心，有箇重内輕外之意，然後可與進道。若有耻惡衣惡食之意，則識趣卑下，無望其能有進矣。然此亦進道之資耳。若專挾此爲能，則志有所局，無復遠大之望矣。〇《集註》於「衣敝緼袍」一節云「子路之志如此，則能不以貧富動其心，而可以進於道矣」，須看「可以進道」意。下文「何用不臧」，便是此意。

『不忮不求，何用不臧？』」忮，之豉反。

忮，害也。求，貪也。臧，善也。言能不忮不求，則何爲不善乎？此《衛風·雄雉》之詩，孔子引之以美子路也。呂氏曰：「貧與富交，彊者必忮，弱者必求。」朱子曰：「李閎祖云：『忮是疾人之有，求是恥己之無。』推明得呂氏説好。」〇問彊必忮、弱必求。曰：「世人見富貴底，不是心裏妬嫉他，便羡慕他。」〇慶源輔氏曰：「忮者，嫉人之有而欲害之也；求者，恥己之無而欲取之也。是皆爲外物之所累者也。能於外物一無所累焉，則何往而不善哉？」附《蒙引》：始言「何用不臧」者，以其可進於道也；後言「何足以臧」者，以其不復求進於道也。

子路終身誦之。子曰：「是道也，何足以臧？」

終身誦之，則自喜其能而不復扶又反，下同。求進於道矣。問：「子路終身誦之，此子路所以不及顔淵處。蓋此便是『願車馬衣輕裘，與朋友共敝之而無憾』底意思，然他將來自誦，便是無那『無伐善施勞』

底意思。」朱子曰：「所謂終身誦之，亦不是他矜伐，只是將這箇做好底事終身誦之，要常如此，便別無長進矣。」❶〇問：「人惟中無所養，而後饑渴得以害其心也，故不能自安於貧，而有慕乎彼之富。此心一動，物欲行焉，故雖可已而不已，孟子所謂『宮室之美、妻妾之奉、所識窮乏者得我』而爲之類，蓋有不可勝窮之私。由是以失其本心，而忌嫉忮害生焉，否則諂曲以求之，而不自知其爲卑污淺陋之甚也。子路之志，不牽乎外物之誘，夫子稱之，欲以進其德。惜乎不能充此而上之，至有終身誦之之弊，❷不然，簞瓢陋巷之樂，當與顏子同之。日用工夫，信乎不可遽已也。」曰：「然。」〇新安陳氏曰：「子路能如此，本可進於道，❸今誦所引《詩》而自喜其能，則不復求進於道矣。夫子所以一揚之一抑之也。」故夫子復言此以警之。新安陳氏曰：「『是道』，謂『不忮不求』之事。『何足以臧』，承『何用不臧』之語而反之。」〇謝氏曰：「恥惡衣惡食，學者之大病，善心不存，蓋由於此。子路之志如此，其過人遠矣。然以衆人而能此，則可以爲善矣，子路之賢宜不止此，而終身誦之，則非所以進於日新也，故激而進之。」慶源輔氏曰：「義理無窮，此特一事之善，若遽自以爲喜，則不復求進於道。蓋喜心生於自足，而怠心生於自喜，故夫子又言此以警之。」〇潛室陳氏曰：「子路好勇，必無忮求，自足於此而道之，故孔子因其無日新之功而進焉。」又曰：「子路於世間名利關大界限分明處已見得破，但其工夫粗疎，未入聖賢閫室，所以聖人常欲抑其所已能，進其所未能。」

〇子曰：「歲寒，然後知松柏之後彫也。」

范氏曰：「小人之在治去聲。世，或與君子無異，惟臨利害，遇事變，然後君子之所守可見也。」南軒張氏曰：「力量之淺深，平時未易見也，惟當利害艱難之際，則可見其所守者矣。人徒見其臨事之能處也，而不知其所守之有素也。松柏之質堅剛矣，獨於歲寒之時而後人知其後凋耳。」〇慶源輔

❶「便」，原作「後」，今據《朱子語類》、《四書大全》改。
❷「弊」，原作「蔽」，今據《四書大全》改。
❸「本」，原作「未」，今據哈佛本改。

氏曰：「小人之在世，或被化而彊於爲善，或畏威而覬其免罪，故其迹或與君子無異也。臨利害，遇事變，則彊於爲善者或汩於欲而忘其勉彊之心，則惟利之趨，覬於免罪者或乘其變而以爲罪之未必及己，則放辟邪侈，故其真情發露而不可揜。惟成德之君子，則素其位而行，雖造次顛沛而未嘗違也，故其所守然後可見。」○物之受於天者獨正，故不彫於歲寒；人之得於天者必周，故能不變於邪世。○胡氏曰：「小人在治世或與君子無異者，猶春夏之交，萬物青蔥，雖有堅脆之不齊，然未可辨也。及事變之來，小人則隨時變遷，君子則所守不易，非死生禍福可得而移，亦猶重陰沍寒，生意憔悴，而松柏獨蒼然不變。」○厚齋馮氏曰：「歲寒，今之建丑月也。」○葉無不彫，而是時松柏獨不彫，則知後於衆木之彫也。○新安陳氏曰：「松柏在春夏無異衆木，必經歲寒方見其後衆木而彫零，以比君子在平時無異衆人，必經事變方見其異衆人而特立。後彫雖待歲寒而後可見，松柏之有心則貫四時而有常。托物以比君子，其意深矣。此章如《詩》六義之比。」○謝氏曰：「士窮見節義，世亂識忠臣，欲學者必周於德。」新安陳氏曰：「『士窮乃見節義』，韓退之語。『疾風知勁草，板蕩識忠臣』，唐太宗語。孟子曰：『周於德者邪世不能亂。』」○雙峰饒氏曰：「松柏至春後方易葉，故曰後彫。必有松柏之操，然後能不爲歲寒所變，以比必有君子之德，然後能不爲利害事變所移。臨利害，遇事變，是兩件。士窮見節義，以利害言；世亂識忠臣，以事變言。」

○子曰：「知者不惑，仁者不憂，勇者不懼。」

明足以燭理，故不惑。理足以勝私，故不憂。程子曰：「仁者不憂，樂天者也。」○朱子曰：「仁者天下之公，私欲不萌，而天下之公在我，何憂之有？」○胡氏曰：「公理不能勝私欲，則憂患多端。仁者至公無私，與理爲一，理所當然，則貧賤夷狄患難，皆素其位而行，無往而不自得，所以不憂也。」氣足以配道義，故不懼。朱子曰：「孟子說：『配義與道，無是餒也。』今有見得道理分曉，而反懾怯者，氣不足也。」○慶源輔氏曰：「勇而謂氣足以配道義者，配則合而有助之意，如陰配陽也。有義理之勇，有血氣之勇。氣本麤厲，惟配乎道義，則爲道義之助，而可以言勇。所謂不

懼者，非悍然不顧也，主乎義理而言，故以配乎道義明之。」此學之序也。朱子曰：「成德以仁爲先，進學以知爲先，此誠而明，明而誠也。《中庸》三者之序，亦爲學者言。」問：「何以勇皆序在後？」曰：「末後做工夫不退轉，此方是勇。」○問：「知者不惑，明理便能無私否？」曰：「也有人明理而不能去私欲者，然去私欲必先明理。無私欲則不屈於物，故勇。惟聖人自誠而明，可以先言仁，後言知。至於教人，當以知爲先。」○有仁知而後有勇，然而仁知又少勇不得。雖曰仁能守之，只有這勇，方能守得到頭，方能接得去。若無這勇，則雖有仁知，少間亦恐會放倒了。所以《中庸》說仁、知、勇三者。勇本是箇没緊要底物事，然仁知不是勇則做不到頭，半塗而廢。○問：「人之所以憂惑懼者，只是窮理不盡，故如此。若窮盡天下之理，則何憂何懼之有？因其無所憂，故名之曰仁；因其無所惑，故名之曰知；因其無所懼，故名之曰勇。不知二說孰是？」曰：「仁者隨所寓而安，自是不憂。知者所見明，自是不惑。勇者所守定，自是不懼。夫不憂不惑不懼，自有次第。」○問：「知之明，非仁以守之則不可；仁以守之，非勇而行之亦不可。三者不可闕一，而知爲先。」曰：「此說甚善，正吾人所當自力也。」○慶源輔氏曰：「仁者知之體統，故論德則以仁爲先。知者仁之根柢，故論學則以知爲首。勇則仁知之發也，未能仁知而勇，則血氣之爲耳。蓋學之序，不惑而後不憂，不憂而後不懼；德之序，不憂則自然不惑，不惑則自然不懼。」**附**《蒙引》：此皆以成德者言。但以智者居仁者之先，是學之序也，不可以智者等俱爲進學者之人。○《存疑》：人心有欲則有求，有求則有得失，有得失則有憂患。未得也患得之，既得也患失之。仁者理足以勝私，則無求，無求則無得失，無得失則無憂患，故曰仁者不憂。○顧麟士曰：「如《大全》諸說，則所謂『學之序』者，不獨『序』字重，『學』字尤重也。『川上』注固云：『自此至終篇，皆勉人進學不已之辭耳。』」

○子曰：「可與共學，未可與適道；可與適道，未可與立；可與立，未可與權。」

可與者，言其可與共爲此事也。程子曰：「可與共學，知所以求之也。可與適道，知所往也。可與立者，篤志固執而不變也。權，稱去聲，下同。錘直追反。也，所

以稱如字。物而知輕重者也。可與權，謂能權輕重，使合義也。」程子曰：「權與權衡之權同。人無權衡，則不能知輕重。聖人則不以權衡而知輕重矣，聖人則是權衡也。」○有求爲聖人之志，然後可與共學而善思，然後可與適道，思而有所得則可與立，立而化之則可與權。○朱子曰：「可與共學，有志於此；可與適道，已看見路脉；可與立，能有所立；可與權，遭事變而知其宜。此只是大綱如此説。」○問：「權便是義否？」曰：「權是用那義底。」問：「中便是時措之宜否？」曰：「以義權之而後得中。義似秤權，是將這秤去稱量。中是物得其平處。」○義字包得經與權，經自是義，權亦是義。義當守經，則守經；義當用權，則用權。經是萬世常道，權是不得已而用之，須是合義。如湯、武放伐，伊尹放太甲，此是權。若時時用之，成甚世界？○可與共學底，未必便可與適道，然共學須教可與適道。以下皆然。○慶源輔氏曰：「權與物鈞而生衡，而銖兩斤鈞皆著於衡。物加於衡之首，而權移於衡之尾，所以能知其輕重也。」○新安陳氏曰：「權字之得名以此，此推原器物以論理也。」附《存疑》：心慕吾道而志於學，是知所以求之者，可與共學矣。然或未能的見吾道之美而勇往以從之，此猶未知所往，是未可與適道也。能勇往以從之矣，或不能不因物而遷，是未能固執而不變，故未可與立也。學至於固執而不變，亦可矣，但守其常而已，至於事變之來，常道行不得處，或不能權其輕重之宜，出於常法之外以通其變，則是未可與權也。學至於可與權，然後可以通天下之變而周天下之用矣。○《蒙引》：如伯夷、叔齊，可與立者；武王、周公，可與權者。節節皆曰「可與」者，此亦爲君子會友輔仁而言。○楊氏曰：「知爲去聲。己則可與共學矣，學足以明善然後可與適道，信道篤然後可與立，知時措之宜然後可與權。」朱子曰：「可與立未可與權，亦是甚不得已，方説此話。然須是聖人，方可與權。若以顔子之賢，恐也不敢議此。『磨而不磷，涅而不緇』，而今人纔磨便磷，纔涅便緇，如何更説權變？所謂未學行，先學走也。」○權處是道理上面更有一重道理。如君子小人，君子固當用，小人固當去，然方當小人進用時，猝乍要用君子，也未得，當其深根固蔕時，便要去他，適爲所

害。這裏斟酌時宜，便知箇緩急淺深，始得。○雲峰胡氏曰：「程子是專就權上説義，朱子只分經與權説義。」洪氏曰：「《易》九卦終於『巽以行權』，《易・繫辭》：履以和行，謙以制禮，復以自知，恒以一德，損以遠害，益以興利，困以寡怨，井以辨義，巽以行權。○潛室陳氏曰：「舉《易》一語，見權者聖人之終事。《易》三陳九卦凡二十七節，道理最微，末一語方以權終之，見得不可驟語。」○新安陳氏曰：「九卦謂履、謙、復、恒、損、益、困、井、巽是也，詳見《易・繫辭下傳》。」權者聖人之大用，未能立而言權，猶人未能立而欲行，鮮上聲。不仆音赴。矣。」雲峰胡氏曰：「洪氏之説上文有曰：『可與共學，七十子是也；可與適道，游、夏之徒是也；可與立，顔、閔之徒是也；權即孔子是也。』然則權者聖人之大用，非如文王、孔子而用權，鮮有不差者矣。」程子曰：「漢儒以反經合道爲權，故有權變、權術之論，皆非也。權只是經也。自漢以下無人識權字。」《公羊傳》：桓公十一年九月，宋人執祭仲。何賢乎祭仲？以爲知權也。權者何？權者反於經然後有善者也。○韓康伯註《繫辭》云：權反經而合道，必合乎巽順而後可以行權也。○程子曰：「反經合道爲權，公羊唱之，何休和之，〔何休註《公羊傳》。〕其實未嘗反經。古人多錯用權字，纔説權便是變詐。不知權只是經所不及者，權量輕重使之合義，纔合義便是經也。」❶愚按先儒誤以此章連下文『偏其反而』爲一章，故有反經合道之説，程子非之，是矣。然以孟子嫂溺援平聲。之以手之義推之，則權與經亦當有辨。朱子曰：「經與權之分，諸人説皆不合。若説權自權，經自經，不相干涉，固不可；若説事須用權，經須權而行，權只是經，則權與經又全無分別。觀孔子曰：『可與立，未可與權。』孟子曰：『嫂溺援之以手。』則權與經須有異處。雖有異而權實不離乎經也，這裏所争只毫釐。伊川説『權只是經』，恐也未盡。嘗記龜山云：『權者經之所不及。』這説却好。蓋經者只是存得箇大經大法，正當底

❶「經」，原作「權」，今據《二程遺書》、《論孟精義》改。

道理而已，若精微曲折處，固非經之所能盡也。所謂權者，於精微曲折處曲盡其宜，以濟經之所不及耳。所以説中之爲貴者權，權者即是經之要妙處也。如漢儒説反經合道，此説亦未甚病。蓋事也有那反經底時節，只是不可説事事要反經，又不可説全不反經。如君令臣從，父慈子孝，此經也，若君臣父子皆如此，固好，然事有必不得已處，經所行不得處，也只得反經，依舊不離乎經耳，所以貴乎權也。孔子曰『可與立，未可與權』，立便是經，可與立則能守箇經，有所執立矣，却説『未可與權』，以此觀之，權乃經之要妙微密處，非見道理之精密透徹純熟者，不足以與權也。」○立是見得那正當道理分明了，不爲事物所遷惑。可與立者，能處置得常事；可與權者，能處置得變事。天下之事，有常有變，而處事之方，有經有權。當事之常而守其經，雖聖賢不外乎此，而衆人亦可能。至於遭事之變而處以權，則惟大賢能不失其正。「可與立，未可與權」，蓋言其難如此。○經有不可行處而至於用權，此權所以合經也。○君臣父子，定位不易，事之常也。君令臣行，父傳子繼，道之經也。事有不幸而至於不得盡如其常，則謂之變，而所以處之之術，不得全出於經矣，是則所謂權也。

夷、齊、季札之徒，所以輕千乘之國以求即乎其心之所安寧，隕其身，亡其國，而不敢失其區區之節者，亦爲此也。又曰：經是已定之權，權是未定之經。○權是時中，不中則無以爲權矣。○漢儒反經之説，只緣將下文誤作一章解，故其説相承蔓衍。且看《集義》中諸説，莫不連下文，唯范氏、蘇氏不如此説。程子説漢儒之誤，固如此，要之「反經合道」一句，思之亦通。緣權字與經字對説，纔是權便是變却那箇經，雖謂之「反經」可也。然雖是反那經，却不悖於道，雖與經不同而道一也。○經者道之常，權者道之變，道則是箇體統，貫乎經與權。○漢儒説權，是離了箇經説。伊川説權，便是權只在經裏面。且如周公誅管、蔡，與唐太宗殺建成、元吉，其推刃於同氣雖同，而所以殺之則異。蓋管、蔡與商遺民謀危王室，此是得罪於天下，得罪於宗廟，不得不誅之，若太宗分明是争天下。故周公可謂之權，太宗不可謂之權。○伊川見漢儒言反經是權，恐無忌憚者得借權以自便，因有此論。○伊川將經做箇大底物事，經包得權，此説本好，只是據聖人説「可與立，未可與權」，須還他是兩箇字，經自是經，權自是權。若如伊川説，便廢了權字始得。權只是經之變，這便是反經。今須曉得

孔子説，又曉得伊川之説，方得。○權與經固是兩義，然論權而全離乎經則不是。蓋權是不常用底物事，如人之熱病者當用涼藥，冷病者當用熱藥，此是常理，然有時有熱病却用熱藥發他熱病者，有冷病却用冷藥發他冷病者，此皆是不可常用者。然須下得是方可，若有毫釐之差，便至於殺人。若用得是，便是少他不得，便是合用這箇物事。既是合用玆權也，玆所以爲經也。○勉齋黄氏曰：「常者一定之理，變者隨時之宜。遇事之常，但當守一定之理，遇事之變，則不得不移易以適時之宜，此經權不可無辨之説然也。然天下之理，惟其當然而已。當經而經，當然也，當權而權，亦當然也。權雖異於經，而以其當然，則亦只是經，此程子『權只是經』之説然也。有有辨之説，則經、權之説始明；有程子之説，則經、權之義始正。」○問：「權、經二字如何分別？」潛室陳氏曰：「經猶秤衡，銖兩斤鈞，一成晝定。權即秤錘，隨物低昂，以求合於銖兩斤鈞。」○陳氏曰：「經所不及，須用權以通之，然非理明義精，即差却。到用權處，亦看不出權，雖經之所不及，實與經不相悖。柳宗元謂：『權者所以達經者也。』蓋經到那裏行不去，非用權不可濟。如君臣定位，經也，桀、紂暴横，天下視爲獨夫，此時君臣之義已窮，故湯、武征伐以通之，所以行權。男女授受不親，此經也，嫂溺不援，便是豺狼，故援之者所以通乎經也。用權須是地位高方可，但非可以常行。如太宗殺建成，是不當用權而用權；王魏不死於建成而事太宗，是合守經而不守經；魏晉以下，皆於國統未絶而欺人孤寡，託爲受禪，是當守經而不守經，不當用權而用權者也。又如季札終於固遜而不肯立，卒自亂其宗國，是於守經中見義不精者也；張柬之等反正中宗誅諸武而留一武三思，卒自罹慘禍，是於用權中見義不精者也。」○雲峰胡氏曰：「程子矯漢儒之弊，而謂權只是經，朱子謂經與權當有辨。無程子之説，則權變、權術之説，可行於世矣；無朱子之説，則經、權之辨則不復明於世矣。此其説不得不異也。先儒謂朱子每於程子之説足其所未盡，補其所未圓，實有功於程子，愚於此亦云。」《通旨》：朱氏公遷曰：「此章汎以稱物之權言之，義兼小大。大而處人倫之變，小而適事變之宜，皆在其中矣。若孟子言『執中無權』，又言『權然後知輕重』，則各因一事而言之，只是於常道之中，用權以適其宜而已。此則直謂之義可也。餘如『君子時中』、『時措之宜』，皆與權字異名而同義。」

○「唐棣之華，偏其反而。豈不爾思，室是遠而。」棣，大計反。

唐棣，郁李也。朱子曰：「此唐棣自是一篇詩，與今《常棣》詩別。《論語》及《召南》作唐棣，《爾雅》作棠棣，無作常者，而《小雅》常字亦無唐音。《爾雅》又云：『唐棣，栘。❶常棣，棣。』則唐棣、常棣自是兩物，而夫子所引非《小雅》之《常棣》矣。」偏，《晉書》作翩。或問偏之爲翩。朱子曰：「非獨晉史爲然，《角弓》之詩固有『翩其反矣』之句矣。」然則反亦當與翻同，言華與花通。之搖動也。而，語助也。此逸詩也，於六義屬興。去聲。上兩句無意義，但以起下兩句之辭耳。其所謂「爾」，亦不知其何所指也。讀反爲翻，則「遠」字亦叶於圓反。○汪氏曰：「韻書移下註云其華反向後合，《詩》云：『翩其反而。』據此讀如字亦可，尤與遠叶。」

子曰：「未之思也，夫何遠之有？」夫，音扶。

夫子借其言而反之，蓋前篇「仁遠乎哉」之意。○程子曰：「聖人未嘗言易去聲。以驕人之志，以爲易則忽心生而驕。亦未嘗言難以阻人之進，以爲難則畏心生而阻。但曰『未之思也，夫何遠之有』，此言極有涵蓄，意思去聲。深遠。」慶源輔氏曰：「是理之在人，以爲易知乎，則精深微妙，未易可知也；以爲難知乎，則其在人之理，本自不隱也。若言其易，則驕人之志，而不肯下堅苦之功；若言其難，則阻人之進，而遂生疑畏之意。但曰『未之思也，夫何遠之有』，則只是平鋪地道著，無一毫助長益生之意，所以『極有涵蓄，意思深遠』。『極有涵蓄』者，該道體之微顯，進學者之工夫皆寓其中；『意思深遠』者，令人涵泳之但覺意味淵永，無有窮盡也。非聖人之言，疇克爾哉？」○新安陳氏曰：「逸詩所謂『爾思』，以思其人言。夫子所謂『未之思』，以思此理言。理之所在，思則得之，何遠之有？不思則不得，始見其遠耳。何以知『爾思』之爲思其人？以室字知之。但不知所謂『爾』者指何人耳。然

❶「栘」，原作「棣」；末「棣」字，原作「移」，今據《爾雅注疏》、《朱子語類》改。

辭意婉而平和，無褻狎態。東坡以爲思賢之詩，亦或然也。」附《蒙引》：詩言「豈不爾思，室是遠而」，以人言也。夫子只借詩之言而反其意，其實不曾指説出朱子註云「蓋前篇『仁遠乎哉』之意」。人固有思而不能必至者，難言「何遠之有」，故知其以理言。但時文中也要先鶻突説幾句，然後轉向理上去，今則無人如此解，直截説理上去了。○《存疑》：以此詩及子夏所聞「繪事後素」章觀之，可見秦火之餘，聖人所删之詩，遺失多矣。今之三百篇，或漢儒湊足之，但不可考矣。

論語集註大全卷之九終

論語集註大全卷之十 三魚堂讀本

鄉黨第十

楊氏曰：「聖人之所謂道者，不離去聲。乎日用之閒也，故夫子之平日一動一静，門人皆審視而詳記之。」尹氏曰：「甚矣孔門諸子之嗜學也，於聖人之容色言動，無不謹書而備録之，以貽後世。今讀其書，即其事，宛然如聖人之在目也。雖然，聖人豈拘拘而爲之者哉？蓋盛德之至，動容周旋，自中去聲。乎禮耳。學者欲潛心於聖人，宜於此求焉。」程子曰：「《鄉黨》分明畫出一箇聖人。」

○朱子曰：「《鄉黨》一篇，自『天命之性』至『道不可須臾離』，❶皆在裏面。許多道理，皆由聖人身上迸出來，惟聖人做得甚分曉，故門人見之熟，是以記之詳。」○《鄉黨》說聖人容色處，是以有事時觀聖人；說燕居申申夭夭處，是以無事時觀聖人。學者須知聖人無時無處而不然。○南軒張氏曰：「此篇於夫子言語容貌衣服飲食之際，察之精矣。聖人之道，如是其高深也。茫然測度，懼夫泛而無進德之地，故即其著見之實而盡心焉。存而味之，則而象之，於此有得，則内外並進，體用不離，而其高深者可馴致矣。」○慶源輔氏曰：「聖人之道，無精粗，無本末，大至於平天下，治國家，立經陳紀，制禮作樂，小至於容貌辭色，一動一静，皆自此廣大心中流出。但愈細則愈密，愈近則愈實，故《鄉黨》一篇，記聖人之容貌辭色如是之詳且悉者，正所以示聖學之正傳，以垂教於後世也。」○問：「《鄉黨》一書，盡言孔子，中閒又言君子，朱子謂君子即孔子，何不便說孔

❶ 「之」下，《朱子語類》及《中庸》文有「謂」字。

子？」潛室陳氏曰：「即孔子做底，便是衆人合依底，故閒稱君子。聖人以身爲教，故記者以教法書之。」○雲峰胡氏曰：「《鄉黨》形容夫子之一動一静，可得而直遂其辭者，曰必，曰不，不可得而直遂其辭者，曰如，曰似，其皆隨時變易，而無非道之所在者歟！」舊説凡一章，今分爲十七節。《通考》吴氏程曰：「『入太廟』係重出，不在數内。」○勿軒熊氏曰：「首五節記夫子至朝廷言貌，次四節記夫子衣服飲食居處，其餘則夫子自一鄉至一國，凡事君交友之道，容貌之變，言動之細，皆備記焉。」

孔子於鄉黨，恂恂如也，似不能言者。恂，相倫反。

恂恂，信實之貌。似不能言者，謙卑遜順，不以賢知先去聲。人也。鄉黨，父兄宗族之所在，故孔子居之，其容貌辭氣如此。朱子曰：「鄉黨不是不説，但較之宗廟朝廷，爲不敢多説耳。」○或問「恂恂」。曰：「以《詩》、《書》訓詁考之，宜爲信實，然亦有温恭之意。」○慶源輔氏曰：「似不能言者，所以形容信實之意。大凡人纔信實，則言自簡默，况聖人之表裏如一者乎？謙卑遜順，不以賢智先人，即温恭之意。」○吴氏曰：「恂恂似不能言，信實在心而訥於發言之貌。人倫之序，自近達遠，由親及踈，家之外則鄉黨矣。生於斯，長於斯，父兄宗族聚於斯，故夫子居之，其貌言如此。」附《蒙引》：「孔子於鄉黨，恂恂如也，似不能言者」，只是一意相連説，與後節「足縮縮如有循」一樣語勢。或於此分言貌者，非矣。○或以《集註》云「恂恂，信實之貌」，遂以此爲指貌；以本文謂「似不能言」，有一「言」字，遂以爲指言，真未達哉！夫所謂「信實之貌」，此「貌」字虚，如《大學》「瑟兮僩兮者，恂慄也」，「恂慄」本指嚴敬之存於中者言，安得有貌？然狀釋字義之法當如此也。「似不能言者」，以形似言，安得爲無貌？且以賢智先人者，不但言語，其氣貌亦自是一樣矣。「便便言，唯謹爾」，言貌亦不相離。○《存疑》：恂恂，只作辭氣説，容貌在其中，下節亦然。○問：「以信實爲不能言，則在宗廟朝廷便便言，乃不信實耶？」曰：「聖人言貌，隨時而變，如燕居則申申夭夭，君在則踧踖，過位則色勃，在鄉黨則辭采不贍，而以信實見，在朝廷則信實中存，而以辭采見，各

有其時，非在鄉黨則信實，在朝廷則不信實也。」○謙卑遜順，不以賢智先人，是解所以「似不能言」處。○「恂恂如也」，又曰「似不能言者」，以足上句之意也，與「其心休休焉，其如有容焉」相似。

其在宗廟朝廷，便便言，唯謹爾。朝，直遥反，下同。便，旁連反。

便便，辯也。宗廟，禮法之所在；朝廷，政事之所出，言不可以不明辯。總言。**故必詳問**據「入太廟，每事問」而言。在宗廟如此。**而極言之，**在朝廷如此。**但謹而不放爾。**吳氏曰：❶「宗，尊也，尊奉之，故曰宗。宗廟朝廷，皆謂魯也。」附《蒙引》：《集註》「詳問」貼「在宗廟」，「極言」貼「在朝廷」，似可。蓋在宗廟，難著「極言」字；在朝廷，難著「詳問」字。**○此一節記孔子在鄉黨、宗廟朝廷言貌之不同。**胡氏曰：「在宗廟而明辯，則可以識制度文物之精微、升降揖遜之委折；在朝廷而明辯，❷則上之所布者不悖於理，下之所受者不被其害。」○厚齋馮氏曰：「古人於言語所不能形容，輒以連綿字狀之，如《詩》之詠文王，曰穆穆、亹亹、雝雝、肅肅，如見文王之德容心志。此篇最工於形容，夫子之動容周旋，睟然於言辭之表見之。」○雲峰胡氏曰：「此篇記夫子之容貌言動，然紀動莫先於紀言，故首一節以言先之。夫子在鄉黨，非不言，而似不能言；在宗廟朝廷，則當言必言，而猶謹於言。言，心聲也。此心信實，則訥而不發；此心謹慎，雖不訥而亦不輕發。信實謹慎，不足以言夫子之聖，而愈見夫子之所以聖。」

○朝，與下大夫言，侃侃如也；與上大夫言，誾誾如也。侃，苦旦反。誾，魚巾反。

此君未視朝時也。胡氏曰：「以下文『君在』互觀之，知此爲君未視朝時。既視朝，則不當歷位而相與言矣。」**《王制》，諸侯上大夫卿，下大夫五人。**胡氏曰：「《王制》『上大夫卿』，又云：『大國三卿，下大夫五人。』今合此二節，以爲上大夫、下大夫之别也。」〔上大夫曰卿。大國、次國、小國並下大夫五人。〕○厚

---

❶「氏」，原作「國」，今據《四書大全》改。

❷「辯」，原作「辨」，今據《四書大全》改。

齋馮氏曰：「夫子仕魯，自下大夫爲上大夫，此當記爲下大夫之時。」許氏《説文》：後漢許慎，字叔重，著《説文》。「侃侃，剛直也。」慶源輔氏曰：「侃侃，謂能守理義而無所回屈。」誾誾，和悦而諍也。」朱子曰：「下大夫位不甚尊，故言可得而直遂。上大夫前雖有所諍，須有含蓄不盡底意，不如侃侃之發露得盡也。」○和悦則不失事上之恭，諍則又不失在己義理之正。○和悦終不成一向放倒了，到合當辨處，須辨始得。○内不失其事上之禮，而外不至於曲從。如古人用這般字，不是只説字義，須是想象這意思是如此。如恂恂，皆是有此意思方下此字。如《史記》云：「魯道之衰，洙泗之閒，齗齗如也。」〔齗、誾字同。〕這正見「和悦而諍」意思。○北溪陳氏曰：「先言和悦，後言諍，和悦者事長順也，諍則不詭隨矣。」附顧麟士曰：「『朝』字活看，言夫子之在朝也，當一頓。君未視朝，自照下『君在』補入，非正解『朝』字。馮氏曰：『此當記夫子爲下大夫時。』則與下大夫言，固同列耳。朱子曰：『下大夫位不甚尊，故可直遂。』語亦不甚穩也。侯國只有上大夫、下大夫，則位固無中處者，安得我尊彼卑，可以直遂乎？若云我亦上大夫，則與上大夫言，固不必誾誾如。若云我并未爲下大夫，則與下大夫言，又不當侃侃如也。《存疑》云：『下大夫與己平等者，上大夫尊於己者。』卻妙。」○《王制》：「大國三卿，皆命於天子，下大夫五人。次國三卿，二卿命於天子，一卿命於其君，下大夫五人。小國二卿，皆命於其君，下大夫五人。」馬氏曰：「天子六卿，而大國三卿，乃其統之屬也，至於大夫士，又三卿之屬也。下大夫五人，二卿之下，下大夫各二人；一卿之下，下大夫一人。《周官》所謂『設其參』，即三卿也；『傅其五』，❶即下大夫五人也。」則以下大夫視上大夫，信不可直遂矣。但麟初意大夫止分上下而無中，馬氏注頗有上中下大夫之説，然後方氏注云：「諸侯無中大夫，而卿即上大夫。」則謂有中大夫者，自爲天子之制。麟之言猶當也。○《周官・冢宰》：「大宰卿一人，小宰中大夫二人，宰夫下大夫四人，上士八人，中士十有六人，旅下士三十有二人。」皆是以倍爲別，則天子有中下大夫而無上大夫。《左傳》成三年，臧宣叔曰：「次國之上卿當大國之中，中當其下，下當其

❶「傅」，原作「傳」，今據《周禮注疏》改。

上大夫。小國之上卿當大國之下卿，中當其上大夫，下當其下大夫。」則諸侯有上下大夫而無中大夫。皆確証也。但上大夫即卿，而《左傳》似謂卿之下有上大夫；小國二卿，而《左傳》似亦有三卿，又參錯不可曉。○《蒙引》：《集註》既引《王制》「上大夫卿，下大夫五人」，則不可謂孔子當時爲大夫，有在其上者亦有在其下者。

君在，踧踖如也，與與如也。踧，子六反。踖，子亦反。與，平聲，或如字。

君在，視朝也。踧踖，恭敬不寧之貌。與與，威儀中適之貌。南軒張氏曰：「此君在位之時，在朝、在廟、燕見皆然也。」○胡氏曰：「中者不至於過，適者當其可。」○慶源輔氏曰：「踧踖二字皆從足，蓋心懼而立不寧也。踧踖雖是恭敬不寧，與與又卻威儀中適，此所以爲聖人也。」○新安陳氏曰：「中適，得其中而且安適也。若作中節解，何不曰適中乎？」張子曰：「與與，不忘向君也。」亦通。勉齋黄氏曰：「下大夫侃侃，接下以嚴，上大夫誾誾，事上以和敬，而不忘向君，忠敬之道備矣。」○雙峰饒氏曰：「與與，作平聲讀者，威儀中適之貌，言雖恭敬不寧，而威儀卻皆從容中適，恭敬之中有和意也；作如字讀者，與之又與，不忘君之意。踧踖，敬君之至也；與與，愛君之至也。敬有餘而愛不足，則疎；愛有餘而敬不足，則慢。聖人兩皆具足，蓋莫非中和氣象。」○慶源輔氏曰：「恭敬不寧如此，而意又不忘向君，亦非聖人不能也。」附《蒙引》：踧踖如也，又且與與如也，正是「恭而安」之意。此節言其視誾誾侃侃者又不同矣。○此一節記孔子在朝廷事上接下之不同也。

齊氏曰：「君未視朝，則其待同列也，或莊或和，所施各異。君既視朝，則其視君也，一於齊栗專篤而已。觀諸上下之閒，而其辭貌各得其當可見矣。」附《蒙引》：此節記孔子在朝廷事上接下之不同，以君對上下大夫，則君爲上，而上下大夫俱爲下，以上大夫對下大夫，則又自有上下之別也。

○君召使擯，色勃如也，足躩如也。擯，必刃反。躩，驅若反。

擯，主國之君所使出接賓者。勃，變色貌。躩，盤辟貌。辟，音璧，與躄同。○盤辟，乃盤旋曲折之意。皆敬君命故也。慶源輔氏曰：

「擯，人主使之接賓，此見《儀禮》。所以接賓者，盡人主之禮意，而欲賓之無違於禮也。勃如，顔色之變；躩如，容止之變。心敬於中，則容變於外，自然之符也。聖人固未嘗不敬，但君命之臨，則敬心愈至耳。」《通考》吴氏程曰：「盤辟，足盤桓如不能行者。」附《存疑》：盤，盤旋也。辟，回避也。

揖所與立，左右手。衣前後，襜如也。襜，赤占反。❶

所與立，謂同爲擯者也。擯用命數之半，如上公九命，則用五人，以次傳命。《周禮・行人》，上公九介，侯伯七介，子男五介，各隨其命數。賓次於大門之外，主人使擯者出而請事。卿爲上擯，大夫爲承擯，士爲紹擯。主國之君公則擯者五人，侯伯四人，子男三人，各用其命數之强半。下於賓，以示謙也。若其傳命之制，賓立於庫門之外，即天門，❷直闑西，北面，介者以次立於西北，東面，每介相去三丈六尺。主君出接，立於庫門之外，直闑西，南面，擯者以次立於君之東南，西面，每擯相去亦三丈六尺。末擯與末介相對，東西亦相去三丈六尺。主君命上擯請問來故，蓋雖知其來朝，不敢自許其朝己，恐其或爲他事而來，所以示謙也。上擯受君命而傳之承擯，迤邐傳至末擯，末擯傳至末介，末介以次繼傳，上至於賓，賓命上介復命，復以次傳之擯而達於主君，然後主君進而迎賓以入。○朱子曰：「古者相見之禮，主人有擯，賓有介。賓傳命於上介，上介傳之次介，次介傳之末介，末介傳之末擯，末擯傳之次擯，次擯傳之上擯，上擯傳之主人，然後賓主方相見。」○蔡氏模曰：「賓主各有副，賓副曰介，主副曰擯。」揖左人則左其手，揖右人則右其手。襜，整貌。《周禮・春官・大宗伯》：以九儀之命正邦國之位。一命受職，〔始見命爲正吏，受職事。〕再命受服，〔受祭衣服爲上士。〕三命受位，〔受下大夫之位。〕四命受器，〔受祭器爲上大夫。〕五命賜則，❸〔則者，法也。地未成國之名。王之下大夫四命，出封加一等，五命，賜之以方百里、二百里之地者。方

❶「占」，原作「古」，今據哈佛本改。
❷「天」，原作「大」，今據影明本《四書輯釋》改。
❸「賜」，原作「受」，今據《周禮注疏》改。

三百里以上爲成國。〕六命賜官，❶〔子男入爲卿，治一官也。此王六命之卿賜官者，使得自置其臣，治家邑。〕七命賜國，〔王之卿六命，出封加一等者，就侯伯之國。〕八命作牧，〔侯伯有功德者，加命得專征伐於侯伯，爲一州之牧。〕九命作伯。〔上公有功德者，加命爲二伯，得征五侯九伯者。❷長諸侯爲方伯。〕○《秋官・司寇・大行人》：以九儀辨諸侯之命，等諸臣之爵，以同邦國之禮而待其賓客。❸〔九儀，謂命者五，公、侯、伯、子、男也，爵者四，孤、卿、大夫、士也。〕❹上公之禮，執桓圭九寸，冕服九章，介九人，禮九牢，擯者五人。諸侯之禮，執信圭七寸，〔信，音身。〕冕服七章，介七人，禮七牢，擯者四人。諸伯執躬圭，其他皆如諸侯之禮。諸子執穀璧五寸，冕服五章，介五人，禮五牢，擯者三人。諸男執蒲璧，其他皆如諸子之禮。○朱子曰：「揖左人，傳命出，揖右人，傳命入也。」○慶源輔氏曰：「左右手，如賓自南而北，則居東者在賓之右，而賓在其左，故用左手以揖賓，居西者在賓之左，而賓在其右，故用右手以揖賓，如此然後兩相向也。」又曰：「襜如，言其衣之前後襜如其齊整也。」附依《周禮・行人》註，則先傳主人之命而出，次傳賓之命而入，於是復傳主人之命以復於賓，而主隨出迎賓以入也。依朱子，則只是賓傳命而入，於是賓主乃相見。蓋朱子之言，偶然只舉其後一節耳，其首末委曲，自有《周禮》在。○孔子是時，蓋爲次擯。揖者，揖而傳之以命也，故云揖所與立。所與立者，皆本國之臣僚，同爲擯者也。若末擯傳之末介，則不可以左右言。○揖只是拱起手而以命傳付之，非如今日之相揖也。今世所傳射禮之揖爲可證。○此節重在「衣前後，襜如也」。若「揖所與立，左右手」，則不必聖人獨然，凡爲次擯者皆然。言手動而身不動也，故衣自襜整。○顧麟士曰：「麟意謂孔子當時必爲次擯，亦似拘拘，即左右手不過大概語耳。」

趨進，翼如也。

疾趨而進，張拱端好，如鳥舒翼。慶源輔氏曰：「凡人疾走，則手易散，臂易掉。今疾趨而進，而張拱端好如鳥舒翼，所謂造次不違者是也。」附《蒙引》：

❶「賜」，原作「受」，今據《周禮注疏》改。
❷「伯」，原作「命」，今據《周禮注疏》改。
❸「同」，原作「司」，今據《周禮注疏》改。
❹「士」，原脱，今據《周禮注疏》、《四書大全》補。

此時主已延賓而入，爲擯者從其後而趨入以有事也。

賓退，必復命曰：「賓不顧矣。」

紓音舒。君敬也。朱子曰：「古者賓退，主人送出門外，設兩拜，賓更不顧而去。國君於列國之卿大夫亦如此。」○新安陳氏曰：「紓，緩也，解也。賓雖退，主君敬猶存。擯告賓去不顧，則主君之敬可緩解也。」附《蒙引》：此蓋只是主人送賓出就館之時，未必一見成禮而遂送歸其國也。○此一節記孔子爲去聲。君擯相去聲。之容。問：「夾谷之會，孔子相禮，恐即擯相之相。」朱子曰：「相自是相，擯自是擯。相是相禮儀，擯是傳道言語。故擯用命數之半，是以次傳説。」○勉齋黄氏曰：「色勃足躩，被命之初也。揖與趨進，行禮之際也。賓退，禮畢之後也。皆天理之節文所當然。至於揖之左右，衣之前後，手之翼如，皆禮文之至末者。聖人於此動容周旋無不中禮，盛德之至也。」

○入公門，鞠躬如也，如不容。

鞠躬，曲身也。公門高大而若不容，敬之至也。南軒張氏曰：「入公門則改容而不敢少肆也。」○慶源輔氏曰：「高大則宜無所不容矣，今以渺然之身入之，如不容焉，則心小而敬謹可知矣。」附《蒙引》：此節歷歷有次序。始於入門，繼則及所立所履，進此則過虚位矣，又進則升堂矣，已則降堂以至復位矣。蓋自始至終，各中其節也。使擯、執圭、升車之類皆然。

立不中門，行不履閾。閾，于逼反。

中門，中於門也，謂當棖除庚反。闑倪結反。之間，君出入處也。閾，門限也。禮，士大夫出入君門由闑右，不踐閾。見《記·曲禮》。謝氏曰：「立中門則當尊，行履閾則不恪。」克各反。○朱子曰：「棖，如今衮頭相似。❶闑，當中礙門者，今城門有之。古人常掩左扉，人君多出在門外見人，當棖闑之間爲君位。」○或問中門之説。曰：「疏云門中有闑，兩旁有棖，中門，謂棖闑之中。然則門之左右扉各有中，所謂『闑門左扉，立於其中』是

❶「衮」，原作「兖」，據《朱子語類》、《四書大全》改。

也。」○南軒張氏曰：「立不中門，避所尊也；行不履閾，行以度也。非獨入公門爲然，特如此記之耳。」○雙峰饒氏曰：「中閒有闑，兩旁有棖。棖是大門兩旁之木，如今壁尺相似。闑是中閒兩扉相合之處，又有一木常設而不動。東西兩扉各有中。君出入則皆由左，出則以東扉爲左，入則以西扉爲左。士大夫出入君門則皆由右，出以闑西爲右，入以闑東爲右。然雖由右，亦不敢正當棖闑之中，但挨闑旁而行，蓋避君出入處也。行既不敢當中，則立亦不可當中，故立不中門。」○吴氏曰：「按《鄉黨》所記夫子之事，有常禮者，有夫子所行不與他人同者。如『入太廟，每事問』，此夫子不與他人同者。如『立不中門，行不履閾』，此常禮也。」附《存疑》：立不中門，行不履閾，是入公門時事。○按出入不由中門，禮也。聖人不重在此，所重者立不中門耳。蓋立是未出入之時，常人多忽略，而聖人獨不然，所以爲聖人。○《蒙引》：依朱子二説，則中門者，不在二扉之中，乃在各扉之中也。○顧麟士曰：「立不中門，據朱子二條及《語類》所載，君臣出入似俱在右扉一邊，不當君出時闔左開右，君入時闔右開左，臣又反是也。饒雙峰頗多事，蓋大段是過執『闑右』一句耳。夫以兩扉分左右，即闑右本有定處，何必活看耶？《語類》云：『中門者，謂右扉之中也。』然本文『中』字卻活。又云：『只是自外入。右邊門中乃君出入之所，❶臣傍闑右邊出入。』《蒙引》、《存疑》俱太信饒説，不必。《燕禮》注：『凡入門而右，由闑東，左則由闑西。』疏謂：『由闑東者，是臣朝君之法；由闑西者，是聘賓入門之法也。』雙峰偶未考此耳。且饒説《通義》亦不載。又《玉藻》注：『聘享是奉君命而行，謂之公事。入自闑西，用賓禮也。若私覿私面，謂之私事，以其非君命故也。入自闑東，從臣禮也。』亦與《燕禮》注疏相發。又《玉藻》：『君入門，介拂闑，士介拂棖。』是『不中門』之解也。然此自爲兩君相見時之禮。《玉藻》注又云：『闑，門中央所豎短木也。棖者，門之兩旁長木，所謂楔也。』又《曲禮》注云：『闑東爲右。主人入門而右，客入門而左。大夫士由右者，以臣從君，不敢以賓敵主也。』《備攷》引《爾雅》注云：『門以向堂爲正，謂自外視内也。』大抵右扉是主出入之道，左扉是賓出入之道。古人常揜左扉，以右扉出入，故闔門左扉。立於其中，亦《玉藻》語。疑左扉必

❶「中」，原作「邊」，今據《朱子語類》改。

有賓禮始啓也。要之，依此即尤足破饒説無疑矣。士大夫出入公門由闑右，非『不中門』正解，只是言其専在右扉出入耳。必拂闑方是説『不中門』，然又無『右』字義。故此互詳載之，要彼此是兩義不相混也。饒氏惟認『由闑右』即是解『不中門』，故有東入西出，繞著闑旁團轉之説，可笑。且只爲要繞著闑右，不覺走到扉左，非禮之禮，尤不是也。但據《玉藻》，闔門左扉，立於其中，爲天子閏月之事，則捹左之説，亦不必拘，或是並啓而不由耳。」

過位，色勃如也，足躩如也，其言似不足者。位，君之虚位，胡氏曰：「言過，則虚可知矣。」謂門屏音丙。之閒，人君宁仲吕反。立之處，所謂宁也。《禮記·曲禮下》：天子當依〔上聲。〕而立，諸侯北面而見天子，曰覲。天子當宁而立，諸公東面，諸侯西面，曰朝。〔依，狀如屏風，以絳爲質，高八尺，東西當户牖之閒，綉爲斧文也，亦曰斧依。《爾雅》曰：「門屏之閒謂之宁。」〕○問：「過位，註云：『君之虚位，謂門屏之閒。』」朱子曰：「如今人廳門之内，屏門之外，似《周禮》所謂外朝也。」○問：「過位，色勃如也，位謂門屏之閒，人君宁立之處。」曰：「古今之制不同。今之朝儀，用秦制也。古者朝會，君臣皆立，故《史記》謂『秦王一旦捐賓客而不立朝』。君立於門屏之閒。屏者，乃門閒蕭牆也，今殿門亦設之。三公九卿以下，設位於廷中，故謂之三槐九棘者，廷中有樹處，公卿位當其下。」○雙峰饒氏曰：「天子至尊，何以立而不坐？曰：古無坐見臣下之禮，至秦尊君卑臣，始有君坐臣立之制。」○門屏之閒，謂治朝也。但天子外屏，其屏在路門外，諸侯内屏，其屏在路門内。則宁立之處，天子當在門外屏内，諸侯當在屏外門内，此爲不同爾。問：「屏制何如？」曰：「樹小牆於當門，以蔽内外也。」君雖不在，過之必敬，不敢以虚位而慢之也。言似不足，不敢肆也。附《存疑》：此是外朝，人君聽治之所，故又爲治朝。入則爲内朝矣。下文「攝齊升堂」則内朝也。

攝齊升堂，鞠躬如也，屏氣似不息者。齊，音咨。攝，摳驅侯反。也。齊，衣下縫也。縫，房用反。《通考》吴氏程曰：「縫，當音平聲，謂裳下緝也。」

禮，將升堂，兩手摳衣，使去地尺，恐躡尼輒反。之而傾跌音迭。失容也。屏，音丙。藏也。息，鼻息出入者也。近至尊，氣容肅也。朱子曰：「攝齊者，是畏謹，恐上階時踏著裳，有顛仆之患。」○或問：「升堂攝齊，則手無所執歟？」曰：「古者君臣所執，五玉三帛二生一死，皆以爲贄而已。笏則搢之，插於腰間，用以記事而已，不執以爲儀也。宇文周欲復古，乃不脩贄而執笏，於是攝齊鞠躬之禮廢，升堂而蹴齊者多矣。」○胡氏曰：「初則身如不容，次則言似不足，又次則氣似不息，君愈近則敬愈加也。至於舒氣解顏，若少放矣，而踧踖餘敬，久猶未忘，則聖人所以存心也可見矣。」○慶源輔氏曰：「升則肅，降則舒，氣之有張弛也。」○鼻息出入，人之所不能無也，但心敬則氣肅，其息微細，自不覺其出入，一似不息者也。○趙氏曰：「古者諸侯之堂七尺，尺一級，使裳之齊去地尺，則升階不躡之也。」○兩手摳衣去齊尺，出《記·曲禮上》。氣容肅，出《玉藻》篇，註云「似不息」。附《蒙引》：未嘗不息，但似不息者。作此題，雖極狀其恭敬不寧，亦要恭而安意。○顧麟士曰：「邢疏《曲禮》云：兩手摳衣去齊尺，鄭注：『齊，裳下緝也。』然則衣謂裳也。對衣則上曰衣，下曰裳，散則可通，故注云摳衣。摳，提挈也，謂提挈裳前，使去地一尺也。」

出，降一等，逞顏色，怡怡如也。沒階，趨，翼如也。復其位，踧踖如也。

陸氏曰：「『趨』下本無『進』字，俗本有之，誤也。」○等，階之級也。逞，放也。漸遠所尊，舒氣解顏。怡怡，和悅也。沒階，下盡階也。趨，走就位也。復位踧踖，敬之餘也。朱子曰：「此是到末梢又加整頓。❶衆人末梢便撒了，聖人則始乎敬，終乎敬。」問：「何以知『進』字爲衍文？」曰：「降而盡階則爲趨而退，不得復有『進』字。」○南軒張氏曰：「出降一等，色始舒也。沒階翼如，復其位踧踖，始終以敬也。」附《存疑》：出降一等，是下堂。復其位，是朝班之位。《孟子》「朝

---

❶「梢」，原作「稍」，今據《朱子語類》、《四書大全》改，下「末梢」同。

廷不歷位而相與言」，即此位。〇顧麟士曰：「『出』者總辭，當一頓也。」〇此一節記孔子在朝之容。勉齋黄氏曰：「此記在朝之容，有五節，一入門，二過位，三升堂，四下階，五復位。」〇雲峰胡氏曰：「始入門而如不容，其敬即已可見，至其出也，既怡怡而復踧踖，則其敬愈可見，故《集註》始以爲敬之至，末以爲敬之餘。」〇新安陳氏曰：「此章當玩『入』與『出』字，自入以至出，始終一於敬也。」

〇執圭，鞠躬如也，如不勝。上如字。如揖，下如授，勃如戰色，足蹜蹜如有循。勝，平聲。蹜，色六反。

圭，諸侯命圭，聘問鄰國，則使大夫執以通信。《周禮·冬官·考工記》：命圭九寸，謂之桓圭，公守之。命圭七寸，謂之信圭，侯守之。命圭七寸，謂之躬圭，伯守之。〔命圭者，王所命之圭也，❶朝覲執焉，居則守之。子守穀璧，男守蒲璧，不言之者闕耳。〕〇《禮·郊特牲》云：「大夫執圭而使，所以申信也。」〇朱子曰：「圭自是贄見通信之物，❷只是捧至君前而已，少間仍退還。」〇或問「命圭」。曰：「古者諸侯受封，天子授之以圭，以爲瑞節。」如不勝，「執主器，執輕如不克」，出《記·曲禮下》。敬謹之至也。慶源輔氏曰：「一圭之重，能有幾何，豈有不勝之理？但敬謹之至，容儀一似不勝者耳。」上，上聲。如揖，下如授，謂執圭平衡，手與心齊，高不過揖，卑不過授也。問：「執圭上如揖，下如授，既曰平衡，而又有上下，莫不心與手齊，如步趨之間，其手微有上下，但高不至過揖，下不至過授否？」朱子曰：「得之。」〇「上如揖，下如授」，舊説謂上階之上，下階之下，亦好。但此方説升堂時，其容如此，既升堂，納圭於君前，即不復執之以下，故説做下堂不得，所以只用平衡之説言之。上下，謂執圭之高低也。〇厚齋馮氏曰：「太高則仰，太卑則俯，上下如此，則升降之間，得其節矣。」戰色，戰而色懼也。吴氏曰：「臨事而懼，莫過於戰，故以戰喻。過位、使擯，但言『色勃如

❶「王」，原作「主」，今據《周禮注疏》改。

❷「是」，原作「通」，今據《朱子語類》改。

也』，此加『戰』字，則莊而且懼矣。」踧踖，舉足促狹也。如有循，《記》所謂「舉前曳踵」，之隴反。言行不離去聲。地，如緣物也。《禮·玉藻》：執龜玉，舉前曳踵，踧踖如也。〔踵，足後跟也。略舉前趾，拖曳後跟，行不離地也。〕○朱子曰：「踧踖如有循，緣手中有圭，不得攝齊，亦防顛仆。」附《蒙引》：「執圭鞠躬」一條，是指在所往聘之國執圭云云也，故遂繼之以「享禮有容色」，而註亦曰「既聘而享」。○顧麟士曰：「《存疑》曰：『鞠躬如不勝，是一意；上如揖，下如授，一意。』麟按如此，則『如不勝』足『鞠躬』意，猶前『如不容』足『鞠躬』意，一例也。」○《曲禮》：「執天子之器則上衡，國君則平衡，大夫則綏之，士則提之。」此如揖如授者，亦以魯諸侯也。

享禮，有容色。

享，獻也。既聘而享，用圭璧，有庭實。新安陳氏曰：「《記》曰：『庭實旅百，奉之以玉帛。』此之用圭璧，即玉帛之玉，與上文執圭不相妨，彼乃命圭也。」有容色，和也。《儀禮》曰：「發氣滿容。」問聘享之禮。朱子曰：「正行聘禮畢，而後行享禮。聘是以命圭通信，少間仍舊退還命圭。享是獻其圭璧琮璜，非命圭也。皮幣輿馬之類，皆拜跪以獻，退而又以物獻其卿大夫，凡三四次方畢。所獻之物皆受，但少間別有物以回之。」又問庭實。曰：「皮幣輿馬，皆陳於庭，故曰庭實。」○問：「『饗禮，有容色』，《儀禮》謂『發氣滿容』，何故如此？」曰：「聘是初見時，故其意極於恭肅。既聘而享，則用圭璧以通信，有庭實以將其意，比聘時漸紓也。」附顧麟士曰：「《通義》白雲許氏曰：『此是聘禮第二次見其君。』麟按如此，則下節乃是聘禮第三次見其君也。」

私覿，愉愉如也。

私覿，以私禮見形甸反。也。愉愉，則又和矣。朱子曰：「享禮乃其君之信，私覿則聘使亦有私禮物，與所聘之國君，及其大臣。」○私覿是所遣之大夫既以君命行聘享之禮畢，卻行私禮參見他國之君也。○問：「私覿見於《聘禮》，孔子行之，而記禮者以爲非禮，何也？」曰：「胡氏以爲若《聘禮》所記，孔子所行者，正也。當時大夫僭於邦君，於是乎有『庭實旅百』，

如享禮然，則非正矣。故《記》曰：『庭實私覿，❶何爲乎諸侯之庭？』此説是也。」○雲峰胡氏曰：「非敬無以盡聘問之禮，非和無以通聘問之情。」○新安陳氏曰：「方聘則專於敬，既聘則漸而和。」附《蒙引》：朱子曰：「享禮乃其君之信，私覿則聘使亦有私禮物，與所聘之國君，及其大臣。」然此私覿，專主獻其君言，不及其大臣也，小註及其大夫之説非正解也。○顧麟士曰：「麟案《禮記》注又云：『其君親來，其臣不敢私見於主國君也。以君命聘，則有私見。』」○此一節記孔子爲去聲。君聘於鄰國之禮也。勉齋黄氏曰：「此章言出使有三節：執圭，禮之正也；享禮，則稍輕；私覿，則又輕矣。故其容節之不同也如此。」晁氏曰：「孔子定公九年仕魯，至十三年適齊，其閒絶無朝音潮。聘往來之事，疑使擯、執圭兩條，但孔子嘗言其禮當如此爾。」厚齋馮氏曰：「據左氏、史遷所載，恐不無軼事。是書出於門人之親記，烏得而疑之？」○雙峰饒氏曰：「按《史記》，定公十四年，孔子去魯適衛，無十三年適齊事，不知晁氏何據而云。以上數節，必夫子朝見擯聘時，弟子隨從見而記之。」

○君子不以紺緅飾，紺，古暗反。緅，側由反。君子，謂孔子。紺，深青揚赤色，《通考》吴氏程曰：「揚赤色，俗謂之帶艷色。」齊側皆反。服也。緅，絳色，三年之喪，以飾練服者。《通考》吴氏程曰：「絳，古巷反，淡紅色。練，小祥，服以熟布爲之。者，或作『也』字，非。緣，俞絹、弋絹二反。」飾，領緣俞絹反。也。問：「緅以飾練服，緅是絳色，練服是小祥後喪服，如何用絳色爲飾？」朱子曰：「便是不可曉，此箇制度差異。絳是淺紅色，紺是青赤色，揚者，浮也，如今人鴉青也。」❷○齊服用絳。三年之喪，既朞而練，其服以緅爲飾。○雙峰饒氏曰：「《集註》本古註説也。然《檀弓》云『練衣縓緣』，古註誤以縓爲緅，疑當闕。」○新安陳氏曰：「緅，取絹切。縓是淺絳色，

❶「私覿」，原作「旅百」，今據《禮記注疏》改。
❷「人鴉」，《朱子語類》作「之閃」。

緅則赤多黑少之色，古註以緅當縓，殊不相似。至於紺近齊服，考之注疏，亦無明證。要之二色皆似赤非赤，其色不正，故不用爲飾歟。」附《蒙引》：君子指孔子而言，猶言「君子有三變」，「君子之厄於陳、蔡之閒」，亦指孔子。孔子不以紺與緅二色爲常服之領緣，蓋齊服用紺飾，喪服用緅飾，此不以飾者，飾常服也。蓋齋自有齋服之飾，喪自有喪服之飾，常服自有常服之飾，此謂不以齋服、喪服之飾飾常服也。莫説非正色。既非正色，如何齋、喪用之？○此常服領緣之制。

紅紫不以爲褻服。

紅紫，閒去聲。色，不正，且近於婦人女子之服也。朱子曰：「紅紫非正色。青黄赤白黑，五方之正色也；緑紅碧紫騮，❶五方之閒色也。蓋以木之青克土之黄，合青黄而成緑，爲東方之閒色；以金之白克木之青，合青白而成碧，爲西方之閒色；以火之赤克金之白，合赤白而成紅，爲南方之閒色；以水之黑克火之赤，合赤黑而成紫，爲北方之閒色；以土之黄克水之黑，合黑黄而成騮，爲中央之閒色。」褻服，私居服也。言此則不以爲朝音潮。祭之服可知。朱子曰：「自隋煬帝令百官以戎服從，一品賜紫，次朱，次青，後世遂爲朝服。然唐人朝服猶著禮服，京師士人行道閒，猶著衫帽。南渡後變爲白衫，後來變爲紫衫，皆戎服也。」○南軒張氏曰：「紺，齊服；緅，練服。不以飾，别嫌疑而重喪祭也。紅紫閒色不以爲褻服，無時而不居正也。」○慶源輔氏曰：「朝服之服，禮服也。」○陳氏用之曰：「不以飾，則不以爲服可知。不以爲褻服，則不爲正服可知。」○齊氏曰：「後世朝祭服緑服緋服紫，蓋不特制度盡變於拓拔魏，而其色已失其正矣，故《集註》有微意焉。」《通考》吴氏程曰：「閒色，五方正色也，赤白爲紅，赤黑爲紫，雜以二則閒矣。」附《蒙引》：此丈夫服飾之制。

當暑，袗絺綌，必表而出之。

袗，單也。葛之精者曰絺，麤者曰綌。表而出之，謂先著陟略反。裏衣，表絺綌而出之於外，欲其不見形甸反。體也，《詩》所謂

❶「紅」，原作「黄」，今據《晦庵集》改。

「蒙彼縐側救反。絺」是也。新安陳氏曰：「《詩》傳：蒙，覆也。縐，絺之蹙蹙者。蒙謂加絺綌於褻衣之上，所謂『表而出之』也。見《鄘風・君子偕老》篇。」附《蒙引》：此暑服之制。○顧麟士曰：「《通義》許白雲曰：『下文三裘之類，朝祭之服，此常居之服，亦必表而出之，惟夫子獨然也。』」

緇衣，羔裘；素衣，麑裘；黄衣，狐裘。麑，妍奚反。

緇，黑色。羔裘用黑羊皮。麑，鹿子，色白。狐，色黄。衣以裼先的反。裘，欲其相稱。去聲。○朱子曰：「緇衣羔裘，乃純用獸皮而加裏衣，如今之貂裘。」○覺軒蔡氏曰：「按邢氏云：『中衣外裘皆相稱也。緇衣羔裘之上，必用布衣爲裼。緇衣羔裘，是諸侯君臣日視朝之服也。素衣麑裘，視朔之服。卿大夫士亦然，受外國聘享，亦素衣麑裘。黄衣狐裘，則大蜡息民之祭服也。』」○胡氏曰：「古者衣裘，不欲其文之著，故必加單衣以覆之，然欲其色之稱，《玉藻》所謂『羔裘緇衣以裼之』是也。」○厚齋馮氏曰：「羔裘，朝服，鄭詩刺朝，晉詩刺在位是也。麑裘，聘享之服，見《聘禮》。狐裘，蜡祭之服，見《郊特牲》。」○新安陳氏曰：「裘之上加單衣，以袒裼見裘之美，曰裼。加全衣，重襲於裼衣上，以充蔽其美，曰襲。故《玉藻》曰：『裘之裼也，見美也；服之襲也，充美也。』」附邢疏曰：「人君以歲事成熟，搜索群神而報祭之，謂之大蜡。又臘祭先祖五祀，❶因令民得大飲，農事休息，謂之息民。大蜡之後，作息民之祭，其時則有黄衣狐裘也。大蜡之祭與息民異也。息民用黄衣狐裘，大蜡謂皮弁素服，二者不同矣。以其大蜡之後始作息民之祭，息民大蜡同月，其事相次，故連言之耳。」○《蒙引》：羔用之於視朝，麑用之於視朔與受聘享，狐用之大蜡息民。本文不重在此，此又添一意。○《存疑》：衣以裼裘，欲其相稱。《禮記・玉藻》：「襲裘不入公門。」鄭氏註曰：「襲裘不入公門，必當裼也。」孔氏註曰：「裼裘襲裘，謂裘上有裼衣，裼衣之上有襲衣，襲衣之上有正服，但露裼衣不露裼衣爲異耳。」吴氏註曰：「裼裘者，裼衣外之上服，直其領而露出裼衣也；襲裘者，裼衣外之上服，曲其領而揜蔽裼衣也。」○《玉藻》曰：「裘之裼也，見美

❶「臘」，原作「蠟」，今據《論語註疏》改。

也；服之襲也，充美也。」孔氏註曰：「裘之裼者，謂裘上加裼衣。裼衣上雖加他服，猶開露裼衣，見裼衣之美以爲敬也。」方氏註曰：「所謂裼者，未嘗無襲，由露其裼衣，故謂之裼耳。所謂襲者，未嘗無裼，由掩以襲衣，故謂之襲耳。充，言充乎内也；見，言見於外也。由内達外，則有裘而後有裼，故於裼言裘；自外至内，則有服而後有襲，故於服言襲。」○按諸儒之説，裘上外衣尚有三重：裼衣，一重也；襲衣，一重也；正服，一重也。襲與裼之異，只在第二重上分別耳。第二重衣直領而露出裼衣，則謂之裼，蓋以所露者言也；第二重衣曲領而掩蔽裼衣，則謂之襲，蓋以所掩者言也。《玉藻》：「君衣狐白裘，錦衣以裼之。」鄭氏註曰：「君衣狐白毛之裘，則以素錦爲衣覆之，使可裼也。《詩》曰：『衣錦尚絅。』然則衣錦上復有上衣明矣。」愚按錦衣即第一重裼衣，上衣即第二重襲衣。云使可裼者，只是第一重裼衣使第二重襲衣可裼，不是錦衣之上復有裼衣使可裼也。○顧麟士曰：「按吳氏註裼衣外之上服直其領曲其領，似又分别在第三重。《曲禮》注：『古人之衣，近體有袍襗之屬，其外有裘，夏月則衣葛。或裘或葛，其上皆有裼衣。裼衣上有襲衣，襲衣上有常著之服，則皮弁服及深衣之屬是也。掩而不開謂之襲，若開而見出其裼衣則謂之裼也。』若此亦可斷爲第二重，但即謂襲衣爲上服，又不知是否。」○《折衷》云：此皆公服，故下條言褻裘以别之。

褻裘長，短右袂。

長，欲其温。短右袂，所以便作事。趙氏曰：「此私家所著之裘，長之者，主温也。袂是裘之袖，短右袂者，作事便也。」

必有寢衣，長一身有半。長，去聲。

齊側皆反。主於敬，不可解衣而寢，又不可著陟略反。明衣而寢，故别有寢衣。其半蓋以覆敷救反。足。程子曰：「此錯簡，當在『齊，必有明衣，布』之下。」愚謂如此，則此條與明衣變食既得以類相從，而褻裘狐貉亦得以類相從矣。南軒張氏曰：「程子云：『疑上文當連齊而言，故曰必有。』蓋齊日不用常日之寢衣，所以致其嚴也。長一身有半，因是而言寢衣之制也。」○新安陳氏曰：「齊寢不以衾，致嚴也。半以覆

足，可寢不可行，專爲齊之寢衣而已。」

狐貉之厚以居。

狐貉，毛深温厚，私居取其適體。厚齋馮氏曰：「豳詩云：『一之日於貉，❶取彼狐狸，爲公子裘。』則從古固然。居不厭温，故取其厚者以爲燕服。若出則以輕裘爲便也。」附《蒙引》：此又褻裘所宜用之制也。○顧麟士曰：「此上三條，冬服之制。」

去喪，無所不佩。去，上聲。

君子無故，玉不去如字。身。觿音攜。礪之屬，亦皆佩也。南軒張氏曰：「異吉凶也。佩亦有所當佩。」○慶源輔氏曰：「凡佩玉所以比德，固不可舍，其他如觿礪之屬，亦所當有事而不可闕者，故唯居喪則可去，去喪則無所不佩也。」○覺軒蔡氏曰：「按《玉藻》云：『古之君子必佩玉，右徵角，左宫羽。凡帶必有佩玉，惟喪則否。佩玉有衝牙。君子無故，玉不去身。君子於玉比德焉。孔子佩象環五寸而綦組綬。』此是明去喪則佩，但曰無所不佩，則又不止於玉爾。又按《內則》：『子事父母，左右佩用。左佩紛帨刀礪，小觿金燧，右佩玦捍管遰，大觿木燧。』觿貌如錐，以象骨爲之。礪，礱也。皆所以備尊者使令也。此是明無所不佩，但去喪之時，恐不同子事父母之時爾。紛帨，拭物之巾也。觿之大小，以解大小結。金燧可取火於日。捍，謂拾也，言可以捍弦也。管，筆彄也。遰，刀鞞也。木燧，鑽火也。」附《內則》注曰：「紛以拭器，帨以拭手。刀礪，小刀與礪石也。玦，射者著右手大指，鉤弦開體。晴則用金燧以取火，陰則用木燧以鑽火也。」○顧麟士曰：「此佩服之謹也。」

非帷裳，必殺之。殺，去聲。

朝音潮。祭之服，裳用正幅如帷，要與腰同。有襞音璧。積而旁無殺所戒反。縫。房用反。❷其餘若深衣，要半下，齊齊，音咨。倍要，則無襞積而有殺縫矣。問：「襞積，恐若今裙製，近要有殺也。要半下，謂近要者狹，半於下面齊也。齊倍要，謂向下者闊，倍於上面要也。不知旁無殺縫如何？恐是深衣之制，裳下面是裁布爲之，近要者

❶「一」，原作「二」，今據《毛詩註疏》、《四書大全》改。
❷「房」，原作「旁」，今據《四書纂箋》、《四書大全》改。

殺從其小，以就半下之法，❶所以旁有殺縫也。」朱子曰：「帷裳，如今之裙是也。襞積，即是摺處耳。其幅自全，安得謂近要者有殺縫邪？」○慶源輔氏曰：「禮服取其方正，故裳用正幅。而人身之要爲小，故於要之兩旁爲襞積，即今衣摺也。」○雙峰饒氏曰：「要半下，取《深衣》篇『要縫半下』之語。齊倍要，取《玉藻》篇『縫齊倍要』之語。」○胡氏曰：「裳之如帷者，上衣之裳皆然。惟深衣則以布幅斜裁而易置之，下齊倍於要三之一，不爲襞積。」○新安陳氏曰：「深衣之裳，以布六幅斜裁爲十二幅，三分之一皆在上，三分之二皆在下，要狹齊闊，要不用襞積，而旁有斜裁之殺縫。惟朝祭之服，帷裳用正幅者不殺之，非帷裳而如深衣者必殺之。殺謂要殺於齊者一半也。」《通考》吴氏程曰：「要作褄，同音腰。襞積，上疊衣也。積亦疊也。謂蹙其腰下而疊之也。殺謂下廣上鋭。縫，去聲，衣會處。要半下，齊倍要，二句互相證，謂腰之狹減半於下齊，而齊之廣加倍於上腰也。」○仁山金氏曰：「襞者襵也，積者疊也。腰中有幅多而闊，須著襵疊竹筒以束，令狹而就身，此所謂襞積也。」附《蒙引》：朝祭之裳，名曰帷裳。裳且虚説，若説得詳盡，不待説必殺之矣。○考之《家禮》，深衣制度有裳裳云云，則新安所謂「深衣之裳」者爲是，但註云「若深衣」，則不止深衣而已，凡裳恐皆然。帷裳不殺，其餘皆殺也。○顧麟士曰：「《集註》『其餘若深衣』，言深衣之裳也，看陳氏説方明。」○周布幅廣二尺二寸，然古尺當今五寸五分弱，則二尺二寸只是今一尺二寸爾，此見饒雙峰「麻冕」小注。故陳氏謂一裳之制用布六幅，斜裁爲十二幅。○《會典》古尺當宋省尺五寸五分弱，周尺當宋省尺七寸五分弱，宋省尺當周尺一尺三寸四分，當浙尺一尺一寸三分，則雙峰云今尺者，宋尺也與？今日又不知如何，卻未有據。

羔裘玄冠不以弔。

喪主素，吉主玄。弔必變服，所以哀死。

李氏曰：「羔裘，朝服；玄冠，祭服。用之於吉，故不以弔。」○南軒張氏曰：「弔必變服，稱其情也。」○胡氏曰：「吉凶異服，故色之黑者不以弔。」○慶源輔氏曰：「誠於哀死，故内外如一也。」附顧麟士曰：「《折衷》言謹弔喪之服制。」

❶「就」，原作「打」，今據《晦庵集》、《四書纂疏》改。

吉月，必朝服而朝。

吉月，月朔也。孔子在魯致仕時如此。李氏曰：「《周禮》云『正月之吉』，又云『月吉讀邦法』，皆因吉禮以別凶賓軍嘉爾，❶所謂『月吉』也。」〇慶源輔氏曰：「若未致仕時，乃常禮，有不必記。」〇此一節記孔子衣服之制。勉齋黄氏曰：「古人衣服不苟如此。蓋衣，身之章也，輕用之是輕其身也。後世朝祭之服皆不如古，而士君子之服，其色其制，無一合於禮矣。」蘇氏曰：「此孔氏遺書，雜記曲禮，非特孔子事也。」朱子曰：「前註君子謂孔子，此謂非特孔子事，二義兼存，以待學者之自擇。」〇南軒張氏曰：「程子云：『孔子在魯致仕時，月朔朝也。』蓋雖致其事，而猶往月朔之朝，盡爲臣之恭也。」〇雲峰胡氏曰：「此以前紀夫子之容貌，此後紀夫子之衣服飲食。容貌無一定之象，故以如字、似字形容之，而不字僅二見焉；衣服飲食有一定之則，故但以必字、不字直言之，而如字僅一見焉。」〇新安陳氏曰：「吉月之朝，豈亦雜記曲禮乎？《孟子》曰：『君子之戹於陳蔡之閒。』君子亦正謂孔子也。」附《蒙引》：吉月，謂每月之吉，不特正月之朔。〇服者，衣冠冕裳之總名。致仕之時，人多不朝，朝或不以朝服，夫子則服朝服而朝，必謹其所服也。此又致仕朝君之制也。

〇齊，❷必有明衣，布。齊，側皆反。《通考》吴氏程曰：「必有明衣，讀。」

齊必沐浴，浴竟即著陟略反。明衣，所以明潔其體也，以布爲之。明衣布，浴衣，見《玉藻》註。〇陳氏用之曰：「明衣以其致精明之德，用布以其有齊素之心。」此下脱前章「寢衣」一簡。附顧麟士曰：「寢衣，孔注：『今之被也。』然《集註》云不可解衣而寢，則必别有其制，或事以創起，禮家不載矣。」

齊必變食，居必遷坐。

變食，謂不飲酒，不茹葷。朱子曰：「不茹葷，是不食五辛。」〇今致齊有酒，非也，但禮中亦有飲不至醉之説。遷坐，易常處也。南軒張氏曰：「變食

❶「吉」，原作「言」，今據《四書通》、《四書大全》改。

❷「齊」上，原脱「〇」，今據《四書大全》補。

遷坐，蓋皆變易其常，致敬而不敢遑寧也。」〇慶源輔氏曰：「變食以致潔，遷坐以易常，君子致敬無所不用其至也，豈簡細故、一思慮而已哉？」〇勉齋黄氏曰：「或曰『齊，必有明衣，布』并所脱『寢衣』一簡，當屬上章，『齊必變食，居必遷坐』，當屬下章，則上章言衣服，下章言飲食，似有倫理，當存之。」附顧麟士曰：「《莊子》注：『葷，辛菜也。』按《説文》：『葷，臭菜。』鍇曰：『通謂芸臺、椿、韭、蒜、蔥、阿魏之屬，氣不潔也。』許子洽往嘗語我：『變食只在此等，非必如今釋氏之斷肉。』或又難之曰：『葷尚不茹，何況肉耶？』然據《周禮》，又以加牲盛饌等爲變食，則雖不飲酒茹葷之説，猶爲誤引，姑闕如可也。」〇此一節記孔子謹齊之事。楊氏曰：「齊所以交神，故致潔明衣。變常變食遷坐。以盡敬。」

〇食不厭精，膾不厭細。食，音嗣。

食，飯也。精，鑿也。雲峰胡氏曰：「鑿，通作糳，即各反，糲米一斛，春米九斗。」牛羊與魚之腥，聶而切之爲膾。《禮記·少儀》篇注云：「聶之爲言牒也。❶先藿葉切之，復報切之，則成膾。」《郊特牲》疏云：「先牒而大臠切之，而後報切之。」聶，《少儀》音之涉反，一音泥涉反。牒，《少儀》音直輒反。《郊特牲》註：「聶，本作攝，又作牒，皆之涉反。」食精則能養人，膾麤則能害人。不厭，言以是爲善，非謂必欲如是也。慶源輔氏曰：「以是爲善，理也；必欲如是，欲也，其流則爲窮口腹之欲矣。」附顧麟士曰：「《備攷》：『朱子謂精爲鑿，鑿與糳同。《説文》云：「糲米一斛，春九斗爲糳。」《釋名》曰：「糲一斛，春八斗，精米也。」則精、糳異矣。』愚按前説則古人以十斗爲斛，與今制異。報切之者，再横切也。《内則》注：『細縷切者爲膾，大片切者爲軒。』」

食饐而餲，魚餒而肉敗，不食。色惡，不食。臭惡，不食。失飪，不食。不時，不食。食饐之食，音嗣。饐，於冀反。餲，烏邁反。飪，而甚反。

饐，飯傷熱濕也。餲，味變也。魚爛曰

❶「牒」，原作「牃」，今據哈佛本改。

餒，肉腐曰敗。色惡、臭惡，未敗而色臭變也。吴氏曰：「餒自内出，敗自外入。臭，氣也。色惡臭惡，廣言衆物。物壞而食，必害人，常人且謹，況聖人乎？或問：聖人譏恥惡食者，何也？曰：惡食謂疏食菜羹之類，以其粗菲，故曰惡爾，非謂腐壞之物不可食而食之也。」飪，烹調生熟之節也。不時，五穀不成，果實未熟之類。此數者皆足以傷人，故不食。《禮・王制》：五穀不時，果實未熟，不粥於市。〔物未成，不利人。粥，音育。〕○朱子曰：「不時不食，漢詔所謂『穿掘萌芽，鬱養强熟』之類。」○慶源輔氏曰：「『食饐』以下數者之不食，不使害於身也。」附《達説》：上條言食之益於人者，聖人所不去；此條言食之傷於人者，聖人所不取。○失飪是人事失宜，不時是天時未足也。

割不正，不食。不得其醬，不食。

割肉不方正者不食，造七到反。次不離去聲。於正也。漢陸續之母割肉未嘗不方，斷音短。葱以寸爲度，蓋其質美與此暗合也。《後漢・陸續傳》：續詣洛陽詔獄。〔明帝時，楚王英謀反，連及太守尹興，續時爲尹興椽，故坐就獄。〕續被掠考，肌肉消爛，終無異辭。母遠至京師，覘候消息，獄事特急，無緣與續相聞。母但作饋食，付門卒進之。續雖見考苦毒，而辭色慷慨，未嘗易容，唯對食悲泣不能自勝。使者怪而問故，曰：「母來不得相見，故泣耳。」使者大怒，以爲獄門吏卒通傳意氣。續曰：「因食餉羹，識母自調和，故知來耳，非人告也。」使者問：「何以知母所作乎？」曰：「母割肉未嘗不方，斷葱以寸爲度，是以知之。」使者問諸謁舍，〔停主人之舍也。〕續母果來，於是陰嘉之，上書説續行狀，帝即赦興等事還里，禁錮終身。續以老病卒。食肉用醬，各有所宜，不得則不食，惡去聲。其不備也。《禮記・内則》：濡豚包苦實蓼，〔濡，烹煮之，以汁調和也。以苦荼包豚，殺其惡氣。故開腹實蓼其中，更縫合也。〕濡雞醢醬實蓼，濡魚卵醬實蓼，〔卵，鄭氏讀爲鯤。鯤，魚子也。以魚子爲醬。〕濡鼈醢醬實蓼。魚膾芥醬，麋腥醢醬。○朱子曰：「醬非今所謂醬，如《内則》中數般醬，隨其所用而不同。」○雙峰饒氏曰：「當看其字。其

是指其所食物而言。醬之爲品非一，飲食各有所宜。如食魚膾，宜用芥醬；食濡魚，用卵醬；食麋腥、濡雞、濡鼈，用醢醬，如《內則》所云是也。古之制飲食者，使人食某物，則用某醬，必有意義，不是氣味相宜，必是相制，不得之，則非特不備，食之亦必有害，故不食也。」

此二者無害於人，但不以嗜味而苟食耳。

朱子曰：「一言語，一動作，一飲食，都有是有非。是底便是天理，非底便是人欲。如孔子失飪不食，不時不食，割不正不食，無非天理；如口腹之人，不時也食，不正也食，失飪也食，便都是人欲，都是逆天理。」

肉雖多，不使勝食氣。唯酒無量，不及亂。

食，音嗣。量，去聲。

食如字。**以穀爲主，故不使肉勝食氣。**朱子曰：「『肉雖多，不使勝食氣』，非特肉也，凡蔬菜之類，皆不可使勝食氣。」○北山陳氏曰：「聞之老壽者言，人得元氣以生，穀氣以養，肉氣以輔。肉氣勝則滯穀氣，穀氣勝則滯元氣。元氣充行者壽。夫子不使多肉勝穀食氣者，養生之理當然也。」**酒以爲**去聲。**人合歡，**《樂記》曰：酒食者所以合歡也。**故不爲量，但以醉爲節，而不及亂耳。程子曰：「不及亂者，非唯不使亂志，雖血氣亦不可使亂，但浹洽而已可也。」**慶源輔氏曰：「酒以爲人合歡，而人之飲量各不同也，故不預爲之量，而以醉爲節。雖以醉爲節，而又不及於亂，此亦聖人『從心所欲不踰矩』之一端。」○覺軒蔡氏曰：「《集註》謂以醉爲節，或者猶過疑其或導人於醉也，殊不知醉字所以釋經文之無量，而繼之以『爲節』二字，而以『不及亂』承之，正所以戒人之溺於醉也。況《詩》中如《既醉》，如《賓之初筵》，未嘗不言醉，但醉甚至於亂威儀，則爲失耳。❶所謂《集註》一字不可增減移易者，正謂此也。」○胡氏曰：「亂者，內昏其心志，外喪其威儀，甚則班伯所謂『淫亂之原皆在於酒』是也。聖人飲無定量，亦無亂態，蓋從心所欲不踰矩，是以如此。」○新安陳氏曰：「無量不及亂，以夫子則可。程子是以『浹洽而已』爲限量，此學者所當法。學者當以有量學聖人之無量，否則恐致亂矣。」附《蒙引》：酒以爲人合歡，人字泛說。○顧麟

❶「失」，原作「夫」，今據哈佛本改。

士曰：「按輔氏説即無量似兼人言之，然諸家不從。《達説》或爲賓爲主，務要與人盡情，故不可爲限量，言只飲若干，此以常情體之自明也。且麟意大段重『不及亂』，亦不甚重『無量』。『無量』與上『雖多』對，『不及亂』乃與上『不使勝食氣』對，總明飲食之節耳。」

沽酒，市脯，不食。

沽、市，皆買也。恐不精潔，或傷人也。與不嘗康子之藥同意。附邢疏曰：「酒當言飲而亦云不食者，因脯而并言之耳。經之文此類多矣，《易·繫辭》云『潤之以風雨』，《左傳》曰『馬牛皆百匹』，《玉藻》云『大夫不得造車馬』，皆從一而省文也。」

不撤薑食，

薑，通神明，去上聲。穢惡，故不撤。《本草》云：「薑味辛，微温，久服去臭氣，通神明。」

不多食。

適可而止，無貪心也。慶源輔氏曰：「沽酒市脯不食，聖人衛生之嚴也；不撤薑食，聖人養生之周也。不多食，當食者不去，可食者不多，惟理是從，所欲不存也。」附

顧麟士曰：「此條，《蒙引》、《達説》、《折衷》俱不承薑説。」

祭於公，不宿肉。祭肉不出三日，出三日，不食之矣。

助祭於公，所得胙肉，歸即頒賜，不俟經宿者，不留神惠也。家之祭肉則不過三日，皆以分賜。蓋過三日則肉必敗而人不食之，是褻鬼神之餘也，但比君所賜胙可少緩耳。朱子曰：「若出三日，則人將不食而厭棄之，非所以敬神惠也。」○南軒張氏曰：「公家之祭不宿肉，受神惠於公所，欲亟以及人也。家祭之肉不出三日，懼其或敗而起人之慢易，非事神之道也。故或出三日則寧不食焉。」附《存疑》：出三日，不食之矣。《蒙引》曰：「此句是記者推夫子之意。」最是。又曰：「又當看地方及天時何如。」此説未是。蓋天時雖寒，地方雖遠，亦無有出三日之理。若出三日，亦怠慢不敬矣。

食不語，寢不言。

答述曰語，自言曰言。新安陳氏曰：「二字他處通用，此則有辨。」○朱子曰：「食對人，寢獨居，故即其

事而言之。」范氏曰：「聖人存心不他，當食而食，當寢而寢，言語非其時也。」楊氏曰：「肺爲氣主而聲出焉，寢食則氣窒而不通，語言恐傷之也。」亦通。《素問・五臟生成》篇：諸脉者皆屬於目，諸髓者皆屬於腦，諸筋者皆屬於節，諸血者皆屬於心，諸氣者皆屬於肺。〔肺藏主氣故也。〕○新安陳氏曰：「范説主理，楊説主氣。范爲優，楊亦不可廢。」附《蒙引》：食不語，此節正意。寢不言，附記也。○食謂正含哺時，非謂終食都不語。

雖疏食菜羹瓜祭，必齊如也。食，音嗣。

陸氏曰：「《魯論》瓜作必。」新安陳氏曰：「瓜字本《齊論》，然瓜即菜，意重，作必爲是。」○古人飲食，每種上聲。各出少許，置之豆閒之地，新安陳氏曰：「古席地而坐，置豆於地，故置祭物於豆閒之地。」附顧麟士曰：「按《曲禮》注：古人祭酒於地，祭食於豆閒，有板盛之，卒食撤去。」以祭先代始爲飲食之人，不忘本也。齊，嚴敬貌。孔子雖薄物必祭，其祭必敬，聖人之誠也。朱子曰：「曰必祭，則明無不祭之食也。曰必齊如，則明無不敬之祭也。」○此一節記孔子飲食之節。勉齋黃氏曰：「飲食以養生，故欲其精；然亦能傷生，故惡其敗。至於失節縱欲，無不致其謹焉。聖人一念之微，莫非天理，學者不可以不戒也。」謝氏曰：「聖人飲食如此，非極口腹之欲，蓋養氣體，不以傷生，當如此。然聖人之所不食，窮口腹者或反食之，欲心勝而不暇擇也。」慶源輔氏曰：「養氣體不以傷生，聖人飲食之正也；窮口腹以快其欲，常人飲食之流也。」

○席不正，不坐。

謝氏曰：「聖人心安於正，故於位之不正者，雖小不處。」上聲。問：「席不正不坐，此是聖人之心純正，故日用閒纔有不正處，便與心不相合，心亦不安。」朱子曰：「聖人之心無毫釐之差，謂如事當恁地做時，便硬要恁地做。」❶○慶源輔氏曰：「形於外者

❶「硬」，原作「便」，今據哈佛本改。

雖小，不正不處，則存於中者密矣。」○覺軒蔡氏曰：「此句與『割不正不食』同。」○葉氏少緼曰：「席南鄉北鄉，以西方爲上，此以方爲正者也；有憂者側席而坐，有喪者專席而坐，此以事爲正者也。」○吴氏曰：「危坐爲跪，安坐爲居，凡禮坐皆謂跪也。」○雲峰胡氏曰：「此曰不正不坐，後曰必正席，一席之微亦致嚴於『不』與『必』之二字，聖人之心無不正也。」附《蒙引》：只是必正席之意，泛説爲穩，不必依葉氏註。葉氏謂以方爲正，以事爲正，此蓋是外意，然亦聖人之所謹也。既不正不坐，則此等皆其所不苟矣。本文元未及此，須要主一。

○鄉人飲酒，杖者出，斯出矣。

杖者，老人也。六十杖於鄉。未出不敢先，既出不敢後。《禮·王制》：五十杖於家，六十杖於鄉，七十杖於國，八十杖於朝，九十者天子欲有問焉，則就其室，以珍從。○慶源輔氏曰：「鄉黨尚齒，故其出，視老者以爲節。」附顧麟士曰：「此鄉人飲酒，與鄉飲酒禮無預，世誤入耳。」

鄉人儺，朝服而立於阼階。❶儺，乃多反。

儺，所以逐疫，《周禮》方相氏掌之。《夏官·方相氏》：掌蒙熊皮，黄金四目，玄衣朱裳，執戈揚盾，〔方相猶言放想，如今魌頭是也。〕帥〔與率同。〕百隸〔隸同。〕而時難，〔儺同。〕以索室毆疫。〔以索室中疫鬼而驅逐之也。〕阼階，東階也。儺雖古禮而近於戲，亦必朝服而臨之者，無所不用其誠敬也。或曰：「恐其驚先祖五祀之神，欲其依己而安也。」問：「子孫之精神即祖考之精神，故祖考之精神依於己。若門行户竈之屬，❷吾身朝夕之所出處，則鬼神亦必依己而存。」朱子曰：「一家之主，則一家之鬼神屬焉；諸侯守一國，則一國之鬼神屬焉；天子有天下，則天下鬼神屬焉。看來爲天子者，這一箇神明是多少大，如何有些子差忒得？若縱欲無度，天上許多星辰，地下許多山川，如何不變怪？」○問：「鄉人儺，古人此禮節目不可考，❸想模樣亦非後世俚俗之所爲者。」曰：「《後漢志》中有此，想亦近古之

❶「阼」，原作「作」，今據《四書章句集註》、《四書大全》改。
❷「行」，原作「庭」，今據《朱子語類》改。
❸「禮」，原作「理」，今據《晦庵集》、《四書大全》改。

遺法。」○厚齋馮氏曰：「《禮・郊特牲》云：『鄉人禓，〔音傷。〕❶夫子朝服立於阼，存室神也。』以其達陽氣，故禓於文從示從昜；以逐疫去難，故儺於文從人從難。蓋鄉人之意主於逐疫，而先王制禮不禁，因以達陽氣也。禓、儺，通稱也。儺出於鄉俗，其事幾於戲矣，而儼然朝服以立於阼階，外示其敬，而鄉人亦知所止，不敢升階以驚室神，神亦得以依己而安也。」○此一節記孔子居鄉之事。附《蒙引》：鄉人非士大夫也，儺非大祭之倫也，在常人以爲可忽矣，聖人之意以爲鄉人爲我儺也，我則主人也，主人不可慢也，於是朝服而立於阼階。阼階，主人之位也。朝服，敬也。朝服乃當時有官者之常服，非如今制之大慶賀朝服也。萬石君子孫爲小吏來歸，君必朝服見之，不名。○《存疑》：還是致敬意，不是欲使神依己。○顧麟士曰：「朝服，或只如今人言公服。」○鄉人儺，爲孔子儺也，故然。只「鄉人儺」三字，已見大意。○上條「鄉人飲酒」句，亦當說有聖人在內也。○《備攷》：《月令》：「季春命國儺，九門磔禳，以畢春氣。仲秋天子乃儺，以達秋氣。季冬命有司大儺，旁磔，出土牛以送寒氣。」謂之大儺者，下及民庶皆得儺也。所謂鄉人儺者，蓋在此月爾。

○問人於他邦，再拜而送之。

拜送使去聲。者，如親見之，敬也。朱子曰：「古人有此禮，遣使問人於他邦，則主人從背後拜而送之。」○慶源輔氏曰：「使者，所以將我之命，往見其人。拜而送之，則如親見其人矣，不以遠而廢敬也。」

康子饋藥，拜而受之。曰：「丘未達，不敢嘗。」

范氏曰：「凡賜食必嘗，以拜藥未達，則不敢嘗。受而不飲，則虛人之賜，故告之如此。然則可飲而飲，不可飲而不飲，皆在其中矣。」朱子曰：「古者賜之車，則乘以拜，賜之衣服，則服以拜，賜之飲食，則嘗而拜之。蓋今未達，故不敢拜而嘗耳。已而達焉，則可飲而飲，不可飲而不飲，皆在其中矣。」楊氏曰：「大夫有賜，拜而受之，禮也。未達不敢嘗，謹疾也。必告之，直也。」南軒張氏曰：「於此一事之間，而得三善

❶「傷」，原作「陽」，今據《禮記注疏》、《四書大全》改。

焉。」○胡氏曰：「孟子謂『大夫有賜於士，不得受於其家』，❶此必拜其賜之禮也。未達者，所用之品，所療之病，皆不知也，一有不宜則疾生焉，聖人謹疾，不敢嘗也。受之以禮而告之以實。」○龜山楊氏曰：「君子之治心養氣，接物應事，唯直而已，直則無所事矣。康子饋藥，孔子既拜而受之矣，乃曰丘未達不敢嘗，此疑於拂人情。然聖人慎疾，豈敢嘗未達之藥？既不敢嘗，則直言之。」○此一節記孔子與人交之誠意。

○廄焚。子退朝，曰：「傷人乎？」不問馬。非不愛馬，然恐傷人之意多，故未暇問。蓋貴人賤畜，許六反。理當如此。南軒張氏曰：「仁民愛物，固有閒也。方退朝始聞之時，惟恐人之傷，故未暇及於馬耳。」○邢氏曰：「孔子家廄也，以退朝知之。」○吴氏曰：「廄焚問馬，人之常情，聖人恐人救馬而傷，故問人傷否而已，更不問馬。記之所以示教。雜記、《家語》皆載此事。《家語》云『國廄』，恐非。國廄則馬當問，路馬則又重矣。」附《蒙引》：畢竟亦問到馬，只是初聞廄焚之時，獨問人而不及馬。迥出常情之外，有非安排用意所爲者，此門人所以謹記之以垂教也。

○君賜食，必正席先嘗之。君賜腥，必熟而薦之。君賜生，必畜之。畜，許六反。食恐或餕音俊。餘，故不以薦。《曲禮》曰：「餕餘不祭。」正席先嘗，如對君也。言先嘗則餘當以頒賜矣。或問：「不正不坐，豈必賜食而後正之？」朱子曰：「席固正矣，至此又正，以爲禮也。《曲禮》『主人請入爲席』矣，賓既升，又『跪正席』，豈先爲不正之席，至此然後正之哉？蓋敬慎之至耳。」○雙峰饒氏曰：「賜食，有親當先以奉親，夫子先嘗，時已孤故也。」腥，生肉。熟而薦之祖考，榮君賜也。畜之者，仁君之惠，無故不敢殺也。慶源輔氏曰：「所賜既殊，所處亦異，如鑑照形，毫釐不差，聖人之時中也。」

侍食於君，君祭，先飯。飯，扶晚反。《周禮》：「王日一舉，古註云：「殺牲盛饌曰舉。」每日一番盛饌也。膳時戰反。夫授祭，飲食

❶「不」，原作「而」，今據《孟子註疏》改。

必祭，授王所祭之物。品嘗食，每品物皆先嘗之，示無毒也。王乃食。」故侍食者君祭則己不祭而先飯，若爲去聲。君嘗食然，不敢當客禮也。南軒張氏曰：「禮，賜之食而君客之，則命之祭然後祭。今於君之祭，己則先飯，恐君之客己也。必先飯者，以食爲先也。」附邢疏曰：「敵客則得先自祭，降等之客則後祭。若臣侍君而賜之食，則不祭。若賜食而君以客禮待之，則得祭。雖得祭，又先須君命之祭，後乃敢祭也。」○顧麟士曰：「《集註》所引《周禮》四句，如《大全》所疏者，固以證先飯，然據許氏，此天子之禮，而孔子侍諸侯之食，則亦非正解也。蔡虛齋、鄒嶧山皆云此侍食即一舉之食，似兩公當日俱未見《通義》。」○諸侯或亦有日一舉之禮，然謂必此乃有祭者，則孔子固不當云「雖疏食菜羹必祭」也。且日一舉之禮，亦不必有大夫侍食。彼《周禮》自明膳夫之事，而此條自言事君之禮。即《集註》云「若爲君嘗食然」，亦曰若之，而非真嘗食云爾。○《玉藻》：「侍食於先生異爵者，後祭先飯。」注：「先生，齒尊於己者。異爵，爵貴於己者。後祭，示饌不爲己也。先飯，示爲尊貴者嘗之也。」則侍食於君可知。

疾，君視之，東首，加朝服，拖紳。首，去聲。拖，徒我反。

東首，以受生氣也。新安陳氏曰：「天地生氣，始於東方。」病卧不能著陟略反。衣束帶，又不可以褻服見君，故加朝服於身，又引大帶於上也。問：「疾，君視之，方東首，常時首當在那邊？《禮記》自云寢常當東首矣，平時亦欲受生氣，恐不獨於疾時爲然。」朱子曰：「常時多東首，亦有隨意卧時節，如《記》云『請席何向，請衽何趾』，這見得有隨意向時節。然多是東首，故《玉藻》云居常當户，寢常東首也。常寢於北牖下，君問疾則移於東牖下。」○南軒張氏曰：「雖不能興，不忘恭也。」○雙峰饒氏曰：「君未視疾，容有隨意所適者，但君視則必正東首之禮。」○慶源輔氏曰：「一息尚存，不敢廢禮，況有疾而君視之乎？加朝服拖紳，蓋禮之變也，亦禮之宜也，然亦必病不能支，方可如此。」

君命召，不俟駕行矣。

急趨君命，行出而駕車隨之。○此一節記孔子事君之禮。

○入太廟，每事問。

重平聲。出。

○朋友死，無所歸，曰：「於我殯。」

朋友以義合，死無所歸，不得不殯。胡氏曰：「朋友，人倫之一，其死也，無父族母族妻族，無旁親主之，是無所歸也。爲朋友者不任其責，則轉於溝壑而已，故曰於我殯。此節獨記一曰字，必嘗有是事，人莫知所處，而夫子有是言也。古者三日而殯，三月而葬，但曰殯而不曰葬，則其親者在遠，必訃告之未及故也。」○吴氏曰：「殯於堂曰殯，瘞於野曰葬。殷人殯於兩楹之間，周人殯於西階之上。此殯蓋有館於夫子者，故死而就使殯於其館耳。《檀弓》曰：『賓客至無所館，夫子曰：「生於我乎館，死於我乎殯。」』」

朋友之饋，雖車馬，非祭肉，不拜。

朋友有通財之義，故雖車馬之重，不拜。祭肉則拜者，敬其祖考，同於己親也。新安陳氏曰：「車馬不拜，義也；祭肉必拜，禮也。」○此一節記孔子交朋友之義。雲峰胡氏曰：「此節《集註》於義之一字，凡三見之。朋友既以義合，當殯而殯，義也；當饋而饋，❶亦義也。義所當爲不可辭，義所當受不必拜。」附《蒙引》：朱子於此章，一則曰朋友以義合，二則曰朋友有通財之義。愚謂惟平日於朋友之饋，雖車馬受之不至於感激無地者，方於朋友死無所歸之時，可望其爲殯也。何則？只是於義字看得透也。此亦觀人之法。蓋能以義處己，方能以義處人；惟能以義處人，必能以義自處。○魏元忠受武后遺詔而感泣，不知義也。然則所謂「一抔之土未乾，六尺之孤何在」，元忠之不能效義於李氏也，固然矣。夫朋友非必有大氣力者，然車馬之饋且不拜，而元忠乃爲武后之詭恩所動，甚可惜可恨也。○顧麟士曰：「大意只重車馬不拜，祭肉取相形説耳。」

○寢不尸，居不容。

尸，謂偃卧似死人也。居，居家。容，容

❶「而饋」，原脱，今據《四書大全》補。

儀。范氏曰：「寢不尸，非惡其類於死也，惰慢之氣不設於身體，雖舒布其四體而亦未嘗肆耳。居不容，非惰也，但不若奉祭祀、見賓客而已，申申夭夭是也。」慶源輔氏曰：「容儀，謂奉祭祀、見賓客之容貌威儀也。然居家亦自有居家之容，所謂申申夭夭是也，但不若奉祭祀見賓客之極乎莊敬耳。聖人德盛仁熟，雖寢與居亦有常則也。」○厚齋馮氏曰：「寢所以休息，易於放肆也，放肆則氣散而神不聚；居所以自如，無事乎容儀也，爲容則體拘而氣不舒。蓋寢而尸則過於肆，居而容則過於拘，二者皆非養心之道。」

見齊衰者，雖狎必變。見冕者與瞽者，雖褻必以貌。

狎，謂素親狎。褻，謂燕見。貌，謂禮貌。餘見形甸反。前篇。南軒張氏曰：「狎謂與習熟者，褻謂見之頻數者。」○洪氏曰：「雖少必作，過之必趨，謂不相識者也；雖狎必變，雖褻必以貌，謂素所親比者也。」附《蒙引》：狎與褻不同。狎謂素親狎，謂其人與我素熟也。褻謂燕見，謂我之見其人，非在公所禮法之場及稠人廣坐之中也。變與以貌亦不同。變只是改舊容，有驚哀之意而已，以貌則加敬矣。而以貌之中亦不同。於見冕者，尊有爵而不敢忽也；於瞽者，矜不成人而亦不敢忽也。

凶服者式之。式負版者。

式，車前橫木，有所敬則俯而憑之。負版，持邦國圖籍者。式此二者，哀有喪，重民數也。人惟萬物之靈而王者之所天也。《前漢書》：酈食其〔音異基。〕曰：「王者以民爲天，民以食爲天。」〔天者，人資而生者也。〕故《周禮》獻民數於王，王拜受之，況其下者敢不敬乎？《周禮·秋官·司民》：掌登萬民之數。自生齒以上，皆書於版。〔男八月女七月而生齒。〕版，今戶籍也。」歲登下其死生。及三年，大比，以萬民之數詔司寇，司寇獻其數於王。王拜受之，登於天府。附《達說》：凶服即上「齊衰」，重言之者，此指在車時也。○《通義》曰：式與軾同。○白雲許氏曰：「古者車皆

立乘，馬驟車馳，❶難於立，故於車上高五尺五寸横一木，謂之較，伏之而立。或遇有所敬，則當躬身，❷故高三尺又横一木在較下，謂之軾，有敬則俯身憑之。惟尸與婦人坐乘。」○邢疏曰：「式者，車上之横木，男子立乘，有所敬，則俯而憑式，遂以式爲敬名。」

有盛饌，必變色而作。

敬主人之禮，非以其饌也。慶源輔氏曰：「變色而作，謂改容而起以致敬也。」○新安陳氏曰：「主敬客，故爲設盛饌；客敬主，故變色而作，若不敢當也。怡然當之，則爲不敬，不知禮矣。」附《蒙引》：主人禮意之厚，亦於盛饌見之。可見今之待客，亦不可任情從薄，但要知禮敬之意，有不全在飲饌之閒，則可矣。

迅雷風烈，必變。

迅，疾也。烈，猛也。必變者，所以敬天之怒。《詩》之《大雅·板》篇曰：「敬天之怒。」《記》曰：「若有疾風、迅雷、甚雨，則必變。雖夜必興，衣服冠而坐。」問：「有終日之雷，終夜之雨，如何得常如此？」朱子曰：「固當常如此，但亦主於疾風迅雷甚雨，若平底風雨，也不消如此。」問：「當應接之際，無相妨否？」曰：「有事也只得應。」○王氏曰：「迅雷風烈，天之威也，天子當自察於天下，諸侯卿大夫當自察於國，士庶人當自察於身，恐懼脩省，何可已哉？」附《蒙引》：與大舜之「烈風雷雨不迷」者並行而不相悖，故曰必變，非聖人爲所驚惶而失次也。

○此一節記孔子容貌之變。

○升車，必正立，執綏。

綏，挽以上上聲。車之索也。范氏曰：「正立執綏，則心體無不正，而誠意肅恭矣。蓋君子莊敬，無所不在，升車則見形甸反。於此也。」慶源輔氏曰：「正立則身不偏倚，執綏則不忘有事，范氏所謂『心體無不正而誠意肅恭』者得之。」○新安陳氏曰：「古人乘車必立，惟老人安車則坐，婦人亦坐。」附《存疑》：重在正立，不容不執綏，❸輔氏謂執綏則不忘有事，非是。升車正立，與「席不正

❶「驟」，原作「騶」，今據影元本《讀四書叢説》改。
❷「躬」，原作「穹」，今據影元本《讀四書叢説》改。
❸下「不」，原作「必」，今據明刻本《連理堂重訂四書存疑》改。

不坐」一也。○顧麟士曰：「總注『記孔子升車之容』，則正立執綏已指在車時，非但言方升也。升字疑如登乘之義。沈虹野謂初時未及坐者，彼不知乘車皆立耳。且以執綏指初升，則立字亦頗礙，升字尤不足據。」○《備攷》：《留青日札》云：「漢有安車，有立車，安車可坐者也，即步輦。《白虎通》曰：『制車以步，故立乘。』孔子所以升車必正立。」《禮書》云：「綏，車中把也，其飾則有采章，其等有貴賤。《詩》云『淑旂綏章』，此綏之飾也。《少儀》君綏曰良綏，❶《曲禮》、《少儀》僕右綏曰貳綏、❷散綏，此綏之等也。君子之登車也受綏，其既登也正立執綏，及致敬，然後俯而立焉。正立執綏，所以備隊耳。」《曲禮》云：「獻車馬者執策綏。」又云：「僕展軨，效駕，奮衣由右上，取貳綏。」又云：「君出就車，則僕并轡授綏。」註云：「取貳綏者，貳，副也。綏，登車索。綏有二，一是正綏，擬君之升，一是副綏，擬僕右之升。并轡授綏者，謂以六轡及策并置一手中，以一空手取正綏授與君，令登車也。」○按上說不謂初升之時都不執綏，然謂初升執綏而後不執綏，則亦未聞僕之在車六轡可不在手也，正不必泥上車之索耳。綏章，《詩經》注：「染鳥羽或旄牛尾爲之，注於旗竿之首，爲表章。」卻不是此綏字。○頗重「正」字，不甚重「立」字、「執綏」字。

車中不内顧，不疾言，不親指。

内顧，回視也。禮曰：「顧不過轂。」三者皆失容，且惑人。問「車中不内顧」一章。朱子曰：「『立視五嶲，式視馬尾。』蓋嶲是車輪一轉之地。車輪高六尺，圍三徑一，則闊丈八，五轉則正爲九丈矣。立視雖遠，亦不過此。」○南軒張氏曰：「三者非獨恐其惑衆也，蓋以其非在車之容故耳。」○覺軒蔡氏曰：「《曲禮》篇：『車上不廣欬，不妄指，立視五嶲，式視馬尾，顧不過轂。』正義曰：『車上不廣欬者，欬，聲也，廣，弘大，車高大也，欬以驕矜，又驚衆也。不妄指者，妄，虚也。在車上無事忽虚以手指，亦爲惑衆也。顧不過轂者，車轂也。轉頭不得過轂，過轂則掩人私也。』此三句正與此篇相合。」附《存疑》：三者皆失容，故聖人不然。惑人又後一節，故曰且。○《蒙引》：立惟視五嶲，

❶「良」，原作「艮」，今據《禮記注疏》、《禮書》改。

❷「右」，原作「古」，今據《禮記注疏》、《禮書》改。

式惟視馬尾，雖有顧時，亦不過轂，不内顧也。○此一節記孔子升車之容。新安陳氏曰：「大夫得乘車，觀瞻所係。夫子謹之，非勉而能，蓋動容周旋自中乎禮，其見於乘車者如此。」

○色斯舉矣，翔而後集。言鳥見人之顏色不善，則飛去，回翔審視，而後下止。人之見幾平聲。而作，審擇所處，上聲。亦當如此。程子曰：「色斯舉矣，不至悔吝；翔而後集，審擇其處。」○南軒張氏曰：「色斯舉矣，炳先見於幾微也；翔而後集，從容審度而後處之也。如是則悔吝何從生乎？」然此上下必有闕文矣。胡氏曰：「上不知爲何人之言，下不知爲何事而發，故以爲有闕文也。」

曰：「山梁雌雉。時哉！時哉！」子路共之，三嗅而作。共，九用反，又居勇反。❶嗅，許又反。

邢氏曰：邢氏，名昺，濟陰人。「梁，橋也。時哉，言雉之飲啄得其時。子路不達，以爲時物而共具之。共，九用反。孔子不食，三嗅其氣而起。」晁氏曰：「石經嗅作戛，謂雉鳴也。」劉聘君曰：「嗅當作狊，古闃反，闃，苦壁反。張兩翅也，見形甸反。《爾雅》。」愚按如後兩說，則共居勇反。字當爲拱執之義。然此必有闕文，不可强上聲。爲之說，姑記所聞，以俟知者。《爾雅·釋獸·須屬》：獸曰釁。〔許靳反。獸之自奮迅動作，名釁。〕人曰撟。〔紀小反。人之罷倦，頻伸夭矯，舒展屈折，名撟。〕魚曰須。〔魚之鼓動兩腮，若人之欠須，導其氣息者，名須。〕鳥曰狊。〔鳥之張兩翅，狊狊然搖動者，名狊。此皆氣倦體罷，所須若此，故題云須屬也。〕○慶源輔氏曰：「退當見幾，進當審義。」○西山真氏曰：「色斯舉矣，去之速矣，衛靈公問陳而孔子行，魯受女樂而孔子去，即此義也；翔而後集，就之遲也，伊尹俟湯三聘而後幡然以起，太公、伯夷聞文王善養老而後出，

❶「勇」，原作「用」，今據《四書章句集註》、《四書大全》改，下「居勇反」同。

即此義也。古人所謂『三揖而進，一辭而退』，雖相見會聚之間，猶謹諸此，況仕止久速之際乎？賈誼賦所謂『鳳縹縹而高逝兮，夫固自引而遠去』，此即『色斯舉矣』之意。又曰『鳳凰翔於千仞兮，覽德輝而下之』，此即『翔而後集』之意。後世如漢穆生以楚王戊不設醴而去，諸葛武侯必待先主三顧而後從之，皆有得乎此者。」○新安陳氏曰：「此章文義略不順，而意亦可通。色舉翔集，即謂雉也。夫子見雉如此，曰：此山橋邊之雌雉，其見幾而舉，詳審而集，時哉時哉。蓋謂時當飛而飛，時當下而下，皆得其時也。子路不悟，以爲時物，取雉供之。夫子不食，三嗅而起。聖人寬洪，不直拒人也。雉一禽耳，去就猶得其時如此，君子之去就何可不得其時哉？若移『山梁雌雉』一句冠於此章之首，則辭意似尤明云。」○蔡氏曰：「士之脩於身，行乎族里者，至《鄉黨》而備；立乎朝，行乎天下者，自《鄉黨》而出。此篇所係，不亦重乎？夫子萬世之標準也，父兄宗族之間，君臣朋友之際，莫不曲盡其道。非屑屑於是也，蓋其一理渾然，而泛應曲當。人見其動容周旋無不中禮，一言語，一容貌，一舉動，無不盡其道者，當知其德盛禮恭，自不期而合也。告曾子一貫之説，❶與此篇相發明。學者可不思學孔子以自立於鄉黨哉？」《通考》董氏曰：「共者向也，衆星共之，子路共而立，皆向之義。嗅依晁、劉註，蓋古字如此。若以嗅爲嗅食之嗅，則夫子之不食，何待於嗅？此以常情料聖人也。夫子平生政在不能自隱，道大而不見容，戹於陳蔡宋衛屢矣。春秋之時，非夫子之時也，文章可聞，適足以立天下之的，故於雌雉有感焉。《春秋》終於獲麟，麟出非其時，《春秋》以作。使麟隱其德，匿其形，又安得而獲之？夫子感麟與歎雉同意，學者當參看。」○臨川吳氏曰：「『山梁雌雉』當在『色斯舉矣』之上。三嗅而作，當作歎字，亦篆文之誤也。」附《蒙引》：依邢氏，則關孔子身上事，於《鄉黨》所載義類爲合，❷但雉終爲子路所共，則與上文「色斯舉」云者不符矣。依晁、劉二氏，以共爲拱執之義，固與上所謂「色斯舉」者相符，但不關孔子事，非《鄉黨》所載之義也。故朱子缺其疑而取邢説在前。

論語集註大全卷之十終

❶「告」，原作「若」，今據《四書大全》改。
❷「合」，原作「令」，今據《四書蒙引》改。

論語集註大全卷之十一

三魚堂讀本

先進第十一

此篇多評弟子賢否。凡二十五章。厚齋馮氏曰：「此篇多評弟子賢否，故以次於夫子言動之後。」○趙氏曰：「評其賢，則能者勸；評其否，則不能者勉，無非教也。然此篇稱賢者三倍於否，亦足以見賢之衆矣。」《通考》勿軒熊氏曰：「内二十一章言孔門弟子賢否，三章泛言人品。」胡氏曰：「此篇記閔子騫言行去聲。者四，而其一直稱閔子，疑閔氏門人所記也。」

子曰：「先進於禮樂，野人也；後進於禮樂，君子也。

先進、後進，猶言前輩、後輩。野人，謂郊外之民。君子，謂賢士大夫也。程子曰：「先進於禮樂，文質得宜，今反謂之質朴而以爲野人；後進之於禮樂，文過其質，今反謂之彬彬而以爲君子。蓋周末文勝，故時人之言如此，不自知其過於文也。」朱子曰：「禮樂只是一箇禮樂，用得自不同。如升降揖遜，古人只是誠實行許多威儀，後人便忒好看；古人只正容謹節，後人便近於巧言令色。如古樂，雖不可得而見，只如誠實底人彈琴，便雍容平淡，自是好聽。若弄手弄脚，撰出無限不好底聲音，只是繁碎耳。」○問：「此禮樂還説宗廟朝廷以至州閭鄉黨之禮樂？」曰：「也不止是這般禮樂，凡日用之閒，一禮一樂，皆是禮樂。只管文勝去，如何合殺？須有箇變轉道理。」附《蒙引》：此禮樂所指甚廣，上而宗廟朝廷，下而州閭鄉黨；大而冠婚喪祭，小而動静起居。凡日用常行之閒，莫不有禮樂焉。故曰禮樂不可斯須去身。自天子至於庶人，皆不可一日無禮樂也。○「野人，郊外之民」，以此知自古市廛之人多文，而郊野鄉村之人從來是朴質也。「君子謂賢士大

夫」，不獨曰士大夫，而必曰賢士大夫，兼德位而言也，與上句「民」字相對。○顧麟士曰：「按程註『文質得中』、『文過其質』、『反謂』云云，則雖云述時人之言，亦隱括大意，於『野人』、『君子』四字討實落耳。上兩句即仍是正説，非必一節俱時人語也。《蒙引》、《淺説》講頗妄。」○故曰「於禮樂」，不曰之禮樂。

如用之，則吾從先進。」

用之，謂用禮樂。孔子既述時人之言，又自言其如此，蓋欲損過以就中也。慶源輔氏曰：「時俗易得逐流而徇末，聖人常欲損過以就中。聖人之所以轉移時俗者，其過化存神之妙，雖未易窺測，至於損過就中之用，則有不可易者。」○問：「孔子從先進，是夫子無取於文也。然周監於二代，郁郁乎文，夫子又從之，何耶？」潛室陳氏曰：「從先進，是夫子欲復文、武、周公之舊，即從周也。文必以周公之舊方可從。周末文弊，已不足爲文矣。從周者，三代損益之勢當然；從先進者，周末文弊，救之當然。並行不悖。」○問：「夫子用禮樂而從先進，是欲從質耶，抑欲文質之得中耶？」雙峰饒氏曰：「聖人之道，無適不中。用禮樂而從先進，在當時則爲從質，在理則爲適中。」○新安陳氏曰：「文、武、周公監夏殷之禮而損益之，夫子稱曰郁郁乎文，蓋謂其文質得中，即彬彬之文也。此周盛時之文，即先進之所從事者。此章從先進之云，正是厭周末之文過其質，而欲從周盛時文質得中，與從周之言初不相妨，而可互相發，從周正是欲從先進耳。」《通考》朱氏公遷曰：「先進於禮樂，因論其文，矯其偏勝而言。」附《蒙引》：夫子之從先進，正欲復文、武、周公之舊，所謂「郁郁乎文哉」者也。如得位以用禮樂，則又將損益四代，以爲萬世常行之道矣，豈特從先進而已哉？○《存疑》：「如用之」，只據目前言，不是得行其道而用禮樂。○顧麟士曰：「如即若也，猶云若我之用之則不然。《折衷》云：『則字有斷然不惑時議意。夫子憲章文、武，夢寐周公，從先進，便是從文、武、周公也。』」

○子曰：「從我於陳、蔡者，皆不及門也。」

從，去聲。

孔子嘗厄於陳、蔡之閒，弟子多從之者，此時皆不在門，故孔子思之，蓋不忘其相從於患難去聲。之中也。按《蒙引》：重在上句，

孔子豈以其不在門爲憾哉？以其嘗相從於陳、蔡閒，時往來於懷而不能忘耳。於此可以見聖人所以待弟子之至情矣。

德行：顏淵，閔子騫，冉伯牛，仲弓。言語：宰我，子貢。政事：冉有，季路。文學：子游，子夏。行，去聲。

弟子因孔子之言記此十人，問：「何以知其爲弟子所記？」朱子曰：「吴氏《例》云：『凡稱名者，夫子之辭，或弟子師前相謂之辭；稱字者，弟子自相謂之辭，或弟子門人之辭。』或以此章盡爲夫子所言者，考之不審也。」**而并目其所長，分爲四科。孔子教人，各因其材，於此可見。**朱子曰：「德者行之本，君子以成德爲行。言德，則行在其中。德行是兼內外，貫本末，全體底物事。那三件各是一物，見於用者也。」○問：「德行不知可兼言語、政事、文學否？」曰：「當就逐項上看。如顏子之德行，固可以備。若他人固有有德行而短於才者。」○問四科之目。曰：「德行者，潛心體道，默契於中，篤志力行，不言而信者也。言語者，善爲辭令者也。政事者，達於爲國治民之事者也。文學者，學於《詩》、《書》、禮、樂之文而能言其意者也。夫子教人，使各因其所長以入於道，然其序則必以德行爲先。誠以躬行實造，具體聖人，學之所貴尤在於此，❶非若三者各爲一事之長而已也。」○勉齋黄氏曰：「四科之目，因其所得而稱之，舉其最優者爲言也。」○雙峰饒氏曰：「聖門之教，有大綱領，有小條目。小條目如長於政事者與言政事，長於文學者與言文學是也。如今人能文者告之以作文之法，曉事者告之以處事之法，此是各因其材。然本領不正，能文者無緣做得好文章，曉事者無緣做得好政事，又須示之以大綱領，使之治心脩身，從本領上做將來。」附《蒙引》：「聖人教人，各因其材，於此可見」，此是餘意。○顧麟士曰：「既記此十人，而又目其所長者，見得其賢如此，宜乎在難而有絃歌之樂，居安而切思慕之情也。」○**程子曰：「四科乃從夫子於陳、蔡者爾，門人之賢者固不止此。曾子傳道而不與**音預。**焉，故知十哲世俗論也。」**慶源輔氏曰：

❶「貴」，原作「責」，今據哈佛本改。

「夫子之門如此十人者固高矣，然受業身通者凡七十人，則豈獨此十人可名爲哲哉？ 故程子引曾子以爲證，而斷十哲爲世俗之論，所以教學者使求於聖人之門不止此十人也。」○新安陳氏曰：「曾子，皙之子，是時尚少，不得與陳、蔡之從，故不在列。 又如有若，雖賢，亦以不從此行而不在列焉。」○雲峰胡氏曰：「德行，即孟子所謂『有成德者』，言語、政事、文學，即孟子所謂『有達材者』。 然孟子於成德之上，『有如時雨化之者』，《集註》所謂顏、曾是也。 於此見《論語》四科不過門人所記，而孟子五教又能發門人之所未發。」《通考》仁山金氏曰：「曾子傳道，有若似聖人，公西赤之才勝宰我，澹臺滅明之勇亞於子路，子羔之孝次於閔子，樊遲之才亞於冉有，曾點、漆雕開已見大意，子賤之政，原思之守，其他諸賢，未易枚舉。 開元禮既拘十哲之數，其後顏子升侑，而以曾子補十哲，是矣；曾子升侑，而遂以子張備十哲，可乎？ 景定之禮，以顏、曾、思、孟爲四侑，前次議者猶以顏路、曾皙、伯魚並在下列爲未安，則亦復古之制而已。 古者廟寢之制，前爲堂而後爲室，宗廟之祭，先室事而後堂事，而庠序之禮，先獻酬而後燕禮。 今二丁之祭，先用饗禮，牲幣旅陳，享先聖而南面於堂，以顏、曾、思、孟侑，繼用燕禮，籩豆簠簋，奠先聖而東面於室，以顏路、曾皙而下七十子左右祫食，如昭穆之例焉，斯爲得之。 其餘從祀，雖東西夾室可也。」

○子曰：「回也非助我者也，於吾言無所不說。」說，音悅。

助我，若子夏之「起予」，因疑問而有以相長上聲。也。 顏子於聖人之言默識心通，釋悅字。無所疑問，釋「非助」字。 故夫子云然。 其辭若有憾焉，其實乃深喜之。○胡氏曰：「夫子之於回，豈真以助我望之？ 蓋聖人之謙德，又以深贊顏氏云爾。」慶源輔氏曰：「聖人之心，義理昭融，固不因人之問而後有所知，亦不以人之不問而遂有所疑，❶顧豈有待於學者之助哉？ 然疑而問，問而益得以發其精微，若子夏之『起予』，則亦不能無也。」○胡氏曰：「以非助我而言，似有不足於顏子之意；謂其無所不說，則凡精

❶「疑」，《四書纂疏》作「昧」。

凡粗，若巨若細，莫不懽然領受，而略無毫髮之疑矣。」○厚齋馮氏曰：「夫子固無待於助，然於事物之理，因人之疑問而遂得以發明之，是亦助也。」○新安陳氏曰：「如終日不違，語之不惰，皆無所不悅之驗。」附《蒙引》：「顏子於聖人之言默識心融，無所疑問」，此二句俱安在「非助我」、「無不悅」上，小註分貼，大謬。「其辭若有憾焉，其實乃深喜之」，此二句註不分貼，今人只說得上句如有憾焉，下句都說不得正意出，則雖知其不分貼，而亦終歸於分貼矣。宜細玩之。聖人本意全在下句，惟其於吾言無不悅，故爲非助我者也。

○子曰：「孝哉閔子騫！人不閒於其父母昆弟之言。」閒，去聲。

胡氏曰：「父母兄弟稱其孝，友人皆信之無異辭者，蓋其孝友之實有以積於中而著於外，故夫子歎而美之。」吳氏曰：「夫子於弟子，未嘗稱字，此或集《語》者之誤。」○勉齋黃氏曰：「父母昆弟之言，或出於私情，人無所非閒於其言，是爲公論，夫子所以稱之。」○慶源輔氏曰：「父母昆弟稱其孝友者固有之矣，然或溺於愛，蔽於私，則誠否未可知也。至於人皆信之，無有閒言，則誠著而德彰矣。」○胡氏曰：「按《韓詩外傳》，閔子早喪母，父再娶，生二子，繼母獨以蘆花衣子騫。父覺之，欲逐其妻，子騫曰：『母在一子寒，母去三子單。』母得免逐。其母聞之，待之均平，遂成慈母。今誦其言，藹然惻怛之意溢於詞表。故內則有以孚其家，外則有以孚於人，自內及外，無有異詞也。」○雲峰胡氏曰：「孔門豈獨閔子爲孝？而夫子獨稱之。他人之孝，處人倫之常；閔子之孝，處人倫之變。處變而不失其常，此夫子所以稱之歟？」○新安陳氏曰：「夫子惟稱其孝，《集註》兼及於友者，蓋友于兄弟，就昆弟之言見其友也。《詩》曰：『兄弟既翕，和樂且湛。』子曰：『父母其順矣乎。』蓋孝友一理，孝者必友，不友則非孝矣。只觀『三子單』之語，友之實可見。『閒』字不必訓非，只訓別異自明白。外人稱之不異於父母兄弟之言，非孝友之實積中著外能如是乎？夫孝，德之本也。人之行莫大於孝。閔子以德行稱，亞於顏子，宜哉！」《通旨》：朱氏公遷曰：「此孝即其孚於人者而稱之。見稱於天下，爲周武之孝；見稱於衆人，爲子騫之孝；見稱於宗族，爲士之次者之孝。德行有大小，故其孚於人者有廣狹也。」附《蒙引》：「孝

哉」二字，兼友在其中。友實孝中一事也。○積於中而著於外，不可以中爲家，以外爲外人，是言其孝友之實人皆稱之。淳于髡曰：「有諸内必形諸外。」亦是此意。亦不分言父母稱孝、兄弟稱友，蓋只是家人稱其孝友而外人亦信之耳。○重在「人不間」三字。

○南容三復白圭，孔子以其兄之子妻之。三、妻，並去聲。

《詩·大雅·抑》之篇曰：「白圭之玷，丁忝、丁念二反。尚可磨也；斯言之玷，不可爲也。」南容一日三復此言，事見形甸反。《家語》，蓋深有意於謹言也。《家語·弟子行》篇云：「獨居思仁，公言仁義，其於《詩》也，則一日三復『白圭之玷』，是宫縚之行也。孔子信其能仁，以爲異士。」○朱子曰：「南容三復白圭，不是一旦讀此，乃是日日讀之，玩味此詩而欲謹於言行也。」此邦有道所以不廢，邦無道所以免禍，故孔子以兄子妻之。此是合《公冶長》篇「子謂南容」章解之。

○范氏曰：「言者行去聲，下同。之表，行者言之實，未有易去聲。其言而能謹於行者。南容欲謹其言如此，則必能謹其行矣。」雙峰饒氏曰：「表與裏對，實與華對，言爲表而行爲裏，行爲實而言爲華，各舉其一以互見。免於刑戮，只是不以輕言妄動取禍。若當言而言，雖箕子之囚、比干之死，豈容苟免？」附邢疏曰：「此即『邦有道不廢，邦無道免於刑戮』者也，弟子各記所聞，故又載之。」

○季康子問：「弟子孰爲好學？」孔子對曰：「有顔回者好學，不幸短命死矣，今也則亡。」

范氏曰：「哀公、康子問同而對有詳略者，臣之告君，不可不盡，若康子者，必待其能問，乃告之，此教誨之道也。」詳見《雍也》篇「不遷怒」章。○慶源輔氏曰：「聖人一言之閒，輕重之等，則有截然不可亂者。」附《蒙引》：夫子答之視答哀公雖略，然「有顔回者好學」一句，已該「不遷不貳」，「今也則亡」一句，又該「未聞好學者」，雖略而未嘗有欠缺也。○顧麟士曰：「此章照下諸章，只是惜顔子

耳，范注不必。」

○顔淵死，顔路請子之車以爲之椁。

顔路，淵之父，名無繇，音由。少去聲。孔子六歲，孔子始教而受學焉。椁，外棺也。請爲椁，欲賣車以買椁也。附《蒙引》：顔路之請車，雖於大義若昧，然亦可見聖門師弟相與之際如同一體，而略無少忌嫌之心矣。

子曰：「才不才，亦各言其子也。鯉也死，有棺而無椁。吾不徒行以爲之椁，以吾從大夫之後，不可徒行也。」

鯉，孔子之子伯魚也，先去聲。孔子卒。言鯉之才雖不及顔淵，然己與顔路以父視之，則皆子也。孔子時已致仕，尚從大夫之列，言後，謙辭。問：「以弟子之年考之，則回之死先於鯉，故有以『鯉也』爲夫子之設言者，信乎？」朱子曰：「以人情言之，不應如此。且王肅信《家語》最篤，而亦以此爲年數之錯誤，今安得固守而必信之乎？」○南軒張氏曰：「聖人正大之情，天地之情也。鯉雖不可以並淵，然在己則子也，無椁則亦已矣。淵雖賢，而父之葬子也，亦稱家之有無而已，又何必强爲之椁乎？夫子視淵固猶子也，不得舍車於鯉，則亦不得舍車於淵矣。」○厚齋馮氏曰：「伯魚聞《詩》聞禮，未爲不才，視子淵則才不及耳。唯自言其子，故曰不才。」附《蒙引》：「才不才」兩句，慢説回、鯉字出。《集註》是會意解，切不可以《集註》言「鯉之才雖不及顔淵」來硬貼此句。○胡氏曰：「孔子遇舊館人之喪，嘗脱驂以賻音附。之矣，《禮・檀弓》篇：孔子之衛，遇舊館人之喪，入而哭之，哀，使子貢説驂〔音脱參。〕而賻之。〔騑馬曰驂。賻，助也，助喪用也。〕今乃不許顔路之請，何邪？俗作耶。葬可以無椁，驂可以脱而復扶又反。求，大夫不可以徒行，命車不可以與人而鬻余六反。諸市也。《王制》曰：「命服命車不粥〔與鬻同。〕於市。」○問命車。朱子曰：「紀禮云：❶『大夫賜命車。』」且

❶「紀」，《四書纂箋》、《四書大全》作「記」。

爲去聲。所識窮乏者得我而勉强上聲。以副其意，豈誠心與直道哉？或者以爲君子行禮，視吾之有無而已。此蘇氏說。夫平聲。君子之用財，視義之可否，豈獨視有無而已哉？」慶源輔氏曰：「葬之禮，椁周於棺，宜也，然貧不能具，則椁亦可廢；車之制，驂參於服，宜也，然欲輟而用，則驂或可脱。義之所可則脱驂以賻舊館人而不吝，義不可則於顔淵之厚而不從其父爲椁之請，此可見聖人處事之權衡。」

○顔淵死，子曰：「噫！天喪予！天喪予！」喪，去聲。

噫，傷痛聲。悼道無傳，若天喪己也。勉齋黄氏曰：「顔子在，則夫子雖亡而不亡，以道存也；顔子死，則夫子雖存，道固無傳，終亦必亡而已矣。故以顔子之死而爲己之喪也。」○新安陳氏曰：「夫子之道，賴顔子以傳者也。顔子在，則道有傳，孔子他日雖死而不死；顔子死，則道無傳，孔子今日雖未亡而已亡。故不謂天喪回，而曰天喪予，良可悲矣。」○洪氏曰：「孔、顔一體也。『回何敢死』，子在故也；『天喪予』，回死故也。」○雲峰胡氏曰：「夫子上接文王之傳，則曰天將喪斯文，下失顔淵之傳，則曰天喪予，然則道統之絶續皆天也。」附《蒙引》：夫以回之存亡，關係道統之絶續如此，此夫子所以深痛之，非惟以其疇昔師弟之好而已也。

○顔淵死，子哭之慟。從者曰：「子慟矣！」從，去聲。

慟，哀過也。附《蒙引》：子慟矣，此亦不欲其過於傷之意，非譏之也，乃覺之，欲令其節哀也。

曰：「有慟乎？

哀傷之至，不自知也。

非夫人之爲慟而誰爲？」夫，音扶。爲，去聲。

夫人，謂顔淵。言其死可惜，哭之宜慟，非他人之比也。○胡氏曰：「痛惜之至，施當其可，皆性情之正也。」勉齋黄氏曰：「以夫子之聖而得顔淵，蓋將相與講明斯道，以示天下後世，其爲助大矣。不幸而短命死焉，夫子安得不興『喪

予』之歎而不自知其爲慟耶？」○新安陳氏曰：「觀不自知其慟，若過也，然哭顔淵而慟，非過也，其哀之發而中節者歟。」

○顔淵死，門人欲厚葬之，子曰：「不可。」

喪具稱去聲。家之有無。《禮·檀弓》篇：子游問喪具，夫子曰：「稱家之有無。」貧而厚葬，不循理也，故夫子止之。朱子曰：「門人，謂回之門人。」○潛室陳氏曰：「喪禮固有分，亦須兼稱貧富。固有分雖得爲而貧不能舉禮者，故云稱家之有無。分不得爲者，不在此限。孟子『不得，不可以爲悦；無財，不可以爲悦』，兩言最盡。」附《蒙引》：厚葬兼棺椁説。或曰：棺椁是殯，非葬也。此説非。不知「死葬之以禮」此句内有殯意在否，不成只是葬埋也？又與前註「喪具稱家之有無」不合。可見兼棺椁在内。葬之一字，兼棺椁、衣衾、墳墓説。

門人厚葬之。

蓋顔路聽之。新安陳氏曰：「蓋，疑辭。以請車爲椁觀之，疑顔路聽之也。」

子曰：「回也視予猶父也，予不得視猶子也。非我也，夫二三子也。」

歎不得如葬鯉之得宜，以責門人也。南軒張氏曰：「顔子在聖門，門人莫先焉，故於其喪，門人記夫子所以處之者甚詳，仁之至，義之盡也。」○勉齋黄氏曰：「門人欲厚葬，尊賢之情也；子曰不可，安貧之義也。蓋不以情勝義，所謂愛人以德而不以姑息也。喪予之歎，有慟之哀，非厚於顔子也，爲道也；請車却之，厚葬責之，非薄於顔子也，爲道也。聖人之心，無適非道也。」○慶源輔氏曰：「此與請車弗從，事異而理同。顔路請車爲椁，溺於愛也；夫子不遂許之，裁以義也。夫子責門人之厚葬，蔽以理也；顔路從而聽之，牽於私也。聖庸之所以分，天理人欲之閒而已。」○雲峰胡氏曰：「無臣而爲有臣，非理也，豈所以葬夫子？家貧而厚葬，非理也，豈所以葬顔子？」

○季路問事鬼神。子曰：「未能事人，焉能事鬼？」「敢問死。」曰：「未知生，焉知死？」焉，於虔反。

問事鬼神，蓋求所以奉祭祀之意，而死者人之所必有，不可不知，皆切問也。《通考》南軒張氏曰：「合言之，來而不測則爲神，往而不返爲鬼；分言之，天地山川風雷，凡氣之可接者，皆曰神，祖考祠享於廟，皆曰鬼。就人物言，聚而生爲神，散而死爲鬼；就一身言，魂氣爲神，體魄爲鬼。」然非誠敬足以事人，則必不能事神；非原始而知所以生，則必不能反終而知所以死。朱子曰：「反只是折轉來，❶謂推原於始，却折轉來看其終。原字、❷反字，皆就人說。反如回頭之意。」○慶源輔氏曰：「死生者，氣之聚散耳。尚不能推原其始而知氣聚故生，必不能反要於終而知氣散故死也。」○新安陳氏曰：「深意在二『所以』字。《易・繫辭》曰：『原始反終，故知死生之說。』」蓋幽明始終，初無二理，但學之有序，不可躐等，故夫子告之如此。覺軒蔡氏曰：「夫子以『未能』對『焉能』，以『未知』對『焉知』，正欲子路循其序而不躐等也。」○新安陳氏曰：「由明而幽，由始而終，則爲有序；未能事人而先欲事神，未知生而先欲知死，則爲躐等。」○程子曰：「晝夜者，死生之道也。知生之道則知死之道，《易・繫辭》曰：「通乎晝夜之道而知。」朱子《本義》曰：「通猶兼也。晝夜即幽明死生鬼神之謂。」盡事人之道則盡事鬼之道。死生人鬼，一而二，二而一者也。問：「一而二，二而一，是兼氣與理言之否？」朱子曰：「有是理則有是氣，有是氣則有是理。氣則二，理則一。」○慶源輔氏曰：「晝夜者，氣之明晦也；死生者，氣之聚散也。故晝夜之道，即死生之道也。明則有晦，聚則有散，理之自然也。一而二者，人鬼死生雖是一理，而有幽明始終之不同；二而一者，雖有幽明始終之不同，而其理則未嘗有二也。」○潛室陳氏曰：「死生人鬼，雖幽明之事了不相關，然天地間不過陰陽聚散屈伸。聚則生，散則死；伸爲神，屈爲鬼。有聚必有散，有伸必有屈。理一而分則

❶「折」，原作「推」，今據《文公易說》、影明本《四書輯釋》改。

❷「字」，原作「是」，今據哈佛本改。

殊，分殊而理則一，非微昧不可究詰之事也。」或言夫子不告子路，不知此乃所以深告之也。」新安陳氏曰：「告之以所當先能先知者，是即所以深告之。」〇朱子曰：「事人事鬼，以心言；知生知死，以理言。」〇人且從分明處理會去。如事君親盡誠敬之心，即移此心以事鬼神，則「祭如在，祭神如神在」。人受天所賦許多道理，自然完具無欠闕，須盡得這道理，到那死時，乃知生理已盡，亦安於死而無愧矣。〇事人，如出則事公卿，入則事父兄，事其所當事者。事鬼亦然。苟非其鬼而事之，則諂矣。〇問「未知生，焉知死」。曰：「氣聚則生，氣散則死。才説破，則人便都理會得。然須知道人生有多少道理。自稟五常之性以來，所以父子有親，君臣有義者，須要一一盡得這生底道理，則死底道理皆可知矣。張子所謂『生吾順事，没吾寧也』。」〇問：「天地之化，雖生生不窮，然而有聚必有散，有生必有死。能原始而知其聚而生，則必知其後必散而死；能知其生也得於氣化之日，初無精神寄寓於太虚之中，則知其死也與氣而俱散，無復更有形象尚留於冥漠之内。」曰：「死便是都散了。」〇盡愛親敬長、貴貴尊賢之道，則事鬼之心不外乎此矣；知乾坤變化、萬物受命之理，則生之有死可得而推矣。夫子之言，固所以深曉子路，然學不躐等，於此亦可見矣。〇天道流行，發育萬物，人得之以有生。氣之清者爲氣，知覺運動，陽之爲也；氣之濁者爲質，形體，陰之爲也。氣曰魂，體曰魄。高誘註《淮南子》曰：「魂者陽之神，魄者陰之神。」以其主乎形氣，故曰神。人所以生，精氣聚也。人只有許多氣，須有箇盡時。盡則魂氣歸於天，形魄歸於地，而死矣。人將死時，熱氣上出，所謂魂升；下體漸冷，所謂魄降也。此所以有生必有死，有始必有終也。夫聚散者氣也，若理則泊在氣上，初不是凝結别爲一物。但人分上合當恁地，便是理，不可以聚散言也。然人死氣雖終歸於散，亦未便散盡，故祭祀有感格之理。先祖世次遠者，氣之有無不可知，然奉祭祀者既是他子孫，畢竟只是一氣，所以可感通。然已散者不復聚。釋氏却謂人死爲鬼，鬼復爲人，如此則天地間常只是許多人來來去去，❶更不由他造化生生，必無是理也。至伯有爲厲，伊川云「别是一般道理」，爲其人氣未

❶「人」，原脱，今據《朱子語類》、《西山讀書記》補。

盡而强死，自是能爲厲。如子産爲之立後，使有所歸，遂不爲厲，亦可謂知鬼神之情狀矣。○雙峰饒氏曰：「『未能事人，焉能事鬼』，如人有箇父母，生前這裏尚不會奉事得，死後如何會奉事？」○蔡氏曰：「事人事鬼，以所能之事言；知生知死，以所知之理言。」《通旨》：朱氏公遷曰：「子路問事鬼神，舉其祭禮之鬼神言，而夫子之不語者，是鬼神之妙也。」附《蒙引》：季路此問，使夫子而正告之，亦須動着事人及所以生之道。不然，更答不來。蓋要之至理實不外是。使子路果能因夫子之言，而先盡事人之道，則事鬼神之道不勞問矣；先知所以生之道，則知所以死之道，亦不待問矣。何也？理一故也。故先儒云「此乃所以深告之也」。

○閔子侍側，誾誾如也。子路，行行如也。冉有、子貢，侃侃如也。子樂。誾、侃，音義見前篇。行，胡浪反。樂，音洛。

行行，剛强之貌。子樂者，樂得英才而教育之。朱子曰：「誾誾者，外和内剛，德氣深厚，所謂『和悦而静』者也。侃侃，則和順不足而剛直稍外見矣。前篇之訓，固亦如此。」○「冉有、子貢，侃侃如也」，侃侃，剛直之貌。以二子氣象觀之，賜之達，求之藝，皆是有才底人。大凡人有才，便自暴露，便自然有這般氣象。閔子純於孝，自然有誾誾氣象。○誾誾是深沉底，侃侃是發露圭角底，行行是發露得粗底。○問：「誾誾、行行、侃侃，皆是剛正之意，如冉求，平日自是箇退遜之人，如何也解有此意思？」曰：「三子皆意思大同小異。求、賜則微見其意，子路則全體發在外，閔子則又全不外見。然此意思亦自在。三子者皆有疑必問，有懷必吐，無有遮覆含糊之意。」○蔡氏曰：「此章當以侍側時爲主，以觀四子氣象。四子皆無柔佞之失，惟和悦而静者得事上之宜，剛直則施於敵己以下爲宜，剛强則施於上下皆不當矣。動容各適時中之謂禮。觀四子侍師之禮，可知其得失矣。禮失其宜則凶悔吝之象可由之而見。子路侍夫子行行如此，於他人可知。」○問：「於行行者有何樂？」雙峰饒氏曰：「『樂』字終難説，所以《集註》以爲或是『曰』字之誤。朱子釋經之法，到疑處且先就本文解，後面却説破。」附《蒙引》：閔子之剛氣，含蓄得密，冉有、子貢則稍露，子路則全露了。然都是剛正人也。或者以下文之言，疑「行行」不得爲好氣象，不知此味者也，但憾其太露無含蓄耳。○《小

學》云：「後生初年，且須理會氣象。氣象者，辭令容止輕重疾徐之間，足以見之矣。不惟君子小人於此焉分，亦貴賤壽夭之所由定也。」故夫子於子路之行行，有不得死之説。

「若由也，不得其死然。」

尹氏曰：「子路剛强，有不得其死之理，故因以戒之。其後子路卒死於衛孔悝音恢。之難。」去聲。○《左傳》：哀公十五年，衛孔圉〔孔文子。〕取太子蒯聵之姊，〔孔伯姬。〕生悝。太子自戚入，適伯姬氏。既食，孔伯姬杖戈而先，太子與五人介，〔被甲也。〕輿豭從之，〔豭，豚也，欲用以盟。〕迫孔悝於厠，强盟之，〔孔氏專政，故劫悝，欲令逐輒。〕遂劫以登臺。欒寧聞亂，使告季子。〔子路也，時爲孔氏邑宰。〕召獲奉衛侯輒來奔。季子將入，遇子羔將出，〔子羔，衛大夫高柴，孔子弟子，將出奔。〕曰：「門已閉矣。」季子曰：「吾姑至焉。」子羔曰：「弗及，〔言政不及己。〕不踐其難。」季子曰：「食焉，不辟〔避同。〕其難。」子羔遂出。子路入，及門，有使者出，乃入。曰：「太子焉用孔悝？雖殺之，必或繼之。」且曰：「太子無勇，若燔臺，半，必舍孔叔。」太子聞之懼，下石乞、盂黶敵子路。❶〔二人，太子之黨。〕以戈擊之，斷纓。子路曰：「君子死，冠不免。」結纓而死。洪氏曰：「《漢書》引此句上有『曰』字。或云上文『樂』字即『曰』字之誤。」朱子曰：「然者，未定之辭。聖人雖謂其不得其死，使子路能變其氣習，亦必有以處此。」○問：「由之死，疑其甚不明於大義，豈有子拒父如是之逆而可以仕之乎？」曰：「然。仲由之死，也有些沒緊要。然誤處不在致死之時，乃在於委質之始。」○子路爲人粗，於精微處多未達。其事孔悝，蓋其心不以出公爲非故也。何以見得他如此？如衛君待子爲政，夫子欲先正名，他遂以爲迂，可見他不以出公爲非。故其事悝。蓋自以爲善而爲之，而不知其爲非義也。○南軒張氏曰：「孔悝被劫，子路死之，若不可謂之不得其死。然其從孔悝，始擇之不善，不幾於不得其死乎？若比干，可謂得其死矣。然則求生害仁者，謂之不得其生可

❶「盂」，原作「孟」，今據《春秋左傳注疏》、《四書大全》改。

也。子路雖不得其死，與此類固不可同日語矣。」○新安陳氏曰：「夫子初謂由不得其死，然只如平常說死非正命之謂，未說到不得死所處。先儒云：『感慨殺身者易，從容就義者難。』此是後來處死之得失。使子路能因夫子警之而變其粗厲之氣習，使夫子之言不中，上也。若能審義而仕以義，而死，則死得其所，雖不幸中夫子之言，而無負於夫子之教，不可謂之不得其死矣。而子路終不能也，惜哉！」《通旨》：朱氏公遷曰：「此以氣象言。餘如『不違如愚』，是顏子之氣象；『堂堂乎張也』，是子張之氣象，與此類同，皆氣象見於容貌之間者也。又『顏淵、季路侍』一章，見二子之氣象見於言辭之間者如此；『子路、曾皙、冉有、公西華侍』一章，見四子氣象見於言辭之間者如此。然浴沂詠歸，有高明廣大之氣象；朋友共敝，有勇知方，有敦厚質實之氣象。顏淵之氣象則近於孔子之自然，冉有、公西華之氣象則亞於子路之篤實者也。」附《蒙引》：夫子此言，蓋欲子路知所戒也，與「柴也愚」章同意。而子路卒死於孔悝之難，而中夫子之料者，正爲不能改其行之故耳，非夫子所爲子路謀之初心也。○夫子發此言時，其本心只欲其言之不中。而其言卒中者，則子路之咎也。此處不可露出「行行」字。蓋上文誾誾、侃侃、行行，皆記者之詞，非夫子之所言也。上文「行行」亦作好者說。

○魯人爲長府。

長府，藏去聲。名。藏如字。貨財曰府。爲，蓋改作之。

閔子騫曰：「仍舊貫，如之何？何必改作？」

仍，因也。貫，事也。王氏曰：名安石，字介甫，臨川人。「改作勞民傷財，在於得已，則不如仍舊貫之善。」南軒張氏曰：「先儒謂長府爲藏貨財之府。貨財之府，無故而改爲，得無示人以崇利聚斂之意乎？故閔子以爲當仍舊貫而不必改也。」○慶源輔氏曰：「古人改作，必不得已者也。改作府藏，意必有可已而不已者，故子騫以是諷之。」附《蒙引》：此兩句，看來看去，只是一連串意，無有始而商量未決，繼而確乎不易之意。但其辭從容而厲，皆先輕而後重，如答季氏使者亦然。

子曰：「夫人不言，言必有中。」夫，音扶。中，

去聲。

言不妄發，發必當去聲。理，惟有德者能之。南軒張氏曰：「有中，中於理也。」○雙峰饒氏曰：「觀此章可見閔子誾誾之氣象。始言『仍舊貫，如之何』，辭氣雍容，似有商量未決之意，此和悅意也；繼之曰『何必改作』，則有確乎不可易者，此静之意也。長府之不必改作，人或能言之，夫子所以稱之者，不特取其言之當理，亦喜其言之發而中節，所謂有德之言也。」○新安陳氏曰：「《左傳》昭公二十五年：『公居於長府。』即此長府也。改作之事，經傳不載。使因閔子而止，則仁人之言其利溥矣。閔子本不尚言語，而言必有中，惟有德者能有言也。專事言語者，其言未必雍容簡當如此。」附《蒙引》：二句氣勢自相連，文意與「有弗學，學之弗能，弗措」及「不遠遊，遊必有方」相類，相趕說。吳氏以爲妄發必不當理，當理者必非妄發，遂以爲一反一正，不知「不妄發」三字只是朱子周旋本文，不言字面耳。

○子曰：「由之瑟，奚爲於丘之門？」

程子曰：「言其聲之不和，與己不同也。《家語》云子路鼓瑟，有北鄙殺伐之聲。蓋其氣質剛勇，而不足於中和，故其發於聲者如此。」覺軒蔡氏曰：「按《説苑》：『子路鼓瑟，有北鄙之聲。孔子曰：「南者生育之鄉，北者殺伐之地。故舜造南風之聲，其興也勃然；紂爲北鄙之聲，其廢也忽然。」』《家語·辨樂解》篇『子路鼓瑟』一段，與此小異。」附《蒙引》此當以「由」字對「丘」字看。丘所尚者中和也，而由之瑟則不中和，故程子曰「言其聲之不和，與己不同也」，言此以藥子路，欲其變剛强之氣習也。蓋人於音樂，最有不容以僞爲者，心動於氣，氣發於聲，所謂得之於心而應之於手者也。故子路因夫子之言而欲改其北鄙殺伐之聲，亦自養心養氣始。夫子之言，固不專爲鼓瑟也。○剛勇、中和，皆分體用。

門人不敬子路。子曰：「由也升堂矣，未入於室也。」

門人以夫子之言遂不敬子路，故夫子釋之。升堂入室，喻入道之次第。言子路之學已造七到反。乎正大高明之域，特未

深入精微之奥耳，未可以一事之失而遽忽之也。南軒張氏曰：「由入室言，則升堂爲未至；由宫牆之外望，則升堂大有間矣。聖人斯言，非特以言子路，亦使門人知學之有序也。」○慶源輔氏曰：「子路剛明，而粗率之氣未除。觀其勇於行義，欲車裘共敝，及程子謂其達，却便是堯舜氣象，則其升堂可知。至於以正名爲迂，而不知食輒之食爲非義之類，是未入室之驗也。」○雲峰胡氏曰：「正大高明，形容『堂』字；精微之奥，形容『室』字，精矣。未入於室，是子路已學而未深入精微之奥；亦不入於室，是善人未學而不能入聖人之室者也。」附《蒙引》：門人，蓋孔子門人也。○聖人之言，隨時變化，所施各當。「由之瑟，奚爲於丘之門」，爲子路言也；「由也升堂矣，未入於室也」，爲門人言也。爲子路言則諷其所短，爲門人言則表其所長，無非教也。○或問：「道之正大高明如何？精微之奥又如何？」曰：「如仁如義，做得成就片段處，所謂『斐然成章』者，此正大高明之域也。至於義精仁熟，止於至善，而適乎大中至正之歸者，此精微之奥，所謂室也。」○要知堂與室亦非有兩樣道理，精微之奥亦不在正大高明之外。○孔子斯言，固不專爲鼓瑟發。然只是一箇子路，故即此一端，亦足以見其概云。○《存疑》：言子路，當重在升堂上，若重在未入室，却似貶之也。

○子貢問：「師與商也孰賢？」子曰：「師也過，商也不及。」

子張才高意廣而好去聲。爲苟難，《荀子》曰：「君子行不貴苟難。」故常過中；子夏篤信謹守而規模狹隘，故常不及。雙峰饒氏曰：「觀答問交一章及曾子稱其堂堂，可見子張才高意廣；觀令尹子文、陳文子之事，可見其好爲苟難。觀先傳後倦章，可見子夏能篤信聖人之教而謹守之；觀『可者與之，不可者拒之』之言，可見其規模狹隘。」○朱子曰：「二子合下資質是這模樣。子張常要將大話蓋將去，子夏便規規謹守。看《論語》中所載子張說話及夫子告子張處，如『多聞闕疑，多見闕殆』之類，如子張自說『我之大賢歟，於人何所不容？我之不賢歟，人將拒我，如之何其拒人也』，此說話固是好，只是他地位未說得這般話，這是大賢以上聖人之事，他便把來蓋去，其疎曠多如此。孔子告子夏如云『無爲小人儒』，又云無欲速無

見小利，如子夏自言『可者與之，其不可者拒之』，『小子當洒掃應對進退』之類，可見二子晚年進德雖不可知，然子張之語，終有慷慨激揚之氣，子夏終是謹守規矩也。」附《蒙引》：子張近於狂，子夏亦未免於狷。○子貢之問，問二子之所造，故孔子言其成就各偏。而朱子本其才質言之，盡矣。○苟難，謂苟且難能之事，非正經義理所難者。

曰：「然則師愈與？」與，平聲。

愈，猶勝也。

子曰：「過猶不及。」

道以中庸爲至。賢知去聲。之過，雖若勝於愚不肖之不及，然其失中則一也。慶源輔氏曰：「子貢所謂『然則師愈與』者，以才質言也；夫子所謂『過猶不及』者，以義理言也。以才質論之，則賢智之過雖若勝於愚不肖之不及；以義理論之，則過與不及皆爲失中，而於道均爲未至也。」附《蒙引》：註中「賢知」、「愚不肖」字，非指二子，概論其理。然究竟論之，則子張便在賢知之科，子夏亦不免在愚不肖之科。○不必依慶源分才質、義理，前言「師也過，商也不及」，此便是主義理以斷才質矣。○尹氏曰：「中庸之爲德也，其至矣乎！夫音扶。過與不及均也，差之毫釐，繆以千里。故聖人之教抑其過，引其不及，歸於中道而已。」慶源輔氏曰：「過不及生乎氣稟之偏，中則指義理之當然處言也。差之毫釐，即謂過與不及也。初焉毫釐過乎中與不及乎中耳，過而不知所以自抑，則過者愈過；不及乎中而不知所以自勉，則不及者愈不及，積之至久，則相去不啻千里矣。」○新安陳氏曰：「《集註》不過引《中庸》賢知愚不肖之説以發明『過猶不及』之旨，非指子夏爲愚不肖也。正文之意，只言過不及均失中耳。『聖人之教』以下，本文未有此意。説聖人造就二子而欲歸之中道，乃此章言外意。」附《蒙引》：尹氏「差之毫釐，繆以千里」，輔氏之解非尹氏本意。尹氏只爲少有過不及便失了中矣。詳味文意自見。○《存疑》：「師也過，商也不及」，此聖人即二子之爲人而以義理斷之也。過與不及皆是就中上看得一箇是過，一箇是不及也。過猶不及，即此就見得。此在顔、曾就悟得，只爲子貢不達，故復告之。○顧麟士曰：「尹注列圈外，以

此也。『參也魯』章楊氏注亦然。」

○季氏富於周公，而求也爲之聚斂而附益之。爲，去聲。

周公以王室至親，武王之弟，成王之叔父。有大功，位冢宰，其富宜矣。季氏以諸侯之卿，而富過之，非攘奪其君、刻剥其民，何以得此？冉求爲季氏宰，又爲去聲。之急賦税以益其富。

子曰：「非吾徒也，小子鳴鼓而攻之可也！」

非吾徒，絶之也。小子鳴鼓而攻之，使門人聲其罪以責之也。聖人之惡去聲。黨惡而害民也如此。然師嚴而友親，故已絶之而猶使門人正之，又見其愛人之無已也。慶源輔氏曰：「師道尊嚴而朋友親暱，理固然也。聖人愛人終無已，天地之心也。雖絶之而猶不忘乎愛，雖不忘乎愛而事之當絶者又不但已，此仁之至、義之盡也。」○新安陳氏曰：「泛觀鳴鼓攻之，似是惟罪責棄絶之耳。《集註》謂猶使門人正救之，於嚴厲之義氣中有愛厚之仁意焉。孔子之心微，朱子其孰能知哉？」附《存疑》：既曰非吾徒，又曰小子鳴鼓而攻之，是欲大家去救正他，使改過遷善也。註「愛人無已」，須兼二句看。小註以「鳴鼓而攻」爲不忘乎愛，不是。○范氏曰：「冉有以政事之才施於季氏，故爲不善至於如此。由其心術不明，不能反求諸身而以仕爲急故也。」新安陳氏曰：「使能反身脩德，則知吾身自有良貴，而不急於仕矣。」○朱子曰：「人最怕資質弱。若求之徒，却是自扶不起。如云可使足民，而反爲季氏聚斂。故范氏謂其心術不明，他這所在都不自知。他只緣以仕爲急，故從季氏。見他所爲如此，又拔不出，一向從其惡。」○問：「冉求學於夫子，於門弟子中亦可謂明達者。今乃爲季氏聚斂，何耶？」曰：「冉求之失，不待聚斂而後見，自其仕於季氏則已失之矣。當是時，達官重任，皆爲公族之世官，其下則尺地一民，皆非君之有。士唯不仕則已，仕則未有不仕於大夫者也。使求仕於季氏，能勸之

黜其强僭，而忠於公室，則庶乎小貞之吉矣。今乃反爲之聚斂，是使權臣愈强而公室愈不振也。故孟子以『無改於其德而賦粟倍他日』言之。蓋不自知其學之未至，而以從仕爲士之常，是以流靡而至此耳。」曰：「然則夫子曷不於其仕季氏而責之也？」曰：「聖人以不仕無義，而猶望之以小貞之吉也。」〇問：「以季氏之富而求也爲之聚斂。」曰：「不問季氏貧富。若季氏雖富而取於民有制，亦何害？此必有非所當取而取之者，故夫子如此說。」〇南軒張氏曰：「冉有既爲季氏之臣，所當正救其非，使之由於法度。今既不能正，而又順其所爲，私門益以封殖，則公室益以衰弱，此求之所以得罪於聖門爲深也。原求所以至此，蓋不能如閔子見幾而作，因循陵遲而不自知也。」〇勉齋黄氏曰：「聚斂已自不是，况季氏以諸侯之卿而富過於周公，則本富强矣，今又聚斂以附益之，則非義之中又非義矣。聖人所以惡之深也。」〇厚齋馮氏曰：「按《國語》：『季康子欲以田賦，使冉求訪諸孔子。孔子曰：「若季氏行而法，則有周公之籍矣。若欲犯法則苟而賦，又何訪焉？」』季氏卒用田賦。《左傳》哀公十一年亦載此事。所謂『富於周公』者此也。夫季氏欲變周公之法以自富，其心猶不安於君子之論，而使冉有問之。冉有自止之，可也。不然，聞孔子之言以反命而力止之，可也。又不然，去之，可也。今不惟不能諫止而不能去，反爲之宣力而不辭，此夫子所以切責之也。」〇雲峰胡氏曰：「《春秋》於爲長府不書，必閔子諫止之力。於此事書曰『用田賦』，其爲冉有阿附之罪明矣。朱子以冉求之失不徒見於聚斂而已，見於仕季氏之初，然則閔子之得，豈不在於辭費宰之初歟？」附《蒙引》：范氏「冉有以政事之才施於季氏」，此句最好。蓋嘗因是推之，荀彧以謀略施之曹操，嚴尤以才智施之王莽，劉毅以才敏施之劉裕，皆失其施。故《易》曰：「離利貞。」

〇柴也愚，

柴，孔子弟子，姓高，字子羔。衛人。愚者，知去聲。不足而厚有餘。《家語》記其「足不履影，啓蟄不殺，方長上聲。不折，執親之喪，泣血三年，未嘗見賢遍反。齒」，見齒，笑也。避難去聲。而行，不徑不竇，可以見其爲人矣。《家語·弟子行》篇：高柴自見孔子，出

入於户，未嘗越履，往來過之，足不履影，啓蟄不殺，方長不折，執親之喪，泣血三年，未嘗見齒，是高柴之行也。○《致思》篇：蒯聵之亂，季羔逃之，走郭門，守門者曰：「彼有缺。」季羔曰：「君子不踰。」又曰：「彼有竇。」季羔曰：「君子不隧。」〔隧，從竇出。〕又曰：「於此有室。」季羔乃入焉。○朱子曰：「不徑不竇，只安平無事時可也。若當有寇盜患難，如何專守此以殘其軀？此柴所以爲愚。觀聖人微服過宋，只守不徑不竇之説不得。然子羔也是守得定，若更學到通變處儘好，止緣他學有未盡處。」❶○柴也是箇謹厚底人，不曾見得道理，故曰愚。附《蒙引》：愚者智不足而厚有餘，此處解「愚」字，與《中庸》「愚」字稍異。蓋以高柴之愚言也。然聖人意重在「智不足」上。○《家語》「往來過之，足不履影」，上「之」字指孔子，則此影是孔子身影也。

參也魯，

魯，鈍也。程子曰：「參也竟以魯得之。」又曰：「曾子之學，誠篤而已。聖門學者，聰明才辯，不爲不多，而卒傳其道，乃質魯之人爾。故學以誠實爲貴也。」尹氏曰：「曾子之才魯，故其學也確，克角反。所以能深造七到反。乎道也。」朱子曰：「曾子魯鈍難曉，只是他不肯放過，直是捱得到透徹了方住，不似別人只略綽見得些小了便休。今一樣敏底見得容易，又不能堅守；鈍底捱得到略曉得處，便説道理止此，更不深求。惟曾子不肯放舍，若這事看未透，直是捱得到盡處，所以竟得之。」○緣他質魯鈍，不便理會得，故著工夫，遂見得透徹。若理會不得便放下了，如何能通透？終於魯而已。○若是魯鈍者，却能守，其心專一；明達者每事要入一分，半上落下，多不專一。○曾子遲鈍，直辛苦而後得之。○問：「參也魯，魯却似有不及之意。」曰：「魯自與不及不相似。魯是質朴渾厚意思，只是鈍；不及底恰似一箇物事欠了些子。」○慶源輔氏曰：「遲鈍者不能便明了，須用工夫方透；聰明者所見雖快，所造則淺，方涉其藩而自謂入其奧者多矣。曾子之資魯鈍，初若難入，而求之不敢有易心，故其誠篤而無始終作輟之殊，所以其造反深也。」附《蒙

❶「止」，原作「正」，今據《朱子語類》、《四書纂疏》改。

引》：曾子真實是魯。後人見他後來地位高，只管爲之回護，謂參之魯猶回之愚。不知夫子當時以與「柴也愚」、「師也辟」並論，則分明是魯矣。分明説是魯亦何傷？適足以見其學力之勇，能由學以至聖，而天下之學者庶乎知所勵也。○觀《曾子問》一篇，則其才之魯與其學之確，皆可驗矣。

師也辟，辟，婢亦反。

辟，便平聲。辟也。謂習於容止，少誠實也。慶源輔氏曰：「子張務外，留意於容儀。」附《存疑》：「辟，便辟。謂習於容止，少誠實也」，此解與後篇「友便辟」注「習於威儀而不直」一般。蔡沈解《書·冏命》「便辟」，謂「順人所欲，辟人所惡」。愚按此解尤切，亦不失「習於威儀而不直」意。「師也辟」，亦當依此看。只是外面爲順辟，中心却少誠實也。

由也喭。喭，五旦反。

喭，粗俗也。傳去聲。稱喭者，謂俗論也。慶源輔氏曰：「由粗俗，夫子嘗以爲野。」附《存疑》：「喭，粗俗」，是欠細膩，欠文氣。○楊氏曰：「四者性之偏，語音御。之使知自勵也。」南軒張氏曰：「愚則專而有所不通，魯則質而有所不敏，辟則文煩，喭則氣俗，此皆其氣稟之偏。夫子言之，使之因所偏矯勵而擴充也。」○問：「柴愚、參魯、師辟、由喭，此乃生質之偏如此。夫子言之，所以欲四子充其偏而歸於全也。然參竟得道統之傳，何也？」勉齋黄氏曰：「愚者暗，辟者少誠實，喭者粗俗。若夫魯則質厚而已，未嘗不明，未嘗不誠實，未嘗粗俗，比之三子已争些。況質厚者爲之難，一爲之則確實下工，直用力到底，如弘毅，如易簀等處，皆可見，安得不傳道邪？」○慶源輔氏曰：「愚者知不明，魯者才不敏，便辟則遺其内，粗俗則略乎外。遺乎内則誠不足，略乎外則文飾不脩。此四子情質之偏也。夫子所以言者，欲使之自覺以治其偏，而歸於中耳。」○厚齋馮氏曰：「柴、參近道，而柴欠疏通，參欠明敏；師、由過中，而師欠誠實，由欠精密。」○雙峰饒氏曰：「四者皆指其所偏，惟曾子能於偏處用工，故後來一貫之唯，至鈍反成至敏。問：偏於鈍者如何用工？曰：人一己百，人十己千而已。」附《存疑》：四子都是舉其偏處説，其好處都不言，蓋欲使矯偏歸正

也。吴氏曰：「此章之首脱『子曰』二字。甚是。或疑下章『子曰』當在此章之首而通爲一章。」二章語勢不類，恐非。

○子曰：「回也其庶乎，屢空。庶，近也。言近道也。慶源輔氏曰：「此與《易大傳》『其殆庶幾乎』同。」屢空，數音朔。至空匱也。不以貧窶郡羽反。動心而求富，故屢至於空匱也。言其近道又能安貧也。問：「《集註》中言近道又能安貧，『又』字似作兩截。蓋樂道故能安貧，而安貧所以樂道也。」朱子曰：「世閒亦有質美而安貧者，皆以爲知道可乎？」○空爲匱乏，其説舊矣。何晏始以爲虚中受道，蓋出老莊之説。胡氏嘗非之，謂聖人之言未嘗有是。屢而有閒，是頻復耳。方其不空之時，與庸人奚遠哉？且下文以子貢貨殖方之，尤見舊説之不可易也。○潛室陳氏曰：「簞瓢屢空，到此境界，不改其樂，是幾於樂天之事。❶以此説顔子，事理平實，與下文貨殖正相反，而地位峻絶。」附《蒙引》：「回也其庶乎」，言幾與道爲一也。此近道與忠恕近道、「知所先後則近道」不同。○如聖人則與道俱化矣。顔子猶有未醇在，故只曰近道。屢空又却於顔子身上指出一件守人之所不能守處説，另是一意，正所謂「人不堪其憂，回也不改其樂」者。○只爲顔子貧，故云。若顔子富，雖不屢空，亦不害其爲近道。○屢空，是因回之貧而見其安貧；貨殖，是因賜之富而見其求富。屢空只當貧字，貨殖只當富字。○《存疑》：「回也其心三月不違仁」，「如有所立卓爾」，此是近道也。「一簞食，一瓢飲，在陋巷，人不堪其憂」，其屢空亦因可見。

賜不受命，而貨殖焉，億則屢中。」中，去聲。命，謂天命。天所賦貧富貴賤之命。貨殖，貨財生殖也。《史記》言「子貢好廢舉，與時轉貨貲」，注云：「廢舉，停貯也。與時，逐時也。物賤則買而停貯，貴則逐時轉易貨賣。」億，意度音鐸。也。言子貢不如顔子之安貧樂音洛，下同。道，新安陳氏曰：「貨殖，是不如其安貧；不受命，是不如其樂道。」然其才識之明，亦能料事而多中也。

❶「樂」，原作「事」，今據《四書大全》改。

程子曰：「子貢之貨殖，非若後人之豐財，但此心未忘耳。然此亦子貢少去聲。時事，至聞性與天道，則不爲此矣。」程子曰：「貨殖便生計較，纔計較便是不受命。不受命者，不能順受正命也。」○葉氏曰：「或者不喻，乃謂子貢真好利者。夫樊遲學稼圃，夫子猶以爲小人，豈有子貢而無一言以正之乎？」附《蒙引》：屢中，須看「屢」字。見其不中處亦多，何也？不由於學，只用其才質之敏而料事耳。○「屢中」與「言必有中」不同。彼以理言，此以事之成敗言，出於料者也，彼非以料中也。○范氏曰：「屢空者，簞食瓢飲，屢絶而不改其樂也。天下之物豈有可動其中者哉？貧富在天，而子貢以貨殖爲心，則是不能安受天命矣。其言而多中者，億而已，非窮理樂天者也。慶源輔氏曰：「不受命而貨殖，非樂天也；億則屢中，非窮理也。人能樂天安命，則心與理一，自能發言中理，不待億度。若億而後中，雖其才識之明，亦幸而已。其曰屢中，則不中者多矣。」夫子嘗曰：『賜不幸言而中，是使賜多言也。』聖人之不貴言也如是。」《左傳》：定公十五年，邾隱公〔邾子益。〕來朝。子貢觀焉。邾子執玉高，其容仰；公受玉卑，其容俯。子貢曰：「以禮觀之，二君者，皆有死亡焉。夫禮，死生存亡之體也，將左右周旋，進退俯仰，於是乎取之；朝、祀、喪、戎，於是乎觀之。今正月相朝，而皆不度，〔不合法度。〕心已亡矣。嘉事不體，何以能久？高仰，驕也；卑俯，替也。驕近亂，替近疾。君爲主，其先亡乎？」〔此年公薨。哀七年，師宵掠，以邾子益來，獻于亳社。〕夏五月壬申，公薨。仲尼曰：「賜不幸言而中，是使賜多言者也。」○問：「『回也其庶乎，屢空』，大意謂顔子不以貧窶動其心，故聖人見其於道庶幾。子貢不知貧富之定命，而於貧富之閒不能無留情，故聖人見其平日所講論者多出億度而中。」朱子曰：「據文勢也是如此。但顔子於道庶幾，却不在此，聖人謂其如此益見其好。子貢不受命，也在平日，聖人亦不因其貨殖而言。」○勉齋黄氏曰：「夫子之論回、賜，一則言其得道之不同，二則言其處貧富之有異。蓋舉兩事反覆言之，貨殖則不如屢空，億中則不如其庶

也。」〇雙峰饒氏曰：「此章與前章不同，前章是指氣質之偏，此章是言二子造道與用心之異。『庶乎』與『億則屢中』對，造道之異也；『屢空』與『不受命貨殖』對，用心之異也。子貢好方人，故以顏子與之並言，欲其以此自勵也。」《通考》朱氏公遷曰：「『賢哉回也』，『回也其庶乎屢空』，皆即其所能而稱之。顏淵、子路、子夏、子貢，皆爲以理自守者，然守之近於自然者，顏子也；守之篤而其進未已者，子夏也；守之固而自許其能者，子路也；守之嚴而不免以己方人者，子貢也。是其所守者雖同，而其氣象不同則如此。」

〇子張問善人之道。子曰：「不踐迹，亦不入於室。」

善人，質美而未學者也。程子曰：「踐迹，如言循途守轍。善人雖不必踐舊迹而自不爲惡，然亦不能入聖人之室也。」〇張子曰：「善人，欲仁而未志於學者也。欲仁，故雖不踐成法，亦不蹈於惡，有諸己也。新安陳氏曰：「《孟子》曰：『有諸己之謂信。』此已是進信一步而説善人矣。」由不學，故無自而入聖人之室也。」朱子曰：「善人是好底資質，不必踐元本子，亦不入於室。須是要學，方入聖賢之域。」〇問善人之道，曰：「如所謂『雖曰未學，吾必謂之學矣』之類。」又問：「如太史公贊文帝爲善人意思也是？」曰：「然。只爲他截斷，只到這裏，不能做向上去，所以説道不依樣子也自不爲惡，只是不能入聖人之室。」〇問：「善人者未能有諸己乎？」南軒張氏曰：「不能有之則安得善？然所謂有諸己者，則亦有淺深。故善人謂其不能有諸己則不可，謂其盡夫有諸己之道則亦未也。」〇慶源輔氏曰：「質不美則不可謂之善人。然質美而好學，則進進不已，雖大與聖，可以循至，又不止爲善人而已也。」〇雙峰饒氏曰：「上一句是善人之所以爲善人，下一句是善人之所以止於善人。所以不踐迹，以其天資之美也；所以不入室，不能進於聖賢之奥，以其無學問之功也。」《通考》朱氏公遷曰：「自賦質而言，善人生質雖美，然必學而後可以入道也；自進德而言，善人有恒者，皆有入道之資，此其所以爲可取也。」〇董氏彝曰：「天資則一定而不可移，學力則進進

而不已。有天資而無學力以充之，則終於爲善人。」附《語類》：林問：「不入室，室是神化地位否？」曰：「非也。室只是深奥處。」○《通義》：白雲許氏曰：「此是就兩頭説，中間影出善人形狀。」○《蒙引》：問善人之道，是善人之所以爲善人也。○顧麟士曰：「註『自不爲惡』四字正急答善人處，講者多忘，却非也。」

○子曰：「論篤是與，君子者乎？色莊者乎？」與，如字。

言但以其言論篤實而與之，則未知爲君子者乎？爲色莊者乎？言不可以言貌取人也。言指「論」字，貌指「色」字。○程子曰：「論篤，言之篤厚者也。取於人者，惟言之篤厚者是與，君子者乎？色莊者乎？未可知也。不可以論篤遂與之，必觀其行事乃可也。」○雲峰胡氏曰：「君子者，有德必有言，中篤實，外自然篤實；色莊者，有言不必有德，外篤實，中未必篤實。」○雙峰饒氏曰：「上言論篤，下以論篤分君子與色莊。論篤亦可謂之色莊乎？蓋『色』字所該甚廣，凡形於外者，皆可謂之色。經傳中有專指面色言者，『色思温』是也；有該貌而言者，『巧言令色』是也；有該言貌而言者，此章『色莊』是也；有該言貌、行事而言者，『色取仁』是也。問：『色取仁』如何見該得行事而言？曰：居之似忠信，行之似廉潔，即所謂『色取仁』也。」附《存疑》：論篤只是言，註曰「言不可以言貌取人」，却加「貌」字。《蒙引》曰：「大凡言論篤實，貌亦在其中。」此説是。今看人談論篤實底，其舉動容止，自然與他一般。未有言論敦篤，舉動却輕浮也。以此觀之，《鄉黨》篇「恂恂如也」，亦是就言説，而貌在其中，亦可見矣。

○子路問：「聞斯行諸？」子曰：「有父兄在，如之何其聞斯行之？」冉有問：「聞斯行諸？」子曰：「聞斯行之。」公西華曰：「由也問『聞斯行諸』，子曰『有父兄在』；求也問『聞斯行諸』，子曰『聞斯行之』。赤也惑，敢問。」子曰：「求也退，故進之；由也兼人，故退之。」

兼人，謂勝人也。張敬夫曰：「聞義固當勇爲，然有父兄在，則有不可得而專者。

若不稟命而行，則反傷於義矣。『子路有聞，未之能行，唯恐有聞』。則於所當爲，不患其不能爲矣，特患爲之之意或過，而於所當稟命者有闕耳。若冉求之資稟失之弱，不患其不稟命也，患其於所當爲者逡巡畏縮，而爲之不勇耳。聖人一進之，一退之，所以約之於義理之中，而使之無過不及之患也。」胡氏曰：「勇於行者，使之有所稟命，則所行必審。行之不勇者，不專勉其行則愈流於退縮。專勉其行者，非不稟命於父兄，稟命自其所必能，不待教之耳。」○新安陳氏曰：「由、求之問，未必同時，亦未必互問。問同答異，赤偶見而疑之。非其能問，則聖人造化二子之心，誰知之哉？前師、商孰賢章，尹氏所謂『聖人之教，抑其過，引其不及，歸於中道』之説，與此章參看，正可相發明云。」附《蒙引》：冉有問「聞斯行諸」，是必疑其不可；子路問「聞斯行諸」，是必疑其爲可而亦未甚安耳。所問雖同，而所以問則不同，聖人固不得不異其所答。

○子畏於匡，顏淵後。子曰：「吾以女爲死矣。」曰：「子在，回何敢死？」女，音汝。後，謂相失在後。何敢死，謂不赴鬭而必死也。謝氏曰：「敢，非不敢之敢，乃果敢之敢。」○鄭氏舜舉曰：「回何敢死，則是死生不在匡人而在子淵矣。蓋匡人之所欲加害者，在夫子而不在子淵，故子淵之死生得自爲之也。」附《存疑》：回知夫子之在，以「天未喪斯文」必之也。胡氏曰：「先王之制，民生於三，事之如一，惟其所在，則致死焉。《國語·晉語》：欒共〔音恭。〕子曰：「民生於三，事之如一。父生之，師教之，君食〔音嗣。〕之。非父不生，非食不長，非教不知，生之族也。〔族，類也。〕謂君之食我，師之教我，與生之恩同類也。〕故一事之，惟其所在則致死焉。〔在父爲父，在師爲師，在君爲君也。〕報生以死，報賜以力，人之道也。」況顏淵之於孔子，恩義兼盡，又非他人之爲師弟子者而已。慶源輔氏曰：「顏淵之於孔子，蒙博約之教，得聖道之傳，真所謂『受罔極之恩』者。恩深則義重，信非他人爲

師弟子之比。」○雙峰饒氏曰：「孔之於顔，教愛兩極，其至義，雖師生，恩猶父子，所以爲恩義兼盡。」即夫子不幸而遇難，去聲。回必捐生以赴之矣。捐生以赴之，幸而不死，則必上告天子，下告方伯，請討以復讎，不但已也。夫子而在，則回何爲而不愛其死以犯匡人之鋒乎？」問：「孔子不幸而遇害於匡，則顔子死之，可乎？」程子曰：「今有二人相與遠行，則患難有相死之道，況回於夫子乎？」曰：「親在則可乎？」曰：「今有二人相與搏虎，其致心悉力，義所當然也。至於危急之際，顧曰吾有親，則舍而去之，是不義之大者也。其可否當預於未行之前，不當臨難而後言也。」曰：「『父母存，不許友以死』，則如此義何？」曰：「有可者，遠行、搏虎之譬也。有不可者，如游俠之徒，以親既亡，乃爲人報仇而殺身，則亂民也。」○問：「顔路在，顔子許人以死，何也？」朱子曰：「事至此，只得死。此與『不許友以死』之意別。不許友以死，在未遇難之前，乃可如此處。已遇難，却如此說不得。」○孔子恐顔回遇害，故曰「吾以汝爲死矣」。顔子答曰「子在，回何敢死」者，謂孔子既得脱禍，吾可以不死矣。若使孔子遇害，則顔子只得以死救之也。○慶源輔氏曰：「孔子遇難，則顔淵有致死之義；孔子免焉，則顔淵無致死之理。今孔子既免而顔淵相失在後，脱有不知而死，則非義矣。故其既來而孔子迎謂之曰『吾以女爲死矣』者，恐其誤也。而顔淵遽復之曰『子在，回何敢死』者，道其實也。其意若相反而實相承。顔淵之於孔子，雖曰未達一間，至此等語，殆相爲一矣。」○趙氏曰：「死生亦大矣。云『何敢死』，則不以死爲重，而以不輕於死爲重也。」○潛室陳氏曰：「朋友同遇患難，有相死之義，謂各盡其扶持救衛之道，無委棄之理。若死不死，則有幸不幸存焉，非必輕死求鬭，謂之相死也。」○吴氏曰：「『子在，回何敢死』，則子不在，回何敢不死甚明。子不在非所當言也，故言子在以見意。讀者第於句内增二不字，而反正互觀之，則瞭然矣。顔子以德行稱而善於説辭如此，豈諸子所能及哉？」《通考》朱氏公遷曰：「此見聖賢處物之義。餘如孔子言殺身成仁，孟子言舍生取義，皆明處憂患之道也。朱子曰：『孔子之言，是以仁決之；孟子之言，是以義決之。蓋仁人不以所惡

傷所好之體，義士不以所賤易所貴之宜。』」附《蒙引》：胡氏「幸而不死」一條最好，然似當更足之云。使請於天子方伯而不從，如孔子請討陳恒然，顔子又不但已，當爲豫讓必報之舉，然後「民生於三，事之如一」之義爲盡也乎！○《存疑》：古謂死有重於泰山，有輕於鴻毛。子在而死，是輕於鴻毛也；子不在而死，「子在，回何敢死」，是重於泰山也。

○季子然問：「仲由、冉求可謂大臣與？」

平聲。

子然，季氏子弟。自多其家得臣二子，故問之。慶源輔氏曰：「二子以聖門高弟而仕於季氏，雖視顔、閔爲慊，然其德望才業固非常人比，季氏之家其必知所尊敬矣，故子然以此自多而致問也。」

子曰：「吾以子爲異之問，曾由與求之問。

異，非常也。曾，猶乃也。輕二子以抑季然也。慶源輔氏曰：「季然自多其家得臣二子而致問，則其顔色之閒必有矜大之意，且大臣既非家臣所可當，而二子又不足以盡大臣之道，故特輕以抑之。」附顧麟士曰：「按《注疏》孔曰：『謂子問異事耳。則此二人之問，安足大乎？』然《達説》云：『吾意子必舉德業聞望之隆。』又似即指非常之人。」

所謂大臣者，以道事君，不可則止。

以道事君者，不從君之欲；不可則止者，必行己之志。朱子曰：「不可則止，謂不合則去。」○勉齋黃氏曰：「以道事君，謂審出處之宜，盡責難之義，必守我之正道，而不容悦以苟順君之私欲也。」附《蒙引》：以道事君，謂不以容悦事君，不以功利事君，而必以道事君。若君不從則去之。此兩句自相連帶。註亦要看得活。○但居三公九卿之位而不能稱其職，不失爲具臣。使居小官而能舉其職，或德浮於位，則其位非大臣，其道則大臣矣。○《存疑》：以道事君者，不從君之欲。或謂朱子曰：「正心誠意之説，上所厭聞，慎勿復言。」曰：「平生所學惟四字，豈可隱默以欺吾君哉？」朱子此言，真可謂以道事君，不從君之欲者。○顧麟士曰：「以道事君，只解不從君之欲，是緊關話，不要只做大臣論，説得汎了。」

今由與求也，可謂具臣矣。」

具臣，謂備臣數而已。勉齋黄氏曰：「大臣者，異乎群臣而超乎其上者也；具臣者，等乎群臣而混乎其中者也。以道，謂審出處之宜，盡責難之義；不可，謂進不以正，言不見從。此大臣之所以異乎具臣也。」

曰：「然則從之者與？」平聲。

意二子既非大臣，則從季氏之所爲而已。

子曰：「弑父與君，亦不從也。」

言二子雖不足於大臣之道，然君臣之義則聞之熟矣，弑逆大故，必不從之。蓋深許二子以死難去聲。不可奪之節，而又以陰折季氏不臣之心也。○尹氏曰：「季氏專權僭竊，二子仕其家而不能正也。知其不可而不能止也，可謂具臣矣。是時季氏已有無君之心，故自多其得人，意其可使從己也。故曰『弑父與君，亦不從也』，其庶乎二子可免矣。」問：「孔子言由、求爲具臣，曰『弑父與君，亦不從也』，由、求如是而已乎？」龜山楊氏曰：「弑父與君，言其大者。蓋小者不能不從故也，若季氏旅泰山，伐顓臾，而不能救之之事是已。」又問：「然則或許其升堂，且皆在政事之科，何也？」曰：「小事之失，亦未必皆從，但自弑父與君而下，或從一事而不得爲不從。若弑父與君，則決不從矣。進此一等，便爲大臣，如孔、孟之事君是也。故孔、孟雖當亂世而遇庸暗之主，一毫亦不放過。」○問：「仲由、冉求氣質不同，恐冉求未必可保，仲由終是不屈。」朱子曰：「不要論他氣質。只這君臣大義，他豈不知？聖人也是知他必可保。然死於禍難是易事，死於不可奪之節是難事。纔出門去事君，這身已便不是自家底，所謂『事君能致其身』是也。如做一郡太守，一邑之宰，一尉之任，有盜賊之虞，這不成休了？便當以死守之，❶亦未爲難。惟卒遇君臣大變、利害之際，只争些子，這誠是難。」○南軒張氏曰：「弑君父不從，何必由、求而能之？曾不知順從之臣，始也惟利害之徇而已，履霜堅冰之不戒，馴習蹉跌，以至從人弑逆者，多矣。如荀彧、劉穆之之徒，始從操、裕，豈遂欲弑逆哉？惟

❶「以」，原作「一」，今據《朱子語類》、《四書大全》改。

其漸漬順長，而勢卒至此耳。雖然，自弒逆以下，苟一事不道而苟從之，皆爲失大臣事君之義，如由、求未免乎是也。至如他人因循以陷於大惡，則由、求不至是也。」〇胡氏曰：「方子然欲假由、求以誇人，故夫子極言其失大臣之道；及其欲資由、求以助己，故夫子又言其有人臣之節。應答之頃，可以沮僭竊，扶綱常，真聖人之言也。」〇厚齋馮氏曰：「子然，季孫意如之子。意如，逐昭公者也。子然習於其父之所爲，懷無君之心久矣。今得臣二子，故問夫子。蓋將君魯而以爲大臣也。既抑之以具臣，及其以從之爲問，故明以弒父與君不從折之。」〇新安陳氏曰：「弒逆非不可之大者歟？平常能『不可則止』者，於弒逆必不從；未能『不可則止』者，未可保其必不從也。由、求於君臣大義固熟聞之，但察之恐未精耳。觀由仕於出公，即爲之死，求於伐顓臾，惟知爲季氏子孫憂，於父子君臣之義能精察之否乎？夫子於此實欲折季氏之不臣，故許由、求爲死節之臣耳。」

〇子路使子羔爲費宰。

子路爲季氏宰而舉之也。

子曰：「賊夫人之子。」夫，音扶，下同。

賊，害也。言子羔質美而未學，遽使治民，適以害之。厚齋馮氏曰：「成人有其兄死而不爲衰者，聞子羔將爲成宰，遂爲衰。蓋子羔重厚有德，足以化民。子路以費數畔難治，所以特舉之。然子羔雖重厚有德而未學，則理未明而用必窒，遽使之治數畔之邑，非所以全之也。」附《淺説》：聖人責之意，以學優斯可以登仕，明體斯可以適用。子羔質美而未學，遽使治民，則內焉有妨於治己，而身心性情不可得而脩；外焉有妨於治人，而人民政事不可得而理。德由此而不立，學由此而不成，功以之而廢，業以之而隳，是乃賊夫人之子也。

子路曰：「有民人焉，有社稷焉。何必讀書，然後爲學？」

言治民事神皆所以爲學。

子曰：「是故惡夫佞者。」惡，去聲。

治民事神，固學者事。然必學之已成，然後可仕，以行其學。若初未嘗學，而使之

即仕以爲學，其不至於慢神而虐民者幾希矣。子路之言，非其本意，但理屈詞窮，而取辨於口以禦人耳。❶本前「焉用佞」、「禦人以口給」而言。故夫子不斥其非，而特惡其佞也。朱子曰：「佞不是諂，佞是口快底人。事不問是不是，臨時撰得話來也好，可見其佞。」〇子路當初使子羔爲費宰，意本不是如此，只大言來答孔子，故惡其佞。**附**《蒙引》：註云「然必學之已成，然後可仕以行其學」，此學字對行字，屬知，是指後來爲政之道說，所謂「治民事神」也。蓋方其未達之時，固未嘗無行，然所行者孝弟忠信之事，若夫治民事神，則固未之行也，只要探討窮究在此。〇失言之過小，欺心之罪大，故夫子不斥其非，特惡其佞。〇范氏曰：「古者學而後入政，未聞以政學者。《左傳》：襄公三十一年，子産曰：「僑聞學而後入政，未聞以政學者也。」蓋道之本在於脩身，而後及於治人。其說具於方册，讀而知之，然後能行。何可以不讀書也？子路乃欲使子羔以政爲學，失先後本末之序矣。不知其過，而以口給禦人，故夫子惡其佞也。」朱子曰：「子路非謂不學而可以爲政，但謂爲學不必讀書耳。上古未有文字之時，學者固無書可讀，而中人以上，固有不待讀書而自得者。但自聖賢有作，則道之載於經者詳矣，雖孔子之聖，不能離是以爲學也。捨是不求而欲以政學，既失之矣，况又責之中材之人乎？然子路使子羔爲宰，本意未必及此，但因夫子之言而託此以自解耳，故夫子以爲佞而惡之。」〇三代以上，❷六經雖未具，考之《書》、禮，則舜之教胄子，敷五典，與成周鄉官樂正之法，所以教夫未成之材者，蓋有道矣。三代而下，則既有書，脩己治人之術皆聚於此，學者豈可不之讀而遽自用乎？苟謂不必讀書，將自恃其聰明，率意妄作而無忌憚，其失不但卑陋而已。〇南軒張氏曰：「子羔學未充而遽使爲宰，其本不立，而置之於事物酬酢之地，故夫子有賊夫人之歎。夫民人社稷，固無非

❶「辨」，原作「辦」，今據《四書章句集註》改。
❷「上」，原作「下」，今據《朱子語類》、《四書大全》改。

學。然學必貴於讀書者，❶以夫多識前言往行。古之人所以蓄德者，實有賴乎是。德立於己，而後可以言無適而非學也。如子路之言，將使學者以聰明爲可恃，而無敦篤潛泳之功，其甚至於廢古而任意，爲弊有不可勝言者，故夫子所以責之之深也。」○慶源輔氏曰：「學之已成而仕以行其學，猶恐動與静違，用與體乖，而或有失其宜者，況於初未嘗學而可遽使即仕以爲學乎？」

○子路、曾晳、冉有、公西華侍坐。坐，才卧反。

晳，曾參父，名點。

子曰：「以吾一日長乎爾，毋吾以也。長，上聲。

言我雖年少上聲。長於女，汝同。然女勿以我長而難言。蓋誘之盡言以觀其志，而聖人和氣謙德，於此亦可見矣。

居則曰：『不吾知也！』如或知爾，則何以哉？」

言女平居則言人不知我，如或有人知女，則女將何以爲用也？東陽許氏曰：「夫子之於弟子，於其平日言行問答之閒，固知其學力之所至，然其將有所待而欲爲之志，則不能知也。問之者，欲知其自知之如何，使之知有未至而自勵。非獨觀人，亦所以教也。」附《蒙引》：前條「以吾一日長乎爾，毋吾以也」，此且教他盡言，還未知是教他言箇甚麽。至下條「則何以哉」，方知是教他言志。假如夫子續「毋吾以也」，云「吾有過，幸爲我言之」，亦何不可？方知上條虛説，未可就入志字，入亦須在言外。○竊意他日使二三子「盍各言爾志」，此泛言所志，非指出仕之事也。今此四子侍坐，而告以「如或知爾，則何以哉」，此專指出仕之事，而非泛使之言志也。○《存疑》：東陽許氏謂夫子之於弟子，於其平日言行問答之閒，固已知其學力之所至，然其將有所待而欲爲之志，則不能知。愚謂此説恐未是。知弟子者莫如師，況聖人乎？他日孟武伯問由、求與赤之仁，夫子以其才對，與此若出一口焉。謂聖人不知其所欲爲，可乎？大抵聖人此問，亦是使各言其志，以觀其自知之何如，且欲因而可否勉勵之耳。是即教之所在也。觀其於由則哂之，於點則與之，可

❶「必」，原作「不」，今據《癸巳論語解》、《四書大全》改。

見矣。

子路率爾而對曰：「千乘之國，攝乎大國之閒，加之以師旅，因之以饑饉；由也爲之，比及三年，可使有勇，且知方也。」夫子哂之。乘，去聲。饑，音機。饉，音僅。比，必二反，下同。哂，詩忍反。

率爾，輕遽之貌。攝，管束也。二千五百人爲師，五百人爲旅。因，仍也。穀不熟曰饑，菜不熟曰饉。出《爾雅》。方，向也，謂向義也。民向義則能親其上，死其長上聲。矣。哂，微笑也。厚齋馮氏曰：「子路齒先諸子，又勇於進道，故夫子有問，必先諸子言之。其言與冉有皆以三年爲斷，蓋古者三載考績，要其成也。夫子亦曰：『三年有成。』」○新安陳氏曰：「國介居大國閒，勢難爲；當兵荒後，時難爲。能致富强，且化民使向義，必政教兼舉，而後能之。子路蓋以其實才展盡底蘊而言也。」附《蒙引》：千乘之國，慢露出「大」字。下句大國，又不止千乘矣。如當時齊、楚、秦、晉，皆地方千里，或數千里，豈特千乘而已哉？然亦不可説是小國，如滕之介於齊、楚然，爲下文「方六七十，如五六十」説不去耳。○飢與饑不同。穀不熟曰饑，人無食曰飢。亦有通用處。然有飢饉，無饑渴。○《存疑》：有勇自善政來，知方自善教來。○《蒙引》：看記者此處下箇「率爾」，便知是對下面「鏗爾，舍瑟而作」言，詳之。○子路不但失之率爾，其言志亦終是有激昂軒發之氣，而不足於雍容，此夫子所以哂之。

「求！爾何如？」對曰：「方六七十，如五六十，求也爲之，比及三年，可使足民。如其禮樂，以俟君子。」

「求，爾何如」，孔子問也，下放倣同。此。方六七十里，小國也。如，猶或也。五六十里，則又小矣。足，富足也。俟君子，言非己所能。冉有謙退，又以子路見哂，故其辭益遜。朱子曰：「子路使民，非若後世之孫、吴；冉有足民，非若後世之管、商。」附《蒙引》：三年可使足民者，蓋必制其田里，教之樹畜，均其徭役，薄

其稅斂，食之以時，用之以禮，如此則民仰足以事父母，俯足以畜妻子矣。○禮樂，教民之事。治民者，既富矣，而又教之，方爲盡道。冉求所任者，富民之事耳，見得還缺一段，故明說出而不自居。○「如其禮樂，以俟君子」，此禮樂就化民上說。君子猶言賢者。賢者則能盡禮樂於己，然後能以禮樂化民也。○以此見由、求二子不但心術不同，才調亦自不同。子路所設施者，兼政教，而冉求只是政一邊；子路合下便說千乘之國，求則只六七十、五六十；子路便說出許多人不能爲而己獨能爲之意思，冉求只恁地說箇平常國道如此。然其所自許者，只亦是足民而已。雖是謙詞，然其才品大概如此。

「赤！爾何如？」對曰：「非曰能之，願學焉。宗廟之事，如會同，端章甫，願爲小相焉。」相，去聲。

公西華志於禮樂之事，嫌以君子自居，故將言己志而先爲遜辭，言未能而願學也。

新安陳氏曰：「求云『如其禮樂，以俟君子』，今赤若毅然欲從事於禮樂，則是以君子自居，故必先爲遜辭也。」

宗廟之事，謂祭祀。諸侯時見形甸反。曰會，衆頫音眺。曰同。《周禮·春官·大宗伯》：春見曰朝，夏見曰宗，秋見曰覲，冬見曰遇，時見曰會，殷見曰同。〔此六禮者，以諸侯見王爲文。❶六服之內，四方以時分來，或朝春，或宗夏，或覲秋，或遇冬，更遞而徧。朝猶朝也，欲其來之早。宗，尊也，欲其尊王。覲之言勤也，欲其勤王之事。遇，偶也，欲其若不期而俱至。時見者，無常期，諸侯有不順服者，王將有征討之事，則既朝覲，王爲壇於國外，合諸侯而命事焉，《春秋傳》曰「有事而會，不協而盟」是也。殷猶衆也。十二歲王如不巡守，則六服盡朝，朝禮既畢，王亦爲壇，合諸侯以命政焉。所命之政，如王巡守。殷見，四方四時分來，終歲以徧。〕時聘曰問，殷頫曰視。〔時聘亦無常期，天子有事，乃聘之焉。境外之臣，既非朝歲，不敢瀆爲小禮。殷頫，謂一服朝之歲，以朝者少，諸侯乃使卿以大禮衆聘焉。一服朝在元年、❷七年、十一年。〕○慶源

❶「文」，原作「大」，今據《周禮註疏》、《四書大全》改。

❷「一」，原作「五」，今據《周禮註疏》、《四書大全》改。

輔氏曰：「《周禮》所謂殷即衆也，頫即見也。」端，玄端服。章甫，禮冠。慶源輔氏曰：「禮有玄端而冕，若《玉藻》『天子龍衮以祭，玄端朝日，諸侯玄端以祭』是已；有玄端而冠，若『朝玄端，夕深衣』是已；有玄端而章甫，如此章『端章甫』是已；有玄端而委貌，若『晏平仲端委立于虎門』是已。鄭云：『端取其正，謂士之衣袂皆二尺二寸而屬幅，廣袤等也。』然則玄端之服，古者君臣皆得服之。章甫，緇布冠也。夏曰毋追，「音牟堆。」商曰章甫，周曰委貌。其制相比，皆以漆布爲之，蓋三代常服行道之冠也。」相，贊君之禮者，言小亦謙辭。厚齋馮氏曰：「會同，諸侯朝於天子之禮也，而兩君相見亦曰會，又有同盟。當是時，諸侯朝於天子寡矣，華之言，當爲兩君相見而設。夫擯紹，禮樂之末也。小相，又擯紹之末也。二子以子路蒙哂，故其辭又謙。」附《蒙引》：宗廟，只是諸侯宗廟，會同，亦是諸侯，不必以天子爲主而小相爲諸侯。以小相爲諸侯，則與「宗廟會同，非諸侯而何」一句全相反了，不成文理。○端章甫，帶上讀，君相皆然，乃禮法之塲盛服也。○願爲小相，如云「從大夫之後」一般。據禮，初無大相小相。○願爲小相，言願得贊禮於其間，分明是相君祭祀、相君會同也。○《存疑》：會同是諸侯會同於天子，故註云「諸侯時見曰會，衆頫曰同」。或謂諸侯會同於天子，不得相贊禮。不知《周禮・春官》載朝覲會同，則大宗伯爲上相，諸侯來朝，則有介，如上公九介之類，明有相贊禮。馮氏謂當時諸侯朝王禮廢，華之言爲兩君相見而設。此説亦未是。諸侯朝王，常禮也。聖賢道其常。然華所志之禮，兩君相見亦在其中。○顧麟士曰：「按《通義》許白雲曰：『《集註》「時見曰會，衆頫曰同」，《周禮》「殷見曰同」，殷即衆也，改殷爲衆也。改殷爲衆，避宋諱也。但《周禮》有「殷頫曰視」，又一禮也。此則易見爲頫，不知如何？然頫亦見也。』」

「點！爾何如？」鼓瑟希，鏗爾，舍瑟而作，對曰：「異乎三子者之撰。」子曰：「何傷乎？亦各言其志也。」曰：「莫春者，春服既成，冠者五六人，童子六七人，浴乎沂，風乎舞雩，詠而歸。」夫子喟然歎曰：「吾與點也！」鏗，苦耕反。舍，上聲。撰，士免反。莫、冠，並去

聲。沂，魚依反。雩，音于。四子侍坐，以齒爲序，則點當次對。以方鼓瑟，故孔子先問求、赤而後及點也。張存中曰：「《史記·仲尼弟子傳》：『仲由，字子路，卞人也，少孔子九歲。曾點，字皙，與子參皆侍孔子。冉求，字子有，仲弓之族也，少孔子二十九歲。公西赤，字子華，魯人，少孔子四十二歲。』按《史記》、《家語》載曾參少孔子四十六歲，則曾點必少孔子十餘歲，合居子路之次。」希，間去聲。歇也。作，起也。撰，具也。朱子曰：「曾點所見不同。方侍坐之時，見三子言志，想見有些下視他幾箇。作而言曰『異乎三子者之撰』，看其意有鳳凰翔于千仞底氣象。」莫春，和煦之時。春服，單袷音夾。之衣。新安陳氏曰：「單，單衣。袷，袷衣。至此時則衣無絮也。」浴，盥音管。濯也，今上巳祓音弗。除是也。問浴之爲盥濯祓除。朱子曰：「《漢志》：『三月上巳祓除，官民潔於東流水上。』而蔡邕引此爲證是也。韓愈、李翺疑裸身出浴之非禮，而改浴爲沿，不察此耳。」沂，水名，在魯城南，地志以爲有温泉焉，理或然也。風，乘涼也。舞雩，祭天禱雨之處，有壇墠音善。樹木也。詠，歌也。《通考》巴川陽氏恪曰：❶「魯秉周正朔，莫春建辰之月，《豳風》『春日載陽』，蠶桑之時也。曾點舍瑟之對，今味其辭旨，則四時寒燠之代序與裘葛衣服之異宜，有與時偕行自樂之妙。沂水在魯城南。當是時也，風和日暖，景明物熙，童冠詠歸，與天地生物同一春意。若以爲寅月，沂水之凍方解，雩壇之風尚寒，浴沂詠歸，非其時矣。」曾點之學，蓋有以見夫音扶。人欲盡處，天理流行，隨處充滿，無少欠闕。新安陳氏曰：「此等句皆是就本文反復玩味，以想像曾點胸次，而於無中形容出有來。」故其動静之際，從七容反。容如此。朱子曰：「曾點都不待著氣力說，只是他見得許多自然道理，流行發見，觸處皆是，但舉其一事而言之耳。看他『鼓瑟希，鏗爾，舍瑟而作』，從容暇豫，悠

❶「恪」，原作「格」，今據影明本《四書輯釋》改。

然自得處，無不是這箇道理。今人讀之，只做等閑説話。當時記者，亦是多少仔細。」又曰：「門人詳記舍瑟事，欲見其從容不迫、洒落自在之意耳。」○慶源輔氏曰：「理欲不兩立。須是人欲浄盡，然後天理自然流行，隨事隨處不待勉强用力，自無纖毫欠缺處。然惟聖人心與理一，而後能禮用兼備，自然而然。若曾晳，則以天資之高而於此有見焉耳，故《集註》著『有以見夫』四字，便是斷得曾晳所學之分量分曉，與後面程子所謂『曾點狂者，未必能爲聖人之事而能知夫子之志』之説相應。」而其言志則又不過即其所居之位，樂音洛。其日用之常，初無舍上聲。己爲去聲。人之意。胡氏曰：「『即其所居』至『之常』者，莫春融和之時，沂水祓除之事，與其朋儕游泳自得，乃其分所宜爲，而目前所可爲也；『初無舍己爲人之意』者，如必得國而治之，然後見其用，則在我者輕，在人者重，人必知我，則有以自見，人不我知，則將無所用於世矣。此點所以異於三子也。」而其胸次悠然，直與天地萬物上下同流，各得其所之妙，隱然自見形甸反。於言外，新安陳氏曰：「『直與』至於『之妙』作一句。細分之，『上下同流』接『天地』字，『各得其所』接『萬物』字。」○《集註》此一節二十二字又是自無形容出有來。其言外之妙趣，不可以尋常解書訓詁體貼之例求之，必待學力進、眼目高後，自然默會之可也。○慶源輔氏曰：「即其所居之位，則無出位之思；樂其日用之常，則無作意之爲。便見得曾點不願乎外，無入而不自得之意。初無舍己爲人之意，説得點之事實；『胸次悠然』以下數句，又形容得點之樂處。《集註》此一段凡三次改削，然後見得如此平實，❶學者當深味之。」視三子規規於事爲之末者，其氣象不侔矣。故夫子歎息而深許之。而門人記其本末獨加詳焉，蓋亦有以識此矣。朱子曰：「曾點見得事事物物上皆是天理流行，良辰美景，與幾箇好朋友行樂去。日用之閒，莫非天理；在在處處，莫非可樂。」○問：「夫子何以與點也？」曰：「方三子之競言所志也，點獨鼓瑟其閒，漠然若無聞者；及夫子問之，然後瑟音少閒，乃徐舍瑟起對焉，而悠然遜

❶「然」，原作「前」，今據《四書大全》改。

避，若終不肯見所爲者；及夫子慰安之，然後不得已而言，而其志之所存又未嘗少出其位。蓋澹然若將終身焉者，此夫子所以與之也。」曰：「何以言其與天地萬物同流，各得其所也？」曰：「莫春之日，生物暢茂之時也；春服既成，人體和適之候也；冠者五六人，童子六七人，少長有序而和也；沂水、舞雩，魯國之勝處也。既浴而風，又詠而歸，樂而得其所也。夫以所居之位而言，其樂雖若止於一身，然以心而論，則固藹然天地生物之心、聖人對時育物之事也。夫又安有物我内外之間哉？程子以爲『與聖人之志同，便是堯舜氣象』者，正謂此也。」或曰：「曾晳胸中無一毫事，列子御風之事近之，然乎？」曰：「聖賢之心所以異於佛老，正以無意必固我之累，而所謂天地生物之心、對時育物之事者，未始一息之停也。若但曰曠然無所倚著，而不察乎此，則亦何以異於虚無寂滅之學，而豈聖人之事哉？」○這道理處處都是。事父母，交朋友，都是這道理。接賓客，是接賓客道理。動静語默，莫非道理。天地之運，春夏秋冬，莫非道理。人之一身，便是天地。只緣人爲人欲隔了，自看此意思不見。如曾點，却被他超然看破這意思，夫子所以喜之。○「孔子與點，與聖人之志同」者，蓋都是自然底道理。安老、懷少、信朋友，自是天理流行，觸處皆是。暑往寒來，山川流峙，「父子有親，君臣有義」之類，無非這道理。如「學而時習之」，亦是窮此理；「孝弟仁之本」，亦是實此理。所以貴乎格物者，是物物上皆有此理。此聖人事，點見得到。蓋事事物物，莫非天理，初豈是安排得來？安排時，便凑合不著。這處便有甚私意來？自是著不得私意。聖人見得，只當閑事，曾點把作一件大事來説。❶他見得這天理隨處發見，處處皆是天理，所以如此樂。○曾點見得道理大，所以堯舜事業優爲之，視三子規規於事爲之末，固有間矣。是他見得聖賢氣象如此，雖超乎事物之外，而實不離乎事物之中。是箇無事無爲底道理，却做有事有爲之功業。天樣大事也做得，鍼樣小事也做得。此所謂大本，所謂忠，所謂一者是也。○曾點氣象固是從容洒落，然須見得他因甚到得如此始得。若見得此意，自然見得他做得堯舜事業處，不可以一事言也。○曾點見道無疑心，不累事，其胸次洒落，有非言語所能形容者。故雖夫子有「如或知爾」之問，而其所對亦未

❶「來」，原作「看」，今據《朱子語類》、《四書大全》改。

嘗少出其位焉，蓋若將終身於此者，而其言語氣象則固位天地、育萬物之事也。○曾皙不曾見他工夫，只是天資高，如夫子説「吾黨之小子狂簡，斐然成章，不知所以裁之」，這便是狂簡，如莊、列之徒，皆是他自説得恁地好，所以夫子要歸裁正之。若是不裁，只管聽他恁地，今日也浴沂詠歸，明日也浴沂詠歸，却做甚麽合殺。○曾點與三子，只是争箇粗細；曾點與漆雕開，只是争個生熟。曾點説得驚天動地，開較穩貼。三子在孔門，豈全不理會義理？只是較粗，不如曾點之細。○爲學與爲治，只是一統事，他日之所用，不外乎今日之所存，三子却分作兩截看了。如治軍旅、治財賦、治禮樂，與凡天下之事，皆學者所當爲。須先教自家身心得無欲，直得「清明在躬，志氣如神」，則天下無不可爲之事矣。○曾點以樂於今日者對，三子以期於異日者對。學者須是有三子之事業，又有曾點之襟懷，方始不偏。蓋三子是就事上理會，曾點是見得大意。曾點雖見大意，又少却事上工夫；三子雖就事上學，又無曾點脱洒意思。○新安陳氏曰：「曾點所言，想正對莫春之時。使非對景而言，亦無意思。又按三子所言者事功，其志實而小；點所言者理趣，其志高而大。點不及三子所行之實，三子不及點所見之高。以一時所言觀之，三子規規於事爲之末，而點超然於理趣之高，宜夫子獨與之也。自今而論，學者必有曾點見處之高以立其體，又有三子行處之實以達於用，始爲無弊。不然，鮮不流於狂矣。」《通考》仁山金氏曰：「與點，所以激三子；下文之辨，所以實曾點。」附邢疏曰：「鏗，投瑟聲也。雩者，祈雨之祭名，《左傳》曰『龍見而雩』是也。鄭玄曰：『雩者，吁也，吁嗟而請雨也。』杜預曰：『雩之言遠也，遠爲百穀祈膏雨也，使童男女舞之。』《春官·女巫職》曰：『旱暵則舞雩。』因謂其處爲舞雩。舞雩之處有壇墠樹木，可以休息。」○《蒙引》：「鏗爾」帶下句讀。「鼓瑟希」，非瑟音希也。「鏗爾」是以手推瑟而起，其音鏗爾也。○「亦各言其志也」，令點言其志，非謂三子亦各言其志也，與後面一句不同。○「暮春者，春服既成」一段，塲中若出此題，篇末當發出「異乎三子者之撰」意思以繳之。蓋春服非章服之比，童冠非冠蓋軒冕之儔，沂水舞雩又非宗廟具瞻之地，❶詠歌而歸，各適其適，皆非有待於外者也。句句意在言表。○夫子與點，連「鼓瑟

❶「宗廟」，原作「廟朝」，今據《四書蒙引》改。

希」從容意思亦該了，觀《語録》可見。○「浴，盥濯也」，盥，洗手，濯，洗身，依《語類》只是手足。○上巳，三月第一巳日也。古今用此日祓除。自魏晉後，只用初三日。祓除，祓亦除也，除舊取新之意。浴亦是去舊垢以自新也。○壇墠，除地爲墠，築地爲壇。○「天理流行」，必兼「人欲盡處」言者，理欲不兩立故也。○「天理流行，隨處充滿」者，近自一身之閒，目視而耳聽，手持而足行，以至於身之所接，如君臣父子之屬，皆是道理如此。一動静，一衣服，一飲食，以至鳶飛魚躍，都是此理，所謂「語大天下莫能載，語小天下莫能破」、「優優大哉！禮儀三百，威儀三千」者也。○「悠然」，悠，寬緩也。是無介累也，與「規規」正相反。凡人有介累者自急促，無介累則超然物表矣。自「直與天地」云云至「之妙」，所以狀其胸次之悠然。○「隱然自見於言外」，曾皙當初説時，初未嘗特認這一箇氣象説來，此是傍人看得是如此，故曰「見於言外」。當時唯孔子解此。三子與之同席，亦未必知也。或因夫子歎息而深許之後，方辨得出，亦未可知。○《存疑》：「天理流行，隨處充滿，無少欠缺」，聖人之心，純亦不已，故安土敦仁，無入而不自得。人惟私欲一萌，則天理爲之隔礙而不行。如静而未接物，此心亦動，是此理不行於静矣；動而應物，則心又妄動，此理又不行於動矣。故其要只在克己。人能克己，則私欲浄盡，天理流行，静亦定，動亦定，近而顔之瓢、點之瑟，遠而堯舜之功業文章、周公之制禮作樂，一以貫之矣。故謝上蔡謂勿忘勿助則知此與夫子與點之意同。程子謂『必有事焉而勿正心』，活潑潑地」者，此也。○《語類》：林恭甫問浴沂事。曰：「想當時也真是去浴，但古人上巳祓除，只是盥濯手足，不是解衣浴也。」

三子者出，曾皙後。曾皙曰：「夫三子者之言何如？」子曰：「亦各言其志也已矣。」夫，音扶。

曰：「夫子何哂由也？」

點以子路之志乃所優爲，而夫子哂之，故請其説。

曰：「爲國以禮，其言不讓，是故哂之。」

夫子蓋許其能，特哂其不遜。朱子曰：「禮者，理之顯設而有節文者也。言禮則理在其中矣。」附《蒙引》：爲國以禮，「禮」字該得廣，讓特其本耳。

〇《存疑》：這「禮」字便是上註「天理流行」之「理」字。

「唯求則非邦也與？」「安見方六七十如五六十而非邦也者？」與，平聲，下同。

曾點以冉求亦欲爲國而不見哂，故微問之。而夫子之答無貶悲檢反。詞，蓋深許之。

「唯赤則非邦也與？」「宗廟會同，非諸侯而何？赤也爲之小，孰能爲之大？」

此亦曾晳問而夫子答也。孰能爲之大，言無能出其右者。亦許之之詞。附《蒙引》：須要見得孔子虚空説箇「赤也爲之小，孰能爲之大」要何用。蓋赤本意，豈是要爲小相？不過擇其卑者而自處耳。夫子獨解其意，而知其以宗廟會同之禮自當也。今人都不解此意，而説得鶻突了。「非諸侯而何」一句，不可輕地看。蓋亦謙言爲諸侯之小相，而實是要爲諸侯宗廟會同之事。〇程子曰：「古之學者優柔厭飫，有先後之序，如子路、冉有、公西赤言志如此，夫子許之亦以此，自是實事。後之學者好去聲。高，如人游心千里之外，然自身却只在此。」新安陳氏曰：「此條專言三子言志平實無高遠之意。」又曰：「孔子與點，蓋與聖人之志同，便是堯舜氣象也。誠異三子者之撰，特行去聲。有不掩焉耳，此所謂狂也。問：「曾點言志，如何是有堯舜氣象？」朱子曰：「明道言萬物各遂其性，此句正好看堯舜氣象。且看莫春時物態舒暢如此，曾點情思又如此，便是各遂其性處。堯舜之心，亦只是要萬物皆如此耳。然曾點却只是見得，❶未必能做得堯舜事，孟子所謂狂士其行不掩焉者也。」〇行有不掩，非言行背馳之謂，但行不到所見處爾。曾點之學，無聖人爲之依歸，怕有老莊意思。也未便做老莊，只怕其流入於老莊。〇三子所志，雖皆是實，然未免局於一君一國之小，向上更進不得。若曾點所見，乃是大根大本，使推而行之，則將無所不能，雖其功用之大，如堯舜之治天

❶「點」，原作「默」，今據哈佛本改。

下，亦可爲矣。蓋言其所志者大而不可量也。譬之如水，曾點之所用力者，水之源也；三子之所用力者，水之流也。用力於派分之處，則其功止於一派；用力於源，則放之四海亦猶是也。然使點遂行其志，則恐未能掩其言，故以爲狂者也。○潛室陳氏曰：「凡狂者志高而行不副。謂其志高，故見大意，而聖人與之；謂其行不副，止於見大意，終不入聖人之室。」子路等所見者小。子路只爲去聲。不達爲國以禮道理，是以哂之。若達，却便是這氣象也。」

問：「程子云子路只緣不達爲國以禮道理，若達便是這氣象。如公西赤、冉求二子語言之閒，亦自謙遜，可謂達禮者矣，何故却無曾點氣象？」朱子曰：「二子只是曉得那禮之皮膚，❶曉不得那禮之微妙處。若曉得禮，便須見得箇『天高地下，萬物散殊，而禮制行；流而不息，合同而化，而樂興焉』底自然道理矣。曾點却見得這箇氣象，只是他見得了便休。緣見得快，所以不把當事。他若見得了，又從頭去行，那裏得來？」○問：「三子皆事爲之末，何故子路達得便是這氣象？」曰：「子路才氣去得。他雖粗暴些，纔理會這道理，便就這箇『比及三年，可使有勇且知方』上面，却是這箇氣象。求、赤二子雖是謹細，却只是安排來底。又更是他才氣小了。❷子路是甚麼樣才氣。」○問：「子路就使達得，却只是事爲之末，如何比得這箇？」曰：「若達時，事事都見得是自然底天理。理會得道理，雖事爲之末，亦是理也。莫春者，春服既成，何嘗不是事爲來？」○問：「爲國不循理則必任智力，不任智力則循理，不能出此二途。點有見乎長育流行之體，天地萬物之理，所謂自然而然者，但吾不以私意擾之，則天地順序，而萬物各得其所，此堯舜事業也；子路則以才氣之勝，自以爲當敗壞不可支持之處而吾爲之，亦能使之有成。子路誠足以任此矣，然不免有任智力之意。故志氣激昂而氣象勇鋭，不若曾點之閑暇平和也。」曰：「是。」○到爲國以禮分上，便自理明，自然有曾點氣象。○潛室陳氏曰：「爲國以禮，則君君臣臣，父父子子，事各當事，物各當物，終日在天理上，此堯舜氣象。」○雲峰胡氏曰：「以三子言之，子路未達爲國以禮，求於禮樂不敢當，赤

❶「二」，原作「三」，今據《朱子語類》、《四書大全》改。

❷「更」，原作「便」，今據《朱子語類》、《四書大全》改。

則若有志於禮樂，而所言宗廟會同，禮之末耳。」又曰：「三子皆欲得國而治之，故夫子不取。新安陳氏曰：「以夫子與點分別而言之，故云夫子不取，非謂夫子真不許其得國而治之也。」曾點狂者也，未必能爲聖人之事，而能知夫子之志，❶故曰『浴乎沂，風乎舞雩，詠而歸』，言樂音洛。而得其所也。孔子之志在於『老者安之，朋友信之，少去聲。者懷之』，使萬物莫不遂其性。曾點知之，故孔子喟然歎曰『吾與點也』。」朱子曰：「曾點是他見得到日用之閒無非天理流行，無虧無欠，是自然如此。充其見，便是孔子『老者安之、朋友信之、少者懷之』底意思。惟曾點便見得到這裏，聖人便做得到這裏。」又曰：「曾點、漆雕開已見大意。」朱子曰：「他見得這箇大綱意思，於細密處未必便理會得。如千兵萬馬，他只見得這箇，其中隊伍未必知。」○曾點見雖高，漆雕開却確實。○點與參相反，父子閒爲學大不同。點天資高明，用志遠大，故能先見其本，往往於事爲閒有不屑用力者；參也三省，隨事用力，旋旋捱去，一貫之說，必待夫子告之而後知，然一唯之後，本末兼該，體用全備。一是從下做到，一是從上見得。故傳道之任不在其父而在其子。虛實之分，學者必有以辨之。○問：「孔門英才多矣，何爲不得乎此，而點獨得之？回、參不必類乎點也，而又獨得斯道之傳，何也？」勉齋黃氏曰：「資稟高，則不局於卑，志量大，則不溺於小；見識明，則異說不能惑，趨向正，則外誘不能移，此點之學所以人不能及也。人品不同，則學之志亦異人。爲技藝之學者，有一見而超然解悟，有終日矻矻而竟無所得者，亦無怪點之獨得也。若顏子，則其資稟、志量、見識、趨向當無異乎點，而深厚沉潛，淳實中正，必有過於點者，故其見雖同而其得則異於點也。點之子參，其見不及乎晳，而其學則近於回，以其用力之篤，則遂與回等而非點所及也。」曰：「晳之不及乎回、參，而卒未免爲狂者之歸，何也？」曰：「天下之理，固根於人心，而未嘗不形見於事物。爲學之方，固當存養乎德性，而亦

❶「子」，原作「人」，今據哈佛本改。

不可不省察乎實行。夫是以精粗不遺，而表裏相應，內外交養，動静如一，然後可以爲聖學之全功也。點之志則大，質則高，識則明，趣則遠，然深厚沉潛、淳實中正之意有不足焉，則見高而遺卑，見大而略小，見識有餘而行不足，趨向雖正而行則違，此所以不及乎回、參也。雖然，自回、參而論之，點誠有未至；自學者論之，點之所見，豈可忽哉？規規翦翦於文義之閒、事爲之末，而胸中無所見焉，恐未易以狂語點也。」《通考》朱氏公遷曰：「此皆即其所志而言之也。若伊尹之志，是後賢追論其志如彼。伊尹、顔淵有隱顯不同，而尹之志則顔所能爲。由、求、赤視顔氣象差小，而所言皆其能事。」附《蒙引》：曾點見得眼前步步皆是道理，無所假借，無所等待者也。〇曾晳終是狂。如季武子死，倚其門而歌，曾子芸瓜誤傷其根，被棒仆地，此亦堯舜氣象耶？就好處說，便是堯舜氣象；就不好處說，便自爲一等論。

論語集註大全卷之十一終

論語集註大全卷之十二 三魚堂讀本

顏淵第十二

凡二十四章。《通考》勿軒熊氏曰：「此篇多記孔子弟子，與君大夫問答十章，君大夫問六章，夫子之言五章，曾子、子貢、子夏各一章。」

顏淵問仁。子曰：「克己復禮爲仁。一日克己復禮，天下歸仁焉。爲仁由己，而由人乎哉？」

仁者，本心之全德。慶源輔氏曰：「仁義禮智，皆心之德，而仁包義禮智，故曰本心之全德。」克，勝也。朱子曰：「聖人下箇『克』字，譬如相殺，定要克勝得他。」〇克己亦無別巧法，如孤軍卒遇强敵，只是盡力舍死向前而已。己，謂身之私欲也。問：「己私有三：氣質之偏，一也；耳目口鼻之欲，二也；人我忌克之類，三也。孰是夫子所指？」朱子曰：「三者皆在裏。看下文非禮勿視聽，則耳目口鼻之欲較多。」〇胡氏曰：「耳目口體之欲，皆因己而有，故謂之私。」復，反也。慶源輔氏曰：「反猶歸也，如行者之反歸於家也。」禮者，天理之節文也。朱子曰：「所以喚做禮而不謂之理者，有著實處。只說理，却空去了。這箇禮，是那天理節文，教人有準則處。所以謂之天理之節文者，此理無形影，故作此禮，文畫出一箇天理與人看，教有規矩可以憑據。有君臣，便有事君底節文，有父子，便有事父底節文，其他莫不皆然。」〇慶源輔氏曰：「天理即全德也。節者，其限制等級也。文者，其儀章脉理也。不曰理而曰禮者，理虛而禮實，以其有品節文章可以依據也。」爲仁者，所以全其心之德也。蓋心之全德莫非天理，而亦不能不壞於人欲。故爲仁者必有以勝私欲而復於禮，則事皆天理，而本心之德復全於我

矣。勉齋黃氏曰：「心之全德，莫非天理，則言仁而禮在其中；事皆天理而心德復全，則言禮而仁在其中。皆以天理爲言，則仁即禮，禮即仁。安有復禮而非仁者哉？其曰事皆天理者，以視聽言動之屬乎事也。復歸於禮，則事皆合乎天理矣。」○雲峰胡氏曰：「《集註》始言『仁者本心之全德』，至此則『本心之德復全』，此一『全』字，即是本來『全』字，不過能復其本然者耳。」○程氏曰：「克己之私既盡，一歸於禮，此之謂得其本心。」○朱子曰：「一於禮之謂仁。只是仁在內，爲人欲所蔽，如一重膜遮了。克去己私，復禮，乃見仁。仁、禮非是二物。」○問：「克己工夫，全在克字上。蓋是就發動處克將去，必因其動而後天理人欲之幾始分，方知所決擇而用力也。」曰：「如此只是發動方用克。若待發動而後克，不亦晚乎？發時固用克，未發時也須致其精明，如烈火之不可犯，始得。」○問：「克己復禮如何分精粗？」曰：「若以克去己私言之，便克己是精底工夫，到禮之節文有所欠闕，便是粗者未盡。然克己又只是克去私意，若未能有細密工夫，一一入他規矩準繩之中，便未是復禮。如此則復禮却乃是精處。」○克是克去己私。己私既克，天理自復。譬如塵垢既去，則鏡自明；瓦礫既掃，則室自清。○克己是大做工夫，復禮是事事皆落腔窠。克己便能復禮，步步皆合規矩準繩，非是克己之外，別有復禮工夫也。○禮是自家本有底物，所以説箇復，不是待克己了方去復禮。克得那一分人欲去，便復得這一分天理來；克得那二分己去，便復得這二分禮來。○克己便要復禮。但克己而不復禮，則墮於空寂矣。然人只有天理人欲兩途，不是天理則是人欲，即無不屬天理又不屬人欲底。且如「立如齋」是天理，跛倚是人欲，克去跛倚而未能如齋，即是克得未盡，却不是未能如齋之時不係人欲也。須與立箇界限，將那未能復禮時底都把做人欲斷定。○新安陳氏曰：「禮有專言者，有偏言者。恭敬辭讓，偏言之禮也；復禮爲仁，專言之禮也。克己復禮，則天理流行，而仁在是。專言之禮，仁在其中矣。」《通考》勿齋程氏曰：「獲勝其私，物欲淨盡，是曰克己；善反其初，天理流行，是曰復禮。」**歸，猶與也。又言一日克己復禮則天下之人皆與其仁，極言其效之甚速而至大也。**新安陳氏曰：「甚速，以一日言；至大，以天下言。」○朱子曰：「克己復禮，則事事皆是，

天下之人，聞之見之，莫不皆與其仁也。」○天下以仁稱之，非是一日便能如此。只是有此理，人稱不稱固非我之所急，但言其效必至如此。○天下皆與其仁，伊川云「稱其仁」是也，此説得實。楊氏以爲皆在吾之度内，謂見吾仁之大如此，而天下皆囿於其中，説得無形影，與吕氏「洞然八荒皆在吾闥」同意。○覺軒蔡氏曰：「天下之大，人人皆稟受此仁。我真能克復爲仁，即此仁便與天下之人都湊得著，所以天下皆以仁稱之。」又言爲仁由己而非他人所能預，又見其機之在我而無難也。日日克之，不以爲難，則私欲净盡，天理流行，而仁不可勝平聲。用矣。新安陳氏曰：「『日日克之』以下五句，乃朱子補本文之意而究竟言之，恐人謂一日如此便了。須是日日接續用功，如『日三省』之日，日日克己而無少間斷，幾決於己而無所留難，則私欲方净盡，而天理自然流行矣。須玩味净字。❶净盡者，無一毫不盡之謂也。」○朱子曰：「今日克復，是今日事。明日克復，是明日事。克己復禮有幾多大工夫，須日日用工。」○爲仁由己，這都是自用著力，使他人不著。到私欲盡後，便粹然是天地生物之心。○雙峰饒氏曰：「一日之語，見於《論語》者二：『一日用力於仁』，指其用功之日而言也；『一日克己復禮』，指其成功之日而言也。何以知之？克者戰而獲勝之名，復者失而復還之謂，此皆用力而成功者。故上文以此爲仁，而下文許以天下歸仁，以成功之效言之也。然則欲克己而復禮者，果何所用力耶？曰：爲仁由己，用力之機要也；非禮勿視聽言動，用力之條目也。欲收克復之功者，其亦勉諸此而已矣。」程子曰：「非禮處便是私意。既是私意，如何得仁？須是克盡己私，皆歸於禮，方始是仁。」又曰：「克己復禮，則事事皆仁，故曰天下歸仁。」問：「歸猶與也，謂天下皆與其仁，却載程子語天下歸仁謂事事皆仁，恰似兩般。」朱子曰：「惟其事事皆仁，所以天下歸仁。」○於這事做得恁地，於那事亦做得恁地，所以天下皆稱其仁。若有一處做得不是，必被人看破了。○問「克己復

❶「玩」，原作「究」，今據影明本《四書輯釋》、《四書大全》改。

禮，則事事皆仁」。曰：「人能克己，則日閒所行，事事皆無私意而合天理耳。」○問：「一日之閒，如何得事事皆仁？」曰：「一日克己復禮了，雖無一事，亦不害其爲事事皆仁；雖不見一人，亦不害其爲天下歸仁。」**謝氏曰：「克己，須從性偏難克處克將去。」**雲峰胡氏曰：「能克人欲之私，是理勝欲；能克性質之偏，是德勝氣。《集註》克己説人欲，未曾説氣質，故復引謝氏説以足之。」○問：「此性是氣質之性否？」朱子曰：「然。然亦無難易。凡氣質之偏處，須從頭克去。謝氏恐人只克得裏面小小不好處氣質，❶而忘其難，故云然。」○人之氣稟有偏，所見亦往往不同。如氣質剛底人，則見剛處多，而處事必失之太剛；柔底人，則見柔處多，而處事必失之太柔。須先就偏處克治。○跛倚踞傲，❷未必盡是私意，亦有性坦率者。伊川云：「雖無邪心，苟不合正理，乃妄也。」亦須克去。○問顔子問仁與問爲邦先後。❸曰：「有克己復禮工夫，方始做得四代禮樂底事。」○克己之己，未是對人物言，只是對「公」字説，猶曰私耳。吕氏《克己銘》極口稱揚，遂以爲己既不立，物我並觀，則天下之大，莫不皆在吾仁中。説得來恁地大，故人皆喜其快，殊不知未是如此。問：「與叔之意，與下文克己之目全不干涉。此只是自脩之事，未説著外面在。」曰：「須是恁地思之。」○「初無吝驕，作我蟊賊」，只説得克己一邊，却不到復禮處。**附**《語類》：「克己復禮爲仁」與「可以爲仁矣」之爲，如謂之相似，與「孝弟爲仁之本」、「爲仁由己」之爲不同。○或問：「克訓治較穩。」曰：「治字緩了。且如捱得一分也是治，捱得二分也是治。勝便是打疊殺了他。」○或問：「如何知得是私後克將去？」曰：「隨其所知，漸漸克去。」○固是克了己便是禮，然亦有但知克己，而不能復於禮，故聖人對説在這裏，却不只道克己爲仁，須著箇復禮，庶幾不失其則。下文云非禮勿視聽言動，緣本來只有此禮，所以克己是要得復此禮。若是佛家，儘有能克己者，雖謂之無己私可也，然却不曾復得禮也。○或問：「如此則克己復禮分明是兩節工夫。」曰：「也不

❶「克」，原作「知」，今據《朱子語類》、影明本《四書輯釋》改。

❷「傲」，原作「敖」，今據《朱子語類》、《四書大全》改。

❸「○」，原作「曰」，今據《四書大全》改。

用做兩節看。但不會做工夫底，克己了猶未能復禮；會做工夫底，才克己便復禮也。」○孔子告顏淵，只説克己復禮，若是克得己，復得禮，便是見仁分曉。如往長安，元不曾説與長安有甚，物事如何，但向説向西去，少閒他到長安，自見得。○一日克己復禮，則一日天下歸仁；二日克己復禮，則二日天下歸仁。○若一日克己復禮，則天下歸其仁；明日若不克己復禮，天下又不歸仁。○這處亦如「在家無怨，在邦無怨」意思。在家無怨，一家歸其仁；在邦無怨，一邦歸其仁。就仲弓告，止於邦家；顏子體段如此，便以其極處告之。○《蒙引》：夫子意以人皆有是仁，而或不仁者，禮之未復也；禮之未復者，己之未克也。故必盡克了己私，而一歸於禮焉，則事事皆天理，而仁在是矣。然有是功則有是效，其功深者，其效大。故誠能一日之閒克己復禮而爲仁，則人同此心，心同此理，天下之人，聞之見之，莫不皆與其仁矣。○己謂身之私欲也，兼三項：氣質之偏，一也；耳目口鼻，二也；人我忌克，三也。分言之，則有三；若單舉，耳目口鼻便該了那兩項。且如氣質之偏，是偏箇甚麽？人我忌克，是忌箇甚麽？故下文之言只説非禮勿視聽言動，盡之矣。謝氏謂須從性偏難克處克將去，是於「難」字提撕，亦非身之私欲外意也。○性偏難克，此「性」字兼氣質而言也。或曰專指氣質，不兼理，非也。氣質者，理之所寓，氣質偏，則理亦隨之矣。○復，反也，所謂欲盡而理還，則滿腔子裏盡天理，帶事説。○克己復禮爲仁，言克己復禮，此所以全其本心之德也。如此説方與註合。而本文兩箇「爲仁」字都一般。程子「方始是仁」一句，似與本文「爲仁」字不類。○上句「克己復禮」以用功者言，下句「克己復禮」以成功者言，故以「一日」字加其上。然畢竟同。○「歸，猶與也」，與，許也。凡物與人，便是把這物歸他了，稱道人亦然，把這好名目加他，便是把這箇歸他了。字義須要解得切。○仁者，天下人心之所同；而克復以全其仁者，則吾之所獨也。吾能克復以全吾仁，則是人心之所同者我先得之矣，天下安得不翕然歸吾仁哉？此正與「盛德至善，民不能忘」相似，皆實理也。今人但見人事做得合天理，便都稱許他説：「此人作事合天理。」此便是歸仁。○「爲仁由己」，仁者吾所自有，爲之何假於人之助？而亦非人所能助。○《存疑》：顏淵問仁，是問如何方是仁，此便是問所以爲仁也，故夫子告之曰「克己復禮爲仁」。○克己復禮爲仁，

言克己復禮，所以爲仁也。爲仁，猶「孝弟爲仁之本」「爲」字，故註曰「爲仁者，所以全其心之德也」。「事皆天理，本心之德復全於我」，不是解本文「爲仁」，是申上文「所以全其心之德」意。○仁者心之全德，就該動静了。言克己之目，曰非禮勿視聽言動，却就動上説，何也？私欲在人，必動而後見。若閒時思慮未起，私欲未萌，亦無可克處。故克己工夫須就動上做。然必動時方克，静時都不簡點，亦不得，故聖賢復有持敬涵養之説也。然聖人不以告者，動静交養，是學者事；顏子生知之亞，静亦無待於簡點也。

顏淵曰：「請問其目。」子曰：「非禮勿視，非禮勿聽，非禮勿言，非禮勿動。」顏淵曰：「回雖不敏，請事斯語矣。」

目，條件也。顏淵聞夫子之言，則於天理人欲之際際謂二者界限之閒。已判然矣，故不復扶又反。有所疑問，而直請其條目也。請克己復禮之條目。非禮者，己之私也。勿者，禁止之辭。是人心之所以爲主，而勝私復禮之機也。私勝，則動容周旋無不中去聲。❶禮，而日用之閒莫非天理之流行矣。朱子曰：「《説文》謂勿字似旗脚，此旗一麾，三軍盡退。工夫只在『勿』字上，纔見非禮來，便禁止之，便克去。」○問：「顏子地位有甚非禮處？何待下此四勿工夫？」曰：「只心術閒微有些子非禮處，也須用浄盡截斷了。他力量大，聖人便教他索性克去。」○問「非禮勿視聽言動」。曰：「目不視邪色，耳不聽淫聲，如此類工夫却易；『視遠惟明』，纔不遠便是不明，『聽德惟聰』，纔非德便是不聽，如此類工夫却難。視聽言動但有些箇不循道理處，便是非禮。」○視聽言動之閒，所當爲者，皆禮也；所不當爲者，皆非禮也。其非禮，則勿以止焉，則是克己之私而復於禮矣。其非禮而勿視聽者，防其自外入而動於内也；非禮而勿言動者，謹其自内出而接於外也。内外交進，爲仁之功盡矣。所以用力，其機特在勿與不勿之閒而已。自是而反，則爲天理；自是而流，則爲人欲。自是而克念，則爲聖；

❶「聲」，原作「禮」，今據哈佛本改。

自是而罔念，則爲狂。特毫忽之閒爾，學者可不謹其所操哉？○雲峰胡氏曰：「此章緊要在『勿』字，故《集註》喫緊解此一字。蓋心爲一身之主，即將爲三軍之主，一身耳目口體，惟心所令，猶大將之旗一麾，而三軍坐作進退惟其所令也。」○新安陳氏曰：「非禮者，己之私；禮者，天理之公。非禮勿視聽言動，即所以克己；而所視聽言動皆合禮，即所以復禮也。能如是，則日用閒莫非天理之流行，而仁在其中矣。」事，如「事事」之事。《書·説命》篇云：「惟事事，乃其有備，有備無患。」○《史記·曹參傳》：卿大夫已下吏及賓客見參不事事。〔不事丞相之事。〕○新安陳氏曰：「事事，上『事』字是用力，活字；下『事』字是死字。」請事斯語，顔子默識其理，又自知其力有以勝平聲。之，故直以爲己任而不疑也。朱子曰：「顔子克己，如紅爐上一點雪。」○雙峰饒氏曰：「如『吾與回言終日』，『回於吾言無所不悦』，夫子平日多與講論，皆是博之以文，到此四勿，正是約之以禮。」○顔子所克之己私，只是微過，不是顯過。然顯過易見，微過難見也。○程子曰：「顔淵問克己復禮之目，子曰『非禮勿視，非禮勿聽，非禮勿言，非禮勿動』，四者身之用也，由乎中而應乎外，制於外所以養其中也。朱子曰：「由乎中而應乎外，乃勢之自然，是推本視聽言動四者皆由中而出，泛言其理如此耳，非謂從裏面做工夫也；制於外所以養其中，方是説做工夫處，全是自外而內，自葉而根之意。」○問：「克己工夫，從內面做去，反説制於外，如何？」曰：「制却在內。」又問：❶「此是説仁之體，而不及用。」曰：「制於外，便是用。」顔淵事斯語，所以進於聖人，進，進步幾及之意。後之學聖人者，宜服膺而勿失也。因箴以自警。其《視箴》曰：『心兮本虛，應物無迹。操平聲。之有要，視爲之則。慶源輔氏曰：「人心出入無時，莫知其鄉，何有形迹可見？然操則存，舍則亡。而操之之要，則以視爲之則而已。蓋人之視最在先，遇不當視者，才起一念要視他，便是非禮，

❶「問」，原作「○」，今據哈佛本改。

故當以視爲操心之則。」○陳氏曰：「心虛靈，知覺事物，纔觸即動而應，無蹤迹可尋捉處。」○胡氏曰：「『心兮本虛』者，體也；『應物無迹』者，用也。體無所窒，則用無所滯，此其本然也。」○葉氏曰：「目者，一身之昭鑒，五行精華之所聚，於心尤切。目動則心必隨，心動則目必注。心之虛靈，千變萬化，欲加檢防，先以視爲準則。」蔽交於前，其中則遷。陳氏曰：「蔽指物欲之私而言，中指心之體而言，即天理之謂也。物欲之蔽接於前，則心體逐之而遷矣。」制之於外，以安其内。克己復禮，久而誠矣。』朱子曰：「人之視聽言動，視最在先，爲操心之準則，此兩句，未是不好。至蔽交於前，方有非禮而視，故制之於外，以安其内，則克己而復禮也。如是工夫無間斷，則久而自從容不勉矣，故曰久而誠矣。」○陳氏曰：「物欲克去於外，則無以侵撓吾内，而天理寧矣。」○許氏曰：「制是於天理人欲之界上截然限斷，使不正之書、非禮之色不得以接於吾目。克己即『制之於外』，復禮即『以安其内』。」○胡氏曰：「『克己復禮』者，言上文乃所以用力於此也；『久而誠矣』者，非禮勿視未是仁，真積力久，自然誠實，則可謂之仁也。」○蔡氏曰：「始而克復，有以用吾力；久而誠，則私欲净盡，表裏一貫，自無所容其力矣。」其《聽箴》曰：『人有秉彝，本乎天性。知誘物化，遂亡其正。朱子曰：「四者惟視爲切，所以先言視，而《視箴》之説尤重於聽也。」○物至則智足以知之而有好惡，這是自然如此。到好惡無節於内，知誘於外，方始不好去。○慶源輔氏曰：「人心所稟之常性，乃得之於天，而聽其所當聽，不聽其所不當聽者，即秉彝之性也。」○胡氏曰：「不言聽而言知者，聽者知之初，知者聽之後，因知而此心爲之動，故以知言，其實一也。」○陳氏曰：「知指形氣之感而言。物欲感而知覺萌，遂爲之引去矣。化則與之相忘如一，而無彼我之閒也。」卓彼先覺，知止有定。閑邪存誠，朱子曰：「防閑其邪妄於外，而存其實理於内也。」非禮勿聽。』朱子曰：「視是將這裏底引將去，所以云『以安其内』；聽是聽得外面來，所以云『閑邪存誠』。」○視與看見不同，聽與聞不同。如非禮之色，若過目便過了，不可有要視之之心；非禮之聲，若入耳也過了，不可有要聽之之心。○問：「《視箴》何以特説

心？《聽箴》何以特説性？」曰：「互换説也得。然諺云『開眼便錯』，視所以就心上説。人有秉彝本乎天性，道理本自在這裏，却因雜得外面言語來誘之，聽所以就性上説。」○蔡氏曰：「或疑《聽箴》之説亦可移爲《視箴》用，殊不知視是自内而引出外，聽是自外而引入内；視爲先，聽次之，所以《視箴》説得尤切。」○雲峰胡氏曰：「眼在前，不正之色只是前一面來，故曰蔽交於前，其中則遷；耳在兩旁，不正之聲左右前後皆可來，故曰知誘物化，遂亡其正。目之明在外，故當制之於外，以安其内；耳之聰在内，故惟在内者知止有定，乃可爾。」其《言箴》曰：『人心之動，因言以宣。發禁躁妄，内斯静專。慶源輔氏曰：「躁屬氣，妄屬欲。不爲氣所動，故静；不爲欲所分，故專。」○陳氏曰：「外不躁則内静，外不妄則内專，此一篇關要處。」矧是樞機，興戎出好。去聲。吉凶榮辱，惟其所召。《書》曰：「惟口出好興戎。」蔡氏傳曰：「好，善也。戎，兵也。言發於口，則有二者之分。」○陳氏曰：「門之闔闢，所繫在樞；弩之張弛，所繫在機；人心之動有善惡，由言以宣之而後見於外，是亦人之樞機也。」○蔡氏曰：「出好則吉則榮，興戎則凶則辱。發於口者甚微，而召於彼者甚捷，可不畏哉？」傷易去聲。則誕，傷煩則支。慶源輔氏曰：「易則心不管攝，故必至於妄誕；煩則心不精一，故必至於支離。」己肆物忤，五故反。出悖來違。非法不道，欽哉訓辭。』朱子曰：「上四句是説身上最緊切處，須是不躁妄，方始静專。自家這心自做主不成，如何去接物？下云『矧是樞機，興戎出好』四句，是説謹言底道理。下四句却説四項病痛：傷易則誕，傷煩則支，己肆則物忤，出悖則來違。」○《言箴》説許多病痛。從頭起至『吉凶榮辱，惟其所召』，是就身上謹；『傷易則誕』至『出悖來違』，是當謹於接物間，都説得周備。○陳氏曰：「易者，輕快之謂，躁則傷於易。誕者，欺誕之謂，而易中之病也。煩者，多數之謂，妄則傷於煩。支猶木之枝，從身之旁而迸出者，乃煩中之失也。」○蔡氏曰：「易則誕，由其妄而不專也；煩則支，由其躁而不静也。内不静，故己肆而物忤；内不專，故出悖而來違。」○雲峰胡氏曰：「易是輕言，煩是多言，肆是放言，悖則純乎不善矣。朱子以爲是四項

病。而諸家只解歸躁妄二字，非矣。」其《動箴》曰：『哲人知幾，平聲，下同。誠之於思。志士勵行，去聲。守之於爲。順理則裕，從欲惟危。朱子曰：「哲人志士，說兩般人。哲人只於思慮間便見得合做與不做，志士便於做出了方見得。雖是兩般，大抵順理便安裕，從欲便危險。」○思是動之微，爲是動之著。這箇是該動之精粗。蓋思於内不可不誠，爲於外不可不守。看文字須得箇骨子。諸公且道《動箴》那箇是緊要？答曰：「順理則裕。」曰：要連「從欲惟危」都是，這是生死路頭。○陳氏曰：「結上文，二者之動雖微顯不同，然循理之公則皆無餒於中，故裕；逐人欲之私則易陷於下，故危。」造七到反。次克念，戰兢自持。慶源輔氏曰：「造次克念，不息之誠也；戰兢自持，敬謹之體也。」○覺軒蔡氏曰：「造次克念，以誠於思言，凡學者動於心，不可不存克念之誠；戰兢自持，以守於爲言，凡學者動於身，不可不加自持之念。」○陳氏曰：「雖急遽苟且之時，亦必誠之於思，則其涵養之功密矣；常恐懼戒謹，守之於爲，則其操存之力篤矣。」習與性成，聖賢同歸。』」覺軒蔡氏曰：「聖，性之也，謂哲人；賢，習之也，謂志士。及其成功，一也，故曰同歸。」○新安陳氏曰：「《商書》曰：『茲乃不義，習與性成。』此伊尹之言，本謂習於惡而與性成者，程子引用此句，則言習於善而與性成者也。此『性』字蓋以氣質之性言，與上文『本乎天性』之『性』不同，天性乃以天地之性言也。」○徽菴程氏曰：「物欲之外至，禁防於視聽，俾此仁之全體湛然清明，無一毫之或蔽；私欲之内萌，消弭於言動，俾此仁之妙用割〔呼麥反。〕然中節，無一毫之或乖。見非視，聞非聽。見聞非動，視聽爲動。勿視勿聽，則不動矣。動兼思、貌而言，《洪範》五事備於此矣。不必以勿爲心也。〔真氏謂勿指心而言。〕非禮勿視勿聽，戒謹以存養也，觀『制之於外，以安其内』及『閑邪存誠』之語可見，所以防其外入而動於内也。聲色之非禮雖甚顯而在外，過其外者不能入，能禁防於視聽，則此仁之全體湛然清明矣。非禮勿言勿動，謹獨以研幾也，觀『人心之動，發禁躁妄』及『誠之於思』、『守之於爲』之語可見，所以謹其自内出而接於外也。念慮之非禮雖甚微而在内，萌於内者不能自已，能警省於言動，則此仁之大用割然中節

矣。」愚按此章問答乃傳授心法切要之言，非至明不能察其幾，非至健不能致其決，故惟顏子得聞之，而凡學者亦不可以不勉也。程子之箴，發明親切，學者尤宜深玩。慶源輔氏曰：「非顏子之明睿，則雖告以『克己復禮，天下歸仁』之說，必不能察天理人欲所由動之幾，而遂請其條目；非顏子之剛健，則雖告以爲仁由己與四勿之說，必不能致勇決於此，而遂以仁爲己任。此夫子所以獨以是告顏子，而他弟子不與焉。」○張氏曰：「非至明不能察其幾，是言其致察於『非』字；非至健不能致其決，是言其用功於『勿』字。」○趙氏曰：「非至明則不能察天理人欲邪正所由動之幾，將有誤認天理爲人欲，人欲爲天理，而不自覺於冥冥之中矣；非至健則不能決天理人欲勝負所由分之勢，將有玩天理而不肯進，戀人欲而不忍割，而依違於二者之閒矣。」○雙峰饒氏曰：「視聽言動四者，橫渠《東銘》只云『戲言』、『戲動』，却是二件，《中庸》『非禮不動』，又只是一件，詳略不同，何也？蓋詳言之是四件，約言之只二件，所謂『言行，君子之樞機』是也，言是言，視聽也屬動，是行。又約言之，都只是動，視是目之動，聽是耳之動，言是口之動，動是身之動，故《中庸》只說『非禮不動』一句。聖賢之言，有詳有約，顏子是問克復之目，故以詳告之。」附《語類》：顏子力量大，聖人便就他一刀截斷。若仲弓，則是閉門自守，不放賊入來底，然敬恕上更好做工夫。○敬之問：「上面『克己復禮』，是要克盡己私，下面四勿，是嚴立禁制，使之用力。」曰：「此一章聖人說，只是要他克己復禮。『一日克己復禮，則天下歸仁』，是言克己復禮之效；『爲仁由己，而由人乎哉』，是言克己復禮工夫處在我而不在人。下面『請問其目』，則是顏子更欲聖人詳言之耳。蓋非禮勿視，便是要在視上克己復禮；非禮勿聽，是要在聽上克己復禮；非禮勿言，是要在言上克己復禮；非禮勿動，是要在動上克己復禮。前後反覆，只說這四箇字。若如公說，却是把做兩截意思看了。」○林正卿問：「夫子答顏淵克己復禮爲仁之問，說得細密，若其他弟子問，多是大綱說，如語仲弓以『己所不欲，勿施於人』之類。」先生大不然之。曰：「以某觀之，夫子答群弟子，却是細密；答顏子者，却是大綱。蓋顏子純粹，無許多病痛，所以大綱告之。至於請問其目，答以四勿，亦是大綱說。使答其他弟子者如

此，必無入頭處。如答司馬牛以『其言也訒』，是隨其病處使之做工夫，若能訒言，即牛之克己復禮也。至於答樊遲、答仲弓之類，由其言以行之，皆克己復禮之功也。」○問：「須是識別得如何是禮，如何是非禮。」曰：「固是用分則得。然緊要在『勿』字上，不可放過。」○或問：「『制之於外，以安其內』，却是與『克伐怨欲不行』底相似。」曰：「克己工夫，其初如何便得會自然？也須着禁制始得。到養得熟後，便私意自漸漸消磨去矣。今人須要揀易底做，却不知若不自難處入，如何得到易處？所以謂非禮勿者，只要勿爲耳。眼前道理，善惡是非，阿誰不知？只是自冒然去做。若於眼前底識得分明，既不肯去做，便却旋旋見得細密底道理。蓋天下事，有似是而實非者，亦有似非而實是者，這處要得講究。若不從眼前明白底做將來，這箇道理如何會得自見？」○《蒙引》：四勿，不必分謂防其自外入、謹其自內出。大抵四者皆身之用，而爲由中應外者，勿則制之於外以養其內也。○《視箴》「心兮本虛，應物無迹」，無迹者，出入無時，莫知其鄉，安有形迹可見？應物雖無迹，亦在操之而已。然操之則有要，惟視爲之則，此「則」字即上文「要」字意。何以視爲之則？蓋凡非禮之色，一接於目，便是一箇蔽也。蔽一交於吾前，其中動而遷矣，所謂物交物則引之而已。此「蔽」字作死字看。制之於外，不爲所蔽也。制之於外，應「蔽交於前」；以安其內，應「其中則遷」。克己復禮，此視上之克己復禮也。久而誠矣，此以制外養中說，久則外不待制而自無，內不待養而自存，是爲誠。○《聽箴》「閑邪」即克己，「存誠」即復禮。○《言箴》自「人心之動」至「內斯静專」，專就理欲上説，是克己復禮正意。「矧是樞機」以下四句，則就利害上説。傷易則誕，傷煩則支，此二句貼前上四句。己肆物忤，出悖來違，此二句貼前下四句。○四箴通是制外養中意。○《存疑》：夫子告顔淵，若是未省得人，必問如何爲己與禮與爲仁。若子路問君子，曰脩己以敬，乃曰如斯而已乎，此是未省得。今於曰己曰禮曰爲仁略不問及，直請問其目，可見其於天理人欲之際已判然無疑，孰爲己，在所當克，孰爲禮，在所當復，皆已明白於胸中也。○註云「目，條件也」，以《大學》三綱領八條目來看，這目乃是克己條目工夫。蓋《大學》八條目亦綱領之條目也。○《蒙引》：非禮勿視，克己也。非禮勿視，則所視者皆禮矣。克己外，豈有復禮乎？所以聖人只説非禮勿視，非缺了復禮意

思也。

○仲弓問仁。子曰：「出門如見大賓，使民如承大祭。己所不欲，勿施於人。在邦無怨，在家無怨。」仲弓曰：「雍雖不敏，請事斯語矣。」

敬以持己，解「出門」、「使民」二句。恕以及物，解「不欲」、「勿施」二句。物即人也。則私意無所容而心德全矣。新安陳氏曰：「敬以持己，則私意無所容於内；恕以及物，則私意無所容於外，於是天理流行而心德全矣。」○陳氏曰：「敬者，吾心之所主，而仁之存也；恕者，吾心之所以達，而仁之施也。主敬持己，行恕及物，則内外無私意，而仁在是矣。」内外無怨，亦以其效言之，使以自考也。新安陳氏曰：「上章天下歸仁，是以克己復禮之效言之；此章内外無怨，亦以主敬行恕之效言之。考，驗也。能使内外無怨，可以驗我之能敬恕。若内外尚有怨者，是我於敬恕猶有未至也，此之謂自考。」○朱子曰：「『己所不欲，勿施於人』，緊接著那『出門』、『使民』，『在邦無怨，在家無怨』，緊接著那『己所不欲，勿施於人』。直到這裏，道理方透徹。似一片水流注出來，❶到這裏方住，中間也間斷不得。效驗到這處，方是做得透徹，充足飽滿，極道體之全而無虧欠。内外間纔有一人怨他，便是未徹。便如『天下歸仁』底，纔有一箇不歸仁，便是有未到處。」○己所不欲，勿施於人，如富壽康寧，人之所欲，死亡貧苦，人之所惡，所欲者必以同於人，所惡者不以加於人。○能敬能恕，則仁在其中。世有敬而不能恕底人，便只理會自守，却無温厚愛人氣象。若恕而無敬，則無以行之。須先主於敬，然後能行其恕。○聖人言語極謹密。説「出門如見大賓，使民如承大祭」，下面又便説「己所不欲，勿施於人」，都無些欠缺處。問：「此意則體用兼備。」曰：「是如此。❷自家身己上常是持守，到接物上又如此，則日用之間無少間隙，私意直是何所容？可見聖人説得極密。」○問：「如以刑加人，豈人所欲？便是不恕，始得。」曰：「伊川云：『恕字須兼忠字説。』忠是盡己，而後推之爲恕。夫以刑加人，其人實有罪，

❶「水流」，原倒乙，今據《朱子語類》乙正。

❷「是」上，原衍「只」字，今據《朱子語類》刪。

其心亦自以爲當然，故以刑加之，而非强所不欲也。其不欲被刑，乃其私心。若其真心，既已犯罪，❶亦自知其當刑矣。今人只爲不理會忠而徒爲恕，其弊只是姑息。」○問：「怨有是有非，❷如何都得他無怨？」❸曰：「此只説怨得是底。」○弟子之問多矣，獨二子有請事之對。蓋度其能踐此言而後對，記者亦以其充此對而記之也。○慶源輔氏曰：「不敬，則私欲萬端，害仁之體；不恕，則徇己遺人，梏仁之用。必敬以養之，恕以達之，則私意無可萌之時，無可著之處矣。」○王氏曰：「主敬，則内有以全其心之德；行恕，則外有以推其愛之理。」○雲峰胡氏曰：「敬以持己是收斂此心入來，恕以待人是推擴此心出去。」附《蒙引》：「使民如承大祭」，非不接物也，然敬還是自家敬。敬是用於己道理，恕是施於人道理。○天下歸仁，是亦以其效言之。獨不言「使以自攷」者，顔子無待於此也。○顧麟士曰：「按《紹聞編》游氏曰：『出門如見大賓，則無時而不敬；使民如承大祭，則無事而不敬。』然《淺説》又云：『出門如見大賓，則無地而不敬。』」○程子曰：「孔子言仁，只説出門如見大賓，使民如承大祭。看其氣象，便須心廣體胖，動容周旋中去聲。禮。新安陳氏曰：「程子恐人認見賓承祭作勉强拘束之敬，故云然。蓋欲如所謂『禮之用，和爲貴』也。」唯謹獨便是守之之法。新安陳氏曰：「又恐人外貌如此而中心不如此，必於一念萌動、己所獨知之處而致謹焉，便是持守此敬之法。」○雙峰饒氏曰：「心廣體胖，周旋中禮，持敬之氣象耳。至於用功，却在謹獨上。蓋人但見其出門使民耳，如見大賓、如承大祭，則人所不知而己所獨知者，於此謹之，則得其用力之要。」或問：出門使民之時如此，可也；未出門使民之時，如之何？曰：此『儼若思』時也。《曲禮》曰：「儼若思。」此静時敬也。有諸中而後見形甸反。於外。觀其出門使民之時，其敬如此，則前乎此者，敬可知

❶「已」，原作「以」，今據《朱子語類》改。
❷「有」，原脱，今據《朱子語類》補。
❸「怨」，原脱，今據《朱子語類》補。

矣。新安陳氏曰：「觀其動時敬，則其靜時敬可知。」非因出門使民然後有此敬也。」此程子推夫子言外之意而言之。○問：「程子只説作敬，先生便説敬以持己、恕以及物，看來須如先生説方全。」朱子曰：「程子不是就經上説，是偶然摘此二句，所以只説作敬。」○南軒張氏曰：「平日之涵養一於敬，則出門使民之際皆此心也。」○雙峰饒氏曰：「平時固是敬謹，出門使民時尤加敬謹。此只就出門使民説起，則只是動時事。蓋出門使民是與人交接之時，於此時有敬謹之心，則交接之閒私意不存，而得以盡其推己及人之恕矣。」

附《蒙引》：有諸中而後見於外。其實見賓承祭亦非全是外，只明其敬之見於應事者言。儼若思時，則此敬全在其中。

愚按克己復禮，乾道也；主敬行恕，坤道也。顏、冉之學，其高下淺深，於此可見。然學者誠能從事於敬恕之閒而有得焉，亦將無己之可克矣。朱子曰：「乾道奮發而有爲，坤道靜重而持守。觀夫子告二子氣象，各有所類。」○仲弓資質温粹，顏子資質剛明。顏子於仁，剛健果決，如天旋地轉、雷厲風行做將去；仲弓則自斂藏嚴謹做將去。伊川曰：「質美者明得盡，查滓便渾化，却與天地同體，其次惟莊敬以持養之。」顏子則明得盡者，仲弓則莊敬以持養之者也。顏子如創業之君，仲弓如守成之君。○克復乾道，是一服藥打疊了這病；敬恕坤道，是服藥調護，漸漸消磨了這病。持敬行恕，雖不曾著力去克己復禮，然只一般。若把這箇養來養去，那私意自是著不得。○問：「克己工夫與主敬行恕如何？」曰：「克己復禮是截然分別箇天理人欲，是則行之，非則去之；敬恕則猶是保養在這裏，未能保他無人欲在。若將來保養得至，亦全是天理矣。」○克己復禮，如「內脩政事，外攘夷狄」。出門使民，如「上策莫如自治」。○問：「持敬克己工夫相資相成否乎？」曰：「做處則一，但孔子告顏子、仲弓，隨他氣質地位而告之耳。若不敬，則此心散漫，何以能克己？若不克己，非禮而視聽言動，安能爲敬？」又曰：「敬之至，固無己可克；克己之至，亦不消言敬。敬則無己可克者，是無所不敬，故不用克己，此是大敬，如『聖敬日躋』、『於緝熙敬止』之敬也。」○潛室陳氏曰：「顏子工夫，索性豁開雲霧，便見青天，故屬乾；仲弓工夫，著力淘盡泥沙，方見清泉，故屬坤。此處最難認，須細心玩聖賢氣象，便

會得。」○厚齋馮氏曰：《左傳》云：『仲尼云：「古語有之，曰：克己復禮，仁也。」』蓋古有此語，唯顏子可以從事於此。又曰：『出門如賓，承事如祭，仁之則也。』亦古有此語，唯仲弓可以語之。」○蔡氏曰：「以效言之，亦有不同。顏子底便可天下歸仁，其應廣而速；仲弓底只可邦家無怨，其應狹而緩。」**附**《存疑》：敬是簡束心身方法。心是活物，最易放逸。如今看書寫字，心尚馳出外去，況其他乎？故須有箇簡束他方法。敬便是簡束方法。先儒説敬者主一無適，其中惺惺，收斂不容一物，皆是簡束這心方法也。○人之一身，最易怠惰放肆，如箕踞跛踦之類。敬便是簡束此身方法。如手容恭、足容重、目容端、頭容直之類，皆簡束這身方法。程子以整齊嚴肅語敬，便是這道理。○敬兼身心，有交相養意。此心祇畏，則身亦隨以斂肅，所謂心清時則視明聽聰，四體不待簡束而自然恭謹是也；此身嚴肅，則心亦在此不放逸，所謂整齊嚴肅則心便一是也。○敬該動静。「出門如見大賓，使民如承大祭」，只就動上説者，此亦因出門使民以示例耳。然先儒解「學而時習」，曰：「時復思繹」、「坐如尸，坐時習；立如齊，立時習」一般。○問：「心德如何？」曰：「德，得也，謂得乎天之理也。理在天地之間，未屬人，只謂之理。及氣聚成形而人生焉，此理具於人，方謂之德。德爲人所得也。理具於人，具於心也。心如何具是理？理氣在天地間原不相離，氣聚成形，則理在其中。心雖是氣凝成形質，然有不滯形迹者在，最爲神妙，出入變化不測，是蓋人一身之氣精英總會處。氣雖充滿於人身，然精英則總會在心，此是形迹之心，其精英便有靈覺。其總會在心，便四肢百骸無不管攝。故人之一身，此精英之心實主之。人身患瘡疥而覺痛痒者，氣之支流受病，其總會精英覺之也；人風顛不省事而有生活者，氣雖在，風痰蔽心，失其精英也。此可以觀心矣，而理則不外乎此。其精英中主宰運，正當恰好，無偏曲邪僻處，此便是理。理無形而妙乎形，不離乎氣，亦不雜乎氣，最微妙難認，所以漢唐諸儒少認得。及至宋儒方認得，然亦説不得十分了了。緣這理不是易説之物，要在人心會耳。此可以觀心德矣。此理爲人所得，則謂之德。人生有心，會氣之精英而含這理，故謂之心德也。」○問：「無私欲則有其德，敬恕則私意無所容，其説如何？」曰：「人之一心，乃氣之精英，而含這理。然氣有爲而理無爲。心之靈覺寂感，皆氣之爲，故曰人心妙不測，出入乘氣機。

心機不測，最難静定，馳騁奔放，更無一時寧息。先儒謂如懸鏡空中，無物不入其中，又謂如水翻車，正謂此也。且如今在此看書寫字，未到幾行，未能幾字，心已走了，況他時乎？心既馳騁奔放，則私欲就縱肆，此理爲昏昧抑塞，不能昭著流行。理不昭著流行，則德亡矣。心既馳騁奔放，雖未必逐於欲，然即其身在此而心馳，亦所謂雖無邪，心苟不得正舉，皆妄也，況又逐於耳目口鼻四肢之欲，不可止乎？此是心放則欲肆，欲肆則理亡，理亡即德亡也。敬便是把持這心的方法。能敬則把持得心在這裏。心在這裏，則静亦定，動亦定，隨所遇而心皆在，更不容馳逐於外，視必明，聽必聰，貌必恭，言必從，耳目四肢之欲亦無自而生，故曰私意無所容。私欲無所容，則此心主宰運用皆是這理昭著流行。這理昭著流行，則心德全矣。人都有箇自私自利之心。人之自私自利，都是只見自家，不見別人，不知人心猶己。知得人心猶己，此理便不過，此心便不安。夫理不過，心不安，雖欲自私自利，亦不自容。聖人所以説箇恕來教人，正是使人自心不安，而推以及人，則待人猶己。事父必孝，事君必忠，交友必信，待人接物各盡其道，此理自我心流行於人倫庶物之間，無昏昧抑塞之患，而心德全矣。所謂私意無所容而心德全者如此。」

○司馬牛問仁。

司馬牛，孔子弟子，名犂，向式亮反。魋徒回反。之弟。宋人。

子曰：「仁者，其言也訒。」訒，音刃。

訒，忍也，難也。仁者心存而不放，故其言若有所忍而不易去聲，下同。發，蓋其德之一端也。朱子曰：「仁者之人，言自然訒。在學者即當自謹言語，以操存此心。如今人輕易言語，是他此心不在，奔馳四出，如何有仁？」○此心不放，便存得道理在此。察其言，便可知其本心之存與不存。○雲峰胡氏曰：「《集註》於顏淵則曰心德之全，此則曰德之一端，亦不過四勿中之一也。」夫子以牛多言而躁，故告之以此。使其於此而謹之，則所以爲仁之方不外是矣。朱子曰：「這是司馬牛身上一項病，去得此病，則方好將息充養爾。」○問：「『仁者其言也訒』，只是『訥於言』意思否？」曰：「『訥於言而敏於行』，是怕人説得多後行不逮；『其言也

訒』，是説持守得那心定後説出來。自是有斟酌，恰似肚裏先商量了方説底模樣。今人只信口説，方説時，他心裏也自不知得。」○問：「聖人答司馬牛『其言也訒』，此句通上下言否？」曰：「就他身上説。又較親切。人謹得言語不妄發，即求仁之端。」附《蒙引》：牛多言而躁，其病在於心不存。夫子答其問仁，何不只告以存心，使其於病根所在致力，而乃以訒言告之，何邪？曰：自源固可以及流，泝流亦可以得源。故但訒其言，心便收攝在，固一舉而兩得也。如此則得訒言字面出，於牛易於體認省察耳。

曰：「其言也訒，斯謂之仁矣乎？」子曰：「爲之難，言之得無訒乎？」

牛意仁道至大，不但如夫子之所言。故夫子又告之如此。蓋心常存，故事不苟，事不苟，故其言自有不得而易去聲。者，非强上聲。閉之而不出也。朱子曰：「心存，則自是不敢胡亂説話。大率説得容易底，便是他心放了，是實未嘗爲之也。若不敢胡亂做者，必不敢容易説，然亦是存得這心在。」○慶源輔氏曰：「心存則行自然難而不苟動，言自然訒而不苟發，此心德之自然，豈易能哉？而牛之意則以訒其言爲强閉而不出，故易視之，而以爲仁道之大，不但如此而已也。」○新安陳氏曰：「言仁以心存爲本，心存則言不易，心存則事不苟，所以《集註》於此章兩以心存言之。」附《存疑》：爲之難，是爲之不輕易。夫子所謂「如之何，如之何」，周子所謂「慎動」，孟子所謂「進賢如不得已」，皆是爲之難意。夫義理難明，往往有錯認人欲作天理者，況事有似是而非者，疑似之間，只爭毫釐，皆人所難辨。又克己最難，理欲之間，不能以寸，斯須稍不謹，便蹈於人欲之歸矣，是尤人所當難者。爲之難，是兼此兩意。楊氏曰：「觀此及下章再問之語，牛之易其言可知。」朱子曰：「仁者心常醒，見這事來，便知要做得合道理，不可輕易，便是知得爲之難，故自不敢輕言。若不仁之人，心常如瞌睡相似，都不見這事理，便天來大事，❶也敢輕輕做一兩句説了。」❷○問：「爲之難者，

❶「便」，原作「使」，今據《朱子語類》改。

❷「也」，原作「便」，今據《朱子語類》改。

不謂仁之難爲邪？」曰：「仁者之言無不訒，蓋知事之無不難也。豈獨仁之難爲而後難於言邪？且必若此，則凡事皆可易言，而獨於言仁爲不可易矣。豈其然乎？」○程子曰：「雖爲去聲。司馬牛多言故及此，然聖人之言，亦止此爲是。」愚謂牛之爲人如此，若不告之以其病之所切，而泛以爲仁之大概語去聲。之，則以彼之躁，必不能深思以去上聲。其病，而終無自以入德矣，故其告之如此。蓋聖人之言雖有高下大小之不同，然其切於學者之身，而皆爲入德之要，則又初不異也。讀者其致思焉。

朱子曰：「司馬牛如何做得顏子、仲弓底工夫？須是逐箇理會。仁譬之屋，克己是大門，打透便入來，敬恕是第二門，言訒是箇小門。雖皆可通，然小門迂回得些，是隨他病處說。」○陳氏曰：「語牛之說又下於雍，非秘其精義而不以語之也，以牛多言而躁，若不語以其病所切，則彼之躁必不自覺，終身爲此心之累，而無由可進於仁。必使之先致謹於此，去煩而簡，去躁而靜，則心無所放，而言每難其出，入德次第方可漸進，而仁可求矣。」《通考》朱氏公遷曰：「仁以學言。〔亦曰以用功言。〕告顏、冉者，使之全其心之德。告子貢者，使之充其愛之理。於樊遲、子張，則兼人心事理而言之。於司馬牛則即其德之一端而言之。蓋資質有不同，所以教之亦不同，而皆徹上徹下之道也，各因其人而言之也。」○又按顏、冉之所聞者，爲仁之道；其餘四子之所聞者，求仁之方。若子貢問爲仁，夫子告以事賢友仁，則又爲爲仁之資，與此不同。蓋此類欲人反求諸己，彼則欲其求輔於人也。

○司馬牛問君子。子曰：「君子不憂不懼。」

向魋作亂，牛常憂懼，故夫子告之以此。

厚齋馮氏曰：「內憂其兄，外懼其禍也。」

曰：「不憂不懼，斯謂之君子矣乎？」子曰：「內省不疚，夫何憂何懼？」夫，音扶。

牛之再問，猶前章之意，故復扶又反。告之以此。疚，病也。言由其平日所爲無愧於心，故能內省悉井反。不疚，而自無憂

懼。未可遽以爲易去聲。而忽之也。雙峰饒氏曰：「無愧是不疚之本，不疚是不憂懼之本。」○

晁氏曰：「不憂不懼，由乎德全而無疵，故無入而不自得。非實有憂懼而强上聲。排遣之也。」

朱子曰：「牛將謂是塊然頑然，不必憂懼。不知夫子自説内省不疚，自然不憂懼來。」○有憂懼者，内有所慊也。自省其内而無所病，則心廣體胖，何憂懼之有？○慶源輔氏曰：「不憂不懼者，疑若有之而强排遣之也；何憂何懼，則是自無憂懼耳。蓋君子自然之德也。」○牛之再問，雖易於言，然足以發聖人未盡之藴。使吾德少有疵，則不免憂懼。憂懼，氣象歉索也。内省不疚而何憂懼，與孟子集義生浩然之氣，「仰不愧，俯不怍」之意同。附《蒙引》：憂者心懷憂戚，懼者懼禍至也。憂懼，可把仁者不憂、勇者不懼來照看。内省不疚，則吾之氣足以配乎道義，吾之志足以質諸鬼神，行與吉會，自無可憂懼。縱有非意之來，亦非己所自致，而不必憂懼矣。○内省不疚，何憂何懼，非寬之也，勉之也。○《存疑》：不至於憂懼者，「惠迪吉」也；不憂懼者，理直氣壯也。

○司馬牛憂曰：「人皆有兄弟，我獨亡。」

牛有兄弟而云然者，憂其爲亂而將死也。

《左傳》：哀公十四年，魋入于曹以叛，民叛之，魋奔衛，遂奔齊。○問：「牛無令兄弟何也？」朱子曰：「以傳考之，桓魋欲弑宋公而欲殺孔子，其惡著矣，而其弟子頎，子車亦與之同惡，此牛所以憂也。」

子夏曰：「商聞之矣：

蓋聞之夫子。

死生有命，富貴在天。

命稟於有生之初，非今所能移；天莫之爲而爲，非我所能必，但當順受而已。

陳氏曰：「天者命之所自出，命則天之所賦於人者，故以理言之謂之天，自人言之謂之命，其實一而已。」○慶源輔氏曰：「順謂不咈，受謂不拒。只此二字，便是處死生富貴之要訣。」附《蒙引》：死生有命，富貴在天，子夏述此，只要得天命二字出，言牛之有兄弟無兄弟，亦天命也，何必憂？固非牛憂桓魋之將死而子夏言死生有命以寬之也。○顧麟士曰：「述所聞止此，下一節商自

言也。」

君子敬而無失，與人恭而有禮，四海之内皆兄弟也。君子何患乎無兄弟也？」

既安於命，又當脩其在己者，故又言苟能持己以敬而不閒去聲。斷，徒玩反。接人以恭而有節文，則天下之人皆愛敬之如兄弟矣。蓋子夏欲以寬牛之憂，而爲是不得已之辭。讀者不以辭害意可也。慶源輔氏曰：「既告以安命，又勉以脩身，使兩盡其道。」○趙氏曰：「若安於命而不脩己，是有命而無義，聽乎天而不盡乎人矣。」○雙峰饒氏曰：「敬在心，恭在容。敬易能，無失爲難，閒斷則失矣；恭易能，有禮爲難，有節文，是致恭又能中節，如足恭則恭而無禮矣。」○新安陳氏曰：「死生富貴，惟當聽其在天；恭敬禮節，則當盡其在己。『敬而無失』又『恭而有禮』之本也。子夏『皆兄弟』之語有疵。《集註》下一『如』字，謂人皆愛敬之如兄弟，則意足而辭當矣。」附《存疑》：敬該動静。持己以敬，動静皆敬也。○胡氏曰：「子夏四海皆兄弟之言，特以廣司馬牛之意，意圓而語滯者也。唯聖人則無此病矣。且子夏知此而以哭子喪去聲。明，《禮記·檀弓》篇：子夏喪其子而喪其明。則以蔽於愛而昧於理，是以不能踐其言爾。」朱子曰：「子夏當初只要開廣司馬牛之意。只不合下箇『皆兄弟』字，便成無差等了。」○慶源輔氏曰：「觀喪明事，則牛之失乃移於商之身而不自知也。」○雙峰饒氏曰：「此子夏寬牛之憂而推其原以廣之也。人之兄弟共一箇父母，此固是親。若推其原，則人又只是共一箇天地大父母。自共一箇父母觀之，則兄弟爲有限；自共一箇天地觀之，則並生於大地閒皆兄弟也，此意豈不甚廣？然畢竟他人之兄弟，其情安能及得己之兄弟？意雖廣大，語實有病。圓則活，滯則死。凡圓底便活，方底便不動。」○新安陳氏曰：「喪明事與此不同。然其爲憂愛之情，發不中節而過其則，則一耳。」○雲峰胡氏曰：「《西銘》亦曰『民吾同胞』，曰『皆吾兄弟』，但自乾父坤母説來，句句是説理一而分殊。子夏曰四海皆兄弟，似近乎理之一，至曰何患乎無兄弟，則不知有分之殊矣。此《集註》所以欲

讀者不以辭害意也。」附《説約》仁山金氏曰：「以牛之高節，何以在宋則宋止巢而不止牛？適吳又何至爲吳人所惡？豈吳人所向異與？不然則牛之所以『敬而無失』、『恭而有禮』者，亦容有未至耶？」

愬，蘇路反。

○子張問明。子曰：「浸潤之譖，膚受之愬，不行焉，可謂明也已矣。浸潤之譖，膚受之愬，不行焉，可謂遠也已矣。」譖，莊蔭反。

浸潤，如水之浸灌滋潤，漸如字，又將廉反。漬而不驟也。譖，毁人之行去聲。也。膚受，謂肌膚所受，利害切身，如《易》所謂「剥牀以膚」、「切近災」者也《易·剥》之六四：剥牀以膚。《象》曰：「切近災也。」愬，愬己之冤也。毁人者漸漬而不驟，則聽者不覺其入而信之深矣；愬冤者急迫而切身，則聽者不及致詳而發之暴矣。朱子曰：「譖是譖人，是不干己底事，纔説得驟，便不能入他，須是閑言冷語，掉放那裏，説教來不覺；❶愬是逆，❷是切己底事，❸纔説緩慢，人便不將做事，須是説得緊切，要忽然閒觸動他，如被人罵，便説被人打，被人打，便説人要殺，❹蓋不如此不足以觸動他也。」○齊氏曰：「水之潤物，其浸以漸，故游揚以誣善者，曰浸潤之譖；膚受芒刺，痛癢立見，故激以切己利害之言，❺曰膚受之愬。」二者難察，而能察之，則可見其心之明，指「可謂明」。而不蔽於近指「可謂遠」。矣。此亦必因子張之失而告之，故其辭繁而不殺，所界反。以致丁寧之意云。○楊氏曰：「驟而語之與利害不切於身者不行焉，有不待明者能之也。故浸潤之譖、膚受之愬不行，然後謂之明而又謂之遠。」

❶「教」，原作「交」，今據《朱子語類》改。
❷「逆」，原作「愬」，今據《朱子語類》改。
❸「是」，原脱，今據《朱子語類》補。
❹「人」上，原衍「被」字，今據《朱子語類》刪。
❺「激」，原作「急」，今據影明本《四書輯釋》、《四書大全》改。

遠則明之至也,《書》曰:『視遠惟明。』」朱子曰:「若事本非實,而譖者遽然極言其事,愬者泛然不切於身,則亦不足以惑人矣。故以此二者之相爲反對而互言,若見其事變之不同而明無不照也。」○慶源輔氏曰:「浸潤膚受,皆以巧譎而行其譖愬者也。然使之不行,則非既明且遠者有所不能。子張之爲人,務外好高,於事必有忽略自足之病,而無深潛縝密之功,平日不過觀其皮毛意象,以爲有得,於人情之細密、事理之精微則未必能察也。故夫子因其問明而姑舉二事以告之,使其反諸身而知有所戒矣。」○蘇氏曰:「譖愬之言,常行於偏暗而隘迫者,蓋一有所聞而忿心應之也;明且遠者,虚以察之,則不旋踵而得其情矣。」○雙峰饒氏曰:「浸潤者其來舒緩,膚受則其來急迫,一緩一急。緩則不暇覺,急則不暇詳。一要覺,一要詳,覺與詳是兩事,《集註》以『察』字包之。因子張之失而告之其失果在何處,蓋必者料想之辭。子張是箇易疑易信底人,易疑生譖,易信生愬。」○鄭氏舜舉曰:「善形容小人之情狀,無若聖人之言。凡譖愬者,使其正言之,則人人皆識之矣。惟其便僻側媚,入人以漸,雖智者或不察也。」附《存疑》:明遠是就其不行處見得。要人所以不行處是本於居敬窮理。居敬則心有所把持而難動,窮理則人情曲折皆在所照而不可惑。○遠是明之遠也,《蒙引》曰「爲明不足以盡之」是也。○註曰「不蔽於近」,即遠也。蓋近處蔽,則明不遠;不蔽於近,則明之遠矣。○顧麟士曰:「《集註》『信之深』、『發之暴』,『信』字、『發』字即白文『行』字。然依王宇泰説,不行謂譖愬雖巧而不得行之於我,非我不行人之譖愬也,較雅。」○《蒙引》:註云「遠則明之至也」,何以置在圈外?曰:此句不差,只是「視遠惟明」一句「遠」字與本章不同。《書》言「視遠惟明」與「聽德惟聰」一類。

○子貢問政。子曰:「足食,足兵,民信之矣。」

言倉廩實而武備脩,然後教化行,而民信於我,不離叛也。新安陳氏曰:「民信之矣,以效言之。民所以信之之本,則孔子未之及。所以朱子推本而以『教化行』言之,如『施信於民』、『與國人交,止於信』皆是也。兵食既足,然後施教而化行,民斯信之矣,非謂止足食足兵,民便信之也。」附《存疑》:是時兵食

尚在民閒，註謂倉廩，是民閒倉廩。

子貢曰：「必不得已而去，於斯三者何先？」曰：「去兵。」去，上聲，下同。

言食足而信孚，則無兵而守固矣。

子貢曰：「必不得已而去，於斯二者何先？」曰：「去食。自古皆有死，民無信不立。」

民無食必死，然死者人之所必不免；無信則雖生而無以自立，問：「是民自不立，是國自不立？」朱子曰：「是民自不立。民不立，則國亦不能以有立。蓋有信則相守以死，無信則相欺相詐，而臣棄其君，子棄其父矣。」不若死之爲安。朱子曰：「『安』字極有味。」故寧死而不失信於民，使民亦寧死而不失信於我也。附《蒙引》：前言教化行而民信於我，後言寧死而不失信，此處常變之別也。○寧死而不失信於民，是教化行意；使民亦寧死而不失信於我，是民信於我意。○程子曰：「孔門弟子善問，直窮到底。如此章者，非子貢不能問，非聖人不能答也。」慶源輔氏曰：「非於理有所見而必欲究其精微之蘊者，不能如此問；非據理之極而於膠轕肯綮之際如燭照數計，無纖毫之疑者，不能如此答之也。」愚謂以人情而言，則兵食足而後吾之信可以孚於民；以民德而言，則信本人之所固有，非兵食所得而先也。是以爲政者當身率其民而以死守之，不以危急而可棄也。朱子曰：「此只因足食足兵而後民信，本是兩項事，子貢却做三項事認了。『信』字便是在人心不容變底。」○制田里，薄賦斂，使民有常產而不失其時，則倉廩實而食足矣；比什伍，時簡教，使民有勇而知方，則戎備飭而足兵矣；有是二者，則足以信事上而無欺詐離叛之心，❶所謂民信之也。問：「兵之可去何也？」曰：「食足而民信，則民親其上，死其長，如子弟衛父兄，手足捍頭目，可制梃以撻堅

❶「足」，原作「民」，今據《四書或問》改。

利矣。❶必不得已而去，則兵或可無也。」問：「食之可去何也？」曰：「以序言之，則食爲先；以理言之，則信爲重。蓋死生常理，人所必不免者。若民無信，則失所以爲民者，而無以立乎天地間。是以必有以使民寧無食以死而不失其尊君親上之心，則其政之所以得民心而善民俗者，可得而言矣。」○南軒張氏曰：「生則有死，人之常理。至於無信，則欺詐相奪，無復人理，是重於死也。夫食與兵固爲急務，然信爲之本。無信則雖有粟而誰與食，雖有兵而誰與用哉？」○勉齋黄氏曰：「夫子初答，爲政之先後也；再問復告，義理之輕重也。所謂『民信』，至此而後民有以全其信也，非謂至是而後方施信於民也。然則教民以信，其可一日緩乎？」○覺軒蔡氏曰：「五常之信，猶五行之土。民無信不立，猶物無土不生。爲政固以兵食爲先，而兵食亦以信而立。子貢兩發必不得已之問，直窮到底，以見信之尤重於死而不可頃刻無也。」○雙峰饒氏曰：「去食去兵，是處變之道，如忽然水旱之餘，食有不繼；猝然寇難之來，防禦不及，然後可去。若爲政常法，如何可使兵食不足？三者俱全，處事之常；二者可去，處事之變。蓋兵食外物，容有時而可無；信是本心之德，故無時而可去。」○問：「古者藏兵於農，兵非不足也；三年耕，有一年之積，九年耕，有三年之積，食非不足也。孔子謂足食足兵，豈亦後世富强之術歟？」齊氏曰：「考井田之法，周人常以其地容三百五十萬四千夫，養七十五萬卒。夫以無事而耕者言，卒以農隙教以備有事者言。夫無事則並隸於司徒，有事則隸於司馬也。大率是以五夫養一卒，足食即所以足兵也。民信之矣，信其有養有教，使民勇且知方，而真可以敵王所愾也。〔愾，苦概反，怒也。「敵王所愾」四字出《左傳》。〕雖曰三者，其實只是一事。天下未有食足而兵不足，食足兵足而民不信者也。子貢再問而孔子曰去兵，非去兵也，食足而民信，則民固皆兵也；子貢三問而孔子曰去食，苟孚於民，則雖緩急之極，而亦終不忍以飢寒去也，然則亦非去食也，甚言其不可以無恩交義結之素耳。」○雲峰胡氏曰：「《集註》於信字，先謂教化行而民信於我，不離叛也，是處常而不失信；末謂以死守之，不以危急而可棄也，是處變而不失信。」

○棘子成曰：「君子質而已矣，何以文爲？」

❶「梃」，原作「挺」，今據《四書或問》改。

棘子成，衛大夫。疾時人文勝，故爲此言。子貢曰：「惜乎，夫子之説君子也！駟不及舌。

言子成之言乃君子之意，崇本質是君子之意。然言出於舌則駟馬不能追之，又惜其失言也。厚齋馮氏曰：「鄧析謂一言而非，駟馬弗追；一言而急，駟馬弗及，蓋出於此。」附《達説》：「惜乎夫子之説」作一句，已隱然有駟不及舌意了，却又把「君子也」三字扶起，再把「駟不及舌」抑之，見其可惜也。如云可惜汝這話，雖意是君子，而話説錯，已難收了。故下節遂明其故。

文猶質也，質猶文也。虎豹之鞟猶犬羊之鞟。」鞟，其郭反。

鞟，皮去去聲，下同。毛者也。言文質等耳，不可相無。若必盡去其文而獨存其質，則君子小人無以辨矣。慶源輔氏曰：「有質斯有文，有文須有質，不可相無。皮譬則質也，毛譬則文也。皮毛俱在，然後虎豹犬羊可辨；文質兼存，然後君子小人可明。若盡去其毛，獨存其皮，譬則盡去其文，獨存其質爾。如是則虎豹犬羊之貴賤，君子小人之賢否，皆不可辨矣。」附《達説》：天下之事，無質不立，無文不行。以文而較之質，則文與質等耳，固不輕於質而可以盡去也；以質而較之文，則質與文等耳，亦不重於文而可以獨存也，是文質之相等蓋如此。且文譬則毛也，質譬則皮也，文質俱存，然後可以辨君子小人，亦猶皮毛俱存，然後可以辨虎豹犬羊。若如夫子之言，則是盡去其文而獨存其質矣，君子何以異於小人？猶盡去其毛而獨存其皮矣，虎豹之鞟何以異於犬羊之鞟？此夫子所以爲失言也。夫音扶。棘子成矯當時之弊，固失之過，而子貢矯子成之弊，又無本末輕重之差，楚宜反。胥失之矣。朱子曰：「棘子成全説質，固未盡善；子貢全説文以矯子成，又錯。若虎皮羊皮，雖除了毛，畢竟自別。事體不同。使一箇君子與一箇屠販之人相對坐，並不以文見，畢竟兩人好惡自別。大率固不可無文，亦當以質爲本，如寧儉寧戚之意。」○問：「棘子成之言，與夫子之答林放何異，而子貢非之若是耶？」曰：「夫子之言，權衡審

察，而詞氣和平，蓋未始以文爲可盡去也。若子成則詞氣矯激，而取舍則過中矣，其流之弊，將必至於棄禮滅法，如西晉君子之爲者。故子貢惜其言之失而力正之也。」曰：「何以言子貢之言有弊也？」曰：「子成之説偏矣，而子貢於文質之間又一視之，而無本末輕重緩急之差焉，則又矯子成之失而過中者也。蓋立言之難如此，自非聖人，孰能無所偏倚而常適其平也哉？」○雙峰饒氏曰：「此章當作三様看。棘子成之意，欲盡去其文而獨存其質；子貢之意，則以爲文質相等；《集註》則謂質爲本，文爲末，本則重，末則輕。然盡去其文而獨存其質，其流將有棄禮滅法之弊；文質相等，則不分本末而無所重輕，故《集註》謂棘子成與子貢胥失之。」○雲峰胡氏曰：「子成之言固失之。然子貢曰文猶質，質猶文，『猶』字無本末輕重之差，亦豈所以論君子？必如夫子曰『質勝文則野，文勝質則史，文質彬彬，然後君子』，斯言無弊矣。」附《蒙引》：「君子質而已矣」，此君子是以德言；「夫子之説君子也」，此君子只以其言意近厚而言，亦以德言；《集註》「君子小人無以辨」，君子謂賢士大夫，兼德位言，小人謂野人也。纔把君子對小人説，便有分辨；單言則泛以德論耳。

○哀公問於有若曰：「年饑，用不足，如之何？」

稱有若者，君臣之詞。用，謂國用。公意蓋欲加賦以足用也。齊氏曰：「稱名者，庶人對君之禮。孔子嘗爲大夫，故止稱姓。」附《蒙引》：稱有若者，君臣之詞，於夫子則稱孔子而不名者，君師之分俱要有也。齊氏説難通。

有若對曰：「盍徹乎？」

徹，通也，均也。周制：一夫受田百畝，而與同溝共井之人通力合作，計畝均收，大率民得其九，公取其一，故謂之徹。新安陳氏曰：「以『通力』、『均收』二句，照應『通也，均也』之訓。」「同溝共井」之説，詳見《孟子》「滕文公問爲國」集註下。○朱子曰：「徹是八家皆通力合作九百畝田，收則計畝均分，公取其一；如助，則八家各耕百畝，❶同出力耕公田，此助、徹之別也。」魯自宣公

❶「各」，原作「皆」，今據《四書大全》改。

税畝，又逐畝什取其一，則爲什而取二矣。《春秋》：宣公十五年，初税畝。〔公田之法，十取其一。今又履其餘畝，復什取其一。遂以爲常，故曰初。〕《左傳》：初税畝，非禮也。穀出不過藉，❶以豐財也。〔周法，民耕百畝，公田十畝，❷借民力而治之，故曰藉。税不過此，過此則非禮矣。〕故有若請但專行徹法，欲公節用以厚民也。**附**《蒙引》：通力合作，「通也」亦「均也」；計畝均收，「均也」亦「通也」，新安之説太泥。○有若曰「盍徹乎」，此意云何？正以「百姓足，君孰與不足」也。看到後頭，方得有若意出。○一夫受田百畝，而與同溝共井之人通力合作，蓋徹兼貢、助二法。此言同井也。○《存疑》：徹法兼貢助。貢法十中取一，民得其九，公取其一；助法十一中取一，民得其十，公得其一。註只云民得其九，公取其一者，就貢概言也，故曰大約云。○既欲薄賦，又欲妄用，如何濟得？故註加節用意。只著民富來供我，亦難。○顧麟士曰：「按徐玄扈曰：哀公、有若俱是策備荒，不是救荒。公自悔平日賦輕，無積貯以備之，欲自今加賦以待用，故有若教以儲之於國不若儲之於民耳。若説目前要加賦，則饑年無從徵斂矣。若説目前要行徹，亦便濟得甚事？」○又曰：「陸宣公曰：『古稱九年六年之蓄者，蓋率土臣庶通爲之計耳，固非獨豐公庾，不及編氓。』」

曰：「二，吾猶不足，如之何其徹也？」

二，即所謂什二也。公以有若不喻其旨，故言此以示加賦之意。

對曰：「百姓足，君孰與不足？百姓不足，君孰與足？」

民富則君不至獨貧，民貧則君不能獨富。有若深言君民一體之意，以止公之厚斂，去聲，下同。爲人上者所宜深念也。朱子曰：『未有府庫財非其財者也。』百姓既足，不成坐視其君不足？亦無此理。蓋有人斯有土，有土斯有財。若百

❶ 「出」，原作「生」，今據《春秋左傳註疏》、《四書大全》改。

❷ 「田十」，原作「取中」，今據《春秋左傳註疏》、《四書大全》改。

姓不足，君雖厚斂，亦不濟事。」〇勉齋黄氏曰：「君孰與不足，但言民既皆足矣，則君雖不足，無人與君不足者；無人與君不足，則當竭力以奉其上矣，何不足之患哉？君孰與足，言民既不足矣，則君雖獨足，無人與君足者；無人與君足，則君亦安能保其足哉？」〇新安陳氏曰：「節用則薄取而有餘，民之富即君之富也；侈用則盡取而不足，民既貧，君誰與守其富哉？宣公税畝，後哀公加賦，經傳無聞，仁言之利溥哉！」〇楊氏曰：「仁政必自經界始。經界正而後井地均、穀禄平，而軍國之需皆量是以爲出焉。❶故一徹而百度舉矣，上下寧憂不足乎？以二猶不足而教之徹，疑若迂矣。然『什一，天下之中正，多則桀，寡則貉』，二語見楊子《法言》，本出《孟子》「白圭曰」章。不可改也。後世不究其本，而唯末之圖，故征斂無藝，費出無經，而上下困矣，雙峰饒氏曰：「征斂無藝則下困，費出無經則上困。」又惡平聲。知盍徹之當務而不爲迂乎？」問：「哀公之不足，非不足也，什取其二不歸於公室而歸於三家也，雖徹而何補於哀公之不足耶？」朱子曰：「徹法行，則自一夫百畝等而上之，士大夫卿，各有差等，以至於君什卿禄之制，皆可以次第而舉。不惟野人之井地均，而君子之穀禄亦平矣。」〇慶源輔氏曰：「哀公欲加賦，惟末是圖也；有若欲徹，反本之論也。以私意而觀目前，則反本之論爲迂，而圖末者有一旦之效；以理而觀於長久，則一旦之效適重後日之憂，而反本之論實經久之利也。末流之弊愈求諸末，不至於覆亡不止，古今一律耳。」〇鄭氏舜舉曰：「民之財即上之財，民之力即上之力。車乘民所出，芻粟民所供，板幹力役民所爲。能寬其税斂，則民得遂其生，而出力以供公上者必衆，何患其不足也？不然室家離散，田萊荒蕪，上何所取以足用乎？」〇厚齋馮氏曰：「古者什取一以給公上，而征役城築皆民自備，上止出令而已，故民足則君足。後世盡取而歸之公上，故民雖不足而君亦未嘗得足。哀公十二年、十三年皆有螽，連年用兵於邾，又有齊警，此所以年饑而用不足也。有若乃告之以徹，此儒生之常談

❶「需」，原作「須」，今據《四書章句集註》改。

而世笑之以爲迂闊者也。然有國者足食以稅，足兵以賦。夫魯之兵甲已數倍於古，季孫以兵不足而欲用田賦，故夫子曰有周公之典在；魯之稅畝已加倍於古，哀公以二猶不足而欲加稅，故有若對曰盍徹乎，是知有若之講聞於夫子者有素也。」〇勿軒熊氏曰：「按《論語》有若之言凡四章，一言仁，一言禮，一言信義，皆爲學之大本，一言徹法，亦爲政之大經，體用具矣。」

〇子張問崇德辨惑。子曰：「主忠信，徙義，崇德也。

主忠信則本立，徙義則日新。問：「崇德辨惑何以有是目而子張、樊遲皆以爲問也？」朱子曰：「胡氏以爲或古有是言，或世有是名，而聖人標出之，使諸弟子以爲入道之門户也，其說得之矣。」曰：「『主忠信』、『徙義』之所以爲崇德，何也？」曰：「主忠信，則其徙義也有地而可據；能徙義，則其主忠信也有用而日新。內外本末交相培養，此德之所以日積而益高也。」〇主忠信，「主」字須重看。喚做主，是要將這箇做主。徙義，是自家一事未合義，遷徙去那義上；見得又未甚合義，須更徙去，令都合義。主忠信，且先有本領了，方徙義，恁地便德會崇。若不先主忠信，即空了，徙去甚處？如何會崇？主忠信而不徙義，却又固執。〇主忠信，是劄脚處；徙義，是進步處。漸漸進去，則德自崇矣。〇忠信是箇基本，徙義又是進處。無基本，徙義不得；有基本，不徙義，亦何緣得進？〇南軒張氏曰：「不主忠信則無徙義之實，不能徙義則其所主者亦有時而失其理矣。二者蓋必相須，然後德之所以崇也。」〇陳氏曰：「主忠信則存無不誠，而本以立；徙義則動無非理，而行以進。互而言之，能主忠信，則所徙者溥博淵泉而時出；能徙義，則所主者篤實光輝而日新，此德所以日新高大，自有不容已者。」〇雙峰饒氏曰：「本如屋之有基，日新如土培其基，日至於高也。忠信是德，徙義是崇。徙義者，今日所爲未是，明日見得今日未是處，便從不是處遷入是處，愈遷愈高。」附《蒙引》：不曰祛惑而曰辨惑者，必有以辨之，然後有以祛之。今之惑者，只爲不辨而不自覺耳。使能辨之，何至於惑？〇人之進德，必先立箇實心了，然後就事上處處要合義，方能崇德。如孝弟，必先立箇孝弟底實心。有愛親敬兄之實心，則大本有了，然後求其所謂孝弟者若何而爲温清之宜，若

何而爲定省之節，若何而爲恭敬遜順之道。未合宜，便教合宜；未十分合宜，便教十分合宜，則日得其所未得矣。合是二者，可見德崇。○《説約》：姚承菴曰：「子張問崇德辨惑，主意只要高明，故夫子告以近裏著己之事。」○《蒙引》：「本立」、「日新」字是貼「崇德」意。

愛之欲其生，惡之欲其死。既欲其生，又欲其死，是惑也。惡，去聲。

愛惡，人之常情也。然人之生死有命，非可得而欲也。以愛惡而欲其生死，則惑矣。既欲其生，又欲其死，則惑之甚也。

朱子曰：「溺於愛惡之私，而以彼之生死定分爲可以隨己之所欲，且又不能自定，而一生一死交戰於胸中，虛用其力於所不能必之地，而實無所損益於彼也，可不謂之惑乎？」○南軒張氏曰：「推此一端，則凡欲之而妄者皆惑也。」○問：「辨惑何不教之以辨之之方？」雙峰饒氏曰：「使知其所以惑者在此，是即所謂辨也。」○齊氏曰：「崇德屬行，辨惑屬知。」○新安陳氏曰：「欲人生死，意子張或有此蔽，故因言之。果能主忠信以立積德之基，徙義以爲進德之地，則德日進於高明，而所見亦高明，於以辨惑，何難之有？況欲人生死，又惑之易辨者也。」附《蒙引》：註云「則惑矣」，又云「則惑之甚也」，兩句都在「是惑也」一句内。註如此區別，也見得本文四句有兩截意。○上二句，「欲其生死」字重；下二句，「既」、「又」字重。

『誠不以富，亦祇以異。』

此《詩·小雅·我行其野》之詞也。舊説夫子引之，以明欲其生死者不能使之生死，如此詩所言，不足以致富而適足以取異也。程子曰：「此錯簡，當在第十六篇『齊景公有馬千駟』之上，因此下文亦有『齊景公』字而誤也。」○楊氏曰：「『堂堂乎張也，難與並爲仁矣』，則非誠善補過、不蔽於私者，故告之如此。」慶源輔氏曰：「誠善，主忠信之事。補過，徙義之事。不蔽於私，辨惑之事。『堂堂』、『難與並爲仁』，蓋務外不務内者，故告以此。」

○齊景公問政於孔子。

齊景公，名杵臼。魯昭公末年，孔子適齊。《史記》世家：季平子得罪魯昭公，昭公率師擊平子，平子與孟氏、叔孫氏三家共攻昭公。昭公師敗，奔於齊，齊處昭公於乾侯。魯亂，孔子適齊，爲高昭子家臣，以通乎景公。

孔子對曰：「君君，臣臣，父父，子子。」

此人道之大經、政事之根本也。南軒張氏曰：「爲政以序彝倫爲先。彝倫不敘，則節目雖繁，亦無以順治矣。君君臣臣父父子子，彝倫所爲敘也。雖堯舜之治，亦不越乎此，貴於盡其道而已。」○慶源輔氏曰：「此三綱之大者，故以爲人道之經、政事之本。」是時景公失政，而大夫陳氏厚施去聲。於國，《左傳》：昭公二年，❶晉少姜卒。〔少姜，齊女，晉侯嬖妾。〕齊侯使晏嬰請繼室於晉。既成昏，晏子受禮，叔向從之宴。叔向曰：「齊其何如？」晏子曰：「此季世也，吾弗知。❷〔不知其他。〕齊其爲陳氏矣。公棄其民而歸於陳氏。齊舊四量：〔音亮。〕豆、區、〔烏侯反。〕釜、鍾。四升爲豆，各自其四，以登於釜。〔四豆爲區，區斗六升。四區爲釜，釜六斗四升。登，成也。〕釜十則鍾。〔六斛四斗。〕陳氏三量，皆登一焉，鍾乃大矣。〔登，加也，謂加舊量之一也，以五升爲豆，五豆爲區，❸五區爲釜。〕❹以家量貸，而以公量收之。〔貸厚而收薄。〕山木如市，弗加於山；魚鹽蜃蛤，弗加於海。〔賈如在山海，不加貴。〕民參其力，二入於公，而衣食其一。〔言公重賦斂。〕公聚朽蠹，而三老凍餒。〔三老，謂上壽、中壽、下壽者，不見養遇。〕國之諸市，屨賤踊貴。〔踊，刖足者屨也。刖足者多，故踊貴。〕民人痛疾，而或燠〔於位反。〕休〔虛位反。〕之。〔燠休，痛念之聲。謂陳氏也。〕其愛之如父母，而歸之如流水。欲無獲民，將焉避之？」○二十六年，齊侯與晏子坐於路寢。公歎曰：「美哉室，其誰有此乎？」〔景公自知德不能久有國，故

❶「二」，原作「三」，今據《春秋左傳註疏》改。

❷「吾」，原作「故」，今據《春秋左傳註疏》、《四書大全》改。

❸「五」，原作「四」，今據《春秋左傳註疏》改。

❹「五」，原作「四」，今據《春秋左傳註疏》改。

歎也。」晏子曰：「敢問何謂也？」公曰：「吾以爲在德。」對曰：「如君之言，其陳氏乎？陳氏雖無大德，而有施於民。豆、區、釜、鍾之數，其取之民也薄，其施之民也厚。公厚斂焉，陳氏厚施焉，民歸之矣。後世若少惰，陳氏而不亡，則國其國也已。」公曰：「是可若何？」對曰：「唯禮可以已之。在禮，家施不及國，民不遷，農不移，工賈不變，〔守常業。〕士不濫，〔不失職。〕官不滔，〔滔，慢也。〕大夫不收公利。」〔不作福。〕公曰：「善哉，我不能矣。吾今而後知禮之可以爲國也。」景公又多内嬖，臂、閉二音。而不立太子，《左傳》：哀公五年，齊燕姬〔景公夫人。〕生子，不成而死。〔不成，未冠也。〕諸子鬻姒之子荼嬖。〔諸子，庶公子也。鬻姒，景公妾。荼，安孺子。〕諸大夫恐其爲太子也，言於公曰：「君之齒長矣，未有太子，若之何？」公曰：「二三子閒〔音閑。〕於憂虞，則有疾疢，亦姑謀樂，何憂於無君？」〔景公意欲立荼而未發，故以此言塞大夫請。〕公疾，使國惠子、〔名夏。〕高昭子〔名張。〕立荼，寘群公子於萊。〔萊，齊東鄙邑。〕秋，景公卒。冬，公子嘉、公子駒、❶公子黔奔衛，公子鉏、公子陽生來奔。〔皆景公子在萊者。〕六年八月，陳僖子使召公子陽生而立之，是爲悼公。公使朱毛遷孺子荼於駘，不至，殺諸野幕之下。其君臣父子之閒，皆失其道，故夫子告之以此。附《蒙引》：君君臣臣父父子子，謂君便當是箇君，臣便當是箇臣，父便當是箇父，子便當是箇子。詞語是如此，不曰君盡君道，臣盡臣道也。然其所以君君臣臣者，則在各盡其道上來。此乃政事之根本，而非其條目也，然亦不可謂此非政事也。○《存疑》：聖人不告景公爲政之事，而告以人倫之大者，政事之本也。此當以「其人存，則其政舉」、「政者正也，子帥以正，孰敢不正」來參看。

公曰：「善哉！信如君不君，臣不臣，父不父，子不子，雖有粟，吾得而食諸？」

景公善孔子之言而不能用，其後果以繼嗣不定，啓陳氏弑君篡國之禍。《史

❶「駒」，原作「鉤」，今據《春秋左傳註疏》、《四書大全》改。

記・田敬仲完世家》：五世孫田釐子乞事齊景公爲大夫，其收賦税於民以小斗受之，其粟予民以大斗，行陰德於民，而景公弗禁。由此田氏得齊衆心，〔本陳氏，改爲田氏。〕宗族益强。景公太子死，後有寵姬曰芮子，生子荼。景公病，命其相國惠子、高昭子以荼爲太子。景公卒，兩相國、高立荼，是爲晏孺子。而田乞不悦，欲立景公他子陽生。陽生素與乞歡。晏孺子之立也，陽生奔魯。田乞、鮑牧與大夫以兵入公室，攻高昭子，殺之。惠子奔莒，晏孺子奔魯。田乞使人迎陽生，至齊，遂立陽生於田乞之家，❶是爲悼公。乃使人殺孺子荼。田乞爲相，專齊政。四年，田乞卒，子恒立，是爲田成子。鮑牧與悼公有隙，殺悼公。齊人共立其子壬，是爲簡公。田恒與監止〔一作闞止。〕俱爲左右相。田恒心害監止，監止幸於簡公，權弗能去。於是田恒復脩釐子之政，以大斗出貸，以小斗收。齊人歌之曰：「嫗乎采芑，歸乎田成子。」田恒擊殺監止，簡公出奔，田氏之徒遂弒簡公於徐州。恒立簡公之弟驁，是爲平公。田恒爲相，言於平公曰：「德施人之所欲，君其行之；刑罰人之所惡，臣請行之。」行之五年，齊國之政皆歸於田恒。於是盡誅鮑、晏及公族之强者，而割齊自安平以東至瑯琊，自爲封邑。封邑大於平公之所食。田恒卒，子襄子盤代立。襄子卒，子莊子白代立。莊子卒，子太公和立。田和遷齊康公於海上，食一城，以奉其先祀。康公之十九年，田和立爲齊侯，列於周室，紀元年。太公和立二年，卒，子桓公午立。六年，卒，子威王因齊立。二十六年，自稱爲王，以令天下。〇楊氏曰：「君之所以君，臣之所以臣，父之所以父，子之所以子，是必有道矣。景公知善夫子之言，而不知反求其所以然，蓋悦而不繹者，齊之所以卒於亂也。」問：「景公審能悦夫子之言而繹之，則如之何？」朱子曰：「舉齊政而授之夫子，則君臣父子之倫，正之有餘矣。惜其不能而齊卒於亂也。」〇雙峰饒氏曰：「就景公身上言之，則景公自不能盡君之道，致其臣陳氏厚施於國；自不能盡父之道，致内變之多，而不立太子。」

❶「於」，原作「爲」，今據《史記》、《四書大全》改。

故楊氏云『景公知善夫子之言，而不知反求其所以然』者，是説景公不能反之於身以盡君父之道也。」○厚齋馮氏曰：「聖人之言各當其分而萬世無弊，信斯言也。謂君則君，臣則臣，父則父，子則子，可也；謂君君則臣臣，父父則子子，亦可也。」○雲峰胡氏曰：「『履霜堅冰至』，景公不能謹其幾於先矣，雖善夫子之言，何益哉？」

○子曰：「片言可以折獄者，其由也與？」折，之舌反。與，平聲。

片言，半言。折，斷丁亂反。也。朱子曰：「半言，辭未畢而人已信之也。」○胡氏曰：「折者，析而二之也。治獄之道，兩辭具備，曲直未分，混爲一區，及乎別其孰爲曲孰爲直，判然兩途，所謂折也。」子路忠信明決，故言出而人信服之，不待其辭之畢也。慶源輔氏曰：「忠信者折獄之本，明決者折獄之用。徒明決而不忠信，則無以孚於平昔；徒忠信而不明決，則無以斷於臨時。」○覺軒蔡氏曰：「忠信所以立於中，明決足以照乎外。忠信則人不忍欺，明決則人不能欺。」附《蒙引》：忠信明決，正是「無宿諾」意。如踐言而不欺者，忠信也；急於踐而不滯者，明決也。但「忠信明決」説該得廣，而「無宿諾」只是其中一事。雖是其中一事，而子路明決之全體亦因可識。蓋是未曾發言而折獄之先如此也，故《集註》云「故言出而人信服之」也。○顧麟士曰：「『其由也與』，空説。『忠信明決』，留在下節用。」

子路無宿諾。

宿，留也，猶宿怨之宿。急於踐言，不留其諾也。記者因夫子之言而記此，以見形甸反。其養之有素也。子路之所以取信於人者由其養之有素也。慶源輔氏曰：「片言折獄，非可以取辨於言也，所以養其言之所自發者，必有其素，而人之信已，在於未言之前也。」附《蒙引》：子路之所以取信於人者，由其養之有素也，「取」字、「由」字，即上文「故」字意，而輔氏、蔡氏之説皆小矣。○或曰：「朱子何不以『忠信明決』解在下文？」曰：「解經正要如此發明，方得片言折獄意出，不比如今依題作文字。衣敝緼袍章，首段朱子

便先説出可進於道字面，此便是何用不臧意，亦先解出以見聖人語意。」○尹氏曰：「小邾射射，音亦。小邾，大夫名。以句繹句繹，音溝亦，地名。奔魯，曰：『使季路要平聲。我，吾無盟矣。』千乘去聲。之國，不信其盟，而信子路之一言，其見信於人可知矣。《左傳》：哀公十四年，小邾射以句繹來奔，曰：「使季路要我，吾無盟矣。」使子路，子路辭。季康子使冉有謂之曰：「千乘之國，不信其盟，而信子之一言，子何辱焉？」對曰：「魯有事於小邾，不敢問故，死其城下可也。彼不臣而濟其言，是義之也，由弗能。」一言而折獄者，信在言前，人自信之故也。不留諾，所以全其信也。」勉齋黄氏曰：「人惟忠信也，不惟可以通天下之務，而又可以釋天下之疑。苟無忠信誠慤之心以涖之，則吾心膠擾昏惑，既無以察人之情僞，吾以詐御彼，彼亦以詐應之，又安能片言而服人哉？故片言折獄而實之以『無宿諾』也。」

○子曰：「聽訟，吾猶人也。必也使無訟乎？」

范氏曰：「聽訟者，治其末，塞其流也。正其本，清其源，則無訟矣。」○楊氏曰：「子路片言可以折獄，而不知以禮遜爲國，則未能使民無訟者也。故又記孔子之言，以見形甸反。聖人不以聽訟爲難，而以使民無訟爲貴。」南軒張氏曰：「夫人之所以至於争訟者，必有所由，而能於其本而正之，則訟可無也。記者以此承上章，有以見仲由之道爲未弘也。」○新安陳氏曰：「聽訟者，決民之争；無訟者，躬行化民而民自不争。無訟可聽，非禁之使然，默化潛孚，若使之耳。」

○子張問政。子曰：「居之無倦，行之以忠。」

居，謂存諸心。無倦，則始終如一。行，謂發於事。以忠，則表裏如一。朱

子曰：「居之無倦，在心上説；行之以忠，在事上説。居之無倦者，便是要此心長在，做主不放倒，便事事都應得去；行之以忠者，是事事要著實，故《集註》云以忠則表裏如一，謂心裏要如此，便外面也如此，事事靠實做去也。」○行固是行其所居。居是常常恁地提省在這裏，若有頃刻放倒，便不得。○新安陳氏曰：「居如居敬之居，存諸心，立其本也；行如行簡之行，發於事，達諸用也。」附《蒙引》：二「之」字同，皆指政言。政不外乎教養。常存教人養人之心，而始終無閒者，無倦也。蓋人之常情，靡不有初，鮮克有終也。如一，重在「終」字。行此教人養人之事，不但外如是，内亦如是，表裏如一，方是著實，方是忠。蓋人之常情，政行於外，皆是道理，然内之所存，或未必然，而有苟且鋪張之意，故曰表裏如一，重在裏字。如《語録》之説，心裏要如此，便外面也如此，却重在外上，此蓋記者之誤。

○程子曰：「子張少仁，無誠心，愛民則必倦而不盡心，故告之以此。」慶源輔氏曰：「不曰不仁而曰少仁，正與曾子『然而未仁』之説同。聖人不輕絶人以不仁，況子張乎？惟其少仁，故慘怛之意不足，而無誠心愛民也。」○新安陳氏曰：「少仁，或謂其『未仁』，或謂『難與並爲仁』，可見矣。政以治民，故以少仁言其政之無本，以無愛民言其政之不足於用。無誠心，其病源也。不息之謂誠。始如是，終不如是，則非不息之誠矣。不欺之謂誠。表如是，裏不如是，則非不欺之誠矣。宜夫子以『無倦』、『以忠』藥子張之病也。」○雙峰饒氏曰：「此論爲政之心，不説爲政之條目。若爲政之條目，子張想已熟講而知之矣。」○陳氏用之曰：「孔子於子張，兼『無倦』與『忠』而教之。若子路，則教之以無倦而已。」○厚齋馮氏曰：「子路勇於有行，慮其不能繼也。子張多浮少實，易於始勤終怠，故竭兩端而告之。」

○子曰：「博學於文，約之以禮，亦可以弗畔矣夫！」

重出。已見《雍也》篇，但彼有「君子」二字。

○子曰：「君子成人之美，不成人之惡。小人反是。」

成者，誘掖奬勸，以成其事也。雲峰胡氏曰：「誘掖以迎之於未成之先，奬勸以作之於將成之際。」君子小人所存既有厚薄之殊，而其所好去聲。又有善惡之異，故其用心不同如此。胡氏曰：「所存以心言，所好以情言。君子存心本於厚，故待人亦厚，而惟恐人之不厚；小人存心本於薄，故待人亦薄，而惟恐人之不薄也。君子之所好在於善，故己有是善而亦欲人之趨於善；小人之所好在於惡，故己有是惡而亦欲人之濟其惡。」○南軒張氏曰：「君子充其忠愛之心，於人之美，其樂之如在己也，從而扶持之，又從而勸奬之，惟欲其美之成也；於人之惡，則從而正救之，正救之不可，則哀矜之，惟患其惡之成也。若小人則以刻薄爲心，幸人之有過，而疾人之勝己，非徒坐視其入於惡，又從而濟之；非徒欲其美之不成，又從而毁之。君子小人之所操存未嘗不相反也。」○勉齋黄氏曰：「小人成人之惡，謂迎合容養，以成其爲惡之事也；不成人之美，忌克詆毁，使不得成其善也。」○鄭氏舜舉曰：「君子視人之善猶己之善，故開導誘掖以成之；視人之惡猶己之有疾，故規戒掩覆以止之。」附《存疑》：誘掖奬勸，是成裹事，不可就當成説。○未成而誘掖之，既成而奬勸之，皆所以致其成也。○問：「既成而奬勸，似不及了。」曰：「今有忌人之成者，事既成，從而詆毁之，是亦害人之成也，焉得爲不及？胡雲峰謂『作之於將成之際』，是未得此意。」

○季康子問政於孔子。孔子對曰：「政者正也。子帥以正，孰敢不正？」

范氏曰：「未有己不正而能正人者。」慶源輔氏曰：「政之所以得名，以其能以正己者正人也。己不能正，焉能正人哉？」○新安陳氏曰：「此以通行之理言，圈下以當時之事言。」胡氏曰：「魯自中葉，中世也。政由大夫，家臣效尤，據邑背音佩。叛，不正甚矣。故孔子以是告之，欲康子以正自克，而改三家之故。故，謂從前所爲。惜乎康子之溺於利欲而不能也。」吴氏曰：「《書》曰：『表正

萬邦。』上者表也，下者影也，表正則影正矣，政之義無切於此。《論語》記康子問政者二章，問患盜、使民各一章。夫子答之，皆使之反躬自治而已。蓋道理不越如是，此外更無別法也。」〇雲峰胡氏曰：「《集註》釋『爲政』章『政』字實本於此。」附《存疑》：「政者正也」，且虚説；「子帥以正，孰敢不正」，方是就己身上説，正人之本。蓋正是正人，然未有己不正而能正人者，故曰「子帥以正，孰敢不正」。子曰「爲政以德」，又曰「苟正其身矣，於從政乎何有」，皆是此意。輔氏、《蒙引》「政者正也」就作正己以正人説，恐未是。〇《蒙引》曰：所以帥正之道，非一言所能盡。非仁無爲，非義無行，則身正矣。此約言之也。〇顧麟士曰：「按沈古疾曰：『凡書義各照本色看，有不必求之太深者。如此章「正」字，只説無踰僭、無偏頗便是。若云大人正己物正之學，大非本色。須照季康子説來。』」

〇季康子患盜，問於孔子。孔子對曰：「苟子之不欲，雖賞之不竊。」

言子不貪欲，則雖賞民使之爲盜，民亦知恥而不竊。慶源輔氏曰：「上者下之倡。在上者不貪欲，則民之視之，亦知以是爲貴矣。民知以不貪欲爲貴，則雖賞以誘之，使爲盜竊，而其心愧恥，自不肯爲之矣，尚何盜之患哉？所謂『雖賞之不竊』，乃假設之言，以見民之必不肯爲耳。」〇胡氏曰：「季氏竊柄，盜魯國柄。康子奪嫡，民之爲盜，固其所也。盍亦反其本邪？俗作耶。孔子以不欲啓之，其旨深矣。奪嫡事見形甸反。《春秋傳》。」《左傳》：哀公三年，季孫有疾，命正常〔桓子之寵臣。〕曰：「無死。〔欲付以後事，故勑令勿從己死。〕南孺子之子，男也，則以告而立之；〔南孺子，季桓子之妻。若生男，則告公而立之。〕女也，則肥也可。」〔康子名肥。〕季孫卒，康子即位。既葬，康子在朝。南氏生男，正常載以如朝，告曰：「夫子有遺言，命其圉臣曰：『南氏生男，則以告於君與大夫，而立之。』今生矣，男也，敢告。」遂奔衛。康子請退。〔退，辭位也。〕公使共劉〔魯大夫。〕視之，則或殺之矣，乃討之。〔討殺者。〕召正常，正常不反。〔畏康子也。〕〇

厚齋馮氏曰：「夫謂非其有而取之者盜也。欲心一萌，非其有者，必將取之。嫡位可奪也，國政可專也，民獨不爲盜乎？」○雲峰胡氏曰：「盜生於欲，康子，魯之大盜也。夫子答其患盜之問，不直曰苟子之不盜，其辭婉而意深矣。上下三章當通看。不欲，正也；欲善，亦正也。使康子移其欲利之心以欲善，民豈特不爲盜？而且皆爲善矣。此所謂帥以正而民無不正也。」

○季康子問政於孔子曰：「如殺無道，以就有道，何如？」孔子對曰：「子爲政，焉用殺？子欲善而民善矣。君子之德風，小人之德草。草上之風，必偃。」焉，於虔反。

爲政者民所視效，何以殺爲？欲善則民善矣。上，一作尚，加也。偃，仆音赴。也。南軒張氏曰：「在上者志存於殺，則固已失長人之本矣，烏能禁止其惡乎？欲善之心純篤，發見於政教之閒，則民將率從丕變，如風之所動，其孰有不從者？然則民之所以未之從者，則吾欲善之誠不篤而已。」○汪氏曰：「康子欲殺惡人以成就善人，夫子則欲化惡人亦爲善人。意謂上之所欲者善，非特不待於殺，且化惡爲善矣。《集註》以一『則』字代本文『而』字，『而』意深切著明，最宜著眼玩味。」○尹氏曰：「殺之爲言，豈爲人上之語哉？『以身教者從，以言教者訟』，二句見《後漢書·第五倫傳》。而況於殺乎？」西山真氏曰：「民性本善。爲上者以善迪之，未有不趨於善者。」○厚齋馮氏曰：「康子三問雖非必一時之語，然其意蓋相屬也。夫子所答皆自其身而求之。」○吳氏曰：「《書·君陳》曰：『爾惟風，下民惟草。』風草之諭本此。康子殺心如火始然，夫子以清冷之水沃之。有人心者，宜於此焉變矣。」附《說約》鄒嶧山曰：「殺無道以就有道，有三說。一說殺無道，使民知所懲，而趨就於有道；一說殺無道，則有道者勸，故爲成就有道；一說有道者每爲無道者所病，故欲殺無道以成就有道。三說俱通。」○顧麟士曰：「欲善，『欲』字中有作用，南軒

説最是。《論語》中如欲立立人、欲達達人、『欲仁而得仁』，俱如是也，不是空空一欲便了。『君子之德風』以下，是申説欲善民善之故，頗重。君子小人字，蓋以位言之。草而加之以風，小人而臨之以君子，俱取勢足相壓爲喻。舊講『風』字者，多以和煦巽入等立論，何異説夢也？」○徐玄扈曰：「『德』字虚看。善固德也，惡亦德也。《書》云：『爵罔及惡德。』」○《蒙引》：「君子之德風，小人之德草」，二句且虚説。若説殺了，便起不得「草上之風必偃」一句。

○子張問：「士何如斯可謂之達矣？」

達者，德孚於人而行無不得之謂。問：「達爲所行通達，何也？」朱子曰：「其在邦也，事上則獲於上，治民則得乎民；其在家也，父母安其孝，兄弟悦其友。凡吾之見於行者，莫不通達而無所繫礙焉，斯可謂之達矣。」附《蒙引》：「士何如斯可謂之達」，要見得所以達之意。若只是問何謂之達，則在邦必聞，在家必聞，子張已自認出此意了，却要説得周旋。達者德孚於人而行無不得之謂，德孚於人，又行無不得之由也。然此皆「達」字内意。若下文質直好義云云，則皆脩於己之事，非德孚於人也。○德孚於人而行無不得，此一句是『達』字之正義，而非子張舉達爲問之本意也，乃孔子所謂達者。子張認聞爲達，非其正義也。

子曰：「何哉，爾所謂達者？」

子張務外。夫子蓋已知其發問之意，故反詰喫吉反。之，將以發其病而藥之也。

子張對曰：「在邦必聞，在家必聞。」

言名譽著聞也。附《蒙引》：在邦必聞，在家必聞，此子張自解其所謂達者之意，認聞以爲達也，言有聲於邦家也。在邦在家，皆有聲也，非謂在邦則名聞於邦之人，在家則名聞於家之人也。

子曰：「是聞也，非達也。

聞與達相似而不同，乃誠僞之所以分，學者不可不審也。故夫子既明辨之，下文又詳言之。雙峰饒氏曰：「聞是求聞於

人，達是人自信己。」

夫達也者，質直而好義，察言而觀色，慮以下人。在邦必達，在家必達。夫，音扶，下同。好、下，皆去聲。

內主忠信而所行合宜，審於接物而卑以自牧，皆自脩於內，不求人知之事。然德脩於己而人信之，則所行自無窒音質。礙矣。慶源輔氏曰：「主忠信，質直也，所行合宜，好義也，此存乎中以應乎外也；審於接物，察言觀色也，卑以自牧，慮以下人也，此審乎外以巽乎內也。內外交相養，而『厥德脩罔覺』，此豈求人知者之所爲哉？然德脩於己而人自信之，則行於邦家者，自然無所窒礙矣。」○朱子曰：「質直只是無華僞。質是朴實，直是無偏曲。○質直好義，便有觸突人底意思；到得察言觀色，慮以下人，便又和順仔細，不至觸突人矣。慮謂思之詳審，常常如此思慮，恐有所不知覺也。聖人説話，都如此周偏詳密。○質與直是兩件，質就資性上説，直漸就事上説。到得好義，又在事上。❶直固是一直做去，然至於好義，則事事區處，要得其宜。這一項都是詳細工夫。○察人之言，觀人之色，乃是要驗吾之言是與不是。今有人自任己意説將去，更不看人之意是信受他還不信受他，如此則只是自高，更不能謙下於人，實去做工夫也。大抵人之爲學，須是自低下做將去。纔自高，便不濟事。○察言觀色，只是察人言，觀人色。若照管不及，未必不以辭氣加人。此只做自家工夫，不要人知。既有工夫，以之事親，則得乎親；以之事君，則得乎君；以之交朋友，而朋友信，雖蠻貊之邦行矣。此是在邦在家必達之理。子張只去聞處著力，聖人此語，正中其膏肓。質直好義等處，專是就實；色取仁而行違，專是從虛。○雙峰饒氏曰：「質直忠信底人固難得，但亦有直情徑行不去隨事裁度而所行容有不合宜處，故忠信又要合義。察言觀色，慮以下人，是一件事。子張常愛居人上，故告以謙退詳審之意。」附《蒙引》：「質直」二字，似是在外，如何説作內主忠信？蓋人

❶「又」下，《朱子語類》有「多」字。

之質直皆是心所爲，但凡言動不朴實的，便是心病。○質直，是以此爲基也。能「質直」，然後可語「好義」。○不可以「質」字當忠，「直」字當信。此以意來解。只以下文「色取仁而行違」來照看，見質直之爲忠信。○《存疑》：好義，不但好之而已，就有行了。○顧麟士曰：「義雖訓合宜，亦是當然而然意，非圓融委蛇之謂也，故小註又謂『質直而好義，便有觸突人底意』。勿混看。」○《通義》金仁山謂：「察人之言，觀人之色，是接物之際，審吾言行之當否。朱子但云『驗吾之言』，近偏。《語類》又云『察言觀色，是察人詞色而與之言』，益不可曉。」

夫聞也者，色取仁而行違，居之不疑。在邦必聞，在家必聞。」行，去聲。

善其顏色以取於仁，而行實背音佩。之，又自以爲是而無所忌憚，此不務實而專務求名者。故虛譽雖隆，而實德則病矣。朱子曰：「聞者是箇做作底，專務放出外，求人知而已。如色取仁而行違，便是不務實而專務外；居之不疑，便是放出外而收斂不得，只得自擔當，不放退，此其所以駕虛名而無實行也。」○色取仁而行違，不惟是虛有愛憐之態，如正顏色而不近信，色厲而內荏，皆色取仁而行違也。○色取仁而行違，居之不疑，這只是粗瞞將去，專以大意氣加人。子張平日是這般人，故孔子正救其病。此章大意出不得一箇是名，一箇是實。吕氏謂「德孚於人者必達，矯行求名者必聞」，此説却好。○慶源輔氏曰：「使其色取行違而中不安焉，則務實之心猶未盡喪也。惟其自以爲是，而無所忌憚，此見其專務於名。夫名生於實，則名亦何害？惟無實而徒有虛譽，則驕矜之意日生，而進脩之力日怠矣。二者雖若相似，然所行通達者，名譽自然著聞；名譽著聞者，所行未必通達，其實有不同如此。」○雙峰饒氏曰：「『色取仁』之色與『觀色』之色不同，『觀色』專主顏色言，『色取』説得闊，凡發出來可見處皆是色。色者見於外，行者行於己。見於外者皆似合於仁，檢點他行己處却不實，只是欺人而已。居之不疑，示人以不疑也。此乃求名之人要人信己，故自居之不疑。若自居於疑，又誰信之？」○齊氏曰：「以質對色，則一真一假；以直對違，則一順一

逆。質直者，内有餘而外自見；色取仁而行違者，外若有而内實無也。」○雲峰胡氏曰：「聞者病在『取』字。凡物在外則可取。仁者吾心之所固有，若曰可取，即是在外而不在内矣。」附《蒙引》：色取仁而行違，則非質直矣，而又豈是好義乎？ 察言觀色，慮以下人，猶且自疑也，而彼則居之不疑矣。○質直以心言，好義以事言。色取仁而行違，全是不質直，而「好義」亦在其中矣。蓋色取仁而行違，自相反了。不可以「色取仁」對「質直」，「行違」對「好義」。三註不是。○《存疑》：「之」字指仁，居之不疑，是以仁自居而不疑也。居之不疑，是欲人信之也。蓋自疑則人不之信矣，故泰然自居而不疑，欲以瞞人，使人信之也。若要其本心，豈真能無疑乎？○朱子曰：「放出外而收斂不得，只得自擔當，不放退。」《蒙引》曰：「彼蓋自以爲是，做到此，不容自收退。若收退來，連前都壞了，不以我爲是了，故只得擔當去。人未必都能看破也。」此即朱子説，看來不是，何也？ 以此説「居之不疑」，似是初間無此意，待做到此，勢不得已，只得居之不疑。原來這樣人是合下立意就要如此做，非初無此意，待做到此，勢不得已，然後做也。○顧麟士曰：「《蒙引》謂『取仁』之仁不指仁愛也，❶此專言之仁是。」

○程子曰：「學者須是務實，不要近名。有意近名，大本已失，更學何事？爲去聲，下同。名而學，則是僞也。今之學者，大抵爲名。爲名與爲利，雖清濁不同，然其利心則一也。」慶源輔氏曰：「程子務實務名之論，可謂切當。爲吾之未能事親也，故學事親；爲吾之未能事長也，故學事長；爲吾之未能正心誠意也，故學正心而誠意；爲吾之未能齊家治國也，故學齊家而治國，是之謂務實。務實而學，則其脩爲之誠，踐履之功，循序而進，忽不自知其入於聖賢之域矣。欲吾之有孝名也，故勉焉以爲孝；欲吾之有忠名也，故勉焉以爲忠；欲吾之有廉名也，故勉焉以爲廉；欲吾之有信名也，故勉焉以爲信；是之謂務名。務名而學，則惟欲其名之有聞而已。所謂大本即實理也。實理根於性，具於心，

❶「不」下，原衍「專」字，今據明刻本《四書説約》刪。

要在反求而自得。學有向外近名之意，則失之矣。爲名而學則是僞者，謂其不循實理而騖外妄求也。爲名雖若清，爲利雖是濁，然一有爲之之意，則便是利心也。」尹氏曰：「子張之學，病在乎不務實，故孔子告之皆篤實之事，充乎内而發乎外者也。當時門人親受聖人之教，而差失有如此者，況後世乎？」

○樊遲從遊於舞雩之下，曰：「敢問崇德、脩慝、辨惑。」慝，吐得反。

胡氏曰：「慝之字從心從匿，蓋惡之匿於心者。脩者，治去聲。而去上聲。之。」新安陳氏曰：「惡之形於外者易見，匿於心者難知，乃惡之根也。」

子曰：「善哉問！

善其切於爲去聲。己。附《蒙引》：崇德脩慝辨惑，皆是心上工夫。理之得於心者崇之，惡之匿於心者去之，心有所蔽惑則辨之，都是心上工夫。故夫子善其切於爲己。

先事後得，非崇德與？攻其惡，無攻人之惡，非脩慝與？一朝之忿，忘其身，以及其親，非惑與？」與，平聲。

先事後得，猶言先難後獲也。爲所當爲而不計其功，則德日積而不自知矣。慶源輔氏曰：「先難謂先從事於其所難，後獲謂後其所得而不起計獲之心也。夫爲所當爲，本非難事。然自學者言之，則自惰而勤，自利而義，其機生，其勢矯，非勉强則有所不能，故以爲難也。爲其事者固必有其功。然方其爲善之始，而遽欲計其功焉，則是利心也。爲利之心一萌，則其大本已失，易盈易涸，輕爲輕喜，尚何德之可崇哉？故必爲所當爲而不計其功，則不亟不徐，循吾理、行吾義而已，此所以德日積而不自知也。」○朱子曰：「今人做事，未論此事當做不當做，且先計較此事有甚功效。既有計較之心，便是專爲利而做，不復知事之當爲矣。德者，理之得於心者也。凡人若能知所當爲而無爲利之心，這意思便自高遠。纔爲些小利害，計些小便宜，這意思便卑下了。所謂崇者，謂德自此

而愈高也。」○問：「先事後得，莫是因樊遲有計較功利之心，故如此告之？」曰：「此是後面道理，而今且要知先事後得如何可以崇德。蓋做合做底事，便純是天理。纔有一毫計較之心，便是人欲。若只循箇天理做將去，德便自崇。纔有人欲，便這裏做得一兩分，却那裏缺了一兩分，這德便消削了，如何得會崇？聖人千言萬語，正要人來這裏看得破。」**專於治己而不責人，則己之惡無所匿矣。**朱子曰：「須截了外面他人過惡，只去自檢點，方能自攻其惡。若纔檢點他人，自家這裏便疎，心便麄了。」○慶源輔氏曰：「常情觀人則明，自觀則暗，責人則嚴，自責則輕。故惡常藏匿於心。❶纔有心去攻人之惡，則於己之惡便鹵莽而不暇鋤治矣。」❷**知一朝之忿爲甚微，而禍及其親爲甚大，則有以辨惑而懲其忿矣。**慶源輔氏曰：「人本無惑，惟爲忿所蔽，而不知利害之所在，故惑。蓋忿心之發，易突兀而橫肆，苟不懲之於始，則終或至於忘身及親。此辨惑者所以當懲其忿也。」**樊遲麤**亦作觕，❸作粗。**鄙近利，故告之以此三者，皆所以救其失也。**雙峰饒氏曰：「近利則有計較之心，而不能先事後得，鄙則吝於責己，粗則暴戾而不能忍小忿，故夫子因其病而藥之。」附《存疑》：先事後得，曰事曰得，此就崇德上說。德者義理之得於心也，崇者所得日以崇高也。夫有可爲者，必有其功。若未爲而先計之，或方爲而遽圖之，則其心已不專，功之不得而怠心乘之者，容或有之，德何由崇？惟先其事而後其得，一味去下崇德工夫，至於德之崇則後之，略不計焉，則心一而不分，功常而罔閒。義理之得於心也，由近以致遠，積小以高大，日進而不自知矣。此就是「必有事焉而勿正，心勿忘，勿助長」道理。○慝是惡之匿於心者，人所不知而己獨知之。脩慝工夫只是謹獨。○顧麟士曰：「按《通義》白雲許氏曰：『辨惑，聖人只就樊遲切身之病告之，以發凡耳。人之惑不一，學者各自辨察己之惑者而務去之。』」○《崇

❶「常」，原作「當」，今據哈佛本改。
❷「鋤」，原作「攻」，今據《四書纂疏》、《四書大全》改。
❸「觕」，原作「桷」，今據《四書纂箋》、《四書大全》改。

引》：一朝，言其忿不終朝，暫時之忿也。猶所謂隔宿之怨，非不共戴天之仇、終身之恨也。○或問：「懲忿辨惑，亦略有先後乎？」曰：「必辨其惑，方能懲其忿。」○范氏曰：「先事後得，上義而下利也。人惟有利欲之心，故德不崇。惟不自省悉耕反。己過而知人之過，故慝不脩。感物而易去聲。動者，莫如忿。忘其身以及其親，惑之甚者也。惑之甚者，必起於細微。能辨之於早，則不至於大惑矣。故懲忿所以辨惑也。」新安陳氏曰：「自治其惡與自懲其忿，皆崇德所當爲之事，乃其目也。」○問：「子張、樊遲問同答異，何也？」朱子曰：「子張矜夸不實底人，故告以收斂著實做工夫；平日喜怒必有過當，故告以欲人生死之事。樊遲以請學稼圃及夫子答問觀之，是鄙俗粗暴底人。皆是隨其失而告之。」

○樊遲問仁。子曰：「愛人。」問知。子曰：「知人。」上「知」字，去聲，下同。

愛人，仁之施。知人，知去聲，下文「知也」、「知者」、「言知」、「仁知」並同。之務。問：「愛人知人是仁知之用，聖人何故但以仁知之用告樊遲，却不告以仁知之體？」朱子曰：「體與用雖是二字，本末未嘗相離，用却體之所以流行者也。」附《蒙引》：愛人知人，亦以己能者言。此以仁知之用言，然亦可見其能仁且知矣。蓋本末未嘗相離。今答樊遲，獨專舉用言，使其有所下手耳，如「其言也訒」之例。若使樊遲少知夫子之答，亦必與「爲之難」、「內省不疚」意同矣。

樊遲未達。

曾氏曰：名幾，字吉甫，河南人。「遲之意，蓋以愛欲其周而知有所擇，故疑二者之相悖音佩。爾。」朱子曰：「愛人則無所不愛，知人則便有分別。兩箇意思自相反了，故疑之。」

子曰：「舉直錯諸枉，能使枉者直。」

舉直錯倉故反。枉者知也，使枉者直則仁矣。如此則二者不唯不相悖，而反

相爲用矣。朱子曰：「每常設仁知，一箇是慈愛，一箇是辨別，各自向一路。唯是舉直錯諸枉，能使枉者直，方見得仁知合一處，仁裏面有知，知裏面有仁。」○愛人知人，自相爲用。若不論直枉，一例去愛他，也不得。大抵唯先知了，方能頓放得箇仁。聖人只此二句，自包上下。後來子夏所言，皆不出此兩句意思。所以爲聖人之言也。○雙峰饒氏曰：「樊遲問仁知，是二者平説，夫子亦平答之。及再答以『使枉者直』二句，❶方是串説仁知。問：夫子之言何獨歸重於知？曰：雖歸重在知，然此心所以舉直錯諸枉，依舊是從仁上發來。蓋直者此心天理之公，能舉直則是發此天理之公，是亦仁也。直枉專指人而言。諸，衆也，謂衆人之枉者，即下文『選於衆』之意。」

樊遲退，見子夏，曰：「鄉也吾見於夫子而問知，子曰『舉直錯諸枉，能使枉者直』，何謂也？」鄉，去聲。見，賢遍反。

遲以夫子之言專爲知者之事，又未達所以能使枉者直之理。未曉「能使枉者直」之兼言仁。附《蒙引》：夫子以此告樊遲，猶未達，欲再問，則近於瀆，故不敢，而退以質諸子夏，曰：吾見於夫子而問知，子曰云云。蓋遲以夫子之言專爲知者之事，故只曰「問知」。又未達所以能使枉者直之理，而以爲此句閒了，不知欲何用耳，故曰樊遲之疑在下句。遲述所聞曰舉直錯諸枉，能使枉者直，夫舉直錯枉，吾固知其爲知矣，但使枉者直，則未知其意之所在也，不知此於知者道理何指？子夏答云：此意自有所該也。

子夏曰：「富哉言乎！

歎其所包者廣，不止言知。新安陳氏曰：「一言而該仁知，故曰富哉。」附《蒙引》：「富哉言乎」，言只是一句言，不爲富。其富者，言中所含之意也。然不可説出兼仁知。看下文註中「蓋」字，此句正應「吾見於夫子而問知」意。

舜有天下，選於衆，舉皋陶，不仁者遠矣。

❶「答」，原作「問」；「二」，原作「三」，今據影明本《四書輯釋》改。

湯有天下，選於衆，舉伊尹，不仁者遠矣。」選，息戀反。陶，音遥。遠，如字。

伊尹，湯之相去聲。也。不仁者遠，言人皆化而爲仁，不見有不仁者，若其遠去爾，所謂「使枉者直」也。子夏蓋有以知夫子之兼仁知而言矣。慶源輔氏曰：「子夏一聞其説，便歎聖人之言所包者富，不墮於一偏，不滯於一隅，即知人之中以見愛人之實，推乎知之用以及乎仁之功，其於仁知之體用蓋已深體而默識之矣。不然，何其言之明決精審，沛然無疑，而暗與聖人之言相發乎？」〇新安陳氏曰：「選於衆而舉皋陶、伊尹，此知人之知，所謂舉直錯枉也。不仁者皆化爲仁，即愛人之仁，能使枉者直矣。夫子二語已包子夏之意，子夏之言蓋發明夫子之旨。遲問於師，又問於友，其問之弗知弗措者歟？」〇程子曰：「聖人之語，因人而變化。雖若有淺近者，而其包含無所不盡，觀於此章可見矣。非若他人之言，語近則遺遠，語遠則不知近也。」雙峰饒氏曰：「此章愛人知人是仁知之淺近處，包含無所不盡，則深者遠者亦在其中。深遠即枉者化爲直處。」尹氏曰：「學者之問也，不獨欲聞其説，又必欲知其方；不獨欲知其方，又必欲爲其事。如樊遲之問仁知也，夫子告之盡矣，樊遲未達，故又問焉，而猶未知其何以爲之也。及退而問諸子夏，然後有以知之。使其未喻，則必將復扶又反。問矣。既問於師，又辨於友，當時學者之務實也如是。」雲峰胡氏曰：「知人愛人，是分言知仁之用；舉直錯諸枉，能使枉者直，是合言知仁之相爲用。蓋仁包義禮知，仁之中自有知；知藏仁義禮，知之中自有仁。知仁本相爲體用，故見於舉錯之際。知仁又自相爲體用也。」《通考》朱氏公遷曰：「樊遲問仁知二章，皆主乎事理而以用功言。嘗聞之先君子曰：聖賢之稱仁者知者，蓋有不同，自一人之心兼仁知而言，則爲全體之聖；各就

其一體指其仁知而言，則爲成德之人。若學者之爲學，則當兼致其力，以變化氣質之偏，以擴充全體之極也。又按自其資稟各有所偏而言，則仁者自仁，知者自知；自其成德之淺深而言，則仁足以兼乎知，知不足以兼乎仁也。」附《蒙引》：「學者之問也，不徒欲聞其説」云云，如愛人知人，此説也；方，其所施設如何處；事，其事迹之實也。以本文看亦出，但未必其正意。

○子貢問友。子曰：「忠告而善道之，不可則止，無自辱焉。」告，工毒反。道，去聲。友所以輔仁，故盡其心以告之，善其説以道之。然以義合者也，故不可則止。若以數音朔。而見疏，子游曰：「朋友數，斯疏矣。」則自辱矣。朱子曰：「告之之意固是忠了，須又教道得善始得。」○雙峰饒氏曰：「忠告者，盡此心之誠。既誠矣，不能善其辭説以道之，恐其未能從。二者俱盡，而彼不從，然後宜止。未能忠且善焉，而泛然告之道之，遽以彼不從而止，則是在我者猶未盡，便欲責人，非交友之道也。」○齊氏曰：「善道者，心平氣和，語明意盡，或從容深遠而有餘味，或清切簡當而可深思，大率欲伸己意而聞者不忤也。如此而猶不見省，數必取疏，知進退者所不爲也。然則非忠告之難而善道之爲不易爾。」○勿軒熊氏曰：「忠告是心盡忠，善道是言盡善，内外皆兼到。」

○曾子曰：「君子以文會友，以友輔仁。」講學以會友，則道益明；取善以輔仁，則德日進。慶源輔氏曰：「爲仁由己，朋友但能輔助我以爲仁而已。」○覺軒蔡氏曰：「以文會友，致知之方；以友輔仁，力行之事。」○新安陳氏曰：「人之講學脩德，皆有資於朋友。既資朋友以講學而致其知，尤資朋友以輔仁而力於行，則學進而德亦進。朋友爲吾知行之助如此，其斯所謂益友乎！」○東陽許氏曰：「爲仁而不取友以爲輔，則有孤陋寡聞之固；會友而不以文，則有群居終日言不及義之失。」○雲峰胡氏曰：「上章友之資於我者，不可無忠告善道之益；此則我之資於友者，賴其講學輔仁之功。」附《存疑》：此當會其意，不可泥其

辭。據其辭是以文會友，若其意乃以友論文，與以友輔仁一般，皆於講學脩德上重，友特爲之助耳。○以文會友，只是以朋友講習。註講學以會友，講學只在會友内，猶言會友以講學。《蒙引》謂先講學然後以會友，此説不是。蓋會友舍文無可會。若云先講學然後會友，則講學又在會友之外。且講學必與人講，不是只自家講。且既分講學會友爲二，亦將分取善與輔仁爲二耶？其不通也明矣。○以文會友者，朋友會聚，論文講學，彼此相資，互相啓發，未知者求其知，未真知者求其真知也。○以友輔仁者，氣質賴以薫陶，德業賴以教告，過失賴以箴規也。

論語集註大全卷之十二終

論語集註大全卷之十三 三魚堂讀本

子路第十三

凡三十章。《通考》勿軒熊氏曰：「前十八章多言政，十九章以後多言學，末二章多言政。」

子路問政。子曰：「先之勞之。」

蘇氏曰：「凡民之行，去聲。以身先之，則不令而行；凡民之事，以身勞之，則雖勤不怨。」朱子曰：「先是率他，欲民親其親，必先之以孝，欲民長其長，必先之以弟。勞是爲他勤勞，如循行阡陌、勸課農桑之類。」〇雙峰饒氏曰：「《集註》以先之爲先其行，勞之爲勞其事，是又分政之本末而言。行者政之本，孝弟忠信之類是也；事者政之目，農畋師役之類是也。行與事雖是分說，其實是政裏面事。」

請益。曰：「無倦。」無，古本作「毋」。

吴氏曰：「勇者喜於有爲而不能持久，故以此告之。」〇程子曰：「子路問政，孔子既告之矣，及請益，則曰無倦而已，未嘗復扶又反。有所告，姑使之深思也。」朱子曰：「勞苦亦人之難事，故以無倦勉之。」〇南軒張氏曰：「先之勞之，固足以盡爲政之道矣，而子路猶請益焉，則告之以無倦，使之敦篤乎是二者而已。」〇覺軒蔡氏曰：「夫子方答以先之勞之，子路遽又請益，則其勇躁之意可見，故但告以無倦，所以救其勇躁之失也。」〇雙峰饒氏曰：「大凡事使人爲之則易，身親爲之則憚其難。先之勞之，皆是不便於己底事，所以易倦，故夫子以無倦勉之。況子路勇者，易得始勤終怠，尤不容不告之以此。」〇雲峰胡氏曰：「子張堂堂，子路行行，皆易鋭於始而怠於終，故答其問政皆以無倦告之。子張少誠心，故又加之以忠。」附《蒙引》：子路之問多請益，又多不足於孔子，蓋其性勇心粗，不能細膩遂至以求

道理。

○仲弓爲季氏宰，問政。子曰：「先有司，赦小過，舉賢才。」有司，衆職也。宰兼衆職，然事必先之於彼，而後考其成功，則己不勞而事畢舉矣。朱子曰：「先有司，而後紀綱立，而責有所歸。」○凡爲政，隨其大小，各有有司，須先教他理會，自家方可要其成。且如錢穀之事，其出入盈縮之數，須是教他逐一自具來，自家方可考其虛實之成。過，失誤也。大者於事或有所害，不得不懲；小者赦之，則刑不濫，而人心悅矣。賢，有德者。才，有能者。舉而用之，則有司皆得其人，而政益脩矣。新安陳氏曰：「黃氏、饒氏云『先有司』一句是總腦，『赦小過』、『舉賢才』皆承『先有司』而言。宰，家臣之長，其爲政之要，當以分任有司爲先。既先有司矣，赦有司之小過，故常人可以自勉；舉有司之賢才，故非常之才可以自見。推此心也，豈但爲季氏宰而已？范氏以爲舉在位之賢才，蘇氏以爲舉未用之賢才，須兼言，其義方備。有司中才德有餘而位不足稱者，固當舉而進之上位；如有司之才德不稱其職，則又當別舉有才德者充之，如此方說得舉賢才規模闊。若專說舉有司之賢才，則狹矣。」附顧麟士曰：「據《大全》，『赦小過』亦承有司之過說，即三句爲一串事，亦妙。大要專主任人說，不然，泛言肆赦，亦非倫也。後注『家老望尊而無官守之責』，恐大概所當爲者只是如此。」

曰：「焉知賢才而舉之？」曰：「舉爾所知。爾所不知，人其舍諸？」焉，於虔反。舍，上聲。

仲弓慮無以盡知一時之賢才，故孔子告之以此。程子曰：「人各親其親，然後不獨親其親。新安陳氏曰：「『各親其親』及『人不獨親其親』二句，本出《記・禮運》，程子引以爲喻，若曰人各舉其所知之賢才，然後不獨舉其所知之賢才。」仲弓曰『焉知賢才而舉之』，

子曰『舉爾所知，爾所不知，人其舍諸』，便見仲弓與聖人用心之大小。推此義，則一心可以興邦，一心可以喪去聲。邦，只在公私之間爾。」朱子曰：「仲弓只緣見識未極其開闊，故如此。人之心量本自大，緣私故小，蔽錮之極，則可喪邦矣。」〇人各舉其所知，則天下之事無不舉矣，不患無以知天下之賢才也。興邦喪邦，蓋極言之。然必自知而後舉之，則遺才多矣，未必不由此而喪邦也。程子之意固非謂仲弓有固權市恩之意，而至於喪邦，但一蔽於小，則其害有時而至此，亦不爲難矣，故極言之，以警學者用心之私也。〇雙峰饒氏曰：「仲弓之心不如聖人之廣大。仲弓以自己聰明爲聰明，故有『焉知賢才』之問；聖人則以天下之耳目爲耳目，故說『舉爾所知，爾所不知，人其舍諸』。如仲弓之言，則局於所知之有限。如聖人之言，則未嘗求其盡知，自無往而不知，雖合天下之賢才舉而用之，可也。」附《蒙引》：程子「只在公私之間耳」一句，只是以用心之大小爲公私。〇范氏曰：「不先有司，則君行臣職矣；不赦小過，則下無全人矣；不舉賢才，則百職廢矣。失此三者，不可以爲季氏宰，況天下乎？」慶源輔氏曰：「范氏蓋經筵勸講之說，所以推廣其理以感切君心者至矣。」〇蘇氏曰：「有司既立，則責有所歸。然當赦其小過，則賢才可得而舉也。惟庸人與姦人爲無小過，張禹、李林甫、盧杞是也。若小過不赦，則賢者避罪不暇，而此等人出矣。」〇吳氏曰：「仲弓、子貢、子路、冉有皆事季氏，仲弓、子貢夫子未嘗責之，子路之責又不若冉有之甚，此可以見其優劣矣。惜乎四子不能如閔子之辭，而閔子又不若顏子之賢，而康子不得而知也。嗟乎，若淵、騫者，其孔門之超絕者乎？」

〇子路曰：「衛君待子而爲政，子將奚先？」

衛君，謂出公輒也。是時魯哀公之十年，孔子自楚反乎衛。附《蒙引》：「爲政」二字，屬衛君，不屬孔子。若屬孔子，不用「而」字，只曰「衛君待子爲政」可也。

子曰：「必也正名乎？」

是時出公不父其父而禰乃禮反。其祖，新安陳氏曰：「蒯聵乃輒之父也。蒯聵欲入君衛，而輒拒之，是不父其父。父廟曰禰。輒繼靈公，是禰其祖。」名實紊音問。矣，故孔子以正名爲先。謝氏曰：「正名雖爲去聲。衛君而言，然爲政之道皆當以此爲先。」吴氏曰：「凡事皆有名，不可不正，亦不特衛輒父子爲然。」○齊氏曰：「祖非禰也而禰之，父非讐也而讐之，無父之人非君也，而君之，名之不正，孰大於是？」附《蒙引》：此「名」字是名分之名，温公謂「禮莫大於分，分莫大於名」是也。孔子告齊景公曰「君君，臣臣，父父，子子」，此正名之説也。饒氏謂「事事皆要正名，君臣父子固是正名中之大者」，此説雖善，而非本章之意，與下面「施之政事皆失其道」相戾，詳之。○「子曰必也正名乎」，此一句分明是不與輒，非惟見衛君之名不正，亦以見孔子之仕衛不成矣；非但答其「子將奚先」之問，亦示以不肯仕衛之意也。○不曰不禰其父而禰其祖，乃曰不父其父者何？蒯聵猶在故也。父廟曰禰，未死何廟？

子路曰：「有是哉，子之迂也！奚其正？」

迂，謂遠於事情。言非今日之急務也。厚齋馮氏曰：「禮莫大於分，分莫大於名。夫子正名之論，蓋不與輒也。時輒已立十二年矣，子路之所謂迂者，蓋爲輒也。」

子曰：「野哉，由也！君子於其所不知，蓋闕如也。

野，謂鄙俗。責其不能闕疑而率爾妄對也。

名不正，則言不順；言不順，則事不成；

楊氏曰：「名不當其實，則言不順；言不順，則無以考實，而事不成。」新安陳氏曰：「《集註》於『正名』、『名不正』凡三以『實』字言，前云『名實紊』，此云『名不當其實』，又云無以考其實。蓋名當其實則名正，名實紊則名不正。名者實之賓，實者名之主也，『實』字於名最緊切。」○問：「言與事似不相干涉。」朱子曰：「如一人被火，急取水來救始得，却教他取火來，此便是言不順，如何得事成？」○輒以兵拒父，以父爲賊，是多少不順，其何以爲國？何以臨民？○雙峰

饒氏曰：「夫子謂『必也正名』，是事事皆要正名。君臣父子固是正名中之大者，然不可專指此。大凡一事纔不正名，❶便開口有礙，說不去了。既說不去，如何行得去？」○吴氏曰：「名正言順即下文禮樂之本。名正，禮也；言順，樂也。」附《淺說》：名不正，則言出有礙。上不協乎天理之正，而稱之者爲遁詞；下不當乎人心之公，而當之者有愧色，而言不順矣。○《蒙引》：名不正則言不順，俱要從君臣父子大綱領處說。事不成者，君不君，臣不臣，父不父，子不子也。

事不成，則禮樂不興；禮樂不興，則刑罰不中；刑罰不中，則民無所措手足。中，去聲。

范氏曰：「事得其序之謂禮，物得其和之謂樂。事不成，則無序而不和，故禮樂不興；禮樂不興，則施之政事皆失其道，故刑罰不中。」朱子曰：「事不成，以事言；禮樂不興，以理言。蓋事不成則事上面都無道理了，說甚禮樂？」○大凡事須要節之以禮，和之以樂。事若不成，則禮樂無安頓處。禮樂不興，則無序不和，如此刑罰安得不顛倒？○慶源輔氏曰：「無一事無禮樂。禮只是一箇序，樂只是一箇和。事成而有序，則禮樂自興，不然則隳壞乖戾，又烏得有禮樂哉？禮樂不興，則凡施之政事者無非私意，率皆倒行逆施，無序而不和，所謂『刑罰不中而民無所措手足』，亦必然之理也。」○吴氏曰：「此禮樂非玉帛鍾鼓之謂，事事物物得其理而後和之謂也。名不正言不順，則事物之間顛倒乖戾，禮樂何由而起乎？事失其理而不和，故慶賞刑威無一中節。獨言刑罰者，賞過則濫，利及小人；刑過則淫，禍及君子，舉其害之重者言之。刑罰所及非不善之人，則民莫知趨避之路矣，將安所置其手足乎？自『名不正』推而至於『民無所措手足』，聖人洞燭事情，深達治體如此。」附《存疑》：事不成，不但說事不得成就，是事成就了也不成箇事體，猶今云不成物耳。如此則「禮樂不興」方說得去。若說事不成就，便不消說禮樂不興。蓋既曰無序不和，便是成箇事了，但無序不和耳。○事不成，還是就正名上說。施之政事，又是推出說。此當以夫子告齊景公問政「君君，臣臣，父父，子子」來參看。蓋君君，臣臣，父父，子子，則人道立，政事由是可行，猶名正

❶「纔」，原作「凡」，今據《四書大全》改。

言順，事成禮樂興，而後刑罰中也。《蒙引》大概只是名不正了，那言不順、事不成、禮樂不興、刑罰不中、民無所措手足一齊都到，特節節推出來耳。

故君子名之必可言也，言之必可行也。君子於其言，無所苟而已矣。」

程子曰：「名實相須，一事苟則其餘皆苟矣。」新安陳氏曰：「名指『名之』言，實指『可行』言，謂行事之實也。一事苟，謂言之苟。其餘皆苟，謂『事不成』、『禮樂不興』、『刑罰不中』也。夫子所謂『名不正』以下，是反說。『名之必可言』，照應前面『名不正則言不順』，『言之必可行』，照應前面『言不順則事不成』，此是正說。言無所苟，又反說從名正言順來。蓋於言苟且，即是名不正，言不順，其餘必無往而不苟且矣。」附《蒙引》：名之必可言也，總是名要正。言之必可行也，總是言要順。君子於其言無所苟而已矣，只是言名不可不正也。獨舉言者，有其名必有其言也。○「必」字著力說。○「名之」、「言之」二字虛，如云「行之有常，言之有實」之「之」字。○一事苟，「事」字虛，猶云一件苟也。一事苟則其餘皆苟，謂名不正則言不順，事不成，以至民無所措手足矣。○名實相須，此一句也要看得好。名不正則言不順，言不順則事不成，固可見名實之相須；名正而言順，言順而事成，亦可見名實之相須。○「名實相須」一句，直解此節到底，不是只解「名之必可言也」住。蓋君子於其言無所苟而已者，正以其名實相須也。○「一事苟則其餘皆苟」，亦直解通節意。○

胡氏曰：「衛世子蒯苦怪反。聵五怪反。恥其母南子之淫亂，欲殺之，不果，而出奔。《左傳》：定公十四年，衛侯爲夫人南子〔本宋女。〕召宋朝。〔宋公子。〕太子蒯聵過宋野，野人歌之曰：「既定爾婁猪，〔求子猪也，喻南子。〕盍歸吾艾豭？」〔艾，老也。豭，牡豕也。喻宋朝。〕太子羞之，謂戲〔許宜反。〕陽速曰：〔太子家臣。〕「從我而朝少君，少君見我，我顧，乃殺之。」速曰：「諾。」乃朝夫人，夫人見太子，太子三顧，速不進。夫人見其色，啼而走，曰：「蒯聵將殺余。」公執其手以登臺。太子奔宋，盡逐其黨。靈公欲立公子郢，以井反，靈公次子。郢辭。公卒，夫人立之，又辭。乃立蒯聵之子輒，

以拒蒯聵。《左傳》：哀公二年，初，衛侯游於郊，子南僕。〔郢御車。〕公曰：「余無子，〔蒯聵奔。〕將立女。」對曰：「郢不足以辱社稷，君其改圖。」衛靈公卒，夫人曰：「命公子郢爲太子，君命也。」對曰：「郢異於他子。〔言用意不同。〕且君没於吾手，若有之，郢必聞之。且亡人之子輒在。」乃立輒。晉趙鞅納衛太子於戚。夫音扶。蒯聵欲殺母，得罪於父，而輒據國以拒父，皆無父之人也，其不可有國也明矣。夫子爲政而以正名爲先，必將具其事之本末告諸天王，請於方伯，命公子郢而立之，則人倫正，天理得，名正言順而事成矣。夫子告之之詳如此，而子路終不喻也，故事輒不去，卒死其難，去聲，下同。徒知食焉不避其難之爲義，而不知食輒之食爲非義也。」問：「胡氏説，使孔子得政，則是出公用之，即謀逐之，此豈近於人情？意夫子果仕衛，必以父子大倫明告出公，使自爲去就，而後立郢之事可議也。」朱子曰：「此説得之。但聖人之權亦必有非常情所可測度者。」○問：「胡氏這是論孔子爲政正名，合當如此，設若衛君輒用孔子，孔子既爲之臣，則此説亦可通否？」曰：「聖人必不肯北面無父之人。若輒有意改過遷善，則夫子須先與斷約如此做，方與他做。若輒不能然，則夫子決不爲之臣矣。」○子路爲人粗，於精微處多未達，合下仕衛，便不是了。孔悝即出公之黨。他不以出公爲非，故其事悝，自以爲善而爲之，而不知其非義，宜其以正名爲迂也。○雙峰饒氏曰：「《集註》引胡氏説，蓋以其辭嚴義正，可爲萬世綱常作主，使亂臣賊子知所警懼，故特著之。若真欲行此，須是孔子爲衛世卿，而有權力，當靈公初死，輒未立之時，爲之則可。」《通考》朱氏公遷曰：「此見聖人救亂之本。衛輒之事兩見於《論語》，『必也正名』，是夫子正言其義；『不爲衛君』，是因論夷、齊而知夫子不與之心。大抵衛輒之事，非夫子不能正；夫子之心，非子貢不能知。」附《蒙引》：《語類》云：「或問：『胡氏之説固善，但以事情論之，晉人正主蒯聵，勢足以壓魯，聖人如何請於天子，請於方伯？天子既自不奈何，方伯又是晉自做，如何得？』朱子曰：『道理自是合如此了。聖人出來，須自

能使晉不爲蒯聵。』」○《存疑》：朱子答范伯崇「衛君待子而爲政」章曰：「熹嘗問先生瞽瞍殺人事，先生曰：『蒯聵父子只爲無此心，所以爲法律所縛，都轉動不得。若舜之心，則法律縛他不住，終身訢然樂而忘天下，求仁得仁，何怨之有？然此亦只是論其心耳，豈容他如此去得？』問先儒八議之説如何，曰：『此乃蔽罪時事，其初須著執之，不執，則士師失其職矣。』熹嘗以先生之意參諸明道及文定之説。竊謂蒯聵父子之事，其進退可否，只看輒之心如何耳。若輒有拒父之心，則固無可論。若有避父之心，則衛之臣子，以君臣之義，當拒蒯聵而輔之。若其必辭，則請命而更立君可矣。設或輒賢而國人不聽其去，則爲輒者又當權其輕重而處之，使君臣父子之閒，道並行而不相悖。亦必有道，苟不能然，則逃之而已矣。義至於此，已極精微，但不可有毫髮私意於其閒耳。來喻以爲蒯聵之來，諸大夫當身任其責，請命於天子，而以逆命討之，固是矣。已嘗有天子之命，而蒯聵逆之，則不請命亦可。但又云輒不與謀其事，避位而聽於天子，則恐不免有假手於大夫以拒父而陰幸天子之與己之心，掩耳盜鐘，爲罪愈大。又云遽欲興師以脇其父，於人子之心安乎？自衛國言之，則興師以拒得罪於先君而不當立之世子，義也；自輒言之，則雖己不與謀，而聽大夫之所爲，請命於天子而討之，亦何心哉？來喻本欲臣、子之義兩得，立意甚善。然推而言之，便有此病。似是於輒之處心緊要處，看得未甚洒落，所以如此。孟子所謂『不得於言，勿求於心，不可』者，此也。故愚竊謂輒之心但當只見父子之親爲大，而不可一日立乎其位，自始至終，自表至裏，只是一箇逃而去之，便無一事。」

○樊遲請學稼。子曰：「吾不如老農。」請學爲圃。曰：「吾不如老圃。」

種五穀曰稼，種蔬菜曰圃。朱子曰：「役志力於農圃，内不足以成己，外不足以治人，是濟甚事？」○新安陳氏曰：「兩言『吾不如』，雖不顯闢之，已婉拒之矣。」附《蒙引》：請學者，欲夫子教之也。夫子答之，我卻不如老農。稼之事，惟老農精於此。子欲學稼，須從老農請之。學圃亦然。○蔬菜，凡草菜可食者，通名爲蔬，菜其一耳。今相對言，則菜之外，如茄如蒜諸葷之類，皆是蔬。

樊遲出。子曰：「小人哉，樊須也！

小人，謂細民，孟子所謂「小人之事」者也。新安陳氏曰：「此小人是以位而言者，下文《集註》云『禮義信，大人之事也』，是自此小人上推廣而對言之。南軒曰：『孟子所謂「有大人之事，有小人之事」，正本此意。』」〇問：「古之聖賢，若大舜伊尹，皆躬耕畎畝，習農圃事，何聖人深斥樊遲？」潛室陳氏曰：「遇此時則習此事。遊聖人之門，所學者何事？」

上好禮，則民莫敢不敬；上好義，則民莫敢不服；上好信，則民莫敢不用情。夫如是，則四方之民襁負其子而至矣，焉用稼？」好，去聲。夫，音扶。襁，居丈反。焉，於虔反。

禮、義、信，「大人之事」也。好義，則事合宜。情，誠實也。敬、服、用情，蓋各以其類而應也。襁，織縷爲之，以約小兒於背者。慶源輔氏曰：「在己者皆盡其道，在下者各以其類應之，所謂正己而物正者，非大人之德，其孰能之？」〇雙峰饒氏曰：「居大人之位，有大人之德，四方之民自歸之而爲之耕稼，豈必自耕稼哉？」〇楊氏曰：「樊須遊聖人之門而問稼圃，志則陋矣，辭而闢之可也，待其出而後言其非，何也？蓋於其問也自謂農圃之不如，則拒之者至矣。須之學，疑不及此而不能問，使其疑，則必問矣。不能以三隅反矣，故不復。扶又反，下同。及其既出，則懼其終不喻也，求老農老圃而學焉，則其失愈遠矣，故復言之，使知前所言者二「不如」。意有在也。」勉齋黃氏曰：「貧而爲農圃之事，亦未爲過者。樊遲之志，豈亦有爲許行之説者而慕之歟？故夫子以大人之事告之。」附《蒙引》：此好禮只就本身説，與「上好禮則民易使」不同，彼「禮」字闊，兼好義了。〇用情，猶云以實也，謂致其誠於我也。〇按禮義信，五性舉其三。不及仁智者，禮義信皆仁者之事，智則知斯三者弗去是也。〇自「上好禮」至「焉用稼」，都是前云「吾不如老農」句內之意。才説吾不如老農，便有許多意了，故拒之。惟楊氏善看書，曰「故復言之，使知前所言者意有在也」，極妙。〇「四方之民襁負其子而

至」，不可說「營東郊西，越南冀北」，只是大概說，與「天下歸仁」同類。○「焉用稼」，非惟不屑爲，自不用爲矣。孔子是說箇不用爲道理，故曰焉用。○此章是教以學大人之事，是未仕時說話。若說遲已仕，又請稼圃，似不近情。○顧麟士曰：「稼圃之問，只主粗鄙近利爲確，無隱逸忘世意，大小注俱引孟子『大人之事』、『小人之事』，是也。」

○子曰：「誦《詩》三百，授之以政，不達；使於四方，不能專對。雖多，亦奚以爲？」使，去聲。

專，獨也。《詩》本人情，該物理，可以驗風俗之盛衰，見政治去聲。之得失，其言温厚和平，長於風去聲。諭，故誦之者必達於政而能言也。問：「誦《詩》三百，何以見其必達於政？」朱子曰：「其中所載可見。如小夫賤隸閭巷之門至鄙俚之事，君子平日耳目所不曾聞見者，❶其情狀皆可因此而知之。而聖人所以脩德於己，施於事業者，莫不悉備於其閒。所載之美惡，讀誦而諷詠之，如是而爲善，如是而爲惡；吾之所以自脩於身者，如是是合做底事，如是是不合做底事；待得施以治人，如是而當賞，如是而當罰，莫不備見，如何於政不達？若讀書而不達於政，則是不曾讀也。」又問：「如何使四方必能專對？」曰：「於《詩》有得，必是於應對言語之閒委曲和平。」○胡氏曰：「《詩》之作也，有邪有正，皆原於人情。其所言，於事物之理莫不具載。其情合事理之正，則可以知風俗之盛、政治之得；其情背事理之正，則可以知風俗之衰、政治之失。故誦《詩》而有得，則可以達於政矣。《詩》之言温厚則不至於薄，和平則不至於訐，長於風諭則人易曉。故誦《詩》而有得，則能言語。」○雙峰饒氏曰：「《詩》本人情，人情有好有惡，讀《詩》而有得，則知人情之所好者在甚處，所惡者在甚處。得之於心，施之於政，則必能順民之所好，而違其所惡，其政無不善矣，是之謂達。《詩》之言辭，多宛曲風諭而不直致。使者所以傳君命，措辭最難，才委靡則流於弱，而取侮於人；才剛直則又恐激怒，而貽禍於國。若能善其辭命，婉正得體，不辱君命，非誦《詩》而有得於詩人命辭之體者，不能也。春秋諸國往來，多尚

❶「曾」，原作「會」，今據《朱子語類》改。

辭令，故夫子併指此爲讀《詩》之驗。問專對。曰：使有正有介。正使不能答，則介使助之。如正使自能致辭，不假衆介之助，是謂能專對。達與專對，非誦《詩》時便思量要如此，誦《詩》而有得，則自然有此效驗。『以』訓用，『爲』字只語助辭。」〇程子曰：「窮經將以致用也。世之誦《詩》者果能從政而專對乎？然則其所學者章句之末耳，此學者之大患也。」程子曰：「今人不會讀書，如『誦《詩》三百，授之以政，不達，使於四方，不能專對』。既誦《詩》後，須達於政，能專對，始是讀《詩》。未讀二南時，一似面牆，到讀後，便不面牆，方是有驗。大抵讀書只是此法。」〇問：「《詩》三百篇，人未有不讀者也，而達於政，能專對者，何其少耶？」勉齋黄氏曰：「亦視其所以讀之者何如耳。爲人耶？爲己耶？誦説耶？踐行耶？鹵莽耶？精切耶？二者之不同，而能不能判矣。驗之於心，浹洽而通貫；體之於身，切實而專確，則亦奚不能之足患哉？」〇厚齋馮氏曰：「讀書必明其理，明理必達諸用。讀書不明其理，記誦之末學也；明理而不達諸用，章句之腐儒也。子删《詩》在晚年，而平日兩言『《詩》三百』，則知子之删去者無幾，特釐正之以係於風雅頌之末云耳。」〇雲峰胡氏曰：「習温柔敦厚之教者，必能爲慈祥豈弟之政，必能爲温厚和平之言。要之三百篇固多，《易》三百八十四爻、《書》五十八篇、禮三千三百、《春秋》二百四十二年之事，皆多也。窮經而不能致用，皆多而無益者也。舉《詩》以例其餘爾。」附《蒙引》：不達，不通於正理也。當行不行，不當行而行，或行之而裁處不當，皆不達也。非謂不曉知而已，就行上説。〇可以驗風俗之盛衰，見政治之得失，亦於其所載之人情物理上驗見得。〇驗風俗之盛衰，見政治之得失，則有以得其所以然，而其施之政事，從其得且盛者，不從其失且衰者，自有不容已者矣，故宜其達也。

〇子曰：「其身正，不令而行；其身不正，雖令不從。」

南軒張氏曰：「從違之本，不係於令，係於所以示之何如耳。」〇雙峰饒氏曰：「身正是身教，令不過言教。以身教者從，以言教者訟。」附《蒙引》：此「訟」字只是「退有後言」意。

○子曰：「魯、衛之政，兄弟也。」

魯，周公之後。衛，康叔之後。本兄弟之國，而是時衰亂，政亦相似，故孔子歎之。蘇氏曰：「是歲魯哀公七年，衛出公五年也。衛之政，父不父，子不子；魯之政，君不君，臣不臣。卒之哀公孫於邾而死於越，出公奔宋而亦死於越，其不相遠如此。」附《存疑》：兄弟，言其相似也，不是説相爲伯仲。○顧麟士曰：「按姚承庵曰：魯、衛本兄弟之國，今就其紀綱法度言之，正好是兄弟，語意要渾然不露。」

○子謂衛公子荆，「善居室。始有，曰：『苟合矣。』少有，曰：『苟完矣。』富有，曰：『苟美矣。』」

公子荆，衛大夫。苟，聊且，粗坐五反。略之意。合，聚也。完，備也。言其循序而有節，不以欲速盡美累其心。新安陳氏曰：「由合而完，由完而美，既見其循序漸進而無欲速之心，而其合、完、美，皆曰苟而已，又見其所欲易足而有節，曾無盡美之心，非賢而能之乎？」○楊氏曰：「務爲全美，則累物，而驕吝之心生。慶源輔氏曰：「居室務爲全美是爲外物所累，得之則驕心生，失之則吝心生。」公子荆皆曰苟而已，則不以外物爲心，其欲易去聲。足故也。」新安陳氏曰：「楊氏只於『苟』字上見有節不盡美之意，不見循序不欲速之意。必如上文朱子之説，則該備矣。」○問：「公子荆善居室，也無甚高處。聖人稱善，何也？」朱子曰：「常人居室，不極其華麗，則牆傾壁倒，全不理會。子荆自合而完而美，循循有序，而又皆曰苟而已，初不以此累其心。在聖人德盛，此等事皆化了，不足言；在公子荆能如此，故聖人稱之。」○問：「公子荆夫子止稱其居室之善，如何？」曰：「此亦姑舉其一事之善而稱之，又安知其他無所長乎？」○長樂陳氏曰：「士庶之家多循理，世禄之家多怙侈，其勢然也。荆爲衛之公子，善於居室而未始有累焉，此季札所以謂之君子也。」附《蒙引》：善居室，言善爲家也。○方其始有之時，在他人雖合而猶不以爲合，必求至於盡合也，彼則曰吾今已苟合矣；既而少有也，在他人雖完而猶未以爲完，必求至於盡完也，彼則曰吾今已苟完矣；又久之至於富有也，

在他人雖美而猶未以爲美，必求至於盡美也，彼則曰吾今已苟美矣。夫由合而完而美，既可見其循序漸進而無欲速之心，而其合曰苟合，完曰苟完，美曰苟美，又可見其所欲易足而有節，曾無盡美之心，其善居室也何如哉！○始有即合也，少有即完也，富有即美也，但公子荆皆曰苟而已，非是謙詞，直是其始有與他人之始有者不同，故道其實曰苟合矣。合者，初湊聚而未備也；完則備矣，而猶未至於充足而有文采也；富有則有餘盈溢而文生矣，故曰美。○但人皆知「苟」字重，而不知「矣」字之意，見得荆之知足處。○《存疑》：三有指家中凡事所需者，不但器用，如錢財、宫室、田園皆是。

○子適衛，冉有僕。

僕，御車也。

子曰：「庶矣哉！」

庶，衆也。

冉有曰：「既庶矣，又何加焉？」曰：「富之。」

庶而不富，則民生不遂，故制田里，薄賦斂去聲。以富之。雙峰饒氏曰：「田是所耕之田，孟子所謂『百畝之田，勿奪其時』是也。里是所居之地，孟子所謂『五畝之宅，樹牆下以桑』是也。田出穀粟，里出布帛。有穀粟則不飢，有布帛則不寒，二者富之之道。」附《蒙引》：賦，兵役也。斂，征税也。又征是取其貨，税是取其租，兵以戰，役如爲臺爲沼、鑿池築城之類。然「賦」字亦有爲「斂」字用者，如「不賦其廛」之類；征亦有以賦言者，如「力役之征」之類。

曰：「既富矣，又何加焉？」曰：「教之。」

富而不教，則近於禽獸，故必立學校，明禮義以教之。雙峰饒氏曰：「制田里，薄賦斂，立學校，明禮義，各是兩事相因。田里是富之之原，不制田里，則衣食無所從出，如何可使之富？然田里雖制，而不薄賦斂，則過取於民，非藏富於民矣。學校是教之之地，不立學校，則教化無所從施，如何可使之知禮義？然學校雖設，而不明禮義以道之，則人心無自而開明，學校亦徒設而已。所以兩兩相因，皆不可廢。」○南軒張氏曰：「庶矣則當富之，富矣則當教之。聖賢仁民之意無窮，而施之爲有序也。」○新安陳氏曰：「庶而

不富，則民雖繁其生而不厚其生；富而不教，則民雖厚其生而無以養其生。庶而富則民生厚，富而教則民德正，此帝王作之君師之事也。後世庶而富之者已少，況富而教之者乎？」《通考》仁山金氏曰：「富之實事，田耕出粟穀以養其口，里居出布帛以養其體，薄賦則省其兵役，薄斂則不多征税。教之實事，立學校，明禮義。制田則畫井授田，一夫百畝，以出穀粟；制里則有在田在邑，五畝之宅，樹之以桑，以出布帛。古者二十五家爲閭而有塾，五百家爲黨而有庠，遂則有序，國則有學。」附《蒙引》：立學校，兼鄉學國學，所謂「家有塾，黨有庠，術有序，國有學」也。○明禮義，不止孝弟，亦不止五倫。大司徒以鄉三物教萬民，一曰六德，智仁聖義忠和；二曰六行，孝友睦婣任恤；三曰六藝，禮樂射御書數，皆禮義也。禮義二字相連説，禮必有義，猶云道理。○胡氏曰：「天生斯民，立之司牧，而寄以三事。慶源輔氏曰：「父生、師教、君治爲三事。」○或曰庶、富、教是也。然自三代之後，能舉此職者，百無一二。漢之文明，唐之太宗，亦云庶且富矣。西京之教無聞焉。前漢文帝都長安，是爲西京。明帝尊師重傅，臨雍拜老，宗戚子弟莫不受學。東漢《禮儀志》：明帝永平二年三月，❶上始帥群臣躬養三老五更於辟雍。〔三老，老人知天地人之事。五更，老人知五行更代之事者。《明帝紀》：三老謂「李躬年耆學明」，五更謂「桓榮授帝《尚書》」也。辟雍，天子之學名。〕三老五更皆齊於大學講堂。其日，乘輿先到辟雍禮殿，御座東廂，遣使者安車迎三老五更。〔安車，坐乘之車以蒲裹輪，令老者坐而安穩也。〕天子迎於門屏，交禮，〔報拜也。〕道自阼階，三老升自賓階。至階，天子揖如禮，三老升東面。三公設几，九卿正履，天子親袒割牲，執醬而饋，執爵而酳。〔音胤，漱也。〕祝鯁在前，祝饐在後。〔老人食多鯁饐，故置人於前後祝之，使不鯁饐也。〕五更南面，三公進供禮亦如之。明日，皆詣闕謝恩，以見禮遇大尊顯故也。唐太宗大召名儒，增廣生員，《唐書·儒學傳》：貞觀六年，詔罷周公祠，〔初祀周公爲先聖，至此罷。〕更以孔子爲先聖，顔氏爲先師。盡召天下

❶「二」，原作「三」，今據《後漢書》、《四書大全》改。

惇師考德，以爲學官。數臨幸，觀釋菜。命祭酒博士講論經義，賜以束帛。生能通一經者，得署吏。❶廣學舍千二百區，諸生員至三千二百。❷自玄武、屯營、飛騎，皆給博士，受經，能通一經者，聽入貢限。四方秀艾，挾策負素，坌〔去聲。〕集京師。文治煟〔于貴反。〕❸然勃興。❹於是，新羅、高昌、百濟、吐蕃、高麗等群酋長，並遣子弟入學，鼓笥踵堂者，凡八千餘人，❺紆侈袂，❻曳方履，誾誾秩秩，❼雖三代之盛，所未聞也。 教亦至矣，此下總説二君。❽ 然而未知所以教也。三代之教，天子公卿躬行於上，言行去聲。政事皆可師法，彼二君者其能然乎？」附《蒙引》：「寄以三事」，主庶、富、教言，輔氏之説非是。○三老只一人做，五更亦一人做。

○子曰：「苟有用我者，朞月而已可也，三年有成。」

朞月，謂周一歲之月也。可者，僅辭，言紀綱布也。有成，治去聲。功成也。 朱子曰：「聖人爲政，一年之間，想見已前不好底事都革得盡，到三年，便財足兵强，教行民服。聖人做時，須一切將許多不好底撤换了，方做自家底，必三年方可有成也。」○南軒張氏曰：「朞月而大綱立，三年而治功成。然三年之所成者，即其朞月所立之規模也，充之而已矣。」○東陽許氏曰：「朞月而可，謂興衰撥亂，綱紀粗立；三年有成，謂治定功成，治道大備。」附《蒙引》：可者僅辭，或曰紀綱粗布者，非也。紀綱布，方是僅可，不是紀綱僅可。○《存疑》：可也，如農人治田之功已備；有成，如農人之有秋。○尹氏曰：「孔子歎當時莫能用己也，故云然。」愚按《史記》，此蓋爲去聲。衛靈公不能用而發。 葉氏少蘊

❶「得」，原作「則」，今據《新唐書》、《四書大全》改。
❷「二」，原作「一」，今據《新唐書》、《四書大全》改。
❸「于」，原作「干」，今據《四書大全》改。
❹「然」，原脱，今據《新唐書》、《四書大全》補。
❺「千」，原作「十」，今據《新唐書》、《四書大全》改。
❻「侈」，原作「絁」，今據《新唐書》、《四書大全》改。
❼「秩秩」，原作「狄狄」，今據《新唐書》、《四書大全》改。
❽「二」，原作「三」，今據《四書大全》改。

曰：「因衛不用己而言，又論善人、王者之功。此書所記，先後初無序，亦有一時之言而併記之者，若此編是也。所謂用我者，非嘗試而使之也，舉國委己而聽之也。定公以夫子爲中都宰，一年而四方則之；夾谷之會，攝行相禮，齊人遂歸魯侵疆；及爲司寇，粥羔豚弗飾賈，男女行者別於塗。每用輒效如此，況委國而聽之，至於三年之久哉？」〇雲峰胡氏曰：「夫子言『有用我者』二，一爲衛不能用，一爲魯不能用，即此亦可見魯、衛之政兄弟矣。」

〇子曰：「善人爲邦百年，亦可以勝殘去殺矣。誠哉是言也！」勝，平聲。去，上聲。

爲邦百年，言相繼而久也。勝殘，化殘暴之人，使不爲惡也。去殺，謂民化於善，可以不用刑殺也。蓋古有是言，而夫子稱之。程子曰：「漢自高惠至於文景，黎民醇厚，幾平聲。致刑措，庶乎其近之矣。」問：「善人之爲邦，如何可勝殘去殺？」程子曰：「只是能使人不爲不善。善人，不踐跡亦不入於室之人也。」〇問：「《集註》謂民化於善，可以不用刑殺，乃聖人之事，善人未易至此。」朱子曰：「聖人比善人自是不同。綏之斯來，動之斯和，殺之不怨，利之不庸，民日遷善而不知爲之者，此聖人事，善人定是未便得如此。然他做百年工夫，積累到此，自是亦能使人興於善，不陷刑辟，如文景『幾致刑措』，豈不勝殘去殺？」〇雙峰饒氏曰：「勝殘，是我之善化足以勝其殘暴；去殺，是民無極惡大罪，可以不用刑殺。惟其能勝殘，所以可去殺。謂之亦可者，微寓不足之意，似有未能必其殘果盡勝、殺果盡去之意，蓋亦所謂『幾致刑措』者也。善人力量，其極功只到得此地位，以上更去不得。」〇尹氏曰：「勝殘去殺，不爲惡而已。善人之功如是。若夫聖人，則不待百年，其化亦不止此。」新安陳氏曰：「上二句說本章，下二句隱然說下章。聖人即王者，不待百年，即一世，化不止此，即仁澤浹也。」

〇子曰：「如有王者，必世而後仁。」

王者，謂聖人受命而興也。三十年爲一

世。《說文》：三十年爲一世。從卄而曳長之。❶仁謂教化浹即業反。❷也。程子曰：「周自文武至於成王而後禮樂興，即其效也。」朱子曰：「自己之仁而言之，這箇道理浸灌透徹；自天下言之，舉一世之人皆是這箇道理浸灌透徹。」○所謂仁者，以其天理流行，融液洞徹，而無一物之不體也。舉一世而言，固無一人之不然；即一人而言，又無一事之不然也。求之《詩》《書》，惟成康之世足以當之。○雙峰饒氏曰：「此仁字是教化浹洽，無一人不貫徹底意思，與其他仁字不同。蓋仁者以天地萬物爲一體，須漸民以仁，摩民以義，節民以禮，使其化薰蒸透徹，融液周徧，以至四海之內無一人不歸於善，如人一身之閒生意貫徹，四肢百骸，無少痿痺相似，故謂之仁。且如堯舜之世，固是黎民於變，比屋可封，然苗頑猶未即工，亦是堯舜之化未貫徹處。必三苗既格，然後東漸西被，朔南暨，聲教無處不貫徹，方是堯舜致治之仁。」○或問：「『三年』、『必世』，遲速不同，何也？」程子曰：「三年有成，謂法度紀綱有成而化行也。漸將廉反。民以仁，摩民以義，使之浹於肌膚，淪於骨髓，而禮樂可興，所謂仁也。此非積久，何以能致？」南軒張氏曰：「使民皆由於仁，非仁心涵養之深，仁政薰陶之久，莫能然也。此則非善人所能及矣。」○雲峰胡氏曰：「勝殘去殺者，如能去人之疾而使之不至於死者也。仁有如人元氣渾全而自無疾者也。天下無一人非天理之融徹，無一處非天理之流通，故曰仁。」《通考》朱氏公遷曰：「三年有勇知方，是勇於義者作爲之效；三年而可足民，是多才能者作爲之效；五年七年而爲政於天下，是師文王者作爲之效，皆非善人之可能也。此皆以政成遲速之效言之。」○程氏復心曰：「三年有成，聖人之效；百年勝殘去殺，善人之效；必世而後仁，則聖效之大成。」附《蒙引》：「仁」字究竟是主王者，故曰「教化浹」。蓋此「仁」字是其布之天下者

❶「卄」，原作「世」，今據《說文解字》、影明本《四書輯釋》改。

❷「反」，原作「字」，今據《四書大全》改。

也。○教化浹，無兼教養意，故曰「漸民以仁，摩民以義」云云。浹者，貫通融液，無一處不透徹也。○顧麟士曰：「班固推其作爲次第，謂：『古者三年耕，餘一年之食，民閒衣食足而知榮辱，廉讓生而争訟息，所謂「三年有成」，成此功也。九年耕，餘三年之食。進業曰登，再登曰平，餘六年食。三登曰泰平，二十七年，餘九年食。然後王德流洽，禮樂成焉。故曰「王者必世而後仁」，由此道也。』」

○子曰：「苟正其身矣，於從政乎何有？不能正其身，如正人何？」

問：「此章與第六章『其身正，不令而行；其身不正，雖令不從』何異而復出之？」朱子曰：「晁氏以爲此章專爲臣而發，理或然也。」○雙峰饒氏曰：「從政與爲政不同，爲政是人君事，從政是大夫事。夫子此言蓋爲大夫而發。」附《存疑》：上章「其身正，不令而行」，通君臣而言；此章「從政」，專自爲臣者言。

○冉子退朝。子曰：「何晏也？」對曰：「有政。」子曰：「其事也。如有政，雖不吾以，吾其與聞之。」朝，音潮。與，去聲。

冉有時爲季氏宰，朝，季氏之私朝也。厚齋馮氏曰：「臣見君曰朝，故其廷謂之朝廷。季氏專魯之政，其臣之見季氏亦曰朝，僭禮之稱也。」晏，晚也。政，國政。事，家事。吴氏曰：「政、事，泛言之則通，別言之，則大曰政，小曰事；公朝之事曰政，私家之事曰事。」以，用也。禮，大夫雖不治事，猶得與音預，下文「當與」音同。聞國政。是時季氏專魯，其於國政蓋有不與同列議於公朝，而獨與家臣謀於私室者。故夫子爲不知者而言此與《記·檀弓下》「夫子爲弗聞也者而過之」同一文勢。此必季氏之家事耳，若是國政，我嘗爲大夫，雖不見用，猶當與聞。今既不聞，則是非國政也。語意與魏徵獻陵之對略相似。《唐書·魏徵傳》：文德皇后〔太宗之后。〕既葬，帝即苑中作層觀，以望昭陵。〔后陵。〕引徵同升，徵熟視，曰：「臣昏眊，不能見。」帝指示之。徵曰：「臣以爲陛下望獻陵，〔太宗

母陵。」昭陵則臣固見之矣。」帝泣爲毀觀。其所以正名分，扶問反。抑季氏，而教冉有之意深矣。吴氏曰：「以夫子此語推之，意古者大夫雖致仕，國有大政，亦必與之共謀，蓋詢黄髪之意。若小事則不必然爾。冉有仕季氏，無能改於其德，故夫子因其有政之語而深譏之，可謂微而顯，婉而嚴矣。夫子哀公十一年冬反魯，年六十九，明年爲告老之年。《左傳》哀公十二年春，用田賦，康子使冉有問曰：『子爲國老，待子而行。』蓋至是不復以告矣。」附《蒙引》：大凡以臣見君，皆曰朝。家臣之與大夫，自是君臣，如厚齋之説，欠稽考。

○定公問：「一言而可以興邦，有諸？」孔子對曰：「言不可以若是，其幾也。

幾，期也。《詩》曰：「如幾音機。如式。」見《小雅·楚茨》篇。言一言之閒未可以如此而必期其效。附《蒙引》：此「幾」字與下文兩「不幾乎」「幾」字同。

人之言曰：『爲君難，爲臣不易。』易，去聲。

當時有此言也。附顧麟士曰：「君臣二句，本平説。夫子引之，則止取上一句耳。體人言中，先作低昂，非是。」

如知爲君之難也，不幾乎一言而興邦乎？」

因此言而知爲君之難，則必戰戰兢兢，臨深履薄，而無一事之敢忽。然則此言也，豈不可以必期於興邦乎？爲，去聲。定公言，故不及臣也。不再拈及「爲臣不易」一句。

曰：「一言而喪邦，有諸？」孔子對曰：「言不可以若是，其幾也。人之言曰：『予無樂乎爲君，唯其言而莫予違也。』喪，去聲，下同。樂，音洛。

言他無所樂，惟樂此耳。

如其善而莫之違也，不亦善乎？如不善而莫之違也，不幾乎一言而喪邦乎？」

范氏曰：「如不善而莫之違，則忠言不至於耳，君日驕而臣日諂，丑檢反。未有不喪邦者也。」○謝氏曰：「知爲君之難，則必

敬謹以持之。惟其言而莫予違，則讒諂面諛之人至矣。邦未必遽興喪也，而興喪之源分於此。然此非識微之君子，何足以知之？」胡氏曰：「幾，舊説或以爲近，或以爲微。近與『不幾乎』之義同，與『若是其幾』之幾不協。微則其文義皆不可讀。故不可從也。謝氏説邦未必遽興喪，則似以幾爲近。又曰興喪之源分於此，非識微者不足以知之，則又似以幾訓微。終取之者，豈以其大旨有所發明歟？」○雙峰饒氏曰：「聖人説話，直是平，無些子高低。謂一言便能興邦喪邦，固不可；謂一言不可以興邦喪邦，亦不可。又加唯其言而莫予違，固不是；然善而莫之違，猶自可。故又分兩股説，一輕一重之閒，斟酌劑量，不令分毫有偏。」○吴氏曰：「定公之問，亦可謂有意於治矣。使其能用夫子之言，兢兢業業，以媚己之人爲可畏，三子之徒庶其小悛，而魯其或興也。惜乎女樂之事，公既欲之，而桓子又助成之，是亦言不善而莫之違之類，是以用夫子而不克終也。」附《存疑》：唐高宗欲立武昭儀爲后，李世勣曰：「此陛下家事，何必更問外人？」此是一言喪邦。又如王安石言「祖宗不足法，天變不足畏，人言不足恤」，亦是。○《蒙引》：此章一言興邦，一言喪邦，又略有少異。一言興邦者，因此言而知爲君之難也；一言喪邦，是自言如此。總是一言興邦，一言喪邦，便是了，又何暇問是誰所言耶？

○葉公問政。

音義並見第七篇。見，形甸反。

子曰：「近者説，遠者來。」説，音悦。

被其澤則説，聞其風則來。然必近者説而後遠者來也。南軒張氏曰：「近者樂其澤，遠者慕其風。然未有澤不及於近而能使人慕之者也。」○勉齋黄氏曰：「此非有意於求其説且來也。有意於求其説且來，則必有不説不來者矣。行吾之所當行，而其效如此，乃所謂政。」○或謂：「此章言其效，而不言其所以致之，何也？」吴氏曰：「葉公楚名臣，或不待贅言。使其再問，夫子必更有説。夫子入楚，接輿輩交議之，葉公雖能問而不能相與反復也，豈不惜夫？」○新安陳氏曰：「近説遠來，皆政之驗，非媚於民而求其説也。失人心之事不行，而所行皆不咈民心之事，近者自説

矣。遠者聞其風，即聞近者説之風也。」附《蒙引》：兩句平説。然先言近説而後言遠來，亦見必近者説而後遠者來也。○《存疑》：聞其風，不是聞近者説之風，乃是爲政者之風。天下之國，各有風土，遠者聞風，豈能舍其君而來就我？此特言其得民心，如言天下歸文王者六州耳。吴仲珠謂不可就一邑説者，正爲此也。

○子夏爲莒父宰，問政。子曰：「無欲速，無見小利。欲速則不達，見小利則大事不成。」父，音甫。

莒父，魯邑名。欲事之速成，則急遽無序，而反不達。見小者之爲利，則所就者小，而所失者大矣。南軒張氏曰：「欲速則期於成，而所爲必苟，故反不達。見小利則徇目前，而忘久遠之謀，故反害大事。」○勉齋黄氏曰：「事之久速則自然之次第，事之大小有自然之分量，循其自然之理而無容心可也。一有欲速見小利之心，則私心而非正理矣，宜其不達而大事不成也。」○雙峰饒氏曰：「見小與欲速相因。纔要速成，便只是見得目前小小利便處，所以急要收效。若是胸中有遠大規模，自然是急不得。」○程子曰：「子張問政，子曰居之無倦，行之以忠；子夏問政，子曰無欲速，無見小利。子張常過高而未仁，子夏之病常在近小，故各以切己之事告之。」慶源輔氏曰：「居之而易得倦，行之而不盡心，此過高而未仁之證也；欲速，見小利，此近小而不及之證也。聖人之教人，如良醫之治疾，藥雖不同，效則一也。」○新安陳氏曰：「過於高者藥之以誠實，不及而近小者藥之以寬大，皆以切己者告之也。」○胡氏明仲曰：「聖人之言雖救子夏之失，然天下後世皆可爲法。兩漢以來爲政者皆未免欲速見小利之病也。」附《存疑》：無欲速者，爲政有許多事，又要時候到，無容你速得。欲速，則許多事都未盡得，時候又未到，如何得成功？譬如十日之程，必照程行，一日一程，行得盡時，自然到。今不照程行，一二日就要到，必敝車隤馬傷足，而反不得到矣，故曰不達。註曰「急遽無序」，此句尚在欲速内。○爲政須以遠大自相待。如養民必無一夫不遂其生，教民必無一夫不復其性，方是遠大。若見得民略能自立，不至爲餓莩，略斂戢，不大爲惡，便説治已至了，則其治僅

至小康而止耳，安能至於遠大？故曰大事不成。黃氏謂事之久速有自然之次第，事之大小有自然之分量，此説未好。勿速不專在次第，分量尤不切題。○《蒙引》：此兩開説，饒氏合説，雖非正意，然於道理有發。嘗驗之天下之人，未有見小利而不欲速者，亦未有欲速而不見小利者。

○葉公語孔子曰：「吾黨有直躬者，其父攘羊，而子證之。」語，去聲。

直躬，直身而行者。有因而盜曰攘。附《蒙引》：葉公之問已自許其直矣，故只曰其父攘羊而子證之，而不曰如何。

孔子曰：「吾黨之直者異於是。父爲子隱，子爲父隱，直在其中矣。」爲，去聲。

父子相隱，天理人情之至也，故不求爲直而直在其中。○謝氏曰：「順理爲直。父不爲子隱，子不爲父隱，於理順邪？瞽瞍殺人，舜竊負而逃，遵海濱而處。上聲。當是時，愛親之心勝，其於直不直何暇計哉？」問父子相隱之説。朱子曰：「邢氏引律大功以上得相容隱，告言父祖者入十惡，以爲得此意。善乎其推言之也。諸説或本乎情，或本乎理，各有不同。今試以身處之，則所謂情者，蓋可體而易見；所謂理者，近於汎而不切。然徒徇於易見之近情，而不要之以至正之公理，則人情之或邪或正，初無準則，若之何必順此而皆可以爲直邪？苟順其情而皆可以謂之直，則霍光之夫婦相隱可以爲直，而周公之兄弟、石碏之父子皆咈其情，而反陷於曲矣，而可乎？」○胡氏曰：「是曰是，非曰非，有謂有，無謂無，曰直，直之常也；父爲子隱，子爲父隱，權也。故曰直在其中，非指隱以爲直也，如學以自脩而祿在其中亦然。蓋直躬，人之細行；父子，人之大倫。伸一己之細行，傷人道之大倫，非天理也。父子主恩，委曲以全其恩，雖不得正謂之直，然亦理所當然。順理而行，不失其爲直也。葉公徒知一偏一曲之異乎人者爲高，夫子則合全體大用而觀之也。夫一偏一曲之高非不足尚，於正理一有所虧，尚何言哉？」○雙峰饒氏曰：「父子主恩，於理當相隱，於情亦當相隱，故以是順天理，合人情，而直在其中。若是父子相證，則天理人情兩有相乖，何取其爲直？《集註》

『順理爲直』，是説理；『愛親之心勝』，是説情。」○問：「父當爲子隱，而石碏泣殺子厚，如何？」陳氏曰：「證父，家之私事，事主恩，故見父而不見他人；除亂，國之大事，事主義，故見君而不見其子。道理不可執一，當在父子則父子重，當在君臣則君臣重。爲子止孝，爲臣主忠，地位各不同也。」○吴氏曰：「直，天理也。父子之親，又天理之大者也。二者相礙，則屈直以伸親。非不貴乎直也，當是時父子之情勝，而直不直固有所不知也。陳司敗以隱君之惡爲黨，葉公以證父之惡爲直，徒知直之爲公，黨之爲私，而君臣之義，父子之親，乃有不察。微夫子，則一偏一曲之説起，而仁義塞矣。」附《蒙引》：直便不隱，而此以隱爲直者，直之權，理之經也。○《存疑》：石碏之爲父而不隱其子厚，李璀之爲子而不隱其父懷光者，弑逆大惡不可隱，其事尤重於父子之倫也。石碏以父殺子，於理順，於心安。李璀以子告父，理似稍欠安，然李璀恐其君不知備而見害於父，不是叛父輔君。其後又能死之，此則得也。若愚意，李璀當死於其父叛未露之先，以死諍父，不從則繼之以死，或者父意可回。萬一不可回，亦使其君爲之備。如此則君親二者兩全無害矣。

○樊遲問仁。子曰：「居處上聲。恭，執事敬，與人忠。雖之夷狄，不可棄也。」

恭主容，敬主事。恭見形甸反。於外，敬主乎中。之夷狄不可棄，勉其固守而勿失也。朱子曰：「發於外者比主於中者較大。蓋必充積盛滿，而後發於外。然主於中者卻是本。」○敬，專言，如脩己以敬，只偏言，是主事。○自誠身而言，則恭較緊；自行事而言，則敬爲切。○問：「如何雖之夷狄不可棄？」曰：「道不可須臾離，可離非道，須是無閒斷方得。若有閒斷，此心便死了。在中國是這箇道理，在夷狄也只是這箇道理。」○勉齋黄氏曰：「居處，指幽獨而言，未有事者也。執事，指應事而言，未涉乎人也。與人，指接物而言，則涉乎人矣。能恭敬而忠，則天理常行而人欲不萌矣。又能無適而不然，則流行而無閒斷。仁之爲道，孰外乎此？」○陳氏曰：「敬工夫細密，恭氣象闊大。敬意思卑屈，恭意思尊嚴。但恭只是敬之見於外者，敬只是恭之存於中者，敬與恭不是二物，如形影然。未有内無敬而外能恭者，亦未有外能恭而内無敬者。」○雙峰饒氏曰：「無事時，此心無所作爲，只可

於容貌上著箇恭。及至事來，則此心便要應事，心若不在事上，爲事便鹵莽，所以著箇敬。至於接人，則此心須視人猶己，不可容些欺僞，所以著箇忠。」○天體物而不遺，仁體事而無不在。於居處時容貌恭肅，則仁便在居處上；於執事時此心戰兢，惟恐失之，則仁便在應事上；於與人時能盡此而無所欺僞，則仁便在與人上。若能常常如此，雖之夷狄而不棄此，仁便無閒斷。○新安陳氏曰：「此與答仲弓問仁章當參看。彼以敬恕言，此以恭敬忠言。蓋居處恭，静時敬也；執事敬，動時敬也。忠即恕之體，恕即忠之用也，一而已矣。動静恭敬，表裏忠恕，又能持守而無閒斷，則私意何所容，而仁豈外是哉？」**○程子曰：「此是徹上徹下語。聖人初無二語也。充之則睟**雖醉反。**面盎背，推而達之則篤恭，而天下平矣。」**陳氏曰：「徹上徹下，謂凡聖皆是此理，小則樊遲可用，大則堯舜不過。」○慶源輔氏曰：「聖人之言貫徹上下。此數言自始學至成德皆不過如此，近而睟盎於一身，遠而治平乎天下，亦不外乎此，皆是徹上徹下。」《通考》吴氏程曰：「徹上徹下，言通乎上下，自始學至成德無二致也。」○程氏復心曰：「徹上徹下，是無精粗本末，只是一理。」**胡氏曰：「樊遲問仁者三，此最先，『先難』次之，『愛人』其最後乎？」**朱子曰：胡氏説三者先後，雖無明證，看來是如此。若未嘗告以恭敬忠，❶則所謂『先難』者，將何從下手乎？至於『愛人』，則又以其發於外者言之。」○雙峰饒氏曰：「即此三者便是先難底事，至於愛人，又是從恭敬忠上發出來。」○覺軒蔡氏曰：「諸子問仁而所答各異者，因其所稟之資而發也。樊遲問仁而所答各異者，因其所學之至而發也。聖人教人，猶化工之妙，物各付物，於此見之。」附《存疑》：理無往而不在。居處有居處之理，執事有執事之理，與人有與人之理。恭敬忠，則心存而理得，所以爲仁。《蒙引》曰隨在而盡其理，恐未是。蓋恭敬忠未是理，乃所以求理者也。○恭敬並言，則恭主容，敬主事。若單言恭，則該得敬，「篤恭而天下平」是也；單言敬，則該得恭，「脩己以敬」是也。○居處恭，持身之敬也，程子所謂「整齊嚴肅」是也。執事敬，「敬

❶「嘗」，原作「常」，今據《朱子語類》、《四書大全》改。

者主一無適」之謂，是就事上説，即「道千乘」章敬事之敬也。忠該得信，「爲人謀而不忠」，此忠也，「與朋友交，言而有信」，此忠也。○註曰「敬主事」，又曰「敬主乎中」者，事雖外而敬則在心，心總乎事也。○《存疑》：居處不可專指静，是就一身上説。如曰所居而安，何止是静？只是人之置其身便是。如與人交接時，此身也要安頓得好，這便是居處也。

○子貢問曰：「何如斯可謂之士矣？」子曰：「行己有恥，使於四方，不辱君命，可謂士矣。」使，去聲。

此其志有所不爲，而其材足以有爲者也。慶源輔氏曰：「志存於隱，而才見於顯，且志易肆而才難彊。故常人之志，患在於無所不爲，而其才則患在無所能爲。行己有恥，則是其志有所不爲也。使不辱命，則是其才足以有爲也。惟其志有所不爲，然後其才足以有爲也。」子貢能言，故以使事告之。蓋爲使之難，不獨貴於能言而已。新安陳氏曰：「不獨貴於能言，蓋以行己有恥爲本也。」○朱子曰：「行己有恥，則不辱其身；使能盡職，則不辱君命。」○雙峰饒氏曰：「有恥，士之行；不辱命，士之能。有其行，又有其能，全才也，故可爲士。」附《存疑》：行己有恥，不仁不智無禮無義之事，皆恥而不爲也。○才足以有爲，不止於使事。此特舉一事而言耳。○《蒙引》：「蓋爲使之難，不獨貴於能言而已」，使於四方不能專對者，能言也；使於四方不辱君命者，有爲之才也。不獨於能言，以見貴於不辱君命也。新安陳説非是。

曰：「敢問其次。」曰：「宗族稱孝焉，鄉黨稱弟焉。」弟，去聲。

此本立而材不足者，有孝弟爲本立，此外無才可見。故爲其次。朱子曰：「孝弟豈不是第一等人？而聖人未以爲士之上者，僅能使其身無過而無益於人之國，守一夫之私行而不能廣其固有之良心也。」○雙峰饒氏曰：「行己有恥，是事事不苟且。孝弟固是行之大者，然只是士行中之一端，而又無其能，故以爲士之次也。」附《存疑》：宗族亦可曰稱弟，❶鄉黨亦可曰稱

❶「弟」，原作「孝」，今據哈佛本改。

孝。❶ 此言宗族稱孝，鄉黨稱弟，互言也。

曰：「敢問其次。」曰：「言必信，行必果，硜硜然小人哉！抑亦可以爲次矣。」行，去聲。硜，苦耕反。

果，必行也。硜，小石之堅確克用反。者。小人，言其識量去聲。之淺狹也。此其本末皆無足觀，然亦不害其爲自守也，故聖人猶有取焉。下此則市井之人，言誕行縱。不復扶又反。可爲士矣。雲峰胡氏曰：「須看『本末』二字。蓋士之所以爲士者，行，其本也，才，其末也。志有所不爲而才足以有爲，是本末俱有可觀；其次則但取其本立；又其次則本末皆無足取，而猶不失爲自守，故曰『下此則市井之人，不復可爲士矣』。」○朱子曰：「硜硜小人亦可爲士者，其識量雖淺，而非惡也，至其所守，雖規規於信果之小節，然與誕謾苟賤之人則不可同日語矣。」○厚齋馮氏曰：「言不必信，行不必果，孟子謂之大人，惟義所在，而不拘執，所應者廣也；言必信，行必果，夫子謂之小人，確於自守，而不可轉移，所成者狹也。」附《蒙引》：本末皆無足觀，在本文外，此只是自守。○此小人只以規模器量淺狹言，與前小人謂細民小異。

曰：「今之從政者何如？」子曰：「噫！斗筲之人，何足算也？」筲，所交反。算，亦作筭，悉亂反。

今之從政者，蓋如魯三家之屬。噫，心不平聲。斗，量去聲。名，容十升。筲，竹器，容斗二升。斗筲之人，言鄙細也。算，數上聲。也。子貢之問每下，故夫子以是警之。○程子曰：「子貢之意，蓋欲爲皎皎之行，去聲。聞於人者。夫子告之，皆篤實自得之事。」問：「程子謂子貢欲爲皎皎之行，是如此否？」朱子曰：「子貢平日雖有此意思，然這章卻是他大段平實了。渠見行己有恥、使不辱命不是些小事，故又問其次，凡此節次，皆是要向平實處

❶「孝」，原作「弟」，今據哈佛本改。

做工夫。每問皆下，到下面問今之從政者，卻問錯了，聖人便與他截斷。」附《蒙引》：上文《集註》云「下此則市井之人，不復可爲士」，則此斗筲之人，便當作市井之人，言誕行縱者也，何足備士之數乎？○顧麟士曰：「按鄱陽朱氏曰：此章兼志趣、才能、德行、操守言。子路問士，則專自人倫交際言。」

○子曰：「不得中行而與之，必也狂狷乎！狂者進取，狷者有所不爲也。」

行，道也。南軒張氏曰：「中行，謂中道上行者。」○胡氏曰：「道猶路也，故行亦道也。」狂者志極高而行去聲，下同。不掩，狷者知未及而守有餘。朱子曰：「狂者知之過，狷者行之過。」○雙峰饒氏曰：「『行不掩』，非全然行不顧言。如說得十分，只行得五七分，這五七分蓋那十分不過耳。」蓋聖人本欲得中道之人而教之，然既不可得而徒得謹厚之人，則未必能自振拔而有爲也。故不若得此狂狷之人，猶可因其志節狂者之志，狷者之節。而激厲裁抑之，以進於道，非與其終於此而已也。朱子曰：「謹厚者雖是好人，❶又無益於事，故有取於狂狷者，又各墮於一偏。中道之人，有狂者之志而所爲又精密；有狷者之節，又不至過激，此極難得之人。」○狷者雖非中道，然有筋骨，其志孤介，知善之可爲而爲之，知不善之不可爲而不爲，直是有節操。狂者志氣激昂。聖人本欲得中道而與之，晚年磨來磨去，難得這般卻好底人。如狂狷，尚可因其有爲之資，裁而歸之中道。○雙峰饒氏曰：「或解《集註》『激厲裁抑』以爲激厲狷者，裁抑狂者，是不然。狂者志極高，是過處；行不掩，是不及處。狷者知未及，是不及處；守有餘，是過處。二者各有過不及。於過處裁抑之，使之俯而就中；於不及處激厲之，使之跂而及中。如此則皆近道矣。」○狂狷自是病處，聖人所以取之者，以狂者有進取之志，狷者不爲非理之事，雖有病處，亦有好處，尚可教以中道。若徒謹厚者，只是怕事底人，雖不爲惡，亦不足與爲善，反不若狂狷之可取也。○新安陳氏曰：「進取，進而有爲，以取於

❶「人」，原脱，今據《朱子語類》補。

善也。狂者知之過而行不及，狷者行之過而知不及，得聖人裁抑之，激厲之，使狂者力行以踐之，而其見不荒，狷者致知以明之，而其守不狹，則中道庶乎可得矣。」

○孟子曰：「孔子豈不欲中道哉？不可必得，故思其次也。次謂狂者。如琴張、曾晳、牧皮者，孔子之所謂狂也。其志嘐嘐然，曰『古之人，古之人』，夷考其行而不掩焉者也。以上皆説狂者。狂者又不可得，欲得不屑不潔之士而與之，是狷也，是又其次也。」又次謂狷者。○勉齋黄氏曰：「孔子之門，從遊之士皆極天下之選，夫子猶歎中行之難得，思狂狷者而與之，蓋進道之難如此。狂狷雖不同，而其力量皆足以進於道者也。今持不逮之資，❶而悠悠以進於學，是皆夫子之所棄也。」附《蒙引》：此章言「中行」、「狂狷」，雖據見在而言，其實都是指資質上做出底。不然，知行不過而中行了，聖人又何用復傳他道？蓋所云皆是資質，如「剛毅木訥近仁」，亦如此，照看自見。○「狂者進取，狷者有所不爲也」，此二句是就他好處説，言其所以有取於狂狷者之意，非謂進取是知之過，有所不爲是行之過。○進取即志極高也，有所不爲即守有餘也。只言其好處，而不好處自見於言外。

○子曰：「南人有言曰：『人而無恒，不可以作巫醫。』善夫！」恒，胡登反。夫，音扶。南人，南國之人。恒，常久也。巫，所以交鬼神。醫，所以寄死生。故雖賤役而尤不可以無常。孔子稱其言而善之。朱子曰：「恒字，古作恆，其説象一隻船，兩頭靠岸，可見徹頭徹尾。」○慶源輔氏曰：「無常之人則在我者無定守矣，何所用而可？巫醫雖賤役，然必有常乃可爲之。蓋交鬼神而無常，則鬼神不之享；治疾病而無常，則人何敢寄以死生哉？孔子稱其言而善之，則所以警於人者深矣。」附《蒙引》：南人之言，似專指爲巫醫，孔子稱之曰善夫，則不專指巫醫矣。蓋無所用而可也。○顧麟士曰：「按《國語》：『民之精爽不携貳者，則明神降之，在男曰覡，在女曰巫。』故《檀弓》亦言『天則不雨，而

❶「持」，原作「特」，今據哈佛本改。

望之愚婦人』。然《廣韻》、《集韻》、《玉篇》皆曰『男曰巫，女曰覡』，《周禮》又云『男巫無數，女巫無數』也。」

「不恒其德，或承之羞。」

此《易》恒卦九三爻辭。承，進也。朱子曰：「承，如奉承之承，如人送羞辱與之也。」○雙峰饒氏曰：「承字，如《儀禮》『皇尸命工祝，承致多福，於爾孝孫』之承，言奉而進之也。」

子曰：「不占而已矣。」

復扶又反。加「子曰」，以別必列反。《易》文也。其義未詳。南軒張氏曰：「不占，謂理之必然，不待占決而可知也。」○新安陳氏曰：「不占，如《易》所謂『不占有孚』，言無常取羞，不待占筮而信然矣。」楊氏曰：「君子於《易》，苟玩其占，平聲。則知無常之取羞矣。其爲無常也，蓋亦不占而已矣。」意亦略通。朱子曰：「不占而已，此只是不讀書之意。」○雲峰胡氏曰：「《易》爲占筮之書。不恒其德，或承之羞，此恒卦九三占辭也。凡其不知不恒之患者，由平日不占而已矣。」○新安陳氏曰：「此章謂無恒者，雖賤役不可爲，至羞辱不可免，以見人決不可以無恒也。」

○子曰：「君子和而不同，小人同而不和。」

和者無乖戾之心，同者有阿比毘至反。之意。南軒張氏曰：「和者和於理，同者同其私。和於理則不苟同，同其私則不能和。」○勉齋黄氏曰：「和之與同，公私而已。公則視人猶己，何不和之有？惟理是視，何同之有？私則喜狎昵，所以常同；樂忌克，所以不和。」○厚齋馮氏曰：「和如和羹，異味而相調爲一也；同如雷同，隨聲而無分別也。和與同近似，而公私不同，如比周驕泰之類，夫子故辨之。」○尹氏曰：「君子尚義，故有不同；小人尚利，安得而和？」慶源輔氏曰：「義有可否，故有不同；利有爭奪，安得而和？」○朱子曰：「君子之和，乃以其同寅協恭，而無乖爭忌克之意；其不同者，乃以其守正循理，而無阿諛黨比之風。小人反是。此二者外相似而内實相反，乃君子小人情狀之隱微，自古至今，如出一軌。如韓、富、范公，上前議論不同，或至失色，至卒未嘗失和氣；王、吕、章、曾、蔡氏父子兄弟，同惡相濟，而

其隙無不至，亦足以驗聖言之不可易矣。」○君子之心，是大家只理會這一箇公當底道理，故常和而不可以苟同。小人是這箇私意，故雖相與阿比，然兩人相聚，也便分箇彼己了，故有些少利害，便至分争而不和也。○雙峰饒氏曰：「《論語》中說小人有數樣。『硜硜然小人哉』，是以其氣量淺狹，故謂之小人；『小人哉樊須也』，是以其所務者小事，故謂之小人；『毋爲小人儒』，以其所業雖正，而用心則私，此是儒者中之小人。至於『小人比而不周』、『驕而不泰』、『同而不和』，❶與夫『窮斯濫』、『長戚戚』之類，是指其心術全然不好底，故每每把對君子反說。」**附**《存疑》：和與同相似，其實不同。和全在義理上，同全是私意。和是以道相濟，道理所在，我以爲是，彼亦以爲是，其心全在於道，此唱彼和，不相違背，故曰無乖戾之心；同是以意相徇，吾意所是，彼亦以爲是，更不論道理是與不是，但欲以私意相阿奉，略不敢違異，故曰有阿比之意。○朱子小註是圈外尹氏意，馮氏「如和羹」之説亦稍異。此正毫釐之差處，細玩之方見。○《蒙引》：朱子小註後一説極痛切人情，然大抵是尹氏圈外之意，非孔子本意。孔子是外相似而實不同意。

○子貢問曰：「鄉人皆好之，何如？」子曰：「未可也。」「鄉人皆惡之，何如？」子曰：「未可也。不如鄉人之善者好之，其不善者惡之。」好、惡，皆去聲。

一鄉之人宜有公論矣，然其閒亦各以類自爲好惡也。故善者好之而惡如字。不惡，則必其有苟合之行；去聲。惡如字。者惡之而善者不好，則必其無可好之實。

勉齋黄氏曰：「不以鄉人皆好皆惡而定其人之賢，必取決於善者之好，不善者之惡。蓋善者循理，故所好者如己之循理者也；不善者徇欲，故所惡者必不如己之徇欲者也，此其所以爲賢也。」○慶源輔氏曰：「鄉人皆好，恐是同流合污之人；鄉人皆惡，恐是詭世戾俗之人，故皆以爲未可。惟鄉人之善者以其同乎己而好之，則有可好之實矣；不善者以其異乎己而惡之，則無苟容之行矣，方可必其人之賢也。」○西山真氏曰：「必善

❶「同」、「和」，原誤倒，今據《四書大全》正。

者好之，不善者惡之，是其志行之美足以取信於君子，而立心之直又不苟同於小人，其爲賢，必矣。」○厚齋馮氏曰：「子貢方人，故所問如此。夫人自幼及長，知之悉者，莫鄉人若也。好惡無異辭，則賢否宜可決矣。然鄉人不能皆善，則好惡不能皆當。唯善不善各以類合，求之於此，一好一惡，而賢否定矣。」○雙峰饒氏曰：「子貢之問，以爲賢者必爲鄉人之所好，今鄉人皆好之，還可以爲賢乎？夫子見有居之似忠信，行之似廉潔，不免媚世以取譽，故謂鄉人皆好未可遽以爲賢。子貢又問如此則鄉人皆惡之，還可以爲賢乎？夫子又見有幼而不遜弟，長而無述焉，爲鄉黨所不齒者，亦豈可以鄉人皆惡而遽謂之賢乎？若鄉人之善者皆好之，則以類從類；不善者皆惡之，則其志行不苟同於流俗，可以見其必爲賢者而無疑也。」○覺軒蔡氏曰：「不如鄉人之善者好之，其不善者惡之，乃夫子荅子貢鄉人皆好之、皆惡之之問耳，非謂必欲不善者惡之也。如明道先生，狡僞者獻其誠，暴慢者致其恭，雖小人趨向之異，亦必以先生爲君子，則不善者曷嘗惡之耶？」

○子曰：「君子易事而難説也，説之不以道，不説也；及其使人也，器之。小人難事而易説也，説之雖不以道，説也；及其使人也，求備焉。」易，去聲。説，音悦。❶

器之，謂隨其材器而使之也。君子之心公而恕，公故難説，恕故易事。**小人之心私而刻，**私故易説，刻故難事。**天理人欲之間，每相反而已矣。**朱子曰：「君子無許多勞攘，故易事；小人便愛些便宜，人便從那罅縫去取奉他，❷故易説。」○南軒張氏曰：「易事者平恕之心也，難説者正大之情也。其所説者義理而已，而非説人之説己也，故説之不以道，則不説。與人爲善而取之不求備，故使人則器之。若小人則徇於一己之私而已，故順己則喜，而不察其非道也；勝己則忌，而惟欲責其全也。此公私之分也。」○厚齋馮氏曰：「君子小人，蓋指當時卿大夫之得政者而言。」○雙峰饒氏曰：「説不以道不説，是難説；

❶「音」，原作「者」，今據《四書大全》改。
❷「取」，原作「處」，今據《朱子語類》改。

器之，是易事。說不以道亦說，是易說；求備，是難事。」○慶源輔氏曰：「君子持己之道甚嚴，而待人之心甚恕；小人治己之方甚寬，而責人之意甚刻。君子說人之順理，小人說人之順己。君子貴重人材，隨才器而使之，而天下無不可用之人；小人輕視人才，故求全責備，而卒至無可用之人。」

○子曰：「君子泰而不驕，小人驕而不泰。」

君子循理，故安舒而不矜肆；小人逞欲，故反是。胡氏曰：「循理者，泰之本；逞欲者，驕之根。君子惟理是循，富貴貧賤安於所遇，無入而不自得，故常舒泰；小人惟欲之逞，貪求苟取，意得志滿，常以自誇，故常驕矜。」○南軒張氏曰：「泰者心廣而體胖，驕者志盈而氣盛也。驕則何由泰？泰奚驕之有？然而能不驕矣而未知泰者亦有之。蓋雖能制其私，而涵養未至，未免乎拘迫者也。」○雲峰胡氏曰：「驕與泰相似。《大學》曰：『驕泰以失之。』《章句》謂：『驕者矜高，泰者侈肆。』此則以泰爲安舒，驕爲矜肆。『矜肆』二字，包『矜高』、『侈肆』四字。朱子訓釋之精如此。」○新安倪氏曰：「此以泰與驕對言，則泰者驕之反，本乎循理而安舒；《大學》以泰與驕合言，則泰亦驕之類，根乎逞欲而侈肆，各隨其旨觀之可也。」附《存疑》：泰與驕，亦相似而不同。泰是有道德者氣象，驕是負才勢者氣象。

○子曰：「剛、毅、木、訥，近仁。」

程子曰：「木者質樸，訥者遲鈍。四者質之近乎仁者也。」❶楊氏曰：「剛毅則不屈於物欲，木訥則不至於外馳，故近仁。」朱子曰：「剛是體質堅强，不軟不屈。毅卻有奮發作興氣象。」○近仁之說，原聖人之意，非是教人於此體仁，乃是言如此之人於求仁爲近耳。雖有此質，正須實下求仁工夫，乃可實見近處。未能如此，即須矯揉到此地位，然後於仁爲近，可下工夫。若只守卻剛毅木訥四字，要想象思量出仁體來，則無是理也。○勉齋黃氏曰：「剛，强勁。毅，堅忍。」○胡氏曰：「剛毅則有堅强不已之意，木訥則無巧令必飾之資，故於仁爲近。然非

❶「仁」，原作「人」，今據《四書章句集註》、《四書大全》改。

論其問學工夫，即其資稟而言也。資稟之近，若合於仁矣，未可以爲仁也。蓋仁雖出於天生之本，然唯上智之資，氣命於理，自然合於中和而不墮於一偏。其不屈於物欲，固剛毅矣，然待人接物，未嘗不温然而和順也；其不至於物馳，固木訥矣；然威儀文辭，未嘗不粲然而宣明也。若資質之美，則拘於一偏而已。大約言之，固於仁爲近；由學者言之，必庶幾其全體可也。」○王氏曰：「剛必無欲，毅必能行，木無令色，訥無巧言。」○雲峰胡氏曰：「四者天資之近仁者也，加以學力，則不止於近矣。」○新安陳氏曰：「反觀之，則柔脆華辨之遠於仁可知矣。」《通旨》：朱氏公遷曰：「仁以質之美者言之，餘如善人、有恒者皆是也。然此亦是質之偏者，但於偏之中得其美者焉，視偏於惡者爲不同也。若論其至極，則惟聰明睿智、生知安行者，足以當之。」附《蒙引》：毅兼用言，即健也。訥者遲鈍，不專謂言之鈍也，是似不能言者模樣。○《存疑》：無私欲而有其德，仁也。剛毅則不屈於物欲，於無私欲而有其德爲近。心存而不放，仁也。木訥則不至外馳，於心存而不放爲近。

○子路問曰：「何如斯可謂之士矣？」子曰：「切切偲偲，怡怡如也，可謂士矣。朋友切切偲偲，兄弟怡怡。」

胡氏曰：「切切，懇到也。偲偲，詳勉也。怡怡，和悦也。皆子路所不足，故告之。又恐其混於所施，則兄弟有賊恩之禍，兄弟切偲，則易賊恩。朋友有善柔之損，朋友怡怡，則失於善柔。故又別必列反。而言之。」朱子曰：「切切者，教告懇惻而不揚其過。偲偲者，勸勉詳盡而不强其從。二者皆有忠愛之誠，而無勁訐之害。」○懇到有苦切之意，然一向如此，而無浸灌之意，又不可。須詳細相勉如此，方有相親之意。○聖人見子路有粗暴底氣象，故告之以此。又恐子路一向和悦去了，又告之以朋友則切切偲偲，兄弟則怡怡。聖人之言是恁地密。❶○勉齋黄氏曰：「所謂士者，涵泳於《詩》《書》禮義之澤，必有温良和厚之氣，此士之正也。至於發强剛毅，則亦隨事而著見耳。子路負行之氣，

❶「地」，原作「他」，今據《朱子語類》改。

而不能以自克，則切偲怡怡之意常少，故夫子箴之。」○雙峰饒氏曰：「『切切偲偲，怡怡如也』，這是一句，總言士之爲士，其氣象當如此。下文又分別其義。」○覺軒蔡氏曰：「黄氏云：『爵有五，士居其列，民有四，士爲之先，謂之士者，誠可貴也。士之爲貴何哉？以其記誦之多，文辭之工耶？則由與賜優爲之矣，而二子乃汲汲然以士爲問，何也？至夫子所以答之者，不過於行己事君，入孝出悌，言信行果，與夫處兄弟朋友之閒，又何耶？人之大倫五，父子也，君臣也，兄弟也，夫婦也，朋友之交也。舜命契爲司徒，必先於敷五教。三代之學，所以明人倫。則謂之士者，捨是何急焉？後世則不然。父兄之所告詔，師友之所訓誨，有司之所論選，記誦而已爾。人道之大端，不暇講也。如是則謂之士，其果可以當此名耶？謂之可貴，未見其真可貴也。』」附《存疑》：切切，懇到也，就情意上説。偲偲，詳勉也，就教告上説。怡怡，和悦也，就顔色上説。切切是竭肝胆相照意，偲偲有忠告善道意。《語録》説未是，《蒙引》説得好。

○子曰：「善人教民七年，亦可以即戎矣。」

教民者，教之孝弟去聲。忠信之行、去聲。務農講武之法。《通考》仁山金氏曰：「教，使其心志習於孝弟忠信、親上死長之義，耳目習於金鼓車旗，身習於甲胄，手足習於弓矢干戈、坐作馳騁之節。」即，就也。戎，兵也。民知親其上，死其長，上聲。故可以即戎。雙峰饒氏曰：「善人，即『善人爲邦』之善人，天資好善之人也。教民，不是專教之戰。教之孝弟忠信，則民知尊君親上之義；教之務農，則民知重本。足食足兵皆即戎之本也。亦可者，僅可之辭。」○新安陳氏曰：「善人有忠愛惻怛之心，而其教民又盡本末兼該之法。孝弟忠信，本也，務農，亦本也。講武之法，末也。本末兼盡，且必七年，而僅可即戎，兵其可易言哉？」○程子曰：「『七年』云者，聖人度待洛反。其時可矣，如云『朞月』、『三年』、『百年』、『一世』、『大國五年、小國七年』之類。皆當思其作爲如何，乃有益。」問：「『善人教民七年，亦可以即戎矣』，如何恰限七年？」朱子曰：「如此等也須有箇分明界限。如古人謂

三十年制國用則有九年之食，至班固則推測出那三十年果可以有九年食處，料得七年之類亦如此。」○慶源輔氏曰：「聖人度其時可矣，蓋致知格物之極功，不啻如燭照而數計，非臆度之謂也。」○厚齋馮氏曰：「古之教士七年，謂之小成。教民雖不如士之詳，而七年亦教成之節也。如稱『朞月』、『三年』、『百年』、一世、『大國五年，小國七年』之類，是皆以其勢之大小、事之難易、時之遲速而言，非臆度也。『亦可以』云者，若王者教民，不待如此之久也。善人政事不足，若能教民，則有其政矣。雖無速效，遲之七年亦可也。此言不可以不教之民戰也。」○雙峰饒氏曰：「欲論其作爲，只前面説底便是。朞月而紀綱布，三年而政化行，一世而教化浹洽，此是聖人作爲久近之效。七年而可以即戎，比之三年而有勇知方者有間；百年而可以勝殘去殺，比之必世而仁者遠甚，此是善人作爲久近之效。」○雲峰胡氏曰：「教民本非爲即戎，而設教之深，亦可以即戎矣。」

附《蒙引》：或曰親上死長似只承孝弟忠信意，非也。若不使之深耕易耨，則壯者何由得以暇日脩其孝弟忠信？且無德上之心，而有救死不暇之患矣，何以能親上死長？若不教之以講武，則民之耳目不習於金鼓車旗，身不習於甲冑，手足不習於弓矢干戈、坐作馳驟之節，見敵未動而先潰，鼓聲一聞而膽破，亦安能親上死長耶？故兼言之爲是。○亦可者，亦僅辭。善人教民七年，亦未必爲節制之兵。○註云「孝弟忠信之行，務農講武之法」，行與法爲本末。新安陳氏卻以務農亦爲本，又是一意。

○子曰：「以不教民戰，是謂棄之。」

以，用也。言用不教之民以戰，必有敗亡之禍，是棄其民也。吳氏曰：「《白虎通》云：『教民者，皆里中之老而有道德者，爲右師。教里中之子弟以道藝孝弟行義。朝則坐於里門，弟子皆出就農，復罷亦如之。若既成歲，❶皆入教學。立春而就事。』故無不教之民。非謂教之戰也，然其三時務農，一時講武，則金鼓旗物之用，坐作進退之節，亦在所教矣。」○南軒張氏曰：「所謂教者，教之以君臣父子長幼之義，使皆有親其上、死其長之心，而又教之以節制，如《司馬法》是也。若未之教而驅之戰，則是棄之死地而已矣。」○

❶「歲」，原作「藏」，今據《四書或問》改。

厚齋馮氏曰：「孟子曰：『不教民而用之，謂之殃民。』蓋本諸此。」〇新安陳氏曰：「此章與上章未必一時之言，記者以類相從，乃承上章之意而反言之也。」附《蒙引》：此二章教民，兼務農講武。至孟子以不教民而用之謂之殃民，則只言「教民者，教之以孝弟忠信」云云。蓋講武之法，戰國之君自不缺也。

論語集註大全卷之十三終

論語集註大全卷之十四

三魚堂讀本

憲問第十四

胡氏曰：「此篇疑原憲所記。」趙氏曰：「憲問恥，不書姓而直書名，其爲自記之證一也。他章夫子稱弟子則名之，曾子、有子、冉子門人之所記則以子稱，非其師者皆稱字，如原思爲之宰，亦以字稱，❶而此書名，其爲自記之證二也。下章問『克伐怨欲不行』，不別起端而聯書之，其爲自記之證三也。」○勿軒熊氏曰：「多記孔門出處言行，内雜論春秋人物凡四章。」凡四十七章。

憲問恥。子曰：「邦有道，穀；邦無道，穀，恥也。」

憲，原思名。穀，禄也。邦有道，不能有爲；邦無道，不能獨善，而但知食禄，皆可恥也。憲之狷介，雙峰饒氏曰：「狷是有執守，介是有分辨。」其於「邦無道，穀」之可恥固知之矣，至於「邦有道，穀」之可恥，則未必知也。故夫子因其問而并言之，以廣其志，使知所以自勉而進於有爲也。朱子曰：「穀之一字，有食禄之義。言有道無道，只會食禄，略無建明，豈不可深恥？」○問：「憲之狷介安貧，豈不知『邦有道，穀』之可恥？」曰：「未可知也。人到用處方見。族黨稱其孝弟，夫子未以爲士之至行者，僅能持身於無過，而無益於人國，不足深責也。邦有道而不能有爲，只小廉曲謹，濟得甚事？邦無道而受禄，固不可；有道而苟禄，亦不可也。」○原憲甘貧守道，其志卓然能有不爲者也。其爲此問，固知邦無道而枉道得禄之爲恥矣，特欲質諸夫子以言其志耳。夫子深知其然，

❶「字」，原作「此」，今據《四書纂疏》改。

而亦知其學之未足以有爲也，則恐其或當有道之時，雖無枉道之羞，而未免於素餐之愧，故以是而并告之，使因其所已知而推之以及其所未知者，庶乎有以廣其業而益充其所未爲耳。或乃以謂夫子之意止於無道得祿之可恥，以憲能安貧而告之，然則是徒以其已能者而瀆告焉，豈所以進之於日新耶？○梅巖胡氏曰：「《論語》中説有道無道凡八出，泛論者三，指其人而論者五，南容、伯玉、武子、史魚、原憲是也。世有道，如南容之不廢、武子之知、伯玉之仕、史魚之直可也，如欲志於穀而不能有爲，不可也。」○新安陳氏曰：「邦有道，貧且賤焉，恥也；邦無道，富且貴焉，恥也，《集註》云『世治而無可行之道，世亂而無能守之節』，其意正與此章同。但彼全是平説。此亦雖是平説，然就原憲分上觀之，則重在『邦有道，穀』，微不同耳。雲峰謂憲爲夫子之宰，猶辭其所當得之粟，其恥於無道之穀可知。然狷介者自守常有餘，而見於事爲常不足，故夫子猶告之以有道穀之可恥也。」附《蒙引》：憲問恥，言世間何事最可恥。○但即夫子之答憲問恥者求之，士君子立身天地間，只消得一箇有守、一箇有爲而已。然未有不自有守而能有爲者也，故曰人有不爲也而後可以有爲，故在原憲則難於有爲，在衆人則難於有守。自當時原憲聞之，當以有爲爲重；自後世學者觀之，則當以有守爲重。

○「克、伐、怨、欲不行焉，可以爲仁矣？」

此亦原憲以其所能而問也。克，好去聲。勝。伐，自矜。怨，忿恨。欲，貪欲。慶源輔氏曰：「克只訓勝，如克敵克己之爲勝敵勝己是也。然單言之，則爲好勝，如忮克、克伐是也。伐者傷殘之意，自矜乃所以自殘也。忿見於外，恨藏於中。內恨外忿，則怨。欲有公私，貪欲則欲之私也。」○胡氏曰：「分言則四事。對舉互言，則克伐者因己所有而生，氣盈也；怨欲者因己所無而生，氣歉也。推本言之，又皆由有己而生也。」○雙峰饒氏曰：「克、伐二者，只是一病。怨、欲二者，亦只是一病。四件是兩件，兩件又只是一件，病根在一『欲』字。有所欲，則貪多而求勝；遂其所欲，則誇伐；不遂其所欲，則忿恨。」附《蒙引》：怨，忿恨，輔氏註云「忿見於外，恨藏於中」者，非也。忿字從心。○《存疑》：「怨，忿恨」，忿急恨緩，忿一時就過，恨常藏在心，即忿之留也。

子曰：「可以爲難矣，仁則吾不知也。」

有是四者而能制之，使不得行，可謂難矣。仁則天理渾上聲。**然，自無四者之累，不行不足以言之也。**朱子曰：「克伐怨欲，只是自就道理這邊看得透，則那許多不待除而自去。若實是看得大底道理，要求勝做甚麽？要去矜誇他人做甚麽？求仁而得仁，又何怨？怨箇甚麽？耳目口鼻四肢之欲，惟分是安，欲箇甚麽？見得大處分明，這許多小小病疾，都如冰消凍釋，無有痕迹矣。若只是遏在胸中不行，畢竟是有這物在裏。才説無，便是合下掃去，不容他在裏。譬如一株草，剗去而留其根，與連其根剗去，此箇意思如何？而今人於身上有不好處，須是合下便剗去。若只是在人面前不行，而此箇根苗常留在裏，便不得。」○克伐怨欲不行，所以未得爲仁者，如面前有一事相觸，雖能遏其怒，畢竟胸中有怒在，所以未得爲仁。○南軒張氏曰：「克伐怨欲不行，亦可謂能制其私欲者矣，然克伐怨欲之根猶在也。若夫仁者之心，則克伐怨欲無自而萌焉。故制之於流，未若澄之於源也。」○慶源輔氏曰：「憲兩問，夫子答之，皆是因其所已能而進之以其所未能。」附《蒙引》：此亦虚虚答他，不是曰你如此亦可爲難。憲所問，亦不曾曰我克伐怨欲不行焉。○《存疑》：可以爲難，言這工夫，人所難也。仁則吾不知，聖人不曾説出，仁體天理渾然，自無四者之累，是朱子意。若作此題，不得已用之，亦須有分曉。

○程子曰：「人而無克伐怨欲，惟仁者能之。有之而能制其情，使不行，斯亦難能也，謂之仁則未也。此聖人開示之深，惜乎憲之不能再問也。程子曰：「人無克伐怨欲四者，便是仁也。只爲原憲著一箇不行，不免有此心，但不行也，故孔子謂可以爲難。此孔子著意告原憲處，欲他有所啓發。他承當不得，不能再發問也。孔門如子貢者，便能曉得聖人意。且如曰『女以予爲多學而識之歟』，對曰『然』，便問曰『非歟』，孔子告之曰『非也，予一以貫之』。原憲則不能也。」○若無克伐怨欲，固爲仁由己，唯顔子而上能之。○朱子曰：「明道説原憲承當不得，所以不復問。他非獨是這句失問，如『邦有道，穀；邦無道，穀，恥也』，也失問。」○問：「原憲也不是箇氣昏力弱底人，何故如此？」曰：「他直是有力，看他孤潔節介，卒未易及，只是見識自如此。若子路見

識較高，他問時須問到底。然教原憲去爲宰從政，未必如子路、冉求之徒。若教子路、冉求做原憲許多孤介，也做不得。孟子曰『人有不爲也而後可以有爲』，原憲卻似只要不爲，卻不理會有爲一節。」○慶源輔氏曰：「憲之所以僅能其難，固以其狷介有守，而至於不能復有所問，則亦以狷介之守痼之也。」或曰四者不行，固不得爲仁矣，然亦豈非所謂克己之事、求仁之方乎？曰克去上聲，下同。己私，以復乎禮，則私欲不留，而天理之本然者得矣。若但制而不行，則是未有拔去病根之意，而容其潛藏隱伏於胸中也，豈克己求仁之謂哉？學者察於二者之閒，則其所以求仁之功，益親切而無滲所禁反。漏矣。」朱子曰：「克己，如誓不與賊俱生。克伐怨欲不行，如『薄伐玁狁，至於太原』，但逐出境而已。」○克己者，是從根源上一刀兩斷，便斬絶了，更不復萌。不行底，只是禁制他不要出來，那欲爲之心未嘗忘也。○雙峰饒氏曰：「拔去病根，有兩說：一是積漸消磨，一是勇猛決去。平居莊敬涵養，此積漸消磨法也；臨事省視克己，此勇猛決去法也。」○胡氏曰：「制其情而不行，與顏子四勿若相似而實不同。四勿者，分辨於天理人欲之閒，而一循乎天理；不行者，禁制於人欲已發之後，而不徇乎人欲。用力於初分之際者易，用力於已發之後者難，此所以雖不許其仁而亦許其難也。苟志不勝氣，則藏伏於内者勃然而出，其難也有時而不可恃矣。」○雲峰胡氏曰：「克伐怨欲皆生於欲。仁者純乎天理而無欲者也，無欲則自然無克伐怨欲矣。顏子私欲净盡，可以爲仁；憲之力制其欲者，可以爲難。」

○子曰：「士而懷居，不足以爲士矣。」

居，謂意所便安處也。胡氏曰：「居以爲居室亦可。然居室一事，所該者狹。聖人既斷其不足以爲士，則不止思念其居室之安而已，故以爲意所便安處皆是。蓋不循理之安，而惟徇情之安，則趨利背義，往往有之，安得謂之士？」○慶源輔氏曰：「懷吾意所便安處，便是利心。爲士者，正義而不謀利。若於意所便安者戀戀而不能忘，則於義之所當爲者，必不能知所從矣。内則損德，外則廢業，是尚足以爲士哉？」○雲峰胡氏

曰：「懷居與小人懷土相似，與聖人安土樂天相反。安土者，隨其身之所處而安，無所執著，所謂『安土敦乎仁』，其樂也天；懷居者，戀其身之所便以爲安，有所執著，其累也人。」○新安陳氏曰：「君子者當安而能遷，私意戀著是苟安也，若是則如輔氏所謂於義所當爲必不能徙矣。」附《淺説》：所貴乎士者，爲其能道足以御情，志足以帥氣也。○《蒙引》：士而懷居，則不求義之安，而惟徇情之安矣，何足爲士？不必又推一重言趨利背義，將無不爲，方爲不足爲士。○懷居亦懷土也，但自小人言之，則爲溺於所處之安；自君子言之，則只是意所便安處，有不能斷然舍去之意。

○子曰：「邦有道，危言危行；邦無道，危行言孫。」行、孫，並去聲。

危，高峻也。孫，卑順也。陳氏曰：「高峻者，廉隅之稱，非詭險也。卑順者，加謙恭之意，非阿諛也。」尹氏曰：「君子之持身，不可變也。至於言，則有時而不敢盡，以避禍也。然則爲國者使士言孫，豈不殆哉？」朱子曰：「洪氏云：『危非矯激也，直道而已；孫非阿諛也，遠害而已。』吳氏云：『言孫者亦非失其正也，特少置委曲，如夫子之對陽貨、王孫賈云爾。』」○南軒張氏曰：「危，高特之意。君子非固欲危，其言行介然，守道不徇於世，自世人視之，則見其高特耳。」○慶源輔氏曰：「行以持身，則終無可變之理；言以應物，則或有當遜之時。」○雙峰饒氏曰：「行無時而不危，所謂國有道，不變塞焉；國無道，至死不變。言有時而或遜，所謂國有道，其言足以興國；無道，其默足以容。」○新安陳氏曰：「制行無時而可變，持身之道也；出言有時而不敢盡，保身之道也。」附《蒙引》：危行言孫，指在下位之士言。若居其位者，自不容於言孫，只宜去其位耳。

○子曰：「有德者必有言，有言者不必有德。仁者必有勇，勇者不必有仁。」

有德者，和順積中，英華發外；八字出《樂記》。能言者或便平聲。佞口給而已。仁者心無私累，見義必爲；勇者或血氣之强而已。胡氏曰：「便佞口給，無德之言也。血氣之强，非仁義之勇也。」○尹氏曰：「有德者必有

言，徒能言者未必有德也。仁者志必勇，志能帥氣。徒能勇者未必有仁也。」問：「仁與德如何分？」雙峰饒氏曰：「隨所得淺深，皆可以爲德，皆可見於言。仁則德之全也，心無私累，故能見義必爲。德未到此田地，未必其能有勇也。」附《蒙引》：此得以兼彼，彼不得以兼此。夫子發此，欲脩身者知所重，欲觀人者知所尚也。○天下之義理皆和順。有德者是得乎義理者也，故曰和順積中。○圈内註仔細，一則或便佞口給，二則或血氣之强，正貼二「不必」字。若尹氏則下箇「徒能言者」、「徒能勇者」，便失了孔子意。夫謂之徒能言者必無德也，亦可矣，豈但未必有德乎？○《存疑》：「據於德，依於仁」，曰德曰仁，亦如此分。

○南宮适問於孔子曰：「羿善射，奡盪舟，俱不得其死然。禹、稷躬稼，而有天下。」夫子不答。南宮适出，子曰：「君子哉若人！尚德哉若人！」适，古活反。羿，音詣。奡，五報反。盪，土浪反。

南宮适，即南容也。羿，有窮之君，善射，滅夏后相去聲。而篡其位，其臣寒浞士角反。又殺羿而代之。奡，《春秋傳》作「澆」，五吊反。浞之子也，力能陸地行舟，後爲夏后少去聲。康夏后相之子。所誅。《左傳》：襄公四年，魏絳曰：「昔有夏之方衰也，后羿自鉏遷於窮石，❶因夏民以代夏政。恃其射也，不脩民事，而淫於原獸。用寒浞以爲相。浞行媚於内，〔宫人。〕而施賂於外，愚弄其民，而虞羿於田。〔虞，樂也。〕樹之詐慝，以取其國家。羿歸自田，家衆殺而烹之。靡奔有鬲氏。〔靡，夏之臣。〕浞因羿室，生澆及豷，〔音戲。〕恃其讒慝詐僞，而不德於民。使澆用師，滅斟灌及斟尋氏。〔二國，夏同姓諸侯。〕靡自有鬲氏，收二國之燼，〔遺民。〕以滅浞而立少康。少康滅澆，后杼滅豷，〔后杼，少康子。〕有窮遂亡。」○新安陳氏曰：「羿、奡皆篡賊而殺誅異辭者，羿當誅，然非浞所得誅也，故云殺。」禹平水土，暨稷播種，身親稼穡之事。禹受舜

❶「鉏」，原作「鈕」，今據《春秋左傳註疏》、《四書大全》改。

禪時戰反。而有天下，稷之後至周武王亦有天下。适之意，蓋以羿、奡比當世之有權力者，而以禹、稷比孔子也，故孔子不答。然适之言如此，可謂君子之人，而有尚德之心矣，不可以不與，故俟其出而贊美之。問夫子不答南宮适。朱子曰：「适雖非問，然其言可取，則亦不應全然不答。疑其實有貶當世而尊夫子之意，夫子不欲承當，故不答爾。」○南軒張氏曰：「方是時，天下以力相高，而不知貴德，南宮适之言，謂强力不可恃，而德之爲尊也。夫子不答者，以其有禹、稷之言，答之則是己當之也。而以其言之善則從而美之，使學者知尚德之意也。言禹、稷之德而獨稱其躬稼者，舉其見於行事之實也。南宮适亦知言哉。」○慶源輔氏曰：「适素號能謹言，而以此質於夫子，其所以閔世悼俗，尊尚聖人之意，備見於言外。夫子不答，於出而美之，可見聖人處事之密，而取善之周矣。」○葉氏少蘊曰：「是時田恒之簒齊，六卿之分晉，三家之專魯，孰非欲爲羿與奡者？」○雙峰饒氏曰：「此章意味極深。《集註》『權力』二字正指三家而言。三家權力盛而有無君之心，故以羿、奡比之；夫子有德而無位，故以禹、稷比之。三家無君必至於亡。夫子有德如此，異日造物必有以處之，而使之得位，故微其辭以形容之。孔子以其以禹、稷比己，已難答，又以羿、奡比三家，愈難答，所以不答。适是孟懿子之兄，亦是三家之子孫，乃有此等見識，尤所難得，故夫子俟其出而歎美之。」○新安陳氏曰：「君子尚德，小人尚力。适戒羿、奡，尊禹、稷，是尚德不尚力也，故許以君子。」附《存疑》：以羿、奡比當世之有權力者，已難於答；以禹、稷比孔子，尤難於答。不答須兼此二意。○君子以人言，尚德以心言。○《蒙引》：适之言，似問而非問，非問而似問也，答固當，不答亦可。若适正問曰「何如」，或曰「是何也」，❶則夫子亦安得全然無一言？

○子曰：「君子而不仁者有矣夫，未有小人而仁者也。」夫，音扶。

謝氏曰：「君子志於仁矣，然毫忽之閒，心不在焉，則未免爲不仁也。」朱子曰：「君子

❶「何」，原作「可」，今據《四書蒙引》改。

譬如純白底物事，雖有一點黑，是照管不到處；小人譬如純黑底物事，雖有一兩點白處，卻當不得那白也。」○潛室陳氏曰：「君子容有不仁處，此特君子之過爾，蓋千百之一二。若小人本心既喪，天理已自無有，何得更有仁？在己自頑痺如鐵石，亦無醒覺之理。甚言小人之不仁也。此君子小人指心術邪正言。君子存心雖正，猶有私意閒發之時；小人本心既無，縱有隙光暫見，決不勝其虺蛇之毒。此章深惜小人之喪失本心也。」○雙峰饒氏曰：「仁是純乎天理，而無一毫人欲之私，少有閒斷，便是不仁。君子之心雖純是天理，或少有所閒斷，故曰不仁者有矣夫。小人閒有些天理形見，終爲物欲所蔽，決不能到純全田地，故曰未有小人而仁者也。」○吴氏曰：「夫，婉辭。仁非聖人不能盡。小人中雖有天理滅未盡者，亦不得以仁稱之。云然者，勉君子而懲小人也。」《通考》勿軒熊氏曰：「此《大學》誠意章事。」附《存疑》：無私心而合天理，方得謂仁。小人立心制行，專在於私，那得有如此時？縱有一點明處，亦天理未喪，偶然發見，其本心則非也，故曰未有小人而仁者也。○君子有不仁之時，小人無能仁之理，總以見仁之難盡也。

○子曰：「愛之，能勿勞乎？忠焉，能勿誨乎？」

蘇氏曰：「愛而勿勞，禽犢之愛也。東漢《楊彪傳》：❶彪子脩爲操所殺。操見彪，問曰：「公何瘦之甚？」對曰：「愧無日磾〔讀作密低。〕先見之明，猶懷老牛舐〔神旨反。〕犢之愛。」操爲之改容。忠而勿誨，婦寺音蒔。之忠也。《詩·大雅·瞻印》篇：❷匪教匪誨，時惟婦寺。〔刺幽王嬖褒姒，任奄人，以致亂之詩。寺，奄人也。〕愛而知勞之，則其爲愛也深矣；忠而知誨之，則其爲忠也大矣。」慶源輔氏曰：「愛焉而自不能不勞以成之，忠焉而自不能不誨以益之，此天理人情之至，莫之爲而爲者也。觀慈父之於子，忠臣之於君，則可見矣。蘇氏發兩『知』字，尤有意味。蓋人之私情往往不知勞之爲愛、誨之爲忠，故又言以明之。」○厚齋馮氏曰：「人之常情，勞之之事

❶「楊」，原作「揚」，今據《後漢書》改。

❷「卬」，原作「仰」，今據《毛詩註疏》改。

難從，而勞於前者逸於後，豈非愛之深者乎？誨之之語難受，而長其善以救其失，豈非忠之大者乎？」附《蒙引》：愛，不但是父之愛子，兄之愛弟、士之愛友、君之愛臣民、師之愛弟子，亦有如此者。忠不但是臣之忠君，子亦有盡忠於父處，士亦有盡忠於友處，凡爲人謀，亦有盡其忠處。但不必貫忠愛而一之也。○忠愛以心言，勞誨以事言，自其心之忠愛中來也。本文「忠」、「愛」二字，以正經忠愛者言也，蘇氏註皆可放在本文之外説。○味二箇「能勿」字，便見理勢之必然處。

○子曰：「爲命，裨諶草創之，世叔討論之，行人子羽脩飾之，東里子産潤色之。」

裨諶以下四人，皆鄭大夫。草，略也。創，造也。謂造爲草稾也。世叔，游吉也，《春秋傳》作子太叔。討，尋究也。論，講議也。行人，掌使去聲。之官。子羽，公孫揮也。脩飾，謂增損之。東里，地名，子産所居也。潤色，謂加以文采也。鄭國之爲辭命，必更平聲。此四賢之手而成，詳審精密，各盡所長，是以應對諸侯鮮上聲。有敗事。《左傳》：襄公三十一年，北宮文子相衛襄公以如楚，過鄭，文子入聘，子羽爲行人，馮簡子與子大叔逆客。事畢而出，言於衛侯曰：「鄭有禮，其數世之福也。其無大國之討乎？」子産之從政也，擇能而使之。馮簡子能斷大事，子大叔美秀而文，〔貌美才秀。〕公孫揮能知四國之爲，〔知諸侯所欲爲。〕而辨於其大夫之族姓、班位、貴賤、能否，而又善爲辭令。裨諶能謀，謀於野則獲，〔得所謀也。〕謀於邑則否。〔此才性之蔽。〕鄭國將有諸侯之事，子産乃問四國之爲於子羽，且使多爲辭令，與裨諶乘以適野，使謀可否，而告馮簡子，使斷之，事成，乃授子大叔使行之，❶以應對賓客，是以鮮有敗事。北宮文子所謂有禮也。孔子言此，蓋善之也。朱子曰：「春秋之辭命，猶是説義理，到戰國遊説，則只説利害而已。」○洪氏曰：「鄭國能慎重其辭命而信任於賢者如此，爲天下

❶「使」，原脱，今據《春秋左傳註疏》、《四書大全》補。

者，辭命宜益重也，而反輕之；討論潤色宜益衆也，而獨任於一官，可哉？且古之賢者，求辭命之善爾，不有其己也，故世叔討論，而裨諶不以爲歉，子産潤色，而子羽不以爲羞。後世爲命者反是，此辭命所以有愧於古也。」○南軒張氏曰：「鄭所以能自保者，亦以辭命之善，而其辭命之善，則以夫衆賢之力耳。聖人稱之，以見爲命猶當假衆賢之力，則夫事有大於是者，又可知矣。」○葉氏少藴曰：「子産獻入陳之捷於晉，晉人問入陳之罪，子産對焉，士莊伯不能詰，趙文子以爲辭順而受之。子曰：『晉爲伯，鄭入陳，非文辭不爲功。慎辭哉！』辭命之當慎可知矣。」○雙峰饒氏曰：「裨諶想是素善造謀，故使之草創。世叔熟於典故，故使之討論。子羽行人之官，熟於應對，故又使之脩飾。當時子産當國，事皆由之，然不自用己見，直待三子都了，卻潤色之。合四子之長，則全美矣。」○厚齋馮氏曰：「鄭以小國介乎晉、楚争奪之衝，自簡公十二年用子産爲卿，又十年授之以政。子産知辭命之不善無以交鄰事大、解紛息争也，故用是三人者草創、討論、脩飾之，既成乃從而潤色之，是以應對諸侯鮮有敗事，歷定、獻、襄公凡五十年間，得免兵禍。辭命之有益於人國如此哉。」附《存疑》：草創是起稾，規模間架都是此時立。討論是搜尋典故，講論義理，看合與否。討論則典故已合，義理都當了，然詞語恐未停當，或有處太煩，或有處太簡，又從而脩飾之。脩是去其太煩，飾是添其太簡。脩飾則煩簡得宜。詞語都停當了，文采或未可觀也，又從而潤色之。潤色是加以文采，只是易其句讀，更其字面，化其陳而使之新，易其俚而使之雅，更其粗而使之細，如是則文采可觀矣。○顧麟士曰：「按《通義》仁山金氏曰：『古語「世」字與「太」字通用，如衛太叔亦作世叔，太子亦稱世子也。』」

○或問子産。子曰：「惠人也。」

子産之政，不專於寬，然其心則一以愛人爲主，故孔子以爲惠人。蓋舉其重而言也。《左傳》：昭公二十年，鄭子産有疾，謂子太叔曰：「我死，子必爲政。唯有德者能以寬服民，其次莫如猛。夫火烈，民望而畏之，故鮮死焉；水懦弱，民狎而翫之，則多死焉，故寬難。」疾數月而卒。太叔爲政，不忍猛而寬。鄭國多盜，取人於萑苻之澤。〔萑苻，音丸蒲，澤名也。於澤中刼人。〕太叔悔之曰：「吾早從夫

子，不及此。」興徒兵以攻萑苻之盜，盡殺之。及子產卒，仲尼聞之，出涕曰：「古之遺愛也。」○朱子曰：「子產心主於寬，雖說道政尚嚴猛，其實乃是要用以濟寬爾，所以爲惠人。」○胡氏曰：「子產爲政，黜汰侈，崇恭儉，作封洫，鑄刑書，惜幣争，要皆以豐財足用，禁奸保民。其用法雖深，爲政雖嚴，而卒歸於愛，故夫子以惠人蔽之。然孟子以爲『惠而不知爲政』，《禮記》以爲能食民而不能教者，蓋先王之政之教，子產誠有所未及也。」○雲峰胡氏曰：「子產之惠，夫子指其心而言之。孟子所謂『惠而不知爲政』，不過以其乘輿濟人之一事而言，而其愛人之心，固可知矣。」

問子西。曰：「彼哉！彼哉！」

子西，楚公子申，能遜楚國，立昭王，而改紀其政，亦賢大夫也。《左傳》：昭公二十六年，楚平王卒，令尹子常欲立子西，〔子西，平王之長庶子。〕曰：「太子壬弱，〔壬，昭王也。〕子西長而好善。立長則順，建善則治。王順國治，可不務乎？」子西怒曰：「國有外援，〔謂秦。〕不可瀆也；〔瀆，慢也。〕王有適嗣，不可亂也。敗親速讎，〔不立壬，秦將來討，是速召讎也。〕亂嗣不祥，我受其名。〔惡名。〕賂吾以天下，吾滋不從也。楚國何爲？必殺令尹。」令尹懼，乃立昭王。○定公六年，吴敗楚師，楚國大惕。〔懼亡。〕令尹子西喜曰：「乃今可爲矣。」〔言知懼而後可治。〕於是乎遷都於鄀，〔音若，地名也。〕而改紀其政，以定楚國。然不能革其僭王之號，昭王欲用孔子，又沮在吕反。止之，新安陳氏曰：「夫子非以私外之。《集註》提此，見其不知人，不能爲國進大才耳。」其後卒召白公，以致禍亂，事見《大學或問》止至善章内。則其爲人可知矣。「彼哉」者，外之之詞。吴氏曰：「當時有三子西：鄭駟夏、楚宜申、公子申也。駟夏未嘗當國，無大可稱；宜申謀亂被誅，相去又遠，宜皆所不論者。獨公子申與孔子同時。」附顧麟士曰：「白公勝之亂，在孔子卒之後，故曰其後。又曰『其人可知』，蓋引其終以証孔子之言，不可入語氣也。」

問管仲。曰：「人也。奪伯氏駢邑三百，飯疏食，没齒無怨言。」

人也，猶言此人也。問：「管仲，曰『人也』，范、楊皆以爲盡人道，❶《集註》以爲猶云此人也，如何？」朱子曰：「古本如此説，猶《詩》所謂『伊人』，莊子所謂『之人』也。若作盡人道説，除管仲是箇人，他人便都不是人。更管仲也未盡得人道。」伯氏，齊大夫。駢邑，地名。厚齋馮氏曰：「駢邑三百，伯氏食邑三百家也。」齒，年也。蓋桓公奪伯氏之邑，以與管仲，伯氏自知己罪，而心服管仲之功，故窮約以終身而無怨言，荀卿所謂「與之書社三百，雲峰胡氏曰：「周禮二十五家爲社，書社謂以社之户口書於版圖者，凡三百社。」而富人莫之敢拒」者，即此事也。《荀子·仲尼篇》：齊桓公見管仲之能足以托國也，是天下之大智也；遂立以爲仲父，是天下之大決也。立爲仲父而貴戚莫之敢妬也，❷與高、國之位而本朝之臣莫之敢惡也，〔高氏、國氏，齊世卿也。〕與之書社三百而富人莫之敢距也，〔距，敵也。言齊之富人莫有敢敵管仲者。〕貴賤少長莫不秩秩然從桓公而貴敬之，是天下之大節也。○雙峰饒氏曰：「此篇凡説管仲，夫子每護之，孟子排管仲，皆是救時而然。夫子之時，人不知有王，仲尊王，亦是有功，夫子所以護之。孟子之時，天下之人皆知尊伯術而賤王道，孟子恐功利之説熾，故於桓、文、管、晏一切抑之。」

附《蒙引》：駢邑三百，依厚齋馮氏則以三百爲三百家，依雲峰胡氏則以三百爲三百社。一社凡二十五家。大抵古者皆以户計，如二十五家以至萬二千五百家，皆是以户計。其曰書社三百者，亦只云户口之書於社版者三百户耳，未必是三百社也。○或問：「管仲、子産孰優？」曰：「管仲之德不勝其才，子産之才不勝其德，然於聖人之學則概乎其未有聞也。」新安陳氏曰：「概，平斗斛之物。謂二人平等，皆未有聞於聖學也。」○慶源輔氏曰：❸「管仲德不勝才，子産才不勝德，皆以資質言也，故其事業亦各隨其資以爲之。使其知聖賢大學之道，循序而

❶「楊」，原作「陽」，今據《朱子語類》、《四書大全》改。
❷「妬」，原作「如」，今據哈佛本改。
❸「○」，原脱，今據《四書大全》補。

漸進，成己以成物，則子産之德當與顔、閔同科，而仲之才當與伊、吕並駕矣。」○陳氏曰：「二子皆無大學規模。須是有大學規模，乃爲王佐才，而伊、吕、周、召其人也。」○雙峰饒氏曰：「子産才不及仲，然郤正當過之，❶如『有君子之道四』之類是也。」《通考》朱氏公遷曰：「聖賢論人有不同者。同一子産也，擧其重而言，曰惠人；數其事而稱之，曰養民也惠；即其乘輿濟人之事而言之，曰惠而不知爲政。同一伯夷也，孔子以統體言，而曰賢；孟子以一偏言，而曰聖。同一夷、惠也，以一事言之，曰聖人百世之師；以一德名之，曰聖之清、聖之和；以一偏之弊言之，曰伯夷隘、柳下惠不恭。」

○子曰：「貧而無怨難，富而無驕易。」易，去聲。

處上聲，下同。貧難，處富易，人之常情。然人當勉其難，而不可忽其易也。朱子曰：「貧則無衣可著，無飯可喫，存活不得，所以無怨難；富則自有衣著，自有飯喫，但若知義理，稍能守分，便是無驕，所以易。二者其勢如此。」○貧而無怨，不及貧而樂者，又勝似無諂者。○敬夫説亦佳。富而無驕，不矜於外物者能之；貧而無怨，非内有所守者不能也。或謂世有處貧賤而無失，一旦處富貴則失其本心，難易之論，其不然耶？此蓋未知無怨之味也。所謂處貧賤而無失者，特未見失於外耳，又烏保其中之無怨耶？蓋一毫有所不平於中，皆爲怨也，故貧而無諂易，貧而無怨難。無怨則漸進於樂矣。○胡氏曰：「貧之境逆而多不足之心，富之境順而多有餘之意。然處不足而心無不足者，非無愧怍而真有得則不能，故難；處有餘而心未嘗有餘者，苟自知收斂，矜誇不萌者能之，故易。聖人因人情事勢而別其難易如此，非謂但當勉其難而易者不必言，故《集註》又申明其不可忽之意。」○問：「貧而無怨即貧而樂否？」雙峰饒氏曰：「能安於義命則能無怨。若樂則心廣體胖，非意誠心正身脩者不能及此。觀子貢以無驕對無諂，而夫子以樂對好禮，淺深可見。」

○子曰：「孟公綽爲趙、魏老則優，不可以爲滕、薛大夫。」

公綽，魯大夫。趙、魏，晉卿之家。老，家

❶「正」，影明本《四書輯釋》作「止」。

臣之長。上聲。大家勢重而無諸侯之事，家老望尊而無官守之責。優，有餘也。滕、薛，二國名。大夫，任國政者。滕、薛國小政繁，大夫位高責重。然則公綽蓋廉静寡欲而短於才者也。新安陳氏曰：「下章『公綽之不欲』，廉則不貪欲也，静則恬淡不躁也。惟其廉静寡欲，所以優爲趙、魏老；惟其短於才，所以不可爲滕、薛大夫。」○胡氏曰：「趙、魏雖晉卿，執國之政而家大如此，故勢尊。爲家臣之長者苟能正己，則居其位有餘矣。滕、薛雖諸侯，孟子言『滕絶長補短，將五十里』，則其國之小可知，征伐朝聘之事所不容已。大夫當國，非才智過人則不足以勝其任。」○雙峰饒氏曰：「公綽爲魯大夫，想不稱職，故聖人謂止可爲趙、魏老。問：國小如何政繁？曰：困於事大國，如朝聘會盟征伐貢賦之類，應接不暇。問：何爲如此？曰：上無王綱，大陵小，强役弱，故至此。」○楊氏曰：「知之弗豫，枉其才而用之，新安陳氏曰：「用違其才之所長，而納之於其所短，是之謂枉。」則爲棄人矣，此君子所以患不知人也。言此則孔子之用人可知矣。」南軒張氏曰：「用人之方，貴於處之得其當而已。」○齊氏曰：「孔子嘗曰『君子不器』，又曰『其使人也器之』，則公綽亦器也，而孔子器之者歟？」

○子路問成人。子曰：「若臧武仲之知、公綽之不欲、卞莊子之勇、冉求之藝，文之以禮樂，亦可以爲成人矣。」知，去聲。

成人，猶言全人。武仲，魯大夫，名紇。下没反。莊子，魯卞邑大夫。言兼此四子之長，則知足以窮理，廉足以養心，勇足以力行，藝足以泛應，而又節之以禮，和之以樂，使德成於内，而文見形甸反。乎外，則材全德備，渾上聲。然不見一善成名之迹；兼四子之長而然。中正和樂，音洛。粹然無復扶又反。偏倚駁雜之蔽，新安陳氏曰：「節以禮，則中正而無偏倚；和以樂，則和樂而無駁雜。」

而其爲人也亦成矣。然『亦』之爲言，非其至者，蓋就子路之所可及而語音御。之也。若論其至，則非聖人之盡人道，不足以語此。新安陳氏曰：「此就『亦』字上推夫子言外之意。」○問四子之事。朱子曰：「武仲，左氏詳矣。公綽，前章外他無所見。卞莊子，事見《新序》，曰：『莊子養母，戰而三北。及母死，齊伐魯，莊子赴鬭，三獲甲首以獻，曰：「此塞三北。」遂赴齊師，殺十人而死。』冉求之藝，則夫子固常稱之矣。」○知而不能不欲，則無以守其知；不欲而不能勇，則無以決其爲；知不欲且勇矣，而於藝不足，則於天下之事有不能者矣；然而有是四者而又文之以禮樂，始能取四子之所長，去四子之所短。然此聖人方以爲「亦可以爲成人」，則猶未至於踐形之域也。問：「若聖人之盡人道，則何以加此？」曰：「聖人天理渾全，不待於此逐項説矣。」○洪氏以爲特以四子爲言者，四子皆魯人，而莊子與子路皆卞人，冉求又朋友也，其近而易知者爾。胡氏以爲言卞莊子蓋以況子路爾，言有是一能，而不能兼衆子之長與成於禮樂焉，則亦不足以爲成人矣。○胡氏曰：「四子之長，各有所偏，故必兼四子之長。四者相資，猶未足以合乎道，又必須文之以禮樂。禮以節之，則其偏倚邪辟者去矣；樂以和之，則其乖戾矯激者消矣。此所以正中和樂，渾然粹然，而至於成人矣。」○雙峰饒氏曰：「文以禮樂，則不好亦成好底。四件都是質，須文之以禮樂。蓋節之以禮，則凡事都有節制；和之以樂，則中心和平而所發者中節。」○雲峰胡氏曰：「公綽之不欲，只是德，而其才未備；武仲之知、卞莊子之勇、冉求之藝，只是才，而其德未全，皆有一善成名之迹。至於武仲之要君，公綽之不可爲滕、薛大夫，莊子輕死敵而不終於孝，冉有爲季氏聚斂，皆有偏倚駁雜之蔽，非文之以禮樂，固未見其渾然粹然也。」附《存疑》：四子之知、廉、勇、藝，未必得中，皆有過不及處，故須節之以禮。禮者天理之節文，是箇得中底物。節之以禮者，損其過，益其不及，使智、廉、勇、藝皆歸於中，而無太過不及之失也。節之以禮，則四者皆歸於中道矣，然猶或出於勉强矯揉，未至於從容和順也，故又須用樂以和之。這樂是孟子「樂之實」之樂，即樂也，註謂「和順從容，無所勉强」是也。和之以樂者，勿忘勿助，日就月將，使知、廉、勇、藝四者和順從容，無所勉强，有純粹之美，而無

駁雜之弊也。○《蒙引》：使德成於内，而文見乎外，表裏如一也，所謂充實而有光輝者也。此即所謂禮義充溢於中，而得時措之宜者也。○「文見乎外」，「文」字不可與「文以禮樂」之「文」字同看。彼「文」字當「節」字、「和」字，此「文」字當死字看。然亦從彼而生也。蓋非文之，亦無由有文也。若謂文之全是外面工夫，亦不是，本意在中正和樂上。○《通義》：仁山金氏曰：「可者僅辭，亦可則未至於僅也。」

曰：「今之成人者何必然！見利思義，見危授命，久要平聲。不忘平生之言，亦可以爲成人矣。」

復扶又反，下同。加「曰」字者，既答而復言也。授命，言不愛其生，持以與人也。久要，平聲。舊約也。平生，平日也。有是忠信之實，則雖其才知去聲。禮樂有所未備，亦可以爲成人之次也。雙峰饒氏曰：「忠指『授命』，信指『久要』，似遺了『思義』一句，蓋取與不苟亦非忠信者不能。」○南軒張氏曰：「見利思義，無苟得也；見危授命，無苟避也；久要不忘平生之言，不食其言也。是雖未有過人之才，而亦毅篤忠信之人，故在今日論之，亦可以爲成人。此亦思狂狷之意耳。」附《蒙引》：「忠信之實」三句，總言之也，不可分。○《存疑》：忠信，實心爲善也。見利思義，見危授命，皆實心爲善也。久要不忘平生之言，忠信尤明白。○程子曰：「知之明，信之篤，行之果，天下之達德也，若孔子所謂成人，亦不出此三者。武仲知也，公綽仁也，卞莊子勇也，冉求藝也，須是合此四人之能，文之以禮樂，亦可以爲成人矣。然而論其大成，則不止於此。若今之成人，有忠信而不及於禮樂，則又其次者也。」又曰：「臧武仲之知，非正也。若文之以禮樂，則無不正矣。」慶源輔氏曰：「此亦舉武仲要君一事以例其餘耳。人之資稟雖善，然亦不能無偏，須學以成之，然後協於中正而無疵也。」又曰：「語成人之名，非聖人孰能之？孟子曰：『唯聖人然後可

以踐形。』如此方可以稱去聲。成人之名。」胡氏曰：「『今之成人』以下，乃子路之言，蓋不復『聞斯行之』之勇，而有『終身誦之』之固矣。未詳是否。」趙氏曰：「『何必然』三字似以前説爲疑。三者皆子路之所能，故胡氏疑其爲子路之言。」○胡氏曰：「此子路所已能。夫子方進子路於成人之域，豈又取其已能者而重奬之？」○厚齋馮氏曰：「子路成人之問，夫子蓋以子路之所知者使之捨短集長，增益其所未至爾，非謂成人之道盡於是也。子路猶以爲此古之成人之道，居今之世有不必盡然者，謂誠能見利思義，見危授命，久要不忘平生之言，雖無禮樂，亦云可矣。是三者蓋子路之所優爲，抑以自許也。唯其自許如此，故臺下之役卒以身徇，終不能明君臣之大義，以正衛國之難，則亦不足以爲成人矣。行行如也，若不得其死然，則以未能文之以禮樂故也。」○新安陳氏曰：「使子路能行夫子之言，始於智以知此理，終合於禮中樂和之理，豈至死於一決之勇而不足以言義乎？胡氏以後一節爲子路之言，極是。」附《蒙引》：胡氏以後節爲子路之言，較是。但有一疑。子路當時既如此云云，夫子安得都無説話？如子路終身誦之，夫子便云「是道也，何足以臧」，此卻寂然，爲何？先儒未嘗疑及此，爲何？○上文「亦可以爲成人」者，對聖人而言也；下文「亦可以爲成人」者，對上文而言也。○見利思義，則亦公綽之廉矣；見危授命，則亦卞莊子之勇矣。○才智未備，是欠了武仲之知、冉求之藝。

○子問公叔文子於公明賈曰：「信乎夫子不言、不笑、不取乎？」

公叔文子，衛大夫公孫枝也。❶公明，姓，賈，名，亦衛人。文子爲人，其詳不可知，然必廉静之士，故當時以三者稱之。新安陳氏曰：「不言笑，見其静；不取，見其廉。」

公明賈對曰：「以告者過也。夫子時然後言，人不厭其言；樂然後笑，人不厭其笑；義然後取，人不厭其取。」子曰：「其然。豈

❶「枝」，據《論語註疏》阮元校語當作「拔」。

其然乎？」

厭者，苦其多而惡去聲。之之辭。事適其可，則人不厭，而不覺其有是矣，是以稱之或過而以爲不言、不笑、不取也。然此言也，非禮義充溢於中，得時措之宜者不能。文子雖賢，疑未及此，但君子與人爲善，不欲正言其非也，故曰「其然，微疑之。豈其然乎」，深疑之。蓋疑之也。問：「夫子疑之，何也？」朱子曰：「吴氏云：『文子請享靈公也，史鰌曰：「子富君貧，禍必及矣。」觀此則文子之言豈能皆當，而其取豈能皆善乎？』」○惟其人不厭之，所以有不言、不笑、不取之稱也。蓋其言合節操，所以雖言而人不厭之，雖言而實若不言也。這「不厭」字意正如孟子所謂「文王之囿，方七十里，民猶以爲小」相似。公叔文子，當時人稱之已過，及夫子問之，而賈所言又愈甚，故夫子不信。○不言、不笑、不取，似乎小，卻難。若真能如此，只是一偏之行。然公明賈卻説「時然後言」，「樂然後笑」，「義然後取」，似乎易，卻説得大了。蓋能如此，則是時中之行也。○南軒張氏曰：「公叔文子，意者簡默重厚之士，故人稱之如此。聖人質之於其門人，將以察其然也。公明賈之言則善矣，然非公叔文子之所及也。蓋如賈所言，非和順積中、發而中節者莫能然。不直謂不然，而爲之疑辭曰『其然，豈其然乎』，聖人辭氣含洪忠厚如此。」○問：「時、樂、義與廉静相去幾何？」雙峰饒氏曰：「廉静是氣質好，時、樂、義是義理，自學問中發出底。賈所稱非仁熟義精者不能。文子氣質雖美，未必能此也。」○吴氏曰：「稱其主曰夫子，意猶對蘧伯玉使者。然公明賈稱文子之賢，人反得以疑之；蘧伯玉使者但爲謙辭以對，益以彰其主之美，爲辭令者亦可以觀矣。」

○子曰：「臧武仲以防求爲後於魯，雖曰不要君，吾不信也。」要，平聲。

防，地名，武仲所封邑也。要，有挾而求也。武仲得罪奔邾，自邾如防，使請立後而避邑，以示若不得請，則將據邑以叛，是要君也。《左傳》：襄公二十三年，季武子無適

子，公彌長，〔即公鉏。〕❶而愛悼子，欲立之。訪於臧紇，臧紇爲立之。季氏以公鉏爲馬正。〔家司馬。〕孟孫惡臧孫，季孫愛之。孟莊子疾，豐點〔孟氏之御。〕謂公鉏：「苟立羯，〔莊子庶子。〕請讐臧氏。」孟孫卒，公鉏奉羯立之。孺子秩〔孟孫長子。〕奔邾。臧孫入哭，甚哀，出。孟氏閉門，告季孫曰：「臧氏將爲亂。」季氏不信。臧孫聞之，戒。〔爲備也。〕孟氏將辟，〔婢亦反。〕藉除於臧氏。〔辟，穿藏也。於臧氏借人除葬道。〕臧孫使正夫〔遂正。〕助之，除於東門，甲從〔才用反。〕己而視之。孟孫又告季孫。怒，命攻臧氏。〔見其有甲故。〕臧紇斬鹿門之關以出，奔邾。臧賈、臧爲出在鑄。〔二人乃宣叔娶鑄國所生，與紇兄弟也。〕臧武仲使告臧賈，且致大蔡焉，〔大龜，出蔡，因號大蔡。〕曰：「紇不佞，失守宗祧，敢告不弔。紇之罪，不及不祀。子以大蔡納請，其可。」賈再拜受龜。使爲以納請，遂自爲也。臧孫如防，使來告曰：「紇非能害也，知不足也。〔言使甲從己，但慮事淺耳。〕非敢私請。苟守先祀，無廢二勳，〔文仲與宣叔。〕敢不避邑。」乃立臧爲。臧紇致防而奔齊。○范氏曰：「要君者無上，《孝經》語。罪之大者也。武仲之邑，受之於君，得罪出奔，則立後在君，非己所得專也。而據邑以請，由其好知並去聲。而不好學也。」慶源輔氏曰：「凡人溺於智而不知學，不鑿以爲私，則必蕩而失正。武仲二病皆有之，且意萌於中，迹著於外，雖欲欺人，而人之視己如見其肺肝然。武仲之智而不足以知此，則亦以好智而不好學之故也。」楊氏曰：「武仲卑辭請後，其跡非要君者，而意實要之。夫子之言，亦《春秋》誅意之法也。」和靖尹氏曰：「據邑以請立，非要君而何？如不知義者，將以武仲之存先祀爲賢，故夫子正之。」○雙峰饒氏曰：「武仲只當請後，不當據邑。夫子不罪其請，罪其據邑也。使武仲請後果以防爲言，則要君之迹彰而易見。唯不以防爲言，則要君之心隱而難知。既用智以要君，又欲逃罪以欺世，此夫子之言所以爲《春秋》誅意之法也。」

❶「鉏」，原作「組」，今據《春秋左傳註疏》、《四書大全》改。下文同。

○子曰：「晉文公譎而不正，齊桓公正而不譎。」譎，古穴反。

晉文公，名重平聲。耳。齊桓公，名小白。譎，詭也。二公皆諸侯盟主，攘夷狄以尊周室者也。雖其以力假仁，心皆不正，然桓公伐楚，仗義執言，不由詭道，猶爲「彼善於此」；《左傳》：僖公四年春，齊侯以諸侯之師侵蔡。蔡潰，〔蔡自北杏一與中國之會，而棄諸姬，黨楚國，故齊伐楚而先自侵蔡。潰蔡者，先破楚之黨也。〕遂伐楚。楚子使與師言曰：「君處北海，寡人處南海，唯是風馬牛不相及也，〔牝牡相誘曰風。言雖馬牛風逸，亦不相及。喻地遠不相干也。〕不虞君之涉吾地也何故？」管仲對曰：「昔召康公命我先君大〔音太。〕公，曰：『五侯九伯，女實征之，以夾輔周室。』賜我先君履，〔所踐履之界。〕東至於海，西至於河，南至於穆陵，北至於無棣。〔《索隱》曰：「淮南有故穆陵門。無棣在遼西孤竹。」〕爾貢包茅不入，〔包，裹束也。《禹貢》：「荆州包匭菁茅。」蓋取三脊之茅，包裹匭匣，盛之以貢周。〕王祭不共，〔音供。〕無以縮酒，〔祭祀必束茅而灌之以酒，爲縮酒。〕寡人是徵。昭王南征而不復，〔昭王，成王孫，南巡狩，濟漢水，船壞而溺死。〕寡人是問。」對曰：「貢之不入，寡君之罪也，敢不供給。昭王不復，君其問諸水濱。」〔昭王時，漢非楚境，故楚不服。〕師進次於陘。〔楚地。〕夏，楚子使屈完如師。〔使大夫請盟。〕師退，次於召陵。〔次於召陵之地，以聽楚成。〕文公則伐衛以致楚，而陰謀以取勝，其譎甚矣。《左傳》：僖公二十七年，楚子及諸侯圍宋，宋如晉告急。狐偃曰：「楚始得曹，而新昏於衛，若伐曹、衛，楚必救之，則齊、宋免矣。」〔前年楚申叔戍穀以逼齊。〕二十八年，晉侯侵曹，伐衛。衛人出其君，以説於晉。晉侯入曹，執曹伯，分曹、衛之田以畀宋人。楚子使子玉去宋，曰：「無從晉師。」子玉使宛春告於晉師曰：「請復衛侯而封曹，臣亦釋宋之圍。」子犯曰：「子玉無禮哉。君取一，〔以釋宋圍惠晉侯。〕臣取二，〔以復曹、衛爲己功。〕不可失矣。」〔言可伐。〕先軫曰：「定人之謂禮。楚一言而定三國，我一言而亡之，我則無禮，何以戰乎？不許楚言，是棄宋也，救而棄

之，謂諸侯何？〔言將爲諸侯所怪。〕楚有三施，〔去聲。〕我有三怨，怨仇已多，將何以戰？不如私許復曹、衛以攜之，〔私許二國，使告絶於楚，而後復之。攜，離也。〕執宛春以怒楚，既戰而後圖之。〕公説，乃拘宛春於衛，且私許復曹、衛。曹、衛告絶於楚。子玉怒，從晉師。欒枝使輿曳柴而僞遁，楚師馳之。原軫以中軍公族〔公所率之軍。〕横擊之，楚師敗績。晉師三日館穀。〔館，舍也。食楚軍之穀三日。〕❶二君他事亦多類此，新安陳氏曰：「上引二事以著其實，此即二事以推其餘。」故夫子言此以發其隱。慶源輔氏曰：「桓公責楚以包茅不貢及昭王不復二事，進次而不遂戰，既服而與之盟，是仗義執言，不由詭道也。文公始則伐曹、衛以致楚師之救，終則復曹、衛以攜二國之交，是伐衛以致楚，而陰謀以取勝也。就霸者之中論桓、文之事，則文譎而不正，桓正而不譎；若較之王者表裏無疵，粹然一出於正者，固不可同年而語矣。」○齊氏曰：「二公之伯皆以勝楚，楚罪莫大於僭王猾夏。孔子爲《春秋》，書齊曰『侵蔡』，蔡潰遂伐楚，而於晉僅書曰『及楚戰於城濮』，則晉之有歉於聲罪致討也亦已著矣。」○新安陳氏曰：「二公心皆不正，論其『彼善於此』，則桓稍優於文耳。晉文固譎，齊桓亦非純乎正者。若粹然一出於正，其惟王道乎？」附《存疑》：晉文譎而不正，齊桓正而不譎，俱就其行事言也。若其心術，則皆不得爲正。註云「彼善於此」，則有之矣。

○子路曰：「桓公殺公子糾，召忽死之，管仲不死。」曰：「未仁乎？」糾，居黝反。召，音邵。

按《春秋傳》，齊襄公無道，鮑叔牙奉公子小白奔莒。音舉。及無知弑襄公，管夷吾、召忽奉公子糾奔魯。魯人納之，未克而小白入，是爲桓公。使魯殺子糾而請管、召，召忽死之，管仲請囚，鮑叔牙言於桓公以爲相。去聲。○《左傳》：莊公八年，❷齊侯使連稱、管至父戍葵丘。〔二人齊大夫。戍，

❶「軍」，原作「君」，今據《春秋左傳註疏》、《四書大全》改。

❷「八」，原作「六」，今據《春秋左傳註疏》、《四書大全》改。

守也。」瓜時而往，曰及瓜而代。❶期〔音基。〕戍，公問不至。〔問，命也。〕請代，弗許。故謀作亂。僖公之母弟曰夷仲年，生公孫無知，有寵於僖公，衣服禮秩如適，〔適，太子。〕❷襄公絀之。二人因之以作亂。遂弑襄公而立無知。初，襄公立，無常。〔政令不常。〕鮑叔牙曰：「君使民慢，亂將作矣。」奉公子小白〔襄公庶子。〕出奔莒。亂作，管夷吾、召忽奉公子糾〔小白庶弟。〕來奔。九年春，雍廩〔齊大夫。〕殺無知。夏，公伐齊，納子糾。桓公自莒先入。秋，師及齊師戰於乾時，我師敗績。鮑叔帥師來言曰：「子糾，親也，請君討之。管、召，仇也，請受而甘心焉。」〔甘心，言欲快意戮殺之。〕乃殺子糾於生竇，〔魯地。〕召忽死之。管仲請囚，鮑叔受之，及堂阜〔齊地。〕而稅〔他活反。〕之。歸而以告曰：「管夷吾治於高傒，〔音奚，齊卿高敬仲也。言管仲治理政事之才多於敬仲。〕使相可也。」公從之。子路疑管仲忘君事讎，忍心害理，不得爲仁也。

問：「《集註》謂『忍心害理，不得爲仁』，忍心之忍是殘忍之忍否？」朱子曰：「傷其惻隱之心便是忍心，如所謂『無求生以害仁』，害仁便是忍心也。」○慶源輔氏曰：「忘君謂不顧糾死，事讎謂相桓，忍心謂心所當爲而忍之使不爲，害理謂理所當然而咈之使不然。」忘君事仇即忍心害理也。」○程子曰：「桓公兄而子糾弟，襄公死，則桓公當立，此以《春秋》知之。《春秋》書桓公則曰齊小白，言當有齊國也；於子糾則止曰糾，不言齊，以不當有齊也。不言子，非君之嗣子也。《公》《穀》并註四家皆書『納糾』，《左傳》獨言『子糾』，誤也。然書齊人取子糾殺之者，齊大夫常與魯盟於蔇，既納糾以爲君，又殺之，故書子，是罪魯也。」○問：「《春秋》於『糾』上一無『子』字，一有『子』字，何也？」雙峰饒氏曰：「始以納之爲非，故去子，以明其不當納；終以殺之爲非，故又稱子，以明其不當殺。」

子曰：「桓公九合諸侯，不以兵車，管仲之力也。如其仁，如其仁。」

九，《春秋傳》作糾，督也，古字通用。《左傳》：僖公二十六年，齊孝公伐我北鄙。公使展喜犒

❶「曰」，原脱，今據《春秋左傳註疏》補。

❷「太」，原作「公」，今據《春秋左傳註疏》、《四書大全》改。

師，曰：「昔周公、太公股肱周室，夾輔成王。成王勞之，而賜之盟，曰：『世世子孫，無相害也。』載〔載書。〕在盟府，太師職之。〔職，主也。太公爲太師，兼主司盟之官。〕」❶桓公是以糾合諸侯而謀其不協，彌縫其闕而匡救其災，昭舊職也。」❷**不以兵車，言不假威力也。如其仁，言誰如其仁者。又再言，以深許之。蓋管仲雖未得爲仁人，而其利澤及人，則有仁之功矣。**程子曰：「管仲不死，觀其九合諸侯，不以兵車，乃知其仁也。若無此，則貪生惜死，雖匹夫匹婦之諒亦無也。」○朱子曰：「九之爲糾，展喜之詞，而糾合宗族之類亦其證也。說者不考其然，乃直以爲九會諸侯，至數桓公之會不止於九，則又因『不以兵車』之文而爲之說，曰衣裳之會九，餘則兵車之會也。公、穀以來皆爲是說，可謂鑿矣。」○召忽之失，在輔子糾以爭國，而不在於死；管仲之得，在九合之功，而不在於不死。仲之可以不死，正以小白兄而子糾弟耳。夫子特以忽之功無足稱，而其死不爲過；仲之不死亦未嘗害義，而其功有足褒爾，固非予仲之生而貶忽之死也。○仁之一字，以德而言，則必心無私而事當理，乃能當之；若言其功，則推利澤及人，有恩有惠，便可稱之，初不計德之如何也。○仲之仁，是粗處，至精處，則顔子三月之後或違之。❸○如漢高祖、唐太宗，未可謂之仁人，然戰國至暴秦，其禍極矣，高祖出而平定天下；隋末殘虐尤甚，太宗出而掃除，以致貞觀之治，此二君豈非仁者之功耶？仲之功亦猶是也。○慶源輔氏曰：「仁者安仁，蓋天理渾然，無一息之不存，無一物之不體。管仲之於德，其違闕者多矣，顧何足以語此？然使桓公糾合諸侯，攘夷狄，尊周室，不假威力，無所殺傷，則利澤及人，是亦仁者之功效矣。」○蔡氏曰：「子路舉忽之死、仲之不死，是以忽爲殺身成仁，仲爲未仁。夫子答以仲有仁之功如此，忽豈能如仲之仁乎，是以忽、仲比而言之，非泛許仲以仁也。下章匹夫匹婦之諒，亦指忽言。」○新安陳氏曰：「仁有以心術之精微言者，非大賢以上之安仁，不足以當之；有以事功之顯著言者，如管仲有仁者之功，亦足以爲仁矣。子路

❶「司」，原作「同」，今據《春秋左傳註疏》改。
❷「職」，原作「制」，今據《春秋左傳註疏》改。
❸「三」，原作「一」，今據《朱子語類》、《四書大全》改。

好勇，死非所難，而處死爲難，故夫子不非仲無死節之義，反取仲有及人之仁，亦所以曉子路而箴之也。」附《存疑》：子路疑未仁，以心之德言也；夫子稱其仁，以愛之施言也。子路所疑，是心術；聖人所許，是事功。○《蒙引》：子路以管仲爲未仁者，以其忘君事讎也；夫子以管仲爲如其仁者，以其相桓公霸諸侯也。子路之疑管仲者在彼，夫子之取管仲者在此。子路之疑者，記其過而忘其功也；夫子之取管仲者，録其功而不計其過也。蓋其過小，其功大也。至於忘君事讎一節，則夫子姑置不論，初未嘗爲解釋也。下章之論亦如此。○「不以兵車」一句最重，「如其仁」就承他説。如其仁，不依蔡氏以召忽來比，只泛説爲正。

○子貢曰：「管仲非仁者與？桓公殺公子糾，不能死，又相之。」與，平聲。相，去聲。

子貢意不死猶可，相之則已甚矣。慶源輔氏曰：「子路勇者也，故有取於召忽之死，而以管仲之不死爲未仁；子貢智者也，故以仲之不死爲猶可，而以其相桓爲已甚而非仁。」附《蒙引》：看來二子亦有意見了。當時人只爲管仲功高，取之，萬口雷同，而二子獨疑之，便見聖門意思。

子曰：「管仲相桓公，霸諸侯，一匡天下，民到于今受其賜。微管仲，吾其被髮左衽矣。被，皮寄反。衽，而審反。

霸與伯同，長上聲。也。匡，正也。尊周室，攘夷狄，皆所以正天下也。微，無也。衽，衣衿也。被髮左衽，夷狄之俗也。問：「令尹子文、陳文子之事，則原其心而不與其仁，至管仲則以其功而許其仁，若有可疑者。」朱子曰：「管仲之功，自不可泯沒，聖人自許其仁者之功。且聖人論人，功過自不相掩，功自還功，過自還過，所謂『彼善於此則有之矣』。若以管仲比伊、周，固不可同日語。若以當時大夫比之，則在所當取。當是之時，楚之勢駸駸可畏，治之少緩，則中國皆爲夷狄，故曰『微管仲，吾其被髮左衽矣』。」○南軒張氏曰：「只爲子路疑其未仁，子貢疑其非仁，故舉其功以告之。若二子問管仲仁乎，則所以告之者異矣。」○厚齋馮氏曰：「劉定公稱禹之功曰：『微禹吾其魚乎？吾與子弁冕端委以治民臨諸

侯，禹之力也。』❶必推至此，然後見禹之有大功。夫子稱仲之仁，至於被髮左衽，則仲之功大矣。」《通旨》：朱氏公遷曰：「仁以功用言，〔亦曰以事功言。〕因其所至而許之也。子路疑管仲之未仁，正在不死；夫子許其仁，則可以無死之意在其中。子貢疑管仲非仁者，雖輕在不死而重在又相之，畢竟兩有疑焉，故夫子稱其功以明相桓之有益，不責其死以明不死之無害，是兩釋子貢之疑，而重許管仲之仁也。但管仲之仁未嘗有本領工夫，故與聖門之仁不同。」附《蒙引》：前一節稱其功，後一節不責其死。稱其功以見其仁，不責其死以見其無害於仁。不可以上節爲答「又相之」，下節爲答「不能死」。蓋子貢是非其相桓，孔子所説是就他功業説，非是正答其「又相之」之問也。下節只承上節説，非另答箇「不能死」也。正經答「不能死，又相之」意思，全在下節歸結，如上章答子路，只述其功，而不必死之意自在其中矣。○管仲雖有尊周室之功，然其實不能使禮樂征伐自天子出，夫子吾爲東周之意正不然。

豈若匹夫匹婦之爲諒也，自經於溝瀆而莫之知也！」

諒，小信也。經，縊壹計反。也。莫之知，人不知也。《後漢書》引此文，「莫」字上有「人」字。後漢應劭，字仲遠，獻帝時奏議曰：「昔召忽親死子糾之難，而孔子曰『經於溝瀆，人莫之知』。」○程子曰：「桓公兄也，子糾弟也。前漢淮南厲王長，高帝少子也。驕恣，不用漢法。文帝重自切責之。〔重，難也。〕時帝舅薄昭爲將軍，尊重，上令昭予厲王書諫，❷數之曰：「昔者周公誅管叔，放蔡叔，以安周。齊桓殺其弟以反國。秦始皇殺兩弟，❸遷其母，以安秦。」仲私於所事，輔之以爭國，非義也。桓公殺之，雖過，而糾之死實當。去聲。仲始與之同謀，遂與之同死，可也。知輔之爭爲不義，將自免以圖後功，亦可也。故聖人不責其死，而稱其功。若使桓弟而

❶「力」，原作「功」，今據《春秋左傳註疏》、《四書大全》改。

❷「予」，原作「與」，今據《漢書》改。

❸「皇」，原脱，今據《漢書》補。

糾兄，管仲所輔者正，桓奪其國而殺之，則管仲之與桓不可同世之讎也。若計其後功而與其事桓，聖人之言無乃害義之甚，啓萬世反覆不忠之亂乎？如唐之王珪、魏徵，不死建成之難，去聲。而從太宗，可謂害於義矣，後雖有功，何足贖哉？」《唐書・王珪傳》：建成爲皇太子，授中書舍人，遷中允，禮遇良厚。太子與秦王〔建成弟世民也。〕有隙，帝〔高祖。〕責珪不能輔導，流巂州。太子已誅，太宗〔即秦王。〕召爲諫議大夫。○《魏徵傳》：太子引爲洗馬。〔官名。〕徵見秦王功高，陰勸太子早爲計。太子敗，〔世民伏兵於玄武門，世民射建成，殺之。〕王責徵曰：「爾鬩吾兄弟奈何？」〔王即秦王。鬩，閧也。〕答曰：「太子早從徵言，不死今日之禍。」王器〔重也。〕其直，無恨意。即位，〔太宗即位。〕拜諫議大夫。愚謂管仲有功而無罪，故聖人獨稱其功。王、魏先有罪而後有功，輔太宗，致太平。則不以相掩可也。問程子「可也」、「亦可也」二說。朱子曰：「前説非是可，但自勉以圖功，則可之大者。」又問：「孟子『可以死，可以無死』，始見其可死，後細思之，又見其可以無死，則前之可者爲不可矣。」曰：「便即是此意。」○問：「仲始同糾謀，雖有可死之道，而桓兄當立，則無不可事之理。蓋仲雖糾之傅，然非糾之臣，乃齊臣也。桓公當立，則桓乃吾君，所當事也。但仲之罪乃在不能諫糾之争，而反輔糾以争耳，是其不死殆知前之争爲不義，而非求生之比也。❶故夫子答子路『未仁』之問曰『如其仁』，以爲不死之未仁不如九合之仁也；答子貢『非仁』之問則曰『豈若匹夫匹婦之爲諒，自經於溝瀆而莫之知』。『豈若』云者，是以仲之不死過於死也。故嘗以程子之説爲正，而以召忽之死爲守節，仲之不死爲改過。」曰：「此論甚善。但仲之意未必不出於求生，然其不義尚有可生之道，未至於害仁耳。」○雲峰胡氏曰：「『管仲相桓公』以下，答子貢所謂『又相之』。『豈若匹夫』以下，答子貢所謂『不能死』。

❶「生」，原作「争」，今據哈佛本改。

蓋死則於子糾未有君臣之分，❶當時未足以見其義；相則爲天下正華夷之分，而天下後世皆得以被其仁，仲蓋有以處此矣。」

僎，士免反。

○公叔文子之臣大夫僎與文子同升諸公。

臣，家臣。公，公朝。音潮。謂薦之與己同進爲公朝之臣也。

子聞之，曰：「可以爲文矣。」

文者，順理而成章之謂。《謚法》亦有所謂「錫民爵位曰文」者。見《公冶長》篇「孔文子何以謂之文也」章。○胡氏曰：「其才德足以爲大夫而薦之爲大夫，順理也；以家臣之賤而與之同列，無慊焉，成章也。彼錫民爵位特其迹爾。」○洪氏曰：「家臣之賤而引之，使與己並，有三善焉：知人，一也；忘己，二也；事君，三也。」慶源輔氏曰：「知人，智也；忘己，公也；事君，忠也。有是三者，則理順章成，而粲然可觀矣，安得不謂之文哉？然文王之文，舉全體而言；此與孔文子之文，取一事而言。」○厚齋馮氏曰：「文子卒，其子請謚，謚以貞惠文子。蓋以脩其班列，以與四鄰交，衛國之社稷不辱，故謚以文，初不爲薦其臣僎同升諸朝而謂之文也。特夫子稱其可以爲文，有以見文子之不愧其謚耳。」○雙峰饒氏曰：「今之所謂《謚法》，未必果出周公，恐後人因經傳所有而傅會之。如錫民爵位謂之文，直無意義。夫子所稱，蓋謂文子所爲如此，是亦無愧於文之謚矣，非指此爲文也。孔文子好學下問，是以謂之文，卻是深説所以爲文之義。」○新安陳氏曰：「説者以文子得謚之故見諸《檀弓》，夫子聞其與家臣同升諸公，則是文子薦僎之時，非身後也。《謚法》『錫民爵位曰文』，蓋後人用孔子之意以爲謚爾。此過論也。蓋孔子於其既謚之後，聞其嘗有此薦賢之美事，故稱此一事，而謂可以無愧於文之謚耳，豈可於其人之身存而預議其謚哉？」附《蒙引》：「順理」、「成章」四字，不作平説，言順理而有可觀也。○「《謚法》亦有所謂『錫民爵位曰

❶「未」，原作「法」，今據《四書通》、《四書大全》改。

文』者」，孔子意不在此，只是「順理而成章」之意。看註中「亦」字。○洪氏註文子三善，總不出文公「順理」二字，不可謂孔子以其有是三善而許之云云。

○子言衛靈公之無道也，康子曰：「夫如是，奚而不喪？」夫，音扶。喪，去聲，下同。

喪，失位也。附《蒙引》：大概謂其彝倫不叙，紀綱不張也。此一句如孟子「道性善，言必稱堯舜」一般，皆大約之辭。其中云云最多，故康子承之曰「夫如是」。「夫如是」三字，有所指，不止是「無道」二字。

孔子曰：「仲叔圉治賓客，祝鮀治宗廟，王孫賈治軍旅。夫如是，奚其喪？」

仲叔圉，即孔文子也。三人皆衛臣，雖未必賢，而其才可用，靈公用之又各當去聲。其才。胡氏曰：「圉即敏學好問者，賈即問奧竈者，鮀即以佞免於今世者。如圉幾矣。賈之竊權，鮀之善佞，治世之罪人也，然事神治軍，各有所長，而用之使各得以盡其所長耳。」○鄭氏舜舉曰：「子適衛者五，蓋有拳拳之意焉，亦以靈公善用人，庶或可以有爲爾。」○雙峰饒氏曰：「治賓客得其人，則朝聘往來之際無失禮於鄰國，而不至於起釁召禍；治軍旅得其人，則緩急有備，而敵國不敢窺；治宗廟得其人，則籩豆静嘉，牲牷肥腯，神人胥悦，尤繫屬人心之本也。三者皆國之大本，故得其人亦可以無喪。」○東陽許氏曰：「夫子平日語此三人，皆所不許，而此章之言乃若此，可見聖人不以其所短棄其所長，至公之心也。用人當以此爲法，但欲當其才耳。」○尹氏曰：「衛靈公之無道，宜喪也，而能用此三人，猶足以保其國，而況有道之君，能用天下之賢才者乎？《詩》曰：『無競維人，四方其訓之。』」《詩·大雅·抑》之篇。競，强也。言莫强於用人，則四方其以爲訓矣。○南軒張氏曰：「以衛靈公之無道，然所用得其才，猶足以無喪。雖然，僅能維持，使之勿喪而已。若身正於上，而用得其人，則孰能禦焉？」附《蒙引》：「仲叔圉」三句，主衛靈公用人言，不主三人之才言。○「三人皆衛臣，雖未必賢」，賢以德言；「其才可用」，只取其能也。○賓、客二字如何分？客似不論貴賤，尚泛些，賓又其盛者。然再考之，凡尋常羈旅，皆謂客

於某所，若謂賓於某所，❶則不可。《詩》多言嘉賓，見其盛也。

○子曰：「其言之不怍，則爲之也難。」

大言不慚，則無必爲之志，而不自度音鐸。其能否矣。❷欲踐其言，豈不難哉？南軒張氏曰：「易其言者，實必不至。若聽其言而不怍，則知其爲之也難矣。故古者言之不出，恥躬之不逮，而仁者之言必訒。」○新安陳氏曰：「輕於言者必不務力於行也。此必有爲而言。」附《蒙引》：有必爲之志者，必不敢有易之之心；不敢有易之之心，必不至於大言無當矣。不是「仁者其言也訒」意。其言之不怍，則占知其爲之也難矣。註云「而不自度其能否」，縱自度其能者，亦自不敢易，如孔子猶曰「躬行君子，則吾未之有得」。

○陳成子弒簡公。

成子，齊大夫，名恒。胡登反。簡公，齊君，名壬。事在《春秋》哀公十四年。《左傳》：齊簡公之在魯也，〔簡公，悼公陽生子壬也。時從其父奔在魯。〕闞止有寵焉。及即位，使爲政。陳成子憚之，驟顧諸朝。五月壬申，成子殺子我。〔即闞止。〕庚辰，執公於舒州。甲午，弒之。孔丘三日齊，而請伐齊三。公曰：「魯爲齊弱久矣，子之伐之，將若之何？」對曰：「陳恒弒其君，民之不與者半。以魯之衆，❸加齊之半，可克也。」公曰：「子告季孫。」孔子辭。〔辭不告。〕退而告人曰：「以吾從大夫之後也，故不敢不言。」附《蒙引》：崔子弒齊君，陳成子弒簡公，此皆記者之辭，如《春秋》法則名之矣，如下文便見。

孔子沐浴而朝，告於哀公曰：「陳恒弒其君，請討之。」朝，音潮。

是時孔子致仕居魯。沐浴齋側皆反。戒以告君，重其事而不敢忽也。臣弒其君，人倫之大變，天理所不容，人人得而誅之，況鄰國乎？故夫子雖已告老而猶請哀

❶「若」，原作「言」，今據哈佛本改。
❷「不自」，原誤倒，今據《四書章句集註》乙正。
❸「衆」，原作「旅」，今據《春秋左傳註疏》、《四書大全》改。

公討之。張子曰：「天子討而不伐，諸侯伐而不討，故雖湯、武之舉，不謂之討，而謂之伐。陳恒弑其君，孔子請討之，此必因周制：鄰有殺逆諸侯，當不請而討。」附《蒙引》：沐浴則齋戒矣。古者三日沐，五日浴。齋戒必沐浴，故知沐浴之爲齋戒也。

公曰：「告夫三子！」夫，音扶，下「告夫」同。

三子，三家也。時政在三家，哀公不得自專，故使孔子告之。

孔子曰：「以吾從大夫之後，不敢不告也。君曰『告夫三子』者！」

孔子出而自言如此。意謂弑君之賊，法所必討；大夫謀國，義所當告，君乃不能自命三子而使我告之邪？

之三子告，不可。孔子曰：「以吾從大夫之後，不敢不告也。」

以君命往告，而三子魯之强臣，素有無君之心，實與陳氏聲勢相倚，故沮在吕反。其謀。而夫子復扶又反，下同。以此應之，其所以警之者深矣。問：「當是之時，魯之兵柄分屬三家。哀公雖欲從夫子之言，然不告三子，則兵不可出，而孔子之意乃不欲往告，何哉？」朱子曰：「哀公誠能聽孔子以討齊亂，則亦召夫三子而以大義詔之耳，理明義正，雖或不從，而孰敢違之哉？今無成命，而反使孔子往而告之，則是可否之權決於三子，而不決於公也。況魯之三家，即齊之陳氏，其不欲討之必矣。是則不惟名義之不正，而事亦豈可得而成哉？然夫子以君命之重也，故不得已而一往焉，而冀其萬一之或從也。而三子果以爲不可，則復正言之，以明從違在彼雖不敢必，而君臣大倫所繫之重，雖欲不告而不敢以已，其所以警夫三子者亦深矣。」○夫子初告時，真箇欲討陳恒。後人知聖人此言可以警三子，非是聖人託討成子以警三子。聖人之心，不如是迂曲。○新安陳氏曰：「以吾已致仕，從大夫之後，尚激於義，不敢不告，則正爲君卿大夫者當何如？警之在此。」○程子曰：「左氏記孔子之言曰：『陳恒弑其君，民之不予與同。者半。以魯之衆，加齊之半，可克

也。』此非孔子之言。誠若此言，是以力不以義也。若孔子之志，必將正名其罪，上告天子，下告方伯，而率與國以討之。至於所以勝齊者，孔子之餘事也，豈計魯人之衆寡哉？當是時，天下之亂極矣，因是足以正之，周室其復興乎？魯之君臣終不從之，可勝平聲。惜哉！」問：「程子以左氏所記爲非夫子之言，然則夫子之戰將不復計其强弱，而獨以大義驅之耶？」朱子曰：「程子之意以爲夫子告魯，當明君臣之義，以見弒逆大惡，天下所不容，人人得誅之，況在鄰國而可以不討之乎？而其爲計，則必請其君以上告天子，下告方伯，舉天下之兵以誅之。以天下之兵討天下之賊，彼雖衆强，奚以爲哉？固不當區區獨較齊、魯之强弱，而以天下之公義爲一國之私也。左氏所記，蓋傳聞之謬，以衆人之腹，度聖人之心耳。」○春秋之時，三綱淪矣。孔子請討弒逆，此天下之大幾也。斯事一正，三綱可整，天下事可次第舉矣。沐浴而朝，敬其事以卜天意也。胡氏曰：「《春秋》之法，弒君之賊，人得而討之。仲尼此舉，先發後聞可也。」問：「程子以爲必告之天子，胡氏乃以先發後聞之説，何耶？」朱子曰：「考之《春秋》，先王之時，疑必自有此法，凡弒君者，人人得而討之，如漢所謂天下共誅之者。然事非一概，告與不告，又在乎時義之如何。使其地近於天子而可告，事未迫遽而得以告，力之不足以敵而不得不告，則告之而俟命以行，甚則或不俟命而遂行，皆可也。使其地之相去也遠，其事幾之來也不可少緩，吾之力又足以制之，而乃區區焉徇請命之小節，忘逆賊之大罪，使彼得以植其根，固其黨，或遂奔逸而不可以復得，則任其事者亦不免乎《春秋》之責矣。」○雲峰胡氏曰：「程子所謂『上告天子』者，經也；胡氏所謂『先發後聞』者，權也。然先發後聞，謂魯也，非謂孔子也。」○厚齋馮氏曰：「是年西狩獲麟，《春秋》絶筆焉，而不復書陳恒之事，蓋有所傷感焉，而魯之事不可爲矣。」○新安陳氏曰：「沐浴而朝，蓋欲齋戒積誠，以感君心也。獲麟在哀公十四年之春，請討在是年之夏。使此請聖人得遂其志，則三綱復正，周室復興，《春秋》可不必作矣。惟

此請之不遂，此《春秋》所以不得不作也。《春秋》作而亂賊懼，雖不得扶植當時之三綱，而可以扶植萬世之三綱焉。」

○子路問事君。子曰：「勿欺也，而犯之。」

犯，謂犯顏諫爭。去聲。○范氏曰：「犯非子路之所難也，而以不欺爲難，故夫子告以先勿欺而後犯也。」問：「子路勇於義，何難於不欺？特其燭理之不明，好强其不知以爲知，是以陷於斯耳。」朱子曰：「以使門人爲臣一事觀之，子路之好勇必勝，恐未免於欺也。」○問：「子路豈欺君者？莫只是勇，便解恁地否？」曰：「是恁地。子路性勇，凡言於人君，要他聽，或至於說得太過，則近乎欺。如唐人諫敬宗遊驪山，謂驪山不可行，若行必有大禍。夫驪山固是不可行，然以爲有大禍，則近於欺矣。要之雖不失於愛君，而其言則欺矣。」○勉齋黄氏曰：「僞言不直謂之欺，直言無隱謂之犯。欺與犯正相反也。夫子告子路之辭，推其本意，乃是一戒一勸，兩面平說之辭。若反覆以觀，則能無欺而不能犯，則未免有回互之失；能犯矣而不能勿欺，則未免有矯飾之病，此又不可不以爲戒也。」○洪氏曰：「忠而犯之，所謂有犯無隱；欺而犯之，是犯上也。」○雙峰饒氏曰：「事君以不欺爲本，然不欺甚難。惟是平日於慎獨上實下工夫，表裏如一，方能如此。今人自家好色好貨，卻諫其君勿好色好貨，皆是欺君。」附《存疑》：勿欺，兼所言所行說。犯，專就諫諍說。

○子曰：「君子上達，小人下達。」

君子循天理，故日進乎高明；小人徇人欲，故日究乎汙音烏。下。朱子曰：「上達是曉得透徹，到那總頭處，不特知到這裏，行也到這裏了。」○凡百事上皆有達處，惟君子就中得箇高明底道理，小人就中得箇汙下底道理。○君子一日長進似一日，小人一日沉淪似一日。究者，究竟之義，言究竟至於極也。初間只差些子，少閒究竟將去，越差得多。今人做錯一件事，說錯一句話，不肯當下覺悟便改，卻只管去救其失，少閒救得過失越大，無不是如此。○胡氏曰：「循天理，徇人欲，上達下達之原也；進高明，究汙下，上達下達之效也。人心萬理皆具，人欲或得以奪之，故有待於反之也。能復乎天理，而不以一毫私欲自累，則

高矣；不以一毫私欲自蔽，則明矣。苟徇乎耳目口鼻四肢之欲，益趨於貪濁之地，則汙矣；益流於苟賤之域，則下矣。進則升而愈崇，究則沉而愈卑。」○南軒張氏曰：「上達者，反本窮理也；下達者，趨末徇欲也。皆云達者，如喻義、喻利皆云喻也。」○雲峰胡氏曰：「夫子嘗曰下學而上達，其所爲上下者，天理人事之貫。此所謂上達下達，天理人欲之分也。」附《蒙引》：「高明」、「汙下」，貼本文「上」、「下」字。「日進」、「日究」，貼本文「達」字。○《存疑》：《蒙引》「君子循天理，天理本自高明，故日進乎高明；小人徇人欲，人欲本自汙下，故日究乎汙下」，此說覺未切。曰日進高明、日究汙下，都是日新不已意，不是死殺。譬如登山，日進高明，是一步高似一步；如入谷，日究汙下，是一步低似一步。自一事之善積而十事，自十而百而千而萬，一節高一節去，此日進高明也；自一事之惡積而十事，自十而百而千而萬，一節低一節來，此日究汙下也。若曰天理本自高明，人欲本自汙下，一下便了，不見上達下達、日進日究意。

○子曰：「古之學者爲己，今之學者爲人。」

爲，去聲。

程子曰：「爲己，欲得之於己也；爲人，欲見知於人也。」慶源輔氏曰：「爲己爲人之學，其差只在毫釐之間。惟欲得之於己，則不必見知於人；纔欲見知於人，則不必得之於己。欲得於己者收斂篤實，欲見知於人者輕浮淺露。」○程子曰：「古之學者爲己，其終至於成物；今之學者爲人，其終至於喪己。」問：「程子兩段不同。」朱子曰：「前段是低底爲人，只欲見知於人而已；後段是好底爲人，却是真箇要爲人。然不曾先去自家身己上做得工夫，非惟爲那人不得，末後連己也喪了。」愚按聖賢論學者用心得失之際，其說多矣，然未有如此言之切而要者。於此明辨而日省悉井反，下章同。之，則庶乎其不昧於所從矣。

朱子曰：「今須先正路頭，明辨爲己爲人之別，直見得透，卻旋旋下工夫，則意思自通，知識自明，踐履自正，積日累月，漸漸熟。若見不透，路頭錯了，則讀書雖多，爲文日工，終做事不得。」○雙峰饒氏曰：「此章當看『者』字。言同此一箇學，但學之者用心不同。古之學

此者，其心要得之於己；今之學此者，其心要求知於人。如三年學，已自是了，但志在於禄，則非爲己之學也。若如後世刑名術數、記誦詞章之學，則所學已與古人背馳，何必更論其用心之同異？孔子之時，世教雖衰，其學之陋尚未至此。」〇新安陳氏曰：「同一學也，爲己爲人之間，古今之不同如此分焉，學者當審其幾於用心之初可也。」附《存疑》：雖云古今所學皆同，然既有爲己爲人之分，其工夫亦自不同，所得亦異。爲己者，其工夫必深，若己無實得，決不肯已，必求到有實得，然後已。爲人者，外而粉飾，以爲可以見知於人斯已矣，其工夫必苟且糊塗，決不若爲己者之深切也。爲己者，工夫深切，必有實得，而日進乎高明；爲人者，工夫苟且糊塗，必無實得，亦終於廢墜耳。〇《蒙引》：欲得之於己，少有不見知於人者；欲見知於人，虚譽雖隆，實則病矣。

〇蘧伯玉使人於孔子。使，去聲，下同。

蘧伯玉，衛大夫，名瑗。於眷反。孔子居衛，嘗主於其家。既而反魯，故伯玉使人來也。

孔子與之坐而問焉，曰：「夫子何爲？」對曰：「夫子欲寡其過而未能也。」使者出。子曰：「使乎！使乎！」

與之坐，敬其主以及其使也。夫子，指伯玉也。言其但欲寡過，而猶未能，則其省身克己、常若不及之意，可見矣。雲峰胡氏曰：「省身常若不及，惟恐其身之有過而常加省察也。克己常若不及，惟恐其過未改而常加省治也。」使者之言愈自卑約，而其主之賢益彰，亦可謂深知君子之心而善於詞令者矣。故夫子再言「使乎」，以重直用反。美之。按莊周稱伯玉行年五十而知四十九年之非，又曰伯玉行年六十而六十化，《淮南子》曰：「蘧伯玉行年五十而知四十九年非。」〇《莊子·則陽》篇：蘧伯玉行年六十而六十化，未嘗不始於是之而卒詘（與屈同。）之以非也。〇朱子曰：「化是舊事都消融了，無固滯。」〇雙峰饒氏曰：「行年五十而知四十九年之非，

非是至五十歲頓然有悟也。化者變化之謂，言氣質變化，一年勝似一年，至於行年六十，而猶變化未已也。」

蓋其進德之功老而不倦，是以踐履篤實，光輝宣著，不惟使者知之，而夫子亦信之也。

南軒張氏曰：「伯玉之使，其言雖謙，而意義永，事情稱也。夫欲寡過而未能，非篤於進德脩業者，莫知此味也。則伯玉之賢可知矣，而其使之才亦可知矣。」○慶源輔氏曰：「使者不以伯玉之德著見於外者言，而以伯玉之心克治於内者告，且曰欲而未能，不獨其言謙抑卑下，而又深有得於聖賢爲己之學常如不及之意，可謂知德而能言矣。」○雙峰饒氏曰：「『欲寡其過而未能』一句，意味深長，學者常存此心，乃進德之本也。」○新安陳氏曰：「欲寡過，則不自是；不謂已能寡過，則不自足。此檢身常若不及之心也，進善其有窮乎？非伯玉之賢，不能如此存心；非使者之賢，不能知伯玉此心，宜夫子有味其言而深賞之。」○吴氏曰：「《論語》中夫子俟其出而稱之者二，南宫适出、伯玉使者出是也。俟其出而斥之者二，宰我出，樊遲出是也。聖人氣象從容，如天地之生物，陽舒陰慘，無非教也，千載而下猶可想見之。」《通考》朱氏公遷曰：「使者以願學之心稱伯玉，可謂知賢者矣。若公明賈以『時然後言』以下三者稱文子，則是以德行之美贊之，不幾過其實乎？故夫子一信之，一疑之。」附《存疑》：過有三：念慮之差，過也；言語之差、行事之差，亦過也，故曰心過、口過、身過。○《蒙引》：人但知使者之善於辭令，而不知其深知君子之心，所以爲可取也。假如伯玉未能如此，而使者云云，則夫子未必許他。如公明賈之對，亦善乎其爲辭令矣，而反以來聖人之疑。故《集註》又曰「不惟使者知之，而夫子亦信之也」。○省身克己，即省察克治也。省身有過，便克治了。○省身克己，常若不及之意，「吉人爲善，惟日不足」也，此即所謂踐履篤實也。○光輝宣著，只看「使者知之，而夫子亦信之」便見得。○春秋諸賢大夫如伯玉，卻是有裏面工夫底人。觀其欲寡其過而未能，且恥獨為君子，而其出處又合聖人之道，可謂有體有用之君子矣。雖不與聖門，然攷其所立，顏、曾之亞，閔、冉之儔也。○伯玉行年五十而知四十九年之非，本出《淮南子》，而大註皆以爲莊子，亦適然之誤。○孔子與之坐，對坐乎？坐之於傍乎？曰：以理度之，及「對曰」二字看起，只是傍坐，便見敬他意了，不必

與抗禮。○顧麟士曰：「此使亦非僕隸之謂也，觀子華爲夫子使齊可見。」

○子曰：「不在其位，不謀其政。」

重出。已見《泰伯》篇。

○曾子曰：「君子思不出其位。」

此艮卦之《象》辭也。《易·艮卦·大象傳》辭曰：「兼山，艮，君子以思不出其位。」曾子蓋嘗稱之，記者因上章之語而類記之也。○范氏曰：「物各止其所，而天下之理得矣。故君子所思不出其位，而君臣上下大小皆得其職也。」南軒張氏曰：「位，非獨職位，大而君臣父子，微而一事一物，當其時與其地，所思止而不越，皆不出其位也。非有主於中，其能然乎？」○勉齋黄氏曰：「位，身所處之地也。爲君則思君道，爲臣則思臣道，此位也；當食則思食，當寢則思寢，此亦位也。越所處而思，則爲出其位矣。」○雙峰饒氏曰：「上章爲謀政者言，不在其位之位，指職位而言也。此章泛言君子之所思不出其位，『位』字比上章又説得闊，如爲人子則思孝，爲人臣則思忠，素富貴則思所以行富貴，素貧賤則思所以行乎貧賤，皆是也。」○雲峰胡氏曰：「艮，止也。思不出其位，身之所處止其所，心之所思亦止其所也。」《通考》朱氏公遷曰：「思以事言。餘如『不曰如之何，如之何』一章，亦主於臨事之思而言也。但『再斯可矣』，是思不可過；『吾末如之何』，是思不可不熟。一則因文子三思而言，一則爲世之率意妄行者而言，二章皆所以示戒也。」附《易》程傳：上下皆山，故爲兼山，重艮之象也。君子觀艮止之象，而思安所止，不出其位也。位者所處之分也。萬事各有其所，得其所，則止而安。若當行而止，當速而久，或過或不及，皆出其位也，況踰分非據乎？○《淺説》：曾子曰：「君子素其位而行。」身之所居在是，則心之所思在是，而所思不出乎其位之外也。

○子曰：「君子恥其言而過其行。」行，去聲。

恥者，不敢盡之意。過者，欲有餘之辭。

朱子曰：「過，猶《易》『喪過乎哀，用過乎儉』之過，謂力行也。」○勉齋黄氏曰：「言放易，故當恥；行難盡，故當過。」○胡氏曰：「或謂恥其言之過於行，固通。必如

《集註》釋爲兩事，斯得夫子立言之本意。」〇雙峰饒氏曰：「過其行與恥其言對，謂行當過於其言，如云說七分而行十分相似。」〇厚齋馮氏曰：「恥之者，恐其言之浮於行也；過之者，欲其行之浮於言也。」附《存疑》：恥是惡行不得，故以爲恥，故曰「古者言之不出，恥躬之不逮」也。恥則必擇其所能行者言之，雖能行得，猶留一兩分，不敢盡說，至所不能行者，則絕不敢出諸口矣，故曰「不敢盡」。過其行，是對『恥其言』說，謂言則恥不敢盡，而行則過之也。饒氏謂如說七分而行十分，是此意，故曰「欲有餘之詞」。行必過其言，方爲有餘。不然，豈能有餘？　雖至聖人，亦只是盡這理而已，豈能有餘？《語録》喪，用過乎哀、儉之說，又非中道，非君子所貴。」

〇子曰：「君子道者三，我無能焉：仁者不憂，知者不惑，勇者不懼。」知，去聲。

自責以勉人也。三句解見《子罕》篇。〇朱子曰：「道體無窮，聖人未嘗見其有餘也。亦有勉進學者之意。」附《蒙引》：仁者不憂，見其未免於憂也。下二句亦然。

子貢曰：「夫子自道也。」

道，言也。自道，猶云謙辭。〇尹氏曰：「成德以仁爲先，進學以知爲先，故夫子之言，其序有不同者，以此。」胡氏曰：「爲學之序，以智爲先。若德之成，則仁又爲百行之首。」〇覺軒蔡氏曰：「以仁爲先，猶自誠而明；以志爲先，猶自明而誠。自誠而明，夫子之事，故子貢以爲夫子自道也。上文『我無能焉』，乃是謙辭。」〇新安陳氏曰：「覺軒解『自道』與《集註》小異，未必。子貢一時聞夫子之言，便以《子罕》篇語先後次序不同來比並，而答以此言也。」附《蒙引》：夫子自道也，言此特夫子之言如此耳。以賜觀之，夫子於此三者，蓋綽綽乎其有餘矣。不可以「言」字當「謙」字。〇夫子自以爲未能，而子貢又以爲自道，子貢之言是，則夫子之言非其情矣。夫子之言果然，則子貢之言幾於阿矣。曰：夫子之言，聖不自聖之心也；子貢之言，知足以知聖人之智也。〇《存疑》：自責以勉人者，聖人尚未能，況學者乎？此爲以勉人也。自道，自說也，不是自謙。自謙意在其中。蓋自說則常引退，更不肯自炫其能，此便是自謙，故曰在其中。註曰「猶云自謙」，有分曉矣。

○子貢方人。子曰：「賜也賢乎哉？夫我則不暇。」夫，音扶。

方，比也。乎哉，疑辭。比方人物而較其短長，雖亦窮理之事，然專務爲此，則心馳於外，而所以自治者踈矣。故褒之而疑其辭，復扶又反。自貶以深抑之。○謝氏曰：「聖人責人，辭不迫切而意已獨至如此。」朱子曰：「學者須思量不暇箇甚麼，須於自己體察，方可見。」○齊氏曰：「孔子之於道也，未得之則發憤忘食，既得之則樂以忘憂，而何暇於方人？」○厚齋馮氏曰：「子貢自視與夫子孰賢，而能爲夫子之所不暇爲耶？」○新安陳氏曰：「我則無暇及他人，言外之意謂方自治也。」附《蒙引》：子貢方人，夫子以爲賢，褒之也。而曰「賢乎哉」，則又疑其詞。謂「我則不暇」，自貶也。然夫子於此且不暇，而子貢獨暇之乎？蓋急於自治者，自不暇於方人也。其自貶者，乃所以深抑之也。

○子曰：「不患人之不己知，患其不能也。」

凡章指同而文不異者，一言而重平聲。出也；文小異者，屢言而各出也。此章凡四見，形甸反。而文皆有異，新安陳氏曰：「四見者，《學而》篇『不患人之不己知，患不知人也』，《里仁》篇『不患莫己知，求爲可知也』，《衛靈公》篇『君子病無能焉，不病人之不己知也』，與此章爲四。」則聖人於此一事蓋屢言之，其丁寧之意亦可見矣。胡氏曰：「失於務外，爲學之通患。聖人每欲其反己以自力，故不一言而已也。」○雲峰胡氏曰：「四見之中，《學而》篇是一意，重在知人，餘三見共是一意，重在『能』字。所以求爲可知者，求諸我之能而已。」

○子曰：「不逆詐，不億不信，抑亦先覺者，是賢乎？」

逆，未至而迎之也。億，未見而意之也。詐，謂人欺己。不信，謂人疑己。抑，反語辭。朱子曰：「凡『抑』字皆略反上文之意。」言雖不逆不億，而於人之情僞自然先覺，乃爲

賢也。○楊氏曰：「君子一於誠而已，然未有誠而不明者，故雖不逆詐，不億不信，而常先覺也。若夫音扶。不逆不億，而卒爲小人所罔焉，斯亦不足觀也已。」朱子曰：「逆詐，是那人不曾詐，我先揣摩道那人必是詐我。億不信，是那人未有不信底意，便道那人必是不信。我先覺，則分明是見那人已詐已不信。」○一有詐不信，吾之明足以知之，是之謂先覺。彼未必詐而逆以詐待之，彼未必不信而先億度其不信，此則不可也。○勉齋黃氏曰：「未見其事而疑其必欺，故爲逆詐；未見其事而度其必不實，故爲億不信。然詐不信雖以事見而可以理知，故雖不逆不度而以先覺爲賢者，理明故也。」○雙峰饒氏曰：「不逆不億，待物之誠也；先覺，燭理之明也。逆億是有心，覺是無心。」○馮氏曰：「逆億如人在室外而料室中之虛實，先覺如明鏡照物而物無遁形。此非格物致知、洞然明知者，不能也。」○雲峰胡氏曰：「逆億是以意見推之，先覺是以義理照之。」○新安陳氏曰：「逆億者私見之紛擾，先覺者真見之昭徹。固不先事而預料小人之爲奸，亦不臨事而墮於小人之奸，其斯爲誠明之君子乎？」附《蒙引》：天下之人，防範過密者，多逆億之私；其不億逆者，多墜於小人之計。今也初不逆人之我欺，初不億人之我疑，然卻於人之我欺我疑者未嘗不先覺，則既不先事而預料人之奸，而亦不臨事而墜於小人之計，斯其爲賢矣乎？○大註云「於人之情僞自然先覺」，兼言情僞者，猶《大學》之善惡不可掩例，詞若兼，意則有所主。○誠明二字固可用，但范氏謂未有誠而不明者，❶則是惟其不逆不億，故能先覺，是誠生明之意，則非本意矣，故作圈外。且誠明二字亦說得大了。○《存疑》：有天資高、識見明、人欺不得底，亦有學問到、義理明、人欺不得底，賢要兼此二者。○顧麟士曰：「『不逆詐，不億不信，抑亦先覺者』，作一句讀，極妙。蓋如此則『者』字實落看做一箇人，故緊贊曰『是賢乎』。」

○微生畝謂孔子曰：「丘何爲是栖栖者與？無乃爲佞乎？」與，平聲。

微生，姓，畝，名也。畝名呼去聲。夫子而

❶「范」，據上下文當作「楊」。

辭甚倨，居御反。蓋有齒德而隱者也。栖栖，依依也。爲佞，言其務爲口給以悦人也。

孔子曰：「非敢爲佞也，疾固也。」

疾，惡去聲。也。固，執一而不通也。聖人之於達尊，禮恭而言直如此，其警之亦深矣。胡氏曰：「不恭則失長幼之序，不直則失禮義之正。」○慶源輔氏曰：「爲佞以説人者失之不及，執一而不通者失之過，聖人只在中道上行。微生之言雖倨而疑，夫子之言雖恭而決。」○雙峰饒氏曰：「栖栖，如鳥之栖木而不去然。畝方以退隱爲高，見孔子歷聘，疑其以口給取悦。殊不知聖人可仕則仕，可止則止，如天地四時之變化，豈若小丈夫之執一而不通耶？」○新安陳氏曰：「以夫子而尚謂其栖栖爲佞，則畝之耿介固執可想矣，故夫子因而箴之。夫立身待人，自有中道。聖人萬不爲柔佞之不及，亦不爲固執之太過也。」附《蒙引》：惡是聖人自惡執一不通之事，非惡執一不通之人也。然曰「疾固也」，則微生畝爲固矣，其儆之也深矣。

○子曰：「驥不稱其力，稱其德也。」

驥，善馬之名。德，謂調良也。胡氏曰：「調者習熟而易控御也，良者順服而不蹄齧也。」○尹氏曰：「驥雖有力，其稱在德。人有才而無德，則亦奚足尚哉？」南軒張氏曰：「驥之得稱，爲其德不爲其力，而況於君子，豈不以尚德爲貴乎？苟無其德，雖曰有才，其得謂之君子乎？」○慶源輔氏曰：「才與德皆本於天，然才出於氣，德根於理。二者雖不可闕一，然出於氣者固不若根於理之爲粹也。」○胡氏曰：「驥之任重致遠，非力不可。然有力者不足言，必言其調良也。故觀人者不當言其才，而當言其德。人亦不可徒恃其才，而當以德爲主也。」○雙峰饒氏曰：「驥者良馬之稱。馬中之驥如人中之君子。驥非無力，然其所以得驥之名者，以德不以力；君子非無才，然其所以得君子之名者，以德不以才。」○新安陳氏曰：「此章與歲寒松柏章，皆如《詩》六義之比，實以木與馬比君子，非專言木、馬也。」

○或曰：「以德報怨，何如？」

或人所稱，今見老子書。德，謂恩惠也。《老子道德經·恩始》章曰：「大小多少，報怨以德。圖難於其易，爲大於其細。」

子曰：「何以報德？

言於其所怨，既以德報之矣，則人之有德於我者，又將何以報之乎？朱子曰：「以德報怨，不是不好，但上面更無一件可以報德。譬如人以千金與我，我以千金酬之，便是當然。或有人盜我千金，而吾亦以千金與之，是何理？視與千金者更無輕重，斷然是行不得也。」

以直報怨，以德報德。」

於其所怨者，愛憎取舍，上聲。一以至公而無私，所謂直也；於其所德者，則必以德報之，不可忘也。○或人之言，可謂厚矣。然以聖人之言觀之，則見其出於有意之私，而怨、德之報皆不得其平也。必如夫子之言，然後二者之報各得其所。然怨有不讎，新安陳氏曰：「讎，仇也。怨有不必報者，不以讎待之也。」而德無不報，則又未嘗不厚也。此章之言，明白簡約，而其指意曲折反復，芳服反。如造化之簡易，易並去聲。知而微妙無窮，學者所宜詳玩也。問：「以德報怨，亦可謂忠且厚矣，而夫子不之許，何哉？」朱子曰：「是亦私意所爲，非天理之正也。夫有怨有德，人情所不能忘，而所以報之，各有所當，亦天理之不能已也。顧德有大小，皆所當報，而怨則有公私曲直之不同，故聖人教人以直報怨，以德報德。『以直』云者，不以私害公，不以曲勝直，當報則報，不必報則止，一觀夫理之當然，而不以己之私意加焉。是則雖曰報怨，而豈害其爲公平忠厚哉？然而聖人終不使人忘怨而沒其報復之名者，亦以見夫君父之仇有不得不報者，而伸夫忠臣孝子之心耳。若或人之言，則以報怨爲薄，而必矯焉以避其名，故於其所怨而反報之以德，若忠厚者，而於所德又將何以報之？『以德』之上無復可加。若但如所謂報怨者而已，則是所以報德者僅適其平，而所以報怨者反厚於德。且雖君父之仇，亦將有時而忘之也，是豈不反爲逆人情、悖天理之甚哉？」曰：「君父

之讎亦有當報不當報之別乎？」曰：「《周禮》有之：『殺人而義者，令無讎，讎之則死。』此不當報者也。《春秋傳》曰：『父不受誅，子復讎可也。』此當報者也。當報而報，不當報而止，是即所謂直也。周公之法，孔子之言，若合符節，於此可以見聖人之心矣。」曰：「然則楊氏所謂『小加委曲，如庾公之斯』者，如何？」曰：「此意善矣，而亦有所未盡也。蓋天下之事，有公義，有私恩。二者常相得焉，則盡其道而不爲私可也。不幸而或至於相妨，則權輕重而處之，使公義行於上，而私恩重於下，然後可耳。若小加委曲，而害天下之公，則亦君子所不爲也。」○以德報怨，於怨者厚矣，而無物可以報德，則於德者不亦薄乎？以直報怨則不然。如此人舊與吾有怨，今果賢邪，則引薦之；果不肖邪，則棄之絕之，是蓋未嘗有怨矣。○雙峰饒氏曰：「直是直道。當報則報，不當報則不報，是之謂直。老氏之說，不問道理曲直，只是不欲與人結怨而已。以德報怨，說殺了，不若以直報怨之語，中間有涵蓄，當報而報與不當報而不報，皆在其中。學者玩味其意，觸類而長，則可爲處事之權衡矣。」附《蒙引》：以直報怨，顧道理何如耳。理當愛當取，則愛之取之，初不以其有怨於我而不愛之不取之也。如理在所惡，在所舍，從而惡之舍之，亦不以其有怨於我而避嫌，故不惡不舍之也。只看道理如何，一似未曾有怨一般，所謂直也。○以德報德，愛憎取舍，雖有加厚意，然君子亦未嘗以私恩害公義。公道上去不得處，終是不肯以私害公。可厚則厚，不可厚處，亦難强要厚得。必不把法度卻賣了。然則報德亦顧道理何如。○《存疑》：據《蒙引》說「以直報怨」曰：愛憎取舍，一以至公而無私。是愛憎取舍，只顧其人何如耳，都不干著自己怨事。然小註又有當報不當報之說。夫其不當報者，以是施之可也。若當報，亦以是施之，毋亦傷忠臣孝子之心乎？且其人若可愛可取，而在我之怨則當報，又將何如？愚意愛憎取舍，這便是當報不當報意。理當愛當取，這便是不當報，則愛之取之而不報也；理當憎當舍，則憎之舍之而報也。依此說方無礙，且與報怨意有相涉處。若依前說，則彼此相礙，且全似就用人上說。○顧麟士曰：「《筆記》云：『曰以直報怨，何必以德報之哉？曰以德報德，何必以之報怨哉？每句只換他所問一句便明。』」

○子曰：「莫我知也夫！」

夫子自歎，以發子貢之問也。附《蒙引》：「莫我知也夫」，正含下文意。「夫子自歎，以發子貢之問也」，此「發」字與下文「故特語以發之」之「發」字不同。

子貢曰：「何爲其莫知子也？」子曰：「不怨天，不尤人，下學而上達，知我者其天乎？」

不得於天而不怨天，不合於人而不尤人，但知下學而自然上達。此但自言其反己自脩，循序漸進耳，無以甚異於人而致其知也。然深味其語意，則見其中自有人不及知而天獨知之之妙。朱子曰：「不怨不尤，則不責之人而責之己；下學人事，則不求之遠而求之近，此固無與於人而不駭於俗矣，人亦何自而知之也耶？及其上達而與天爲一焉，則又有非人之所及者，此所以人莫之知而天獨知之也。」○勉齋黄氏曰：「窮通榮辱，天也；用舍予奪，人也。常人之情，置事於淺近，索理於渺茫，❶足以惑人之耳目而以爲能，此所以人知之也。聖人渾然天理，窮通榮辱、用舍予奪，皆理之所不能無者，順而受之，又何怨尤之有？人事之中便是天理，又何必捨人事而求之於眇茫哉？如是則泊然若不見其所長者。然天理流行而聖人與之無間如此，所以人不知而天知也。」○慶源輔氏曰：「己與天人只是一理。在己者既盡，則天人無有不應者。聖人與理爲一，自然無所怨尤。」蓋在孔門，唯子貢之智幾平聲。足以及此，故特語音御。以發之。惜乎其猶有所未達也。朱子曰：「聖門自顏、曾以下，惟子貢儘曉得，聖人多是將這般話與他説。他若未曉，聖人豈肯説與？但他知得箇頭耳，惜乎見夫子説便自住了。如『予欲無言』、『予一以貫之』，也只如此住了，只是不曾有默契省悟觸動他那意思處。他若有所默契，須發露出來，不但已也。如曾子聞一貫語，便曰唯。子貢便無這處。」○程子曰：「不怨天，不尤人，在理當如此。」又曰：「下學上達，意在言表。」又曰：「學者須守下學上達之語，乃學之要。蓋凡下學人事，便

❶「渺」，原作「眇」，今據《四書大全》改，下文「渺茫」同。

是上達天理。然習而不察，則亦不能以上達矣。」問：「下學而上達者，言始也下學，而卒之上達云爾。今程子以爲下學人事便是上達天理，何耶？」朱子曰：「學者學夫人事，形而下者也，而其事之理，則固天之理也，形而上者也。學是事而通其理，即夫形而下者而得夫形而上者焉，非達天理而何哉？」○問：「聖人恐不自下學中來。」曰：「不要高了。聖人高，後學者如何企及？越説得聖人低，❶越有意思。聖人雖生知，亦未嘗不學。如十五志學、每事問，便是學也。」○須是下學，方能上達。然人亦有下學而不能上達者，只緣下學得不是當。若下學得是當，未有不能上達者。聖門下學而上達，至於窮神知化，亦不過德盛仁熟而自至耳。如釋氏理須頓悟，不假漸脩之云，是只説上達，更不理會下學。然不理會下學，如何上達？○問：「下學只是切近處求否？」曰：「也不須揀，事到面前，便與理會。且如讀書，讀第一章，便與理會第一章，讀第二章亦然。今日撞著這事來，便與理會這事，明日撞著那事來，便與理會那事。萬事只一理，不是揀那大底要理會，其他卻不管。」○問：「有一節之上達，有全體之上達否？」曰：「不是全體，只是這一件理會得透，那一件又理會得透，積累多，便會貫通，不是別有一箇大底上達。又不是下學中便有上達，須是下學方能上達。今之學者於下學中便要求玄妙，則不可。」○問：「下學上達，意在言表，是如何？」曰：「如下學只是下學，如何便會上達？自是言語形容不得。下學上達，雖是兩件，理會得透，厮合只是一件。下學是事，上達是理，理在事中，事不在理外。一物之中，皆具一理。就那物中，見得箇理，便是上達，如『大而化之之謂聖，聖而不可知之之謂神』。然亦不離乎人倫日用之中，但恐人不能盡所謂學耳。果能學，安有不上達者？」○方其學時，雖聖人亦須下學，如孔子問禮、問官名。未識須問，問了也須記。及到達處，雖下愚也會達，便不愚了。○孔子當初歎無有知我者，子貢因問何爲莫知子，夫子所答辭只是解何爲莫知子一句。大凡不得乎天則怨天，不得乎人則尤人。我不得乎天，亦不怨天，不得乎人，亦不尤人，與世都不相干涉。方其下學人事之卑，衆人所共，又無奇特聳動人處，及其上達天理之妙，

❶「越」，原脱，今據《朱子語類》補。

忽然上達去，人又捉摸不著，如何能知得我？知我者畢竟只是天理與我默契爾，以此見孔子渾是天理。○問：「子貢不曾問，孔子告之，必有深意。」曰：「《論語》中自有如此等處。如告子路『知德者鮮』，告曾子『一以貫之』，皆是一類。此是大節目，要當自得。這卻是箇有思量底事，要在不思量處得。」○當時不惟門人知夫子，別人也知道是聖人。今夫子卻恁地說，是如何？❶如子貢之聰明，想見也大故知聖人，但尚有知未盡處，故如此說。子貢曰「何爲其莫知子也」，子貢也是說他不爲不知夫子，所以怪而問之。夫子便說下面三句，便是葉公問孔子於子路處相似，皆是退後一步說。不怨天，是於天無所逆；不尤人，是於人無所忤。下學只恁地就平易去做，上達便是做後自理會得。只這平易，便是人不能及處。如發憤忘食，樂以忘憂，看著似乎只是恁地平說，但是人自不可及。人既不能知，則只有天知者，是道理與天相契合也。○南軒張氏曰：「下學人事而上達天理，天理初不外乎人事。知我其天，所謂天者，理而已。聖人純乎天理，故其自言如此。」○問：「何謂下學上達？」潛室陳氏曰：「下學人事，自然上達天理。若不下下學工夫，直欲上達，則如釋氏覺之說是也。吾儒有一分學問，則磨得一分障礙去，心裏便見得一分道理；有二分學問工夫，則磨得二分障蔽去，心裏便見得二分道理。從此惺惺恁地，不令走作，則心裏統體光明，渣滓净盡，便是上達境界。」《通考》朱氏可傳曰：「不怨天，不尤人，爲聖人自道之辭則可，若以此論聖人，則不可。蓋不怨不尤不足以言聖人故也。故充虞又聞於孟子，是孟子嘗以此教人，而亦以此自居矣。《中庸》又以歸之素位而行之君子，其所謂君子，蓋通聖賢而言者也。」附《蒙引》：不怨天，不尤人，下學而上達，三句意不斷，「下學」二字就套在不怨不尤裏，下學即自脩之實也。大凡怨天尤人者，必不知反己；反己自脩者，自然無怨尤。但反己自脩，則理在事中，事亦非理外，便自然漸進矣。此皆朴實頭爲己，而非有所歆動於人處，固非所以致其知，抑亦非人所得而知也。大註「此但言其反己自脩，循序漸進耳，無以甚異於人而致其知也」，直解到「其天乎」住，或者止截到「上達」處，非也，與葉公問孔子章大註「此但言其好學之篤耳，然深味之，則見其全體至極」云云同。○聖人下學便上

❶「是」上，原衍「時」字，今據《朱子語類》删。

達，如何説循序漸進？如程子説忒緊了。程子只恐人認上達在下學外，故云。若孔子本意，卻是謂我只管下學，而自然至於上達，不是方下學便一蹴到上達處。只是上達不在下學外耳。○「幾足以及此」，「此」指其中人不及知而天獨知之妙。○《存疑》：一事便有一理，學一件事，便知一件理，此下學上達也。不下學，則無由上達，此爲循序漸進。《蒙引》「今日格一物，明日格一物，今日行一事，明日行一事，久則自然知天立命」，此即是程子「積累多後，脱然有悟」之説，忒遠了，亦忒緩。聖人説甚切近，語意亦緊急。○「知我者其天乎」，只是説莫己知。言我不怨天，不尤人，下學而上達，這等處都是學者常事，初無甚異於人而致其知也，其誰知我？知我者其天乎？然自旁人觀之，則見其中有人不及知而天獨知之妙。聖人説此等處，都不自覺，可見其與天爲一處。○這天是蒼蒼之天，天者理而已。下學人事，上達天理，則其理與之契，故人不及知而天獨知之。天若作理説，不是。理無知，何謂能知聖人？

○公伯寮愬子路於季孫。子服景伯以告，曰：「夫子固有惑志，於公伯寮吾力猶能肆諸市朝。」朝，音潮。

公伯寮，魯人。子服，氏，景，謚，伯，字，魯大夫子服何也。夫子指季孫。言其有疑於寮之言也。肆，陳尸也。言欲誅寮。《周禮》註：有罪既殺，陳其尸曰肆。○吴氏曰：「市朝，不過連言之。《左傳》晉殺三郤，尸諸朝，殺董安于，尸諸市，賤者在市也。」○胡氏曰：「大夫以上於朝，士以下於市。」○新安陳氏曰：「愬，譖也。惑志，疑心也。」

子曰：「道之將行也與，命也；道之將廢也與，命也。公伯寮其如命何？」與，平聲。

謝氏曰：「雖寮之愬，行亦命也。其實寮無如之何。」愚謂言此以曉景伯，安子路，而警伯寮耳。聖人於利害之際，則不待決於命而後泰然也。朱子曰：「聖人不言命。凡言命者，皆爲衆人言也。到無可奈何處，始言命。如此章『命也』，是爲景伯説，如曰『有命』，是爲彌子瑕説。聖人用之則行，舍之則藏，未嘗到無可奈何處，何須説

命？如下一等人，不知有命，又一等人，知有命，猶自去計較，中人以上，便安於命，到得聖人，便不消得言命。」○問：「或以命爲天理，何也？」曰：「命者，天理流行，付於萬物之謂也。然其形而上者謂之理，形而下者謂之氣。自其理之體而言之，則元亨利貞之德，具於一時，而萬古不易；自其氣之運而言之，則消息盈虛之變，如循環之無端而不可窮也。萬物受命於天以生，而得其理之體，故仁義禮智之德根於心而爲性。其既生也，則隨其氣之運，故廢興厚薄之變唯所遇而莫逃。此章之所謂命，蓋指氣之所運爲言，以天理釋之，則於二者之分亦不察矣。」○吴氏曰：「命指氣而言，陰陽之氣運行不齊，治亂皆有定數，如命令然。❶景伯欲肆寮者，義之激也；夫子歸之於命者，分之安也。疑季氏有惑志，子路遂同子羔仕衛。」○齊氏曰：「子路非王佐之才，家臣非卿相之位，而孔子以公伯寮之愬爲關於吾道之行止，何也？魯爲公室之蠹者，莫如季氏。孔子爲政於魯，大率欲裁其僭。而勇於承令以出藏甲，墮郈、費者，子路也。公伯寮愬子路，固將假以沮孔子也。故孔子不爲子路禍福計，而爲吾道興廢計。然子服景伯欲肆寮於市朝，而孔子以爲寮如命何，蓋以吾道行與不行，繫於天之祐與不祐，而不繫於寮之愬與不愬也。景伯尤諸人，而孔子委之天。孟子於臧倉之沮魯侯，亦歸之天焉。」○慶源輔氏曰：「聖人純是義理，義所當行則行，義所當止則止，處利害之際，唯其義而已，更不問命之如何。今此言命者，以曉景伯，警伯寮耳。」○新安陳氏曰：「天將使道之行，寮不能使之廢。使寮之愬得行，是天未欲道之行耳。聖人不怨天，又何尤於寮哉？」《通考》朱氏公遷曰：「孔子兩言『其如予何』，一言『其如命何』。『如命何』是我之命在天，『如予何』是天之命在我。在天者不可必，在我者可必也。」附《蒙引》：上二句且虛説，不必因謝氏註，便以寮之愬不行爲道之將行，以寮之愬行爲道之將廢。若如此説，如何再説得「公伯寮其如命何」一句出？亦不可依小註齊氏，説公伯寮之愬子路，是假以沮孔子意。蓋子路若得行於魯，便是得志，便是道之將行了。

○子曰：「賢者辟世，辟，去聲，❷下同。

❶「令」，原作「合」，今據《四書大全》改。
❷「聲」，原脱，今據哈佛本補。

天下無道而隱，若伯夷、太公是也。辟紂而居東北海之濱。

其次辟地，附《蒙引》：三箇「次」字，只就世、地、色、言上説來。

去亂國，適治去聲。邦。如百里奚去虞之秦。

其次辟色，

禮貌衰而去。如衛靈公顧蜚雁而色不在，孔子遂去之。

其次辟言。」

有違言而後去也。如衛靈問陳，而孔子遂行。

○程子曰：「四者雖以大小次第言之，然非有優劣也，所遇不同耳。」問：「四者固非優劣，然賢者之處世，豈不能超然高舉，見幾而作，乃至發見於言色而後辟之耶？」勉齋黄氏曰：「出處之義，自是一端，隨其所遇之時而酌其所處之宜，可也。衛靈公顧蜚雁則辟色矣，問陳則辟言矣，豈夫子於此爲劣乎？此所以不可以優劣言也。」○厚齋馮氏曰：「桀溺謂子路豈若從辟世之士，夫子爲之憮然。至是乃言辟世，則道不行而無仕志也。」○吴氏曰：「世與地，以地勢廣狹言；色與言，以人事淺深言。若夫子則辟地辟色辟言，而終不忍辟於世，觀其論沮溺可見矣。」○雲峰胡氏曰：「天下爲大，邦國爲小。辟世辟地，是辟其國；辟色辟言，是辟其人。此程子所謂大小次第，而非以賢者之德爲有優劣也。」附顧麟士曰：「按鄱陽朱氏曰：『此章即出處去就而見隨時之義。』」

○子曰：「作者七人矣。」

李氏曰：「作，起也。言起而隱去者今七人矣。不可知其誰何。必求其人以實之則鑿矣。」慶源輔氏曰：「凡書所載，有當深索者，不深索之則失之略；有不必過求者，過求之則失之鑿。所謂當深索者，義理是也；所謂不必過求者，此處是也。」附《蒙引》：此孔子憂世之意，味其語意，有天地閉、賢人隱之傷。○《淺説》：君子之出處，視乎世道之盛衰；世道之盛衰，驗於君子之出處。今起而隱去者有七人矣，亦不爲不多矣，世道之可憂何如哉？

○子路宿於石門。晨門曰：「奚自？」子路曰：「自孔氏。」曰：「是知其不可而爲之者

與？」與，平聲。

石門，地名。晨門，掌晨啓門，蓋賢人隱於抱關者也。自，從也，問其何所從來也。胡氏曰：「晨門知世之不可而不爲，故以是譏孔子。然不知聖人之視天下，無不可爲之時也。」問：「聖人無不可爲之時。且以人君言之，堯所以處丹朱而禪舜，舜所以處父母弟之間與所以處商均而禪禹；以人臣言之，伊尹所以處太甲，周公所以處管、蔡，可見聖人無不可爲之時。」朱子曰：「然。」○南軒張氏曰：「聖人非不知道之不行，而皇皇於斯世者，天地生物之心也。晨門賢而隱於抱關，知世之不可爲而遂已，而未知道之不可以已。然玩其辭意，緩而不迫，其養有過於荷蕢之果者歟？」❶○勉齋黄氏曰：「晨門見己而不見聖人，故云然。然無孔子之聖，則寧自處於抱關耳。其言聖人則非，而自處其身則是，亦賢也已。」○慶源輔氏曰：「賢者之視天下，有不可爲之時，才力有限也；聖人視天下，無不可爲之時，其道無所不可也。」

○子擊磬於衛，有荷蕢而過孔氏之門者，曰：「有心哉，擊磬乎！」荷，去聲。

磬，樂器。荷，擔也。按韻書，負荷之荷在上聲，下可反，又去聲。蕢，草器也。此荷蕢者亦隱士也。聖人之心未嘗忘天下，此人聞其磬聲而知之，則亦非常人矣。問：「聞磬聲如何便知夫子之心不忘天下？」朱子曰：「他那人煞高，如古人於琴聲中知有殺心耳。」附《蒙引》：「有心哉，擊磬乎」，此未有貶意。○蕢，草器也，今草包之類。既謂之器，便是可用以盛物者，且與孟子「我知其不爲蕢也」相協。

既而曰：「鄙哉，硜硜乎！莫己知也，斯已而已矣。『深則厲，淺則揭』。」硜，苦耕反。莫己之己，音紀，餘音以。揭，起例反。

硜硜，石聲，亦專確之意。以衣涉水曰厲。攝衣涉水曰揭。此兩句，《衛風・匏

❶「其」，影明本《四書輯釋》、《四書大全》作「所」。

有苦葉》之詩也。譏孔子人不知己而不止，不能適淺深之宜。附《通義》：白雲許氏曰：「『以衣涉水曰厲』，衣，裏衣也；『攝衣涉水曰揭』，攝，提起也。古人不裸體涉水。若水淺，但提起衣而過；若水深，不可提，既不可脱衣，則和裏衣而過。」

子曰：「果哉！末之難矣。」

果哉，歎其果於忘世也。末，無也。聖人心同天地，視天下猶一家，中國猶一人，不能一日忘也。故聞荷蕢之言而歎其果於忘世，且言人之出處去聲。若但如此，則亦無所難矣。慶源輔氏曰：「果於忘世，決去不反者能之，何難之有？若聖人之出處，因時卷舒，與道消息，而憂世之心，終不能已，濟世之用，其出無窮，此豈荷蕢所能與哉？」〇雙峰饒氏曰：「聖人之道，有出有處，便如天地有陰有陽。荷蕢之徒見得一邊，遺了一邊，所以只知獨善而果於忘世矣。」〇新安陳氏曰：「聖人之心不能一日忘天下，亦如天地之心不能一日忘萬物。天地生物之心不以閉塞成冬之時而息，聖人道濟天下之心不以天地閉賢人隱之時而息也。聖人不能忘世之心，荷蕢初聞其磬聲而知之，然觀其『既而曰』以下之言，則非深知聖人之心者。要之果於忘世之人，豈能深知聖人所以不能忘世之心哉？」

〇子張曰：「《書》云：『高宗諒陰，三年不言。』何謂也？」

高宗，商王武丁也。諒陰，天子居喪之名，未詳其義。問諒陰之説。朱子曰：「孔氏曰：『諒，信也。陰，默也。』邢氏釋之曰：『信謂信任冢宰。』胡氏釋之曰：『信能默而不言也。』二家皆用孔訓，而爲説不同。鄭氏於《禮記》又讀作『梁闇』，❶言居倚廬，大抵古者天子居喪之名。」〇覺軒蔡氏曰：「《喪服四制》『諒闇三年』，鄭註云：『諒，古作梁，楣謂之梁。闇，讀如鶉鵪之鵪。闇謂廬也，即倚廬之廬。』《儀禮》『翦屏柱楣』，鄭氏謂柱楣所謂梁闇是也。《書》云『王宅憂諒陰』，言居喪於梁闇也。按諒陰之義，先人得於先師晚

❶「梁」，原作「諒」，今據《四書或問》、影明本《四書輯釋》改。

年面命者如此。」附顧麟士曰：「按《通義》吴氏程曰：『諒陰，按《尚書》作『亮陰』，孔氏釋爲信默，與下文『三年不言』語意重復，未是。《禮記》作『諒闇』，鄭氏讀爲梁庵，謂既葬而柱楣。前不及未葬之倚廬，後不及既練之堊室，而遂以梁庵總該三年，亦不通矣。故《集註》以爲未詳。陰與闇，其義一也。』白雲許氏曰：『諒陰，天子居喪之名，禮又作諒闇。凡居父母之喪次，在中門外東墻之下。大夫士居倚廬，謂以兩木，一頭著地，一頭斜倚在墻上，外被以茅茨，寢苫枕塊，嘗處此中。諸侯亦爲倚廬，而加以圍障。天子既立柱，前有梁，形稍如屋楣，故曰梁闇。』」

子曰：「何必高宗，古之人皆然。君薨，百官總己以聽於冢宰三年。」

言君薨，則諸侯亦然。總己，謂總攝己職。冢宰，大音泰。宰也。百官聽於冢宰，故君得以三年不言也。○胡氏曰：「位有貴賤，而生於父母無以異者，故三年之喪自天子達於庶人。子張非疑此也，殆以爲人君三年不言，則臣下無所稟令，禍亂或由以起也。孔子告以聽於冢宰，則禍亂非所憂矣。」問：「胡氏云『以聽冢宰，則禍亂非所憂』，然主少國疑之際，得人如伊、周、霍、葛，則可，不幸如莽、操之奸，豈不大可憂邪？」雙峰饒氏曰：「使嗣君剛明而冢宰有莽、操之奸，則必能易而置之。如其不能，雖不總己以聽，亦何益哉？且天下之事，有常有變，聖人只論其常耳。」○新安陳氏曰：「居喪而冢宰攝政，則嗣君雖不言，亦無失政矣。」

○子曰：「上好禮，則民易使也。」好、易，皆去聲。

謝氏曰：「禮達而分去聲。定，此句出《禮運》。故民易使。」慶源輔氏曰：「達謂達於下也。上好禮，則品節分明，而誠意退遜，故觀感於下者亦皆安己之分，聽上之命，而易使。」○問：「禮何以使之達？」雙峰饒氏曰：「官府之政，學校之教，皆所以達之。」○雲峰胡氏曰：「禮也者，所以辨上下而定民志也。民之志定，民之力可使也。」○厚齋馮氏曰：「聖人言使民，曰上好禮，曰小人學道，使之知上下之分而樂於從命，不

以勢力强之也。」附《蒙引》：好禮，該本末言。「禮達分定」字在「上好禮」之下。○《存疑》：此「禮」字，若作辨上下之禮，則「上好禮」只是辨上下之分，於感化處全無，固不能致民易使；若作一身動静以至事爲設施之禮，則「禮達分定，民易使」意不明白。依愚見，禮不過是日用常行之禮，先儒謂「天理之節文，人事之儀則」也。是其散見於日用事物之間，則子之當事父，此禮也；弟之當事兄，此禮也；臣之當事君，下之當事上，亦此禮也。上好禮，必是自身去行這禮，既足爲觀感之地，又立條教去率人，見無禮於父兄君上者則痛懲之，見有禮於父兄君上者則崇奬之，必如此，方是好禮。若然，則禮教風行，達於四境，民皆知子當事父，弟當事兄，臣當事君，下當事上，而名分定矣。由是而使民以有事，其誰不樂從？故曰「則民易使也」。如此看，似見分曉。

○子路問君子。子曰：「脩己以敬。」曰：「如斯而已乎？」曰：「脩己以安人。」曰：「如斯而已乎？」曰：「脩己以安百姓。脩己以安百姓，堯舜其猶病諸！」

脩己以敬，夫子之言至矣盡矣，而子路少之，故再以其充積之盛、自然及物者告之，無他道也。人者對己而言。百姓則盡乎人矣。堯舜猶病，言不可以有加於此，以抑子路，使反求諸近也。蓋聖人之心無窮，世雖極治，去聲，下同。然豈能必知四海之内果無一物不得其所哉？故堯舜猶以安百姓爲病。若曰吾治已足，則非所以爲聖人矣。朱子曰：『敬』字，聖學之所以成始成終者，皆由此，故曰脩己以敬。下面安人、安百姓，皆由於此。只緣子路問不置，故夫子復以此答之。要之只是箇脩己以敬，則其事皆了。」○問「脩己以敬」。曰：「敬者，非但是外面恭敬而已，須是要裏面無一毫不直處，方是所謂『敬以直内』者是也。」○脩己以敬，語雖至約，而所以齊家治國平天下之本，舉積諸此。子路不喻而少其言，於是告以安人、安百姓之說。蓋言

脩己以敬而極其至，則心平氣和，靜虛動直，❶而所施爲無不自然各當其理，是以其治之所及者，群黎百姓莫不各得其安也。附顧麟士曰：「方見實際是皆本於脩己以敬之一言，其功效之自然及物者耳。或問：然則夫子之言，豈其略無大小遠近之差乎？曰：脩己以敬，貫徹上下，包舉遠近，而統言之也。安人、安百姓，則因子路之問而以功效之及物者言也。然曰安人，則脩己之餘而敬之至也；安百姓，則脩己之極而安人之盡也。是雖若有大小遠近之差，然皆不離於『脩己以敬』之一言，而非有待於擴之而後大，推之而後遠也。」○勉齋黃氏曰：「非謂脩己以敬之外，又有充積之功也。脩己以敬而可謂君子，則是充積之盛在其中矣。特在其功效之遠，則指夫自其充積之盛者而出耳。脩己以安人，猶曰脩己以敬而可以安人也；脩己以安百姓，猶曰脩己以敬而可以安百姓也。子路疑『脩己以敬』之一言不足以盡君子，故夫子指其效驗之大者而言，以見決非君子不足以當之也。」○程子曰：「君子脩己以安百姓，篤恭而天下平。唯上下一於恭敬，則天地自位，萬物自育，氣無不和，而四靈必至矣。《記·禮運》：四靈以爲畜，〔許六反。〕故飲食有由也。何爲四靈？麟鳳龜龍謂之四靈。此體信達順之道，聰明睿知去聲。皆由是出，以此事天饗帝。」朱子曰：「上下一於恭敬，這卻是上之人有以感發而興起之。信是實理，順是和氣。體信是致中意，達順是致和意。言能恭敬，則能體信達順。聰明睿智皆由此出者，言能恭敬自然心便開明。」○體信是實體此道於身，達順是發而中節，推之天下而無所不通也。體信是忠，無一毫之僞；達順是恕，無一物不得其所。聰明睿智皆由是出，是自誠而明意思。○敬則自然聰明。人所以不聰不明，止緣身心惰慢，便昏塞了。敬則虛靜，自然通達。○問：「上下一於恭敬，則天地自位，萬物自育，四靈畢至，如此則敬之功用又不止於安百姓矣。」雙峰饒氏曰：「天地位，萬物育，與安百姓，也只是一事，初無大小。若陰陽不和，五穀不熟，百姓何由而安？」○新安陳氏曰：「夫子爲見子路勇躁，輕視『脩己以敬』之言，

❶「動」，原作「静」，今據《四書或問》、《四書大全》改。

故推極其功以抑之。程子此條，亦推贊恭敬之極功，以發明夫子之意云。」○東陽許氏曰：「聖人言『脩己以安百姓』，而程子乃言『上下一於恭敬』，蓋治道非一人所能獨成，必君臣上下皆能恭敬，然後有『天地位』以下之應。然下人能敬亦在乎上之人有以感之，漸漬而成。恭敬以至於天下平，程子此段是推極而言，以見敬之功用無窮。」《通旨》：朱氏公遷曰：「此章『敬』字是舉其統體而言。亦曰專言之者。緝熙敬止是聖學之極功，恭己篤恭是致治之極功，脩己以敬則徹上徹下之道也。」又曰：「恭己以正南面，脩己以安百姓，篤恭而天下平，皆以敬之功用言。恭己篤恭是臨民氣象，恭而安是一身氣象，恭己之心是小心著見者，餘則因其著見而充積之者。」**附**《蒙引》：「脩己以安人」，脩己內有箇敬。○「抑子路，使反求諸近」，但求之近，則遠者不外是矣。○程子註要詳細看。「脩己以安百姓，篤恭而天下平」，兩句一意，可以相發明，故兼舉之。○體信達順，都在「敬」字內，兼體用言。《中庸》「致中和」，只是一箇敬。能致中和，便天地位，萬物育，此自然之理。○「聰明睿智皆由是出，以此事天享帝」，「是」字、「此」字皆指「體信達順」。「體信達順」即敬也。○《存疑》：敬該動靜，合內外，徹上下。該動靜者，自思慮未萌以至於萌動，皆此敬也。合內外者，自一心以至於萬事，皆此敬也。徹上下者，自一身之脩以至於百姓之安，皆此敬也。○《中庸》「戒慎乎其所不睹，恐懼乎其所不聞」，就是脩己以敬道理。脩己以敬而極其至，就是致中和道理。致中和，則見之政事以治人者皆得其道，而人皆被其澤矣，故能安人安百姓。《蒙引》曰：「人惟能敬，則百事皆當；不敬，則百事皆不當。」此脩己以敬所以有安人安百姓之理。

○原壤夷俟。子曰：「幼而不孫弟，長而無述焉，老而不死，是爲賊！」以杖叩其脛。孫、弟，並去聲。長，上聲。叩，音口。脛，其定反。

原壤，孔子之故人，母死而歌，《記・檀弓下》：孔子之故人曰原壤，其母死，孔子助之沐槨。❶原壤登木曰：「久矣予之不託於音也。」歌曰：「貍首之斑然，執女手之卷然。」夫子爲弗聞也者而過之。蓋老氏之流，自放於禮法之外者。夷，蹲踞

❶「沐」，原作「木」，今據《禮記註疏》改。

音存據。也。雙峰饒氏曰：「蹲踞，鴟鳥好蹲，故謂之蹲鴟，又或謂之鴟夷，夷即踞也。」俟，待也。言見孔子來而蹲踞以待之也。述猶稱也。賊者害人之名。以其自幼至長，無一善狀，而久生於世，徒足以敗常亂俗，則是賊而已矣。脛，按韻書，形定反，《集註》云「其定反」，音小異。足骨也。孔子既責之，而因以所曳之杖微擊其脛，若使勿蹲踞然。朱子曰：「胡氏以爲原壤之喪母而歌，孔子爲弗聞者矣，今乃責其夷俟，何舍其重而責其輕邪？蓋數其喪母而歌，則壤當絕；叩其箕踞之脛，則壤猶爲故人。盛德中禮，見乎周旋，此亦可見。」○鄭舜舉曰：「聖人之接物，各稱其情。惡之而遜其辭，外之也，遇陽貨是也；惡之而斥其罪，親之也，遇原壤是也。」○新安陳氏曰：「幼壯孝弟，耆耋好禮，則久生可以儀風俗，故敬其爲壽；幼壯無稱，老徒傲惰，則久生適以敗風俗，故名其爲賊。壤良可戒哉！」附《蒙引》：人之生世，方其幼也，有長者在上，則當遜弟，及其長而成人，便當有以自立於世，使人得有所稱述。今也自幼便驕惰壞了，幼而不遜弟，及其長也，又只是碌碌庸人而已，長而無述焉，如此則不如早死，免得久留身世間，爲風俗之蠹。乃又老而不死，徒足以敗常亂倫，是賊而已矣。○顧麟士曰：「『老而不死』，句。『是爲賊』，句。不可七字連下。」

○闕黨童子將命。或問之曰：「益者與？」

與，平聲。

闕黨，黨名。童子，未冠去聲。者之稱。將命，謂傳賓主之言。或人疑此童子學有進益，故孔子使之傳命，以寵異之也。

子曰：「吾見其居於位也，見其與先生並行也。非求益者也，欲速成者也。」

禮，童子當隅坐隨行。《記·檀弓》：曾子疾，童子隅坐而執燭。又《王制》：父之齒隨行。孔子言吾見此童子不循此禮，新安陳氏曰：「居位是不循隅坐之禮，並行是不循隨行之禮。」非能求益，但欲速成爾，故使之給使令平聲。之役，觀長上聲。少去聲。之序，習揖遜之容。蓋所

以抑而教之，非寵而異之也。南軒張氏曰：「不止乎童子之所，而自進於成人之列，有躐等之意，無自卑之心，烏能以求益乎？欲速成而已。如物之生，循序而生，理達焉。若欲速成，反害其生矣。故聖門之學，先之以洒掃應對進退之事，所以長愛敬之端，防傲惰之萌，而使之循序以進也。」○勉齋黄氏曰：「禮之於人大矣。老者無禮則足以爲人害，少者無禮則足以自害。夫子於原壤、童子皆以是教之，述《論語》者以類相從，所以著人無老少，皆不可以無禮義也。」○慶源輔氏曰：「求益則浸長而不知，欲速則亟進而無序。聖門之教，雖以敏行爲先，而又以躐等爲戒。」○雲峰胡氏曰：「原壤老而爲賊，是從幼不遜弟來。今童子得以馴揉其氣，而閑習於禮，則庶可以免於原壤之弊也歟？」

論語集註大全卷之十四終

論語集註大全卷之十五 三魚堂讀本

衛靈公第十五

凡四十一章。《通考》勿軒熊氏曰：「此篇多記出處。前三章文公疑爲在陳一時之言，餘亦多記夫子言行與門人問答之辭。」

衛靈公問陳於孔子。孔子對曰：「俎豆之事，則嘗聞之矣；軍旅之事，未之學也。」明日遂行。陳，去聲。

陳，謂軍師行音杭。伍之列。俎豆，禮器。尹氏曰：「衛靈公，無道之君也，復扶又反。有志於戰伐之事，故答以未學而去之。」

《史記》世家：孔子適衛，主蘧伯玉家。他日，靈公問兵陳於孔子。明日與孔子語，見蜚鴈，仰視之，色不在孔子，遂行復如陳。是歲魯哀公三年，孔子年六十矣。○問：「靈公問陳而夫子遽行，何也？」朱子曰：「爲國以禮。戰陳之事，非人君所宜問也。況靈公無道，夫子固知之矣。特以其禮際之善，庶幾可與言者，是以往來於衛，爲日最久，而所以啓告之者，亦已詳矣。乃於夫子之言一無所入，至是而猶問陳焉，則其志可知矣，故對以未學而去之。然不徒曰未學而已，猶以俎豆之事告之，則夫子之去，蓋亦未有必然之意也。使靈公有以發悟於心而改事焉，則夫子之行，孰謂其不可留哉？」○南軒張氏曰：「夫子之在衛，靈公雖無道，然亦當側聞夫子之所趣矣。顧乃以問陳爲言，與夫子之意可謂背馳。夫子所以答之者，則以己之所學者在此而不在彼，以其不合也，故明日而行焉。夫自春秋之時言之，諸國以强弱爲勝負，軍旅之事宜在所先，而俎豆之事疑若不急者矣，曾不知國之所以爲國者，以夫天敍天秩者實維持之也。爲國者，志存乎典禮，則孝順和睦之風興，協力一心，尊君親上，其强孰禦焉？不然，三綱淪廢，人有離心，國誰與立？軍旅雖精，果何所用哉？俎豆之於禮教，猶陳之於軍旅，實理之所寓而教之所由興也。

使靈公而有志乎俎豆之間，則推而達之，必有不可已也。」○勉齋黄氏曰：「夫子對靈公以軍旅之事未之學，答孔文子以甲兵之事未之聞，及觀夾谷之會，則以兵加萊人，而齊侯懼，費人之亂，則命將士以伐之，而費又北，又嘗曰我戰則克，夫子豈有未學未聞者哉？特以軍旅之事非所以爲訓耳。然欲以俎豆之事啓之，則夫子之拳拳於衛亦可知矣。」附《存疑》：祭祀尚有許多文物，亦不止俎豆。曰俎豆者，舉一二以該其餘也。○俎豆之事則嘗聞，軍旅之事未之學者，抑其不當問，而啓其所當問也。

在陳絶糧，從者病，莫能興。從，去聲。

孔子去衛適陳。興，起也。問：「明日遂行，在陳絶糧，想見孔子都不計較，所以絶糧。」朱子曰：「若計較，則不成行矣。」○齊氏曰：「孟子曰『孔子厄於陳、蔡之閒』，考《春秋》則其時陳服楚，蔡服吴，吴、楚交戰無虚歲，孔子蓋爲楚昭王徘徊陳、蔡，而絶糧於兵閒也。」

子路慍見曰：「君子亦有窮乎？」子曰：「君子固窮，小人窮斯濫矣。」見，賢遍反。

胡氏曰：「濫，溢也。言君子固有窮時，不若小人窮則放溢爲非。」程子曰：「固窮者，固守其窮。」亦通。或問固窮有二義。朱子曰：「固守其窮，恐聖人一時答問之辭未遽及此。蓋子路方問君子亦有窮乎，答曰君子固是有窮時，不如小人窮則濫耳。以『固』字答上文『亦有』字，文勢乃相應。」○南軒張氏曰：「子路之慍，以爲夫子之德之盛，疑其不當窮也，此不幾於不受命乎？夫子答之之意，以爲命之不齊，君子小人皆有窮也，特君子能守而小人失其守也。」附《存疑》：君子亦有窮乎者，以常理言也；子曰君子固窮者，以天命言也；又曰小人窮斯濫者，以義處命也。○愚謂聖人當行而行，無所顧慮；處上聲。困而亨，《易・困卦》云：「困亨貞。」又云：「困而不失其所亨。」無所怨悔，於此可見，學者宜深味之。慶源輔氏曰：「『當行而行，無所顧慮』，義之勇也；『處困而亨，無所怨悔』，義之安也。」○胡氏曰：「『當行而行』，惟理是視者；『無所顧慮』，不計其後也；『處困而亨』，身雖窮而道則通

也；『無所怨悔』，觀固窮之語可見也。學者之進退能於是而取則焉，則不爲利害所奪，窮達所移矣。」○雙峰饒氏曰：「『當行而行，無所顧慮』，是說『明日遂行』；『處困而亨，無所怨悔』，是說『在陳絶糧』以下。顧是顧後，慮是慮前。怨是怨人，悔是自悔。」○禮有大於俎豆者，夫子且自謙讓，說其小者也。蓋靈公以軍陳爲問，故夫子以禮器爲對。君子成德之人，安於貧賤，若固守其窮，似下君子一等矣。」《通考》朱氏公遷曰：「聖人安土之仁，見孔子處困戹之道，若孟子言『無上下之交』，則明孔子罹困戹之由。『其如予何』，是知天之智；微服過宋，是處物之義。思患豫防，正以順乎天也。此所謂並行而不相悖也。」

○子曰：「賜也，女以予爲多學而識之者與？」女，音汝。識，音志。與，平聲，下同。

子貢之學，多而能識矣，夫子欲其知所本也，故問以發之。新安陳氏曰：「所本，指萬殊之一本處也。」附《蒙引》：多學，多聞多見也。能識，是所聞所見又都記得也。

對曰：「然，非與？」

方信而忽疑，蓋其積學功至，而亦將有得也。雲峰胡氏曰：「《集註》於曾子曰『夫子知其真積力久，將有所得』，以行言也；此則曰『積學功至，亦將有得』，以知言也。曾子行而將有所得，子貢亦知而將有所得，『亦』字是從曾子說來。」○新安陳氏曰：「於其疑，見其將有得。」

曰：「非也，予一以貫之。」

說見形甸反。第四篇。然彼以行言，而此以知言也。朱子曰：「聖人也不是不理會博學多識，只聖人之所以爲聖，却不在博學多識，而在一以貫之。今人博學多識，而不能至於聖者，只是無一以貫之。然不博學多識，則又無物可貫。孔子實是多學，無一事不理會過，只是於『多學』中有『一以貫之』耳。」○曾子領會夫子一貫之旨，發出忠恕，是從源頭上面流下來。子貢是從下面推上去。○子貢尋常就知識而入道，故夫子警之曰「予一以貫之」，蓋言吾之多識，不過一理耳。子貢多是曉得了便了，更没收殺。曾子尋常自踐履入，事親便真箇行此孝，爲人謀則真箇忠，與朋友交則真箇信，故夫子警之曰吾平日之所行者皆一理

耳。惟曾子領會於片言之下，故曰忠恕而已矣，以夫子之道無出於此也。○新安陳氏曰：「彼以『吾道』冠於『一以貫之』之上，此自多學而識説起，而但云『予一以貫之』，可見彼言行，此言知也。」附《蒙引》：彼以行言，此以知言，行該得知，知該不得行也，故曰曾子蓋已隨事精察而力行之。精察非知而何？單言行，知在其中矣。○顧麟士曰：「按鄱陽朱氏曰：『吾道一貫，是以一理而貫萬事；予一以貫之，是以一理而該萬事。』」

○謝氏曰：「聖人之道大矣，人不能徧觀而盡識，如字。宜其以爲多學而識之也。然聖人豈務博者哉？如天之於衆形，匪物物刻而雕之也，故曰『予一以貫之』。德輶如毛，毛猶有倫。上天之載，無聲無臭，至矣。」問「如天之於衆形，匪物物刻而雕之也」。朱子曰：「天只一氣流行，萬物自生自長，自形自色，豈自粧點得如此？聖人只是一箇大本大原裏出，視自然明，聽自然聰，色自然温，貌自然恭，在父子則爲仁，在君臣則爲義，從大本中流出，便成許多道理。只是這箇一，便貫將去。」○問：「謝氏解此章末，舉《中庸》引《詩》語，只是贊其理之妙耳。」曰：「固是，到此則無可得説了。然此須是去涵泳，只恁説過也不濟事。『多學而識』也不可謂不是，故子貢先曰然，又曰非與。固有當多學而識之者，又自有一貫底道理。但多學而識之則可説，到一以貫之則不可説矣。」○陳氏曰：「此以《中庸》語證，乃形容天理自然流行之妙，無雕刻之迹，所以結前意耳。」尹氏曰：「孔子之於曾子，不待其問而直告之以此，曾子復扶又反。深喻之曰唯。若子貢，則先發其疑而後告之，而子貢終亦不能如曾子之唯也。二子所學之淺深，於此可見。」愚按夫子之於子貢，婁音屢。有以發之，新安陳氏曰：「如『莫我知也夫』，及『予欲無言』之類。」而他人不與音預。焉，則顔、曾以下諸子所學之淺深，又可見矣。或問此章之説。朱子曰：「聖人生知，不待多學。子貢以己觀夫子，故以爲亦多學也。夫子以一貫告之，此雖聖人之事，然因己以告子貢，使知夫學者雖不可以不多學，然亦有所謂『一以貫之』，然後爲

至耳。蓋子貢之學亦博矣，然意其特於一事一物之中各有以知其理之當然，而未能知夫萬理之爲一，而廓然無所不通也。聖人以此告之，使之知所謂衆理者本一理也，以是而貫通之，則天下事物之多，皆不外乎是，而無不通矣。」○問：「語子貢一貫之理，謂五常百行，人倫物理，紛紜雜揉，不可名狀，是可謂有萬而不同者矣。然一體該攝乎萬用，而萬殊歸乎一原，循其本而觀之，則固一矣，即其用而驗之，則是其本行乎事物之閒，斯所謂『一以貫之』者也。聖人生知，固不待多學而識。學者非由多學，則固無以識其全也，故必格物窮理以致其博，主敬力行以反諸約。及夫積累既久，豁然貫通，則向之多學而得之者，始有以知其一本而無二矣。子貢致知之功已至，其於事物之閒，灼然知天理之所在而不疑，特未究夫一之爲妙耳。夫子當其可而問之，發其疑而告之，故能聞言而悟，不逆於心。觀夫子於曾子之外獨以告子貢，則其不躐等而施者，抑可見矣。」曰：「此說亦善。」○慶源輔氏曰：「子貢以通達之資，聞一知二，則其所學固多而能識矣。然務博者多徇外，如方人、屢中之事可見。夫子每有以抑之，無非使之反求其本者。子貢至此則真積力久，亦將有得矣。故夫子先設爲疑辭以發之，俟其言以觀其志，然後告之。」○或問：「夫子告子貢以一貫，與曾子同。朱子謂告曾子以行言，告子貢以知言。」潛室陳氏曰：「既是一貫，本不可分知行。只緣子貢以知識入道，故聖人從他明處點化他，猶自領會不去。以忠恕而明一貫，驗得是行；以知識而明一貫，驗得是知。一貫固不可分，但向人語處，入頭各有塗轍。」○袁氏曰：「曾子聞一貫之說，即唯而無疑，固已深領聖道之妙。子貢雖未能如曾子之唯，而亦未始如門人有何謂之問，是則子貢蓋亦默會於言下矣。」○雲峰胡氏曰：「《集註》於『參乎』章引程子曰『維天之命，於穆不已』，是以『天』字釋『一』字；此章引謝氏曰『天之於衆形，匪物物刻而雕之也』，亦以『天』釋『一』字。蓋天之於萬物，是一氣之貫；聖人之於萬物，是一理之貫。但彼之所謂貫者，曰泛應曲當，用各不同，是以行言；此由博學而識之說來，是以知言。況之者若不同，而所謂一者未嘗不同也。」○新安陳氏曰：「顏、曾以下諸子，天資之敏，學問之進，皆無如子貢，更觀其聞性與天道，及《子張》篇末三章稱孔子處，足以見矣。」**附**《存疑》：萬物之理，咸具於人之一心。

理雖有萬，其實渾融爲一，所謂天下之大本也。沖漠無朕之中，萬象森然已備，萬殊一本也。聖人氣質清明，無物欲之蔽，所謂一者不失。故日用之間，隨他千頭萬緒，到面前只以此照之。父而慈，子而孝，君而仁，臣而敬，視而明，聽而聰，一物一理，萬物萬理，都是只一心之理照之，此聖人之一貫也。自聖人以下，氣質不能清明，物欲不能無蔽，萬理之具於心者不能無昏昧障礙，若不隨事隨物探討窮究，許多道理如何得明？多學而識，正探討窮究以明之也。然專靠多學而識，都無箇本領源頭處，不過口耳形迹之粗而已，安能有得於己？故須有箇一貫道理。然工夫未到，心中瞶瞶，强欲去貫他，如何貫得？故必博學多識，真積力久，一旦豁然貫通，則心體光明，沖漠無朕之中，萬象森然已備者復全於我，萬殊一本之理始有以貫之。此學者之一貫，曾子、子貢之所從事。故聖人於二子，皆必待其真積力久，將有所得，而後告之者，正爲此也。若謂凡從事於學者，皆不可不知一貫之道，則聖人於七十子，何不一一告之，而獨二子耶？聖人未嘗不理會博學多識，其實事事都理會，如問禮問官之類可見，但其中自有一貫道理。他道理本在胸中，事事物物雖皆理會，但一看便破，與學者絶異。聖人是自上面源頭做下來。學者必從博學多識理會，做到徹時，方得聖人一貫處，是自下面末流做上去。

○子曰：「由！知德者鮮矣！」鮮，上聲。

由，呼子路之名而告之也。德，謂義理之得於己者。非己有之，不能知其意味之實也。○自第一章至此，疑皆一時之言。此章蓋爲去聲。愠見發也。南軒張氏曰：「知德者鮮，以其踐履之未至，故不能真知其味。夫子以此告子路，使之勉進於德。」○慶源輔氏曰：「聖門之學，不以徒知爲尚，要在實有諸己。」○覺軒蔡氏曰：「夫子呼子路，告以『知德者鮮矣』之説，謂義理有得於己，則死生禍福得喪自不能亂其所守，所以釋其愠見之惑。夫子當造次顛沛之中，所以告門人弟子者，各隨其所蔽而開發，無以異於洙泗雍容講論之素。吁，此其所以爲聖人也與？」○雙峰饒氏曰：「夫子不曰知道，而曰知德，何也？德與道不同，知在行先曰知道，知在行後則曰知德。知在行先，則道未爲我有，猶未親切；知在行後，則此道實爲我有，而知之也深。既知得這裏面滋

味，則外面世味自不足以奪之。孟子曰：『飽乎仁義，所以不願人之膏粱之味也。』子路未能實有是德於己，所以纔絶糧便愠見。」○雲峰胡氏曰：「詳《集註》之意，不徒重在『知』字，而重在『德』字。蓋義理之味無窮，必實得於己，而後真知其味之實。不然，臆度之知，非真知也。夫苟真知之，區區窮達，豈足爲欣戚哉？」附《蒙引》：在物爲理，處物爲義。

○子曰：「無爲而治者，其舜也與？夫何爲哉？恭己正南面而已矣。」與，平聲。夫，音扶。

無爲而治去聲。者，聖人德盛而民化，不待其有所作爲也。獨稱舜者，紹堯之後，而又得人以任衆職，故尤不見其有爲之迹也。恭己者，聖人敬德之容。❶既無所爲，則人之所見，如此而已。或問：「恭己爲聖人敬德之容，以書傳考之，舜之爲治，朝覲巡狩，封山濬川，舉元凱，誅四凶，非無事也，此其曰『無爲而治者』，何耶？」朱子曰：「即《書》而考之，則舜之所以爲治之迹，皆在攝政二十八載之間。及其踐天子之位，則《書》之所載，不過命九官十二牧而已，其後無他事也。雖《書》之所記簡古稀闊，然亦足以見當時之無事也。」○雙峰饒氏曰：「《集註》分兩節，一節説聖人德盛而民化，不待其有所作爲，此是衆聖人之所同；一節説舜紹堯之後，又得人以任衆職，故尤不見其有爲之迹，此是舜之所獨。稱舜與『無憂者，其惟文王乎』相似。」○新安陳氏曰：「人不見其有爲之迹，可得見者，臨御敬德之容耳。胡氏謂『敬德之容，由外而知其内』，是也。」附《存疑》：言自古帝王爲治多矣，若無所作爲而天下治者，其舜也與？夫果何作爲哉？但見其恭己正南面而已。原舜之所以無爲者，蓋聖人德盛而民化，固不待其有所作爲也。且紹堯之後，又得人以任衆職。紹堯之後，凡所當爲者，堯皆先爲之矣；得人以任衆職，若己所當爲者，衆人又代爲之矣，故亦不待有所作爲也。○《蒙引》：恭己正南面，本不是説他無爲，而益以見其無爲也，語意與「堯之德不可名，所可見者，其功業文

❶「敬」，原作「盛」，今據《四書章句集註》、《四書大全》改。

章，巍然煥然而已」相似。○恭己，以敬之見於外者言，故曰敬德之容。○「無爲而治者，其舜也與」，未必其他聖人皆擾擾然有爲也，有爲則非聖人矣；曰「無憂者，其惟文王乎」，又未必其他聖人皆戚戚然長憂也，有憂則亦非聖人矣。要皆舉其尤者言。

○子張問行。

猶問達之意也。

子曰：「言忠信，行篤敬，雖蠻貊之邦，行矣。言不忠信，行不篤敬，雖州里，行乎哉？「行篤」、「行不」之行，去聲。貊，亡百反。

子張意在得行於外，故夫子反於身而言之，猶答干祿問達之意也。篤，厚也。蠻，南蠻。貊，北狄。《周禮・夏官・職方氏》：「四夷八蠻，七閩九貉，五戎六狄。」鄭司農註：「東方曰夷，南方曰蠻，西方曰戎，北方曰貉狄。」二千五百家爲州。朱子曰：「篤有重厚深沉之意，敬而不篤，則有拘迫之患。」○南軒張氏曰：「篤敬者，敦篤於敬也。言忠信，則言有物；行篤敬，則行有恒。以是而行，何往不可？」○雙峰饒氏曰：「凡事詳審不輕發，是篤底意思。戒謹恐懼，惟恐失之，是敬底意思。篤自篤，敬自敬。」○問：「『言思忠』『言而有信』，此合忠信來言上説，如何？」曰：「忠信都訓實，忠是出於心者，信是見於事者。如口裏如此説，心下不如此，是不忠也；口裏如此説，驗之於事却不如此，是不信也。忠是前一截事，信是後一截事。若前一截實，後一截虛，便不可。」附《存疑》：「盡己之謂忠」，就言説，則言如是，心亦如是，心與口不相違，是忠也。只是不欺意。「以實之謂信」，言焉必踐，而不食其言，是以實也。故曰「信近於義，言可復也」，又曰「久要不忘平生之言」。忠與信當如此分。單言忠則該信，「言思忠」是也；單言信則該忠，❶「與朋友交，言而有信」是也。○篤，厚也，是待人接物忠厚不刻薄。君子篤於親，故舊不遺，皆篤厚之事。○《蒙引》：蠻貊可行，則近者可知。州里不行，況於蠻貊乎？○上一節據見在説出兩端，下一節乃教以下工夫。

❶「信」，原作「忠」；「忠」，原作「信」，今據明刻本《連理堂重訂四書存疑》改。

立則見其參於前也，在輿則見其倚於衡也，夫然後行。」參，七南反。夫，音扶。

其者，指忠信篤敬而言。參，讀如「毋往參焉」之參，《禮記·曲禮》：離坐離立，毋往參焉。〔離，麗也，謂兩人相附麗而並坐或並立，我毋往參之爲三焉。〕言與我相參也。衡，軛音厄。也。言其於忠信篤敬念念不忘，隨其所在，常若有見，雖欲頃刻離去聲，下同。之而不可得，然後一言一行去聲。自然不離於忠信篤敬，而蠻貊可行也。朱子曰：「參前倚衡，只是見得理如此，不成是有一塊物事光輝輝在那裏。」○此謂言必欲其忠信，行必欲其篤敬，念念不忘而有以形於心目之間耳。○問：「參前倚衡，何物參倚？坐立所見，何物可見？」潛室陳氏曰：「參前倚衡，不是有箇外來物事，便是忠信篤敬。坐立所見，要常常目在之耳。此是學者存誠工夫，令自家實有這箇道理鎮在眼前，不相離去。」○鄭氏舜舉曰：「子張務外者也，故問干祿、問行皆以言行告之。忠信篤敬，視寡尤寡悔淺深不侔，子張之學進矣。」○新安陳氏曰：「忠信篤敬，乃言行當然之理，工夫全在『忠信篤敬，念念不忘』八字上。惟念念不忘於心，而後常如有見於目，忠信篤敬，吾心此理也，州里之人與蠻貊之人，亦皆此心此理也。盡吾之心，則通乎人心，雖遠而可行；不盡吾心，則無以通乎人心，雖近而不可行矣。」附《蒙引》：參前倚衡，是說未行未言之先，此心不忘、到處相隨之意。能如此，夫然後言自然忠信，行自然篤敬，而蠻貊可行也。豈可以襲取而强爲之哉？○《存疑》：曰「立」曰「在輿」，亦即兩事以示例耳。自此推之，出入起居，動静語默，無不然也，與前篇言「出門如見大賓，使民如承大祭」相似。

子張書諸紳。

紳，大帶之垂者。書之欲其不忘也。雙峰饒氏曰：「書紳，見他佩服之切。子張到晚年儘切實，如言『執德不弘』之類可見。」○新安陳氏曰：「書上文夫子所言於紳也。」附《蒙引》：子張書諸紳者，蓋以受教之時，此心固在，聞教之後，怠心或生，故特以孔子上文所告盡書諸紳。書諸紳，則身在是，紳亦在是；紳在是，則忠信篤敬亦在是矣。然此在顔、曾則不用書紳，

亦可見子張之爲有志者，發於實心，見於實事也。○程子曰：「學要鞭辟近裏著直略反。己而已。《通考》仁山金氏曰：「辟者闢，如『行辟人』之辟，謂猶前驅者以鞭攔約人，❶使開向一邊也。」博學而篤志，切問而近思，此致知之鞭辟近裏著己者。言忠信，行篤敬，立則見其參於前，在輿則見其倚於衡，此力行之鞭辟近裏著己者也。即此是學。質美者明得盡，查滓壯里反。便渾上聲。化，却與天地同體。其次惟莊敬以持養之，及其至則一也。」朱子曰：「鞭辟近裏，此是洛中語，辟如驅辟一般，一處說作鞭約，是要鞭督向裏去。今人皆就外面做工夫。下云『切問近思，言忠信，行篤敬』，何嘗有一句說向外去？只就身上理會，便是近裏著己。」○天地同體處，是義理之精英。查滓，是私意人欲之未消滅者。人與天地本一體，只緣查滓未去，所以有間隔。若無查滓，便與天地同體。如克己復禮爲仁，己是查滓，復禮便是天地同體處。如曾子不忠不信不習，漆雕開言吾斯之未能信，皆是有些查滓處。只是質美者見得透徹，那查滓處便都盡化了。若未到此，須當莊敬持養，旋旋磨擦去教盡。即此是學，只爭箇做得徹與不徹耳。○問：「竊謂切問近思是主於致知，忠信篤敬是主於力行，知與行不可偏廢。而程子謂隨人資質，各用其力，而其至則一。如是則亦有行不假於知者，未知如何？」曰：「切問、忠信只是泛引切己底意思，非以爲致知、力行之分也。質美者固是知行俱到，其次亦豈有全不知而能行者？但因持養而所知愈明耳。」○胡氏曰：「明得盡，查滓化，却天資高，知之即能行之，而私意無所容也。莊主容，敬主心，內外交致其力，常常操守以涵養之，然後可使私意消釋。程子此條專爲學者言，不主於釋經也。」附《存疑》：質美者明得盡，言於博學篤志、切問近思、忠信篤敬這等工夫，一時俱盡到也。明盡是行了，不但知而已。明得盡，這工夫極大，不是小可，故曰查滓便渾化。查滓，痕迹也，言知行勉强，未到自然地位，皆是查滓。到不思不勉，從容中道，則查滓渾化矣，故曰與天地同體。○顧麟士曰：「按鄱陽朱氏曰：『此章因人施教，而救其務外

❶「攔」，原作「欄」，今據《論孟集註考證》改。

之失。』」

○子曰：「直哉史魚！邦有道，如矢；邦無道，如矢。

史，官名。魚，衛大夫，名鰌。音秋。如矢，言直也。史魚自以不能進賢退不肖，既死猶以尸諫，新安陳氏曰：「舉此一事，可見其餘。」故夫子稱其直。事見形甸反。《家語》。

《家語·困誓》篇：衛蘧伯玉賢，而靈公不用。彌子瑕不肖，反任之。史魚驟諫而不從。病將卒，命其子曰：「吾在衛朝，不能進蘧伯玉，退彌子瑕，是吾生不能正君，死無以成禮。我死，汝置屍牖下，於我畢矣。」〔禮，飯於牖下，小斂於户内，大斂於阼，殯於客位也。〕其子從之。靈公弔焉，怪而問之，其子以父言告公。公愕然失容曰：「是寡人之過也。」於是命之殯於客位，進蘧伯玉而用之，退彌子瑕而遠之。孔子聞之曰：「古之諫者，死則已矣，未有若史魚死而尸諫，忠感其君也，可不謂直乎？」

君子哉蘧伯玉！邦有道，則仕；邦無道，則可卷而懷之。」

伯玉出處合於聖人之道，故曰君子。卷，古轉反。收也。懷，藏也。如於孫林父、音甫。甯殖常職反。放弒之謀，不對而出，亦其事也。《左傳》：襄公十四年，衛獻公戒孫文子、甯惠子食，皆服而朝。日旰不召，而射鴻於囿。二子從之，不釋皮冠而與之言。〔皮冠，田獵之冠也。〕二子怒。孫文子如戚，孫蒯入使。公飲之酒，使太師歌《巧言》之卒章。蒯懼，告文子。文子曰：「君忌我矣。弗先，必死。」并帑於戚，而入見蘧伯玉，曰：「君之暴虐，子所知也。大懼社稷之傾覆，將若之何？」對曰：「君制其國，臣敢奸之？雖奸之，庸知愈乎？」遂行，從近關出。公使子蟜、子伯、子皮與孫子盟于丘宮，孫子皆殺之。四月，公出奔齊。衛人立公孫剽，孫林父、甯殖相之。二十年，甯惠子卒。二十六年，衛獻公求復，謂甯喜曰：「苟反，政由甯氏，祭則寡人。」甯喜告蘧伯玉，伯玉曰：「瑗不得聞君之出，敢聞其入。」遂行。五月，甯喜攻孫氏，克之，殺子叔。〔衛侯剽也。言子叔，剽無謚故。〕書曰：「甯喜弑其君剽。」言罪之在甯氏也。孫林父以戚

如晉。書曰：「入于戚以叛。」罪孫氏也。甲午，衛侯衎復歸于衛。○新安陳氏曰：「卷、懷皆指此道而言，引此事以爲證。」○楊氏曰：「史魚之直，未盡君子之道。若蘧伯玉，然後可免於亂世。若史魚之如矢，則雖欲卷而懷之，有不可得也。」朱子曰：「直固好，然一向直，便是偏，豈得如伯玉之君子？」○南軒張氏曰：「史魚只可謂之直，能伸而不能屈，未盡君子之道。若伯玉則能因時屈伸，故謂之君子。」○胡氏曰：「直者德之一端，君子者成德之名。」○新安陳氏曰：「史魚之直，不以有道無道而變，治世雖可行，亂世欲卷而不可得矣。伯玉有道則仕，無道卷懷，近於夫子之用則行、舍則藏。《集註》以爲出處合於聖人之道，蓋謂此也。」附《蒙引》：聖人之稱二子云云，非有品題其高下之意。大抵衛之賢大夫，只有此二子，故夫子稱之，而各言其賢。然自旁人即聖言觀之，亦可見二子之高下矣。○做時文，則於尸諫及不對而出兩事俱用在外。○「卷而懷之」，「之」字不必指道，以身言也，言斂身而退也。

○子曰：「可與言而不與之言，失人；不可與言而與之言，失言。知者不失人，亦不失言。」知，去聲。

勉齋黄氏曰：「不與之言，不知其可與言也；與之言，不知其不可與言也。故惟知者不失人，亦不失言。」○新安陳氏曰：「惟智者爲能知人，知其人之可與言或不可與言。不知人則當語而默，當默而語，非失人則失言矣。」附《蒙引》：觀此章者，其用工不在於語默上，而在於知人。欲知人則在居敬窮理。看書都要如此。

○子曰：「志士仁人，無求生以害仁，有殺身以成仁。」

志士，有志之士。仁人，則成德之人也。理當死而求生，則於其心有不安矣，是害其心之德也。當死而死，則心安而德全矣。朱子曰：「志士仁人所以不求生以害仁，乃其心中自有打不過處，不忍就彼以害此。所以成仁者，但以遂其良心之所安而已。」○仁只是吾心之正理。求生害仁，雖以無道得生，却是抉破吾心中之全理。殺身成仁時，吾身雖死，却得此理完全也。○求生如何便害仁？

殺身如何便成仁？只是争箇安與不安而已。○問：「死生是大關節，要之工夫却不全在那一節上。學者須是於日用之間不問事之大小，皆欲即於義理之安，然後臨死生之際庶幾不差。若平常應事義理合如此處都放過，到臨大節未有不可奪也。」曰：「然。」○胡氏曰：「當死而死，於理爲是，於心始安，故謂之成仁。然必曰志士仁人者，有志之士慷慨就死，成德之人從容就死也。」○鄭氏舜舉曰：「志士不以死生爲懼，仁人則明死生之理。唯曰不懼，或未免於徒死，故以志士仁人兼言之。」○雙峰饒氏曰：「仁人與仁爲一，仁爲我有矣；志士與仁爲二，但有志於爲仁。仁人者自然無求生害仁，有殺身成仁，志士亦能勉而爲之。比干是仁人，豫讓、張巡是志士。」○新安陳氏曰：「志士志於仁而勉行，不及仁人之安行，然不以生死動心而虧此仁，則一也。」附《蒙引》：志士利仁者也，仁人安仁者也。○兩「以」字，不要爲用力字解。○殺身以成仁者，非不得其死；求生以害仁者，亦非考終命。

○程子曰：「實理得之於心，自別。實理者，實見得是，實見得非也。古人有捐軀隕羽敏反。命者，若不實見得，惡音烏。能如此？須是實見得生不重於義，生不安於死也，故有殺身以成仁者。只是成就一箇是而已。」

或問：「有殺身以成仁，無求生以害仁，竊謂苟所利者大，一身何足惜也。」程子曰：「但看生與仁孰重。夫子曰：『朝聞道，夕死可矣。』人莫重於生，至於捨得死，道須大段好如生也。」❶曰：「既死矣，敢問好處如何？」曰：「聖人只睹一箇是。」○朱子曰：「曾見人解殺身成仁，言身者所以全性命之理。人當殺身時，何暇更思量我是全性命之理？只爲死便是，生便不是，不過就一箇是，故伊川說『生不安於死』。至於全其性命之理，乃是傍人看他說的話，非是其人殺身時有此意也。」或謂殺身者只是要成這仁。曰：「若說要成這仁，却不是。只是行所當行而已。」○或問此章。曰：「仁者心之德，而萬理具焉。一有不合於理，則心不能安，而害於德矣。順此理而不違，則身雖可殺，而此心之全，此理之正，浩然充塞天地之間，夫孰得而亡之哉？」曰：「其謂殺身成

❶「如」，據《論孟精義》，當作「於」字。

仁，而不曰義，何也？」曰：「仁、義體一而用殊，故君子之於事，有以仁決者，有以義決者。以仁決者，此章之言是也；以義決者，孟子謂『欲有甚於生』、『惡有甚於死』是也。蓋仁人不以所惡傷所好之體，義士不以所賤易所貴之宜。」○南軒張氏曰：「人莫不重於其生也，君子亦何以異於人哉？然以害仁則不敢以求生，以成仁則殺身而不避，蓋其死有重於生故也。夫仁者，人之所以生者也。苟虧其所以生者，則其生也亦何爲哉？曾子所以得正而斃者，正此義也。志士，志於仁者，與仁人淺深雖有閒，然是則同也。」○慶源輔氏曰：「志士於此二者勉之者也，仁人於此二者安之者也。心與理一。理當死而以生，則咈於天理，忍於吾心，而傷害於吾仁矣。心之德即所謂仁也。理當死而死，則吾之心順適而無傷，吾之仁亦全而無闕矣。」○潛室陳氏曰：「謂之成仁，則必如是而後天理人倫無虧欠處，生順死安，無可悔憾。當此境界，但見義理而不見己身，更管甚名譽耶？」○汪氏曰：「程子是因夫子之言更推出『實見』二字，謂必先能真實見得死便定是，不死便定不是，方肯甘心就死，以成就這箇是。若不曾真實見得定合如此，則必不肯甘心就死矣。此又推聖人所以言此之意以曉人也。」○新安陳氏曰：「志士仁人能得實理於心，方能有實見。實見得是與非，方能殺身成仁以成就箇是，而不求生害仁以成就箇非也。」○問：「殺身成仁與舍生取義何別？」曰：「仁義一理耳。仁以心之全德言，義以身之大節言。成仁包得取義，取義即所以成仁。孔子就本心安適處言，故曰成仁；孟子就切身斷制處言，故曰取義。其爲成就一箇是，則一而已。所以程子於此謂『實見得生不重於義』，可見仁與義一理也。」《通考》朱氏公遷曰：「仁兼人心事理言。亦曰汎以仁道言。子罕言仁，是汎舉其大概。若殺身成仁，則就死生患難而言之。安仁利仁、君子去仁，則就富貴貧賤而言之。此皆即其處事言，而存心在其中。此章又以仁者言，又如夫子言『而親仁』，又言友士之仁，皆是指仁人而言。宰我專指愛爲仁，故其蔽也愚。夫子舉成德而言，則仁之中未嘗無知也。」又曰：「專言仁者，則成德之人也。若以仁者對智者、勇者，則又有不同。以一人之身而兼有其德，則姑就其一體而以仁者目之也；以其人質有所似，德有所成，而稱之爲仁人，則因其所有而得仁者之名也。」

○子貢問爲仁。子曰：「工欲善其事，必先

利其器。居是邦也，事其大夫之賢者，友其士之仁者。」

賢以事言，仁以德言。勉齋黄氏曰：「大夫言賢，已見於行事者也；士言仁，方見於脩身者也。」夫子嘗謂子貢悦不若己者，故以是告之，欲其有所嚴憚切磋以成其德也。《家語》：孔子曰：「吾死之後，則商也日益，賜也日損。」曾子曰：「何謂也？」子曰：「商也好與賢己者處，賜也好與不若己者處。與善人居，如入芝蘭之室，久不聞其香，則與之化矣；與不善人居，如入鮑魚之肆，久不聞其臭，亦與之化矣。丹之所藏者赤，漆之所藏者黑。是以君子必慎其所與處焉。」○朱子曰：「大夫必要事其賢者，士必要友其仁者，便是要琢磨勉勵，以至於仁。如欲克己未能克己，欲復禮而未能復禮，須要更相勸勉，乃爲有益。」○事賢友仁，也是箇入德之方。問：「事與友孰重？」曰：「友爲親切。賢只是統言，友徑指仁上説。」○欲爲仁而先親仁賢，猶工欲善其事而先利其器，欲其取諸仁賢以成其德也。○慶源輔氏曰：「事大夫之賢者，則有所觀法而起嚴憚之心；友其士之仁者，則有所切磋而生勉勵之意，則其所以爲仁者力矣。」○新安陳氏曰：「嚴憚指事大夫之賢，切磋指友士之仁。」○程子曰：「子貢問爲仁，非問仁也，故孔子告之以爲仁之資而已。」汪氏曰：「此專挑『爲』字發明之。問意重在此字，故夫子答之，只從此字發明其意也。」○新安陳氏曰：「資，助也。」附《蒙引》：凡問仁者，要其成也。若問爲仁，則是求其所以用力之方也。

○顏淵問爲邦。

顏子，王佐之才，故問治天下之道。曰「爲邦」者，謙辭。朱子曰：「顏子之問有二，一問仁，一問爲邦。須從克己復禮上來，方可及爲邦之事。」

子曰：「行夏之時，

夏時，謂以斗柄初昏建寅之月爲歲首也。天開於子，地闢於丑，人生於寅，故斗柄建此三辰之月皆可以爲歲首。而三代迭用之，夏以寅爲人正，商以丑爲地正，周以子爲天正也。朱子曰：「邵子《皇極經世書》以

元統會，十二會爲一元，一萬八百年爲一會。以會建運，以運統世，三十年爲一世，十二世爲一運，三十運爲一會。初間一萬八百年而天始開，又一萬八百年而地始成，又一萬八百年而人始生。邵子於寅上方註一開物字。蓋初間未有物，只是氣塞，及天開些子後，便有一塊查滓在其中，漸漸凝結而成地。初則溶軟，後漸堅實。今山形自高而下，便如水漾沙之勢，以此知必是先有天，方有地。有天地交感，方始生人物出來。邵子言到子上方有天，未有地，到丑上方有地，未有人，到寅上方有人，子丑寅皆天地人之始，故三代建以爲正。夫子以寅月人可施功，故從其時。」《通考》吴氏程曰：「西山蔡氏推邵子《經世書》，謂造化之運，大而元會運世，小則歲月日時，其致一也。天地始終，一十二萬九千六百年爲一元。元統十二會，猶歲統十二月。至於會統三十運，運統十二世，亦猶月統日，日統時也。一會三十運，爲三百六十世，計一萬八百年。首會爲子，而天開於子半，次會爲丑，而地始闢，又次會開物於寅，而人始生。今當午會，爲一元之中。閲數萬年之後，閉物於戌，則不復有人。至亥則周十二會，以終一元，而天地混矣。終則復始，循環不窮，天地再造，又如此矣。」然

時以作事，四字出《左氏傳》。則歲月自當以人爲紀，故孔子嘗曰「吾得夏時焉」，而説者以爲謂《夏小正》之屬。《記·禮運》：子曰：「我欲觀夏道，是故之杞，而不足證也，吾得夏時焉。」○《夏小正》，夏時書名，今存戴德註。蓋取其時之正與其令之善，而於此又以告顔子也。朱子曰：「陽氣雖始於黄鍾而其月爲建子，然猶潛於地中，而未有以見其生物之功也。歷丑轉寅而三陽始備，於是協風乃至，盛德在木，而春氣應焉。古之聖人以是爲生物之始，改歲之端，蓋以人之所共見者言之。至商周始以征伐有天下，於是更其正朔，定爲一代之制，以新天下之耳目，而有三統之説。然以言乎天，則生物之功未著，以言乎地，則改歲之義不明，而凡四時五行之序，皆不得其中正，此孔子所以考論三王之制，而必行夏之時也。」○所謂行夏時者，蓋由曆數以來，授時之法如《堯典》教民事者，至夏而悉備也，諸家之曆久而皆差，惟《夏小正》之書授時爲無差，故曰行夏時也。○問：「《集註》『斗柄初昏建寅之月』，何獨取初昏爲定？」雙峰饒氏曰：「天象難捉摸，只有初昏可見。

日已落，星初明，於是時推測，方有定。若其他時候，周流四方，無可捉摸。凡測星辰，都用初昏。測日景，却用日中。」○「行」字兼令説了。古人每月有政令，觀《夏小正》可見。行夏之時，不特改正朔，乃是兼每月政令行了，所以《集註》説「時之正與其令之善」。以堯曆「日中星鳥以殷仲春」推之，亦是夏時。想夏之前，皆用建寅之月，至湯始改，以新天下之觀聽。○問：「《春秋》書王正月，是以十一月爲春，如何？」曰：「然。天時參差，自是周制。夫子不敢擅改王制，但如此書。而於對顔子發此言，則人見得合用夏時，方與天時當對。此是夫子微意。」附《存疑》：《易》治曆明時，此春夏秋冬之時，天時也；《書》敬授人時，此春耕夏耨秋收之時，農時也。行夏之時，何時？王者定歲首，頒正朔。其時也，有商人之時，有周人之時。商之時則以建丑爲歲首，周之時則以建子爲歲首。不行商周之時，而行夏之時者，其時春氣正應，東作方興，時正令善也。歲首而當春孟，故曰時正；天氣至是方發生，故曰令善。令猶政令。天道流行，發育萬物，猶王者之政令也。○《蒙引》：取其時之正者，以其爲春令之首月，於時爲正也；令之善者，三陽開泰，協風乃至，景候善也。饒氏之説不可曉。○人生於寅，物與人同生，言人則物在其中矣。

乘殷之輅，輅，音路，亦作路。

商輅，木輅也。輅者，大車之名。古者以木爲車而已，至商而有輅之名，蓋始異其制也。周人飾以金玉，則過侈而易去聲。**敗，不若商輅之朴素渾**上聲。**堅，而等威已辨，爲質而得其中也。**問：「周輅爲過侈，何也？」朱子曰：「輅者，身之所乘，足之所履，其爲用也賤矣；運用震動，任重致遠，其爲物也勞矣；且一器而工聚焉，其爲費也廣矣。賤用而貴飾之，則不稱；物勞而華飾之，則易壞；費廣而又增費之，則傷財。此周輅之所以爲過侈歟？」○正義曰：「路，大也。君之所在，以大爲號。門曰路門，寢曰路寢，車曰路車。」《左氏傳》曰：「大路越席，昭其儉也。」○勿軒熊氏曰：「按《記·明堂位》：『鸞車，有虞氏之輅也。鈎車，夏后氏之輅也。大輅，殷輅也。乘輅，周輅也。』註云：『漢祭天，乘殷之輅，今謂之桑根車。』《周禮·春官·巾車》：『掌王之五輅，曰玉輅、金輅、象輅、革輅、木輅。』註曰：『金、

玉、象以飾諸末，革輅鞔之以革而漆之，木輅漆之而已。』」○雲峰胡氏曰：「商尚質，亦有過於質者。商之輅，則得乎質之中者也。」

服周之冕，

周冕有五，祭服之冠也。冠上有覆，敷救反。**前後有旒，**音流。**黄帝以來蓋已有之，而制度儀等，至周始備。**何晏曰：「《世本》云：『黄帝作冕。』《周禮・弁師》：『掌王五冕。』其制蓋以木爲幹，以布衣之，上玄下朱，取天地之色。阮諶《三禮圖》云：『長尺六寸，廣八寸，天子以下皆同。』前圓後方，前垂四寸，後垂三寸。鄭云：天子之衮冕十二旒，鷩冕九旒，毳冕七旒，絺冕五旒，玄冕三旒，旒各十二玉。公之衮冕，九旒九玉，侯伯七旒七玉，子男五旒五玉，孤三旒三玉，大夫二旒二玉，士以弁，庶人以冠。」○《周禮・春官・司服》：王之吉服，祀昊天上帝，則服大裘而冕，祀五帝亦如之。享先王則衮冕，享先公、饗、射則鷩冕，祀四望、山川則毳冕，祭社稷、五祀則絺冕，祭群小祀則玄冕。〔六服同冕者，首飾尊也。大裘，羔裘也。衮，❶卷龍衣也。九章，初一曰龍，次二曰山，次三曰華蟲，次四曰火，次五曰宗彝，皆畫以爲繢，次六曰藻，次七曰粉米，次八曰黼，次九曰黻，皆絺以爲繡。則衮之衣五章，裳四章，凡九章也。鷩畫以雉，謂華蟲也，其衣三章，裳四章，凡七章也。毳畫虎蜼，謂宗彝也，其衣三章，裳二章，凡五章也。絺刺粉米，無畫也，其衣一章，裳二章，凡三章也。玄者衣無文，裳刺黻而已，是以謂之玄焉。凡冕服皆玄衣纁裳。〕**然其爲物小而加於衆體之上，故雖華而不爲靡，雖費而不及奢。夫子取之，蓋亦以爲文而得其中也。**或問：「周冕之不爲侈何也？」朱子曰：「加之首，則體嚴而用約；詳其制，則等辨而分明，此周冕所以雖文而不爲過也。夏商之制雖不可考，然意其必有未備者矣。」○雲峰胡氏曰：「周尚文，則有過於文者。周之冕則得乎文之中者也。」

樂則《韶》舞。

取其盡善盡美。問：「顔子問爲邦，孔子止告之以

❶「衮」下，原衍「冕」字，今據《周禮註疏》删。

四代之禮樂，却不及治國平天下之道，莫是此事顏子平日講究有素，不待夫子再言否？」朱子曰：「固是如此。顏子事事了得了，只欠這些子，故聖人斟酌禮樂而告之。」○顏子資稟極聰明，凡是涵養得來都易。如聞一知十，如「於吾言無所不説」，如「亦足以發」，如「問爲邦」，一時將許多大事分付與他，是他大段了得。看問爲邦而孔子便以四代禮樂告之，想是所謂夏時、商輅、周冕、《韶》舞，當「博我以文」之時，都理會得了。唯是顏子有這本領，方做得。若無這本領，禮樂安所用哉？○新安陳氏曰：「《韶》舞，以樂聲兼樂容而言也。」附《蒙引》：樂則《韶》舞，謂用樂則用《韶》，而及其舞也。蓋樂主音，故增一「舞」字。或單言樂，則兼舞。

放鄭聲，遠佞人。鄭聲淫，佞人殆。」遠，去聲。

放，謂禁絶之。鄭聲，鄭國之音。佞人，卑諂辨給之人。殆，危也。雲峰胡氏曰：「《集註》前訓『佞』字，但謂其辨給，此則先之以卑諂，蓋辨給在口，卑諂在心，此所謂『巧言令色孔壬』者也。」附《存疑》：於鄭聲則放之，不使接於耳；於佞人則遠之，不使近於左右。所以然者，鄭聲汨於德而淫於色，淫則能奪人之志；佞人立心危險，險則能變亂是非，足傾人國，所以當放遠也。

○程子曰：「問政多矣，惟顏淵告之以此。蓋三代之制皆因時損益，及其久也，不能無弊。周衰，聖人不作，故孔子斟酌先王之禮，立萬世常行之道，發此以爲之兆爾。由是求之，則餘皆可考也。」朱子曰：「發此爲之兆，兆猶準則也，非謂爲邦之道盡於此四者，略説四件作一箇準則，則餘事皆可依倣此而推行之耳。」○雲峰胡氏曰：「須看『斟酌』二字。以三代正朔斟酌之，不如夏之時得其正；輅至周而過侈，斟酌之不如從殷之爲得其中；冕自黃帝已有之，至周而其制始備，斟酌之不如從周爲得其中；自堯、舜、湯、武皆有樂，斟酌之不如《韶》樂之盡善盡美。夫子姑舉此四者以例，其餘皆當如此斟酌而行之也。」張子曰：「禮樂，治去聲，下同。之法也。放鄭聲，遠佞人，法外意也。一日不謹則法壞矣。虞夏君臣更平聲。相戒飭，音勅。意蓋如此。」又曰：「法立而能守，則德可

久，業可大。鄭聲、佞人能使人喪去聲。其所守，故放遠之。」或問：「鄭、衛之音皆爲淫奔，夫子獨欲放鄭，何也？」朱子曰：「衛詩三十九，淫奔之詩纔四之一。鄭詩四十一，淫奔之詩已不啻七之五。衛猶男悅女之詞，鄭皆女惑男之語。衛猶多譏刺懲創之意，鄭幾蕩然無復羞愧悔悟之萌。鄭聲之淫甚於衛矣。夫子獨以鄭聲爲戒，而不及衛，舉重而言也。」○張氏好古曰：「小人之禍國家，柔惡尤可畏於剛惡。剛惡桀黠强暴，中才之主猶畏而遠之，爲害猶淺。惟柔佞者，謟諛側媚，使人喜愛親暱，聰明之君猶爲所惑，有覆亡而終不悟者。夫子舉佞人，亦以小人之尤者言也。是知有百王之大法，有萬世之大戒。四代禮樂，爲百王立此法也；戒以鄭聲、佞人，爲萬世保此法也。」○慶源輔氏曰：「治道成於樂，鄭聲樂之淫者，能摇蕩人之性情，以壞其成，故放絶之。治道係於人才，佞人人才之賊也，利口辨給能變亂是非，以移奪人之心志而喪其所守，故屏絶之。」○雙峰饒氏曰：「法外意者，意在法之表。意，所以立此法，所以用此法，亦所以守此法。先王有不忍人之心，斯有不忍人之政；有《關雎》、《麟趾》之意，然後可以行《周官》之法度，即此意也。」尹氏曰：「此所謂百王不易之大法。孔子之作《春秋》，蓋此意也。孔、顏雖不得行之於時，然其爲治之法，可得而見矣。」程子曰：「舉前代之善者，準此損益之，此成法也。鄭聲使人淫溺，佞人使人危殆，放遠之，然後可守成法。」○三王之法，各是一王之法，故三代損益，文質隨時之宜。若孔子所立之法，乃通萬世不易之法。孔子於他處亦不見説，獨答顏回云「行夏之時，乘殷之輅，服周之冕，樂則《韶》舞」，此是於四代中舉這一箇法式。其詳細雖不可見，而孔子但示其大法，使後人就上脩之。又曰：「鄭聲、佞人最爲治之害，放遠亦人之所難。」○和靖尹氏曰：「孔子告顏子以四代禮樂，而繼以放鄭聲、遠佞人，蓋此事易惑人也。」○問：「伊川《春秋傳序》引夫子答爲邦之語，惟顏子嘗聞《春秋》大法，何也？」朱子曰：「此不是孔子將《春秋》大法向顏子説。蓋三代制作極備矣，孔子更不可復作，故告以四代禮樂，只是集百王不易之大法。其作《春秋》，善者則取之，惡者則誅之，要亦明聖王之大法，意亦是如此，故伊川引之爲樣

耳。」○南軒張氏曰：「聖人監四代之事而損益之，以爲百王不易之典，此其大綱也。其綱見於此而其目則著於《春秋》。以此答顔淵，惟顔子可以與於斯也。放鄭聲，遠佞人，以爲邦之大法也，以其易溺而難防，故重言之。鄭聲淫，佞人殆，聖人每致戒於斯者，非聖人必待戒乎此也，於此設戒是乃聖人之道也。放鄭聲，遠佞人，而後四代之法度可以並行而無斁矣。」○或問：「孔子言王道只言禮樂，如夏時、商輅、周冕是也；孟子言王道只言政事，如衣帛食肉、經界井地是也。意者孔子言王道之本，孟子言王道之務。」潛室陳氏曰：「孔子爲學者言，止言經世之大綱；孟子爲時君言，當論濟時之急務。」附《蒙引》：顔子之學，博文約禮，以至所立卓爾，三月不違，是王道本領都有了。有天德方可語王道，故夫子以四代禮樂告之。三代之下，王道所以不復見者，有以也。

○子曰：「人無遠慮，必有近憂。」

蘇氏曰：「人之所履者，容足之外皆爲無用之地而不可廢也，故慮不在千里之外，則患在几席之下矣。」程子曰：「人無遠慮，必有近憂，思慮當在事外。」○南軒張氏曰：「慮之不遠，其憂必至，故曰近憂。《易》於履霜即曰堅冰至，以見其憂之在近也。慮患於履霜之初，則有以弭憂也。」○覺軒蔡氏曰：「按蘇氏之説遠近以地言，若遠近以時言，恐亦可通。如國家立一法度，若不爲長遠之慮，則目前即有近憂矣。」○雙峰饒氏曰：「蘇氏只説得地之遠近，欠説時之遠近。若云慮不及千百年之遠，則患在旦夕之近矣，意方足。」○厚齋馮氏曰：「慮在事未來之先，憂在事既至之後。慮不遠，則備不豫，而憂近矣。慮遠而備豫，則有以弭憂也。」附《蒙引》：《詩》曰：「貽厥孫謀，以燕翼子。」夫謀至於孫，而後子可獲安。向使及子而止，非惟孫不獲祐，雖子亦曰殆哉矣。

○子曰：「已矣乎！吾未見好德如好色者也。」好，去聲。

已矣乎，歎其終不得而見之也。南軒張氏曰：「世之誠於好德者鮮，夫子所以歎也。」○慶源輔氏曰：「自恐其終不獲見，所以警人，使知自勉也。」○新安陳氏曰：「『吾未見好德如好色者也』，已見《子罕》篇。此加上三字，而警人之意愈切。」附《存疑》：前《子

罕》篇，是有望於將來之意，故曰吾未見好德如好色者也。曰『未見』者，猶冀見之也。至此是絶望了，故加「已矣乎」字。○《蒙引》：加此三字，警人之意尤深。何謂警人？蓋既謂之未見，則是當時諸人俱未能如好色矣，聞此能無警乎？○顧麟士曰：「鄱陽朱氏曰：『德以有德之人言。』」

○子曰：「臧文仲其竊位者與？知柳下惠之賢而不與立也。」「者與」之與，平聲。

竊位，言不稱去聲。其位，而有愧於心，如盜得而陰據之也。柳下惠，魯大夫展獲，字禽，食邑柳下，謚曰惠。與立，謂與之並立於朝。音潮。范氏曰：「臧文仲爲政於魯，若不知賢，是不明也；知而不舉，是蔽賢也。不明之罪小，蔽賢之罪大。故孔子以爲不仁，張氏存中曰：「見《公冶長》篇『子産有君子之道四焉』章。」又以爲竊位。」慶源輔氏曰：「爵位，天之所以待人才，有才德者之所宜居也，豈一己可得而私有哉？如盜得而陰據之，則蔽賢抑能，悖天行私，而不自知其非矣。」○或謂：「竊人之物者，惟恐人見而奪之；竊人之位者，惟恐賢者見用而逼己。」雙峰饒氏曰：「恐有此等意思。竊人物者，恐人見得，便證出他來。臧文仲自居上位，亦自有所長，若與柳下惠並立，❶便被他形出己之短，所以蔽而不進之。」○勿軒熊氏曰：「公叔文子與大夫僎同升，則稱其文；臧文仲知柳下惠而不與立，則譏其竊位，蓋在上位以薦賢爲重也。」○新安陳氏曰：「不明者，知識之暗不智也，蔽賢則心術之私不仁也，豈非偷竊職位以爲己之私有，而不復以職位爲國家待賢之公器歟？文仲，魯賢大夫。夫子不雷同而賢之，大公至正之心也。」附《蒙引》：柳下惠，魯大夫，既爲大夫，何爲文仲不與並立耶？蓋必先爲文仲所抑，想是三黜時也。然以下惠終是抑他不得，所謂「雖欲勿用，山川其舍諸」。爲大夫，是後來也。

○子曰：「躬自厚而薄責於人，則遠怨矣。」

遠，去聲。

❶「惠」，原作「位」，今據《四書大全》改。

責己厚，故身益脩；責人薄，故人易去聲。從，所以人不得而怨之。朱子曰：「厚是自責得重，責了又責，積而不已之意。呂伯恭性褊急，只因病中讀《論語》至『躬自厚而薄責於人』，遂一向如此寬厚和易。此可爲變化氣質之法。」○新安陳氏曰：「此即成湯『檢身若不及，與人不求備』之意，脩己待人，當然之理也。非爲求遠怨而後爲之，遠怨乃自然之效耳。」附《蒙引》：責己厚，則身益脩，而無可怨；責人薄，則人易從，而不招怨。

○子曰：「不曰『如之何，如之何』者，吾末如之何也已矣！」

如之何如之何者，熟思而審處上聲。之辭也。不如是而妄行，雖聖人亦無如之何矣。朱子曰：「只是要再三反覆思量。若率意妄行，雖聖人亦無奈他何。」○雙峰饒氏曰：「上言如之何，是思而處之；下言如之何，是思之熟而處之審也。」附《存疑》：如做一事，初間思量曰這事當如何做，又思量曰當如何做，故曰熟思審處之辭。「吾末如之何也已矣」，言其事必敗，雖己不能救之也，猶云雖有智者，不能善其後。

○子曰：「群居終日，言不及義，好行小慧，難矣哉！」好，去聲。

小慧，私智也。言不及義，則放辟僻同。邪侈之心滋；好行小慧，則行險僥倖之機熟。「難矣哉」者，言其無以入德而將有患害也。朱子曰：「下三句雖從第一句帶下來，必群居終日而如此，尤見得下二句爲亂道。言不及義，無學識之村人多如此。❶既言不及義，而惟止好行小慧，則其爲邪惡傾險之小輩審矣。欲免於罪過，難矣哉！」○或問：「慧固明智之稱。」曰：「小慧，則不本於義理，而發於計較利欲之私耳。」○南軒張氏曰：「義者天理之公，小慧則繆巧之私而已。小慧之好，義之賊也。」○雙峰饒氏曰：「此雖兩事，其實相因。」○胡氏曰：「《集註》所謂滋，則其心日甚一日；熟，則其機日

❶「村」，原作「材」，今據《四書大全》改。

深一日。所以至此者，以其群居而終日如此也。言不及義，故無以入德；好行小慧，故將有患害焉。」附《蒙引》：言不及義，就言上説；好行小慧，就行上説。○饒氏謂言不及義，故無以入德；好行小慧，故將有患害，此説非也。放辟邪侈，則陷乎罪矣；行險僥倖，則心術自虧矣。

○子曰：「君子義以爲質，禮以行之，孫以出之，信以成之。君子哉！」孫，去聲。

義者制事之本，故以爲質幹，而行之必有節文，出之必以退遜，成之必在誠實，乃君子之道也。○程子曰：「義以爲質，如質幹然，禮行此，遜出此，信成此，此四句只是一事，以義爲本。」朱子曰：「義以爲質，是制事先決其當否了。其間節文次第須要皆具，此是禮以行之。然徒知盡其節文，而不能孫以出之，則亦不可。且如人知尊卑之分，須當讓他。然讓之之時，辭氣或不能婉順，便是不能遜以出之。信以成之者，是終始誠實，以成此一事，却非是遜以出之後方信以成之也。」

○義則是合宜。義有剛決意思，然不直撞去。禮有節文度數，故用禮以行之。孫以出之，是用和爲貴。義不和，用禮以行之，己自和，然禮又嚴，故遜以出之，使從容不迫。信是朴實頭做，無信則義、禮、遜皆是僞。○問：「禮行、遜出何別？」曰：「行是安排恁地行，出是從此發出。禮而不遜，則不免矯世，以威嚴加人。」○陳氏曰：「事到面前便斷可否，此在先，是義以爲質。可否既定，或從或違，所以區處，須中節文，無過不及，是禮以行之。於其區處或出，辭氣須遜順而無峻厲，方不忤人，是遜以出之。其總歸須誠實，則此事之成無欠缺可悔處，是信以成之。四者皆一套事，只於日用間驗之自見。」○雙峰饒氏曰：「當然處是義，質是箇坯朴子。君子以義作箇坯朴，却以禮來文這義，擺布教恁地有條理。然義有圭角，又須遜順以出之，使之無圭角。然既如此，又恐失了義之本真，故又須信以成之，不易其當然之則。」又曰：「義以爲質，而非禮行遜出，則質而不文；禮行遜出而不成之以信，則文勝而滅質，皆非君子之道。」○雲峰胡氏曰：「義不可以直遂，行之出之在禮遜。義不可以僞爲，成之在信實。然非禮遜之後又加以信也，曰義曰禮孫，始終一實而已矣。」又曰：「敬

以直内，則義以方外。《易·文言》。義以爲質，則禮以行之，孫以出之，信以成之。」朱子曰：「義以爲質，便是自義以方外處説起。若無敬以直内，也不知義之所在。」○南軒張氏曰：「義以方外，是義爲用也，而此章則以義爲體，蓋物則森然具於秉彝之内，此義之所以爲體也。必有是體而後品節生焉，故禮之所以行此者也。其行之也以遜順，則和而不失，故遜所以出此者也。而信者又所以成此者也。蓋義爲體，而禮與孫所以爲用，而信者又所以成終者也。信則義行乎事事物物之中，而體無不具矣。」○慶源輔氏曰：「敬以直内，義以方外，是從内説出外；義以爲質，禮以行之，孫以出之，信以成之，是由外説入内。」○胡氏曰：「必敬存而後義立，義者事之質而敬又義之本，推而上之也。」○潛室陳氏曰：「敬以直内，則義乃方外，是敬爲體而義爲用。若以義爲質，則禮行此義者也，孫出此義者也，信成此義者也，是義爲體而三者爲用矣。」○新安陳氏曰：「此章本無敬以直内意，程子又推本而言之。」附《蒙引》：義以爲質，是指初頭未行也。○禮行遜出信成，是一時事，非是禮行了方遜出，禮行遜出了方用信成。信以成之，亦言總歸於誠耳。○顧麟士曰：「《大全》以剛決言義，極妙。不然，亦如世圓融之解，禮行孫出便不必説。」○《存疑》：禮者，天理之節文，人事之儀則。事雖當行，中間尚有許多曲折度數，苟無禮以行之，則徑情直行，非失之太過，則失之不及。節是節其過，文是文其不及，使許多曲折度數皆具也。如未仕者義可仕，已仕者義當去，然仕者必待禮至，去者必待得命，此禮也。若仕者不待禮，去者不待命，此失之太急而過，非禮也。若禮至而不行，命下而不去，此失之太緩而不及，亦非禮也。禮以行之，便無此失。

○子曰：「君子病無能焉，不病人之不己知也。」

南軒張氏曰：「病無能者，非他也，病夫履行之無其實也。」○問：「既謂之君子，又緣何病其無能？」雙峰饒氏曰：「若自以爲有能，則不足以爲君子。如云『君子道者三，我無能焉』、『君子之道四，丘未能一焉』，夫子豈是無能者？」附《存疑》：無能者，不能知，不能行也。此「君子」是有善者之稱。饒氏説太深。○《蒙引》：君

子病無能焉，此是求其在我者而已，非是以爲我有能而人自知也。如此則亦是正義謀利了，失其旨矣。

○子曰：「君子疾没世而名不稱焉。」

范氏曰：「君子學以爲去聲。己，不求人知。然没世而名不稱焉，則無爲善之實可知矣。」南軒張氏曰：「有是實則有是名，名者所以命其實也。終其身而無實之可名，君子疾諸，非謂求名於人也。」○雙峰饒氏曰：「言没世者，蓋棺事乃定，生前或可干名，没後却粧點不得，公論方定，非有可稱之實者，必不見稱於人。没後有名可稱，則真有善可知。《大學》『没世不忘』亦此意。」○厚齋馮氏曰：「病之者，病我也；疾之者，疾人也。」○齊氏曰：「求有爲善之名，固君子之所羞；終無爲善之實，亦君子之所惡。故長而無述，孔子責之；四十五十而無聞，孔子歎之；没世而無稱，孔子疾之。然則學者亦可以勉矣。」

附《存疑》：此聖人勉人及時進脩之意，當與「後生可畏」章參看。没世而名不稱，只是終身無名，饒氏蓋棺事定之説太深。或問：《傳習録》謂「不稱」當讀去聲，謂名不稱其實，何如？曰：謂之無名，亦可；謂之名不稱其實，亦可，皆於文義無害。舊説既通，何必求説以立異哉？○《蒙引》：疾，自疾也，厚齋之説不必用。

○子曰：「君子求諸己，小人求諸人。」

謝氏曰：「君子無不反求諸己，小人反是，此君子小人所以分也。」○楊氏曰：「君子雖不病人之不己知，然亦疾没世而名不稱也；雖疾没世而名不稱，然所以求者亦反諸己而已。小人求諸人，故違道干譽，無所不至。三者文不相蒙，而義實相足，亦記言者之意。」或問：「楊氏之説似大巧。」朱子曰：「雖巧而有益於學者。」○以好名爲戒，此固然矣。然偏持此論，將恐廉隅毁頓，其弊有甚於好名，故君子疾没世而名不稱焉。而又曰君子求諸己，詳味此言，不偏不倚，表裏該備，此其所以爲聖人之言歟？學者要當如此玩心，則勿忘勿助之閒，天理卓然矣。○南軒張氏曰：「君子無適而非求諸己，小人無適而非求諸人。求諸己則德日進，求諸人則欲日肆，君子小人之分蓋如此也。」○胡氏曰：「范氏合上二章爲一

意，楊氏於此又合二章爲一意，文意反覆，互相周備，雖非夫子立言之旨，記者取而相足也。」附《蒙引》：「君子求諸己」，求其在我者也，如「病無能焉」之類是也；「小人求諸人」，求其在人者也，如「病人之不己知」之類是也。此章與「古之學者爲己」章同意，都是指其用心之不同處。○自此以上三章，同是君子求其在我者之意，楊氏却轉折作三意説。朱子以爲雖巧而有益於學者，故取之耳。

○子曰：「君子矜而不争，群而不黨。」

莊以持己曰矜，然無乖戾之心，故不争。和以處上聲。衆曰群，然無阿比毗至反。之意，故不黨。程子曰：「君子以矜莊自持，不與人争。」○龜山楊氏曰：「矜者，矜莊之矜，非謂矜伐也。」○朱子曰：「矜是自把捉底意思，故《書》曰：『不矜細行，終累大德。』」○南軒張氏曰：「矜莊自持，易至絶物而失於争；群居相與，易至徇物而失於黨。君子非與人異也，處己嚴而不失於和，故矜而不争；非不與人同也，待物平而不失於公，❶故群而不黨。」○慶源輔氏曰：「莊以持己，理也，然用意或過，則便至乖戾之心生，而與人争；和以處衆，理也，然用意或過，則便至阿比之意起，而與人黨。天理存亡，只在一息之間。夫子言君子如此，所以使學者於持己處衆之際戒謹恐懼，務盡其理，而防私意之或萌也。」○新安陳氏曰：「矜也忿戾，則矜而争矣。可以群，群而不流於黨也。」附《存疑》：凡人持己太嚴，多恐人浼己，而遺衆獨立，使人不可近，此便是乖戾之心，便是争。君子持己雖甚嚴，然視斯人無不可與，與人無所不容，未嘗違衆獨立，使人不可近，故矜而不至於争。凡人一與人同，便難與人異，多至隨聲雷同，連拂理之事亦依隨去了。君子雖與人和同，然至道理過不得處，決是不肯雷同，故群而不至於黨。○矜而不争，持己而不失人也；群而不黨，處人而不失己也。○此與《中庸》「和而不流，中立而不倚」一例，與和同驕泰貞諒之相似而不同者異。

○子曰：「君子不以言舉人，不以人廢言。」

南軒張氏曰：「以言舉人，則行不踐者進矣，此固不可也。然而雖使小人言之而善，亦不害其爲善者也。以

❶「平」，原作「乎」，今據《四書大全》改。

人廢之，則善言棄矣。故君子雖不以言舉人，而亦不以人廢言，公心無蔽也。」○新安陳氏曰：「君子不以其言之善而遽舉用其人，以人之行多不及言故也；亦不以其人之惡而廢其言之善，❶以一言之善自不可没故也，如孔子因宰予晝寢而聽言必觀行，孟子不没陽貨『爲富不仁』之言。聖賢之心公而無蔽，故如此。」

○子貢問曰：「有一言而可以終身行之者乎？」子曰：「其恕乎？己所不欲，勿施於人。」

推己及物，其施不窮，故可以終身行之。○尹氏曰：「學貴於知要，子貢之問可謂知要矣。孔子告以求仁之方也。新安陳氏曰：「恕者求仁之方。《語》曰：『能近取譬，可謂仁之方也已。』《孟子》曰：『强恕而行，求仁莫近焉。』」推而極之，雖聖人之無我，不出乎此，終身行之，不亦宜乎？」問：「言恕必兼言忠，如何此只言恕？」朱子曰：「不得忠時，不成恕。獨説恕時，忠在裏面了。」○問：「終身行之，其恕乎，絜矩之道，是恕之端否？」曰：「絜矩正是恕。」○南軒張氏曰：「人之患莫大於自私，恕者所以克其私而擴公理也。己所不欲，勿施於人，恕之方也，是所當終身而行之者，極其至則仁也。忠恕，體用也，獨言行恕者，蓋於其用力處言之，行恕則忠可得而存矣。」○慶源輔氏曰：「推己及物，即『己所不欲，勿施於人』之恕也。非有資於人，在我施之而已，烏有窮盡？故可以終身行之。此蓋指其用而言之。」又曰：「始則推己及物，終則爲聖人之無我，不出乎一『恕』字而已，終身行之，豈不爲宜？此又極其效而言之。知要之説，尤爲有警於學者。蓋聖學以仁爲先，而恕則求仁之方也。」○陳氏曰：「己所不欲，勿施於人，只就一邊論，其實不止勿施所不欲者，凡己所欲者，須要施於人方可。如己欲孝欲弟，人亦欲孝欲弟，必推己所欲孝欲弟者以及人，使人亦得以遂其欲孝欲弟之心，便是恕。只是推己之心，流行到那物而已。恕之義甚闊大。自漢以來，『恕』字之義不明，有謂善恕己量主，范忠宣亦謂以恕己之心恕人，不知恕字就己上著不得。據他説恕字，只似饒人的意思，恰似今人説且恕

❶「言」，原作「人」，今據《四書大全》改。

之不輕恕之意。如此是已有過且自恕，人有過亦併恕人，乃相率爲不肖之歸，豈推己如心之義乎？」○雙峰饒氏曰：「此問在未聞一貫之先。子貢多學，欲知博中之約，遂謂此問。一言，是一字，所以只以一『恕』字答之。」○新安陳氏曰：「視人猶己，一視同仁，此聖人之無我也。惟其略無私己，故仁之用自然如此。」《通旨》：朱氏公遷曰：「此愛人之恕，餘如孔子告子貢以能近取譬，告仲弓以不欲勿施，皆是此類。此所謂恕，以及人爲主，蓋曰如愛己之心以愛人也。《大學》之『絜矩』，亦當以愛人之恕言之。」附《蒙引》：子貢多學而識，乃有此問，亦將可以語一貫矣。○仁者本心之全德，且於内爲無私心，於外爲當理，其分數更全而大，何舍仁而言恕耶？曰：恕便是此道理。恕，仁之方也。仁則未易至，而恕則學者可及也。○顧麟士曰：「恕既爲一字，則下八字，解之之辭也。」

○子曰：「吾之於人也，誰毀誰譽？如有所譽者，其有所試矣。譽，平聲。

毀者，稱人之惡而損其眞。譽者，揚人之善而過其實。夫子無是也。然或有所譽者，則必嘗有以試之，而知其將然矣。聖人善善之速，而無所苟如此，若其惡惡則已緩矣，是以雖有以前知其惡，而終無所毀也。朱子曰：「毀者，人本未有十分惡，將做十分惡説他，便是毀。若只據他人惡説之，不謂之毀。如一物本完全，今打破了，便是毀。若那物元破了，不可謂之毀。譽亦是稱奬得過。當有所試者，那人雖未有十分善，我試之，知得將來如此。若毀人則不如此也。」○或問毀譽之説。曰：「毀者，惡未著而遽詆之；譽者，善未著而亟稱之也。試者，驗其將然之辭。聖人之心，光明正大，稱物平施，無毫髮之差，故人之善惡，稱之未有少有過其實者。然以欲人之善也，故但有試而知其賢，則善雖未顯，已進而譽之矣；不欲人之惡也，故惡之未著者，雖有以決知其不善，而卒未嘗遽詆之也。此所以言譽而不言毀，蓋非若後世所謂恥言人過而全無黑白者。但有先褒之善而無豫詆之惡，則是聖人之心耳。」曰：「若有譽而無毀，則聖人之心爲有所倚矣。」曰：「有譽無毀，是乃善善速、惡惡緩之意，正《書》所謂『與其殺不幸，寧失不經。罪疑惟輕，功疑惟重』、《春秋

傳》所謂『善善長，惡惡短』、孔子『樂道人之善，惡稱人之惡』之意。而仁包五常，元包四德之發見證驗也。聖人之心，雖至公至平，無私好惡，然此意未嘗不存，是乃天地生物之心也。若以是爲有倚，而以恝然無情者爲至，則恐其高者入於老佛荒唐之説，而下者流於申商慘酷之科矣。」○胡氏曰：「毁云損其真，若叔孫武叔之毁仲尼是也；譽云過其實，孟子所謂『聲聞過情』是也。」**附**《蒙引》：或有所譽者，則必有以試之，而知其將然矣，是則自今日言之，雖未免於譽，以將來言之，則亦不爲譽矣。此二句見得畢竟是無譽。○《淺説》：或見其天資之美，而知其將來之有成；或見其立志之篤，而知其所就不可量。

斯民也，三代之所以直道而行也。」

斯民者，今此之人也。三代，夏商周也。直道，無私曲也。言吾之所以無所毁譽者，蓋以此民即三代之時所以善其善、惡其惡而無所私曲之民，朱子曰：「『所以』字本虛，然意味乃在此。」故我今亦不得而枉其是非之實也。新安陳氏曰：「此句繳上一截『誰毁誰譽』之意。」《通考》仁山金氏曰：「此章勉齋親見朱子改訂註文，❶直至通宵。又謂此句難得簡潔，❷然宜挑出『直道』獨解，而後及句意。其辭若曰：直道而行，謂善善惡惡無所私曲也。吾之於民所以無毁譽者，蓋以此民即三代之時所用以直道而行之民，故我今亦不得而枉其是非之實也。似爲簡明。」**附**《蒙引》：聖人之無毁譽者，出於公心自然，而非因民心之公不可枉，故不敢有毁譽也。其爲此言者，特以見人之善惡自有公論，吾雖毁譽，亦不容我毁譽。以此待民，愈足以見聖人之至公而無我。○《達説》：聖人之無毁譽者，固出於公心之自然也，而謂有得於三代而不敢者，愈足以見其至公無我之心矣。○《存疑》：直道而行，是説三代之君於民皆以直道而行。○顧麟士曰：「註『三代之時』，『時』字內即有『君』字。『善其善，惡其惡』，兩『其』字實頂『蓋以此民』『民』字，斷非曰民又善他人之善，惡他人之

❶「訂」，原作「討」，今據《論孟集註考證》改。

❷「又謂」，《論孟集註考證》作「只爲」。

惡也。《蒙引》、《淺説》謬。」〇尹氏曰：「孔子之於人也，豈有意於毁譽之哉？其所以譽之者，蓋試而知其美故也。『斯民也』，三代所以直道而行，豈得容私於其閒哉？」朱子曰：「『斯民』是今此之民，即三代之時所以爲善之民。聖人説一句話，便是恁地闊，便是從頭説下來。此民乃是三代時直道而行之民，我今若有所毁譽，亦不得迂曲而枉其是非之實。」〇南軒張氏曰：「『誰毁誰譽』，謂吾於人初無毁譽之意也。而『有所譽』者，必有所試也，因其有是實而稱之。春秋之時，風俗雖不美，然民無古今之異，三代所以直道而行者，亦斯民也。順理之謂直，可毁可譽在彼循其理而已，先王命德討罪亦若是也。」〇雙峰饒氏曰：「下面『民』字，即上面『人』字。但人對己而言，民對君而言。緣有『三代』字在上，故言今此之民與三代之民一般。但三代化行俗美，好惡得其真，後世教化不明，風俗不美，直變爲枉，所以有稱人惡而損其真，揚人善而過其實者。吾之於人則不然，蓋視今此之人爲三代直道之民，而不視之爲後世枉道之民也。」〇雲峰胡氏曰：「朱子云『所以』二字有味，蓋善善惡惡無所私曲，今之民與三代之民皆然，是必有所以然者矣。」〇新安陳氏曰：「尹氏之意略而未明，朱子就其説而發明得精切至到耳。善善惡惡無所私曲，乃人心天理所在，萬世如一日也。三代之人心如此，今日之人心亦如此，聖人不得容私於其閒也。然有先褒之善而無豫詆之惡，善善急、惡惡緩之心未嘗不行乎其閒焉，好善忠厚之心與善善惡惡無私曲之心並行而不相悖也。」

〇子曰：「吾猶及史之闕文也，有馬者借人乘之。今亡矣夫！」乘，平聲。夫，音扶，與無同。

楊氏曰：「史闕文，馬借人，此二事孔子猶及見之。今亡矣夫，悼時之益偷也。」愚謂此必有爲去聲。而言，意必偶見有此事。蓋雖細故，而時變之大者可知矣。南軒張氏曰：「有馬借人乘之，己雖有馬，不能乘，則借人乘之。史有闕文，以待來者，其意亦猶是也。言始猶及見，而今則亡，歎風俗之日趨於薄也。」〇勉齋黃氏曰：『今亡矣夫』，歎古人謙厚之意不復見也。」〇葉氏少蘊曰：「古者六書皆掌於史官。班孟堅言：『古制：書必

同文，不知必闕，問諸故老。至於衰世，是非無正，人用其私，故子曰：「吾猶及史之闕文也，今亡矣夫。」」雖略去『有馬者借人乘之』之語，其傳必有自矣。」○齊氏曰：「三代無乘馬者。所謂乘，如《詩》言『乘乘鴇』、『乘乘黄』，蓋四馬駕車而乘之也。借人乘之，蓋有子路車馬與朋友共之意。」○雲峰胡氏曰：「史闕文，猶不挾己所見以自是；馬借人，猶不挾己所有以自私。」○新安陳氏曰：「疑以傳疑，物與人共，皆人心近古處。二事雖小，而人心之不古亦可見。」附《蒙引》：須看本文「猶」字、本註「益」字，可見風俗向時已偷，如今益以偷矣，傷時之甚也。○胡氏曰：「此章義疑，不可强上聲。解。」趙氏曰：「二事大小精粗實不相並，故又載胡氏説於後，亦闕疑之意。」

○子曰：「巧言亂德。小不忍則亂大謀。」

巧言變亂是非，聽之使人喪去聲。其所守。小不忍，如婦人之仁、匹夫之勇，皆是。或問：「婦人之仁、匹夫之勇强弱不同，同爲不忍，何也？」朱子曰：「忍之義，禁而不發之謂。婦人之仁，不能忍其愛也；匹夫之勇，不能忍其忿也。」○慶源輔氏曰：「婦人之仁，失於不斷；匹夫之勇，失於輕決。二者之失不同，而皆足以亂大謀。蓋大謀雖斷，而輕決，則又失之。」○雲峰胡氏曰：「亂大謀，彼自亂彼之事。亂德，非惟自亂其心術，且能亂人之心術。是非有定理，而彼以是爲非，以非爲是，使聽者失其所守，爲人心之害莫大焉。婦人之仁柔惡，爲無斷；匹夫之勇剛惡，爲强梁。」附《蒙引》：巧言，他人之言也。小不忍，自己小不忍也。○《存疑》：此「德」是「執德不弘」之德，故註以「所守」解之。人有所得，守之於己，德也。巧言以是爲非，以非爲是，使人聽之，惑於是非而無定守，故曰亂德。然亦德之淺，方能亂得。若深，安能亂？

○子曰：「衆惡之，必察焉；衆好之，必察焉。」

楊氏曰：「惟仁者能好惡人。衆好惡之而不察，則或蔽於私矣。」南軒張氏曰：「天下之善惡有如黑白之易明者。衆之好惡固所同也，至於事若善而其情則有害，事若不善而其情或可取，此衆人之所惑，而君子之所察也。孟子於仲子、匡章是也。」○

胡氏曰：「察者，詳審之謂，非謂衆人之好惡皆非也，特恐其或蔽於私，故加詳審耳。」○雙峰饒氏曰：「南軒所引仲子、匡章事甚切。齊人皆以仲子爲廉，孟子獨能辨其不廉，此其衆好必察處；匡章通國皆稱其不孝，孟子獨不以不孝目之，此是衆惡必察處。」又曰：「衆好惡固當察，然我心無私意方能察之。若有私意，則衆好惡之得其當者，我反以爲非矣。所以『惟仁者能好惡人』也。」○新安陳氏曰：「惟仁者無私心而好惡當於理，方能爲衆人之衡鑑焉。」附《存疑》：好惡出於衆，似乎公矣，然所惡之中，或有特立而爲衆所惡者，或有事若不善而情有可取者，是衆惡未必皆當也，故必察焉；所好之中，或有同俗而爲衆所悦者，或其事若善而其情則有害者，是衆好未必皆當也，故必察焉。「必察」須兼此二意，方是。○註「或蔽於私」，指「衆好惡」言。

○子曰：「人能弘道，非道弘人。」

弘，廓苦郭反。而大之也。人外無道，人之身即道之所寓。道外無人，道即人之所以爲人之理。然人心有覺而道體無爲，故人能大其道，道不能大其人也。○張子曰：「心能盡性，『人能弘道』也。性不知檢其心，『非道弘人』也。」問「人能弘道」。朱子曰：「道如扇，人如手，手能搖扇，扇如何搖手？」○問「性不知檢其心」。潛室陳氏曰：「性指道，心指人。」○雙峰饒氏曰：「此『道』字是就自家心上説。若就道體上説，則道自際天蟠地，何待人弘？」又曰：「四端甚微，擴而充之，則不可勝用，此之謂『人能弘道』。」○四如黄氏曰：「弘有二義，人之得是道於心也，方其寂然而無一理之不備，亦無一物之不該，這是容受之弘；及感而通，無一事非是理之用，亦無一物而非是理之推，這是廓大之弘。其容受也，人心攬之若不盈掬，而萬物皆備於我，此弘之體；其廓大也，四端雖微，火然泉達，充之足以保四海，此弘之用。性分之所固有者，一一盡收入來；職分之所當爲者，一一要推出去，❶方是弘。」《通考》勿軒熊氏曰：「道之全體無所不包，惟學故能廓而大之。」附《淺説》：或體之於身，則道行於己，而有光輝發越之盛；或推之於人，則道行於彼，而有盛大流行之勢；或

❶「要」，原作「便」，今據影明本《四書輯釋》改。

充之以至於位天地，以滿夫斯道之分量；或廓之以至於育萬物，以盡夫斯道之功用，皆人之所爲也，非人能弘道乎？〇《蒙引》：弘道非道本小而我大之也，只是滿其分量處便是。文王爲人君止於仁，與國人交止於信，亦非於性分之外有所加也。〇《存疑》：道之分量本大，人蔽於氣稟物欲，則失其道。人能加知行之功，道之自近以至遠，自小以至大，推而至極，則其分量之大，復全於我矣，是擴而大之也。〇「非道弘人」一句帶說，不可對言。〇見體道之責存乎人，而不可徒諉之道也。

〇子曰：「過而不改，是謂過矣。」

過而能改，則復於無過。唯不改，則其過遂成，而將不及改矣。新安陳氏曰：「過而肯改，則過泯於無；過而不改，則過成而有。」附《蒙引》：兩「過」字略有浮實之別。

〇子曰：「吾嘗終日不食，終夜不寢，以思，句。無益，句。不如學也。」

此爲去聲。「思而不學」者言之。蓋勞心以必求，不如遜志而自得也。李氏曰：「夫子非『思而不學』者，特垂語以教人爾。」朱子曰：「思是硬要去做，學是依這本子，小著心，隨事順理去做。」〇遜志是卑遜其志，放退一著，寬廣以求之，不忒恁地迫窄，便要一思而必得。〇問：「聖人真箇終日不食，終夜不寢，以思否？」曰：「聖人也曾恁地來。聖人說發憤忘食，却是真箇。惟橫渠知得此意，嘗言孔子煞喫辛苦來。」〇南軒張氏曰：「此章非以思爲無益也，以思而不學則無益耳。」〇雲峰胡氏曰：「《書·說命》『惟學遜志』一句，六經言學所從始。非特取卑遜之義，不淩節而施之謂遜。蓋勉勉循循，其學有自得之益；勞心以必求，徒思而未必有得也。」附《存疑》：徒思而不學，則此理出於想像億度，而無真實之見，且旋得旋失，不免危殆之患，故無益。學則講習討論，體驗躬行，有真見，無遺忘，德之成也有自矣，故曰不如學也。前篇「思而不學則殆」，亦當依此。

〇子曰：「君子謀道不謀食。耕也，餒在其中矣；學也，祿在其中矣。君子憂道不憂貧。」餒，奴罪反。

耕，所以謀食而未必得食；學，所以謀道而祿在其中。然其學也，憂不得乎道而已，非爲去聲。憂貧之故而欲爲是以得祿也。○尹氏曰：「君子治其本而不卹其末，豈以自外至者爲憂樂音洛。哉？」朱子曰：「『君子謀道不謀食』，是將一句統說，中又分兩脚說，『耕也餒在其中』，『學也祿在其中』。又恐人錯認此意，似教人謀道以求食，故下面又繳一句，謂君子所以爲學者，所憂在道爾，非憂貧而學也。」○學固不爲謀祿，然未必不得祿，如耕固不求餒，然未必得食。雖是如此，然君子之心却只見道不見祿。○凡言「在其中」，蓋言不必在其中而在焉者矣。○問：「『耕也餒在其中』、『學也祿在其中』，兩句似相反。」潛室陳氏曰：「耕本謀食，却有時而餒；學非謀食，却可以得祿。」○雙峰饒氏曰：「首句重在『謀』字上，末句重在『憂』字上。謀以事言，憂以心言。憂道自然不憂貧。到『不憂貧』地位，也是難事。學者縱未能不憂貧也，且以此等意思存之胸中，久久自別。」○雲峰胡氏曰：「凡學而謀食者，只爲貧富關打不透爾。果不憂貧，自不謀食。」○新安陳氏曰：「謀食之食，以食祿言，與『祿』字相關。『耕也，餒在其中』一句自是引喻。此章夫子始終教學者以審內外之輕重也。君子惟謀學以明道，而不謀食以得祿，譬之耕本不求餒，而餒自在其中，是學本不求祿，而祿自在其中，學焉而聽祿之自至可也。末又申言之憂道，以見其謀道，不憂貧，以見其不謀食。憂出於心，謀見於事；憂之深，然後謀之熟，無非欲學者知內之重而外之輕耳。」附《存疑》：此章意思還當作三節看。「謀道不謀食」，是說君子之學。「學也，祿在其中」，是說學有得祿之理。「憂道不憂貧」，是明其無求祿之心。「耕也，餒在其中」，不重，是起下「學也祿在其中」句。○《語類》：《論語》几言「在其中」矣，當以「餒」字推之，蓋言不必在其中而在焉者矣。○《蒙引》：憂道是本其所以謀道之心也，憂還在謀先。

○子曰：「知及之，仁不能守之，雖得之，必失之。知，去聲。

知足以知如字。此理，而私欲閒去聲，下同。之，則無以有之於身矣。程子曰：「『知及之，仁不能守之』，無得也。」○「知及之，仁不能守之」，此言

中人以下也。若夫真知，未有不能守者。○新安陳氏曰：「好學近乎知，力行近乎仁。學而知之明，則知及而得之矣。不能無私力行，而守之不固，雖得之必失之也。」附《存疑》：不曰行而曰守者，守比行尤深也，故《中庸》只說擇守。

知及之，仁能守之，不莊以涖之，則民不敬。

涖，臨也，謂臨民也。知此理而無私欲以閒之，則所知者在我而不失矣，然猶有不莊者。蓋氣習之偏，或有厚於内而不嚴於外者，是以民不見其可畏而慢易去聲。之。下句放上聲。此。張子曰：「所謂知及之，必欲仁守之者，恐其雖得必失耳。知之非艱，行之惟艱，此守所以貴乎篤也。」○問：「知及之，仁不能守之，固不可。仁既能守之，而猶有不莊之戒，《集註》謂有氣習之偏，何耶？」潛室陳氏曰：「蓋雖是有仁能持守，然當臨涖之時，舉動之際，此心少懈，即妄念便生。須是逐時照管，令罅縫不開。才有罅縫，便有氣習之偏。此是聖賢點檢身上工夫周密處，雖是本體已造醇美，猶恐節目上有疵，又須逐節照管，要令盡善盡美。」附《存疑》：知及仁守，則德成於己，而足以治民。然於臨民之時，不能莊以涖之，則衣冠不正，瞻視不尊，而民不見其可畏，是亦氣質學問之小疵，於道未備也。○不莊以涖之，是氣質或偏，學問未盡到處。陳氏謂此心小怠，妄念便生，說太深了。

知及之，仁能守之，莊以涖之，動之不以禮，未善也。」

動之，動民也，猶曰鼓舞而作興之云爾。禮謂義理之節文。朱子曰：「『動』字不是感動之動，是使民底意思。謂使民去做這件事亦有禮，是使之以禮。下箇『禮』字歸在民身上。」○動之是指民說，如蒐苗獮狩，就其中教之少長有序之事，便是使之以禮。蓋使他以此事，此事有禮存也。○愚謂學至於仁，則善有諸己，而大本立矣。涖之不莊，動之不以禮，乃其氣稟學問之小疵，然亦非盡善之道也。朱子曰：「固有生成底，然亦不可專主氣質，蓋亦有學底。」○慶源輔氏曰：「不莊，氣質之偏也；不以禮，學問之闕也。」故夫子歷

言之，使知德愈全則責愈備，不可以爲小節而忽之也。朱子曰：「知及之，如《大學》『知至』；仁守之，如『意誠』；涖不莊，動不以禮，如所謂『不得其正』，所謂『敖惰而辟』之類。知及仁守是明德工夫，下面是新民工夫。」○問：「知及仁守，到仁是極了，却又要莊涖、動以禮底工夫，如何？」曰：「人自有此心純粹不走失，而於接物治民時，少些莊嚴意思，自不足以使人敬，此便是未盡善處。」又問：「此是要本末工夫兼備否？」曰：「固是。但須先有知及仁守做箇根本，方好去檢點其餘，便無處無事不善。若根本不立，又有何可點檢處？」○《或問》：知及仁守，爲學之事也；莊涖禮動，爲政之事也。然爲學之事雖未及乎爲政，至於接物處家之際，亦非莊涖禮動不能爲也；爲政者雖不專於爲學，然非知識之明而持守之固，亦無以爲臨政之地矣。○此一章當以仁爲主，所謂知及之，所以求吾仁；涖之動之，所以持養吾仁者。○或問此章。曰：「大抵發明内外本末之序，極其完備，而其要以仁爲重。仁能守之，則大本已立。雖臨民不以莊，動民不以禮，亦其支節之小失耳。然亦不可不自警省以求盡善而全其德也。」○南軒張氏曰：「知及之，仁不能守之，則未能保之也。仁能守之，則在己者實矣，又須莊以涖之，而動之則以禮。動之以禮者，以禮教民，則民作興也。此雖統言爲政之道至此而後善，然所以成己亦一而已。」○雙峰饒氏曰：「此章六箇『之』字要分別。及之守之、得之失之，此四『之』字指理而言；涖之動之，此二『之』字指民而言。」○雲峰胡氏曰：「仁者心德之全，知及仁守而猶曰不莊以涖之則民不敬者，德之全而責之備也。知及仁守莊涖，而猶曰動之不以禮爲未善者，德愈全而責愈備也。大本已立，固足以見其心德之全；小節未善，亦足以爲全德之累。」附《淺説》：動民之際，不能節之以禮，制度文爲之閒，未免有太過不及之差，設施厝注之際，未免有過中失正之弊。○《存疑》：禮者天理之節文，只是天理之當然耳。以理之當然者使民，如蒐苗獮狩、爲靈臺沼之類，是動之以禮也；不以當然者使民，如殷之作九市之宫而商人叛，❶靈王起章華之臺而楚人散，《春秋》三築臺之類，動之不以禮也。未善，言道理未至於盡善也，是亦氣稟學問之

❶「市」，原作「成」，今據《漢書》改。

小疵也。○小註「蒐苗獮狩，就其中教以少長有序之事」，又是一説。晉文公大蒐以示之禮，正是如此。「動之不以禮」之禮，乃君子身上説，與知、仁、莊一例。大蒐以示之禮，又是制少長之禮以教人，乃「齊之以禮」之禮，與此不同。○此聖人歷言以教人，使先立其大本，而後盡其末節也。不先立其本，而欲盡其末，則其末不可盡；先立其本，而末之不盡，亦有所未備也。一章大意不過如此。

○子曰：「君子不可小知而可大受也，小人不可大受而可小知也。」

此言觀人之法。知，我知之也。受，彼所受也。蓋君子於細事未必可觀，而材德足以任重；小人雖器量去聲。淺狹，而未必無一長可取。朱子曰：「一事之能否，不足以盡君子之藴，然能任天下之重而不懼。小人一才之長亦可器使，但不可以任大事耳。」○吳氏曰：「方舜之耕稼時，視之猶人也，一旦受堯之天下，若素有之。小人有立談之閒而其材可知者，至委以國，則未有不敗。」○南軒張氏曰：「君子所存者大，故不可以小者測知而可以當其大者；小人局於狹小，其長易見，故不可以任大而可以小知之。大受如學者之學聖人，有爲者之當大任是也。事而可以小知之小人，用過其量則敗矣。」○雙峰饒氏曰：「君子於小事上有拙處，小人於小事上有長處，所以不可以一節觀之。」或問：「君子才全德備，何爲於小事上有拙處？」曰：「不可一概論。君子亦有等降，但其大體正當，雖細微處有未盡，亦不害其爲君子。」又曰：「此小人是小有才之人，非庸常之小人。」○雲峰胡氏曰：「小節可以知小人，不足以知君子；大受可以許君子，不可以許小人。材之所成爲器，德之所充爲量。君子之所以可大受者，材與德俱大；小人之不可大受者，器與量俱小故也。」附《存疑》：此言觀人當於其大，不當於其小。君子可以大受，不可以小知。若欲以小知之，則失其爲君子矣。小人不可以大受，而可小知。若欲以大受之，則失其爲小人矣。故以大事而觀人，然後其人可見。以小節而觀人，小人未有不勝君子，君子或置之無用之地矣。○君子立乎其大者，於小事或未及理會，故不可小知而可大受；小人大節本無足觀，每於小者致意，故不可大受而可小知。

○子曰：「民之於仁也，甚於水火。水火吾

見蹈而死者矣，未見蹈仁而死者也。」民之於水火，所賴以生，不可一日無，其於仁也亦然。但水火外物，而仁在己。無水火，不過害人之身，而不仁則失其心，是仁有甚於水火，而尤不可一日無者也。況水火或有時而殺人，仁則未嘗殺人，亦何憚而不爲哉？李氏曰：「此夫子勉人爲仁之語。下章放上聲。此。」問：「夫子言吾『未見蹈仁而死者也』，後又言『志士仁人有殺身以成仁者』。」潛室陳氏曰：「蹈仁有益無害，人何憚而不爲？此勉人爲善之語。若到殺身成仁處，是時不管利害，但求一箇是而已。學者患不蹈仁爾，蹈仁則心無計較之私。若義所當死而死，雖比干不害爲正命。」附《蒙引》：上言仁之甚切於人，以見其所當勉；下言仁之無害於人，益以見其所當勉。〇《存疑》：「甚於水火」有兩意，水火外物，而仁在己，是一意；無水火不過害人之身，不仁則失其心，是一意。

〇子曰：「當仁不讓於師。」

當仁，以仁爲己任也，雖師亦無所遜，言當勇往而必爲也。蓋仁者人所自有而自爲之，非有争也，何遜之有？〇程子曰：「爲仁在己，無所與遜。若善名在外，則不可不遜。」朱子曰：「當仁，擔當之當，這『仁』字是指大處，難做處。說這般處須著擔當，不可說道自家做不得，是師長所做底事。」〇弟子於師，每事必讓而不敢先，至於仁以爲己任，則當自勉而勇爲，不可以有讓也。蓋仁者己所有而自爲之，非奪之彼而先之也，何讓之有？所謂不讓，猶程子所謂「不可將第一等事讓與別人做」者，其事則顔子所謂「舜何人也，予何人也，有爲者亦若是」者是已。此與上章皆勉人爲仁之辭。上章爲凡民都不知仁而憚於爲之者發，此章爲學者粗知仁之爲美而不知勇於有爲者發。〇南軒張氏曰：「夫子嘗曰『有能一日用其力於仁矣乎，我未見力不足者』，又曰『我欲仁，斯仁至矣』，又曰『爲仁由己』，於此又明『不讓於師』之義，蓋道不遠人，爲之在己，雖所尊敬，亦無所與讓。聖人勉學者，使之用其力也。」〇爲仁在我，雖師不暇遜，此便是仁以爲己任。〇慶源輔

氏曰：「遜者，禮之實也，德之善也。凡自外來者，固不可不遜，如善名是也。至於爲仁在己，則何遜哉？蓋非不遜也，乃無所與遜也。」○雲峰胡氏曰：「『當』字大有力量，不弘者當不起，不毅者當不去。請事斯語，顔子當之；仁爲己任，曾子當之。顔、曾遜於夫子之門，未嘗以當仁之事而遜於夫子也。」

○子曰：「君子貞而不諒。」

貞，正而固也。諒則不擇是非而必於信。

問：「君子不諒可乎？」龜山楊氏曰：「惟貞固可以不諒。所謂貞者，惟義所在也。」○朱子曰：「貞者，見得道理是如此，便只恁地做去，所謂『知斯二者弗去』是也。爲『正』字説不盡，故更加『固』字，如《易》所謂『貞固足以幹事』。若『諒』者，是不擇是非，必要如此。故貞者是正而固守之意，諒則有固必之意焉。」○南軒張氏曰：「貞則信在其中。但執小信，而於義有蔽，則失其正而反害於信矣。」○覺軒蔡氏曰：「諒有二訓，有止訓信者，『友諒』是也，有訓必信者，此『諒』是也。諒似貞而實非，故夫子特別而言之。」○雙峰饒氏曰：「貞者正而固守，諒則固而未必正，言必信，行必果，而不知惟義所在者也。」○厚齋馮氏曰：「歷萬變而不失其正者，貞也。諒則固守而不知變者也。故曰貞者事之幹也，豈若匹夫匹婦之爲諒也？」附《存疑》：「君子貞而不諒」，與「君子和而不同」一般，皆是就相似中分别其不同處。

○子曰：「事君，敬其事而後其食。」

後，與「後獲」之後同。雙峰饒氏曰：「此『後』字如先難後獲、先事後得之後。後獲謂不計其效也。蓋爲人臣者，但知盡其職分而已，禄非所計也，所謂『正其誼，不謀其利』之意。」食，禄也。君子之仕也，有官守者脩其職，有言責者盡其忠，皆以敬吾之事而已，不可先有求禄之心也。南軒張氏曰：「事君者主於敬其事而已。官有尊卑，位有輕重，而敬其事之心則一也。後其食，猶後獲之意。然則爲貧而仕則奈何？孔子嘗爲委吏矣，亦曰會計當而已矣，嘗爲乘田矣，亦曰牛羊茁壯長而已矣，蓋亦以敬其事爲主也。若曰爲貧而仕，食焉而已，遑恤其事，則失其義矣。」○胡氏曰：「後其食者，蓋委置之，不存乎念慮之閒，非纔任其事而即有得禄之心繼之也。若曰

先敬其事而後有計禄之心，則義利雜揉，公私交戰，其不爲利心所勝者幾希。」○勉齋黄氏曰：「敬事後食，臣之道也；餼稟稱事，君之道也。」○慶源輔氏曰：「有官守者脩其職，有言責者盡其忠，是皆天理之當然，而在人之所當爲者也，豈可有一毫僥求覬幸之意於其先哉？」

○子曰：「有教無類。」

人性皆善，而其類有善惡之殊者，氣習之染也，故君子有教則人皆可以復如字，反也。於善，而不當復扶又反，又也。論其類之惡矣。南軒張氏曰：「人所稟之資雖有不同，然無有善惡之類一定而不可變者。蓋均是人也，原其降衷，何嘗不善？故聖人有教焉，所以反之於善也。教之行，愚者可使之明，柔者可使之强，豈有氣質之不可變者乎？然堯舜之子不肖，則氣類又若有異，何也？蓋氣有可反之理，人有能反之道，而教有善反之功，其卒莫之能反者，則以其自暴自棄而已。」○慶源輔氏曰：「人之性同乎一理而已，然其品類則有善惡之異者，何哉？蓋於其始生也已有氣稟清濁之分，及其少長也又有習染邪正之異。苟欲合其異而反其同，則在乎教耳。故君師有教化之妙，則人皆可以復其善而自無爲惡之人，豈可復論其類之惡哉？」○洪氏曰：「聖人之教如雨露之於萬物，夫豈有所擇哉？」附《蒙引》：無類，自教者立心言，所謂「不當復論其類之惡」也，正是無所擇意。未説到人復於善處，只是人皆可復於善也。○《存疑》：所以作教者立心説，不作人復於善説者，人固有下愚不移者，如堯舜不能教其子，周公不能教其兄弟是也。若謂聖人有教則人皆復於善，未免有窒礙處。

○子曰：「道不同，不相爲謀。」爲，去聲。

不同，如善惡邪正之類。南軒張氏曰：「君子以義，小人以利，義利之所以不同，烏能相爲謀乎？」○新安陳氏曰：「善惡謂君子小人，邪正謂吾道異端，如陰陽冰炭之相反，此不能爲彼謀，彼亦不能爲此謀也。」附顧麟士曰：「不相爲謀，論理勢如此。當擇人而謀，意在言外。」

○子曰：「辭達而已矣。」

辭取達意而止，不以富麗爲工。勉齋黄氏曰：「此爲學者善於工言辭者設。然其曰『達而已矣』，

則非通於理者亦不能達也。聖人之言，未嘗有所偏也。」○胡氏曰：「富者欲其贍也，麗者欲其華也。」○新安陳氏曰：「惟達理者辭能達意。達意之外而過求之，非以繁多爲富，則以華美爲麗，正理反爲所蔽，本意反以不達矣。『達』之一字，命辭之法也。東坡與人論文，每以夫子此言爲主。」附《蒙引》：未達要達，既達則不可以復有加也。

○師冕見，及階，子曰：「階也。」及席，子曰：「席也。」皆坐，子告之曰：「某在斯，某在斯。」見，賢遍反。

師，樂師，瞽者。胡氏曰：「《周禮》，樂師、太師皆以師名。磬、鍾、笙、鎛、韎、籥皆曰師。」○吳氏曰：「古者樂師皆用瞽，以其廢視而聽專，且令天下無廢人也。」冕，名。再言「某在斯」，歷舉在坐去聲。之人以詔之。附顧麟士曰：「『子告之曰：「某在斯，某在斯。」』十字，當作一句讀，是撮記之辭，不可又代口氣。」

師冕出。子張問曰：「與師言之道與？」與，平聲。

聖門學者於夫子之一言一動，無不存心省悉井反。察如此。吳氏曰：「《論語》中子張之問，比諸弟子爲多。」○新安陳氏曰：「不可以子張之問作閑語看。聖人一言一動，無非教也，學者善觀之，則見得皆出於聖心天理之流行者矣。」附顧麟士曰：「『言之』處當略斷。」

子曰：「然，固相師之道也。」相，去聲。

相，助也。古者瞽必有相，其道如此。《周禮・春官》：太師下大夫二人，少師上士四人，瞽矇三百人，眡〔音示。〕瞭〔音了，明目也。〕三百人。眡瞭掌大師之縣，〔音玄，鍾磬之類。〕❶凡樂事相瞽。蓋聖人於此非作意而爲之，但盡其道而已。《通考》勿軒熊氏曰：「『道』字要重看。一事有一理。先正嘗教人只看『師冕見』與『子見齊衰』二章，以爲一部《論語》皆在是。此是徹上徹下之道，讀者深玫而博求，庶

❶「磬」，原作「聲」，今據《四書大全》改。

有以得之。」附《蒙引》：曰階曰席曰某在斯，與師言之如此，即所以相之也，故曰其道如此，非與師言之外別有箇相師之道。○尹氏曰：「聖人處上聲。己爲去聲。人，其心一致，無不盡其誠故也。有志於學者，求聖人之心，於斯亦可見矣。」范氏曰：「聖人不侮鰥寡，不虐無告，可見於此。推之天下，無一物不得其所矣。」南軒張氏曰：「道無往而不在。聖人之動靜語默，無往而非道，蓋各止於其所而已。師冕之見，及階則告之階，及席則告之席，既坐則歷告之以在坐者，蓋待瞽之道當然爾。子張竊窺而有問焉，夫子以爲固相師之道，辭則近而意亦無不盡矣。事事物物，莫不有其道。夫一日之閒，起居則有起居之道，飲食則有飲食之道，見是人則有待是人之道，遇是事則有處是事之道，道不可須臾離也。夫惟天下之至誠，一以貫之，道之所在，如影之隨形，蓋無往而非是矣。」○胡氏曰：「瞽必有相，荀子所謂『猶瞽無相』，《春秋傳》所謂『其相曰朝也』。冕之來見，適無相者，坐必作，過必趨，哀矜之念乃聖人之素心，至此自不能已也，故代相者告之。」○厚齋馮氏曰：「使瞽者若能視然，是謂相師之道，豈特與師言之道如此？」○新安陳氏曰：「瞽者之來，未必無相。夫子自矜之，且敬之，故節節謹告之，有目者待無目者之誠心曲禮也。」

論語集註大全卷之十五終

論語集註大全卷之十六 三魚堂讀本

季氏第十六

洪氏曰：「此篇或以爲《齊論》。」凡十四章。胡氏曰：「疑爲《齊論》，以皆稱『孔子曰』，且三友、三樂、九思等條例與上下篇不同。然亦無他左驗。」○厚齋馮氏曰：「上篇首衛靈公以譏諸侯之失，此篇首季氏以譏大夫之失，下篇首陽貨以譏陪臣之失也，此篇季氏而後即記禮樂征伐、禄去公室之語，乃記者以爲篇次之意。」《通考》勿軒熊氏曰：「首三章皆歎魯也，餘亦雜記夫子言行。」

季氏將伐顓臾。

顓臾，國名，魯附庸也。《春秋傳》曰：「顓臾，風姓也，實司大皥與有濟之祀。」注云：「伏羲之後，在泰山南，武陽縣之東北。」附《蒙引》：季氏之伐顓臾，不過欲取以自益，未必顓臾得罪於公家，亦未有犯於季氏。當時季氏亦必借一辭以爲兵端，然據冉有曰固而近而費，似又無他端也。

冉有、季路見於孔子曰：「季氏將有事於顓臾。」見，賢遍反。

按《左傳》、《史記》，二子仕季氏不同時。此云爾者，疑子路嘗從孔子自衛反魯，再仕季氏，不久而復扶又反。之衛也。《左傳》：定公十二年，仲由爲季氏宰，將墮三都。○《史記》：定公十三年夏，孔子言於公曰：「臣無藏甲，大夫無百雉之城。❶使仲由爲季氏宰，將墮三都。」○《左傳》：哀公十一年，齊師伐我，季孫謂其宰冉求曰：「若之何？」求曰：「一子守，二子從公禦諸境。」孟孺子洩帥右師，冉求帥左師。師及齊師戰於郊。師入齊軍，獲甲首八十。齊人遁，冉有請從之，季孫弗許。○《史記·世家》：哀公三年，孔子年六十矣，在陳。秋，季桓

❶「城」，原作「臣」，今據哈佛本改。

子病，輦而見魯城，喟然歎曰：「昔此國幾興矣，以吾獲罪於孔子，故不興也。」顧謂其嗣康子曰：「我即死，若必相魯；相魯，必召仲尼。」後數日，桓子卒，康子代立。已葬，欲召仲尼，公之魚曰：「昔吾先君用之不終，終爲諸侯笑。今又用之，不能終，是再爲諸侯笑。」康子曰：「則誰召而可？」曰：「必召冉求。」於是召冉求。既去，明年，孔子自陳遷於蔡。冉有爲季氏，將與齊戰於郊，克之。康子曰：「子之於軍旅，學之乎，性之乎？」冉有曰：「學於孔子。」康子以幣迎孔子，孔子歸魯。○趙氏曰：「魯哀公十年，孔子自楚反乎衛，魯以幣召之，乃歸。子路從孔子反魯，當在此時。十四年，小邾射來奔，曰：『使季路要我，吾無盟矣。』使子路，子路辭。則子路尚在魯也，必是此年復之衛，次年死於孔悝之難。」

附《蒙引》：此事二子與焉，其心亦有所不安者，故以白之，觀孔子意以爲何如耳。

孔子曰：「求！無乃爾是過與？」與，平聲。

冉求爲去聲。季氏聚斂，去聲。尤用事，故夫子獨責之。問：「獨責求，何也？」朱子曰：「想他與謀較多，一向倒在他身上去，❶亦可知也。」

夫顓臾，昔者先王以爲東蒙主，且在邦域之中矣，是社稷之臣也，何以伐爲？」夫，音扶。

東蒙，山名，趙氏曰：「蒙山在泰山郡蒙陰縣西南，今沂州費縣也。」○厚齋馮氏曰：「按《禹貢》有二蒙：徐州『蒙羽其藝』，東蒙也；梁州『蔡蒙旅平』，西蒙也。」○洪氏曰：「《魯頌》曰：『奄有龜蒙，遂荒大東。』又云：『乃命魯公，俾侯於東。錫之山川，土田附庸。』謂顓臾也。」先王封顓臾於此山之下，使主其祭，在魯地七百里之中。問：「從孟子『地方百里』之説，則魯地安有七百里？」朱子曰：「七百里是《禮記》説。每疑百里如何做得侯國，又容得附庸。所謂『錫之山川，土田附庸』，必不止百里。然此處亦難考。」《通考》仁山金氏曰：「《詩》：『乃命魯公，俾侯於東。錫之山川，土田附庸。』孟子謂：『周公封於魯，爲方百里。』蓋以田計也，山川附庸不在此數。《禮記》：魯境七百里，蓋通山川附庸計之也。」○黃氏紹曰：「『大國地方百里』者，古制也。然《詩》云：『奄有龜蒙，遂荒大

❶「向」，原作「句」，今據《朱子語類》、《四書大全》改。

東，至於海邦。』則其地豈直百里而已哉？ 孟子於班爵禄之制皆不能語其詳，直計古制以爲言耳。 而朱子之説則本諸戴《記》所謂『封周公以曲阜之地七百里』爲説耳。《王制》成於漢儒，固未可以爲據。《周禮》亦周公未成之書。 大禹會諸侯，玉帛萬國，至商僅千七百國，則其土地併吞，非復其舊。 武王革商，亦因而授之，未必能損强大之國，使之悉就古制也。 諸侯之多强大，而使周公、太公以百里爲新造之齊、魯，則於其閒其能久乎？ 以此推之，則二國始封，必已不止百里矣。」社稷，猶云公家。 是時四分魯國，季氏取其二，孟孫、叔孫各有其一。《左傳》：昭公五年春正月，季孫舍中軍，卑公室也。〔罷中軍。季孫稱左師，孟氏稱右師，叔孫氏則自以叔孫爲軍名。〕初作中軍，三分公室而各有其一，〔各有一軍家屬。〕季氏盡征之，〔無所入於公。〕叔孫氏臣其子弟，〔以父兄歸公。〕孟氏取其半焉。〔復以子弟之半歸公。〕及其舍之也，四分公室，季氏擇二，二子各一，皆盡征之而貢於公。 獨附庸之國尚爲公臣，季氏又欲取以自益。故孔子言顓臾乃先王封國，則不可伐；在邦域之中，則不必伐；是社稷之臣，則非季氏所當伐也。 此事理之至當，去聲。不易之定體，而一言盡其曲折如此，非聖人不能也。 慶源輔氏曰：「不可伐而伐之，則不仁；不必伐而伐之，則不智；非所當伐而伐之，則悖禮犯義矣。」

冉有曰：「夫子欲之，吾二臣者皆不欲也。」

夫子指季孫。 冉有實與去聲，下同。謀，以夫子非之，故歸咎於季氏。 附《蒙引》：「夫子欲之」，求自解也。下文「固而近於費」，是又爲季氏解。

孔子曰：「求！ 周任有言曰：『陳力就列，不能者止。』危而不持，顛而不扶，則將焉用彼相矣？

任，平聲。 焉，於虔反。 相，去聲，下同。周任，古之良史。 陳，布也。 列，位也。相，瞽者之相也。 言二子不欲則當諫，諫而不聽，則當去也。 朱子曰：「相亦是贊相之義，瞽者之相亦是如此。」○雙峰饒氏曰：「冉有真與謀，子

路只是不能諫止。危未至於顛，故持之，使不至顛。顛則既蹈，須扶起之。」附《存疑》：有官守者盡其職，有言責者盡其忠，是能陳力也；有官守者不得其職，有言責者不得其言，是不能陳力也。能陳力則就其位，不能則止而不就其位，只此二端，更無别端可走。危而不持，顛而不扶，是不能陳力，乃就列而不止也，則何取於人臣者哉？故曰「焉用彼相矣」。○《蒙引》：持危扶顛，只陳力之意。下三句只是上文之意，通此段俱作周任之言。

且爾言過矣。虎兕出於柙，龜玉毁於櫝中，是誰之過與？」兕，徐履反。柙，户甲反。櫝，音獨。與，平聲。

兕，野牛也。趙氏曰：「兕似牛，一角毛青皮堅，可爲鎧。」柙，檻也。櫝，匱也。言在柙而逸，在櫝而毁，典守者不得辭其過。明二子居其位而不去，則季氏之惡，己音紀。不得不任其責也。朱子曰：「虎在山，龜玉在他處，不干典守者事。今在柙中走了，櫝中毁了，❶便是典守者之過。」○厚齋馮氏曰：「二子居其位而不去，夫子稱爲『具臣』者以此。」附《存疑》：「且爾言過矣」，是説其「吾二臣者皆不欲」之言過也。此「過」字與下「過」字不同，此是言過，不是行過。

冉有曰：「今夫顓臾固而近於費。今不取，後世必爲子孫憂。」夫，音扶。

固，謂城郭完固。費，音祕。季氏之私邑。此則冉求之飾辭，然亦可見其實與季氏之謀矣。勉齋黄氏曰：「冉有此言，但知費爲季氏之邑，而爲季氏子孫謀也，豈復知有魯哉？」○齊氏曰：「孔子之爲司寇也，使仲由墮費，而求乃謀伐顓臾以益費，是孔子弱三家以强公室，而求反之。故孔子惟深責冉求，以爲非由本意也。」附《蒙引》：爲季氏解，乃所以自解也。○固，則在彼有難克之勢；近於費，則在我有侵凌之虞。

孔子曰：「求！君子疾夫舍曰欲之而必爲

❶「櫝」，原作「犢」，今據《朱子語類》、《四書大全》改。

之辭。夫，音扶。舍，上聲。

欲之，謂貪其利。梅巖胡氏曰：「求以爲夫子欲之，吾二臣者皆不欲，孔子從『欲』字發明切責之。」附《蒙引》：「舍曰欲之」「欲」字，與「夫子欲之」「欲」字不同，故此「欲」字註特解曰「謂貪其利」。○《存疑》：「君子疾夫舍曰欲之」直趕到「而爲之辭」作一句讀，方是。言季氏之取顓臾，本是貪欲也，今乃舍説貪欲，而爲飾辭曰「今不取，後世必爲子孫憂」，是君子之所疾也。

丘也聞有國有家者，不患寡而患不均，不患貧而患不安。蓋均無貧，和無寡，安無傾。寡，謂民少。貧，謂財乏。均，謂各得其分。去聲。安，謂上下相安。季氏之欲取顓臾，患寡與貧耳。然是時季氏據國，而魯君無民，則不均矣；君弱臣强，互生嫌隙，乞逆反。則不安矣。均則不患於貧而和，和則不患於寡而安，安則不相疑忌而無傾覆之患。朱子曰：「不均不和不安，在當時有難顯言者，故夫子微辭以告之，語雖略而意則詳也。」○雙峰饒氏曰：「『均無貧』以下，文理參差，與上文不相當對，何也？曰：上兩句以貧與寡對説，下三句又錯綜説。大抵貧多起於不均，均則彼此皆足而無貧，故曰均無貧；不和則爭，爭則土地雖廣，人民雖衆，而心常以爲寡，惟和而不爭，則雖寡亦不見其爲寡矣，故曰和無寡；傾覆生於不安，人心苟安，則禍亂不作，自無傾覆之患矣，故曰安無傾。均無貧而後能和，和無寡而後能安，三者又自相因。」○鄭氏曰：「有國家者，不患民之寡，患無上下之分而至於不均；不患財之乏，而患在失上下之心而至於不安也。均則民志定，定則不貧；和則民志一，一則不寡；不貧不寡，則安矣，安則不傾。」○厚齋馮氏曰：「夫子稱『有國有家者』，正指魯與季氏言之。」附《蒙引》：我看來季氏之欲取顓臾，患寡與貧耳。丘也聞有國有家者，所患不在民寡，而患彼此之分不得其平；所患不在貧，而患上下之不相安。誠使君十卿禄，彼此之分既均，則君安於君之所當得，臣安於臣之所當得，雖貧不見其爲貧矣；均而無貧，則君視臣如手足，臣視君如腹心，而君臣之情自相和睦矣；和則君百乘，卿大夫十乘，雖寡不見其爲寡矣；和而無寡，則君安於臣，無所疑忌，臣安於君，無所猜嫌，而君

臣相保，永無傾覆之患矣。○季氏之欲取顓臾，患寡與貧耳，此便是貪其利。季氏但知患寡與貧，而不知不均不和之可患，故夫子泛言有國有家者云云，見得季氏非爲子孫憂也，憂寡與貧也。然寡與貧非所憂，而不均不和實所宜憂也。下文只是終此節之意，但此節猶泛言，及提起「今由與求也」，方又指伐顓臾事說。○《存疑》：均無貧，見得不均則貧矣。不均則臣盡有君之有，可謂富矣，曰貧者，君貧也。君既貧而臣終亦不能享其富也。○《達説》：「聞」字貫至下節。○劉上玉曰：「此節既泛以所聞説，則註『是時季氏據國』六句預犯『分崩離析』，不可入講。」

夫如是，故遠人不服則脩文德以來之。既來之，則安之。夫，音扶。

内治去聲。脩然後遠人服，有不服則脩德以來之，亦不當勤兵於遠。新安陳氏曰：「『夫如是』，總包括上三句，即所謂『内治脩』也。今不均不安，既與『内治脩』反矣；又欲興兵黷武，則與『脩文德』反矣。」附《蒙引》：文德，仁義是也，君君臣臣父父子子之類，與「内治脩」不同。○《達説》：文德，仁義、教化、信禮皆是。

今由與求也，相夫子，遠人不服而不能來也，邦分崩離析而不能守也，

子路雖不與謀，而素不能輔之以義，亦不得爲無罪，故併責之。遠人，謂顓臾。或曰：「顓臾在邦域中，如何謂之遠人？」雙峰饒氏曰：「遠人不特遠夷，《中庸》『柔遠人』在『懷諸侯』之上。夫子以蕭牆對顓臾，則蕭牆近，顓臾遠，其爲遠人可知。」分崩離析，謂四分公室，家臣屢叛。《左傳》：定公五年九月，陽虎囚季桓子及公父文伯，〔桓子之從父昆弟也。虎欲爲亂，恐二子不從，故囚之。〕而逐仲梁懷。十月丁亥，殺公何藐。〔季氏族。〕己丑，盟桓子於稷門之内。〔魯南城門。〕庚寅，大詛。逐公父歜〔即文伯。〕及秦遄，皆奔齊。八年，季寤、〔桓子之弟。〕公鉏極、〔桓子族子。〕公山不狃〔費宰。〕皆不得志於季氏，叔孫輒〔叔孫氏庶子。〕無寵於叔孫氏，叔仲志〔叔孫帶之孫。〕不得志於魯，故五人因陽虎。陽虎欲去三桓，以季寤代季氏，叔孫輒更叔孫氏，己更孟氏。十月，將享季氏於蒲圃而殺之。陽虎前驅，林楚御桓子，以適孟

氏。陽虎刧公與武叔，以伐孟氏。公斂處父帥成人自上東門入，❶與陽氏戰於南門之內。陽氏敗，陽虎説〔音脱。〕甲如公宫，取寶玉大弓以出，入於讙、陽關以叛。附《蒙引》：自「丘也聞有國有家者」至「則安之」，都是泛説道理。「今由與求也」下，方就季氏説，皆反上文意而言也。○邦分崩離析者，分崩之中又離析，大夫爲公室之患，家臣又爲大夫之患。

而謀動干戈於邦内。吾恐季孫之憂，不在顓臾，而在蕭牆之內也。」

干，楯也。楯，垂尹反，兵器也，正作盾。戈，戟也。蕭牆，屏音丙。也。問「蕭牆」。朱子曰：「據鄭註云，諸侯至屏内，❷當有肅敬之意，未知是否。」○馮氏曰：「蕭，肅也。臣之見君，至屏而加肅，故曰蕭牆。」言不均不和，內變將作。其後哀公果欲以越伐魯而去上聲。季氏。《左傳》：哀公二十七年，公患三桓之侈也，欲以諸侯去之。〔欲求諸侯師以逐之。〕❸三桓亦患公之妄也，故君臣多間。〔隙也。〕公欲以越伐魯，而去三桓。秋八月甲戌，公如公孫有陘氏，因孫於邾，乃遂如越。附《存疑》：遠人不服而不能來，則不能脩文德矣；邦分崩離析而不能守，則不能脩內治矣；而謀動干戈於邦內，曰將以除季氏子孫之憂。吾恐不均不和，內變將作，其憂不在顓臾，而在蕭牆之內也。○《蒙引》：「不均不和」，只承「分崩離析」言，於蕭牆之憂爲切，故不及「脩文德」意。○或問小註。蘇氏曰：「舊説以蕭牆之憂爲陽虎之難。以吾考之，定公五年，陽虎始專季氏，囚桓子。至九年，欲殺桓子，不克而出奔齊。前此者季氏之所爲，惟虎之聽，非二子之罪也。定公五年，孔子年四十有七，冉有少孔子二十有九歲，蓋年十八而已，未能相季氏也。定公十二年，子路爲季氏宰；哀公十一年，冉求爲季氏宰，皆見於《春秋》，則伐顓臾，非陽貨出奔之前，其在季康子之世歟？」○謝氏曰：「當是時，三家强，公室弱，冉求又欲伐顓臾以附益之，夫子所

❶「上」，原作「正」，今據《春秋左傳註疏》、《四書大全》改。

❷「至」，原作「之」，今據《朱子語類》、《四書大全》改。

❸「師」，原作「帥」，今據《春秋左傳註疏》、《四書大全》改。

以深罪之，爲去聲。其瘠魯以肥三家也。」洪氏曰：「二子仕於季氏，凡季氏所欲爲，必以告於夫子，則因夫子之言而救止者，宜亦多矣。伐顓臾之事不見形甸反。於經傳，去聲。其以夫子之言而止也與？」音余。○豫章羅氏曰：「昔季氏伐顓臾，孔子曰『吾恐季孫之憂不在顓臾，而在蕭牆之內也』，其後陽虎果囚季桓子，聖人之言可不爲萬世法哉？自三代而下，人主不師孔子之言，不戒季氏之事，而被蕭牆之害者，多矣。」○厚齋馮氏曰：「聖門紀録問答，多單辭隻語，無文章可觀。唯此章數百辭，折難抑揚，優游反覆，所宜深味也。」《通考》程氏復心曰：「謝說得夫子深責冉求之意。洪說見夫子雖失位而餘福有以及人。」○朱氏公遷曰：「聖人責之之辭，見於《論語》者凡十章，如子路使門人爲臣，求也爲季氏聚斂，冉有、季路欲佐季氏伐顓臾，此是因其行事之失而責之；宰我之問喪，樊遲之問稼圃，則因其請問之失而責之；宰我言『使民戰栗』，子路言『有是哉，子之迂』，則因其言辭之失而責之；至於子貢方人而疎於自治，冉求之畫，宰予之晝寢而甘於自棄，亦皆有責之之辭。蓋聖人欲人有過則改之，責之之深者，所以爲愛之之至也。」

○孔子曰：「天下有道，則禮樂征伐自天子出；天下無道，則禮樂征伐自諸侯出。自諸侯出，蓋十世希不失矣；自大夫出，五世希不失矣；陪臣執國命，三世希不失矣。

先王之制，諸侯不得變禮樂，專征伐。《禮·王制》：變禮易樂者爲不從，不從者君流；〔放也。〕革制度衣服者爲畔，畔者君討。有功德於民者加地進律。諸侯賜弓矢然後征，賜鈇鉞然後殺。陪臣，家臣也。吳氏曰：「陪，重也。大夫於天子，家臣於諸侯，皆稱陪臣，此謂家臣也。」逆理愈甚，則其失之愈速，大約世數不過如此。厚齋馮氏曰：「先王之時，五禮六樂掌之以宗伯，九伐之法掌之以司馬，禮樂征伐之權在上，而下莫敢干也。至自諸侯出，則逆理矣。然苟可自諸侯出，則亦可自大夫出，而逆理甚矣；苟可自大夫出，則陪臣亦可執國命，而逆理愈甚矣。」○雙峰饒氏曰：「天下無道，先從禮樂上僭起，禮

樂亂則征伐之權亦爲之下移矣。禮樂之中，禮先而樂後。蓋禮者道之節文，有禮則上下之分定，禮亂則便不和，不和則争，争則征伐之所從起。征是上伐下，伐是諸侯互相侵伐。是以治天下者先要於禮上整頓。」○吴氏曰：「十世五世三世，言其極大約不出此，故稱蓋以疑之。下章戒竊權者，此戒失權者。」附《存疑》：侯國所用禮樂，皆經天子之制作，不敢變禮易樂，是禮樂自天子出也；征伐四方，皆受命於天子，諸侯不敢專，是征伐自天子也。齊變田賦而作内政，魯税畝，作中軍，季氏旅泰山，皆變禮也。諸侯既可專禮樂征伐，則大夫亦可專之矣；大夫既可專禮樂征伐，則陪臣亦可專之矣。然事出其常者則可久，事拂其常者不可久，自諸侯出云云。○《蒙引》：國命畢竟是禮樂征伐。然既出自諸侯大夫，則只爲侯國之事，不復爲天子之器，故只稱國命。

天下有道，則政不在大夫。

言不得專政。慶源輔氏曰：「天下有道，諸侯既不得變禮樂，專征伐，則大夫亦豈得而專國政哉？」

天下有道，則庶人不議。

上無失政，則下無私議，非箝其廉反。其口使不敢言也。慶源輔氏曰：「下無私議，此有道之極致大驗。使下尚有竊議者，則上之人於道猶有慊。必至於庶人自然不議，方爲有道之極。」附《蒙引》：「上無失政」，「上」字指天子諸侯大夫。言天子政不在諸侯，諸侯政不在大夫，大夫政不在陪臣，此是「上無失政」。「失」字因上文「失」字來。○此章通論天下之勢。南軒張氏曰：「禮樂征伐，天子之事也。天下有道，則禮樂征伐自天子出矣。蓋天子得其道，則權綱在己，而在下莫敢干之也。所謂自天子出者，天子亦豈敢以己意可專而以私意加於其間哉？亦曰奉天理而已矣。此之謂得其道。若上失其道，則綱維解紐，而諸侯得以竊乘之，禮樂征伐將專行而莫顧矣。若諸侯可以竊之於天子，則大夫亦可以竊之於諸侯，而陪臣亦可以竊之於大夫矣。其理之逆必至於此也。所以有十世五世三世之異者，尹氏謂『於理愈逆則其亡愈近』是也。『天下有道，則政不在大夫』者，政出於一也；『庶人不議』者，民志定於下而無所私議也。」○止齋陳氏曰：「此章備春秋之終始：『禮樂征伐自天子出』，是春秋以

前時節；『自諸侯出』，隱、桓、莊、閔之春秋也；『自大夫出』，僖、文、宣、成之春秋也；『陪臣執國命』，襄、昭、定、哀之春秋也。」○新安陳氏曰：「此章自有道及於無道，末又因無道而及於有道，其欲維持名分，挽今而返之古歟？」

○孔子曰：「禄之去公室五世矣，政逮於大夫四世矣，故夫三桓之子孫微矣。」夫，音扶。

魯自文公薨，公子遂殺子赤，立宣公，而君失其政，《左傳》：文公十八年，文公二妃敬嬴生宣公。敬嬴嬖，而私事襄仲，（公子遂。）襄仲欲立之，叔仲（惠伯。）不可。仲見於齊侯而請之。齊侯新立，而欲親魯，許之。冬十月，仲殺惡及視，（惡，太子。視，其母弟。）而立宣公。夫人姜氏歸於齊，哭而過市，曰：「天乎！仲爲不道，殺適立庶。」市人皆哭。○新安倪氏曰：「《春秋》是年書：『冬十月，子卒。』《公羊傳》曰：『子卒者孰謂？謂子赤也。何以不日？隱之也。何隱爾？弑也。』是『子卒』之書，左氏以爲惡，公羊以爲赤。《集註》曰『子赤』，本《公羊傳》也。」歷成、襄、昭、定凡五公。逮，及也。自季武子始專國政，歷悼、平、桓子凡四世，而爲家臣陽虎所執。張存中曰：「見前章《集註》『家臣屢叛』下。」三桓，三家皆桓公之後。此以前章之説推之而知其當然也。○此章專論魯事，疑與前章皆定公時語。雙峰饒氏曰：「此章大義正接前章『自大夫出』一條而言。」蘇氏曰：「禮樂征伐自諸侯出，宜諸侯之强也，而魯以失政；陳氏曰：「魯雖無桓、文之覇，然征伐亦不無，按《春秋》可見。凡興兵非奉王命及請命而擅興者，皆謂之征伐自諸侯出。魯豈得爲無僭者？」政逮於大夫，宜大夫之强也，而三桓以微，何也？强生於安，安生於上下之分扶問反。定。今諸侯大夫皆陵其上，則無以令其下矣，故皆不久而失之也。」或問：「田恒、三晉，何以不失？」朱子曰：「孔子之言，常理也，如《書》言『惠迪吉，從逆凶』、《易》言積善餘慶，不善餘殃者也。氣數舛戾，則當然而不然者多矣，孰得而齊之？況田

恒、三晉，傳世亦皆不過五六。胡氏又以後世簒奪之迹考之，如莽、懿、高歡、楊堅、五胡十國、南朝四姓、五代八氏，皆得之非道，或止其身，或子孫四五傳而極矣。唯晉祚差永，而史謂元帝牛姓，猶吕政之紹嬴。以此論之，常理未嘗不驗也。天定勝人，其此之謂歟？」○南軒張氏曰：「斯言發於魯定之世。蓋魯自宣公賴襄仲以立，而三家始盛，專制魯國之賦，而禄去公室矣；又一世而政悉移於大夫，自成公而下，爲國君者拱手聽命而已。孔子於禄去公室、政在大夫而知三桓子孫之必微，以理之順逆、勢之陵犯而知之也。夫三家視其君而起不奪不厭之心，則夫陪臣視之亦何憚而不萌此心乎？方三家專公室之禄而竊魯國之政，本其私意，欲以利其子孫，而豈知子孫之微實兆於此哉？」○慶源輔氏曰：「此二章想只是一時之言，分章者以前章通論天下之勢，後章論魯事，故於其中加『孔子曰』三字而析爲二章爾。」○厚齋馮氏曰：「昭公之亂，樂祁曰：『魯君必出，政在季氏三世矣，魯之喪政四公矣。』以此知當時智者已有此論，夫子故述之。」○洪氏曰：「前言十世五世，理也；今言五世四世者，實也。非其有而有者必失，不宜大而大者必微。」

○孔子曰：「益者三友，損者三友。友直、友諒、友多聞，益矣；友便辟、友善柔、友便佞，損矣。」便，平聲。辟，婢亦反。

友直則聞其過，友諒則進於誠，友多聞則進於明。胡氏曰：「直者責善而無所回互，諒者固執而無所更易，多聞者有所參訂而不膠偏見。《集註》言友之之益，所謂聞過則真有所聞，所謂進於誠明則猶有待於進也。蓋友諒與多聞未即至於誠明，而誠明可由是而入耳。」便，習熟也。便辟，謂習於威儀而不直。胡氏曰：「便，順適也。字書云：『安也。』順適且安，故云習熟也。《書》註以爲足恭是也。」善柔，謂工於媚悦而不諒。便佞，謂習於口語而無聞見之實。三者損益正相反也。雙峰饒氏曰：「與直者友則有過必聞，與諒者友則信實相示，與多聞者友則多識前言往行，知識日廣，三者雖常情所敬憚，然友之却有益。便辟者威儀習熟，善柔者每事阿順，便佞者語言可聽，三者皆常情所狎悦，而友之却有損。舉三者爲勸，又舉三者爲戒。」附《蒙引》：

直與諒不同。諒是樸實頭無柔邪的人。直者，是曰是，非曰非，面折人過失的人。多聞是博古通今。○尹氏曰：「自天子以至於庶人，未有不須友以成者，而其損益有如是者，可不謹哉？」或問：「三友之説盡於《集註》之説而已矣。」朱子曰：「是亦釋其文之正意云爾。若推而言之，則是三者之於人皆有薰陶漸漬之益焉，皆有嚴憚畏謹之益焉，皆有興起慕效之益焉，不但如彼之所言而已也。」曰：「損者之友其相反奈何？」曰：「便辟則無責善之誠矣，善柔則無固守之節矣，便佞則無貫通之實矣。」○南軒張氏曰：「友者所以輔成己德者。直者有過必言，諒者忠信相與，多聞者知識可廣，是三者友之則使人常懷進脩而不敢自足，得不日益乎？便辟、便佞謂便於辟與佞者，善柔謂善爲柔者。辟則容止足恭，柔則每事卑屈，佞則巧言爲悦，是三者友之則使人日起於驕惰焉，得不日損乎？自天子至於庶人皆當謹乎此也。」○吴氏曰：「益者增其所未能，損者壞其所本有。友道損益豈止於三？夫子蓋略言之，從是推之皆可求也。三樂亦然。」

○孔子曰：「益者三樂，損者三樂。樂節禮樂，樂道人之善，樂多賢友，益矣；樂驕樂，樂佚遊，樂宴樂，損矣。」樂，五教反。禮樂之樂，音岳；驕樂、宴樂之樂，音洛。

節謂辨其制度聲容之節。新安陳氏曰：「禮之制度，樂之聲容。」驕樂則侈肆而不知節，佚遊則惰慢而惡烏故反。聞善，宴樂則淫溺而狎小人。三者損益亦相反也。朱子曰：「三樂惟宴樂最可畏，所謂『宴安酖毒』是也。三者如驕樂，只是放恣侈靡，最害事；到得宴樂，便是狎近小人，疏遠君子。」○或問三者之爲益。曰：「君子之於禮樂也，講明不置則存之熟，是非不謬則守之正。存之熟則内有以養其莊敬和樂之實，守之正則外有以善其威儀節奏之文，與夫道人善而悦慕勉强之意新，多賢友而直諒多聞之士集，樂是三者而不已焉，雖欲不收其放心以進於善，亦不可得矣。其爲益豈不大哉？」曰：「損者之相反奈何？」曰：「驕樂則不敬不和矣，佚遊則忌人之

善矣，❶宴樂則憚親勝己矣。」○南軒張氏曰：「樂節禮樂則足以養中和之德，樂道人之善則足以擴忠恕之心，樂多賢友則足以賴輔成之功，是烏得不日益乎？樂驕樂則長傲，樂佚遊則志荒，樂宴樂則志溺，是烏得不日損乎？損益之原，存乎敬肆而已。」○勉齋黄氏曰：「節禮樂者欲其循規蹈矩而不敢縱肆也，道人善者志於爲善以成其身也，多賢友者樂於取友以自規正也。驕樂者恃氣以凌物，則不復循規蹈矩矣；佚遊者怠惰而自適，則不復志於爲善矣；宴樂者多欲以求安，則不復望人之規正矣，此其所以相反也。」○雙峰饒氏曰：「『節禮樂』三句都是天理一邊，『驕樂』三句都是人欲一邊。心向天理上，則德日進而有益；心向人欲上，則德日退而有損。」○「節禮樂」只是謹之於毫釐之際，不教他過，亦不教他不及。○驕樂是奢侈，如峻宇雕牆之類；佚遊如從流上下，博弈田獵之類；宴樂如飲食聲色之類。○吴氏曰：「驕樂以驕爲樂，宴樂以宴爲樂。宴，合食也。《易·象》曰：『君子以飲食宴樂。』飲食宴樂之合於禮者何可廢？但不可以是爲樂而荒淫耳。」

○尹氏曰：「君子之於好樂並去聲。可不謹哉？」覺軒蔡氏曰：「三友，損益之資於外者；三樂，損益之發於中者也。」附《語類》：問「樂節禮樂」。曰：「此説得淺。只是去理會禮樂，理會得時，自是有益。」○《蒙引》：節，節之也。禮樂本有節，而我去節之，故曰辨其制度聲容之節。夫禮之制度，其多寡之數，降殺之等，無非一中之所在，直不容以毫髮差謬者；樂之聲容，其清濁高下，俯仰疾徐，亦無非一中之所存，有不容以毫髮差謬者。故君子樂於辨之，以其一一皆至理所寓也。○《存疑》：「節禮樂」兼内外説，内主敬和，外面儀文度數一毫不苟且也。○《蒙引》：樂道人之善者，天地間方以類聚，物以群分。自家爲善，則見人之善，不知不覺，自然好之，若自己出；惡人見人之善則臭味不相同，不知不覺而妬之忌之，不惟自家不肯説起，亦不要聞他人之稱説矣。○「驕樂則侈肆而不知節」，此「侈肆」是就他身上説，言動驕縱而不知約之於禮義之中，與「節禮樂」相反也。○「樂驕樂」三句，大註雖皆着個「則」字，不可入在「損矣」句界，且在本文

❶「忌」，《四書或問》作「棄」。

上三句内。大註只是言其與上文正相反之意，難把上章「則聞其過」諸「則」字同例。○《語類》：問：「佚游則傲惰而惡聞善，如何與『樂道人之善』相反？」曰：「樂道人之善則心常汲汲於好善。若是佚游，則是放蕩閒過了日子。雖所損稍輕，亦非是小害。」○顧麟士曰：「朱子下箇『汲汲』字，以對『佚游』，最是眼目。凡友樂損益相反處，皆當如此料理。」

○孔子曰：「侍於君子有三愆：言未及之而言謂之躁，音竈。言及之而不言謂之隱，未見顔色而言謂之瞽。」

君子，有德位之通稱。胡氏曰：「不亦君子乎，專以德言；無君子莫治野人，專以位言；此章君子兼德位而言。」愆，過也。瞽無目，不能察言觀色。○尹氏曰：「時然後言，則無三者之過矣。」朱子曰：「聖人此言只是戒人言語以時，不可妄發。」○南軒張氏曰：「言而當其可，非養之有素者不能然也。不然，鮮不蹈此三愆者矣。」○勉齋黄氏曰：「言有及未及者，或數人侍坐，長者當先言，不言則及少者；或君子先有問，則承問者當先對，不以少長拘也。既有及未及而又有未見顔色者，雖及之而言，亦須觀長者顔色，或意他在，或有不樂，則亦未審言也。」○汪氏曰：「時然後言，斷盡此章。可與言否，各有其時。時未可言而遽言，是躁急而不遜；時可以言而不言，是隱匿而不發；不躁不隱，時可以言，而或所與言者意不在是，則亦非可言之時也。不察而强聒之，非惟不入其耳，或反貽其怒矣，謂之瞽可也。」○雲峰胡氏曰：「言貴乎時中。躁者先時而過乎中，隱者後時而不及乎中，瞽者冥然不知所謂中者也。」

○孔子曰：「君子有三戒：少之時，血氣未定，戒之在色；及其壯也，血氣方剛，戒之在鬭；及其老也，血氣既衰，戒之在得。」

血氣，形之所待以生者，血陰而氣陽也。厚齋馮氏曰：「血稟於陰，行於脉之内而爲榮；氣稟於陽，行於脉之外而爲衛。」得，貪得也。隨時知戒，以理勝之，則不爲血氣所使也。○范氏曰：「聖人同於人者，血氣也；異於人

者，志氣也。血氣有時而衰，志氣則無時而衰也。少未定，壯而剛，老而衰者，血氣也；戒於色，戒於鬬，戒於得者，志氣也。君子養其志氣，故不爲血氣所動，是以年彌高而德彌邵也。」朱子曰：「人之血氣固有强弱，然而志氣則無時而衰。苟常持得這志，縱血氣衰極，也不由他。」又曰：「到老而不屈者，此是志氣。血氣雖有盛衰，君子常當隨其偏處警戒，勿爲血氣所役也。人之血氣衰時則義心亦從而衰。夫子三戒正爲血氣而言。」又曰：「氣只是一箇氣，便浩然之氣也只是這箇氣，但只是以道義充養起來。及養得浩然，却又能配義與道也。」○南軒張氏曰：「人有血氣則役於血氣，有始終盛衰之不同，則其所役亦隨而異。夫血氣未定則動而好色，血氣方剛則鋭而好鬬，血氣既衰則歉而志得。凡民皆然，爲其所役者也。於此而知戒則義理存，義理存則不爲其所役矣，此學者所當警懼而不忘者也。」○勉齋黄氏曰：「三者自少至老皆所當戒，然三者之好又各隨其血氣而有最甚者焉，故各指其最甚者而使之深戒也。血氣未定，不能勝人，而志氣尚鋭，歲月尚長，亦未急於貪得，故惟色爲可戒。蓋男女之欲惟年少爲最甚者也。血氣既剛，則涉歷既深，而貪得之念尚如未定之日，惟其剛强有足恃者，❶故惟鬬爲可戒。血氣既衰，則色與鬬之念皆無足逞者，而日暮途遠，憂戚百集，故於得爲可戒也。」○慶源輔氏曰：「人之血氣未定則常動而易流，方剛則勇鋭而好勝，既長則收斂而多貪，此血氣之變也。常動而易流則戒色，勇鋭而好勝則戒鬬，收斂而多貪則戒得，此志氣之常也。常者爲主而使變者不得肆焉，此聖賢之學而君子終身之務也。」○雙峰饒氏曰：「魂者氣之靈，魄者血之靈，心是魂魄之合。氣屬天，血屬地，心屬人。人者天地之心，心是血氣之主。能持其志則血氣皆聽於心，不能持其志則心反聽命於血氣。」○新安陳氏曰：「三戒皆隨時而就衆人所易犯者言也。朱子欲以理勝氣，則不爲血氣所使；范氏欲以志帥氣，則不爲血氣所動，意不相遠，志亦定向於理而已。」❷○新安倪氏曰：「『年彌高，德彌邵』，出楊雄《法言》。邵，亦高也。」附《蒙引》：血陰而

❶「恃」，原作「持」，今據《四書大全》改。
❷「志」，原作「心」，今據《四書大全》改。

氣陽，不必說血出於陰，氣出於陽，只是據現在分屬說。血静而氣動，血重濁而氣輕清，血無爲而氣有覺也。○得，貪得。若義所當得者則何戒？故特解作貪得。○新安謂朱子之説欲以理勝氣，范氏之説欲以志帥氣，要之志亦定向於理而已。然志有善惡，理則無不善也，故主理。且范氏之說，志氣二字亦混了。

○孔子曰：「君子有三畏：畏天命，畏大人，畏聖人之言。

畏者，嚴憚之意也。天命者，天所賦之正理也。知其可畏則其戒謹恐懼自有不能已者，而賦畀之重可以不失矣。大人、聖言皆天命所當畏，知畏天命則不得不畏之矣。程子曰：「畏聖人之言則可以進德。」○朱子曰：「大人不止有位者，是指有位有齒有德之大人。」○「畏天命」三字好。自理會得道理，便謹去做，不敢違，便是畏之也。如非禮勿視聽言動與夫戒謹恐懼，皆所以畏天命。○要緊須是知得天命即是天理。若不先知這道理，自是懵然，何由知其可畏？纔知得，便自不容不畏。附《蒙引》：畏者，嚴憚之意也，非謂畏縮也。○畏天命，天命只是天理，但是指賦予之初說。畏者，不敢失墜之意。存其心，養其性，所以事天也，此是畏天實事。○三畏本平說，然以下文照起，方見重在天命。君子惟知畏天命也，故於大人、聖人自不得不畏；小人惟不知畏天命也，故狎大人，侮聖言，無所不至。此亦聖人意也，故以畏天命爲首，但辭頭俱平。至下文亦做三條說。大文於「狎大人」上不曾有箇「故」字，大註皆是發明之詞。然則下節過狎大人如何？曰：只言小人不知天命而不畏也，至於大人則狎之，聖人之言則侮之，如此而已。○不必依小註以大人爲天命之所存，聖言爲天命之所發，只是說大人、聖人皆天命之所當畏。○《存疑》：畏天命，猶《大學》「顧諟天之明命」意。

小人不知天命而不畏也，狎大人，侮聖人之言。」

侮，戲玩也。不知天命，故不識義理，而無所忌憚如此。○尹氏曰：「三畏者，脩己之誠當然也。汪氏曰：「尹氏此說所以別夫衆

人怵迫於利害之畏也。」小人不務脩身誠己，則何畏之有？」南軒張氏曰：「畏天命，奉順而不敢逆也；畏大人，尊嚴而不敢易也；畏聖人之言，佩服而惟恐違也。然而是三言主於畏天命，蓋其畏大人、畏聖人之言亦以其知天命之可畏而已。小人不知天命之所存，是以冥行而莫之畏。不畏天命，則其狎大人，侮聖人之言，亦無所不至矣。大人，德與位之通稱也。」○孟子謂說大人則藐之，與斯言有以異乎？孟子之言謂當正義以告之，不當爲其勢位所動耳。若夫尊嚴之分，則固未嘗不存也。言各有所指耳。○趙氏曰：「大人，有德位者之稱，是天命之所存；聖人之言，謂方策之所載，是天命之所發也。」○厚齋馮氏曰：「此以上五章皆三事，皆規誨之辭，非必一時之言，記者以類相從耳。」○新安陳氏曰：「三畏本平說，上一節本無『知』字意，然以小人不知天命推之，則見得君子所以畏天命者，以其知天命也。故《集註》於上一節亦兩以『知』字言之。欲知天命者可不格物以致其知？欲畏天命者可不誠意以正其心哉？」《通旨》：朱氏公遷曰：「命以理言，自其命之於人者而言也。顧之則無間斷，聖人之事也；畏之則無怠慢，君子之事也。」附《蒙引》：尹氏註不知重在知不知上，乃謂小人不務脩身誠己，故不畏，與本文意小異，故在圈外。○君子所畏在此三者，然則死生非所畏也，利害得喪非所畏也，毁譽予奪非所畏也。此非正意，亦可推見。

○孔子曰：「生而知之者，上也；學而知之者，次也；困而學之，又其次也；困而不學，民斯爲下矣。」

困，謂有所不通。言人之氣質不同，大約有此四等。○楊氏曰：「生知、學知以至困學，雖其質不同，然及其知之一也，故君子惟學之爲貴。困而不學，然後爲下。」朱子曰：「生知者，堯、舜、孔子也；學知者，禹、稷、顔回也。困者，行有不得之謂。知其困而學焉，以增益其不能，此困而學之之事也。亦以卑矣，然能從事於斯，則其成猶不在善人、君子之後。不能從事於斯，則靡然流於下愚而不知返。均之困耳，而二者相去之閒如是之遠，學與不學之異耳。」○或問氣質四等之說。

曰：「人之生也，氣質之稟，清明純粹，絶無查滓，則於天地之性無所閒隔，而凡義理之當然，有不待學而瞭然於胸中者，所謂生而知之，聖人也；其不及此者，則以昏明、清濁、正偏、純駁之多少勝負爲差，其或得於清明純粹而不能無少查滓者，則雖未免乎少有閒隔，而其閒易達，其礙易通，故於其所未通者必知學以通之，而其學也則亦無不通矣，所謂學而知之，大賢也；或得於昏濁偏駁之多，而不能無少清明純粹者，則必其窒塞不通，然後知學，其學又未必無不通也，所謂困而學之，衆人也；至於昏濁偏駁之甚，而無復少有清明純粹之氣，則雖有不通，而懵然莫覺，以爲當然，終不知學以求其通也，此則下民而已矣。」○南軒張氏曰：「困學雖在二者下，然而至則一者，以其性之本善故爾。困而不學，是自暴自棄，則爲下愚矣。」又曰：「《中庸》言『及其知之則一』者，言其終所至之同也；此有三等之分者，言其始所進之異也。」○慶源輔氏曰：「人之氣質不同，然及其知之則一者，蓋以人性之本善故耳。是以君子唯學之爲貴。學則昏濁者可使清明，偏駁者可使純粹。惟其昏濁之甚，自暴自棄，而不自知有學焉，此則所謂下愚之民也。」○凡心思、智慮、行止、動作有所窒塞而不得通，則困之謂也。○雙峰饒氏曰：「生知、學知、困知，屬天質；學不學，屬人事。蓋以氣質言之，只有三等，若『民斯爲下』，則全是人事不盡。蓋困是窮而不通之意，四面都窒塞行不去了，却憤悱奮發，轉來爲學，如此尚可以勉進於中上；若又困而不學，則打入下等去，更無可出時矣。此聖人勉人務學處。」○雲峰胡氏曰：「以生知爲上，則學知者爲中，困知者爲下矣。而聖人不以品之下者遽絶之，但曰『困而不學，民斯爲下』，蓋困而學，猶可以進於上；困而不學，遂爲下而無復上之望矣。」附《蒙引》：困而學之，有所警發而後學也，如「徵於色，發於聲，而後喻」意思。困是於事理不通，然後學，以求其通也。若學而知之，則不待有所激而自然學。○《存疑》：三知雖等級不同，及其成功則一也。朱子小註「不在善人、君子之後」，其說未是，蓋未定之見也。

○孔子曰：「君子有九思：視思明，聽思聰，色思温，貌思恭，言思忠，事思敬，疑思問，忿思難，見得思義。」難，去聲。

視無所蔽則明無不見，聽無所壅音擁。則

聰無不聞。色，見形甸反。於面者；貌，舉身而言。思問則疑不蓄，❶思難則忿必懲，思義則得不苟。朱子曰：「視不爲惡色所蔽爲明，聽不爲姦人所欺爲聰。若視聽糊塗，是非不辨，則下面諸事於當思處皆不知所以思矣，有爲氣質所壅蔽，有爲私欲所壅蔽，有爲讒邪所壅蔽。若思明思聰，便須去其壅蔽。」○新安倪氏曰：「視外明而聽内明。蔽是蔽於外，壅是壅於内。故《集註》於視之明以『無所蔽』言，於聽之聰以『無所壅』言也。」○程子曰：「九思各專其一。」朱子曰：「九思不是雜然而思，當這一件上，思這一件。」問：「各專其一，是主一之義。」曰：「然。」○雲峰胡氏曰：「事思敬，九思之一。九思各專其一，則皆主乎敬者也。」謝氏曰：「未至於從七恭反。容中去聲。道，無時而不自省悉井反。察也。雖有不存焉者，寡矣。此之謂思誠。」朱子曰：「視聽如何要得他聰明？如有物必有則，只一箇物，自家各有箇道理。況耳目之聰明得之於天，本來自合如此，只爲私欲蔽惑而失其理。聖人教人做工夫，内外夾持，積累成熟，便會無些子滲漏。」○又云：「忿思難，如一朝之忿亡其身及其親，此不思難之故也。」○問：「人當隨事而思，若無事而思，則是妄想。」曰：「若閒時不思量義理，則臨事而思已無及。若只塊然守自家箇軀殼，直到有事方思，閒時却莫思量，這却甚易。只守此一句足矣，聖人説千千萬萬在這裏何用？❷事事須先理會。何故《中庸》却不先説『篤行之』，却先説『博學之，審問之，慎思之，明辨之』？《大學》何故不先便説『正心誠意』，却先説『致知』是如何？」○南軒張氏曰：「九思當乎此則思乎此，天理所由擴，而人欲所由遏也。然是九者要當養之於未發之前，而持之於方發之際。不然，但欲察之於流而收之於暫，則但見其紛擾而無力矣。」○勉齋黄氏曰：「九思固各專其一，然隨其所當思而思焉，則亦泛然而無統矣。苟能以敬義爲主，戒懼謹獨，而無頃刻之失，然後爲能隨其所當思而思矣。」○雙峰饒氏曰：「九者之目有次第，視、聽、色、貌、言是就自身説，事、疑、忿、得是就事

❶「問」，原作「忿」，今據《四書大全》改。
❷「聖人説千千萬萬在這裏」，原無，今據《四書或問》補。

上說。一身之間，視聽向前，其次則有色貌，又其次言出於口，又其次見之行事。視與聽對，色與貌對，言與事對，疑與忿對，得又是就事上說。三者之中，『疑思問』屬知，『忿思難』、『見得思義』屬行。」〇齊氏曰：「孔子曰：『吾嘗終日不食，終夜不寢，以思，無益。』而今乃有九思，彼爲思而不學者言，此爲不思者而言也。」〇新安陳氏曰：「君子苟未至於不思而得，當隨時隨處而各致其思，則處己待人、應事接物，莫不各中其則矣，豈但九者而已哉？馮氏謂九者日用常行之要是也。」附《蒙引》：九思亦似說得完了，處己待人、應事接物都在，但能無終身顛沛造次之違，則自明而誠矣。〇《存疑》：此君子思誠之功，凡聖人平日所言，克己復禮、主敬行恕，居處恭、執事敬、與人忠之類，皆在其中矣。〇這思不是空思想，作爲就在其中。〇視思明，豈但目前所接之物爲所視哉？天地萬物之理、治亂興衰之故，皆所視。或以氣稟私欲蔽之，則不得其理，而視失其明矣。思明者，正欲去蔽而求得其理也。聽思聰，豈但人言之接於耳者爲聽哉？師友之相教告、臣子之所陳論，以至芻蕘狂夫之所獻納，凡入於耳者，皆聽也。或以氣稟私欲壅之，則不得其理，而聽失其聰矣。思聰者，正欲去其壅而求得其理也。〇九思各專其一，當一件事則思一件事也。然此尚是動時工夫，靜時工夫則未之及。此南軒所以又有「養之未發之前，持之方發之際」之說。〇顧麟士曰：「《通義》史氏曰：『此章是專指臨事之思而言，彼章以思無益，是兼指窮理之思而言。思而不學，徒求諸心而不習其事也；九者之思，各隨其事而反求諸心者也。』」

〇孔子曰：「見善如不及，見不善如探湯，吾見其人矣，吾聞其語矣；探，吐南反。

真知善惡而誠好惡並去聲。之，顏、曾、閔、冉之徒蓋能之矣。語，蓋古語也。慶源輔氏曰：「見善如不及，則表裏皆好，而無一念之不好，不患其不爲之矣；見不善如探湯，則表裏皆惡，而無一念之不惡，不患其或爲之矣。此唯知至意誠者能之，故顏、曾、冉、閔之徒足以當之。」附《蒙引》：善不善，事也，不必指人，與好仁、惡不仁都是事。本文只是誠好惡意，無真知意。然非真知善惡，不能誠於好惡，故註增此，非是貼本文「見」字也。

隱居以求其志，行義以達其道，吾聞其語

矣，未見其人也。」

求其志，守其所達之道也；達其道，行其所求之志也。南軒張氏曰：「其退也所以安其義之所安，而其進也所以推其道於天下。蓋其所達之道即其所求之志也。」〇新安陳氏曰：「聞其語，可見四語皆古語也。」蓋惟伊尹、太公之流可以當之。當時若顏子亦庶乎此，然隱而未見，形甸反。又不幸而蚤死，故夫子云然。朱子曰：「『行義以達其道』，所行之義即所達之道也。未行則蘊諸中，行則見諸事也。」〇問：「《集註》謂『伊尹、太公之流可以當之』，顏子所造所得，二賢恐無以過之，而云『亦庶乎此』，下語輕重抑揚處，疑若於顏子少貶者。若云古之人有行之者，伊尹、太公之流是也，若顏子可以當之矣，然隱而未見，又不幸蚤死，故夫子言然，不知可否？」曰：「當時正以事言，非論其德之淺深也。然語意之閒誠有如所論者。」〇問：「『行義以達其道』，莫是所行合義否？」曰：「志是守所達之道，道是行所求之志。隱居以求之，使其道充足。行義是得時得位而行其所當爲。臣之事君，行所當爲而已。行其所當爲，以達其所求之志。」又問：「如孔明可以當此否？」曰：「也是。如伊尹耕於有莘之野而樂堯、舜之道，是隱居以求志。及幡然而起，使是君爲堯、舜之君，使是民爲堯、舜之民，是行義以達其道。」曰：「如漆雕開之未能自信，莫是求其志否？」曰：「所以未能信者，但以『求其志』，未説『行義以達其道』。」〇新安陳氏曰：「惟伊尹、太公可以當之者，方其耕莘釣渭，則隱居求志也，及遇湯、文而大用，則行義達道也。窮達無意，體用相須，當時如顏子之用則行、舍則藏，亦庶幾乎此。然夫子雖許顏子以此而顏子未用且不壽，則於行義達道未見顏子之如此也，朱子嘗謂以其事言，非以其德之淺深言是也。前一節真知善惡而誠好惡之者，此知至意誠之事，方篤信自脩，未達於用也；後一節求志以守所達之道，達道以行其所求之志者，則身脩而推以齊治平之事，體用全而爲大人矣，此夫子所以有見與未見之分歟？」附《蒙引》：「隱居以求其志」，此「志」是尚志之志，非高尚之志。如所志者仁也，則求其仁而守之於己；所志者義也，則求其義而守之於己。〇行義不要説得重了，只是指出仕而言，故曰「君子之仕也，行其義也」。若行義説得重，則與達道意重復了。〇《存疑》：志在致君澤

民，則求所以致君澤民之道，是求其志。

○齊景公有馬千駟，死之日，民無得而稱焉；伯夷、叔齊餓于首陽之下，民到於今稱之。

駟，四馬也。胡氏曰：「一車之用兩服兩驂也。」首陽，山名。胡氏曰：「在河東蒲阪縣。」○新安陳氏曰：「富貴而無善可稱，身死而名隨滅；貧賤而有善可稱，世遠而名愈芳。是名之稱不稱，初不繫於富貴貧賤也。」

其斯之謂與？與，平聲。

胡氏曰：「程子以爲第十二篇錯簡『誠不以富，亦祇以異』當在此章之首，今詳文勢，似當在此句之上。言人之所稱不在於富，而在於異也。」愚謂此說近是，而章首當有「孔子曰」字，蓋闕文耳。大抵此書後十篇多闕誤。厚齋馮氏曰：「夫人必有異於流俗而後稱之，君子所以疾没世而名不稱也。以千駟之馬較首陽之餓，夫貧富貴賤蓋不侔矣，而世稱之者，乃在此而不在彼也。君子之於斯世，其可自同於流俗哉？」○葉氏少藴曰：「伯夷、叔齊同隱首陽而孟子不言叔齊者，制行立教以示天下，爲之始者伯夷也，叔齊則從之而已。孟子論教之所始，故獨舉伯夷；夫子論行之所異，故兼稱叔齊也。」

○陳亢問於伯魚曰：「子亦有異聞乎？」亢，音剛。

亢以私意窺聖人，疑必陰厚其子。

對曰：「未也。嘗獨立，鯉趨而過庭，曰：『學《詩》乎？』對曰：『未也。』『不學《詩》，無以言。』鯉退而學《詩》。

事理通達而心氣和平，故能言。慶源輔氏曰：「《詩》本人情，該物理，故學之者事理通達；其爲教温柔敦厚，使人不絞不訐，故學之者心氣和平。事理通達則無昏塞之患，心氣和平則無躁急之失，此其所以能言。」○新安陳氏曰：「誦《詩》三百而使能專對，亦學《詩》能言之驗。」《通考》勿軒熊氏曰：「興觀群怨、『《召南》』二章，皆言學《詩》之法。自吾之一身以至處事接

物，大而民彝世教之重，小而鳥獸草木之微，於《詩》備矣，皆格物所當知也。」

他日又獨立，鯉趨而過庭，曰：『學禮乎？』對曰：『未也。』『不學禮，無以立。』鯉退而學禮。

品節詳明而德性堅定，故能立。慶源輔氏曰：「禮有三千三百之目，其序截然而不可亂，故學之者品節詳明；其爲教恭儉莊敬，使人不淫不懾，故學之者德性堅定。品節詳明則義精而莫之惑，德性堅定則守固而莫之搖，此其所以能立。」〇新安陳氏曰：「夫子嘗曰『立於禮』，又學禮能立之證。」附《蒙引》：禮，三千三百之禮。學禮不比學《詩》，須是一一都習過。故德性堅定即所謂立禮。禮豈止是讀過耶？

聞斯二者。」

當獨立之時，所聞不過如此，其無異聞可知。附《蒙引》：學《詩》、學禮總入在文行内去，非異道也。《詩》屬文，禮屬行，博約之訓亦然。伯魚兩「獨立」字有意，言獨立時宜得異聞也，而所聞者竟無異。

陳亢退而喜曰：「問一得三，聞《詩》，聞禮，又聞君子之遠其子也。」遠，去聲。

尹氏曰：「孔子之教其子，無異於門人，故陳亢以爲遠其子。」程子曰：「聖人之教，未嘗私厚其子。學《詩》、學禮，止可告之若此。學必待其自肯。」〇朱子曰：「陳亢實以私己之心窺孔子，故有此問。及其聞伯魚之説，而又以孔子爲遠其子，則以其私意之未忘，而以爲聖人故推其子而遠之也。殊不知聖人曷常有是心哉，但其教人之法不過如此，而自世人之私厚其子觀之，則亦可以有警云爾。」〇南軒張氏曰：「聖人竭兩端之教，於親踈賢愚無以異也。其告門人固嘗曰『興於《詩》，立於禮』，而此語伯魚必先之以學《詩》，次之以學禮，學之序固當然也。『不學《詩》，無以言』，易其心而後能言也；『不學禮，無以立』，謹其節而後有立也。陳亢初疑伯魚之有異聞，及聞斯言，乃亦夫子之所以教門人者，故有『遠其子』之言，謂不私其子也。味伯魚答陳亢之辭氣，亦可見其薰陶之所得矣。」〇潛室陳氏曰：「《詩》能興起人心，禮可固人肌膚之會，筋骸之束，於初學爲最近，故聖人以此爲學者門

户。」○問：「陳亢謂聖人遠其子，未免以私意窺聖人。」曰：「『古者易子而教之，父子之間不責善』，乃天理如此，非私意也。」○問：「伯魚，聖人之子，陳亢意其有異聞。及止聞《詩》、禮之訓，乃知聖人遠其子。愚意伯魚之資稟稍劣，故聖人止以是告也。使其有曾、顔之資，亦當以曾、顔者告之矣。若一以遠其子，則是有心於爲公也，聖人然乎哉？」曰：「父子主恩，義方之訓只説到這處。若伯魚天資穎悟，即飲食起居無非教也。『天何言哉，四時行焉，百物生焉』，聖人何隱乎爾？曾、顔可至，伯魚亦可至，自是日用不知耳。」○新安陳氏曰：「得三，謂聞《詩》、聞禮與遠其子爲三也。夫子固不私其子，亦何嘗遠其子？當其可而教之，教子與教門人一耳。興《詩》立禮、《詩》禮雅言與此之聞《詩》聞禮，平日教門人如此，教子亦不過如此。陋哉亢之見也。味伯魚答亢之辭氣，雍容詳密，亦可見濡染薰陶之所得矣，惜其不壽而不至大成就耳。」《通考》董氏彝曰：「《論語》言學文、學《詩》、學禮、學道，所學何先？文者，載道之器也。學文、學《詩》、學禮，則學道在其中。文者，《詩》《書》六藝也，洒掃應對即精義入神，故學文則道在其中。道者，事物當然之理也。學《詩》則『事理通達而心氣和平』，學禮則『品節詳明而德性堅固』，此聖人所以啓伯魚之學也。夫天下之事莫不有理，莫不載於《詩》《書》六藝之中，然理一也，而學之之序則不可紊也。故聖人於弟子之職則教之行有餘力而學文，於伯魚之過庭則教之以學《詩》禮，此聖人之言各有攸當也，讀書詳之。」❶

○邦君之妻，君稱之曰夫人，夫人自稱曰小童，邦人稱之曰君夫人，稱諸異邦曰寡小君，異邦人稱之亦曰君夫人。

寡，寡德，謙辭。○吴氏曰：「凡《語》中所載如此類者，不知何謂。或古有之，或夫子嘗言之，不可考也。」南軒張氏曰：「此正名之意也。春秋時以妾母爲夫人者多矣，甚則以妾爲夫人，如魯惠、晉平之爲者，名實之乖，一至於此。正其名，所以責其實也。」○覺軒蔡氏曰：「按《記・曲禮》篇曰：『天子之妃曰后，諸侯曰夫人，大夫曰孺人，士曰婦

❶「讀書詳之」一句，影明本《四書輯釋》無。

人，庶人曰妻。公侯有夫人，有世婦，有妻，有妾。夫人自稱於天子曰老婦，自稱於諸侯曰寡小君，自稱於其君曰小童，自世婦以下，自稱曰婢子。』孔氏正義曰：『此一節論天子以下妃妾稱謂之法。諸侯曰夫人者，夫人之名惟諸侯得稱。諸侯以敵體一人正者爲夫人。畿内諸侯之妻，其助祭獻蠶，得接見天子，故自稱曰老婦。其自稱於諸侯曰寡小君者，諸侯相饗，夫人亦出，故得自稱也。君之妻曰小君，而曰寡者，從君謙也。自稱於其君曰小童者，與夫言，自謙，若未成人，言無知也。』當夫子時，諸侯僭天子，大夫僭諸侯，家臣僭大夫，非一日矣，以至婢妾亦僭夫人。然正名定分當自諸侯始，故夫子有志於古禮而嘗言之。記者附見於《衛靈公》之篇末，豈因南子而發歟？觀此則知君臣夫婦之經不可以不正。君臣夫婦之倫正，則名實稱矣。」○陳氏用之曰：「國君理陽道而出命正人於其外，故謂之君；夫人理陰道而出命正人於其内，故亦謂之君。《易》曰『其君之袂』，《詩》曰『我以爲君』，禮稱女君，《春秋》書『小君』是也。」○厚齋馮氏曰：「是時嫡妾不立，稱號不審，必夫子嘗言古禮如此，故記之。」附《蒙引》：此章亦未見得是正嫡妾之名分，只申古制諸侯之妻稱謂之法耳，必有爲而言。○邦人稱之曰君夫人，猶言主夫人也。此「君」字與「小君」之「君」同，不可曰君之夫人。戰國所謂君王后者，正是此義。

論語集註大全卷之十六終

論語集註大全卷之十七

三魚堂讀本

陽貨第十七

凡二十六章。《通考》勿軒熊氏曰：「言陪臣專政者三，春秋之變至此極矣。內三章言性，餘皆爲學脩身之事，儆戒嚴切之辭爲多。」

陽貨欲見孔子，孔子不見，歸孔子豚。孔子時其亡也，而往拜之，遇諸塗。歸，如字，一作饋。

陽貨，季氏家臣，名虎，嘗囚季桓子而專國政。《左傳》：定公五年，季平子卒，既葬，陽虎囚季桓子。欲令平聲。孔子來見己，而孔子不往，葉氏少藴曰：「虎與南子異，南子，君夫人，可以見，而虎可以不見也。」貨以禮「大夫有賜於士，不得受於其家，則往拜其門」，故瞰苦濫反。孔子之亡而歸之豚，欲令孔子來拜而見之也。朱子曰：「貨之歸豚，蓋以大夫自處。」附《蒙引》：此一章上條序其事，下條序其言，故以「遇諸塗」帶上言。

謂孔子曰：「來！予與爾言。」曰：「懷其寶而迷其邦，可謂仁乎？」曰：「不可。」「好從事而亟失時，可謂知乎？」曰：「不可。」「日月逝矣，歲不我與。」孔子曰：「諾，吾將仕矣。」好、亟、知，並去聲。

懷寶迷邦，謂懷藏道德，不救國之迷亂。亟，數音朔。也。失時，謂不及事幾平聲。之會。將者，且然而未必之辭。新安陳氏曰：「『將』之一字，其辭活，其意婉，不輕絶之，亦未嘗輕許之。聖人之遠小人，所以不惡而嚴也。」貨語皆譏孔子而諷使速仕。孔子固未嘗如此，而亦非不欲仕也，但不仕於貨耳。故直據理答之，不復扶又反。與辯，若不諭其意

者。慶源輔氏曰：「君子未嘗不欲仕，曰吾將仕矣，此所謂據理而答之也。不復與辯者，不與辯已固未嘗如此，亦非不欲仕，直不可仕於貨之意也。蓋陽虎雖暴戾，然其與夫子言，亦未嘗悖違乎理也。曰懷寶，則貴之矣；曰亟失時，則惜之矣；曰仁曰知，則亦嘗聞其說而非懵然全不曉矣。此固聖人盛德之容儀有以感之，故夫子亦據直理答之。若夫聖人之心事，則非虎之可知而可語也。」附《蒙引》：大註「貨語皆譏孔子而諷使速仕」，此句不可分解。如「懷寶迷邦，可謂仁乎」，是譏孔子之懷寶迷邦，而諷其無懷寶迷邦而速仕也，下條亦然。「日月逝矣，歲不我與」，是譏其往日之已過，來日之不多，而諷使速仕也。○「孔子固未嘗如此，而亦非不欲仕」，此句似當分，不分決說不得。○不復與辯者，不辯其未嘗如此，而亦非不欲仕，但不仕於貨之意也。○陽貨之問，著在孔子身上來；孔子之答，不認作自家身上去。及其曰歲不我與，則便曰吾將仕矣，應答如響，全不與較，此所謂「直據理答之，不復與辯，若不喻其意者」。○陽貨之欲見孔子，雖其善意，然不過欲使助己爲亂耳。慶源輔氏曰：「觀懷寶、失時之語，有愛敬聖人之心，知其爲善意。然意欲其助己耳。」故孔子不見者，義也；其往拜者，禮也；必時其亡而往者，欲其稱去聲。也；遇諸塗而不避者，不終絶也；隨問而對者，理之直也；對而不辯者，言之遜而亦無所詘與屈同。也。新安陳氏曰：「言遜則易詘，惟聖人能遜言而無所詘。」○問：「陽貨瞰亡，此不足責；孔子亦瞰亡，不幾於不誠乎？」朱子曰：「非不誠也。彼以瞰亡來，我亦以瞰亡往，一來一往，禮甚相稱，但孔子不幸遇諸塗耳。」○吴氏曰：「小人行事，君子豈得效之？非謂禮尚往來，欲其相稱。不往不可，往拜則墮小人之計，故權衡如此。」又曰：「不見，正也；往拜，權也。隨問而答，辭順理恭，在此無詘，而在彼亦無所忤也。貨天資小人，術既狡深，語皆機警，而夫子雍容應之，曲盡其道，貨終無所施其姦也，非聖人而能若是乎？」○慶源輔氏曰：「聖人之事，雖縱横曲折，❶千條萬緒，然無非義理之當然。不自往見者，義

❶「雖」，原作「非」，今據《四書大全》改。

也；其往拜者，禮也；不終絶者，仁也；隨問而答，對而不辯者，知也；四者一出於誠，信也。只此一事而五性具焉，夫然後見聖人之全德。」楊氏曰：「楊雄謂孔子於陽貨也，敬所不敬，爲去聲。詘身以信與伸同。道，非知孔子者。楊子《法言》：或問：「聖人有詘乎？」曰：「有。」曰：「焉詘乎？」曰：「仲尼於南子所不欲見也，於陽虎所不欲敬也。見所不見，敬所不敬，不詘如何？」或曰：「衛靈公問陳則何以不詘？」曰：「詘身將以信道也。如詘道而信身，雖天下不可爲也。」蓋道外無身，身外無道。身詘矣而可以信道，吾未之信如字。也。」朱子曰：「虎是惡人，本不可見，孔子乃見之，亦近於詘身，却不知聖人是禮合去見他，不爲詘。到與他説話時，只把一兩字答他，辭氣温厚而不自失，非聖人斷不能如此。」○或問此章之説。曰：「觀夫子所以告微生畝與夫辯長沮、桀溺之語，則聖人之自言，未嘗不正其理而明辯之也。至於告陽貨，則隨其所問，應答如響，而略無自明之意，則亦是陽貨之暴有不足告，而姑遜辭以答之。然味其旨，則亦無非義理之正與其中心之實然者，則是初未嘗詘也。胡、張之説善矣。」○胡氏曰：「楊氏謂孔子於陽貨爲詘身以信道，雄之意蓋以身與道爲二物也。是以其自爲也，黽勉莽賢之閒，而擬《論語》、《周易》，以自附於夫子，豈不謬哉？」○南軒張氏曰：「陽貨見孔子一節，不只是遜詞答他，道亦在其中。『懷其寶而迷其邦』，固不可謂之仁，我却不是迷其邦；『好從事而亟失時』，固不可謂之知，我却不是亟失時；『日月逝矣，歲不我與』，我又却不是不仕，只是我仕時却與你别。聖人之言本末備具。」○勉齋黄氏曰：「『日月逝矣，歲不我與』，蓋謂夫子既老，可以有爲之日月已過矣，歲運而往，其去甚速，豈復與我而爲我少緩乎？是亦諷使速仕也。」○問：「陽貨欲見孔子，孔子不見，至於公山弗擾以費畔，召，子欲往。夫陽貨與此人，皆一時叛臣，孔子不見陽貨而欲見此人，何也？」潛室陳氏曰：「聖人道大德宏，無可無不可。雖是惡人，苟其一時意向之善，交際之誠，聖人無不與者。陽貨則見之之意不實，交際之意不誠，故孔子不欲見之。孟子曰：『苟善其禮際，斯君子受之矣。』」○雲峰胡氏曰：「此一事耳，而見聖人一言一動無非時中之妙。陽貨欲見孔子而遽見之，非中也；既有饋而不往拜之，非中也；不

時其亡則中小人之計，非中也；不幸遇諸塗而又避之，則絶小人之甚，非中也；理之直者，其辭易至於不遜，非中也；辭之遜而或有所詘，非中也。聖人不徇物而亦不苟異，不絶物而亦不苟同，愈雍容不迫而愈剛直不詘，此其所以爲時中之妙也。」

○子曰：「性相近也，習相遠也。」

此所謂性，兼氣質而言者也。氣質之性固有美惡之不同矣，《通考》勿齋程氏曰：「稟於天者，有清有濁，有善有惡，是之謂氣；受於人者，或明或昏，或粹或雜，是之謂質。清濁者氣中之氣，美惡者氣中之質；昏明者質中之氣，粹雜者質中之質。清者明，濁者昏，美者粹，惡者雜。道之所在，明者知之，昏者不知也；粹者能之，雜者不能也。朱子曰：『氣自是氣，質自是質。』魏了翁云：『天氣而地質。』」然以其初而言，則皆不甚相遠也。但習於善則善，習於惡則惡，於是始相遠耳。附《蒙引》：此是據其「習相遠」而原其「性相近」也。○「以其初而言」，此「初」字不是指天地之性，但對「習」字言。○自性而言則曰美惡，自習而言則曰善惡，《集註》當如此看。○《存疑》：此是聖人見人有善惡相去之遠，皆誘之性，不知其由於習，故言此，欲人慎於所習也。○習不可説美者習於善，惡者習於惡。質美者習於惡則亦惡矣，質惡者習於善則亦善矣。○程子曰：「此言氣質之性，非言性之本也。若言其本，則性即是理，理無不善，孟子之言『性善』是也，孔子是兼言，孟子是專言。何相近之有哉？」朱子曰：「『性相近』是氣質之性。若本然之性，則一般，無相近。」○性是天賦予，人只一同，氣質所稟却自有厚薄。人有厚於仁而薄於義，餘於禮而不足於智，便自氣質上來。○先有天理了，却有箇氣，氣積於質而性具焉。○質並氣而言，則是形質之質。若生質則是資質之質。○天命之性，若無氣質，却無安頓處。如一勺之水，非有物盛之，則水無歸着。○稟得木氣多，則少剛强；稟得金氣多，則少慈祥，推之皆然。○孔子言性，雜乎氣質言之，故不曰同而曰相近，蓋以爲不能無善惡之殊，但未至如所習之遠耳。○天命之謂性，則通天下一性耳，何相近之有？言相近者，是指氣質之性而言。孟子所謂犬牛人性之殊者，亦指此而

言也。○南軒張氏曰：「原性之理，無所不善，人物所同也；論性之存乎氣質，則人稟天地之精，五行之秀，固與禽獸草木異。然就人之中，不無清濁厚薄之不同，而實亦未嘗不相近也。不相近則不得爲人之類矣。而人賢不肖之相去，或相倍蓰，或相什百，或相千萬者，則因其清濁厚薄之不同，習於不善而日遠耳。習者，積習而致也。善學者克其氣質之偏，以復其天性之本，而其近者亦可得而一矣。」○慶源輔氏曰：「性之本謂不兼乎氣質而言之者也。既不兼乎氣質，則純以理言耳。理則天地人物一而已矣，何相近之可言哉？」○雙峰饒氏曰：「此章程子專以爲『氣質之性』，朱子以爲『兼氣質而言』，『兼』字尤精。蓋謂之相近則是未免有些不同處，不可指爲本然之性。然其所以相近者，正以本然之性寓在氣質之中，雖隨氣質而各爲一性，而其本然者常爲之主，故氣質雖殊而性終不甚相遠也。此是以本然之性兼氣質而言之，非專主氣質而言也。」問：「如何見得性相近？」曰：「如惻隱羞惡，人皆有之，然有惻隱多於羞惡者，亦有羞惡多於惻隱者，雖不盡同，亦不甚相遠，故曰相近。」○吴氏曰：「『習與性成』，言性習始此。中人上下之質相去本不甚遠，唯習於善則日造乎高明，習於惡則日淪乎汙下，以是而相遠耳。上知、生知安行，何事於習？下愚習於惡則有之，習於善則無矣。上知下愚相去遠矣，又豈待習而然哉？」○雲峰胡氏曰：「伊尹曰『習與性成』，是專主氣質而言，習如此，性之成也遂如此，所以言性在習之後；夫子曰『性相近，習相遠』，是兼氣質而言，性如此而習則未必皆如此，所以言性在習之先。若論天命之性，則純粹至善，一而已矣，不可以相近言。此所謂性者，兼氣質而言也。天命之性不離乎氣質之性，其初猶未甚相遠，蓋天命之性猶未漓也。赤子之生，無有五方，其聲一也，性之相近也如之；長則言語不通，飲食不同，有至死莫能相爲者，習之相遠也如之。」○新安陳氏曰：「人有此形則有此心，有此心則稟受此理。性者，心中所稟受之理也。纔說『性』字，則已寓於氣質中矣。非氣質則性安所寓乎？性善，以天地之性言。非天地之性懸空不著乎氣質而自爲一物也，就氣質中指出天地本然賦予之理，不雜乎氣質而言之耳。然天地之性雖不雜乎氣質，亦不離乎氣質。孟子之言『性善』，指其不雜乎氣質者言之也，乃是純言天地之性也；孔子之言『性相近』，以其不離乎氣質者言之也，乃是兼言氣質之性也。兼云者，言

本然之性，夾帶言氣質之性也。朱子有云：『孔子雜乎氣質言之。』雜即兼也。輔氏、饒氏推《集註》『兼氣質而言』之説，終欠透徹，不得已而發此云。」附《説約》：魏莊渠曰：「竊嘗考古聖賢論性有二。其一以性與情對言，此是性之本義，直指此理而言，或以性與命對言，性與道對言，其義一也。古性、情字皆從心從生，言人生而具此理於心，名之曰性，其動則爲情也，此於六書屬會意，正是性之所以得名。其一以性與習對言者，但取生字爲義，蓋曰天所生爲性，人所爲曰習爾。性從生，故借生字爲義。程子所謂生之謂性，止訓所稟受者是也。此於六書自屬假借。六書之法，假借一類甚多。後儒不明，訓釋六經，多爲所梗，費了多少分疏。《論語》曰『性相近也，習相遠也』，此正與伊尹『習與性成』、《家語》『少成若天性，習慣如自然』其義皆同，皆假借字也，但取天生之義者也。《中庸》言『天命之謂性』矣，而又曰『自誠明謂之性，自明誠謂之教』，孟子道性善矣，而又曰『堯舜性之，湯武反之』，可見二『性』字元不同。夫教而誠，反而聖，皆不能無事乎習。習之功至，與性之者一，故曰『性相近也，習相遠也』。此正爲言性而發，教人知所脩爲而發也。故明乎六書會意、假借之異，而可以無疑於夫子、孟子言性異同之際矣。」

○子曰：「唯上知與下愚不移。」知，去聲。

此承上章而言。人之氣質相近，之中又有美惡一定而非習之所能移者。慶源輔氏曰：「二章相承，此必一時之言。」○程子曰：「人性本善，有不可移者何也？語其性則皆善也，語其才則有下愚之不移。新安陳氏曰：「程子此言『才』字與孟子言『天之降才』不同，孟子以理言，程子以氣言也。」所謂下愚有二焉：自暴、自棄也。人苟以善自治，則無不可移，雖昏愚之至，皆可漸子廉反。磨而進也。惟自暴者拒之以不信，自棄者絶之以不爲，朱子曰：「拒之以不信，只是説没這道理；絶之以不爲，是知有這道理，自割斷了不肯做。自暴者有强悍意，剛惡之所爲；自棄者有懦弱意，柔惡之所爲也。」雖聖人與居，不能化而入也，仲尼之所謂下愚也。然其質非必昏且愚也，往

往强戾而才力有過人者，商辛是也。《史記》：帝乙之子辛即帝紂，資辯捷疾，聞見甚敏，材力過人，手格猛獸。○新安陳氏曰：「如商紂，强足以拒諫，智足以飾非，固非懵然昏愚，往往爲戾氣所蔽錮，而不可與入於善耳。」**聖人以其自絕於善，謂之下愚，然考其歸，則誠愚也。」**朱子曰：「性相近，是通善惡智愚説；上智下愚，是就中摘出懸絕者説。」○問：「《集註》謂氣質相近之中又有一定而不可易者，復舉程子無不可移之説，似不合。」曰：「且看孔子説底，却自有不移底人，如堯、舜不可爲桀、紂，桀、紂不可使爲堯、舜之類。程子却又推其説。須知其異而不害其爲同。」○習與性成，而至於相遠，則固有不移之理。然人性本善，雖至惡之人，一日而能從善，則爲一日之善人，豈有終不可移之理？○以聖言觀之，則曰不移而已，不曰不可移也；以程子之言考之，則以其不肯移而後不可移耳。蓋聖人之言本但以氣質之稟而言其品第，未及乎不肯、不可之辨也；程子之言則以稟賦甚異而不肯移，非以其稟賦之異而不可移也。○問：「程子謂『語其才則有下愚之不移』，與孟子『非天之降才爾殊』如何？」曰：「孟子説與程子小異。孟子專以發於性者言之，故以爲才無不善；程子兼指其稟於氣者言之，則人之才固有昏明强弱之不同矣。以事理考之，則程子爲密。蓋才稟於氣，氣清則才清，氣濁則才濁。如后稷自幼而岐嶷，越椒自幼而惡，是氣稟如此。孟子謂盡得才之善，固是好，必竟氣稟有善惡不同。後人看不出，所以引惹得許多善惡混等説來。自濂溪太極圖始説陰陽五行之變不齊，二程始因其説，推出氣質之性來。」○雙峰饒氏曰：「善底性不肯移而爲惡，惡底性不肯移而爲善。肯不肯雖屬心，其所以肯不肯者，才實爲之也。」又曰：「性相近是説性，上智下愚是説才。善惡，性也；智愚，才也。性雖相近而才之等級不齊，有相去甚懸絕者；才既懸絕則性亦非習之所能移矣。」○吴氏曰：「下愚以質言，自暴自棄以人事言。質雖可移而自不移者，暴棄之謂也。」《通考》黄氏紹曰：「『上智與下愚不移』，此以生稟論。以學問言之，愚者知擇善，則亦有時而通，此學問之所以能變化氣質也。愚者豈真不可移哉？人自不肯移耳。」附《蒙引》：程子云「語其才則有下愚之不移」，既知是如此，如何又説「其質非必昏且愚」？蓋程子雖以才言，其實指自暴自棄者。**或**

曰：「此與上章當合爲一，『子曰』二字蓋衍文耳。」

○子之武城，聞弦歌之聲。

弦，琴瑟也。時子游爲武城宰，以禮樂爲教，故邑人皆弦歌也。

夫子莞爾而笑，曰：「割雞焉用牛刀？」莞，華版反。焉，於虔反。

莞爾，小笑貌。蓋喜之也，因言其治小邑何必用此大道也。附《蒙引》：夫子莞爾而笑，句絕，「曰」字連下。笑者，内喜之也。其心則深喜，其辭若有譏焉，實反言以戲之，以觀子游之自信何如耳，非虛戲也。

子游對曰：「昔者偃也聞諸夫子曰：『君子學道則愛人，小人學道則易使也。』」易，去聲。

君子、小人，以位言之。子游所稱，蓋夫子之常言，言君子、小人皆不可以不學，故武城雖小，亦必教以禮樂。朱子曰：「君子學道，是曉得那己欲立而立人、己欲達而達人底道理，方能愛人；小人學道，不過曉得那孝弟忠信而已，故易使也。」○雙峰饒氏曰：「君子、小人以位言。方其學時，君子小人猶未分也；後來入仕者，則用此道以愛人，在閭閻畎畝間者，亦自知義，所以易使。」附顧麟士曰：「學道不必專指禮樂，禮樂亦不必專指弦歌，然實相關，會意可耳。」○《存疑》：此言君子小人皆不可不學，以見武城雖小，亦必教以禮樂，不是説邑人皆弦歌是小人亦學道也。

子曰：「二三子！偃之言是也。前言戲之耳。」

嘉子游之篤信，又以解門人之惑也。○治有大小，而其治之必用禮樂，則其爲道一也。但衆人多不能用，而子游獨行之，故夫子驟聞而深喜之，因反其言以戲之。而子游以正對，故復扶又反。是其言而自實其戲也。朱子曰：「禮樂之用，通乎上下。一身有一身之禮樂，一家有一家之禮樂，一邑有一邑之禮

樂，以至推之天下，則有天下之禮樂，亦隨其大小而致其用焉，不必其功大名顯而後施之也。」○南軒張氏曰：「『莞爾而笑』者，聞弦歌而喜也；『割雞焉用牛刀』者，謂其治小以大也。君子學道則有以養其仁心，故愛人；小人學道則亦和順以服事其上，故易使。夫子聞子游之語，恐學者疑於前言，以寡國小民爲可忽也，故告二三子以子游之言爲是，而謂前言爲戲之。辭氣抑揚之間，豈弟和平，無非教也。」○勉齋黄氏曰：「弦歌，弦且歌也。合樂曰歌。人聲絲聲，皆堂上之樂也。教以弦歌而謂之學道者，使人人習於和平中正之音以養其心，而所歌之詩又皆温柔敦厚，合乎禮義，則自然皆趨於人所當行之道，乃所謂學道也。君子，在上者，能學道則知撫乎下矣；小人，在下者，能學道則知順乎上矣。上撫乎下，下順乎上，安有不治者乎？」○慶源輔氏曰：「治之用禮樂，如飢之必用食，渴之必用飲，豈謂小邑寡民而可以無禮樂爲哉？舍禮樂則必將專於刑罰，而民無措其手足矣，豈聖學之所尚哉？」○厚齋馮氏曰：「古之學者，春誦夏弦，蓋御琴瑟歌詠諷誦之耳。城以武名，乃岩險用武之地，以《左傳》考之可見。夫習俗尚武，子游乃能以道化其民，使習於禮樂，變甲胄之俗爲弦歌之聲，此夫子所以喜之，而以戲言發實語也。」○雙峰饒氏曰：「弦歌如何見得是學道？又弦歌是樂，《集註》如何添『禮』字説？古者教人，春秋教以禮樂，冬夏教以《詩》《書》，纔教便兼《詩》《書》禮樂，不應只教以弦歌。春習樂，夏習《詩》，秋習禮，冬習《書》，皆因時以爲教。春夏陽氣發達之時，聲屬陽，故教以《詩》樂。想夫子過武城是春夏時也。聞弦歌，便知其以禮樂爲教。學《詩》《書》禮樂，即是學道。」○勿軒熊氏曰：「子游宰武城之事凡兩見，一以人才爲重，一以道化爲先，皆見其知本。」○雲峰胡氏曰：「所謂道者，仁義禮樂而已。以禮樂爲教，故上焉教化者知有撫下之仁，下焉學此者知有事上之義。」**附**《蒙引》：「嘉子游之篤信，又以解門人之惑」，此註不可分貼大文；「故復是其言而自實其戲」，則分貼。

○公山弗擾以費畔，召，子欲往。

弗擾，季氏宰，與陽虎共執桓子，據邑以叛。叛，與畔同。○厚齋馮氏曰：「公山，氏。弗擾，名，一云不狃。字子洩。費邑宰也，與陽虎共執桓子，虎敗，出奔，弗擾據邑以叛。」○《左傳》定公五年，事見

《季氏》篇首章《集註》「家臣屢叛」下。○十二年，仲由爲季氏宰，將墮三都。叔孫氏墮郈，季氏將墮費。公山不狃、叔孫輒帥費人襲魯。公與三子入季氏之宮，登武子之臺。費人攻之，弗克，入及公側。仲尼命申句須、❶樂頎下伐之，費人北，國人追之，敗諸姑蔑。附顧麟士曰：「按《紹聞編》，弗擾召孔子，在孔子未爲中都宰以前事，至定公十二年墮費時，弗擾又畔，則孔子方用於魯，豈有欲赴費人之召哉？」

子路不說，曰：「末之也已，何必公山氏之之也？」說，音悅。

末，無也。言道既不行，無所往矣，何必公山氏之往乎？

子曰：「夫召我者，而豈徒哉？如有用我者，吾其爲東周乎？」夫，音扶。

豈徒哉，言必用我也。爲東周，言興周道於東方。謂東魯。○邢氏曰：「如有用我者，我則興周道於東方，其使魯爲東周乎？」附《蒙引》：問：吾其爲東周乎，魯爲東周與？抑孔子爲東周？曰：畢竟是魯，然興之者孔子也。○程子曰：「聖人以天下無不可爲之事，亦無不可改過之人，故欲往。然而終不往者，知其必不能改故也。」程子曰：「公山弗擾以費畔，不以召叛人逆黨而召孔子，則其志欲遷善悔過而未知其術耳。使孔子而不欲往，是沮人爲善也，何足以爲孔子？」○公山召我，而豈徒哉，是孔子意他雖叛而召我，其心不徒然，往而教之，遷善使不叛則已。此則於義直有可往之理，而孔子亦有實知其不能改而不往者。佛肸召亦然。○朱子曰：「夫子云『吾其爲東周乎』，興東周之治也。孔子之志在乎東周，然苟有用我者，亦視天命如何耳。聖人胸中自有處置，非可執定本以議之也。」○諸家皆言不爲東周，《集註》却言興周道於東方，何也？曰：這是古註如此說。「其」字、「乎」字只是閑字，只是有用我便也要做些小事，何處是有不爲東周底意？這處與「二十年之後吳其爲沼乎」辭語一般，亦何必要如此翻轉文

❶「句」，原作「包」，今據《春秋左傳註疏》、《四書大全》改。

字？須寬看，子細玩味，方見得聖人語言。○問：「弗擾果能用夫子，夫子果往從之，亦不過勸得他改過自新，舍逆從順而已，亦如何便興得周道？」曰：「聖人自不可測。改過，不過臣順季氏而已。此只是常法，聖人須別有措置。」○蘇氏曰：「孔子之不助叛人，天下之所知也。叛而召孔子，其志必不在於惡矣。故孔子因其有善心而取之，使不自絕而已。弗擾之不能爲東周，亦明矣。然而用孔子，則有可以爲東周之道。故子欲往者，以其有是道也。卒不往者，知其必不能也。」○慶源輔氏曰：「魯在周之東，故云爾。蓋聖人無小成苟就之事，如獲用焉，不興周道以繼文武不已也。」○雙峰饒氏曰：「當時子路更欠一問：如何可爲東周？夫子必告以爲之之道。如問『衛君待子而爲政，子將奚先』，夫子便告以正名。今聖人不曾說出，難以臆度。」○雲峰胡氏曰：「門人豈有不說於夫子者？而子路不說者二。豈知夫子之於南子，其辭不見者，義也，不得已而見，亦有可見之禮也；夫子之於公山弗擾，其欲往者，仁也，而卒不往者，蓋有知人之知也。聖人一動一靜，莫非適乎時中，而子路未之知也。然非子路之疑，則聖人之心又孰得而知之乎？」

○子張問仁於孔子。孔子曰：「能行五者於天下，爲仁矣。」請問之。曰：「恭、寬、信、敏、惠。恭則不侮，寬則得衆，信則人任焉，敏則有功，惠則足以使人。」

行是五者則心存而理得矣。於天下，言無適而不然，猶所謂「雖之夷狄，不可棄」者。五者之目蓋因子張所不足而言耳。任，倚仗也。又言其效如此。問：「『敏』字於求仁工夫似不甚切。」朱子曰：「不敏則便有怠忽，纔怠忽便心不存而間斷多，便是不仁。」○任是堪倚靠，是能爲人擔當事也。○勉齋黃氏曰：「行五者則心存理得，何也？曰：心主乎五者，則無非辟之雜，而心之德常存；以五者施之事，則無悖謬之失，而事之理常得。「又言其效」，通指「不侮」至「使人」五者，❶欲其以是驗之，如答顏、冉問仁，亦以歸仁無怨之效言也。」○慶源輔氏曰：「五者皆心所具之理而仁之發也。恭則仁之

❶「指」，原作「旨」，今據《四書大全》改。

著，寬則仁之量，信則仁之實，敏則仁之力，惠則仁之澤。能行此五者，則心存理得而仁不外是也。然是心一有閒斷之時則亡矣，是理一有虧闕之處則失矣，故其行是五者必自一家一國以至於天下，無適而不然，然後其心公平，其理周偏，而仁之體用備矣。夫仁道無不該，乃萬善之綱領也，今特以此五者言之，故以爲因子張所不足而言。堂堂乎張，疑其不足於恭；愛欲生，惡欲死，疑其不足於寬；問行而告以忠信，疑其不足於信；問政而告以無倦，疑其不足於敏；色取仁而行違，疑其不足於惠也。」〇張敬夫曰：**「能行此五者於天下，則其心公平而周遍可知矣。然恭其本與？」**音余。〇慶源輔氏曰：「所謂『其心公平而周遍』者，非體仁之深者不知此味也；所謂『恭其本與』者，所以指示學者尤切。蓋恭則此心收斂，不至於放縱；此心收斂不放縱，則夫寬、信、敏、惠自有所不能已者。」〇胡氏曰：「五常百行何莫非仁，而獨以是言，故疑其爲子張之所不足也。語『恭其本』者，四者皆以事言，而恭則切於身也。併及其效者，欲其因是而驗之。」〇雙峰饒氏曰：「朱子以心存理得爲仁，是指能行五者而言；南軒以公平周遍爲仁，是兼行於天下而言。二者互相備，必心存理得始能公平周遍。」又曰：「南軒於五者以恭爲主，亦與胡氏釋『千乘之國』章謂五者以敬爲主同意。恭敬則心存，心存然後理得，故能行下四者。」〇雲峰胡氏曰：「子張平日問達問行，其志欲得行於彼也，故夫子因其問仁而告之以能行乎此者也。能行此五者則心存而理得，能行之於天下則其心公平而溥遍矣。」李氏曰：**「此章與六言六蔽、五美四惡之類，皆與前後文體大不相似。」**朱子曰：「六言六蔽、五美等語，雖其意是，然皆不與聖人常時言語一樣。《家語》此樣話亦多。大抵《論語》後數篇閒不類以前諸篇。」〇厚齋馮氏曰：「孔門問仁無稱『問仁於孔子』者，抑此其《齊論》歟？」附《蒙引》：「能行五者於天下」，是一句，不可分兩截。「能行」二字直趕到「於天下」，不是只到「五者」住。朱子以「行是五者」截解，必如此解方得明暢耳。且大文「爲仁矣」三字，實該「行五者於天下」，朱子豈不曉得，而只就「行五者」處截，故與孔子異旨邪？人自不察，奈之何哉？〇大註「行是五者則心存而理得矣」，此一句通一章解

出答問仁之意。心存理得在大文「仁」字内，下文又另提曰「於天下，言無適而不然也」。非是心存理得了，又無適不然也，方爲仁。○「心公平」貼「五者」，「周遍」貼「於天下」，小註分心公平、理周遍，不是。○《存疑》：言能行是五者於天下，無適不然，則心存而理得，斯爲仁矣。恭、寬、信、敏、惠皆是求仁工夫，與告仲弓敬恕一般。輔氏「仁之著」等説，不是。○恭雖主容，實根於心，先儒謂「未有箕踞而心不慢」是也。寬是有度量，能容物。信即「敬事而信」之信，與人期會約束而不失其言是也。敏是勤力不怠。惠是愛人利物。五者皆心之所由存而理所由得也。蓋恭則心不放，寬則心不褊，信則心不僞，敏則心不怠，惠則心不殘，此心存也。理不外心，心存則理自得。○當恭、寬、信、敏、惠時，其中各自有道理。此在人體認，不能盡言。○《蒙引》：恭、寬、信、敏、惠如五美一般，有以見於身者言，有以見於事者言，然皆心之所由存，理之所由得也，不可分貼。

○佛肸召，子欲往。佛，音弼。肸，許密反。

佛肸，晉大夫，趙氏之中牟宰也。中牟，趙氏邑。

子路曰：「昔者由也聞諸夫子曰：『親於其身爲不善者，君子不入也。』佛肸以中牟畔，子之往也，如之何？」

子路恐佛肸之浼音每。夫子，故問此以止夫子之行。親，猶自也。不入，不入其黨也。慶源輔氏曰：「所謂親於其身爲不善而君子不入者，正恐其汙己也。此固子路之所知也，至於人之不善不能浼聖人，則非子路之所能知也，故引此爲問，欲以止夫子之行耳。」○聖人道大德弘，所過者化。人之不善，一經聖人照臨之，則大者革心，小者革面之不暇，何至有浼於聖人？若夫昏頑之至，不可以常理化者，則聖人又自有以處之。在上則或若堯、舜之待三苗，在下則若夫子之待陽虎。公山佛肸亦豈能浼於聖人哉？

附《存疑》：子路知不善之不可入，而卒食輒之食以死其難，則所以處其身者，又自失之。是蓋不知輒之不善，由其氣勇心粗而學之不細也。

子曰：「然，有是言也。不曰堅乎磨而不磷，不曰白乎涅而不緇。磷，力刃反。涅，乃結反。

磷，薄也。涅，染皂物。齊氏曰：「涅，水中黑土，今江東皂泥。」言人之不善不能浼己。楊氏曰：「磨不磷，涅不緇，而後無可無不可。堅白不足而欲自試於磨涅，其不磷緇也者幾平聲。希。」問：「公山之召，子路不悦，夫子雖以東周之意諭之，子路意似有所未安也，故於佛肸之召又舉所聞以爲問，其自信不苟如此。學者未至聖人地位，且當以子路爲法，庶乎不失其身，不可以聖人體道之權藉口，恐有學步邯鄲之患也。」朱子曰：「得之。」○南軒張氏曰：「子路之説在子路則當然。蓋子路以己處聖人，而未能以聖人觀聖人也。」○慶源輔氏曰：「磨不磷，涅不緇，而後無可無不可者，聖人之事也；堅白不足而欲自試於磨涅，則後世不度德不量力，輕舉妄動，始欲自附於聖人，而終則陷其身於不義之流也。」○新安倪氏曰：「楊氏謂『堅白不足』以下非夫子所言之本意，乃爲子路輩言也。」附《蒙引》：如何爲磨而不磷？如何爲涅而不緇？大概是言德之盛而人莫之浼也。德之盛，内自有過化存神之妙，有伸縮變化之機。○顧麟士曰：「然，是也，言説得也是。有是言，言我前日有是言。亦是兩節意。兩『不曰』『曰』字從『言』字生落。」

吾豈匏瓜也哉？焉能繫而不食？」焉，於虔反。

匏，瓠音互。也。匏瓜繫於一處而不能飲食，人則不如是也。朱子曰：「不食謂不求食，非謂不可食也。今俗猶言無口匏，亦此意。」○勉齋黄氏曰：「匏瓜繫而不食，蓋言匏瓜蠢然一物，繫則不能動，不食則無所知。吾乃人類，在天地間能動作，有思慮，自當見之於用而有益於人，豈微物之比哉？世之奔走以餬其口於四方者，往往借是言以自況，失聖人之旨矣。此不可以不辨。」《通考》仁山金氏曰：「此二句蓋當時方言俗語，夫子引之，猶今俗云我不是瓠子，我足能行而口能食者。以此語意推之，則夫子從佛肸之召，而其操縱久速之機則在我。蓋春秋之初，諸侯專恣，習以爲常；春秋之末，大夫專制，又習以爲常，故當時以二子欲張公室爲大罪。夫聖人在上，則可以治諸侯大夫；聖人在下，非有所假則何自而爲之哉？此公山、佛肸之畔大夫，夫子所以不絶之也。其可與有爲，則聖

人自是爲之，必自有道。使其不可與有爲，則聖人仕止久速，其權在我，彼何足以强之？又豈拘之哉？凡此皆聖人有爲之微機，在不言之表者。」附《蒙引》：磨而不磷，便見可往。若不往，便是匏瓜之繫而不食矣，爲其無變通也。即是上文子欲往之意。若他能浼我，則不可往矣。○張敬夫曰：「子路昔者之所聞，君子守身之常法；夫子今日之所言，聖人體道之大權也。然夫子於公山、佛肸之召皆欲往者，以天下無不可變之人，無不可爲之事也；其卒不往者，知其人之終不可變而事之終不可爲耳。一則生物之仁，一則知人之智也。」程子曰：「佛肸召，子必不徒然。其往，義也；然不往者，度其不足與有爲也。」○朱子曰：「公山弗擾、佛肸召而欲往者，乃聖人虚明應物之心，答其善意，自然而發；終不往者，以其爲惡已甚，義不復可往也。此乃聖人體用不偏，道並行而不相悖處。然兩條告子路不同者，即其所疑而喻之爾。子路於公山氏，疑夫子之不必往，故夫子言可往之理；於佛肸，恐其浼夫子也，故夫子告以不能浼己之意。」○夫子於佛肸之召，但謂其不能浼我而已；於公山氏之召，却真箇要去做。○問：「佛肸、弗擾之召，孔子欲往，此意如何？」曰：「此是一時善意。聖人之心適與之契，所以欲往，然更思之則不往矣。蓋二人暫時有尊賢向善之誠心，故感得聖人有欲往之意，然違道叛逆，終不能改，故聖人亦終不往也。譬如雲陰忽略開霽，有些光明，又被重陰遮蔽了。」問：「陽貨欲見，却終不許他。」曰：「貨全無善意，來時便已不好了，故亦不能略感聖人。」○慶源輔氏曰：「自聖人言之，則固無不可爲之時，亦無不可爲之事，無不可教之人。然其所遇則有不可必者，天未欲平治天下，則在時者有不可爲也；上之人不我用，則在事者有不可爲也；誨之諄諄，聽之藐藐，則在人者有不可教也。」

○子曰：「由也！女聞六言六蔽矣乎？」對曰：「未也。」女，音汝，下同。

蔽，遮掩也。胡氏曰：「如爲物遮掩，僅得其一偏，而不見其全體也。」○慶源輔氏曰：「謂各隨其意之所向，以遮掩其正理。」附《蒙引》：六言之言，即一言可以

終身行之之言也。

「居！吾語女。語，去聲。禮：君子問更平聲。端，則起而對。出《記·曲禮》。故夫子諭子路，使還坐而告之。好仁不好學，其蔽也愚；好知不好學，其蔽也蕩；好信不好學，其蔽也賊；好直不好學，其蔽也絞；好勇不好學，其蔽也亂；好剛不好學，其蔽也狂。」好、知，並去聲。

六言皆美德，然徒好之而不學以明其理，則各有所蔽。愚若可陷可罔之類，蕩謂窮高極廣而無所止，賊謂傷害於物。朱子曰：「固執必信，而不好學，必至於賊害物，如證父攘羊便是。」○雙峰饒氏曰：「信而不明理，則不度事理之可否而欲必踐其言，如此者必至於害事，如尾生之信是自賊其身者也。」勇者剛之發，剛者勇之體。朱子曰：「勇只是敢爲，剛有堅强之意。」○慶源輔氏曰：「人之資稟，得於陰陽者，惟有剛有柔，勇則剛之發出者也。」○雙峰饒氏曰：「剛屬質，體也；勇屬氣，用也。」狂，躁率也。慶源輔氏曰：「此與狂狷之狂不同，躁率則近乎剛惡也，故特釋之。」○雙峰饒氏曰：「躁率，輕舉妄動之意。」○程子曰：「六言六蔽，正與『恭而無禮則勞』、『寬而栗，剛而無虐』之義同。蓋好仁而不好學，乃所以愚。非能仁而愚，徒好而不知學，乃愚。」○南軒張氏曰：「學所以明善也，不知學則徒慕其名而莫知善之所以爲善矣。好仁不好學之蔽，如欲力行自守以爲仁，而不知學以明之，則其所行所守未免於私意，適足以爲愚而已。至於好知不好學，則用其聰明而不知約之所在，故其蔽蕩；好信不好學，則守其小諒而不知義之所存，故其蔽賊；好直不好學，則務徑情而不知含蓄，故其蔽絞，絞者訐而已；好勇不好學，則犯難而不知止，故其蔽亂；好剛不好學，則務勝而不知反，故其蔽狂。是六者本爲達德善行，而不好學，則非所以爲德行，而反以自蔽。學如行大道，由闢而通也；不學如守暗室，終室而蔽矣。」○問：「蔽之爲義何也？」勉齋黃氏曰：「《集註》以爲遮掩，言有所不見之謂也。學所以明理者，學謂效之師友之言行，求之方册之紀載，皆學也，所以學欲觀夫理之所當然者而效法之也。」○仁、知、信、直、勇、剛，皆美德也，又必學以明其理，何哉？

六者德之大目耳，輕重淺深、當施不當施之閒，其理固多端也。今但見其大目而好之，不務學以究其理之曲折，則見其一而蔽其一，未有不流於一偏者也。仁主於愛，偏則不分輕重賢否而流於愚；智知人所難知，偏則窮高極遠而流於蕩。信而偏則執一不通而流於賊，直而偏則迫切不舒而流於絞。勇則直徑而亂，剛則堅守而强。是皆得其大目而不學，有所蔽以至於此也。○覺軒蔡氏曰：「此皆不明理而惑於所似故也。格物以致其知，則其蔽徹矣。」附《蒙引》：窮高，直說；極廣，横說。○「好信不好學，其蔽也賊」，大凡言必信，行必果，則不顧義理，只要我信，而於人之利害有不恤者矣。賊謂傷害於物，不可只作害事說。害事不喚做賊，賊者害人之名。○《存疑》：「其蔽也愚」，言有所蔽而愚，不是爲愚所蔽。餘倣此。○仁，美德也。好仁而不好學，則理有所蔽而仁所不當仁，如入井救人者有之，故其失也愚；好知而不好學，則理有所蔽而知其所不當知，務極高遠，無所底止，如莊列之徒者有之，故其失也蕩；好信而不好學，則理有所蔽而信其所不當信，傷己害物，無所不至，如尾生之行者有之，故其失也賊；好直而不好學，則理有所蔽而直其所不當直，急切而無含容，如證父攘羊者有之，故其失也絞。○勇是作爲果敢，剛是本體堅勁。○范氏曰：「子路勇於爲善，其失之者，未能好學以明之也，故告之以此。曰勇曰剛曰信曰直，又皆所以救其偏也。」慶源輔氏曰：「范氏就子路身上發明，尤切。子路好勇，且有何必讀書之說，其失正在於未能好學以明善也。剛、勇、直、信皆其氣稟之偏，正特告之。」○陳用之曰：「信、直、勇、剛，子路之所好也。先之以仁知，❶使之知所好也。或曰：此子路初見夫子之時。」《通考》朱氏公遷曰：「夫子言『勇而無禮則亂』，又言『好勇不好學，其蔽也亂』，是又可見理義血氣之幾在此，非學以明之，禮以節之，則理義之勇亦流而爲血氣之勇也。若卞莊子之勇而文之以禮樂，則血氣又可使爲理義之歸矣。」附《蒙引》：信、直、勇、剛，都就子路身上之所好者言；曰仁曰智，則統言天下大道理之名目，故先之也。

○子曰：「小子何莫學夫《詩》？」夫，音扶。

❶「仁」，原作「自」，今據《四書通》、《四書大全》改。

小子，弟子也。厚齋馮氏曰：「『何莫』云者，謂弟子何爲而莫之學也。」附《蒙引》：此「學」字指誦讀，不必兼知行。

《詩》可以興，

感發志意。朱子曰：「讀《詩》見不美者，令人羞惡；見其美者，令人興起。須是反覆誦讀，使《詩》與心相入，自然有感發處。」附《蒙引》：此數句皆言學《詩》之有益，以見《詩》之當學。○《詩》有善有惡，故可以興；有美有刺，故可以觀。

可以觀，

考見得失。勉齋黄氏曰：「興、群、怨皆指學《詩》者而言，觀則似指《詩》而言，謂可考詩人之得失也。然以爲觀己之得失，亦可通。下文既有多識爲以此識彼，則此觀爲觀己，然後四語皆一意也。」○新安陳氏曰：「觀《詩》所美所刺者之得失，亦因可以考見我之得失，兼此二意方爲盡。」

可以群，

和而不流。新安陳氏曰：「和以處衆曰群。和而不流，故可以處衆。若和而流，則失於雷同，非處衆之道矣。」附《蒙引》：惟其和而不流，故可以群；惟其怨而不怒，故可以怨；惟其人倫之道無不備，故邇之可以事父，遠之可以事君；又該載有許多名物，故又可以資多識。

可以怨。

怨而不怒。慶源輔氏曰：「當怨不怨，則失之疏；怨而怒，則又失之過，程子所謂《小弁》、《擊鼓》皆怨而各當乎理者是也。」附《蒙引》：可以群，以其和而不流也；可以怨，以其怨而不怒也。獨「感發志意」、「考見得失」二句，是正貼「興」、「觀」二字，不可作「以其」説。今人説書，或都作推本説者，固不是；或都作正貼説者，也不是。

邇之事父，遠之事君，

人倫之道，《詩》無不備，新安陳氏曰：「如《關雎》言夫婦，《棠棣》言兄弟，《伐木》言朋友之類。」二者舉重而言。新安陳氏曰：「父子君臣，人倫中之大者。」

多識於鳥獸草木之名。」其緒餘又足以資多識。○學《詩》之法，此章盡之，讀是經者所宜盡心也。慶源輔氏曰：「《論語》之論及《詩》者多矣，而惟此章爲備。學者苟於此盡心焉，則有以感發其志意，而爲善不懈；有以考見其得失，而於事無惑；和而不流，以處群居之常；怨而不怒，以處人情之變；孝父忠君，而人倫之大者無愧；博物洽聞，而一物之小者不遺。《詩》之爲益，不既多乎？」

○子謂伯魚曰：「女爲《周南》、《召南》矣乎？人而不爲《周南》、《召南》，其猶正牆面而立也與？」女，音汝。與，平聲。

爲，猶學也。厚齋馮氏曰：「爲，如『高叟爲《詩》』之爲。」《周南》、《召實照反。南》，《詩》首篇名，所言皆脩身齊家之事。慶源輔氏曰：「二南見文王齊家之化，於脩身疑未之及。蓋身者家之本，聖人之化未有不本於身者。文王之化，自內及外，則脩身之事固在其中矣。」正牆面而立，言即其至近之地而一物無所見，一步不可行。程子曰：「二南人倫之本，王化之基，苟不爲之，則無所自入。古之學者必興於《詩》，不學《詩》無以言，故猶正牆面而立。」○朱子曰：「不知所以脩身齊家，則不待出門便已行不得了。所以謂之正牆面者，謂其至近之地亦行不得故也。」○問：「不知脩身齊家，則自然推不去，是一步不可行，如何是一物無所見？」曰：「自一身一家已自都理會不得，況其遠者乎？此可見知與行相須之義。《周南》之詩，言文王后妃閨門之化；《召南》之詩，言諸侯之國夫人、大夫妻被文王后妃之化而成德之事。蓋文王治岐，而化行於江漢之域，自北而南，故其樂章以南名之。用之鄉人，用之邦國，以教天下後世誠意正心、脩身齊家之道，蓋《詩》之正風也。」○厚齋馮氏曰：「此疑在伯魚過庭之後，已告之學《詩》，恐其未必踐言而復告之也。」○新安陳氏曰：「《詩》有二南，猶《易》有乾坤。學《詩》自此入，而脩齊治平之道皆自此出，誠學《詩》先務也。孔子過庭之傳，既以學《詩》居學禮之先，此又以二南爲學《詩》之先，所以丁寧其子者，豈有他說哉？」○新安倪氏曰：「《書·周官》曰：『不學牆面。』孔子取譬本此。」《通考》朱氏公遷曰：「『女爲《周南》、

《召南》與『小子何莫學夫《詩》』、『誦詩三百』，皆明窮經致用之道。」附《蒙引》：此「爲」字專指誦《詩》，正與《孟子》「高叟之爲《詩》也」同，與上章「何莫學夫《詩》」之學亦同。○顧麟士曰：「『女爲』、『矣乎』，丁寧之辭，言當爲之也。」○《存疑》：正牆面而立，正面對牆而立也。曰正牆面，倒用耳。

○子曰：「禮云禮云，玉帛云乎哉？樂云樂云，鐘鼓云乎哉？」

敬而將之以玉帛，則爲禮；將，如「幣之未將」之將。❶和而發之以鐘鼓，則爲樂。發，如「英華發外」之發。遺其本而專事其末，則豈禮樂之謂哉？胡氏曰：「玉帛，五玉三帛，禮文之重者也；鐘，金聲，鼓，革聲，樂器之大者也。非玉帛無以爲禮，非鐘鼓無以爲樂。然禮樂有本有末，玉帛鐘鼓，末也。禮之本在於敬，假玉帛以將之；樂之本在於和，假鐘鼓以發之。周末文滅其質，但以玉帛鐘鼓爲禮樂耳。」○南軒張氏曰：「玉帛固可以行禮也，鐘鼓固可以爲樂也。謂玉帛鐘鼓爲非禮樂則不可，然禮樂豈止乎玉帛鐘鼓之閒哉？得其本則玉帛鐘鼓莫非吾情文之所寓，不然特虚器而已。所謂本者，反之吾身而求之，則知其不遠也。」○慶源輔氏曰：「敬者在中之禮，禮之本也；玉帛則禮之器，所以將吾敬而播之於外者也，禮之末也。和者在中之樂，樂之本也；鐘鼓則樂之器，所以發吾和而播之於外者也，樂之末也。本末具舉，内外兼備，夫然後可謂禮樂之全。苟惟專務其本而不事於末，固爲不可；至於徒事其末而反遺其本，則又豈所謂禮樂者哉？『云乎哉』者，猶言此不得謂之禮樂也。」○程子曰：「禮只是一箇序，樂只是一箇和，只此兩字含蓄多少義理。天下無一物無禮樂。且如置此兩椅，一不正便是無序，無序便乖，乖便不和。又如盜賊，至爲不道，然亦有禮樂，蓋必有總屬，必相聽順，乃能爲盜，不然則叛亂無統，不能一日相聚而爲盜也。禮樂無處無

❶「幣之」，原作「帛幣」，今據影明本《四書輯釋》、《四書大全》刪補。

之，學者要須識得。」胡氏曰：「程子欲人知禮樂之理無所不在，學者記其語，雜以方言，至於盜賊亦有禮樂，姑借近且粗者以明之，非真所謂禮樂也。『序』、『和』二字尤親切，又見禮爲樂之本。」○慶源輔氏曰：「禮樂之本，雖細微之事、凶惡之人，一皆有之，不特玉帛鐘鼓之間。要之只是箇序與和底道理。人能識得此箇禮樂，則知天下無一物無禮樂，隨處受用。然其實不出『序』與『和』二字。」○趙氏曰：「朱子以敬與和言，是就心上説；程子以序與和言，是就事上説。二説相須，其義始備。」○雙峰饒氏曰：「二説相須，其義始備。如『人而不仁如禮何』章，《集註》舉游氏『人心亡矣』，亦是就人心上説；舉程子『失正理則無序而不和』，亦是就事理上説。」○厚齋馮氏曰：「復曰『云云』者，謂人所常言也。『乎哉』，疑而反之之辭。謂禮樂之所云者，止云玉帛鐘鼓而已哉？蓋禮者天地之序，樂者天地之和。玉帛有等差，所以明其序；鐘鼓有聲音，所以發其和。是時禮樂廢壞，皆僭竊其文而不知其本。諸侯僭天子，大夫僭諸侯，則無序矣；征伐相尋，國異政，家殊俗，則不和矣。夫子之言亦必有爲而發也。」

○子曰：「色厲而內荏，譬諸小人，其猶穿窬之盜也與？」荏，而審反。與，平聲。

厲，威嚴也。荏，柔弱也。小人，細民也。穿，穿壁。窬，踰牆。言其無實盜名而常畏人知也。朱子曰：「不直心而私意如此，便是穿窬之類。」又曰：「裏面是如此，外面却不如此。外面恁地，裏面却不恁地。」○問：「色厲而內荏，何以比之穿窬？」曰：「爲他意只在要瞞人，故其心常怕人知，如做賊然。」○勉齋黄氏曰：「穿窬內懷爲盜之實，而外飾非盜之狀以欺人，故以譬夫內本柔弱而外爲嚴厲以欺人者也。」○雙峰饒氏曰：「色不止顔色，凡形見於外者皆是，如前篇以論篤爲色莊是也。外示莊厲而內實柔弱，譬如穿窬之人，日間顯顯處與平人無異，而夜間幽暗處則爲盜。」○王氏回曰：「此有爲之言，曰『譬諸小人』，則指當時之大人也。」○雲峰胡氏曰：「《易》泰卦以內健外順爲君子之道，否卦以內柔外剛爲小人之道。此則厲者外爲剛之容，荏者內蘊柔之惡者也。」

○子曰：「鄉原，德之賊也。」

鄉者，鄙俗之意。原，與愿同，《荀子》「原愨」，註讀作愿是也。《荀子・正論篇》：上端誠則下愿愨矣。〔謂在上者能端莊誠實，則下知謹愿而純愨也。〕鄉原，鄉人之愿者也。蓋其同流合汙以媚於世，故在鄉人之中獨以愿稱。勉齋黃氏曰：「既以鄉爲一鄉，又以爲鄙俗者，鄉之得名，本以鄙俗爲言也。故曰『我猶未免爲鄉人也』。亦猶都鄙之稱，都之爲言美也，鄙之爲言俗也。然則鄉者亦鄙之類歟？❶其稱原人而必加之以鄉者，以見其鄙俗，非公論之所在，故是非錯謬而稱之以爲原也。」附《存疑》：一鄉皆稱愿人，便非真愿者。若士君子稱其愿，有何不可？ 夫子以其似德非德而反亂乎德，故以爲德之賊而深惡烏故反。之，詳見形甸反。《孟子》末篇。朱子曰：「鄉原者爲他做得好，便人皆稱之，而不知其有無窮之禍。如五代馮道者，此真鄉原也。」〇鄉原最是孟子説得數句好，曰：「生斯世也，爲斯世也，善斯可矣。」此是鄉原本情。〇鄉原無甚見識，其所謂原，亦未必真愿，乃卑陋而隨俗之人耳。蘇氏謂其近似中庸而非也，故曰德之賊。孟子曰：「一鄉皆稱原人，無所往而不爲原人。」與中庸相近，必與狂狷相遠。狂者進取，狷者有所不爲。鄉原者，未嘗進取，而無所不爲者也。狂狷與中庸相遠，而孔子取其志之彊，可以引而至於道也；鄉原與中庸相近，而夫子惡之，惡其安於陋而不可與有爲也。〇勉齋黃氏曰：「德者，務合乎理者也。鄉原求媚於世，則不必皆合乎理而委曲遷就，似乎理而實非理，使人之爲善者莫知乎理之正，是天下之正德反爲鄉原所害也。如廉潔，理之正也。鄉原不欲爲廉潔以異俗，故亦同乎流俗，而外爲説以自蓋，使人視之似廉潔，然實非廉潔，而反以害廉潔之正也。故貪夫不足以害夫廉，似廉非廉者乃所以害夫廉也。此夫子所以深惡之也。」〇雙峰饒氏曰：「一鄉有君子有小人，鄉原都要他説好。同流合汙是要媚小人，似忠信似廉潔是要媚君子，所以人人道他好。人見以此得名，都去學他，最敗風俗，故曰德之賊。上章言盜，盜猶畏人之知；此章言賊，則肆行無忌矣。」〇新安陳氏曰：「真非不足以惑人，惟似是而非者

❶「鄙」下，原衍「俗」字，今據《四書纂疏》、《四書通》删。

最易以惑人，故夫子以爲德之賊。」

○子曰：「道聽而塗説，德之棄也。」

雖聞善言，不爲己有，是自棄其德也。○王氏曰：「君子多識如字。前言往行，去聲。以畜勑六反。其德。新安倪氏曰：「此《易・大畜卦・大象傳》辭，引以論此，甚切。蓋此章所指正與《易》之説反。」道聽塗説，則棄之矣。」朱子曰：「此二章『賊』字、『棄』字説得重而有力。蓋鄉原只知偷合苟容，似是而非，而人皆稱之，故曰德之賊。道聽塗説者，纔聽來，便説了，更不能蓄，既不能有之於心，不能行之於身，是棄其德也，故曰德之棄。」○南軒張氏曰：「聞善者存而體之，則其德蓄聚。若徒以資口説而已，則於德何有哉？」○勉齋黄氏曰：「觀此則輕浮淺露者真不足以爲學也。」○胡氏曰：「『德之棄』與上章『德之賊』文勢相類。彼以似德而亂德，故云德之賊；此可以進德而不進，故云德之棄。」○鄭氏曰：「無所得而竊其名，故曰賊；有所聞而不蓄諸己，故曰棄。」○或云：「上章言德之賊，此章言德之棄，語意似相承。」雙峰饒氏曰：「是如此。但兩箇『德』字來歷亦是不同。上章所謂德，是得之於天者；此章所謂德，是得之於人者。有所聞於人而不能蓄之以爲己有，是棄其所得於人者；鄉原之人似德而非德，以人僞亂天理，是害其所得於天者也。所得於天，即仁義禮智之謂。」○新安陳氏曰：「人之聞善，藴蓄於不言之表者，其德固；淺露於輕言之際者，其德棄矣。」《通旨》：朱氏公遷曰：「德謂行道有得於心者，以其反對而言之。『德之棄』，此『德』字是即人心之德而言之；『德之賊』，此『德』字是指有德之人而言之。此類最難辨，以其語勢相同而義略不同也。如『尊德樂義，斯可囂囂』，是即人心之德而言，『尊德樂道，不如是不足與有爲』，是指有德之人而言。推而觀之可見。」附《蒙引》：道，眼下路也。塗是前頭路。

○子曰：「鄙夫可與事君也與哉？與，平聲。

鄙夫，庸惡陋劣之稱。慶源輔氏曰：「庸謂凡常，惡只是惡，陋謂猥瑣，劣謂昏弱，四者皆鄙也。」附《存疑》：「可與事君」之「可與」，猶「可與共學」之「可與」，是共爲此事也。

其未得之也，患得之；既得之，患失之。

何氏曰：「患得之，謂患不能得之。」胡氏曰：「患得之，語急而文省耳。」〇新安陳氏曰：「得謂得富貴權利。」附《蒙引》：自「其未得之」至「無所不至矣」，盡説鄙夫之爲鄙夫者如此，而不可與事君之意自見。

苟患失之，無所不至矣。」

小則吮徂兖反。癰舐神紙反，以舌取物也。痔，直理反。大則弑父與君，皆生於患失而已。《莊子·列禦寇》篇：秦王有病，召醫。破癰潰痤者，得車一乘，（癰、痤皆疽之屬也。痤，徂和反。）舐痔（漏下病。）者，得車五乘，所治愈下，得車愈多。子豈舐其痔邪？何得車之多也。〇《前漢·佞幸傳》：文帝常病癰，鄧通常爲上嗽（山角反。）吮之。上不樂，從容問曰：「天下誰最愛我者乎？」通曰：「宜莫若太子。」太子入問疾，上使太子齰癰（齰，仕客反，齧也，齧出其膿血。）太子齰癰而色難之。已而聞通常爲上齰之，太子慙，繇是深恨通。〇雲峰胡氏曰：「吮癰舐痔，是柔惡；弑父與君，是剛惡。故《集註》不特曰庸陋劣，而且以惡之一字加之。」〇胡氏曰：「許昌靳居覲反。裁之有言曰：『士之品大概有三：志於道德者，功名不足以累其心；新安倪氏曰：「功名，功業聲名也。今俗人認貴仕爲功名，非矣。」志於功名者，富貴不足以累其心；志於富貴而已者，則亦無所不至矣。』志於富貴，即孔子所謂鄙夫也。」南軒張氏曰：「自古亂臣賊子，其初豈敢遽萌簒弑之心？惟患失也，蹉跌至此，履霜堅冰，馴致其道也。然則計利自便之萌，是乃弑父與君之原也。」〇慶源輔氏曰：「此解『無所不至矣』一句甚當。夫患得患失，則惟利欲是徇，而不復顧理義之所在矣，其可與之事君也哉？然其患得也，則求以得之而已，雖行險儌幸，乘閒抵罅，然其惡猶有止也。至於患失，則無不至矣，小則吮癰舐痔，不惜身命，大則弑父與君，禍及國家。」〇志於道德，則功名不必外求而得。其或終無所成，則亦全吾道德而已矣，在我亦何所損哉？若夫志於功名，則其心已是謀利計功。幸而得之則已矣，不然則行險儌幸，枉尺直尋，殆將不能免。志於富貴，則患得患失，終必至於無所不至矣，其爲庸惡陋劣之態，亦可想而見也。〇胡氏曰：「靳氏三品之

說，本非此章正意，然能推見鄙夫之所以若此。志於道德，聖賢之徒也；志於功名，豪傑之士也；志於富貴，即鄙夫也。聖賢非不事功名也，可爲則爲，不得爲則不爲，不害於道德也。豪傑非惡富貴也，視功名爲重，則富貴爲輕也。鄙夫則富貴之外他無所志，故得失之患，其害至此。」○厚齋馮氏曰：「孟子曰『鄙夫寬』，謂所見隘陋也。所見隘陋之人，知有富貴而已。小用之則敗事，大用之則誤國，豈容一日得志也哉？」○齊氏曰：「古之君子，未得之則求之性分之所固有，既得之則安於職分之所當然。舜木居鹿遊，若將終身，則得不足以動其心；牛羊倉廩若固有之，則亦何失之慮？學者以孔子之言觀鄙夫之如彼，以孟子之言觀聖人之如此，亦可以知所鑒矣。」

○子曰：「古者民有三疾，今也或是之亡也。亡，與無通。

氣失其平則爲疾，故氣稟之偏者亦謂之疾。慶源輔氏曰：「氣稟之偏亦謂之疾，此以德言之也。人身之氣當平和而安寧，一失其平則爲疾矣。人之德，氣稟得中則爲善，一失之偏則亦爲疾矣。」○陳用之曰：「人之陰陽，節適則平，偏倚則疾。性之有疾，猶身之有疾也。」昔所謂疾，今亦亡與無通。之，傷俗之益衰也。厚齋馮氏曰：「『或是之亡』，不敢爲決然之辭，恐尚亦有之。」

古之狂也肆，今之狂也蕩；古之矜也廉，今之矜也忿戾；古之愚也直，今之愚也詐而已矣。」

狂者志願太高，肆謂不拘小節，蕩則踰大閑矣。禮義爲大閑。矜者持守太嚴，如「不矜細行」之矜，非矜誇之矜。廉謂稜角陗與峭同。厲，忿戾則至於爭矣。厚齋馮氏曰：「君子矜而不爭。矜而忿戾，小人也。」愚者暗昧不明，直謂徑行自遂，詐則挾私妄作矣。○范氏曰：「末世滋僞，豈惟賢者不如古哉？民性之蔽亦與古人異矣。」朱子曰：「廉是側邊廉隅，這只是那分處。所謂廉者，爲是分得那義利去處，譬如物之側棱兩下分去。」○問：「智則能詐。愚者

無智巧，何故能詐？」曰：「如狂而不直、侗而不愿之類。」○南軒張氏曰：「疾生乎氣稟之偏。狂而肆者過於進爲也，矜而廉者廉隅露見也，愚而直者直情徑行也。此雖偏而爲疾，然猶爲疾之常。至於狂而放，則流而爲蕩；矜而争，則溢而爲忿戾；愚而銜直，則變而爲詐，是蓋世衰俗弊則習益遠故也。言疾則固爲偏，而今也併與古之疾而亡之，則益甚矣。古者三疾，學則可瘳也。至於今之疾，悖理亂常之甚，蓋難反矣。然困而能學，亦聖人之所不棄也。」○問：「『古者民有三疾，今也或是之亡也』，晦翁謂氣稟之偏者謂之疾，而取范氏『末世滋僞，豈賢者不如古，民性之蔽亦與古異』，竊謂時固有古今，而氣稟之性亦有古今之異歟？」潛室陳氏曰：「氣數有淳漓，故生物有厚薄。只正春時生得物如何，迨春末生物便别。後世生聖賢既與古不同，即生暗蔽愚人亦欲如古不得。」○雙峰饒氏曰：「《語》中説古今處，皆是歎今之不如古。狂、肆、矜、廉、愚、直，是氣質之偏，所謂疾也。肆變而蕩，廉變而忿戾，直變而詐，是習俗所染，乃習與性成而爲惡，不止於疾矣。」○雲峰胡氏曰：「氣稟之性適乎中，則無疾。凡過與不及，皆疾也。狂者智之過，矜者行之過，愚者不能知而徑行，不及者也，故古者皆以爲疾。」○新安陳氏曰：「古之疾已是氣質之偏，今併與古之疾而無之，蓋已流於私欲之僞，去古益遠，而復乎善益難矣，夫子所以傷之歟？」附《蒙引》：氣稟之偏者謂之疾，肆、廉、直是也。若夫蕩、忿戾、詐，則是習而然，非氣稟之偏矣。陳氏以孔子主氣數言，不知孔子是主習俗言也。此章大概與「吾猶及史之闕文」同，都是傷俗之語。○狂、矜、愚，疾之名也；曰肆曰廉曰直，疾之實也；曰蕩曰忿戾曰詐，肆、廉、直之流也。○狂、矜、愚本指肆、廉、直言，其以蕩爲狂，以忿戾爲矜，以詐爲愚者，以今人言也。其實不得爲狂，不得爲矜，不得爲愚，故曰「或是之亡也」。今之疾亦非古矣。○《存疑》：三疾中，蕩與肆、忿戾與廉，猶微有相因意，詐與直全相反了。

○子曰：「巧言令色，鮮矣仁。」

重平聲。出。

○子曰：「惡紫之奪朱也，惡鄭聲之亂雅樂也，惡利口之覆邦家者。」惡，去聲。覆，芳服反。

朱，正色。紫，間去聲。色。新安陳氏曰：「朱，南方赤之正色。合赤黑而成紫，北方之間色。」雅，正

也。利口，捷給。覆，傾敗也。○范氏曰：「天下之理正而勝者常少，不正而勝者常多，聖人所以惡之也。利口之人以是爲非，以非爲是，以賢爲不肖，以不肖爲賢，人君苟悦而信之，則國家之覆也不難矣。」朱子曰：「紫近黑色，過了那朱既爲紫，便變做朱不得，便是奪了朱。雅樂平淡，鄭便過而爲淫哇，蓋過了雅便是亂雅。邦家力勢也甚大，然被利口之人説一兩句便有傾覆之虞，豈不可畏哉？」○不正底物事自常易得勝那正的物事。且如以朱染紫，一染了便退不得，朱却不能變得紫也。○南軒張氏曰：「以其似是而非，有以惑人之觀聽，是以聖人惡之。利口所以覆邦家者，蓋變其事實，使是非邪正率皆紊亂，邦家之所由傾覆也。」○勉齋黄氏曰：「是非善惡最相反也，聖人不之惡者，以人心自有正理，而正不正之相反易辨也。惟夫似是而實非，似善而實惡，則人心疑惑而足以亂正，此孔子所以惡鄉原而又及乎此也。」○慶源輔氏曰：「氣數難得相值，時節難得常好，故邪正相乘之際而正常屈於邪，疑似之間每惡其雜亂而致詳焉，此亦贊天地之一端也。」○雙峰饒氏曰：「紫以閒色亂正色，以其能悦人之目也；鄭衛之樂以淫聲亂正聲，以其能悦人之耳也，故聖人惡之。後世果卒爲二者所勝。古人玄衣朱裳，今之朝服直以紫爲上，至於常服亦皆衣紫，所奏之樂莫非鄭衛淫哇之音。人心好惡之失其正如此，況於聽言之際，安得不爲利口者所惑邪？」○汪氏曰：「辨朱紫以目，辨雅鄭以耳，具耳目者能之，猶未爲甚難。惟利口之覆邦家，則當辨之以心。人心之主常爲所惑而不能辨，故范氏備述其態以曉人。苟非自正其心，辨之豈不難哉？」○雲峰胡氏曰：「前篇以佞人對鄭聲言，此又以利口對鄭聲言。《集註》釋『佞』字，曰辨給也；釋『利口』，曰捷給也。捷則顛倒是非於片言之頃，使人悦而信之，有不暇於致詳者，視佞爲尤甚，故覆亡之禍立見，有甚於殆焉者矣。」附《蒙引》：利口覆邦家，不必以「覆邦家」對上文「奪朱」、「亂雅樂」説。孟子曰：「惡利口，恐其亂信也。」此却對得。「覆邦家」雖亦是利口之害，然又深一重了。

○子曰：「予欲無言。」

學者多以言語觀聖人，而不察其天理流

行之實有不待言而著者，是以徒得其言而不得其所以言，故夫子發此以警之。慶源輔氏曰：「此亦有兩意：一是天理流行之實凡動静語默皆是，初不待言而著，學者惟不察乎此而但以言語觀聖人，是以徒得其言而不得其所以言，故夫子發此以警之；一是以言而教人固聖人之本心，因言以進道亦學者之當務，但學者心麤氣暴，其於聖人之言領略之意常多，體察之意常少，是以徒得其言而不得其所以言，故夫子發此以警之。」

子貢曰：「子如不言，則小子何述焉？」

子貢正以言語觀聖人者，故疑而問之。慶源輔氏曰：「此語必在未聞性與天道之前。」

子曰：「天何言哉？四時行焉，百物生焉，天何言哉？」

四時行，百物生，莫非天理發見形甸反。流行之實，不待言而可見。如字。聖人一動一静，莫非妙道精義之發，亦天而已，豈待言而顯哉？慶源輔氏曰：「百物生是天理之發見也，四時行是天理之流行也。發見則自其初而言之，流行則併舉其終也。妙道言其體，精義言其用。夫子但言天之理，更不及己之事，則天人一貫，而天即己，己即天矣，此所以謂聖人之言也。」○新安陳氏曰：「輔氏即《集註》『天理發見流行之實』而强分之，以發見爲百物生，流行爲四時行，下句雖是，上句實非，發見流行不必分言也。一陰一陽之謂道，陰陽非道，所以一陰一陽者爲道，道形而上者也，無形之可見也，陰陽形而下者也，即道之發見於有形者也。四時之氣流行而爲春暖夏熱秋凉冬寒，非發見而何？若以四時行、百物生之序言之，必四時之氣流行而後百物之品發生。雲行雨施，方品物流行，乾道變化，方各正性命，豈有先言百物生而後言四時行之理哉？輔氏過於密察，反成病敗，愚不可以不辨。」此亦開示子貢之切，惜乎其終不喻也。新安陳氏曰：「無曾子之唯，亦無領會之言，見其未喻。」附《蒙引》：「聖人一動一静」註都在「天何言哉」四句外。○子貢後來聞性與天道，如何説終不喻？「終」字只在此一時，非蔽其終身。○程子曰：「孔子之道譬如日星之明，猶患門

人未能盡曉，故曰予欲無言；若顏子則便默識，如字。其他則未免疑問，故曰『小子何述』；又曰『天何言哉？四時行焉，百物生焉』，則可謂至明白矣。」愚按此與前篇無隱之意相發，學者詳之。朱子曰：「此語子貢聞之而未喻，故有疑問。到後來自云『夫子之文章，可得而聞也；夫子之言性與天道，不可得而聞也』，方是契此旨處。顏、曾則不待疑問。若子貢以下，又不知所疑矣。」○問：「『予欲無言』一章，恐是言有所不能盡，故欲無言否？」曰：「不是如此，只是不消得說。蓋以都撒出來了，如四時行焉，百物生焉，天又更說箇甚底？若是言不能盡，便是有未盡處。聖人言處也盡做處，也盡動容周旋，無不盡。惟其無不盡，所以不消得說。」○問：「四時行，百物生，皆天命之流行，其理甚著，不待言而後明。聖人之道亦猶是也，行止語默無非道者，不爲言之有無而損益也，有言乃不得已爲學者發爾。」曰：「甚善。」○問：「『四時行』，『百物生』，兩句自爲體用。蓋陰陽之理，運行不息，故萬物各遂其生；聖人之心，純亦不已，故動容周旋自然中禮。」曰：「是此意。」○問：「夫子以子貢專求之言語之間，故告之『予欲無言』以發之。子貢未能無疑，故曰『天何言哉？四時行焉，百物生焉』，蓋欲其察之踐履事爲之實也。程子謂猶患門人未能盡曉，故曰予欲無言。夫恐其不能盡曉，當更告之，而曰欲無言，何也？或云『予欲無言』一章實兼『無隱乎爾』之義。蓋四時行，百物生，所謂無隱也。程子蓋推明夫子所以啓發子貢之意，欲其求之於踐履事爲之實者，未知是否？」曰：「恐人不能盡曉，而反欲無言，疑得甚好。更熟玩之，當自見得分明也。」○新安陳氏曰：「韜仲之問，文公使更熟玩之。竊謂聖道明如日星，門人猶未能盡曉者，以其徒求之言語之閒，而不知動作語默無非聖道之形見。此所以聖道雖明，而其見滯於言語閒，不能盡曉也。苟謂恐其不能盡曉，當更告之，聖人方病學者徒求之言語，而又益詳於言語，言語愈詳，知識愈滯，未能盡曉者，何由而曉邪？使能不徒求之言語，而必察聖人之一動一靜，莫非妙道精義之發，則能知聖人之動靜無非理，必悟聖人之語默無非教也。」○南軒張氏曰：「四時行，百物生者，天道之流行無息也。天雖不言而何隱哉？聖人動靜語默之閒，無非至理之所在。再曰『天何言哉』，

所以發之者深矣。」○覺軒蔡氏曰：「《集註》以此章與前篇無隱之意相發。蓋四時行，百物生，莫非天理發見流行之實，正所以發夫子之無隱也。學者玩此而有得焉，不惟見聖人一動一静純乎天理之妙不待言而顯，便當反之於踐履事爲之實，俛焉孶孶，庶幾有得乎希聖希天之事。更玩『四時行』、『百物生』，尤見其體用一原，陰陽之理運行不息，而萬物各遂其生之妙。聖人亦天而已。」○雙峰饒氏曰：「『予欲無言』，聖人是要人就他躬行處體認，莫只於他言語上求。蓋就躬行處體認，便件件把作實事看。若只就言語上求，只將作空言看了，無益於得也。此與『吾無隱乎爾』章大同小異。那是説行處無非至理，别無深晦底道理；此是説行處都是實理，不必於吾言語上求。」○厚齋馮氏曰：「夫子示子貢以一貫之學，此又示以無言之天，卒於聞性與天道，子貢之學可謂日進無疆者矣。」○雲峰胡氏曰：「《集註》『妙道精義之發』，『妙道』其體也，天理之渾然者也；『精義』其用也，天理之粲然者也。朱子《感興》末篇始曰：『玄天幽且默，仲尼欲無言。萬物各生遂，德容自清温。』末曰：『曰予昧前訓，坐此枝葉繁。發憤永刊落，奇功收一原。』三復是詩。朱子之學，晚年造詣深矣，學者宜致思焉。」○新安倪氏曰：「按以妙道精義分體用，蓋因輔氏之説而申明之；舉《感興》末篇，則因蔡氏之説而詳言之也。蔡氏説此章，嘗謂先師於《感興》卒章特發其義，而收奇功於一原，其所以勉學者深矣，但此能述之尤爲詳明。『萬物各生遂』接『玄天幽且默』而言，『德容自清温』接『仲尼欲無言』而言，即動静無非教之意也。又按徽庵程氏嘗提掇『欲』之一字而講之，曰：先聖雖欲無言，而未得以無言也。不以無言期諸子，而獨以無言期子貢，何哉？高於子貢者自能忘言以會道，與回言終日而無所不説，不必示之以無言也；下於子貢者方將因言以求道，但教之以不知言無以知人，言及之而不言謂之隱，可與言而不與之言失人，未可示之以無言也；惟天資學力賢如子貢，而猶以言語觀聖人，不得不示之以無言耳。此説就子貢身上發明，甚切，謹附於此。」《通旨》：朱氏公遷曰：「天以理言，在天之天也。『於穆不已』與『無聲無臭』，是指其本體言，聖人之德與之相配者如此；『四時行』，『百物生』，是即其功化言，聖人之教與之相似者如此。『穆』之一字即是『天何言』，即是『無聲無臭』，形容天道之妙，皆有爲而發也。」又曰：「在天之天，天人相對。質諸鬼神

而無疑，知天也。其所知者亦在天之天也。」

○孺悲欲見孔子，孔子辭以疾。將命者出户，取瑟而歌，使之聞之。

孺悲，魯人，嘗學士喪禮於孔子。《記・雜記》：恤由之喪，魯哀公使孺悲之孔子學士喪禮，士喪禮於是乎書。　當是時必有以得罪者，故辭以疾，而又使知其非疾，以警教之也。　慶源輔氏曰：「聖人之門，來者不拒，儻非有故，未有却之者。然其所以得罪之故，不可知矣。辭之以疾者，義不當見也；歌瑟使聞者，仁不容絶也。夫子於此仁義並行而不悖，然其愛人之心則終無已也。」程子曰：「此孟子所謂『不屑之教誨』，所以深教之也。」南軒張氏曰：「孺悲之不見，疑在棄絶之域矣。取瑟而歌，使將命者聞之，是亦教誨之而終不棄也。聖人之仁，天地生物之心歟？」○胡氏曰：「聖人無疾而託以疾，則雖庸人亦能自省其所以見絶之由，是不屑之教誨也。」○鄭氏曰：「於絶之之中，不忘教之之意，聖人之心，如天地之不棄物也，仁矣哉！」附《蒙引》：其曰「將命者出户」者，見其當時就取瑟，使歌聲徹於外，爲孺悲所聞耳。○顧麟士曰：「將命者，《注疏》、《大全》、《存疑》俱作孺悲邊人，使之聞，使將命者聞之也。然《蒙引》、《達説》俱作孔子邊人，使之聞，即聞於孺悲。孔子邊人是。」

○宰我問：「三年之喪，期已久矣。　期，音朞，下同。

期，周年也。附《蒙引》：三年之喪，父母之喪也。「三年」字輕。

君子三年不爲禮，禮必壞；三年不爲樂，樂必崩。

恐居喪不習而崩壞也。　慶源輔氏曰：「此述宰我之意也。然禮樂自事親從兄而出，不能三年之喪，則禮樂之本蹷矣。宰我慮其崩壞，而急之於玉帛鐘鼓之問，則亦不知務甚矣。」

舊穀既没，新穀既升，鑽燧改火，期可已矣。」鑽，祖官反。

没，盡也。升，登也。燧，取火之木也。

改火，春取榆柳之火，夏取棗杏之火，夏季取桑柘之火，秋取柞楢音昨由。之火，冬取槐檀之火，亦一年而周也。《周禮·夏官·司爟》：〔古喚反。〕掌行火之政令，四時變國火，以救時疾。〔行，猶用也。變，猶易也。鄒子曰：「春取榆柳之火，夏取棗杏之火，季夏取桑柘之火，秋取柞楢之火，冬取槐檀之火。」〕季夏出火，民咸從之；季秋内火，民亦如之。已，止也。言期年則天運一周，時物皆變，喪至此可止也。問：「四時取火，何爲季夏又取一番？」朱子曰：「土旺於未，故再取之。」○慶源輔氏曰：「時物固皆變矣，吾心哀怛之實，自有不能已者，則不可因彼而變也。」○雙峰饒氏曰：「四時取火之木不同。榆柳，木之青者，故春取之；棗杏，木之赤者，故夏取之；桑柘黄，柞楢白，槐檀黑，各隨其時之方色取之。蓋五行之中各有五行，火有五色，亦如金有五金之類。古人作事，件件順天時，況水火乃天地間妙用，尤不可不順其性。水失其性則爲水災，火失其性則爲火災，旱暵疾疫皆是。因時改火，以達其氣，亦贊化育之一事也。故《周禮》司爟掌四時，變國火，以救民疾。後世都不理會，如何得陰陽和，萬物育？」尹氏曰：「短喪之説，下愚且恥言之。宰我親學聖人之門，而以是爲問者，有所疑於心而不敢强上聲。焉爾。」慶源輔氏曰：「尹氏説固忠厚，然宰我之失終在。但其致問之時猶出於情實，較之後世匿情行詐而口不相副者，則猶爲無隱耳。」附《存疑》：「『三年不爲禮』一節，言三年之不可也；『舊穀既没』一節，言期年之可也。○《蒙引》：鑽燧以取火，而四時之火隨時迭改。

子曰：「食夫稻，衣夫錦，於女安乎？」曰：「安。」夫，音扶，下同。衣，去聲。女，音汝，下同。

禮，父母之喪，既殯，食粥，麤衰；音催。既葬，疏平聲。食，音嗣。水飲，受以成布；朱子曰：「成布是稍細成布，初來未成布也。八十縷爲一升。古尺一幅只闊二尺二寸，算成斬衰三升，如今漆布一般，所以爲未成布。」期音基。而小祥，始食菜

果，❶練冠縓取絹反。縁。去聲。○朱子曰：「縓，今淺絳色。小祥以縓爲縁。一入爲縓。禮有四入之説，亦是漸漸加深色耳。」要平聲。經音迭。不除，無食稻衣錦之理。夫子欲宰我反求諸心，自得其所以不忍者，故問之以此，而宰我不察也。《記・閒傳》：父母之喪，既殯食粥，〔未殯之前，勺水不入口。既殯則三日矣，方食粥。〕朝一溢米〔二十兩爲一溢，以爲粥。〕莫〔音暮。〕一溢米。齊衰之喪，疏食水飲，不食菜果。大功之喪，不食醯醬。〔可以食菜果矣。〕小功緦麻，不飲醴酒。〔可以食醯醬矣。〕父母之喪，既虞卒哭，疏食水飲，〔可以不食粥矣。〕不食菜果。期而小祥，〔期而練服，謂之小祥。〕食菜果。又期而大祥，〔再期而服縞，謂之大祥。〕食醯醬。中月而禫，〔大感反。〕禫而飲醴酒。〔醴酒味薄，故得飲之。〕始飲酒者先飲醴酒，始食肉者先食乾肉。附《存疑》：食夫稻，衣夫錦，是説期年外就食稻衣錦也。聖人意謂子説期可已矣，如今期年之後，使女就食稻衣錦，於心安乎。此便是短喪也，註解止至小祥可見。《蒙引》謂食稻衣錦是説自既殯起至小祥，此説未是。宰予既説期可已矣，則期年之内，豈不知不可食稻衣錦？聖人又何待問之？○《蒙引》：「『食夫稻』，謂飯也，粥不與焉。」顧麟士曰：「然既虞疏食，則亦飯矣，或不至精耳。《孟子》『膏粱』，粱訓美穀，則稻必亦粱之類，非北地所嘗用也。」○溢，二十兩也，鎰同，《荀子》「千溢之寶」是也。《記纂注》：溢，一手所握也。中月，閒一月也。

「女安則爲之！夫君子之居喪，食旨不甘，聞樂不樂，居處不安，故不爲也。今女安，則爲之！」樂，上如字，下音洛。

此夫子之言也。旨，亦甘也。初言「女安則爲之」，絶之之辭，又發其不忍之端，以警其不察，新安陳氏曰：「四『不』字皆是發其不忍之端。」而再言「女安則爲之」以深責之。厚齋馮氏曰：「夫子之門，子夏、子張既除喪而見，予之琴

❶「果」，原作「菓」，今據《四書章句集註》、《四書大全》改。

和之，而或和或不和，彈之而或成聲或不成聲，一則曰先王制禮不敢過也，一則曰先王制禮不敢不至焉，其於三年之喪如此。宰我與二子相處久矣，豈不習聞其概而安於食稻衣錦也？夫魯莊公之喪，既葬，不入庫門；士大夫既卒哭，麻不入。然則三年之喪不行久矣，至是而夫子舉行之。宰我，門人高流也，日聞至論，而猶以期爲安，況斯世乎？其後滕世子欲行三年喪，父兄百官皆不欲。然則三年之喪獨行於孔孟之門，而朝廷未嘗行也，甚至以日易月，無復『聽於冢宰』、『三年不言』之制。而三年之喪迄今行之天下者，宰我一問之力也。」附《蒙引》：「故不爲也」，「爲」字指食稻衣錦言。○「食旨不甘」三句必有成語。此處舉之，不必俱與食稻衣錦相入也。「爲」字承上「女安則爲之」，應下文「女安則爲之」，二「爲」字意皆同。

宰我出。子曰：「予之不仁也！子生三年，然後免於父母之懷。夫三年之喪，天下之通喪也，予也有三年之愛於其父母乎？」

宰我既出，夫子懼其真以爲可安而遂行之，故深探他覃反。其本而斥之。言由其不仁，故愛親之薄如此也。新安陳氏曰：「不安於食稻衣錦者，由其不忍也。不忍之心，仁也。安則忍，忍則不仁矣。」懷，抱也。又言君子所以不忍於親而喪必三年之故，使之聞之，或能反求而終得其本心也。新安陳氏曰：「予發短喪之問，又以食稻衣錦爲安，是始已失其本心矣。今夫子拳拳之意，猶冀其反求而終得其本心也。本心，即愛親之仁心。」附《蒙引》：「予之不仁也」，「言由其不仁，故愛親之薄如此」，仁以性言，愛親以情言，所謂「論性則以仁爲孝弟之本」者。朱子此註曰由曰故，是如此説。然只就愛親之薄説他不仁，不做推本説，似亦可。且愛親以情言，仁以性言，人性皆善，豈有不仁者？若曰由其仁，故愛親之厚，却使得。不知朱子何以如此解？且上條「此夫子之言也」，亦似不必下。蓋本文雖無「曰」字，兩箇「女安則爲之」，且「食旨不甘」，亦誰認作宰予説耶？又前條取尹氏短喪之説一段，替宰我回護，此語亦可不集。而又置在圈内，似不可曉。且其曰「宰我既出，夫子懼其真以爲可安，而遂行之」，此句尤不可曉。夫子上文既責之曰「汝安則爲之」云云矣，宰

我何至猶真以爲可安而遂行之乎？聖人只是深探其本而斥之耳。愚此説，則所謂有所疑於心而不敢强爲也。倘朱子再詳《集註》，此等當削去。○愛親之薄，就安於食稻衣錦而喪不三年上説。○孔子三條話，一節深一節。第二條，見得心不安故不食稻衣錦；第三條，見得以其有三年之愛故不能安於食稻衣錦，以見喪之所以必三年而不容已於期年也。孔子此三條，始終只是要喚醒宰我，而使自得其本心。絶之雖甚，責之雖嚴，而此意終有不能自已者，所以爲聖人也。孟子所謂「亦教之孝弟而已」者，亦此意。○范氏曰：「喪雖止於三年，然賢者之情則無窮也，特以聖人爲之中制而不敢過，故必俯而就之，非以三年之喪爲足以報其親也。《記・三年問》：君子三年之喪，二十五月而畢，若駟之過隙。❶然而遂之，是無窮也，故先王爲之中制。○《檀弓》：子思曰：「先王之制禮，過之者俯而就之，不至焉者跂而及之，故君子執親之喪，水漿不入口者三日，杖而後能起。」所謂三年然後免於父母之懷，特以責宰我之無恩，欲其有以跂其至反。而及之

爾。」問：「宰我遊聖人之門，而有短喪之問，不類學者氣象。諸家之説或謂至親以期斷，而宰我欲質其所知，有疑而不敢隱，所以爲宰我，蓋欲文其過也。竊以爲宰我在聖門雖列於言語之科，然哀公問社而有使民戰栗之對；方晝而寢，夫子有朽木糞土之譏。觀其地位如此，則宜有短喪之問也。」朱子曰：「短喪固是不仁，然其不隱不害爲忠信。此一事而兼有得失，得失又有重輕。」○聖人尋常未嘗輕許人以仁，亦未嘗絶人以不仁。今言予之不仁，乃予之良心死了也。○或問：「此章之説，有謂宰我之問蓋聞禮家至親期斷之言，故以質之夫子，非自執喪而欲斷之也，如何？」曰：「此蓋以宰我爲聖人之徒，不應問此，而欲爲之文其過也，其意則忠且厚矣。然三年之喪生於人心，非由外至，而禮家固亦已有加隆之説矣。設使宰我實聞期斷之説，而不能察其是非，盡其曲折，則其愛親之薄亦可知矣。雖不自斷其喪，然其情亦何以異耶？」曰：「又有以宰予爲不察理，不知仁，而不知愛親之道者，信乎？」曰：「是其意若曰

❶「駟」，原作「駛」，今據哈佛本改。

予非不愛親也，特不察理而不知其道也；非不仁也，特不知仁也，是亦爲之文其過之言耳。然人子有三年之愛於父母，蓋心之不能已者，而非有難明之理也。是其存焉則爲仁，失之則爲不仁，其閒蓋不容髮，而其存不存又不待於知之而後能勉也，亦係於吾心之厚薄如何耳。宰我食稻衣錦，自以爲安，則其無愛親之心可見，而夫子所以斥之者亦明矣。說者乃與曲爲之諱，而少減其不仁不孝之罪，是以其說徒爲辭費，而不足以掩其實也。」曰：「或謂宰我非不知短喪之爲薄，直以有疑故不敢自隱於夫子。只此無隱，便是聖人作處，如何？」曰：「言宰我之心雖薄，而其不敢自隱者，猶有聖門氣象，可也；謂之無隱而直以聖人作處許之，則有激於世俗矯情飾詐之私，而不自知其言之過矣。然此章正意在於問喪，而喪之主於哀者又非自外而至。今不論此，而摘其旁支瑣細之說，以爲已死之人文不可贖之過，亦何益哉？」曰：「或謂夫子之言『女安則爲之』，爲不與人爲僞者，信乎？」曰：「是因無隱之說而又失之之甚也。夫聖人固不與人爲僞矣，然不曰不肖者跂而及之乎？其曰安則爲之者，乃深責而痛絶之之辭也，豈使之真以爲安而遂爲之也哉？若如其言，則聖人之所以垂世立教者，初無一定之則，直徇世俗情意之厚薄，使人自以爲禮，而不慮夫壞法亂紀之原自我始也。」○南軒張氏曰：「人子之致哀於其親，蓋其心之不可以已者。先王以禮爲之而斷之以三年，是謂天之則也。宰我論喪禮而欲止乎期，夫子反覆告之以『女安則爲之』，夫其食旨不甘，聞樂不樂，居處不安，果何哉？以其有所不忍於心故也。宰我聞夫子斯言而出，其必有以惻於中矣。」○慶源輔氏曰：「子生三年然後免於父母之懷，此君子所以不忍於親而喪必三年之故，自天子達於庶人而爲天下之通喪也。至於使之聞之，或能反求而終得其本心，則聖人之仁也。始也問之以『食稻衣錦，於女安乎』，所以使宰我反求諸心，自得其所以不忍；及宰我不察，則又言君子居喪之禮皆出於自然，以發其不忍於親而喪必三年之故，使之聞之，尚庶幾其能反求而得其本心，不至於終迷而不反也。然則聖人之心所以愛人無已者，於此亦可得而見矣。」○范氏發明非以三年之喪爲足以報其親之說，尤爲忠厚，所謂「喪三年以爲極，亡則弗之忘矣」者是也。至於聖人既於此爲之中制，則賢者必當俯而就，不肖者必當跂而及，夫如是然後其說始圓，而宰我之失、夫子之意始皆坦然明白

矣。○厚齋馮氏曰：「宰我之所惜者，禮樂也；夫子之所以責者，仁也。仁人心而愛之理也。孩提之童生而無不知愛其親者，故仁之實，事親是也。禮所以節文之，樂所以樂之。豈有不仁而能行禮樂者乎？抑聞之聖人未嘗面折人以其過，其於門人宰我、樊遲之失，皆於其既出而言之，使之有聞焉而改。其長善救失，待人接物，忠厚蓋如此。」

○子曰：「飽食終日，無所用心，難矣哉！不有博弈者乎？爲之猶賢乎已。」

博，局戲也。弈，圍棊也。魯齋王氏曰：「博，《說文》作簙，局戲也，六箸十二棊也，古烏曹作簙。《說文》弈從廾，言竦兩手而執之，圍棊謂之弈。」已，止也。李氏曰：「聖人非教人博弈也，所以甚言無所用心之不可爾。」朱子曰：「心若有用則心有所主，只看如今纔讀書則心便主於讀書，纔寫字則心便主於寫字。若是悠悠蕩蕩，未有不入於邪僻者。」○此非啓博弈之端，乃假此以甚彼之辭。○南軒張氏曰：「飽食而無所用心，則放越而莫知其極，凡惡之所由生也。博弈雖不足道，然方其爲之，意專乎此，比之放越而莫知其極者，猶爲愈焉。此章大抵言無所用心則長惡爲可畏耳。」○或問：「伊川嘗教人静坐。若無所用心，只静坐，可否？」雙峰饒氏曰：「静坐時須主敬，即是心有所用。若不主敬，亦静坐不得。心是活底物，若無所用，則放僻邪侈，無不爲已。聖人『難矣哉』所該甚廣。」附《蒙引》：「『難矣哉』，兼無以入德，終有患害説。」

○子路曰：「君子尚勇乎？」子曰：「君子義以爲上。君子有勇而無義爲亂，小人有勇而無義爲盜。」

尚，上之也。君子爲亂，小人爲盜，皆以位而言者也。尹氏曰：「義以爲尚則其爲勇也大矣。子路好去聲。勇，故夫子以此救其失也。」胡氏曰：「疑此子路初見孔子時問答也。」朱子曰：「子路之勇，夫子屢箴誨之，是其勇多有未是處。若知勇於義爲大勇，則不如此矣。又其勇有見得到處，便行將去，如事孔悝一事，却是見不到。蓋不以出公之立爲非。觀其謂正名爲

迂，斯可見矣。」又曰：「若是勇於義，必不仕季氏。」○此章言君子者有三：其上二者，以德言也；其對小人者，則以位言耳。○南軒張氏曰：「徒知勇之務，至於犯義者有之。尚義則義所當爲，勇固在其中矣。」○慶源輔氏曰：「尚義而勇，義理之勇也；勇而無義，血氣之勇也。爲血氣所使，而不以義理制之，則其爲害隨所居而爲大小。故在上則逆理而爲亂，在下則肆欲而爲盜。味子路之言，有自負其勇之意，而疑聖門或不以勇爲尚也。若後來進德高，必不復以此爲問矣。」附《蒙引》：君子義以爲尚，除去了勇説。不必説勇合於義爲尚，只專説義，合義勇亦在其中。

○子貢曰：「君子亦有惡乎？」子曰：「有惡。惡稱人之惡者，惡居下流而訕上者，惡勇而無禮者，惡果敢而窒者。」惡，去聲，下同，唯「惡者」之惡如字。訕，所諫反。

訕，謗毀也。窒，不通也。稱人惡則無仁厚之意，下訕上則無忠敬之心，勇無禮則爲亂，果而窒則妄作，故夫子惡之。朱子曰：「勇是以氣加人，故易至於無禮。果敢是率然敢爲。蓋果敢而不窒，則所爲之事必當於理；窒而不果敢，則於理雖不通，然亦未敢輕爲。惟果敢而窒者，則不論是非而率然妄作，此聖人所以惡之也。」○問：「果敢與勇相類，如何分別？」雙峰饒氏曰：「果敢即前章之剛。果敢屬性質，勇屬血氣。果敢者有學以開明之，則不窒；勇者有禮以節文之，則不暴。」附《存疑》：稱人之惡，亦是與人無相干而好稱之，則是無仁厚之意而可惡。若居言職，或操用人之柄，則不在此論。○《蒙引》：果敢而窒，是自己窒塞不通，不是行去見窒。然必見窒矣。○勇而無禮，就血氣争强上説；果而窒，就作事説。

曰：「賜也亦有惡乎？」「惡徼以爲知者，惡不孫以爲勇者，惡訐以爲直者。」徼，古堯反。知、孫，並去聲。訐，居謁反。

「惡徼」以下，子貢之言也。徼，伺音笥。察也。訐，謂攻發人之陰私。○楊氏曰：「仁者無不愛，則君子疑若無惡矣。子貢之有是心也，故問焉，以質其是非。」

侯氏曰：「聖賢之所惡如此，所謂惟仁者能惡人也。」朱子曰：「夫子所惡以戒人，子貢所惡以自警。」〇南軒張氏曰：「君子者惟其愛人，故惡稱人之惡者，爲其薄也；惟其順德，故惡居下流而訕上者，爲其逆也；惟其循禮，故惡勇而無禮者，爲其陵犯也；惟其達義，故惡果敢而窒者，爲其冥行也。此惡不善之公心，亦天下之通義也。以子貢之有問，恐其專以惡人爲心，則反有害，故又從而叩之。子貢之惡，惡其近似而害於知、勇與直者也。子貢惡乎此，則所以檢身者，抑可知矣。」〇慶源輔氏曰：「楊氏說得子貢所以發問之意出，侯氏說得聖賢不能無惡，要當於理之意明。❶然夫子因子貢之問而又以『賜也亦有惡乎』發之，使之得以盡其說，又見聖人氣象從容，誠意審密，有以盡人之情如此。」〇鄭氏曰：「子貢雖方人，亦不從事於徼訐也。疑與子路之問同時，故問答雖切子貢方人之病，而亦有諷子路之勇者。稱惡訕上，警子貢也；徼訐，子貢自警也；至於勇而果敢，則爲子路而發。夫聖賢之所惡如此，惟仁者能惡人。夫子以之惡不仁者，其爲仁矣，子貢有焉。」〇雲峰胡氏曰：「聖賢之所惡，若有不同。然子貢所謂徼訐者，因夫子所謂稱人之惡與訕上者而推之也；所謂不孫者，因夫子所謂無禮與窒者而言之也。」附《蒙引》：不要作夫子所惡以警人，子貢所惡以自警。都是惡人也，觀註「惟仁者能惡人」可見。〇「惡徼以爲知」三句不可以爲似知、仁、勇而非者。「直」如何貼「仁」字？近時學者之弊如此處最大害，所謂驅率聖言以就己意。使子貢當此時，又加一惡矣。

〇子曰：「唯女子與小人爲難養也，近之則不孫，遠之則怨。」近、孫、遠並去聲。❷

此小人亦謂僕隸下人也。問：「何以知其爲僕隸下人？」朱子曰：「若爲惡之小人，則君子遠之，唯恐不嚴，怨亦非所恤矣。」**君子之於臣妾，莊以莅之，慈以畜**許六反。**之，則無二者之患矣。**

南軒張氏曰：「女子陰質，小人陰類，其所望於人者常深，故難養。知其難養如此，則當思所以待之之道。其惟『和而有制』，與夫『不惡而嚴』乎？」〇慶源輔氏曰：

❶「要」，原脫，今據《四書纂疏》補。

❷「並」，原作「亦」，今據《四書大全》改。

「此等雖有難養之情，君子則有善養之道。莊以涖之，則禮有以消其不孫之心；慈以畜之，則仁有以弭其易怨之意。莊、慈，其不近不遠之中道乎？」附《蒙引》：聖人言此，以見常情非近之則遠之，二者人所易犯，而示人以當思待之之道，使不至不遜而怨也，非特患其難養也。○養，猶待也。

○子曰：「年四十而見惡焉，其終也已。」惡，去聲。

四十，成德之時。見惡於人，則止於此而已。勉人及時遷善改過也。蘇氏曰：「此亦有爲去聲，下同。而言，不知其爲誰也。」問：「此章聖人立言之意，固是勉人及時進德。然鄉人之善者好之，其不善者惡之，苟有特立獨行之士，不徇流俗，衆必群嘲共罵，何爲而不見惡？學者亦不可不知也。未知是否？」朱子曰：「見惡亦謂有可惡之實，而得罪於能惡人者，非不善者惡之之謂也。」○南軒張氏曰：「此又甚於四十無聞者。有惡可惡，又下於無善可聞也。」○吳氏曰：「終，止也。『其終也已』，哀其不復有進也。」○厚齋馮氏曰：「人之血氣三十而壯，四十而定，過此則神日衰怠，少能精進，故古人以四十爲成德之時，無聞、見惡皆以是爲斷也。蓋世有晚而知道者，焉得而絕之？故知其爲有爲之言。」○雙峰饒氏曰：「古人多説四十，如四十不惑，四十不動心，四十五十無聞之類。蓋至是血氣盛極將衰之年，於此無成，則亦已矣。後生不可不痛自警省也。」

論語集註大全卷之十七終

論語集註大全卷之十八 三魚堂讀本

微子第十八

此篇多記聖賢之出處。上聲。凡十一章。《通考》勿軒熊氏曰：「孔子出處凡二章，則聖人之時也；三仁，夷、齊，孔子，皆稱以仁；楚狂接輿、沮、溺、荷蓧之徒，雖不足以知聖人，亦不失爲避世之賢者；師摯、八士亦取而附其後，衰世之志也。」

微子去之，箕子爲之奴，比干諫而死。

微、箕，二國名；子，爵也。微子，紂庶兄。箕子、比干，紂諸父。伯叔父也。微子見紂無道，去之以存宗祀。箕子、比干皆諫，紂殺比干，囚箕子以爲奴，箕子因佯音羊。狂而受辱。《史記・宋世家》：微子者，殷帝乙之首子而紂之庶兄也。紂既立，不明，淫亂於政，微子數諫，不聽。度終不可諫，遂亡。箕子者，紂親戚也。紂始爲象箸，箕子歎曰：「彼爲象箸，必爲玉盃；爲玉盃則必思遠方珍怪之物而御之矣。輿馬宫室之漸自此始，不可振也。」紂淫泆，箕子諫，不聽，乃被髪佯狂而爲奴。王子比干者，亦紂之親戚也。見箕子諫不聽而爲奴，則曰：「君有過而不以死諍，則百姓何辜？」乃直言諫紂。紂怒曰：「吾聞聖人之心有七竅，信有諸乎？」乃遂殺比干，刳視其心。微子曰：「父子有骨肉，而臣主以義屬。故父有過，三諫不聽，則隨而號之；人臣三諫不聽，則其義可以去矣。」於是遂行。周武王伐紂克殷，微子乃持其祭器造軍門。於是武王乃釋微子，復其位如故。附《備考》：微子肉袒面縛事，金仁山有辨，不足信。楊用脩《丹鉛總録》亦曰：「肉袒面縛，左牽羊，右把茅。七弟恒讀史至此，謂予曰：『微子有四手，兄知之乎？』予曰：『書傳未聞。』乃笑曰：『使無四手，何以既面縛，而又有左手牽羊，右手把茅乎？』然究言之，

皆必無之事。肉袒面縛出於《左氏》，乃楚人以誑莊王受鄭伯之降，借名於武王而誣微子也。《史》云微子抱祭器而入周，既入周矣，又豈待周師至而面縛乎？又究而言之，抱器入周亦必無之事。劉敞曰：『古者同姓雖危不去國。微子，紂庶兄也，何入周之有？』《論語》曰『去之』者，去紂都也。雖去不踰國，仁也。」○箕子名胥餘，一作咠餘，見《尸子》。《緯略》與邢昺俱引司馬彪《莊子注》而云他書所不載，未見《尸子》耳。紂名辛，字受，見《諷言長語》。或又言紂即受，古字通用，見《稗編》。馮厚齋曰：「紂，謚也。後世定謚謂殘義損善曰紂。」○顧麟士曰：「按邢疏：『《家語》曰「比干是紂之親，則諸父」，知比干是紂之諸父耳。箕子則無文。《宋世家》云「箕子者，紂之親戚也」，言親戚，不知爲父爲兄也。鄭玄、王肅皆以箕子爲紂之諸父，服虔、杜預以爲紂之庶兄。既無正文，各以意言之耳。』」

孔子曰：「殷有三仁焉。」

三人之行去聲。不同，而同出於至誠惻怛當葛反。之意，故不咈乎愛之理，而有以全其心之德也。楊氏曰：「此三人者各得其本心，故同謂之仁。」問：「微子之去，欲存宗祀；比干之死，欲紂改行，可見其至誠惻怛處。不知箕子至誠惻怛何以見？」朱子曰：「箕子、比干都是一樣心。箕子偶然不衝著紂之怒，不殺他。然見比干恁地死，若更死諫，無益於國，徒使君有殺諫臣之名。他處此最難，微子去却易。比干一向諫死，又却索性。箕子在半上落下，最是難處。被他監繫在那裏，不免佯狂。所以《易》中特説箕子之明夷，可見其難處。故曰：『利艱貞，晦其明也。内難而能正其志，箕子以之。』他外雖狂，心則定也。」○《或問》：按《殷紀》，微子先去，比干乃諫而死，然後箕子佯狂爲奴，爲紂所囚。蓋微子帝乙元子，當以先王宗祀爲重，義當早去。又決知紂之不可諫也，故遂去之而不以爲嫌。比干少師，義當力諫，雖知其不可諫而不可已也，故遂以諫死而不以爲悔。箕子見比干之死，則知己之不可諫，且不忍復死以累其上也；見微子之去，則知己之不必去，且不忍復去以背其君也，故佯狂爲奴，而不以爲辱。此可見三仁之所爲易地皆然。或以爲箕子天畀九疇未傳而不敢死，則其爲説迂矣。同謂之仁者，以其皆無私而各當理也。無私故得心之體而無違，當理故得心之用而不失，此所以全

心之德而同謂之仁歟？《史記》三子之事與夫子此言先後不同者，史所書者，事之實，此以事之難易爲先後耳。○張氏庭堅曰：「死者非沽名，生者非懼禍，而引身以求去者，非要利以忘君。仁之所存，義之所主，其去就死生不在於一身，而在於天下國家也。」○勉齋黄氏曰：「《或問》言仁與《集註》不同者，先師言仁之義，則固以心之德、愛之理爲主矣；言人之所以至於仁，則以爲無私心而皆當理也。《或問》之言，指三子之所以至於仁而言也；《集註》之言，正指仁之義而言也。然其曰不咈乎愛之理而有以全其心之德，曰全曰不咈，則《或問》之意亦在其中矣。讀者默而識之可也。」○慶源輔氏曰：「愛之理，分言之仁也；心之德，專言之仁也。不咈乎愛之理，指惻怛而言；有以全其心之德，指至誠而言也。」○厚齋馮氏曰：「三人者不特爲國大臣，又有親屬之愛存焉。使爲大臣而已也，以道事君，不可則止。惟其有親屬之愛，宗祀存亡，實同休戚，故或死或去或囚而不辭，是以謂之仁。」○雙峰饒氏曰：「前三句，門人因孔子『殷有三仁』一句，却記上三事爲提頭。然當時所記必有次序。當箕子未奴、比干未死時，微子已有去志。《書》曰：『我其發出狂，吾家耄遜于荒。』箕子又勉其去曰：『詔王子出迪。王子弗出，我乃顛隮。』則微子之去在先無疑。其次箕子之奴、比干之死，雖未知孰先孰後，竊意箕子之諫必在先。是時紂尚能容，止囚奴之而已。及比干繼之，則忿嫉已甚，故竟殺之。三人之行雖不同，皆非有所爲而爲之也。《或問》據《史記·殷紀》以爲箕子之奴在比干既死之後，次序與此不同。疑當以《論語》爲正。」又曰：「《集註》於伯夷、叔齊求仁得仁章曰『合乎天理之正，即乎人心之安』，於此則云『不咈乎愛之理』，此處便有差等。蓋『合』字、『即』字是順説，『不咈』則似有所咈，而實無所咈。且如微子是紂之兄，箕子、比干是紂之諸父，皆同姓之親，今或去或奴或諫死，皆似傷乎愛之理，然其本心只是愛君憂國，皆有至誠惻怛之意，故曰『不咈乎愛之理』。《中庸》稱舜曰『大德必得其名』，至武王只説『不失天下之顯名』，蓋武王殺紂，似乎失名，其實不失。」○雲峰胡氏曰：「至誠惻怛，蓋謂三仁愛君憂國，皆非有所爲而爲也。一有所爲而爲之，則雖有惻怛之意，而非出於至誠矣。至誠者仁之存，惻怛者仁之發。《集註》特下『不咈』二字，蓋自上文『不同』字生來。三子之行不同，其跡似相違，以去者爲仁，則不去者似咈乎仁矣；以死者爲仁，

則不死者似咈乎仁矣。惟其皆有至誠惻怛之意，則其去就死生雖不同，而皆不咈乎愛之理，即所以全其心之德也。」**附**《存疑》：夫子之言，真千載是非之公案，非聖人無此識見，亦不敢如此判斷。厥後孟子得此意，於禹、稷、顔回則曰「同道」，於夷、惠、伊尹則曰「其趨一」，此孔氏家法也。○《蒙引》：至誠惻怛，至誠者仁之存，惻怛者仁之發。此「仁」字重在愛之理上。然惟不咈乎愛之理，則有以全其心之德矣。

○柳下惠爲士師，三黜。人曰：「子未可以去乎？」曰：「直道而事人，焉往而不三黜？枉道而事人，何必去父母之邦？」三，去聲。焉，於虔反。

士師，獄官。魯齋王氏曰：「舜命皋陶汝作士，士之名始見於刑官。《周禮·秋官》司寇之屬有士師之職。刑官曰士，其長曰師，故士師之下有鄉士、遂士、縣士、方士、訝士，皆掌獄詞者。」黜，退也。柳下惠三黜不去，而其辭氣雍容如此，可謂和矣。然其不能枉道之意則有確乎不可拔者，是則所謂必以其道而不自失焉者也。○胡氏曰：「此必有孔子斷丁亂反。之之言而亡之矣。」問：「柳下惠三黜，雖可以見其必以其道而不失焉者，然亦便有箇不恭底意思，故記者以孔子兩事序於其後。觀孔子之事，則知下惠之事亦未得爲中道。」朱子曰：「也是如此。惟是孟子説得好，曰：『聖人之行，或遠或近，或去或不去，歸潔其身而已矣。』下惠之行，雖不比聖人合於中道，然而歸潔其身則有餘矣。」○問：「柳下惠三黜而不去，其言若曰：苟以直道事人，雖適他國，終未免三黜；若肯枉道事人，自不至三黜，又何必去父母之邦？觀其意蓋自信其直道而行，不以三黜爲辱也。此其所以爲和而介歟？若徒知其不去之爲和，而不知其所以三黜者之爲有守，未足以議柳下惠也。未知是否？」曰：「得之。」○或問：「柳下惠仕而屢黜，黜而復仕，至於三黜而又不去焉，何也？」曰：「進不隱賢，必以其道，不以三公易其介，所以屢黜而至於三；降志辱身，援而止之而止，雖袒裼裸裎於我側，不以爲浼，所以黜而復仕，既三黜而遂不去也。」或曰：「惠知直道之必黜而不去，然則其將枉道以

事人乎？」曰：「不然也。惠之意若曰：我但能直道事人，則固不必去魯而適他國矣。其言泛然若無所指，蓋和者之氣象如此。而其道則固自信其不能枉道而事人矣，是以三黜之後雖不屑去，然亦意其遂不復仕。故孔子列之於逸民之目。」○南軒張氏曰：「柳下惠仕則仕，黜則黜，而未嘗枉其道也。若枉道則害於和之理矣。至於孔子道不行，父母之邦可以去而亦去，雖周行天下而未嘗苟仕也，則與下惠異矣。此篇記柳下惠於三仁之後，以明其趨之一；下文又詳著孔子之事，以見聖人之爲至矣；如楚狂、耦耕、荷蓧之徒，則陷於一偏而不足以知聖人者；夷、齊之下，雖各得其道，而未盡其至者；終之以孔子之無可無不可，蓋於是無以加矣。此孟子集大成之意也。」○勉齋黄氏曰：「列二章於篇首，以見古人出處不同，亦各有義。然後著孔子之事，以見聖人之出處也。」○洪氏曰：「是時三家漸已用事，其於獄必有以私意行之者，禽不曲法以徇之，所以三黜也。然悦佞而惡直者，天下皆是，何必去哉？」○雙峰饒氏曰：「柳下惠謂直道事人，焉往而不三黜，是欺天下無一君之可事，無一國之可往，此便是他不恭處。若夫子則歷聘侯國，何嘗以天下爲無可有爲之人？但惠辭氣雍容不迫，而不枉道之意自在其中，此所以爲聖之和也。胡泳嘗云：『柢鼃辭靈丘而請士師，士師在邑宰之下，官小可知。惠三爲之，不卑小官，可見三黜亦想因諫諍刑罰不中而然。』」○新安陳氏曰：「直道難容，雖他國皆然；枉道易合，雖吾國亦可。言終不能枉道以求合，則姑守道而不去也。其三黜不去，雖見其和，而不能枉道，則不失其介，可謂和而不流，强哉矯者矣。」

○齊景公待孔子，曰：「若季氏則吾不能，以季、孟之閒待之。」曰：「吾老矣，不能用也。」孔子行。

魯三卿，季氏最貴，孟氏爲下卿。孔子去之，事見形甸反。《世家》。《史記·孔子世家》：齊景公復問政於孔子，曰：「政在節財。」景公説，〔音悦。〕將欲以尼谿田封孔子。晏嬰進曰：「夫儒者滑稽而不可軌法；〔《索隱》曰：「滑謂亂也。稽，同也。以言辨捷之人，言非若是，言是若非，能亂同異也。言儒者滑稽而不爲法度也。」〕倨傲自順，不可以爲下；崇喪遂哀，破産厚葬，不可以爲俗；游説乞貸，不可以爲國。自大賢之息，周室既衰，禮樂缺有閒。〔《索隱》曰：「息

者，生也。言上古大賢生則有禮樂，至周室微而始缺有間也。」」今孔子盛容飾，繁登降之禮、趨詳之節，累世不能殫其學，當年不能究其禮。君欲用之以移齊俗，非所以先細民也。」後，景公敬見孔子，不問其禮。異日，景公止孔子曰：「奉子以季氏，吾不能。以季、孟之閒待之。」齊大夫欲害孔子，孔子聞之。景公曰：「吾老矣，弗能用也。」孔子遂行，反乎魯。附《存疑》：齊景公待孔子，議所以待孔子也。「若季氏則吾不能」二句，皆待孔子之言。不能用，又是更端説。○顧麟士曰：「《紹聞編》：『「齊景公待孔子」，句絶。』」然此言必非面語音御。孔子，蓋自以告其臣而孔子聞之爾。○程子曰：「季氏强臣，君待之之禮極隆，然非所以待孔子也。以季、孟之閒待之，則禮亦至矣。然復扶又反。曰吾老矣，不能用也，故孔子去之。蓋不繫待之輕重，特以不用而去爾。」慶源輔氏曰：「景公之言雖實，而失於率易。聖人德盛道尊，見者必加敬而盡禮，況景公素知聖人者，必不敢以是言而面瀆之。所謂自以告其臣而孔子聞之之説當矣。」○趙氏曰：「苟以利心觀，則必以爲聖人之去有繫乎待之輕重也，故程子特釋之。」○厚齋馮氏曰：「此與其臣議所以處子之辭。子魯人也，故議以魯君所以待三卿者待之。是時諸侯之賢而國勢富强者，宜莫如齊之景公，此子之所以願仕焉者也。晏平仲得政已三世矣。景公至魯，與子語而説之。其後子不得志於魯，遂之齊。景公數問政而説，晏之所深忌也，所以欲害子而進閒言也。方責效於期月之閒，而晏乃謂累世不能殫其學，此景公所以謂吾老而不可俟也。」○新安陳氏曰：「景公初欲用孔子，蓋本心之暫明；終不能用，乃蔽於私意之昏溺，終於亂亡，宜矣。」附《蒙引》：程子曰：「季氏强臣，君待之之禮極隆，然非所以待孔子也。」愚竊謂湯之於伊尹，桓公之於管仲，學焉而後臣之；堯與舜迭爲賓主。使景公以季氏待孔子，似未爲過。而乃以季、孟之閒待之，則禮少殺矣。故大文竪此一段説話。夫豈無謂，而曰不係待之輕重哉？孟子曰：「其尊德樂道，不如是，不足與有爲。」如何説不係待之輕重？且「孔子行」三字實通承上文，豈止耑承「吾老矣」一句？朱子所以取程子之言置在圈外耶？

○齊人歸女樂，季桓子受之，三日不朝，孔子行。歸，如字，或作饋。朝，音潮。

季桓子，魯大夫，名斯。按《史記》，定公十四年，孔子爲魯司寇，攝行相去聲。事，齊人懼，歸女樂以沮在呂反。之。《史記·世家》：定公以孔子爲中都宰，一年，四方皆則之。由中都宰爲司空，由司空爲大司寇。定公十四年，孔子年五十六，由大司寇攝行相事，於是誅魯大夫亂政者少正卯。與聞國政三月，粥羔豚者弗飾賈，男女行者別於塗，塗不拾遺，四方之客至乎邑者不求有司，［有司常供其職，❶客求而有在也。］皆予之以歸。齊人聞而懼，曰：「孔子爲政必霸，霸則吾地近焉，我爲之先并矣。盍致地焉？」犂鉏曰：「請先嘗沮之，沮之不可則致地，庸遲乎？」於是選齊國中女子好者八十人，皆衣文衣而舞康樂，文馬三十駟，遺魯君。陳女樂文馬於魯城南高門外。季桓子微服往觀再三，將受，乃語魯君爲周道，游觀終日，怠於政事。子路曰：「夫子可以行矣。」孔子曰：「魯今且郊，如致膰於大夫，則吾猶可止。」桓子卒受齊女樂，三日不聽政。郊，又不致膰俎於大夫。孔子遂行。尹氏曰：「受女樂而怠於政事如此，其簡賢棄禮，不足與有爲，可知矣，新安陳氏曰：「於用孔子之時而如此，簡賢也；三日不朝，棄禮也。」夫子所以行也。所謂『見幾平聲。而作，不俟終日』者與？」音余。此引《易·繫辭》之語。○問：「《史記》載：『魯今且郊，如致膰於大夫，則吾可以止。』設若致膰，則夫子果止否？」朱子曰：「也須去，只是不若此之速，必別討一事故去。且如致膰，亦不是大段失禮處，聖人但因此且求去爾。」○孔子於受女樂之後而遂行，若言之，似顯君相之過，不言則己爲苟去。故因膰肉不至而行，則吾之去國，以其不致膰爲得罪於君耳。○南軒張氏曰：「去讒遠色，賤貨而貴德，所以勸賢也。今好色而忘敬賢之心，則道之不行可見矣，是以去之。」○吳氏曰：「夫子嘗適齊矣，已不能用，及反而仕魯，又沮人用之。怠己而忌人，愚不肖之通患也。桓子受制陽貨四五年，幾不免死。一旦得脱虎口，而與夫子從事，此其發憤自强之日也。而境順

❶「供」，原作「其」，今據《史記》、《四書大全》改。

於前，心即驕逸。夫子方欲輔桓子以有爲，而桓子所爲若是，固不得不行也。孟子曰『孔子於季桓子見行可之仕』，此曰『季桓子不朝，孔子行』，其仕其行皆以桓子，而定公徒擁虚名於其上也，悲夫！」○雙峰饒氏曰：「魯受女樂，夫子已有去志。若遽然便去，非惟顯君之過，且中齊人之計。適然魯郊，又不致膰肉，故因此微過，遂不税冕而行。」○齊人歸女樂，只説箇「歸」字。畢竟是歸其女樂於魯，君相皆有之，不是專獻於桓子。「三日不朝」亦是君臣皆不朝。緣當時辭受之權盡出於季氏，想是他既自受，又爲定公受之。又曰：女樂亦説得不一。一説陳女樂於城南，季桓子君臣共往觀之，三日不朝；一説召女樂而受之，三日不朝。這兩説不同，然無可考訂處，未詳孰是。○新安陳氏曰：「萃淫聲美色而爲一者，女樂也。爲國家禍，其有甚於此哉？」附《蒙引》：三日不朝者，君三日不視朝，臣三日不往朝。○顧麟士曰：「《孟子》、《史記》，孔子之行，俱兼致膰，然女樂畢竟是主。且本章不及，不扯爲是。」○據彼婦歌，説者遂謂懼思念罹讒閒，❶故有此行。然亦恐不遽算至此，只依張南軒説可也。○范氏曰：「此篇記仁賢之出處，上聲。而折衷以聖人之行，去聲。所以明中庸之道也。」慶源輔氏曰：「仁謂三仁，賢謂柳下惠及下章逸民之類。夫子於齊、魯，非不欲仕，亦未嘗必於仕，但可仕則仕，可止則止，此所以爲中庸之道也。接輿以下則未免於偏而過之矣。」附《蒙引》：此篇記仁賢之出處，不可分三仁爲仁，柳下惠以下爲賢。折衷亦難以折衷三仁。三仁自是當了，故朱子曰「若三仁則無閒然矣」。孟子曰「不信仁賢」，此「仁賢」是相連字。朱子以其此下便説孔子事，故綴之於此，非總上章也。○顧麟士曰：「圈外范註極好，此等本不但記孔子之不遇。」

○楚狂接輿歌而過孔子曰：「鳳兮！鳳兮！何德之衰！往者不可諫，來者猶可追。已而！已而！今之從政者殆而！」接輿，楚人，佯狂避世。邢氏曰：「接輿，姓陸，名通，昭王時佯狂不仕，時人謂之楚狂。」夫子時將

❶「罹」，原作「羅」，今據明刻本《四書説約》改。

適楚，故接輿歌而過其車前也。鳳有道則見，音現。無道則隱。慶源輔氏曰：「鳳，靈物也。有道則見，無道則隱，鳳固然也。至於無道而不隱，則鳳之德衰矣。然以此論君子守身之常法則可，至於聖人體道之大權，則又不可以此例論也。」○雙峰饒氏曰：「鳳世治則生，亂則不生，即是有道則見，無道則隱之義。蓋麟鳳皆不是有種之物，惟聖王在上，天地泰和，所以元氣之會鍾爲麟鳳，如鸛生鶴、馬生龍駒之類。」接輿以比孔子，而譏其不能隱爲德衰也。來者可追，言及今尚可隱去。已，止也。而，語助辭。殆，危也。接輿蓋知尊夫子而趨去聲。不同者也。慶源輔氏曰：「觀接輿之言，既比之以鳳，而又疑其衰；既幸其或止，而又慮其殆，語意慇懃諄復，是誠知尊聖人者矣。然其所趨則在於絶人逃世以遠害全身而已，其與聖人之心蓋不啻如冰炭白黑之不同也。」○胡氏曰：「趨不同者，接輿有避世之心而無救世之志，有堅持之操而無變通之學也。」附《蒙引》：接輿此輩人亦甚高，除是孔子方可道他不是。

孔子下，欲與之言。趨而辟之，不得與之言。辟，去聲。

孔子下車，蓋欲告之以出處上聲。之意。接輿自以爲是，故不欲聞而辟之也。問：「楚狂接輿等，伊川謂荷蓧稍高。」朱子曰：「以其尚可告語。若接輿則全不可曉。」問：「當亂世，必如孔子之才可以救世，而後可以出。其他亦何必出？」曰：「亦不必如此執定。君子之仕，行其義也，亦不可一向滅跡山林。然仕而道不行，則當去耳。」○南軒張氏曰：「接輿之意蓋欲夫子隱居以避世耳。觀其知鳳德之衰，且辭氣舒暢不迫，其爲人天資亦高矣，故夫子意其可以告語而欲與之言。其趨而辟，蓋匿其聲跡而已。」

○長沮、桀溺耦而耕，孔子過之，使子路問津焉。沮，七余反。溺，乃歷反。

二人隱者。耦，並耕也。時孔子自楚反乎蔡。津，濟渡處。吴氏曰：「接輿書楚，故沮、溺、丈人不復書楚。蓋皆楚人。」○雙峰饒氏曰：「兩耜同隊而耕，謂之耦耕。」

長沮曰：「夫執輿者爲誰？」子路曰：「爲孔丘。」曰：「是魯孔丘與？」曰：「是也。」曰：「是知津矣。」夫，音扶。與，平聲。

執輿，執轡在車也。蓋本子路御而執轡，今下問津，故夫子代之也。知津，言數音朔。周流，自知津處。

問於桀溺。桀溺曰：「子爲誰？」曰：「爲仲由。」曰：「是魯孔丘之徒與？」對曰：「然。」曰：「滔滔者，天下皆是也，而誰以易之？且而與其從辟人之士也，豈若從辟世之士哉？」耰而不輟。徒與之與，平聲。滔，吐刀反。辟，去聲。耰，音憂。

滔滔，流而不反之意。以，猶與也。言天下皆亂，將誰與變易之。而，汝也。辟人，謂孔子。辟世，桀溺自謂。耰，覆敷救反。種上聲。也。新安倪氏曰：「《韻會》注：『布種後，以耰摩田，使土開處復合，以覆種。』」亦不告以津處。南軒張氏曰：「謂當世滔滔一律，誰肯以夫子之道易己所爲。言其徒勞耳。」○慶源輔氏曰：「桀溺以夫子爲辟人，而天下皆滔滔不反，則世人無一不可避者，故絶人逃世以爲潔，而自謂其能避世。」○雙峰饒氏曰：「言舉世趨於不善，今雖欲易之，無可與爲善之人也。」附《存疑》：滔滔，水之流而不反也。言人日趨於惡，不復反而爲善；國日趨於亂，不復反而爲治也。天下皆是，言舉天下皆然也。易，變易也，變惡而爲善，變亂而爲治也。誰與易之，言誰人與爾變惡爲善，變亂爲治也。○顧麟士曰：「按白雲許氏曰：『「滔滔者，天下皆是也，而誰以易之」，譏孔子；「且而與其從辟人之士也，豈若從辟世之士哉」，譏子路。』」○《蒙引》：「人」字狹，「世」字盡。安人，安百姓；治人，治天下國家，皆如此分。

子路行以告。夫子憮然曰：「鳥獸不可與同群，吾非斯人之徒與而誰與？天下有道，丘不與易也。」憮，音武。與，如字。

憮然，猶悵然，惜其不喻己意也。言所當與同群者，斯人而已，豈可絶人逃世以爲

潔哉？天下若已平治，去聲。則我無用變易之；正爲去聲。天下無道，故欲以道易之耳。程子曰：「桀溺言天下衰亂無道者滔滔皆是也，孔子雖欲行其教，而誰可以化而易之。孔子言如使天下有道，我則無所治，不與易之也；今所以周流四方，爲時無道故也。」○慶源輔氏曰：「天之生聖賢，欲其平治天下者，理之常也；其或雖生聖賢，而未欲平治天下者，理之變也。然既曰聖賢，則必以天地之常者爲心，而其所以平治天下之道，又備盡於己，舉而措之，易亂爲治，易危爲安，固必有自然之應。而天果未欲平治天下也，則亦安於理而已。若天下既已平治，則亦何用聖人以易之哉？」○新安陳氏曰：「沮、溺以賢人自守之心而量聖人濟世之心，宜其不足以知聖人也。」附《蒙引》：此皆反桀溺之言。然二人所執實同，反桀溺而長沮亦在其中矣。○顧麟士曰：「鳥獸不可與同群，《蒙引》曰『除鳥獸是飛走之屬，則不可與同群』，《淺說》曰『鳥獸既不可與之同群』，看來俱未妥，只以平說爲是，蓋闇譏辟世之說也。《紹聞編》：『充桀溺之操，同群鳥獸而後可者也。』得之。」○《蒙引》謂此節皆反桀溺之言者，「鳥獸不可」二句，反辟世意；「天下有道」二句，反滔滔誰易意。「且而與其」二句，雖許白雲說譏子路，然譏孔子意實在於中也。○程子曰：「聖人不敢有忘天下之心，故其言如此也。」張子曰：「聖人之仁，不以無道必天下而棄之也。」朱子曰：「說聖人無憂世之心，固不可；謂聖人視一世未治，常恁地戚戚憂愁，無聊過日，亦非也。但要出，做不得又且放下。其憂世之心要出仕者，聖人愛物之仁；至於天命未至，亦無如之何。」○雲峰胡氏曰：「聖人不敢有忘天下之心，則沮、溺忘天下者也；聖人之仁，不以無道必天下而棄之，則沮、溺棄天下者也。仁者以天地萬物爲一體，民胞物與，何忍忘之？又何忍棄之？於此見沮、溺之爲忍，聖人之爲仁；沮、溺之爲過，聖人之爲中歟？」《通考》程氏復心曰：「程子發出聖人之心，張子又發出聖人之心，全是箇仁，這是說出他骨髓處。」

○子路從而後，遇丈人，以杖荷蓧。子路問曰：「子見夫子乎？」丈人曰：「四體不勤，

五穀不分，孰爲夫子？」植其杖而芸。篠，徒弔反。植，音值。

丈人，亦隱者。篠，竹器。分，辨也。五穀不分，猶言不辨菽麥爾。《左傳》：成公十八年，晉欒書、中行偃使程滑弑厲公，使荀罃、士魴逆周子于京師而立之，〔悼公周也。〕生十四年矣。周子有兄無慧，不能辨菽麥，故不可立。〔菽，大豆也。豆、麥殊形易別，故以爲癡者之候。不慧，蓋世所謂白癡。〕❶責其不事農業而從師遠遊也。植，立之也。芸，去上聲。草也。附《蒙引》：丈人，老人也，如石門荷蕢之流，不得其姓字。既止子路宿，見其二子，安得不知其姓字邪？以後來滅跡，想起他終是不説姓字。〇顧麟士曰：「按《集註》『篠，竹器』亦本《集解》。然舊簡《韻會小補》云：『篠，芸草器。』篠本從草，不從竹，《韻會》爲長。且下有『植杖而芸』語，必是起初掛篠於杖，荷之而行，與子路語畢，輒植杖田中，取篠而芸也。《蒙引》乃謂篠當是籃，❷而杖頭之鋤乃其芸器，尤爲妄解。」

子路拱而立。

知其隱者，敬之也。

止子路宿，殺雞爲黍而食之，見其二子焉。明日，子路行以告。子曰：「隱者也。」使子路反見之。至則行矣。食，音嗣。見，賢遍反。

孔子使子路反見之，蓋欲告之以君臣之義。而丈人意子路必將復扶又反。來，故先去之，以滅其跡，亦接輿之意也。

子路曰：「不仕無義。長幼之節，不可廢也；君臣之義，如之何其廢之？欲潔其身，而亂大倫。君子之仕也，行其義也。道之不行，已知之矣。」長，上聲。

子路述夫子之意如此。慶源輔氏曰：「夫子所以使子路反見之，豈徒然哉？必有以也。而丈人絶人

❶「白」，原作「曰」，今據《春秋左傳註疏》改。

❷「籃」，原作「藍」，今據《四書蒙引》、明刻本《四書説約》改。

逃世，藐然不復知有君臣之義，則夫子之欲告之，宜莫先於此也。觀子路所述，夫子之意固可見矣。」○趙氏曰：「子路所言，雖未可即以爲夫子之語，然使之反見，則必授以見之之意矣，故知其述夫子之意無疑也。」蓋丈人之接子路甚倨，居御反。而子路益恭，慶源輔氏曰：「此亦子路學力之所至。」丈人因見其二子焉。則於長幼之節固知其不可廢矣，故因其所明以曉之倫序也。人之大倫有五：父子有親，君臣有義，夫婦有別，長幼有序，朋友有信是也。新安陳氏曰：「大倫備於五者。此所謂潔身而亂大倫，只是說廢君臣之大倫。」仕所以行君臣之義，故雖知道之不行，而不可廢。然謂之義，則事之可否、身之去就，亦自有不可苟者。是以雖不潔身以亂倫，亦非忘義以徇祿也。新安陳氏曰：「潔身亂倫，沮、溺、丈人之儔，過乎中庸者也；忘義徇祿，苟仕饕富貴之徒，不及乎中庸者也。」附《存疑》：「不仕無義」一句，是總腦，下皆發此意。○義是君臣之義。註「忘義徇利」之義又是一意。不潔身以亂倫，這「倫」字是義字。非忘義以徇利，是餘意。○《蒙引》：不仕無義，泛說。欲潔其身而亂大倫，指丈人說。兩句似重而實不重。○子路後來此言，是向人說底。但不知是因丈人不見，就在彼處與人言耶？抑反來見人而言之邪？皆不可知。若以爲子路只述夫子之意如此，畢竟是述在何處？豈述在《論語》書邪？然終是可疑。故《集註》又取國初本所記附之於後。○顧麟士曰：「據《注疏》鄭解又云『留言以語丈人之二子』，恐俱是不知而强爲之說。」福州有國初時寫本，「路」下有「反子」二字，新安陳氏曰：「朱子嘗爲福之同安簿，意必自見此寫本也。」以此爲子路反而夫子言之也，未知是否。問：「《集註》云仕所以行義，末云亦非忘義以徇祿，似是兩意。」朱子曰：「只是一意。纔說義，便是總去、就都說。道合則從，不合則去，即是此義。惟是出仕，方見得；不仕，便無了這義。聖人憂世之心，固是急欲得君行道。到靈公問陳，遂行；景公不能用，又行；桓子受女樂，又行，無一而非義。」○或問：「道之不行矣而徒仕，可

乎？」曰：「仕所以行義也，義則有可不可矣。義合而從，則道固不患於不行；不合而去，則道雖不行而義亦未嘗廢也。是以君子雖知道之不行而未嘗不仕，然亦未嘗懷私徇禄而苟於仕也。由此觀之，道義之未嘗相離亦可見矣。」○「君子之仕也，行其義也」，義便有進退去就在裏。如丈人，直是截斷，只見一邊。○南軒張氏曰：「丈人見二子，是長幼之節不可得而廢也。既不可廢，則夫君臣之義又烏得而廢之乎？彼蓋欲潔其身，而不知亂倫之害於人道爲大也。君子之仕豈爲他哉？行吾義而已。道之不行，君子豈不知乎？而汲汲於斯世者，固有不可以已者也。」○慶源輔氏曰：「丈人之接子路雖倨，而子路益恭，丈人因見其二子，蓋因子路之敬長，有以感發其心，而知長幼之節不可廢耳。夫長幼之節、君臣之義皆天叙之典，人之所不能無也。丈人知長幼之節不可廢，而不知君臣之義不可廢，是其心必有所蔽，故一得一失，或明或暗，而不自知其然也。聖人於此因其所明而曉之。」○君臣之義雖本乎天，而具乎我者也；道雖存乎我，而其行止則繫乎天者也。具乎我者不可廢，而繫乎天者則非敢必也。故孔子雖卒老於行，而終不敢深藏固閉以自潔而廢君臣之義。然義

之爲言宜也，既曰義，則事便有可否，身便有去就，可則就之，否則去之，固有截然不可移易者。故聖人之法、君子之行，既不可以潔身而亂倫，如隱者之爲，亦不可以忘義而徇禄，如世俗之仕者也。○雙峰饒氏曰：「前章説天下有道不與易，可見聖人救世之仁；此章説君臣之倫不可廢，可見聖人出仕之義。問：行其義與道之不行，道、義如何分？曰：只一般。道指全體言，義指一事言。如父子親、君臣義，至朋友信，總言皆道也。聖人之道行於天下，則人人共由此道。如義只是君臣有義一件而已。然道必遇賢君而後行，義則是我自家行底。孔子雖知當時道之不行，而自家却不可不行其義。」

○范氏曰：「隱者爲高，故往而不返；仕者爲通，故溺而不止。不與鳥獸同群，則決性命之情以饕音叨。**富貴。**《莊子·駢拇》篇：不仁之人，決性命之情而饕富貴。〔決，破壞也。貪財曰饕。〕○雙峰饒氏曰：「爲是作爲之爲。隱者專要做那高尚底事，所以甘於長往而不返；仕者專要做那通達底事，所以溺於下流而不止也。爲高者絕物忘世，爲通者患得患失，二者皆非中道。決如決水壞

了隄防，便走了水。性原於命，發爲情，皆天理發見出來者，所以謂之性命之情。若心貪溺於富貴，必壞了性，所發爲四端之情，如決去水之隄防，如何留得水住？」此二者皆惑也，是以依乎中庸者爲難。惟聖人不廢君臣之義，不潔身以亂倫。而必以其正，不忘義而徇祿。所以或出或處，上聲。而終不離去聲。於道也。」道即中庸之道。○問：「接輿歌而過孔子，蓋欲以諷切孔子。孔子欲與言之，則趨而避之。孔子使子路問津於長沮、桀溺，固將有以發之，而二人不答所問，傲然有非笑孔子之意。至於荷蓧丈人，知子路之賢，則止子路宿，殺雞爲黍而食之，見其二子焉，其親之厚之如此，孔子使子路反見之，則先去而不願見矣。數子者若謂其無德而隱，則佯狂耕耘以避亂世，澹然不以富貴利達動其心，而確然自信不移，若有所得者；若謂其無故而隱，則危邦濁世，道既不行，亦未見其必可以仕也。特其道止於歸潔其身，而不知聖人所謂仕止久速者；知所謂無可者矣，而未知所謂無不可者也，故其規模氣象不若聖人之正大。若以索隱行怪視之，愚意未知是否？」朱子曰：「無道而隱，蘧伯玉、柳下惠可也。被髮佯狂，則行怪矣。沮、溺、荷蓧亦非中行之士也。」○勉齋黃氏曰：「列『接輿』以下三章於『孔子行』之後，以明夫子雖不合而去，然亦未嘗恝然忘世，所以爲聖人之出處也。然即三章讀之，見此四子者律以聖人之中道，則誠不爲無病，然味其言，觀其容止，以想見其爲人，其清風高節，猶使人起敬起慕。彼於聖人猶有所不滿於心如此，則其視世之貪利祿而不知止者，不啻若犬彘耳，是豈非當世之賢而特立者歟？以子路之行行而拱立丈人之側，若子弟然，豈非其真可敬故歟？嘗謂若四人者，惟夫子然後可以議其不合於中道，未至於夫子者未可以妄議也。貪祿嗜利之徒，求以自便其私，亦借四子而詆之，欲以見其不可不仕，多見其不知量也。」○雙峰饒氏曰：「勉齋此段發《集註》之未發。四子皆賢人，他纔見世亂，便以避世爲高，是甚次第？但孔子之意則又謂當此世，若人人如此避世，天下誰與治者？故不得不行其義。勉齋又嘗云：『在今日救世之道，正當扶起沮、溺等人。』此真名言。」○雲峰胡氏曰：「接輿、沮、溺、丈人章，首冠以『楚狂』二字，皆楚之狂者也。狂者志行之過。《集註》此篇之末謂夫子於此四人有惓惓接引之意，在陳之歎，蓋亦

如此。然魯之狂士何幸而得生聖人陶冶之中？楚之狂者又何不幸而自棄於聖人造化之外也哉？」

○逸民：伯夷、叔齊、虞仲、夷逸、朱張、柳下惠、少連。少，去聲，下同。

逸，遺逸。民者，無位之稱。虞仲，即仲雍，與泰伯同竄荊蠻者。夷逸、朱張，不見形甸反，下同。經傳。去聲。少連，東夷人。

子曰：「不降其志，不辱其身，伯夷、叔齊與？」與，平聲。

新安陳氏曰：「非其君不事，不降志可見；不立惡人之朝，不辱身可見。」附《存疑》：《蒙引》以去周爲不辱，愚以孟子稱其不立惡人之朝、「當紂之時居北海之濱，以待天下之清」觀之，似不可專指去周說。

謂：「柳下惠、少連，降志辱身矣；言中倫，行中慮，其斯而已矣。」中，去聲，下同。

柳下惠事見上。李氏曰：「惠不辭小官，降志也；不羞汙君，辱身也。」倫，義理之次第也。慮，思慮也。中慮，言有意義，合人心。少連事不可考，然《記》稱其善居喪，三日不怠，三月不解，居隘反。期悲哀，三年憂，

《記·雜記下》：孔子曰：「少連、大連善居喪，三日不怠，三月不解，期悲哀，三年憂，東夷之子也。」〔言其生於夷狄而知禮也。〕則行之中慮亦可見矣。慶源輔氏曰：「慮對倫而言。倫是義理之次第，則慮亦人之正思慮也。中倫謂所言合倫理，中慮謂所行當人心。人心乃人之公心，即義理所在也。或以爲中我之思慮者，誤矣。」○雙峰饒氏曰：「降志辱身，行似卑污，但其言中倫，行中慮，異乎他人之降志辱身。所可取者，如此而已矣。使不中倫慮，則降志辱身便不好了。」附《蒙引》：註云「柳下惠事見上」，只三黜不去，便見降志辱身處，亦不必依李氏分貼。且柳下惠言中倫，行中慮，亦在上章見得：三黜不去，而其辭氣雍容如彼，而其確乎不能枉道之意亦自見於言外，言中倫也；三黜而猶仕，仕而終不枉道，行中慮也。○既曰降志辱身，而又曰中倫中慮者，見其和而不流也。然則其異乎他人之降志辱身矣。「其斯而已矣」，指中倫中慮言，謂其所可

取者在此耳，❶不可謂其無他善也。

謂：「虞仲、夷逸，隱居放言，身中清，廢中權。

仲雍居吴，斷音短。髮文身，裸力果反。以爲飾。《左傳》：哀公七年，子貢曰：「泰伯端委以治周禮，仲雍嗣之，斷髮文身，贏以爲飾。」隱居獨善，合乎道之清；放言自廢，合乎道之權。慶源輔氏曰：「仲雍退處句吴，以獨善其身，所以合乎道之清。清即伯夷之清也。放言自示其不可用，所以合乎道之權。放言雖無所考，然觀其斷髮文身之爲，則放言自廢，固宜有之。」○雙峰饒氏曰：「中清中權，是合道理底清權，故《集註》皆以合道釋之。」附《蒙引》：以言乎虞仲、夷逸，雖隱居放言，而中清中權也。夫隱居獨善，則其身合乎道之清；放言自廢，則其身合乎道之權。○顧麟士曰：「不論朱張之行者，或是脱簡。邢疏：『王弼云：「朱張字子弓，荀卿以比孔子。」言其行與孔子同，故不論也。』似未必然。」

我則異於是，無可無不可。」

孟子曰：「孔子可以仕則仕，可以止則止，可以久則久，可以速則速。」所謂無可無不可也。南軒張氏曰：「無可者，不以可爲主也；無不可者，不以不可爲主也。夫子之心，當可則可，當不可則不可。其曰無者，言其不存乎心也。若夷、齊之心，則未免有不可；下惠、少連，則未免有可也。」○致堂胡氏曰：「『無可無不可』，以五字成文，當渾全以會其意，不當分析以求其義。設有人焉，絶世離俗，無一可者，有是理乎？行之而善，亦孤介一隅之士耳。設有人焉，和光同塵，無一不可者，有是理乎？行之而善，亦委隨苟合之人耳。聖人無可而無不可，則非固也；聖人無不可而無可，則非流也。言之如平常，行之實未易。聖人從容中道，無所偏倚，德盛仁熟，自然發諸言語者如此。」○雙峰饒氏曰：「方其事未定之時，則此心無可無不可；及其事已斷之後，則有可有不可矣。」附《蒙引》：夫此七人，不降志不辱身而隱居放言，則所可在隱，所不可在不隱矣；降志辱身而言中倫、行

❶「可」，原重文，今據《四書蒙引》删。

中慮者，則所可在不隱，而所不可在隱矣。惟我則異於是，我初無可亦無不可，顧時義何如耳。○或曰：「逸民則皆隱矣，如何如此分可不可？」曰：「如柳下惠終無必隱之心，任意較多。而夫子概以逸民稱之者，以其終不遇於世而顯行其道耳。此亦是大疑難。」○無可無不可，以心言也，不以事言也。心則無有可不可，若事則當自有可不可在，安得無可無不可？○無適也，無莫也，此無可無不可之説也。曰義之與比，則自有可與不可在矣。

○謝氏曰：「七人隱遯不汙則同，其立心造行去聲。則異。伯夷、叔齊，天子不得臣，諸侯不得友，蓋已遯世離去聲。群矣。下聖人一等，此其最高與？音余。○雙峰饒氏曰：「夷、齊遯世離群，與沮、溺之徒不同。遜國而逃，父子兄弟之倫厚矣；其諫伐而餓，君臣之倫厚矣。此便見他不是全然忘世底人。」附《蒙引》：謝氏「立心造行」不分貼本文。此本以制行言，然行由中出，有此立心則有此制行矣。

柳下惠、少連，雖降志而不枉己，雖辱身而不求合，其心有不屑也。故言能中倫，行能中慮。虞仲、夷逸，隱居放言，則言不合先王之法者多矣。然清而不汙也，權而適宜也，與方外之士害義傷教而亂大倫者殊科。是以均謂之逸民。」慶源輔氏曰：「『遯世離群』，出《乾卦·文言》。伯夷惟於清之一德極於聖耳，他固有未盡也，故曰『下聖人一等』。然視數子之性行則固爲高矣。隱居則非君子庸行，然身中乎清而不汙。然不汙而已，去伯夷之清則有逕庭矣。故言雖不合先王之法，然自廢則中乎權而得宜，權而得宜則權不失正也。方外之士蓋指接輿、沮、溺、丈人之徒。然此兩言實出《莊子》，所謂『遊方之外』，不可拘於禮法也。故其弊必至於害君臣之義，傷先王之教，而賊亂人之大倫也。」

尹氏曰：「七人各守其一節，而孔子則無可無不可，所以常適其可而異於逸民之徒也。」新安倪氏曰：「常適其可，如《學記》『當其可之謂時』之『可』，謂合乎理之當然也。」

揚雄曰：「觀乎聖人則見賢人，是以孟子語夷、惠亦必以

孔子斷丁亂反。之。」南軒張氏曰：「七人者皆爲逸民，而制行則異，亦有深淺，固不同也。不降其志，不辱其身，其清之至與？下惠、少連雖立於惡人之朝，未免乎降志辱身。然道則未嘗枉也，故言不失於倫理而行不違其思慮，此所謂由由然與之俱而不自失者也。至於虞仲、夷逸，則又其次也。放言謂其言放而不拘也，異乎中倫者矣。然而其持身亦合於清者之所爲，而其退而廢也亦非索隱行怪之爲，有合於權，爲可取也。若夫孔子之無可無不可，則異乎七子者之撰矣。」《通考》朱氏公遷曰：「泰伯、仲雍俱是以天下讓，而夫子稱之有輕重不同。蓋泰伯乃大王長子，確然當有國者，而見幾明決，用意忠厚。當其挾仲雍俱逃之時，仲雍未必能及此，只從其兄所爲耳。況其不去，大王亦豈舍季歷乎？」

○大師摯適齊，大，音泰。

大師，魯樂官之長。上聲。摯，其名也。

亞飯干適楚，三飯繚適蔡，四飯缺適秦，飯，扶晚反。繚，音了。

亞飯以下，以樂侑食之官。《周禮·春官·大司樂》：王大食，三宥，皆令奏鍾鼓。注：大食，朔日與月半以樂宥食時也。宥，勸也。干、繚、缺，皆名也。朱子曰：「《白虎通》曰：『王者平旦食，晝食，晡食，暮食，凡四飯。諸侯三飯，大夫再飯。』故魯之師官自亞飯以下，蓋三飯也。」○齊氏曰：「魯諸侯，故止三飯。然不言一飯，豈周公錫天子樂而魯僭之，孔子正樂而去其一邪？記者起數以亞，其仍樂之舊，以見其昔之僭邪？」○厚齋馮氏曰：「天子、諸侯皆以樂宥食，每食樂章各異，各有樂師。」附《蒙引》：不言初飯者，或太師、少師掌之，或當時無其人了，或其人不去，必有掌初飯者。然朱子又曰「《白虎通》曰：『王者四飯，諸侯三飯。』」則初飯無了。然據事情，以初爲亞，以三爲四，似亦難必。

鼓方叔入於河，

鼓，擊鼓者。方叔，名。河，河內。

播鼗武入於漢，鼗，徒刀反。

播，搖也。鼗，小鼓，兩旁有耳，持其柄而搖之，則旁耳還自擊。武，名也。漢，

漢中。

少師陽、擊磬襄入於海。少，去聲。

少師，樂官之佐。陽、襄，二人名。襄即孔子所從學琴者。海，海島也。《史記·世家》：孔子學鼓琴師襄子，十日不進。師襄子曰：「可以益矣。」孔子曰：「丘已習其曲矣，未得其數也。」有閒，曰：「已習其數，可以益矣。」孔子曰：「丘未得其志也。」有閒，曰：「已習其志，可以益矣。」孔子曰：「丘未得其爲人也。」有閒，曰有所穆然深思焉，有所怡然高望而遠志焉。曰：「丘得其爲人，黯然而黑，頎然而長，眼如望羊，〔望羊，視也。〕奄有四方，非文王其誰能爲此也。」師襄子避席再拜，曰：「師蓋云《文王操》也。」○此記賢人之隱遁以附前章，然未必夫子之言也。末章放上聲。此。張子曰：「周衰樂廢，夫子自衛反魯，一嘗治之，其後伶音靈。人賤工識樂之正。及魯益衰，三桓僭妄，自太師以下皆知散之四方，逾河蹈海以去亂。聖人俄頃之助，功化如此，

如有用我，期月而可，豈虛語哉？」勉齋黃氏曰：「列此於逸民之後，以歎魯之末世，決不可以復仕也。」○慶源輔氏曰：「自太師而下，皆傷時之衰，禮樂僭妄，去而辟亂者，故以記逸民之後。」○潛室陳氏曰：「上失其道，下擅其權，大義不明，正論不行，則禮樂不可作。今也魯既衰矣，三家强僭，王綱爲之掃地，生民且塗炭矣，若是固可以作禮樂乎？夫既不可以作禮樂，則太師以下諸官尚可以舉其職乎？夫既不可以舉其職，安得不散之四方，逾河蹈海以去亂乎？」○雙峰饒氏曰：「賢者仕於伶官，已是衰世之事，到夫子時，伶官亦不可仕。想是時專尚淫哇之樂，正樂不行，是以皆散之四方。」○汪氏曰：「記此篇者，先齊歸女樂，後此章，不無微意。蓋魯之君臣惑溺於女樂，樂官失職，盡無所用矣，奔逃駭散無一人留，樂工皆去，樂音絕矣。夫子初心欲定禮樂以示來世，而乃廢絕如此。此章所記雖若汎及，其實深有感也夫？」○新安陳氏曰：「魯末樂崩，賢人而隱於樂官者皆散之四方，魯之衰微可知矣。夫子自衛反魯而正樂，故師摯之始，有洋洋盈耳之盛，彼一時也。及其末年而樂衰，故自師摯之去，諸賢皆有望望潔身之高，此一時也。諸賢之去，固見魯政衰

微之極，然諸賢知出處之義而能去，亦見夫子道化之功也。」

○周公謂魯公曰：「君子不施其親，不使大臣怨乎不以。故舊無大故則不棄也。無求備於一人。」

施，陸氏本作弛。詩紙反。《通考》仁山金氏曰：「施，開元本作弛，即孟蜀石經也。」福本同。○魯公，周公子伯禽也。弛，遺棄也。以，用也。大臣非其人則去上聲。之，在其位則不可不用。大故謂惡逆。李氏曰：「四者皆君子之事，忠厚之至也。」胡氏曰：「不弛其親，親親也；不使大臣怨乎不以，任賢也；故舊無大故不棄，敬故也；無求備於一人，用才也。親親而不違，任賢而不貳，敬故而不忘，用才而不苟，皆忠厚之意。」○胡氏曰：「此伯禽受封之國，周公訓戒之辭，魯人傳誦久而不忘也。其或夫子嘗與門弟子言之歟？」勉齋黃氏曰：「列此於樂工之後，以歎周之盛世，其待親賢如此，則豈有樂工相率而去也哉？」○雙峰饒氏曰：「前章適河蹈海是魯末世事，此章是魯初立國時。其待親賢也如此忠厚，末後却使樂工不能安其身，豈不可歎？」○雲峰胡氏曰：「周家以忠厚立國，周公告魯公，字字皆是忠厚之意。使此意無盡，則大師以下何爲而去哉？門人記述相次，固有意也。」附《存疑》：不是怕怨方用他，須識此意。不然，其用之乃出於不得已之故耳。○魯初之事敘於魯衰之後，傷今思古之意也。下章亦是此意。

○周有八士：伯達、伯适、仲突、仲忽、叔夜、叔夏、季隨、季騧。

騧，烏瓜反。

或曰成王時人，鄭玄說。或曰宣王時人，劉向說。蓋一母四乳而生八子也，然不可考矣。乳，音孺。《說文》：「人及鳥生子曰乳，獸曰產。」○胡氏曰：「謂母孕乳而二人也。古者以伯仲叔季爲長少之次，如仲孫、叔孫之類，今重複命名，故意其四乳也。」○雙峰饒氏曰：「四乳皆雙生，固爲異事，八子皆賢，尤異事也，故孔子稱之。可見周時氣數之盛。」附《蒙引》：一母四乳，乳，育子也，謂一產也，非指其奶

言。蓋一母四乳而生八子也。此朱子疑出，以本文伯仲叔季四字俱雙，想是如此，似不宜就安在本文說。總見周之盛時人才之盛如此。○張子曰：「記善人之多也。」新安陳氏曰：「記魯末賢人之隱遯而終以周盛時賢人之衆多，其有傷今思古之心乎？」愚按此篇孔子於三仁、逸民、師摯、八士既皆稱贊而品列之，於接輿、沮、溺、丈人又每有惓惓音權。接引之意，皆衰世之志也，其所感者深矣。在陳之歎，蓋亦如此。三仁則無間去聲。然矣，其餘數君子者亦皆一世之高士。若使得聞聖人之道，以裁其所過而勉其所不及，則其所立豈止於此而已哉？新安陳氏曰：「所過，謂離人以爲高；所不及，謂不能成物以見於用。」○勉齋黄氏曰：「此篇多記仁賢之出處，列於《論語》將終之篇，蓋亦歎夫子之道不行，以明其出處之義也。其次第先後亦有可言者。君子之用於世，其或去或不去，莫不有義焉，三仁、柳下惠是也。孔子於齊、魯知其不可仕而遂行者，義也；知其不可仕也而猶往來屑屑以救斯世，接輿、沮、溺、荷蓧丈人未免有疑焉者，亦義也。列逸民之目而斷之以無可無不可，所以見夫子出處之義也。至於樂工相率而去之，則又以明夫決不可以有爲也。稱周公之言，以見古之親親而尊賢，敬故而器使，一出於仁厚之意，則安有望望而去之者哉？此周之人才所以盛。而舉一姓八士以終之，所以傷今思古而歎夫子之道窮也。」附《蒙引》：按朱子於師摯、八士、魯公章，或自云未必夫子之言，或又引胡說「其或夫子嘗與門弟子言之」，然終則曰「孔子於三仁、逸民、師摯、八士既皆以稱贊而品列之」，而於柳下惠章下亦曰「此必有孔子斷之之言而亡之」，還主孔子說意多。其曰未必夫子之言，亦未必耳，然是意居多。

論語集註大全卷之十八終

雲間受業趙愼徽旂公較輯

論語集註大全卷之十九

三魚堂讀本

子張第十九

此篇皆記弟子之言，而子夏爲多，子貢次之。勉齋黃氏曰：「此篇所記不過五人，曰：子張、子夏、子游、曾子、子貢，皆孔門之高第。蓋《論語》一書記孔門師弟子之答問，於其篇帙將終而特次門人高第之所言自爲一篇，亦以其學識有足以明孔子之道也。」○新安倪氏曰：❶「所記五人，子張二章，子夏十一章，子游二章，曾子四章，子貢六章。」《通考》勿軒熊氏曰：「記言者以子張一篇次於微子之後，亦見孔子之道不行而不無望於及門之士也。最後三章皆當時輕毀夫子之言，子貢亦可謂知德之深而行道之切矣。」蓋孔門自顏子以下，穎悟莫若子貢；自曾子以下，篤實莫若子夏，故特記之詳焉。慶源輔氏曰：「穎悟、篤實，皆以資質言。二子資質次於顏、曾，顏、曾學力有非二子所能及者。顏之穎悟，知之固徹，行之又至；曾之篤實，行之固至，知之又徹。子貢則穎悟於知而不足於行，子夏則篤實於行而不足於知焉。」○胡氏曰：「以顏子之明睿，則穎悟不足言；以曾子之純誠，則篤實不足言，故但以稱子貢、子夏也。」凡二十五章。

子張曰：「士見危致命，見得思義，祭思敬，喪思哀，其可已矣。」

致命，謂委致其命，猶言授命也。四者立身之大節，一有不至則餘無足觀，故言士能如此則庶乎其可矣。朱子曰：「致命，猶送這命與他，不復爲我之有。」○或問「其可已矣」與前篇「可也」之說。曰：「可則同，然曰可也，則其語抑，曰其可

❶「倪」，原作「陳」，今據影明本《四書輯釋》改。

已矣，則其語揚。」○勉齋黃氏曰：「大節固所當盡，然斷之以『其可已矣』，則似失之太快，而不類聖人之言。《集註》以爲『庶乎其可』，則固惡其言之太快矣。」○潛室陳氏曰：「士者，一男子之事。古人說士處多如此，不要將君子小人雜看。只此等事豈易？非奇男子不能。子張語病在末梢一句。」❶○西山真氏曰：「義、敬、哀皆言思，致命獨不言思者，死生之際，惟義是徇，有不待思而決也。」○新安陳氏曰：「見危致命者，處變而決之於一旦也；思義、敬、哀者，處常而思之於平時也。平時能思此三者而行之，則其人好義謹厚，已養之有素矣，一旦臨大變故，庶能於當死而必死焉。否則臨財利而苟得，臨喪祭而苟且，何望其臨變故而能死哉？」《通考》朱氏公遷曰：「此總論爲學，而專以行言。饒氏曰：『子夏是揀許多大底說，子張是揀許多難底說。』子夏之言有弊，先儒論之已詳；子張言『其可已矣』，而朱子以『庶乎其可』少抑之，微意亦可見也。」附《存疑》：諸家皆以致命不言思謂不待思，愚意竊不然之。死生大事，若不思，得無傷勇也？曰見危致命，思不待言也。

○子張曰：「執德不弘，信道不篤，焉能爲有？焉能爲亡？」焉，於虔反。亡，讀作無，下同。

有所得而守之太狹，則德孤；有所聞而信之不篤，則道廢。慶源輔氏曰：「德孤，言不能兼有衆德，而孑然固守一節者也。德得諸己而居之不弘，則輕喜見足，有一善則自以爲天下莫己若矣；道有所聞而信之不篤，則亦或作或輟，銳始怠終，終亦必亡而已矣。」**焉能爲有亡，猶言不足爲輕重。**朱子曰：「弘是廣大之意。若信道不篤，則容受太廣後，隨人走作，反不能守正理；信道篤而不弘，則是確信其一說，而或至於不通。故須著並說。弘篤，猶言弘毅相似。」○有此人亦不當得是有，無此人亦不當得是無，言皆不足爲輕重。○弘之爲寬廣，以人之量言也。人所以體道者存乎德，所以執德者存乎量。量有大小之不同，故人所以執德，有弘有不弘也。非其量之大，則所以執德者孰能寬廣而不迫哉？信道之貴乎堅確者，此以人之志言也。人所以進德者由乎道，而所以信道者存乎志。志有强弱之不同，故人所以信道者有篤有不

❶「末梢」，原作「未稍」，今據《四書大全》改。

篤也。非其志之强，則所以信道者孰能堅確而不移哉？觀此二言，爲學之道信非褊心狹量、質薄氣弱者所能及也。○問「執德不弘」。曰：❶「言其不廣也。纔狹隘則容受不得，故纔有片善必自矜，見人之善必不喜，人告之以過，亦不受從。狹隘上生萬般病痛。」○問：「如何是執德不弘底樣子？」曰：「子貢若只執『貧而無諂，富而無驕』之德，而不聞夫子樂與好禮之説；子路若只執不恥緼袍之德，而不聞夫子『何足以臧』之説，則其志皆未免止於此。蓋義理無窮，心體無限。」○雙峰饒氏曰：「執德弘者氣局大，信道篤者志操堅，如此方是世間一箇卓然底人。若執德既不能弘，信道又不能篤，這般人雖有之亦不足以爲當世重，無之亦不足以爲當世輕。如此説方透。」○厚齋馮氏曰：「觀此二章，皆躬行切己之論，則知子張之學異於前日矣。」附《蒙引》：執德以行言，信道以知言，一理也。方其聞是理而未爲我有也，則謂之道；及其行是道而得諸己也，則謂之德。是德也，執之可矣，然必執之弘，然後衆善益集，而德不孤；是道也，信之是矣，然必信之篤，然後此志益堅，而道不廢。德不孤，道不廢，然後能卓然有所建立於天地之間，而足爲世輕重。若或以少有得自足，而執德之不弘；於其道雖信，而不能無不信者存，而信道之不篤，則德孤而道廢。道德既非我有，吾見世雖有是人也，焉能爲有？世雖無是人也，亦焉能爲無？○執德之不弘者，量之不廣也；信道之不篤者，知之不真也。此與弘毅自不同，蓋信道篤非毅也。○此有無，不可以道德有無言。然其所以不能爲有無者，則以其道德之孤廢也。附《存疑》：信道不篤，只是未到漆雕開所謂信地位。知得道理當如是，又或以他念雜之，以爲不如是也不妨，此便是信道不篤也。信道篤，不止於知，又有守者在矣。

○子夏之門人問交於子張。子張曰：「子夏云何？」對曰：「子夏曰：『可者與之，其不可者拒之。』」子張曰：「異乎吾所聞：君子尊賢而容衆，嘉善而矜不能。我之大賢與，於人何所不容？我之不賢與，人將拒我，如之何其拒人也？」「賢與」之與，平聲。

❶「曰」，原脱，今據《朱子語類》、《四書集編》補。

子夏之言迫狹，子張譏之是也，但其所言亦有過高之弊。蓋大賢雖無所不容，然大故亦所當絶；不賢固不可以拒人，然損友亦所當遠，去聲。學者不可不察。和靖尹氏曰：「子張所言，泛交之道也；子夏所言，擇交之道也。泛交而不能擇，取禍之道也。」○朱子曰：「泛交而不擇，取禍之道。子張之言泛交，亦未嘗不擇，蓋初無拒人之心，但其閒自有親疏厚薄爾。和靖非以子張爲不擇也。」○初學大略當如子夏之言，然於其不可者但亦疎之而已，拒之則害交際之道；成德大略當如子張之説，然於有大故者亦不得而不絶也。以此處之，其庶幾乎？○慶源輔氏曰：「可者與之，言美矣；若曰不可者拒之，則傷亟過中而害義理之正矣。迫則不寬，狹則不廣，必如《集註》『大故亦所當絶』、『損友亦所當遠』之説，然後得義之中，無掠虛務高之意，而有切於學者爲己之資。」○齊氏曰：「拒則大迫，何所不容則幾於無別。」○雲峰胡氏曰：「子張容字、矜字，是破子夏一拒字。然論交之道，不必拒而拒之，其交也不廣；當拒而不拒，其交也不正。必如《集註》之言，則盡乎交之道矣。」○勉齋黃氏曰：「以上三章，子張之言，❶皆有過高之病。一章以致命、思義、祭敬、喪哀爲高，故有『其可已矣』之言，則其於察理必有所不周；二章以執德弘、信道篤爲高，故有『焉能爲有亡』之言，則其於待人必有所太薄；三章以能容人爲高，故有不拒人之言，則其於善惡必有所不察。夫子嘗稱其過，曾子嘗稱其難能，又稱其堂堂，則是其資稟趨向未免有過高之病也。」

附《蒙引》：賢如仁義實有得於己者，善則方爲仁爲義者，衆只是無以異於人者，不能則有不善之意。此二句，子張述所聞言也。「我之大賢」以下四句，則方是把子夏話來破了。上二句虛說。○賢勝於善，衆又勝不能，略有等第。下文只言賢不賢，又該善不能在裏，不可以嘉善矜不能爲釋上句之意義。蓋尊與嘉不同，容與矜亦不同。○子曰無友不如己者，亦非是不可者拒之，此其言所以爲迫狹。

○子夏曰：「雖小道，必有可觀者焉；致遠恐泥，是以君子不爲也。」泥，去聲。

❶「言」，原作「章」，今據哈佛本改。

小道，如農圃醫卜之屬。泥，不通也。○楊氏曰：「百家衆技，猶耳目鼻口，皆有所明而不能相通。《莊子・天下》篇曰：「天下大亂，賢聖不明，道法不一，天下多得一察焉以自好。譬如耳目鼻口，皆有所明，不能相通。猶百家衆技也，皆有所長，時有所用。雖然，不該不徧，一曲之士也。」非無可觀也，致遠則泥矣，故君子不爲也。」朱子曰：「小者對大之名。正心脩身以治人，道之大者也；專一家之業而治於人，道之小者也。然皆用於世而不可無者。其始固皆聖人之作，而各有一事一物之理焉，是以必有可觀。然能於此，或不能於彼，而不可以通於君子之大道也。」○勉齋黄氏曰：「農圃醫卜，施之目前，淺近不爲無益。然求如聖人之道無所不通，則不可也。小道安知非指楊墨佛老之類耶？曰：小道合聖人之道而小者也，異端違聖人之道而異者也。小者猶可以施之近，異端不可以頃刻施也。彼之無父無君，又何待致遠而後不通哉？」○新安陳氏曰：「大道愈遠而愈通，小者致遠而不通，是以君子於大道盡心焉，而於小道不屑用其心也。」

○子夏曰：「日知其所亡，月無忘其所能，❶可謂好學也已矣。」亡，讀作無。好，去聲。

亡，無也，謂己之所未有。○尹氏曰：「好學者日新而不失。」程子曰：「日知其所亡，月無忘其所能，此可以爲人師法矣，非謂此可以爲人師道。」○朱子曰：「日知其所亡，便是一日之間知所未知；月無忘其所能，❷便是長遠在這裏。」○知其所亡，無忘所能，檢校之意。❸○問：「月無忘其所能，還是温故否？」曰：「此章與『温故知新』意却不同。温故知新，是温故之中而得新底道理，此却是因知新而帶得温故，漸漸温習，如得一善則拳拳服膺而弗失之矣。『子路有聞，未之能行，惟恐有聞』，若是如此，則子路只做得一件事。」○樂菴李氏曰：「日知其所亡者，凡欲學而未至者也；月無忘其所能者，已學而得之者也。君子教人，於其所未學則切切然日以爲念，於其所已學則一

❶「忘」，原作「亡」，今據哈佛本改。
❷「忘」，原作「亡」，今據《朱子語類》、《四書大全》改。
❸「檢」，原作「撿」，今據《朱子語類》、《四書大全》改。

月之閒須當自省也。如此則學安得不進？」○南軒張氏曰：「致其知而不舍，故其知日新；保其有而不違，故其有常存，此之謂好學。」○勉齋黄氏曰：「求之敏，則能日新；守之篤，則能不失。進學之道無以復加於此矣。」○汪氏曰：「此章當與『時習』章參看。此以每日每月言，時習以時時言。朱子有云：而今學者今日知得，過幾日又忘了，便是不長在此做工夫，如何會到一月後記得？由此論之，學者誠不可不時習也。能從事於子夏之言而加以時習之功，其庶幾乎？」○雲峰胡氏曰：「日者月之積，月無忘其所能，惟恐失其日新之所積者也。」○新安陳氏曰：「爲學當日有所進而知其所未得，又能月有所守而不忘其所已得。知其所無則識愈長而日新，保其所有則得愈堅而不失。既日新而且不失，非好學能如是乎？」附《蒙引》：「知」字對「無忘」字説，非知行之知。日知所無，謂汲汲以求其所未有也，兼知行。所能亦然。○凡所謂好學者，皆是有進進不自已之意。日知其所無，皆以心言，功則不外是矣。○《存疑》：日，每日也，不是一日。

○子夏曰：「博學而篤志，切問而近思，仁在其中矣。」

四者皆學問思辨之事耳，未及乎力行而爲仁也。然從事於此則心不外馳，而所存自熟，故曰仁在其中矣。朱子曰：「此全未是説仁處，方是尋討箇求仁門路，當從此去，漸見效在其中，謂有此理耳。」又曰：「此四事只是爲學工夫，未是爲仁。必如夫子所以語顔、冉者，乃正言爲仁耳。然人能博學而篤志，切問而近思，則心不放逸，天理可存，故曰仁在其中。」○問：「博學與近思，亦不相妨否？」曰：「博學是都要理會過，近思是注心著力處。博學是箇大規模，近思是漸進工夫。如明明德於天下，是大規模，其中格物致知、誠意正心、脩身齊家等，便是次序。」問：「篤志未説到行處否？」曰：「篤志只是至誠懇切以求之，不是理會不得又掉了。若只管汎汎底外面去博學，更無懇切之志，便成放不知求底心，便成頑麻不仁。惟篤志又切問近思，便有歸宿處。這心使不汎濫走作，仁便在其中。」○問：「仁在其中矣，如何謂之仁？」曰：「非是便爲仁，大抵如聖人説『在其中矣』之辭。禄在其中，直在其中，意曰：言行寡尤悔，非所以

干祿，而祿在其中；父子相爲隱，非所以爲直，而直在其中。博學而篤志，切問而近思，非所以爲仁，然學者用力於此，仁在其中矣。」○勉齋黄氏曰：「《集註》初本謂心不外馳而事皆有益，蓋以博、篤、切、近爲『心不外馳』，學、志、問、思爲『事皆有益』。夫以學、志、問、思爲有益於事，乃是有所求而得之，不可以爲求此而得彼也。後乃以『所存自熟』易之，則專主於心之所存而言。人惟無所用其心，則其心放逸而不收，學之博，則此心常有所繫著而不放逸矣；人惟所志苟簡而不堅也，則其心泛濫而不一，志之篤，則此心常有定向而不汎濫矣。問不切，思不近，則其所用心皆在吾身之外矣；切問近思，則皆求其在己者，而無復外馳之患矣。人能盡此四者，則雖學問思辨之事，而自有得夫操存涵養之效，所以謂仁在其中矣。」○潛室陳氏曰：「心存則仁便存。心便喚做仁，固不可，但離了心外，更何處求仁？」○胡氏曰：「力行固所以爲仁，然學問思辨皆所以求爲仁之方。心存乎學問思辨，則雖未見於行，而已不外馳矣。心不外馳，則所存自熟，是乃力行之本，故曰仁在其中矣。」○西山真氏曰：「切問，謂以切己之事問於人也。近思，謂不馳心高遠，就其切近者而思之也。外焉問於人，内焉思於心，皆先其切近者，則一語有一語之益，一事有一事之功，不比汎然馳騖於外，而初無補於身心也。」○雲峰胡氏曰：「《中庸》以學問思辨爲智之事，此章所謂學問思未及乎爲仁也，而曰仁在其中者，仁人之心也。心存於内則爲仁，馳於外則非仁矣。惟學之博而志之篤，問之切而思之近，則心不馳於外矣。不馳於外則存於中者自熟矣。夫仁亦在乎熟之而已矣。熟之者，力行而爲仁也。自熟云者，未及乎力行而仁自在其中也。」

○程子曰：「博學而篤志，切問而近思，何以言『仁在其中矣』？學者要思得之，了此，便是徹上徹下之道。」

問程子謂徹上徹下底道理。朱子曰：「於是四者也，見得箇仁底道理，便是徹上徹下之道也。」○「徹上徹下」是這箇道理深説淺説都效也。○雲峰胡氏曰：「徹上徹下，《集註》兩述程子之言。『樊遲問仁』章曰『徹上徹下，初無二語』，此則曰『了此便是徹上徹下之道』。彼所言者仁也，言仁是徹下，言晬面盎背，❶篤恭而天下

❶「晬」，原作「粹」，今據《四書大全》改。

平，是徹上。此章未及力行爲仁之事，學、問、思是徹下，『仁在其中』是徹上。」○新安陳氏曰：「程子欲人思而得之，乃引而不發。朱子謂從事於此則心不外馳而所存自熟，盡發以示人矣。」又曰：「學不博則不能守約，志不篤則不能力行，切問近思在己者，則仁在其中矣。」慶源輔氏曰：「必先盡乎博，然後有以得其約而守之，不然則寡聞淺見，將何以識其約？必先立其志，則自然住不得，須著去力行，不然則若有若亡，何能見於行？所謂『切』與『近』，只是在己之事。」又曰：「近思者以類而推。」朱子曰：「以類而推，只是傍易曉底挨將去，如親親便推類去仁民，仁民便推類去愛物，如這一件事理會得透了，又因這件事推去理會那一件事。只管恁地挨將去，只管見易，不見其難，前面遠處只管近。❶如第一級便要跳到第三級，舉步闊了，便費力，只見難，只見遠。」○或問：「此章以爲心不外馳而事皆有益者，何也？」曰：「程伯子之言，心不外馳之謂也；叔子之言，事皆有益之謂也。心不外馳則仁之體無不存，事皆有益則仁之用無不得矣。」曰：「如子之言，凡言在其中者皆爲求此而得彼之辭，則此四者亦不爲求仁之事耶？」曰：「四者之效雖卒歸於得仁，而其言則講學之事，初非有求仁之意也。聖賢之言求仁，必本於實踐，而非空言之所可與。然於講學之間能如子夏之云，則於吾之心有所制而不放，於事之理有所當而不差矣。志於講學而可以爲仁，亦何害其爲求此而得彼哉？」曰：「然則視聽言動之必以禮，居處執事之必以恭且敬，與人之必以忠，亦其理之所當爲而非有求仁之意也，則亦可以爲求此而得彼乎？」曰：「吾固嘗言之矣。彼以踐履之實事告，此以講習爲言，而非本有求仁之心也。蓋亦不得而同矣。」蘇氏曰：「博學而志不篤則大而無成，泛問遠思則勞而無功。」雙峰饒氏曰：「『志』字要粘上面『學』字說，『切問』亦須從近處思量起，則可見端的，方不流於虛遠。以序求之，則博學在先，自是一類，篤志、切問、近思在後，自是一類。學博矣而志不篤，問不切，思不近，則汎濫而不著己，如何可至於仁？」○新安陳氏曰：「『博學』先提其綱，『篤志』、

❶「近」上，《朱子語類》有「會」字。

『切問』、『近思』是分其目。蓋就所博學者而志之篤，問之切，思之近也。學不博，固失之狹隘；志不篤，問不切，思不近，則又失之泛濫，亦徒博耳。」附《存疑》：篤，專心致志也，只是就上面「學」上説也。○切問，切於己者問也，此處要看得分曉，當隨各人切己處問，方是。如就他力量能到，及目前可行底來問，這是切己；若將己力量未能到，及非目前可行底來問，這是不切己。樊遲問崇德、脩慝、辨惑，此是切問也；子路未能事人而問事鬼神，未知生而問死，非切問也。○近思是思其切近事也。身心性情之德，於人爲近也。言不可求之遠也，亦非教人不求之遠也。求之近，則遠可致；求之遠，則失其近，將無所歸矣。故曰近思以類而推，即此意也。○博學則心有所繫，篤志則心不泛，切問、近思則心不馳於虚遠。故曰心不外馳，所存自熟。二者兼至，方仁在其中。若心不外馳，而所存未熟，則有隨得隨失之患，亦未仁也。所存只是上面「不外馳」。仁者心之德之理也。心不外馳而所存者熟，則心存而理得矣，故曰仁在其中，陳氏曰「心存則仁便存」云云。○問：「此方是致知之事，未及力行也。仁在其中，便不消力行耶？」曰：「工夫到此，力行已過半矣，一蹴而

到，無難也，故曰仁在其中。」

○子夏曰：「百工居肆以成其事，君子學以致其道。」

肆謂官府造作之處。致，極也。工不居肆則遷於異物而業不精，君子不學則奪於外誘而志不篤。新安陳氏曰：「此重在居肆與學。」尹氏曰：「學所以致其道也。百工居肆，必務成其事；君子之於學，可不知所務哉？」新安陳氏曰：「此重在成事與致道。」愚按二説相須，其義始備。朱子曰：「百工居肆方能做得事成，君子學方可以致其道。然居肆亦有不能成其事，如閑坐打鬨過日底；學亦有不能致其道，如學小道與『中道而廢』之類。故後説云居肆必須務成其事，學必須務致其道。故必二説相須而義始備。」○慶源輔氏曰：「由朱子之説則見君子之欲致道不可不由於學，由尹氏之説則君子之學必當務致乎道。夫欲致道而不由學，則心志爲外物所遷誘而不能專一，固不足以致其道。然學而不足以致道，則其所學者又不過口耳之習

耳。欲致其道則必由學，既曰由學則必務致道，然後爲君子之事也。」○胡氏曰：「前說則重在居肆與爲學，後說則重在成事與致道，一主於用功，一主於立志。然知所以用功，而志不立，不可也；知所以立志，而功不精，亦不可也。故二說相須而備，非如他章存兩說之比也。」○雲峰胡氏曰：「工必居肆，則耳目之所接者在此，心思之所爲者在此，而其事即成於此。君子之居於學也亦然。《集註》二說相須，然前說尤重。蓋居肆而不務成其事者有之矣，未有不居肆而能成其事者也；學而不知所務者有之矣，未有不學而能致其道者也。」○新安陳氏曰：「前說是子夏本意，觀二『以』字可見；後說是發子夏餘意，而於警戒學者尤切。」附《存疑》：學不外知行。致其道者，不惑於他岐而必以正道，又必造道之極致，不半途而廢也。須兼此意。小註謂不學小道，此說不是。小道不足謂之學。《蒙引》謂學字虛說，恐致道說不去，亦非。如程門之流於佛，子静之入於禪，龍川之雜於功利，同此學也，其所趨不同者，則以不能致其道也，如何致道說不去？

○子夏曰：「小人之過也必文。」文，去聲。

文，飾之也。《通考》程氏復心曰：「平聲是自然之文，去聲是著意去文飾，死活各自不同。」小人憚於改過而不憚於自欺，故必文以重其過。南軒張氏曰：「有過則改之而已。小人恥過而憚改，故必文。文謂飾非以自欺。」○勉齋黄氏曰：「有過，過也；憚改而文以爲欺，又增益其過也，故曰重其過。」○胡氏曰：「憚於改過而不憚於自欺者，以改悔爲難，而自昧其本然之善心反不以爲難。重其過者，始焉不能審思而遂與理悖，過矣；而又飾之以爲欺，是再過也。」○雲峰胡氏曰：「此章當與後章子貢所謂『君子之過也』參看。蓋君子有過，幸人知之，非惟不敢自欺，亦不欺人，故其過也卒改而爲善；小人之過惟恐人知之，不惟欺人，徒以自欺，其過也卒流而爲惡。」附《存疑》：此當以「過而不改」來參看。但他只是不改而已，此却又有文，則益增其過矣，故曰重其過。

○子夏曰：「君子有三變：望之儼然，即之也温，聽其言也厲。」

儼然者貌之莊，温者色之和，厲者辭之

確。○程子曰：「他人儼然則不温，温則不厲，惟孔子全之。」謝氏曰：「此非有意於變，蓋並行而不相悖也，如良玉温潤而栗然。」《記・聘義》：昔者君子比德於玉焉：温潤而澤，仁也；縝密以栗，知也。○南軒張氏曰：「望之儼然，敬而重也；即之也温，和而厚也；聽其言也厲，約而法也。夫其望之儼然，若不可得而親也，及其即之則温焉；即之也温，若可得而親也，而聽其言則厲焉。其爲三變，豈君子之强爲之哉？禮樂無斯須而去身，故其成就發見如此。」○勉齋黄氏曰：「儼者，手恭而足重；温者，心平而氣和；厲者，義精而辭確。」○雙峰饒氏曰：「聖人本無三變，但自他人觀之，則遠望是一般，近就之是一般，聽其言又是一般，似乎有三變耳。問：厲只當訓嚴，而云確，何也？曰：厲也有嚴意，但曰嚴，恐人認做猛烈。確者，是是非非，確乎不易之義，形容言厲最切。」○新安陳氏曰：「儼然而温，剛中有柔也；温而厲，柔中有剛也。剛柔不偏，陰陽合德，惟夫子有之。人見其然，以爲三變。聖人自然而然，豈有意於變也？」《通考》勿軒熊氏曰：「聖門之學自莊敬入。」○程氏復心曰：「謝氏發明得『變』字分曉，所以足程子之説。謂『非有意於變』一語，正説得聖人氣象出。」附《蒙引》：君子有三變，言盛德君子如此，莫指孔子，然孔子必如此。望之儼然，舉一身言；即之也温，指見於面者。

○子夏曰：「君子信而後勞其民，未信則以爲厲己也；信而後諫，未信則以爲謗己也。」

信，謂誠意惻怛而人信之也。厲，猶病也。事上使下皆必誠意交孚，而後可以有爲。南軒張氏曰：「信在使民諫君之先。若使民而民以爲厲己，諫君而君以爲謗己，是在我孚信未篤而已。」○慶源輔氏曰：「信謂上下交孚。己雖有信，而人或未之信，猶未可謂之信也。若上下未交孚，則君之勞民，所以安其生也，而反以爲厲己也；臣之諫君，所以成其德也，而反以爲謗己也。如湯、武之使民，則可謂信而後勞之矣；如伊、傅之告君，則可謂信而後諫之矣。」○雙峰饒氏曰：「誠意惻怛，是説人所以信之之由。惻怛屬愛。大抵君之於民，臣之於君，皆當以愛爲主。君愛其民，惟恐其有勞，民平日已信之，一旦不得

已而勞之，亦何所怨？臣愛其君，惟恐其有過，君平日已信之，一旦不得已而諫之，亦何所嫌？我以誠意惻怛感，彼必以誠意乎，又安有以爲厲謗者乎？」《通考》朱氏公遷曰：「信以心言（亦曰交孚之信。）餘如『民信之矣』、『朋友有信』之類，皆是。指其秉彝之德而言，爲固有之信；即其言動之閒而言，爲以實之信；自其彼此相與而言，爲交孚之信。三者之義本自相隨，❶但其語意各有所主耳。」附《蒙引》：君子指士大夫言，上有君，下有民。○信謂上下交孚，故曰誠意惻怛而人信之，兼人我説。○《存疑》：信而後諫固是，亦有雖不信而不容不諫者，箕子、比干是也；信而後勞，亦有民未信而不容不勞者，如子産爲政，民欲殺之是也。子夏特論道理必如此然後盡善耳，非爲未信皆不可使民諫上也。

○子夏曰：「大德不踰閑，小德出入可也。」

大德小德，猶言大節小節。閑，闌也，所以止物之出入。言人能先立乎其大者，則小節雖或未盡合理，亦無害也。朱子曰：「子夏之言，謂大節既是了，小小處雖未盡善，亦不妨。然小處放過，只是力做不徹，不當道是『可也』。」○問：「伊川謂小德如援溺之事，如何？」曰：「援溺事却是大處。嫂溺不援是豺狼，這處是當做，更有甚麼出入？如湯武征伐，三分天下有其二，都將做可以出入。恁地都是大處，非聖人不能爲，豈得謂之小德？乃是道之權也。」○勉齋黄氏曰：「子夏此語，信有病矣。然大德小德皆不踰閑者，上也；大德盡善而小德未純者，乃其次也；若夫拘拘於小廉曲謹，而臨大節則顛倒錯亂者，無足觀也矣。子夏之言，豈有激而云乎？此又學者不可不察。」○胡氏曰：「《書》以細行對大德而言，細行即小德。大節小節，蓋以其所關有大小也。父子君臣等之大倫，大德所在也；一動静，一語默，與凡應對進退之文，小德所在也。觀人之道，取大端而略小失，猶可也；若立心自處，但自謹其大者，而小節不必致意，則將併其大者失之矣。」○慶源輔氏曰：「道理無空缺處，亦無閒斷時，一有空缺閒斷，便是欠少了。是以君子之學戰戰兢兢，無時無處不然，豈有大小久近之閒邪？❷

❶「三」，原作「二」，今據《四書通旨》改。
❷「久」，影明本《四書輯釋》作「遠」。

子夏篤實次於曾子，而有『小德出入可也』之論，此其所以不及曾子歟？」○雙峰饒氏曰：「此章用之觀人則可，用之律己則不可。但觀人不可責備，且只看他大節，大節既立，而小小節目或有出入，亦未可瑣屑議之。若律己之道，又與觀人不同，雖一毫亦不可放過，微有背理，便成欠闕，如何聽他出入得？」○吴氏曰：

「此章之言不能無弊，學者詳之。」朱子曰：「大節既定，小節有差，亦所不免。然吴氏謂此章不能無弊，學者正不可以此自恕，一以小差爲無害，則於大節必將有枉尋而直尺者矣。」❶○新安陳氏曰：「《書》曰：『不矜細行，終累大德。畢公懋德，克勤小物。越小大德，小子惟一。』以此律之，此章之言，信不能無弊也。」附《蒙引》：子夏本意却未分觀人律己，所以有弊。

○子游曰：「子夏之門人小子，當洒掃、應對、進退，則可矣。抑末也，本之則無。如之何？」洒，色賣反。掃，素報反。

子游譏子夏弟子於威儀容節之閒則可矣，然此小學之末耳，推其本如大學正心誠意之事，則無有。雲峰胡氏曰：「《集註》推子游之言本末者如此。然小學大學時節可分先後，不可分本末也。」附《蒙引》：本末二字，子游以大學、小學言，差了。蓋大學小學可以分先後，而不可以言本末。子夏以始終二字替他，便見子夏見識高於子游，此篤實之效也。《集註》依舊用本末，是亦據子游意耳。○此大學未説到齊、治、平，就學者分上説，故只作正心誠意。

子夏聞之曰：「噫！言游過矣！君子之道，孰先傳焉？孰後倦焉？譬諸草木，區以別矣。君子之道，焉可誣也？有始有卒者，其惟聖人乎？」別，必列反。焉，於虔反。

倦，如誨人不倦之倦。區，猶類也。厚齋馮氏曰：「區，丘域也。別，分也。古者以園圃毓草木，蓋植藝之事各分區域，藝一區畢復藝一區，不相陵躐。」

言君子之道非以其末爲先而傳之，非以其本爲後而倦教，但學者所至自有淺深，

❶「於」，原作「與」，今據《朱子語類》、《四書大全》改。

此二句補足上下文意。如草木之有大小，其類固有别矣。若不量其淺深，不問其生熟，而概以高且遠者强上聲。而語音御。之，此三句又補足上下文意。則是誣之而已。君子之道，豈可如此？若夫音扶。始終本末一以貫之，則惟聖人爲然，豈可責之門人小子乎？朱子曰：「非以洒掃應對爲先而傳之，非以性命天道爲後而倦焉，但道理自有先後之殊，不可誣人以其所未至。惟聖人然後有始有卒，一以貫之，無次第之可言耳。須知理則一致，而其教不可缺，其序不可紊。惟其理之一致，是以其教不可缺，其序不可紊也。」○子夏對子游之語，以爲譬之草木區以别矣，何嘗如此儱侗來？惟密察於區别之中，見其本無二致者，然後上達之事亦在其中矣。雖至於堯、舜、孔子之聖，其自處常只在下學處也。上達處不可著工夫，更無依泊處。日用動静語默無非下學，聖人幾曾離此來？今動不動便先説箇本末精粗無二致，此説大誤。○問「有始有卒」。曰：「此不是説聖人教人事，乃是聖人分上事。

惟聖人道頭便知尾，下學便上達，不是自始做到終，乃是合下便始終皆備。若教學者，則須循其序也。」附《蒙引》：本註「一以貫之」，本末都在所貫内。此與前章「萬殊一本」意思小異，此只是一時並舉之意。○淺深生熟，要分辨。造到深者，又欲等熟，然後可進以他説。子夏此説便是中人以上可以語上之意。○程子曰：「君子教人有序，先傳以小者近者，而後教以大者遠者，非先傳以近小而後不教以遠大也。」朱子曰：「理無大小而無不在，是以教人者不可以不由其序而有所遺。子游不知理之無大小，則以洒掃應對爲末而無本；不知教人之有序，故於門人小子而欲直教之精義入神之事。」○若不觀明道説君子教人有序，四五句也無緣看得出。○雲峰胡氏曰：「此第一條説教人有序，是發子夏之意，後第二至第五條説理無二致，是矯子游之偏也。」又曰：「洒掃應對便是形而上者，理無大小故也。故君子只在謹獨。」朱子曰：「不能謹獨，只管理會大處，小小底事便照管不到。理無大小，小處

大處都是理。小處不到，理便不周匝。」○「洒掃應對」，所以習夫形而下之事也，「精義入神」，所以究夫形而上之理也，此其事之大小固不同矣。然以理言則未嘗有大小之閒而無不在也，程子之言意蓋如此。但方舉洒掃應對之一端，未及乎精義入神之云者，而通以「理無大小」結之，惟理無大小，故君子之學不可不由其序，以盡夫小者近者，而後可以進夫大者遠者耳。故曰其要只在謹獨，此甚言小者之不可忽也。❶ 其曰「便是」云者，亦曰不離乎是爾，非即以此爲形而上者也。○理無大小，無乎不在，本末精粗，皆要從頭做去，不可揀擇，此所謂教人有序也。非是謂洒掃應對便是精義入神，更不用做其他事也。○洒掃應對是事，所以洒掃應對是理。事即理，理即事。道散在萬事，那箇不是？若事上有毫髮蹉過，則理上便有閒斷欠缺。故君子直是不放過，只在謹獨，但不知無事時當如何耳。謹獨須貫動静做工夫，始得。○勉齋黄氏曰：「形而上，謂超乎事物之表，專指事物之理言也。洒掃應對，事雖至粗，其所以然者，便是至精之理。其曰理無大小者，非以洒掃應對爲小，形而上者爲大也。蓋不但至大之事方有形而上之理，雖至小之事亦有之，故曰理無大小也。」

又曰：「聖人之道，更無精粗，從『洒掃應對』與『精義入神』，貫通只一理，雖洒掃應對，只看所以然如何。」朱子曰：「此言洒掃應對與精義入神是一樣道理。洒掃應對必有所以然，精義入神亦有所以然。其曰貫通只一理，言二者之理只一般，非謂洒掃應對便是精義入神。固是精義入神有形而上之理，而洒掃應對亦有形而上之理。」○洒掃應對，精義入神，事有大小，而理無精粗。事有大小，故其教有等而不躐，理無精粗，故惟其所在，而皆不可不用其極也。○須是就事上理會道理，非事何以識理？洒掃應對，末也；精義入神，本也。不可説這箇是末，不足理會，只理會那本，這便不得；又不可説這末便是本，但學其末則本便在此也。○勉齋黄氏曰：「精究義理，極其微妙，以至於入神。神者，理之妙而不可測者也。所精之義至於入神，義理之至精者。程子引《易》中此語與洒掃應對對言，洒掃應對所以然者，即至精之義也。」附《存疑》：貫通只一理，貫通是彼此相通，不是

❶「甚」，原作「其」，今據《四書或問》、《四書大全》改。

一貫之貫。又曰：「凡物有本末，不可分本末爲兩段事。洒掃應對是其然，必有所以然。」朱子曰：「治心脩身是本，洒掃應對是末，皆其然之事。至於所以然，則理也。理無精粗本末，皆是一貫。」○或問「其然」、「所以然」之説。曰：「洒掃應對之事，其然也，形而下者也；洒掃應對之理，所以然也，形而上者也。自形而下者而言，則洒掃應對之與精義入神，本末精粗不可同日而語矣；自夫形而上者言之，則未嘗以其事之不同而有餘於此，不足於彼也。」曰：「其曰物有本末而本末不可分者，何也？」曰：「有本末者，其然之事也；不可分者，以其所以然之理也。」○勉齋黄氏曰：「然，猶云如此也。其如此者，洒掃應對之節文；所以如此者，謂有此理而後其節文之著見者如此也。」○雲峰胡氏曰：「按朱子謂有本末者，事也，不可分者，其所以然之理也，饒氏却謂已然者爲末，所以然者爲本。蓋朱子解程子之言，以本末爲事，而不可分爲兩段事者是理，饒氏解程子之言，以末爲事，而本爲理，不可不辨也。」《通考》吴氏程曰：「本末二字惟以大小言之。後三條乃伊川語。本條上句以事言，下句以理言。」又曰：「自洒掃應對上便可到聖人事。」問：「聖人事是甚麽樣子？」朱子曰：「如云下學而上達，當其下學便上達天理是也。」○勉齋黄氏曰：「洒掃應對雖至小，亦由天理之全體而著見於事物之節文。聖人之所以爲聖人者，初不外乎此理，特其事事物物皆由此理，而不勉不思，從容自中耳。」○雲峰胡氏曰：「程子此四條皆所以破子游『抑末也，本之則無』七字。」《通考》吴氏程曰：「即此洒掃應對一節能下學上達，斯造一節之極，非以聖人全體言。」❶愚按程子第一條説此章文意最爲詳盡，其後四條皆以明精粗本末，其分扶問反。雖殊而理則一，學者當循序而漸進，不可厭末而求本。蓋與第一條之意實相表裏，非謂末即是本，但學其末而本便在此也。朱子曰：「孔門除曾子外，只有子夏守規矩定，故教門人皆先洒掃應對進退。所以孟子説孟施舍似曾子，北宮黝似

❶「言」，原脱，今據影明本《四書輯釋》補。

子夏。」○事有大小，理却無大小。不問大事小事，合當理會處便用與他理會。不可説箇是粗底事，不理會，只理會那精底；又不可説洒掃應對便是精義入神，洒掃應對只是粗底，精義入神自是精底。然道理却一般，須是從粗底小底理會起，方漸而至於精者大者。或曰：「洒掃應對，非道之全體，只是道中之一節。」曰：「合起來，❶便是道之全體，非大底是全體，小底不是全體也。」○勉齋黄氏曰：「所引程子四段，首言理無大小，以見事有大小而理則一也；次言道無精粗，以見學有精粗而道則一也；又次言是其然必有所以然，所以發明上二段所以無大小無精粗之意；又次言便可到聖人事，則亦以其所以然而無大小精粗者爲之也，亦足以見其編次之意至精而不苟矣。」○慶源輔氏曰：「窮理之至，知言之極，則學者所爲之淺深，不啻白黑之易見。故如草木之有大有小，其類各不同，而無不昭然在吾之目中，然後隨其次第等級而教之。若夫先傳後倦，則君子無是心也，但時其可而已。至於言之未知，知之未至，不察學者淺深生熟之異，而一概以子游之所謂本者强而聒之，則學者漫而聽之，實不知其味；勉而行之，終不得其方，則是誣之而已。君子教人之道，豈有誣之之理？」○雙峰饒氏曰：「子游以正心誠意爲本，洒掃應對爲末；子夏謂小子且當教以洒掃應對，及入大學，却教以誠意正心。就二説觀之，子游欲人於根本上做來，則末底自然中節，施教無序，把大小學滚作一事，非也；子夏之説自合聖人之教，但只言事而不及理，則小學大學分爲兩截，而無以貫通之。至程子方以理爲本，事爲末，謂事有大小精粗，而理無大小精粗，小子未能窮理謹獨，且把洒掃應對以維持其心，雖學至粗至小之事，而至精至大之理寓焉，年寖長，識既開，却教之窮理以致其知，謹獨以誠其意，前日之習洒掃應對者，即爲精義入神之地，今日之精義入神，實不離乎洒掃應對之中也。程朱所論本末不同。朱子以大學之正心誠意爲本，程子以理之所以然爲本。朱子是以子游之意而推之。」○雲峰胡氏曰：「學者之病有二：謂末不當理會，只當理會本者，不知理之一也；謂末即是本，但學其末而本便在此者，不知分之殊也。朱子正慮學者差認程子之意，❷故有是説。趙氏除去『非謂』二字，却謂學其

❶「曰」，原作「自」，今據《朱子語類》改。
❷「正」，原作「政」，今據《四書大全》改。

末而本便在此者，理貫於萬事，不以事之近小而理有不該，則誤矣。」○饒氏謂小學未能窮理慎獨，且把洒掃應對以維持其心，年寖長，却慎獨以誠其意，蓋以《大學》誠意章方有慎獨工夫。然程子第二條云「君子只在謹獨」，蓋程、朱二子之意正謂小學是至微之事，❶慎獨正要慎其微。若從念慮之微説小學洒掃，在長者之前能謹，長者不在前不能謹，便是不能慎獨。饒氏此語窃恐有誤後學，❷不可不辨。○新安陳氏曰：「程子此處説謹獨，與《大學》、《中庸》之謹獨小異。此只是謹小事，無人所不知、己所獨知之意。饒氏所云謹獨以誠其意，與程子所語不相妨，非以解程語也。」《通考》仁山金氏曰：「程子此章發明聖賢閫奥。《集註》先後指本末深淺言，程子先後指教者次第言。前一條釋子夏正意，四條辨子游本末之説，明子夏始卒之意。」○程氏復心曰：「程子一條明君子之教，後四條明聖人之道。君子之教有本末先後，聖人之道，本末精粗則一也。如此觀之，則實相表裏者可見。」○黄氏紹曰：「本末始終先後，名義無不同，而《大學》《論語》所指則異。物有本末，指明德新民；事有終始，指知止能得，而謂本始所先，末終所後。子游以洒掃應對爲末，窮理盡性、正心誠意爲本，而所謂先後，所謂始卒，不出此二者，此其所以爲不同。」

○子夏曰：「仕而優則學，學而優則仕。」

優，有餘力也。新安陳氏曰：「行有餘力，餘力猶言暇日是也。」仕與學理同而事異，故當其事者必先有以盡其事，而後可及其餘。慶源輔氏曰：「仕所以行其學，而學所以基其仕，故曰理同。然仕則以陳力就列、致君澤民爲事，學則以誦詩讀書、格物致知爲事，故曰事異。」○胡氏曰：「仕與學理同者，皆所當然也；事異者，有治己治人之别也。學以爲仕之本，仕以見學之用，特治己治人之異耳。以理言則學其本也，以事言則當其事者隨所主而爲之緩急。必先盡心於所主之事，有暇日則及其餘，非有所輕重於其間也。」○新安陳氏曰：「仕者先盡仕之事，有餘力則益及於學；學者先盡學之事，有餘力則始及於仕。」然仕

❶「正」，原作「政」，今據上下文意改。

❷「窃恐」，原作「切忌」，「誤」，原作「悮」，今據《四書通》、影明本《四書輯釋》改。

而學則所以資其仕者益深，學而仕則所以驗其學者益廣。問：「仕優而不學則無以進德，學優而不仕則無以及物。仕優而不學，固無足議者；學優而不仕，亦非聖人之中道也，故二者皆非也。仕優不學，如原伯魯之不說學是也；學優不仕，如荷蓧丈人之流是也。子夏之言似爲時而發。其言雖反覆相因，而各有所指。或以爲仕而有餘則又學，學而有餘則又仕，如此則其序當云學而優則仕，仕而優則學，今反之，則知非相因之辭也。」朱子曰：「舊亦嘗疑兩句次序顛倒，今云各有所指，甚佳。」○南軒張氏曰：「大學之道在明明德，在新民，成己成物之無二致也。古之人學以終其身，故仕優則學，學優則仕，其從容暇裕如此，終始於學而無窮已也。」○潛室陳氏曰：「學是講此道理，仕是行此道理。學有餘暇則可入仕，仕有餘暇又當講學。主學而言則仕爲餘用，主仕而言則學有餘功，互相發也。」○慶源輔氏曰：「仕而優則學爲已仕者言也，謂仕有餘力則不可以不學，不學則無知新之益以資其仕；學而優則仕爲未仕者言也，謂學有餘力則不可以不仕，不仕則無行道之功以驗其學，是終始事。」○雲峰胡氏曰：「聖賢之言固自有因上句而生下句者，如夫子本言晉文公譎而不正，因而曰齊桓公正而不譎。若獨言下句，則齊桓豈正而不譎者也？此亦因當時有仕優而不學者，故以下句意足之。獨言下句則學之優固自有可仕不可仕者矣。」○新安陳氏曰：「學以明其理者，體也；仕以行其事者，用也。體者用之本，用者體之驗。仕有餘力而不學，則將徇己蠹人，是有無體之用；學有餘力而不仕，則將愛身忘世，是有無用之體矣。子夏爲見當世多有仕而不學者，觀孔子以今之從政者爲斗筲之徒，則可想見，故首以仕優而學警世人。夫已仕者尚不可以不學，則未仕者必學優而後始可以仕，蓋可知矣。下句人所易知，上句人所易忽，故以人所易忽者先言之。」附《存疑》：二句各有所指。仕而優則學，指已出仕者言；學而優則仕，指未出仕者言。優雖皆訓有餘力，然仕而優，說暇日則可，學而優，難說暇日。○上優字乃有餘力之優，下優字乃優入聖域之優。○仕亦此理，學亦此理，故曰理同；仕是行此理，學是求此理，故曰事異。○當仕之時則學爲餘功，當學之時則仕爲餘功，故皆必先盡其事，而後及其餘。

○子游曰：「喪致乎哀而止。」

致，極其哀，不尚文飾也。楊氏曰：「喪與其易也寧戚，不若禮不足而哀有餘之意。」愚按「而止」二字亦微有過於高遠而簡略細微之弊，學者詳之。南軒張氏曰：「喪主乎哀，致者自盡之謂。若毀生滅性，則是過乎哀者也。」○勉齋黄氏曰：「觀游、夏論學章，胡氏所謂子游脱略小物者，則宜其言之出乎此，終亦足以見孔門高弟重本務實之意，可法也。」○慶源輔氏曰：「子游有簡忽禮文之意。要之喪固貴於哀，而禮之節文亦不可廢，故曰直情而徑行，戎狄之道也。立言之難蓋如此。」○雙峰饒氏曰：「子游平日却自考究喪禮，不是廢禮而專事哀戚之人，考之《禮記》可見。其意怕人事末忘本，姑爲之抑揚耳。」附《蒙引》：子游蓋亦激於當時之節文習熟而哀戚之不足者，亦棘子成之意也。○合「問孝」章觀之，可見子游之事親也，養有餘而敬不足，子游之喪親也，哀有餘而禮不足，皆足以見其任情自遂而脱略細微。

○子游曰：「吾友張也，爲難能也，然而未仁。」

子張行去聲。過高，而少誠實惻怛之意。雙峰饒氏曰：「行過高，解難能；少誠實惻怛，解未仁。無誠實，則不能全心之德；無惻怛，則不能全愛之理。」○趙氏曰：「不誠實則無真切之意，不惻怛則無隱痛之情。子張務外好高，故於此四字皆有所不足。」○新安陳氏曰：「行仁惟務内平實者能之。子張務外好高，此其所以未仁也。」附《蒙引》：子游曰：吾友張也，才高意廣，人所不能者，彼獨能之，是難能也，然而殊少誠實惻怛之意，其於仁則未也。蓋「師也辟」再下便是「巧言令色鮮矣仁」，可不謹哉？

○曾子曰：「堂堂乎張也，難與並爲仁矣。」

堂堂，容貌之盛。言其務外自高，不可輔而爲仁，亦不能有以輔人之仁也。新安陳氏曰：「堂堂，以貌言；難能，以才言，皆自高之意。並，猶共也。」○范氏曰：「子張外有餘而内不足，故門人皆不與其爲仁。子曰：『剛、毅、木、訥近仁。』寧外不足而内有餘，庶可以爲仁矣。」程子曰：「子張既除喪而見

夫子予之琴，❶和之而和，彈之而成聲，作而曰先王制禮，❷不敢不至焉。推此言之，子張過於薄，故難與並爲仁矣。」○南軒張氏曰：「仁必深潛縝密，親切篤至，而後可以進。故如愚之顔，聖人許其不違仁，而堂堂之張，曾子以爲難與並爲仁也。」○勉齋黄氏曰：「以上兩章皆言子張之難爲仁，既足以見子張好高之病，又有以見仁之爲德根於人心，惟求之至近而脩其在内者爲足以至之，今也尚難能之行，飾堂堂之容，則其去仁遠矣。孔門以求仁爲先，而所言如此，可謂知爲仁之方也已。」○慶源輔氏曰：「務外好高，則於己無體認密察之功，人不可輔之爲仁；於人無切偲觀感之助，已亦不能輔人之仁也。」

○曾子曰：「吾聞諸夫子：人未有自致者也，必也親喪乎！」

致，盡其極也。蓋人之真情所不能自已者。新安陳氏曰：「真情乃愛親之人心天理所發見者。」○尹氏曰：「親喪固所自盡也，孟子語。於此不用其誠，惡乎用其誠？」《禮記·檀弓》曰：「自吾母而不得吾情，吾惡乎用吾情？」(「惡，音烏。」)○南軒張氏曰：「人於他事未能自盡，於親喪其可不自盡乎？若於此不能自盡，則何事能盡？若於此能自盡，則於其他亦推是心而已。」○胡氏曰：「上智之資，於理所當然者，固不待勉强，而皆極其至。中人以下則罕能之。惟父母之喪，哀痛慘怛，蓋其真情之不能自已者。聖人指以示人，使之自識其良心，非專爲喪禮發也。」○雙峰饒氏曰：「『乎』字有感動人底意思。事親莫大於死生之際，人之所當自盡者也。人當如此，而猶有不能如此，此聖人所以寓微意而感動之。若不看聖人微意所在，只説箇人人能如此自盡，則聖人之發此言似乎無味。」附《淺説》：曾子曰：吾聞諸夫子，人於他事容有未能自盡其心者，能自盡其心者，必也於親喪乎？其哀痛慘怛蓋發於真情之不能自已者，而非有矯飾也。是則親喪宜無不盡其心者。苟於此而容有不盡其心者，則其立心之薄也，何如哉？○《蒙引》：朱子解云「人之真情所不能已者」，是以自然説；尹氏註「於此不用其誠」，是以當然説，故在圈外。

❶「夫子」，原脱，今據《論孟精義》補。
❷「而」，原脱，今據《論孟精義》補。

○曾子曰：「吾聞諸夫子：孟莊子之孝也，其他可能也，其不改父之臣與父之政，是難能也。」

孟莊子，魯大夫，名速，其父獻子，名蔑。獻子有賢德，而莊子能用其臣，守其政，故其他孝行去聲。雖有可稱，而皆不若此事之爲難。朱子曰：「人固有用父之臣者，然稍拂他私意，便自容不得；亦有行父之政者，於私欲稍有不便處，自行不得，故今似此者甚多。如唐太宗爲高宗擇許多人，如長孫無忌、褚遂良之徒，高宗因立武昭儀事，便不能用；又季文子相三君，無衣帛之妾，無食粟之馬，到季武子便不如此，便是不能行父之政。以此知孟莊子豈不爲難能？」○獻子歷相君五十年，魯人謂之社稷之臣，則其臣必賢，其政必善矣。莊子年少嗣立，又與季孫宿同朝，宿父文子忠於公室，宿不能守而改之，莊子乃獨能不改父之臣與父之政，而終身焉，是孔子之所謂難也。○南軒張氏曰：「以爲難能，特曰爲之不易云耳。蓋父之臣與父之政誠善矣，固當奉而篤之。若不幸而悖於理，害於事，則當察而更之，是乃致其誠愛於親也。孟莊子之所以終不改者，意者其事雖未爲盡善，亦不至於悖理害事之甚，故有取其不忍於改也。」○雙峰饒氏曰：「夫子以莊子之不改父臣父政爲孝，見得『三年無改於父之道』正是不改其父道之善處。」○雲峰胡氏曰：「二章皆曰吾聞諸夫子，饒氏以爲曾子尊其所聞如此，尹和靖作《論語解》所謂『愚聞之師曰』亦如此，愚謂朱子得於延平者亦然。」

○孟氏使陽膚爲士師，問於曾子。曾子曰：「上失其道，民散久矣。如得其情，則哀矜而勿喜。」

陽膚，曾子弟子。民散，謂情義乖離，不相維繫。謝氏曰：「民之散也，以使之無道，教之無素，故其犯法也，非迫於不得已則陷於不知也，故得其情則哀矜而勿喜。」朱子曰：「生業不厚，教化不脩，内無尊君親上之心，外無仰事俯育之賴，是以恩疎義薄，不相維繫，而日有離散之心。」○南軒張氏曰：「先王之於民，所以養之

教之者，無所不用其極。故民心親附其上，服習而不違，如是而猶有不率焉，而後刑罰加之，蓋未嘗不致哀矜惻怛也。若夫後世禮義衰微，所以養之教之者，皆蕩而不存矣，上之人未嘗心乎民也，故民心亦渙散而不相屬，以陷於罪戾而蹈於刑戮，此所謂上失其道，民散久矣。方是時，任士師之職者，獄訟之際，其可以得情爲喜乎？蓋當深省所以使民至於此極者，以極其哀矜之意焉可也。能存此心，則有以仁乎斯民矣。」〇勉齋黄氏曰：「得情而喜，則太刻之意或溢於法之外；得情而矜，則不忍之意常行於法之中，❶仁人之言蓋如此。」〇慶源輔氏曰：「民之犯罪有二：迫於不得已，則使之無其道故也；陷於不自知，則教之無其素故也。後世治獄之官，每患不得其情。苟得其情，則喜矣，豈知哀矜而勿喜之味哉？且人喜則意逸，逸則心放，放則哀矜之意不萌，其於斷獄剖訟之際必至於過中失正，有不自知者。唯能反思夫民情之所以然，則哀矜之意生而喜心忘矣。詳味曾子之言，至誠惻怛，而體恤周盡如此，嗚呼仁哉！」〇雲峰胡氏曰：「《集註》『情義乖離，不相維繫』八字，釋一『散』字。情相維繫，不忍離；義相維繫，不可離。上之人何忍使之離而至於犯法也哉？《虞書》曰：『欽哉欽哉，惟刑之恤哉！』欽、恤是形容帝堯好生之心。欽則自然有哀矜之心，恤則自然無喜之意。」〇新安陳氏曰：「後世之民犯刑，多上失其道之所致，未必皆其民之罪。刑獄固在得其情，而不可喜得其情。欲得其情固在於悉其聰明，而哀矜勿喜尤在於致其忠愛歟？」附《存疑》：上失其道，使之無道，教之無素也。使之無道，「使」字内兼養意。不曰養而曰使者，不專是養也。如漢武帝用兵四夷，隋煬帝征遼東，致民窮而盗起，亦使也；若養之無法，致民飢寒而失恒心，亦使也。〇民之所以争鬭而致訟者，由於情義乖離，不相維繫也。若百姓親，五品遜，出入相友，守望相助，疾病相扶持，百姓親睦，何至争鬭而致訟？哀矜者，矜其犯法迫於不得已，陷於不知也。勿喜者，喜己之聰明能得其情也。〇顧麟士曰：「民散，從來只解作不附其上，觀次崖説，乃知『情義乖離，不相維繫』八字兼民閒也，較全。《通義》白雲許氏曰：『帝王長民之道，不過養之教之而已。養之如分井受田，使衣帛食肉者

❶「常」，原作「嘗」，今據影明本《四書輯釋》、《四書大全》改。

有制；教之如古者大學小學教人之道，及鄉黨州閭讀法之類；治之則有禁令刑罰。且上之人以德導之，以禮齊之，則民皆知趨善避惡、尊君親上之道，而其父子夫婦長幼朋友之間亦皆有親比協和之意，故曰民聚。上之人反此，則民散矣。周德既衰，皆失前三者之道，民陷於罪而不知，此皆上人之過。無養則飢寒迫身，不教則不知禮義。不知禮義之人而有飢寒之迫，則無所不爲矣。故君子惟當哀矜，不可以聽訟爲能而自居。』亦同也。」

○子貢曰：「紂之不善，不如是之甚也。是以君子惡居下流，天下之惡皆歸焉。」惡居之惡，去聲。

下流，地形卑下之處，衆流之所歸。喻人身有汙賤之實，亦惡名之所聚也。子貢言此，欲人常自警省，悉井反。不可一置其身於不善之地，非謂紂本無罪而虛被惡名也。南軒張氏曰：「紂不道極矣。其始亦未至若是之甚，惟其爲不善而天下之惡皆歸之，日累月成以至貫盈，豈不猶川澤居下而衆水歸之乎？」○雙峰饒氏曰：「子貢非爲紂分疏，其意在下二句。」○厚齋馮氏曰：「紂，名辛，字受。紂，謚也。後世定謚，謂殘義損善曰紂。」

○子貢曰：「君子之過也，如日月之食焉：過也，人皆見之；更也，人皆仰之。」更，平聲。

南軒張氏曰：「人皆見之者，君子不文飾掩蔽其過。日月之食旋而復矣，無損其明也，故君子改過不吝而德愈光焉。」○勉齋黃氏曰：「過也明白而無掩覆，故人皆見；更也瑩徹而無瑕疵，故人皆仰。」○雙峰饒氏曰：「君子無掩覆之意，有過則人之所共知，既改又脫然更無惹絆。或問：君子如何獨能用心如此？曰：君子所以能如此者，只是純乎天理之公而無人欲之私。若此心猶有分毫私累在人欲上，便做君子事不得。」○新安陳氏曰：「君子不諱過，故方過而人見；速改過，故無過，而人仰如日月。雖或不免於食，而明還，何損於明？若小人則諱過而掩匿，不改過而固吝，益重其過而愈暗愈甚矣，豈有日月明白瑩徹之氣象哉？」附《蒙引》：更改以君子言。在日月不說更，只可說復。《孟子》「更」字亦然。其註云「更之則無損於明」，亦以君子

言。「明」字借説。○君子非久過者，日月非久食者，故「日月之食」一句直該到「人皆仰之」處爲是。此與《孟子》文大同小異。

○衛公孫朝問於子貢曰：「仲尼焉學？」朝，音潮。焉，於虔反。

公孫朝，衛大夫。

子貢曰：「文武之道未墜於地，在人。賢者識其大者，不賢者識其小者，莫不有文武之道焉。夫子焉不學？而亦何常師之有？」識，音志。下「焉」字，於虔反。

文武之道，謂文王、武王之謨訓功烈與凡周之禮樂文章皆是也。在人，言人有能記之者。識，記也。朱子曰：「文武之道只指先王之禮樂刑政教化文章而已，若論道體則不容如此立言矣。未墜地只是説未墜落於地，而猶在人耳。大者是禮之大綱領，小者是零碎條目。孔子雖生知，然何嘗不學？亦何所不師？然則能無不學，無不師者，是乃聖人所以爲生知也。」○在人之「人」正指老聃、萇弘、郯子、師襄之儔耳。若入太廟而每事問焉，則廟之祝史亦其一師也。○問：「仲尼祖述堯舜，憲章文武，如何子貢不説堯舜之道，只説文武之道？」雙峰饒氏曰：「堯舜遠，文武近，子貢是就其近者而言。要之道非文武之所得專，文武之道即堯舜之道，堯舜之道即文武之道。」○不賢者只指衆人而言，不是不好底人。○新安陳氏曰：「焉學，問何所從學。焉不學，謂何所不從學。此論夫子之學而專言文武之道者，蓋列聖道統傳在文武，而文武之道統傳在孔子故也。文武之道無往不在，夫子於文武之道無往不學，惟善是主，初無常師，此所以備斯文之大全，集列聖之大成歟？」附或問曰：「何以言文武之道爲周之禮樂也？」曰：「此固好高者之所不樂聞，然其文意不過如此，以未墜在人之云者考之，則可見矣。若曰道無適而非，隨所取而得，則又何時墜地？且何必賢者識其大，不賢者識其小，而後得師耶？大率近世學者習於老佛之言，皆有厭薄事實，貪騖高遠之意，故其説常如此，不可以不戒也。然彼所謂無適而非者，亦豈離於文章禮樂之閒哉？但子貢本意則正指其事實而言，不如是之空虛恍惚而無所據也。」○《存疑》：「未墜於地」與「在人」是相對説，墜地便不

在人，未墜於地則在人。「賢者識其大」三句正是在人處。「夫子焉不學」是從「賢者識其大者」二句生來。賢者識其大，則從賢者而學之，不賢者識其小，則從不賢者而學之，故曰焉不學，言何處不從學也。

○叔孫武叔語大夫於朝，曰：「子貢賢於仲尼。」語，去聲。朝，音潮。

武叔，魯大夫，名州仇。朱子曰：「子貢賢於仲尼，聖人固自難知。如子貢在當時，想是大段明辨果斷，通曉事務，歆動得人，孔子自謂達不如賜。」○葉氏少蘊曰：「子貢晚見用於魯，拒吳之强大，❶曉宰嚭而舍衛侯；伐齊之謀，詰陳成子而反其侵地，魯人賢之。此武叔所謂『賢於仲尼』者也。」

子服景伯以告子貢。子貢曰：「譬之宮牆，賜之牆也及肩，窺見室家之好。

牆卑室淺。朱子曰：「古人宮外只是牆，無今人廊屋。」附《蒙引》：上只云譬之宮牆，而不兼宮室之淺深廣狹言者，爲何？蓋凡室淺者其牆自卑，宮廣者其牆自高，故首只云宮牆，而下兼及宮室。「牆卑室淺」字平，下文「牆高而宮廣」亦是如此，不可因此便輕重說。譬之宮牆，言賜之道與夫子之道譬之於宮牆。此下只説宮牆，並無一句實指説，喻體也。

夫子之牆數仞，不得其門而入，不見宗廟之美，百官之富。

七尺曰仞。不入其門則不見其中之所有，言牆高而宮廣也。

得其門者或寡矣。夫子之云，不亦宜乎？」

此夫子指武叔。或問：「夫子之牆數仞，不得其門而入；夫子之道高遠，故不得其門而入也。」朱子曰：「不然。顔子得入，故能仰之彌高，鑽之彌堅，至於在前在後，如有所立卓爾；曾子得入，故能言夫子之道忠恕；子貢得入，故能言性與天道不可得聞，文章可得而聞。他人自不能入耳，非高遠也。七十子之徒，幾人入得？譬如與兩人説話，一人理會得，一人理會不得，會得者便是入得，會不得者便是入不得。且孔子之教衆人，與教顔子何異？顔子自入得，衆人自入不得，多少

❶「拒」，原作「懼」，今據《四書通》改。

分明。」○雙峰饒氏曰：「聖人之道雖曰難入，然其入亦自有方。且如仰彌高鑽彌堅，此是數仞難入處；夫子循循善誘，博我以文，約我以禮，這便是從入之門。學者須從此門路入，方有所見。」○新安陳氏曰：「賢人之道卑淺易見，聖人之道高深難知，此子貢以牆室取譬之意也。要之觀乎賢人則見聖人。使叔孫果知子貢之所以爲子貢，則亦必略知孔子之所以爲孔子，豈至爲此言哉？叔孫非特不知孔子，亦不知子貢也。」

○叔孫武叔毀仲尼。子貢曰：「無以爲也，仲尼不可毀也。他人之賢者，丘陵也，猶可踰也；仲尼，日月也，無得而踰焉。人雖欲自絕，其何傷於日月乎？多見其不知量也。」量，去聲。

無以爲，猶言無用爲此。土高曰丘，大阜曰陵。日月喻其至高。自絕謂以毀謗自絕於孔子。南軒張氏曰：「子貢善喻，如宮牆日月之喻者，可謂切矣。夫丘陵固可踰，泰山雖高，然猶有可踰之理，至於日月之行天，則孰得而踰之哉？人之議日月者，初何損於日月之明，徒爲自絕於日月而已矣。」○胡氏曰：「聖人之心如化工之生物，未嘗不欲物物而生之也。彼傾者覆之，物自傾而不得受化工之生也。聖人未嘗有絕人之心，彼毀謗者自絕於聖人耳。」

多，與祇同，適也。不知量，謂不自知其分扶問反。量也。厚齋馮氏曰：「量謂斛斗升合，小大不同也。」○新安陳氏曰：「聖人有聖人之分量，賢人有賢人之分量，愚人有愚人之分量。州仇不自知其庸愚之分量，宜其不足以知聖人之分量也。孔子之道如日月行天，萬古常明，雖有州仇之毀，何損於明？子貢以何傷日月曉譬之，可謂智足以知聖人而警之深矣。」附顧麟士曰：「日月喻高，不喻明，則世引『天不生仲尼，萬古如長夜』立說者，皆謬。」

○陳子禽謂子貢曰：「子爲恭也，仲尼豈賢於子乎？」

爲恭，謂爲恭敬，推吐雷反。遜其師也。

子貢曰：「君子一言以爲知，一言以爲不知，言不可不慎也。」知，去聲。

貢子禽不謹言。勉齋黃氏曰：「一言善爲知，一言不善爲不知，知不知係於一言，不可不謹。」

夫子之不可及也，猶天之不可階而升也。

階，梯也。大可爲也，化不可爲也，故曰不可階而升也。新安陳氏曰：「孟子曰大而化之之謂聖，由善信美而至於大，乃思勉之所可及，故曰可爲，猶可躡階梯而升也。至於化則非思勉之所可及，故曰不可爲，非可躡階梯而升矣。朱子以此發明孔子所以如天之不可階而升之實處，然後子貢取譬之意顯然矣。」

夫子之得邦家者，所謂立之斯立，道之斯行，綏之斯來，動之斯和。其生也榮，其死也哀，如之何其可及也？」

立之，謂植其生也。道，引也，謂教之也。行，從也。綏，安也。來，歸附也。動，謂鼓舞之也。和，所謂「於音烏。變時雍」。《書·堯典》曰：「克明俊德，以親九族。九族既睦，平章百姓。百姓昭明，協和萬邦。黎民於變時雍。〔變，變惡爲善也。時，是也。雍，和也。〕」言其感應之妙，神速如此。榮謂莫不尊親，哀則如喪如字。考妣。程子曰：「此聖人之神化，上下與天地同流者也。」《通考》仁山金氏曰：「不可及，言聖德之本高妙。得邦家，言德之用神速。立之、道之、綏之、動之，聖人感之之妙。斯立、斯行、斯來、斯和，此天下應之之速。」附《蒙引》：夫子之不可及也，莫測其妙，直如天之不可以梯而升然，何也？以其感人者言之。夫子惟不得邦家耳。夫子之得邦家者，所謂立之斯立云云，夫以夫子之神化在人者如此，如之何其可及耶？此正所謂不可階而升者也，不是別一意。○《存疑》：夫子之不可及，註以「化不可爲」訓之。立立、道行、綏來、動和，正是化不可爲處，何也？充實而有光輝之謂大，自暢於四支至發於事業皆是，要亦不出乎教養。立道綏動，事業之大，人所可爲；至於斯立斯行斯來斯和，感應神速，此是化處，則非人所能爲也。○感應之妙，神速如此，指「斯立」、「斯和」四句。生榮死哀，只就這上見得，非有外也。○立如樹初種，根入地。綏則培養深厚，根深著地矣，故曰綏立之固。

○《蒙引》：聖人神化，「化」字與上文「化不可爲」化字不同。此是存神過化之化，彼是大而化之之化。○子貢語意不到「斯和」截，直到「其死也哀」處。○謝氏曰：「觀子貢稱聖人語，乃知晚年進德蓋極其高遠也。夫子之得邦家者，其鼓舞群動，捷於桴鼓影響。新安倪氏曰：「《禮記》：『土鼓蕢桴。』音浮。《左傳》成公二年：『右援枹而鼓。』枹，鼓槌，音浮，本作桴。❶《漢書》『枹鼓』之枹，音桴，風無反。則此「桴」字不音桴，若音桴者，乃乘桴浮海之桴，❷栰也。」人雖見其變化，而莫窺其所以變化也，蓋不離去聲。於聖而有不可知者存焉。聖而進於不可知之之神矣，此殆難以思勉及也。」問：「立之謂植其生。」朱子曰：「『五畝之宅，樹之以桑，百畝之田，勿奪其時』，便是。」問：「動謂鼓舞之。」曰：「『勞之來之，又從而振德之』，振德便是鼓舞。使之歡喜踴躍，遷善改過而不自知。如《書》之『俾予從欲以治』、『惟動丕應徯志』，皆是『動之斯和』意思。」○此言德盛仁熟，本領深厚，纔做出，便自恁地。○生榮死哀，子貢言夫子得邦家時其效如此，范氏所謂生則天下歌誦，死則如喪考妣者是也歟？○南軒張氏曰：「立之斯立，道之斯行，綏之斯來，動之斯和者，不疾而速，不行而至，惟天下至神，感無不通也。」○勉齋黃氏曰：「立之，謂制其田里。道，謂道之以德。綏，謂撫安之，立之固也。動，謂鼓舞之，道之深也。立之道之，綏之動之，皆聖人政化之施。斯立斯行，斯來斯和，皆天下感動之速。或曰：子貢知足以知聖人，今乃不言其德，而言其得邦家之效，何也？曰：天之德不可形容，即其生物而見其造化之妙；聖人之德不可形容，即其感人而見其神化之速。天下之理，實大則聲宏，本深則末茂。感動之淺深遲速，未有不視其德之所至者。聖人道全德備，高明博厚，則其感於物者如此。因其感於物以反觀聖人之德，豈不曉然而易見哉？」○厚齋馮氏曰：「聖門諸子平日單辭數語形容夫子，平澹涵蓄，莫窺其際。唯孟子所引宰我、子貢、有若之推尊

❶「桴」，原作「浮」，今據《春秋左傳註疏》、《四書大全》改。

❷「桴」，原作「浮」，今據《四書大全》改。

夫子與此子貢三章之言，蓋激於世之不知者，乃始極口稱之，而夫子之得邦家，尤見其神化之妙也。」○雲峰胡氏曰：「此章《集註》當與首篇『子禽問於子貢』通看。前謂聖人過化存神之妙，未易窺測；此則引程子曰『聖人神化，上下與天地同流』。然則聖人過化存神之妙，子貢於是始知之矣。前引謝氏曰『子貢亦可爲善觀聖人矣，亦可謂善言德行矣』，今引謝氏曰『觀子貢稱聖人語，乃知晚年進德，蓋極於高遠也』。然則前不過謂子貢亦善觀聖人，今則可謂真知聖人矣。讀《集註》者當看其前後相應處，便可見晚年進德處。且子禽之問凡三：始則疑夫子求問政，次疑夫子之私其子，今則疑子貢賢於夫子，所見者每降益下。此篇子貢之稱夫子亦三：始則喻之以數仞之牆，次則喻之以日月，今則喻之以天之不可階而升，其所見每進而益高。若以爲皆孔子弟子也，其所見抑何霄壤之邈如是哉？『其死也哀』，而子貢哀慕之心倍於父母，至廬墓者凡六年之久，則其晚年所得於夫子者，蓋益深矣。」○新安陳氏曰：「此章前言夫子之不可及，以其德之化不可爲者言也。夫子不幸而不得時，不得位，故其德之化雖妙於吾身，而其神化之用不見於天下，使得時得位，則其神化之功用真有與天地同流者。終言如之何其可及，以其神化之不可測者言也。夫子之道猶天，然天固有目者所共覩，天之所以爲天則非知天者不能知也，必子貢之知始足以知此。彼陳亢者其不足以及此，宜哉。」《通考》程氏復心曰：「謝氏既足以發明子貢之所謂，而又有以深探夫聖人動化之妙，則其所見蓋已極於高遠，學者宜熟玩而深思也。」**附**《存疑》：人見其變化者，立斯立，道斯行，綏斯來，動斯和，是變化。莫窺其所以變化，言其所以變化處人不可得而窺測也。人見其變化，大而化之之聖也；莫窺其所以變化，聖而不可知之神也，故曰不離於聖而有不可知者存焉。

論語集註大全卷之十九終

論語集註大全卷之二十 三魚堂讀本

堯曰第二十

凡三章。《通考》勿軒熊氏曰：「一章言堯舜三王之道，二章爲政，三章學爲君子。」○黄氏四如曰：「《泰伯》篇末、《堯曰》首章，歷敘堯、舜、禹、湯、文、武之盛。此蓋定書時語。」

堯曰：「咨！爾舜！天之曆數在爾躬，允執其中。四海困窮，天禄永終。」

此堯命舜而禪時戰反。以帝位之辭。咨，嗟歎聲。曆數，帝王相繼之次第，猶歲時氣節之先後也。允，信也。中者，無過不及之名。四海之人困窮，則君禄亦永絶矣。戒之也。朱子曰：「帝王相承，其次第之數若曆之歲月日時，亦有先後之序。然聖人所以知其序之屬於此人，亦以其人之德知之，非若讖緯之説，姓名見於圖籙而爲言也。聖賢言中有二義：大本云者，喜怒哀樂未發之時之理，其氣象如此也；時中云者，理之在事而無過不及之地也。此曰允執其中，蓋以其在事者而言。若天下之大本，則不可得而執矣。且聖人之道時行時止，夫豈專以塊然不動者爲是而守之哉？」○伊川云：「允執其中，中怎麽執得，識得？則事事物物上皆天然有箇中在那上，不待人安排。安排著，則不中矣。」○南軒張氏曰：「以其德當天心，故知天之曆數在其躬。允執其中，事事物物皆有中，天理之所存也。惟其心無依倚，則能執其中至不失，此所謂時中也。君之所爲安榮者，以民故也。天之視聽自我民視聽，若四海困窮，則天禄亦永終矣。聖人之相授，凡以天人之際而已。」○雙峰饒氏曰：「或以『守』字解『執』字。守與執不同，執是執其要，事事物物各自有中，凡舉一物便要執定那要處，如執扇須執柄相似。如擇乎中庸而不能朞月守，方是守，便易得死殺了。執者，隨事隨物而執其中，不死殺。」○新安倪氏曰：「按執云者，非執一定

之理，蓋於事物上酌其中而執以用之。《中庸》謂舜用其中，即用其所執之中也。」《通考》朱氏公遷曰：「堯以天下與舜，以專明禪受之義言；『咨爾舜』一章，以治道相傳之統言。」〇程氏復心曰：「天禄謂天所賦予人君之崇高富貴也。」附《蒙引》：「堯曰咨」句，嗟歎聲也。「爾舜」句，《書》云「咨十有二牧」，小異。其曰「咨禹」者，同。咨十有二牧，記者之辭。〇此處咨命之辭，只是以帝位屬之，其實舜未便即位。〇允執其中，又是叮嚀之辭。言爾今陟帝位以治天下也，要必事事惟信執其中者而用之，不可作推本能執中，故知其曆數在爾躬也。若不能允執其中，而致四海之困窮，則天禄永終，而曆數之在躬者亦不爲爾有矣。

舜亦以命禹。

舜後遜位於禹，亦以此辭命之，今見形甸反。於《虞書·大禹謨》，比此加詳。朱子曰：「中只是箇恰好的道理，允是真箇執得。堯當時告舜，只說這一句。後來舜告禹，又添得『人心惟危，道心惟微，惟精惟一』三句，說得又較仔細。這三句是『允執厥中』以前事，是舜教禹做工夫處。人心惟危，道心惟微，須是惟精惟一，方能允執厥中。堯當時告舜，只說一句，舜已曉得那箇了，所以不復更說。舜告禹時，便是怕禹尚未曉得，故恁地說。《論語》後面說『謹權量，審法度，脩廢官』、『舉逸民』之類，皆是恰好當做底事，這便是執中處。❶堯、舜、禹、湯、文、武治天下，只是這箇道理，聖門所說也只是這箇。雖是隨他所聞所記說得不同，然却只是一箇道理。❷如屋相似，進來處雖不同，入到裏面只是共這箇屋。大概此篇所載，便是堯、舜、禹、湯、文、武相傳治天下之法。雖其纖悉不止此，然大要却不出此，大要於此可見。」〇雲峰胡氏曰：「天下之大運之在心，此心之用稍有過不及，即非中矣，非中則四海將至困窮而天禄亦永終矣。授命之際，天禄方於此乎始也，而即以永終言之，爲戒深矣。」〇新安陳氏曰：「『天禄永終』與『天之曆數在爾躬』相照應。『允執其中』，告以保天禄之本也。『四海困窮』，不能允執其中之驗，所以致天禄之永終也。舜之授禹，謹述此四句，不易一字，但辭加詳而理益明，意益盡耳。舜之授

❶「執中處」，原脱，今據《朱子語類》補。
❷「却」，原作「知」，今據《朱子語類》、《四書大全》改。

禹，具載於《書》，堯之授舜，微弟子記之於此，則三聖人以一『中』相授受之淵源，其孰從而知之哉？」附《蒙引》：舜亦以命禹，此説不應説出「人心惟危」三句。《集註》只云《禹謨》比此加詳，今人講文章亦就依《書》經講，反於本文「亦」字説亂了。且《大禹謨》「允執其中」之下又凡九句，方到「四海困窮，天禄永終」處，所謂加詳者，此亦是。

曰：「予小子履，敢用玄牡，敢昭告于皇皇后帝：有罪不敢赦，帝臣不蔽，簡在帝心。朕躬有罪，無以萬方；萬方有罪，罪在朕躬。」

此引《商書·湯誥》之辭，蓋湯既放桀而告諸侯也，與《書》文大同小異。「曰」上當有「湯」字，履蓋湯名。疏：《世本》云：「湯名天乙。」孔安國云：「至爲王，改名履。」用玄牡，夏尚黑，未變其禮也《記·檀弓上》：夏后氏尚黑，大事斂用昏，〔大事謂喪事。〕戎事乘驪，〔戎，兵也。馬黑色曰驪。〕牲用玄；殷人尚白，大事斂用日中，戎事乘翰，牲用白；〔翰，白色馬也。〕周人尚赤，大事斂用日出，戎事乘騵，牲用騂。簡，閱也。言桀有罪，己不敢赦，而天下賢人皆上帝之臣，己不敢蔽，簡在帝心，惟帝所命。此述其初請命而伐桀之詞也。又言君有罪，非民所致；民有罪，實君所爲，見其厚於責己、薄於責人之意。此其告諸侯之辭也。朱子曰：「簡，閱也。善與罪，天皆知之，如天點檢數過，爾之有善也在帝心，我之有惡也在帝心。」○南軒張氏曰：「有惡不敢赦，謂桀得罪於天，不敢稽天命而不討。然凡天下之人莫非帝之臣，其善惡不可蔽也，則何敢專？顧帝所眷命何如耳。己有罪則不敢以及萬方，萬方有罪則歸之於己，此其自列以聽天命之辭。公天下之心如此，然則其有天下也，亦何與於己哉？」○雙峰饒氏曰：「湯述其告天之辭以告諸侯。」

周有大賚，善人是富。賚，來代反。

此以下述武王事。賚，予也。予，通作與。武王克商，大賚于四海，見形甸反。《周

書・武成》篇。此言其所富者皆善人也。《詩序》曰：「賚所以錫予善人。」《詩・周頌・賚》：大封於廟也。賚，予也。言所以錫予善人也。蓋本於此。雙峰饒氏曰：「紂爲天下逋逃主，所用皆是惡人，故武王伐商之初，便把善人是富，做箇打頭第一件事。大賚是錫予普及四海，其中善人則錫予又自加厚。《洪範》曰：『凡厥正人，既富方穀。』正人既得其富，則其爲善也篤，故不容以泛然錫予施之也。」附《蒙引》：周有大賚，善人是富，言周大賞賚于天下，非人人而富之也，惟善人是厚而已。按《周書》云：「散鹿臺之財，發鉅橋之粟，大賚於四海，而萬姓悅服。」則是賚百姓。此則言其所富者皆善人也，與《書》不同，故又曰《詩序》云「賚所以錫予善人」，説得實了。難説是周有大賚于天下，而大賚之中又獨於善人是加厚焉，此説與註反，不可用。

雖有周親，不如仁人。百姓有過，在予一人。」

此《周書・泰誓》之辭。孔氏曰：孔氏，名安國，西漢曲阜人。「周，至也。言紂至親雖多，不如周家之多仁人。」問：「雖有周親，註『紂之至親雖多』，他衆叛親離，那裏有至親？」朱子曰：「紂之至親豈不多？唯其衆叛親離，所以不濟事。故《書》謂『紂有億兆夷人，離心離德』是也。」○南軒張氏曰：「周有大賚，惟善人之是富。雖有周至親，不如仁賢。如周公雖至親，亦以尊賢之義爲重也。百姓有過，在予一人，是武王公天下之心，與成湯無以異也。此所載帝王之事，孔子之所常言。門人列於末章，所以見前聖後聖之心若合符節。其不得時位而在下，則夫子之道；其得時位而在上，則帝王之業。」○厚齋馮氏曰：「『微子去之，箕子爲之奴，比干諫而死』，雖紂至親，不獲用也。『予小子既獲仁人，祗承上帝』，蓋武王有亂臣十人，皆爲用也。奉天討罪，以罪己爲本。故曰禹湯罪己，其興也勃焉。」附《存疑》：武王之初，伐紂而誓師也，其言曰紂雖有至親之多，不如周家之多仁人，此以人事斷其有必克之理也。其既伐紂而得天下，而告諸侯也，其言曰百姓有過，是己處之無道而致之然也，是其過在予一人，不在百姓，此亦以天下爲己責，與湯同

一心也。〇《蒙引》：百姓有過，在予一人，此二句人都想不得聖人之意思出。蓋武王毅然以天下爲己任，直是要處置天下，使無一人之不得其所，無一人之不歸於善也。不然，只恁責己何爲？〇《説約》：《紹聞編》云：「百姓有過，在予一人，與成湯『萬方有罪，罪在朕躬』意同，故注不再説，與今蔡氏《書傳》中説不同。」

謹權量，審法度，脩廢官，四方之政行焉。

權，稱去聲。**錘**直垂反。**也。量，**去聲。**斗斛也。**古註引《漢律曆志》云：「權者，銖、兩、斤、鈞、石也，所以稱物平施，知輕重也。本起黄鍾之重，一龠容千二百黍，❶重十二銖，兩之爲兩，二十四銖爲兩，十六兩爲斤，三十斤爲鈞，四鈞爲石，五權謹矣。量者，龠、合、升、斗、斛也，所以量多少也。本起於黄鍾之龠，用度數審其容，以子穀秬黍中者千有二百實其龠，十龠爲合，十合爲升，十升爲斗，十斗爲斛，五量嘉矣。」又云：「度者，分、寸、尺、丈、引也，所以度長短也。本起黄鍾之長，以子穀秬黍中者，一黍之廣爲一分，十分爲寸，十寸爲尺，十尺爲丈，十丈爲引，而五度審矣。」而此不言度者，從可知也。**法度，禮樂制度皆是也。**附《存疑》：紂爲不道，官府所用以取於民者，必過其則，而民間交易亦必失其常矣。武王得天下，遂於是致謹。凡在官與在民者，皆取而較之，革其過中之弊，歸之中正之則也。紂爲不道，欲敗度，縱敗禮，官府之禮樂制度廢墜多矣，則取而研審之，何者爲過，何者爲不及，可損者損，可益者益，可因者因，可革者革，悉去其過不及之弊，一歸之義理之中也。〇權量謹，法度審，廢官脩，則衰者扶，弊者改，害者除，利者興，四方之政次第舉行矣。「政行」還説在外，乃其效也。〇《蒙引》：「政行」説在外，與下文「天下之民歸心」一般，不可謂「謹權量」云云就是「四方之政行」。

興滅國，繼絶世，舉逸民，天下之民歸心焉。

興滅繼絶，謂封黄帝、堯、舜、夏、商之後。舉逸民，謂釋箕子之囚，復商容之位。三者皆人心之所欲也。《禮記》：武王克殷反商，未及下車而封黄帝之後於薊，封帝堯之後於祝，封帝舜之後於陳，下車而封夏后氏之後於杞，封殷之後於宋，

❶「百」，原作「伯」，今據《論語註疏》、《四書大全》改。

封王子比干之墓，釋箕子之囚，使之行商容而復其位。庶民弛政，庶士倍祿。○朱子曰：「興滅國、繼絶世、舉逸民，此聖人之大賞；兼弱、攻昧、取亂、侮亡，此聖人之大罰。」○雙峰饒氏曰：「『謹權量』是平其在官之權衡斗斛，使無過取於民。『關石和鈞，王府則有』，固是要通乎官民。然民閒權量關係尚淺，最是官府與民交涉，便易得加增取盈。當今苗斛皆然。當紂之時，必是取民過制，所以武王於此不容不謹。『審法度』是審度可否因革之宜，是底因之，不是底革之，即此便是審處。『脩廢官』亦只是因其見在之官而廢者，從頭改去。興滅繼絶只是一事。黄帝、堯、舜、禹、湯皆有功德於民，合當他子孫有國，如何不繼其絶？後得逸民，是有德而隱者，亦合當教他有祿。民心皆欲得其如此，而我則興之繼之舉之，此其所以歸心。」附《蒙引》：興滅繼絶，朱子合解耳，其實不是一事。小註不是。

所重：民、食、喪、祭。

《武成》曰：「重民五教，惟食喪祭。」節齋蔡氏曰：「五教，君臣父子夫婦兄弟長幼，五典之教也。食以養生，喪以送死，祭以追遠。五教三事所以立人紀而厚風俗，聖人之所甚重焉者。」○雙峰饒氏曰：「『周有大賚』以下，夫子零碎收拾，或舉其辭，或述其事，湊成武王一段事實。」附《説約》：《紹聞編》曰：不言五教者，使民養生喪死無憾，而知慎終追遠，固教之本也。

寬則得衆，信則民任焉，敏則有功，公則説。

説，音悦。

此於武王之事無所見，恐或泛言帝王之道也。雲峰胡氏曰：「帝王之道不能外一『中』字。堯、舜以禪讓爲中，湯、武以征伐爲中。泛言之則曰寬曰信曰敏曰公，約言之曰中而已。」○新安陳氏曰：「寬者柔之中，敏者剛之中，信者中之實，公者中之體也。」○楊氏曰：「《論語》之書皆聖人微言，而其徒傳守之，以明斯道者也。故於終篇具載堯舜咨命之言、湯武誓師之意，與夫音扶。施諸政事者，以明聖學之所傳者一於是而已，所以著明二十篇之大旨也。《孟子》於終篇亦歷敘堯、舜、湯、文、孔子相承之次，皆此意也。」朱子曰：「此篇夫子誦述

前聖之言，弟子類記於此。」○此篇多闕文，當各本其所出而解之，有不可通者闕之可也。「謹權量」以下皆武王事，當自「周有大賚」以下至「公則説」爲一章。蓋興滅國，繼絶世，舉逸民，當時皆有其事。○勉齋黄氏曰：「《論語》末篇歷敘堯、舜、禹、湯、武王相傳之道，而先之以執中，得其要矣。其下之及賞善罰惡、責己恕人、大綱小紀、本數末度，無不具舉。蓋帝王之道，初無精麄，凡事之合天理、當人心者，是其所以爲道也。所謂執中正，以其事事物物無適而非中耳，豈虚空無據而可謂之中乎？」○雙峰饒氏曰：「通論此章，堯、舜、禹是説相傳之理，湯是説他心事，武王又是兼政事而言。三説固無不同，然累聖相承，只是一『中』字。前面説理處是中道流傳之原，下面亦無一不是執中之實。」○雲峰胡氏曰：「前篇之末言夫子之得邦家者，其用必如此，此篇之首則述敘自古帝王之用固如此，以見聖學之所傳者無非有體有用之學，而凡《論語》二十篇之大旨皆不外此也。《孟子》篇終即此意。但孟子聞知見知者，知其道也，是從知上説，此則從行道上説。行無不本於知，知即所以行，固無異也。」《通考》朱氏公遷曰：「專言治道相傳之統。餘如孔子告顔子以四代禮樂，告子張以尊美屏惡之類，及子貢稱夫子之得邦家者，《中庸》哀公問政章、《大學》治國平天下章、《孟子》所論王道諸章，皆可以見治統之相傳者如此。蓋設施之當其可者，即聖人授受之中也。」

○子張問於孔子曰：「何如斯可以從政矣？」子曰：「尊五美，屏四惡，斯可以從政矣。」子張曰：「何謂五美？」子曰：「君子惠而不費，勞而不怨，欲而不貪，泰而不驕，威而不猛。」子張曰：「何謂惠而不費？」子曰：「因民之所利而利之，斯不亦惠而不費乎？擇可勞而勞之，又誰怨？欲仁而得仁，又焉貪？君子無衆寡，無小大，無敢慢，斯不亦泰而不驕乎？君子正其衣冠，尊其瞻視，儼然人望而畏之，斯不亦威而不猛乎？」費，芳味反。焉，於虔反。○新安倪氏曰：「按韻書，屏字上聲者，註云『蔽也』，去聲者，註云『除也』。屏四惡之屏，當去聲讀，而舊音丙。」

朱子曰：「謝氏云：『以府庫之財與人，則惠而費矣，又

安得人人而給之？惟因四時之和，因原隰之利，因五方之財，以阜物，以厚生，使民不飢不寒，何費之有？勞人以力所不堪，亦不免於怨。擇可勞而勞之，以佚道使民，『惟喜康共』、『不常厥邑』，可也；『其究安宅』、『百堵皆作』，可也。如此則又何怨之有？」〇問：「欲仁得仁，又焉貪，如何？」曰：「仁是我所固有，而我得之，何貪之有？若是外物，欲之則爲貪。此正與『當仁不讓於師』同意。」曰：「於問政及之何也？」曰：「治己治人，其理一也。」〇胡氏曰：「在人上者人欲爲多，不能窒之則其貪無時而已。惟反是心以欲仁，則求諸己而必得，何物足以累其心？夫何貪？泰者安舒自得之謂，近於驕，然君子心一於敬，不以彼之衆寡小大而貳其心，則其自處未嘗不安，何驕之有？」〇南軒張氏曰：「正衣冠，尊瞻視，臨之以莊也。持身嚴，故人望而自畏之，而非以威加人也，故威而不猛。若有使人畏己之心，則猛而反害於威矣。惠不費，勞不怨，施於人者也；欲不貪，泰不驕，威不猛，存於己者也。爲政内外始終之道亦云備矣，然欲仁其本歟？」《通考》朱氏公遷曰：「《論語》言『正其衣冠，尊其瞻視』，《中庸》言『齊明盛服，非禮不動』，皆敬也，而有不同。蓋《中庸》是徹内外言，專言之敬也；《論語》專主容貌言，偏言之敬，五美中之一也。」附顧麟士曰：「惠、勞、欲、泰、威五字，本不甚美，惠而不費，勞而不怨，欲而不貪，泰而不驕，威而不猛，故美也。亦是不美中之美意。」〇欲仁得仁，沈虹野云：「凡以不忍之心，而行不忍之政，皆是。」沈晴峰云：「言仁覆之念，不至兼利萬物，其欲不止。要見君子求仁之心有若貪得無厭者然。」然愚意亦不離教養也。〇《蒙引》：欲仁而得仁，就從政上説，不必依小註以治己言。凡從政時應事接物，一無私心而當於理，便是仁。〇此「欲仁而得仁」，語勢與「我欲仁，斯仁至」不同。彼是隨求而隨得之意，此只是「欲仁」字重。〇無衆寡，以人言；無小大，以事言，兼接人應事也。能敬則所應接舉得其道，自有安舒自得之意而泰矣。然泰自敬上來，何驕之有？

子張曰：「何謂四惡？」子曰：「不教而殺謂之虐；不戒視成謂之暴；慢令致期謂之賊；猶之與人也，出納之吝，謂之有司。」出，去聲。

虐謂殘酷不仁，暴謂卒倉没反。遽無漸。

致期，刻期也。賊者，切害之意緩於前而急於後，以誤其民，而必刑之，是賊害之也。猶之，猶言均之也。均之以物與人，而於其出納之際乃或吝而不果，則是有司之事，而非爲政之體。所與雖多，人亦不懷其惠矣。項羽使人有功，當封，刻印刓，吾官反。忍弗能予，通作與。卒以取敗，亦其驗也。《通鑑》：漢高祖元年，韓信問漢王曰：「今争權天下，豈非項王耶？」王曰：「然。」曰：「大王自料勇悍仁彊孰與項王？」漢王良久，曰：「不如也。」信曰：「信亦以爲大王不如也。然臣嘗事之，請言其爲人。項王喑〔音。〕啞〔烏故反。〕叱〔昌力反。〕咤，〔竹駕反。《漢書》作「意烏猝嗟」。〕❶千人皆廢，然不能任其賢將，此特匹夫之勇耳。項王見人恭敬慈愛，言語嘔嘔，〔凶于反，悦言也。《漢書》作「姁」，❷音同。〕人有疾病，涕泣分飲食，至使人有功，當封爵者，刻印刓，〔訛缺也。〕忍弗能予，此所謂婦人之仁也。○朱子曰：「猶之，均之也，如言一等是如此，史家多有此般字。此吝字説得來又廣，只是戒人遲疑不決，若當賞，便用賞，遲疑之閒，澀縮靳惜，便誤事機。如李絳勸憲宗速賞魏博將士，謂若待其來請而後賞之，則恩不歸上矣，正是此意。❸若是有司出納之閒，吝惜不敢自專，却是本職當然。人君爲政大體却不可如此，當與便果決與之。」○問四惡之説。曰：「虐也，暴也，賊也，謝氏得之。有司之説，楊氏爲當。謝曰：『古者以五戒先，後刑罰，所以警昏愚，懲怠慢也。戒之既至，然後可以責成矣。不先戒之，彼且烏知先後緩急之所在？遽以視成，不亦暴乎？令嚴者欲其不犯，聚衆以誓之，垂象以曉之，讀法以論之。上自慢其令而欲下之嚴，其可得乎？如是而致期焉，期而不至則罪之，是罔民也。』楊曰：『非其義也，一介不以予人而不爲吝。義在可與而惟出納之吝，在有司則爲善，在爲上則爲惡。天下之事亦惟當其可而已。』」○問：「猶之與人也，出納之吝，何以在四惡之數？」曰：「此一惡比上三惡似輕，然亦極害事。蓋此

❶「猝」，原作「梓」，今據《漢書》、《四書大全》改。
❷「姁」，原作「姤」，今據《漢書》、《四書大全》改。
❸「正」，原作「政」，今據《朱子語類》改。

人乃是箇多猜嫌疑慮之人，賞不賞，罰不罰，疑吝不決，正如唐德宗是也。」○南軒張氏曰：「虐、暴、賊，皆不仁者之爲也。出納之吝，不知者之爲也。」○勉齋黄氏曰：「惠易費，勞易怨，欲易貪，泰易驕，威易猛。今至於不犯人情之所易，則美之至者也。殺不可也，甚則不教而殺；視成不可也，甚則不戒而視成；致期不可也，甚則慢令而致期；吝不可也，甚則與人而亦吝。今至於犯人情之所已甚，則惡之至者也。此一尊一屏，聖人之所以深戒之也。」○雙峰饒氏曰：「要行一事，須預先告戒，使遵承，而後可。若不先告戒之，猝然要責他成就，豈不是暴？慢令於先，一時却去緊他，是誤而賊之也。當與而吝，易失人心，也是惡。上三者是急迫之惡，下一件是悠緩之惡。」○雲峰胡氏曰：「四惡：虐爲甚，暴次之，賊又次之，剛惡也；吝如有司不能專決，柔惡也。蓋『吝』之一字，在有司不便謂之惡，從政而謂之有司則惡矣。故特著項羽以吝取敗之事，以示爲政不知大體者之戒。」附顧麟士曰：「殺與視成、刻期、慎與，本從政者不可少，亦以不教而殺，不戒視成，慢令致期，當與而不與，故見爲惡也。曰猶之與人，則是己當與矣，故云。合上則見得其道，則雖不當有者而亦美；不得其道，則雖當有者而亦惡，信爲宜尊且屏也。」○《存疑》：不戒視成與慢令致期略相似，然不戒視成是出於無心，慢令致期是出於有心，此其不同處。○顧麟士曰：「出納者，出於此而納於彼，亦正言與也。」○尹氏曰：「告問政者多矣，未有如此之備者也，故記之以繼帝王之治，去聲。則夫子之爲政可知也。」趙氏曰：「孔子論爲政之方莫詳於此，故門人取以附前章之後。夫子之爲政，蓋與帝王若合符節。」○雲峰胡氏曰：「問政見於《論語》者，齊景公、葉公各一，季康子凡二，仲弓、子路、子張、子夏各一，夫子答之未有如此章之詳者。蓋惠未有不費，勞未有不怨，欲則易貪，泰則易驕，威則易猛，今皆不然，所以爲美也。虐之而不知教，暴之而不知戒，賊之而不知令，吝之而不知與，爲民父母者奚忍如是哉？此所以爲惡也。」

○子曰：「不知命，無以爲君子也；程子曰：「知命者，知有命而信之也。不知命則見害必避，見利必趨，何以爲君

子？」朱子曰：「此與『五十知天命』不同。知天命謂知其理之所自來，此不知命是説死生壽夭貧富貴賤之命。今人開口亦解説，一飲一啄自有分定，及遇小小利害，便生趨避計較之心。古人刀鋸在前，鼎鑊在後，視之如無者，只緣見道理，都不見那刀鋸鼎鑊。」○《論語》首云「人不知而不慍，不亦君子乎」，終云「無以爲君子也」，此深有意。蓋學者所以學爲君子，若不知命則做君子不成。○胡氏曰：「一定而不可易者，命也。人不知命，常求其所不可得，避其所不可免，斯所以徒喪所守而爲小人也。」○慶源輔氏曰：「此命指氣而言，謂貧賤富貴窮通得喪，一定不可易者。必知此而信之，始見利不苟就，見害不苟避，故全得我之義理，所以爲君子。」○雲峰胡氏曰：「程子釋『朝聞道』，謂知而信者爲難，此亦謂知而信之者。知而不信，知之猶未至也。知之猶未至，則凡見利必趨，見害必避，皆小人之爲也，欲爲君子得乎？首篇『不亦君子乎』，是已到君子地位，此曰『無以爲君子也』，是方做君子根脚。」附《蒙引》：知命，非特泛泛然知之而已，是臨利害之際而一惟命之安，乃爲知命。○或以「不知命」做一頭言，非也。此章自是三段，不必與「三畏」章同。且註云「君子之事備矣」，此君子與「無以爲君子」之君子亦不同。○顧麟士曰：「此章主腦在『知』字，不在『君子』字。」

不知禮，無以立也；

不知禮則耳目無所加，手足無所措。雲峰胡氏曰：「《集註》十字是形容『無以立』三字。耳目無所加，是懵然不知有可立之地；手足無所措，是茫然卒無可立之地。」

不知言，無以知人也。」

言之得失可以知人之邪正。慶源輔氏曰：「言，心聲也。因言之得失，可以知人之邪正，惟格物窮理之君子能之。」○雲峰胡氏曰：「孟子知言之謂蓋本於此。但《集註》釋孟子知言，則曰凡天下之言識其是非得失之所以然，而此不過曰無以知人之邪正。此爲學者言，彼則孟子自言也。於此亦見《集註》之精。」❶

○尹氏曰：「知斯三者則君子之事備矣。南軒張氏曰：「此所論命，謂窮達得喪之有命也。不知

❶「精」，原作「情」，今據影明本《四書輯釋》、《四書大全》改。

命則將徼倖而苟求，何以爲君子乎？知命則志定，然後其所當爲者可得而爲矣。禮者所以檢身也。不知禮則視聽言動無所持守，其將何以立乎？知禮則有踐履之實矣。知言如吉人之辭寡、躁人之辭多之類。不知言則無以知其實情之所存，其將何以知人乎？故知言則取友不差矣。此三者，學者之所宜先，切要之務也。必以是爲本，而後學可進。不然，雖務於窮高極遠，而終無所益。門人以此終《論語》之書，豈無旨哉？」○勉齋黄氏曰：「知命，知其在天者；知禮，知其在己者；知言，知其在人者。知天則利害不能動乎外，而後可以脩諸己；知禮則義理有以養乎内，而後可以察諸人。知天而不知己，未必能安乎天；知己而不知人，未必能益乎己。」○慶源輔氏曰：「知命則在我者有定見，知禮則在我者有定守，知言則在人者無遁情。知斯三者則内足成己之德，外足盡人之情，故君子之事備。」○雲峰胡氏曰：「學始於致知，終於治國平天下。前篇之末與此篇前二章，皆説治國平天下，聖學之終事；此章復提起三『知』字，是聖學之始事。知斯三者而爲君子，則聖學之體立；遇時而用之，則聖學之用行。弟子記此以終一書，不無意矣。」弟子記此以終篇，得無意乎？學者少去聲。而讀之，老而不知一言爲可用，不幾平聲。於侮聖言者乎？夫子之罪人也，可不念哉？」覺軒蔡氏曰：「《論語》首章末以君子言，末章首以君子言。聖人教人，期至於君子而已。詳味兩章語意，實相表裏，學者其合而觀之。」○新安陳氏曰：「《論語》一書，夫子以君子教人者多矣。首末兩章皆以君子言之，記者之深意。夫子嘗自謂『不怨天，不尤人』。『人不知而不愠』，不尤人也；知命則不怨天，且樂天矣。學者其深玩潛心焉。」附《蒙引》：孟子知言都就詖淫邪遁一邊，此則虚説。○《存疑》：知言者，亦不是泛泛然知他言語耳，❶知其言之所以然也。如孟子知言，「詖辭知其所蔽」等也。

論語集註大全卷之二十終

雲間受業趙鳳翔魚裳
慎徽旃公　編次

❶「然」，原作「知」，今據哈佛本改。

鳴　謝

《儒藏》精華編惠蒙善助，共襄斯文；謹列如左，用伸謝忱。

本焕法師　壹佰萬元

智海企業集團董事長　馮建新先生　壹佰萬元

NE・TIGER時裝有限公司董事長　張志峰先生　壹佰萬元

張貞書女士　壹佰萬元

北京大學《儒藏》編纂與研究中心

本册审稿人　陈锦春

本册责任编委　李畅然

圖書在版編目(CIP)數據

儒藏.精華編.一二二/北京大學《儒藏》編纂與研究中心編.—北京：北京大學出版社，2020.5

ISBN 978-7-301-11840-5

Ⅰ.①儒… Ⅱ.①北… Ⅲ.①儒家 Ⅳ.①B222

中國版本圖書館CIP數據核字（2020）第027479號

書　　名	儒藏（精華編一二二） RUZANG（JINGHUABIAN YIERER）
著作責任者	北京大學《儒藏》編纂與研究中心　編
責任編輯	沈瑩瑩
標準書號	ISBN 978-7-301-11840-5
出版發行	北京大學出版社
地　　址	北京市海淀區成府路205號　100871
網　　址	http://www.pup.cn　　新浪微博：@北京大學出版社
電子信箱	dianjiwenhua@126.com
電　　話	郵購部 010-62752015　發行部 010-62750672　編輯部 010-62756449
印 刷 者	北京中科印刷有限公司
經 銷 者	新華書店
	787毫米×1092毫米　16開本　50.75印張　801千字
	2020年5月第1版　2020年5月第1次印刷
定　　價	1200.00元

ISBN 978-7-301-11840-5

9 787301 118405 >

定價：1200.00元